KU-725-722

Chesapeake

1583. Le guerrier Pentaquod remonte *le fleuve* Choptank et se réfugie sur la rive orientale de la baie, auprès des paisibles Indiens. Mais le répit est de courte durée. Bientôt l'homme blanc fera son apparition. Il chassera l'Indien loin de la côte, le repoussant sur des terres de plus en plus déshéritées, avant de le décimer.

1608. Après avoir débarqué à Jamestown et fondé l'établissement de Virginie, le capitaine John Smith s'aventure sur les eaux de la baie. Parmi ses compagnons, le catholique Edmund Steed repère *son île,* face à l'embouchure du Choptank. Il l'appellera Devon, en souvenir de la terre ancestrale, et y fondera une plantation, destinée à prospérer. Ses descendants seront l'aristocratie et la conscience politique de la région.

1636. Timothy Turlock échappe à la justice londonienne en optant pour la déportation en Virginie, avec un contrat de travail de sept ans. Il n'attend guère pour fausser compagnie à son employeur. Réfugié dans *le marais* du Choptank, il s'attache passionnément à son repaire secret et n'en sortira plus. Ses nombreux descendants seront chasseurs, marins, ardents patriotes.

1661. Expulsé du Massachusetts, le charpentier quaker Edward Paxmore entre au Maryland. Il épouse la quakeresse Ruth Brinton et bâtit sa maison sur *la falaise.* Autodidacte, il fonde pourtant une dynastie de constructeurs navals réputés, qui mettront leur art au service de la nation, dès les premières heures de la Révolution.

A travers des générations de Steed, de Turlock, de Paxmore, c'est tout le cours de l'histoire américaine qui est exploré. Ces trois familles forment la base et l'ossature de cette ample fresque. En dépit des énormes divergences, d'étranges alliances se nouent, au gré des circonstances, entre ces catholiques qui détiennent l'argent et l'influence, ces hommes du marais qui possèdent la ruse et l'audace, ces quakers qui incarnent le génie créateur et la conscience morale de la communauté.

Néanmoins d'autres hommes viendront se fixer alentour.

1832. Arraché à son village, rescapé d'une horrible traversée, l'Africain Cudjo est vendu comme esclave et affecté à la plantation Steed. Il épouse la servante Eden. Tous deux joueront un rôle important au sein de la communauté noire, après la guerre civile.

1852. Fuyant la famine, l'Irlandais Michael Caveny s'installe aux abords de la baie. Intelligent, chaleureux, débrouillard, il est le parfait représentant de son clan.

1893. Originaire de Hambourg, le marin Otto Pflaum choisit à son tour de se fixer dans la région, complétant, comme il se doit, ce microcosme que forme la population de la baie, à l'image du grand *melting pot* de nationalités qu'est le peuple américain.

Telle est cette fresque grandiose où la part de création romanesque se double d'une fascinante évocation de la baie — avec sa vie propre, sa faune, sa vulnérabilité, son mystère —, et s'accompagne d'une profonde méditation sur la manière dont le temps et l'histoire affectent une contrée, sur la manière dont une contrée affecte les hommes qui la peuplent.

James A. Michener est né en 1907 à New York. Études de lettres, de philosophie et d'histoire. Il se consacre d'abord à l'enseignement, puis, la guerre ayant éclaté, s'engage dans la Marine. Les combats auxquels il prend part lui inspirent son premier livre, Pacifique Sud, *pour lequel il reçoit le prix Pulitzer en 1947. La plupart des œuvres qui suivront, notamment* Sayonara, la Source, Colorado Saga, *connaîtront partout un immense succès.*

James A. Michener

Chesapeake

roman

TRADUIT DE L'AMÉRICAIN PAR
JACQUES HALL ET JACQUELINE LAGRANGE

Éditions du Seuil

EN COUVERTURE : David Pether, *Chesapeake* (détail).
© Transworld Publishers, Century House.

ISBN 2-02-005804-9

1re PUBLICATION :
ISBN 2-02-005234-2 (éd. brochée)
ISBN 2-02-005366-7 (éd. reliée)

Titre original : *Chesapeake*

A Mari Michener
qui a pris soin des oies
des hérons, des pygargues
et des cardinaux

Cet ouvrage est un roman et le considérer sous un autre jour serait une erreur. Les personnages sont imaginaires ; les Steed, Turlock, Paxmore, Cater et Caveny ont été conçus par l'auteur qui ne s'est pas inspiré d'individus ayant réellement existé. Les principaux lieux — Devon Island, la Falaise-de-la-Paix, le marais Turlock et la ville de Patamoke — sont à tel point imaginaires qu'ils ont été situés sur une terre que nul ne saurait trouver. Le Refuge est bordé par un cours d'eau qui n'existe pas ; et, dans la partie sud de l'Afrique centrale, on rechercherait vainement la rivière Xanga ou une ethnie portant ce nom.

Pourtant, les détails relatifs au Choptank sont exacts dans toute la mesure du possible, et ils n'ont rien d'imaginaire. L'établissement anglais du Choptank a été un peu plus tardif que ce qui a été rapporté, mais il a bien eu lieu, quoique dans une région qui se trouve un peu plus au nord, à trente-sept kilomètres de là.

Cet ouvrage est un roman et le considérer sous un autre jour serait une erreur. Les personnages en sont imaginaires. Les [illegible] Turnock, Pozzuoli, Carr et [illegible] ont été conçus par l'auteur qui ne s'est pas inspiré d'individus ayant réellement existé. Les [illegible] — [illegible] — sont [illegible] imaginaires [illegible] sur une terre que nul ne saurait [illegible]. [illegible]

Pourtant les détails relatifs à [illegible] dans toute la mesure du possible, et ils n'ont rien d'imaginaire. [illegible]

1583

Depuis quelque temps déjà, les soupçons pesaient sur lui. Des espions observaient ses faits et gestes pour en rendre compte aux prêtres et, lors des conseils de la tribu, on ne l'avait pas écouté quand il s'était opposé à une expédition guerrière contre ceux qui vivaient de l'autre côté de la boucle. Plus symptomatique encore, les parents de la jeune fille qu'il avait choisie pour remplacer son épouse défunte avaient refusé les trois longueurs de roanoke qu'il offrait pour prix de son acquisition.

A regret, il avait fini par conclure qu'il était temps pour lui de quitter cette tribu qui lui avait infligé toutes les avanies, hormis le bannissement officiel. Enfant, il avait eu l'occasion de voir ce que devenaient les hommes considérés comme parias, et il ne souhaitait pas connaître leurs souffrances : l'isolement, le mépris, l'amère solitude.

Ainsi, tandis qu'il pêchait le long du fleuve, ou chassait dans la prairie, ou s'arrêtait pour méditer, toujours seul, il comprenait peu à peu qu'il lui fallait partir. Mais comment ? Et pour aller où ?

Les ennuis avaient commencé le jour où il avait exprimé sa réticence envers l'expédition prônée par le grand chef. Depuis plus d'une année, les relations avec les tribus au-delà de la boucle nord avaient été amicales et, durant cet intermède, le fleuve avait connu la prospérité avec un commerce accru entre le nord et le sud. Mais, ainsi que Pentaquod avait pu s'en rendre compte tout au long de sa vie, les Susquehannocks de la partie centrale du cours d'eau n'étaient pas hommes à apprécier la paix ; suivant en cela leur intuition, ils estimaient que la guerre permettait d'exalter leur virilité. La tradition voulait que le grand chef imaginât des justifications pour monter des expéditions : si ses guerriers triomphaient, leur victoire rejaillissait sur lui ; et s'ils subissaient une défaite, il prétendrait qu'il se contentait de protéger les frontières tribales.

— Ceux de la boucle nord ont tenu parole, avait objecté Pentaquod. Ils n'ont pas volé nos castors ni violé notre territoire. Les combattre à présent, sans raison, serait déshonorant, et nos guerriers iraient à la bataille en se sachant abandonnés des dieux.

Ses arguments furent repoussés, non seulement par le grand conseil, mais aussi par les simples guerriers qui jugeaient honteux qu'un Susquehannock reste en paix pendant plus d'une année. Si le grand fleuve s'était révélé un excellent territoire, la raison en était que leur tribu s'était toujours battue afin de le protéger, et un vieux guerrier se livra à une prédiction :

— Pentaquod, que vienne le jour où nous aurons peur de nous battre, et nous perdrons le fleuve.

Pentaquod continua à s'opposer à une guerre sans objet et, comme tout partisan de la paix le long du fleuve se voyait inéluctablement accusé de trahison, ses adversaires firent circuler une rumeur selon laquelle il avait été corrompu par l'ennemi auquel il servait de porte-parole. On rappela que son épouse était morte jeune, ce qui renforçait l'opinion selon laquelle les dieux avaient repoussé ses arguments.

L'accuser de lâcheté s'avérait délicat, car il dépassait par la taille tous les Susquehannocks de sa génération, et c'était une tribu de géants. Dominant largement les jeunes hommes de son âge, il posait sur tout ce qui l'entourait un regard calme qui s'accordait à son visage large d'un teint plus sombre que la normale, signe évident d'un valeureux guerrier. Cette contradiction déconcertait les enfants qui écoutaient les accusations portées contre lui, et ils se mirent à imiter sa démarche tranquille quand il allait et venait, seul, aux abords du village ; bientôt, ils se gausseraient ouvertement de lui.

Ce fut l'un de ces enfants qui le poussa à prendre une décision. Le petit garçon faisait des grimaces derrière son dos, soulevant l'hilarité de ses camarades, lorsque Pentaquod se retourna brusquement, l'empoigna et exigea de savoir ce qui justifiait une telle conduite.

— Mon père dit que le conseil s'est réuni pour te punir, bredouilla l'enfant.

Pentaquod promena son regard sur le village ; constatant

que les anciens étaient absents, il comprit que le petit garçon disait vrai.

Il ne lui fallut que quelques minutes pour se décider. Le conseil n'agirait pas précipitamment ; cela était contraire à ses habitudes. Il y aurait de longs discours réprobateurs à son endroit mais, si le père de cet enfant avait réellement utilisé le mot *punir,* cela pouvait laisser présager une sentence plus sérieuse que le bannissement. Ses ennemis devenaient si virulents que certains d'entre eux risquaient d'exiger la peine de mort ; ce qui serait logique s'ils étaient persuadés qu'il espionnait pour le compte des tribus du nord.

Aussi, sans retourner à son wigwam, devant lequel son père et sa mère prenaient le soleil, et sans même tenter d'aller prendre ses armes, ce qui eût piqué la curiosité des hommes chargés de le surveiller, il s'éloigna tranquillement de la grande hutte où se tenait le conseil et gagna la berge. Pourtant, il ne s'approcha pas des canoës car un tel geste eût donné l'alarme. Au lieu de quoi, il tourna le dos aux embarcations, comme pour observer le village mais, de temps à autre, il suivait des yeux le vol des oiseaux, ce qui lui permettait de juger de ce qui se passait sur le fleuve.

La pirogue de guerre était fin prête pour un départ immédiat mais, creusée dans le chêne, elle était beaucoup trop lourde pour être manœuvrée par un seul homme. Le plan qu'il nourrissait ne réussirait que s'il parvenait à utiliser un canoë suffisamment léger pour être transporté, et l'un d'eux, justement à proximité, était totalement équipé et séduisant par ses lignes, mais Pentaquod avait aidé à le construire et il en connaissait les défauts ; il n'avait d'ailleurs jamais gagné de courses. D'autres le tentaient, mais il les écarta, les jugeant soit trop lents, soit trop lourds.

Il y avait là cependant un petit canoë rapide, qu'il avait aidé à tailler pour l'un des chefs de chasse ; pendant qu'on vidait un pin blanc, très rare, du nord, le feu qui en rongeait l'intérieur s'était avivé et Pentaquod l'avait soulevé tout seul et plongé dans le fleuve pour éteindre le brasier. Le propriétaire du canoë avait peint en jaune l'embarcation, et renforcé ses flancs massifs par des membrures de chêne. Avec son avant très effilé, il avait remporté de bons résultats dans les courses. Mieux encore, il était constamment armé pour la chasse et la pêche, et disposé de telle façon que, d'une poussée énergique, un homme seul pût lui faire quitter la berge et le mettre à l'eau. « Le jaune », pensa-t-il.

Il quitta les abords du fleuve et retourna au cœur du village. Marchant d'un pas désinvolte en direction de la hutte du conseil, il remarqua avec satisfaction que les espions chargés de le surveiller allaient se dissimuler afin de l'observer plus discrètement. C'était là un point essentiel de son plan car il ne pouvait les affronter ; ils étaient quatre et braves, mais il parviendrait à les gagner de vitesse car il était fort agile.

Aussi, lorsqu'il les eut éloignés du fleuve autant que faire se pouvait, il se retourna brusquement et bondit à la vitesse d'un chevreuil en direction de la berge. Il ne se jeta pas immédiatement sur le canoë qu'il convoitait, mais se rua sur l'embarcation de guerre et se saisit de toutes les pagaies. Puis, il traita de la même manière les esquifs de moindre importance. C'est alors qu'il se tourna vers son objectif.

Avec un cri qui se répercuta à travers le village, il jeta la brassée de pagaies dans le canoë jaune, imprima à l'arrière une forte poussée qui l'entraîna dans les eaux boueuses du fleuve, puis il grimpa à bord et se mit à pagayer avec vigueur en descendant le courant.

Bien que sa vie dépendît de la rapidité de sa fuite, il ne put s'empêcher de jeter un dernier regard vers le village. Vers les wigwams érigés à faible hauteur au-dessus du sol ; vers le foyer où ses parents apprenaient en ce moment même la nouvelle de son geste désespéré ; vers le long wigwam d'où les chefs surgissaient pour mettre à l'eau la grande pirogue de guerre qui leur permettrait de rattraper le criminel. Il ne pouvait quitter des yeux les anciens qui, parvenus sur la berge, constataient leur impuissance. Sa dernière vision de la communauté à laquelle il appartenait fut celle d'un village en proie à l'agitation dont les chefs, habituellement très dignes, couraient en tous sens, levant les bras et hurlant des ordres. Il éclata de rire.

Mais maintenant, il était seul sur le fleuve et, pour survivre, il devait faire appel à toute l'habileté qu'il avait accumulée au cours des vingt-cinq ans de son existence. Il lui faudrait dépasser les deux villages susquehannocks du sud et, puisque ces derniers devaient allégeance au sien, éviter d'être intercepté et arrêté. Par ailleurs, les membres de sa tribu ne tarderaient pas à se procurer d'autres pagaies et la poursuite serait inévitable. Peut-être même des coureurs étaient-ils déjà en route pour alerter les alliés du sud ; ses chances de succès étaient donc infimes.

Mais il n'était pas à court d'imagination et, dès que ses coups de pagaie énergiques l'eurent amené à proximité du premier village, il opta pour un stratagème audacieux. Pagayant résolument vers la berge, il cria d'une voix forte, chargée d'émotion :

— Amis ! Avez-vous vu un homme et une femme passer dans un canoë ?

Les habitants s'approchèrent de la berge occidentale :

— Nous n'avons vu personne.

— Ma femme ! hurla Pentaquod.

Et ils se mirent à rire, car, partout dans le monde, rien n'est plus drôle qu'un mari berné poursuivant une épouse infidèle.

« De quel côté sont-ils allés ? cria-t-il encore.

— Dans le champ de maïs, raillèrent-ils.

Et tant qu'il resta en vue, pagayant désespérément en suivant le courant, ils se tinrent sur la rive, se moquant de la silhouette grotesque qu'il leur présentait, celle du mari s'efforçant de rattraper son épouse et l'amant de celle-ci.

La nuit tombait lorsqu'il approcha du deuxième village, sur la rive orientale. Cette fois, il ne pouvait recourir au même stratagème car les coureurs, arrivés à pied d'œuvre, avaient sans doute offert des récompenses pour sa capture. Il se glissa donc sous les arbres de la berge ouest et attendit que l'obscurité fût totale. La lune, à son premier quartier, n'éclairerait pas le fleuve avant minuit, mais une fois l'astre levé, le passage serait alors impossible.

Quand les feux du village se furent éteints et que les guetteurs eurent pris leur poste pour la nuit, il laissa son canoë dériver le long de la berge ouest, très lentement, sans le moindre bruit, se déplaçant sous la protection compacte des arbres. Lorsque son embarcation se trouva exactement en face du village endormi, là où il risquait le plus d'être détecté, il respirait à peine. Avec soulagement, il constata que son passage s'effectuait dans le plus grand silence et n'alertait aucun des guetteurs. A l'aube, il pagayait furieusement au centre du cours d'eau, mettant à profit le courant.

Quand le soleil d'été se leva, Pentaquod commença à ressentir les effets de la chaleur, et il jugea plus sage de remonter le cours d'un affluent débouchant de l'ouest ; là, à l'abri de branches retombantes, il dormit pendant la plus grande partie de la journée. Au crépuscule, il avait regagné le fleuve, tenaillé par la faim, les muscles fatigués, mais il n'en continuait pas moins à pagayer sans trêve, à coups rythmés et réguliers.

Ce fut dans la matinée qui suivit la troisième nuit — il n'avait absorbé que deux petits poissons en trois jours — qu'il atteignit les chutes que son peuple appelait Conowingo. Il devait affronter l'épreuve déterminante pour la réussite de sa fuite. Lorsqu'il approcha des remous blancs et bondissants, il pensait tirer son canoë au sec et le porter jusqu'au bas de la cascade mais, comme il quittait le centre du fleuve pour gagner la rive, il remarqua un courant uni au flot rapide qui contournait les rochers. En un éclair, il résolut de confier son sort au fleuve plutôt qu'à la terre ferme.

Une bonne raison l'incita à agir de la sorte : « Si je porte mon canoë, les autres pourront me rattraper ; mais si j'emprunte la voie de la chute, personne n'osera me suivre et j'aurai plusieurs jours d'avance sur mes poursuivants. »

En une sorte d'offrande, il abandonna au courant toutes les pagaies dont il s'était chargé, sauf deux, les jetant une à une dans les rapides pour observer leur comportement dans la chute. Elles suivirent l'eau sombre et unie.

Puis, il arrima aux membrures tout le matériel de chasse et l'une des pagaies, de crainte que celle qu'il utilisait ne fût emportée. Enfin, animé par la conviction rassurante qu'il ne risquait pas davantage à aller de l'avant qu'à retourner en arrière, il dirigea son canoë vers la turbulence.

— Hi-ya ! Hi-ya ! hurla-t-il lorsque les eaux le remplacèrent aux commandes du canoë, aspirant l'embarcation vers l'aval à une vitesse effrayante.

Ce fut un trajet tumultueux, jalonné par les rochers acérés. L'écume des remous s'engouffrait dans le tronc d'arbre et la pagaie, même utilisée avec une frénésie inhabituelle, ne lui était que d'un faible secours. A plusieurs reprises, il se crut sur le point de perdre son canoë, et peut-être la vie. Finalement, le tronc bondit et se tailla un chemin à travers les dangereux rochers et l'eau rugissante.

L'épreuve surmontée, il se sentit épuisé. Ce jour-là, il dormit profondément à l'abri des arbres. De l'eau fraîche descendait d'un ruisseau et, lorsqu'il se leva, il but avidement. Il découvrit aussi des fraises dont il se gorgea et, grâce au matériel qu'il avait sauvé, il attrapa deux petits poissons.

L'esprit apaisé et le corps restauré, il reprit son pagayage nocturne en descendant le cours du fleuve ; le lendemain matin, il résolut de ne pas dormir de la journée car il n'allait plus tarder à atteindre la vaste étendue d'eau dont il avait entendu parler enfant et qui constituait maintenant son objectif.

« Elle se trouve au sud, avait expliqué le vieux sorcier du village, la rivière des rivières où le poisson abonde. Pour en descendre le cours, les dieux des rivières eux-mêmes devraient pagayer nuit et jour, et ses côtes sont découpées en centaines d'endroits où l'on peut se cacher. Sur cette rivière des rivières la tempête dure neuf jours, et les poissons y sont si gros qu'un seul nourrirait tout un village. Mais c'est beau. C'est très beau. Si tu es sage, si tu tailles tes flèches bien droites, si tu cueilles beaucoup d'ignames, tu la verras peut-être un jour. Moi, je ne l'ai jamais vue, mais elle est là-bas, dans le sud, et il se peut que tu sois l'heureux élu. »

Et elle était là, la Chesapeake ! Dans la langue de Pentaquod, ce nom signifiait : *la grande rivière dans laquelle abondent les poissons aux coquilles dures* et chaque village du bord de la Susquehanna possédait de précieuses longueurs de roanoke constituées par ces coquillages blancs récoltés dans la Chesapeake. Avec beaucoup de roanokes, un homme pouvait tout acheter, même la fille d'un chef.

La Chesapeake ! Le nom était familier à tous les enfants car, sur cette vaste étendue liquide, d'étranges événements se produisaient. C'était un lieu magique où les eaux s'élargissaient à l'infini, où les tempêtes d'une ampleur démesurée soulevaient des vagues effrayantes. C'était la rivière des rivières, où le poisson se parait de précieuses coquilles.

Toute la journée, Pentaquod dériva vers le sud, émerveillé, longeant une grève, puis s'aventurant vers le large, terrifiant et réconfortant à la fois. C'était encore plus vaste que dans la bouche du vieux sorcier, plus beau qu'une vie entière passée au bord d'un fleuve à l'intérieur des terres ne pouvait le laisser présager. Dès l'instant où il posa les yeux sur cette magnifique étendue d'eau, Pentaquod sentit s'envoler tout regret d'avoir abandonné son village. Il avait échangé quelques wigwams aux branchages entrelacés contre une infinie majesté.

— Oh, quel univers ! s'écria-t-il au comble de l'exaltation.

Pour exprimer cette pensée, il utilisa un mot susquehannock signifiant : *tout ce qui est visible sur la terre et invisible dans le ciel,* et il ne douta pas un instant que ce mot eût été imaginé pour lui permettre de décrire ce nouveau monde dans lequel il avait été autorisé à pénétrer.

Dès l'instant où il s'était enfui du village, il avait eu l'intention de découvrir cette baie légendaire et de s'abriter dans quelque havre propice de sa côte occidentale car, dans son enfance, les coquillages que son peuple conservait jalousement leur avaient été apportés par une tribu vaillante, la tribu des Potomacs, qui vivait sur les rives d'un fleuve dans l'ouest. C'était une tribu guerrière. Les années où les Potomacs ne venaient pas pacifiquement pour commercer, ils se manifestaient à bord de leurs pirogues pour tout dévaster. Pentaquod s'efforcerait d'entrer en contact avec les Potomacs. Sa taille et sa carrure exceptionnelles lui vaudraient un bon accueil.

Mais maintenant qu'il dérivait sur cette paisible étendue d'eau, si différente du fleuve enserré qu'il avait connu, tellement plus grandiose, il n'éprouvait plus le moindre désir de se joindre à ces Potomacs belliqueux parmi lesquels il servirait comme guerrier. Il était las des combats et des vieillards qui les prônaient. Il voulait se réfugier au sein d'une tribu plus calme que celles qui jalonnaient la Susquehanna, plus paisible que les Potomacs, trafiquants de coquillages. Il s'abstint donc de pagayer vers le rivage occidental.

Enfant, il s'était entendu dire que, sur la côte orientale de la baie, vivaient d'autres tribus de race inférieure qui ne pouvaient se prévaloir d'aucun exploit guerrier ; elles n'étaient même pas assez braves pour s'aventurer vers le nord afin de s'y livrer au commerce. De temps à autre, des groupes de Susquehannocks s'enfonçaient dans le sud pour les combattre, et les soumettaient avec une facilité qui frisait le ridicule.

— Il serait injuste de les traiter d'ennemis, avait déclaré un guerrier venu de l'autre côté de la boucle aux habitants du village de Pentaquod. Ils ont peu de flèches et ne possèdent que de petits canoës. A peine quelques coquillages en excédent pour faire des roanokes, et pas de femmes désirables. Croyez-moi, ce ne sont pas des Potomacs. Les Potomacs savent se battre.

Toutes les allusions méprisantes concernant les tribus de l'est que Pentaquod se rappelait à présent les lui rendaient plus attrayantes encore. Si ces peuples ne ressemblaient pas aux Susquehannocks, c'était tant mieux ; s'ils étaient différents des Potomacs, encore tant mieux. Et maintenant, comme pour confirmer ce jugement, se découpait sur le rivage oriental l'embouchure d'un fleuve large et accueillant, gardé par une île basse couronnée d'arbres magnifiques. Un cours d'eau vaste, hospitalier, paisible et constellé d'oiseaux.

Ainsi, au milieu de la Chesapeake, Pentaquod, le Susquehannock las de la guerre, dirigea son canoë creusé dans un tronc d'arbre, non vers la turbulente rive occidentale, comme il en avait eu l'intention, mais vers le paisible rivage oriental, et ce simple choix fit toute la différence.

confirmer ce jugement, se découpait sur le rivage oriental l'embouchure d'un fleuve large et accueillant, gardé par une île basse couronnée d'arbres magnifiques. Un cours d'eau vaste, hospitalier, paisible et constellé d'oiseaux.

Ainsi, au milieu de la Chesapeake, Pentaquod, le Susquehannock las de la guerre, dirigea son canot creusé dans un tronc d'arbre, non vers la turbulente rive occidentale, comme il en avait eu l'intention, mais vers le paisible rivage oriental, et ce simple choix fit toute la différence.

Le fleuve

Lorsque Pentaquod se dirigea vers le fleuve de l'est, il se trouva face à l'île boisée qu'il avait aperçue à bonne distance car elle barrait l'entrée du cours d'eau. Dressée entre deux promontoires, l'un descendant du nord, l'autre montant vers le sud, telle une sentinelle bienveillante, elle semblait dire : « Que tous ceux qui pénètrent dans ces eaux connaissent la joie ! »

En soi, l'île était assez basse sur les eaux, mais ses arbres majestueux se dressaient si haut et de façon si inégale qu'ils créaient une impression d'élévation. Chênes, érables, copalmes, châtaigniers, bouleaux, pins immenses et houx iridescents s'enchevêtraient si étroitement qu'on distinguait à peine la terre. Ce furent ces arbres qui abritèrent Pentaquod après qu'il eut tiré son canoë au sec et se fut effondré, terrassé par le manque de nourriture et de sommeil.

Quand il s'éveilla, il éprouva l'une des sensations les plus agréables que l'on puisse connaître sur terre : il était étendu sur un lit d'aiguilles de pin douces et odorantes et, lorsqu'il leva les yeux, il ne put voir le ciel ; les pins s'élevaient si haut et si droit que leurs branches formaient un dais impénétrable à la lumière du soleil. Ce toit lui inspira confiance et, avant de se rendormir, il murmura :

— C'est un bon endroit, avec tous ces arbres.

Il fut réveillé par un son qu'il n'identifia pas immédiatement. Un cri de guerre, terrifiant, poussé quelque part au-dessus de sa tête : « Kraannk ! Kraannk ! Kraannk ! »

Apeuré, il se leva d'un bond et se tint sous les grands arbres, prêt à se défendre. Puis il éclata de rire devant sa sottise : il reconnaissait ce cri. « Kraannk ! Kraannk ! » C'était Pêcheur Longues Jambes, l'un des hôtes ailés les plus aimables des rivières et des marais.

Il se dressait là, dans l'eau jusqu'aux genoux : grand,

maigre, gauche, haut de plusieurs mains, avec des pattes qui n'en finissaient pas et une tête blanche ébouriffée. Son trait le plus caractéristique résidait dans son long bec jaune qu'il gardait baissé en direction de l'eau. Assez rarement, quand Pentaquod était enfant, ce pêcheur vorace avait remonté la Susquehanna pour s'y nourrir, marchant sur la pointe des pieds entre les roseaux ; et souvent, par jeu, Pentaquod avait imité ses mouvements.

Maintenant, Pentaquod demeurait silencieux, observant l'oiseau avec affection tandis que celui-ci avançait le long de la grève boueuse et s'enfonçait jusqu'à ce que les jointures saillantes de ses genoux disparaissent sous l'eau. Puis, d'un brusque jaillissement de son long cou, si rapide que Pentaquod ne put le suivre, son bec aigu fendit l'eau et se referma sur un poisson. Pêcheur Longues Jambes leva la tête, lança sa proie en l'air, la rattrapa au moment où elle retombait. Il avala le poisson d'un coup, et Pentaquod suivit la progression du repas le long du gosier dilaté. Il demeura dans l'ombre, à observer l'oiseau qui attrapait un poisson après l'autre. Sans doute fit-il du bruit, car Pêcheur Longues Jambes se tourna tout à coup vers lui, se mit à courir gauchement, puis s'éleva en un vol lent, déployé, ravissant. « Kraannk ! Kraannk ! » cria-t-il en passant au-dessus de l'homme.

La nourriture serait abondante à condition qu'on parvienne à la capturer ; Pentaquod tira son canoë plus avant sur la terre, le dissimula parmi les chênes et les érables qui bordaient la grève. Il était décidé à explorer l'île au plus tôt. Tout en avançant sous le couvert des arbres, il arriva devant une prairie et entendit le cri réconfortant, si familier, maintes fois perçu quand il vivait au bord du grand fleuve : « Bob-ouaïte ! Bob-ouaïte ! » Parfois l'appel venait de sa gauche, parfois d'une touffe d'herbe à sa droite, parfois d'un endroit près de ses pieds, mais il était toujours clair et distinct, comme si un protecteur se tenait à ses côtés et sifflait. « Bob-ouaïte ! » C'était l'appel de la caille, cet oiseau malin, à la tête brune et blanche. Il constituait le mets le plus délicat que puisse offrir la gent ailée, et l'île en abritait une multitude. Non seulement, Pentaquod pourrait survivre en mangeant du poisson, mais aussi festoyer comme un chef avec des cailles.

Avec une prudence extrême, il s'enfonça dans les terres, remarquant tout, conscient du fait que sa vie pouvait dépendre du soin apporté à ses observations. Chaque pas le confirmait dans son assurance, jamais le moindre signe de danger : noisetiers chargés de promesses de fruits, crottes de lapins, et traces de renards, et ronces croulant sous les mûres, et nids d'aigles broussailleux, et chèvrefeuilles s'enroulant autour des branches basses des cèdres.

Ile riche de signes et de promesses. Là, un homme intelligent pouvait bien vivre en travaillant plusieurs heures par jour. Mais avant de s'engager dans une telle aventure, Pentaquod devrait voir si d'autres hommes vivaient là et observer comment l'île se comportait pendant une tempête.

Il continua son exploration et constata que l'île s'étendait plus largement d'est en ouest que du nord au sud. Dans la partie orientale s'ouvrait une baie profonde qui semblait aller à la rencontre d'un ruisseau coulant dans le sud, ce qui coupait presque l'île ; la section est se révélait beaucoup plus riche que la partie occidentale. Il se fraya un chemin sous les chênes majestueux et parvint bientôt à l'extrémité est où il demeura figé, abasourdi. A perte de vue, il était confronté à l'élément liquide qui se formait en baies, ruisseaux et criques, voire en petites rivières. Et sur les rives de ces diverses eaux, s'élevait une terre des plus accueillantes : vastes prairies, doux vallonnements couverts d'arbres encore plus hauts que ceux de l'île et, partout, une impression d'opulence, de tranquillité, de paix.

Jamais il n'avait contemplé lieu plus enchanteur. Cependant, sous l'effet d'une tempête, cette étendue d'eau dormante ne risquait-elle pas de se déchaîner ? Par ailleurs, s'il voulait posséder une partie quelconque de ce prodigieux pays, ne lui faudrait-il pas se mesurer à ses propriétaires actuels, sans doute aussi belliqueux que les Susquehannocks ? Néanmoins, une certitude s'imposait à lui : il souhaitait passer le reste de ses jours au bord de ce fleuve merveilleux.

Il n'était pas plus tôt parvenu à cette conclusion qu'une sorte de reniflement attira son attention, il se retourna et fouilla du regard le couvert des arbres ; là, se tenait une biche aux yeux immenses, flanquée de ses deux faons tachetés de brun. Les trois cervidés se figèrent, regardant fixement l'inconnu. Puis, la biche curieuse pencha la tête et ce mouvement, presque imperceptible, libéra les faons qui, sur leurs pattes flageolantes, s'approchèrent prudemment de Pentaquod.

Au bout d'un instant, la mère rappela à l'ordre les faons curieux en les frôlant, et les attira sous le couvert des arbres.

« Poissons, cailles, cerfs ! songea Pentaquod. Et, à condition de trouver des graines, du maïs et probablement des courges. Des dindes aussi, si je ne me trompe. Et pas grand monde jusqu'à présent. C'est bien l'endroit qui convient. »

Il revint vers son canoë, et se préoccupa de son dîner ; il ramassa une grosse poignée de mûres, alluma un feu pour cuire les poissons qu'il avait aisément attrapés et mangea à satiété. Il dormit profondément, bien que, longtemps avant l'aube, retentisse au-dessus de lui le cri qui serait toujours lié à sa première exploration du nouveau fleuve : « Kraannk ! Kraannk ! » C'était Pêcheur Longues Jambes qui revenait effectuer sa ronde sur la grève.

Au cours des jours qui suivirent, Pentaquod explora les moindres recoins de l'île et conclut que, si d'autres avaient connaissance de ces lieux, ils ne les appréciaient pas suffisamment pour y construire leur foyer car il ne découvrit pas le moindre signe d'habitation. Les prairies qui formaient des clairières entre les arbres n'avaient jamais vu croître de maïs ou de courges, et il ne put déceler aucune indication de vie humaine ou de champ cultivé sur les deux promontoires faisant face à l'île.

Il n'en fut pas déconcerté pour autant. Si une terre aussi accueillante que celle-ci existait en amont du fleuve, pourquoi des hommes se seraient-ils installés près de l'embouchure ? Ils étaient beaucoup plus en sécurité à l'intérieur des terres. Les tempêtes venues de la baie y étaient moins redoutables, et les étendues d'eau plus aisées à traverser. Il se pouvait aussi que la terre y fût plus riche et qu'il y eût d'autres avantages que Pentaquod n'était pas en mesure d'imaginer. Mais il avait acquis une certitude : ici, la vie serait bonne.

Il abandonna momentanément ses réflexions, acceptant le bienfait qui lui avait été accordé. Il se construisit un petit wigwam soigneusement dissimulé à l'intérieur de l'île, non loin de la côte nord ; il utilisa de petits arbres courbés pour l'ossature et d'abondantes herbes aquatiques pour le toit. Nul besoin de mettre le canoë à l'eau pour attraper du poisson : de grosses pièces tachetées de brun, au museau aplati, nageaient jusqu'à lui, résolues à se faire prendre, et bien qu'il n'eût pas encore réussi à piéger des cailles, il était parvenu à abattre un chevreuil qui le nourrirait plusieurs jours durant. Un après-midi, un renard passa non loin de lui et, une nuit, un putois laissa les effluves de son passage.

Il aimait l'odeur du putois, à condition que celui-ci ne s'approchât pas trop ; elle lui rappelait les pistes à travers bois maintes fois empruntées lorsqu'il était enfant, les froides nuits automnales et les impressions douillettes de l'hiver. C'était l'odeur de la nature, lourde et pénétrante : elle l'assurait de la pérennité de la vie dans toute sa complexité.

Ce fut son ami Pêcheur Longues Jambes qui lui permit de découvrir l'un des phénomènes les plus étranges de la côte orientale. L'oiseau aux plumes bleues et au long bec se manifesta un soir, précédé de son croassement habituel ; il sondait les hauts-fonds à proximité de la grève sans se soucier de la présence de l'homme à laquelle il s'était habitué. Brusquement, son bec redoutable fendit l'eau et en ressortit, tenant une masse qui se débattait bizarrement.

Plus grande qu'une main d'homme, d'une couleur brun-vert, elle paraissait être pourvue de pattes nombreuses, qui s'agitaient dans la lumière crépusculaire. L'oiseau semblait enchanté de sa proie ; il la projeta en l'air, la sectionna d'un coup de bec, en engouffrant une moitié tandis que l'autre retombait dans l'eau. La portion avalée était si grosse, si abondamment nantie de pattes qu'il fallut du temps et des efforts pour l'acheminer le long du gosier mais, dès qu'elle eut été engloutie, l'oiseau s'attaqua à l'autre moitié. Après s'être régalé d'un pareil festin, Pêcheur Longues Jambes ne pouvait se contenter de poisson ordinaire ; il prit donc son élan, s'éleva au-dessus de la grève, émit son lugubre croassement et s'éloigna à tire-d'aile.

Pentaquod se rendit à l'endroit où l'oiseau avait saisi sa proie pour essayer de relever des indices. Il n'en décela aucun. Pêcheur Longues Jambes avait tout mangé. Le lendemain, il retourna sur le même emplacement armé d'une ligne, mais il n'attrapa rien. A quelques jours de là, il vit Pêcheur Longues Jambes saisir un autre de ces morceaux de choix dont il parut se délecter avec encore plus de plaisir. Pentaquod n'en apprit pas davantage sur l'identité de la proie : plus grande qu'une main d'homme, de couleur brun-vert, avec de nombreuses pattes, et assez molle pour être aisément coupée en deux.

Il était bien résolu à percer ce mystère et, un jour qu'il arpentait la côte sud de l'île, un premier indice lui apparut : rejetée sur la plage et manifestement morte, reposait une créature très semblable à celle que l'oiseau avait attrapée. Dimensions analogues, pattes multiples, couleur brun-vert avec quelques taches bleues sur le dessous. Mais la ressemblance s'arrêtait là car l'animal mort était emprisonné dans une coquille trop dure pour être broyée par aucun oiseau. Il était aussi muni de deux pattes de devant armées de formidables mâchoires aux dents énormes et menaçantes. Comment l'oiseau pourrait-il couper cette coquille en deux ? Et s'il y parvenait, comment pourrait-il l'avaler ?

Dix jours durant, Pentaquod tenta d'attraper l'une de ces étranges créatures à l'aide de sa ligne de pêche. En vain. Dépité, il estima qu'il s'agissait là d'un mystère qu'il ne lui appartenait pas d'éclaircir.

Il découvrit deux aspects de son nouveau domaine qui le troublèrent. Plus il explorait les deux profondes failles qui partageaient l'île, plus il comprenait qu'un jour les deux bras d'eau devaient se rencontrer, partageant la terre en deux moitiés. En ce cas, pourquoi d'autres fissures ne se produiraient-elles pas, fragmentant l'île encore davantage ?

Sa deuxième découverte intervint à l'occasion d'un orage subit et dévastateur. L'été tirait à sa fin et la vie sur l'île avait été un véritable enchantement. Par une journée chaude et humide, des nuages s'amoncelèrent dans le sud-ouest, de l'autre côté de la baie. Avec une rapidité inhabituelle pour Pentaquod, ce conglomérat noir se précipita vers l'est. Bien que le soleil continuât à briller au-dessus de sa tête, Pentaquod comprit qu'un violent orage n'allait pas tarder à éclater.

Et le soleil continuait à briller ; et le ciel restait clair. Les chevreuils s'enfoncèrent plus profondément dans les forêts et les oiseaux de la grève battirent en retraite vers leurs nids, bien que l'unique signe de danger résidât dans la barrière nuageuse qui avançait au galop vers la baie.

Pentaquod observa l'arrivée de la tourmente. Elle s'abattit sur la lointaine côte occidentale avec une fureur effroyable, transformant l'eau calme en un bouillonnement de vagues qui déferlaient en crachant de l'écume blanche. Les nuages se déplaçaient si vite qu'il ne leur fallut que quelques instants pour traverser la baie ; leur progression se devinait dans le déchaînement des lames rageuses.

L'orage s'accompagna d'un véritable déluge ; la pluie tombait obliquement en direction de l'est, et la traversée de la baie ne lui demanda qu'un temps infime ; alors, la tourmente atteignit Pentaquod, s'abattant sur lui avec une fureur qu'il n'avait encore jamais rencontrée. De grands éclairs zébraient le ciel, suivis d'assourdissants grondements de tonnerre. Des vents d'une force extraordinaire déchiraient la surface de la baie, la fouettant en vagues d'une puissance terrifiante.

Mais Pentaquod n'avait pas peur de l'orage. Le lendemain matin, après la tourmente, il visita son domaine sans découvrir de dégâts importants.

Les arbres abattus étaient plus gros que ceux qu'il avait trouvés déracinés dans le nord, mais c'était à peu près tout. Si les tempêtes qui assaillaient l'île n'étaient pas plus terribles que celle-ci, il saurait s'en accommoder.

Qu'était-ce donc, alors, qui le troublait ? Après avoir inspecté l'île et s'être assuré que son canoë était intact, Pentaquod se conduisit comme tout chef de famille prudent et se mit en devoir d'évaluer la situation générale. Il tenait à savoir si des animaux avaient péri ou si des cours d'eau étaient sortis de leur lit et, parvenu à un point de l'extrémité nord-ouest de l'île, il remarqua que l'orage, ou plus exactement le pilonnage des vagues, avait emporté une partie substantielle du rivage. Les grands pins et chênes qui marquaient l'endroit avaient été abattus, et ils gisaient, côte à côte dans l'eau, tels des guerriers terrassés après la bataille.

Partout où il se rendit le long de la côte ouest, il remarqua cette même amputation des terres. La tragédie de la tempête ne résidait pas dans la chute de quelques arbres puisque d'autres repousseraient, ou la mort de quelques poissons puisque d'autres naîtraient, mais bien dans la disparition d'une importante partie du rivage : c'était là une perte définitive. Considérant les dégâts, Pentaquod résolut d'abandonner l'île, aussi accueillante fût-elle, et de s'aventurer plus loin dans l'intérieur des terres.

En conséquence, il traversa le fleuve redevenu calme, et pagaya jusqu'à atteindre la base d'une haute falaise qui l'attirait depuis le jour où il avait découvert ces lieux. Elle se dressait à l'est de l'île et formait un promontoire émergeant des eaux profondes sur ses parties ouest et nord. Elle gardait l'entrée d'un beau petit ruisseau, mais tirait sa dignité de son abrupte face sud, plus haute que cinq hommes, et surmontée de chênes et d'acacias. Considérant la nature friable de la face, Pentaquod pensa qu'elle pourrait aussi céder sous l'action des vagues mais, quand il eut amené son canoë tout contre la falaise, il fut heureux de constater qu'elle n'avait pas été touchée par la tempête. Il estima qu'elle n'avait jamais été sérieusement menacée parce que sa position la tenait hors des courants susceptibles de l'attaquer.

Impossible de débarquer à la base de la falaise. Où pouvait-il tirer le canoë au sec et le dissimuler ? Comment grimper jusqu'au plateau en surplomb ? Une terre basse flanquait la falaise à son extrémité est, donnant sur le fleuve ; elle paraissait accueillante, mais n'en demeurait pas moins très exposée, et Pentaquod l'ignora. Il s'aventura dans le ruisseau, examina la pente de la face nord, qui lui parut menaçante, et l'écarta aussi mais, à quelque distance de là, il découvrit une terre basse, sûre et très boisée, réservant de nombreux abris pour un mouillage ; il en choisit un, tira son canoë assez loin dans les terres, le dissimula sous un bouquet d'érables, et entreprit l'ascension de la pente abrupte menant au sommet du promontoire.

Il atteignit un lieu superbe : un petit terrain plat, découvert, proche du bord de la falaise, entouré d'une profusion de chênes et de pins majestueux. Dans toutes les directions, sauf vers l'est, Pentaquod découvrait de vastes étendues et son regard allait d'un tableau enchanteur à un autre : au nord, un stupéfiant dédale de caps et de baies dont chaque élément rivalisait de beauté ; au sud, une nouvelle révélation de solitude infinie : là, s'étendaient les marais, refuges d'innombrables oiseaux, poissons et petits animaux ; le spectacle le plus grandiose s'offrait à l'ouest avec l'île scintillant sous le soleil et se découpant sur le fond bleu des eaux de la Chesapeake. Du haut de ce promontoire, Pentaquod distinguait la rive opposée du golfe jusqu'aux terres mystérieuses où régnaient les Potomacs, mais si son regard revenait se poser à ses pieds au lieu de se perdre dans le lointain, il voyait de tous côtés son fleuve, paisible et rassurant.

Sur ce cap, tandis qu'il réfléchissait aux prudentes mesures qu'il lui faudrait prendre, Pentaquod passa quelques-unes des semaines les plus sereines de sa vie. La solitude, qui l'oppressait les premiers jours de sa fuite, ne le tenaillait plus et il ne regrettait pas d'avoir abandonné les Susquehannocks. L'immensité au sein de laquelle il vivait exerçait une curieuse influence sur lui. Sa peur bien naturelle de ne pouvoir survivre dans un monde étrange s'estompait et il découvrait en lui un courage infiniment plus profond que celui exigé pour fuir en descendant un fleuve bordé de villages hostiles. Parfois, il s'asseyait sous le chêne abritant son petit wigwam et contemplait son univers : les fascinants bras d'eau au nord, les vastes marais, la côte occidentale de la baie où paradaient les tribus guerrières, et il pensait : « C'est une terre bénie ; ici est l'abondance. »

Un matin, alors qu'il travaillait à son canoë, en bas, près du ruisseau, il entendit un son qui le remplit d'aise : « Kraannk ! Kraannk ! » C'était là un des cris les plus hideux qui fût dans la nature, aussi disgracieux et déplaisant que la créature qui l'émettait mais, pour Pentaquod, il annonçait le retour d'un ami, et il se précipita vers le bord de l'eau pour accueillir Pêcheur Longues Jambes au moment où l'oiseau se posait avec maladresse et violence, projetant boue et graviers en enfonçant ses pattes pour stopper son élan.

— Oiseau ! Oiseau ! s'écria-t-il joyeusement quand le pêcheur se posa.

Son cri surprit l'animal qui courut encore sur la berge et s'envola, en battant de ses ailes immenses et bleues, démesuré dans le ciel.

« Reviens ! supplia Pentaquod.

Mais en vain.

Il resta toute la journée près du ruisseau, se reprochant d'avoir effrayé l'oiseau. Un peu avant le crépuscule, son attente fut récompensée par une nouvelle manifestation de ce cri doux et rauque : « Kraannk ! Kraannk ! » que lançait la créature aux longues pattes en amorçant une glissade sur l'aile afin d'explorer de nouveau son terrain de pêche. Cette fois, Pentaquod ne parla pas ; il demeura rigoureusement immobile afin de ne pas trahir sa présence.

Soudain, l'oiseau leva les yeux, aperçut au même instant Pentaquod et, dans l'eau, son mets favori. Avec un rapide mouvement de bec, la petite tête plongea, saisit sa proie, se rejeta frénétiquement en arrière pour lancer sa prise en l'air, puis la coupa en deux.

— Que mange cet oiseau ? se demanda Pentaquod que son ignorance agaçait.

Il observa le trajet de l'une des moitiés qui cheminait le long du gosier. Sans se préoccuper de l'homme, l'oiseau plongea le bec dans l'eau pour récupérer la deuxième moitié, et celle-là aussi fut engloutie. Pentaquod put suivre la progression du mystérieux repas absorbé avec délectation, et il résolut d'attraper l'un de ces étranges poissons.

Il n'avait, hélas, aucune idée de ce qu'il essayait d'attraper, aussi n'y parvint-il pas. En revanche, il découvrit un grand nombre d'arbres chargés de noix mûres, de baies, divers poissons succulents qui hantaient le fleuve et des gîtes de chevreuil ; les cervidés abondaient et il semblait impossible qu'un homme pût mourir de faim en ces lieux.

A présent l'automne approchait avec un jour froid de temps à autre, annonciateur de l'hiver. Il commença à envisager sérieusement d'entrer en contact avec les tribus vivant dans la région. Il ne les connaissait que par les légendes de sa jeunesse : au-dessous de nous, à l'extrémité de notre fleuve, est un fleuve plus grand, beaucoup plus grand. A l'ouest, vivent les Potomacs, redoutables dans la bataille, mais, à l'est, il n'est que des êtres sans intérêt.

« S'ils habitent le long de fleuves tels que celui-ci, songea Pentaquod, ils présentent de l'intérêt. » Puis, il réfléchit à ce que signifiait ce jugement ; ces êtres ne comptaient évidemment pas pour les Susquehannocks puisqu'ils ne possédaient ni marchandises de troc à convoiter, ni pirogues de guerre à redouter. Sans aucun doute, les Potomacs, qui pouvaient se prévaloir des unes et des autres, nourrissaient le même dédain pour les tribus de la région orientale. Mais que pensaient ces dernières d'elles-mêmes ? Que pensait Pentaquod de lui-même, lui qui menait la vie paisible des tribus de l'est ?

A présent, il était convaincu que, quelque part le long de ce fleuve fécond, vivaient des tribus, et il lui fallait les découvrir avant l'hiver. Aussi, non sans regrets, il décida d'abandonner son domaine de la falaise et de se rapprocher des lieux qui donnaient asile aux membres de sa future tribu. Il répara les avaries de son canoë, le tira dans le ruisseau, et se mit à pagayer vers l'est jusqu'à ce qu'il avisât un immense marais qui s'étalait devant lui et dont les hautes herbes s'élevaient de quinze mains au-dessus de l'eau.

Au bruit de sa pagaie, des centaines d'oiseaux s'envolèrent et il pensa que le poisson devait aussi foisonner. En pénétrant plus avant dans le marais, il découvrit un endroit chaud, spongieux, oscillant légèrement, qui s'étendait au loin et grouillait de nouvelles formes de vie. Lorsqu'il en eut traversé une grande partie, il eut la satisfaction de découvrir qu'un ruisseau bien dissimulé conduisait au milieu des joncs vers un emplacement remarquablement protégé. Et lorsqu'il se fut enfoncé dans la petite passe sinueuse, invisible depuis le fleuve proprement dit, il s'aperçut que la berge nord était constituée d'une terre boisée de grande qualité.

« Là, un wigwam est protégé par le marais », pensa-t-il. Et lorsqu'il l'eut construit, il éprouva une sensation de sécurité inconnue jusqu'alors. « Même si je ne rencontre personne, je peux vivre ici », conclut-il.

Mais la troisième nuit, alors qu'il se félicitait de son havre au moment où le feu s'éteignait, il entendit un vrombissement et comprit, d'après ses expériences d'enfant, que les moustiques s'abattaient sur le marais. Jamais encore il n'en avait connus de pareils. Ils arrivaient en formations serrées et l'attaquaient avec une hargne de chien de chasse. Un seul de ces insectes pouvait causer plus de ravages que vingt sur les bords de la Susquehanna, et ils le rendirent presque fou par leurs assauts incessants. Les piqûres étaient si violentes qu'il dut plonger dans le ruisseau pour s'en débarrasser mais, quand il en émergea, d'autres tortionnaires l'attendaient.

A l'aube, alors qu'il examinait les cloques douloureuses de ses bras et effleurait les piqûres de son visage, il se demanda s'il pourrait demeurer en un tel lieu. Puis, au cours des nuits qui suivirent, il découvrit qu'en entretenant un feu dégageant beaucoup de fumée, en fermant soigneusement toutes les ouvertures de son wigwam, et en dissimulant chaque pouce de son corps sous ses vêtements ou de l'herbe, il pouvait survivre. Ce n'était pas agréable et il transpirait comme une bête, mais il survécut bel et bien et il en déduisit que quand Manitou, le Grand Esprit, avait achevé de créer le fleuve, parfait dans ses moindres détails, il avait ajouté les moustiques pour rappeler à l'homme qu'aucun paradis n'est accordé sans peine.

Dans le courant de la journée, il pêchait et chassait, relevant les repaires des castors et des ours. Il s'aventura aussi à l'intérieur des terres, à la recherche d'un signe de vie humaine, mais il n'en découvrit aucun. Pêcheur Longues Jambes venait lui rendre visite pratiquement chaque jour, de petits hérons verts, de rutilants cardinaux et des martins-pêcheurs quittaient leurs nids boueux à son approche et des centaines de cailles caquetaient à l'envi durant les après-midi d'automne.

Un matin, alors qu'il s'attardait sur son lit d'aiguilles de pin, il entendit une atroce cacophonie, un grondement à faire trembler la terre qui venait du ciel ; il se rua à l'extérieur pour voir descendre vers son marais un véritable nuage d'immenses oiseaux. Et dès l'instant où il aperçut les oies, il les intégra à son monde : têtes et cous d'un noir de jais, jabots d'un blanc de neige, splendides corps crème, dos bruns, queues noires, cris rauques, aimables, grasses et s'interpellant constamment : « Onk-or ! »

Il avait espéré que ces puissants oiseaux se poseraient sur ses eaux, mais ils continuèrent leur vol en vociférant; puis d'autres les rejoignirent. Finalement, une formation bruyante, soixante-dix bêtes environ, amorça une glissade, effleurant presque sa tête, et se posa sur son marais dans une tempête d'éclaboussements ou sur sa terre qu'ils labouraient de leurs pattes. A portée de main, ces créatures paraissaient trop grosses pour être appelées oiseaux ; elles évoquaient davantage des oursons volants, lourds de viande comestible.

L'arrivée de cette profusion de nourriture était si mystérieuse qu'il en éprouva de la peur. Enfant, il avait eu l'occasion d'observer des vols de canards qui venaient se poser près du village susquehannock; ils ne restaient que quelques jours dans les parages. Sans doute ces immenses créatures agiraient-elles de même. Chaque matin, il s'attendait à les voir prendre leur essor et, chaque soir, elles étaient toujours là, fouillant la terre, pataugeant dans les marais le long du fleuve, criant constamment : « Onk-or ! » Tous les huit ou neuf jours, il en prenait une au piège, se repaissait de la viande savoureuse, craignant que ce ne fût son dernier festin, mais les grands oiseaux restaient.

Les oies lui tinrent compagnie tout au long de l'automne; certains jours, lorsqu'elles partaient à l'aube en quête de leur nourriture, leurs ailes assombrissaient le ciel, leurs cris le rendaient sourd. Dans l'après-midi, quand elles rentraient, elles se rassemblaient sur la berge nord du fleuve afin de se réchauffer au soleil, et la rive boueuse, allant de l'eau à la lisière des arbres, était noire d'oiseaux.

Une telle abondance dépassait son entendement. Ces créatures bruyantes étaient innombrables. Au début, il envisagea d'en tuer plusieurs, de fumer leur chair en prévision de l'hiver. Mais à quoi bon, puisque les oies restaient massées le long de la grève, en interminables files ? Les réserves étaient inutiles.

Un jour, alors que les oiseaux s'installaient aux abords du marais, Pentaquod s'assit et porta les mains à son visage pour prier. Se préparant au sommeil, les oiseaux caquetaient éperdument, et il prêta l'oreille à ce tapage comme s'il se fût agi d'une douce musique. « Grand Esprit, merci de nous les avoir envoyés pour nous nourrir tout au long de l'hiver... »

Dès qu'il eut prononcé le mot *nous,* il prit conscience de sa solitude. Et, le lendemain, il résolut d'abandonner son havre des marais pour retrouver la peuplade qui habitait au bord de ce fleuve de félicité.

Il n'avait pagayé que sur une courte distance en direction de l'est lorsqu'il remarqua une petite crique s'enfonçant dans la berge nord, susceptible d'abriter un village. Il se sentit déconcerté à l'idée qu'un tel lieu fût si proche de l'endroit où il s'était terré. Quand il s'enfonça dans l'anse, il vit que celle-ci se découpait en plusieurs bras et, au fond de l'un d'eux, il découvrit ce qu'il cherchait : les traces d'un village.

Des pieux enfoncés dans la berge avaient dû jadis retenir des canoës. Il remarqua aussi des plates-formes sur lesquelles avaient été érigés des wigwams, de forme ovale et d'une dimension respectable. La berge avait été défrichée ainsi que deux champs alentour et, tandis qu'il examinait les parages avec prudence sans pour autant abandonner son canoë, il releva d'autres empreintes tout au long de la crique. Il regagna l'endroit qui avait dû former le cœur d'un village, tira son canoë à terre, l'amarra à l'un des pieux et avança sur la terre ferme.

Il resta là plusieurs jours, heureux de constater que les grosses et bruyantes oies venaient dans l'anse à la tombée de la nuit, et il fut en mesure d'explorer suffisamment de terrain à l'est du village abandonné pour comprendre qu'il était enfin parvenu au secteur habité du fleuve. Il ignorait ce qu'il était advenu de la tribu, mais décelait qu'elle était partie de son plein gré. Aucun indice de bataille et, avec une telle abondance de nourriture, la famine ne pouvait être envisagée.

L'abandon apparent le déconcerta d'autant plus qu'après s'être livré à une inspection minutieuse des lieux, Pentaquod les jugea particulièrement propices à la vie d'un village. Eau douce, protection naturelle, facilités offertes par le fleuve, arbres grands et nombreux, et des terres qui convenaient aussi bien à la chasse qu'à la culture du maïs. Pourtant, il devait y avoir là un élément inquiétant qu'il n'était pas en mesure de définir et, finalement, il estima que celui-ci devait résider dans quelque obscure force malveillante qui avait incité les habitants à fuir.

Mais quelle était cette force malveillante ? Il avisa un

amoncellement, large à la base et presque aussi haut qu'une tête d'homme, d'une sorte de coquillages qu'il n'avait encore jamais vus : un peu plus petits que la main et beaucoup moins épais, composés d'une substance grise et dure à l'extérieur, d'un blanc chatoyant à l'intérieur. Il ne s'en dégageait aucune odeur. Leur solidité l'étonnait, tout comme leurs bords coupants. Cette dernière caractéristique l'incita à croire que le tas avait peut-être été constitué pour être utilisé en cas de guerre ; chaque coquille pouvait être jetée sur un ennemi mais, quand il en lança une contre un arbre, il se coupa l'index sur le bord acéré, et il conclut que cet amas insolite ne représentait qu'un mystère de plus.

Un après-midi, cependant, il perçut un bruit estompé mais régulier venant de l'est. Tout d'abord, il crut qu'il s'agissait d'un animal quelconque, mais la diversité des sons et leur persistance lui signifièrent que le bruit émanait d'êtres humains : un détachement de guerriers victorieux et dissipés.

Le bruit s'amplifia. Certains sons ne pouvaient être émis que par des enfants et, incrédule, il se dit :

— Ce ne peut pas être la population de tout un village... qui ferait un tel tapage en approchant d'un endroit dangereux.

Une bande de Susquehannocks traversant la forêt eût été tellement silencieuse que les éclaireurs ennemis les plus attentifs n'auraient pas décelé sa présence. Un comportement aussi bruyant était inconcevable.

Déconcerté, il fit mouvement pour intercepter les étrangers, en se glissant d'un arbre à l'autre, ainsi qu'on le lui avait enseigné. Lorsqu'il eut atteint un emplacement sûr d'où il pouvait à la fois surveiller la forêt et le fleuve, il attendit que le bruit se rapproche et s'intensifie.

Le spectacle le frappa plus encore que le bruit. Le long de la piste, sans tenir compte du danger, défilait la population joyeuse et insouciante du village déserté. Les femmes s'égaillaient aux abords du sentier, les enfants poussaient de grands cris rauques ; et tous étaient conduits par un vieillard à cheveux blancs dont la poitrine s'ornait d'un disque de cuivre poli le désignant comme le werowance. Jamais encore Pentaquod n'avait vu tribu si lamentablement guidée, si pitoyablement indisciplinée. Jamais non plus il n'avait vu d'individus d'aussi petite taille.

— Ce sont des enfants, murmura-t-il. Ce ne peut pas être des adultes.

Mais il s'agissait bien d'adultes et cette découverte détermina la conduite qu'il résolut d'adopter : quand la tribu gambadante fut presque sur lui, il bondit sur la piste, la main droite levée. Le vieux werowance s'arrêta comme on le lui intimait, les autres continuèrent à avancer ; quelques enfants se mirent à hurler. Dans la confusion, Pentaquod cria d'une voix forte :

— Je suis Pentaquod, le Susquehannock !

Le werowance était dur d'oreille et il ne comprit pas le peu qu'il entendit. Se tournant vers ses proches compagnons, il leur demanda ce que l'effrayant étranger avait dit, mais personne n'avait compris.

— Où est Menton Balafré ? s'écria le werowance d'une voix tremblante.

Un guerrier au visage émacié, dont le menton avait été fendu jadis par le tomahawk d'un Susquehannock, fut poussé en avant avec mission de s'enquérir dans la langue de Pentaquod :

— Es-tu un Susquehannock ?

Pentaquod opina et l'interprète rapporta le renseignement au werowance qui dit :

— Demande-lui s'il annonce la guerre.

— Cherches-tu la guerre ?

— Non.

Un grand soupir de soulagement s'exhala du groupe, puis le werowance fronça les sourcils et s'adressa à Menton Balafré.

— Dis-lui que nous n'avons rien à troquer.

Quand l'interprète eut traduit ces paroles, Pentaquod répliqua :

— Moi non plus.

Nouveau soupir de soulagement, puis le werowance reprit, non sans perplexité :

— Alors, pourquoi est-il ici ?

Lorsque ces paroles eurent été traduites en susquehannock, Pentaquod répondit simplement :

— Je suis un fugitif. Je cherche un asile.

Quand cette stupéfiante information eut circulé, les membres du petit peuple se répandirent en chuchotements de compassion. L'étranger accepterait-il de rester avec eux ? Ils avaient besoin d'hommes, et celui-là était plus grand que tous ceux qu'ils avaient jamais vus. En bredouillant, ils expliquèrent qu'une fois ou deux par génération, des bandes de Susquehannocks, grands comme lui, s'étaient aventurées le long du fleuve, pour piller et s'emparer d'esclaves. Menton Balafré avait été capturé lors d'une telle expédition et il avait vécu parmi les tribus guerrières du nord pendant sept ans, aventure dont il ne cessait de parler, et on lui confia le soin d'accompagner le nouveau venu pendant que la tribu regagnait son domaine au bord du fleuve pour y passer l'hiver.

— Oui, ce village est nôtre, expliqua-t-il. Nous l'appelons Patamoke. Je suis sûr que ce nom a un sens, mais je ne me rappelle plus lequel. Oui, nous partons d'ici chaque été pour vivre dans les bois, près de la grande eau.

— La grande eau est par là, rectifia Pentaquod en désignant la direction de la baie.

— Il y en a une plus grande par là, assura Menton Balafré en pointant le doigt vers l'est.

Pentaquod n'en crut rien, mais il pensa qu'il serait plus avisé de ne pas contrarier ce petit homme surexcité.

Il précéda la tribu jusqu'au wigwam rudimentaire qu'il s'était construit et les enfants montrèrent en riant les côtés mal ajustés au toit. Quelques femmes se groupèrent aussi autour de la couche, raillant son aspect inhabituel, inconscientes de la grossièreté d'un tel comportement et, quand Pentaquod s'avança pour protéger ses maigres biens des atteintes des enfants, les femmes prirent son parti et exigèrent que garçons et filles laissent l'étranger en paix. Puis, les yeux pétillants, elles sourirent à l'homme.

Les villageois rentrant au bercail ne s'attardèrent guère, car le werowance leur parla d'un ton doux, sur quoi l'attitude de la foule bigarrée changea brusquement et chacun se précipita vers son foyer. Les guerriers s'enfoncèrent dans les bois pour y abattre des arbres tandis que femmes et enfants s'affairaient à niveler les plates-formes de pierre sur lesquelles les cahutes d'hiver seraient édifiées. Une fois ces travaux achevés, toute la tribu se rendit sur la berge et s'employa à couper les hautes herbes avec lesquelles seraient tressées les parois des wigwams. Pentaquod fut impressionné par leur méthode et leur habileté : ces gens construisaient infiniment mieux que les Susquehannocks.

Une fois les tâches préliminaires achevées et les matériaux amassés afin que la construction pût progresser dès le lendemain matin, tous se reposèrent et Pentaquod eut la possibilité de s'entretenir avec Menton Balafré ; celui-ci évoqua ses sept ans de captivité parmi les Susquehannocks, exprima son admiration pour la tribu guerrière et raconta comment les femmes s'étaient moquées de lui, si petit et si maigre.

— Comment s'appelle ta tribu ? demanda Pentaquod.

— Nous représentons une faible partie des Nanticokes. Les grands werowances vivent dans le sud. Nous n'avons qu'un werowance inférieur, comme tu l'as vu.

— Et ta tribu a un nom ?

Menton Balafré haussa les épaules, comme si le mystère des noms était réservé aux sorciers et aux guérisseurs. Pourtant, il expliqua que, fréquemment, les puissants Nanticokes du sud investissaient le village pour voler tout ce que la petite tribu avait mis de côté.

« Est-ce qu'ils sont beaucoup plus braves ?

— Non, plus nombreux.

— Est-ce que vous vous défendez ? Est-ce que vous vous battez ?

— Nous ne sommes pas des Susquehannocks, répliqua Menton Balafré en riant. Quand les Nanticokes arrivent, nous nous enfuyons dans les bois. Nous laissons juste assez derrière nous pour les dissuader de nous poursuivre et, quand ils ont pris ce qu'ils voulaient, ils s'en vont et nous revenons.

Un tel comportement paraissait si extraordinaire que Pentaquod ne trouva aucun commentaire sensé à émettre. Assis, les doigts entrelacés, il gardait les yeux rivés sur le tas de coquilles blanches.

— Est-ce que vous ne vous en servez pas contre les Nanticokes ? s'enquit-il.

— Nous servir de quoi ?

— Ces... eh bien, ces coquillages ?...

— Oh, ça ! s'exclama Menton Balafré en apercevant les coquilles.

Il éclata de rire et appela un groupe d'hommes pour partager son hilarité.

« Il croit que nous jetons les coquilles sur les Nanticokes !

Et tous de s'esclaffer. Quelques enfants s'emparèrent de coquilles qu'ils firent ricocher sur l'eau.

Pentaquod ne se formalisa pas et demanda :

— Qu'est-ce que c'est ?

— Tu ne sais pas ? s'écria Menton Balafré, visiblement stupéfait.

Il prit une coquille des mains d'un garçon moqueur, la tint à hauteur de poitrine et fit mine de manger ; sur quoi, l'une des femmes courut jusqu'à la berge, plongea dans l'eau froide, et reparut quelques instants plus tard, tenant un objet dégoulinant constitué de deux coquilles collées l'une à l'autre.

Les cheveux trempés collaient à ses épaules. Elle s'approcha vivement de Pentaquod, tendit les deux mains, lui offrant l'objet né du fleuve. Il le prit, impressionné par sa rugosité et son poids.

— Qu'est-ce que c'est ? demanda-t-il à Menton Balafré.

— Il ne sait pas ce que c'est ! répéta l'interprète, tout imbu de l'importance que lui conférait sa connaissance de la langue susquehannock.

— Il ne sait pas ce que c'est ! s'exclamèrent les enfants en un écho joyeux.

Et chacun observa l'homme de haute taille, venu du nord, aux prises avec les deux coquilles soudées.

La jeune fille reprit son offrande, s'arma d'un petit bâton pointu et en sépara adroitement les deux coquilles. Elle en tendit une à Pentaquod en lui faisant comprendre qu'il pouvait en manger l'intérieur.

Habitué à la venaison, au lapin et au poisson, Pentaquod examinait l'étrange chose. Il ne parvenait pas à lui trouver un rapport avec la nourriture qu'il avait toujours consommée ; c'était aqueux, visqueux, sans os, et il ne savait par quel bout l'attaquer.

La jeune fille mit fin à son embarras. Elle prit la coquille dans la main nerveuse de l'étranger, la lui porta aux lèvres et, d'un délicat mouvement des doigts, lui glissa l'aliment sur la langue. Un instant, il eut conscience d'une saveur plaisante, salée, puis il avala et une expression de stupeur se peignit sur ses traits. La jeune fille jeta la coquille vide sur le tas.

— Nous les appelons hawsheks, expliqua Menton Balafré. Il y en a plus qui dorment dans le fleuve qu'on ne peut en compter. Tout l'hiver, nous nous nourrissons d'hawsheks.

Pentaquod réfléchit à ce qu'il venait d'apprendre : à la nourriture abondante qu'il avait découverte, s'ajoutait cette ressource cachée dans le fleuve. C'était inconcevable. Et, tandis qu'il s'efforçait de démêler le mystère des huîtres, il se rappela son ami Pêcheur Longues Jambes et interrogea Menton Balafré.

— Qu'est-ce qu'il attrape et avale avec tant de difficulté ?

— Un poisson.

— Je connais le poisson. Ce n'est pas un poisson. Ça a la forme d'une main avec beaucoup de pattes.

Un sourire plein de mansuétude éclaira le visage balafré de son interprète qui demeura silencieux. Manifestement, il songeait aux moments de bonheur passé ; puis, il appela la jeune fille qui avait apporté l'huître.

— Il ne connaît pas les crabes non plus, chuchota-t-il.

La jeune fille sourit et de sa main droite imita un crabe agitant ses nombreuses pattes. Puis, ses yeux reflétèrent la compassion ; ne pas connaître l'existence de l'huître était amusant, mais ignorer celle du crabe suscitait la pitié.

— Qu'est-ce qu'un crabe ? s'enquit Pentaquod.

— Quand Manitou, le Grand Esprit, eut achevé de peupler le fleuve de tout ce dont le village avait besoin... pins pour les canoës, chevreuils pour notre nourriture en été, oiseaux et huîtres pour l'hiver, Il vit que nous étions reconnaissants et bien disposés, expliqua Menton Balafré. Alors, dans Sa bonté, Il créa une dernière chose, gage de Son éternelle sollicitude à notre endroit. Il créa le crabe et le cacha dans nos eaux salées.

Quelques femmes demandèrent à l'interprète ce qu'il avait dit jusque-là, puis l'incitèrent à ajouter quelques précisions.

« Le crabe procure peu de nourriture ; aussi, il n'est pas facile à manger. Mais le peu qu'il offre est le plus savoureux aliment qui soit sous le soleil. Pour manger du crabe, il faut travailler, ce qui le fait apprécier encore davantage. Il est une bénédiction, un mets de choix. Et aucun homme, aucune femme, ne s'en est jamais rassasié.

Quand le discours fut achevé, Pentaquod demanda timidement :

— Pourrai-je en goûter ?

— Ils ne viennent qu'en été.

— Et vous n'en avez pas de séchés ?

Une fois traduite, cette question provoqua un rire qui cessa quand la jeune fille s'avança pour faire comprendre que la chair du crabe était si délicate qu'elle devait être consommée sur-le-champ ; ses doigts fins dansaient en mimant la chose.

« Mais si le crabe a une coquille aussi dure que celle que j'ai trouvée sur l'île...

Il hésita, vit que la jeune fille opinait, et il lui prit les mains, heurta les jointures les unes contre les autres afin de lui montrer combien la coquille était dure.

« Ah ! poursuivit Pentaquod. Si la coquille est si dure,

comment Pêcheur Longues Jambes peut-il la couper en deux d'un seul coup de bec ?

Quand Menton Balafré eut expliqué que le Susquehannock désignait par ce nom le grand héron bleu et qu'il évoquait la façon dont celui-ci attrapait les crabes, les jetait en l'air et les coupait en deux, l'expression de la jeune fille refléta encore plus de compassion.

— C'est le crabe mou, expliqua-t-elle.

— Le... quoi ?

— En été, nous attrapons les crabes qui n'ont pas de coquille...

Ces mots paraissaient absolument incompréhensibles et Pentaquod secoua la tête, mais la jeune fille reprit :

« Ils n'ont pas de coquille ; nous les faisons griller sur le feu et ce sont les meilleurs.

Lorsque les villageois se furent dispersés afin de préparer leurs rudimentaires couches pour la nuit, Pentaquod s'éloigna de la berge pour gagner son propre wigwam mais, avant de s'endormir, il avisa Menton Balafré planté devant l'entrée de sa hutte.

— Reste avec nous, dit le petit homme.

Pentaquod ne répondit pas.

« Notre werowance est vieux maintenant, reprit Menton Balafré. Celle qui a trouvé l'huître est sa petite-fille et, chaque fois qu'il la voit, il a du chagrin. Son père, le fils du werowance, qui aurait dû être notre chef à présent, est mort des fièvres, et la fille lui rappelle cette perte.

Pentaquod ne réagit pas et, dans l'ombre, le petit interprète demeura figé devant l'entrée du wigwam, contemplant la forme estompée du grand Susquehannock qui avait rendu cette journée si mémorable. Enfin, quand la nuit eut enveloppé le village, l'ancien esclave des Susquehannocks s'éloigna.

Au cours des semaines qui suivirent, les habitants du village reconstruisirent leurs wigwams et apprirent leur langue à Pentaquod ; langue plus simple que la sienne. A tous les points de vue, la tribu menait une vie beaucoup moins compliquée que celle que Pentaquod avait connue jusqu'alors. Son werowance disposait de peu de pouvoir et les membres de la communauté ne possédaient que de maigres biens. Le guérisseur ne pouvait rivaliser avec les mystérieux sorciers du nord et, s'il s'était avisé d'imposer des décisions de vie ou de mort, il eût simplement porté à rire ; il n'était qu'un pourvoyeur de charmes, sans plus.

Le vieux werowance s'appelait Orapak ; il avait plus de soixante ans et ne tarderait pas à mourir, mais on l'autorisait à conserver ses prérogatives parce qu'il n'y avait personne pour les lui contester. C'était un vieillard sage, doux et, des années durant, il avait évité tout ennui sérieux à sa tribu.

— Quand les Nanticokes viennent dans le nord pour nous combattre, nous nous enfonçons davantage dans le nord, expliquait-il. Et quand les Susquehannocks viennent dans le sud pour nous combattre, nous nous enfonçons davantage dans le sud.

— Est-ce que ça ne vous amène pas dans le territoire des Nanticokes ?

— Non, parce que lorsque nous nous enfuyons vers le sud, nous nous réfugions dans les marais où les Nanticokes n'oseraient pas nous suivre.

Il hésita.

« Les moustiques !

— Je sais. L'été dernier, j'ai vécu dans le marais.

— Tu es brave, dit le werowance. Pourquoi crois-tu que nous abandonnions notre village chaque été ? ajouta-t-il.

— Quel bien peuvent faire les moustiques ? demanda Pentaquod.

Sur quoi, le vieillard leva les yeux au ciel et répliqua :

— Le jour de ton arrivée, Menton Balafré t'a expliqué comment Manitou avait tout donné à ce fleuve avant d'y ajouter une dernière chose, le crabe. Puis, Il a dit : « Maintenant, je vais empêcher les hommes de devenir arrogants », et Il a créé les moustiques.

— Pourquoi ?

— Pour nous rappeler qu'Il peut faire tout ce qui Lui plaît et que nous devons l'accepter.

Pentaquod estima opportun de poser la question de son appartenance à la tribu.

— Le fleuve est merveilleux. Et il m'a réjoui quand j'ai vécu seul sur ses bords.

Le werowance pesa cette déclaration. Puis, il gonfla les joues, indiquant qu'il réalisait la gravité de ces paroles. Le Susquehannock lui faisait remarquer qu'il s'était arrogé la possession des lieux après que les villageois les eurent désertés. C'était là une allusion directe à ses droits de propriété, alors que de nombreux guerriers pouvaient les lui contester. Orapak comprit combien cet étranger était puissant ; il vaincrait sans doute n'importe lequel de ses guerriers, eux qui, jusqu'alors, n'avaient vaincu personne.

— Il serait bon que tu restes avec nous, dit-il prudemment. Dans le wigwam qui est déjà le tien, ajouta-t-il très vite.

— J'en serai heureux, répliqua Pentaquod.

Et son appartenance à la tribu fut ainsi réglée. Il continua d'occuper son wigwam que les femmes lui apprirent à parachever, et se mit à courtiser Navitan, la petite-fille du werowance.

Ils se marièrent avant la première neige. Les vieilles femmes étaient enchantées à l'idée que leur Navitan eût retenu l'attention d'un homme aussi audacieux, et selon le sorcier qui présida à la cérémonie, Manitou en personne avait envoyé Pentaquod pour protéger le village.

Dans la répartition du travail, Pentaquod se spécialisa dans l'abattage des grands arbres ; il les façonnait et en brûlait l'intérieur pour les transformer en canoës. Il excellait aussi à la chasse à l'oie, ce gibier exceptionnel qu'il appelait autrefois les grands oiseaux ; dans le chêne et le pin, il sculpta dix-huit grossières imitations de l'oie, les peignit, et disposa ses appeaux aux endroits appropriés en tenant compte des vents et de la proximité de la berge, abusant le gibier qui s'approchait si près de Pentaquod que celui-ci le manquait rarement en usant de son grand arc. Mais exterminer une oie le troublait ; bien qu'il appréciât la saveur de la chair rôtie, il répugnait à détruire ces majestueux oiseaux.

Ce fut à la fin de l'hiver que survint le triste événement. Alors que Navitan ramassait des huîtres sur le haut-fond, elle remarqua l'étrange comportement d'un troupeau d'oies dans un champ de maïs. Les mâles se précipitaient les uns sur les autres et les jeunes de l'année s'agitaient, réunissant des branchettes comme pour construire un nid dont ils savaient ne pas avoir besoin. Des criailleries inquiètes se répercutaient alentour quand, soudain, un vieux jars, beaucoup plus lourd que ses congénères, courut gauchement sur une courte distance, battit de ses grandes ailes et s'envola.

En un instant, toutes les oies prirent leur envol ; après avoir décrit plusieurs cercles, elles se dirigèrent résolument vers le nord. Des clairières, qui échappaient à la vue de Navitan, s'élevèrent d'autres troupeaux et bientôt le ciel fut obscurci par les grosses oies noires et grises qui s'éloignaient.

— Oh ! cria-t-elle pour alerter le village. Elles s'en vont ! Mais tous savaient déjà qu'elles partaient. Les oies, ces étonnants oiseaux dont la tribu s'était régalée durant des générations, abandonnaient le fleuve. En neuf jours, toutes avaient disparu, et les voir s'envoler vers le nord, entendre leurs cris s'estomper au fur et à mesure qu'elles s'enfuyaient vers les vastes étendues glacées où elles élèveraient leurs petits, engendrait une profonde tristesse.

Le werowance apparut, cheveux blancs, jambes raides, visage levé vers le ciel. Et, après avoir donné sa bénédiction aux oies, le sorcier prononça l'éternelle prière :

> Grand Esprit, Toi qui veilles sur nous et règles les saisons, garde les oies qui nous quittent. Veille sur elles qui volent vers de lointaines régions. Désigne-leur le grain pour leur long voyage et éloigne d'elles les orages. Nous avons besoin d'elles ; elles nous protègent de la faim, nous servent de sentinelles la nuit, de compagnons tout au long de l'hiver ; elles sont notre source de nourriture et de chaleur, les hôtes de notre terre, nos guetteurs dans le ciel, les gardiennes de nos cours d'eau, leurs bavardages nous accompagnent dans nos allées et venues. Grand Esprit, protège-les pendant qu'elles sont loin de nous et, quand reviendra la saison, ramène-les sur le fleuve qui est leur domaine et le nôtre.

Aucun des enfants n'émit le moindre bruit car c'était là le moment le plus solennel de l'année. Si les rites n'étaient pas observés, les oies risquaient de ne pas revenir, et l'hiver où se produirait cet événement serait terrible entre tous.

Quelques lunes après le départ des oies, les crabes firent leur apparition, les remplaçant en tant que nourriture, et Pentaquod comprit lui aussi que Manitou, le Grand Esprit, veillait spécialement sur eux. Un jour, à la fin du printemps, Navitan l'entraîna dans son canoë et lui tendit un panier plein de têtes de poisson et de cartilages d'ours. L'ensemble dégageait une odeur atroce, mais Navitan lui assura que c'était là ce que les crabes préféraient, et il se demanda comment l'on fixait ces déchets visqueux et répugnants aux hameçons utilisés pour la pêche.

Mais, à sa grande surprise, sa femme n'avait pas d'hameçons. Dès qu'elle eut pagayé jusqu'à l'endroit de son choix, elle brandit plusieurs longueurs de fibres végétales et de boyaux de chevreuil tressés, auxquelles elle attacha têtes de poisson et morceaux de viande d'ours et jeta la ligne à l'arrière du canoë.

Après un temps, elle commença à tirer à elle la ligne en usant de la main gauche tandis que, de la droite, elle maintenait une longue perche terminée par un panier d'osier aux mailles lâches. Au moment où la ligne sortait lentement de l'eau, Pentaquod aperçut une première tête de poisson, mais il ne remarqua pas le crabe qui s'y cramponnait, dépeçant la viande de ses puissantes pinces sans se soucier du fait qu'il émergeait hors de l'eau.

Lorsque Navitan repéra le crabe, d'un geste souple elle glissa le panier dans l'eau sous l'animal affolé, et le souleva au moment où il tentait de lâcher prise ; puis elle le jeta au fond du canoë, pattes agitées, pinces menaçantes.

Pentaquod était confondu par cet exploit et, lorsque sa femme continua à ramener sa ligne, attrapant un crabe après l'autre, il constata qu'il s'agissait là d'un genre de pêche ne ressemblant en rien à celle qu'il avait pratiquée jusqu'alors.

— Pourquoi est-ce qu'ils ne lâchent pas l'appât à temps ? Est-ce qu'ils ne voient pas que tu vas les attraper ?

— Ils aiment que nous les mangions. Manitou nous les a envoyés dans cette intention.

Pentaquod en effleura prudemment un et s'aperçut que la coquille était extrêmement dure, mais il ne put l'examiner de plus près car les dangereuses pinces le menaçaient. Il fut encore plus intrigué quand Navitan jeta ses deux douzaines de crabes dans un récipient d'eau bouillante : en quelques instants, ils virèrent au rouge. Puis, elle lui montra comment extraire la chair de la carapace, et quand elle en eut rempli un bol de terre, elle lui proposa de s'arrêter parce qu'elle savait combien cette besogne se révélait fastidieuse. Une douzaine de crabes ne produisait qu'une poignée de chair.

Lorsque Navitan prépara cette chair comme sa mère le lui avait appris, en la mélangeant à des herbes, des légumes et du maïs pour en faire de petites galettes qu'elle fit frire dans de la graisse d'ours, elle réalisa l'un des plats les plus fins que le fleuve pût fournir. Elle les appelait « gâteaux de crabe », et Pentaquod les trouva savoureux et délicats.

— Il y a mieux, assura Navitan.

Et, lorsqu'il parut en douter, elle lui dit d'attendre le moment où les crabes commenceraient à se dépouiller et, un jour, elle lui en apporta quatre qui venaient d'abandonner leur carapace et les fit frire directement dans la graisse d'ours sans les plonger au préalable dans l'eau bouillante.

— Est-ce que je dois manger les pattes et tout le reste ? s'enquit Pentaquod.

Elle l'encouragea à consommer le tout et, lorsqu'il eut achevé les quatre crabes, il déclara qu'il ne connaissait rien d'aussi succulent.

— Maintenant, tu es des nôtres, dit Navitan.

Tandis que Pentaquod s'initiait à ces agréables coutumes, il fit une découverte qui le troubla. Il s'aperçut que Menton Balafré avait dit vrai : la tribu ne se défendait pas contre ses ennemis et, lorsque les envahisseurs susquehannocks venaient du nord ou les nanticokes du sud, personne ne cherchait à protéger le village. Les habitants ne disposaient pas de sentinelles, n'envoyaient pas de patrouilles, n'entreprenaient aucune manœuvre défensive. Il ne fut donc pas surpris lorsqu'un matin des enfants accoururent pour annoncer :

— Les Nanticokes sont revenus !

Pas la moindre panique. Chacun plaça ses biens les plus précieux dans des outres en peau de chevreuil, dissimula ses réserves de nourriture dans la forêt proche, et s'en fut. Le werowance marchait en tête, aussi courageusement que s'il partait pour la bataille, emmenant son peuple dans la région morcelée, striée par un réseau de rivières et de bras d'eau, au nord-ouest du village. Par expérience, tous savaient que les Nanticokes répugnaient à les suivre dans ces parages aventureux, et ils partaient, à peu près assurés qu'après un délai raisonnable mis à profit par les envahisseurs qui voleraient tout ce qui avait été abandonné, ceux-ci repartiraient en entonnant des chants de victoire. Les fuyards pourraient alors regagner leur foyer et reprendre le cours habituel de leur vie.

Pentaquod était abasourdi par cette attitude. Dès que les enfants avaient annoncé l'incursion, il avait souhaité se porter à la rencontre de l'ennemi, le défier, infliger une leçon à ces envahisseurs et les repousser vers le sud, mais le vieux werowance n'avait rien voulu entendre et nul autre ne souhaitait affronter ces hommes plus vigoureux venus du sud.

— Qu'avons-nous à perdre en agissant ainsi ? demanda

l'une des femmes à Pentaquod tandis que la tribu s'enfuyait vers la région sillonnée de rivières.

— Mon wigwam !

— Un wigwam peut être construit en une journée ! Le poisson séché ? Quelle importance ? Ils ne trouveront pas le canard salé. Nous l'avons caché sous les chênes.

Lorsque la tribu se fut terrée pendant sept jours, il parut vraisemblable que les Nanticokes avaient eu le temps de mener à bien leur pillage et de se retirer mais, afin d'en avoir confirmation, il était nécessaire d'envoyer des éclaireurs en reconnaissance. Aucun volontaire ne s'offrit pour accomplir cette mission ; aussi, Pentaquod, parlant en son nom et en celui de Menton Balafré, déclara :

— Nous irons.

L'interprète, qui avait déjà connu la captivité, ne voulait en aucune façon être mêlé à cette aventure, mais Pentaquod finit par vaincre sa résistance.

Aucun espion ne se déplaça jamais avec plus de prudence que Menton Balafré quand il pénétra dans le territoire occupé par les envahisseurs. Il déployait de telles précautions pour ne pas faire craquer les branchages que Pentaquod perça le plan astucieux du petit homme : celui-ci avancerait si lentement que les Nanticokes disposeraient de deux jours supplémentaires pour abandonner les lieux. Quand Pentaquod et son compagnon atteindraient enfin le village, l'ennemi aurait eu le temps de regagner le sien.

Mais Pentaquod ne l'entendait pas ainsi, résolu qu'il était à avancer aussi rapidement que possible pour affronter ces Nanticokes. Le recours au mépris, l'appel à la virilité restèrent sans effet. Le petit homme refusait de devancer le prudent horaire qu'il s'était fixé et finit par grimper dans un arbre d'où Pentaquod ne put le déloger. Ce dernier fut donc contraint de continuer seul en direction du fleuve.

Du haut d'une éminence, il observa l'arrière-garde des Nanticokes qui fouillait une dernière fois le village conquis, rassemblant les ultimes trophées de leur expédition. Pendant que le gros de la troupe s'éloignait vers l'est le long du fleuve, entonnant un chant de victoire qui expliquait la façon dont ils avaient soumis le village malgré une résistance farouche, quatre traînards s'affairaient autour d'une prise trop volumineuse. Pentaquod les observa avec amusement et ne put résister à un geste arrogant, bien qu'il le sût ridicule et dangereux.

Surgissant de derrière un arbre, il émit son cri de guerre le plus sauvage, brandit sa lance et se rua sur les quatre Nanticokes abasourdis. Cette apparition les terrifia. Ils s'enfuirent, mais l'un d'eux eut assez de présence d'esprit pour crier à l'adresse des guerriers qui le précédaient :

— Les Susquehannocks !

Et il s'ensuivit une véritable panique. La terreur empoigna les envahisseurs qui abandonnèrent leur butin. Dans un grand fracas, ils battirent en retraite sans la moindre dignité. Les bruits de défaite étaient si évidents que Menton Balafré quitta sa cachette juste à temps pour voir son ami Pentaquod brandir sa lance et donner la chasse à une armée entière de Nanticokes à travers bois. Il comprit qu'il avait assisté à un miracle, et il se mit à composer la ballade qui immortaliserait la victoire de Pentaquod :

Sans peur, il avance au milieu des pillards,
Fort, il fait face à l'ennemi innombrable,
Ignorant le danger, il engage le combat,
Jette les corps en tous sens,
Écrase têtes et jambes,
Et bientôt l'ennemi épuisé hurle et tremble
Lui baise les mains, implore sa clémence...

C'était un poème épique, image exaltée dans la plus pure tradition des régions boisées et, tandis que Pentaquod recensait tranquillement les dégâts minimes causés au village et à son wigwam, il écoutait le chant avec amusement. Celui-ci lui rappelait les hymnes de guerre entendus dans son enfance, quand les Susquehannocks rentraient de leurs expéditions menées contre les tribus du sud ; ces chants rapportaient des actes d'héroïsme inouïs, et dans sa candeur il les avait crus :

Les plus braves du vaillant peuple susquehannock,
Cherodah et Mataloak et Wissikan et Nantiquod
Se glissent dans la forêt, reconnaissent la position,
Et se jettent sur l'ennemi, animés d'une bravoure féroce...

A présent, Pentaquod réalisait que le village attaqué par ses ancêtres avec une telle bravoure n'était autre que celui-ci ; les

Susquehannocks n'avaient jamais affronté les ennemis qu'ils avaient vaillamment vaincus puisque ceux-ci se cachaient dans les marais. Il n'y avait eu bataille que dans l'imagination des anciens bardes qui savaient que la marche au combat s'accompagne de chants de victoire.

Pourtant, Pentaquod ne protesta pas lorsque les villageois, découvrant au retour que leurs biens n'avaient pas été emportés, se mirent à chanter les louanges composées par Menton Balafré. Avec une modestie de bon aloi, Pentaquod gardait le silence, laissant Menton Balafré orchestrer les ovations. « Si le village a été sauvé, se disait-il, c'est à cause de mon intervention, et je me dois d'en accepter le mérite. » Ce fut cette nuit-là que les plus âgés commencèrent à penser à lui en tant que futur werowance.

Mais lorsque la tribu apprit que les Susquehannocks menaient une incursion dans le sud, Pentaquod assura à ses compagnons qu'il connaissait certaines ruses susceptibles de les tenir à distance — à condition qu'il trouvât neuf braves qui ne s'enfuiraient pas ; sa proposition fut brutalement rejetée par le vieux werowance.

— La seule action sensée consiste à s'enfuir dans le marais. Nous agissons ainsi depuis des années et, pendant tout ce temps, nous avons mené une bonne vie avec de la nourriture en abondance et suffisamment de hautes herbes sur les berges pour retisser les parois de nos wigwams incendiés. Que l'ennemi triomphe s'il en éprouve le besoin ! Notre sécurité est dans le marais.

Assez étrangement, cette politique ne diminuait en rien l'amour-propre des villageois et ne minimisait pas les mérites de Pentaquod ; celui-ci avait prouvé sa vaillance face aux Nanticokes et Menton Balafré avait composé son épopée. Pentaquod était donc un héros authentique et il ne devait pas à tout prix renouveler son exploit pour maintenir sa réputation. Pendant qu'il s'enfuyait avec les autres vers les marais du sud, chacun pensait que, si Pentaquod avait voulu tenir tête aux Susquehannocks, il l'aurait pu. Au lieu de quoi, il préférait sauvegarder l'existence de sa femme enceinte, ce que les habitants du village estimaient beaucoup plus raisonnable.

Pendant qu'ils traversaient la rivière, cachaient leurs canoës et se dispersaient dans les ajoncs qui bordaient la rive sud, Pentaquod entendit deux récits de la tribu qui le passionnèrent, et il posa aux plus vieux des hommes de nombreuses questions :

— Vous prétendez que, dans l'est, où vous allez tous les étés, il y a un fleuve beaucoup plus large que tous ceux que je connais. L'eau y est-elle beaucoup plus salée ? Est-il vrai que les oiseaux y sont différents et qu'aucun homme n'a jamais vu la rive opposée ? Est-il vrai que cette immense étendue d'eau ne peut être traversée par un canoë ?

Il était tellement surexcité par les descriptions qui lui étaient faites et si prêt à les croire, car toutes concordaient, qu'il voulait partir immédiatement contempler cette merveille, mais le werowance dit :

— Nous irons là-bas quand l'été sera venu pour échapper aux moustiques.

L'autre histoire paraissait incroyable, d'une tout autre portée que celle concernant le plus grand des fleuves, car elle renfermait de troublantes perspectives. Il en eut vent pour la première fois à la suite d'une remarque fortuite de Menton Balafré :

— Quand la grande pirogue sera de retour, elle punira les Susquehannocks.

— Quelle grande pirogue ?

— Celle qui est venue il y a bien des hivers.

— Où est-elle venue ?

— Près de l'île.

— Elle était grande comment ?

— Je ne l'ai pas vue, mais Orapak l'a vue, et Ponasque aussi.

Pentaquod alla immédiatement trouver Ponasque, un vieillard :

— As-tu vu la grande pirogue ?

— Oui, dit le vieillard pendant que tous deux continuaient à progresser dans le marais.

— Elle est grande comment ?

— Vingt canoës, quarante, empilés l'un sur l'autre. Elle s'élevait haut dans l'air.

— Combien de pagayeurs ?

— Aucun.

C'était la déclaration la plus inquiétante que Pentaquod eût jamais entendue. Une grande pirogue se déplaçant sans pagaie. Il réfléchit un instant :

— Tu as vu cette chose de tes yeux ?

— Je l'ai vue, au-delà de l'île.

— Qu'en as-tu pensé ?

Les yeux du vieillard s'embuèrent pendant qu'il se remémorait cette journée prodigieuse.

— Nous avions très peur. Tous autant que nous étions, même Orapak. Nous ne pouvions expliquer ce que nous avions vu, mais nous l'avions vu. La peur ne nous a jamais quittés mais, au fil des ans, nous avons réussi à oublier.

Il laissa entendre qu'il n'appréciait guère qu'un étranger à la tribu ravivât cette lointaine peur, et il se refusa à en dire plus.

Par d'adroites questions, Pentaquod acquit la certitude que tous les membres de la tribu croyaient que la grande pirogue était venue à l'embouchure du fleuve. Elle était immense et se déplaçait sans pagaie. Une vieille femme ajouta un détail :

— Elle était blanche sur le dessus, marron en dessous.

Pentaquod rumina la troublante nouvelle pendant que tous s'enfonçaient vers le cœur du marais et, lorsqu'ils eurent atteint l'endroit où ils souhaitaient établir leur campement, il alla trouver le werowance et lui demanda brutalement :

— Qu'as-tu pensé, Orapak, quand tu as vu la grande pirogue ?

Le vieillard prit une longue inspiration et alla s'asseoir sous un chêne. Il réfléchissait à la réponse qu'il devrait fournir, sachant qu'elle était au cœur même de l'existence de la tribu. Puis, lentement, il dit :

— Je ne pourrai pas revenir dans les marais. Le trajet est trop épuisant pour moi, et je sais que le temps de ma mort est proche. Tu devras me succéder comme werowance.

— Ce n'est pas ce que je t'ai demandé, Orapak.

— Mais la réponse n'en vaut pas moins pour ce que tu m'as demandé.

Pentaquod ne comprit pas les paroles du vieux chef. Celui-ci reprit :

« Lorsque nous nous sommes rassemblés sur le rivage ce jour-là pour regarder la grande pirogue qui avançait lentement vers le nord, nous avons tous vu la même chose.

Pentaquod opina. Il était convaincu que ce souvenir collectif ne s'apparentait pas à un chant composé par quelque ancêtre imaginatif.

« Quand les autres ont vu la grande pirogue et ont eu la certitude qu'elle était vraie, ils sont rentrés, continua le vieil homme. Mais mon grand-père, le werowance d'alors, nous emmena mon père et moi le long du rivage et nous nous sommes cachés dans la forêt quand la grande pirogue s'est approchée ; alors, nous avons constaté qu'elle avait dans ses flancs des hommes semblables à nous et pourtant très différents.

— Comment ?

— Leur peau était blanche. Leurs corps étaient d'une substance différente qui luisait sous les rayons du soleil.

C'était là tout ce que savait le vieillard. Aucun de ceux qu'il avait interrogés ne lui avait révélé ces faits stupéfiants. Pentaquod comprit qu'il s'agissait là d'une connaissance privilégiée. En partageant le secret sacré, relatif à l'existence des corps luisants, Orapak transmettait à Pentaquod son fardeau de chef.

— Ils reviendront, n'est-ce pas ? demanda Pentaquod.

— Ils reviendront.

— Quand ?

— Chaque jour de ma vie, je me suis levé en me posant la question : « Est-ce aujourd'hui qu'ils reviendront ? » A présent, ce fardeau est tien. Tu ne poseras jamais la tête sur ta couche d'herbe sans penser : « Viendront-ils demain ? »

Ils enterrèrent le vieux, le rusé werowance, ce couard qui avait perdu son village à maintes reprises mais jamais un seul homme au combat, dans les profondeurs du marais, loin du fleuve qu'il avait aimé. Sur son corps las, usé, ils prélevèrent le disque de cuivre, symbole du chef, pour l'offrir à Pentaquod, mais celui-ci refusa car un tel emblème d'autorité ne faisait pas partie du rituel susquehannock. Au lieu de quoi, il ficha trois grandes plumes de dindon dans ses cheveux, ce qui le fit dominer de façon encore plus frappante ces petits êtres confiés à sa garde, et Menton Balafré récita son épopée, exaltant la manière dont le nouveau werowance avait vaincu les Nanticokes à lui tout seul. Ainsi, cette peuplade entra dans l'étrange cohorte des nations ayant choisi pour chef un homme étranger à leur tribu.

La première épreuve de chef que Pentaquod eut à affronter se présenta lorsque les Nanticokes marchèrent vers le nord pour leur expédition traditionnelle. Les femmes supposaient que la tribu s'enfuirait comme à l'accoutumée, mais les jeunes guerriers, influencés par les louanges de Menton Balafré, croyaient pouvoir affronter l'ennemi et se battre.

— Avec Pentaquod, nous pourrons repousser les envahisseurs et mettre fin à notre honte, déclaraient-ils.

L'idée tentait Pentaquod, mais son rôle de werowance dont dépendait la sécurité de la tribu l'obligeait à se montrer plus prudent. Il ne pouvait se permettre de sacrifier un seul de ses hommes ; il avait la charge d'un groupe insignifiant, réduit en nombre, peureux et inconséquent. La moindre défaite le démoraliserait. Par ailleurs, Pentaquod avait remporté une mémorable victoire en misant sur la surprise, mais il n'était pas sûr que cet exploit pût être renouvelé. Il dit aux jeunes guerriers :

— Nous allons partir en éclaireurs pour voir comment les Nanticokes se préparent à nous attaquer cette fois.

Accompagné de deux guerriers jeunes et vaillants, il s'enfonça dans le bois, remonta sur une bonne distance le cours d'eau qu'il traversa à la nage et se dissimula en territoire ennemi. Les trois hommes demeurèrent terrés jusqu'à l'apparition des bruyants Nanticokes et, comme Pentaquod l'avait prévu, cette fois l'ennemi ne se déplaçait pas sans guetteurs ni avant-garde. Pas question de surprendre cette expédition. Elle était prête à toute éventualité.

L'enthousiasme des jeunes guerriers se refroidit ; consternés, ils rebroussèrent chemin pour avertir les leurs :

— Ils se déploient comme une armée bien entraînée. Mieux vaudrait regagner la région sillonnée de rivières.

Et, sous la conduite d'un Pentaquod pleinement consentant, ils s'enfuirent.

A leur retour au village, ce fut Pentaquod qui évalua les dégâts : modérés, humiliants néanmoins. Il se promit donc d'empêcher que l'ennemi recommence. Cet été-là, il n'autorisa pas son peuple à abandonner sa terre à cause des moustiques.

— Nous resterons ici et mettrons en place un dispositif de défense, avec des pièges sur toutes les voies d'approche. Tous les hommes apprendront à se servir des armes. Ceux qui se plaindront des moustiques seront privés de crabe.

Ce fut un été éprouvant. Les moustiques étaient cruels ; au crépuscule, ils s'abattaient par centaines sur toutes les parties du corps et du visage, et les villageois se groupaient autour des feux alimentés de déchets humides pour éloigner les insectes dès le coucher du soleil. Ils s'enduisaient de graisse d'ours, dormaient la tête sous les couvertures et se levaient déjà épuisés par la chaleur moite et la sueur dans laquelle ils avaient baigné toute la nuit. Mais ils étaient soutenus par la perspective que leur avait fait entrevoir leur grand et jeune werowance.

— Quand les Nanticokes viendront cette année, leur répétait-il, quelle ne sera pas leur surprise lorsqu'ils atteindront cet arbre !

En soumettant ses jeunes guerriers à des épreuves continuelles, Pentaquod avait acquis la certitude que les hommes ne reculeraient pas et se révéleraient capables de surprendre l'ennemi.

Il faisait appel à toutes les astuces de guerre élaborées par les Susquehannocks et il en imagina d'autres appropriées à la situation. Lorsque les moustiques disparurent au début de l'automne, ils laissaient derrière eux un village prêt à se défendre.

Les jeunes guerriers brûlaient d'accueillir les Nanticokes, mais un événement imprévu, survenu dans le sud, retardait l'expédition habituelle et l'enthousiasme s'émoussait. Désireux d'entretenir l'ardeur de ses troupes, Pentaquod les divisa en deux sections, s'affrontant l'une l'autre, et ces manœuvres contribuèrent à perfectionner leur tactique. Enfin, par une froide journée du début de l'hiver, alors que les oies se pressaient le long du fleuve, des éclaireurs accoururent vers le village porteurs de la nouvelle si longtemps attendue :

— Les Nanticokes arrivent !

Les hommes du sud se manifestèrent dans le tumulte, avec leur assurance habituelle, se contentant d'envoyer quelques éclaireurs désinvoltes. Après l'assaut surprise de Pentaquod, ils s'étaient montrés plus prudents, mais à présent ils affichaient leur négligence coutumière, ainsi que Pentaquod l'avait prédit. Ils coupaient à travers bois avec l'insouciance de joyeux promeneurs, traversaient le fleuve comme des baigneurs en train de barboter, se dispersaient sur la rive droite du cours d'eau tels des convives se rendant à une fête.

Ils arrivèrent devant les troupes soigneusement disposées de Pentaquod. Des flèches jaillirent de derrière les arbres ; des hommes apparurent, armés de lances, tandis que le sol cédait, projetant l'ennemi dans des fosses, et que des clameurs étranges se répercutaient à travers la forêt, précédant l'arrivée des femmes qui frappaient des bâtons l'un contre l'autre.

Confusion et douleur s'emparèrent des Nanticokes ; finalement, ils optèrent pour la solution qui s'imposait : la fuite. Ils abandonnaient derrière eux une vingtaine de prisonniers. Jamais ils n'avaient connu une telle débâcle.

Les villageois comptaient donc une victoire sans précédent et une vingtaine de captifs ; ils se trouvaient aussi embarrassés par l'une que par les autres. Ils ne connaissaient de la guerre que les retraites imposées par celle-ci et ignoraient ce qu'ils devaient faire des prisonniers. Pentaquod expliqua que, dans le nord, la tribu Susquehannock à laquelle il appartenait avait adopté trois lignes de conduite. Tous l'écoutaient avec attention.

— Les blessés, nous les tuons. Les forts, nous les gardons comme esclaves. Les plus aptes à la course, nous les renvoyons à leur peuple, porteurs de messages d'injures.

Les villageois acquiescèrent, inconscients de ce que ces suggestions impliquaient, mais leur werowance reprit :

« Cependant, nous n'avons blessé personne ; il n'y a donc personne à tuer.

La plupart des membres de la tribu saisirent la logique de la remarque, allant même jusqu'à applaudir, car ils n'avaient pas le goût de tuer.

« Nous n'avons pas besoin d'esclaves parce que nous n'avons pas de travail à leur confier et, si nous les faisions travailler, il nous faudrait aussi les nourrir.

Allégation irréfutable, elle aussi.

« Et je ne crois pas que nous devions envoyer des messages injurieux aux Nanticokes. Nous voulons qu'ils soient nos amis, pas nos ennemis.

A certains, ce verdict parut surprenant. Nombre de villageois, surtout ceux qui n'avaient pas participé à la bataille, souhaitaient humilier l'ennemi et ne supportaient pas d'entendre Pentaquod prêcher la conciliation. Pourtant celui-ci obtint un soutien inattendu.

Deux jeunes guerriers, qui s'étaient tenus derrière la ligne où les pièges avaient fonctionné, admirent qu'ils avaient été terrifiés et qu'à la moindre anicroche, ils auraient été encerclés et tués.

— Mieux vaudrait que les Nanticokes reviennent en amis, convinrent-ils. Faisons festoyer nos prisonniers, parlons-leur et renvoyons-les dans le sud porteurs de messages de paix.

A ces mots, Pentaquod s'écria :

— C'est ainsi que nous devons nous comporter !

Et son avis prévalut, et on donna un festin où se succédèrent oies, chevreuils, ignames, poissons grillés, citrouille sucrée au jus d'épis de maïs, et on fuma du tabac dans de longues pipes qui passaient de main en main. A la fin des réjouissances, l'un des Nanticokes déclara :

— Nous informerons notre peuple que nous ne sommes plus ennemis.

Et le soleil se leva avant que la séparation intervînt entre les nouveaux amis.

Le spectaculaire renversement de situation engendra euphorie et détermination dans le village :

— Jamais plus nous n'abandonnerons notre village aux Nanticokes. Nous avons prouvé que nous savons mieux nous battre que ces imbéciles. Un jour, nous leur rendrons visite dans le sud et ils verront à quel point les choses ont changé.

Pentaquod ne tint pas compte de ces vantardises ; elles lui rappelaient les rodomontades des guerriers susquehannocks au retour d'expéditions. Mais quand il entendit l'un des siens dire à un autre que tout le système de l'univers avait été ébranlé par leur victoire, il s'en émut. Et lorsque ses hommes prétendirent avec orgueil qu'à la prochaine incursion susquehannock il y aurait une guerre, il mit les choses au point :

— Les Susquehannocks ne sont pas les Nanticokes, leur fit-il remarquer. Ils ne se laisseraient prendre à aucun de nos stratagèmes car ce sont ceux-là mêmes qu'ils utilisent contre leurs ennemis.

Il les harangua longtemps, puis un argument approprié lui vint à l'esprit. Il baissa la voix, se pencha vers ses guerriers enthousiastes, et leur confia :

« Parmi les Susquehannocks, je suis un homme de petite taille.

Et il était si grand, si imposant par sa stature, qu'ils en demeurèrent bouche bée.

— Que ferons-nous quand ils reviendront ? demandèrent-ils, soumis.

— Nous traverserons le fleuve, cacherons nos canoës, et nous nous enfoncerons dans le marais, déclara-t-il.

Et, le jour venu, il les entraîna dans le marais.

Au cours de la décennie qui suivit — 1586-1595, d'après le calendrier occidental —, Pentaquod devint le meilleur werowance qu'ait jamais connu son peuple. C'était un homme de haute taille, courageux et bon, qui veillait sur une tribu d'individus petits et peureux. Quand, à l'approche de l'été, ils se rendaient à l'est, à proximité des Grandes Eaux, il les précédait et portait sa part de fardeau et, dans les rares occasions où tous devaient s'enfuir vers les marais du sud, il exaltait leur courage par la façon dont il supportait cette ignominie sans que sa dignité en fût le moins du monde altérée.

Ils n'avaient plus à se cacher dans la région du nord sillonnée de rivières car ils avaient établi une paix durable avec les Nanticokes et, maintenant, les deux tribus se livraient au troc au lieu de s'affronter : viande de chevreuil pour les Nanticokes, coquillages brillants destinés aux villageois pour leurs roanokes. Ils se rendaient visite mutuellement, ce qui était salutaire, et les voyageurs, au retour, commentaient avec une fierté perverse :

— Nos moustiques sont deux fois plus féroces que les leurs.

Pentaquod et Navitan eurent un fils, héritier du titre, puis un autre ; et toute chose de prospérer. Il conduisit son peuple vers l'est jusqu'au fleuve suprême et considéra ces vagues d'eau salée, plus hautes que lui, qui déferlaient sur la grève dans un terrible fracas et avec une violence inouïe. Et un jour qu'il se tenait là, pétrifié sur la plage, une illumination lui vint : « Si la grande pirogue que nous attendons est capable de se déplacer sur des eaux d'une puissance aussi gigantesque, elle doit être immense et les hommes qui la manœuvrent sont plus grands que les Susquehannocks. » Dès lors, il considéra l'océan avec effroi et émerveillement.

Et ce n'était pas là le seul mystère. A intervalles espacés, par une nuit sans étoiles, un enfant s'écriait tout à coup :

— La lumière est là !

Et dans la forêt, de l'autre côté du fleuve, brillait une unique lueur qui se déplaçait comme si elle était contrôlée par des démons, puis s'immobilisait, dans un scintillement sinistre tout au long de la nuit. Dans le village, les parents faisaient taire leurs enfants, et personne n'évoquait le phénomène. Tant que durait l'obscurité, le petit peuple restait au bord de l'eau, les yeux rivés sur la berge sud, se demandant ce qui pouvait s'y déplacer, mais il n'y eut jamais d'explications satisfaisantes ; tous admirent que la lumière émanait simplement d'une source inconnue. Aux abords de l'aube, elle s'évanouissait et ne réapparaissait pas des années durant.

Un plus grand mystère encore entourait la baie. Celle-ci ne se trouvait qu'à une courte distance dans l'ouest, mais les villageois la voyaient rarement et jamais ils ne s'aventuraient sur ses eaux. La baie leur demeurait étrangère. L'abondance de poissons, de crabes et d'huîtres qu'elle recelait leur échappait, et ils savaient seulement que ce grand fleuve des fleuves servait de route aux féroces Potomacs lors de leurs expéditions. Ils abandonnaient bien volontiers cette splendide étendue d'eau à leurs ennemis, et jamais ils ne connurent la somptuosité d'un coucher de soleil sur l'immensité de la baie, ni le déchaînement subit d'une tempête.

Dans le village, on croyait que chaque nuit où un important événement s'annonçait, Pêcheur Longues Jambes venait le long du fleuve à l'heure où la lueur des étoiles pâlissait en emettant ses lugubres « kraannks » pour les prévenir de l'imminence d'un prodige. Alors, tous se blottissaient les uns contre les autres dans les ténèbres pour écouter avec terreur les bruits qui se répercutaient à travers les arbres.

Une nuit de l'an 1596, alors que de lointaines nations s'apprêtaient à envahir la baie, des hérons bleus s'envolèrent en grand nombre des marais, se dispersant avant l'aube sur la région, à la recherche d'estuaires striés de poissons rapides. Leurs cris emplissaient la nuit, mais s'ils semaient l'angoisse chez ceux qui avaient mauvaise conscience ou quelque chose à redouter, ils ne causèrent aucune appréhension à Pentaquod car, selon lui, les oiseaux avaient pris leur envol pour annoncer la naissance de son troisième enfant. Avant le lever du soleil, monta le cri rassurant :

— Une fille ! annonçait la matrone en sortant de la hutte d'accouchement.

— Je suis satisfait, dit gravement Pentaquod dont les mots minimisaient la joie.

Il avait toujours désiré une fille qui le réconforterait quand le temps de la guerre serait passé pour lui et, enfin, elle était là. Il prit les mains de sa femme et dit :

« Je suis satisfait.

Et il fut autorisé à voir le nouveau-né, si petit qu'il lui fut difficile de croire qu'il s'agissait là de son rejeton. Ses deux index levés, délimitant une courte distance, il indiqua à son heureuse épouse qu'il jugeait l'enfant très frêle, pas du tout semblable à ses frères au moment de leur naissance. Il rit, souleva l'être minuscule qu'il pressa contre sa poitrine.

« Elle s'appellera Tciblento.

Et elle devint son bien le plus précieux, la joie de ses vieux jours. Il lui enseigna la science du fleuve : les lieux où s'agglutinaient les oies, la façon d'observer les castors au travail, les arbustes flexibles qui convenaient à l'édification d'un wigwam, et la manière de brûler le cœur d'un tronc d'arbre pour en faire un canoë. Elle apprit à plonger pour récolter les huîtres, à pêcher les crabes et, grâce aux encouragements qu'il lui dispensait, devint excellente cuisinière.

Mais c'était la grâce de Tciblento qui l'enchantait. Elle était aussi adroite qu'une biche pour se glisser entre les arbres. Son teint pâle évoquait aussi le pelage d'une biche et jamais elle n'était plus belle qu'en surgissant avec vivacité de derrière un arbre quand tous deux s'affairaient dans la forêt.

A une occasion, alors qu'il errait dans les bois à la recherche d'un pin pour construire un canoë, il la trouva endormie sur un lit d'aiguilles odorantes. Ses cheveux retombaient négligemment sur sa poitrine. Des larmes lui montèrent aux yeux et il murmura :

— Tciblento, Tciblento, pourquoi fallait-il que tu naisses en ces temps de changement ?

Il prévoyait que la grande pirogue reviendrait avec son cortège de difficultés, et que sa fille devrait s'adapter au monde nouveau que cet immense canoë annoncerait. Tandis qu'il la contemplait, un héron bleu se posa, émettant son lugubre « kraannk » et, sans s'éveiller, elle porta la main à ses cheveux. Les hérons ne crient pas par hasard ; ils adressent des avertissements. Et il se souvint que, la nuit de la naissance de sa fille, les Choptanks avaient été avertis.

Les deux fils de Pentaquod étaient à présent de jeunes adultes responsables et, à huit ans, Tciblento tenait du prodige ; certes, moins grande que ses frères, elle faisait preuve de beaucoup plus d'intelligence pour assimiler les leçons enseignées par son père. Elle commençait à tresser ses longs cheveux noirs et avait une manière effrontée de pencher la tête en écoutant les anciens. Pentaquod était enchanté de ses enfants, et ce fut parce qu'il souhaitait être plus souvent avec eux qu'il convoqua la tribu pour son discours d'adieu.

Vos réserves de vivres sont plus assurées que jamais et votre village n'est plus pillé par les Nanticokes. Je vous ai servis suffisamment longtemps. Le moment est venu pour vous de choisir parmi les vôtres un nouveau werowance.

Un certain malaise suivit cette déclaration ; le petit peuple réalisait que, sans son grand guide, il risquait de connaître de nouveau la peur et la fuite. Les Nanticokes apprendraient que Pentaquod n'était plus le chef et en déduiraient qu'ils pouvaient violer les accords de paix. Mais le grand Susquehannock se montra inébranlable. Puis, il exposa ses raisons.

Dans le passé, chaque fois que nous nous enfuyions vers les rivières du nord, j'ai remarqué un endroit où deux eaux se rencontrent, et j'ai toujours souhaité vivre là avec Navitan et mes enfants. Quand je suis arrivé pour la première fois jusqu'à votre fleuve, j'avais d'abord vécu sur l'île où Pêcheur Longues Jambes m'a initié, puis sur la falaise où j'ai pu admirer la beauté de cette terre, et dans le marais où l'oie Onk-or vint me voir, puis dans ce mystérieux village que personne n'habitait. Je suis un homme qui aime la solitude et je ressens un profond besoin d'édifier mon wigwam entre les deux eaux.

— Qui sera notre werowance ? demandèrent-ils.

Pentaquod leur dit qu'ils devraient choisir un homme jeune, capable de les guider et de les servir pendant deux générations et, quand ils arguèrent qu'ils n'avaient jamais choisi leur chef auparavant, il laissa son regard errer sur l'assistance inquiète. Ses yeux s'arrêtèrent sur Matapank, qui avait combattu à ses côtés, et quand les villageois comprirent que Pentaquod leur désignait son successeur, ils crièrent « Matapank ! » et se déclarèrent satisfaits.

Pentaquod estimait qu'une fois sa décision de départ annoncée, il lui faudrait la mettre vite à exécution ; en s'attardant, il compromettrait l'autorité du nouveau werowance. Aussi, dispensa-t-il à Matapank une longue suite de recommandations jusqu'à la morne journée où il l'emmena dans son canoë et pagaya pour descendre le courant, dépasser l'île et déboucher dans la baie. Puis il laissa l'embarcation dériver. Alors il transmit à son successeur le fardeau secret du chef.

— Tu as entendu parler du temps où la grande pirogue est venue dans ces eaux.

Le nouveau werowance opina.

« Mais tu ne sais pas tout ; quand elle s'est approchée du rivage, Orapak, qui n'était encore qu'un enfant, s'est caché avec son père et son grand-père, le werowance de l'époque. Sous les arbres de la grève, tous trois ont aperçu les hommes de la grande pirogue.

Matapank se mordit la lèvre ; il connaissait les traditions de sa tribu, hormis cet épisode.

— Et qu'ont-ils vu ?

— Les hommes de la grande pirogue avaient la peau blanche, pas comme nous, et des corps différents.

— En quoi ?

— Ils brillaient. Quand le soleil luisait au-dessus d'eux, ils brillaient.

Il marqua un temps d'arrêt.

« Et la grande pirogue se déplaçait sans pagayeur, ajouta-t-il.

Voilà qui était effrayant, et dépassait l'entendement du jeune chef. Enfin, Pentaquod communiqua le dernier détail :

« Un jour, la pirogue reviendra, et nous aurons affaire à des gens entièrement différents... peau blanche... corps luisants.

Matapank avait accepté avec empressement les responsabilités de chef. A présent ces nouveaux éléments l'inquiétaient.

— Quand ils viendront, est-ce que tu m'aideras ?

— Ils ne viendront peut-être pas de mon vivant.

— Je crois que si, murmura le jeune homme.

— Pourquoi ?

— Il y a longtemps, j'ai rêvé que je deviendrais le werowance de notre tribu. Ça s'est produit. Et, en même temps, j'ai rêvé que d'autres viendraient jusqu'au fleuve, d'autres qui ne seraient ni les Nanticokes, ni les Susquehannocks. Alors, ils viendront.

Pentaquod se réjouit de cette réponse. Le chef d'une tribu se devait d'être visionnaire, capable d'ajuster sa pensée au développement qu'il savait inévitable. En ce qui le concernait, Pentaquod avait su d'emblée que la paix avec les Nanticokes était possible, et en tant que werowance il avait œuvré pour celle-ci. Il avait aussi compris que sa pitoyable tribu ne pourrait jamais vaincre les Susquehannocks, aussi avait-il évité aux siens cette fatale confrontation.

— Tu es apte à commander, dit-il à Matapank.

Le canoë continua un moment à dériver, puis ils mirent pied à terre. Alors Pentaquod tendit au nouveau chef le talisman vénéré qu'il avait tenu celé jusqu'à cet instant : le disque de cuivre que se transmettaient les werowances de la tribu. Et il promit :

« Si les êtres étranges reviennent de mon vivant, je t'aiderai.

Ce jour-là, il quitta le village avec sa famille. Après avoir ôté ses trois plumes de dindon, il entraîna les siens vers deux robustes canoës, l'un sculpté dans un chêne, l'autre dans un pin et, ensemble, ils pagayèrent vers l'ouest, dépassèrent les marais, contournèrent la falaise blanche pour emprunter une charmante rivière. Puis ils remontèrent l'un de ses affluents jusqu'à l'endroit où il bifurquait, renfermant entre ses deux bras la petite presqu'île remarquée longtemps auparavant. Cette enclave boisée, orientée au sud, était réchauffée par le soleil d'hiver. Pas de marécages à proximité pour accueillir les moustiques, mais suffisamment d'eau salée pour donner asile aux huîtres et aux crabes. La forêt devait abriter des chevreuils et, sur tous les bras d'eau, venaient se poser les oies. Un des endroits les plus merveilleux que pût offrir le Choptank, un refuge sûr sans aucun doute, et d'une beauté à vous couper le souffle. De l'emplacement où Pentaquod et ses fils érigèrent leurs trois wigwams, la vue embrassait la rivière jusqu'à l'invisible Choptank dont le cours se devinait par la cime des grands pins qui le bordaient.

Là, Pentaquod passa les deux années les plus heureuses de sa vie, 1605 et 1606 d'après le calendrier occidental. Il avait pris de l'âge à présent et son dos s'était voûté ; son large visage portait la marque de ses responsabilités de chef et ses cheveux avaient blanchi. Mais il se sentait jeune car, un jour d'été, son fils aîné avait quitté leur havre pour retourner au village et il en était revenu accompagné de la sœur de Matapank, le werowance, et bientôt Pentaquod eut un petit-fils, plus grand et plus vigoureux que les autres bébés choptanks.

— Il sera bon chasseur ! prédit Pentaquod.

Et avant que l'enfant pût marcher, son grand-père lui façonna des flèches.

Mais l'année suivante, un canoë remonta la rivière et, avant même qu'ils aient atteint la terre ferme, les pagayeurs essoufflés, en proie à la confusion et à la peur, crièrent :

— Pentaquod ! La grande pirogue est venue !

En cette année 1607, il avait quarante-neuf ans et comptait jouir d'un repos bien gagné mais, quand la nouvelle se répercuta dans la forêt, il fit ce qu'il avait toujours prévu de faire dans ce cas : il ficha dans ses cheveux ses trois plumes de dindon, ordonna à sa famille de plier bagage et de le suivre dès que possible. Presque avec allégresse, comme un jeune cerf s'ébattant, bois aiguisés, dans la prairie, il sauta dans le canoë des messagers et partit pour le village. On eût dit qu'il avait consciemment abandonné ses responsabilités de chef deux ans auparavant afin de rassembler ses forces pour affronter les épreuves qui l'attendaient ; il était prêt.

Mais lorsque le canoë quitta la rivière pour entrer dans le fleuve qui l'emportait vers de nouvelles responsabilités, il se retourna, jeta sur sa presqu'île un regard lourd de passion et de regret. Il ne la reverrait plus, il le savait. Avec l'arrivée de la grande pirogue, non seulement son paradis serait perdu, mais aussi celui de tous les Choptanks.

1608

Par un jour froid et venteux de la mi-décembre 1606, le capitaine John Smith, un petit homme barbu, coléreux, opiniâtre, impétueux, rassembla sept audacieux gentilshommes sur le quai, dans le quartier de Blackwall à Londres et s'adressa à eux en termes nets.

— Je vous ai amenés ici pour inspecter les vaisseaux avec lesquels nous allons conquérir la Virginie.

Il leur montra les trois petits bateaux qui les transporteraient vers le Nouveau Monde et les désigna par leurs noms.

« *Susan-Constant,* cent tonneaux. *Godspeed,* quarante tonneaux. La petite pinasse *Discovery,* vingt tonneaux. Et là-bas, au bout, l'objet de notre réunion d'aujourd'hui.

Et de leur désigner, se balançant en contrebas sur les eaux de la Tamise, une petite chaloupe non pontée à arrière effilé, dotée d'un seul mât, long de sept mètres, et de huit robustes avirons.

« Vous, Edmund Steed, embarquez, ordonna Smith.

Un jeune homme blond de vingt-cinq ans, vêtu comme un clerc, obtempéra. Bientôt, tous les sept furent à bord ; ils empoignèrent les avirons tandis que le capitaine Smith observait d'un œil approbateur le comportement de l'embarcation sous le poids des hommes.

« Solide petit bâtiment ! s'écria-t-il, crachant ses mots comme s'il donnait un ordre.

Il avait vingt-six ans cet hiver-là. Irascible, vaniteux, il affichait en outre une ambition insupportable. A l'en croire, il avait déjà bravé des dangers qui auraient anéanti des hommes ordinaires : mercenaire durant les guerres germaniques, héroïque défenseur de la chrétienté quand les Ottomans avaient envahi la Hongrie, pris comme esclave et enfermé dans un donjon turc, ayant parcouru l'Europe à pied de Moscou à Madrid, maintenant il considérait sa flotte à la veille de sa plus belle aventure : l'établissement d'une nouvelle colonie, la conquête d'un nouveau monde.

« Allons-y ! s'écria-t-il en sautant dans la chaloupe.

Il empoigna le huitième aviron et se mit à souquer avec une énergie qui fit honte à ses compagnons. Bientôt, l'embarcation prit de la vitesse en descendant la Tamise. Au moment où elle passait devant les trois bateaux, Smith cria :

« Mr. Steed, avez-vous déjà établi une voile ?

— Non, jamais, capitaine, répliqua le clerc.

— Alors, écartez-vous pendant que Mr. Momford la hisse, hurla-t-il.

Et un gentilhomme ayant quelque connaissance des bateaux pesa sur les drisses pour envoyer la voile et le foc. Une fois la voilure établie, la chaloupe avança si allégrement que les avirons devinrent inutiles.

« Bordez les avirons ! ordonna Smith.

Mais les gentilshommes ne comprirent pas le commandement et il en résulta une certaine confusion.

« Rentrez les avirons ! rugit Smith.

Et l'équipage obtempéra.

Lorsque le bref trajet fut achevé et que la chaloupe eut regagné l'appontement, Smith surprit fort son équipage en lui donnant ordre de tirer l'embarcation à terre. Aussitôt fait, il tendit à Steed et Momford des seaux de peinture et des pinceaux et leur ordonna de numéroter chaque pièce de bois utilisée dans la construction de la chaloupe.

— Chacune doit comporter son propre numéro, à quatre endroits différents, indiquant sa position par rapport à ses voisines.

Une fois cette curieuse tâche terminée, il appela les charpentiers qui démontèrent l'embarcation, ôtant clous et cales jusqu'à ce qu'il n'y eût plus que quelques tas de bois sur la jetée. Il ordonna que ces piles soient réparties en plusieurs lots, transportées à bord du *Susan-Constant* et entreposées dans ses cales. Lorsque tout fut soigneusement arrimé, Smith entraîna Steed au bord du trou d'homme et lui désigna les volumineux tas d'espars.

— Une idée qui m'est venue quand j'étais prisonnier dans un harem turc, expliqua-t-il.

Enfin, il salua le bateau, en pièces détachées, qui serait appelé à jouer un rôle essentiel dans l'établissement de la colonie de Virginie.

En raison de son arrogance et de son caractère irascible, le capitaine Smith connut nombre d'infortunes à Jamestown. Jeté en prison pour tentative de mutinerie, capturé par les Indiens, ayant frôlé la mort entre les mains de Powhatan, et conduit au gibet afin d'y être pendu pour insubordination, il ne dut son salut qu'à une révélation de dernière minute. Outrecuidant et prescient, il survécut à ses malheurs, apporta à la colonie le chef dont elle avait besoin, et trouva le temps de se livrer à sa préoccupation majeure : l'exploration de la Chesapeake.

— C'est une mer noble, disait-il à ses hommes à la fin d'une journée de travail. Calme et hospitalière, majestueuse dans ses proportions. On ne peut imaginer les possibilités qu'elle recèle.

Ayant déjà organisé deux explorations préliminaires, il avait été encouragé par ses découvertes : larges fleuves, innombrables abris, abondance de poissons et de crabes, terres fertiles ne demandant qu'à être cultivées. Mais les deux objectifs essentiels qu'il s'était fixés se dérobaient : il n'avait pas découvert de passage vers les Indes, ni l'or et l'argent que l'on croyait enfouis le long des côtes de la Chesapeake.

Le samedi 9 août, il dévoila les grandes lignes de son plan.

— L'or se trouve, j'en suis convaincu, dans des villes cachées le long de la côte est de la baie ; c'est cette région que nous allons explorer avec soin. Le passage vers les Indes s'amorce probablement à la pointe nord ; aussi, dès que nous aurons découvert l'or, nous partirons en reconnaissance dans cette direction, puis nous reviendrons à Jamestown avec notre butin.

Les hommes convinrent qu'il s'agissait là d'une stratégie prudente et, le dimanche, tous les seize — sept gentilshommes, huit matelots et le capitaine Smith — se rendirent à l'église pour y prier longuement. Puis le capitaine prit la tête de son équipage pour gagner les berges de la James ; là, il s'adressa à tous d'un ton solennel.

— Nous serons partis trente jours et à la fin vous souhaiterez que le voyage ait duré quatre-vingt-dix jours.

Puis, il donna ordre à ses quinze hommes d'embarquer dans la chaloupe reconstruite, de parer les avirons, et se dressa, tel

Alexandre le Grand, sur l'étrave de l'embarcation à la recherche de nouveaux horizons.

Parmi les gentilshommes de nage, Edmund Steed, qui n'avait pas participé aux deux explorations précédentes, avait été choisi dans une intention précise. Smith n'était pas entièrement satisfait des relations de ses premiers voyages ; bien que précises sur le plan géographique, celles-ci ne mettaient pas suffisamment en relief ses qualités morales et héroïques. Cette fois, il était bien résolu à ce que ses accomplissements fussent présentés avec tout le panache souhaité.

Diplômé d'Oxford, Steed appartenait à une très ancienne famille du Devon. Il écrivait bien, usait volontiers de citations classiques, et manifestait un grand respect à l'égard du capitaine.

C'est pourquoi Smith lui déclara :

— Je tiens à un compte rendu fidèle de ce qui se produira au cours de notre exploration ; une description particulièrement détaillée devra être fournie des parages dans lesquels nous naviguerons et des événements qui se dérouleront à terre.

Il marqua une pause tandis que Mr. Momford s'employait à établir la voilure.

« Et il serait bon que vous rapportiez les paroles et actes d'héroïsme du commandant, ajouta-t-il sur le ton de la confidence.

Steed comprit. Il avait toujours écouté avec attention les récits de Smith relatifs à ses aventures en Hongrie... aux mois pénibles passés à endurer les tortures des Turcs... à ses évasions romanesques en Moscovie... Steed s'émerveillait parfois à la pensée qu'un homme, son aîné d'un an à peine, eût connu autant d'épreuves, et il aurait été tenté de taxer le petit homme de menteur si celui-ci ne s'était exprimé avec un ton de véracité irréfutable. Ses récits sonnaient vrai, car il donnait force détails sur le climat, précisait l'emplacement de la ville par rapport au fleuve, décrivait l'habillement de ceux qui l'avaient capturé ou les armes étranges utilisées par les ennemis qu'il avait terrassés dans des combats au corps à corps.

La foi que vouait Steed à son commandant découlait d'un incident survenu au cours du long voyage les amenant d'Angleterre quand, un après-midi, Smith narra à ses compagnons une suite d'aventures échevelées dans quatre pays différents et qui s'achevaient en Espagne. Steed avait alors pensé : « Je parie que ce vantard n'a jamais mis les pieds en Espagne. » Mais alors, le petit capitaine, comme s'il prenait conscience de l'incrédulité de son auditoire, conclut par une évocation remarquable :

> Et de toutes les cités que j'ai vues au cours de mes voyages, celle dont je me souviens avec le plus de nostalgie est une ville poussiéreuse qui se dresse à l'embouchure du grand fleuve menant à Séville, en Espagne. Elle a pour nom Sanlùcar de Barrameda et occupe la rive gauche du Wady-al-Quivir, ainsi que l'appellent les Espagnols. C'est une petite cité brûlée par le soleil, entourée de pâturages et de marais où pullulent les oiseaux. Les marins lui vouent une affection toute particulière en raison du délicieux vin de paille provenant de ses coteaux, et il y a une place proche du centre de Sanlùcar où les vignerons vendent leur nectar accompagné de petits poissons salés qu'ils appellent anchois. J'ai goûté le poisson, mais pas le vin.

Les paroles résonnaient comme une cloche dans le soleil couchant et Steed sentit tous ses doutes s'évanouir. Smith n'avait peut-être pas été prisonnier dans un harem turc, ni tué trois adversaires à coups de lance dans un tournoi, mais qu'il eût visité une ville espagnole poussiéreuse à l'embouchure d'un fleuve était indéniable.

Alors que Jamestown disparaissait derrière la grande boucle du fleuve, Steed décrivit soigneusement la chaloupe de crainte d'oublier des détails essentiels : pas de pontage, pas d'abri en cas d'orage, des tonneaux de pain qui commençait déjà à aigrir, une provision de viande séchée en partie attaquée par les vers et un assortiment considérable de lignes de pêche.

— Il y aura beaucoup de poisson, assura Smith à ses hommes qui souquaient sur les avirons.

Quand Mr. Momford hissa la voile effrangée, Steed nota qu'elle était rapiécée en deux endroits. Il insistait sur les carences et insuffisances car elles rendraient la découverte de l'or et du passage vers les Indes encore plus impressionnante.

Si les gentilshommes et les matelots éprouvaient quelque appréhension à se lancer dans une telle expédition avec un matériel aussi peu adéquat, ce n'était pas le cas de leur capitaine. Son enthousiasme tenait du prodige et, quand la chaloupe réagit bien au vent, il s'écria :

« Bel appareillage ! Ce sera un fameux voyage !

Steed nota ces paroles sur les feuillets pliés qu'il transportait dans un sac de toile et, le soir même, il les transcrivit dans le journal de bord que le capitaine Smith voulut consulter dès que la relation y fut consignée.

Ce qu'il lut ne lui plut pas du tout. Les détails géographiques se révélaient précis, mais il était déçu de s'être aussi grossièrement trompé sur le talent de Steed et, avec la franchise qui le caractérisait, il aborda le sujet :

« Mr. Steed, dès le début de notre voyage historique, vous me faites dire : " Nous serons partis trente jours et à la fin vous souhaiterez que le voyage ait duré quatre-vingt-dix jours. " Voilà un discours bien fade pour le début d'une grande aventure.

— Ce sont vos paroles, capitaine.

— Je sais. Mais notre séjour à terre a été bref. Vous devez en tenir compte.

Et il saisit la plume des mains de son scribe, s'assit sous la lanterne oscillante et se mit en devoir de rédiger un discours plus approprié :

> Comme la journée était déjà avancée et le temps précieux, le capitaine Smith réunit son valeureux équipage près de la chaloupe et lui parla de la sorte : « Messieurs, nous partons aujourd'hui pour un voyage d'exploration qui éblouira les cours d'Europe. En Virginie, nous trouverons de l'or et de l'argent. En outre, nous découvrirons le passage caché menant aux trésors des Indes et de la Chine. Nous engrangerons les épices aromatiques des îles. Nous pénétrerons dans des régions où aucun Anglais ne s'est encore jamais aventuré, et nous reviendrons chargés de joyaux et d'étoffes rares, propres à réjouir le cœur de n'importe quel monarque. Nous entreprenons ce voyage pour servir la gloire de Dieu, pour répandre Sa parole sur des terres où elle est inconnue, et pour apporter une grandeur éternelle à notre bien-aimé roi Jacques, qui régnait sur l'Écosse et règne à présent sur toute la Grande-Bretagne. »

D'un geste large, le capitaine Smith tendit la feuille à son scribe qui l'approcha de la lanterne ; les traits du jeune homme reflétèrent bientôt l'étonnement.

— Mais vous n'avez pas dit toutes ces choses, capitaine.

— Je les pensais, coupa Smith. Si le temps ne m'avait manqué, je les aurais dites.

Steed s'apprêtait à protester lorsque ses yeux se portèrent sur la zone d'ombre où il distingua le visage barbu de son petit commandant. On eût dit du fer enchâssé dans le chêne et il comprit que Smith aurait prononcé ce genre de discours si la situation l'avait permis. Il eut alors le sentiment que ce n'était pas les paroles du soldat mais ses intentions qui comptaient. John Smith recelait des velléités, inimaginables pour d'autres et qui, dans son rêve, devenaient réalités. Et si Edmund Steed et Thomas Momford se trouvaient dans une chaloupe qui faisait eau avec de misérables vivres et sans protection pour explorer la baie enserrée dans les terres, Smith, pour sa part, avait déjà dépassé le chenal du nord-ouest et il faisait voile dans le Pacifique à bord d'une caravelle.

Le septième jour du voyage, Steed découvrit un aspect de la véritable personnalité de John Smith ainsi que l'île qui captiverait son esprit pour le reste de ses jours. Ils avaient exploré sans résultat la côte orientale, mouillant dans des embouchures plus décevantes les unes que les autres, établissant des contacts épisodiques avec des Indiens qui n'avaient jamais vu le fer sans parler de l'or ou de l'argent, et Steed écrivit :

> Wicomico et Nanticoke ; nous avons exploré ces fleuves sur de nombreux milles, espérant découvrir quelque riche cité où les vases de nuit seraient façonnés dans l'or ; au lieu de quoi, nous avons découvert quelques misérables villages indiens peuplés de sauvages ignorants. Notre héroïque capitaine ne perdit jamais courage et il se distingua en négociant habilement pour obtenir des pommes de terre et des longueurs de roanoke indispensables pour circonvenir les tribus proches de Jamestown. Ce fut au cours de ces tractations qu'il apprit l'existence d'un fleuve, situé plus au nord, le Choptank, qui arrosait la capitale Patamoke, connue pour ses réserves d'or.

Aussi, la chaloupe mit-elle cap au nord avec un équipage surexcité et, lorsqu'un large fleuve fut en vue, Smith s'écria :

— Voici notre Choptank ! Nous sommes aux portes de Patamoke, la cité de l'or !

L'embarcation contournait le promontoire nord qui défendait le fleuve quand Edmund Steed aperçut son île : d'un tracé délicat, assoupie au milieu des eaux, parachevée par une couronne d'arbres.

— Capitaine Smith ! s'écria-t-il, avez-vous déjà vu une île plus belle ?

Le petit guerrier observa la terre sous plusieurs angles.

— Trop basse pour un fort, dit-il.

Il fallut environ quatre heures à la lente chaloupe pour s'approcher de l'île et la dépasser. Pendant tout ce temps, Steed, appuyé au plat-bord, dévorait cette terre des yeux. Il remarqua plusieurs criques permettant de débarquer si telle était l'intention du capitaine Smith, des arbres d'une hauteur imposante et même un petit cours d'eau qui conduisait au cœur de l'île. Lorsqu'il repéra une grande prairie n'attendant que du bétail, il songea : « Voici la plus belle partie de l'Angleterre transportée au-delà des mers. Je l'appellerai Devon. »

Ce soir-là, la chaloupe mouilla très avant dans le Choptank et, tandis que plusieurs hommes s'efforçaient de prendre du poisson pour le dîner, des Indiens apparurent dans deux pirogues. Ils indiquèrent par signes que leur werowance invitait le chef des étrangers à les accompagner jusqu'à leur capitale où il serait le bienvenu. La nuit tombait pendant que les Anglais continuaient à discuter pour savoir si leur capitaine pouvait risquer un tel voyage, et bien des opinions furent émises car l'invitation posait des problèmes difficiles à résoudre, ainsi que le consigna Steed :

> Dans l'obscurité, nous ne pouvions distinguer les Indiens ni percer leurs intentions, mais eux nous voyaient parfaitement car notre mât se détachait sur le ciel. Thomas Momford fit remarquer que, par deux fois, le capitaine Smith s'était laissé entraîner dans des traquenards tels que celui-ci, et qu'il avait même été le captif de Powatan, le principal chef de la côte occidentale. Ce rappel incita le capitaine Smith à relater l'événement : « Powatan donna ordre que l'on apportât deux grandes dalles de pierre sur lesquelles je fus étendu et un bras se tint au-dessus de moi, armé d'une massue, prêt à me faire éclater la boîte crânienne, alors un miracle intervint et je fus sauvé. »

Steed entendait cette histoire pour la cinquième fois ; il croyait dur comme fer que l'aventure s'était déroulée de cette manière, mais la réalité était peut-être tout autre. Enfin, un peu avant l'aube, le capitaine prit sa décision.

> Il nous dit : « Je dois me rendre dans la cité de Patamoke, car c'est là que nous trouverons l'or. » Aucun argument ne put le dissuader et, quand le soleil se leva, il désigna le chirurgien Ragnall et Edmund Steed pour l'accompagner. Tandis que nous embarquions dans la pirogue, Thomas Momford cria : « Soyez prudent, capitaine ! », et Smith répliqua : « Un capitaine ne doit jamais craindre de rencontrer un autre capitaine. »

Le court trajet de la falaise à la cité se déroula dans l'exaltation car le capitaine Smith croyait sentir l'or et, dans son expectative, il dit à Steed :

— S'ils viennent à nous en grande procession, je passerai le premier et vous vous tiendrez derrière moi avec Ragnall dans une attitude propre à les impressionner.

Steed consigna le déroulement des événements :

> Après avoir contourné un immense marais d'ajoncs ondulants où les oiseaux pullulaient, nous approchâmes, le cœur battant, de notre objectif si longtemps espéré, la cité de Patamoke, quartier général des puissants Choptanks qui contrôlent ce fleuve. Le capitaine Smith, prêt à déjouer une attaque inattendue, se penchait en avant dans la pirogue pour tenter de distinguer la ville. Mais il ne vit qu'un cercle de wigwams, un tas de coquilles d'huîtres, sans plus, et il regarda ses compagnons d'un air consterné.
>
> A terre, nous dûmes faire face à une nouvelle confusion. Nous identifiâmes le werowance immédiatement, grâce au disque de cuivre qu'il portait sur la poitrine. Il s'appelait Matapank, et il ne nous impressionna guère tant il manquait à la fois de dignité et d'autorité ; il hésitait à prendre une décision. Cependant, il était accompagné d'un gigantesque Indien dont les cheveux blancs se paraient de trois plumes de dindon et cet homme, qui répondait au nom de Pintakood, paraissait être le véritable werowance.
>
> Ni or, ni argent, ni perles, ni rubis, ni émeraudes. Le cuivre même du disque devait avoir fait l'objet d'un troc. Les Indiens de très petite taille manquaient de dignité, à

l'exception du seul Pintakood que sa fille, âgée d'une douzaine d'années et très belle aussi, escortait.

Le capitaine Smith, atterré par la découverte de ce pitoyable village, jugea qu'il n'en devait pas moins accomplir les rites entourant une exploration digne de ce nom. Il extirpa donc de son sac de toile un assortiment d'objets attrayants : verroteries de Venise, une hachette de fer, dix-huit coupons d'étoffes aux couleurs chatoyantes et, à l'intention du werowance, un dernier présent qui fascina tous les Indiens.

Il s'agissait d'un petit objet d'ivoire, fermé par un couvercle de métal jouant sur une charnière latérale. Celui-ci dévoilait du verre poli renfermant une chose incroyable : une aiguille mince et délicate, reposant sur un pivot de sorte que, quelle que soit l'orientation, l'aiguille dansante revenait à une position fixe.

Qu'est-ce que cela pouvait bien être ? Le jeune werowance tint l'objet dans sa main, lui fit décrire des cercles et observa l'aiguille qui oscillait pour revenir à sa position initiale. Il était stupéfait.

Puis, Smith parla. Ne connaissant pas un traître mot de leur langue, il esquissa quelques gestes pour désigner le ciel, mimer l'obscurité de la nuit avec les étoiles formant la constellation de la Grande Ourse. Ses gestes étaient incompréhensibles pour le jeune werowance, mais le géant aux plumes de dindon les observa avec attention puis, subitement, il saisit un bâton et dessina dans la poussière les sept étoiles de la Grande Ourse.

— Oui ! s'écria Smith en désignant le ciel.

Et, du bout du doigt, il indiqua la façon dont la constellation pointait vers l'Étoile polaire, mais c'était inutile car le géant savait déjà. Avec des gestes, celui-ci indiqua que l'aiguille cherchait le nord et Smith acquiesça.

Un festin fut offert avec de la viande d'ours et des galettes de crabe. Après quoi, le capitaine Smith renvoya le chirurgien Ragnall à la chaloupe pour informer les autres que tout allait bien ; lui et Steed passeraient la nuit en compagnie du werowance. Ragnall protesta en arguant que le capitaine risquait de tomber dans un nouveau piège, mais Smith fit la sourde oreille et, ce soir-là, au moment où les étoiles de l'été apparaissaient, Steed s'assit à côté de la fille du géant aux plumes de dindon. Son nom, crut-il comprendre, devait être quelque chose comme Tsiblinti. Elle lui offrit un mets étonnant composé de maïs et de haricots qu'elle appelait succotash, en admettant qu'il eût compris le mot.

Lorsqu'ils regagnèrent la chaloupe, Steed dut s'acquitter de la tâche consistant à narrer leur aventure. Lorsque le commandant prit connaissance du rapport, il ne cacha pas son mécontentement.

— Vous voulez appeler cette île Devon ? Eh bien, qu'il en soit ainsi, mais ne serait-il pas plus avisé de consigner dans votre journal qu'il s'agissait là de ma décision et non de la vôtre ?

— Je me suis contenté d'émettre une suggestion, capitaine. La confirmation ne peut venir que de vous.

— Confirmé, mais je préférerais lire dans le rapport que la proposition émanait de moi.

— Ce sera noté, capitaine.

Puis, Smith fronça les sourcils et en vint à ce qui le chagrinait.

— Vous vous êtes montré trop laconique en décrivant notre départ. Vous devez vous rappeler, puisque vous y avez participé, combien l'entreprise présentait de dangers. Ce n'est pas une mince épreuve pour trois hommes que de s'aventurer sans armes au cœur d'un territoire indien hostile.

Steed faillit répliquer qu'il n'avait jamais rencontré d'êtres aussi peu hostiles, indiens ou pas, mais il jugea plus sage de garder le silence. Il tendit les feuillets au capitaine afin que celui-ci pût les corriger. Au bout d'un moment, Smith lui rendit les pages ainsi libellées :

> Nous pénétrâmes dans le fleuve le plus large de la côte orientale, celui des Choptanks, à l'embouchure duquel se dresse une île étonnante de beauté, assez basse sur l'eau, avec de jolies prairies et de hauts arbres. Une rivière coulait à travers bois, et tous les hommes étaient ravis par ce tableau qui nous rappelait les belles terres du Devon, et le capitaine Smith conféra ce nom à l'île en leur honneur. Après avoir contourné l'île et remonté assez profondément le Choptank, nous fûmes accostés par un groupe d'Indiens féroces et hostiles. Aussitôt le capitaine comprit que notre salut dépendait de la façon dont nous agirions avec ces sauvages qui auraient pu anéantir notre expédition s'ils l'avaient souhaité. Il les pria donc de le conduire auprès de leur werowance, jusqu'à la capitale, la ville de Patamoke.

Plusieurs de nos hommes protestèrent en arguant des dangers que présentait une telle démarche ; ils lui firent remarquer que ces sauvages étaient cent fois plus nombreux et qu'ils pourraient écraser sans risque notre petit détachement, mais le capitaine Smith était résolu à rencontrer le werowance et à conclure un traité avec lui afin d'obtenir les vivres dont nous avions besoin. Il réunit donc ses hommes et leur dit : « Le sage Machiavel, dans ses conseils aux princes, a très justement observé que les hommes, le fer, l'argent et le pain constituaient le nerf de la guerre mais, de ces quatre éléments, seuls les deux premiers étaient essentiels parce que les hommes et le fer pouvaient trouver l'argent et le pain, mais l'argent et le pain ne trouvaient jamais les hommes et le fer. »

Après quoi, il avança résolument, avec le chirurgien Ragnall et Mr. Steed pour compagnons, et il cria aux Indiens : « Menez-moi à Patamoke ! » Nous embarquâmes dans la pirogue ennemie pour aller à la rencontre du werowance des Choptanks. C'était un petit homme déconcertant nommé Matapank, assez insignifiant, dont la présence visait à nous dérouter en masquant le véritable chef, un certain Pintakood, d'ailleurs guère plus brillant. Tous deux nourrissaient de sombres projets à notre endroit, mais le capitaine Smith s'adressa à eux par signes et leur fit présent d'une boussole enchâssée dans l'ivoire qui les divertit et les intrigua beaucoup. Notre capitaine leur décrivit le ciel et la terre, la danse des planètes et comment le soleil pourchassait continuellement la nuit autour de la terre.

Lorsque Steed lut cet ahurissant rapport, il sombra dans la confusion. Tout était vrai et, en même temps, totalement faux. Il négligea de relater la façon dont l'île avait été baptisée ; le capitaine Smith commandait et, tant qu'il n'avait pas confirmé un nom, celui-ci n'était pas officiellement attribué. Steed résolut de respecter les allégations de Smith relatives à l'hostilité des Indiens ; pour un homme qui avait si souvent été victime de la ruse indienne, les Choptanks pouvaient en effet paraître redoutables : il allait jusqu'à accepter que le guerrier géant aux trois plumes de dindon parût stupide, puisque les autres l'étaient. Il pensa, non sans justesse, que Smith avait éprouvé de l'antipathie pour l'intelligent Choptank parce que celui-ci était si grand et lui si petit.

Mais l'étudiant d'Oxford cédait à l'irritation devant les citations de Machiavel auxquelles Smith aurait eu recours pour encourager ses hommes.

— Je n'ai rien entendu sur Machiavel, grommela-t-il prudemment.

— Les Indiens nous harcelaient, et je n'ai pas eu le temps.

Steed se tut et Smith reprit :

« Lorsqu'un capitaine conduit ses hommes dans des eaux étrangères contre un ennemi inconnu, il est bien avisé en songeant à Machiavel.

Dans l'obscurité, les deux hommes se dévisageaient. Pour sa part, Steed était bien résolu à résister aux vantardises de son capitaine. Smith le comprit et ajouta :

« J'insiste pour que vous effectuiez quelques corrections de plus.

— Est-ce un ordre ?

— Oui. Dans le récit de notre départ avec les Indiens, je tiens à ce que vous notiez que vous vous êtes courageusement porté volontaire.

— Mais vous m'avez donné ordre de vous accompagner.

— Si je ne l'avais fait, vous vous seriez porté volontaire parce que, comme moi, vous êtes un homme de fer.

Steed ne répondit pas et Smith gagna l'avant de la chaloupe, mais il ne tarda pas à revenir pour exiger une autre correction.

« Mr. Steed, quand vous rapportez ma rencontre avec l'Indien aux plumes de dindon, estimez-vous utile de préciser combien il était grand et moi petit ?

— Ma description peut paraître déplaisante, admit Steed. Je la rectifierai volontiers.

Mais Smith n'en avait pas terminé pour autant. Un peu plus tard, il réveilla son scribe pour lui faire part de la suggestion suivante :

— Vous devriez ajouter que le capitaine Smith fut à tel point frappé par la taille immense du général indien qu'il eut la certitude que l'homme n'était pas un Choptank mais un Susquehannock.

Steed ne parvenait pas à trouver le sommeil et, tandis que la chaloupe se balançait doucement sur les eaux du Choptank, il contemplait alternativement les contours accueillants de l'île qu'il avait baptisée et la forme somnolente de son commandant. Smith représentait une énigme, prêt à travestir tout aspect du voyage le concernant directement et cependant résolu à être précis lorsque la géographie était en jeu. A l'embouchure de chaque fleuve, il prenait de nombreux relevés, consultait fréquemment le compas. Jamais il ne consignait dans le journal de bord la hauteur d'un arbre ou la distance jusqu'à la grève sans avoir fait confirmer ses estimations par ses compagnons, et il traçait ses cartes de manière méticuleuse.

Le capitaine s'agitait constamment dans son sommeil et, un peu avant l'aube, il revint dire à Steed :

— Vous pouvez écrire que nous ne trouverons ni or ni argent. Ce rêve était vain.

Il prononça ces paroles avec une tristesse si évidente que Steed partagea sa peine mais, dès que le soleil apparut, le petit commandant retrouva toute son énergie et cria à ses hommes :

— Eh bien, partons à la recherche du passage vers l'ouest.

Et il fit prendre à la chaloupe le chemin de sa prochaine déception.

C'était un chef intraitable. Un soir, alors qu'il rassemblait ses hommes à l'embouchure de la Susquehanna, il s'approcha de Steed et chuchota :

— Je tiens à ce que vous notiez avec un soin tout particulier mes faits et gestes de ce jour.

Après avoir prié les gentilshommes et les marins de se séparer en deux groupes distincts, il donna ordre au matelot Robert Small de s'avancer. Quand l'homme eut obtempéré, il cria :

— Levez le bras droit.

Le matelot obéit ; Smith monta alors sur un tronc d'arbre abattu et, à l'aide d'une moque, versa de l'eau le long du bras de l'homme.

« Remplissez la moque, dit-il à Steed.

Puis il ordonna au matelot de lever le bras gauche et lui versa de l'eau froide dans la manche.

« Expliquez à tous ce que vous avez fait pour mériter cette punition, aboya Smith.

— J'ai juré, capitaine.

— Dans la colère, vous avez prononcé le nom de Dieu ?

— Oui, capitaine : j'avais attrapé un gros poisson qui s'est échappé.

— Retournez dans le rang, Small.

Le petit capitaine sauta à terre et s'adressa à tous.

« Si j'exige que votre conduite soit irréprochable, c'est parce que j'ai toujours agi de la sorte. Je n'ai jamais bu d'alcool, ni joué aux dés ou aux cartes, ni fumé, ni blasphémé, ni lutiné les femmes. En aucune façon, je ne me suis rabaissé. Je suis un soldat et me comporte toujours comme tel. Tant que vous naviguerez avec moi, vous ne jouerez pas aux dés, vous ne boirez pas, vous ne jurerez pas.

Quand l'épisode eut été consigné dans le journal à la satisfaction de Smith, celui-ci demanda à Steed :

— Avez-vous l'intention de devenir soldat, vous aussi ?

— Je ne m'en sens pas la trempe, capitaine.

— Vous n'êtes pas le seul. Quels sont vos projets ?

— Je pense beaucoup à Devon Island. J'envisage de m'y installer quand notre expédition aura pris fin.

— Vous n'avez pas de patente. Pas d'autorisation.

— Il vaudrait mieux, capitaine, que ceux de Jamestown se préoccupent moins des patentes et des autorisations.

Pour un militaire, il s'agissait là d'une opinion inacceptable. Le soldat s'identifie à son roi ou à son général, puis il le sert ; patentes, ordonnances, autorisations constituent l'essence même de la carrière. Mais comment Steed l'eût-il compris ? Il devinait chez le jeune clerc quelque chose de tortueux, de secret, dont il ne parvenait pas à identifier la nature exacte, et les intentions du jeune homme ne le surprenaient guère.

Le passage vers les Indes ne fut pas découvert. Au nord, la baie s'achevait par une succession de hauts-fonds et de marais sur lesquels la chaloupe s'échouait constamment et lorsque, pour la cinquième fois, les matelots se virent obligés de nager pour élonger une ancre à jet afin de déhaler l'embarcation, le capitaine Smith déclara d'un ton sec :

— Mr. Steed, ce soir, vous pourrez écrire que le passage n'existe pas... pas pour nous.

Jamais plus il ne parla de ce rêve perdu.

L'exploration s'acheva de façon assez étrange. Alors que la chaloupe dérivait le long de la côte occidentale, en route pour son port d'attache, Steed pêchait à l'arrière. Tout à coup, il ferra un poisson si gros qu'il ne parvint pas à le hisser à bord. Tandis qu'il fatiguait sa prise, le capitaine Smith plongea le bras dans l'eau pour l'aider et fut furieusement frappé au poignet par la queue d'une énorme raie pastenague.

Sans plus se préoccuper du poisson, il examina son bras qui commençait à enfler. En quelques instants, celui-ci prit des proportions inquiétantes et les doigts virèrent au violet. La douleur était si intense, qu'il dut mordre dans un morceau de bois et, au bout d'une heure et demie, quand le bras eut pris une teinte noirâtre et que les élancements furent insupportables, le petit capitaine dit à Steed et au chirurgien :

— Je vais mourir. Creusez-moi une tombe d'où je puisse voir la baie.

Les matelots creusèrent et Smith marcha vers sa tombe. Il s'assit à une extrémité, pieds pendants à l'intérieur.

Il demeurait immobile, sans mot dire, et envisageait la fin de ses aventures quand la douleur commença à diminuer et l'affreuse teinte violette à s'estomper. Quand il comprit qu'il n'allait pas mourir, ni perdre le membre, il retrouva son entrain.

« Avons-nous réussi à capturer le poisson ?

— Oui, répondit Steed.

— Parfait. Je le mangerai pour dîner.

On le fit frire et il s'en régala.

Le dernier fleuve visité fut le York. Fatigués, les matelots avaient hâte de regagner leur port d'attache ; ils se plaignaient amèrement de la nourriture, de la pluie dont ils ne pouvaient se protéger, des insectes.

« Tonnerre ! explosa Smith. Je pourrais construire une nouvelle Jérusalem dans cette baie si je parvenais seulement à trouver dix-sept hommes qui n'aient pas peur des moustiques !

Maussade, il marcha à côté de Steed le long de la rive jusqu'à ce que tous deux cèdent à la chaleur et à la lassitude. Il se laissa tomber sur un tas de feuilles sèches et reconnut l'échec de ses grands desseins.

« Je cherchais des étoffes précieuses, et j'ai rencontré des Indiens vêtus d'écorces. Je cherchais de l'or, et j'ai découvert les herbes folles des marais. La baie renferme des richesses, mais je n'étais pas destiné à les découvrir.

Tout en parlant, il ne cessait de caresser de la main les feuilles sur lesquelles il était assis — du tabac déposé par les Indiens le long du York et qui attendait d'être expédié à Londres. Au cours des années qui allaient suivre, des cargaisons entières de cette herbe, mise en balles, descendraient les fleuves de la Virginie et du Maryland, produisant plus d'or et d'étoffes précieuses que le capitaine Smith lui-même n'en avait jamais rêvé.

L'île

Pour comprendre comment Edmund Steed, gentilhomme, en vint à accompagner le capitaine John Smith lors de son exploration de la Chesapeake en 1608, il nous faut remonter le cours du temps sur plus de cent ans.

A la fin du xve siècle, toutes les âmes d'Angleterre se rangeaient sous la bannière du catholicisme, ce qui allait de soi puisque aucune autre religion chrétienne ne prévalait à cette époque et que l'on débattait encore pour savoir si les rares juifs du royaume avaient une âme. Le roi Henry VII, ayant arraché son trône à l'abominable Richard III, régnait avec la bénédiction du pape dont il se reconnaissait bien volontiers le vassal aussi bien sur le plan temporel que spirituel. Après des années de trouble, le pays était en paix, les monastères abritaient les puissants ecclésiastiques et le bon peuple n'y trouvait rien à redire. Martin Luther, qui allait bientôt perturber cette bienheureuse somnolence, n'avait alors que quinze ans et il étudiait avec ferveur dans l'espoir d'embrasser la prêtrise catholique.

Les Anglais se réjouirent donc lorsque, en 1489, le roi Henry annonça officiellement les fiançailles de son fils Arthur, âgé de trois ans, avec Catherine d'Espagne, fille de Ferdinand et d'Isabelle, monarques catholiques par excellence. Cette promesse d'union de l'insignifiante Angleterre avec la puissante Espagne augurait de maints avantages pour le petit royaume insulaire.

Douze ans plus tard, lorsque Catherine débarqua en Angleterre, on vit en elle une princesse calme et bonne, qui jura amour et fidélité au trône. Le jeune Arthur fut enchanté dès qu'il posa les yeux sur elle et il l'épousa dans l'allégresse en octobre 1501, en présence des représentants du pape qui approuvait officiellement cette heureuse union de deux royaumes catholiques. Le siècle commençait sous les meilleurs auspices.

Hélas, Arthur, héritier du trône d'Angleterre, était de santé fragile, et il mourut en mars 1502. Sa veuve, à la déception de tous, n'était pas enceinte.

Cette situation laissa le roi Henry VII aux prises avec un délicat problème dynastique : s'il autorisait Catherine à quitter l'Angleterre pour regagner l'Espagne, il perdrait tous les avantages qui auraient pu découler de l'union avec le grand royaume ibérique, mais il pouvait difficilement trouver une excuse pour retenir la jeune femme à Londres.

D'habiles conseillers, dont l'Angleterre semble toujours avoir été bien pourvue, avancèrent que le roi détenait un moyen d'empêcher Catherine de rentrer en Espagne : « La marier au frère du défunt Arthur. » C'était une idée magistrale, mis à part le fait qu'Henry, le frère en question, était âgé de onze ans, soit six de moins que l'épouse envisagée.

Et d'ailleurs, ce mariage diplomatique n'eut pas été plus tôt suggéré que certains membres du clergé l'écartèrent car contraire aux lois de l'Église. L'un des prêtres tonna : « Lévitique vingt, verset vingt et un, résout la question à jamais », et il cita le verset monitoire dans sa grossière traduction :

> Aucun homme n'épousera la veuve de son frère. C'est interdit. Agir ainsi reviendrait à souiller le nom de son frère, et le couple sera sans enfants.

L'expérience avait enseigné aux nations que la vie de famille serait menacée si les frères s'estimaient libres de pouvoir mutuellement se voler leurs épouses. La royauté en particulier avait appris que les frères cadets ne devaient pas profiter de la mort de leurs frères aînés. Pour la veuve Catherine, épouser le frère de son défunt mari serait immoral, illégal, et contraire aux coutumes de l'Église.

Mais les exigences dynastiques demeuraient. Le roi Henry, âgé maintenant de quarante-cinq ans, et de santé délicate, envisageait les mesures nécessaires pour assurer l'avenir de sa couronne chèrement gagnée, et la façon la plus sûre d'y parvenir consistait à préserver l'alliance avec l'Espagne et à la renforcer. Catherine resterait donc en Angleterre.

A cette fin, il fit de nouveau appel aux théologiens. Lorsque ces érudits eurent consulté la Bible, ils découvrirent ce bienheureux passage du Deutéronome vingt-cinq, verset cinq, qui contredisait le Lévitique et, non seulement autorisait un homme à épouser la veuve de son frère, mais le lui ordonnait.

> Quand deux frères habitent ensemble et que l'un d'eux vient à mourir sans avoir de fils, la femme du mort ne peut appartenir au-dehors à un homme étranger. Son beau-frère viendra près d'elle et il la prendra pour femme, et accomplira avec elle son devoir d'époux.

On ne pouvait imaginer commandement plus formel, et qui répondît mieux au problème dynastique anglais et, quand le roi Henry entendit cette injonction, il battit des mains et ordonna que les fiançailles fussent célébrées.

Le roi ne vécut pas assez longtemps pour voir son héritier heureusement marié ; il mourut le 21 avril 1509 et, par respect pour sa mémoire — il avait été un roi résolu —, le jeune Henry épousa à son corps défendant une femme de six ans son aînée. Le mariage eut lieu quelques semaines après les funérailles du vieux roi et eut des conséquences favorables, sauf en ce qui concernait la succession au trône. La fécondité de Catherine ne pouvait pourtant être mise en doute ; elle mit au monde plusieurs enfants — et parmi eux des fils — mais tous moururent. Une fille souffreteuse, Mary, survécut, mais seul un fils pouvait combler les vœux d'Henry.

En 1533, le roi Henry, non sans retard, se persuada que son mariage avec ce parangon fané était immoral et contraire aux lois. Abandonnant le Deutéronome, il se tourna vers le Lévitique. Avec une hargne allant croissant, il tempêta au sein du clergé, exigea que celui-ci confirme l'irrégularité de son union. Il se trouva quelques érudits pour le soutenir. Mais, à Rome, le pape refusa de souscrire à leur thèse, s'en tenant à des arguments d'ordre pratique : bien que le mariage ait pu prêter à controverse à l'origine, il n'en avait pas moins été consommé, ainsi que l'enfant, Mary, le prouvait, et il durait depuis près d'un quart de siècle ; l'annulation ne fut donc pas accordée.

Le roi Henry était un catholique aussi convaincu que tout autre monarque européen : onze ans auparavant, il avait rédigé de sa main et largement diffusé un pamphlet s'élevant contre le renégat Luther et confirmant une fois de plus la suprématie du pape. Pour témoigner sa gratitude, le souverain pontife avait officiellement proclamé Henry « Défenseur de la Foi », titre envié, transmissible aux futurs souverains d'Angleterre. Ayant manifesté sa loyauté à l'égard du pape, Henry pouvait difficilement passer outre la décision du pontife, aussi contrariante fût-elle. Par ailleurs, Henry acceptait les doctrines de l'Église et il eût été stupéfait si on l'avait accusé de tiédeur envers le catholicisme. Il n'en demeurait pas moins qu'Henry se trouvait dans l'impossibilité de divorcer d'avec Catherine, ce qui signifiait qu'il ne pouvait épouser la pulpeuse dame d'honneur sur laquelle il avait jeté son dévolu, Anne Boleyn.

Que faire ? Un Londonien cynique chuchota : « La bulle du pape a noué l'aiguillette du roi », et, par la suite, lorsque la situation trouva une issue, on se rappela ce mot d'esprit. On porta tout d'abord contre ce plaisantin une accusation de lèse-majesté, puis de blasphème et enfin de trahison pour laquelle il fut étranglé à la Tour de Londres. Une saillie spirituelle lui coûta la vie.

Et une rumeur se répandit selon laquelle Anne Boleyn était grosse, et tous d'espérer qu'elle portait un fils. Une solution rapide du conflit avec le pape devenait impérieuse de crainte que le futur roi ne naquît bâtard. Le dilemme fut résolu d'adroite manière : le roi Henry déclara que, bien que l'Angleterre et tous ses sujets demeurassent aussi catholiques que jamais et reconnussent comme auparavant la suprématie spirituelle du pape, ils n'en rejetaient pas moins sa primauté dans le domaine temporel. Dès lors, il y aurait une Église catholique dans certaines nations d'Europe sous la préséance du pape, et il y en aurait une autre en Angleterre, également catholique, sous la férule du roi en ce qui concernait le domaine séculier.

Dans une explosion de ferveur religieuse, il répudia Catherine l'Espagnole et épousa Anne, la voluptueuse Anglaise. Cet événement suscita un tel tumulte qu'Henry crut bon de prouver qu'il était réellement à la tête de l'Église de son pays, et il le fit d'une manière des plus pragmatiques. Il lui vint à l'esprit que le pape contrôlait plus d'un tiers des terres de l'Angleterre : évêchés, monastères, églises, couvents possédaient de vastes domaines ainsi que les paysans qui les travaillaient. D'un simple édit, Henry mit fin à ces privilèges ; il ferma les monastères, dépouilla les évêchés de leurs terres et, selon ses propres paroles, « jeta moines, religieux et nonnes dans les rues des villages, les obligeant à gagner honnêtement leur vie ». Puis, avec sa ruse coutumière, il imagina un habile stratagème : il ne garda pas pour lui ce qu'il avait confisqué, pas plus qu'il ne répartit les terres entre les puissants ducs et barons qui risquaient par la suite de se liguer contre lui ; au lieu de quoi, il les remit entre les mains de ses vaillants et fidèles vassaux de la classe moyenne qui l'avaient soutenu lors de sa lutte contre le pape : ainsi, il s'acquit l'appui inconditionnel d'un tiers de l'Angleterre, et ce fut à l'occasion de ce transfert que les ancêtres d'Edmund Steed entrèrent en scène.

Au cœur du comté de Devon, au sud-ouest de Londres, dans la petite ville de Bishop's Nympton, vivait depuis plusieurs siècles une famille distinguée et opiniâtre du nom de Steed. Là, à mi-chemin entre Dartmoor et Exmoor, ces fermiers jouissaient d'une certaine aisance : les pères faisaient office de juges de paix et les fils suivaient des études à Oxford. Fils et filles avaient contracté des mariages très conservateurs, et aucun scandale n'avait jamais entaché le nom de la famille ; si celle-ci n'avait produit ni barons ni comtes, elle n'en avait pas moins fourni des hommes sur lesquels les rois pouvaient compter.

Devon Steed était un homme de cette trempe ; il avait quarante-neuf ans lorsque Henry s'employa à répudier la reine espagnole. Au moment où la crise atteignit son paroxysme, le roi chercha un soutien chez les gentilshommes ruraux de bonne réputation, et le cardinal Wolsey en personne, qui ne cessait de manœuvrer pour devenir pape, demanda à Steed de l'appuyer dans sa région.

Une telle requête posait un problème à Steed : catholique dévot, il aimait le pape, payait la dîme, conduisait sa famille à l'église locale tous les mercredis et dimanches, et se chargeait personnellement d'assurer la subsistance du prêtre. Se ranger aux côtés du roi contre le pape dans une dispute portant sur deux versets contradictoires de la Bible constituait une grave responsabilité. Durant quelques semaines, il s'abstint de prendre position, débattant dans sa conscience le passage du Lévitique qui interdisait le genre de mariage qu'Henry avait été obligé de contracter avec Catherine.

Était-il imaginable que le pape ignorât la Bible ? Devon Steed ne pouvait l'admettre. Mais n'était-il pas possible que le roi Henry eût raison en prétendant qu'il n'avait eu aucun enfant mâle légitime en raison de la malédiction que Dieu faisait peser sur lui à la suite d'un mariage incestueux ? Le Lévitique ne prédisait-il pas qu'une telle union serait stérile ?

Pendant plusieurs jours, il hésita, balançant entre le pape et Henry. Le dilemme fut résolu de façon fort ingénieuse : le cardinal Wolsey dépêcha à Bishop's Nympton un émissaire personnel, le jeune Hugh Latimer, apparenté aux Steed et parrain du fils de Devon, Latimer, avec mission de faire valoir un argument irréfutable :

— Cousin Steed, vous n'ignorez pas que notre roi a déjà engendré six fils, illégitimes sans doute, mais néanmoins ses fils. La stérilité ne peut donc lui être imputée. Vous connaissez Henry Fitzroy, qui a été fait duc de Richmond à l'âge de six ans. Il est fils d'Henry ainsi que cinq autres moins bien dotés. Si notre roi peut se débarrasser de la bréhaigne Espagnole et épouser rapidement la jeune Anne, le royaume aura un héritier et l'Angleterre sera protégée.

Sur quoi, Latimer, homme austère, cligna de l'œil.

« Vous savez que dame Anne est grosse, d'un fils, nous assurent les matrones : il nous faut donc agir promptement, ajouta-t-il.

S'inclinant devant les faits, Devon Steed invita les comtés de l'ouest à se rallier au divorce ; il prit le parti du roi contre le pape. Il ne sollicita aucun privilège en retour et n'attendit rien pour avoir obéi à sa conscience, mais quand la dissolution des monastères intervint et que les grandes propriétés furent distribuées aux loyaux partisans du roi, notamment à ceux qui appartenaient à la classe moyenne comme les Steed, Hugh Latimer veilla à ce que son cousin Devon se trouvât en tête de la liste.

Lorsque les envoyés du roi vinrent s'enquérir des préférences de Devon Steed sur les quelque huit cents monastères à distribuer, celui-ci répondit non sans innocence :

— Glastonbury. C'est proche et j'ai toujours admiré les bâtiments que Richard Bere y a fait édifier lorsqu'il était abbé.

L'envoyé toussota et rétorqua :

— Glastonbury est si vaste qu'il fait l'objet d'une réserve.

— Je suis désolé, marmotta Steed en présentant ses excuses. Qu'a prévu le roi en ce qui me concerne ?

— Il souhaiterait que les nouveaux bénéficiaires aillent s'installer dans les propriétés qui leur ont été attribuées. A cause des conflits de loyauté, comprenez-vous. Un splendide monastère vous est attribué à Queen's Wenlock dans le Berkshire.

— Je le connais ! s'écria Steed avec enthousiasme.

Il y avait fait halte en se rendant à Oxford et il se rappelait les lieux avec émotion : tours basses, cloître modeste, innombrables cheminées et quatre arches gothiques flanquant les portails devant lesquels les pauvres se rassemblaient pour recevoir la charité.

— Six cents hectares s'ajoutent aux bâtiments du monastère, expliqua le représentant du roi. Ainsi que deux villages prospères. Vous en serez le propriétaire et deviendrez sir Devon Steed.

Et il fut fait chevalier sous le nom de sir Devon en 1537 ; bien qu'il eût cinq prénoms chrétiens, aucun d'eux ne fut retenu. Devon, le sobriquet dont on l'avait affublé à Oxford, devint son nom officiel, et sir Devon alla donc s'installer avec sa famille dans son nouveau domaine. Dès son arrivée au monastère, construit en 1387 par la reine Anne de Bohême, épouse de Richard II, il fit dire des prières dans l'ancienne chapelle où, agenouillé sur les dalles sacrées, il réitéra sa fidélité au catholicisme et sa reconnaissance de la suprématie spirituelle du pape.

Les choses changèrent bien peu en vérité. L'Angleterre demeurait catholique. Le roi Henry, déçu qu'Anne Boleyn lui donnât une fille au lieu du fils escompté, ne tarda pas à la faire décapiter et, une fois de plus, sir Devon le soutint, tout comme ses homologues bénéficiaires des sept cent quatre-vingt-dix-neuf autres monastères expropriés ; ils appelaient Anne Boleyn « la putain des Howard », et ils ne cachèrent pas leur plaisir de la voir évincée.

De sinistres rumeurs coururent lorsque certaines coteries de la cour, qui intriguaient afin de protéger la succession au trône, proposèrent que la petite princesse Mary, fille de Catherine première femme d'Henry, épousât le duc de Richmond, son demi-frère. Ceux qui abordaient le sujet avec Steed alléguaient :

— Ne comprenez-vous pas l'intérêt de ce mariage ? Il rassemblerait toutes les parties susceptibles de faire valoir une juste revendication. La position du couple serait inébranlable et s'il naissait un fils, celui-ci serait roi dans tous les sens du terme.

— S'il naissait un fils, celui-ci aurait deux têtes ! coupa Steed.

Par bonheur, le roi Henry, homme à principes, fut révolté à l'idée que sa fille épousât son demi-frère illégitime et il se refusa à envisager cette solution. Lorsqu'il apprit que sir Devon Steed avait repoussé cette proposition en avançant des arguments identiques aux siens, sa sympathie augmenta à l'égard du chevalier auquel il fit don de nouvelles terres.

Tant que vécut le roi Henry, sir Devon n'éprouva aucun scrupule religieux. Lui et le roi demeuraient des catholiques dévots et quand ce dernier ordonna que deux hérétiques luthériens fussent envoyés au bûcher, sir Devon applaudit.

— Nous ne voulons pas de schismatiques dans notre pays, dit-il à son fils Latimer.

Il mourut trois mois après son roi, échappant ainsi au chaos dans lequel sombra l'Angleterre durant le bref règne de l'enfant Édouard VI. Sir Latimer Steed, qui héritait du titre et du vaste domaine, était encore plus attaché au catholicisme et au pape que ne l'avait été son père, et il fut atterré par la manière grossière dont usaient les conseillers du jeune roi qui cherchaient à convertir l'Angleterre au protestantisme. Sir Latimer fulminait et déclarait à tous ceux qui se rendaient à l'ancien monastère que « les honnêtes gens d'Angleterre n'embrasseraient jamais les hérésies de Genève ». Il éprouva un intense soulagement lorsque mourut Édouard, au terme d'une vie souffreteuse, comme marqué par la malédiction jetée par Dieu sur son père pour avoir épousé six femmes et en avoir fait décapiter deux.

C'est alors que Mary, âgée de trente-sept ans, aguerrie par le bouillonnement des querelles, des assassinats et de la piété des Tudor, monta sur le trône, résolue à tout remettre en place. Ce fut un jour de gloire pour tous les bons catholiques, tels que sir Latimer, lorsqu'elle accepta la couronne. Peu après, les chefs hérétiques, qui avaient tenté d'éloigner l'Angleterre de Rome, payèrent le prix de leur trahison. L'un après l'autre, ils périrent sur le bûcher, et sir Latimer, qui priait dans la chapelle que son père avait volée à l'Église, approuvait sans réserve le supplice : « C'est la seule façon de purifier l'Angleterre. »

Pour la première fois, il eut vent que d'étranges événements intervenaient le 19 octobre 1555, quand son fils Fairleigh arriva à bride abattue de Londres pour lui apprendre l'atroce nouvelle :

— Hugh Latimer est mort sur le bûcher.

C'était incroyable. Les Steed connaissaient les Latimer depuis plus d'un siècle et les deux familles avaient suivi avec une même fierté l'ascension du jeune Hugh dans la hiérarchie ecclésiastique. Lorsque le cardinal Wolsey avait manqué de peu être élu pape, il avait paru logique d'espérer que Latimer lui succéderait, or il venait d'être brûlé vif. Quelle affreuse erreur avait causé une telle injustice ?

On ne pouvait accuser le jeune Fairleigh de tiédeur dans sa foi ; bien au contraire, il vénérait l'Église catholique. Alors qu'enfant il jouait dans les vastes salles de l'ancien monastère, rebaptisé de prudente façon « manoir », il se fit une idée précise de ce qu'une Église souveraine devait être et, à Oxford, il avait incité ses camarades étudiants à allumer des feux de joie pour saluer l'accession au trône de la reine Mary car il voyait dans la souveraine la purificatrice qui sauverait l'Église. Il comprenait que des mesures énergiques devaient être prises afin de ramener l'Angleterre dans le droit chemin, et il applaudit la sévérité de la reine.

— Il fallait qu'elle le châtie, père, expliqua-t-il. Hugh Latimer prêchait la plus pernicieuse des doctrines et, si on ne l'en avait empêché, il aurait entraîné l'Angleterre dans le protestantisme. Il ne valait pas mieux que Calvin.

Ainsi, le fils guida le père à travers l'époque troublée mais glorieuse du règne de la reine Mary. Lorsque celle-ci prit le roi Philippe d'Espagne pour époux, le jeune Fairleigh rassura son père qui craignait une mainmise espagnole.

— Jamais ! L'Angleterre et l'Espagne seront unies sous la suprématie du pape. Ce mariage mettra fin aux luttes fratricides et, ensemble, les deux pays catholiques auront raison de l'hérésie qui sévit en Allemagne et aux Pays-Bas.

Lorsque Mary mourut, le trône passa à sa demi-sœur, Elizabeth, la protestante, bâtarde d'Anne Boleyn, la putain des Howard. Devant le désastre, sir Latimer dit à Fairleigh :

— Cette lignée est infâme. Ce n'est pas par accident que les deux reines décapitées étaient toutes deux des Howard. Elles étaient cousines germaines et toutes deux putains.

Il marqua une pause, leva les yeux vers les poutres anciennes de la grande salle.

« Ainsi, à présent, nous avons pour reine la fille illégitime d'une putain. L'avenir est sombre, Fairleigh, et il faudra que nous sachions tous à quoi nous en tenir.

Pour les bons catholiques, les temps furent pires que tout ce qu'ils avaient prévu. Sa Sainteté, le pape Pie V, rédigea une bulle d'excommunication à l'adresse d'Elizabeth, l'hérétique, et avertit les catholiques anglais qu'il les relevait de leur allégeance à la reine. Par représailles, elle condamna à mort quiconque diffuserait la bulle sur le sol d'Angleterre.

Le conflit était engagé ; une à une, des mesures draconiennes furent promulguées contre des fidèles, tels que le jeune Fairleigh Steed, qui vénéraient à la fois l'Église de Rome et la terre d'Angleterre. Tout catholique surpris alors qu'il assistait à la messe se voyait infliger une amende de soixante-dix livres, somme énorme à l'époque. Tout catholique qui refusait d'assister à l'office protestant devait payer vingt livres par an pour chaque membre de sa famille, jeune ou vieux. Tout individu cherchant à convertir de bons protestants au catholicisme était condamné à mort par pendaison. Et les croyants, tels que les Steed, qui essayaient de se raccrocher à leur religion, étaient l'objet d'une constante surveillance, de persécutions, et ils risquaient la mort s'ils donnaient asile à un prêtre interdit.

Elizabeth ne parvint jamais à comprendre le comportement obstiné de gens tels que les Steed. La nouvelle religion de la reine conservait presque toutes les caractéristiques de l'ancienne : la messe, la transsubstantiation, le maître-autel, le baptême, la confession, le carême le mercredi, le célibat des prêtres qui continuaient à porter leurs vêtements habituels. Elizabeth exigeait seulement de ses sujets qu'ils renoncent à Rome et la reconnaissent en tant que chef de l'Église en Angleterre. L'implacable loi de 1581 était sans équivoque : *Afin de garder les sujets de Sa Majesté la Reine dans l'état d'obéissance qu'ils lui doivent.* Les Steed se refusaient à reconnaître l'obéissance spirituelle à un souverain. Ils devinrent donc des catholiques clandestins, partisans secrets de l'ancienne foi, audacieux protecteurs des prêtres itinérants qui œuvraient au péril de leur vie pour sauvegarder l'ancienne religion.

Queen's Wenlock, à une époque l'un des petits monastères d'Angleterre les plus renommés, devint dans les années 1570 un centre de l'esprit missionnaire catholique. Le vieux sir Latimer déclara qu'il préférait être damné plutôt que d'autoriser une putain des Howard à le conseiller dans le domaine spirituel. Lady Steed lui conseilla de tenir sa langue s'il ne voulait pas être pendu et lui rappela que ce n'était pas l'une des putains des Howard qui agissait ainsi à l'encontre de l'Angleterre, mais bien la fille illégitime de l'une des putains.

Le jeune Fairleigh qui, à vingt-cinq ans, venait de rentrer d'Oxford, ressentait plus durement que les autres membres de la famille la pression exercée par les événements. Il révérait les anciens préceptes et estimait pouvoir s'y tenir sans pour autant être traître à la nouvelle souveraine. Il était à la fois catholique et anglais, et il devait être possible d'être un sujet fidèle et loyal des deux mondes. L'accusation saugrenue des protestants, selon laquelle être catholique signifiait que l'on était prêt à prendre les armes pour le pape contre l'Angleterre, lui paraissait absolument inepte. Le pays comptait plus de cent soixante mille catholiques pratiquants et seulement une poignée de traîtres parmi eux.

Puis, survinrent des événements qui affaiblirent sa position. Des fanatiques furent capturés alors qu'ils essayaient de préparer une invasion espagnole en vue de remettre le roi Philippe sur le trône qu'il avait jadis partagé avec Mary. Par ailleurs, quelques illuminés, qui tentaient de susciter un soulèvement en faveur de l'autre Mary, la catholique d'Écosse, furent trouvés en possession de lettres donnant des détails sur ce projet. Des fous, déchirés par des conflits religieux qu'ils ne comprenaient pas, cherchèrent même à assassiner la reine.

Cet état de choses engendra soupçons et haine : de bons Anglais, qui auraient dû se montrer plus avisés, en vinrent à croire que le pape voulait envahir leur île avec l'aide des Espagnols afin de les reconvertir au catholicisme. Dès lors, les Steed s'élevèrent contre de tels préjugés.

Tous les membres de la famille apportaient le témoignage irréfutable que le fait d'être catholique n'entraînait pas l'hérésie. Cependant, bravant les interdits, jamais ils ne rompirent leurs liens avec les prêtres qui œuvraient courageusement à la sauvegarde de la foi.

— Ces prêtres voués à Dieu par leur ordination sont nos guides spirituels, déclarait sir Latimer à qui voulait l'entendre.

Le vieil entêté devenait de plus en plus énergique. S'il avait vécu au siècle précédent, il aurait été un simple seigneur de village, dispensant une justice approximative, refusant de condamner à mort le pire criminel, gérant ses domaines de façon que chaque génération trouvât quelques hectares de plus que la précédente. C'était accidentellement, par le biais du divorce du roi Henry, qu'il avait été anobli et, bien qu'il fût fier des bâtiments et des domaines qui accompagnaient son titre, il ne se sentait pas vraiment à l'aise dans son petit château. Il eût préféré s'occuper de ses porcs dans le Devon. Il n'était pas de taille à se mêler à un débat d'ordre religieux. Il savait seulement que les Steed avaient toujours obéi au pape, et il entendait faire de même.

En conséquence, il était normal que les fidèles prêtres anglais, ordonnés au séminaire émigré à Douai en Pays-Bas espagnols, trouvent asile chez lui quand ils s'infiltraient subrepticement en Angleterre. Ils avaient d'ailleurs reçu des ordres non écrits leur recommandant de se rendre à Queen's Wenlock. Selon Elizabeth, de tels prêtres étaient des traîtres — ils ne s'efforçaient pas de sauver des âmes, mais de fomenter une révolution — et quiconque leur donnait asile risquait la vie. Les Steed acceptaient ce risque.

Au crépuscule, les prêtres itinérants se regroupaient dans un lieu de rencontre, en pleine campagne à l'ouest de Londres. Ils agissaient de façon furtive, de crainte d'être surpris par les espions à la solde de Walsingham et de Burleigh, qui sillonnaient la région. A la nuit tombée, ils pouvaient s'approcher plus aisément des quatre portes sous les arcades du vieux monastère et y frapper. Une lumière brillait. Un battant s'entrouvrait. Les prêtres s'annonçaient, donnant le mot de passe fourni par les catholiques de Londres et entraient vivement tandis que la porte se refermait derrière eux.

A l'intérieur, sir Latimer leur servait à boire et demandait ce qui se passait à Douai. La traduction en anglais d'une Bible acceptable pour les catholiques se poursuivait. De nouveaux prêtres étaient régulièrement ordonnés et ceux qui faisaient preuve de force d'âme étaient envoyés clandestinement en Angleterre. Quatre d'entre eux, tout juste débarqués, avaient été arrêtés et pendus, d'autres martyrs en puissance étaient en route.

Et le nouveau pape ? Les jeunes prêtres assuraient qu'il était sur le point de prendre une mesure qui les aiderait dans leur tâche. Il se préparait à annoncer que la bulle de son prédécesseur, donnant ordre à tous les bons catholiques de s'opposer à la reine Elizabeth, serait provisoirement suspendue afin que ces derniers pussent obéir à leur souveraine dans ce qui avait trait au temporel.

— Rudement habile de la part du pape ! s'écria sir Latimer. Cela nous absout de toute hérésie.

— En effet, convinrent les prêtres.

Mais les conseillers de la reine virent un subterfuge dans la manœuvre pontificale et la pendaison des prêtres continua.

Dans le courant de l'été 1580, se présenta au manoir un prêtre itinérant, si lumineux qu'il paraissait porter en lui la preuve de sa sainteté et de son martyre prochain. C'était Edmund Campion, alors âgé de quarante ans, l'un des étudiants les plus brillants qu'Oxford eût jamais connus, éminent érudit du séminaire catholique de Douai et l'un des plus subtils rhétoriciens parmi les jésuites de Rome, en outre philosophe, historien, auteur de pamphlets et théologien. Ses amis, aussi bien protestants que catholiques, le considéraient comme le plus grand esprit de son époque et, quatorze ans auparavant, la reine Elizabeth, enchantée par le discours qu'il prononça en son honneur quand elle s'était rendue à Oxford, avait dit : « Ce jeune homme sera appelé aux plus hautes fonctions. »

Au lieu de quoi, il avait choisi la route épineuse du prêtre missionnaire et, le jour où il débarqua en secret à Douvres, il savait que son renom le ferait repérer par les espions de Walsingham et qu'il périrait sur le bûcher. Affermi par cette connaissance et conscient de son destin, il parcourut courageusement la campagne, présida des réunions de prières sans tenir compte de la présence d'informateurs protestants qui le suivaient à la trace.

Il arriva à Queen's Wenlock un vendredi et annonça à sir Latimer, dont il avait entendu dire le plus grand bien, qu'il souhaitait dire la messe pour les catholiques de la région. Lorsque les fidèles se glissèrent dans le manoir, ils se trouvèrent en présence du coriace et vieux sir Latimer, sourcils broussailleux en bataille, et du visage serein d'Edmund Campion.

Il choisit un passage des épîtres de saint Paul et compara l'œuvre de celui-ci à ce qu'accomplissaient les prêtres clandestins.

— La Rome païenne rechercha Paul aussi avidement que le protestant Walsingham me recherche. Saint Paul triompha, et il en ira de même pour moi.

Son sermon avait recours à des exemples simples et néanmoins vigoureux de ce que ses furtifs frères de Douai avaient accompli pour garder vivante en Angleterre la flamme sacrée du catholicisme.

« Leur martyre est la gloire de notre Église. Le feu de leurs corps calcinés enflamme notre esprit.

Il s'exprimait avec exaltation, mais sans effets déclamatoires et sans jamais se mettre en avant. Il rapportait simplement ce que les catholiques obtenaient en ces temps décisifs. Et, lorsqu'il eut achevé, il dit la messe, bénit le vin et les hosties préparées pour l'occasion. En déposant sur la langue des fidèles le corps du Christ, il disait :

— La paix soit avec nous.

Les tragiques événements qui intervinrent par la suite incitèrent peut-être certains des assistants à déclarer qu'il s'était agi d'un instant de sainteté absolue, mais tous affirmèrent :

— L'avenir nous était révélé et nous vîmes l'auréole du martyr se poser sur la tête d'Edmund Campion.

Quoi qu'il en soit, le père Campion quitta Queen's Wenlock dans un état d'exaltation comme si ses jours d'épreuve étaient déjà là.

Sir Latimer et son fils Fairleigh accompagnèrent Campion jusqu'à l'étape suivante, un manoir proche de Faringdon, dans le Buckinghamshire, et de là à Oxford même où le jeune Steed présenta le prêtre aux étudiants catholiques. Au sein de ces jeunes esprits, le père Campion évoqua l'avenir de l'Église en Angleterre et la nature de la vocation individuelle. Après son ultime messe, il avait l'intention de se rendre à Norfolk, où le fort pourcentage de catholiques lui assurerait une sécurité relative mais, à la dernière minute, on le persuada de retourner à Faringdon pour prêcher devant un grand nombre de fidèles qui n'avaient pas eu le privilège d'entendre son sermon lors de son passage à Queen's Wenlock.

Accédant aux ardentes suppliques dont il était l'objet, il retourna chez sir Latimer où l'attendaient les espions protestants. Ceux-ci avaient ourdi cette machination ; ils le firent prisonnier et le conduisirent à Londres où il fut jeté dans une cellule de la Tour.

On le plaça dans une cage trop basse pour qu'il pût s'y tenir debout, trop petite pour qu'il s'y étendît et on l'y maintint dans l'isolement le plus complet quatre jours durant sans nourriture convenable. Puis, on lui appliqua la question par trois fois jusqu'à lui disloquer les jointures et, arrivé aux limites de son endurance, il confirma ce que Burleigh et Walsingham savaient déjà : qu'il avait trouvé asile chez sir Latimer Steed au manoir de Queen's Wenlock.

Le vieux chevalier fut promptement arrêté et, comme son prêtre, jeté dans une cage d'où il sortit brisé, bredouillant et s'exprimant par phrases hachées. Mais, plus son corps s'affaiblissait, plus sa force spirituelle augmentait, et quoi que ses geôliers et bourreaux lui fissent subir, il répondait par un simple acte de foi : sa loyauté à l'Angleterre et sa fidélité à l'Église. Ses tourmenteurs lui hurlaient des injures, l'accusaient d'ingratitude, lui rappelaient qu'il n'était qu'un sujet du roi ou de la reine du moment, et contraint de jurer fidélité à la forme de religion professée par le souverain, quelle qu'elle fût.

Une telle idée lui répugnait, et il la rejeta avec mépris. Fin novembre 1581, lui et le père Campion furent donc traînés à Westminster Hall où, dans les belles salles lambrissées, se réunissaient dignitaires laïcs et ecclésiastiques pour juger les traîtres hérétiques. Fairleigh Steed fut autorisé à suivre le procès, perdu dans une assistance compacte de protestants hostiles.

Simulacre de procès s'il en fut. L'accusation ne put produire aucun témoin pour prouver que le père Campion avait prêché la trahison. En revanche onze personnes vinrent déclarer qu'il leur avait dit que son devoir civil l'obligeait à respecter Elizabeth et ses lois. Quant à sir Latimer, toute sa vie témoignait de sa loyauté à la couronne. Fairleigh, qui suivait avec attention le déroulement du procès, ne pouvait qu'escompter un non-lieu. Il fut frappé d'horreur lorsque les dignes représentants de la Couronne lurent la sentence.

> Vous serez ramenés à l'endroit d'où vous venez et y resterez jusqu'à ce que vous soyez traînés sur la claie de supplice à travers la cité ouverte de Londres jusqu'au lieu d'exécution où vous serez pendus. Mais vous serez détachés du gibet avant que la mort ait accompli son œuvre, vos parties honteuses seront alors sectionnées et vos entrailles arrachées et brûlées sous nos yeux, puis vos corps seront écartelés et on disposera de vos restes selon le bon plaisir de Sa Très Gracieuse Majesté. Puisse Dieu vous tenir en Sa miséricorde.

A dix jours de là, la sentence fut exécutée méticuleusement, et Fairleigh Steed s'obligea à regarder le calvaire de son père et du prêtre, dépecés dans une atroce boucherie et contraints d'assister à l'écartèlement de leurs propres corps. Ni le vieillard ni l'homme encore jeune ne laissèrent échapper un cri, et Fairleigh fut convaincu que leurs âmes les avaient quittés pour monter au ciel et prendre place dans le giron d'Abraham.

Une semaine plus tard, l'épouse de sir Fairleigh mit au monde un fils qu'un prêtre venu de Douai baptisa Edmund.

La tête de sir Latimer fut fichée sur une pique et exhibée pendant neuf semaines à Tyburn. Pendant ce temps à Queen's Wenlock, sa famille s'efforçait d'oublier et de continuer à vivre. Curieusement, en dépit de l'atroce mort infligée au chevalier, ses terres ne furent pas confisquées ni ses descendants persécutés. Les souverains anglais jugeaient que la trahison d'un individu s'achevait avec sa mort et ils espéraient que les enfants tireraient un sage enseignement des erreurs de leurs pères.

Les Steed prirent deux décisions : ils persisteraient à se montrer loyaux envers la Couronne, et ils continueraient à entendre la messe. Pendant les six premières années de sa vie, le jeune Edmund se vit inculquer ces deux principes fondamentaux ; lorsqu'il évoquait son père, il voyait un gentilhomme tranquille qui gérait ses immenses propriétés et priait avec ferveur aux côtés d'un prêtre de passage, résolu qu'il était à préserver son héritage catholique. Edmund prit son père pour modèle et, dans toute l'Angleterre, durant les quelques années qui suivirent, prévalut cette sorte de trêve dictée par le bon sens.

Mais en 1588, le roi Philippe d'Espagne, qui cherchait de nouveau à reconquérir le trône d'Angleterre qu'il avait autrefois occupé en tant qu'époux de Mary, réduisit à néant tous les espoirs d'apaisement de la famille Steed. Il dépêcha son invincible Armada pour envahir l'Angleterre, détruire le protestantisme et rendre la terre conquise à Rome. Des Anglais vivant en exil se livrèrent à de ridicules déclarations sur la restauration du pape dans ses biens et, à l'intérieur même de l'île, d'autres naïfs abusés crurent que dès que les troupes espagnoles auraient débarqué sur le sol anglais, les catholiques du royaume se lèveraient en masse pour les accueillir et contribuer à la soumission de leur patrie.

Dès le jour d'été qui vit Drake, Hawkins et Howard repousser les galions espagnols au large de Plymouth et les contraindre à leur perte dans les tempêtes des Hébrides, le destin de catholiques loyaux comme les Steed fut scellé. La populace les considérait comme des traîtres, tous autant qu'ils étaient et pensait que seul un miracle avait permis aux Anglais d'éviter un débarquement des troupes pontificales et le retour des bûchers que la reine Mary avait instaurés pendant son règne bref et sanglant.

Le jeune Edmund fit les frais de cet ostracisme. A l'école, on le tenait à l'écart et, à Oxford, on préféra l'éviter. Jamais il n'aurait pu détenir un poste officiel ni servir de juge de paix comme ses ancêtres, ni témoigner dans certains procès, ni se marier dans une bonne famille, ni être officier dans la marine ou l'armée. Il devait payer des impôts spéciaux et, pis encore, il lui fallait endurer le mépris des paysans des environs. Après la défaite de l'Armada, il devint plus difficile d'assister à la messe et les prêtres clandestins furent pourchassés avec une sévérité accrue. A la fin du siècle, un jeune catholique pouvait tout juste survivre en Angleterre, sans plus.

Mais en 1602, au moment où Edmund atteignait sa majorité, la reine Elizabeth tomba malade. Elle mourut en 1603 — chauve sous sa perruque et plus laide que le péché. Tandis que des prières étaient dites pour le repos de sa grande âme, sir Fairleigh Steed réunit sa famille dans l'immense salle de Queen's Wenlock où un prêtre de passage dit une messe pour la défunte reine ; il demanda aux assistants de pardonner tout le mal qu'elle leur avait fait. Lorsque tous eurent prononcé le serment d'allégeance au nouveau roi, Jacques VI d'Écosse, devenu Jacques Ier d'Angleterre, sir Fairleigh demanda dans une fervente prière que Dieu fasse que ce monarque fût plus compréhensif que l'ancien.

Rien ne changea. Les catholiques continuaient à être exclus du gouvernement, et l'un des professeurs d'Edmund dit à celui-ci :

— Vous pourriez enseigner à Oxford si vous n'étiez pas catholique.

Bouleversé, Edmund rentra de l'université pour soumettre

une proposition immorale à son père qui choqua profondément ce dernier :

— Je vais embrasser la nouvelle foi.

Sir Fairleigh en eut le souffle coupé, et Edmund ajouta : « Publiquement. Si ce pays continue à couvrir les catholiques d'opprobre, j'estime être en droit de le tromper. Quand je retournerai à Oxford, je prononcerai le serment de soumission à la religion d'État. Et, officiellement, je serai protestant.

— Et au fond de toi ?

— Aussi fervent catholique que jamais. Quand vous ferez dire une messe, j'y assisterai.

— Edmund, tu t'imposes là une tâche douloureuse.

— Je ne veux pas finir étripé.

— Aucun homme ne le souhaite, mais cela peut arriver.

— Cela ne m'arrivera pas. Je jouerai à fond le sale jeu qu'on m'impose.

— Les jeunes gens pensent qu'ils peuvent jouer n'importe quel jeu, à condition de garder le cœur pur, murmura sir Fairleigh.

— J'ai l'intention d'essayer, rétorqua Edmund.

Et à l'occasion du premier anniversaire du couronnement du roi Jacques, il se rendit à Oxford. Là, lors d'une cérémonie publique, il annonça qu'il abjurait le catholicisme, déclarant qu'il ne devait plus obéissance spirituelle au pape ni aux prêtres. Il prononça devant un chapelain le serment de soumission à la religion d'État et, dès lors, devint ostensiblement protestant au grand plaisir de ceux qui lui avaient toujours porté de l'intérêt. En fait, sa conversion fut accueillie avec tant de satisfaction que nombreuses furent les portes qui s'ouvrirent à lui, incitant d'autres catholiques à suivre son exemple. Quant à ses professeurs, ils envisagèrent de lui confier un poste à l'université.

Ainsi, Edmund Steed berna-t-il la société anglaise qui l'admit en son sein. Il travailla pour le gouvernement à Londres et fut invité par ses condisciples dans leurs résidences campagnardes où il rencontra de vieux gentilshommes qui avaient connu sir Devon dans leur jeunesse.

Mais chaque fois qu'il regagnait le manoir de Queen's Wenlock, que les portes étaient closes, que la nuit tombait et que les prêtres itinérants ordonnés à Douai se matérialisaient, il réintégrait sa religion première, tremblant au contact de l'hostie consacrée sur sa langue.

Ce fut au cours d'une telle visite, après que la messe eut revêtu une signification toute particulière, qu'il entraîna son père dans les vergers séculaires, plantés par la bonne reine Anne en 1387 ; et là, sous les arbres noueux, il lui dit :

— Père, le fardeau est trop lourd. Je ne peux plus feindre. Mon âme est déchirée.

— Je m'y attendais, déclara le vieillard. Quelles sont tes intentions ?

— Une compagnie s'est constituée en vue de fonder un nouvel établissement en Amérique. Je compte souscrire à ce projet.

— Je comprends, répondit sir Fairleigh.

Il n'insista pas sur la manière dont son fils vivrait en terre lointaine sans le confort de son manoir et la douceur des souvenirs qui lui étaient attachés. Il savait déjà qu'Edmund avait pesé sa décision. Il importait seulement que son fils repartît du bon pied, à l'exemple des Steed qui l'avaient précédé.

« Je suppose que tu abandonneras cette mascarade protestante, grommela-t-il.

— Dès que possible.

— Pourquoi pas maintenant ?

— Parce qu'il me faut d'abord gagner l'Amérique : la compagnie ne voit pas les catholiques d'un bon œil.

— Ne tarde pas trop, Edmund. La dissimulation corrompt.

— J'ai l'intention de me placer dans une situation où elle ne sera plus nécessaire.

Le vieux chevalier ne souhaitait pas perdre son plus jeune fils ni le voir trancher les liens le retenant au manoir car la force des Steed était fondée sur la terre, les sillons, la chasse, l'agnelage. Il savait combien Edmund regretterait ces pâturages, ces vergers, quand il se morfondrait sur une terre sauvage. Mais, si son départ devait contribuer à éclairer son âme, il devait s'éloigner.

« Je ne vous reverrai pas, père.

— Tu t'embarques bientôt ?

— Dans moins d'un mois.

Ils ne s'embrassèrent pas, ni ne s'étreignirent ; les démonstrations excessives n'étaient pas le fait des Steed, mais en disant adieu à son fils, sur le seuil, le vieil homme frissonna.

— Les dernières années n'ont pas été favorables aux

catholiques, dit-il. Récemment, j'ai été hanté par la tête de sir Latimer sur sa pique. Je crains que ce soit là notre fin à tous.

Longuement, ils se regardèrent, et se séparèrent.

Parmi les entreprises mémorables de l'homme, bien peu débutèrent aussi misérablement que l'établissement anglais de Virginie. Au cours des derniers jours de décembre 1606, la compagnie à laquelle Edmund Steed avait souscrit entassa cent cinq courageux émigrants à bord de trois petits bateaux qui firent voile vers le Nouveau Monde, espérant toucher terre au bout de cinq semaines.

Au large, alors que la côte était encore en vue, ils furent encalminés pendant six atroces semaines. Le vent ne se levait pas et la fureur des capitaines n'y changea rien ; les chefs de l'expédition constatèrent, non sans effroi, que les colons en puissance consommaient une grande partie des vivres qui devaient leur permettre de subsister pendant les premiers mois de l'aventure. Le 14 mai seulement, les bateaux touchèrent une île marécageuse de la James River qu'ils baptisèrent, non sans grandiloquence, Jamestown, comme s'il s'agissait d'une ville en plein essor.

Terre insalubre, hostilité des Indiens, maladies endémiques, auxquelles s'ajoutaient la confusion dans le commandement et la disette, furent le lot des nouveaux venus. Aussi, quand l'épouvantable été prit fin, le groupe ne comptait plus que trente-huit survivants. Il semblait douteux qu'ils pussent passer l'hiver.

Le comportement des Indiens qui habitaient la côte occidentale de la Chesapeake confondait les colons : six semaines durant, les Peaux-Rouges se montraient pacifiques, apportant de la nourriture au camp retranché, ce qui permettait aux rescapés de survivre, alors qu'au cours des six semaines qui suivaient, ils tuaient tout colon qui quittait l'abri des palanques. Il était difficile pour les Anglais d'accepter une conduite aussi irrationnelle et la plupart en vinrent à craindre et à haïr l'Indien.

Edmund Steed ne cédait ni à la peur ni au ressentiment. Ses rapports avec les Peaux-Rouges l'incitaient à croire que ceux-ci ressemblaient aux autres humains, dignes de confiance et souhaitables en tant que voisins. Il se sentait à l'aise parmi eux. Lorsque le capitaine Smith organisa une exploration de la

Chesapeake à la recherche de l'or et de l'argent qu'on savait s'y trouver, Steed y participa tout naturellement et ses contacts avec les paisibles Indiens de la côte orientale renforcèrent son opinion.

En novembre 1608 pourtant, il accompagna Smith pour une expédition en amont de la James River qui se termina de façon horrible. Il s'agissait d'une exploration visant à reconnaître la terre s'étendant au-delà du confluent de la Chickahominy. Après que les hommes eurent abandonné les canoës, Steed marcha à l'arrière avec le charpentier George Landon, et ses expériences heureuses avec les Choptanks le poussèrent à l'imprudence. Les deux traînards se laissèrent distancer et, lorsqu'ils furent totalement détachés du groupe, une bande de sauvages les assaillit en hurlant. Suivit une fête atroce que Steed devait relater par la suite :

> Les femmes de la tribu nous assaillirent, repoussant les guerriers, et nous lièrent à des pieux fichés dans le sol. Au milieu des danses et des réjouissances, elles s'occupèrent d'abord de Landon, utilisant des coquilles d'huîtres acérées pour lui couper tous les doigts, une phalange après l'autre. Tandis que ses hurlements couvraient les cris surexcités des femmes, celles-ci s'agenouillèrent et lui scièrent les orteils de la même façon, sans hâte, afin que le supplice se prolongeât. Une fois l'opération terminée, elles s'en prirent à son cuir chevelu, puis, descendant lentement, l'écorchèrent vif. Comme il vivait encore, elles amoncelèrent des broussailles autour du pieu et y mirent le feu. Quand leurs danses s'achevèrent, elles vinrent vers moi armées de leurs coquilles, mais le capitaine Smith et ses hommes avaient rebroussé chemin et ils arrivèrent sur les lieux à temps pour me sauver.

Ultérieurement, plusieurs bateaux chargés arrivèrent de Londres sous la conduite du capitaine John Ratcliffe, qui avait commandé la minuscule pinasse *Discovery* lors du voyage initial de 1607. Étant bien informé de la situation en Virginie, il avait été envoyé à la tête d'un détachement de soldats afin de négocier avec le chef Powhatan en vue d'obtenir davantage de terres, mais le fourbe Indien berna les Anglais à force de promesses ; il les surprit de manière scélérate et les massacra. Les Indiens gardèrent Ratcliffe, Steed et un autre de leurs compagnons afin de leur faire subir des tortures particulières et, une fois de plus, l'ancien étudiant d'Oxford fut sauvé et put rapporter l'horrible incident :

> Entourés de nos morts, nous fûmes liés à des pieux devant lesquels des feux avaient été allumés et, lorsque la chaleur nous grilla au point de nous rapprocher de la mort, des femmes s'attaquèrent au pauvre Ratcliffe et, à l'aide de coquilles, lui raclèrent toute la chair du bras gauche jusqu'à l'épaule, jetant les morceaux dans le brasier. Elles firent subir le même sort à son bras droit, puis à sa jambe droite, et il expira.

Devant de tels faits qui se reproduisaient sans cesse, Steed perdit toute confiance dans les Indiens. Il en vint à les considérer comme des êtres rusés, cruels, paresseux, sauvages, et estima plus prudent de compter sur leur perfidie. Lorsque des détachements remontaient la James River pour commercer avec Powhatan, Steed demeurait à l'écart entre deux soldats, prêt à décharger son mousquet à bout portant sur le sauvage qui esquisserait un mouvement suspect.

Tandis que diminuait sa confiance dans les Indiens, son admiration augmentait pour le capitaine Smith. Il voyait en lui le sauveur de la colonie, un homme sans faiblesse, d'une rectitude inébranlable. Lorsque le petit capitaine annonça qu'il retournait à Londres afin d'y assurer un approvisionnement plus régulier, il eut beau jurer qu'il n'abandonnerait pas ses compatriotes et qu'il reviendrait, Steed se douta que Smith, une fois en sûreté, serait pris dans mille intrigues fascinantes où se mêleraient ducs, princes étrangers et guerres en Moscovie.

— Je ne vous reverrai pas, capitaine, dit Steed avec tristesse.

Smith se tenait sur la jetée au milieu de brassées de flèches qu'il comptait exhiber en Angleterre.

— Vous survivrez, Steed. Rappelez-vous ! Vous appartenez à la race des hommes de fer.

— Je voulais dire… vous ne reviendrez pas.

— Moi ? Cette baie est mon sang. Elle coule dans mes veines.

Il en dit bien davantage avant de faire ses adieux à la petite colonie qu'il avait maintenue en vie. Jamais on ne le revit en Virginie.

Du jour où le capitaine descendit la James River, commencèrent les épreuves, les semaines et les mois de famine de l'automne 1609 et de l'hiver 1610. Quand Smith la quitta, la colonie en pleine expansion comptait cinq cent sept membres ; après six mois terribles, il n'en restait plus que soixante et un. Steed rapporta cet épisode catastrophique aux directeurs de Londres dans les termes suivants :

> Tous ceux qui avaient l'étoffe d'un chef sont morts. Le médecin, les charpentiers, tous ceux qui travaillaient pour maintenir le camp en état sont morts. Au moment où je vous écris, la pièce est encombrée de cadavres car il n'y a plus personne pour les enterrer. Nous n'avons ni un haricot ni un biscuit, et je frissonne en vous informant que certains, ayant dépassé le stade du désespoir, ont entrepris de déterrer les morts pour s'en nourrir ; ce faisant, ils ont cédé à la folie et ils se jettent dans la rivière pour y périr. Et si quelques-uns d'entre nous, encore capables de se mouvoir, tentent de quitter le fort pour chercher de la nourriture, les Indiens les massacrent.

Ce fut une époque si misérable que les rares survivants mirent tout en œuvre pour la chasser à jamais de leur mémoire, et pourtant, ces temps virent la fondation de la plus grande colonie érigée en Virginie.

Le 23 mai 1610, alors que la brise printanière rendait la famine encore plus monstrueuse, un homme, qui avait rampé jusqu'à la rivière pour y mourir, poussa un hurlement, et quand Steed alla jusqu'à lui, il vit que son infortuné compagnon désignait les deux bateaux en aval qui venaient à leur secours ; Steed distingua leur nom : *Patience* et *Délivrance.*

Ce fut au cours du printemps suivant, en 1611, alors que la colonie se renforçait, que Steed décida de quitter Jamestown pour commencer une nouvelle vie dans l'île hospitalière qu'il avait découverte trois étés plus tôt. Au cours des épreuves qu'il avait endurées en Virginie, il s'était senti soutenu par le souvenir vivace de cette île boisée où le poisson abondait. Il se rappelait les Indiens que le capitaine Smith et lui avaient rencontrés le long du fleuve, notamment le chef géant, et il voulait croire qu'ils étaient différents des tribus versatiles et fourbes commandées par Powhatan. Rien ne lui permettait d'étayer cet espoir, mais il avait vu ces doux Indiens choptanks, et il n'était pas déraisonnable de penser qu'ils étaient différents.

L'impérieuse impulsion qui le poussait à quitter Jamestown était de celles que ses ancêtres auraient comprises : sir Devon avec son sens simpliste du bien et du mal ; sir Latimer, l'obstiné, prêt à se faire écarteler pour sa foi ; sir Fairleigh, l'indécis, s'efforçant d'être à la fois bon catholique et sujet loyal — ils auraient compris les paroles de leur descendant : « La duplicité m'étouffe. Il me faut vivre là où je peux me présenter en honnête catholique. »

Jamestown était trop préoccupée par les problèmes de survie pour s'inquiéter de la religion : la colonie n'était pas anticatholique, parce que ses dirigeants n'imaginaient pas que l'un des leurs pût être catholique. Ils se contentaient de déclarations lapidaires telles que « la bonne reine Bess en l'honneur de qui cette terre a été baptisée Virginie » et « le fidèle roi Jacques, un homme sur lequel on peut compter bien qu'il eût pour mère la putain catholique, Mary d'Écosse ». On n'ignorait pas que le grand-père de Steed, sir Latimer, avait été traîné sur la claie de supplice et écartelé pour sa soumission traîtresse à Rome, mais on savait aussi que le jeune Steed avait abjuré cette foi pernicieuse. Et puis, en diverses occasions, il avait prouvé sa vaillance, et c'était ce qui importait.

Edmund Steed aurait fort bien pu continuer à porter le masque du protestant et ses rejetons éventuels auraient compté parmi les meilleures familles de Virginie, mais son incommode dualité — protestant le jour, catholique la nuit — lui devenait insupportable. Las de feindre, il était résolu à mettre un terme à cette dissimulation. En tant que catholique, il ne pouvait entrevoir aucun avenir dans la colonie de Virginie, mais rien ne l'empêchait d'aller ailleurs.

Il ne fit pas preuve de franchise en fournissant des raisons à son installation sur la rive orientale.

— Je veux me rendre là où les huîtres sont le plus abondantes, expliqua-t-il gauchement. Commercer avec les Indiens qui vivent en face pourrait être profitable pour la Virginie.

Il accumulait les prétextes fallacieux. Enfin, les gouverneurs de la colonie lui accordèrent l'autorisation souhaitée.

— Il sera avantageux pour nous de disposer d'un avant-poste situé sur la côte orientale, convinrent-ils.

Donc, en mai 1611, il se leva chaque jour avant l'aube afin de débiter le bois nécessaire au bateau qu'il avait en tête. Samuel Dwight, charpentier de marine à bord de l'un des navires venus à son secours, donna à Steed quelques conseils pratiques :

— Pour ces eaux peu profondes, il n'y a rien de mieux qu'un fond plat. C'est aussi plus facile pour ceux qui ne savent pas construire une quille. Un homme seul ne peut pas manœuvrer une embarcation comportant plus d'un mât, encore faut-il qu'il soit court. Une étrave fine pour bien fendre l'eau et un arrière à tableau pour la stabilité ; et des semelles de dérive pour garder le bateau dans le vent.

Il fallut quatre semaines à Steed, avec l'aide épisodique de Mr. Dwight, pour construire son embarcation. Elle mesurait quatre mètres cinquante de long, mais elle était robuste et, si les virures de bordé joignaient mal, laissant pénétrer l'eau à un rythme qui menaçait de l'envoyer bientôt par le fond, un bon calfatage y remédierait. Elle fut lancée le dernier jour de juin et lorsqu'elle se balança sur les eaux paisibles de la James River, Steed demanda au charpentier :

— Quel type de bateau est-ce ?

L'homme se contenta de répondre :

— Un canot.

Sur quoi, il lui montra comment fixer les plans de dérive. Ceux-ci étaient constitués de deux larges planches ovales, maintenues le long du bord à hauteur du maître bau par des pivots, l'un à bâbord, l'autre à tribord. Un simple cordage permettait de les abaisser ou de les soulever hors de l'eau et leur fonction consistait à contrebalancer la dérive normale d'une embarcation sous voile. Il s'agissait d'un astucieux substitut à une quille fixe qui répondait parfaitement à ce qu'on en attendait. Telles deux nageoires dorsales, elles formaient l'élément le plus caractéristique du bateau, et le charpentier Dwight s'en montra satisfait.

— Vous vous apercevrez de leur utilité dans la baie. Rappelez-vous : quand le vent vous pousse latéralement tribord amures, baissez votre dérive bâbord. Et quand vous êtes bâbord amures, baissez votre dérive tribord.

Steed entassa dans l'embarcation le matériel qu'il avait rassemblé après la mort de ses infortunés camarades durant la famine, jetant particulièrement son dévolu sur haches, couteaux, poudre à canon et clous. Il quitta Jamestown avec un baril de vivres secs, un pantalon de rechange en tissu épais et trois chemises de laine. Il n'avait ni médicaments, ni petits outils, ni aiguilles à coudre. Il possédait en tout et pour tout deux couteaux, trois fourchettes, quatre cuillères et une paire de fusils. Il ne doutait pas le moins du monde qu'il pût occuper son île, la soumettre à son gré et la transformer en une parcelle florissante du royaume. Le 12 juin 1611, il appareilla et, comme il n'y avait pas de vent, souqua sur les avirons toute la journée pour descendre le cours de la James River. Ses fantaisistes plans de dérive ne lui furent d'aucune utilité, mais ses mains se couvrirent d'ampoules.

Pourtant, le 13 juin, une brise descendit le cours de la James River et il établit sa voile. Vent arrière, les plans de dérive ne lui servaient encore à rien. Mais le troisième jour, alors qu'il approchait de la baie, une jolie brise souffla du nord-ouest ; il borda sa voile et, bâbord amures, abaissa la dérive tribord, cap sur la baie, vent debout, et il sentit que la semelle de bois l'empêchait de dériver.

— Le charpentier Dwight connaissait son affaire !

Il exultait tandis que le vent le tirait en avant et, toute la journée, il admira le bateau qu'il avait construit.

Les eaux de la baie lui étaient devenues familières et il fut à même de reconnaître les embouchures des fleuves de la côte occidentale — York, Rappahannock, Potomac — et lorsqu'il atteignit le Patuxent, il sut qu'il était temps de virer vers l'est pour faire route vers l'estuaire du Choptank et l'île dont il chérissait le souvenir.

Ce fut le jour le plus long de l'année qu'il se rapprocha de la pointe occidentale de l'île. Il décida de ne pas débarquer le soir même car il était impossible de prévoir de quelle humeur seraient les Indiens choptanks, si paisibles autrefois. Une chose était certaine : il préférait ce lieu à tout autre qui fût au monde. Là serait son empire ; ici il pourrait vivre selon les principes de ses ancêtres. Lorsque la nuit, qui tardait tant à venir, tomba et que le relief de son île s'estompa au point de ne plus exister que dans sa pensée, il murmura une prière :

— Divin Guide qui m'as amené ici, permets-moi de débarquer sain et sauf sur l'île et d'y vivre selon Tes principes.

Il ne put dormir. Toute la nuit, il demeura assis dans son canot, les yeux fixés en direction de la terre et, vers quatre heures, quand l'aube commença à poindre et que son île émergea de la brume comme un refuge intact, il hurla sa joie et fit contourner à son embarcation la grève nord pour pénétrer dans la crique abritée, remarquée trois ans auparavant. Quand il pénétra dans les eaux claires et vit les arbres majestueux étagés le long du rivage, tels des courtisans alignés pour accueillir le retour d'un souverain, il opina gravement et lança :

— Ceci est Devon Island, propriété des Steed, et elle le demeurera à jamais.

Il mouilla au fond de la crique et pataugea pour gagner la terre ferme. Après avoir exploré les abords, il découvrit une éminence sur laquelle croissaient quelques arbres. Elle bénéficiait d'un espace découvert suffisant pour accueillir une hutte d'où il pourrait surveiller l'embouchure du fleuve et son bateau. Avec la chance qui accompagne les hommes de la campagne ayant l'instinct de la terre, il était tombé sur le lieu le plus propice à une construction et, au fil des jours, il débroussailla les alentours, assuré qu'il était d'avoir bien choisi.

Il travaillait de l'aube au crépuscule, jour après jour ; il attrapait poissons et crabes pour se nourrir et il repéra des baies et des noix pour les cueillir le moment venu. Des chevreuils vinrent l'observer. Les ratons laveurs abondaient et trois hérons bleus patrouillaient sur la grève, prenant tant de poisson qu'il estima pouvoir les égaler.

« Avec une nourriture si abondante, songea-t-il, comment peut-on mourir de faim à Jamestown ? » Mais au moment où il se posait la question, il entrevit la réponse : à cause des Indiens hostiles de Virginie qui ne permettaient pas aux colons de chasser et de pêcher. Et il se demanda combien de temps ses mousquets et ses balles pourraient le protéger des Indiens choptanks si ceux-ci se montraient malveillants.

Harcelé par le travail, il n'eut pas le loisir de trop s'inquiéter à ce sujet, mais il s'efforça de ne pas gâcher ses munitions. Armé de sa hache, il se rendit dans les bois et commença à abattre les petits arbres dont il aurait besoin pour sa hutte, puis, une fois la carcasse dressée, il coupa des branches et les entrelaça autour des pieux, comme il avait vu les Indiens le faire, mais il n'obtint qu'un résultat médiocre ; la pluie s'infiltrait à l'intérieur sans que rien ne l'arrêtât. Alors il cueillit des brassées de joncs au bord du fleuve, les inséra entre les branches, ce qui lui procura une paroi plus étanche.

Ensuite il partit explorer son île, et la trouva fascinante. Ayant recours à divers systèmes de mesure, il calcula qu'elle s'étendait sur environ trois kilomètres quatre cents d'est en ouest et sur deux kilomètres quatre cents du nord au sud, soit une superficie de plus de huit cents hectares. Elle était coupée presque en son centre par une rivière et une baie profonde remontant du sud; les deux moitiés étaient assez différentes pour autoriser l'élevage et l'agriculture : moutons à l'ouest, maïs à l'est. Mais il ignorait la vraie nature de la richesse que cette terre recelait.

Il occupait son île depuis plus de quatre semaines et il n'avait vu âme qui vive. Aucun canoë indien n'était apparu sur le fleuve et aucun feu n'avait troué la nuit. Il essaya de se rappeler sur quelle distance le capitaine Smith et lui s'étaient enfoncés à l'est avant d'atteindre le village de Patamoke, mais ses souvenirs étaient vagues.

« Où peuvent être les Indiens ? » se demanda-t-il un matin en observant le fleuve désert. Il ne savait pas qu'ils avaient fui pour échapper aux moustiques.

Puis, vers la fin septembre, alors qu'il abattait des arbres sur une extrémité de l'île, il vit trois canoës qui avançaient avec précaution. Ce n'étaient pas des pirogues de guerre, les Indiens n'avaient donc pas d'intentions belliqueuses; au contraire, ils semblaient plutôt timorés car ils s'arrêtèrent à quelque huit cents mètres de l'île. Ils demeurèrent toute la journée à la même place, immobiles, bien qu'ils eussent vu Steed.

Ils renouvelèrent ce manège deux jours durant et, le troisième, Steed leur adressa des signes pour les encourager à se rapprocher. Quand ils furent à moins de cent mètres de la grève et que leurs visages devinrent distincts, un petit homme cria dans une langue que Steed ne comprit pas. Les canoës tournaient en rond, reflétant les hésitations de leurs occupants. Mû par une impulsion, Steed lâcha sa hache, s'avança jusqu'au bord de l'eau et leva les mains afin de montrer qu'elles étaient vides.

Les canoës se rapprochèrent et il put distinguer tous les visages; il s'aperçut que le menton de l'un des hommes était barré d'une cicatrice. Personne ne parlait. Les mains toujours levées, Steed désigna le vide derrière lui pour indiquer qu'il était seul. Les Indiens le dévisageaient sans broncher : ils demeurèrent ainsi pendant environ une demi-heure, puis ils se retirèrent vivement, pagayant avec vigueur pour remonter le courant jusqu'à leur village.

Le même manège se reproduisit le quatrième jour, et Steed crut comprendre que l'homme au menton fendu voulait venir à terre, mais que ses compagnons l'en empêchaient.

Le cinquième jour, Steed continua son travail, observant les canoës du coin de l'œil mais, une fois de plus, les Indiens ne prirent aucune initiative et se retirèrent avant le coucher du soleil. Il pensa qu'un événement surviendrait le lendemain, et il prépara ses haches et ses fusils. Ce soir-là, tandis que le soleil abandonnait le ciel et qu'une ombre plus dense qu'à l'accoutumée descendait sur l'île, il se rappela les scènes de torture auxquelles il avait assisté et les combats sanglants de la côte occidentale, puis il pria :

— Dieu, fais que mes Indiens viennent en paix !

Il ne put trouver le sommeil. Sa hutte lui paraissait insupportablement close et il l'abandonna pour aller s'asseoir sur un tronc d'arbre ; les yeux perdus dans l'obscurité, il se demanda ce qu'il serait contraint de faire le lendemain ; lorsque les pâles lueurs de l'aube percèrent l'ombre, il résolut de rester dans sa hutte comme un vrai chef et d'attendre que les Indiens viennent à lui. Le jour se fit et il ne se produisit rien. La fin de la matinée amena les insectes bourdonnants et un chevreuil indiscret, mais aucun visiteur. Puis, ce fut midi avec son immobilité qui figeait même les arbres les plus hauts. Enfin, quand le soleil eut amorcé sa chute, il vit quatre canoës remonter le cours de sa rivière ; dans celui qui venait en tête, était assis le grand Indien aux trois plumes de dindon que le capitaine Smith et lui avaient rencontré.

Tandis que les canoës contournaient son embarcation, il sentit le cœur lui cogner dans la poitrine ; si les Indiens le voulaient, ils pouvaient couler son canot et l'abandonner là, impuissant. L'homme au menton fendu sauta le premier à terre et montra le chemin au chef qui paraissait encore plus imposant à mesure qu'il se rapprochait.

Comme le géant atteignait la hutte, Steed se leva, tendit les deux mains paumes en l'air. L'Indien les considéra, tendit les siennes et chercha un endroit pour s'asseoir. Steed l'invita à entrer et, pendant plus d'une heure, ils parlèrent. Aucun d'eux ne connaissait la langue de l'autre, mais ils évoquaient le chevreuil qui abondait et les huîtres, succulentes une fois séchées, et les parois tissées que Steed avait confectionnées. L'Indien les apprécia et montra à ses compagnons que son doigt ne parvenait pas à traverser le tissage. Tous portèrent un intérêt particulier aux outils de l'homme blanc qui leur désigna les haches au tranchant acéré. Il prit l'un des fusils et, avec peine, en expliqua le chargement et le maniement ; puis, avec beaucoup de précautions, retenant son souffle afin que son arme ne déviât pas, il fit feu. Une colombe s'abattit non loin du chef qui ordonna à l'homme au menton balafré d'aller la chercher.

— Comment une telle chose est-elle arrivée ? demanda-t-il par gestes.

Steed le lui expliqua. Mais, aussi étonnante que fût l'arme, c'était le canot qui retenait l'attention du géant et il demanda à l'examiner. Il emmena donc le grand chef jusqu'à son embarcation et quatre Indiens montèrent à bord. Ceux-ci voulaient savoir comment la voile, couchée au fond du bateau, était manœuvrée et à quoi servaient les plans de dérive ; ils étaient intrigués par la longueur des avirons, mais revenaient toujours à la voile. Puis, commença une mystérieuse mimique répétée à plusieurs reprises : le chef effleurait la voile, puis le visage de Steed, et l'Anglais ne comprenait rien à ces gestes. Finalement, il vit où l'Indien voulait en venir ; celui-ci comparait la blancheur de la voile et celle du visage.

— Oui, approuva Steed. Les voiles sont toujours blanches.

Il envoya la voile en haut du mât et montra aux Indiens la façon de déraper l'ancre ; quand une brise se leva, l'embarcation et ses cinq passagers s'éloignèrent le long de la rivière. Les Indiens restés sur la grève prirent peur et crurent que leur chef avait été enlevé. Ils se déchaînèrent en un beau tumulte auquel l'homme aux trois plumes de dindon mit fin d'un geste. Puis, il garda les yeux rivés sur la blancheur de la voile, et Steed s'aperçut qu'il pleurait, sans doute en se remémorant un souvenir tenace, violent.

Quand Steed eut la certitude que des relations amicales étaient possibles, il fit comprendre qu'il souhaitait payer à la tribu la terre qu'il occupait, et une procession solennelle s'organisa — l'embarcation portant Steed et le chef de haute taille, suivie des quatre canoës — et remonta le courant jusqu'au village de Patamoke où le jeune werowance fut informé des événements survenus sur l'île. Un acte fut établi, daté du 10 octobre 1611, et signé par Steed qui montra au werowance comment apposer sa marque. Le chef aux trois plumes fit de même ainsi que le petit homme au menton fendu. Après quoi, l'Anglais remit au werowance une hache, une hachette, l'étoffe dont il pouvait se passer et sept clous. Il se privait ainsi d'une bonne partie de ses biens terrestres pour une île dont les Indiens n'avaient aucun besoin et sur laquelle ils ne débarquaient jamais.

Une fois le document plié et les longues pipes de terre fumées, il fit davantage encore. Par signes, il promit que, lorsque le commerce serait établi, il leur remettrait d'autres dons, et il insista sur ce point car cet acte lui apportait un peu plus de mille six cents hectares, une moitié sur l'île, une moitié sur la grève opposée, dont une partie des plus belles terres le long de la rivière. Par ce traité, il résolvait aussi bon nombre de ses difficultés immédiates car il recevait un approvisionnement illimité de légumes et il pouvait dormir la nuit sans crainte.

Mais son imagination était bien davantage enfiévrée par ce qu'il avait vu au moment où il s'apprêtait à partir : des peaux de castor empilées dans un coin de la longue hutte. Lorsqu'il demanda d'où elles provenaient, le werowance eut un geste en direction du sud et des terres marécageuses, de l'autre côté du fleuve où les castors pullulaient.

Steed comprit alors comment il devait agir : il lui fallait persuader les Indiens de lui apporter les peaux en leur promettant de futurs privilèges de commerce ; il livrerait les fourrures à Jamestown où les capitaines des bateaux anglais les lui achèteraient. Le résultat se solderait par un flot constant de haches, d'étoffes, de fusils et de clous, avec un bénéfice substantiel pour lui sur chaque transaction. Ses ancêtres, qui se prévalaient d'une généalogie remontant au XIIIe siècle, auraient été atterrés s'ils avaient su que Steed était sur le point de se lancer dans le commerce — auquel ne pouvait décemment se livrer aucun gentilhomme — mais Edmund songeait qu'aucun d'eux n'avait tenté de s'installer sur des terres vierges. Il deviendrait le meilleur négociant de la colonie.

Mais, tout comme le capitaine Smith sur la berge du York, il omit de remarquer la denrée qui serait à la base de sa fortune. Tandis qu'il empilait les peaux de castor dans son canot, il ne se préoccupa pas du trésor qui reposait dans un autre coin de la longue hutte, un tas des meilleures feuilles de tabac. Les gentilshommes anglais qui émigraient dans le Nouveau Monde ne faisaient pas preuve d'une grande vivacité d'esprit ; ils se montraient d'une étonnante stupidité dans l'acquisition des techniques essentielles, comme l'utilisation du poisson mort en tant qu'engrais pour le maïs ou la nourriture à base d'huîtres quand la viande était rare, mais quand ils finissaient par apprendre quelque chose, ils s'y accrochaient désespérément et amélioraient le procédé : Edmund Steed apprit la façon d'accumuler les peaux de castor.

Restait une question à laquelle les Choptanks auraient pu lui fournir une réponse, celle qui plongeait dans la perplexité tous les colons du Nouveau Monde : où les hommes qui affrontaient la nature trouveraient-ils des femmes ? Les ressortissants de chaque nation résolvaient ce problème essentiel à leur manière. Au Canada, les premiers émigrants français avaient épousé des Indiennes. Au Mexique, où une civilisation florissante s'était développée, les Espagnols avaient adopté deux solutions : certains épousaient des Aztèques, d'autres demandaient à la mère patrie qu'on leur envoyât des amies d'enfance. Au Brésil, les Portugais, qui jugeaient repoussantes les Indiennes de la forêt équatoriale, épousaient des esclaves noires acheminées d'Afrique. En Virginie, les prudes Anglais ne prirent aucune décision jusqu'au moment où des cargaisons de femmes, rassemblées à Londres, furent livrées par d'astucieux capitaines, lesquels vendaient ces dames pour prix de leur passage, plus un bénéfice occulte.

Edmund Steed, alors âgé de trente-deux ans, n'aurait jamais envisagé d'amener une Indienne dans sa hutte. Un gentilhomme anglais épousait une gente dame anglaise, de préférence originaire de la même région et de même confession ; si aucune ne se présentait, le gentilhomme pouvait bien attendre quelques années de plus. Steed pensa que, lorsqu'il livrerait ses peaux de castor à Jamestown, le moment serait peut-être venu pour lui de s'acheter une épouse mais, en attendant, il se satisfaisait de sa vie solitaire.

Il ne s'en satisfaisait pas réellement, pas plus qu'il n'était vraiment seul. Ayant constaté son isolement, le grand chef attendit le jour où Steed et lui marchanderaient à mots hachés pour un ballot de peaux et, lorsque l'affaire fut conclue et que les autres Indiens s'en furent allés, de derrière les roseaux, au fond du wigwam, parut une jeune fille de dix-sept ans, vêtue d'une peau de biche, à la chevelure constellée de coquillages. Steed reconnut en elle l'enfant qu'il avait vue lors de sa première incursion dans le Choptank, et il se rappela son nom, Tciblento, bien qu'il l'eût mal prononcé à l'occasion de leur rencontre initiale.

— Elle vous accompagnera dans l'île, dit le chef à cheveux blancs. Elle a été préservée pour cette occasion.

La belle jeune fille gardait les yeux baissés et elle ne voulut pas les lever sur l'invité de son père, mais son désir de se rendre sur l'île n'en était pas moins évident. Steed rougit et déclina l'offre avec diplomatie. Il s'estimait honoré, elle était ravissante, l'amitié du chef le comblait. Et pourtant la manière dont il s'exprimait révéla à la jeune fille qu'elle était repoussée, et ses minces épaules s'affaissèrent comme les pétales d'une fleur brûlée par le soleil.

Le père rejeta cette décision ; avec véhémence, il expliqua que ses deux fils avaient épousé des jeunes filles choptanks, mais il avait toujours espéré que Tciblento pourrait s'unir à un Susquehannock digne d'elle. Cela ne s'était pas produit. Il acheva, les yeux fixés sur Steed, le suppliant d'accepter son enfant, et lorsque l'Anglais eut signifié par son attitude, sinon par des mots, qu'il n'épouserait jamais une Indienne, le vieil homme dit :

— J'ai attendu mon heure, et j'espérais que quand la grande pirogue viendrait...

— Qu'entendez-vous par la grande pirogue ? demanda Steed.

— Elle est venue il y a longtemps, et nous savions qu'elle reviendrait. Nous avons attendu, expliqua-t-il en traçant la forme d'une voile du bout des doigts.

— Vous voulez parler de notre bateau ?

— Oui. Nous savions que vous viendriez.

Il se tut, puis revint au sujet qui le préoccupait : Tciblento. « C'est une bonne fille. Elle fait la cuisine, piège les castors ; elle sait où se trouvent les huîtres et les crabes.

Steed éprouvait de la gêne. Qu'un chef vendît sa fille manquait de dignité, mais qu'un Anglais l'acceptât serait répugnant. Avec fermeté, il dit :

— Non, elle ne m'accompagnera pas.

La jeune fille ne pleura pas, ne s'enfuit pas ; elle regardait Steed de ses grands yeux sombres comme pour dire : « Monsieur, vous ne savez pas ce que vous perdez. »

Atteint dans sa fierté, Pentaquod estima qu'il se devait de montrer à l'Anglais la trempe d'un guerrier susquehannock. Il appela l'homme au menton fendu, lui donna ordre de désigner deux Choptanks pour accompagner Steed sur l'île où ils se construiraient des huttes et aideraient l'étranger en tout. Chacun des hommes emmena une femme et érigea un wigwam ; ainsi se colonisa Devon Island.

Mais ce développement n'apportait aucune solution au problème de Steed — il n'avait toujours pas pris femme, et quand le temps vint pour lui, en 1614, de charger son embarcation de peaux de castor pour regagner Jamestown, la fièvre s'empara de lui. L'un des bateaux anglais amenait probablement des femmes à son bord. Peut-être en trouverait-il une dont il pourrait régler le passage. Mais, après un instant de réflexion, il comprit que, si des femmes avaient débarqué, elles avaient déjà été choisies par d'autres colons ; ses chances de trouver une épouse seraient minces. Aussi, écrivit-il une lettre à son père, sans même savoir si sir Fairleigh était encore en vie.

> Mon très cher père,
>
> Je suis installé dans une île magnifique, riche en tout, et je suis en passe de me constituer un domaine dont vous seriez fier. Mais je ne suis entouré que de sauvages, et j'ai le plus urgent besoin d'une épouse. Pourriez-vous vous enquérir auprès de vos amis du Berkshire afin de savoir si une femme élevée dans la foi catholique, de bonne famille, instruite, consentirait à se joindre à moi dans cette entreprise ? Et dans l'affirmative, pourriez-vous assurer son passage jusqu'à Jamestown où je rembourserai le capitaine du bateau sur lequel elle aura voyagé ?
>
> Edmund

Il plia soigneusement la lettre, la glissa dans les peaux de castor, dérapa l'ancre et, avec ses deux braves Indiens en guise d'équipage, mit le cap sur Jamestown.

Au cours de la traversée longue et paisible, il put pour la première fois apprécier la Chesapeake et contempler cette merveilleuse étendue d'eau sans être obsédé par l'exploration ou la fuite. Il s'adossa, la barre coincée sous un genou, n'ayant pour seule préoccupation que de prévenir ses Indiens lorsqu'il souhaitait virer de bord. Ils adoraient cette manœuvre à l'occasion de laquelle la bôme passait d'un bord à l'autre, la voile changeait d'amures, et l'une des dérives était soulevée et l'autre abaissée. Ils n'étaient jamais las de ce jeu consistant à remonter le vent, à le soumettre. Parfois, ils priaient Steed de les laisser manœuvrer ; l'un d'eux saisissait la barre, observait le vent et la voile, et criait d'une voix forte : « Pare à virer ! Envoyez ! », tandis que l'équipier faisait passer la bôme de l'autre bord et bordait les écoutes. Puis, tous deux souriaient.

Tant qu'ils firent route dans la Chesapeake, Steed ne se sentit pas troublé, mais dès que le bateau s'engagea dans l'embouchure de la James River et louvoya pour remonter le fleuve, il céda à l'émotion car c'était là qu'il avait connu les jours les plus marquants de son existence : sa défense du capitaine Smith quand la foule voulait le pendre ; sa fuite de chez les Indiens cruels qui avaient écorché vif son compagnon ; son salut miraculeux lors de la famine qui avait coûté la vie à dix-huit de ses proches camarades ; et, plus mémorable encore, le sentiment d'avoir contribué à l'installation d'une petite colonie sur une terre nouvelle.

Ce n'était plus une petite colonie à présent ; de gros navires arrivaient d'Angleterre chargés de toutes les marchandises si ardemment désirées par les premiers colons ; et là où, à une époque, une poignée d'hommes s'étaient abrités dans un camp retranché, se trouvaient maintenant des femmes venues les rejoindre pour fonder des familles.

Lorsqu'il amarra son bateau à la jetée, maintenant un robuste môle s'avançant loin dans le fleuve, Steed fut fasciné à la vue des femmes ; il n'avait pas vu d'Anglaises depuis des années et avait presque oublié la grâce avec laquelle elles se déplaçaient, la tombée de leurs lourdes jupes et la façon dont elles nouaient leurs fichus autour du cou. Elles se paraient d'une sorte de magie à ses yeux, lui rappelaient tout ce qu'il avait abandonné en s'enfuyant vers son île, et il sentait monter en lui un appétit qui déterminerait tout ce qui se produirait lors de ce voyage.

Un navire, le *Victorious* de Bristol, était amarré au môle et son capitaine, Henry Hackett, ne cacha pas son enthousiasme à la vue des peaux de castor :

— Je prends tout votre chargement, Steed ! s'écria-t-il. Et qu'est-ce que c'est que ça, à l'arrière, des racines de sassafras ? Je les prends toutes aussi.

Ces racines aromatiques étaient très prisées pour la distillation, ainsi que pour des tisanes souveraines contre les fièvres. Mais Hackett jubila en avisant les deux petits barils dans lesquels Steed avait salé ses œufs d'esturgeon.

« Du caviar ! s'enthousiasma le capitaine. J'en prendrais volontiers vingt barils. Ces œufs de poisson sont très cotés à Londres. Ils rancissent vite, mais ça vaut la peine de courir le risque.

En paiement de ce bizarre assortiment de marchandises, le capitaine Hackett offrit à Steed de choisir entre haches, scies, clous, haricots secs, porc salé, compas de marine, papier à lettres, encre et douze livres reliés cuir. Steed n'opéra son choix qu'après mûre réflexion, comme au temps de son enfance au manoir quand on lui présentait des friandises et, quand il eut achevé, le capitaine lui dit :

« Vous auriez dû être là il y a quinze jours pour faire votre choix.

— Qu'aviez-vous d'autre à me proposer ?

— Des épouses.

— Des femmes ? Des Anglaises ?

— Et quelques Hollandaises. Avec votre crédit, vous auriez pu vous offrir une beauté.

— En ramènerez-vous d'autres ?

— Et comment !

— Pourriez-vous faire remettre cette lettre à mon père ?

Il fouilla parmi les peaux de castor, en tira le message soigneusement libellé et le tendit au capitaine.

« Je demande à mon père de me choisir une épouse et de l'embarquer sur votre bateau.

— Si vous payez son passage, je suis prêt à vous l'amener aux portes de l'enfer.

— Je paierai en ballots de peaux, ajouta Steed d'une voix fiévreuse. Quand reviendrez-vous ?

— En novembre probablement, si les vents sont favorables.

— Je vous le souhaite, dit Steed avec ferveur. J'espère que les vents seront favorables.

L'accord conclu et la marchandise chargée, Steed proposa aux Indiens de monter à bord du navire anglais afin d'en constater la puissance. Avec des gestes graves et lents, les deux petits Choptanks examinèrent chaque élément de la cargaison du *Victorious*, sans parler, mais quand ils avisèrent des coupons de tissus aux couleurs vives, ils ne purent se contenir et chacun en prit une brassée.

— Eh ! protesta un matelot, vous allez pas filer avec ça !

Par signes, il expliqua qu'ils devaient apporter un article en échange et les deux Indiens firent comprendre qu'ils n'avaient rien.

« Alors, allez chercher quelque chose, dit le marin.

Ils se précipitèrent vers la lisse, se penchèrent et crièrent à Steed :

— Maître, il nous faut étoffes.

Il leur demanda pourquoi.

« Comme cadeaux pour nos femmes, répondirent-ils.

Et, sans réfléchir, Steed leur lança une de ses haches qu'ils remirent aux matelots en échange du tissu. Lorsqu'ils vinrent le rejoindre à bord du canot, heureux et bavards, leurs présents serrés contre la poitrine, Steed s'aperçut que, parmi toutes les marchandises qu'il avait achetées, aucune n'était destinée à une femme, et il éprouva de la peine.

A la surprise des Indiens, il ne largua pas immédiatement les amarres. Repoussant le moment du départ, il alla à terre pour dîner chez un homme avec lequel il s'était lié d'amitié durant la famine ; celui-ci avait acheté une épouse trois ans auparavant à l'occasion d'un des premiers arrivages et, à présent, il avait deux enfants et un troisième était en route. Steed ne put s'empêcher de la dévorer des yeux car il voyait en elle la plus belle créature qu'il eût jamais contemplée. Elle se déplaçait et souriait avec tant de grâce ! En Angleterre, il ne l'aurait même pas regardée ; sa mère avait été une vraie beauté et il pouvait alors faire la différence, mais cette femme était dotée d'une grandeur primitive qu'aucune joliesse ne pouvait égaler. En pensée, il la comparait à une statue qu'il avait vue à Oxford, massive, propre, et parfaitement adaptée à son milieu ; et, bien que le sujet n'eût pas été soulevé, il s'exclama :

— Est-ce que l'une des femmes qui vous ont accompagnée dans ce voyage ne serait pas devenue veuve ?

Elle ne rit pas.

— Non, répondit-elle d'un ton calme. Nous avons toutes été mariées en deux jours ; nous le sommes encore.

Et ce fut tout : bientôt, un garde à la mine renfrognée se présenta à la maison pour prévenir Steed que des marins du bateau anglais avaient donné du whisky à l'un de ses Indiens et que celui-ci faisait du tapage. Steed se précipita et trouva le

Choptank cramoisi, en nage, hors de lui. Il avait insisté pour sauter dans le fleuve pour toucher les flancs du navire ; à deux reprises, on l'avait repêché à demi mort, mais résolu à recommencer.

— Asquas ! hurla Steed. Couche-toi !

Le petit Choptank leva vers lui un regard vide, reconnut son maître et s'effondra dans le canot où il demeura immobile. Sachant qu'il devrait quitter Jamestown le lendemain, Steed resta à bord mais ne put trouver le sommeil. Il passa la majeure partie de la nuit appuyé au plat-bord, les yeux fixés sur l'assemblage de huttes grossières qui représentait le monde civilisé.

— Oh, mon Dieu ! s'écria-t-il. Comme je voudrais que nous soyons en novembre !

Au matin, il se présenta aux autorités de Jamestown pour les aviser qu'il regagnait son île. Il leur fit un rapport sur les tribus de la région et énuméra les marchandises qu'il comptait apporter lors de ses prochains voyages. On lui demanda ce qui différenciait la côte orientale de l'occidentale, ce à quoi il répliqua :

— A maints égards, la côte ouest est plus exubérante. Vos Indiens sont belliqueux, vos terres plus enviables, vos cours d'eau plus amples et vos arbres plus hauts. Un jour, Jamestown sera une nouvelle Jérusalem, et la Virginie une nation en soi. Sur la côte est, les choses sont moins tranchées. Il n'y a ni guerre, ni agitation et, là, nous n'aurons jamais de Jérusalem. Nos Indiens sont petits et fuient le combat. Nous ne possédons pas de grandes richesses, nos moustiques sont deux fois plus gros et trois fois plus féroces que les vôtres.

Il hésita.

« Sur la côte ouest, le tambour bat, mais sur la côte est nous n'en percevons que l'écho.

Comme il quittait la cahute faisant office d'hôtel de ville où les magistrats l'avaient interrogé, un tumulte lui parvint de l'extrémité opposée du village. Craignant que ses Choptanks se soient de nouveau enivrés, il se précipita ; mais le bruit émanait d'une jeune blonde plantureuse, une étonnante personne qui se querellait publiquement avec son mari, plus âgé qu'elle.

L'homme s'efforçait de la calmer, mais elle continuait à hurler :

— Non, je ne resterai pas !

Et elle le repoussa. Dans sa détermination à fuir la menace

qu'il semblait faire peser sur elle, elle se précipita, dans une grande envolée de jupons, sur le sentier poussiéreux tenant lieu de rue.

Arrivée à la hauteur de Steed, elle se retourna pour prendre à témoin la population.

« Il me traîne sur des kilomètres vers le haut de la rivière jusqu'à une étable crasseuse au milieu d'Indiens sanguinaires. Je ne veux pas de ça !

A pleine gorge, elle faisait appel au soutien de la foule, mais une femme au fichu rouge, récemment débarquée d'Angleterre, lui rétorqua avec un accent de poissarde :

— Retourne chez toi, roulure. Et tâche de te conduire proprement.

— Je n'y retournerai pas ! hurla-t-elle en repoussant son mari. Il m'a menti. Il n'a pas de ferme. Pas de bateau à lui. Rien que des Indiens !

La femme au fichu intervint de nouveau :

— C'est le paradis pour personne ici. Mais c'est toujours mieux que ce que tu as connu.

— Non ! s'écria l'épouse irascible. A Londres, je vivais dans une maison convenable, pas dans une cahute.

— Tu parles, en prison, rétorqua l'autre.

Une bagarre s'en serait suivie si la rebelle n'avait aperçu Steed qui la regardait avec une étrange intensité. Comme il paraissait se diriger vers le canot amarré à la jetée, elle se précipita vers lui.

— C'est vous Steed de l'île ? demanda-t-elle avec audace.

— C'est moi.

— Et c'est votre bateau là-bas ?

— En effet.

— Oh, emmenez-moi ! supplia-t-elle. Emmenez-moi !

Et elle s'accrocha à lui, affichant un tel désespoir qu'il n'eut pas le cœur de se dégager, même lorsque le mari s'avança pour revendiquer son bien.

— Rentre à la maison, Meg, supplia l'homme.

Pitoyable, ce paysan, trapu, court sur pattes, qui avait dû trimer dans quelque campagne anglaise et encore plus ici, en Virginie. Il portait un pantalon informe, rapiécé, une chemise de laine et des chaussures qu'un savetier maladroit avait dû tailler dans une peau de vache. Âgé d'une trentaine d'années, il était issu d'un monde que Steed avait connu et apprécié.

« Je m'appelle Simon Janney, dit-il. Elle est à moi et vous devez me la rendre.

— Bien sûr, admit Steed. Reprenez-la, elle est à vous.

— Non, je ne suis pas à lui ! hurla la blonde qui se plaça devant Steed pour affronter l'homme qu'Edmund prenait pour son mari. Nous ne sommes pas encore mariés, et nous ne le serons jamais !

— Elle n'est pas votre épouse ?

Steed avança la tête derrière les boucles qui tressautaient.

— J'ai payé son passage.

— Et il m'a emmenée dans sa soue à cochons ! Il peut reprendre son argent.

— Comment ? demanda la femme au fichu rouge.

Désespérée, la fugitive abandonna Steed, et levant les bras en un geste de supplique, s'adressa à la foule :

— N'y en a-t-il pas un parmi vous qui serait prêt à payer mon passage ?

Un silence réprobateur accueillit cette offre inattendue. Puis Steed dit :

— Si, moi.

Il se tenait si près de Simon Janney qu'il entendit le paysan haleter :

— Vous pouvez pas faire ça, monsieur. Elle doit être ma femme.

Il insistait sur les mots comme s'il essayait de protéger une brebis précieuse.

— Jamais, tonna-t-elle.

— Eh, ami Steed, cria l'autre femme, vous frottez pas à celle-là. Mary du bateau peut vous en dire long sur son compte.

La blonde pivota pour faire face à son accusatrice et le mouvement rapide de son corps épanoui déclencha chez Steed une excitation inconnue.

— Amenez Mary ici ! lança-t-elle d'un ton suave, lourd de menace, et je me chargerai d'elle.

Elle tendit la main à Steed, l'attira vers elle, et lui, qui pour la première fois sentait le corps pulpeux d'une femme contre le sien, serra la main tendue. Par ce geste, il s'engageait.

— Ami Janney, laissez-la aller. Elle ne sera jamais vôtre.

— Il faut qu'elle le soit. J'ai payé pour elle, s'entêta le paysan.

Son visage rougeaud, carré, piqueté d'une barbe de trois

jours, exprimait le tourment qu'il endurait, et Steed le prit en pitié.

— Je vous rembourserai et vous donnerai même davantage. J'ai besoin d'une femme sur mon île.

Cette simple déclaration trouva un écho dans la foule et tous ceux qui avaient attendu les arrivages de femmes comprirent, mais son aveu eut encore plus d'effet sur la blonde. Laissant retomber sa main, elle lui glissa lentement le bras autour de la taille, et il sentit la tête lui tourner.

« Nous nous marierons aujourd'hui même, bredouilla-t-il.

— Oh, non ! s'écria-t-elle en retirant le bras. Je veux d'abord voir l'île. Pas question de soue à cochons pour moi !

— Ne vous frottez pas à elle, Steed, prévint de nouveau la femme au fichu rouge.

— Je ne peux pas vous rembourser aujourd'hui, expliqua Steed à Janney. Mais à mon prochain voyage vous serez le premier à être payé.

— Il a versé sept livres, dit la blonde.

— Dans ce cas, je lui en donnerai huit.

— Mais elle doit être ma femme, répéta Janney.

On eût dit un chêne rabougri, blessé par un soc de charrue, mais encore fermement enraciné dans la terre.

— Elle ne le sera jamais, dit Steed en entraînant Meg Shipton vers son embarcation.

Ils arrivèrent à Devon en juin 1614. Steed avait trente-deux ans, elle vingt-cinq. Il n'avait encore jamais embrassé une femme, hormis sa mère, trop occupé qu'il était à définir ses relations avec Dieu, en Angleterre, et avec les Indiens, en Virginie ; elle, en revanche, avait fait métier d'embrasser les hommes depuis des années et, pendant la traversée de la baie, elle s'était interrogée avec curiosité sur ce qui se passerait lorsqu'elle rejoindrait Steed au lit.

Elle dut patienter cependant, car il l'emmena d'abord visiter son domaine : les champs fertiles, les arbres, les oiseaux.

— Y a-t-il des Indiens ? s'enquit-elle avec appréhension.

Il désigna les deux hommes qui amarraient l'embarcation.

— Et leurs épouses sont là pour t'aider, lui assura-t-il en désignant les deux wigwams proches du sien. Ils sont paisibles, ajouta-t-il.

Puis, il perdit soudain sa superbe et lui prit les mains.

« Chez moi aussi, c'est une soue à cochons, j'ai besoin de toi, Meg.

Elle lui étreignit les mains. Il faisait preuve d'une telle courtoisie qu'elle était prête à croire ce que les autres racontaient sur lui à Jamestown : qu'il avait été étudiant à Oxford, exilé par sa noble famille à cause d'une querelle insignifiante. Il s'était montré courageux pendant la famine, et, à deux reprises, il avait failli être tué par les Indiens. Pourtant un mystère subsistait : pourquoi avait-il choisi de vivre sur une île ? Consciente de son empressement à lui plaire et de sa gentillesse, elle faillit se laisser séduire, mais son instinct lui interdit une telle folie. Auparavant, elle devait visiter l'île, déceler ses intentions et ses moyens d'existence. Elle admettait lui devoir l'argent du passage, mais comptait bien le lui rembourser à sa façon. Il lui tardait même de passer à l'action.

Quand ils arrivèrent devant le wigwam, une pauvre cahute faite d'arbustes et de joncs tressés, elle ne put entrer immédiatement car les femmes indiennes se précipitèrent, chargées de paniers de légumes et de crabes qui se débattaient. Elles offrirent de lui apprendre à cuisiner les plats indiens, ce qui ne l'intéressait en aucune façon et, après plusieurs heures perdues en banalités domestiques, elle suggéra :

— Débarrassons-nous de ces femmes, et vite au lit !

Ces paroles intimidèrent Steed qui avait envisagé une manière différente d'aborder leur première nuit. Les Indiennes furent congédiées, et mari et femme en puissance se retrouvèrent seuls.

« On peut pas dire que ce soit beau ici, dit-elle en désignant du doigt la paroi d'herbes. Mais ce n'est pas une soue à cochons.

Avec adresse, elle se débarrassa de ses vêtements et, voyant qu'il ne se préparait pas à l'imiter, elle lui dit d'un ton impatient :

« Allez, viens. On a assez perdu de temps comme ça.

Et elle l'attira sur la couche de paille. Une longue expérience lui avait appris comment s'y prendre avec ce genre d'amant.

Mais au matin, elle bondit hors du lit, terrorisée.

« Bon Dieu, qu'est-ce que c'est que ça ?

C'était le héron bleu, proférant son cri discordant et néanmoins rassurant.

— Les Indiens l'appellent Pêcheur Longues Jambes, murmura-t-il en riant de sa frayeur.

La nuit passée avec elle l'avait empli d'une joie immense et il tendit la main vers les jambes longues et belles pour attirer de nouveau la jeune femme à lui.

— Nous avons du travail, fit-elle d'un ton de reproche.

Et les seize mois qui suivirent furent une révélation. Meg Shipton, élevée dans un sordide quartier de Londres, se voua à l'île comme si elle avait grandi dans une ferme. Elle suait sang et eau pour l'aider à labourer les champs dont dépendait leur prospérité à venir ; elle était sans cesse maculée de suie à force d'attiser des feux alimentés par les grands arbres qu'on abattait pour libérer de nouvelles terres. Elle se montra habile pour attraper les crabes et ramasser les huîtres, et en vint à apprécier les deux Indiennes qui la secondaient.

Pourtant, en dépit du travail qu'elle abattait et de l'empressement qu'elle montrait à aider Steed, elle n'en faisait pas moins preuve d'une certaine réserve dans ses rapports avec lui ; certes, ils connaissaient des étreintes passionnées sur leur couche, mais il la soupçonnait d'éprouver du mépris à son endroit. Ils parlaient librement ; pourtant, elle semblait toujours rire de lui et il sentait qu'elle ne se montrait agréable que parce qu'elle avait une dette envers lui. Souvent, il surprenait son regard railleur posé sur lui. Il s'efforça de déterminer en quoi il l'avait déçue, mais chaque fois qu'il tentait d'aborder le sujet, elle éludait la question et lui souriait avec indulgence. En dépit de la réserve qu'elle manifestait à son égard, elle ne lui refusa jamais ses faveurs au lit. Il avait accepté de l'acheter et elle était sienne.

A la fin de la première année, Meg annonça à Steed qu'elle était enceinte, ce qui poussa ce dernier à envisager diverses décisions :

— Il nous faut traverser la baie. Tu ne peux pas avoir d'enfant tant que nous ne serons pas mariés.

— On dirait pourtant que c'est ce que je suis en train de faire, répliqua-t-elle.

Alors Steed céda à la frénésie de la construction ; il ne s'agissait ni d'une maison ni d'une grange. Pendant plusieurs jours, Meg ne put percer les intentions de son compagnon, puis le chef Pentaquod visita l'île avec quatre aides qui abattirent des chênes et les débitèrent selon les directives de Steed, métamorphosé en architecte. Enfin le bâtiment fut achevé, en l'occurrence une solide structure basse, ornée au-dessus de la porte d'un fronton grossier sur lequel Steed avait écrit :

DIEU EST EN CE LIEU. IL N'EST AUTRE QUE LA MAISON DE DIEU ET LA PORTE DES CIEUX (GENÈSE XXVIII)

Quand Meg voulut savoir ce que cela signifiait, Steed la fit entrer et s'asseoir sur l'un des bancs façonnés par Pentaquod.

— Nous arrivons à un moment solennel, se dit-il. La naissance d'un enfant. La fondation d'une famille.

— L'enfant n'a besoin de rien, protesta-t-elle en frappant son ventre rebondi.

Steed ignora la plaisanterie. Lui saisissant les deux mains avec un respect immense, il lui annonça :

— Je suis catholique. Ici sera notre chapelle.

Meg le dévisagea, puis éclata de rire.

— Un satané papiste !

Elle le repoussa, se leva et gagna la porte, en proie au fou rire ; elle ne se moquait pas de lui ni de sa chapelle, mais bien plutôt d'elle.

« Un papiste ! répéta-t-elle.

Puis, elle revint vers lui, l'embrassa sur le front.

« Quelle surprise pour ces péteux de Jamestown quand ils apprendront ça !

Ces paroles offensèrent Steed qui se détourna, mais elle continuait à rire.

« Je trouve que c'est magnifique, Edmund. Et tu t'es bâti une belle chapelle.

Sur quoi, elle céda de nouveau au rire, incapable de se contrôler.

« Meg Shipton mariée à un papiste !

Elle quitta la chapelle tout en continuant à glousser et refusa d'y remettre jamais les pieds.

Elle éprouvait aussi des difficultés avec Pentaquod. N'ayant jamais connu de père, elle avait jugé rassurant cet homme aux cheveux blancs lors de son arrivée ; elle appréciait ses manières dignes et ses anecdotes sur la vie des Indiens avant la venue de l'homme blanc. « Les tortues ! Deux ou trois fois l'an, l'une d'elles remontait notre fleuve. Délicieux ! » A présent, il possédait un fusil avec lequel il faisait feu cérémonieusement une fois par mois, sans rien tuer, et une lourde hache qu'il maniait avec une force stupéfiante, abattant les arbres nécessaires à la construction de la chapelle. Et quand il trouva un chêne de la taille voulue, il expliqua à Steed et aux deux Indiens la façon d'en brûler le centre pour l'évider et en fit un canoë si massif qu'il fallut quatre hommes pour le soulever.

— Pour l'enfant, dit-il à Meg.

Elle s'efforçait d'aimer ce vieux chef, mais elle sentait qu'il n'approuvait pas sa présence. En tant que femme de Steed, elle suscitait sa déférence, mais il décourageait les efforts peu discrets qu'elle déployait pour gagner son amitié. Irritée, elle finit par déclarer à Steed :

— Chasse-le d'ici.

Et Pentaquod fut renvoyé dans son village.

Après le départ de l'Indien, elle se laissa aller à une tendresse surprenante.

— On est plutôt bien ici, Steed, admit-elle. Quand tu apporteras tes peaux de castor à Jamestown, tu ferais peut-être aussi bien de donner ses huit livres à Janney... si tu estimes que je les vaux encore.

— Tu les vaux ! s'écria-t-il avec enthousiasme.

— Je t'accompagnerai peut-être... pour qu'on soit vraiment mariés.

L'enfant naquit le 3 mars 1616, le premier nouveau-né blanc de la côte orientale, un garçon robuste qui enchantait les Indiennes. Meg les laissait s'occuper de lui à leur gré, riant de bon cœur quand elles le plongeaient dans la rivière salée pour voir s'il flotterait.

— C'est bon signe quand un garçon flotte, lui assuraient-elles. Pour une fille, ça n'a pas d'importance.

L'enfant eut pour premiers jouets les bois d'un cerf et une griffe d'ours ; les premiers sons qu'il émit tentaient d'imiter le « kraannk » du héron.

En août, Edmund Steed chargea sur son bateau ses marchandises de troc et amarra à l'arrière le nouveau canoë, bourré du surplus. Lorsque le dernier seau de caviar fut arrimé, il appela Meg.

— Nous sommes prêts à appareiller.

Dès son arrivée à Jamestown, il paierait le prix de Meg à Janney et, le lendemain, il en ferait sa femme. Lorsqu'elle descendit le sentier menant à la jetée, vêtue d'une robe taillée dans l'étoffe qu'elle avait tissée sur l'île, portant le bébé avec aisance sur la hanche, elle était belle, pulpeuse, enjouée, et Steed se sentit plus heureux qu'il ne l'avait jamais été : cette femme étrange, secrète, passionnée, rencontrée par hasard, était le trésor requis pour bâtir un empire.

Puis, au moment où il s'apprêtait à déraper l'ancre, une pinasse entra dans l'embouchure de la rivière, amena sa voile et, glissant sur son erre, aborda la jetée. A l'avant, se tenait Simon Janney résolu, impatient de sauter à terre, et Steed pensa qu'il était venu pour reprendre Meg dont le passage ne lui avait pas encore été remboursé, et qui restait donc sa propriété.

Avant même que la pinasse fût amarrée à la jetée, Steed décida de sa réaction et mesura l'amour qu'il portait à Meg. Ces deux années passées en sa compagnie l'avaient assuré que nulle part en Virginie il ne trouverait meilleure épouse ; nulle ne l'égalerait dans les travaux des champs, ou dans le rôle de mère ; et, même si elle refusait à Steed d'envahir ses pensées, elle n'en avait pas moins été tendre et généreuse. Meg Shipton méritait qu'on la retînt, et il se battrait contre Janney pour la garder.

Dès que la pinasse eut abordé, le vigoureux petit paysan se précipita vers Steed et lui tendit les bras :

— Steed, de grandes nouvelles !

— Lesquelles ?

Steed baissa les bras.

— Je peux ramener Meg à la maison. Vous ne me devez rien.

— Meg a un enfant, annonça Steed en désignant la jeune femme et le bébé.

— Aucune importance ! s'écria Janney, très surexcité. Elle...

Il n'acheva pas sa phrase ; de l'arrière de la pinasse, apparut une femme enveloppée d'une cape qu'elle ramena autour de sa gorge en dépit de la chaleur d'août. Elle était grande, mince, avait les cheveux bruns et les mains très blanches. Elle avança en hésitant, se frayant un passage entre les ballots qui encombraient le pont et, aidée des matelots, posa prudemment le pied sur la jetée ; là, elle ajusta de nouveau sa cape. Mais, une fois à terre, toute hésitation s'évanouit. D'un pas ferme, elle avança sur les planches et se dirigea tout droit vers Meg.

— Vous êtes probablement Meg, dit-elle d'une voix douce

en tendant une longue main fine. Et je suppose que cet enfant est votre fille.

— Mon fils, rectifia Meg d'un ton soupçonneux.

— Vous pouvez retourner à Jamestown, déclara la visiteuse. Je suis la nouvelle maîtresse de l'île.

— Oui ! s'écria Janney. Votre père vous l'envoie, Steed.

La femme se tourna pour faire face à l'homme dont l'invitation l'avait amenée sur cette île lointaine, et elle s'approcha de lui avec la même détermination que lorsqu'elle avait abordé Meg. De nouveau, elle tendit la main.

— Edmund Steed, je vous apporte les salutations de votre père. Je m'appelle Martha Keene, de High Wycombe dans le Buckinghamshire.

Steed ne put émettre un son, pas même un bredouillement de bienvenue. Simon Janney s'avança.

— C'est une honnête femme, Edmund, dit-il rapidement. Tous à bord la respectaient...

— Mr. Janney s'est chargé de mes malles, coupa la nouvelle venue. Elles sont dans la pinasse.

Une fois les bagages débarqués, Janney reprit :

— Maintenant, Meg peut rentrer avec moi.

— Ça, jamais ! s'écria Meg.

Avec un geste théâtral, elle tendit le bébé à Martha Keene.

« Je vous laisse le petit bâtard, et le grand aussi.

Elle regarda Steed et eut un reniflement de mépris.

« Ils sont à vous tous les deux, Mrs. Keene. Il y a déjà un bon bout de temps que j'avais envie de fiche le camp d'ici.

— Meg ! s'écria Steed.

— Le bateau est chargé, partons !

Elle s'élança vers la grève.

Simon Janney tenta de l'arrêter, de l'empoigner, de faire n'importe quoi pour l'attirer dans la pinasse.

— Je dois te ramener, fit-il d'un ton suppliant. J'ai payé les droits.

Elle était excédée. Plantée sur la jetée, elle considéra Janney et Steed avec arrogance :

— Que le diable vous emporte tous les deux ! Vous avez payé ci et ça, vous voulez acheter. Je ne suis pas à vendre. Je me suis usé les mains à essayer de rendre cette île vivable. J'aurais fait la même chose pour toi, Janney, si tu m'avais offert un toit convenable. Mais maintenant, toutes ces histoires d'achat et de vente sont bien finies. Vous pouvez vous carrer vos droits dans l'oignon et aller au diable tous les deux !

Steed fut trop choqué pour trouver une réponse, mais Janney murmura :

— Où vas-tu aller, Meg ?

— A Jamestown, chez un homme qui appréciera une femme à sa juste valeur.

A la surprise de Steed, elle se montra encore plus virulente à son endroit :

« Piège tes castors, construis tes chapelles, et va au diable.

Steed sentit le souffle lui manquer. Jamais il n'aurait soupçonné qu'elle pût couver une telle amertume et, dans sa violence, elle lui parut encore plus désirable que lorsqu'elle l'avait accepté passivement, par gratitude, parce qu'il lui avait offert un refuge.

Martha Keene fut la seule à comprendre la situation. Avec la dignité inhérente à une grande famille habituée à la vie campagnarde, elle suivit Meg le long de la jetée, le bébé entre les bras.

— Avez-vous perdu l'esprit... pour abandonner ainsi votre enfant ?

— Gardez le bâtard du papiste, et grand bien vous fasse. Il n'en sortira rien de bon, et si j'ai envie d'en avoir un autre, les hommes ne manquent pas.

Mistress Keene réagit alors d'une façon dont on se souviendrait longtemps sur les rives du Choptank : elle saisit la main de Meg, et la porta à ses lèvres.

— Vous connaîtrez des jours meilleurs, dit-elle tranquillement. Et merci pour l'enfant. Comment s'appelle-t-il ?

— Ralph.

A la grande surprise de tous, Meg ne monta pas dans la pinasse de Janney, ni dans l'embarcation de Steed, mais elle s'installa dans le canoë de chêne.

— C'est mon bateau, déclara-t-elle avec hauteur. Destination Jamestown.

Aucune objurgation de Janney ne put la déloger ; elle continua à trôner sur les ballots de peaux de castor et Steed, atterré par les aveux de Meg, ne tenta pas de la faire embarquer à bord de son bateau. De son canoë, Meg lança une dernière flèche :

— Je suppose que vous exigerez un mariage dans les règles,

cria-t-elle à l'adresse de Miss Keene. Venez me trouver. On vous dégotera un prêtre.

Il était dans les intentions de Martha Keene de repartir avec Steed pour une quelconque cérémonie, mais le comportement insultant de Meg l'en dissuada. Elle prit Steed à part, l'entraîna le long de la jetée, tout en gardant l'enfant dans les bras.

— Votre père m'a choisie parce que je suis catholique, lui confia-t-elle. Ma famille a souffert autant que la vôtre et, pour moi, la foi est précieuse.

Elle s'exprimait avec netteté et autorité, à croire qu'elle avait lu des ouvrages relatant le martyre de sir Latimer. Elle ne comptait que vingt-deux ans cet été-là, mais elle faisait déjà preuve de sagesse et de maturité.

« Votre père a prévu les difficultés auxquelles nous risquions de nous heurter, reprit-elle. Et le mien aussi. Ils sont convenus que, si elles s'avéraient insurmontables, j'attendrais avec vous sur l'île jusqu'à ce que notre union puisse être bénie par un prêtre.

— Cela peut exiger des années.

— Je sais.

— Et vous serez mon épouse en attendant l'arrivée d'un prêtre ?

— Oui.

Il l'entraîna jusqu'à la chapelle de rondins où, après s'être arrêtée pour lire l'extrait de la Genèse, elle s'agenouilla et rendit grâce au ciel d'être arrivée à bon port. Au moment où elle se levait, Steed lui saisit la main.

— Il faut que vous compreniez, murmura-t-il. Jamais je n'aurais pu défricher cette île ni construire cette chapelle...

— Sans Meg, coupa-t-elle. Je comprends mais, désormais, c'est nous qui allons vivre ici.

Elle l'embrassa, lui sourit et entendit Meg qui hurlait dans son canoë, donnant ordre aux bateaux d'appareiller pour Jamestown. Elle accompagna Steed jusqu'à la jetée, le regarda embarquer et hisser la voile. Elle s'attarda sur la grève, le bébé dans ses bras, tandis que les trois embarcations s'éloignaient vers l'embouchure du Choptank.

A trois semaines de là, lorsque le canot remonta la rivière de Devon Island, Steed se sentait en plein désarroi. Son voyage à

Jamestown avait connu une réussite sans précédent — non seulement il rentrait chez lui avec plus de marchandises qu'il ne l'avait espéré mais aussi avec plusieurs pièces de monnaie espagnole, puisqu'il n'avait pas eu besoin de régler à Simon Janney les huit livres dues pour Meg Shipton. Mais à son euphorie se mêlait un malaise, lorsqu'il songeait à ses proches retrouvailles avec l'étrangère qui était maintenant sa femme.

Il ne savait rien d'elle, sinon qu'elle avait été choisie par son père, qu'elle était originaire du Buckinghamshire, et catholique. Au cours de leur brève rencontre, elle lui avait paru très austère ; peut-être avait-elle éprouvé la même impression à son endroit. L'aisance remarquable avec laquelle elle s'était comportée devant l'extraordinaire conduite de Meg Shipton plaidait en sa faveur, et elle avait accepté l'enfant sans répugnance apparente. Par ailleurs, trois passagers du navire commandé par le capitaine Hackett, le *Victorious*, étaient venus trouver Steed pour l'assurer qu'il avait beaucoup de chance de mettre la main sur une femme aussi exceptionnelle que Martha Keene : « Elle nous a été d'un grand secours pour soigner ceux d'entre nous qui avaient le mal de mer. Et c'est une dame. »

Asquas et les autres Indiens avaient aperçu le canot et ils attendaient sur la jetée quand Steed amena la voilure, mais Martha Keene n'était pas là. Pendant que le bateau manœuvrait sur son erre pour s'amarrer, l'une des femmes alla la chercher. Précaution inutile ; Martha était en retard car elle s'était occupée de l'enfant ; maintenant, comme une madone, elle arrivait pour accueillir son époux.

Steed ne devait jamais oublier cet instant. Il venait de donner des ordres aux Indiens pour décharger l'embarcation et portait dans les bras de lourdes pièces d'étoffes dont les extrémités flottaient sous la brise, lorsqu'il la vit descendre le sentier avec précaution et avancer sur la jetée. Elle se déplaçait avec une grâce étudiée, comme si elle entrait dans une église et tenait l'enfant comme s'il eût été le sien. Dans son visage pâle, ombré par un fichu de couleur foncée, ses yeux et ses lèvres s'accordaient en un sourire de bienvenue qui apparut à Steed comme la plus chaleureuse expression humaine qu'il eût jamais vue.

Lâchant les pièces de tissu, il sauta sur la jetée, se précipita vers elle et l'étreignit devant les Indiens stupéfaits.

— Je suis heureux que tu sois là.

— C'est mon foyer, dit-elle.

Mais Steed appartenait à une espèce particulière de catholiques. Jamais il ne partagerait la couche de Martha avec sérénité tant que leur union n'aurait pas été bénie selon les rites et, quand il aborda le sujet avec elle en décembre, il s'aperçut qu'elle aussi ployait sous le fardeau du péché. Ils s'efforcèrent d'alléger leur conscience en embellissant la chapelle, premier édifice catholique en Virginie, en l'ornant d'un grossier crucifix qu'il avait sculpté et d'une étoffe pourpre qu'elle avait tissée et teinte, comme si ces objets pouvaient intercéder en leur faveur et obtenir le divin consentement. Mais à l'aube de la nouvelle année, elle lui demanda brusquement :

— Le werowance ne pourrait-il nous unir... à sa façon ?

Le jour même, ils remontèrent le courant jusqu'à Patamoke et, dès que Pentaquod aperçut la nouvelle femme, digne et cérémonieuse, il dit en choptank :

— Steed, celle-ci est mieux.

— Nous voulons que le werowance nous marie.

— Jusqu'à maintenant, cela ne vous a guère préoccupés.

— J'avais peur qu'elle s'en aille.

— Moi aussi, répondit le vieux chef.

Comme il prononçait ces mots, ses yeux se portèrent sur Tciblento qui avait écouté la conversation, et il se demanda pourquoi cet homme n'avait pu trouver en sa fille la femme qu'il souhaitait. Question déroutante car, dès l'instant où il avait vu Meg Shipton, il avait su que Steed ne devait pas l'épouser ; elle était vive et imprévisible comme le canard noir, et aucun homme ne pouvait l'attraper ; la nouvelle serait forte et stable, comme Onk-or l'oie, une bonne épouse mais qui manquait de feu. Et pendant ce temps, Tciblento était là, la meilleure femme qui eût jamais vu le jour sur les bords du fleuve, la meilleure depuis toujours, et il n'avait pas trouvé le moyen de convaincre Steed de cette vérité. Oui, c'était déconcertant, à croire que l'Anglais avait un voile devant les yeux qui l'empêchait de voir les qualités d'une Indienne.

Néanmoins, Pentaquod prit les dispositions nécessaires pour un mariage solennel, sous les immenses chênes à l'intérieur des terres. Devant tous les membres de la tribu rassemblés pour rendre hommage à un homme auquel ils avaient appris à faire confiance, le sorcier psalmodia les bénédictions et les matrones prédirent que l'union serait féconde. Crabes, poissons et peaux de castor furent déposés devant les dieux qui, rendus favorables par ces offrandes, accorderaient leur protection au couple.

Quatre enfants apportèrent des fleurs qu'ils déposèrent sous les pas de Mistress Keene et quatre garçons remirent à Steed une longue pipe et une flèche à empenne de plumes d'aigle.

Puis, Pentaquod prononça des mots que Martha ne comprit pas. Il parlait de lui-même et de Steed comme de deux étrangers qui avaient trouvé bonheur et vie heureuse le long du fleuve. Il fit remarquer que lui et Steed avaient pris des étrangères pour femmes et que, souvent, ces unions étaient bonnes, ainsi que cela avait été le cas pour lui. Il ajouta que lorsqu'un homme se rendait dans un nouveau lieu et prenait une nouvelle épouse, il s'associait à la destinée de ce lieu, il était contraint de le défendre dans la guerre et de guider son peuple d'adoption dans la paix. Steed avait prouvé qu'il était un bon voisin. Les Indiens qui travaillaient à Devon Island assuraient que l'épouse de Steed serait aussi une bonne voisine, et il les bénit tous deux pour être venus sur le fleuve.

Steed avait les larmes aux yeux quand le vieil homme se tut, tout comme Tciblento qui avait intensément écouté les paroles de son père, sachant combien elles étaient appropriées. Pendant que le werowance officiait, elle s'efforçait de détourner ses grands yeux sombres de Steed mais, à la fin, la force lui manqua. Le regardant avec l'ardeur qui la consumait, elle se posait la question à laquelle elle ne trouvait pas de réponse : « Pourquoi ? Pourquoi ? »

Quand le canot ramena le couple dans l'île, Martha dit :

— La petite Indienne qui a des tresses... celle aux grands yeux noirs... elle est amoureuse de toi, Edmund.

— Tciblento ? C'est la fille de Pentaquod.

— Pourquoi ne l'as-tu pas épousée... dès le début ?

— Une Indienne !

Martha n'aborda plus jamais le sujet mais, par la suite, quand Tciblento proposa de se rendre sur l'île afin de lui enseigner certaines coutumes indiennes, elle refusa poliment ; parfois, des mois entiers passaient sans que les Steed voient Tciblento. Un jour de l'an 1619, Pentaquod débarqua à Devon pour informer les colons du prochain mariage de sa fille et assura qu'il serait heureux s'ils voulaient bien assister à la cérémonie. Ils acceptèrent et Martha s'aperçut que l'Indienne, maintenant âgée de vingt-trois ans, ravissante dans sa robe en peau de biche ornée de castor et de piquants de porc-épic, luttait contre ses larmes pendant tout le rituel. Martha se douta que le jeune époux n'occupait qu'un rang mineur au sein de la tribu et qu'il n'hériterait jamais du titre de werowance.

Au cours de ces années, les Steed remirent à Pentaquod l'équivalent de sommes substantielles en paiement de toute nouvelle terre sur laquelle ils jetaient leur dévolu. A présent, ils possédaient huit cent soixante-quatorze hectares sur Devon Island, la superficie exacte ayant été calculée par Martha d'après les relevés effectués par son mari : seule une faible partie était cultivée ; en outre ils avaient acquis plus de mille hectares sur le continent. Là, rien n'avait encore été défriché. Steed comptait brûler les arbres dès qu'il aurait formé les Indiens capables de cultiver la terre, ce qui lui permettrait d'augmenter ses cargaisons de maïs à destination de Jamestown.

Ce fut en 1626 que le destin des Steed prit un tournant décisif ; dès lors, le défrichage de superficies supplémentaires devint urgent. En décembre de cette année-là, Steed partit pour Jamestown à bord de son canot rempli de maïs, de peaux de castor, de sassafras et de caviar. Comme il embarquait sa marchandise à bord d'une goélette venant de Londres, il remarqua une grossière embarcation fluviale qui déchargeait sur le flanc opposé du grand voilier. Il reconnut Simon Janney qui, à l'aide de palans, hissait des ballots d'une denrée inconnue.

— Qu'est-ce que c'est que ces grosses balles ? demanda Steed.

— De l'herbe qui pue, répondit Janney.

— Du tabac ? Il y a de l'argent à gagner dans le tabac ?

— Y a pas mieux, assura Janney.

— Où est votre ferme ?

— Loin en amont.

— Meg est avec vous ? s'enquit Steed après un silence.

— Non.

— Que lui est-il arrivé ?

Suivit un autre silence ; Janney ne semblait pas désireux de répondre à la question.

— Si vous avez défriché du terrain, Steed, vous devriez envisager le tabac. Difficile à cultiver mais facile à vendre.

— J'ai ensemencé mes terres de maïs.

— Orientez-vous vers le tabac. Vous ne le regretterez jamais.

— Où est Meg ? insista Steed.

Janney décocha un coup de pied dans un ballot.

— Deux heures après avoir débarqué de son canoë à Jamestown, elle a rencontré un homme qui cherchait une épouse. Avant la tombée de la nuit, il m'avait réglé le prix de son passage. Ils se sont mariés sans perdre de temps. Elle habite l'une des maisons neuves sur la berge.

Steed eut l'occasion d'apercevoir Meg. Elle s'abritait sous une ombrelle et portait un grand chapeau de paille orné de rubans dorés ; ses boucles blondes s'en échappaient en petites mèches provocantes qui brillaient au soleil. Elle marchait d'un pas léger et paraissait contente d'elle. Lorsqu'elle le reconnut au bord du chemin, elle hocha gravement la tête, sourit, comme si elle était incapable de contrôler sa gaieté, et poursuivit sa promenade. Des hommes sur le quai apprirent à Steed que Meg avait épousé une personnalité dont l'importance ne cessait de croître au sein de la colonie.

Mais ce fut Simon Janney qui produisit sur Steed l'impression la plus durable au cours de ce voyage de 1626. Après avoir déchargé leurs embarcations respectives, les deux hommes se rendirent dans une taverne où ils discutèrent longuement.

— Si vous avez une bonne terre défrichée, Edmund, vous devriez planter du tabac sur-le-champ. J'ai plus de graines qu'il ne m'en faut, et je suis prêt à vous en apporter à Devon Island, à condition que vous partagiez les bénéfices avec moi.

— Vous m'avez dit que sa culture était difficile. Très difficile ?

— Il y a pas mal de précautions à prendre. Il faut que la terre soit bien aérée pour qu'il n'y ait pas de pourriture. Il ne faut pas trop de chaleur non plus. Et il est préférable de prévoir un séchoir bien abrité ; même dans ce cas, on est obligé de retourner les feuilles.

Ils passèrent la soirée à discuter de la culture de cette plante délicate et, au matin, Janney persuada Steed de courir le risque :

« Steed, je ne vous embêterais pas si je pouvais disposer d'une superficie suffisante sur mes propres terres, mais les Indiens me mènent la vie dure. Ma femme et moi, nous n'avons pas pu défricher...

— Quelle femme ?

— Le capitaine Hackett me l'a amenée. Il en avait cent trente-sept ; toutes liquidées en deux jours. La mienne est maigre comme un cent de clous, mais elle ne rechigne pas au travail.

A Londres, Mrs. Janney avait été servante et engrossée par son maître, qui s'était effondré dans les bras de son épouse en se lamentant : « Elle m'a aguiché, cette traînée. » Le clergé avait fait traduire la fille en justice et elle s'était entendue condamner pour prostitution. Après qu'elle eut accouché d'un enfant mort-né, on jugea préférable de l'expédier en Virginie et sa maîtresse régla son passage au capitaine Hackett.

Bien entendu, le capitaine oublia que le passage lui avait déjà été réglé et la proposa à la vente dès le débarquement ; un pauvre être décharné, méritant bien la description qu'en avait faite son mari : maigre comme un cent de clous. Elle n'avait pas excité les convoitises au début des enchères car son apparence n'était guère prometteuse, mais Hackett ne se découragea pas.

— T'en fais pas, quelqu'un voudra de toi, lui avait-il assuré. Les femmes sont la denrée la plus demandée sur le marché... n'importe lesquelles.

Même lorsqu'elle resta seule sur le marché en compagnie de deux autres créatures disgracieuses, le capitaine Hackett ne perdit pas confiance, persuadé qu'il était de trouver quelque planteur malchanceux et consentant.

Simon Janney fut cet homme. Mûri par sa précédente expérience, il marchanda âprement avec Hackett et, lorsque l'accord intervint, emmena la fille vers l'ouest. Cette fois, il n'éprouva aucune difficulté à la retenir ; pour elle, il représentait l'ultime refuge.

Steed prolongea son séjour à Jamestown car Janney insista pour qu'il remontât la James River afin de visiter ses champs de tabac ; lorsqu'ils débarquèrent à la petite jetée branlante et qu'il découvrit les conditions de vie épouvantables, il réalisa pourquoi Meg s'était enfuie.

— Voici Bess, dit Janney quand Steed le suivit dans la masure.

Steed se trouva face à une femme émaciée dans une robe déchirée. Elle était pénible à regarder avec ses dents gâtées et ses cheveux emmêlés. Mais quand il contempla les champs, nets et propres, il comprit leur politique : les plantations avant tout.

— Vous avez de la bien belle terre, Simon. Est-ce qu'elle vous donne du bon tabac ?

— Oui. Et si je pouvais compter sur l'aide des Indiens, je défricherais tous ces bois.

— Il vous faudra peut-être attendre longtemps de l'aide, commenta Steed en songeant combien les Choptanks étaient paisibles et les Potomacs dangereux.

— Il est question de faire venir d'autres nègres d'Afrique, marmonna Janney. Mais ça ne fera pas grande différence pour nous, les petits planteurs. On ne pourra pas en acheter un seul.

— Il faut de l'aide pour défricher, convint Steed.

Puis, il prêta une oreille attentive à Janney qui lui dévoila les mystères de la culture du tabac, la façon d'entretenir les champs et la manière de traiter les feuilles. Steed, qui n'avait jamais fumé, doutait que cette mode fût durable mais, quand Janney eut évoqué les bénéfices réalisés sur une superficie aussi réduite, l'appât du gain prévalut.

— Est-ce que je pourrais faire aussi bien dans mes grands champs ?

— Beaucoup mieux ! J'ai vu vos champs quand je suis allé chercher Meg.

Ce triste souvenir tempéra son enthousiasme et son ton se fit plus morne.

« Steed, avec vos terres et vos Indiens, vous pouvez tripler vos bénéfices.

Ils convinrent que Janney rassemblerait des graines, irait retrouver Steed à Devon Island, et apprendrait aux Indiens la culture de ce qu'il appelait « l'herbe qui pue ». A quelque temps de là, quand Janney débarqua, Steed et sa femme persuadèrent Pentaquod de leur prêter six Choptanks supplémentaires pour labourer les champs et cultiver les plants délicats. Ils construisirent aussi deux longs abris au bord de la grève pour y sécher les feuilles et Janney leur montra comment fabriquer des tonneaux de chêne. Une entreprise d'une certaine importance se développa sur l'île et, lorsque la récolte fut engrangée et séchée, elle prit place dans de grands barils qu'on fit rouler sur la jetée où le capitaine Hackett avait amarré son *Victorious.*

La coutume exigeait déjà que les Virginiens, en tant que colons, expédient leur précieux tabac uniquement à la mère patrie et sur des bâtiments anglais. Autrement dit, le capitaine Hackett et son *Victorious* délabré exerçaient un monopole qui rapportait peu aux planteurs et beaucoup aux courtiers de Londres. En dépit de ces conditions, quand les cargaisons de marchandises de troc se déversèrent à Devon, enchantant les Indiens le long du Choptank, Steed comprit qu'il était en passe d'édifier une fortune.

Il fut aiguillonné par la perspective de bénéfices plus substantiels encore quand Janney lui suggéra, puisqu'il disposait de main-d'œuvre indienne, de mettre en culture les importantes terres qu'il possédait sur la côte nord. Aussi, en 1631, Steed rassembla ses hommes en vue de défricher les immenses superficies de l'autre côté du chenal; les conventions restaient les mêmes que précédemment : Janney regagnerait Jamestown dès que les champs seraient prêts, reviendrait avec les graines de tabac et partagerait les bénéfices.

Tout au long de l'hiver et du printemps, la fumée monta dans le ciel tandis que les Indiens s'agenouillaient autour des troncs de chênes et de pins qu'ils ceinturaient de feu pour les obliger à mourir. Dans les champs où cette première opération avait déjà eu lieu, on attachait des cordes aux branches supérieures mortes, et les arbres s'abattaient dans la poussière. Puis, Steed et Janney attendaient une journée pluvieuse, afin de limiter les risques d'incendie, et ils allumaient de grands brasiers pour calciner les arbres abattus et devenus inutiles. Des semaines durant, le ciel était noir de fumée au-dessus du Choptank et les hommes encore plus noirs de suie.

— Nous faisons fortune! exultait Janney. Quand nous aurons fini ici, nous ferons passer ces Indiens de l'autre côté de la baie pour défricher les nouvelles forêts que j'ai repérées sur la rive gauche du Rappahannock.

— Et vous abandonneriez votre ferme sur la James River ?

— Pour moi, ça a toujours été un endroit maudit.

— Alors, pourquoi ne pas vous installer ici ? Acquérir des terres le long du Choptank ?

— Oh non ! répondit Janney sans hésitation. Le centre de la vie sera toujours là-bas.

Et aucun argument ne put le convaincre de quitter la côte occidentale, où les grandes fortunes seraient réalisées, les réputations durables établies.

Le capitaine John Smith, maintenant un vieux radoteur, ennuyait son auditoire londonien en ressassant ses aventures en

Hongrie et en Virginie. Ce ne fut que bien des années après qu'il eut quitté la colonie et appris la mort de la princesse indienne Pocahontas qu'il révéla une autre partie de son histoire : lorsque le chef Powhatan lui avait épargné le billot, c'était uniquement parce que la ravissante princesse l'avait protégé de son corps.

— Elle m'aimait, confiait-il. Elle m'aimait à la folie.

— Alors, pourquoi a-t-elle épousé Rolfe et pas toi ? lui demanda un jour un homme qui avait connu Pocahontas lorsque celle-ci s'était rendue à la cour d'Angleterre.

— Me marier ! s'écria Smith avec un reniflement de mépris. Un capitaine anglais conter fleurette à une Indienne ? Sans parler de l'épouser ! C'est bon pour des hommes inférieurs, comme le jeune Rolfe.

Il fut stupéfait lorsque des voyageurs venant de Virginie l'informèrent qu'Edmund Steed, avec lequel il avait servi à Jamestown, avait fini par laisser tomber le masque et afficher sa vraie foi en se proclamant catholique.

— Un papiste ! répéta-t-il à plusieurs reprises en secouant la tête avec crédulité.

Puis, son esprit s'éclaircit et il se rappela ses aventures avec le courageux jeune homme.

« Il a frôlé la mort de bien près. Ils écorchaient vif le pauvre vieux Ratcliffe, et le malheureux en est mort. Sans regrets de ma part. Il avait voté à Nevis pour que je sois pendu, mais je suis retourné à temps pour sauver le jeune Steed.

Les événements ne s'étaient pas déroulés ainsi. Smith était parti bien longtemps avant que Ratcliffe ne meure.

« J'étais aussi avec lui pendant l'épidémie. Je veux parler de Steed, pas de Ratcliffe. Sous la même tente, sept d'entre nous sont morts, mais j'ai tenu bon. Steed a partagé ses derniers aliments avec moi.

Il y avait eu d'autres aventures, mais Smith ne parvenait pas à se les rappeler.

« Je me souviens que j'ai dû corriger ses rapports. Il négligeait les détails, et je dois reconnaître que je l'ai toujours soupçonné. Une fois, je lui ai dit qu'il avait l'esprit tortueux. Pas net, comme doit l'être un Anglais qui se respecte. Un papiste, hein ? Je savais qu'il cachait quelque chose.

Au cours des mois qui suivirent, Smith parla souvent de Steed, mentionna le catholicisme subversif de ce dernier, le donnant en exemple pour s'élever contre le projet de faveurs accordées par le roi Charles aux lords Baltimore de confession catholique.

— Cette idée de leur attribuer une colonie en Virginie ! C'est honteux ! Les papistes vont s'emparer de tout sur le continent. L'esprit tortueux, je vous dis. N'oubliez pas que le grand-père de Steed a été pendu et écartelé sur ordre de la bonne reine Bess. Tous l'esprit tortueux.

Il mourut avant la fin de l'année, se lamentant sur les sombres changements dictés par les deux rois, Jacques et Charles. La dernière opinion qu'il formula fut que les choses allaient beaucoup mieux sous le règne d'Elizabeth.

Pentaquod avait prévu qu'avec l'arrivée de l'homme blanc dans le Choptank, toutes les traditions de la vie indienne seraient en péril, et il avait volontiers abandonné sa retraite pour venir en aide à sa tribu pendant cette période de transition. Mais il ne s'était pas douté de la curieuse façon dont le choc se ferait sentir.

Il ne s'était pas attendu à la venue d'un homme blanc aussi sympathique que celui qui s'était installé à Devon Island, ni à partager avec lui les problèmes rencontrés par chacun : ennuis avec les femmes, constant combat pour la nourriture, difficultés à élever les enfants, sauvegarde des biens chèrement gagnés. En trois occasions, des messagers indiens avaient traversé la baie pour tenter d'amener les Choptanks à se rebeller contre les Blancs : un jour donné, Pentaquod assassinerait ceux de Devon, puis irait de l'autre côté de la baie pour tuer et brûler le long de la James River et du Rappahannock. Chaque fois, il avait répondu : « Steed est un ami auquel je peux faire plus confiance qu'à la plupart des nôtres. » Non seulement, il avait refusé de massacrer Steed, mais il avait envoyé d'autres hommes de sa tribu pour défendre l'île contre une attaque éventuelle des Potomacs. Aussi, quand les affreuses tueries endeuillèrent la côte occidentale, il ne se passa rien à l'est. Les relations avec Steed étaient meilleures qu'on aurait pu le prévoir au départ.

D'un autre côté, sa fierté avait été mortellement blessée quand l'Anglais avait repoussé Tciblento. Pentaquod en avait compris la raison et il se doutait que sa fille l'avait aussi devinée. Les Indiens passaient pour inférieurs, et tout contact entre les races devait se limiter au travail et au commerce. Le vieil homme était confondu par l'empressement montré par son peuple pour toutes les babioles que les négociants agitaient devant eux. Là résidait le danger selon Pentaquod : les valeurs de son peuple risquaient d'être détruites. Momentanément, celui-ci se montrait satisfait en continuant à pêcher, à chasser le castor, à planter le sassafras et à cultiver le maïs, mais un jour viendrait où la quête initiale serait abandonnée et, ce jour-là, les Choptanks commenceraient à décliner.

Il prenait soin de ne pas intervenir dans les prérogatives du jeune werowance. Il était revenu pour prodiguer les conseils d'un ancien et, en dépit des pressions, il se refusait à reprendre la conduite de la tribu et s'en tenait au rôle qu'il s'était fixé. Il agissait ainsi par profonde conviction : les jeunes devaient apprendre à travailler avec les Blancs s'ils comptaient aider leur peuple à traverser ces temps troublés. Aussi, quand le capitaine Smith était arrivé pour la première fois à Patamoke, Pentaquod s'était-il tenu à l'arrière-plan afin que le werowance eût tout loisir d'apprécier les intentions des nouveaux venus et, dans toutes les tractations avec Steed, il s'effaçait. Ainsi, quand les actes de Devon Island durent être signés, le werowance fut le premier à apposer sa marque.

Le vieil homme conservait ses trois plumes de dindon et, lorsqu'il évoluait parmi les Choptanks, ceux-ci savaient qu'il était leur chef et c'était vers lui qu'ils se tournaient chaque fois qu'une crise s'annonçait. Maintenant, ils allaient vers lui, perplexes.

— Chaque jour, de nouveaux feux font rage, protestèrent-ils. Ils brûlent tous les arbres entre les rivières, là où nous nous cachions.

Sur quoi, Pentaquod prit son canoë et descendit le courant pour se porter à la rencontre de Steed.

— Est-il indispensable de brûler les vieux arbres ?

— Oui.

— Et d'engendrer une telle désolation ? ajouta Pentaquod en désignant des chevreuils qui fuyaient devant les flammes et un castor affolé qui se raccrochait à son gîte.

— Il nous faut davantage de champs pour le tabac, expliqua Steed.

— Nous cultivons tout le tabac que nous sommes capables de fumer, répliqua Pentaquod en indiquant d'un geste les petites clairières où les femmes de sa tribu avaient cultivé le tabac.

— Assez pour vous, mais pas assez pour Londres.

— Devons-nous brûler nos forêts pour Londres ? demanda le vieil homme.

A trois reprises, il revint à la charge et protesta contre cet abus à l'encontre des forêts choptanks et, lors de sa dernière visite, Simon Janney s'impatienta. Ne parlant pas la langue locale, il ne supportait pas qu'on lui fît perdre un temps précieux. Il repoussa l'Indien.

— Allez-vous-en, vieux bavard, bougonna-t-il. Nous avons du travail.

Vaincu, Pentaquod regagna son canoë. Alourdi par l'épreuve, il pagaya longtemps et, lorsqu'il eut atteint son village, il informa le werowance qu'il lui faudrait prendre des dispositions pour arrêter ces feux dévastateurs. Les deux chefs parlèrent longuement, chacun d'eux se refusant à regarder en face l'inévitable : combattre ou fuir. C'est alors que deux jeunes membres de la tribu vinrent annoncer la nouvelle :

— Pentaquod ! Ils ont allumé des feux qui vont brûler ton refuge.

Ensemble, les deux chefs pagayèrent pour descendre le courant ; ils dépassèrent le marais et remontèrent la petite rivière jusqu'à l'endroit où elle formait une fourche, là où avait vécu Pentaquod et, en approchant, ils virent d'énormes flammes venant de tous côtés, dévastant les champs où Navitan avait cultivé l'igname, l'endroit où Tciblento avait fait ses premiers pas, les arbres sous lesquels ses fils attachaient leurs oursons. Tandis que les deux Indiens regardaient, le feu gagnait en violence jusqu'à ce qu'il semblât que la rivière elle-même allait bouillonner, et tout disparut : les arbres, la petite jetée, les souvenirs de Tciblento jouant près de la maison. Atterré, Pentaquod se refusait à croire que les hommes détruiraient tout pour des feuilles de tabac.

— Rentrons, dit-il au werowance.

Et ce soir-là, ils prirent une décision : il était impossible de vivre côte à côte avec l'homme blanc ; aussi, des messagers porteurs d'ordres impératifs furent-ils dépêchés en secret et, le lendemain matin, quand Steed et Janney s'apprêtèrent à allumer de nouveaux feux, ils ne trouvèrent pas d'Indiens pour les aider. Steed supposa qu'ils avaient passé la nuit à Devon avec leurs amis, mais lorsqu'il s'y rendit dans son canot, il s'aperçut que non seulement les équipes qui travaillaient aux champs étaient absentes, mais aussi tous les Indiens de l'île, y compris leurs épouses.

— Les canoës sont venus les chercher hier soir, dit Martha. Ils ont emporté toutes leurs affaires. Je doute qu'ils reviennent.

— Impossible ! Où sont-ils allés ?

— A leur village, je suppose.

Sans perdre de temps pour aller reprendre Janney au passage, Steed partit aussi vite qu'il le put pour Patamoke où il retrouva ses Indiens tristement assis devant la grande hutte.

— Que faites-vous là ? s'enquit-il.

Personne ne lui répondit. Lorsqu'il renouvela sa question, une femme fit un geste en direction de l'entrée de la hutte.

« Vous ont-ils obligés à nous quitter ? s'emporta Steed.

Sa voix forte alerta le werowance qui apparut sur le seuil, hésitant, peu désireux de faire face à l'homme blanc. Puis, Pentaquod s'avança à son tour, appuyé sur l'épaule de Tciblento. Ensemble, les trois Indiens s'approchèrent de Steed ; leurs visages exprimaient le respect dans lequel ils tenaient l'Anglais. Cet instant ne devait jamais être oublié par aucun des protagonistes car le jour était venu où la séparation devenait inévitable.

« Pourquoi me traitez-vous de la sorte ? demanda Steed au werowance.

Le jeune Indien garda le silence. Pentaquod le poussa du coude, mais l'homme refusa de parler. Ce fut le vieillard qui répondit :

— Pourquoi nous avez-vous traités de la sorte ? Vous avez brûlé nos pins, abattu nos plus grands chênes, chassé chevreuils et castors de leurs gîtes. Roussi les plumes de nos oiseaux et dévasté les lieux où jouaient nos enfants. Steed, vous avez détruit le paradis que nous partagions avec vous.

Steed recula devant ce torrent d'accusations :

— Pentaquod, cher et loyal ami, vous ne comprenez pas. Si nous brûlons les arbres, c'est pour cultiver davantage de tabac. Si nous cultivons davantage de tabac, le bateau du capitaine Hackett viendra plus souvent et, à chacun de ses passages, il apportera des fusils pour que vous et votre peuple puissiez chasser.

— Avant votre arrivée, nous gagnions notre viande sans fusils.

— Mais vous pouvez aussi avoir des miroirs et des compas

comme celui que le capitaine Smith vous a donné. Vous vous souvenez ?

— J'ai toujours su où était le nord, rétorqua le vieil Indien.

Puis, d'un ton où l'amertume le disputait à la tristesse, il annonça que, dorénavant, aucun Choptank ne travaillerait plus pour l'Anglais, et aucun argument, aucune supplication ne le fit revenir sur cette pénible décision. Au comble de l'effort, Steed perdait toute sa main-d'œuvre. On n'autorisa même pas une femme à aider Martha et ses trois enfants. Quand Janney apprit la nouvelle, il proposa d'embarquer pour Jamestown, de lever une armée et de brûler le village si les Indiens refusaient de travailler, mais Steed s'opposa énergiquement à une telle folie.

Au lieu de quoi, ils passèrent la nuit à Patamoke et, le lendemain matin, demandèrent une audience à Pentaquod. Elle leur fut accordée et, une fois de plus, l'homme aux cheveux blancs apparut, appuyé sur sa ravissante fille. Conscient que de vieux liens allaient être rompus, l'ancien chef éprouvait de la tristesse et il s'adressa à son ami avec douceur.

— Qu'y a-t-il, Steed ?

— Pentaquod, mon allié depuis si longtemps, pourquoi nous faire tant de tort ?

— Il n'y a aucun moyen pour que vous et nous puissions partager le fleuve.

— Mais si, nous le pouvons ! Vos enfants et les miens jouent ensemble, parlent la même langue, aiment les mêmes animaux.

— Non, Steed. Tout nous éloigne l'un de l'autre. Le temps de la séparation est venu.

— Il n'y a pas lieu de nous séparer. Quand le bateau du capitaine Hackett arrivera, vous pourrez avoir tout ce que nous avons nous-mêmes.

— Nous n'avons pas besoin de vos objets ; ils ne nous amènent que des ennuis.

Lorsque ces paroles furent traduites à l'intention de Janney, celui-ci pria Steed de dire à ce vieux fou que, si les Indiens persistaient dans leur attitude, ils s'apercevraient de ce qu'étaient réellement les ennuis... la guerre. Steed refusa de proférer ces menaces, mais Tciblento avait appris assez d'anglais pour prévenir son père des intentions de l'autre étranger.

« La guerre ? répéta Pentaquod. Vous parlez de guerre ? Savez-vous ce qui est arrivé de l'autre côté de la baie quand la guerre est venue ? Une foule de morts et la haine à jamais. Avez-vous soumis les Potomacs ou chassé les Piscataways de vos fleuves, Janney ? Steed et moi avons veillé à ce qu'une telle guerre ne ternisse jamais notre amitié, et tant que je vivrai, il en sera ainsi.

Steed ne tint pas compte de l'argument et ne le traduisit pas à Janney qui dévisageait le vieil Indien avec hargne. Steed voulait s'en tenir à la question de la main-d'œuvre.

— Pentaquod, si vous envoyez vos hommes travailler pour nous, nous les paierons... bien.

— Et qu'achèteront-ils avec leurs roanokes ?

— Ce qu'ils voudront.

Steed fit un geste des mains pour indiquer la prodigalité de l'Europe. Pentaquod écarta cette logique hors de propos.

— Quand vous et votre femme avez eu besoin de notre aide pour construire un foyer sur l'île, nous avons travaillé pour vous. Et quand vous avez voulu défricher pour cultiver de quoi vous nourrir, nous vous avons encore aidés. J'ai dit à mon peuple de vous enseigner toutes nos méthodes. Tciblento, ma propre fille, ne s'est-elle pas offerte à initier vos femmes ?

Steed regarda la jeune Indienne, vêtue de peaux de biche ornées de franges et de vison, et, pour la première fois, il se rendit compte de sa stupéfiante beauté. Le voile qu'il avait devant les yeux tombait comme s'il prenait conscience qu'après ce jour fatal il ne la reverrait plus. Il se sentit rougir tandis que ses yeux demeuraient longtemps fixés sur les prunelles sombres, sans qu'il fût capable de détourner le regard. Puis, il secoua la tête pour reprendre ses esprits.

— Tciblento nous a été précieuse, admit-il.

Avec tristesse, le vieil homme annonça :

— Steed, aujourd'hui, nous allons quitter notre village. Vous ne nous reverrez plus.

— Non ! supplia Steed.

— Durant de nombreuses lunes, j'ai dit à mon peuple que nous pouvions partager le fleuve avec vous, mais je me trompais. Vous voudrez toujours brûler plus, détruire plus. Nous vous abandonnons à vos feux.

— De quoi nous menace-t-il à présent ? s'enquit Janney.

— Ils s'en vont, expliqua Steed.

— Bon débarras ! s'exclama le petit paysan trapu. On peut même les aider. Leur botter les fesses pour les faire déguerpir plus vite !

— Que voulez-vous dire ? demanda Steed.

Sans laisser à Janney le temps de fournir une explication, Pentaquod prit Steed à part pour lui poser la question qui le hantait depuis des années.

— Mon ami, il y a bien des étés, quand la grande pirogue est apparue dans la baie, nos hommes l'ont soigneusement observée. Ils ont vu des voiles blanches, mais ils ont aussi vu que les étrangers avaient des peaux qui scintillaient. Qu'est-ce que c'était, Steed ?

L'Anglais réfléchit, mais ne trouva aucune explication raisonnable. Alors, Pentaquod reposa le problème en imaginant qu'il se trouvait lui-même sur le pont d'un grand navire et que le soleil se reflétait sur son corps.

— Oh ! s'exclama Steed. Ce devait être un vaisseau espagnol. Les armures !

Et il expliqua comment un homme, revêtu d'une armure, scintillait au soleil. Puis, Pentaquod aborda la question qui lui tenait le plus à cœur.

— Plus tard, quand je serai parti, les Choptanks reviendront dans ce village. Est-ce que vous veillerez sur Tciblento ?

Steed ne répondit pas. Des larmes emplissaient les yeux du vieil Indien, interdisant toute nouvelle parole. Les deux hommes s'étreignirent, regagnèrent la longue hutte et se séparèrent pour la dernière fois. Lorsque les deux Anglais prirent place dans le canot, Tciblento se tenait sur la berge ; splendide et immobile, elle ne pleurait pas, et se contentait de se tenir là, dans la lumière atténuée, consciente que jamais plus dans cette vie elle ne reverrait le bel Anglais.

Lorsque le bateau atteignit le marais, Janney dit d'un ton surexcité :

— On a de la chance d'être débarrassés de ce feignant.

— Et comment allons-nous remplacer cette main-d'œuvre ?

— Il y a pas mal d'immigrants sous contrat qui débarquent à Jamestown.

— Est-ce qu'on peut se permettre de les embaucher ?

— Tout le secret consiste à les avoir pour pas cher, à les faire s'échiner au maximum et, une fois leurs sept ans de contrat écoulés, leur souhaiter bon vent. Mais des jours meilleurs nous attendent. On commence à amener d'Afrique des cargaisons entières d'esclaves. Le capitaine Hackett en offre déjà à la vente.

— Toujours la même question. Pouvons-nous nous le permettre ?

— Écoutez, Steed. On ne peut pas se permettre de ne pas les avoir. On achète un esclave une fois, et on l'a pour toute sa vie. Lui et ses enfants. Il n'existe pas de meilleure affaire.

Mais ce n'était pas aussi simple que Janney l'imaginait. Les bateaux ne déchargeaient pas des cargaisons entières d'esclaves et les rares Noirs qui débarquaient étaient jalousement gardés en Virginie ; on leur accordait trop de valeur pour s'en séparer au profit de planteurs établis de l'autre côté de la baie. Aussi, le vide laissé par les Indiens fut-il comblé par des Blancs, issus des bas-fonds de Londres, mais le gros du travail incombait à Steed et à sa femme. Leur plantation était la seule de la côte orientale, avant-poste solitaire dont les propriétaires travaillaient quinze à seize heures par jour ; besogne incessante, indispensable pour fonder un foyer ou une nation.

Steed surveillait personnellement chaque phase de la culture du tabac, depuis la conservation des précieuses graines — dix mille ne remplissaient pas une cuillère à café — jusqu'au pinçage des jeunes plants, opération qui évitait à des rameaux inutiles de proliférer sur la tige et favorisait la croissanee de belles feuilles larges à une hauteur raisonnable ; elle devait être effectuée pendant les journées les plus chaudes de juillet et d'août, quand l'atmosphère dense posait un voile luisant sur l'eau calme. Alors, Steed suivait ses lignes de plants pour supprimer leurs extrémités en les pinçant entre le pouce et l'index ; avec le temps, sa main droite s'hypertrophia, son pouce devint énorme, sombre et épais.

Un matin, au petit déjeuner, Martha Keene — elle se refusait à adopter le nom de Steed tant qu'elle ne serait pas mariée selon les lois de l'Église — remarqua la coloration du pouce d'Edmund et surprit celui-ci en se penchant au-dessus de la table pour l'embrasser.

— Le signe de notre véritable noblesse.

A cette époque, dans la lointaine Angleterre, le frère aîné d'Edmund détenait le titre de baronet et était connu sous le nom de sir Philip Steed, mais dans le Nouveau Monde naissait une autre noblesse dont les Steed de Devon seraient l'une des familles fondatrices.

Quand Martha Keene s'était proposée d'émigrer en Virginie, elle accomplissait un acte de courage, souvent répété, rarement apprécié ; mais lorsqu'elle s'installa dans l'isolement de Devon Island, elle fit preuve d'un réel héroïsme.

Comment vivait-elle ? De façon précaire. Il n'y avait pas de médecins ; elle ne disposait que de quelques médicaments de base : le calomel pour les indigestions, les infusions de sassafras pour les fièvres. La constipation était redoutée car elle pouvait engendrer les maux les plus graves et chaque famille possédait une purge favorite ; la crainte du paludisme hantait chacun. Les dents posaient bien des problèmes ; et dans chaque localité des pinces usagées et rouillées destinées à arracher les molaires pourries étaient maniées par un homme au bras vigoureux, doté d'une bonne vue. Deux aides maintenaient le patient par les épaules, un autre se couchait en travers de ses genoux, et la pince entrait en action.

Les mères voyaient avec angoisse leurs enfants contracter une interminable succession de maladies ; elles restaient à leur chevet durant les nuits de fièvre et pleuraient ceux qui étaient enterrés sous les grands pins. Pourtant, les survivants acquéraient une immunité stupéfiante ; fréquemment, ces mêmes individus vivaient de dix-huit à quarante-huit ans sans connaître le moindre malaise, solides comme des rocs, capables de résister au froid, à la faim et à la malnutrition mais, à ce stade, ils étaient prématurément vieillis et mouraient aux alentours de la cinquantaine. Les femmes s'éteignaient plus tôt encore et il était courant qu'un homme enterrât deux épouses avant de laisser une jeune veuve qui lui survivrait une vingtaine d'années.

La maison dans laquelle s'installa Martha avait été considérablement améliorée par sa première occupante, Meg Shipton, mais ce n'était qu'une hutte primitive. Elle jouissait d'un emplacement superbe que le visiteur découvrait de curieuse façon. En quittant la Chesapeake, celui-ci faisait route plein est pour passer le chenal au nord de l'île, puis virait au sud pour entrer dans le grand estuaire menant à la rivière Devon. Un kilomètre et demi plus haut, ce beau cours d'eau offrait une jetée sur sa berge nord et, au-dessus, construite sur un petit plateau de belle terre, dominant de vastes étendues, se dressait la maison. Elle avait été édifiée par paliers, une cahute tout d'abord, puis une cuisine séparée donnant à l'est afin que le soleil l'atteignît dès l'aube, puis un premier étage groupant des chambres glacées en hiver, et enfin des appentis et des remises.

Un mobilier de fortune façonné dans le bois local, de rares ustensiles taillés dans le chêne, quelques couteaux et fourchettes, des cuillères de bois, tel était l'inventaire des biens dont disposait Martha, auquel s'ajoutaient une bouilloire de fer suspendue à un crochet dans l'âtre et une sorte de four en fer et en terre cuite dans lequel elle réalisait des miracles. Un feu brûlait nuit et jour, alimenté par les énormes tas de bois entreposés près de la porte. Peu de couvertures, mais beaucoup de peaux qui, sous certains rapports, se révélaient préférables car la saleté ne s'y voyait pas, et pas de draps. Les vêtements étaient précieux ; un pantalon d'homme durait douze à quinze ans ; une robe survivait à d'innombrables transformations et ajouts. Peu d'ornements, et ceux que rapportait un mari étaient rarement arborés, bien que profondément chéris.

La maison avait deux particularités, l'une qui déchaînait la fureur de Martha et l'autre qui lui procurait une satisfaction enfantine. Comme il y avait peu de verre à Jamestown et pas du tout à Devon, les Steed avaient tendu leurs fenêtres de papier huilé, marchandise très précieuse en soi, et souvent, Martha regardait ces croisées qui laissaient entrer la lumière mais interdisaient la vision, et elle se lamentait :

— J'aimerais tant que nous ayons des vitres à travers lesquelles on puisse voir.

Et chaque fois qu'un bateau quittait la jetée à destination de Bristol, elle suppliait :

— Pourriez-vous me rapporter un peu de verre à vitres ?

En revanche, les plats d'étain la comblaient ; ils étaient massifs et les voir empilés avec soin dans leur buffet en pin la remplissait d'aise.

— Ils m'enchantent plus que s'ils étaient en argent, disait-elle à son mari.

Et lorsqu'elle les lavait, elle exultait : « Ils sont à moi. »

La main-d'œuvre se spécialisait car, avec l'arrivée d'esclaves à Jamestown, il devenait plus pratique pour les chefs de plantations d'assigner à chacun une tâche précise. Les Noires sachant coudre travaillaient à l'intérieur ; les hommes capables de faire des chaussures étaient très prisés, et encore plus les Noirs habiles à débiter le chêne en douves et à assembler celles-ci en tonneaux pour expédier le tabac. Ne pouvant avoir recours aux esclaves, Steed dut apprendre lui-même tous les tours de main indispensables, puis les enseigner aux nouveaux domestiques quand ceux-ci débarquaient à Devon. Tâche ingrate ; il lui arrivait de passer deux ans à former quelque garçon maladroit pour qu'il sût fabriquer un baril et ne bénéficier que de quatre ans de travail effectif car la septième année était en majeure partie perdue : le domestique utilisait presque tout ce temps à essayer de trouver de la terre pour s'installer en tant qu'homme libre. Steed devint le professeur de la côte orientale, et Devon l'université par l'entremise de laquelle le Choptank deviendrait civilisé.

L'une des particularités de la vie à Devon résidait dans le fait qu'il n'y circulait pas d'argent. Parfois, trois ans s'écoulaient sans que les Steed voient la moindre pièce de monnaie et, si l'occasion se présentait, la pièce était généralement française ou espagnole. Livres et shillings anglais étaient rares, conformément à un plan émanant du gouvernement de Londres et appliqué par les représentants du roi aux colonies. « Tant que nous contrôlerons la circulation des pièces, estimaient-ils, nous resterons aux commandes. » Les plantations s'asphyxiaient donc par manque d'espèces ; aucun des jeunes domestiques de Steed n'avait un penny à dépenser, car il n'y avait pas de pennies, aucun lieu ni motif pour les dépenser.

Par réaction, les colons avaient inventé leurs propres espèces : le roanoke était universellement accepté, le tabac pouvait être utilisé pour payer les dettes et les impôts étaient levés en barils de tabac. La fortune des Steed, qui devenait impressionnante, était constituée par le tabac, soit dans les champs, soit dans les séchoirs, soit dans les tonneaux prêts à être embarqués, faisant route à travers l'Atlantique, ou stockés dans quelque entrepôt de Londres. Des reçus, souvent en lambeaux, représentaient leurs économies.

Ils se tournaient vers Londres pour tout article de qualité. Combien était précieux un paquet d'aiguilles et combien Martha se lamentait si elle en perdait une seule. Les clous avaient aussi une valeur considérable ; toute l'année, un domestique s'employait à tailler des clous en bois, avec tant d'habileté que sa production était appréciée dans toute la Virginie. Les livres venaient de Londres, ainsi que les étoffes, les outils, le mobilier et les autres objets qui rendaient tolérable la vie dans l'île lointaine. Les Steed continuaient à chérir l'Angleterre et, lorsqu'un navire arrivait à bon port après une traversée mouvementée, la famille au complet se groupait sur la jetée pour contempler le précieux chargement venant de la mère patrie, et souvent les lettres amenaient les larmes aux yeux, non pas en raison d'un décès annoncé, mais à cause du terrible mal du pays qui étreignait les colons.

La jetée présentait un intérêt tout particulier ; véritable plaque tournante de la plantation, son entretien revêtait une importance primordiale. On abattait de grands cèdres, épais à la base, s'amincissant vers le faîte ; une fois les branches élaguées, ils étaient tirés sur la grève. Là, de lourdes traverses de deux mètres de long étaient clouées et liées au tronc dont l'extrémité la plus fine était enfoncée dans la boue aussi profondément que le permettait la force de deux hommes résolus. Puis, deux autres hommes se pendaient aux extrémités de la traverse et pesaient sur le tronc de cèdre pour le ficher au fond de la rivière. Enfin, quand il était en place, deux hommes supplémentaires grimpaient sur une sorte de plate-forme et parachevaient le travail à grands coups de masse. La jetée était soutenue par vingt-six de ces piliers, si solides que même les gros navires pouvaient s'y amarrer en sécurité.

L'éducation était un souci constant. Martha enseignait aux trois garçons l'arithmétique et le latin, sachant qu'aucun jeune homme ne pouvait être considéré comme cultivé s'il ne maîtrisait pas cette magnifique langue. Edmund estimait qu'il lui incombait de leur enseigner l'histoire et le grec mais, parfois, après avoir trimé dans les champs, il s'endormait sur les leçons. Ralph le poussait alors du coude, et il grommelait :

— Allons, apprenez votre leçon de grec. Vous ne voulez pas être des sauvages ?

Chaque matin à cinq heures, Steed abordait la journée en lisant des ouvrages qui l'avaient suivi depuis Oxford — Thucydide et Flavius Josèphe en grec, Sénèque et Cicéron en latin — et, grâce à ces auteurs, auxquels il ajoutait Plutarque, qu'il affectionnait tout particulièrement, il avait un aperçu de la façon dont hommes et nations devraient se comporter.

Enfin, il y avait la chapelle, cet assemblage de rondins sans prétention au crucifix de bois. Là, les Steed se retrouvaient pour prier et réaffirmer leur foi. Ils croyaient que Dieu veillait sur leur existence, qu'Il tiendrait compte de leur bonté envers les domestiques ; mais chaque fois que la famille quittait ce lieu de prières, Martha s'attardait près de la porte, regardait vers l'autel et pensait : « Un jour, je serai mariée ici. »

La religion de Steed et les problèmes qu'elle soulevait ne préoccupaient plus les autorités de Virginie ; il avait la réputation d'être un homme obstiné adhérant à la foi pour laquelle son grand-père avait été pendu ; certains opuscules renfermant des gravures sur bois qui représentaient l'écartèlement de sir Latimer, condamné comme traître papiste, circulaient dans la colonie, mais la plupart des Virginiens paraissaient très satisfaits de le savoir de l'autre côté de la baie et hors de vue. Les difficultés surgirent à la fin de 1633 quand son fils Ralph, alors âgé de dix-sept ans, estima le temps venu de se marier et de créer sa propre plantation en face de Devon. En conséquence, il traversa la Chesapeake, se rendit à Jamestown et demanda la main de la fille d'un planteur virginien ; des mauvaises langues firent remarquer que le prétendant était papiste, fils d'un catholique convaincu et d'une mère spécialement importée d'Angleterre, d'autres rétorquèrent que le jeune Ralph pouvait difficilement être considéré comme le fils d'une catholique puisqu'il était l'enfant de Meg Shipton, l'une des meilleures protestantes de la colonie, épouse d'un important courtier de la région. Ralph n'était donc qu'à demi catholique, mais cela suffit pour empêcher le mariage.

Consterné d'avoir été éconduit, le jeune homme regagna Devon en proie à une telle tristesse que son père et Martha abandonnèrent leurs occupations pour le réconforter.

— Notre famille a épousé la seule vrai foi, assura Edmund. Mon grand-père est mort pour elle et mon père a enduré bien des maux. J'ai abandonné de hautes fonctions en Angleterre afin de pouvoir édifier ma propre chapelle en Virginie. Il s'agit là d'un héritage plus précieux que la perte de n'importe quelle jeune fille.

— Penny n'est pas n'importe quelle jeune fille ! se récria Ralph.

— Elle est ravissante, reconnut Martha. Et à présent, elle est fiancée à un autre, alors que pouvons-nous faire sinon l'oublier ?

— Je ne l'oublierai jamais.

— Bien sûr, et tu ne dois pas l'oublier, dit vivement Edmund.

Devant le froncement de sourcils de sa femme, il se ressaisit.

« Je veux dire que tu dois te souvenir de son charme, ajouta-t-il précipitamment. Mais elle n'est plus libre, Ralph, et tu as découvert ce qu'impliquait le fait d'être catholique.

Le garçon dut avoir la tentation de crier : « Je ne veux pas être catholique ! », au lieu de quoi, il joignit les mains et baissa la tête.

— J'ai toujours eu l'intention d'être un bon catholique, dit-il. Je crois que j'aimerais être prêtre.

— Allons, Ralph..., commença Martha.

Mais Edmund mit fin à la protestation de sa femme.

— Ta vocation est-elle sincère ?

Il invita les siens à se rendre à la chapelle et, une fois à l'intérieur tandis que les mouches bleues bourdonnaient contre les vitres épaisses importées de Hollande, il demanda à son fils s'il avait entendu parler du bienheureux Edmund Campion. Et plusieurs heures durant, il évoqua cet homme exceptionnel. Il relata l'histoire du mouvement catholique dans la clandestinité en Angleterre et rappela comment il avait abjuré sa foi, pour une brève période, jusqu'au moment où il avait été étouffé par le remords. Dans ces conditions, il avait résolu de partir pour le Nouveau Monde où il pourrait aimer Dieu de la façon même qu'Il avait ordonnée.

Les parents de Ralph étaient convaincus qu'une seule Église représentait la volonté de Dieu et, pour le prouver, ils citèrent les paroles solennelles qui mettaient fin à toute contestation. Edmund prit la lourde Bible qu'il avait fait venir d'Angleterre, dans la nouvelle traduction due aux érudits du roi Jacques, et l'ouvrit à la page où Jésus définit la seule et vraie religion :

> Et je te dis, tu es Pierre et sur cette pierre je bâtirai mon Église, et les portes de l'enfer ne prévaudront pas contre elle.
>
> Et je te confierai les clefs du royaume des cieux, et tous ceux que tu uniras sur la terre seront unis au ciel, et tous ceux que tu délieras sur la terre seront déliés au ciel.

— C'est cette vérité qui a soutenu notre famille, expliqua Edmund, tout comme elle a soutenu Campion et te soutiendra.

Si Ralph se sentait une vocation pour embrasser la prêtrise, rien ne devait l'arrêter et il lui fallait dès à présent vouer sa vie à cette intention noble entre toutes.

— Comment ? demanda Ralph.

— En Virginie, c'est impossible, convint Edmund, excité à l'idée que les Steed de Devon aient pu donner le jour à un prêtre. Voici ce que nous ferons, Ralph. Nous t'embarquerons pour Londres à bord du navire du capitaine Hackett ; de là, tu te rendras à Rome pour entrer au séminaire anglais.

Extatique, il étreignit les mains de son fils et proposa à tous de s'agenouiller et de prier.

Le plan s'avéra irréalisable. Le capitaine Hackett, alléché par les énormes bénéfices tirés de la traite, annonça à Jamestown, où Ralph était venu pour s'embarquer, qu'il ne retournerait jamais en Angleterre.

— Je vais faire route sur Luanda.

— Où est-ce ? s'enquit Edmund, impatient d'envoyer son fils à Rome.

— Une ville d'une colonie portugaise. Un port d'embarquement en Afrique.

Steed ne comprit pas et demanda une explication qu'Hackett lui fournit sans ambages.

« Luanda est une misérable ville d'Afrique qui appartient au Portugal. Les Arabes ramassent les esclaves à l'intérieur des terres et les conduisent, enchaînés, jusqu'à Luanda pour qu'ils puissent être embarqués facilement. Là-bas, nous chargerons le *Victorious* et je vous amènerai les esclaves ici.

Mais les choses ne se déroulèrent pas ainsi qu'il l'avait prévu. Hackett mit bien le cap sur Luanda où il embarqua un grand nombre de Noirs dans les soutes fétides de son bateau mais, trois jours après l'appareillage, le navire fit naufrage et sombra corps et biens.

Les deux Steed regagnèrent Devon où Martha les consola. Elle affirma que si Dieu avait empêché le voyage de Ralph avec le capitaine Hackett, ce devait être dans une intention précise et, à peine avait-elle prononcé ces paroles, qu'une pinasse embouquait l'estuaire de la rivière Devon, porteuse de la nouvelle qui allait transformer le destin des Steed. Le bateau ne venait pas de Jamestown ; il avait quitté un point de la côte opposée de la baie, à proximité de l'embouchure du Potomac, et il transportait, entre autres, un prêtre catholique répondant au nom du père Whitson. Les informations que ce dernier apportait semblaient incompréhensibles.

— Cette île ne fait plus partie de la Virginie, expliqua-t-il, au comble de la joie qui le faisait bredouiller. Le roi a décrété qu'une colonie catholique serait établie dans le Nouveau

Monde. Vous dépendez désormais du Maryland qui a été octroyé par charte à lord Baltimore.

Le prêtre évoqua George Calvert, lord Baltimore, qui s'était converti sur le tard au catholicisme et comptait parmi les conseillers du roi Jacques. Antérieurement, il avait tenté d'établir une colonie dans la lointaine Nouvelle-Angleterre, mais le froid l'en avait découragé et maintenant le roi Charles, que nombre d'Anglais soupçonnaient d'être secrètement catholique, lui avait accordé un nouveau domaine au nord de la Virginie qui prendrait le nom de la reine Mary.

Le père Whitson apportait nombre d'autres révélations, mais Edmund ne lui laissa pas le temps de les exposer.

— Père, pourrions-nous nous réunir dans la chapelle pour y entendre la messe ?

— Une chapelle ?

Steed le précéda vers le bâtiment rudimentaire et, lorsque le père Whitson le vit, la stupeur le rendit muet. Il s'agenouilla devant le fronton où s'inscrivait l'extrait de la Genèse et dit une prière ; ayant été formé dans l'ardeur de Douai et de Rome, il avait connu les dangers des messes clandestines en Angleterre, mais contempler la preuve tangible d'une foi persistante le confondait.

— Même au fin fond des contrées sauvages..., murmura-t-il en se relevant.

Après avoir étendu un linge sur l'autel et tiré de son sac de toile les objets du culte, il commença la cérémonie. Edmund sentit sa gorge se serrer quand les paroles latines — celles que l'on prononçait lors des messes, partout à travers le monde — s'élevèrent dans un cadre convenant si bien à la gloire de Dieu. Puis, vinrent les mystères ineffables du sang et du corps et, lorsque l'hostie effleura sa langue, Edmund sut qu'il se retrouvait dans le giron de l'Église. Considérant les visages qui se tendaient vers lui, le père Whitson se sentit en proie à une émotion rarement ressentie, même au cours des messes de minuit célébrées dans les manoirs campagnards de l'Angleterre, mais une émotion bien plus forte l'attendait.

Alors qu'il s'apprêtait à ranger les objets du culte, Martha s'agenouilla devant lui.

— Mon père, il faut que vous baptisiez nos enfants, murmura-t-elle.

Lorsque ce fut fait, elle dit :

« Maintenant, je vous en prie, mariez-nous.

— N'êtes-vous pas mariés ?

Étonné, il regarda les trois garçons.

— Non, répondit-elle simplement, ne voulant pas le troubler en lui rapportant leur mariage indien.

Il leur demanda de s'agenouiller et ouvrit son missel pour procéder à la cérémonie habituelle, mais un regard aux mots et aux trois fils lui fit comprendre à quel point le rituel serait inadéquat face aux limites de l'esprit humain.

— Notre Père qui êtes aux cieux, dit-il en une fervente prière, joignez sur terre ceux que Vous avez déjà joints au ciel. Vous êtes mariés, ajouta-t-il à l'adresse du couple.

Les mois qui suivirent plongèrent les Steed dans la perplexité. En apprenant la nouvelle d'un Maryland catholique, ils avaient cru que la colonie connaîtrait une vague de terreur analogue à celle qui avait balayé l'Angleterre lorsque la religion d'État avait changé. Pour sa part, Edmund envisageait, non sans une certaine joie, de régler ses comptes avec les protestants qui lui avaient causé des ennuis. Mais les fils de lord Baltimore, qui avaient hérité les terres concédées par charte royale, n'étaient ni des fanatiques du bûcher ni des bourreaux. Après un premier voyage dans la nouvelle colonie, le père Whitson revint, porteur de la nouvelle loi. Il commença par tendre aux Steed un document imprimé.

> Les catholiques du territoire concédé par charte royale sont informés de la façon la plus formelle qu'ils ne doivent pas célébrer la messe en public ni offenser ceux qui appartiennent à une autre confession. Aucun catholique ne doit médire d'un individu qui pratique une autre religion, ni agir à son endroit de manière répréhensible. Parades, démonstrations publiques, églises fastueuses ou toute autre manifestation susceptible d'être offensante sont interdites. Les prêtres doivent s'abstenir de toute ostentation et de toute participation aux affaires publiques. La concorde doit régner dans l'ensemble du territoire où les hommes appartenant aux diverses confessions seront favorablement accueillis, aussi longtemps qu'ils reconnaîtront l'existence de Dieu, l'immortalité de son fils, Jésus-Christ, et le caractère sacré du Saint-Esprit.

— Voici donc les préceptes, expliqua le père Whitson, et ils doivent être observés sous peine de châtiments sévères.

— Le propriétaire a-t-il honte d'être catholique ? demanda Ralph.

— Il veut faire régner la paix sur son territoire, dit le prêtre, et convertir les Indiens à la vraie foi.

— Nous n'avons aucun contact avec nos Choptanks, intervint Edmund.

— Beaucoup de catholiques ont-ils débarqué de l'autre côté de la baie ? s'enquit Ralph.

— Oui. Et chaque bateau en amène de nouveaux.

— Dans ce cas, les juges, collecteurs d'impôts et enseignants devraient tous être catholiques, n'est-ce pas ? demanda Ralph.

— Non. Nous ne commettrons pas les mêmes erreurs que la Nouvelle-Angleterre. Le Maryland ne sera pas une théocratie.

Ralph ignorait ce terme, mais il estima que ces dispositions ne présageaient rien de bon pour la religion.

— Quel avantage en tirerons-nous ?

— La paix, répondit le père Whitson.

Et ce n'était pas là un objectif illusoire, bien que les louanges outrancières dispensées au territoire pour sa tolérance ne fussent pas toujours justifiées. Le Maryland cherchait à instaurer la paix avec les Indiens et, en conséquence, il connut moins de guerres que les autres colonies (pourtant dans un geste désespéré, le gouvernement n'en suscita pas moins une croisade pour anéantir les Nanticokes) ; et il proclama la liberté du culte dans son noble acte de tolérance religieuse (exception faite des juifs et autres hérétiques niant la Sainte-Trinité qui devaient être exécutés).

Il fallut un certain temps aux Steed pour assimiler la philosophie de ce nouveau concept de colonisation ; ils voulaient une croix catholique au centre de chaque agglomération et un prêtre présidant toutes les réunions ; il leur était difficile de croire qu'un système moins radical pût survivre. Les catholiques avaient gagné l'octroi d'une nouvelle colonie en Amérique ; il était normal qu'ils en jouissent pleinement. Mais le père Whitson, qui contrôlait d'un œil sévère la côte orientale, fut inflexible et on ne bâtit pas de cathédrales.

Pourtant, les Steed et leur prêtre tombèrent d'accord sur un point. La Virginie représentait un ennemi qui devait être gardé à bonne distance et si, pour y parvenir, la poudre devait parler, les armes ne faisaient pas défaut.

C'est ainsi que commencèrent les ennuis. La charte royale établissant la Virginie fut l'une des plus généreuses et des plus absurdes de l'histoire ; elle concédait à la poignée d'hommes installés à Jamestown un droit sur toutes les terres s'étendant de l'océan Atlantique au Pacifique en un triangle qui s'élargissait et comprenait ce qui se trouvait au nord de la Floride pour la partie sud — y compris la moitié du Texas et la totalité de la Californie — et ce qui se trouvait au sud d'une ligne allant de New York jusqu'à l'extrême nord de l'Alaska. En gros, la Virginie se voyait octroyer les neuf dixièmes de ce qui deviendrait ultérieurement les États-Unis, plus une bonne partie du Canada, et les hommes, tels que le capitaine John Smith, avaient bien l'intention de conserver ce qui leur avait été octroyé. Pas question d'autoriser une petite île de la côte orientale à rallier le Maryland ; l'idée qu'un renégat comme Edmund Steed, catholique de surcroît, conspirât pour que la concession royale s'adjoignît Devon Island leur paraissait intolérable.

Les autorités de Jamestown dépêchèrent une pinasse armée avec mission de se rendre maître de Devon Island. Un gouverneur se trouvait à bord pour assurer son contrôle politique, mais il ne put débarquer. Edmund Steed, sa femme Martha et ses trois fils s'alignaient le long de la rivière lorsque le bateau voulut en remonter le cours et ils tuèrent deux matelots. Le prétendu gouverneur cria que c'était un acte de mutinerie, à quoi le jeune Ralph répondit :

— Non, c'est de la rébellion.

Lorsque l'un des Steed tira sur le gouverneur, la pinasse battit en retraite.

La guerre menaçait et des renforts furent envoyés depuis les établissements situés dans l'ouest du Maryland mais, faisant preuve de bon sens, un homme d'État de Virginie comprit la folie d'une telle entreprise et suscita une bonne réaction de la part des autorités du Maryland lorsqu'il proposa qu'on débattît des différends qui opposaient les deux territoires. Steed fut convoqué et il traversa la baie, s'attendant à être félicité pour s'être rangé avec opiniâtreté du côté du Maryland, au lieu de quoi il encourut un blâme.

— Nous ne voulions pas qu'il y ait effusion de sang,

annonça le représentant de lord Baltimore. Nous dépêchons une commission à Jamestown pour résoudre la question.

— Je serais heureux d'en faire partie, déclara Steed, repentant.

— Nous ne voulons absolument pas de vous ni de vos semblables. A Londres, le propriétaire nous a formellement enjoint de ne pas envoyer un catholique afin de ne pas envenimer les choses.

— Sapristi ! explosa Steed. Est-ce un crime que d'être catholique ? Est-ce un crime que de défendre une colonie catholique ?

— Mon cher ami, rétorqua l'homme qui conduisait les négociations, ça n'a jamais été un crime que d'être catholique...

Et il continua à débiter un flot de paroles creuses sur l'ère nouvelle, et Edmund songea : « Il ne se rappelle pas l'époque où c'était un crime, mais les Steed ne l'ont pas oubliée. »

Le père Whitson en personne lui reprocha d'avoir ouvert le feu sur un bateau gouvernemental de la colonie de Virginie.

— Que je sois damné ! s'emporta Steed. Que souhaitiez-vous que je fasse ? Que je remette mon île à ces pirates ?

— Nous l'aurions récupérée par des négociations, lui assura le prêtre.

— Jamais ! Vous ne connaissez pas ces satanés Virginiens !

Et, désormais, Steed n'évoqua jamais ses voisins sans leur accoler le qualificatif imagé et approprié de *satané*. Un ressortissant du Maryland devait surveiller ses casiers de crabes, sinon ces satanés Virginiens lui subtiliseraient sa prise ; il lui fallait garder à l'œil ses territoires de pêche, sinon ils seraient écumés ; ses huîtres couraient constamment le danger d'être volées ; et chaque pouce de ses terres ne pouvait qu'attiser la convoitise des Virginiens. Un catholique comme Steed, résolu à concurrencer le tabac du York et du Rappahannock, devait se montrer vigilant, sinon les satanés Virginiens le dépouilleraient ; peut-être même brûleraient-ils ses champs ou détourneraient-ils ses bateaux.

Puisqu'il était sain d'avoir un ennemi, les Steed en auraient un.

En 1637, lorsque Ralph eut vingt et un ans, le père Whitson conçut un plan pour lui permettre d'entreprendre ses études à

Rome. Un navire de commerce faisait escale à Saint Mary's City et le jeune Ralph embarqua à son bord, nanti d'un sévère avertissement de son père.

> Pendant le trajet jusqu'à Boston, tu ne dois communiquer tes projets à aucun Virginien, sinon par une nuit sombre, on risquerait de te faire passer par-dessus bord, d'abord parce que tu es catholique, ensuite parce que tu as repoussé les Virginiens lorsqu'ils ont tenté de nous voler notre île. Pendant le trajet de Boston à Londres, il te faut garder le silence car les puritains de cette ville seraient trop heureux de te donner en pâture aux poissons. Ils sont nos ennemis naturels. Mais c'est pendant l'étape de Londres à Rome que tu devras redoubler de prudence, car les suppôts de la reine Elizabeth éprouveraient une grande joie à t'exterminer.

Lorsque le père Whitson lut cette mise en garde, il dit au jeune étudiant :

— Utilisez votre temps à bord pour discuter avec d'autres plus savants que vous, cela vous aidera à découvrir votre force d'âme.

— Est-ce qu'ils me jetteront par-dessus bord ?

— Croyez-vous qu'ils l'oseraient ?

Ainsi partit le premier des fils Steed. Les deux autres le suivirent de près, l'un pour Londres afin d'y étudier le droit, l'autre pour Paris en vue de devenir médecin. Il est bon de noter qu'au début de la colonisation, à la fois de la Virginie et du Maryland, les enfants des grands planteurs connaissaient souvent mieux l'Europe que leur pays natal ; des bateaux s'amarraient à la jetée familiale et appareillaient pour Londres quelques jours plus tard ; de serviables capitaines acceptaient volontiers de veiller sur les étudiants pendant la traversée et de les présenter à des avocats et à des médecins une fois en Europe. Après quelques années passées outre-Atlantique, les jeunes gens regagnaient baies et fleuves avec leurs malles bourrées de livres et leurs souvenirs de divertissements, de chants et de sermons. Les trois jeunes Steed bénéficieraient d'une éducation de premier ordre.

Tous trois séjournaient en Europe lorsqu'un messager traversa la baie dans une chaloupe, porteur de nouvelles destinées à provoquer bien des bouleversements dans le Maryland.

— De Londres, le propriétaire a donné ordre à tous les possesseurs de terres de la concession de se rassembler à Saint Mary's City pour y approuver les lois édictées par lord Baltimore.

Lorsque Steed fit remarquer qu'il attendait de Londres de nouveaux domestiques sous contrat et que, de ce fait, il ne pouvait quitter Devon, l'émissaire lui rétorqua qu'il s'agissait d'une convocation et non d'une invitation.

« Vous devrez vous trouver à Saint Mary's City le 25 janvier de la nouvelle année.

— Pour combien de temps ? s'enquit Edmund non sans appréhension car, sans ses fils, Martha se heurterait à bien des difficultés pour diriger la plantation.

— Pour tout le temps qui sera nécessaire au vote d'approbation, déclara le messager qui prit congé sans plus de cérémonie et repartit vers le rivage opposé.

Edmund Steed donna donc ordre à deux domestiques de briquer le beau voilier gréé en ketch qu'il avait récemment acheté à un constructeur de la James River ; il emballa ses meilleurs costumes et gilets, ajouta à ses impedimenta rasoir et peigne, et partit pour la capitale. Parcours agréable que celui qui conduisait à Saint Mary's City : descendre le Choptank, traverser la baie, dépasser le Patuxent, contourner le cap Look-out, et remonter la Saint Mary's River jusqu'au mouillage bien protégé où une vingtaine de constructions en bois s'élevaient déjà et où vingt autres étaient en chantier. Ce serait une jolie petite ville sur un non moins beau cours d'eau ; elle ne présentait qu'un inconvénient : la périlleuse proximité de la Virginie — juste de l'autre côté du Potomac, pour être précis — et pouvait être attaquée à n'importe quel moment et balayée par les Virginiens ; cette situation ne l'autoriserait pas à demeurer longtemps la capitale : celle-ci se développerait plus loin dans le nord, hors de portée des milices virginiennes.

A une certaine distance à l'intérieur des terres, se dressait un fort entouré de palanques protégeant les longs bâtiments rudimentaires où devait se tenir l'une des plus importantes assemblées de l'histoire coloniale. Leonard Calvert, frère du propriétaire absent — lequel avait dû rester à Londres pour tenir tête à ses ennemis acharnés qui s'efforçaient de ravir le Maryland aux catholiques —, soutenait que la grande charte accordée par le roi Charles devait être prise au pied de la lettre. « Le propriétaire soumettra les propositions de loi qu'il jugera convenables, et une assemblée des libres possesseurs de terres votera leur application. » Leonard, un homme avisé auquel son frère avait souvent reproché son indulgence, proposait de soumettre à l'approbation des citoyens les projets de loi que les Calvert estimaient adéquats pour gouverner leur lointaine possession.

Les membres ordinaires de l'assemblée — courtiers, armateurs, fermiers, mais aucun prêtre — estimaient que, bien que la charte accordât toutes les prérogatives au propriétaire tenu éloigné de son domaine, eux-mêmes se trouvaient dans une meilleure position pour déterminer ce dont le Maryland avait besoin.

— Nous rédigerons les lois, et le propriétaire jugera de leur efficacité.

— Ce sera l'inverse, rétorqua Leonard Calvert. Nous proposerons et vous disposerez.

— Vous inversez les rôles, protestèrent les membres obstinés.

Un conflit aux graves conséquences s'ensuivit. A Londres, lord Baltimore pouvait être considéré comme l'un des propriétaires coloniaux les plus sages et les plus consciencieux et il jugeait dangereux d'autoriser la populace à légiférer ; c'était là la responsabilité d'hommes riches occupant de hautes fonctions. Il appartenait au propriétaire d'une colonie de dicter ses lois. Baltimore n'agissait pas en despote, mais il n'en était pas pour autant un imbécile.

D'un autre côté, Edmund Steed qui, en vertu de son installation précoce à Devon Island, comptait parmi les plus anciens colons du Maryland, et s'en était institué l'ardent défenseur, comprit que dans un monde nouveau des institutions nouvelles étaient essentielles.

— Nous devons gouverner par nous-mêmes autant que la situation nous le permet, et le jour où nous abandonnerons le droit de légiférer pour des terres que nous connaissons bien, nous abandonnerons du même coup notre droit à la liberté.

— Vous opposez-vous au lord propriétaire ? lui fut-il demandé.

— Sur tous les autres points, je m'incline devant son jugement. Il a obtenu cette concession et a fait de ce territoire un refuge. Je m'incline devant lui et devant son frère, le lieutenant gouverneur. Mais pour ce qui est de la question fondamentale de ceux auxquels incombe le pouvoir de légiférer pour un pays libre, je ne m'incline devant personne.

— Pas même devant le roi ?

C'était là une question dangereuse en cet hiver de 1638. En effet, quiconque allait à l'encontre de la volonté royale, ou se permettait seulement de mettre celle-ci en question, courait le risque d'être accusé de trahison, et nombre de Virginiens attendaient impatiemment le moment de faire peser une telle accusation sur les habitants du Maryland. Mais pour un catholique dont l'existence même avait été affermie par les décisions du roi Charles, ne pas se soumettre à la volonté du roi serait de l'ingratitude, le plus grand péché qu'un gentilhomme pût commettre. Conscient de sa position précaire, Edmund Steed rétorqua :

— Le roi ne tardera pas à comprendre que les habitants du Maryland ont droit à tous les privilèges des hommes libres d'Angleterre.

— Et si ce n'était pas le cas ?

Steed ne se laissa pas pousser dans ses derniers retranchements. Il ne tint pas compte de la question et commença son patient travail auprès des délégués, discutant avec eux chaque soir. Invariablement, il insistait sur le fait que, s'ils cédaient sur ce point essentiel, ils perdraient le reste.

— Nous devons être des hommes libres dans une société libre.

Les membres de l'assemblée, qui appréciaient l'obstination que Steed apportait à défendre leurs libertés, en vinrent à le considérer comme leur chef.

Ils l'appelaient Steed de Devon. Au cours des cinq dernières journées critiques de janvier, il maintint la cohésion du groupe, continua de la sorte en février et en mars et par les jours les plus chauds de juillet. On le voyait partout, adjurant courtiers et fermiers de tenir bon.

— Si nous tenons bon jusqu'à la fin août, nous aurons gagné.

Il n'avait pas aspiré à tenir le rôle d'un chef révolutionnaire ; sa nature l'inclinait plutôt à la pusillanimité. Jeune homme, il avait abjuré sa foi pour éviter les ennuis ; au début de son séjour à Jamestown, il n'avait participé à aucune cabale ; il était parti pour Devon afin d'échapper aux intrigues qui fleurissaient à Jamestown ; enfin, il avait fait preuve de peu d'héroïsme pour tenter de retenir Meg Shipton. Sa vie avait été paisible et retirée ; il n'avait pas même permis à Simon Janney de parler de guerre avec les Choptanks, et pourtant il était là, Steed de Devon, opiniâtre défenseur de la conscience du Maryland.

A Londres, lord Baltimore refusait de céder et, sur place, son frère Leonard se montrait tout aussi intraitable ; aussi, par une torride journée d'août, l'épreuve de force intervint. Dans le bâtiment rudimentaire, infesté de mouches, l'orateur posa la question :

— Combien d'entre vous estiment-ils que les lois édictées à notre intention par lord Baltimore et approuvées par son mandataire, Leonard Calvert, notre bien-aimé lieutenant gouverneur, doivent être approuvées par cette assemblée ?

Calvert vota oui, ainsi que le secrétaire de la concession qui annonça d'une voix forte :

— J'ai entre les mains les procurations de quatorze autres personnalités.

Le président de séance demanda alors que votent ceux qui rejetaient les lois de lord Baltimore, leur préférant celles qu'ils proposaient eux-mêmes.

— Quelle est votre position, Steed de Devon ?

Edmund se leva, s'inclina avec respect devant lord Calvert, puis laissa errer son regard sur les hommes qui l'avaient soutenu au cours de ces pénibles mois.

— J'affirme que nos lois doivent être édictées ici, par les habitants du Maryland.

Trente-six autres membres de l'assemblée votèrent en faveur de la légifération locale. Le Maryland serait une colonie qui se gouvernerait elle-même.

Il n'y eut pas de réjouissances ce soir-là ; les citoyens victorieux n'avaient pas le sentiment d'avoir soumis un tyran : lord Baltimore ne pouvait être considéré comme tel. Les ressortissants du Maryland s'étaient contentés d'établir un principe après sept mois de débats, et chacun de ceux qui regagnèrent leur bateau le lendemain savait qu'il avait accompli un acte courageux.

Edmund Steed, qui comptait cinquante-sept ans lors de cet été si chaud, était las quand ses hommes l'aidèrent à monter dans son nouveau ketch et il s'effondra sur sa couchette dès que le bateau eut appareillé. Il avait argumenté trop longtemps pour se réjouir de sa victoire.

« Nous avons gagné notre liberté, ressassait-il, mais si nous en abusons, ou si nous votons pour obtenir de mesquins avantages personnels, nous n'en serons pas dignes. Les abus des rois nous sont familiers, mais parce que notre entreprise est neuve, nous ne pouvons prévoir les abus susceptibles d'intervenir. Et ils ne manqueront pas d'intervenir. »

Il eût souhaité que ses fils l'aient accompagné jusqu'à la capitale pour discuter des importantes questions sur lesquelles il s'était longuement penché dans l'atmosphère empuantie. Comme le bon air pur du Choptank lui paraîtrait doux après ces journées pénibles ! Quand les promontoires gardant son île apparurent et que le ketch s'engagea dans la passe, il eut l'impression qu'il franchissait le seuil d'un paradis que bien peu d'hommes étaient appelés à connaître : le large fleuve, les oiseaux, la vie infinie sur les flots, les champs de bonne terre et la vénération de Dieu.

Quand le ketch contourna l'extrémité occidentale de son île, il remarqua que de récents orages avaient emporté une partie non négligeable de la côte ; des arbres tombaient dans la baie à intervalles réguliers et des champs dans lesquels le tabac aurait dû pousser s'affaissaient dans des agrégats de boue. « Il faudra que je m'occupe au plus vite de cette partie du rivage », se promit-il.

Le projet ne put être mis à exécution car, au moment où le ketch entrait dans l'embouchure de la rivière, il fut terrassé par la fatigue et retomba sur ses oreillers. Remarquant son état de faiblesse, l'un des hommes d'équipage se précipita pour entendre l'ultime injonction de son maître :

— Faites dire une messe.

1636

« Il a vraiment l'air d'un animal, songea le juge en considérant le prisonnier au banc des prévenus. Pas courageux comme le lion, ni gracieux comme le chevreuil ou digne à l'égal du cheval, mais sournois, chafouin et retors. C'est une bête, sans aucun doute, mais laquelle ? »

Tandis que le juge se posait la question, l'attention du prisonnier ne s'attardait pas sur les preuves accablantes réunies contre lui ; elle se concentrait sur une mouche qu'il essayait d'attraper. Soudain, avec une vivacité tout animale, il referma la main sur l'insecte. Puis, il se pencha pour lui arracher les ailes, l'une après l'autre. Lorsque la mouche mutilée tenta de s'échapper, son bourreau leva un pouce épais et spatulé et le tint un instant au-dessus de l'insecte affolé. Puis, souriant, il laissa énergiquement retomber sa phalange et écrasa sa prise. Après quoi seulement il leva les yeux vers le juge.

— Une fouine, se dit le juge à mi-voix. Une vraie fouine.

Sous certains rapports, le juge ne se trompait pas : le prisonnier avait le visage pointu de cet animal rusé, les oreilles minuscules, le nez long et aigu. Avec sa face grêlée, ses yeux fureteurs, il était répugnant et son toupet de cheveux décolorés et hirsutes ne faisait qu'ajouter à son apparence animale. Lorsqu'il sourit, il dévoila des dents brunâtres et acérées.

Le juge ajusta sa perruque et fronça les sourcils. Oui, une vraie bête que cet individu. Puis, il prêta l'oreille aux antécédents de l'inculpé : trois poulets volés à la veuve Starling, le fouet et deux mois de prison ; une canne à pommeau d'argent dérobée à John Coolidge, gentilhomme campagnard, le fouet et six mois de prison ; et maintenant trois miches de pain subtilisées au boulanger Ford. Sa longue expérience du tribunal londonien lui avait appris que les récidivistes se réformaient rarement et que mieux valait les mettre rapidement hors d'état de nuire, pour le bien de la société.

— C'est un délit qui est passible du gibet, Timothy Turlock, grommela-t-il en dévisageant le voleur indifférent. Et vous serez pendu.

Mais avant qu'une telle sentence fût officiellement prononcée, la mère du prisonnier, une femme petite, à la respiration sifflante, courbée sous le poids des malheurs, se leva et demanda que son conseiller, le révérend Barstowe, pût être entendu pour faire état de circonstances atténuantes. L'anguleux clergyman se leva et s'inclina avec déférence ; il connaissait le jeune Turlock depuis la naissance de celui-ci et avait du délinquant une opinion encore plus mauvaise que celle du juge, mais il n'en considérait pas moins la pendaison comme une punition trop grave pour un simple vol ; il s'approcha du banc du magistrat et, avec insistance, murmura quelques mots.

— Eh bien..., commença le juge à l'adresse du prétoire qui attendait sa décision.

Il porta à ses narines une prise de tabac et, ce faisant, il parut éprouver une satisfaction évidente ; pesant ses termes, il se tourna vers le prévenu.

« Vous devriez être pendu, Timothy Turlock. Mais le révérend Barstowe nous propose une solution ingénieuse.

Il regarda le prisonnier, lequel ne semblait pas s'intéresser à une solution quelconque, ingénieuse ou pas. A vingt-huit ans, il n'avait ni métier, ni emploi régulier et dépendait entièrement du dur labeur de sa mère qui ne lui avait pas appris à se tenir droit, ni à montrer de la déférence envers ses supérieurs.

« Le révérend Barstowe a un frère qui commande un navire marchand assurant la traversée jusqu'en Virginie, reprit le juge.

Timothy leva les yeux au plafond ; jamais il n'avait entendu parler de la Virginie.

« Et le capitaine Barstowe a la bonté de proposer de vous emmener en Virginie... sous contrat, à destination d'une plantation.

Le prisonnier ne manifesta aucune émotion.

« Turlock ! tonna le juge. Prêtez attention à nos paroles. Savez-vous ce qu'est un contrat ?

Il l'ignorait. Il entendit les sanglots pitoyables de sa mère qui pleurait à la perspective de perdre son fils, et il en conclut qu'il devait s'agir de quelque effroyable punition.

« Cela signifie que vous devrez au gentilhomme virginien qui rachètera votre contrat sept ans de bon et honnête travail, expliqua le juge.

La déclaration parut de mauvais augure à Turlock qui comprit pourquoi sa mère pleurait.

« Après quoi, poursuivit le juge, vous serez un homme libre.

Il marqua une pause afin de rendre plus dramatique la fin de son exposé.

« Un homme libre, Turlock, avec tous les droits et privilèges accordés aux hommes libres.

Le mot *libre* galvanisa le prisonnier. Il n'aurait pas à retourner en prison. Il ne serait pas pendu. Il serait libre ; toute autre punition — le contrat dont le juge continuait à parler — était hors de propos.

« Avez-vous bien compris ces dispositions ?

Turlock opina énergiquement.

« Sept ans de travail honnête.

Le prisonnier approuva avec enthousiasme.

« Et pendant ce temps, vous devrez apprendre un métier.

Oh, oui.

« Et vous serez mis à mort sur-le-champ si vous remettez les pieds en Angleterre.

Bien sûr.

Sa mère, entendant la déclaration officielle de bannissement, éclata de nouveau en sanglots, qui agacèrent Timothy. Mais ce n'était pas fini. Le capitaine Barstowe fut appelé et il s'avança avec la prestance d'un tyran de quelque pays asiatique. Il était habitué à obtenir des contrats accordés par les tribunaux londoniens et il savait comment en tirer profit.

D'un œil expert, il estima le jeune Turlock en un instant : paresseux, stupide, taré, révolté, trublion né, mangeant probablement comme un cochon. « Eh bien, sept ans dans les plantations de tabac de Virginie le materont. » Le capitaine évalua qu'il pourrait tirer vingt livres du contrat puisque l'homme était en état de travailler.

Le juge s'adressa au capitaine :

— Vous engagez-vous auprès du tribunal à transporter le prisonnier jusqu'en Virginie sans frais pour la Couronne ?

— Mmmum... Mmmum...

— Promettez-vous de ne jamais poursuivre la Couronne pour le prix du passage ?

— Mmmum... Mmmum...

— Et comprenez-vous que vous devrez récupérer le prix de ce passage en revendant le contrat du prisonnier au gentilhomme de Virginie qui se portera acquéreur ?

— Mmmum... Mmmum...

A ce stade, conformément à ce qui était devenu une procédure de routine des tribunaux anglais, le juge aurait dû lever la séance et donner ordre d'établir le contrat mais, cette fois, le magistrat était perplexe et il demanda au robuste capitaine :

— Croyez-vous trouver un acheteur pour cet individu ?

— En Virginie, on fait feu de tout bois, affirma le capitaine fort de sa longue expérience.

Le contrat fut donc établi.

Le capitaine Barstowe ne s'était pas trompé dans son jugement, si ce n'est que Turlock se révéla encore plus mauvais que prévu. Le navire n'avait quitté les côtes anglaises que depuis quatre jours quand des membres de l'équipage vinrent trouver Barstowe pour se plaindre des vols commis par Turlock ; lorsqu'on fouilla son sac, on découvrit un stupéfiant assortiment de couteaux, casquettes et menus objets façonnés par les marins. Seule solution : attacher Timothy au mât pour lui administrer dix coups de fouet ; mais dès que la mèche se fut abattue sur son dos pour la première fois, il hurla si atrocement et gémit avec une telle détresse que le capitaine Barstowe en fut confondu. La coutume anglaise voulait que tout homme recevant le fouet supportât au moins les six premiers coups en serrant les dents et certains en recevaient douze en silence pour prouver leur virilité. Personne à bord ne se rappelait un adulte se conduisant comme Turlock et, après que la garcette se fut abattue à huit reprises dans d'incessants hurlements, Barstowe grommela :

— Coupez les liens.

Turlock gémit toute la journée, mais il connut une magnifique vengeance. Caché dans un coin de la cambuse dans l'espoir d'y dérober des couteaux, il avisa une marmite pleine de soupe destinée aux officiers. Après avoir jeté un coup d'œil autour de lui, il baissa son pantalon, pissa dans la soupe et alla se poster non loin du carré où il put observer avec une profonde satisfaction le capitaine en train de dîner.

Quand le navire atteignit Jamestown à la fin de 1636, Barstowe surveilla le débarquement de sa cargaison de vaisselle et de tonneaux de clous, puis il fit défiler sur le quai les sept individus sous contrat, pour les proposer aux planteurs. Les deux femmes du lot furent en un clin d'œil enlevées ainsi que les deux jeunes hommes les plus vigoureux, mais le capitaine rencontra des difficultés pour les trois derniers.

L'un d'eux était assez âgé et le capitaine finit par s'en débarrasser en le cédant pour un prix modique à un planteur qui avait besoin d'un employé pour s'occuper des connaissements de ses cargaisons expédiées à Londres. Le deuxième boitait si bas de la jambe gauche qu'il ne pouvait rendre aucun service dans les champs, mais lorsqu'il prouva qu'il savait écrire, un groupe racheta son contrat dans l'intention d'en faire un maître d'école pour les enfants de trois plantations.

Il ne restait plus que Timothy Turlock, au visage inexpressif, et de sa vente dépendait le bénéfice du voyage. Le capitaine Barstowe vanta son minable voleur, mettant l'accent sur sa jeunesse, son amabilité, son indéniable intelligence, son caractère bien trempé et sa volonté d'apprendre. Il ne trouva pas preneur. Les rusés planteurs avaient appris à repérer les trublions parmi les épaves qui leur étaient adressées par les tribunaux londoniens et, à aucun prix, ils ne voulaient de ce gibier de potence. Il semblait que Barstowe dût s'en défaire pour rien, mais il avait entendu parler d'un planteur installé dans un endroit marécageux en amont de la James River, qui cultivait une terre si pauvre qu'il ne serait jamais venu à l'idée d'un capitaine d'aller lui proposer le rachat d'un domestique. Il était douteux que l'homme pût continuer très longtemps dans de telles conditions, mais il n'en représentait pas moins une dernière chance, et Barstowe mit le cap sur l'appontement branlant de sa misérable propriété.

— Tâche de faire attention, grommela-t-il à l'adresse de Turlock. Et sois poli. C'est ta dernière chance.

— Mmmum... Mmmum..., grogna Timothy en jetant un regard méprisant sur le triste endroit où on l'emmenait.

Même parmi les taudis de Londres, jamais il n'avait vu de maison aussi délabrée, d'endroit aussi sinistre. Sur le seuil, apparut une femme si maigre qu'elle semblait devoir s'écrouler d'une seconde à l'autre, mais elle se révéla plus vigoureuse qu'il n'y paraissait et son regard s'anima.

— Un bateau ! cria-t-elle à l'adresse d'un individu à l'intérieur de la masure.

Bientôt, elle fut rejointe par un homme trapu, lourdement charpenté, un paysan aux manières rudes qui s'avança vers l'appontement et tendit la main.

— Je suis Simon Janney.

Le marchandage fut pénible. Janney, homme d'une avarice sordide, donna le ton en gémissant :

« J'aimerais bien avoir de l'aide, mais ma femme est malade, mes nègres me mangent la laine sur le dos, et les Indiens...

Il secoua la tête.

« Enfin, je vous en débarrasserai, finit-il par dire à contrecœur. Si vous ne m'en demandez pas cher.

— Eh ! vous emballez pas, Janney. Cet homme est vigoureux.

— S'il l'était, vous n'auriez pas remonté le fleuve si loin.

— Il vous procurera sept ans de bénéfices nets.

— Sept ans d'embêtements. Mais j'ai besoin de quelqu'un.

— Alors, vous le prenez ? Cinquante ?

— Livres ? Je n'ai même pas cinquante pence.

— Que m'offrez-vous alors ?

— Ce tas de feuilles de tabac.

La vente eût été conclue si Mrs. Janney ne s'était avancée pour examiner de plus près le domestique qu'on lui proposait. D'un geste preste, elle remonta la chemise de Timothy pour dévoiler son dos. Les marques de fouet s'y découpaient, bleues et rouges ; du doigt, elle suivit une ecchymose.

— Une forte tête.

Dès qu'il vit les marques révélatrices, Janney baissa son prix. Barstowe se récria, assurant le planteur que Timothy Turlock serait un domestique sur lequel il pourrait compter. Il fut interrompu par Mrs. Janney qui découvrait d'anciennes cicatrices.

« Des criminels comme celui-ci ne devraient même pas être vendus.

Elle se pencha vers son mari pour lui parler à l'oreille.

« Prends-le. Il a de l'endurance.

Elle se rappelait son propre périple et le fait qu'elle aussi avait été la dernière à trouver preneur.

Le marché fut donc conclu. Timothy Turlock échut aux Janney pour un prix dérisoire ; la moitié du tas de tabac irait au capitaine Barstowe qui le vendrait à Londres deux fois plus cher que les Janney ne l'imaginaient.

Le premier travail qu'accomplit Turlock au Nouveau Monde fut précisément de constituer un ballot de ces feuilles qui représentaient le prix de son achat. Puis, il aida à reconstruire l'appontement, en pataugeant dans la boue jusqu'aux genoux; après quoi, il travailla quatorze heures par jour à défricher les champs. Ensuite, il creusa un chenal pour drainer un pré, posa une clôture autour d'un autre et construisit une étable pour y abriter le bétail.

A ce moment, il ne pesait plus que cinquante-trois kilos et ressemblait vraiment à une fouine car les Janney le mettaient au même régime qu'eux-mêmes, et Turlock comprit que la plantation ne lui réservait aucun avenir. Il lui restait six ans et neuf mois à tirer et il les concevait comme une longue période de privations et d'esclavage. Ce dernier aspect lui apportait une autre source d'irritation. Janney avait acquis deux esclaves mais, comme il pouvait en tirer un profit aussi longtemps qu'ils seraient en bonne condition physique, les Noirs avaient droit à un meilleur traitement que Turlock. A deux reprises, ce dernier entendit Janney dire à sa femme :

— C'est un travail trop dangereux pour Toby. Envoie plutôt Turlock.

Et pourtant, de temps à autre, il lui arrivait de croire que Janney lui vouait une réelle affection. A une occasion, alors que les deux hommes descendaient la James River, ils mouillèrent devant une grande plantation dont les pelouses arrivaient jusqu'à la berge.

— Tim, j'ai vu de la terre le long du Rappahannock deux fois meilleure que celle-ci. Si notre exploitation actuelle est prospère, nous serons un jour propriétaires d'une plantation plus belle que celle-ci.

Turlock regarda son employeur avec un sourire niais, à croire qu'il était incapable d'imaginer le rêve qui enthousiasmait Janney; son expression eut le don de susciter la colère de ce dernier.

« Turlock, tu pourrais devenir un bon ouvrier et, un jour, avoir de la terre à toi ! s'écria-t-il dans un élan de sincérité persuasive.

— Pour ça... donner... plus... manger, rétorqua Timothy avec aigreur.

Le petit voleur s'exprimait avec peine. Il ne prononçait

jamais de phrase complète et chacune de ses paroles se bornait à une ou deux syllabes. Ce qu'il entendait par cette suite de mots signifiait : *Si vous nous nourrissiez mieux, je pourrais travailler bien davantage,* mais proférer une proposition subordonnée commençant par *si* allait au-delà de ses capacités, et des comparaisons telles que *mieux* et *davantage* s'apparentaient à des raffinements de la pensée qu'il ne pouvait maîtriser. Il vivait dans un monde de regards lourds de sens et de monosyllabes.

Janney, habitué à traduire les grognements de son domestique, dit non sans un certain respect pour la capacité de travail de ce dernier :

— Une fois que ton contrat sera terminé, tu resteras avec nous, Tim. A ce moment-là, nous serons propriétaires sur le Rappahannock.

Turlock ne se donna pas la peine d'émettre un grognement en réponse à cette proposition aussi lointaine qu'abstraite mais, à la fin de l'année, Janney lui montra une chose tangible qui excita sa cupidité. Depuis quelques semaines, les deux hommes rassemblaient des graines qu'ils allaient chercher dans diverses plantations, et Janney lui annonça qu'ils traverseraient bientôt la baie.

— Nous irons sur des terres que nous possédons de l'autre côté.

— Où ?

Janney jugea inutile de s'expliquer, mais il ordonna à Timothy d'aider les esclaves à construire une chaloupe pour la plantation. L'embarcation se révéla assez lamentable, plus de trous que de bordages mais, si on écopait constamment, elle demeurait à flot. Pour son premier voyage de quelque importance, la chaloupe traversa la baie afin de se rendre à Devon Island où Janney devait aider à défricher de nouvelles terres pour le tabac, et ce que vit Turlock fut une révélation : une maison digne de ce nom, une femme qui la tenait bien et éduquait ses fils, une chapelle papiste appartenant en propre à la famille, et d'autres dépendances qui dénotaient une certaine fortune. Turlock, qui écarquillait les yeux devant tout ce luxe, surprit en outre des phrases indiquant que son maître était presque aussi riche qu'Edmund Steed. « Pourquoi... vivre... cochon ? se demanda-t-il. Pourquoi... sept ans... cochon ? »

Cette idée le hantait et lorsque Steed annonça que, le

lendemain, ils traverseraient le chenal pour se mettre au travail, Timothy éprouva du ressentiment envers lui à l'idée de quitter ce ravissant endroit. Mais lorsqu'il foula les champs du nord, situés entre de merveilleux cours d'eau et offrant de splendides perspectives, il demeura bouche bée. Chaque nouveau champ lui paraissait plus beau que le précédent, pièces de terre léchées par le courant, bordées de grands arbres et aux abords desquelles la vie sauvage foisonnait. Ce criminel, tout juste capable de s'exprimer par monosyllabes, issu des bas quartiers de Londres, fut le premier homme blanc à pressentir la splendeur que dissimulait la rive nord du Choptank : dizaines de rivières, vingtaines de ruisseaux, centaines d'anses bien abritées.

— Au diable... la James River ! s'écria-t-il en contemplant ce paradis. Ma terre.

Tandis que la chaloupe aux bordages mal joints regagnait laborieusement la côte occidentale, Turlock ressassait l'épouvantable situation dans laquelle il s'engluait. L'impact sans précédent produit par la côte orientale sur son esprit ne provenait pas de la beauté de ces lieux qui le captivait cependant, mais du fait qu'elle existât, là, *maintenant,* et qu'un homme courageux pût en jouir *dès à présent.* Cette prise de conscience devait le harceler pendant toute une année et, de retour chez son maître, lui causer un surcroît d'ennuis.

Un jour d'août 1638, alors que Janney exigeait que son domestique travaillât après le coucher du soleil, celui-ci commença par regimber, puis refusa tout net.

— Je pourrais te traîner devant le tribunal, menaça Janney. Et on t'obligerait à travailler.

Puis, il lui assigna une tâche trop dangereuse pour ses Noirs et Turlock se révolta.

« Tu refuses d'obéir ? s'enquit Janney.

— Euh... euh.

— Descends là-dessous et passe une chaîne autour de cette souche.

— Comment ? demanda l'homme au visage grêlé.

Et quand Janney se pencha pour le lui montrer, Turlock saisit une bêche qu'il abattit sur le crâne de son maître. Puis, après s'être assuré que l'homme n'était pas mort, il lui décocha deux coups de pied à la pointe du menton pour prolonger son inconscience et repartit en sifflotant vers l'endroit où la chaloupe était amarrée. Chemin faisant, il vola un fusil et les outils qui lui semblaient utiles ; il jeta le tout dans le bateau et courut vers la maison. Après avoir gratifié Mrs. Janney d'un baiser plein d'entrain, il lui subtilisa des ciseaux, des aiguilles, deux des chemises de son mari et trois lignes de pêche toutes montées.

— Adieu, dit-il en soulevant le menton de sa maîtresse.

Sur quoi, il repartit vers le fleuve. Il estimait que, même si Janney revenait à lui plus tôt que prévu, il ne pourrait se rendre à pied dans une plantation proche, à temps pour que ses propriétaires pussent prendre des dispositions quelconques et, sans chaloupe, la poursuite sur le fleuve était impossible. Il bénéficiait au moins d'une journée d'avance pendant laquelle il pourrait naviguer sans encombre.

C'était sans compter avec la volonté de fer des Janney ; si ceux-ci avaient résisté aux incursions des Indiens, ils ne se laisseraient pas démonter par la rébellion d'un domestique. Lorsqu'elle vit la chaloupe disparaître, Mrs. Janney se ressaisit et parcourut en tous sens la plantation jusqu'à ce qu'elle découvrît son mari gisant dans la boue, le visage ensanglanté. Elle appela Toby à l'aide, traîna le blessé jusque chez lui, le mit au lit après l'avoir pansé et partit à pied pour la plantation la plus proche. Elle arriva chez ses voisins après la tombée de la nuit.

— Notre domestique a tenté de tuer le maître, les informa-t-elle.

La rumeur se propagea d'une plantation à l'autre : une révolte avait éclaté. Tel un feu embrasant des feuilles mortes, le message redouté courut ; c'était là la réaction que craignaient tous les maîtres : la révolte de leurs domestiques ou de leurs esclaves. Quand ils attraperaient Turlock, ils le tueraient.

Se doutant de l'agitation qui régnait dans les plantations, Timothy surveillait ses arrières et, lorsqu'il vit divers bateaux aller et venir, il comprit qu'une expédition se préparait pour lui donner la chasse. Il s'engagea alors dans l'embouchure d'un petit affluent de la James River, ôta le mât de son emplanture, et sourit avec satisfaction quand les embarcations parties à sa recherche passèrent non loin de lui sans le voir.

A la faveur de l'obscurité, Timothy remit le mât en place et descendit silencieusement le courant sur près de vingt kilomètres, puis il se cacha avant l'aube ; ainsi il atteignit l'embouchure de la James où il mit à exécution un plan astucieux. Ayant remarqué que la dernière plantation avait au mouillage un sloop de bonne taille muni d'une forte voile, il fit rebrousser chemin à sa chaloupe sur trois kilomètres en direction de Jamestown, construisit un petit radeau sur lequel il arrima le fruit de ses rapines, puis échoua le bateau volé sur un haut-fond ; après quoi, il fit redescendre le courant à son radeau, en s'aidant d'une perche, jusqu'au sloop qu'il s'appropria. A l'aube, il avait traversé une bonne partie de la Chesapeake.

Son stratagème réussit. Ses poursuivants repérèrent la chaloupe échouée et pensèrent que le fugitif s'était noyé. Ce ne fut qu'en fin d'après-midi qu'on remarqua la disparition du sloop et, à ce moment, Timothy était loin. Il ne restait qu'une solution aux planteurs abusés : aller trouver le juge de Jamestown, lequel signa un mandat pour la capture du fugitif, mort ou vif.

— Ramenez-le et nous le pendrons, dit-il en tendant le document à Mrs. Janney.

Sur la vaste baie de la Chesapeake, le mât du sloop hors de son emplanture pour éviter d'être repéré, Timothy Turlock pagayait en réfléchissant à sa situation. S'il retournait en Angleterre, il serait pendu. S'il regagnait Jamestown, il serait pendu. S'il mouillait dans n'importe quel cours d'eau de Virginie, il serait pendu.

Alors, il distingua derrière le rideau de brume qui se levait les contours estompés de la côte orientale, imagina les fraîches rivières et les paisibles criques qu'il avait aperçues quand il défrichait des terres pour le compte des Steed, et ce refuge devint son objectif. Ce serait une terre nouvelle, loin de la Virginie et des maîtres impitoyables. Mais pourrait-il y survivre seul ? Tout en gardant le sloop cap à l'est, il s'appesantit sur cette pensée et, pour la première fois de sa vie, tenta de former en phrases complètes les idées éparses qui jusque-là s'étaient heurtées dans le vide de son esprit.

« Arrêter... Devon... voir... Steed ? » Il jugea préférable de s'abstenir. Edmund Steed lui avait fait l'effet d'un magistrat ; cet homme le renverrait. « Indiens... ici... Indiens bons... ici ? » Il se doutait que les Choptanks étaient pacifiques, sinon comment Steed eût-il vécu si paisiblement ? « Quoi manger ? » Lors de son précédent voyage, il avait vu des canards et des oiseaux, et les domestiques de Steed avaient trouvé des huîtres. « Où dormir ? » N'importe quelle cahute vaudrait l'abri que Janney lui avait attribué et, ayant observé la façon dont les Indiens construisaient leurs wigwams, il était certain de pouvoir les imiter. « Comment... vivre ? » Là était la question essentielle et, bien qu'il fît appel à toute son intelligence pour évaluer les possibilités, il ne trouvait aucune réponse satisfaisante. L'effort lui était pénible, épuisait toutes ses facultés, et il abandonna ces difficiles enchaînements de pensées. Au lieu de quoi, il regarda la terre qui se découpait devant lui et sourit. « Pas risques... de retourner là-bas. » Son destin l'appelait sur la côte orientale.

Afin d'échapper à l'attention de tout bateau anglais naviguant à l'embouchure du Potomac, il enleva le mât de son emplanture et resta étendu toute la journée au fond du sloop, mais dès qu'il approcha de la côte est, il avança à bonne allure et passa à la hauteur de plusieurs criques attirantes. La faim le tenaillait mais la prudence lui conseilla de ne pas débarquer à cet endroit encore trop proche de la James River.

Par la suite, lorsqu'il eut le sentiment de s'être suffisamment enfoncé vers le nord, il cacha son bateau dans les roseaux et partit à la recherche de baies. Il utilisa comme appât la tête d'un poisson qu'il avait attrapé et réussit à prendre quelques crabes ; il les grilla sur un petit feu et la nourriture le revigora. Au crépuscule, il quitterait sa cachette et mettrait à la voile, à la faveur de la nuit ; ce fut avec prudence qu'il s'approcha du Choptank.

Il ne s'aventura pas directement dans la passe au sud de l'île, mais se laissa dériver à proximité durant plusieurs jours et observa les lieux. Il vit de la fumée s'élever de la maison qui lui restait invisible et des domestiques qui allaient et venaient le long de la grève et, à sa grande surprise, les mâts de deux bateaux différents, un canot et un ketch. Il supposa que ce dernier devait être le bateau des représentants des autorités de Virginie venus pour l'arrêter. Il lui fallait donc redoubler de précautions.

Il attendit le milieu d'une nuit très sombre, alors que ne brillait plus aucune lumière sur Devon Island, et se glissa furtivement le long de la berge sud du Choptank qu'il remonta sur une bonne distance. Puis, un peu avant l'aube, il traversa le fleuve et se cacha sur la rive nord ; à l'approche du jour, il fut à même de distinguer une étendue qui le rassura : des marais bas, couvrant plusieurs hectares, reliés à ce qui paraissait être la terre ferme puisque bordée de grands arbres qui se profilaient sur le ciel. Un oiseau nocturne émit un cri bref et

Timothy Turlock découvrit le large fleuve qui se dévidait dans une immobilité sereine.

« Chez... moi », pensa le petit voleur affreusement las ; avec soin, il dirigea le sloop vers le pourtour du marais, ne sachant comment y pénétrer pour y trouver la protection dont il avait besoin. A l'extrémité est, il distingua l'embouchure d'une rivière pas trop étroite pour attirer l'attention de ses poursuivants, mais autorisant le passage d'un homme traqué. Il abaissa son mât pour être mieux dissimulé et, à la pagaie, manœuvra doucement son bateau dans le passage bordé du marais au sud et de la terre ferme au nord.

Lorsqu'il se jugea assez éloigné pour être hors de danger, il mouilla l'ancre et remisa la pagaie à l'avant. Puis, il s'endormit avec les derniers clignotements des étoiles. Vers midi, il s'éveilla, en proie à une sensation curieuse : il avait l'impression que quelqu'un le regardait. Il frotta ses paupières engluées, leva les yeux et là, sur la berge, où il avait amarré le sloop, se tenaient quatre hommes, des Indiens.

— Plus... jamais... courir.

Il s'agenouilla, sourit aux guerriers et tendit ses paumes ouvertes.

« Vois, dit-il plein d'espoir. Pas... arme.

Le marais

Dans le cas de Timothy Turlock, s'enfuir seul dans les marais du Choptank relevait d'un acte insensé. Son existence en Angleterre l'avait tenu éloigné de la campagne et, en Virginie, il avait été tellement obsédé par ses conflits avec les Janney qu'il n'avait pas pris le temps de s'initier à la vie rurale. Un unique facteur lui permettait de survivre : il nourrissait un amour passionné pour la terre et les cours d'eau, et l'intuition lui dictait la façon dont il devait agir pour être en harmonie avec ces deux éléments.

Ainsi, quand les braves le découvrirent en bordure du marais, il comprit qu'il devait remettre son sort entre leurs mains, se montrer docile, et apprendre d'eux tout ce qui lui serait nécessaire. Le village indien de Patamoke sur lequel il aurait pu compter n'existait plus ; quelques vestiges affligeants signalaient son ancien emplacement. Les guerriers qui avaient découvert Turlock hantaient la forêt pour une simple expédition de chasse ; pendant quelques jours, ils demeurèrent auprès de l'Anglais chétif, assez satisfaits de constater qu'il n'était pas plus grand qu'eux.

Ils lui montrèrent comment tresser les joncs du marais pour en garnir les parois de sa hutte, comment attraper les derniers crabes d'automne. Les oies n'étaient pas encore arrivées du nord, il ne pouvait donc les piéger, mais il s'initia aux rudiments de la chasse au chevreuil.

Il ne pouvait parler avec eux, mais son habitude de s'exprimer par monosyllabes accompagnés de grimaces et de gestes le préparait à communiquer avec les Indiens, lesquels agissaient souvent de même : aussi, à la fin de la deuxième journée, il avait accumulé un vocabulaire de quelques mots qui, ultérieurement, lui permettraient de mener à bien ses pourparlers avec les Choptanks : *kawshek* pour huître ; *tahquah* pour crabe ; *attque* pour chevreuil ; *nataque* pour castor ; et le mot qui se révélerait le plus terrible de tous, *poopponu* pour hiver.

Quand ils le quittèrent, les quatre Indiens lui avaient dispensé un cours intensif de survie qui lui suffit pendant les mois cléments de septembre et d'octobre. Lorsque les grandes oies arrivèrent, assurant sa subsistance, il se sentit envahi par une telle confiance qu'il commença à retourner de petites parcelles de terre pour en faire un potager, bien qu'il n'eût aucune graine pour l'ensemencer et ignorât jusqu'à la façon de procéder.

Pourtant, à la fin novembre, quand les premiers froids s'installèrent sur le Choptank, il fut consterné par leur rigueur ; alors commencèrent ses épreuves, aussi cruelles et éprouvantes que la famine endurée par les premiers Virginiens. Il ne possédait pas de couvertures, mais les branches de pin ne manquaient pas et, entrelacées, elles constituaient un abri sous lequel il pouvait se glisser pour échapper à la tourmente. Il pensa aussi que les plumes d'oie, s'il pouvait les comprimer dans une sorte de poche, lui procureraient de la chaleur et, après de nombreux et irritants échecs, il découvrit la façon de réaliser une petite couverture en utilisant l'une des chemises volées à Janney. Une fois qu'il l'eut fermée par des liens et bourrée de plumes, il disposa d'un édredon minuscule mais douillet. Au bout d'une semaine, le bon sens l'amena à jeter les grandes plumes aux durs tuyaux et à n'utiliser que le duvet ; ce dernier conservait la chaleur au point que certaines nuits il lui arrivait de transpirer.

Puis, vint la neige. De par sa situation assez septentrionale, le Choptank voyait son fleuve pris par les glaces une ou deux fois chaque hiver et la neige était fréquente. Il arrivait à Turlock de s'endormir au crépuscule, emmitouflé dans son édredon, et pendant la nuit de prendre conscience d'un silence accablant : aucun bruit d'aucune sorte, pas d'oiseaux, pas de branches qui craquent, pas de crissements sous les pas ; puis il entendait le plus doux de tous les sons, l'effleurement presque imperceptible des flocons de neige qui tombaient, rencontraient les aiguilles de pin, et flottaient doucement jusqu'à terre où ils recouvraient son potager sans légumes et enveloppaient sa hutte.

Au matin, il jetait un coup d'œil depuis le seuil et ne voyait que du blanc, même la glace du fleuve en était couverte, et il savait que ce jour-là il aurait faim et froid et qu'il serait seul.

L'hiver 1638-1639 fut d'une rigueur exceptionnelle, et Turlock eut à endurer cinq chutes de neige qui épuisèrent ses réserves de pemmican et l'empêchèrent d'attraper oies ou poissons. Lorsque la sixième tempête de neige s'abattit sur le Choptank, il crut mourir et, quand la glace du fleuve fondit, il s'avoua vaincu. Il embarquerait dans son sloop, se rendrait à Devon Island, se constituerait prisonnier pour affronter les accusations que les autorités de Virginie avaient accumulées contre lui.

Accablé, il fixa le mât dans son emplanture, déferla la voile gelée, et quitta le refuge. Une fois sur le Choptank, alors que se découpait l'île à l'horizon, il se laissa aller à un sentiment de résignation ; au moins, à Devon, il trouverait nourriture et chaleur, et plusieurs mois s'écouleraient avant que les Steed ne le livrent aux autorités de Jamestown. Découragé, il était cependant convaincu qu'un délai de plusieurs mois pouvait permettre à un gars malin comme lui d'imaginer une issue.

Il était assez surprenant que Turlock se fût caché dans le marais pendant près de six mois sans que les habitants de Devon aient eu vent de son existence, surtout si l'on considère que les deux endroits n'étaient séparés que par quelque quinze kilomètres ; mais il est bon de se souvenir que les Indiens ne travaillaient plus pour Steed et que les domestiques sous contrat qui les remplaçaient n'étaient pas autorisés à pénétrer dans l'arrière-pays. Aussi, lorsque l'un d'eux avisa un curieux bateau qui remontait la Devon, l'émoi s'empara de la maisonnée.

— Maître Steed ! s'écria l'un des hommes en se précipitant vers la maison. Un bateau ! Un bateau !

Le maître était aux champs, mais une femme de haute taille, les épaules drapées d'un châle noir, apparut sur le seuil ; elle considéra le sol recouvert de neige, puis ses yeux se portèrent sur le bateau. La quarantaine, les cheveux grisonnants, le teint pâle, elle se déplaçait comme si l'île lui appartenait, et c'était bien le cas. Après s'être assurée que l'embarcation ne recelait qu'un seul occupant, elle dépêcha des hommes avec mission de ramener le maître.

Quand le sloop se fut amarré à la jetée, elle vit un Blanc émacié qui en débarquait. D'un pas mal assuré, il monta le sentier conduisant à la maison. A peine avait-il franchi une courte distance qu'il s'effondra.

— Aidez-le, ordonna-t-elle aux domestiques qui se tenaient à ses côtés.

On traîna Turlock dans la maison où Mrs. Steed put apprécier les bienfaits de la chaleur sur l'organisme de l'inconnu.

— Qui êtes-vous ? demanda-t-elle quand il eut avalé quelques gorgées de bouillon.

— Turlock.

— Oh ! c'est vous qui avez travaillé ici avec Simon Janney ?

— Oui.

Par délicatesse, elle ne lui rappela pas qu'il avait aussi assommé Janney d'un coup de bêche avant de lui voler son bateau.

— Janney... vit ?

— Oui, acquiesça-t-elle d'un ton neutre. Mais pas grâce à vous.

— Il... était... mauvais.

Elle n'en crut rien. Janney et sa femme avaient déclaré sous serment n'avoir jamais frappé ce domestique rétif qu'ils avaient toujours nourri aussi bien qu'eux. Turlock avait été dépeint à la justice comme un ingrat...

— Maître Steed arrive ! cria l'un des hommes.

Turlock se leva, s'attendant à se trouver face à Edmund Steed avec lequel il avait travaillé. Au lieu de quoi, un beau jeune homme de vingt-deux ans entra, joues rougies par le froid, cheveux ébouriffés.

— Voici mon fils Henry, dit Mrs. Steed. Il a interrompu ses études de droit à Londres à la mort de mon mari.

Turlock savait qu'il devrait dire quelque chose sur cette mort, mais les civilités n'avaient jamais été son fort.

— Mauvais, grogna-t-il.

— Vous avez travaillé avec mon père pendant mon absence ? demanda le jeune Steed.

— Euh...

Suivit un silence gênant au cours duquel Turlock garda les yeux fixés sur la fenêtre vitrée, la première qu'il voyait dans le Nouveau Monde. Mrs. Steed y mit fin en expliquant :

— Nous avons parlé des violences qu'il a fait subir à Janney.

— C'est miracle que vous ne l'ayez pas tué, dit Steed d'un ton accusateur.

— Pas... bon.

— Il était légalement votre maître.

— Aimait... esclaves... mieux.

Il était stupéfiant de voir combien ses interlocuteurs s'habituaient rapidement à la conversation tronquée de Turlock. Lorsque celui-ci proférait de brefs indices verbaux, l'esprit cultivé remplissait les vides comme s'il avait affaire à un primitif qui se bornait aux pensées essentielles.

Henry s'apprêtait à sermonner le fugitif quand Mrs. Steed intervint en faveur de celui-ci. Elle déclara que ce répugnant petit individu avait davantage besoin de nourriture chaude que de morale ; elle l'emmena dans la cuisine où des casseroles chantaient et l'alimenta. Puis, elle le conduisit vers un lit et il sombra dans le sommeil sous de vraies couvertures.

Lorsqu'elle revint vers son fils, qui l'accueillit avec des remontrances, elle lui imposa silence en lui citant une phrase que disait souvent sa grand-mère à High Wycombe :

— Occupe-toi du ventre d'autrui et de ta propre conscience. Si un affamé frappe à ta porte, Henry, ne le sermonne pas, nourris-le.

— Nous devons le remettre aux autorités.

— Vraiment ?

Ce que la réflexion de sa mère impliquait stupéfia à tel point Henry, rompu aux arcanes de la loi, qu'il entreprit de la raisonner mais elle, pensant à l'homme endormi, le prévint :

« Baisse la voix, mon fils.

Puis, elle évoqua avec lui le vieux droit d'asile, selon lequel un homme fuyant la justice trouvait refuge dans un lieu d'où il ne pouvait être chassé.

« Les hommes n'ont pas émis cette idée sans raison, assura-t-elle.

— On ne peut échapper à la justice, rétorqua Henry.

— Si... lorsqu'on réussit à atteindre un asile.

Cette idée répugnait à Henry qui commença à la réfuter, mais sa mère marqua deux points.

« Henry, nous avons souvent été, ton père et moi, en butte aux persécutions mais, grâce à Dieu, nous avons trouvé un asile. Ce n'est pas parce que tu as suivi des études de droit que tu dois t'ériger en tyranneau.

Le fils accepta cette remontrance en raison de l'extraordinaire force de caractère que sa mère avait déployée au cours des derniers mois ayant précédé la mort de son mari. Pendant que celui-ci, à Saint Mary's City, luttait pour la liberté, elle s'était occupée de la plantation, veillant à ce que les esclaves continuent à travailler. Ses fils ne pouvaient lui être d'aucune aide puisqu'ils se trouvaient en Europe et ils y étaient d'ailleurs encore quand Edmund mourut.

Elle avait dû faire face à de sérieux ennuis : Simon Janney s'était présenté pour faire valoir d'obscures revendications sur les champs situés au nord de l'île ; il affirmait qu'il était en mesure de prouver qu'il les avait travaillés et que le tabac expédié à Bristol était parti sous son nom. Elle connaissait la situation et savait que les demandes du bonhomme relevaient de la fantaisie ; elle dut lutter avec une farouche énergie pour lui faire entendre raison. Quand ses fils revinrent d'Europe, ils ne se retrouvèrent maîtres de la plantation que grâce à la détermination de leur mère.

— Simon Janney est un individu méprisable, rappela-t-elle à son fils.

— Crois-tu qu'il ait fouetté ce... comment s'appelle-t-il déjà ?

— Turlock. J'en doute. Janney n'est pas homme à se venger, seul l'argent l'intéresse.

— Dois-je remettre Turlock aux autorités de Jamestown ?

— Je ne crois pas..., commença-t-elle. Que devrions-nous faire à ton avis ?

Cinq jours durant, Mrs. Steed et son fils discutèrent des problèmes moraux que causait la présence de Timothy chez eux, et le rusé compère comprit la nature de leurs entretiens. En conséquence, lorsque le temps s'améliora, laissant augurer de la venue du printemps sur le fleuve, il s'éclipsa après avoir mis à sac la chambre de Mrs. Steed pour trouver les bobines de fil dont il avait besoin. Il emporta aussi des épingles, des clous et une couverture qu'il rangea avec soin sous le banc du sloop volé.

Il avait déjà descendu une bonne partie de la rivière quand les domestiques remarquèrent son absence et leurs clameurs ne surprirent guère les Steed.

— Qu'il parte, dit Martha. Il porte en lui son propre châtiment.

— Mais il le fait aussi partager aux autres, rétorqua son fils.

Turlock passa ce magnifique automne de 1639 à se prémunir contre les rigueurs des prochains hivers. Utilisant tous les morceaux d'étoffe qu'il put rassembler, il en doubla la couverture volée et remplit la poche ainsi formée de duvet d'oie ; ainsi, il serait aussi bien protégé que quiconque au Maryland. Il suréleva son lit et emplit l'espace ménagé au-dessous de plumes d'oie dont il se servit aussi pour bourrer le vide procuré par le doublage des parois de sa hutte. Il ajouta un nouveau toit en branches de pin et creusa des fosses pour stocker les vivres ainsi que des drains pour éloigner l'eau et la glace fondue de la cahute. Il construisit une jetée sur la rivière suivant le modèle de celle de Janney et, bien qu'il n'eût aucune aide pour enfoncer les pieux de cèdre, il les martela tant à l'aide d'une massue que les parties pointues s'enfoncèrent profondément dans la boue.

Mais avant tout, ce petit homme, pesant à peine cinquante kilos, mal préparé à une vie au grand air, se rendit maître de la forêt. Il traça des chemins qu'il borda de pièges ingénieux qui lui permettaient de ne jamais manquer de nourriture ; il nettoya un espace au-dessous des grands pins et y installa sa hutte afin que les arbres lui procurent fraîcheur en été et protection de la neige en hiver.

Au début, il ne voyait dans le marais qu'une mystérieuse cachette au sein de laquelle l'eau le disputait à la terre. En s'aventurant vers l'intérieur, il découvrit des îlots isolés suffisamment fermes pour être cultivés et, tout à côté, des marécages dans lesquels s'enliserait le promeneur insouciant. Parfois, il lui arrivait de se jucher sur un tertre afin d'observer le héron bleu en train de pêcher, et il se réjouissait lorsque le grand oiseau attrapait un poisson qui disparaissait bientôt en se débattant dans le long gosier. Souvent des renards se glissaient dans l'herbe à l'affût de cailles ou de lapins. Parfois de grands aigles descendaient en piqué pour s'emparer d'une proie qu'il ne parvenait pas à identifier.

Mais le secret du marais, l'aspect qui captivait le plus son imagination, résidait dans le fait qu'il pût se déplacer dans ses méandres à bord de son sloop, abaisser le mât et être si bien dissimulé que personne ne pouvait détecter sa présence depuis le fleuve ; il lui était possible de se précipiter le long des sentiers camouflés et de se terrer de façon tout aussi efficace. Il le prouva lorsque des Indiens vinrent le voir pour du troc. Il se rua entre les ajoncs et leur cria : « Trouvez-moi ! », et ils n'y parvinrent pas. Lorsqu'il réapparut, souriant de toutes ses dents brunâtres, ils voulurent savoir comment il s'était échappé et s'émerveillèrent quand il le leur montra.

Les Indiens lui causaient des soucis. Lorsqu'il eut mieux appris leur langue, ils le prévinrent qu'ils étaient propriétaires du marais et de la terre qu'il occupait ; s'il la voulait, il lui fallait l'acheter comme Steed l'avait fait. Quand il souleva des objections, ils l'emmenèrent loin dans l'est pour trouver le werowance, et Matapank confirma le bien-fondé des revendications choptanks. Turlock discuta plusieurs jours avec lui et dut finalement admettre que la terre appartenait aux Indiens ; afin de se protéger, il déclara qu'il l'achèterait. Sur une peau de biche tannée, il dessina les limites de sa propriété, soulignant le marais oblong et le triangle de terre ferme, puis il demanda aux chefs choptanks d'y apposer leurs marques ; Matapank s'exécuta, ainsi que le petit homme au menton balafré et le faible géant aux cheveux blancs dont la fille, Tciblento, digne mère de deux fils, apposa aussi sa marque. Après quoi, Turlock signa à son tour.

Une fois la carte achevée, il se rendit compte qu'elle était sans valeur puisqu'elle ne comportait que des marques non identifiables, pouvant être attribuées à n'importe qui. Il comprit donc qu'il lui fallait amener les négociateurs à Devon Island où les Steed pourraient signer et authentifier l'acte. Matapank comprit et accepta de partir. L'homme au menton balafré, vif comme un furet, se montra désireux de les accompagner ; le géant refusa de quitter le camp, mais Tciblento accepta avec empressement de se rendre à Devon. On chargea donc les canoës mais, avant leur départ, le grand vieillard aux cheveux blancs mit fin aux préparatifs en demandant :

— Et que nous offre l'étranger en paiement ?

Une longue discussion suivit au cours de laquelle les Indiens énumérèrent divers objets dont ils avaient besoin. Turlock écouta avec attention, acceptant certaines demandes, en rejetant d'autres.

— J'aurai... ça... je crois... J'aurai... ça.

Enfin, un accord intervint et le convoi se mit en route.

La descente du fleuve tint de l'enchantement. Pas le moindre signe d'occupation humaine sur ses berges, seulement les pigargues et les hérons avec, ici et là, une famille de canards qui s'était attardée au lieu de s'envoler vers le nord. Quand les canoës passèrent à la hauteur du marais de Turlock, chacun émit des commentaires approbateurs. Finalement, Devon Island se profila à l'horizon. Tciblento montra des signes de nervosité et, quand les canoës remontèrent la rivière, elle se pencha pour apercevoir la maison et ne la quitta pas des yeux pendant que les embarcations s'approchaient de la jetée. Enfin, les domestiques avisèrent la cohorte et prévinrent les maîtres ; au bout d'un moment, le jeune Steed descendit le chemin pavé et Tciblento se rejeta en arrière sans mot dire, les doigts contre sa bouche.

La cérémonie de la signature eut lieu sur la table de cuisine ; Henry écrivit les cinq noms, ajouta la date et demanda à sa mère de témoigner de l'exactitude du document, puis à son frère ; après quoi il signa aussi. Plus tard, la peau de biche devait être enregistrée à Saint Mary's City mais seulement après que Turlock eut modifié la ligne indiquant la limite nord, falsification qui ajouterait quelque quatre-vingts hectares à sa propriété.

Ensuite, vint la question du paiement. Turlock entraîna les Indiens à l'écart et leur assura qu'après la deuxième lune ils pourraient venir au marais, et il leur remettrait le nombre convenu des haches, fusils et autres objets. Matapank et le petit Indien au menton balafré acceptèrent, mais Tciblento demanda :

— Pourquoi ne pas nous remettre ce matériel tout de suite ?

— Maintenant... moi... pas... avoir, répondit-il.

Les Indiens rentrèrent donc chez eux les mains vides mais, dès que la première lune eut quitté le ciel, Turlock se mit au travail. A la faveur de l'obscurité, il partait dans son sloop et gagnait une crique bien dissimulée de Devon Island. Il cachait son embarcation sous les arbres et, trois nuits de suite, il débarqua pour se livrer à des reconnaissances dans les plantations de Steed. Puis, en une seule nuit, il prit des haches à des endroits où on ne risquait pas de déceler leur absence avant quelque temps ; il vola des fusils à proximité des logements des domestiques chargés d'approvisionner le domaine en gibier ; il fit main basse sur trois roues, un marteau, une barre de fer, deux binettes ainsi que sur du matériel destiné à son usage personnel. Après quoi, il chargea son sloop et remonta silencieusement le fleuve jusqu'à son marais.

Il allait décharger son butin pour le transporter dans sa hutte quand l'idée lui vint qu'il serait plus prudent de le dissimuler dans le marais. En prenant soin de ne pas laisser d'empreintes, il s'enfonça jusqu'au cœur de la région la plus marécageuse et cacha le tout à l'abri d'une sorte de plate-forme érigée sur des bâtons. Puis il revint sur la pointe des pieds par un autre chemin, et il était assis devant sa hutte lorsque survint un Henry Steed hargneux, suivi de trois hommes venus pour fouiller son repaire.

— Mr. Steed ! se récria-t-il en souriant. Pourquoi... moi... vouloir... voler... haches ? J'ai... j'ai... miennes.

Les domestiques vérifièrent les haches de Turlock et constatèrent qu'elles n'avaient jamais appartenu à Steed, pas plus que les fusils et la binette.

— Il a caché quelque part ce qu'il m'a dérobé, insista Steed.

Ses hommes s'enfoncèrent dans les bois, mais ils ne relevèrent aucune trace indiquant que la terre eût été remuée récemment. Steed leur donna ordre d'entrer dans le marais, mais ils s'enlisèrent bientôt jusqu'à la taille et leur maître dut les rappeler.

— Crois... Indiens... ont pris, proposa Turlock.

Mais les Choptanks vivaient trop loin pour que Steed pût s'y rendre ; il décida donc de regagner son île. Au moment où il allait embarquer dans le ketch, il avertit Turlock :

— Je sais que c'est toi le voleur. On t'attrapera.

Ce en quoi Steed se trompait. Pourtant, dès que Turlock eut remis le matériel aux Indiens, pour prix de son acquisition, il ne s'approcha plus de la plantation ; il se doutait que Steed avait posté des sentinelles pour l'appréhender s'il tentait de nouvelles incursions. Le marais et la terre ferme lui appartenaient légalement, soit une superficie de cent soixante et de trois cent vingt hectares respectivement, et il était bien résolu à ce que rien, ni les blizzards de l'hiver ni les moustiques de l'été, ne l'en dépossède jamais.

Quand Turlock eut occupé son marais depuis plus d'un an, il s'aperçut qu'un chasseur ou un quelconque errant venant de la côte occidentale campait sporadiquement sur l'emplacement abandonné de Patamoke et qu'une jetée rudimentaire avait été construite au fond de la crique. Les Steed, à l'embouchure du fleuve, ne semblaient pas s'en préoccuper ; sans doute même profitaient-ils de la situation quand un client occasionnel se présentait pour se ravitailler à Devon, et aucun Choptank ne se trouvait plus dans la région pour élever des protestations.

Mais les hommes qui décidèrent de s'installer sur les restes de l'ancien village étaient d'un tempérament violent, et les ennuis devinrent inévitables. Leurs expériences sanglantes avec les Indiens le long de la James River leur avaient appris à détester les Peaux-Rouges et ils étaient incapables de distinguer les inoffensifs Choptanks des sauvages qui avaient incendié Jamestown et massacré sa population. La guerre était déclarée contre tous les Indiens et, quand cinq paisibles Choptanks s'aventurèrent sur les anciens terrains de chasse au nord de Patamoke, ils essuyèrent des coups de feu et deux d'entre eux furent tués, notamment l'époux de Tciblento.

Un cri d'angoisse s'éleva du camp choptank quand les trois survivants vinrent rapporter les événements. Matapank, le werowance, s'affola devant la tragédie ; il se rendait compte que la confrontation devenait inéluctable, mais il n'avait pas la moindre idée de ce qu'il convenait de faire. Sans plan précis, il partit avec trois conseillers pour se rendre auprès des hommes blancs afin de leur parler de l'injustice qu'ils avaient commise, mais lorsque la délégation de paix s'approcha, des tireurs l'accueillirent à coups de fusil et Matapank fut tué.

A présent, le fardeau auquel Pentaquod avait tenté d'échapper lui retombait sur les épaules. Le corps de l'époux de Tciblento n'avait pu être ramené ; il ne fut donc pas inhumé selon les rites et la veuve n'eut pas la consolation qu'elle aurait pu tirer de funérailles dignes ni l'assurance d'une vie meilleure pour son mari dans l'au-delà. Elle s'enferma dans le deuil avec ses fils et, malgré les efforts que déploya son père, celui-ci ne parvint pas à adoucir sa douleur. Son époux avait été le premier à trouver la mort dans le fatal conflit.

Pentaquod fut bouleversé par la mort injuste de Matapank, qui avait reçu les attributs de chef un quart de siècle plus tôt ; il ne s'était jamais montré un werowance énergique, mais il était parvenu à préserver la cohésion de la tribu et le respect de tous eût entouré sa vieillesse. Maintenant, il s'en était allé et la seule force susceptible de soutenir ce petit peuple à la dérive restait Pentaquod qui, dans sa quatre-vingt-deuxième année, n'aspirait qu'au repos de la mort. Quand les Choptanks vinrent à lui, le suppliant de les conseiller, il ne se contenta pas de conserver ses trois plumes de dindon mais, afin d'insuffler un peu de courage à son peuple, il accepta aussi, pour la première fois, de porter le disque de cuivre le désignant comme werowance. Toujours aidé de Tciblento, il prit les décisions requises par la situation.

Dans cinq canoës, lui et ses braves les plus sages descendirent le Choptank pour se livrer à une reconnaissance. Ils évitèrent le camp où les chasseurs festoyaient et pénétrèrent dans le marais où Turlock, homme auquel ils faisaient confiance, menait une vie solitaire. Pentaquod, assis à côté de Tciblento dans la hutte rudimentaire, demanda :

— Turlock, que veulent les hommes blancs ?

— Le fleuve.

— Pourquoi nous tuent-ils ?

— Vous êtes indiens.

— Devons-nous abandonner le fleuve et vivre en esclaves sous la férule des Nanticokes ?

— Eux aussi seront tués.

— Est-ce la guerre ? La guerre que nous nous sommes toujours efforcés d'éviter ?

Ils palabrèrent deux jours durant tandis que Tciblento agissait comme si elle était la mémoire de son père, puis tous, y compris Turlock, descendirent le fleuve jusqu'à Devon Island où ils consultèrent les Steed. D'après le jeune Henry, le Choptank était à jamais perdu. Les Indiens devaient s'enfoncer loin vers l'est pour éviter les ennuis, mais Turlock objecta qu'à deux reprises il avait poussé dans cette direction jusqu'à l'océan et que, là aussi, il avait rencontré des Blancs qui s'installaient. Devant ces tristes nouvelles, Pentaquod demanda ce que pouvait faire sa petite tribu ; Henry suggéra qu'elle descendît dans le sud pour faire cause commune avec les Nanticokes.

— Et perdre notre liberté ? s'enquit le vieillard.

— Les Indiens de la côte occidentale ont appris..., commença Henry.

Mais il n'acheva pas sa phrase car ce qu'ils avaient appris était trop pénible à rapporter : partout où les Blancs s'installaient, les Indiens devaient se soumettre.

A ce stade attristant, Mrs. Steed crut bon de passer à un sujet moins lugubre ; elle se souvenait que Tciblento avait été amoureuse d'Edmund Steed et que, par dépit, elle avait épousé un brave choptank.

— Comment va votre mari ? demanda-t-elle d'un ton enjoué.

— Les chasseurs l'ont tué.

— Oh, mon Dieu ! s'écria Mrs. Steed.

On eût dit que Tciblento fournissait une preuve au débat des hommes ; elle ressentit une telle compassion pour l'Indienne qu'elle l'embrassa et la pressa contre elle.

« Vous devriez rester avec nous pendant l'hiver, dit-elle.

— Je dois aider mon père.

— Il peut rester aussi, nous ne manquons pas de chambres ici.

— Le temps est venu où la présence de chacun est indispensable, répondit Pentaquod.

Quand sa réflexion fut traduite, Mrs. Steed se leva et alla embrasser le vieillard.

— Autorisez au moins votre fille à rester, insista-t-elle.

Mais Pentaquod prit la main de Tciblento et rétorqua avec amertume :

— Un jour, il y a longtemps, j'ai voulu qu'elle parte, mais à présent, j'ai besoin d'elle.

En silence, les Indiens regagnèrent leurs canoës comme s'ils se rendaient à des funérailles.

Au cours des trois mois d'hiver de 1641, Timothy Turlock effectua plusieurs allées et venues entre Devon et le camp choptank ; il portait des messages et tentait d'imaginer un arrangement à l'amiable qui permettrait aux Indiens de survivre dans leur petit coin de forêt, mais les chasseurs se montraient intraitables ; ils voulaient exterminer les Choptanks et avaient déjà amorcé une guerre contre les Nanticokes dans le sud.

Au cours de ses médiations, Turlock rencontrait de plus en plus fréquemment Pentaquod dont les yeux obscurcis par les larmes ne voyaient que l'anéantissement de son peuple. Le vieillard était plus philosophe que Turlock, lequel parvenait à peine à entrevoir une abstraction, mais leur amour commun de la terre les aidait à communiquer. Pentaquod essaya de persuader le petit Anglais à tête de fouine qu'il lui serait aussi difficile de s'accrocher à sa terre qu'aux Choptanks de conserver la leur.

— Pas chasseurs dans mon marais, se vanta Turlock en montrant le mousquet qui lui permettrait de les repousser.

— Ça n'est pas en eux qu'il faut voir l'ennemi, corrigea Pentaquod.

— Qui ?

— Steed.

— Non, répliqua énergiquement Turlock. Steed... paix.

— Non, guerre, affirma Pentaquod. Sans fusil. Mais il voudra toujours davantage de terre. Ses granges seront toujours affamées. Il s'appropriera tout jusqu'à l'océan et toi, et moi, et nous tous ; même les chasseurs seront consumés.

Pendant ces effroyables jours, Pentaquod ressassait les perspectives de sa tribu, mais dans l'immédiat intervenait un événement qui lui causait une vive inquiétude sur le plan personnel. Il s'était aperçu que Turlock s'attardait au camp choptank, non pas tant pour s'entretenir avec lui que pour être auprès de Tciblento, et un matin l'atroce pensée s'imposa à lui : « Grand Esprit ! Il a l'intention de l'épouser ! »

Deux êtres bien mal assortis ! Elle le dépassait d'une tête ; elle était belle et lui grotesque ; elle avait une âme de poète, alors qu'il pouvait à peine exprimer une pensée dans sa totalité ; elle avait quarante-quatre ans et il n'en avait que trente-deux. Plus étrange encore, le couple ne possédait pratiquement aucun vocabulaire commun. Comment pourraient-ils se comprendre ? Comment communiqueraient-ils ?

Et pourtant, Pentaquod comprenait l'attirance éprouvée par sa fille pour ce soupirant si pitoyable. Elle se trouvait à la croisée des chemins, son mari massacré, sa tribu dans le désarroi, son foyer détruit, devant un avenir incertain, vide. Il était logique qu'elle se rapprochât des étrangers pour mener avec eux la vie qu'ils lui offriraient, mais la nécessité d'une telle décision n'en demeurait pas moins tragique.

« Oh, Tciblento ! se dit-il un matin, comme t'ont manqué un Susquehannock digne de toi, le Steed que tu aurais dû épouser et les valeureux guerriers que tu aurais mis au monde !... » Ses épaules tremblaient et des larmes emplissaient ses yeux affaiblis. « Quelle atrocité que tu sois amenée à penser à cet homme médiocre ! Tciblento ! Toi, une fille de roi. »

Mariage lamentable, pas même un simulacre des traditions anciennes ! Un matin, le petit Anglais marmotta :

— Temps... partir... marais.

Et Pentaquod comprit ce besoin car aucun homme ne doit rester trop longtemps éloigné de sa terre. Au moment où le soleil de l'après-midi amorçait sa chute vers l'ouest, Turlock quitta le wigwam et s'éloigna d'un pas tranquille vers son bateau, indiquant ainsi que Tciblento était libre de le suivre si elle le souhaitait. Sans même un adieu à son père, elle emboîta le pas au petit homme et, sans cérémonie d'aucune sorte, embarqua dans le sloop. Le village ne remarqua pas son départ ; il n'y eut aucune fête digne du mariage d'une princesse, pas de roulements de tambour, pas de prières du sorcier. La tribu était désorganisée ; la pression exercée par ceux qui envahissaient la Chesapeake devenait insoutenable.

Comprenant qu'il ne reverrait jamais Tciblento, le vieux Pentaquod appela ses deux petits-fils et les tenant par la main, bien qu'ils fussent grands, s'avança jusqu'à la rive et cria en direction du sloop qui s'éloignait :

— Tciblento, que ferons-nous de tes fils ?

Mais elle s'en allait, quittait la tribu à jamais, et les garçons seraient anéantis d'une façon ou d'une autre. Ils erreraient, hébétés, avec ce qui restait des Choptanks ; ils seraient pourchassés comme du gibier et abattus, et les aiguilles de pin leur serviraient de linceul.

« *Oh, Tciblento !* » Le vieil homme pleura, et quand les oies abandonnèrent le fleuve, son esprit les suivit.

Une caractéristique fondamentale de la côte orientale voulait que les événements importants qui se déroulaient ailleurs se répercutent dans toute la péninsule mais, en revanche, rien de ce qui se produisait sur la côte n'influençait jamais le monde extérieur. Et il en fut ainsi quand, en janvier 1648, un navire venant de Bristol mouilla à Devon Island avec à son bord un petit groupe de domestiques sous contrat, une quantité considérable de marchandises de troc, et un prêtre catholique récemment ordonné à Rome.

A trente-deux ans, Ralph Steed avait bien réussi dans ses études et il aurait dû être fier d'être le premier citoyen du Maryland à entrer dans les ordres. Mais quand il descendit la passerelle, il apparut pour le moins déconcerté. D'un abord grave, les cheveux blonds agités par le vent, il embrassa sa mère sans démonstration excessive, salua ses deux frères et dit :

— Rendons-nous tous à la chapelle.

Là, il célébra la messe, servie par deux marins, puis il referma les portes et s'adressa solennellement à sa famille.

— Des événements d'une extrême gravité déferlent sur Londres, annonça-t-il. Le roi Charles est en butte aux attaques des protestants et un abominable personnage, nommé Cromwell, menace de s'installer sur le trône et de se faire proclamer roi.

— Sont-ils devenus fous ? demanda Mrs. Steed.

— Oui. Et les conséquences peuvent être terribles. Le Parlement essaie de révoquer la charte du Maryland. Il est question d'envoyer ici les plus redoutables commissaires pour balayer le catholicisme. Nous sommes en danger.

Il ne possédait que des informations fragmentaires ; à bord, il avait été traité avec hostilité par ceux qui soutenaient le Parlement protestant dans sa lutte contre le roi, et on ne lui avait pas communiqué les nouvelles les plus alarmantes. En ce moment même, le capitaine et les marins informaient les chasseurs protestants venus du camp pour acheter des marchandises.

— Oui, messieurs, leur disait le capitaine. On se bat partout en Angleterre. Un fou nommé Rupert soutient le roi, mais le général Cromwell rassemble des armées sur le terrain pour défendre les honnêtes gens. Si Cromwell l'emporte, les jours des papistes au Maryland seront comptés.

Certains des matelots, farouches partisans du Parlement, voulaient organiser une sorte de milice protestante sur le Choptank pour défendre les nouvelles libertés chèrement acquises en Angleterre, mais leur capitaine les calma.

« Le combat sera gagné en Angleterre, prédit-il. Et il déterminera la suite des événements ici.

Il se trompait dans sa prophétie. Les planteurs de Virginie et du Maryland étaient alors, et ils le demeureraient toujours, d'ardents royalistes. Ils adoraient le roi, quel qu'il fût, et plus le Parlement menaçait de l'emporter en Angleterre, plus ils défendaient farouchement Charles sur les côtes de la Chesapeake. Pour eux, la Couronne était le symbole de la permanence, de l'Angleterre dont ils se souvenaient, et l'insolence de Cromwell les rendait furieux — « Comment ose-t-il s'élever contre le roi ? » — et ils firent circuler des pétitions attestant de leur soutien.

Mais le père Steed, homme cultivé et fervent catholique, comprit qu'une révolution était en marche et qu'elle finirait par toucher tout le monde au Maryland, et pas seulement les planteurs.

— Nous appartenons au roi, dit-il à sa famille, et nous sommes catholiques ; ces deux facteurs nous rendront vulnérables. Nous devons être prêts à nous défendre.

Devon Island devint donc le bastion, la sentinelle du Choptank. Les trois frères Steed possédaient soixante-dix mousquets, mais ils hésitaient à armer les domestiques, tous protestants comme les chasseurs du camp. Tous les colons de Virginie étaient anticatholiques et l'on pouvait s'attendre à une tentative de débarquement de leur part. Le seul espoir des Steed résidait dans le fait que nombre des citoyens du Maryland-de-l'autre-côté-de-la-baie se rallieraient à la cause du roi et maintiendraient une sorte d'équilibre jusqu'à ce que les Anglais de Londres écartent la menace protestante et pendent Cromwell.

Ralph se révéla un génie de l'organisation. Tout en demeurant à l'arrière-plan et en laissant son jeune frère Henry assumer officiellement la direction de la plantation, il traversa la baie, réconforta les catholiques, leur assurant que les ennuis actuels relevaient d'une aberration à laquelle il leur fallait résister.

— Nous ne devons pas céder à la panique, ajouta-t-il. Il est inconcevable que le Maryland, qui assure à tous la liberté religieuse, frappe les catholiques qui ont institué cette liberté.

Mais un soir, alors qu'il prêchait, une catholique lui annonça que des renégats avaient forcé sa porte et brûlé son crucifix ; Ralph frissonna devant la perspective des malheurs qu'il voulait nier et qui se révélaient bien réels. Lorsqu'il eut satisfait à ses devoirs de prêtre, il regagna Devon où il apprit qu'Henry avait reçu des nouvelles d'Angleterre, toutes mauvaises :

— Les Écossais ont vendu le roi Charles aux protestants pour des avantages dérisoires. Le prince Rupert a été chassé de ses terres et il est devenu pirate dans les Açores. Des commissaires de la pire espèce sont envoyés dans les colonies pour les soumettre, et des persécutions ont été organisées contre les catholiques.

Les frères Steed se seraient livrés à des imprudences sans l'influence modératrice de leur mère. Martha entrait dans sa cinquante-quatrième année. Ses cheveux étaient blancs, mais son caractère était toujours aussi posé. Elle avait connu bien des vicissitudes dans cette île lointaine et n'avait pas l'intention de se laisser aller à la panique ou au désespoir. Sa famille catholique était destinée à endurer de cruelles attaques, et elle s'était souvent demandé pourquoi celles-ci ne s'étaient pas déchaînées plus tôt ; elle croyait que l'on pouvait faire face à la situation avec calme.

— Disparais, conseilla-t-elle à Ralph. Tu constitues une cible trop tentante.

Elle engagea Henry à restreindre ses activités commerciales avec les chasseurs de Patamoke afin de ne pas susciter leur cupidité. Elle proposa aussi d'engager des pourparlers avec Turlock afin de savoir s'ils pourraient, lui et sa femme, venir sur l'île et la défendre en cas d'attaque. Ce fut pour cette raison qu'Henry Steed embarqua dans son canot et donna ordre à ses hommes de mettre le cap sur le marais.

Ce qu'il découvrit l'écœura. Sur le promontoire de la petite rivière qui séparait le marais de la terre ferme, se dressait une hutte misérable occupée par Turlock, sa femme indienne et deux jumeaux métis, mystérieusement venus au monde. Henry avait cru que Tciblento avait dépassé l'âge de procréer, mais les enfants chétifs étaient là, jouant sur le sol de terre battue. Turlock, le maître de la masure, semblait en piteuse condition, émacié, le visage mangé de boutons, en haillons, un trou à la place de deux dents de devant. L'imaginer sous les traits d'un compagnon répugnait à Henry, mais celui-ci avait toujours respecté les conseils de sa mère ; il entama donc les négociations.

— Ma mère pense que vous feriez mieux de vous installer à Devon... avec votre épouse... et vos enfants, évidemment.

— Sûr.

— Nous ferions déménager deux domestiques et vous disposeriez d'une belle cabane, ajouta-t-il en jetant un regard dégoûté sur le taudis.

— Ennuis ? demanda Turlock en mâchonnant une herbe.

Henry fut tenté de nier, mais il se douta que Turlock avait pu surprendre des rumeurs en provenance de Jamestown, et il parla avec franchise.

— Le roi a été déposé.

— Qu'est-ce... que ça... veut dire ?

— On s'est débarrassé de lui.

— Bien.

— De graves ennuis pourraient survenir au Maryland.

— Euh... euh.

— Si vous nous aidiez, Turlock, nous pourrions faire annuler le mandat d'arrêt lancé contre vous.

— Personne... m'arrêtera.

— Un jour, on viendra vous chercher pour répondre de votre tentative d'assassinat sur Janney et on vous pendra.

— Trouveront... jamais.

— Turlock, je vous propose de redevenir un homme libre. Venez avec moi.

Le fugitif regarda le jeune Steed et, instinctivement, attira ses deux fils à lui.

— Tcib, viens ici.

Il la fit mettre derrière lui.

« Protestants contre papistes ?

— Oui.

— Suis protestant.

— Je le sais, Turlock. Mais vous avez vu le père Ralph, le bon travail qu'il accomplit.

— Ralph est bon.

— Ma mère aussi.

— Elle était bonne.

— Elle l'est toujours.

— Vous, catholique, Steed. Vous aide pas.

Steed se laissa tomber sur l'unique meuble, un trépied. Il ne s'attendait pas à une telle rebuffade, mais il avait besoin de cet ignoble individu et était prêt à s'humilier en le suppliant.

— Turlock, ce qui se produira au cours des prochains mois sera déterminant pour le sort du fleuve. Voulez-vous perdre votre terre ? Passer le reste de vos jours en prison ? Ou être pendu haut et court ?

— Protestants gagnent... eux me laissent tranquille.

— Mon cher ami, dit précipitamment Steed, vous êtes le genre de criminel que ces puritains pendront ! Croyez-moi, Turlock, si vous voulez sauver votre foyer, ici, dans le marais, venez avec moi et aidez ma mère.

Par hasard, Henry venait d'évoquer les deux symboles significatifs pour le fugitif : son marais et la bonté de Mrs. Steed. Avec mauvaise grâce, empli de doutes à l'idée de se mettre du côté des catholiques, il chargea le sloop volé sept ans auparavant et emmena sa famille à Devon où, ainsi qu'Henry l'avait promis, on les logea dans une cabane bien construite. Là, les trois frères Steed et lui attendirent que déferlât le conflit qui balayait la côte occidentale.

La conflagration atteignit le Choptank de curieuse façon. Dans une plantation de la York River, un domestique de vingt-six ans eut une altercation avec son maître, lequel perdit son sang-froid et le fouetta. Le jeune homme fut si humilié par cette injuste punition, qu'il incendia la maison de son employeur et s'enfuit. On lança des mandats d'arrêt contre lui sous prétexte que, quel que fût le traitement qu'un maître faisait subir à son domestique, ce dernier devait l'accepter. Aussi, craignant d'être pendu, le rebelle quitta la Virginie et se réfugia dans le camp du Choptank.

Là, il excita quatre renégats en leur parlant de la révolution qui se déroulait en Virginie où les protestants brûlaient les maisons catholiques ; au bout d'un moment, l'un des chasseurs s'écria :

— Il y a une chapelle papiste à Devon Island, et un prêtre par-dessus le marché !

Des canoës, transportant cinq hommes surexcités, descendirent le fleuve ; le conflit que redoutait le père Ralph éclatait.

Ce fut un terrible affrontement et, pendant que s'échangeaient les coups de feu, Timothy Turlock douta de s'être rangé dans le bon camp. Néanmoins, son mousquet garda les assaillants à bonne distance de la maison de Steed mais, comme il s'était posté à une fenêtre du côté est où le groupe de débarquement lançait le premier assaut, il ne put protéger l'aile ouest près de laquelle se dressait la chapelle. Le père Ralph avait pris position devant l'autel ; lorsque les incendiaires s'avancèrent avec leurs brandons, il déchargea son mousquet, mais sans résultat.

Deux vigoureux chasseurs enfoncèrent la porte et le maîtrisèrent. Ils l'auraient tué tant les vêtements ecclésiastiques attisaient leur haine, mais Mrs. Steed appela au secours et Turlock se précipita ; trop tard cependant pour éviter l'incendie de la chapelle. En la voyant brûler, les attaquants éclatèrent en rugissements de joie et tentèrent de couronner leur victoire en anéantissant la maison des papistes, mais le tir résolu de Turlock et de ses compagnons les obligea à battre en retraite ; à l'aube, alors qu'une fumée épaisse montait de la chapelle, les vainqueurs regagnèrent leurs embarcations.

Malmené et secoué par l'assaut, le père Ralph réunit sa famille pour rendre grâce au Seigneur, mais Timothy et Tciblento n'assistèrent pas aux prières. Le fugitif avait lui aussi rassemblé sa famille et il embarquait ses deux fils dans le sloop ; lorsque, étouffant sa fierté, Henry se précipita pour le remercier de son aide, il répondit simplement :

— Au diable les catholiques.

Et il repartit pour son marais.

La bataille secoua le père Ralph. La perte de la chapelle dans laquelle il avait prié enfant lui portait un coup terrible, mais sa mère lui rappela que lord Baltimore avait mis les catholiques en garde contre toute manifestation publique de leur religion afin de ne pas susciter une opposition. Elle estimait que la chapelle avait été ostentatoire. Ralph était touché en particulier par le fait que le Maryland, colonie dont le propriétaire catholique avait autorisé la liberté du culte pour tous, fût le théâtre de persécutions à l'égard des catholiques. Pourtant, il n'était pas très sûr de sa position ; au plus fort du tumulte durant lequel il avait failli perdre la vie, il avait entendu ses ennemis protestants crier : « Voilà pour les trente mille malheureux que les sales papistes ont tués en Ulster ! »

A Rome, il avait entendu des rumeurs selon lesquelles les catholiques du nord de l'Irlande, opprimés par la tyrannie protestante, s'étaient révoltés et avaient massacré plusieurs milliers de leurs oppresseurs.

— Cette lutte fratricide va-t-elle se poursuivre éternellement ? demanda-t-il à ses frères.

Il rumina la question pendant plusieurs semaines, puis décida de se rendre à Jamestown afin d'affronter les agitateurs qui avaient répandu leur poison de l'autre côté de la baie. Son frère Paul l'accompagna dans l'espoir d'obtenir l'annulation du mandat d'arrêt lancé contre Timothy Turlock. Lorsqu'ils débarquèrent à Jamestown, ils apprirent que chacune de leurs requêtes pourrait être présentée au conseiller Matthew Maynard. Ils se rendirent donc chez celui-ci et l'imposant gentilhomme eut le souffle coupé lorsqu'ils apparurent. Il fut encore plus surpris de voir un prêtre catholique qui avait osé traverser la ville en soutane.

— Entrez, dit-il sans enthousiasme. Je crois que ma femme sera enchantée de vous rencontrer, ajouta-t-il avec un rien de malice.

Il envoya un esclave chercher Mrs. Maynard. Avant que l'un ou l'autre des frères ait eu le temps de présenter sa requête, la femme du conseiller entra ; une blonde superbe qui approchait de la soixantaine et portait une robe sans doute importée de Londres, pas voyante ni ostentatoire, mais faite dans une belle étoffe et joliment coupée.

— Je suis sûr que tu seras heureuse de connaître ces jeunes

gens, déclara le conseiller. Voici le père Ralph de Devon et son frère, Paul Steed.

Mrs. Maynard ne trahit aucune émotion, se contentant de prendre une longue inspiration. Elle ajusta le lourd tissu de sa robe et s'adressa à Ralph.

— Je suis heureuse de vous voir à Jamestown, après toutes ces années. Je suis Meg Shipton.

Ce fut Ralph qui rougit. En fait, il se mit à trembler et il se serait laissé tomber sur un siège s'il y en avait eu un à proximité. Il ne pouvait ouvrir la bouche et Paul, qui n'avait jamais entendu parler de Meg, fut stupéfait du comportement ahurissant de son frère.

— Je m'appelle Paul Steed, dit-il en tendant la main à la maîtresse de maison.

Voyant qu'elle ne la prenait pas, il se sentit désemparé. « Je suis venu trouver votre mari pour lui demander la grâce de Timothy Turlock.

— Et qui est ce Turlock ? s'enquit-elle avec hauteur.

— Un homme très brave qui a sauvé la vie de Ralph.

— Il vous a sauvé la vie, marmonna-t-elle avec une pointe de sarcasme en se tournant vers le prêtre. Évidemment, vous lui êtes redevable, ajouta-t-elle en quittant la pièce.

— En quoi puis-je vous être utile ? demanda Maynard avec juste assez d'onction pour rendre sa question offensante.

— Je vous demande d'abandonner les charges qui pèsent contre Timothy Turlock, dit Paul. Il s'est amendé et mène une vie honnête.

— Pourriez-vous m'éclairer sur les charges qui pèsent sur lui ?

— Je ne les connais pas exactement. Père ne nous a-t-il pas dit qu'il s'agissait d'une altercation avec Simon Janney ? demanda Paul à son frère, toujours hébété.

— Nous n'avons pas de Simon Janney ici, assura Maynard d'un ton glacial.

— Des accusations avaient été portées contre Timothy Turlock.

— Quand ?

— A quelle époque était-ce, Ralph ?

N'obtenant toujours pas de réponse de son frère, il hésita. « Cela doit remonter à neuf ou dix ans.

— Dans ce cas, il y a prescription, laissa tomber sèchement Maynard. Et vous, que désirez-vous, père Steed ?

Pendant la traversée qui l'amenait de Devon, Ralph avait préparé une supplique passionnée demandant que la Virginie cessât d'envoyer des agitateurs au Choptank, que la liberté fût accordée à sa famille, elle qui l'avait toujours octroyée aux autres ; mais son entrevue déconcertante avec Meg Shipton l'avait désarçonné, et il ne trouvait rien à dire au mari pompeux et déplaisant.

— Moi aussi, j'étais venu intercéder en faveur de Turlock.

— J'en prends note, assura Maynard.

Après une pause gênante, il se fit plus onctueux que jamais.

« Je pensais que vous désireriez peut-être porter plainte pour l'incendie de votre chapelle mais, puisqu'il s'agit d'une affaire privée intervenue sur un territoire revendiqué bien injustement par le Maryland, je ne vois pas quelles raisons j'aurais de vous écouter.

Il se leva, mettant ainsi fin à l'entretien ; sans même avoir pu présenter leur cas de façon cohérente, les deux frères se retrouvèrent dans la rue.

Ralph était si troublé par sa rencontre avec les Maynard qu'il n'était d'aucune utilité à son frère. Il avançait, hébété, et quand Paul lui proposa d'aller se restaurer, il fut incapable de répondre de façon sensée. Ils regagnèrent leur ketch où les domestiques avaient préparé le repas, et Paul mangea pendant que son frère gardait les yeux rivés sur le fleuve. Finalement, après avoir renvoyé les hommes d'équipage, Paul lui demanda sans aménité :

— Ralph, que se passe-t-il ?

— Cette femme... Mrs. Maynard...

— Elle t'a traité avec dédain, mais qu'importe ?

— C'est ma mère.

Ce fut au tour de Paul de s'abîmer dans le silence. Il regarda son frère, bouche bée, comme si Ralph venait de profaner un sanctuaire, et ne trouva pas de mots pour exprimer sa stupeur.

« Oui, reprit le prêtre. Meg Shipton. Je me suis souvent demandé...

Paul ne parvenait pas à comprendre les infinies complications humaines révélées par cette rencontre. Quand son frère tenta de les lui expliquer — les ventes d'épouses, le renoncement, les années de solitude à Devon, la fuite, le courage de leur mère et la force de caractère de leur père — il leva les mains. C'était monstrueux, et plus il réfléchissait à ce que tout cela impliquait, plus la colère le gagnait. En tant que médecin, il était habitué à des situations spécifiques et il avait appris à y parer de son mieux ; or, la conduite de Mrs. Maynard était abominable et il ne la tolérerait pas.

Abandonnant Ralph, toujours hébété, à bord du ketch, il courut jusqu'à la maison du conseiller et exigea de voir les époux Maynard.

— Je veux une attestation écrite de relaxe au nom de Timothy Turlock, hurla-t-il à l'adresse du conseiller. Et je veux que vous parliez à mon frère comme une chrétienne qui se respecte, continua-t-il en se tournant vers Mrs. Maynard.

— Jeune homme...

— Et si vous refusez, j'apprendrai la vérité à tout Jamestown et à toute la Virginie.

Les Maynard ne savaient pas très bien ce que recouvrait l'ultimatum, la relaxe ou la mise en demeure de se conduire en chrétienne, et le conseiller chercha une échappatoire dans quelque mot d'esprit, mais Paul tendit brusquement le bras et lui agrippa le poignet.

« Vous avez une minute, monsieur, pour envoyer chercher mon frère à bord de notre bateau. Une minute.

Comprenant qu'il avait affaire à un individu résolu, Mr. Maynard dépêcha un esclave pour aller chercher le prêtre. Entre-temps, il rédigea une déclaration relevant Timothy Turlock de son contrat et l'innocentant des actes délictueux commis sur la personne de son maître. Puis, Ralph apparut, échevelé, dans un appareil peu digne d'un prêtre.

— Mrs. Maynard, dit Paul, voici votre fils, Ralph.

— Je suis heureuse de vous voir après votre séjour à Rome, marmonna-t-elle, glaciale.

Ce fut une scène pitoyable. Aucun des protagonistes ne semblait capable d'émettre une parole sensée et, après plusieurs essais infructueux pour réconcilier mère et fils, Paul céda à la colère.

— Allez au diable tous les deux...

— Je pourrais vous faire arracher la langue pour blasphème, l'avertit Maynard.

— Allez au diable tous les deux, répéta Paul.

Pendant le long voyage de retour, Ralph demeura sans mot dire, les yeux fixés sur l'eau sombre. Après avoir vainement tenté de consoler son frère, Paul le laissa seul mais, la veille de leur arrivée à Devon, alors que le sommeil le fuyait, il crut entendre un déclic et se précipita à l'avant où il trouva son frère qui s'apprêtait à se faire sauter la cervelle.

— Ralph ! s'écria-t-il, terrifié.

L'acte que le jeune prêtre se proposait de commettre constituait un effroyable péché contre Dieu et l'humanité. Paul lui tordit le poignet, le repoussa, le gifla, l'injuria.

Ralph ne disait mot ; il semblait ne pas se rendre compte de ce qui venait de se passer, mais il se laissa désarmer. Dès que le ketch fut amarré à la jetée, les deux frères débarquèrent et montèrent le chemin comme des hommes vieillis, courbés par le poids de secrets trop affreux pour être partagés. Ils ne pouvaient rapporter à leur mère la scène indécente avec Meg Shipton de crainte de la peiner, ni en faire part à Henry qui ignorait que Ralph était son demi-frère. Ils pouvaient seulement produire le document libérant Turlock et, quand Henry proposa d'aller jusqu'au marais pour le remettre au fugitif comme preuve de leur reconnaissance, ils furent incapables de montrer le moindre intérêt ni pour Turlock ni pour sa grâce.

Dès lors, le père Steed se consacra corps et âme à son ministère sur la côte orientale, s'enfonçant seul dans les régions les plus dangereuses de la péninsule, vivant sans crainte au milieu des Indiens et des renégats, célébrant mariages et baptêmes dans les lieux les plus hostiles et, en de rares occasions, consacrant quelque pièce secrète dans une pauvre maison pour servir de chapelle. La côte orientale ne compterait jamais beaucoup de catholiques ; ceux-ci se trouvaient dans les villes, de l'autre côté de la baie, mais tous ceux qui bravaient la nature sauvage révéraient le père Steed, le considérant comme leur conscience et leur espoir.

Au cours de ces années, les rides de son visage se creusèrent ; il se préoccupa de moins en moins de sa mise. Et lorsqu'en raison de sa piété on lui proposa de s'installer à Saint Mary's City pour y exercer son ministère auprès des familles de notables, il déclina l'offre.

— Je suis chez moi le long des rivières de l'arrière-pays, expliqua-t-il.

Quel charme le marais détenait-il pour ensorceler l'homme ? Quand Timothy Turlock eut en main la preuve qu'on ne le ramènerait pas à Jamestown pour l'y pendre et que son droit de propriété ne pouvait lui être contesté, elle lui insuffla un regain de courage dont personne, connaissant son passé de petit voleur, ne l'aurait cru capable.

— Tcib ! s'écria-t-il dès que le ketch des Steed fut reparti, nous tranquilles !

Il dansa une gigue, empoigna ses fils, en mit un sous chaque bras et se rua vers l'endroit où s'amorçait le marais.

« Le perdez… jamais ! s'écria-t-il avec un mouvement de son menton mal rasé en direction des roseaux et des entrelacs de bras d'eau.

Turlock avait enregistré quelques progrès dans sa façon d'apprécier le marais depuis les premiers temps où il l'avait considéré comme une cachette convenant aux animaux et à lui-même. Maintenant, il voyait en lui un empire, une réserve de richesses considérables, peuplée d'animaux plus grands et de poissons plus savoureux. Il ne se préoccupait pas d'établir une distinction entre les divers ajoncs et les variétés de minuscules crabes non comestibles, pas plus qu'il n'avait les connaissances voulues pour comprendre la façon dont ces fragments de vies dissemblables se fondaient, se soutenant l'une l'autre ; ces notions compliquées ne se feraient pas jour avec son siècle. Mais il comprenait que le marais constituait une sorte d'État en marge d'où il pouvait narguer les Steed et tous ceux qui chercheraient à l'enchaîner dans leur monde ordonné.

En sûreté à l'intérieur de ces limites, il se sentait dans la peau d'un empereur. Il s'était construit un petit canot, guère plus étanche que la chaloupe qu'il avait assemblée pour Janney et, les orteils dans l'eau qui filtrait entre les bordages, il aimait se glisser le long des rivières cachées qui découpaient le marais en principautés ; tout en progressant d'un monticule à l'autre, il observait les diverses formes de vie.

Les chevreuils abondaient. Il évitait de les abattre à l'intérieur du marais, comme s'il reconnaissait aux bêtes le droit d'y trouver refuge comme lui ; il chassait les chevreuils à l'intérieur des terres, dans les bois ; il s'intéressait aussi aux rats musqués et il les observait quand ceux-ci bâtissaient leurs gîtes coniques.

Il aimait les tortues bigarrées ; elles n'étaient pas comestibles comme les terrapins qu'il attrapait chaque fois qu'il en avait la possibilité, et peut-être était-ce cette inutilité qui valait à cet animal au pas lent une place particulière dans son affection car il lui arrivait souvent de penser que lui aussi n'était bon à rien.

Il aimait le coassement des grenouilles et il rit quand ses fils crurent que celui-ci était émis par un gros oiseau.

— Grenouilles, leur expliqua-t-il.

Et il fallut qu'il en attrapât quelques-unes et qu'il montrât la façon dont ces bestioles visqueuses émettaient leurs cris provocants pour que ses fils le croient. Il s'identifiait aux pygargues qui piquaient pour chaparder le poisson, de la même façon qu'il se faufilait pour commettre quelque menu larcin ; c'était un oiseau magnifique, impétueux et résolu et, parfois, lorsqu'il le voyait frôler les bouquets d'herbes du marais, il songeait qu'il aimerait être un tel oiseau.

— Oh ! criait-il à ses fils. Regardez-le plonger !

Et il se réjouissait quand le pygargue s'envolait, un poisson frétillant dans le bec.

Il scrutait rarement la vie des petites espèces qui gardaient le marais en état et il ne comprenait pas leurs rapports avec la végétation. Escargots et méduses ne l'intéressaient pas, mais il y avait une créature qui ne manquait jamais d'enflammer son imagination : la grande oie qui arrivait en octobre pour obscurcir le ciel et régner sur les cours d'eau. Elle était le symbole de la grandeur du marais, la promesse de son abondance.

Au moment où les journées se faisaient plus courtes, il disait à ses fils :

— Bientôt, maintenant.

Dès lors, chaque matin, il humait le vent, et il devinait à deux jours près le moment où les grands oiseaux se profileraient, emplissant l'air de leurs cris rauques et de leurs véhémentes discussions pendant qu'elles choisissaient un endroit pour atterrir ; lorsqu'elles se décidaient enfin pour son marais, il se ruait vers elles comme s'il voulait les étreindre car elles partageaient son refuge et, comme le chevreuil, ne risquaient pas un coup de fusil tant qu'elles y demeureraient.

Un jour, étreint par une vive émotion au retour des oiseaux, il jeta les bras en l'air au moment où ils amorçaient leur descente.

— Où étiez-vous ? s'écria-t-il.

Mais ce furent ses fils qui l'entendirent, pas les oies, et il éprouva de la gêne à cause de sa conduite ridicule. Il sauta dans son bateau, et rama furieusement pour s'enfoncer dans les lointains chenaux où abondaient les plantes dont les oies étaient friandes, et il trouva les nouvelles venues qui se repaissaient. Il les observa tout au long de la froide journée.

A cette époque, et longtemps par la suite, l'ensemble du bassin de la Chesapeake ne comptait que deux villages de colons, lesquels avaient une vocation plus administrative qu'économique. Jamestown servait de capitale à la Virginie, Saint Mary's City au Maryland, mais dès que furent découverts des emplacements plus appropriés — Williamsburg et Annapolis —, les agglomérations initiales disparurent presque totalement, prouvant qu'elles n'avaient aucune autre fonction.

Sur la côte orientale, cette situation était encore plus frappante, et on ne devait y voir ni villes ni villages jusqu'à la fin du siècle ; même des établissements célèbres comme Oxford, Cambridge et Easton ne viendraient que beaucoup plus tard, ce qui était normal car les colons ne se fixaient qu'à la pointe des presqu'îles ; comme les fermiers qui occupaient ces promontoires vivaient en autarcie, ils n'avaient pas besoin de centres commerciaux, qu'ils n'auraient d'ailleurs pas eu la possibilité d'atteindre par route s'ils avaient existé. En effet, à ce stade, on ne pouvait relier les diverses presqu'îles par des chemins qui auraient dû traverser des marais, des forêts denses et de larges rivières. Chaque famille vivait sur ses propres ressources.

Cependant, quand s'accroît le nombre des hommes, les villes commencent mystérieusement à se constituer et, dès 1650, les prémices d'une communauté apparurent sur les rives du Choptank. Chasseurs et autres déracinés continuaient à apprécier les facilités offertes par les ruines du village indien de Patamoke avec son merveilleux port naturel permettant un accès facile à la baie en fournissant une protection sûre contre les tempêtes. Parfois, l'emplacement était occupé quatre années durant, puis abandonné pendant les trois ans qui suivaient.

Les Steed observaient avec attention ce qui se passait à l'emplacement du village indien ; en bons commerçants, ils pensaient que le négoce pourrait un jour s'y développer et ils tenaient à le contrôler. Par deux fois, Henry Steed vint mouiller dans le port naturel pour se rendre compte de l'état de l'endroit, se demandant si le moment était venu de créer là une sorte de comptoir ; il comprenait que les colons qui s'installaient sur les presqu'îles jalonnant le fleuve préféreraient rallier un point central en bateau plutôt que d'effectuer tout le trajet jusqu'à Devon Island.

— Pour le moment, il n'y a pas encore assez de monde pour justifier la création d'un comptoir, mais ça ne saurait tarder.

La façon dont il agit au lieu d'ouvrir précipitamment le comptoir projeté prouvait son discernement.

— Paul, il faut que tu traverses la baie et que tu ailles parler au gouverneur.

Une fois les entretiens achevés, les Steed possédaient des patentes leur attribuant le port naturel et les vastes terres alentour.

— Maintenant, de quelque façon qu'évolue la situation, nous serons dans une excellente position, annonça Henry à sa famille.

Malgré l'extension que prenait l'entreprise familiale, Mrs. Steed n'était pas tranquille. En 1638, elle avait repoussé les revendications de Janney sur les champs du nord, mais elle n'avait pas réglé la question du point de vue légal, et avertit ses fils :

— Arrangez-vous avec Janney avant qu'il ait vent de notre prospérité.

Une fois de plus, Henry et Paul s'embarquèrent sur le ketch à destination de Jamestown ; ils emportaient une étrange denrée. Les espèces étaient extrêmement rares, et personne ne se rappelait avoir vu circuler des pièces sur les rives du Choptank, et ce pour une bonne raison : Henry Steed avait accaparé toutes celles qu'il pouvait trouver. Il avait en secret accumulé un bon nombre de pièces espagnoles et françaises, sans compter quelques shillings, et c'est avec ces monnaies qu'il comptait appâter Janney.

En débarquant à Jamestown, ils apprirent que le rude petit paysan occupait toujours sa misérable plantation en amont et ils remontèrent la James River jusqu'à la jetée, mais celle-ci était dans un tel état de délabrement qu'ils préférèrent ne pas s'y amarrer. Ils mouillèrent dans le fleuve, gagnèrent la terre à l'aviron et se rendirent dans le taudis où vivaient Janney, sa femme édentée et leur fille mal nourrie. A leur vue, Henry pensa : « Dès que nous aurons mentionné les espèces sonnantes et trébuchantes, la négociation ira bon train. » Mais Janney se révéla retors.

— Je devrais connaître les champs en question puisqu'ils sont à moi.

— Je crois que les titres sont au nom de mon père.

— Usage vaut titre.

— Il y a peut-être du vrai dans ce que vous dites.

— Surtout que j'ai une preuve écrite.

— Vraiment ? demanda prudemment Henry.

— Des lettres, rétorqua Janney en jetant un coup d'œil à sa femme pour qu'elle confirmât ses dires.

— Les lettres ne prouvent rien, déclara Henry. Vous savez que j'ai fait des études de droit.

— Alors, vous devez savoir ce que c'est qu'un contrat, répliqua Janney.

Pendant une heure, ils firent assaut d'arguments jusqu'à ce que Paul manifestât son impatience.

— Je ne crois pas que Simon Janney dispose d'une preuve quelconque, dit-il d'un ton péremptoire.

— Mais Henry le croit. N'est-ce pas, Henry ?

— Je pense que vous pourriez élever des revendications très contestables. Difficiles à prouver, mais susceptibles de nous gêner devant un tribunal.

— Surtout un tribunal virginien.

— Je propose que nous réglions cette affaire. Sur-le-champ.

— Avec quoi ? demanda Janney.

— Avec de l'argent. Sonnant et trébuchant.

Il insistait sur la nature du paiement afin d'impressionner Janney en lui faisant miroiter de véritables espèces ; mais il ne s'attendait pas à la réaction du petit paysan. Le rusé planteur consulta sa femme et sa fille d'un coup d'œil : elles opinèrent. Il souleva une lame du plancher, extirpa un grand pot de terre qu'il renversa sur la table ; un flot de pièces européennes, deux fois plus important que celui accumulé par les Steed, se déversa. Il palpa les monnaies avec amour et fierté.

— Nous comptons acheter une propriété sur le Rappahannock. Nous y pensons depuis des années. Alors, si vous êtes sérieux quand vous prétendez vouloir libérer vos titres, et vous devriez l'être...

Il fit tinter les pièces dans sa main.

— Combien voulez-vous ? demanda froidement Henry.

— Il faudrait que je signe vos papiers, n'est-ce pas ?

— Oui.

— Je les signerai, et ma femme apposera sa marque et ma

fille Jennifer signera. Vous serez débarrassé de nous à tout jamais.

Il hésita et chacun retint son souffle.

« Si vous ajoutez un bon nombre de pièces aux nôtres...

Sans hésitation, Henry Steed tira sa bourse, la retourna et en déversa le contenu sur la table.

— Je crois qu'il y en a un bon nombre.

— Je le crois aussi, dit Janney.

Et la renonciation aux terres fut signée.

— C'était risqué, dit Paul avec admiration pendant le voyage de retour.

— Pas tellement, rétorqua Henry. J'avais gardé la moitié de nos pièces cousues dans ma ceinture.

Il parut s'abîmer dans la réflexion.

« Ce qui importe, c'est que désormais nos patentes soient nettes, et il faut que nous les gardions toujours ainsi. Pas d'hypothèques, pas de prêts et, par-dessus tout, mon cher frère, pas d'emprunts à Fithian. Promets-moi de ne jamais commander à Londres un article que tu ne puisses payer. Marcus Fithian est l'homme le plus intègre qui soit. Je lui fais confiance pour chacune des feuilles de tabac que nous lui confions, et ses comptes sont tenus avec honnêteté mais, pour l'amour de Dieu, ne soyons jamais ses débiteurs.

Il avait rencontré Fithian à Londres pendant ses études de droit ; l'Anglais comptait une année de plus que lui et infiniment plus de sagesse. Il descendait d'une famille qui s'était toujours spécialisée dans le financement d'entreprises commerciales, ses ancêtres avaient connu les Fugger et les Medicis sans jamais en avoir pâti. Les deux jeunes gens s'étaient rencontrés en 1636 et, durant cinq mois, Marcus Fithian avait soutiré à Henry tous les renseignements qu'il possédait sur les colonies, heureux d'apprendre qu'Henry s'était arrêté à Boston en se rendant à Londres et avait pu observer par lui-même la prospérité de cette ville. Mais Henry répétait constamment :

— Les véritables fortunes s'édifieront le long des cours d'eau de Virginie.

Afin de vérifier cette opinion, Fithian n'avait pas hésité à effectuer un fastidieux voyage à bord d'un bateau transportant du tabac jusqu'au York et au Potomac, et il avait saisi la chance d'une association industrielle dont bénéficieraient à la fois le lointain planteur aux colonies et le courtier à Londres.

Sans qu'il se montrât cupide, quatre grandes plantations lui étaient déjà tombées entre les mains parce que leurs propriétaires insouciants avaient commandé à Londres plus de marchandises qu'ils n'en pouvaient payer avec le tabac qu'ils expédiaient de Virginie. Fithian ne se livrait à aucune activité délictueuse, à rien qui pût prêter aux soupçons ; il se contentait d'exécuter les ordres et d'établir des comptes minutieux, et lorsque ceux-ci devenaient débiteurs, il faisait saisir les plantations. Jamais il ne tenta de les exploiter personnellement ; il savait qu'il n'était pas qualifié pour cette tâche difficile.

— Je serais incapable de connaître la valeur d'un seul esclave ou même d'un champ de tabac avant la récolte, admettait-il.

Dès qu'il devenait propriétaire en titre, il envoyait l'un de ses subordonnés aux colonies afin que celui-ci découvrît le meilleur planteur disponible et il lui vendait la terre à un prix très avantageux, espérant être chargé des comptes du nouveau propriétaire pour les cinquante années à venir. Ce fut pour continuer cette politique qu'en 1651 il écrivit à son ami Henry Steed :

> Mon cousin Lennox a passé trois semaines le long de vos fleuves, et il m'informe que le fermier Simon Janney est travailleur, digne de confiance, et parfaitement au fait de tout ce qui touche au tabac. Confirmez-vous son avis ? Récemment, il m'est échu une vaste propriété sur la rive gauche du Rappahannock que Lennox juge apte à la culture, si elle tombait entre les mains du planteur compétent. J'envisage de la vendre à Simon Janney pour un prix très en dessous des cours actuels dans l'espoir qu'il puisse s'y établir. Soyez assez aimable pour me faire connaître votre opinion par le capitaine de ce navire. Est-il capable de payer un prix raisonnable ? Fera-t-il face à ses engagements ? Peut-il faire rendre à cette terre tout ce qu'on est en droit d'en attendre ?

Steed répondit par un oui catégorique à chacune de ces questions et ajouta : « En ce qui concerne la terre, Simon Janney est presque aussi digne de confiance qu'un Steed », certain qu'il était que la propriété du Rappahannock passait en d'excellentes mains.

Mais constamment, il revenait à son principe de base qu'il réitérait auprès de sa mère et de ses frères : « N'empruntez jamais un centime à Londres. » Sous tous les autres rapports, la famille faisait confiance à leur associé lointain ; celui-ci leur expédiait des étoffes de Flandre, des cristaux de Bohême ou des livres d'Angleterre selon leur désir. Il prenait des dispositions pour leurs voyages, confiait leur crédit aux banques voulues, et en savait toujours plus qu'eux-mêmes sur leurs propres affaires. Il était l'associé absent de leurs fêtes, l'homme le plus digne de confiance parmi leurs relations. Les Steed travaillaient sur un fleuve de la côte orientale et s'en nourrissaient mais, par l'esprit, ils habitaient à Londres grâce à la responsabilité et l'intégrité de Marcus Fithian.

D'autres difficultés inévitables se faisaient jour. Les Nanticokes s'étaient comportés prudemment lorsque les premiers Blancs avaient envahi leur ancien territoire ; ils s'étaient retirés, laissant les nouveaux venus s'installer sur les emplacements les moins recherchés des rivières du sud, et il n'y avait pas eu d'affrontement. Mais quand de nouveaux envahisseurs traversèrent la baie et s'enfoncèrent en amont des fleuves pour s'approprier les meilleurs terrains de chasse, la pression devint insoutenable.

Sept escarmouches de peu d'importance ternirent les relations pendant ces années, et il y en aurait eu davantage si les Nanticokes étaient parvenus à convaincre les Choptanks de se joindre à eux.

— Nous ne sommes pas un peuple guerrier. Nous vivons en paix avec nos Blancs, déclarèrent les Choptanks.

Et aucun argument ne put les faire changer d'avis.

Cette attitude ne leur concilia pas pour autant l'estime des Blancs ; pour ceux-ci, un Indien était un Indien et, quand un véritable combat intervint dans le territoire nanticoke, les colons installés le long du Choptank jugèrent qu'ils ne tarderaient pas à constituer la prochaine cible ; par anticipation, ils commencèrent à faire feu sur tout Indien qu'ils repéraient. Ils se virent encouragés en cela par un sévère édit promulgué par le gouvernement :

AVIS A TOUS LES CITOYENS

Les Indiens nanticokes ont été déclarés ennemis de notre territoire et, en tant que tels, ils doivent être pourchassés par tous et de toutes les manières.

Cette incitation à la violence eut pour résultat un conflit sporadique au cours duquel les Blancs repoussaient tout Indien s'efforçant d'établir un contact avec un quelconque établissement ; désorientés, les Choptanks descendaient le fleuve pour implorer la paix et, avant même qu'ils eussent débarqué, se voyaient accueillis par des coups de feu ; ils battaient en retraite dans la confusion. A l'une de ces occasions, le fils aîné de Tciblento — un Indien pur sang — fut tué, et lorsque les coureurs vinrent dans la hutte de Turlock pour annoncer la nouvelle à Tciblento, celle-ci les reçut avec indifférence.

— Hatsawap a été tué par des Blancs.

— Qu'avait-il fait ?

— Rien. Il était venu parler de paix.

Elle ne réagit pas à cette triste nouvelle ; elle resta accroupie dans ses haillons, oscillant sur les talons d'avant en arrière.

« Tciblento, dirent les coureurs, tu dois parler aux hommes blancs. Nous ne sommes pas en guerre avec eux.

— Mais ils sont en guerre avec nous, répliqua-t-elle.

Ils parlèrent longtemps, se rappelant les jours meilleurs, et quand Turlock revint de la chasse dans le marais, sombre et sale, il voulut connaître la raison de la visite des Choptanks.

— Le fils de Tciblento a été tué par un tireur blanc, expliqua l'un d'eux.

— Ils seront tous tués, répondit-il.

Tciblento opina. Elle fit cuire un raton laveur pour les coureurs qui repartirent bientôt.

Dans la forêt, les combats continuèrent parce que les Nanticokes n'avaient pas l'intention de se laisser déposséder par les Blancs. Ils firent preuve d'astuce pour dresser des embuscades et rendirent la vie difficile aux colons de l'intérieur des terres ; aussi, en décembre 1652, le gouvernement lança-t-il le fameux ordre draconien qui fut à l'origine de leur élimination :

> Les Nanticokes et leurs alliés constituent un danger pour la colonie et doivent être amenés à la raison. Déclarez-leur la guerre avec toutes les forces dont vous disposez. Il nous appartient de les vaincre, de les anéantir, de les dépouiller,

de les tuer ou de les faire prisonniers. Agissez de la sorte avec tous ceux que vous rencontrerez. Mettez-les à mort ou capturez-les vivants, selon votre bon plaisir. Aucune trêve ne peut être envisagée.

Sur quoi, les chasseurs rassemblés à Patamoke connurent leur jour de gloire. Ils se cachaient derrière des arbres le long de pistes connues et, chaque fois qu'apparaissait un Indien, homme ou femme, ils ouvraient le feu. Les forêts furent rougies du sang des Indiens et des incendies détruisirent des villages qui n'avaient jamais connu la guerre.

Le carnage fut particulièrement ressenti par les Choptanks désorientés, eux qui n'avaient jamais rien fait qui pût justifier ces effusions de sang. Au cours de toute l'histoire du peuple choptank, aucun Indien n'avait jamais tué un Blanc et il était résolu à ne jamais le faire, ce qui n'empêchait pas qu'on le chassât comme un écureuil. Le deuxième fils de Tciblento, le grand Ponasque, sage comme son grand-père, partit avec un compagnon dans un canoë ; tous deux descendirent le fleuve pour prêcher la modération mais, au moment où leur embarcation contournait le promontoire est de Patamoke, trois chasseurs les repérèrent. Visant avec soin les jeunes gens, qui n'avaient aucune possibilité de s'enfuir ou de se protéger, ils ouvrirent le feu.

La première salve se révéla trop courte.

— Plus haut ! cria le chef des chasseurs.

Ils rectifièrent le tir et les balles allèrent se perdre au-dessus du canoë.

« Un peu plus bas !

Et, lors de la troisième fusillade, les projectiles atteignirent l'Indien qui se trouvait à l'avant ; il s'affaissa.

Deux des chasseurs poussèrent des cris de joie, mais leur chef les calma :

« C'est une ruse ! Tirez encore !

Et les chasseurs tirèrent jusqu'à ce que Ponasque s'écroulât aussi. Le canoë fut percé par tant de balles qu'il coula avec les cadavres.

L'un des chefs indiens se glissa à travers bois pour aller plaider la cause de son peuple auprès de Turlock. Après qu'il eut informé Tciblento de la mort de son deuxième fils, nouvelle qui la laissa aussi insensible que la première fois, l'homme se tourna vers Turlock.

— Que devons-nous faire ? demanda-t-il.

— Rester à couvert. Moi, garde Tcib.

— Nous mourrons de faim.

— Peut-être... Tcib... aussi.

— Combien de temps durera cette chasse ?

— Un an. Après... fatigués.

— Turlock, allons jusqu'à la ville et prouvons à tous que nous voulons la paix.

— Ils... te tireront... dessus. Et sur moi aussi.

— Tu les connais, Turlock. Que pouvons-nous faire ?

— Rien.

Il avait raison. Au cours de ces terribles années de génocide, rien de ce qu'auraient pu faire les Choptanks ne pouvait persuader les Blancs qu'ils étaient différents. La ruée pour la terre avait commencé, qui faisait des Indiens des obstacles dressés contre les ambitions des nouveaux venus. Dès lors, aucune trêve ne pouvait être conclue.

Les petits Indiens s'enfonçaient dans la forêt à la recherche de chevreuils, mais c'étaient eux qui devenaient gibier. Des enfants s'éloignaient pour jouer — rien ne pouvait les en empêcher —, et se transformaient en cibles d'un jeu de mort. Les chasseurs blancs poussaient le même cri de joie quand ils abattaient un garçon de sept ans que lorsqu'ils éliminaient une femme de soixante-dix ans, et toujours le périmètre était repoussé, repoussé jusqu'à ce que les survivants se blottissent dans leurs huttes comme Tciblento se recroquevillait dans la sienne.

En 1660, quand Timothy Turlock eut cinquante-deux ans, il apprit une nouvelle qu'il mit à profit, et les dernières années de sa vie en furent quelque peu adoucies. L'existence qu'il menait dans le marais n'était pas des plus faciles ; certes, la nourriture ne manquait pas, mais s'il avait besoin de l'outil le plus simple, il lui était impossible d'acquérir la marchandise exigée pour le troc. Il ne voyait jamais d'espèces. Sur une période de neuf ans, il ne toucha pas la moindre pièce, excepté le jour où il vola un pot recelant un shilling. Aussi, au fil des ans, il avait dérobé un stupéfiant assortiment d'objets. Chaque fois qu'il s'approchait d'une plantation, ses yeux fureteurs se posaient invariablement sur les outils ou autres articles qu'il pourrait s'approprier au cours d'une visite ultérieure, et un magistrat put dire de lui :

— Si Turlock était en route pour le gibet, ses yeux se vrilleraient sur ce qu'il pourrait voler sur le chemin du retour.

Miraculeusement, la chance tourna : des loups envahissaient la péninsule et on offrit des primes pour les exterminer.

> Pour chaque loup tué, les commissaires du comté accorderont des attributions de poudre et de balles plus cent livres de tabac. La patte avant droite et la partie droite de la mâchoire fourniront la preuve de la mort de l'animal.

Turlock s'engagea à fond dans l'action. Il parcourut les forêts du nord au sud, détruisant les sauvages prédateurs. Il devint d'une telle habileté pour suivre les bêtes à la trace et les tuer que les citoyens, admirateurs de ses prouesses, ayant le sentiment que leurs troupeaux couraient moins de risques lorsqu'il se trouvait dans les parages, disaient :

— Turlock réussit là où d'autres échoueraient parce qu'il vit comme un loup, et pense comme lui.

Ils ignoraient que le rusé Timothy Turlock avait mis au point, avec l'aide de ses deux fils, une stratégie qui lui permettait de détourner la loi à son profit.

— Stuby, très fort dans les bois, dit le père lors de la première réunion visant à élaborer leur tactique.

Et il ne se trompait pas. Stuby devait son nom à un chasseur de Patamoke qui avait dit : « Ce garçon a l'air complètement stupide. »

A treize ans, il était un homme des bois accompli ; il avait hérité de la ruse de son père et de l'amour de son grand-père Pentaquod pour la vie de la forêt. Il aimait la profonde sérénité de cette terre, la façon dont les animaux la traversaient, et le vol des oiseaux à la recherche de graines. Il était bien meilleur chasseur que son père et détectait souvent la présence de loups alors que Timothy n'en était encore qu'à tripoter son mousquet.

— Silence ! intimait Timothy comme un maréchal à ses troupes.

Mais Stuby se contentait de désigner l'endroit où se tenait le loup et, quand tous faisaient feu, c'était sa balle qui tuait le prédateur.

— Stuby reste bois, disait Turlock. Charley surveille ville.

Ses fils ne pouvaient percer son projet, mais quand ses yeux chassieux s'étrécissaient en deux fentes et que sa grimace dévoilait des dents brunâtres, les jumeaux savaient que de bonnes idées mijotaient.

— Charley découvre où on enterre loups.

Et Charley comprit ! Avec un sourire aussi malfaisant que celui de son père, il dit :

— La nuit, je déterre pattes... mâchoires.

A ces mots, les trois Turlock gloussèrent, sachant qu'ils venaient d'ouvrir une porte menant à d'inépuisables richesses : Tim et Stuby tueraient les loups et livreraient les preuves aux autorités pour obtenir les primes et, dès qu'elles auraient été enterrées, Charley irait les récupérer pour qu'elles puissent être de nouveau produites et ainsi de suite. Les Turlock allaient de la sorte acquérir quantité de tabac.

Lors d'une incursion dans le nord, la chasse s'avéra infructueuse. Stuby lui-même ne parvenait pas à repérer les loups, aussi son père et lui s'enfoncèrent-ils plus avant que jamais, ce qui ne les inquiéta guère puisqu'ils puisaient leur subsistance des ressources de la terre là où ils se trouvaient, et couchaient n'importe où quand tombait la nuit ; quelques branches de pin, un feu dans un creux et au matin un peu d'eau froide sur la figure. Pourtant, un jour au réveil, Stuby prévint son père :

— Là-bas, peut-être maisons.

Lorsqu'ils eurent encore parcouru plusieurs kilomètres sans trouver de loups, ils aperçurent un groupe de maisons édifiées par des Suédois, vingt ans auparavant, quand ce peuple s'efforçait de s'implanter dans le Nouveau Monde. D'un naturel soupçonneux, les Turlock surveillèrent les lieux durant plusieurs heures, et s'assurèrent qu'hommes et femmes menaient là une existence ordinaire ; vers midi, ils émergèrent de la forêt, traversèrent une terre récemment labourée et hélèrent les habitants de l'endroit.

De nombreuses personnes sortirent des maisons et, bientôt, nos deux chasseurs furent entourés de solides paysans et de leurs épouses qui s'exprimaient dans une langue inconnue de Turlock. Finalement, on fit appel à un garçon qui avait navigué sur un bateau anglais, un jeune homme blond de l'âge de Stuby, à la langue bien pendue.

— Nous sommes hollandais. Nous venons des nouveaux Pays-Bas. Et nous avons fait mordre la poussière aux Suédois.

— Qu'est-ce que c'est les Suédois ?

Quand sa question fut traduite, les paysans gloussèrent et un homme poussa devant lui une jeune femme fortement charpentée à la chevelure du blond le plus pur que Timothy eût jamais vue.

— Voilà une Suédoise, dit l'interprète.

Et Turlock, crasseux et barbu, sourit à la blonde créature.

Ils demeurèrent au village hollandais pendant six jours, accablant l'interprète de leurs questions et, pour une raison que le jeune Stuby ne parvenait pas à percer, son père ne cessait d'affirmer qu'à Patamoke les conditions étaient bien meilleures qu'elles ne l'étaient en réalité et sa maison bien supérieure à la hutte dans laquelle il vivait avec Tciblento. Quand vint le moment du départ, Stuby comprit la raison de ces exagérations. Dans les bois, campée sur la piste menant au Choptank, attendait Birgitta, la Suédoise. Par signes expressifs, elle fit comprendre que, si être domestique auprès des Suédois s'était révélé dur, avec les Hollandais ç'avait été l'enfer. Quand le trio s'enfonça sous les arbres, elle jeta un dernier coup d'œil à sa prison, esquissa un geste obscène et débita ce que Stuby prit pour un chapelet de jurons suédois.

Ils avancèrent rapidement de crainte que les Hollandais ne tentent de récupérer leur bien. Pendant deux jours, ils s'épuisèrent de la sorte ; enfin, à la tombée de la nuit, ils s'effondrèrent, brisés par la fatigue. Mais le troisième jour, ils s'estimèrent hors de danger ; Stuby marchait en éclaireur dans l'espoir de dépister les loups, souci qui ne préoccupait guère son père. Le soir venu, Timothy proposa que son fils couchât seul à l'écart, puis il choisit un endroit discret pour dormir avec Birgitta.

La distance séparant le père et le fils se révéla insuffisante ; toute la nuit, Stuby entendit d'étranges bruits, de grands éclats de rire, des mots bredouillés en choptank et en suédois. Quand le jour se leva, le trio reprit sa marche à travers bois. Pour la deuxième fois de sa vie, Turlock s'était attiré l'affection d'une femme sans même lui faire la cour, sans connaître plus de dix mots de sa langue. Il en était capable parce qu'il existait à un niveau primitif, dans une société primitive où les actes étaient plus significatifs que les mots ; ses facultés animales se manifestaient par de multiples signes, et deux femmes s'étaient montrées prêtes à miser leur existence sur sa capacité de survie.

Lors du trajet de retour, la Suédoise et lui devinrent de solides compagnons ; ils s'amusaient beaucoup ensemble, jour et nuit, en dépit de leur différence d'âge car elle n'était que de peu l'aînée de ses fils, et Stuby comprit qu'ils n'avaient pas l'intention de se séparer. Il n'éprouva donc guère de surprise devant ce qui se produisit lorsqu'ils atteignirent le marais. Son père s'avança vers la hutte, martela la porte à coups de poing et cria :

— Tcib ! Dehors !

La grande Indienne, fine et digne dans ses haillons, s'avança, stupéfaite. Elle avisa la belle Suédoise près du seuil et comprit. Il lui fallut moins de dix minutes pour réunir ses pitoyables hardes et, sans récriminations, elle partit. On n'avait plus besoin d'elle ; elle n'avait plus de foyer.

Charley choisit de partir avec elle et, quand elle prit la direction du bois, il s'écria :

— Non ! Canoë est à nous !

Et il menaça son père de lui faire sauter la cervelle si celui-ci élevait une objection. Non sans défi, il pagaya pour faire descendre la rivière à sa mère jusqu'à Patamoke, où elle passerait d'un chasseur à l'autre.

Stuby n'hésita pas. Il resterait avec son père et chasserait le loup. Pendant les jours, de plus en plus fréquents, où Turlock préférait rester à la maison pour batifoler avec Birgitta, il chassait seul et obtenait plutôt de meilleurs résultats. Mais à présent, Charley n'était plus là pour l'aider, et Turlock devait partir lui-même en expédition nocturne et se faufiler dans les dépotoirs pour récupérer pattes et mâchoires.

Il est aisé de reconstituer l'histoire de Timothy Turlock à cette époque tant son nom apparaît fréquemment sur les registres des tribunaux locaux. L'opinion du juge londonien, selon laquelle Turlock était une fouine habile à se glisser hors de la vue de l'homme, se trouva confirmée au cours de ces années. Maintenant au cœur de la cinquantaine, l'habitant du marais, petit, agile, rusé, sale de vêture et d'habitudes, hantant les marécages, débordait souvent les limites de son domaine. Qu'il fût si fréquemment accusé du vol de menus objets n'avait rien de surprenant car Turlock était incapable de passer devant un objet sans se l'approprier, mais qu'il eût aussi gagné l'affection de Tciblento et de Birgitta demeurait un mystère, à moins que ce ne fût le fait d'exprimer ouvertement sa convoitise à la vue d'une femme qui troublait celle-ci. Quoi qu'il en soit, il était un reproche vivant pour les chrétiens dignes de ce nom et une épine permanente dans le flanc du tribunal.

Ainsi que les archives le prouvent, il était souvent condamné à des amendes et souvent au fouet. Mais cette dernière punition représentait une épreuve plus pénible pour la communauté que pour Turlock car, dès l'instant où on l'entraînait hors de prison pour gagner le pilori, il proférait des lamentations et des cris de douleur tels que le spectacle devenait insupportable et, sachant que le fouet n'avait aucun effet sur lui, les juges répugnaient à condamner la communauté à cette peine.

— On aurait dû le pendre dès le premier délit, grommela l'un des commissaires qui assistait à une pitoyable audience au cours de laquelle Turlock avait à répondre d'une accusation de tentative de meurtre sur la personne d'un citadin ayant suivi un chevreuil jusque dans son marais.

Mais d'autres estimaient que son existence était justifiée par la quantité de loups qu'il tuait.

— Comme un vautour, il nous aide à nettoyer les ordures de la ville.

Ainsi, Turlock allait son chemin, curieux bonhomme qui avait déjà engendré six bâtards, deux avec Tciblento, un avec Birgitta et trois avec diverses servantes sous contrat auxquelles leurs transgressions avaient valu d'être fouettées publiquement. Ces six rejetons constituèrent la base de l'imposante horde de Turlock appelés à peupler la côte orientale, chacun héritant d'un important trait de caractère de Timothy ; ils aimeraient la terre, voudraient vivre près de l'eau ; ils deviendraient les compagnons des oiseaux, poissons et autres animaux. Jusqu'à la sixième génération, aucun d'eux ne saurait lire, ni signer son nom, et tous éprouveraient une horreur indicible pour les règles communes, telles que payer des impôts et se marier.

Et pourtant, il arrivait que certains d'entre eux se plient à ces mêmes règles. Turlock eut le front de se rendre au tribunal de Patamoke et d'affirmer qu'il avait acheté le contrat de Birgitta aux Hollandais. Lorsqu'elle et Stuby confirmèrent ses dires, les magistrats se virent dans l'obligation d'établir des documents selon lesquels il avait droit aux services de la

Suédoise pendant sept ans ; lorsqu'elle fut grosse, ils décrétèrent que ses droits n'allaient pas jusqu'à inclure les services au lit. On le condamna à verser une amende de cinq cents livres de tabac — qu'il obtint en vendant une tête de loup à cinq reprises — et Birgitta fut fouettée publiquement.

Elle ne fut pas réellement fouettée ; gémissant et sanglotant, Turlock se rendit au tribunal en acceptant d'épouser la Suédoise si on annulait la sentence et, à contrecœur, les juges autorisèrent le mariage. Étrange cérémonie à laquelle assistaient Charley et Stuby, leur demi-sœur Flora, ainsi que Tciblento qui garda les yeux rivés au sol pendant que se déroulaient les formalités.

Elle menait une existence curieuse : soixante-huit ans, aussi grande et digne que jamais, elle connaissait des jours sombres. Plus de peau de biche soigneusement tannée ni de bordure de vison, plus de colliers de coquillages blancs. Elle vivait avec des étrangers de l'autre côté du port, ayant pour seul et indéfectible ami son fils Charley, garçon haineux, difficile, qui détestait les Blancs mais s'efforçait de leur ressembler. Lui aussi comparaissait souvent devant le tribunal.

Un jour que sa mère vaquait à ses besognes habituelles dans la hutte de deux chasseurs, il s'enfonça dans la forêt à la poursuite d'un chevreuil et, lorsqu'il revint, vêtu des haillons habituels aux Choptanks réduits à la misère, l'un des chasseurs avec lequel vivait sa mère fit feu sur lui, le prenant pour un Indien. La balle lui traversa l'épaule gauche, mais il ne s'effondra pas ; épongeant le sang avec un chiffon sale, il gagna la cahute, et s'affaissa en l'atteignant. Tciblento le soigna sans verser un pleur.

— Il avait l'air d'un Indien, expliqua le chasseur pour se justifier.

Excuse à laquelle elle ne répondit pas.

A cette époque, elle ne voyait pas souvent Stuby ; il restait avec son père, fouillant le marais, et faisant autorité sur la vie au bord de l'eau. A vingt-trois ans, il s'était voué corps et âme au fleuve et à la baie qui constituaient son empire et il se sentait toujours chez lui dans leur giron. Il vivait en accord avec les marais, les apparitions de la lune à son plein, les allées et venues des oiseaux aquatiques. Il savait où les huîtres s'accrochaient, à l'abri des bancs de sable pour se protéger, et comment les crabes se déplaçaient en montant et en descendant la baie. Il dessinait dans sa tête le plan de chaque langue de sable, les entrées méandriques de chaque ruisseau. Il confectionnait ses voiles et savait quand les amener si la tempête menaçait ; il avait le sens inné des bateaux, au point qu'il percevait le moment précis où l'embarcation commençait à dériver ou s'approchait d'un banc de sable invisible. C'était un homme de l'eau, le premier de sa race, un poisson sans nageoires, un oiseau de marais sans plumes.

Un curieux homme, répondant au nom de James Lamb, figurait souvent dans les comptes rendus des arrestations de Timothy Turlock. Il avait quarante et un ans lorsqu'il débarqua d'un navire en provenance de Bristol après avoir traversé l'Angleterre à pied pour éviter la détention à Londres. Il était arrivé au Nouveau Monde en tant qu'homme libre après avoir volontairement abandonné une maison confortable à cause d'une illumination qui avait transformé sa vie. Ayant entendu un prédicateur itinérant, un certain George Fox, un quaker, exposer les caractères simples d'une nouvelle foi, il avait été convaincu.

C'était un homme doux, et Prudence, sa femme, était encore plus effacée que lui. Sur le quai de Jamestown, le couple avait acheté le contrat d'une servante nommée Nancy, gamine qui leur causait une foule d'ennuis en raison de sa propension à accueillir d'aimables jeunes hommes, et d'autres moins aimables et moins jeunes, dans son lit. La fille était traînée en cour de justice, humiliée, fouettée en public et avertie par le commissaire qu'elle risquait même la prison, mais elle n'en continuait pas moins ses pratiques. Une maîtresse normale l'aurait désavouée, mais Prudence Lamb ne pouvait s'y résoudre. « Nous en sommes responsables », disait-elle à son mari, et quelles que fussent les frasques de la bouillante gamine, Mrs. Lamb la protégeait, payait les amendes afin qu'elle échappât au fouet et affirmait à son mari que Nancy s'amenderait un jour ; mais lorsque la jeune personne admit Timothy Turlock dans sa chambre pour la deuxième fois, les Lamb estimèrent que la coupe était pleine.

— Tu n'adresseras plus jamais la parole à cet individu, la tança Mrs. Lamb.

— Mais j'ai personne d'autre à qui parler, pleurnicha Nancy.

Et les Lamb jugèrent qu'il leur fallait trouver un compagnon quelconque pour Nancy et, un jour, Mrs. Lamb pensa à Stuby Turlock.

— Il ne s'intéresse qu'aux tortues, gémit Nancy.

A croire que la jeune personne avait un don de double vue car, à six jours de là, Stuby se présenta chez les Lamb avec une délicieuse tortue terrapin ; « un cadeau », expliqua-t-il, pour remercier les Lamb de n'avoir pas porté plainte contre son père pour le vol d'une charrette à bras.

Birgitta, liée à Turlock par la servitude et le mariage, considérait ces incartades avec le détachement amusé de quelque ancienne déesse nordique, déconcertée par le curieux comportement des créatures terrestres. Son mari était répugnant et rien ne saurait le changer, mais elle pouvait espérer qu'un jour il serait abattu ou pendu pour quelque méfait ; ensuite, elle serait libre de suivre le chemin qu'elle entendrait dans ce Nouveau Monde en pleine éclosion. Elle était plus heureuse sur les rives du Choptank qu'elle ne l'avait été en tant que prisonnière des Hollandais, et elle éprouvait un amour sincère pour sa fille si enjouée et son curieux beau-fils, Stuby. Elle comprenait celui-ci et l'encourageait dans ses explorations du marais et du fleuve. Il en eut conscience et, un jour, l'invita à l'accompagner lors d'une de ses explorations vers le nord ; sans hésitation, elle empoigna Flora et embarqua dans le canoë ; elle passa trois jours sur ces exquis cours d'eau qui débouchaient sur la rive droite du fleuve.

— Tu as un véritable paradis, dit-elle à Stuby.

Il opina. Il était incapable d'exprimer les sentiments qu'éveillaient en lui les eaux mais, parfois, lorsqu'il contournait un promontoire et découvrait devant lui toute une rivière s'enfonçant loin dans les terres, il retenait son souffle comme s'il revoyait un ami très cher après une longue absence, et il aimait sa belle-mère aux cheveux blonds parce qu'elle le comprenait.

Ceux qui comprenaient le mieux les Turlock étaient les Steed. Henry savait que Timothy était un incorrigible voleur, fornicateur, menteur, falsificateur, vagabond et passible d'une dizaine d'autres qualificatifs plus répugnants les uns que les autres. Il le tolérait parce que sa mère, Martha Steed, insistait pour qu'il en fût ainsi, mais cela ne l'empêchait pas de porter plainte contre le malandrin, et il semblait parfois qu'Henry dût se rendre au tribunal tous les mois pour témoigner. Il obtenait constamment des dommages et intérêts que devait lui verser le vaurien, et Timothy s'acquittait en tabac si moisi et infect qu'il ne pouvait le négocier. Impossible de l'expédier en Angleterre où il aurait entaché le renom des Steed.

Paul Steed, le médecin, voyait les Turlock sous un autre jour ; sous l'angle professionnel en quelque sorte car il était appelé à donner des soins aux nouveau-nés engendrés par Turlock et à traiter les maladies et accidents dont ses femmes et ses fils étaient victimes. Un jour, il remonta le sentier venant de la jetée d'un pas si lourd que sa mère s'inquiéta :

— Qu'y a-t-il, Paul ?

— Tciblento se meurt.

— De quoi ?

— Un homme l'a assommée à coups de gourdin.

— Oh, mon Dieu !

— Mais elle se mourait déjà... à cause de nous.

— Paul, que veux-tu dire ?

— Elle est la dernière des vrais Choptanks, mère. Et on ne leur a jamais laissé la moindre chance.

Mrs. Steed proposa que Tciblento fût amenée à l'île où elle pourrait être soignée convenablement.

« Inutile, dit Paul. Elle n'a pas une semaine à vivre.

— Mais qu'au moins elle la vive dans de bonnes conditions ! insista Mrs. Steed.

Elle donna ordre qu'on préparât le ketch afin d'aller chercher elle-même la mourante, mais quand elle et Paul parvinrent à la hutte, ils trouvèrent Tciblento trop faible pour être transportée. Ainsi que Paul l'avait expliqué, elle se laissait déjà glisser vers la mort lorsqu'un chasseur saoul auquel elle servait de domestique l'avait rouée de coups avec un gourdin, lui brisant la mâchoire.

Elle était étendue sur une paillasse d'aiguilles de pin, le souffle court, la face meurtrie, mais ses yeux sombres n'avaient rien perdu de leur dignité et de leur éclat. A la vue de Mrs. Steed, elle se rappela le bel Anglais qu'elle avait aimé et les larmes lui montèrent aux yeux. Elle était trop faible pour détourner la tête, mais honteuse à l'idée que Martha pût percer son secret, elle baissa les paupières et pleura intérieurement.

— Tciblento, nous allons vous amener chez nous.

La femme meurtrie fit appel à toutes ses forces pour secouer négativement la tête. Elle resterait là, dans l'atroce condition à laquelle elle s'était elle-même réduite.

« Voulez-vous que nous fassions chercher Turlock ?

Une fois de plus la mourante dit non.

« Stuby ? Aimeriez-vous voir Stuby ?

Tciblento opina et Charley partit à la recherche de son frère, mais celui-ci était absent, explorant bras d'eau et criques ; Charley revint sans lui, mais avec Timothy.

Mrs. Steed aurait préféré interdire l'entrée de la hutte à ce réprouvé, mais Paul intervint.

— Entrez.

Et Turlock s'approcha de la paillasse.

— Salut, Tcib.

Elle leva les yeux vers lui, mais ne dit rien, et Timothy se tourna vers le docteur.

« Est-ce qu'elle... ? demanda-t-il.

— Non.

— Alors, adieu, Tcib.

Et il s'en alla. Elle ne montra aucune tristesse en le voyant disparaître. Tant de choses disparaissaient, et depuis des décennies, et il était bien le dernier à susciter un regret.

Il y eut un certain tumulte quand deux représentants de l'ordre traînèrent dans la hutte l'homme qui l'avait assommée. Un individu ignoble, ne valant guère mieux que Turlock, et lorsqu'il se tint devant la mourante qu'il avait si souvent maltraitée, il gémit :

— Dis-leur que ce n'est pas moi qui t'ai fait ça, Tcibby.

Elle le regarda, puis porta les yeux sur ceux qui l'encadraient et leur dit qu'il n'était pas le coupable. L'un d'eux, sachant qu'elle mentait, saisit une trique et commença à rouer de coups son prisonnier, mais Paul intervint :

— Lâchez-le, dit-il en prenant le bâton des mains du représentant de l'ordre.

Le chasseur gémit, avec raison cette fois, et disparut dans la forêt.

Manifestement, Tciblento ne passerait pas la nuit ; aussi Paul proposa-t-il à sa mère de repartir pour l'île pendant qu'il faisait encore jour, mais elle refusa.

— Je ne veux pas la laisser mourir seule.

Et elle demeura au chevet de la mourante tout l'après-midi et, quand le soleil s'enfonça à l'ouest de la baie, elle était encore là, parlant toujours à l'Indienne qui ne répondait pas.

— Il y a eu de bons moments sur le fleuve, Tciblento. Je me rappelle votre mariage. Vous avez eu des enfants indiens, n'est-ce pas ?

Et le vide des grands yeux sombres fit tout à coup comprendre que Tciblento était morte.

Pas de battements de tambour étouffés pour souligner le

passage dans l'autre monde de Tciblento. Pas de suivantes pour chanter les exploits de Pentaquod qui avait sauvé la tribu ou le souvenir de ses fils qui n'avaient rien accompli. Son peuple était dispersé sur de vastes étendues, sans werowance pour rappeler à chacun les coutumes tribales. Nombre d'entre eux restaient sans sépulture en d'étranges lieux, là où ils étaient tombés, et maintenant elle aussi gisait, morte, dans un taudis au bord du fleuve sur lequel son père avait régné.

1661

Depuis quelque temps déjà, la communauté le soupçonnait. Son maître avait confié au gouverneur :

— Edward Paxmore, dont j'ai acheté le contrat il y a sept ans, vagabonde dans la colonie sans ma permission ; il me frustre ainsi d'une main-d'œuvre qui me revient.

Aussi, les espions surveillaient-ils ses faits et gestes, rapportant tout comportement inhabituel aux membres du comité, et la famille à laquelle il espérait acheter un bout de terrain, pour y installer un atelier de menuiserie lorsque son contrat arriverait à son terme, refusa de le lui vendre.

— Il s'est rendu de Douvres à Salisbury, puis à Rowley et à Ipswich, et partout il a tenu des propos pernicieux aux passants, ergotant sur les œuvres de Dieu, expliquèrent les informateurs au gouverneur.

Lorsque Paxmore revint à Boston et se présenta à la maison de son maître, le shérif l'y attendait pour le traîner au tribunal.

A l'audience, son maître se répandit en lamentations.

— Edward est un bon charpentier qui travaille bien. Mais pendant cette dernière année qu'il passe avec moi, il a souvent mis en question les travaux de Dieu. Il m'a frustré de sa main-d'œuvre et je me sens lésé.

— Quelle compensation envisagez-vous ?

— Je vous en prie, votre honneur, prolongez son contrat de dix mois. Ça n'est que justice.

Le gouverneur, un homme mince et sévère, se préoccupait peu de restituer aux maîtres des compensations financières ; de tels cas étaient courants et pouvaient fort bien être sanctionnés par des juges ordinaires. Mais la sinistre phrase : « Il a souvent mis en question les travaux de Dieu », le troublait car elle était blasphématoire et avait un relent de quakerisme. Au cours des dernières années, le gouverneur avait envoyé trois quakers au gibet et assisté personnellement aux exécutions. Il était bien résolu à empêcher cette pernicieuse hérésie de s'implanter au Massachusetts ; il la jugeait abominable.

Le gouverneur se montrait ferme en toutes choses, mais il était déconcerté par l'homme qui se tenait devant lui, cet ouvrier de haute taille, serré dans une veste tissée à la main trop courte de manches, au pantalon rétréci aux chevilles. Il paraissait bizarre ; pourtant tous avaient témoigné qu'il était un excellent charpentier. C'étaient sa pomme d'Adam et ses yeux qui déroutaient : la première sautait comme celle des sorciers ; les derniers brûlaient du feu émanant de ceux qui croient avoir vu Dieu. De tels hommes étaient dangereux ; cependant le charpentier semblait d'une grande douceur, il faisait preuve de déférence envers la cour et de respect envers son maître, ce qui l'empêchait d'être classé parmi les criminels habituels. Des causes profondes étaient en jeu et elles devaient être examinées.

— Edward Paxmore, je crains que vous ne soyez tombé dans les rets du malin. Je vous remets entre les mains du shérif pour que vous soyez ramené au tribunal lundi prochain afin de subir l'interrogatoire qui convient.

Sur quoi, il posa un regard sinistre sur Paxmore et quitta la salle d'audience.

Le procès aurait dû donner lieu à peu de conséquences ; en effet, à trente-deux ans, Paxmore jouissait d'une solide réputation de travailleur. Il aurait pu en être quitte pour une admonestation. Le juge aurait prolongé son contrat de six mois — non pas de la durée demandée par le maître — et une fois ce supplément de temps accompli, le charpentier serait devenu un homme libre et un apport de choix à la communauté du Massachusetts.

Mais le procès devait se révéler différent ; lorsque la cour se réunit le lundi matin, le juge Goddard, un homme grand et lourd qui s'exprimait en phrases sentencieuses, eut la tâche pénible mais satisfaisante de mettre un point final au cas de Thomas Kenworthy, quaker avoué et récidiviste. A trois reprises déjà, le juge Goddard avait condamné Kenworthy à être fouetté et banni du Massachusetts et, à trois reprises, le quaker était revenu dans la colonie.

Paxmore et son maître étaient déjà assis dans la salle d'audience quand le shérif amena Kenworthy. Celui-ci, un homme de quarante ans, mince, au teint basané, aux yeux enfoncés, se présentait comme un fanatique et posait un regard perçant sur tous. Il avait les mains liées et semblait répugner à s'avancer devant le juge ; le shérif dut le pousser, mais lorsqu'il eut enfin gagné sa place, il regarda le magistrat avec défi et demanda d'une voix forte :

— Pourquoi me juges-tu ?

— Au nom de notre loi ! tonna Goddard.

— C'est ta loi, pas celle de Dieu.

— Imposez silence à cet homme !

— On ne m'imposera pas silence car Dieu m'a ordonné de parler.

— Étouffez ce blasphème ! rugit le juge.

Et le shérif apposa vivement la main sur la bouche du prisonnier. Lorsque le silence revint dans la petite salle d'audience toute blanche, le juge Goddard reprit les choses en main ; ses longs doigts posés à plat sur la table, il regarda Kenworthy avec mépris.

« A trois reprises, je vous ai condamné au fouet et à trois reprises vous avez continué dans votre hérésie. Ces sanctions ne vous ont donc rien appris ?

— J'ai appris que Dieu n'avait pas besoin de gouverneurs, de juges et de ministres pour parler à Son peuple.

— Shérif, dépouillez l'inculpé de sa chemise.

Le shérif, un homme de haute taille, maigre, qui semblait éprouver de la satisfaction dans l'accomplissement de sa besogne, délia les mains du prisonnier et lui arracha sa chemise de laine. Paxmore retint son souffle. Le dos de l'homme était couvert d'un réseau de petites cicatrices circulaires, qui ne ressemblaient à aucune de celles qu'il avait pu voir jusque-là. De minuscules cratères marquaient la peau, et Paxmore ne devait jamais oublier l'étrange remarque de son voisin :

— On pourrait nicher un pois dans chaque trou.

— Vous rendez-vous compte de l'aspect qu'offre votre dos ? demanda le juge Goddard.

— Je le sens chaque soir avant de m'endormir. Il est le signe de ma dévotion à Dieu.

— Apparemment, vous appartenez à cette race d'individus irréductibles sur lesquels le fouet n'a aucun effet. Par trois fois, je vous ai condamné à quitter la colonie et vous n'en avez rien fait. Non seulement vous avez persisté dans votre hérésie quaker, mais vous avez eu l'audace de la prêcher aux autres, de les contaminer, et il n'y a aucune humilité en vous.

— Il y a de l'amour de Dieu en moi, répondit Kenworthy.

— Pas plus que de respect, d'ailleurs, reprit le juge. Lors de vos trois autres procès, vous avez refusé d'ôter votre chapeau en présence du gouverneur et de la cour, n'est-ce pas ?

— Oui. Et si j'avais mon chapeau en ce moment, je le porterais, obéissant en cela à Jésus-Christ.

Ses yeux tombèrent sur le couvre-chef que Paxmore portait en arrivant dans la salle d'audience et, s'écartant brusquement du shérif, il saisit le chapeau et s'en coiffa. Son gardien voulut le lui ôter de force, mais le juge Goddard l'en empêcha :

— Laissez le criminel se coiffer d'un chapeau si cela peut l'aider à entendre mon verdict. Thomas Kenworthy, il est de mon devoir de vous faire connaître ma sentence, ajouta-t-il d'une voix plus basse.

— Dieu l'a déjà fait et tes paroles sont sans valeur.

— Vous parlez faussement ! tonna le juge.

— Je parle selon les instructions de Dieu qui ne sont jamais fausses.

— Vous prétendez-vous ministre du culte pour comprendre les enseignements de Dieu ?

— Chaque homme est ministre de Dieu, oui, et aussi chaque femme.

Kenworthy se tourna pour faire face au public et, parce qu'il se trouvait à proximité d'Edward Paxmore, il pointa le doigt sur celui-ci.

« Ce prisonnier traîné devant la cour est aussi un ministre de Dieu ; il parle directement à Dieu et Dieu lui parle.

— Faites taire cet homme ! intima le juge.

Et une fois de plus, les poignets de Kenworthy furent liés tandis qu'une main se plaquait sur sa bouche.

Paxmore, qui tremblait à l'idée de comparaître une deuxième fois devant la cour, observa avec fascination le juge qui rassemblait laborieusement les papiers épars sur sa table, s'efforçant manifestement de se contrôler de crainte de se laisser emporter par la colère et d'avoir l'air ridicule. Il prit une longue inspiration, se pencha en avant et s'adressa au quaker en phrases mesurées :

> La colonie du Massachusetts s'est montrée particulièrement clémente à votre endroit, Thomas Kenworthy. Elle a eu connaissance de votre hérésie et s'est efforcée de vous ramener dans le droit chemin. A trois reprises, elle vous a autorisé à traverser ses villes et villages où vous abreuviez

les populations de vos blasphèmes. Et vous n'avez fait preuve d'aucun repentir. Aussi, la sentence de cette cour vous condamne à être lié à la roue du grand canon et fouetté trente fois, après quoi, vous serez amené en place publique et pendu.

La cruelle sentence ne produisit aucun effet sur Thomas Kenworthy car il accédait déjà à une sorte d'extase dans laquelle fouet et gibet n'importaient guère, mais elle eut un effet considérable sur Edward Paxmore qui se releva d'un bond.

— Si vous devez le pendre, pourquoi le fouetter d'abord ? cria-t-il au juge.

La question était si explosive, si judicieuse, que le juge Goddard se laissa prendre au piège en fournissant une réponse :

— Pour le punir.

— La mort n'est-elle pas une punition ? insista Paxmore.

— Pas suffisante, rétorqua le juge.

Il eut alors conscience de s'être rendu ridicule.

« Emmenez cet homme et enfermez-le ! s'écria-t-il avant de quitter précipitamment la petite salle blanche.

Le shérif emmena les deux hommes jusqu'à la prison, un réduit humide, en sous-sol, et donna ordre au forgeron de leur passer les fers. Lorsque cette triste tâche eut été achevée, Kenworthy et Paxmore se retrouvèrent liés l'un à l'autre. Le shérif et le forgeron s'en allèrent abandonnant dans la pénombre le quaker condamné et le charpentier.

Ce fut alors que s'amorça le dialogue du salut. Thomas Kenworthy, l'un des premiers prédicateurs quakers d'Amérique, diplômé d'Oxford, versé dans le grec et le latin, rapporta à son compagnon la révolution théologique intervenue en Angleterre moins de vingt ans auparavant.

— George Fox n'est pas un saint homme ni un prêtre au sens que l'on donne à ces termes ; il n'est pas différent de toi ni de moi.

— Pourquoi utilisez-vous le tutoiement ?

— C'est ainsi que Jésus parlait à ses amis.

Kenworthy expliqua comment Fox, ce modeste Anglais, en était venu à considérer que nombre de manifestations de la religion n'étaient que vains apparats et que le rituel était inutile.

« Tu n'as pas besoin de prêtres, de bénédictions, de sermons des ministres du culte ou d'impositions des mains ; Dieu parle directement au cœur de l'homme et Jésus-Christ dispense sa grâce à tous, hommes et femmes.

Paxmore remarqua que Kenworthy ne disait jamais *homme* au sens religieux du terme sans ajouter *femme*, et le quaker lui dit :

« Quand j'ai été fouetté en Virginie, une femme était traînée à côté de moi à l'arrière de la charrette, et elle était plus brave et courageuse que je ne pourrai jamais l'être. Le fouet me causait de la douleur, mais il déchirait la femme, et elle n'a pas laissé échapper le moindre gémissement.

— Le fouet fait-il très mal ?

— En Virginie, j'ai pleuré et juré, mais à Ipswich, Dieu m'est venu en aide et m'a demandé : « Si mon Fils a supporté sa crucifixion, ne peux-tu endurer quelques coups de fouet ? »

Paxmore demanda à effleurer les cicatrices, mais Kenworthy refusa.

« Ça leur donnerait trop d'importance. La dignité de mon dos demeure en mon cœur qui a pardonné aux bourreaux de Virginie et du Massachusetts. Comme les soldats romains, ils faisaient leur devoir.

Il exposa à Paxmore les autres principes des quakers — égalité des femmes, refus de porter les armes, de payer la dîme, absence d'hymnes et de manifestations extérieures de vénération, de prêtres, de ministres du culte et, par-dessus tout, les rapports directs de Dieu et de l'homme.

— Thomas ! s'écria le charpentier, j'ai quitté Boston et erré dans la campagne parce que je cherchais. Est-ce là la révélation dont j'étais en quête ?

— Ça n'est pas une révélation, pas un mystère, et tu n'avais pas besoin de quitter Boston pour le comprendre. C'est la simple découverte que chaque homme est lui-même chemin vers Dieu.

Longtemps après la tombée du jour, un gardien apporta de la nourriture aux prisonniers, mais ni l'un ni l'autre ne purent manger. Ferrés et réunis aux chevilles, ils parlaient de la révolution spirituelle dont le quakerisme ne représentait qu'une manifestation mineure.

— Il y en aura beaucoup d'autres comme moi, prédit Kenworthy. Il le faudra parce que Dieu aborde les hommes de diverses façons.

— Le gouverneur est-il dans le vrai en ce qui concerne sa religion ?

— Bien sûr. Pour lui, ce qu'il dit et ce à quoi il croit sont justes.

— Alors, pourquoi condamne-t-il les... Quel est le mot qu'il a utilisé ?

— Quakers, répondit l'ancien étudiant d'Oxford. Tu n'ignores pas que dans notre langue ce mot signifie trembleur. Nos ennemis nous accusent de trembler en présence de Dieu, et c'est bien le cas.

— Pourquoi vous condamne-t-il à mort ?

— Parce qu'il a peur.

— Est-ce pour cela que le juge vous a condamné à être fouetté... et pendu ?

— Oui. Quand il a vu mon dos marqué dans la salle d'audience, criblé de cicatrices qui lui sont dues, et qu'il s'est rendu compte du peu d'effet que ses sévices avaient eu sur moi... Edward, la dernière fois, à Roxbury, je n'ai même pas senti les coups de fouet...

Emporté par l'exaltation, il perdit le fil de ses pensées, tout autant que la conscience de sa détention et la pression des fers qui lui enserraient les chevilles. Il tenta de se lever, puis de s'agenouiller pour prier. Vaincu à chacune de ses tentatives, il s'assit sur le banc, porta les mains à son cœur et dit :

« Si tu ne m'avais pas expliqué que tu avais quitté Boston pour te livrer à une quête, je ne te confierais pas ce que j'ai à te dire car je te charge d'un lourd fardeau, Edward. Mais Dieu t'a appelé.

— Je le crois, acquiesça Paxmore.

Et les deux hommes parlèrent toute la nuit.

Le vendredi matin, le forgeron entra pour sectionner les fers qui les liaient l'un à l'autre et, tout en effectuant sa besogne, il annonça à Kenworthy qu'il serait pendu le jour même ; il le libéra de ses fers, mais l'anneau de Paxmore resta à sa cheville, relié à une chaîne de deux mètres de long.

— Tous les prisonniers doivent assister à la pendaison, expliqua-t-il. Et avec cette chaîne, le shérif est tranquille, personne ne s'échappera.

Lorsque les deux hommes se retrouvèrent seuls dans leur cellule, Paxmore crut que son compagnon souhaitait prier, mais celui-ci était dans un tel état d'exaltation qu'il n'avait pas besoin de prières pour se préparer à la mort qui l'attendait.

— Nous sommes les enfants de Dieu et Le retrouver ne peut être douloureux. Je m'en vais le cœur en paix parce que je sais que tu te charges du fardeau que je laisse derrière moi.

— Devons-nous prier ? demanda Paxmore.

— Si tu en éprouves le besoin.

— Je ne possède pas vos connaissances...

Il rectifia et, pour la première fois, s'exprima comme un quaker.

« Tes connaissances, dit-il.

— Tu les as, Edward. Ou tout au moins, tu es capable de les avoir. Tous les hommes et toutes les femmes en sont capables. La seule exigence est de dévoiler la vérité. Et cela viendra.

Ils s'agenouillèrent et Paxmore entama une prière douloureuse, mais Kenworthy lui posa la main sur le bras.

— Les paroles sont inutiles, dit-il. Dieu t'entend.

Et les deux hommes prièrent en silence.

Ils étaient dans la même position quand les gardiens entrèrent. Ceux-ci, des hommes trapus aux bras vigoureux, paraissaient aimer leur travail car ils firent preuve de jovialité.

— Le moment est venu, annonça le plus gros des geôliers en prenant le bras de Kenworthy.

L'autre empoigna la chaîne de Paxmore :

— Le shérif se charge de vous... spécialement.

Les deux quakers furent séparés pour la dernière fois, mais pas avant que Paxmore ait eu le temps de crier :

— Je serai avec toi sur l'échafaud, Thomas.

— Tout Boston y sera, répondit Kenworthy.

Paxmore et trois autres prisonniers — deux hommes et une femme, cette dernière ayant réfuté quelques points mineurs du puritanisme — furent conduits jusqu'à la place de l'exécution où la foule attendait, mue par une délectation particulière. Certains étaient fascinés par le gibet où un homme serait bientôt pendu, d'autres par le monstrueux canon à la roue duquel serait attaché l'hérétique. Huit citadins s'étaient portés volontaires pour tirer le canon et ils s'affairaient à passer des cordes autour de l'affût. Mais tous percevaient un sens de l'existence plus aigu parce que leur Église allait se purifier.

Paxmore, à côté des autres prisonniers qui étaient constamment l'objet de la dérision du public, chercha Kenworthy des yeux, mais sans succès ; celui-ci était tenu à l'écart jusqu'à l'arrivée des autorités de la colonie. Émergèrent bientôt de l'église blanche, où ils avaient prié, le gouverneur et le juge Goddard, vêtus de noir, suivis des notables.

— Amenez le prisonnier ! cria le gouverneur.

Il avait l'intention de veiller personnellement à l'exécution de l'odieux hérétique. Lorsque Kenworthy lui fut amené, le gouverneur tendit le cou et demanda :

« Maintenant, avez-vous compris que nous avons le pouvoir de vous réduire au silence ?

— Ma voix sera plus forte demain qu'elle ne l'a jamais été, répliqua Kenworthy.

— Au canon ! ordonna le gouverneur.

Le shérif laissa tomber la chaîne qui retenait Paxmore et fit appel à trois aides qui s'avancèrent pour empoigner le condamné et le lier, jambes et bras largement écartés, à la roue de fer du canon, face vers l'intérieur.

« Exécuteur, trente coups de fouet bien appliqués ! intima le gouverneur.

Le plus fort des deux gardiens avança d'un pas et le représentant de la ville lui tendit un manche retenant neuf mèches comportant chacune trois solides nœuds. Tout en s'avançant vers le canon, l'exécuteur fit claquer le fouet avec maestria à proximité de l'oreille du prisonnier ligoté.

— Ce coup-là ne compte pas, dit-il, déchaînant les éclats de rire de la foule.

— Un ! compta le représentant de la ville d'un ton neutre.

Et les neuf cordes mordirent dans la chair labourée du quaker.

« Deux !... Trois !... Quatre !...

— Faites-le gueuler ! cria une femme dans la foule.

Mais Kenworthy ne proféra pas un son.

Les septième et huitième coups de fouet furent appliqués sans tirer un gémissement au supplicié.

— Déplacez le canon ! ordonna le gouverneur.

Les hommes opérèrent une traction sur les cordes jusqu'à ce que la roue se trouvât dans une nouvelle position, exposant au fouet d'autres parties du corps de Kenworthy.

« Frappez ! Frappez ! cria le gouverneur.

Voyant que les nouveaux coups ne parvenaient pas à vaincre le silence du prisonnier, le gouverneur s'avança avec colère, arracha le fouet des mains du premier exécuteur et le tendit au second.

« Frappez ! Anéantissez cet homme !

Le deuxième geôlier, heureux de l'occasion qui lui permettrait de montrer les services qu'il était prêt à rendre à la colonie et à son Église, se dressa sur la pointe des pieds et abattit les mèches avec une telle violence que tout le corps du supplicié frémit. Au quinzième coup, tous ses muscles se relâchèrent et, tandis que l'exécuteur empressé s'apprêtait à frapper encore, Edward Paxmore hurla :

— Il s'est évanoui. Arrêtez ! Arrêtez !

— Qui a crié ? demanda le gouverneur.

— Lui, dit le juge Goddard qui avait observé Paxmore.

Sur quoi, le gouverneur s'immobilisa pour dévisager le coupable.

— Nous nous occuperons de lui après, dit-il. Faites avancer le canon.

Et la grande roue tourna.

Au vingt-cinquième coup, Thomas Kenworthy n'avait plus qu'un souffle de vie, mais le gouverneur ordonna que le fouet fût tendu à un autre candidat empressé de montrer ses talents, et des lambeaux de chair se détachèrent de la masse sanguinolente.

— Plus fort ! hurla une femme.

— Vingt-neuf !... Trente !.... C'est fini ! ponctua le représentant de la ville.

— Versez-lui de l'eau sur la tête, commanda le shérif.

Lorsque ce fut fait, on détacha le corps flasque.

— Au gibet ! ordonna le gouverneur en s'avançant vers l'échafaud.

L'eau et le retour à une position normale firent revenir le prisonnier à lui et, après qu'on l'eut traîné sur la plate-forme qui basculerait le moment venu, il lança d'une voix forte :

— Tu auras honte de ta besogne d'aujourd'hui.

Un ministre du culte, qui avait assisté au supplice, courut vers l'échafaud.

— Hérétique ! Séparatiste ! s'écria-t-il sauvagement. Dieu vous a montré la vraie religion et vous la bafouez. Il est juste que vous mouriez.

— Bourreau, faites votre devoir ! ordonna le gouverneur.

Un sac noir fut placé sur la tête de Kenworthy.

— Oh, Dieu, il n'est guère plus âgé que moi ! murmura Paxmore en voyant disparaître le visage radieux.

La corde glissa sur le masque noir et le nœud coulant vint prendre sa place à la base du cou.

— Qu'il meure! cria la femme qui avait déjà hurlé ses encouragements.

Et la trappe s'ouvrit.

Le lundi, lorsque Edward Paxmore, la cheville gauche toujours enchaînée, comparut devant le juge Goddard, il n'offrait pas un spectacle plaisant. Ses vêtements faits de tissu à la trame grossière laissaient voir largement ses poignets et le bas de ses jambes ; sa pomme d'Adam continuait à tressauter comme le bouchon sur la ligne d'un pêcheur ; ses yeux restaient accusateurs ; mais à présent sa barbe avait poussé car on ne l'avait pas autorisé à se raser. Sans préambule, le juge entra dans le vif du sujet.

— Eh bien, frère Paxmore, vous avez eu la possibilité de voir ce que nous faisions des hérétiques. Êtes-vous prêt à prononcer le serment d'obéissance à notre religion et, ensuite, à quitter le Massachusetts à tout jamais ?

La proposition était si contradictoire, si éloignée de la logique pure de Thomas Kenworthy — jurer obéissance à une religion, puis l'abandonner puisqu'elle n'avait cours que dans le Massachusetts — que Paxmore se vit obligé de parler.

— Ton raisonnement est dépourvu de sens, dit-il.

— Pourquoi ce tutoiement ? Êtes-vous déjà contaminé ?

— Au point que tes élucubrations me paraissent le signe de ta confusion, l'œuvre de Satan, pas les paroles de Dieu.

Le grand juge se rejeta en arrière dans son fauteuil. Même Kenworthy ne s'était jamais adressé à lui en termes aussi méprisants et, un instant, il fut décontenancé. Mais sa fureur ne tarda pas à se ranimer.

— Êtes-vous donc un quaker ? hurla-t-il.

— Je crois en un Dieu personnel qui me parle comme Il parlait à Thomas Kenworthy.

— Thomas Kenworthy a été lié à la roue, puis fouetté, et il est mort.

— Il vit dans le cœur de ceux qui l'ont vu mourir.

— Les cœurs n'ont pas d'yeux. Ils ne voient pas.

— Et bientôt, ceux qui ont vu mourir Kenworthy ne pourront plus supporter vos supplices et vos pendaisons, et ils jetteront l'anathème sur votre nom.

— Vous savez que je peux vous condamner au fouet ?

— Et d'autres juges tels que vous ont condamné Jésus au fouet.

La remarque était si blasphématoire, une attaque à la fois de la colonie et de son Église, que Goddard ne voulut pas en entendre davantage.

— Traînez-le hors d'ici, shérif.

Et le vigoureux shérif prit le juge au mot. Imprimant une brutale secousse à la chaîne, il fit tomber Paxmore qu'il traîna, pieds en avant, hors de la salle d'audience. Dans l'heure, le juge Goddard rédigea la sentence.

> Aux constables de Douvres, Roxbury, Rowley et Ipswich
>
> Chacun de vous est requis au nom de Sa Majesté de mettre sous bonne garde Edward Paxmore, charpentier vagabond et quaker présumé ; vous devez le conduire de ville en ville attaché à l'arrière d'une charrette et chacun de vous doit lui administrer dix coups de fouet bien appliqués au moment de quitter votre agglomération, ceci conformément à la loi sur les quakers vagabonds. Le constable d'Ipswich devra veiller à ce qu'Edward passe la frontière du Massachusetts et entre dans la colonie de Rhode Island où les hérétiques trouvent asile. En date du 17 mars 1661.

En entendant les termes de l'affreuse condamnation, Paxmore tomba à genoux et demanda à l'esprit de Thomas Kenworthy de lui insuffler du courage, mais quand on lui administra les dix premiers coups de fouet à Douvres, il s'aperçut qu'il n'avait pas le pouvoir de résister ; lorsque les vingt-sept nœuds mordirent dans sa chair, il cria. Au dixième coup, il n'était plus qu'une loque lamentable et quand l'eau froide, fortement salée, lui fut jetée sur le dos, il hurla et s'évanouit.

Jamais il n'oublierait le terrible trajet de Douvres à Roxbury tandis qu'il s'efforçait de trottiner à l'arrière de la charrette. Des mouches s'acharnaient sur ses blessures et, tout au long du chemin, les villageois le tournaient en dérision et lui demandaient si à présent il se repentait et acceptait le vrai Dieu.

A son arrivée à Roxbury, on lui accorda un repos de trois jours.

— Juste le temps que les plaies se cicatrisent pour que je puisse les rouvrir à coups de fouet, expliqua le constable.

Il ressassa cette déclaration et se demanda pourquoi des êtres humains aussi attachés à Dieu pouvaient prendre un plaisir aussi évident à supplicier un homme qui éprouvait le même amour pour Dieu, mais l'exprimait d'une façon différente. Il comprenait même la punition car il avait observé que tous les tenants d'une religion cherchaient à la protéger, mais il ne comprenait jamais le plaisir que prenaient les puritains à infliger le châtiment.

La flagellation de Roxbury se révéla encore plus cruelle ; en effet, le constable se déplaçait avec application d'un côté à l'autre afin de mieux répartir les coups. Tandis que la voiture quittait les abords de la ville, le charretier se retourna.

— Ça, c'était de la belle ouvrage, ricana-t-il. Notre constable fait des nœuds doubles. Y aura pas moyen de l'oublier, hein ?

Paxmore croyait la mort proche tant il souffrait de ses blessures et des insectes qui le harcelaient ; il atteignit Ipswich incapable de se tenir sur ses jambes. La charrette le traîna à travers la ville. Pendant cinq jours, il resta hébété ; le médecin avait déclaré que dix coups de fouet, administrés immédiatement, le tueraient. Lorsqu'il se rétablit suffisamment pour comprendre ce qui se passait, il apprit de trois sources différentes que dans cette ville la flagellation serait spéciale, et tous ceux qui lui en parlèrent se réjouissaient à cette perspective.

Non seulement Paxmore serait fouetté — et la rumeur s'était rapidement répandue dans la ville qu'il pouvait fort bien mourir sous les coups — mais une quakeresse devait subir le même châtiment. Paxmore apprit qu'elle se nommait Ruth Brinton et qu'elle avait été bannie de Virginie à cause de son impudente adhésion à l'hérésie quaker. Et elle avait déjà été fouettée à Roxbury.

— Les femmes ne reçoivent que six coups de fouet, expliqua le geôlier avec un air de réelle compassion. Elles ne peuvent guère en supporter plus, mais on prétend que celle-ci est une véritable virago. Elle continuait à prêcher pendant qu'on la fouettait et, à Roxbury, il a fallu lui fermer la bouche en lui tapant dessus.

De Virginie ! Pouvait-il s'agir de la quakeresse dont Kenworthy lui avait parlé, une femme calme, résolue, une envoyée de Dieu et une sainte qui donnait du courage aux hommes ? Il essaya d'interroger le gardien, mais celui-ci se contenta de répéter qu'il s'agissait d'une virago et que, quand elle serait fouettée, le bon peuple d'Ipswich assisterait à un spectacle exceptionnel.

Paxmore se sentit à tel point troublé qu'il demanda à voir le juge local et, lorsque l'honorable personnage entra dans sa cellule, Paxmore lui dit :

— Fouetter une femme est indécent et va à l'encontre de la volonté de Dieu.

— La loi l'exige, répondit le juge.

— Ce ne peut être la loi de Dieu.

— Comment pouvez-vous prétendre savoir ce que Dieu veut ?

— Il me parle.

Le juge s'enfouit le visage dans les mains comme pour éloigner le diable.

— Il est bon que vous quittiez le Massachusetts, Paxmore. Les suppôts de Satan tels que vous n'ont pas de place ici.

Comprenant qu'il serait inutile de discuter avec cet homme vertueux, le charpentier baissa la tête.

— Autorise-moi à recevoir les coups de fouet qui lui sont destinés, proposa-t-il.

— Mais la sentence a été écrite.

— Par la grâce de Dieu, laisse-moi recevoir son châtiment.

— Cela ne servirait à rien. Après avoir quitté la ville, elle doit recevoir six autres coups de fouet à Duxbury.

— Oh, grand Dieu !

— En appelez-vous à Dieu contre la loi de Dieu ? Nous avons une condamnation pour cette femme, par écrit.

— Tu ferais mieux de partir, dit Paxmore, et de te cacher au fond d'un puits profond parce que Dieu te cherchera sûrement.

Ces paroles prophétiques troublèrent le juge.

— Paxmore, dans votre cas, six coups de fouet supplémentaires seraient mortels, marmonna-t-il d'un ton qui laissait percer sa perplexité. Le médecin nous a dit que vous risquiez de ne pas survivre aux dix que nous devons vous appliquer. Dormez en paix et quittez le Massachusetts. Votre place n'est pas parmi les gens pieux.

Lorsque Edward Paxmore et Ruth Brinton furent attachés à la même charrette, ils formèrent un couple incongru — lui grand et gauche, elle petite et de proportions délicates. Mais quand le shérif les dénuda tous deux jusqu'à la ceinture, sous l'œil réjoui de la foule, leur héritage commun devint évident : chaque dos était strié et marqué de cicatrices boursouflées. Il n'y avait plus d'homme ni de femme.

Évidemment, elle attirait la plupart des commentaires ; ainsi, lorsque les puritains s'avancèrent pour regarder de près la femme à demie nue au dos déjà marqué de larges estafilades, ils crièrent leur satisfaction et l'un d'eux hurla :

— Elle n'oubliera pas Ipswich !

Par deux fois, Paxmore tenta de parler à la femme attachée à ses côtés et, par deux fois, le juge local ordonna au constable de lui imposer silence, comme si les paroles échangées entre les deux quakers proscrits risquaient de contaminer la cité théocratique. Mais lors de la troisième tentative, il réussit.

— Es-tu la femme de Virginie dont Thomas Kenworthy...

— Silence, infidèle ! aboya le constable en frappant brutalement Paxmore à la bouche.

Mais la femme opina et, à travers ses lèvres sanguinolentes, Paxmore dit :

— Il a été pendu.

— Nous le serons tous, répondit-elle.

Et la flagellation commença. Il n'était pas courant que les femmes fussent fouettées à Ipswich, aussi la foule était-elle dense et appréciait-elle le spectacle. Les yeux approbateurs contemplaient les neufs mèches qui lui mordirent la peau lors des trois premiers coups de fouet. Puis, un chuchotement de surexcitation monta de l'assistance au moment où s'abattait le quatrième coup.

— Elle saigne de la poitrine ! cria une femme.

Et les spectateurs s'avancèrent pour voir par eux-mêmes les endroits où les extrémités des mèches avaient lacéré les seins.

— Joli coup, Robert ! lança un homme. Recommencez !

— Oh ! gémit la suppliciée en recevant les deux derniers coups.

— Beau travail, Robert ! A l'homme maintenant !

Paxmore ne devait pas se rappeler son châtiment à Ipswich. Le premier coup lui vrilla la nuque, et il ne put voir que la quakeresse à côté de lui, petite femme aux cheveux bruns, évanouie, la poitrine en sang. Ce soir-là, ils furent séparés ; lui partit pour son exil au Rhode Island, elle pour son dernier supplice à Duxbury.

L'histoire ultérieure d'Edward Paxmore au Massachusetts évoque un cauchemar grotesque. Après son ultime flagellation à Ipswich, il fut conduit à la frontière du Massachusetts et, par un jour glacial de la fin de mars 1661, le constable le dépouilla de tous ses vêtements et le poussa nu en Rhode Island. Les habitants du premier village où il se présenta étaient habitués à accueillir de tels exilés venant de la théocratie du nord, et ils l'habillèrent vivement de vêtements trop petits. On lui remit des outils de charpentier et, dans le mois qui suivit, il était de retour dans le Massachusetts, ouvrier dégingandé prêchant la doctrine quaker et se mettant sans cesse en fâcheuse posture.

Les archives prouvent qu'il fut arrêté à Ipswich en 1662 et fouetté à la sortie de quatre villes avant d'être à nouveau expulsé au Rhode Island. Bien que les documents officiels restent muets à ce sujet, il y arriva complètement nu.

Il retourna dans le Massachusetts en 1663 où il fut fouetté dans trois villes et exilé, nu. En janvier 1664, il était de retour, les épaules ne formant plus qu'une masse de cicatrices enchevêtrées, la voix plus grave, passionné par son œuvre de conversion. Cette fois, il fut appréhendé à Boston et conduit devant le juge Goddard qui fut atterré de le voir à tel point changé : émacié, tant il avait manqué de repas dans son existence de fugitif, vêtu d'habits trop courts, visiblement empruntés, qui lui pendaient curieusement des épaules, lesquelles s'affaissaient comme si elles supportaient un invisible fardeau ; ses yeux ne brillaient plus de la même flamme et son comportement s'était étrangement modifié. Il ne faisait plus preuve de déférence face aux autorités ; il cherchait la discussion et son colloque avec le juge Goddard, enregistré à la fois par le greffier et les quakers assistant clandestinement à l'audience, ne manque pas de vigueur :

— Pourquoi êtes-vous revenu alors que vous avez déjà reçu cent coups de fouet ? demanda le juge. Votre dos est-il assez fort pour tout supporter ?

— Pourquoi t'obstines-tu à me persécuter ? rétorqua Paxmore. Ton cœur est-il si noir qu'il ne peut être visité par le sentiment de culpabilité ?

— Pourquoi la culpabilité pèserait-elle sur moi ?

— Parce que tes actions sont un défi aux lois de Dieu et à celles du roi.

— Seriez-vous assez présomptueux pour prétendre que la juste loi du roi est mauvaise ?

— Je le prétends, mais je n'y suis pas obligé puisque la loi elle-même affirme qu'elle est mauvaise.

— Savez-vous que vos paroles sont trahison tout autant qu'hérésie ?

— Si je parle contre le roi, mes paroles sont trahison, cela je le reconnais. Mais le roi lui-même déclarera ta loi nulle parce qu'elle est contre ses intentions et mauvaise.

— Croyez-vous que le roi d'Angleterre modifiera la loi parce qu'un quaker indocile le lui demande ?

— Non ; mais parce que la logique d'un Dieu juste le lui demande, il obéira.

— Vous croyez réellement que la grande loi du Massachusetts sera modifiée pour qu'elle vous convienne ?

— Pas pour qu'elle me convienne. Pour qu'elle convienne aux éternelles lois de Dieu.

— Vous êtes donc assez présomptueux pour interpréter les souhaits de Dieu. Dans quel collège anglais avez-vous étudié ? Avez-vous suivi des cours de théologie à Harvard ? Dans ce cas, quel évêque vous a ordonné d'interpréter les lois de Dieu ?

— J'ai étudié la nuit, dans la cellule de ta prison, et mon professeur était Thomas Kenworthy, celui que tu as assassiné.

Tous ceux qui assistaient au procès, les puritains comme les quakers, remarquèrent que la dernière déclaration de l'accusé suscitait un changement manifeste dans l'attitude du juge Goddard. Il abandonna tout sarcasme et perdit sa superbe. Il baissa aussi la voix, se pencha davantage en avant et reprit le débat avec le prisonnier sur un autre ton :

— Vous savez que je ne souhaite pas vous condamner au fouet.

— Je suis certain que tu ne le souhaites pas, bon juge, car le remords de l'assassinat de Kenworthy te pèse encore sur la conscience.

— Pourquoi n'ôtez-vous pas votre chapeau en signe de respect à l'égard de la cour ?

— Jésus nous a ordonné de rester couverts.

— Si je vous renvoie en paix au Rhode Island, y resterez-vous ?

— Je dois aller où Dieu m'envoie.

— Edward Paxmore, comprenez-vous à quel point vous rendez difficile à la colonie du Massachusetts de statuer sur votre cas ? Ne nous laisserez-vous pas en paix ?

— J'apporte la paix.

— Étrange paix ! Nous avons une bonne colonie ici, une bonne religion qui nous convient parfaitement. Nous ne vous demandons que de nous laisser tranquilles, et vous prêchez la trahison, la sédition et l'hérésie.

— Je reviens devant ta cour, juge Goddard, parce que le Seigneur me l'a ordonné.

— Quel message constructif pourriez-vous nous apporter ?

— Celui voulant que ton péché du 10 mars 1661 puisse être expié.

Sur cette étrange déclaration, le juge consulta ses papiers.

— Je ne vous ai pas condamné à cette date. Ni Thomas Kenworthy, d'ailleurs.

— Tu as condamné la quakeresse Ruth Brinton à être fouettée à Boston, Ipswich et Duxbury. Une femme... à être fouettée, nue.

Suivit un long silence.

— Nous sommes tenus de nous défendre, reprit le juge. La sédition et l'hérésie s'attaquent aux racines mêmes de notre société. Notre colonie et notre Église doivent se défendre.

— Le fardeau de cette défense pèse lourdement sur toi, bon juge. Je vois sur ton visage les marques du péché. Je prierai pour toi.

— Vous ne me laissez pas le choix, Edward Paxmore. Je vous condamne à être attaché à la roue du grand canon pour y subir le fouet quarante fois ; ensuite, vous serez détaché et pendu.

— Je te pardonne, bon juge. Tu portes un lourd fardeau.

Le charpentier fut traîné jusqu'à la cellule où sa conversion était intervenue, et il aurait été pendu si un événement sans précédent ne s'était produit. Tard, le mercredi soir, l'avant-veille de la pendaison, le juge Goddard, plus grand et plus seul que jamais, fit mander le shérif auquel il ordonna d'ouvrir la porte de la cellule puis de la refermer à double tour après qu'il y fut entré pour parler au condamné.

— Edward Paxmore, commença le juge, je ne veux pas avoir ton sang sur les mains.

— Bon juge, tu ne devrais pas avoir de sang sur les mains.

— Mais supposons qu'un citoyen communique des secrets aux Français et que, par cet acte, il livre la colonie à l'ennemi ?

— Ce serait une trahison.

— Ou qu'un collecteur d'impôts assassine un marchand pour lui prendre sa femme ?

— Il aurait gravement offensé la loi de Dieu.

— N'admettez-vous pas que votre trahison est grande ? Rien moins que la destruction d'une Église instaurée par Dieu dans le Massachusetts ?

— Crois-tu sincèrement que Dieu a personnellement ordonné ta dure et horrible Église si dépourvue d'amour ?

— Je le crois. Dieu impose des tâches sévères, ainsi que vous l'avez appris.

— Dieu est amour, et s'Il condamne le collecteur d'impôts pour l'assassinat du marchand et le fait pendre, Il agit ainsi dans l'intention de pardonner, tout comme Il a pardonné au roi David un crime analogue.

— Paxmore, je me refuse à vous voir mourir. Si je commets un acte illégal, jurerez-vous sur le Dieu que vous aimez de ne pas le révéler ?

Pour Paxmore, cette offre présentait une double difficulté : en tant que quaker, il lui était interdit de jurer — c'est-à-dire de se servir de l'existence de Dieu pour garantir ce que lui, mortel, affirmait — ; et en tant que chrétien, il ne voulait pas être la cause d'un acte illégal commis par autrui. Mais il éprouvait une profonde sympathie pour le juge Goddard devant les affres dans lesquelles le magistrat se débattait. Aussi, dit-il d'un ton tranquille :

— Il m'est interdit de jurer, bon juge, mais je connais ton tourment, et je suis prêt à engager ma parole.

— Je l'accepte.

— J'engage donc ma parole.

— Quant à l'aspect illégal de la question, il m'incombe uniquement, Paxmore, et n'exige pas votre participation.

— Qu'il en soit ainsi.

Le juge appela le geôlier et fit ouvrir la porte. Puis, il surprit l'homme en entraînant Paxmore hors de la cellule jusqu'à une voiture qui attendait. Avant d'y monter, le juge tendit au gardien une poignée de pièces et lui fit jurer le secret. Après quoi, la carriole prit le chemin du port.

— Vous irez au Maryland, expliqua le juge. Là, on est plus tolérant.

— Le Maryland ne fait-il pas partie de la Virginie ? Là aussi, on fouette les quakers.

— Il y a eu scission entre les deux colonies... En tout cas, c'est ce qui m'a été dit.

— Il y aura du travail au Maryland, convint Paxmore.

Il saisit la main du juge.

« Je ne m'enfuis pas devant la mort car je n'ai pas peur. C'est toi qui m'éloignes.

— Oui, admit le juge.

Il laissa passer un temps.

« La mort de Kenworthy me hante la nuit, avoua-t-il. Non la pendaison car il était hérétique et méritait d'être pendu, mais la flagellation qui a précédé... la roue du grand canon...

— Et pourtant, tu m'as condamné au même supplice. Quarante coups de fouet... Je n'aurais pas survécu.

— Je l'ai fait parce que...

Goddard fut incapable de trouver une explication logique ; peut-être avait-il agi ainsi pour se concilier la faveur de la populace, plus vraisemblablement pour justifier l'action qu'il se proposait de commettre.

A une époque où le Massachusetts soutenait le Parlement et où le Maryland soutenait le roi, il était malaisé de se rendre d'une colonie à l'autre. Peu de navires ralliaient leurs ports respectifs puisque aucune de ces régions ne produisait les marchandises dont l'autre avait besoin, et il n'existait ni routes ni moyens de transport pour effectuer le trajet. Par ailleurs, il était aisé de se rendre à Londres, en l'occurrence le centre du gouvernement, des industries et du savoir ; de grands navires, étonnamment rapides, effectuaient constamment la traversée dans les deux sens pour un prix de passage modique et nombre de capitaines avaient pris l'habitude de relâcher dans les plus belles îles des Caraïbes.

En 1664, la Barbade constituait un centre très actif où de nombreux bateaux, venant de différents pays, mouillaient dans le port et où de beaux magasins se dressaient le long du quai. On pouvait y acquérir des livres et des marchandises venant de France et d'Espagne. Les documents légaux pouvaient y être établis aussi aisément qu'à Londres et il existait des écoles fréquentées par les enfants des colons américains.

— Je vais vous embarquer sur un navire à destination de la Barbade, expliqua le juge Goddard. De là, vous rejoindrez le Maryland.

Le juge remit au capitaine l'argent du passage, puis tendit une bourse à Paxmore et, tandis que le charpentier glissait les pièces dans sa ceinture, le conducteur de la carriole passa à l'arrière de son véhicule d'où il tira scies et herminettes appartenant à Paxmore.

« C'est mieux ainsi, dit Goddard. Si jamais vous réapparaissiez au Massachusetts, je vous ferais pendre avant que la nuit ne soit tombée.

— Pourquoi ?

— Parce que vous troublez la tranquillité de notre colonie.

— Je souhaiterais en ébranler les bases.

— Je sais. Il y en aura d'autres tels que vous, mais force restera à la loi. Maintenant, partez.

Paxmore rassembla ses outils, s'inclina gravement devant le juge qui lui avait sauvé la vie, et embarqua sur le navire à destination de la Barbade. A l'aube, le capitaine donna ordre d'appareiller ; ainsi débuta le long et agréable voyage menant à l'île paradisiaque.

A la Barbade, Paxmore resta dans sa cabine pendant que les formalités étaient effectuées à terre. Au bout d'un certain temps, un pétulant approvisionneur de navires, appelé Simon Spence, monta à bord et demanda d'un ton sévère :

— Où est cet Edward Paxmore ?

Lorsqu'on lui amena le charpentier, Spence l'embrassa et lui dit :

— Je suis un des tiens.

— Un quaker ? Est-ce possible ?

— A la Barbade, tout est possible.

Et il entraîna le charpentier stupéfait vers le quai et un monde que Paxmore n'aurait jamais pu imaginer. Il y avait là une richesse inconnue de Boston et une remarquable liberté de pensée.

— On ne bat pas les quakers ici ? s'enquit Paxmore.

— Qui s'en préoccuperait ? rétorqua Spence en riant. Il y a de l'argent à gagner et du travail à accomplir. Chaque homme prie selon ses convictions.

— On tient des réunions en public ?

— Bien sûr.

— Pourrions-nous nous rendre au lieu de réunion ?

— Dimanche, oui. Nous serons au moins trente.

— Je veux dire maintenant.

— Cela ne présenterait aucun intérêt, ami Edward. Es-tu bon charpentier ?

— Je fais du bon travail.

— Je te crois. Tes outils sont en excellent état. Nous avons besoin d'un charpentier et le salaire est généreux.

— Le salaire ?

Tout au long de sa vie, et il avait trente-cinq ans, Paxmore n'avait jamais travaillé pour un salaire, toujours en tant que domestique.

Spence le fit passer d'un navire à l'autre pour réparer des espars, raboter des portes qui se coinçaient, construire de nouvelles armoires. En quelques jours, Paxmore reçut trois offres de situation stable, et il n'avait pas encore assisté à une réunion. Le dimanche venu, Spence l'entraîna dans une grange jouxtant la demeure d'un marchand prospère et là, pour la première fois, les quakers de la Barbade montrèrent à Paxmore en quoi consistait la dévotion nouvelle manière.

Contre un mur, trois hommes âgés et une femme étaient assis sur des chaises, tous portant chapeau. Des bancs étaient alignés dans la partie centrale, séparés par une corde indiquant que les hommes devaient s'asseoir d'un côté, les femmes de l'autre. Pour le reste, la grange était d'une simplicité sévère, sans ornements d'aucune sorte. L'heure de la réunion venue, les bancs furent tous occupés, et les quakers demeurèrent immobiles, mains croisées sur les genoux, regardant droit devant eux.

Personne ne parlait. C'était là le moment béni que Thomas Kenworthy avait évoqué, le moment où l'esprit de Dieu descendait pour occuper à la fois le lieu de la réunion et le cœur de ceux qui s'y pressaient.

Quarante minutes s'écoulèrent et, dans le silence solennel, Edward Paxmore réfléchit au curieux destin qui l'avait amené là et l'obligerait bientôt à reprendre son errance. Son être criait son désir de rester là, dans le confort et la facilité, avec une situation assurée et de nombreux amis qui souhaitaient le retenir. Mais la voix intérieure, dont Kenworthy avait parlé, le pressait de se rendre au Maryland pour accomplir les devoirs qui l'y attendaient.

Quatre-vingts minutes s'écoulèrent, et les quakers restaient toujours immobiles, silencieux. Puis, l'un des hommes assis sur une chaise contre le mur du fond se leva et dit d'une voix forte :

— Aujourd'hui, nous avons parmi nous un ami du Massachusetts. Comment vont les choses là-bas ?

Pendant plus d'une minute, Paxmore fut incapable de

comprendre qu'on lui demandait de prendre la parole dans une réunion quaker, et il ne savait quelle attitude adopter. Il restait assis, stupidement ; alors, la voix forte s'éleva de nouveau et dit :

« Ami Edward, tu nous priverais d'une connaissance dont nous avons besoin. Je t'en prie, parle.

Paxmore se leva et regarda les quatre formes silencieuses sur les chaises qui lui faisaient face. Il aurait voulu leur dire ce qu'était la vie pour un quaker au Massachusetts, leur faire partager la flagellation, la solitude et la mise à l'index de l'esprit. Mais dans les églises de la Nouvelle-Angleterre, il avait entendu suffisamment de propos verbeux émanant d'hommes qui se donnaient eux-mêmes en exemple et avaient réponse à tout. Jamais il ne parlerait ainsi. Jamais il n'élèverait la voix pour invoquer la foudre de Dieu. Il en avait fini avec les discours creux.

— Au Massachusetts, nous ne nous réunissions pas ainsi, dit-il tranquillement. Il existe une loi écrite qui déclare les quakers hérétiques et traîtres, et quand ils tombent entre les mains des autorités, ils sont attachés à l'arrière d'une charrette pour être traînés de village en village et fouettés le long du chemin.

Il baissa la voix.

« Femmes et hommes partagent le même sort ; ils sont dénudés jusqu'à la ceinture et fouettés.

Debout, il garda un instant le silence, s'efforçant de maîtriser ses émotions pour ne pas risquer d'élever la voix ; pas un bruit ne s'élevait de l'assistance. Finalement, il toussota légèrement et conclut :

« Une réunion telle que celle-ci, dans la paix, entre amis, dépasse l'imagination des quakers du Massachusetts, eux qui sont jetés en prison, fers aux pieds. Aujourd'hui n'est pas seulement le Premier Jour de la semaine, c'est le Premier Jour de ma nouvelle vie.

Personne ne dit mot, mais lorsque la réunion prit fin, les quakers de la Barbade entourèrent Paxmore pour lui demander s'il avait connaissance de tel ou tel de leurs frères qui était passé par l'île avant de se rendre à Boston, et il ne put que répondre par une litanie plaintive :

— Il a été pendu. Elle a été attachée à la roue du grand canon et fouettée. Il prêche dans les champs près d'Ipswich, mais je crains pour lui.

Puis, un homme âgé le prit par le bras et l'entraîna à l'écart.

— Merci à toi, ami Edward, pour ton message spirituel qui nous a mis du baume dans le cœur. Mais étais-tu obligé de prononcer le mot *dénudés* dans une réunion publique ?

— Je crois que c'était nécessaire, répondit Paxmore.

— Peut-être. Mais évoquer une femme nue... même si ce n'était pas de ton fait...

Le vieux quaker ne semblait pas convaincu.

Le lundi, Paxmore fut chargé d'une tâche qui lui parut banale sur le moment mais qui, par la suite, devait marquer toute son existence. Un navire anglais venait de relâcher à la Barbade avec à son bord, en tant que passager, le capitaine d'un autre bateau ; celui-ci se précipita chez Spence et lui apprit qu'en approchant de l'île voisine de Sainte-Lucie, il avait été attaqué par des pirates. Les canons et les nombreux mousquets dont disposait l'équipage avaient permis de tenir les assaillants à distance et même de leur infliger d'importants dégâts.

— Si ton bateau n'a pas subi de dommages, qu'est-ce qui te préoccupe tant ? s'enquit Spence.

— Pendant le combat, alors que l'équipage s'employait à repousser les pirates, les esclaves de notre cargaison se sont révoltés et ont arraché les chaînes de leurs anneaux.

— Cela peut être réparé.

— Mais quand nous avons débarqué, ils ont saccagé la négrerie.

— Voilà qui est sérieux, déclara Spence, l'air grave. On ne peut pas permettre aux esclaves de se révolter.

Il prit les dispositions nécessaires pour que Paxmore et deux autres charpentiers accompagnent le capitaine à Sainte-Lucie afin d'effectuer les réparations sur le bateau et dans la négrerie.

La navigation fut agréable sur les belles eaux bleu-vert des Caraïbes et Paxmore se trouvait dans d'heureuses dispositions d'esprit lorsque le navire approcha de la baie de Marigot où le bateau endommagé était mouillé. Il fut surpris par la beauté des lieux : l'entrée de la baie était à peine visible depuis le large mais, une fois à proximité, elle se découvrait à la vue comme un tableau avec un arrière-plan de montagnes vertes, découpées de vallées tropicales venant mourir dans l'eau bleue. L'un des plus beaux ports naturels du monde, un lieu enchanteur où attendait le navire blessé.

Il ne fallut que deux jours aux charpentiers pour réparer les dommages causés par les pirates et les esclaves révoltés, puis tous descendirent à terre pour remettre la négrerie en état. Il s'agissait d'un enclos aux hauts murs dans lequel les esclaves débarqués de tous les bateaux mouillant à Marigot étaient enfermés avant d'être réembarqués à destination du Brésil ou des colonies anglaises d'Amérique du Nord.

Les esclaves de la cargaison en question, ayant partiellement réussi leur révolte pendant l'attaque des pirates, avaient continué en démolissant les plus hautes planches des palissades et ils auraient tout détruit si on ne les en avait empêchés.

— Je ne veux pas avoir à tirer sur eux, expliqua le capitaine, mais il ne faut pas qu'ils puissent s'enfuir.

— Il faudrait que l'ensemble soit renforcé, assura Paxmore.

Les semi-pirates qui faisaient la loi à Marigot en convinrent, et pendant trois jours encore les charpentiers travaillèrent ; ce temps permit à Paxmore de s'imprégner de l'extraordinaire beauté des lieux. Le contraste entre les montagnes abruptes et l'eau profonde l'émerveillait, et il pensa : « Un jour, quand j'en aurai fini avec le Maryland, j'aimerais vivre ici. »

Par ailleurs, la négrerie ne l'impressionna guère, pas plus que les esclaves qui y étaient enfermés. A Boston, il n'avait jamais eu la possibilité d'observer des Noirs. Quelques familles possédaient des esclaves mais, en ville, ceux-ci ressemblaient fort aux domestiques sous contrat et étaient traités de manière identique. Maintenant, il en voyait plusieurs centaines rassemblés et gardés par des hommes en armes, et il pensa seulement : « Ils ont l'air vigoureux, tous. »

Pour lui, les esclaves noirs constituaient simplement un prolongement du système de contrat qu'il avait personnellement connu. A Londres, avant de s'embarquer pour le Nouveau Monde, ses camarades et lui avaient été placés dans des baraquements et vendus aux enchères à leur débarquement à Boston. Il avait été une sorte d'esclave, et sa servitude une voie vers une vie meilleure. L'unique différence entre le sort qui avait été le sien, onze ans auparavant, et celui de ces Noirs, actuellement, résidait dans la permanence du contrat que ne pouvaient rompre ni le passage des ans ni la fidélité dans le service.

Mais il n'éprouvait pas le besoin d'accorder une réflexion sérieuse à ce problème. Quand la négrerie fut réparée, il disposa de trois magnifiques journées pour se repaître de la beauté de la baie de Marigot avant de retourner à la Barbade. Il les occupa bien, s'imprégnant des particularités des tropiques. Mais le soir du troisième jour, un navire de commerce anglais entra dans la baie avec des nouvelles alarmantes :

— Les pirates sont de nouveau déchaînés. Ils ont mis Port-Royal à sac et on les a vus prendre la direction du sud.

Aussi, tous les esclaves de la négrerie furent-ils embarqués en toute hâte à bord du navire de commerce et on hissa les voiles, cap sur le Maryland. Paxmore comptait parmi les passagers.

Une fois les esclaves débarqués à Jamestown, le navire continua sur Devon Island pour y livrer des caisses de mobilier. Paxmore débarqua sur la jetée et, yeux écarquillés, regarda autour de lui. Un bel homme grisonnant, environ la cinquantaine, vint à sa rencontre, lui tendit la main et se montra très cordial.

— Je suis Henry Steed. Si vous cherchez du travail, j'ai besoin d'un charpentier.

— Je dois me rendre chez les quakers du Choptank.

— Ils sont très exigeants sur le chapitre du travail. Vous seriez mieux ici.

— Je suis quaker.

— Au Maryland, ça n'a aucune importance. Je paye bien, monsieur...

— Paxmore.

Il appréciait le fait qu'un employeur offrît d'embaucher un ouvrier avant de lui demander son nom.

« J'aimerais travailler pour toi mais, avant, je suis obligé de me rendre chez les quakers.

— Et c'est bien naturel, si vous l'avez promis.

Puis, à la grande surprise de Paxmore, Mr. Steed prit les dispositions nécessaires pour que le charpentier embarquât à bord d'un de ses bateaux afin de remonter le fleuve jusqu'à l'endroit où les Steed avaient récemment ouvert un grand entrepôt.

— L'endroit s'appelle les Docks-de-Patamoke, expliqua Steed. Encore peu de maisons, mais beaucoup d'activité.

— Je suis étonné que tu offres ton bateau à un inconnu, remarqua Paxmore.

— Nous avons grand besoin de colons. Les quakers valent les autres.

Lorsque le bateau entra dans le port, Edward Paxmore découvrit un tableau qui réjouit son cœur d'errant : un havre bien abrité des tempêtes, une grossière cabane de rondins servant de taverne, deux maisons, une vingtaine d'embarcations venues des promontoires voisins. Quelqu'un fit tinter une cloche et des gens se rassemblèrent, surgissant d'endroits inattendus.

— Y a-t-il des femmes parmi les nouveaux venus ? s'enquirent deux hommes jeunes.

— Seulement un charpentier, répondit l'un des marins de Steed.

Les jeunes gens s'éloignèrent.

— Mr. Charpentier ! Mr. Charpentier ! s'écria un homme surexcité. Je m'appelle Pool.

Les propositions de travail pleuvaient sur Paxmore avant même qu'il eût mis pied à terre. D'autres employeurs en puissance criaient leur nom, lui expliquant ce dont ils avaient besoin, mais il n'en tint pas compte. Lorsqu'il débarqua enfin, chargé de ses outils, il dit :

— Je cherche James Lamb.

Un homme se détacha du groupe qui se tenait à proximité de l'entrepôt de Steed. Il tendit la main.

— Je suis James Lamb et je te souhaite la bienvenue aux Docks-de-Patamoke.

Il ajouta qu'il n'avait pas besoin des services d'un charpentier mais que son frère quaker, Robert Pool, serait heureux de le faire travailler.

Un enfant entendit ces paroles et s'écria :

— Robert Pool, on te demande.

Un homme de haute taille, à l'air sérieux, s'avança vivement.

— Je suis Pool, celui qui t'a hélé.

Une sorte d'intuition incita Paxmore à rester auprès de James Lamb.

— J'ai déjà parlé à l'ami Lamb, dit-il à Pool.

Lamb perçut l'hésitation du nouveau venu.

— Je vais emmener notre ami chez moi, laissa-t-il tomber à l'adresse de Pool.

Puis, il se tourna vers le charpentier.

« Comment t'appelles-tu ?

— Edward Paxmore.

— L'homme de Boston ?

— Oui.

— Oh...

Lamb laissa échapper l'exclamation d'un ton grave et, s'avançant tranquillement parmi les autres, annonça que le nouveau venu n'était autre que Paxmore, de Boston ; dès lors, un groupe de quakers forma un cercle autour du charpentier ; ils lui posèrent des questions prouvant qu'ils n'ignoraient rien de ses pérégrinations au Massachusetts et qu'ils lui vouaient du respect.

— Comment as-tu entendu parler des flagellations ? demanda-t-il simplement.

— Il y a deux mois, un bateau est arrivé de Boston, expliqua Lamb avec déférence. Il avait à son bord une quakeresse qui a beaucoup souffert au Massachusetts.

— Ruth Brinton ? s'enquit Paxmore.

— Oui, répondit Lamb.

Paxmore regarda ceux qui l'entouraient avec plus d'intensité et demanda :

— Est-elle morte ?

— Non, elle est chez moi... très malade, répliqua Lamb.

Tous les quakers se rendirent sans plus tarder jusqu'à la cabane de rondins de James Lamb et lorsqu'ils approchèrent de la porte basse, ce dernier appela :

— Prudence, viens !

Sur le seuil, apparut une belle femme d'une quarantaine d'années, mince, vêtue d'une lourde étoffe tissée à la main et coiffée d'un bonnet. Les mains croisées à hauteur de la taille, elle demanda :

— Que veux-tu ?

Puis, elle s'aperçut que son mari n'était pas seul.

« Qu'y a-t-il, James ?

— Voici Edward Paxmore, de Boston.

Prudence Lamb laissa retomber ses mains et dévisagea le charpentier. Des larmes lui montèrent aux yeux ; elle s'agenouilla et inclina la tête.

— Tu es un homme résolu, capable d'héroïsme, murmura-t-elle. Ruth Brinton nous l'a dit.

James Lamb aida sa femme à se relever. Tous entrèrent dans la petite maison ; là, étendue sur un lit, reposait Ruth Brinton, petite, frêle, et bien près de la mort après son dernier supplice enduré au Massachusetts. A la vue du charpentier, qui avait proposé de recevoir les six coups de fouet qui lui étaient destinés, elle fondit en larmes et, dès cet instant, commença à recouvrer la santé.

La falaise

Les quakers installés près de Patamoke furent si heureux lorsque Edward Paxmore épousa Ruth Brinton qu'ils se cotisèrent pour leur offrir un terrain sur lequel ils pourraient construire leur maison. Ils se sentaient redevables envers eux sur le plan spirituel pour avoir mené le combat du quakerisme en Virginie et au Massachusetts. Des fonds furent donc collectés pour une parcelle choisie non loin du port mais, au moment où l'acte de transfert allait être signé, James Lamb intervint en annonçant qu'il était propriétaire d'un promontoire sis au-delà du marais habité par les Turlock ; il avait toujours eu l'intention de l'occuper parce qu'il le considérait comme l'un des plus beaux endroits du rivage, mais il serait heureux de le céder aux Paxmore.

Les membres du comité s'entassèrent dans des embarcations qui descendirent le Choptank, dépassèrent le marais et atteignirent le promontoire protégé par la falaise où Pentaquod, quatre-vingts ans auparavant, avait choisi d'édifier sa première demeure sur le continent. C'était encore un emplacement étonnant avec une vue incomparable dans trois directions et où les hauts pins et les chênes majestueux dégageaient une impression de sérénité. Sur ce promontoire, on avait le sentiment de s'incorporer au vaste panorama de baies, de cours d'eau et de criques tout en se sentant partie intégrante d'un monde protégé.

— Cet endroit me plaît beaucoup, déclara Paxmore.

Mais avant de s'engager, il voulait l'avis de sa femme.

« Qu'en penses-tu, Ruth ?

— Où sera ton travail ? demanda-t-elle.

Elle respectait ainsi la doctrine fondamentale des quakers voulant qu'en ce monde hommes et femmes travaillent. Après l'obéissance à Dieu, le fidèle accomplissement de sa tâche est primordial.

— Je pourrai effectuer des travaux de charpente pour les

colons, mais notre foyer permanent serait ici... en admettant que tu veuilles bien vivre en un lieu aussi retiré...

— Oh, oui ! s'écria-t-elle avec un enthousiasme qu'elle ne put réprimer.

Elle avait trop bien connu les conflits des sociétés organisées pour que la perspective de vivre sur un promontoire qui embrassait le monde ne fût irrésistible. Là, ils construiraient une maison sur le plateau protégé par la falaise, là leur foyer s'accorderait avec les vents. Ce fut elle qui baptisa le lieu. « Nous l'appellerons la Falaise-de-la-Paix.

Et dès lors, pour ceux qui habitaient le long du fleuve, le promontoire où vivaient les quakers devint symbole de stabilité.

Aidés d'amis, ils passèrent trois jours à construire un wigwam indien sur le bord le plus en retrait de la falaise et, dès qu'ils furent seuls, Ruth Brinton s'occupa de son mari.

— Pourquoi portes-tu des vêtements qui paraissent trop petits ? demanda-t-elle.

— J'aime que mes poignets soient libres pour pouvoir travailler de mes mains.

— Mais tu ne travailles pas avec tes pieds. Alors pourquoi portes-tu un pantalon si court ?

— Les charpentiers doivent trouver leur bois un peu partout, expliqua-t-il. Et je tiens à ce que mes chevilles ne soient pas entravées.

— Tu pourrais tout de même te vêtir avec un peu plus de soin, se plaignit-elle.

— Peu importe du moment que toi tu es soignée, mon petit colibri, dit-il en l'embrassant.

Et chaque fois qu'il la voyait, nette et délicate, dans ses vêtements gris très simples, il se sentait submergé par l'amour et, avec le temps, elle finit par renoncer ; son mari était un charpentier dégingandé qui n'avait jamais l'air soigné de sa personne, mais qui avait une véritable passion pour le travail soigné.

Au cours de l'automne 1664, dans un débordement d'énergie joyeuse, il prouva à quel point il était bon ouvrier ; il construisit deux édifices qui lui vaudraient une place dans l'histoire du Maryland, et une troisième réalisation dont l'impact aurait une influence vivifiante sur la côte orientale. La première construction fut son propre foyer ; aidé de quatre Indiens et de deux jeunes quakers, envoyés par leurs parents pour seconder les nouveaux venus, il tailla du bois, l'assembla et édifia une modeste maison de deux pièces.

— Si nous construisions plus grand, ce serait prétentieux et ça déplairait à Dieu, expliqua-t-il à sa femme.

Elle en convint.

Ils utilisèrent peu de clous et rien qui fût importé d'Angleterre, mais il apporta tant de soins à sa construction que leur petite maison pourrait défier les siècles. Bien protégée sur son promontoire et visible de très loin le long du fleuve, elle était la plus solide des constructions du Choptank.

La deuxième réalisation revêtit plus d'ampleur. Étant plus vaste, elle exigea non seulement les services des quatre Indiens et des deux jeunes gens, mais aussi ceux de quakers adultes de la communauté. A Patamoke, James Lamb avait acquis un terrain qu'il était prêt à céder aux quakers si ceux-ci y construisaient un lieu de réunion. Cette secte simple évitait le mot *église* qui rappelait davantage l'architecture que le but ; les quakers construisaient des foyers de réunion, et celui qu'Edward Paxmore conçut pour Patamoke et édifia en remerciement pour le havre qu'on lui avait procuré fut un chef-d'œuvre. Avec le temps, il deviendrait le plus ancien édifice américain voué à la dévotion, remplissant son office sans discontinuer, et chaque année de son existence lui vaudrait d'être de plus en plus apprécié sous l'angle d'une œuvre d'art.

Le site boisé convenait admirablement à une construction, quelle qu'elle soit. Dès que le terrain eut été cédé, Paxmore passa trois semaines à s'en imprégner, interdisant à ses aides de sacrifier un seul pin ou chêne ; il adaptait ses plans aux arbres au lieu de procéder à l'inverse. Il souhaitait qu'une longue allée menât à la porte du foyer de réunion et, bien qu'il fallût une bonne dose d'ingéniosité pour tracer un chemin à travers les arbres, il finit par y parvenir ; l'accès du terrain devint une sorte d'incitation à la prière.

Ce premier pas accompli, Paxmore se sentit plus à l'aise et, dans un espace libre, il délimita une construction rectangulaire dont la porte centrale prolongeait l'axe formé par la longue allée. Il conçut un bâtiment de plain-pied, protégé par un toit pentu, surélevé au-dessus de l'entrée principale, ce qui accusait l'effet de symétrie. Les fenêtres furent disposées avec rigueur pour souligner la dignité de l'édifice, mais c'était l'intérieur qui captivait l'attention de tous ceux qui s'y rassemblaient.

Contre le mur opposé à la porte, se détachait une petite estrade prolongée par trois marches permettant d'y accéder ; elle supportait six fauteuils de chêne, très sobres, aux accotoirs incurvés où prendraient place les anciens, face aux fidèles. Ceux qui occupaient ces sièges — certains dimanches deux personnes seulement, d'autres six — servaient de ministres du culte et de prêtres à la congrégation. Non ordonnés et souvent nommés par eux-mêmes, ils apportaient aux réunions continuité et substance.

Le corps principal du foyer de réunion était occupé par de longues rangées de bancs aux heureuses proportions, rigoureusement séparés par une allée centrale : les hommes s'asseyaient à droite en entrant, les femmes à gauche. Mais bien des adolescents et adolescentes trouvaient le moyen de s'asseoir légèrement en biais afin de voir de l'autre côté du passage et d'en être vus.

Une fois achevé, avec l'aide de tous les quakers de la région, le Foyer de Patamoke, ainsi qu'on l'appela, apporta la preuve de ce qui pouvait être réalisé dans une contrée sauvage quand un simple ouvrier, habile dans son métier, était incité à suivre son sens inné des proportions. Il n'aurait pas été capable d'édifier une cathédrale gothique, laquelle était venue après des siècles d'expérience et de sagesse accumulés en Europe, ni une grande église catholique, telle que celles qu'on bâtissait alors en Italie, où l'on disposait des mêmes connaissances, mais il était suffisamment compétent pour construire un petit temple qui semblait s'intégrer à la forêt et constituer une extension logique du fleuve ; et s'il atteignait à la perfection dans les moindres détails, et à l'harmonie intérieure, un tel édifice pouvait prétendre à la beauté que dégageait une cathédrale.

— Il a l'air solide, remarqua James Lamb quand la construction fut achevée et qu'il y vint pour le dimanche que les quakers appellent Premier Jour.

Porté là par un avis unanime, Paxmore occupait l'un des six fauteuils. A côté de lui, se tenait la femme la plus âgée de la congrégation, puis vint s'asseoir Ruth Brinton Paxmore, autorisée à siéger par des acclamations discrètes en reconnaissance des qualités exceptionnelles qu'elle avait montrées pour témoigner de la nouvelle religion. Ces trois personnes présidèrent aux premières dévotions ayant lieu dans ce sobre édifice et, pendant une heure quarante, pas la moindre parole ne fut prononcée ; tous se contentaient simplement de savourer ce nouveau foyer au cœur d'une région sauvage.

La troisième réalisation à laquelle s'attaqua Paxmore au cours de cette année fiévreuse devait l'influencer sa vie durant. Il s'agissait d'une expérience entachée d'échecs et magnifiquement enrichissante. La construction de sa maison et du Foyer de Patamoke n'avait soulevé aucun problème ; en Angleterre, il avait suffisamment assimilé son métier et maîtrisé la plupart des tours de main nécessaires pour l'édification d'un bâtiment qui ne risquât pas de s'effondrer, mais il n'avait jamais construit de bateaux et, en l'absence des conseils d'un charpentier de marine expérimenté, il était inévitable qu'il achoppât aux innombrables embûches présentées par une construction si compliquée. Mais puisque Ruth et lui avaient décidé de passer le restant de leur vie sur l'eau, il lui appartenait d'apprendre.

— Je crois que je vais construire un bateau, dit-il à Ruth dès que la maison fut achevée.

— Sais-tu comment t'y prendre ?

— Non. Mais j'apprendrai.

Il chercha à s'initier auprès des Indiens qui l'avaient aidé à construire le Foyer de Patamoke et, plusieurs soirs de suite, il les accompagna dans les bois à la recherche du chêne approprié. Il désigna un arbre splendide et, lorsque ses compagnons réfutèrent son choix, il voulut savoir pourquoi.

— Comment l'amènerions-nous jusqu'au fleuve ? demandèrent-ils en s'exprimant par signes.

Et il dut admettre qu'ils ne disposaient d'aucun moyen leur permettant de déplacer un arbre aussi imposant en un seul morceau.

Le long des limites nord de sa terre, face à un petit affluent du fleuve, il repéra un arbre satisfaisant qui pourrait être abattu dans une position permettant, une fois évidé au feu et façonné, d'être roulé jusqu'à l'eau. Mais les Indiens le mirent en garde.

— Mieux vaut choisir du pin.

Lorsqu'il voulut savoir pourquoi, ils expliquèrent :

« Bois plus léger. Plus facile tailler.

— Je construis en chêne, insista-t-il.

Il ne tarda pas à s'apercevoir que son choix exigeait un

travail harassant. Le troisième soir, Edward boitilla jusque chez lui et s'effondra, soufflant sur ses doigts pour tenter d'assouplir le cal qui le lancinait.

— Qu'est-ce qui ne va pas ? s'enquit Ruth.

— As-tu jamais essayé d'abattre un chêne ?

Ruth Brinton était une femme austère, d'une rectitude à toute épreuve ; elle marchait dans la voie de Dieu et comprenait les desseins du Seigneur. Ses vertus étaient innombrables, mais elles n'englobaient pas la compréhension du quotidien.

— Pourquoi voudrais-je abattre un chêne ? demanda-t-elle.

— Je voulais simplement...

— Si j'avais besoin d'un chêne, je m'adresserais aux hommes dont le travail est de les abattre.

— Ruth, j'essayais seulement...

— Mais si le travail est si difficile et que je puisse t'aider, je serai heureuse de t'accompagner demain...

— Ruth ! Mes mains sont pleines d'ampoules. As-tu de la graisse d'ours ?

— Oh ! Tu veux de la graisse d'ours ? Pourquoi ne pas l'avoir dit tout de suite ?

Quand le chêne fut enfin abattu, Paxmore comprit mieux la raison qui poussait les Indiens à adopter une méthode exigeant plusieurs années pour venir à bout d'un arbre : le ceinturer, le brûler, arrêter la circulation de la sève, le brûler encore, le pousser pour le faire tomber.

— Je n'ai pas le temps, expliqua-t-il à Ruth.

Mais elle avait des préoccupations plus importantes en tête.

— A propos de la graisse d'ours, il m'est venu une idée ; je pourrais en faire un cataplasme que tu transporterais sur toi et, pendant ton travail, il te serait possible de t'enduire de graisse de temps à autre.

— La hache me glisserait des mains.

— Trouves-en une qui ne glissera pas, dit-elle simplement.

A quelques jours de là, elle lui tendit un sac soigneusement cousu contenant un tampon d'étoffe imprégné de graisse d'ours.

A ce moment, les Indiens avaient élagué le tronc et ils expliquaient comment les extrémités massives du fût devaient être taillées pour former l'avant et l'arrière du canoë. A cette occasion, Paxmore suivit leurs conseils et eut recours au feu au lieu de la force brutale ; lorsque le tronc de sept mètres reposa au bord de la rivière, il aida les Indiens à en ôter l'écorce, dévoilant une forme dorée, si belle qu'elle évoquait déjà une embarcation.

En équarrissant la partie supérieure, il obtint la forme grossière qu'il recherchait et, pendant que ses aides indiens en brûlaient l'intérieur, il s'attela à la tâche difficile qu'il lui faudrait maîtriser s'il voulait devenir constructeur de bateaux : il commença à tailler chaque extrémité du tronc à l'herminette pour supprimer le bois inutile. Travaillant avec un soin extrême, ne découpant jamais le moindre fragment avant d'avoir acquis la certitude que son élimination contribuerait à améliorer la courbe du canoë, il apprit la façon dont l'avant et l'arrière d'une embarcation devaient se développer naturellement dans le sens du bois, jusqu'à ce que chaque partie fût en accord avec le mouvement de l'eau. Il parvint à maîtriser cette technique parce qu'il était bon charpentier ; par contre, il n'aurait jamais pu imaginer la méthode astucieuse que les Indiens lui enseignèrent pour faire rouler le canoë sur le côté lorsque celui-ci fut presque achevé. Cette découverte inattendue allait lui permettre de devenir un maître dans l'art de la construction navale.

Quand le grand tronc évidé se trouva sens dessus dessous le long de l'eau, l'un des Indiens s'empara d'un morceau de bois droit et, à l'aide d'une coquille d'huître, traça deux lignes parallèles sur toute la longueur du canoë, chacune d'elles à cinq centimètres du centre, puis ils se mirent en devoir de gratter de petits fragments de chêne le long des bords extérieurs de cette zone de dix centimètres. Après des heures de patient travail et une abrasion minutieuse du bois superflu, ils se retrouvèrent avec une épine dorsale légèrement surélevée le long de la partie centrale du canoë. Et Paxmore comprit que celle-ci garantirait toujours la sécurité de l'embarcation. Elle lui apporterait direction et stabilité ; elle empêcherait le canoë de dériver latéralement sous l'effet du vent, et elle servirait de protection au fond lorsque l'embarcation serait tirée à terre.

Au cours de son existence, Edward Paxmore avait découvert qu'un homme vivait mieux s'il s'appuyait sur une croyance de base à laquelle il pouvait avoir recours lors d'un acte quelconque et se référer en cas de difficulté d'ordre moral ; il était alors un vertébré avec une épine dorsale pour le soutenir, et il avait observé que ceux qui n'étaient pas parvenus à se forger cette croyance de base erraient lamentablement et prenaient des décisions erronées parce que, dans les moments de crise, ils n'avaient rien à quoi se raccrocher instantanément. Il avait trouvé sa propre épine dorsale dans l'obéissance à Dieu, sous la forme la plus simple qui fût et avec l'accès le plus direct. Il découvrait à présent qu'un bateau devait aussi posséder une épine dorsale, une structure de base aussi forte que possible qui courait le long de l'embarcation sans la moindre déviation et de laquelle tout dépendait. Pendant le restant de ses jours, il ne construirait jamais un bateau sans cette épine dorsale en chêne ; il se fonderait sur cette base centrale et immuable.

Le canoë, muni de ses deux mâts, fut une telle réussite que plusieurs colons installés le long du fleuve lui offrirent de l'acheter.

— Je n'ai pas le temps de continuer à abattre des chênes, expliqua-t-il à Ruth, ni celui de les évider au feu pouce par pouce.

— Tu l'aurais si tu te servais de la graisse d'ours que je t'ai donnée, répliqua-t-elle.

Il jugea préférable d'encourager les autres à abattre chênes et pins pour les débiter en planches qu'il pourrait alors assembler pour en faire des embarcations. Mais à peine s'était-il lancé avec optimisme dans cette nouvelle activité, qu'il s'aperçut que la construction d'un bateau à l'aide de planches représentait une tâche infiniment plus difficile que celle consistant à évider un tronc ; elle entraînait des complications presque insurmontables pour un charpentier ordinaire. Le problème se présentait de la sorte : déposer sur un sol plat une épine dorsale de la longueur désirée, y adjoindre ces côtes qui épouseraient plus ou moins la forme du bateau fini. Jusque-là, tout allait bien. Mais à ce moment, il fallait débiter des planches qui devraient être fixées à ses côtes afin de constituer un tout imperméable qui, en même temps, devrait présenter une courbe douce vers l'avant et l'arrière pour former l'étrave et l'étambot de l'embarcation. L'entreprise paraît aisée ; elle est extrêmement difficile à mener à bien. Et quand, par hasard et avec l'aide d'un Dieu patient, on parvient à découvrir la méthode pour découper les planches, comment les assujettir à l'avant et à l'arrière, à l'étrave et à l'étambot ?

Nombre de colons installés le long du fleuve complimentèrent Paxmore pour son embarcation, mais il se rendit compte qu'il ne pouvait se prévaloir de sa réussite ; la nature inhérente d'un chêne avait déterminé la forme générale du canoë. Lors de la construction de sa première embarcation, il ne pouvait se tromper parce que le chêne ne le lui permettait pas. Mais pour la construction d'un petit bateau, les planches débitées ne posséderaient aucune forme initiale. Il lui faudrait avoir une idée claire de ce qu'il voulait accomplir ; or, il n'en avait aucune. Aussi, lorsque son premier bateau grossier fut achevé, personne n'offrit d'acheter le monstre ; celui-ci parvenait tout juste à rester à flot et quand les voiles furent établies, il se révéla impossible à manœuvrer. Le seul élément qui plaida en sa faveur résidait dans sa robuste épine dorsale ; les parties subsidiaires déterminant la qualité d'un bateau étaient lamentables. Il le savait.

— Regarde cette chose que j'appelle un bateau, dit-il à Ruth en désignant l'embarcation amarrée à leur jetée. Un enfant aurait fait mieux.

— Mon ami, dit-elle avec cette simplicité qui suscitait la hargne, quand il s'agit de construire un bateau, tu es un enfant.

Il décida donc de tout reprendre depuis le début comme s'il était réellement un enfant apprenant le *b a ba* d'un métier ; il releva ses erreurs, s'aperçut qu'il avait demandé à des planches de remplir des fonctions pour lesquelles elles n'étaient pas faites, mais il en revenait toujours à l'essentiel : partir d'une solide épine dorsale et veiller à ce que tout le reste s'y adaptât convenablement.

Il s'attela à la construction d'une embarcation beaucoup moins ambitieuse, plus courte, moins large et consacra la majeure partie de son temps à l'étrave et à l'étambot, se demandant comment il parviendrait à assembler toutes ces planches jusqu'à ce qu'elles forment une pointe aiguë. Lorsqu'il eut achevé, il se trouva devant un bateau qui n'avait rien de particulièrement attrayant car il restait rudimentaire sur bien des points, mais il naviguait. Cette fois, il trouva un acheteur.

— Je vais en construire trois autres, dit-il à sa femme. Et je baptiserai le dernier *Ruth-Brinton*. Celui-là sera un bon bateau.

Et dès que le calfatage en eut été achevé, il proposa à Ruth de fêter la mise à l'eau de l'embarcation par une promenade à son bord. Mais comme ils arrivaient au milieu du Choptank, il dit impulsivement :

— Nous allons à Devon Island.

— Pas dans cette tenue, protesta-t-elle.

Elle l'obligea à retourner à la Falaise-de-la Paix et à attendre qu'elle eût mis sa plus belle robe grise et le petit chapeau quaker assorti ; mais quand elle revint, il lui sembla que son dégingandé de mari détonnait dans sa tenue débraillée.

« Il te faut t'habiller aussi. N'oublie pas que ce sont les Steed que nous allons voir.

Elle ne lui laissa pas larguer l'amarre avant qu'il se fût changé.

Ils paraissaient si convenables en remontant la rivière de Devon, lui grand et mal à l'aise dans le nouveau costume qu'elle lui avait tissé, elle nette et digne avec ses mains croisées sur les genoux, que les domestiques alertèrent les Steed. Ceux-ci vinrent les accueillir sur la jetée.

— Quel beau bateau ! s'exclama Henry.

Il demanda à son frère de sauter à bord pour voir si l'accastillage était aussi solide qu'il en avait l'air. Paul l'en assura.

— Alice, emmène donc Mrs. Paxmore jusqu'à la maison pour prendre le thé, dit Henry. Nous allons voir comment se comporte ce bateau.

Ils descendirent la rivière jusqu'au Choptank et finirent par gagner la baie. Paxmore assurait la manœuvre et paraissait compassé dans son costume neuf et son chapeau quaker à calotte plate. Lorsqu'il ramena le bateau à la jetée, Henry à la barre, les Steed eurent l'assurance que le charpentier quaker avait maîtrisé l'art de construire un bateau.

— Je crois que nous devrions boire quelque chose, proposa Henry en débarquant du *Ruth-Brinton.*

— Je ne bois pas, dit Paxmore.

— Pas même du thé ?

Le charpentier rit et, lorsqu'ils eurent rejoint les femmes, on ne parla plus bateau. Mrs. Steed saisit Paxmore par le bras et lui dit avec enthousiasme :

— Tout est arrangé ! Vous allez rester ici trois jours avec votre merveilleuse épouse et me construire une armoire spéciale... tenez... pour ça.

Et elle désigna une étagère supportant une collection de beaux étains, plats, tasses, couteaux et cuillères.

« Ce sont là les lares et les pénates des Steed, dit-elle.

L'expression de Paxmore laissa entendre qu'il ne comprenait rien aux paroles de Mrs. Steed, mais avant que celle-ci ait pu s'expliquer, Ruth Brinton coupa :

— Les dieux domestiques. C'est une expression romaine.

Déconcerté, Paxmore regarda sa femme comme si les dieux païens auxquels elle faisait allusion relevaient du blasphème. Mais Ruth sourit gentiment.

« Il n'y a rien de mal à ça, Edward. Cela signifie simplement qu'ils sont précieux aux yeux des Steed.

Il se détendit et se tourna vers Mrs. Steed.

— Quel genre d'armoire as-tu en tête ? s'enquit-il.

— Je la voudrais là, dans l'angle. Avec une porte vitrée en utilisant cette plaque de verre que nous venons de recevoir de Hollande.

— Ça pourrait être très beau, convint-il en examinant l'angle indiqué et la belle plaque de verre. Tu aurais besoin d'environ six étagères ?

— Nous déciderons quand l'ouvrage sera déjà bien avancé, dit-elle.

Elle tendit un étain à chacun des Paxmore.

« Grand-mère Steed adorait ces objets. Une fois l'an, tout au long de sa vie, elle servait un repas d'action de grâce. Ni verre ni porcelaine, juste les précieux étains anciens. Elle agissait ainsi afin de nous rappeler les jours difficiles que nos parents avaient traversés.

Paxmore soupesa le lourd objet et songea qu'une armoire pour renfermer de telles pièces serait utile.

— Je vous la construirai, dit-il à Mrs. Steed.

Au cours des jours qui suivirent, Ruth et lui eurent pour la première fois la possibilité de voir une famille catholique de près. Nombre d'aspects surprirent les quakers : les prières verbeuses dites avant les repas au lieu du silence solennel en vigueur chez eux, les dévotions tenant lieu de messe auxquelles tout le monde assistait, la Bible différente et la façon frôlant dangereusement le paganisme avec laquelle ils se référaient aux saints et aux objets du culte. Ils furent impressionnés par les allusions au père Ralph et à son évidente sainteté.

— Je crois que Ralph me plairait, déclara Ruth.

— Il ne fréquente guère les femmes et il vous trouverait déconcertante, répliqua Paul.

— Pourquoi ? s'enquit Ruth.

— A cause de votre franchise, de votre volonté de participer à tout.

— C'est ainsi chez les quakers, assura-t-elle.

— Je sais, répondit Paul, et c'est bien ce qui dérouterait Ralph. Dans son Église, les femmes ne sont pas...

Il ne trouva pas le moyen d'achever sa phrase, mais Ruth n'était pas femme à laisser passer un défi.

— Dans la nôtre, si.

Les frères Steed trouvaient plus aisé de s'entretenir avec Paxmore et, un jour, tandis que les femmes admiraient l'armoire achevée et l'art apporté par le menuisier pour mettre les étains en valeur, Henry entraîna Paxmore à l'écart. Il toussota et dit :

— Edward, je crois que vous êtes apte à me construire un navire.

Paxmore ne répondait jamais hâtivement à une proposition et, pendant que les frères attendaient, il calculait le nombre d'heures qu'exigerait la construction d'une réplique du *Ruth-Brinton.*

— Je pense pouvoir te construire un bateau comme le *Ruth-Brinton...*

— Nous ne parlons pas d'une embarcation, mais d'un navire.

La proposition stupéfia Paxmore.

— Vous voulez dire... un grand bateau... pour traverser la baie ?

— Pour traverser l'Atlantique, laissa tomber Henry.

Dès qu'il eut prononcé ces paroles, il se mua en visionnaire persuasif.

« Paxmore, si nous possédions un navire, nous pourrions envoyer notre tabac directement sur le marché et économiser des sommes considérables sur le transport. Au retour, nous ramènerions des marchandises qui nous reviendraient à un prix inimaginable pour alimenter nos comptoirs.

— Mais je n'ai jamais...

— Nous avons observé vos progrès dans la construction des quatre bateaux. Vous avez parcouru beaucoup de chemin, Paxmore.

— Le premier était un beau gâchis, n'est-ce pas ?

— Et nous sommes persuadés que vous êtes en mesure de nous construire un navire qui pourrait rallier Londres.

— Je n'ai jamais construit de bateaux, dit tranquillement Paxmore. Je n'ai jamais appris.

— C'est en forgeant qu'on devient forgeron.

Les paroles qui vinrent alors sur les lèvres de Paxmore

prouvèrent combien ce vrai quaker faisait preuve de prudence :

— Risquerais-tu ton propre argent dans une telle entreprise ?

— Nous le ferions, assurèrent les deux frères.

Paxmore demeura longtemps silencieux. Puis il se leva calmement et regagna la pièce où se tenaient les femmes. Il s'approcha de Ruth et la prit par la main :

— Ruth, nous rentrons... pour construire un grand navire.

Edward Paxmore connut une longue période de désarroi dont il ne pouvait être tenu pour responsable. La faute en incombait à Samuel Spence. Le ravitailleur de la Barbade n'avait pas oublié que son ouvrier, Paxmore, n'avait pas reçu le salaire qui lui était dû puisqu'il s'était embarqué précipitamment pour le Maryland à cause des menaces des pirates ; aussi, à la fin de 1666, écrivit-il à Paxmore et sa lettre, quand elle atteignit la Falaise-de-la-Paix, y apporta le trouble.

Entre-temps, le charpentier dégingandé s'en tenait à la tradition des premiers constructeurs navals américains. Il ne choisissait pas un chantier de manière arbitraire en disant : « Ici, je construirai mon bateau » ; il partait à la recherche d'une concentration de grands arbres, et y installait son chantier. Le lieu qu'il choisit se trouvait au bord de la rivière, à proximité de l'endroit où il avait construit son canoë monoxyle ; il était bordé de pins et des plus beaux chênes qu'il lui eût été donné de voir, des géants s'élançant vers le ciel. Aussi, un matin, après avoir prié pour que Dieu lui vînt en aide et qu'il demeurât en bonne santé, il se mit en devoir d'abattre le chêne dont dépendrait le grand bateau. Besogne épuisante pour ses Indiens et lui que de manier les haches et, lorsque le tronc massif s'abattit comme prévu à proximité de la rivière, il compta à larges pas les dix-sept mètres que devait mesurer l'épine dorsale. Quand il se rendit compte de l'énorme distance que cela représentait, il appuya ses mains douloureuses sur sa poitrine et pensa : « Jamais je ne pourrai construire un bateau de cette taille. » Mais il s'était engagé et il pourrait sans doute réussir s'il procédait, pas à pas, avec prudence. En conséquence, il commença par débarrasser le fût des branches, certaines aussi grandes que des arbres, puis lorsque le tronc massif fut exposé, nu, il l'étudia pendant deux longs jours, s'efforçant d'imaginer l'épine dorsale achevée qu'il obtiendrait et les diverses façons par lesquelles le corps du bateau s'y rattacherait.

Chacune de ses analyses lui prouvait son ignorance et, au matin du troisième jour, alors qu'il aurait dû commencer à supprimer le bois superflu, il fut paralysé par un sentiment d'incapacité. La tâche ne pouvait être menée à bien par un charpentier ordinaire. Mais alors qu'il était assis sur le tronc abattu, il aperçut son premier canoë monoxyle sur la rivière et demanda aux Indiens de l'aider à le tirer à terre. Il le retourna sens dessus dessous sur l'herbe et toute la matinée en étudia les lignes, la manière subtile dont le déploiement de bois droit se fondait avec les courbes et dont les divers segments se combinaient pour former l'avant et l'arrière de cette forme ancienne entre toutes, remontant à des milliers d'années ; sa minutieuse observation lui désigna ce qui pouvait être fait et ce qui devait être fait.

Arrêtant le travail, à l'exception de l'abattage des pins, il prit un morceau de bois tendre et s'employa à sculpter le modèle réduit du navire qu'il voulait construire ; cette tâche lui demanda près de deux semaines, modelant ici, retouchant là jusqu'à ce qu'il eût une maquette aux lignes satisfaisantes pour l'œil.

Mais il n'avait toujours pas confiance en lui-même ; il demanda donc à ses Indiens de remettre le canoë à l'eau et il y embarqua pour aller jusqu'à Devon Island afin de montrer aux Steed le bateau qu'il avait imaginé. En hommes prudents, soucieux de l'avenir, ceux-ci n'émirent qu'une suggestion :

— Si vous élargissiez la partie centrale, le bateau pourrait transporter plus de marchandises.

— Sa masse le rendrait plus lent.

— Le temps ne nous manque pas, déclara Henry.

Paxmore ajouta de minces lamelles de bois sur les flancs de son modèle réduit, ce qui lui permit d'obtenir une forme plus ventrue. A sa vue, Henry Steed s'arma d'une plume et écrivit le nom du bateau sur l'arrière : *Martha-Keene, Devon.*

« Quand vous aurez achevé le grand, j'aimerais que vous me laissiez cette maquette, dit-il à Paxmore.

— Tu l'auras.

Mais en regagnant son chantier rudimentaire, une idée lui vint : « Si je coupe le modèle réduit en deux dans le sens de la longueur, je disposerai d'un plan non seulement pour l'extérieur du bateau, mais aussi pour l'intérieur. » Il coinça la maquette dans un étau improvisé et saisit sa scie mais, au moment où il allait l'utiliser, il comprit que pour mener sa tâche à bien il lui faudrait séparer l'épine dorsale en deux morceaux, et il ne pouvait s'y résoudre.

Il posa la scie et chercha une échappatoire. Peu à peu, il imagina un compromis satisfaisant. « Je ne toucherai pas à l'épine dorsale, se dit-il. Je la laisserai intacte sur un côté. » Et c'est ce qu'il fit ; il se retrouva donc, non avec une vraie moitié de maquette, mais avec une section tronquée qui l'aiderait néanmoins et, chaque fois qu'il avait recours au modèle réduit, ses doigts effleuraient l'épine dorsale intacte et il en éprouvait du contentement.

Il mit ses hommes au travail avec mission d'équarrir le chêne et, pendant qu'ils s'y employaient, il prit une décision destinée à lui épargner de nombreuses heures de travail : l'arrière du bateau ne serait pas pointu. Il serait plat.

Puis, il se préoccupa de l'avant et, là, dut faire face à des difficultés aussi complexes que déconcertantes : comment assembler sur la partie avant de l'épine dorsale l'étrave du bateau, laquelle exigeait une courbe ascendante ? Tandis que les Indiens continuaient à équarrir le fût, il s'attaqua au problème et comprit que s'il parvenait à donner à la partie avant du tronc une courbe ascendante, aussi légère fût-elle, il bénéficierait d'un avantage certain dès le départ. Il donna donc d'autres instructions pour tailler l'épine dorsale afin que la partie avant remontât au maximum. Lorsque l'arête centrale fut achevée, elle amorçait une courbe ascendante, et cet avantage essentiel lui permettrait d'envisager l'étape suivante avec plus de sérénité.

Mais chaque réussite engendrait de nouvelles difficultés et, à présent, il lui fallait déterminer la manière précise dont l'avant du bateau, la lame coupante qui fendrait les vagues, serait assemblé. Il n'avait pas la moindre idée de la façon dont il pourrait procéder. Il était un charpentier du bâtiment mais, comme tout homme sensé, il lui était possible de s'asseoir pour réfléchir et appliquer aux bateaux ce qu'il savait des maisons ; il s'accrochait au fondement selon lequel un rectangle ouvert ne pouvait offrir de résistance puisqu'une pression suffisante appliquée sur l'un de ses angles le ferait s'effondrer, alors qu'une diagonale, si elle était solidement clouée en place, lui permettrait de subir d'énormes pressions exercées sur les angles sans pour autant s'affaisser; les triangles qui en résulteraient pourraient se rompre ou le bois se briser, mais la structure resterait stable.

Au niveau de l'abstraction, le problème était simple : entrecroiser l'intérieur du bateau de diagonales et aucune tempête ne parviendrait à en faire fléchir les flancs ; évidemment, il ne pourrait abriter ni cargaison ni passagers puisque tout le volume intérieur serait occupé par des diagonales.

Le problème se résumait donc à ceci : comment parvenir à la rigidité de la diagonale sans compromettre les possibilités de chargement du navire ? Comme la plupart des difficultés de taille, celle-ci était aisée à énoncer, laborieuse à résoudre.

Il se trouvait dans une impasse. Combien il eût souhaité que quelque grand navire venant de Londres relâchât à Devon Island afin qu'il pût le visiter en détail ! Or, aucun ne vint. La page d'un manuel anglais aurait tout expliqué, mais il ne possédait pas un tel ouvrage. Avec amertume, il se rappela les journées fastidieuses passées à bord des bateaux qui l'avaient amené de Londres à Boston, puis à la Barbade, à la baie de Marigot et à Devon Island. « J'ai passé tout ce temps à bord, et je n'ai rien vu », se lamentait-il.

Ce n'était pourtant pas exact. Il avait remarqué la façon dont les ponts, pavois et lisses étaient ajustés, mais tel un artiste qui monte un cheval une centaine de fois et ne le comprend que lorsqu'il essaie de le dessiner, ou un romancier qui a connu des situations humaines à de nombreuses reprises mais ne les a comprises qu'en essayant de les exprimer par des mots, il avait vécu à bord de bateaux, mais ne les avait pas vus.

Assez ironiquement, pendant toute cette période confuse, la solution se trouvait partout autour de lui... sur le sol. Un jour, alors qu'il se dirigeait vers l'extrémité avant du tronc, les yeux rivés sur la courbe en attente, il trébucha, et quand il regarda à ses pieds, il aperçut les racines massives du chêne qui jaillissaient de la souche, là où l'arbre avait basculé. Il s'immobilisa, observa la curieuse jointure alliant tronc et racines ; il s'agenouilla, gratta fiévreusement dans la terre et mit à nu l'une des plus puissantes articulations qui soit dans la nature : la structure évoquant un genou fléchi formée par les grosses racines émergeant du fût principal, et Paxmore se rendit compte qu'il venait de trouver la solution de son problème : au lieu de soutenir la partie exposée de l'arc d'encombrantes diagonales, il la construirait en y incorporant cette jointure massive qui renfermait sa propre jambe de force.

Mais lorsqu'il se retourna pour demander à ses Indiens de l'aider à déterrer cette jointure, il s'aperçut qu'ils étaient partis ; ils en avaient assez de construire des bateaux et ne voulaient plus travailler. Impossible de continuer sans leur aide ! En proie à l'anxiété, il mit à l'eau son canoë et partit pour Devon Island afin de demander conseil aux Steed. Lorsqu'il s'approcha du mouillage, ils s'affairaient sur la jetée. Un navire de la Barbade avait récemment rallié Jamestown d'où le sloop des Steed revenait chargé de l'extraordinaire lettre de Samuel Spence et d'une cargaison à laquelle Paxmore était loin de s'attendre :

> J'ai été obsédé par la dette que j'ai envers toi en paiement de l'excellent travail que tu as fait pour mon compte, notamment la réparation du bateau dans la baie de Marigot, et je n'ai cessé de me demander comment je pourrais m'acquitter. Nous n'avons pas d'espèces, nos correspondants à Londres sont encore plus mal lotis que nous. Ils ne peuvent régler mes factures car la peste de l'an dernier et l'incendie qui a suivi ont détruit tous les documents. J'en ai conclu que je ne pourrais te régler ce que je te devais, lorsqu'une curieuse suite d'événements m'a donné l'occasion de te venir en aide.
>
> Un gentilhomme habitant notre île avait une dette envers les firmes londoniennes qui étaient mes débitrices et, pour simplifier, nous sommes convenus qu'il me réglerait directement, mais lui non plus n'avait pas d'argent. Cependant, il possédait des parts dans un bateau d'esclaves que l'on attendait de Luanda et, lorsque le navire a mouillé dans la rade, il m'a remis une partie de ses esclaves.
>
> J'ai l'audace de t'envoyer neuf d'entre eux pour m'acquitter de ma dette dans l'espoir que tu voudras bien considérer qu'il s'agit là d'un remboursement honorable. Les quakers qui sont passés par ici m'ont appris que tu avais épousé Ruth Brinton, cet être d'exception, et nous vous adressons à tous deux toute notre affection.

Les esclaves n'avaient pas encore été débarqués et, quand Paxmore s'approcha du sloop, il les vit entassés à l'avant ; il se demanda pourquoi ils se recroquevillaient ainsi en dépit de la sécurité offerte par le port, mais en montant à bord, il s'aperçut qu'ils avaient été enchaînés afin d'éviter tout ennui lors de la traversée de la baie. Il se figea un instant, observant ces étrangers ; il vit leurs formes noires, leurs muscles prometteurs, la manière digne dont se tenaient les femmes, malgré les chaînes.

— Détache-les, et je les emmènerai à la Falaise-de-la-Paix, dit-il à Henry Steed.

Mais Steed, qui avait souvent entendu les planteurs de Jamestown se plaindre de leurs esclaves, lui fit remarquer avec prudence :

— Il est préférable de les laisser enchaînés jusqu'à ce qu'ils aient débarqué.

Il donna ordre à son capitaine d'appareiller pour la falaise. Là, les Noirs furent amenés sur la jetée, toujours enchaînés : six hommes robustes, trois femmes en âge de procréer, tous portant des colliers de fer. La côte orientale voyait débarquer sa première cargaison d'esclaves, propriété pleine et entière des quakers.

— Tous de premier choix, commenta le capitaine en rejetant les chaînes à bord.

— Nous en avons l'emploi, dit Paxmore.

Il conduisit les femmes jusqu'à la maison où Ruth Brinton s'affairait à clouer une table supplémentaire pour la cuisine. Stupéfaite à la vue des Noires, elle demanda :

— Qui sont ces femmes ?

— Elles sont à nous.

— Comment ça ?

— Samuel Spence, de la Barbade, nous les envoie pour s'acquitter de sa dette envers moi.

— Et qu'allons-nous en faire ?

— Elles nous appartiennent. Ce sont nos esclaves.

Ruth Brinton se redressa, s'essuya les mains, observa les femmes. Elle se souvenait de l'époque où elle avait leur âge, courbée sous le fardeau d'un immense désarroi, et elle pensa : « Ces malheureuses endurent de bien pires tourments. » Elle se tourna vers son mari.

— Ce serait malséant de les garder en tant qu'esclaves. Cela irait à l'encontre de la volonté de Dieu.

Ainsi débuta le grand conflit qui, ultérieurement, s'immiscerait dans toutes les législations, toutes les églises, tous les foyers. Edward Paxmore avança trois arguments ; les deux premiers d'ordre économique, par conséquent peu convaincants aux yeux de son épouse :

— Spence me devait de l'argent, et il avait le droit de s'acquitter de cette façon ; d'ailleurs, les esclaves arrivent au moment où nous en avons le plus besoin. Dieu nous les a envoyés pour nous aider à finir le bateau.

Ruth le dévisagea, effarée à l'idée qu'il pût proférer de telles inepties, mais le troisième argument de son mari était d'ordre moral, et pas le moins du monde inepte :

« Lorsque j'étais domestique sous contrat au Massachusetts, la coutume voulait que les prédicateurs nous sermonnent chaque trimestre pour nous rappeler nos devoirs envers le maître. Comme je me souviens de ces discours tonitruants !

Et il commença à réciter, de mémoire, les passages impérieux dans lesquels Dieu ordonne spécifiquement et soutient l'esclavage :

> Serviteurs, obéissez en tout aux maîtres, non seulement quand vous vous savez surveillés, mais par crainte de Dieu.
>
> Serviteurs, obéissez à ceux qui sont vos maîtres avec crainte et soumission.
>
> Les serviteurs doivent être agréables à leurs maîtres sans jamais rechigner.
>
> Que tous les serviteurs qui sont sous le joug estiment que leurs maîtres sont dignes et honorables.

Ruth Brinton fut atterrée en entendant cette litanie ; elle ne parvenait pas à croire que son mari pût prendre de telles instructions au sérieux. Elle avait l'impression de percer pour la première fois la nature d'Edward — et elle était laide.

— Edward, tu ne te rends pas compte que l'ensemble des enseignements de Jésus s'oppose à l'exploitation de l'homme par l'homme ? demanda-t-elle avec une énergie farouche, tout en s'exprimant d'une voix douce.

— Je sais ce qu'enseigne la Bible, et elle dit à d'innombrables reprises que le destin de certains hommes est d'être esclaves et qu'ils sont tenus d'obéir à leurs maîtres.

D'un geste, il imposa silence à son épouse.

« Mais la Bible dit aussi que les maîtres doivent être justes, et qu'il est de leur devoir de veiller au bien-être de leurs esclaves. Le clergé de Boston mettait toujours l'accent sur cet aspect de la question. En toute justice, je dois reconnaître qu'il demandait aux maîtres de se montrer cléments.

Il se rappela l'un de ces lointains sermons.

« Mais je me souviens que les avertissements des prêcheurs à notre endroit étaient plus sévères que ceux qui s'adressaient à nos maîtres.

Il serait un bon maître. Il interrompit le travail sur le bateau afin de veiller à la construction de solides cabanes pour ses esclaves. Il proposa à son épouse de faire exécuter les travaux ménagers les plus pénibles par les femmes, mais elle s'y refusa. Pourtant, elle confia à l'une d'elles le soin de son bébé ; les autres s'occupèrent du potager et préparèrent les plants de tabac.

Les hommes, de stature imposante, se révélèrent précieux pour la construction du bateau. Abiram et Dibo firent preuve d'une telle adresse dans le débitage du bois que Paxmore fit creuser à leur intention une fosse de sciage : d'énormes troncs de pin étaient roulés jusqu'au sommet d'une fosse profonde dans laquelle Dibo se tenait jour après jour. Abiram, le plus vigoureux des deux, juché sur le fût, maintenait une scie de long, de façon que les dents mordent en ligne droite dans le fil du bois. Il lançait un mot africain et Dibo, dans la fosse, bondissait, se jetait sur la poignée de la scie et usait de tout son poids pour la tirer vers le bas. Cette descente de la lame réalisait l'incision ; Dibo la dégageait alors, criait une autre parole, et Abiram tirait à lui la lourde scie pour la remettre en position. Ainsi, ces deux hommes débitèrent les planches nécessaires à la construction du bateau.

Mais lorsque vint le moment de fixer le bois sur la quille afin de former le squelette du navire, Paxmore se trouva à court de racines avec lesquelles il renforçait son travail. Il chercha dans les parages de la falaise des racines de chêne formées à angle droit, mais il n'en découvrit aucune ; il en remarqua quelques-unes, de pin, mais apprit qu'elles n'avaient pas la force requise. Il se trouvait très loin de ses terres lorsqu'il tomba sur Stuby Turlock qui chassait le loup. Il rapporta cette première rencontre à sa femme dans les termes suivants :

> On aurait dit un visiteur venu d'un autre monde ; un adulte de vingt-six ans, aussi ignorant qu'un gamin de quatre ans. Pourtant, lorsque je lui expliquai que je cherchais des racines de chêne d'une forme spéciale, il

comprit tout de suite, et me conduisit jusqu'à un endroit où je découvris neuf chênes présentant de superbes spécimens. Il faisait preuve d'une telle connaissance des arbres que je lui ai proposé de travailler avec moi, mais le mot l'effraya.

Lorsque Paxmore eut besoin de racines supplémentaires pour former l'ossature du bateau, il chercha Stuby, mais ne le trouva pas. Ayant appris que le jeune homme vivait dans le marais avec un père à la fâcheuse réputation, il embarqua dans son canoë et s'y rendit un après-midi ; il ne parvint pas à découvrir l'entrée de la rivière et il cherchait le long de la berge lorsqu'une balle de mousquet effleura son embarcation. Dressé au milieu des ajoncs, Timothy Turlock hurla :

— Qui est là ?

— Je cherche Stuby.

Turlock cracha dans l'eau, puis d'un signe indiqua l'entrée de la rivière, et lorsque Paxmore s'amarra à la jetée branlante, le vieil homme l'attendait.

« Puis-je voir Stuby ? demanda le charpentier.

— Pas là.

— Pourquoi ne m'avez-vous pas dit...

— Vous pouvez attendre.

Il aida Paxmore à débarquer du canoë, puis l'entraîna vers une cabane crasseuse où était allongée une femme blonde aux formes rebondies. Elle n'esquissa pas un geste pour l'accueillir ; il s'assit sur un tabouret grossier et aperçût alors une jeune fille qui se tenait dans l'angle de la hutte.

— Mais c'est la Nancy de James Lamb ! s'écria-t-il, heureux de trouver quelqu'un de connaissance. Que fais-tu ici ?

— Elle s'est enfuie, dit Turlock.

Paxmore était à cent lieues de se douter qu'il s'agissait là de la gamine fréquemment surprise au lit avec le vieux Turlock. Il supposa qu'elle s'était enfuie pour les raisons habituelles fournies par les domestiques et les esclaves.

— James Lamb est un bon maître, plaida-t-il.

Personne ne le contesta.

Stuby ne se manifestait pas et, après une attente prolongée qui devenait de plus en plus désagréable tant la hutte et ses occupants inspiraient le dégoût, Paxmore annonça qu'il lui fallait regagner la falaise.

« Mr. Turlock, veux-tu, je te prie, dire à ton fils que j'ai encore besoin de racines ?

— Peut-être.

Et la visite s'acheva. Mais à trois jours de là, Stuby se présenta au chantier et annonça qu'il avait repéré plus de vingt-cinq belles racines ; si Paxmore les faisait déterrer par trois de ses esclaves, il les apporterait sur place. Ce fut de cette façon désinvolte que Stuby commença à travailler pour Paxmore, jamais régulièrement car il refusait d'être astreint à une tâche quelconque. Il se contentait de satisfaire le charpentier quand celui-ci avait besoin de bois spéciaux ou de racines.

— En un sens, il est vraiment stupide, dit Paxmore à sa femme. Et, en un sens, il ne l'est pas.

Il ne s'apercevait pas que, à chaque visite, Stuby observait avec des yeux de fouine la nouvelle étape de la construction du bateau. A la fin, Stuby avait à peu près autant de connaissances que Paxmore en matière de charpente de marine et, peu à peu, il s'acheminait vers un accomplissement, celui d'un homme de l'eau dans tous les sens du terme puisque, non seulement il connaissait tout de l'eau, mais aussi il serait appelé à connaître les bateaux qui naviguaient sur elle.

L'une des caractéristiques les plus remarquables d'Edward Paxmore en matière de construction navale résidait dans sa collection d'outils. Il était obligé de fabriquer lui-même tout ce dont il avait besoin et, au bout de deux ans, il possédait un stupéfiant assortiment d'instruments. Il avait, bien entendu, ses scies et herminettes, outils de base du charpentier de marine. Paul Steed, qui l'observait alors qu'il taillait une planche avec une étonnante précision, dit à son frère :

— Paxmore serait capable de signer son nom à l'herminette.

Il façonna des brides de serrage pour maintenir de petites pièces, des gouges pour ôter le bois superflu, des vrilles pour forer des trous, et des scies particulièrement compliquées. Les clous étant plus précieux que l'or — toute la construction coloniale dépendait de ce qui pouvait être importé d'Angleterre — il apprit à sculpter de petits morceaux de chêne en forme de clous ; une fois coincés, ils gonflaient sous l'action de l'eau et maintenaient deux parties de bois presque aussi efficacement que des clous de métal.

Mais il lui manquait toujours l'outil essentiel sans lequel l'ouvrier ne parvient jamais à la véritable maîtrise : il ne connaissait pas les noms des diverses parties qu'il assemblait et, sans cette base, il se sentait incomplet. Ce n'était pas par accident que médecins, avocats et bouchers inventaient des noms spécifiques et secrets allant de pair avec leurs professions ; posséder le nom équivalait à connaître le secret. Les noms corrects constituaient un sésame qui permettait d'accéder à un nouveau monde d'efficacité, de devenir membre d'une confrérie d'initiés, détenteurs de mystères, et finalement un exécutant accompli. Sans les noms, on restait un bricoleur ou, face à la construction navale, un simple charpentier de bâtiment.

Paxmore se souviendrait toujours de ce matin de juillet où un transporteur de tabac, une goélette de Bristol, relâcha à Devon, et la joie qui l'envahit en visitant chaque recoin du navire et en demandant au charpentier du bord le nom des divers éléments qu'il découvrait. Ce fut alors qu'il commença à débrouiller l'écheveau des noms.

— On appelle ça des *gournables,* dit l'homme quand Paxmore lui montra les chevilles de bois qu'il avait sculptées.

Et, en tant que gournables, elles acquirent une valeur supplémentaire car, ayant un nom, elles faisaient partie d'un très ancien héritage.

« C'est pas une épine dorsale. C'est la *quille.* Et la pièce de bois fixée sur le dessus est la *carlingue.*

Mais le mot qui lui plut le plus fut celui que l'Anglais utilisa pour désigner les racines ployées dont dépendait la stabilité du bateau.

« Ça, c'est les *courbes,* et il vaut mieux les débiter dans du mélèze ; c'est meilleur que le chêne.

Les mesures d'une planche découpée étaient les *échantillons ;* l'arrière-carré, le *tableau ;* la pièce de bois projetée à l'avant du bateau, au-delà du beaupré, était le *bout-dehors ;* l'assemblage des pièces de bois un *écart ;* les pièces de bois unissant les deux couples qui se faisaient face assemblées sur la quille se nommaient *varangues.*

Lors de cette visite, Paxmore apprit une bonne centaine de mots, et chacun lui donna une nouvelle vision de sa tâche. Mais toutes ces connaissances le déroutèrent moins que ce qu'il découvrit concernant le mât. Pour son bateau, il avait taillé un haut pin en un cylindre parfait qu'il avait dressé de manière arbitraire, à un endroit arbitraire. A présent, il réalisait qu'il s'était trompé sur toute la ligne.

— Non ! Non ! se récria le charpentier anglais. Jamais rond

à la base ! Parce que, s'il est cylindrique à sa partie inférieure, comment allez-vous le coincer dans son emplanture sur la carlingue ? Et s'il est rond à l'endroit où il traverse le pont, comment allez-vous le calfater pour éviter les entrées d'eau ?

Il emmena Paxmore dans les fonds de la goélette et lui montra la façon dont tous les constructeurs navals du monde procédaient pour placer le mât dans son emplanture.

« A la base, il faut que le tronc ait une section carrée. Comme ça, il peut être placé dans son logement et les courbes peuvent être appliquées contre ; il peut être calé sur des parois droites et jamais aucun vent ne le fera bouger.

Quelle différence entre un mât véritable et celui que Paxmore avait conçu ! Le vrai se dressait fièrement, solidement calé de tous côtés, avec des surfaces rectilignes s'ajustant à la carlingue. Le sien branlait parce que sa base circulaire n'offrait pas de prises suffisantes aux cales.

« Et à cette hauteur, au moment où il approche du trou pratiqué dans le pont, il faut qu'il soit taillé de façon octogonale.

Et l'Anglais montra quel beau travail les constructeurs navals de Bristol avaient effectué en modulant une base carrée qui s'élevait en octogone ; l'œil pouvait à peine distinguer l'endroit où la section changeait et, au moment où il traversait le pont, point crucial, il fournissait huit solides surfaces pouvant être calées et aisément calfatées. Celui de Paxmore n'était qu'un lamentable piège à eau.

« C'est seulement quand nous arrivons ici, dit l'homme de Bristol quand tous deux furent de nouveau sur le pont, que l'octogone devient cylindre.

De nouveau, il montra combien le changement géométrique s'opérait avec art.

« Vous savez pourquoi il faut que le mât soit rond au-dessus du pont ?

— Non.

— Pour donner moins de prise au vent. Oh ! autre chose. Si votre mât est bien placé, emplanté et calé, il doit se tenir seul. Les pressions du vent sur la voile le repousseront dans son emplanture et l'y maintiendront. Paxmore, ne vous avisez surtout pas d'avoir des haubans raidis au point de chanter comme une harpe. Les haubans doivent être lâches, toujours lâches. Ils ne sont pas prévus pour forcer sur le mât et le garder en position, seulement pour le soutenir en cas de coup de vent.

Et il amena Paxmore devant chaque hauban pour lui prouver combien ils étaient lâches ; aucune tension par temps calme, mais disponibles en cas de besoin. Puis, il prononça des paroles qui plongèrent le novice dans la confusion :

« Évidemment, vous avez bien placé votre mât.

— Je l'ai mis au centre de l'épine dorsale... de la quille... je veux dire de la carlingue.

— Bien sûr. Mais j'entends dans le sens de la longueur.

— Je l'ai mis...

L'expression vague qui se lut dans les yeux de Paxmore trahit son ignorance en matière de rendement de voilure, équilibre, centre vélique, ainsi que des diverses forces agissant sur un bateau en route ou du problème compliqué consistant à placer le mât de sorte que la pression du vent sur la voile ne soulève pas l'étrave ou ne fasse pas enfourner ou embarder le bateau.

— Vous ignorez tout de la position à donner au mât, n'est-ce pas ? demanda l'homme de Bristol.

— Oui.

— Alors, calfatez bien votre bateau et priez pour qu'il reste à flot. C'est en forgeant qu'on devient forgeron.

En décembre 1668, une pinasse traversa la baie, amenant à Devon Island un visiteur qui réjouit le cœur de tous. Le père Ralph Steed était âgé de cinquante-deux ans, ses cheveux avaient blanchi à cause de son incessante activité pour l'évangélisation du Maryland. En débarquant, il s'immobilisa pour contempler les importants changements survenus à Devon Island depuis sa dernière visite : la robuste jetée, les larges allées menant à la maison de bois qui s'agrandissait sans cesse, les fenêtres munies de vitres, la deuxième cheminée soulignant l'adjonction de pièces supplémentaires et, par-dessus tout, l'impression d'une réalisation menée dans la sérénité. Dans son enfance, tout cela n'avait représenté qu'une emprise précaire sur la nature sauvage ; maintenant, c'était le domaine d'une famille de gentilshommes campagnards.

— Je suis heureux de constater que vous avez pu vous adjoindre quelques esclaves, dit-il à ses frères. Bien utilisés, ils peuvent se révéler précieux sur une plantation et le contact avec leurs maîtres blancs est essentiel pour le salut de leurs âmes.

Il se réjouissait de retrouver ses frères et la fécondité de leurs épouses le confondait ; Henry avait deux fils et une fille ; Paul trois fils et deux filles, et cette troisième génération comptait déjà onze petits-enfants, sans parler de deux autres morts en bas âge. Mais l'être qui retenait le plus son attention était un garçon blond de sept ans, espiègle, et d'une beauté exceptionnelle qui éprouva une sympathie instantanée pour son grand-oncle. Il s'inclina devant le prêtre avec une politesse un rien outrée.

— Nous sommes heureux de te revoir à Devon, oncle Ralph.

— Je te présente Fitzhugh, annonça Henry, non sans fierté. Mon petit-fils.

— Il deviendra conseiller d'État s'il cultive cet art de circonvenir, commenta le prêtre.

Il tint l'enfant par la main et s'adressa à ses frères.

« C'est une bénédiction de Dieu que les hommes de notre famille aient toujours pu s'allier à des catholiques.

En disant ces paroles, il esquissa une grimace et dut lâcher la main de Fitzhugh.

— Ta hanche ?

— Une chute de cheval. Ce n'est rien.

Il s'abstint de toute plainte concernant la vie rude qu'il menait ; en revanche il éleva une protestation des plus sévères.

« Vous n'avez pas reconstruit la chapelle !

— Elle aurait été trop voyante, marmonna Henry en haussant les épaules.

— J'étais trop voyant sur toutes les rivières, riposta Ralph.

Plus un mot ne fut prononcé concernant la chapelle. Mais dès que le prêtre eut atteint la maison dont le beau porche neuf se détachait sur le ciel, il demanda que la famille se réunît pour entendre la messe. Lorsque tous furent présents et qu'il eut fait connaissance des nouveaux membres, il célébra l'office. Après quoi, il désigna l'armoire d'angle contenant les étains.

— Voilà qui est bien, dit-il à ses frères. Nous avons connu des jours difficiles et il est bon de se les rappeler.

Il semblait désireux de connaître les moindres détails de la plantation.

« Il est bien dommage que la côte orientale ne puisse produire des feuilles douces et parfumées comme celles de Virginie, dit-il à Henry. L'oronoco que vous produisez ici est moins prisé à Londres.

— Il l'est davantage en France, expliqua Henry. Les Français semblent apprécier un tabac plus corsé.

— Je vous ai apporté quelques graines d'une variété rustique de tabac parfumé. Nous pourrions essayer de voir ce qu'elles donnent sur notre sol.

— Elles ne donneront rien. Nous avons essayé toutes les variétés possibles en pure perte. Le tabac parfumé, comme les belles dames, ne pousse qu'en Virginie. L'oronoco, comme les vrais hommes, ne pousse qu'au Maryland.

Le père Steed voulut aussi savoir où en étaient les négociations avec Fithian.

— Je suis allé le voir à Londres l'année dernière, répondit Paul. Il a pris de l'âge à présent et ce sont ses fils qui s'occupent de nos affaires. Admirablement, d'ailleurs.

— Il a mis la main sur deux plantations du bord de la James River l'année dernière, dit le prêtre. Des bruits fâcheux ont couru et j'ai craint pour nos relations avec lui.

— C'est toujours ainsi avec les planteurs de Virginie, rétorqua Paul sur la défensive. Ils gagnent mille livres avec leur tabac parfumé et commandent onze cents livres de marchandises. Avec le temps, Fithian devient propriétaire de leurs terres.

— Sommes-nous ses débiteurs ?

— Au contraire. Nous avons toujours un solde créditeur chez lui.

— Comment est-ce possible ?

— Nous avons ouvert un comptoir, les Docks-de-Patamoke. Tous les riverains viennent y faire du troc avec nous.

Paul demanda qu'on prépare un bateau pour conduire Ralph à l'établissement en pleine prospérité.

— Ce long bâtiment est à nous, dit-il quand le bateau pénétra dans le port. Cette construction près de la jetée est une taverne ; trois maisons jusqu'ici, mais j'ai cédé douze hectares à lord Baltimore pour l'édification d'une ville et il a promis de promulguer une ordonnance instituant Oxford et les Docks-de-Patamoke comme ports d'entrée pour les navires de commerce.

— Y a-t-il de l'industrie ?

— Encore aucune, mais j'envisage de céder ce terrain, là-bas, à Edward Paxmore pour un chantier naval.

— Tu as parlé de lui à plusieurs reprises. Qui est-ce ? s'enquit le prêtre.

— L'un des meilleurs charpentiers d'Angleterre. Il s'est fixé sur notre fleuve. C'est un quaker.

— Vraiment ? J'aimerais le connaître. Partout où je vais, j'entends parler de cette nouvelle secte. Des rapports très contradictoires, d'ailleurs. J'aimerais en rencontrer en face.

— Nous passerons à proximité de son chantier en rentrant. Il construit un navire pour nous, tu sais.

— Un vrai navire ?

— Attends de le voir.

Et sur le chemin du retour, le bateau remonta la rivière au bord de laquelle Paxmore achevait sa commande.

— Il est énorme ! s'exclama le prêtre en levant les yeux sur l'imposante coque. Comment le mettrez-vous à l'eau ?

— Nous ferons passer à l'arrière des cordages engagés dans des palans et attachés à ces chênes, expliqua Paxmore. Puis, nous ferons appel à tous les hommes disponibles et, pendant qu'ils tireront dans la direction voulue, nous ôterons les cales et le bateau glissera par ici... jusqu'à l'eau.

— Et s'il s'y refuse ?

— Il ne s'y refusera pas.

Le père Steed passa près d'une heure à examiner le travail ; il ne put cacher son étonnement en constatant que ses frères se lançaient dans la construction d'un navire capable de rallier Londres, mais lorsqu'il exprima sa surprise, Henry rectifia :

— Ce n'est pas nous, c'est Paxmore.

— Cet homme me plaît, dit Ralph. J'aimerais avoir l'occasion de le rencontrer plus longuement.

Henry alla exprimer ce désir au charpentier.

— Je ne peux pas m'absenter en ce moment. Je dors sur place pour être sûr que...

— Je voulais dire, dès que la construction l'autorisera, intervint rapidement le père Steed.

— Oui, acquiesça Paxmore. Je suis sûr que Ruth Brinton aimerait s'entretenir avec toi.

— Qui est-ce ? s'enquit le prêtre.

— Ma femme.

— Oh ? Ce ne serait pas nécessaire, marmonna Ralph après une hésitation.

— Elle parle beaucoup mieux que moi.

— J'en suis persuadé, admit Ralph. Mais je voulais m'entretenir avec vous au sujet des quakers.

— C'est au sujet des quakers qu'elle parle le mieux, rétorqua Paxmore.

Et il fut convenu que, dès que le travail le permettrait, il irait passer quelques jours à Devon Island avec Ruth Brinton.

La visite du couple produisit une profonde impression sur tous. Les divers membres de la famille Steed avaient vu en Paxmore un ouvrier qualifié, tandis que les quakers considéraient les Steed comme des commerçants auxquels la fortune avait souri ; ils s'excitèrent en entendant le père Steed évoquer les persécutions subies par sa famille et, lorsqu'il parla de l'incendie qui avait détruit la chapelle, Paxmore s'écria :

— Je pourrais la reconstruire. J'ai déjà édifié un foyer de réunion quaker.

— Qu'est-ce qui vous a incité à devenir quaker ? s'enquit le prêtre.

Paxmore s'en remit à sa femme pour fournir les explications désirées, et un long dialogue s'ensuivit. Il se déroula dans le cérémonieux salon où le père Steed, vieil homme sage et usé par son incessant combat, occupait un fauteuil, digne représentant de la plus ancienne religion chrétienne du monde, et Ruth Brinton, nette, coiffée d'un bonnet gris et vêtue de gris, assise sur l'extrême bord d'une chaise fabriquée par son mari, non moins digne représentante de sa forme la plus nouvelle. Henry Steed et Paxmore assistèrent à une partie de la conversation, mais sans se permettre de l'interrompre, car ils avaient le sentiment que deux théologiens confirmés s'affrontaient afin de comparer leurs expériences après toute une vie vouée à la spéculation religieuse.

— Tu me demandes comment je suis devenue ce que je suis, dit la quakeresse. J'avais dix-huit ans quand j'ai entendu prêcher George Fox, et il a éveillé en moi une telle illumination que toute angoisse s'est dissipée. Sa simplicité m'a confondue.

— Le monde regorge de visionnaires, répondit le catholique. Notre Église en produit deux ou trois par an au fil des siècles. Chacun d'eux émet une idée valable dont tous les hommes prudents devraient s'inspirer, mais rarement plus d'une. Et celle-ci peut s'insérer dans la structure de l'Église. Qu'y avait-il de si particulier dans ce que prêchait George Fox ?

— Sa simplicité dépouillée des apports inutiles des siècles.

— Lesquels ?

— Tu le demandes ? Je préférerais ne pas t'embarrasser, mais tu poses la question.

— Parce que je ressens le besoin de savoir. Quels apports inutiles ?

— Puisque Dieu admet l'accessibilité directe avec chaque vie humaine et s'offre comme guide de tous les instants sans la moindre complication, l'intervention des prêtres et ministres du culte est inutile. L'intercession des saints n'est pas nécessaire. Les cantiques et les prières ânonnées ne répondent à aucun besoin. Dieu n'est pas attiré par l'encens ou l'ostentation, pas plus que par les chasubles ou vêtements rutilants, ou par la hiérarchie.

— Vous abolissez mon Église.

— Oh, que non ! Il existe nombre d'individus dans le monde, peut-être même la majorité, qui exigent l'apparat et se sentent plus à l'aise avec le rituel ; si c'est ainsi qu'ils préfèrent approcher Dieu, alors apparat et rituel sont essentiels, et tu serais coupable si tu les privais de cette voie conduisant à Dieu.

— Mais vous avez le sentiment qu'il existe d'autres individus, peut-être de rares appelés, peut-être plus intellectuels.

— Il n'y a ni haut ni bas. Chez les êtres humains, il existe des différences qui les incitent à trouver des chemins différents.

— Mais quel est votre chemin ? Quelles parties de la Bible acceptez-vous ?

— Nous l'acceptons intégralement. Chacune de ses paroles est sacrée. Et notamment, les enseignements que nous donne Jésus-Christ dans le Nouveau Testament.

— Réfutez-vous l'Ancien ?

— Non, nous ne le récusons pas.

— Comment l'utilisez-vous de façon spécifique ?

— Tu abordes un point délicat, père Steed. Nombre d'entre nous ont cru, et certains croient encore actuellement...

A ce moment, Mrs. Paxmore hésita, puis parla rapidement, sur le ton de la confidence.

« Mon mari Edward est même l'un de ceux qui se concentrent si fortement sur les paroles de Jésus qu'ils minimisent l'importance de l'Ancien Testament... comme si l'on pouvait accepter le Nouveau sans comprendre l'Ancien.

— Ne s'agit-il pas là d'une erreur capitale ?

— La même que celle commise par les juifs lorsqu'ils

n'acceptent que l'Ancien Testament et ignorent le Nouveau. Comme si l'un ne découlait pas inévitablement de l'autre.

— Et vous ?

— Ta famille a demandé à Edward de construire une châsse pour tes étains ancestraux de crainte que les enfants nés dans la facilité oublient. L'Ancien Testament est un héritage moral sur lequel est construit chaque parole du Nouveau. Ce dernier ne peut être compris sans se référer à l'Ancien.

— Les quakers acceptent-ils la divinité de Jésus ?

— Totalement.

— Reconnaissez-vous son enfantement par une vierge ?

— Je ne l'ai jamais entendu réfuter.

— Mais l'acceptez-vous... du fond du cœur ?

— Je ne m'appesantis pas sur de tels miracles. Il y a trop de tâches pressantes à accomplir.

— Récusez-vous la foi en tant que fondement de la chrétienté ?

— Je fonde ma vie sur l'épître deux, verset dix-sept de saint Jacques : « Sans œuvre, la foi est lettre morte puisque vouée à la solitude. » Je veux la foi et je prie pour qu'elle dicte ma conduite car, pour moi, l'ultime épreuve réside dans l'emploi qu'en fait le chrétien.

— Par exemple ?

— Je ne peux parler qu'en mon nom personnel.

— J'interroge une quakeresse, pas l'abstraction quaker.

— Je crois que les geôles telles que nous les connaissons constituent un péché mortel contre Dieu. Et je crois qu'il faudrait les changer et les améliorer.

— Cette unique croyance peut-elle être une raison pour fonder une nouvelle religion ?

— C'est sur de telles idéologies que repose le fondement d'une religion revitalisée.

— Et vous jetteriez par-dessus bord la grande assemblée de saints afin de réformer les prisons ?

— Oui.

— Vous feriez un marché de dupe.

— J'aiguillerais ma religion vers le redressement d'un grand mal et Dieu approuverait.

— A quoi rime ce tutoiement ?

— C'est ainsi que parlait Jésus.

— Et le fait de rester coiffé, même à l'église ?

— Jésus a ordonné aux hommes de ne pas se découvrir en signe de déférence devant une autorité quelconque.

— Et cette façon d'affirmer en cour de justice plutôt que de jurer ?

— Jésus nous a enjoint en diverses occasions de ne pas user du nom de Dieu comme garantie de nos actes. Nous attestons de notre intégrité, et nous ne nous réfugions pas dans la Sienne.

— Est-il exact que vos hommes refuseraient de prendre les armes pour défendre notre colonie ?

— La guerre est une abomination et doit être considérée comme telle. Ce sera là notre plus grand témoignage. Comprends-tu, voisin Steed, qu'il ne nous suffit pas de croire que la guerre est mauvaise... En ayant la certitude que la guerre est mauvaise, il nous faut agir.

— Existe-t-il d'autres domaines dans lesquels vous vous sentez obligés d'agir ?

— Oui.

Les auditeurs remarquèrent qu'à ce stade, Ruth Brinton eût souhaité citer un cas précis, mais que sa délicatesse l'en empêchait.

— Ne pouvez-vous en dire davantage ? demanda le catholique.

— Me presses-tu de parler ?

— Oui, bien sûr.

— Je suis convaincue qu'un jour toutes les Églises reconnaîtront l'immoralité de l'esclavage et le condamneront.

— L'esclavage ? Mais l'esclavage est licite dans la Bible. Dans toute la Bible. Dans l'Ancien et le Nouveau Testament. Mrs. Paxmore, vous ne rejetez pas l'enseignement biblique ?

— Je rejette l'interprétation de la Bible qui accorde à un homme un droit sur la vie et la destinée d'un autre.

— Je suis réellement... Vous allez jusqu'à prétendre que tout l'enseignement biblique sur les devoirs de l'esclave envers son maître...

— Sera un jour considéré comme une épouvantable erreur et rejeté.

— Allez-vous jusqu'à prétendre que mes frères sont en état de péché parce qu'ils possèdent des esclaves ?

— Oui.

— Vous voyez, Paul et Henry, vous êtes des pécheurs. Mais, Mrs. Paxmore, votre mari n'a-t-il pas des esclaves ?

— Oui.

— Est-il aussi un pécheur ?

— Oui.

A cet instant, Edward Paxmore quitta la pièce, suivi des frères Steed.

— J'aimerais bien vous comprendre, Mrs. Paxmore, continua le père Steed. Vous croyez qu'un jour les chefs religieux du monde se rassembleront et déclareront que ce que la Bible a admis depuis l'époque d'Abraham, ce que Jésus en personne a approuvé et contre quoi Il ne s'est jamais élevé... Vous croyez que nos chefs spirituels vont déclarer au monde : « Tout cela est entaché d'erreur ? »

— J'ai l'intention de consacrer ma vie, voisin Steed, à tenter de persuader ceux de ma religion que l'esclavage est un péché.

— Ah ! Ainsi, votre religion elle-même ne le condamne pas ?

— Pas pour le moment.

— Et vous seriez assez présomptueuse, vous, frêle créature humaine, et femme de surcroît, pour renier tous les enseignements des Églises, de la Bible et des lois coutumières ? Comment pouvez-vous faire preuve de tant d'arrogance ?

— Parce que Dieu me parle directement comme il s'adresse à votre pape. Et si je soutiens que l'esclavage est un mal affreux, c'est peut-être parce que Dieu m'a parlé en premier. Je suis le frêle réceptacle qu'Il a choisi, et je ne peux faire autrement qu'obéir.

Les deux interlocuteurs revinrent fréquemment sur ce sujet au cours des trois jours qui suivirent, nombre d'autres arguments s'y greffèrent, mais le père Steed demeura convaincu que Dieu avait voulu une société au sein de laquelle certains individus étaient voués à l'esclavage dans l'intérêt du bien-être général, tandis que Ruth Brinton restait tout aussi persuadée que l'esclavage était inique et devrait un jour disparaître. Pour conclure cet échange de vues passionné, le père Steed souleva une question pertinente :

— Vous m'avez dit accepter le Nouveau Testament, mais l'acceptez-vous intégralement ?

— Oui, répondit Ruth Brinton.

— Que pensez-vous du premier épître aux Corinthiens, chapitre quatorze, verset trente-cinq ?

— Je ne connais pas ce verset.

— Ce verset dit : « Il n'est pas bienséant aux femmes de parler dans l'Église. »

— Nous autres, quakers, n'accordons guère de crédit à saint Paul.

— Ne parlait-il pas au nom de Jésus ?

— Il est possible d'aimer Jésus et de contester les préceptes de Paul.

— Si j'ai bien compris ce que vous disiez l'autre jour, dans votre Église les femmes peuvent servir en tant que prêtres.

— Nous n'avons pas de prêtres.

— Je rectifie. Les femmes telles que vous servent-elles en tant que chefs spirituels ?

— Nous ne sommes les chefs de personne, mais nous prenons la parole dans les réunions.

— N'est-ce pas contraire aux enseignements de Jésus ?

— Aux enseignements de Paul, et je récuse Paul.

— Estimez-vous bienséant que les femmes parlent à l'église ?

— Oui. Qui plus est, je considère malséant que ta grande religion relègue les femmes à une position aussi inférieure.

— C'est faux ! Nous révérons Marie, nous révérons les femmes, fondement du foyer.

— Mais tu ne leur accordes aucune place à l'église. Des prêtres mâles parlent aux hommes, jamais des femmes à des femmes, pas plus qu'à des hommes d'ailleurs. Nous juges-tu incompétentes ?

— Non. Mais ainsi que j'ai déjà eu l'occasion de le dire, toutes les places en ce monde ont été attribuées. Certains sont rois et ils règnent. D'autres sont esclaves et ils servent. D'autres encore sont femmes et se réjouissent de leur rôle ; un rôle tout particulier qui ne les autorise pas à parler à l'église.

— Ton Église pourrait avoir recours à Marie en tant que symbole de salut, en réparation du dommage causé aux femmes.

— Mrs. Paxmore, vous semblez toute prête à donner des instructions à chacun. L'esclavage, les femmes, les prisons... quoi d'autre ?

— Ainsi que l'a dit Jacques : sans œuvre, la foi est lettre morte. Je me propose d'œuvrer pendant le restant de mes jours.

— Ne sous-estimez pas le pouvoir de la foi. Avez-vous jamais administré un mourant et vu la lueur qui brille dans ses yeux lorsqu'il entend de votre bouche que sa foi lui vient en aide ? Avez-vous vu des parents transfigurés à la pensée que leur nouveau-né accède, par le baptême, à leur foi inaliénable ?

— Je crois à la foi en tant qu'esprit salvateur, et les instants que vous évoquez sont sacrés.

— Et ne vous targuez pas avec arrogance de votre silence. Il doit aussi y avoir des chants. Partout dans la Bible, il est question d'hommes et de femmes qui avancent au son des tambours et psaltérions. Et je crois aussi au rituel, la même sainte messe célébrée dans la même langue dans tout l'univers. Cela nous lie les uns aux autres.

— J'ai souvent pensé que si je n'avais pas embrassé le quakerisme... J'y ai surtout pensé au Massachusetts où la religion est si sombre, si cruelle. Une fois, j'ai levé les yeux sur le shérif qui s'apprêtait à me fouetter, et je n'ai pas distingué la moindre trace de Dieu dans la face de cet homme. Si je n'étais pas quakeresse, je crois que je serais catholique.

— Vous rejetez Paul, mais vous acceptez Jésus.

— Oui. Oui.

— Alors, vous devez savoir qu'Il a instauré notre Église. Il a désigné Pierre comme le fondateur de son Église qui serait la seule et unique église du Christ. Qu'avez-vous à répondre à cela ?

— Je répondrai que les formes changent.

— Mais jamais la vérité immuable, l'unique Église immuable.

Ruth Brinton haussa les épaules, réponse grossière à l'égard de ce que le père Steed considérait comme sacré, mais ce geste le fit rire.

« Mon Massachusetts a été la Virginie. J'ai été chassé de Virginie.

— J'ai été chassée... attachée à l'arrière d'une charrette.

— Si nous priions ? Tous ensemble ? Faites venir les enfants aussi et allez quérir Paxmore.

Lorsque les Paxmore regagnèrent la Falaise-de-la Paix, Ruth Brinton avertit son mari :

— Edward, nous devons nous débarrasser de tes esclaves.

— Ils ne vont pas tarder à nous donner du profit.

— Du profit ? Mon cher Edward, où est le profit quand un homme gagne le monde et perd son âme ?

— Mais les esclaves m'appartiennent. Toute la réussite du chantier naval est liée...

— Alors, abandonne le chantier naval.

— Tu voudrais me voir abandonner tout le fruit de notre travail ? Ruth, ces hommes commencent tout juste à connaître leur métier. Ils se révéleront inestimables.

— Chaque jour, tu maintiens ces êtres humains dans l'esclavage ; tu mets ton âme en danger. Edward, débarrasse-toi d'eux. Tout de suite !

— D'autres ont commencé à acheter des esclaves en voyant le travail des nôtres. James Lamb...

— Nous ne devons pas nous laisser influencer par le comportement des autres. Nous avons établi nos règles, et nous sommes contre l'esclavage.

— Toi peut-être, mais pas moi. J'ai travaillé pour d'autres hommes sans jamais y trouver à redire. A présent, d'autres hommes travaillent pour moi, et je les nourris mieux que je n'étais nourri.

Ruth Brinton sentit monter en elle une telle colère qu'elle secoua son mari obstiné et s'écria :

— Ne comprends-tu pas que le fait de posséder des esclaves te corrompt l'âme ?

— Ça ne corrompt pas celle de Lamb, ni celle de Fry ou de Hull.

Elle dévisagea son mari avec incrédulité et se tut, mais toute la semaine elle prit des notes afin de mettre de l'ordre dans ses pensées et, le Premier Jour, au Foyer de Patamoke édifié par son mari, elle lut son discours historique, le premier message anti-esclavagiste jamais prononcé dans une église d'Amérique, mais les mots dont on garde le souvenir ne sauraient exprimer la froide passion qui l'animait alors :

> Je vois venir le jour où les membres de toute Église chrétienne auront honte de maintenir un autre être humain dans le servage. Ils sauront, sans qu'il soit besoin de le leur dire, qu'aussi longtemps qu'ils gardent un esclave en leur possession, ils agissent contre la volonté de Dieu...
>
> Je vois venir le jour où chaque membre de notre assemblée accordera volontairement la liberté à tout esclave en sa possession. Il ne sera pas question de le revendre pour en tirer un quelconque profit ni de l'affranchir après sa mort. La liberté lui sera accordée sur-le-champ, sans

réserve, et alors, chaque maître dira à sa femme : « Aujourd'hui, nous avons fait une bonne action. »

Je vois venir le jour où chaque être humain noir des rives de ce fleuve se verra instruit à lire la Bible, à écrire son nom, où les familles vivront ensemble, où les enfants seront éduqués et où chaque homme travaillera pour un salaire honnête. Et ce fleuve sera un endroit où il fera bon vivre quand viendra ce jour de liberté.

Dieu nous a envoyés, nous autres quakers, à cette réunion de Patamoke afin que nous témoignions sur ce point fondamental et des années, des décennies et peut-être même des siècles seront exigés avant que nous soyons en mesure de nous décharger de nos devoirs en tant que chefs de file dans ce domaine, mais le devoir n'en sera pas moins là, silencieux, profond, nous vrillant la poitrine, et un jour viendra où nous nous demanderons avec horreur : « Comment nos ancêtres ont-ils pu maintenir des hommes dans le servage ? »

Je vous en conjure dès à présent : rentrez chez vous et libérez vos esclaves. Je vous l'ordonne au nom de Dieu. Libérez-les, et embauchez-les pour un juste salaire. Je vous crie : cessez d'utiliser des femmes, des hommes noirs pour en tirer un profit. Embrassez-les comme des frères et des sœurs en Dieu, dotés de tous les droits qui sont les nôtres...

Nous sommes une petite assemblée, une poignée d'individus, mais montrons la voie à tous...

Le jeudi qui suivit l'homélie de Ruth Brinton se tint l'assemblée annuelle pour l'administration des quakers habitant sur les rives du Choptank, et la proposition de Ruth Brinton condamnant l'esclavage fut soumise aux membres en quatre motions. On ne votait jamais lors des réunions quakers : on cherchait à déterminer « le sens général de l'assemblée », et la discussion continuait jusqu'à ce qu'on l'eût percé et qu'on se fût mis d'accord. A cette occasion, le consensus fut rapidement atteint en ce qui concernait les quatre motions de Ruth Brinton voulant : « que la Bible condamnât l'esclavage » : non, parce que trop de passages des Écritures saintes l'admettaient ; « qu'aucun homme ou femme ne pût être un bon quaker et posséder des esclaves » : non, car trop d'excellentes familles quakers en possédaient ; « que les quakers en possession d'esclaves devaient les libérer immédiatement » : non, car la Bible énonçait de façon spécifique que les hommes étaient fondés à conserver leurs biens ; « que la réunion de Patamoke devait s'élever contre l'esclavage » : non, parce qu'il n'appartenait pas à une religion, quelle qu'elle fût, de s'élever contre des principes très anciens et universellement acceptés par les hommes et les femmes de bien.

Après que Ruth Brinton eut essuyé un tel échec, son mari s'attendait à une explosion de rage de sa part, mais il n'en fut rien. Au fur et à mesure que les quakers quittaient le foyer, elle leur dédiait un petit salut de la tête et, quand l'occasion le permettait, leur adressait un mot aimable. Mais de retour à la maison, elle rassembla les Noires qui travaillaient pour elle et annonça à chacune d'elles :

— Désormais, tu travailleras pour des gages. Chaque semaine, je porterai sur ce registre la somme que je te dois et, le jour sans doute proche où tous les Noirs seront libérés, je te remettrai tes gages.

Ce même après-midi, elle commença à leur apprendre à lire.

Depuis quelques années, l'Angleterre était en guerre avec la Hollande, fait dont les habitants du Maryland prirent une conscience aiguë lorsqu'une flotte hollandaise s'engagea hardiment dans la Chesapeake, ravageant les plantations de tabac et incendiant les bateaux. Lorsqu'une attaque fut lancée contre Devon Island, Birgitta Turlock eut la certitude que les Hollandais étaient venus la chercher en tant que fugitive, mais une flottille de vaisseaux coloniaux rassemblés à la hâte en Virginie se lança à la poursuite des ennemis qui battirent en retraite.

En vue de protéger les précieuses plantations de tabac de telles déprédations, Londres dépêcha une frégate de quarante-six canons avec mission de garder l'entrée de la Chesapeake, mais les courageux Hollandais, les meilleurs marins du monde à l'époque, rebroussèrent chemin, capturèrent le vaisseau chargé d'assurer la protection de la baie et de nouveau pillèrent Devon Island.

C'était une époque troublée, ponctuée d'étranges alertes venant de la mer, et personne ne s'étonna, un dimanche matin, de voir un bateau solitaire remonter le Choptank, mouiller dans le port de Patamoke, et son équipage au grand complet débarquer sur la jetée : un Anglais grisonnant, de haute stature, manifestement le capitaine, et un jeune Français, alerte, qui pouvait être son second. Mais on fut surpris lorsqu'ils se déclarèrent quakers, venus là pour se rendre au Foyer de Patamoke dans lequel ils pénétrèrent à temps pour entendre Ruth Brinton énoncer ses arguments contre l'esclavage.

Quand la prière prit fin, ils s'entretinrent librement avec les quakers du cru.

— J'ai épousé ta foi à Londres quand j'ai entendu prêcher George Fox. Sa logique aurait convaincu tout homme sensé. Je m'appelle Griscom. Voici mon compagnon, Henri Bonfleur, de Paris.

— Il y a beaucoup de quakers en France, tu sais, déclara le jeune homme de façon fort amène.

Il assura Ruth Brinton que son message était inspiré et appelé sous peu à devenir une doctrine universelle. Puis, Griscom dit :

— Je suis à la recherche de Paxmore, le constructeur naval.

— C'est mon mari, expliqua Ruth Brinton qui appela Edward.

— Notre bateau a besoin de quelques réparations, commença Griscom.

— Nous ne pouvons pas en discuter un Premier Jour, répliqua Paxmore.

Le lundi, il se rendit sur la jetée et, escorté des deux nouveaux venus, estima les réparations dont le bateau avait besoin. Il décida qu'il faudrait lui faire remonter le Choptank et la rivière jusqu'à l'endroit où le *Martha-Keene* était sur le point d'être lancé.

Lorsqu'ils virent le solide bateau que Paxmore allait achever, les étrangers exprimèrent leur admiration :

— C'est du plus beau travail que ce qu'on fait à Londres.

Sans plus attendre, ils proposèrent de l'acheter, mais Paxmore écarta une telle idée en faisant remarquer qu'il l'avait construit pour le compte des Steed.

— Ah, oui ! s'exclama Bonfleur. Nous avons entendu parler de cette grande famille.

Griscom préféra changer de sujet.

— Si tu peux activer les réparations, Paxmore, nous sommes prêts à te payer en espèces.

Jamais une telle proposition n'avait été faite au charpentier qui se demanda si ces étrangers possédaient réellement des pièces. Griscom dissipa ses doutes. Il fit tinter de façon prometteuse la bourse attachée à sa ceinture, puis tendit à Paxmore une poignée de dollars espagnols.

« Les réparations pourraient-elles être terminées dans quinze jours ?

— Ça me paraît impossible. Auparavant, nous devons lancer ce bateau et l'essayer pour voir où il fait eau.

— Ton travail ne fera pas eau, répliqua Griscom d'un ton sec.

Ce fut Bonfleur qui suggéra que ce délai pourrait être mis à profit : il leur permettrait de se renseigner sur la possibilité de rassembler une cargaison dans cette région dont on leur avait dit tant de bien.

— Des navires sont déjà retenus pour transporter tout notre tabac en Europe, fit remarquer Paxmore, dont celui-ci... quand il sera lancé.

Les visiteurs gagnèrent les bonnes grâces des quakers locaux en assistant à chaque réunion du Premier Jour et en prêtant une oreille attentive à tous les membres qui prenaient la parole. Ils aidèrent à la mise à l'eau du nouveau bateau, proposant d'ingénieux systèmes pour faciliter le lancement du navire jaugeant quatre-vingt-sept tonneaux. Au cours du premier essai qui eut lieu dans la baie, ils servirent d'équipage, manœuvrant les écoutes et observant d'un œil approbateur la manière dont la voile latine se comportait. Ce fut Griscom qui suggéra qu'une voile carrée serait peut-être préférable et il s'employa à la gréer lorsque le bateau regagna le chantier.

Les nouveaux quakers enchantaient tout le monde, sauf Ruth Brinton, fait d'autant plus curieux que c'était envers elle qu'ils déployaient le plus de charme. Ils louèrent ses déclarations aux réunions et sa cuisine à la Falaise-de-la-Paix, mais plus ils tentaient de gagner son amitié, plus elle résistait.

— Personne ne semble s'intéresser à la question, chuchota-t-elle à son mari une nuit où les étrangers dormaient sur des couvertures dans la cuisine. Mais où sont leurs marins ? Ils ne peuvent manœuvrer seuls un aussi grand bateau.

— Où est ton équipage ? demanda-t-elle le lendemain matin à Griscom.

— Nous savions que les réparations demanderaient du temps. Nous avons fait embaucher nos hommes en tant que journaliers. Sur le York.

— Quelle plantation ? s'enquit-elle.

— Ashford, répondit Griscom sans hésitation.

Cette nuit-là, elle chuchota :

— Edward, ils n'ont pas l'air de quakers.

— Sommes-nous si peu nombreux que nous devions tous nous ressembler ? rétorqua son mari en gloussant.

Mais lors de la réunion suivante, elle garda les yeux rivés sur les étrangers et, la nuit venue, déclara :

— Edward, ces hommes ne méditaient pas.

Le charpentier préféra ne pas tenir compte de telles suppositions et s'efforça d'accélérer les réparations sur le bateau des étrangers, mais plus il incitait ses esclaves à se hâter, moins les nouveaux quakers semblaient pressés de partir. Ils continuaient à parler du *Martha-Keene* qui avait appareillé pour un voyage préliminaire à destination de la Barbade sous le commandement d'Earl Steed, fils d'Henry, très versé dans le commerce et la navigation.

A son retour, le jeune Steed eut bien des points à discuter avec Paxmore. Ainsi que sur tout bateau, fût-il construit par des professionnels accomplis, quelques détails exigaient d'être rectifiés. Le *Martha-Keene* étant la première réalisation navale d'un charpentier de bâtiment, certaines erreurs fondamentales et graves s'étaient fait jour, et il devenait donc impératif que Paxmore accompagnât le capitaine Steed lors de son prochain voyage d'essai, et rarement un homme s'embarqua pour une plus triste navigation.

Le *Martha-Keene* était robuste, sa quille solide et sa construction consciencieuse. Mais il pouvait difficilement être appelé un bateau. De l'étrave au safran du gouvernail, rien n'était satisfaisant : la première avait été prévue pour résister aux pressions verticales, le second ne permettait pas de mouvements de forte amplitude. La barre se révélait trop courte, la fixation de la bôme trop lâche, les taquets mal placés et, comme prévu, l'eau s'infiltrait à l'étambrai.

Paxmore prit note de chaque défectuosité qu'on lui signalait et en ajouta quelques-unes qu'il découvrit par lui-même. Lorsque la liste fut complète, il déclara tranquillement :

— La seule chose sensée que nous puissions faire est de recommencer.

— Vous voulez dire... un nouveau bateau ?

— Celui-ci ne pourra jamais donner satisfaction.

Il hésita.

« Il a été construit par un homme ignorant. Maintenant je sais, ajouta-t-il d'un ton ferme.

— Non, dit Steed après un instant de réflexion, ce bateau peut être amélioré.

— Pas le mât.

— Si, même le mât, assura Steed.

A leur retour, Steed travailla aussi fébrilement que Paxmore pour sauver l'investissement de sa famille : un nouveau bout-dehors fut frappé sur le beaupré et convenablement assujetti ; le calfatage défectueux fut retiré à la gouge et remplacé ; des courbes supplémentaires furent adaptées, et tout l'accastillage du pont distribué de façon plus accessible pour ne pas gêner la manœuvre. Paxmore proposa même d'abattre un nouveau pin, lequel une fois équarri pourrait être taillé à l'herminette en un mât approprié, mais Steed repoussa une telle extravagance.

— Il flottera, assura-t-il.

Mais quand Paxmore vit le fruit de son travail sur le Choptank, il eut envie de détourner les yeux de honte car son bateau était un vrai sabot. Inélégant, lourd d'étrave, lent à réagir, mât gémissant, il ne pouvait être qualifié de navire. L'élément rectifié devenait un élément affaibli, et il souhaitait le mettre en pièces, bordage par bordage, et le reconstruire dans les règles. Mais tel qu'il était là, sur l'eau, donnant de la bande sur bâbord, il apparut à Paxmore que cette carcasse grossière recelait la conception d'un vrai bateau et, si on lui en donnait la chance, il pourrait faire de cette conception une réalité. Lorsque le *Martha-Keene* appareilla pour un nouvel essai, Henry Steed assura à son constructeur :

— A notre retour, nous procéderons à quelques transformations supplémentaires et nous en prendrons livraison.

Mais Paxmore grinça des dents en voyant le bateau pataud s'éloigner de la jetée.

— J'espère qu'il coulera, dit-il en soupirant.

Si les colonies souffraient du manque d'espèces, elles frisèrent l'anéantissement par le manque de sel. Tout le long de la côte orientale, on n'avait découvert aucun dépôt substantiel de sel, et l'importation en provenance des diverses mines européennes se révélait soit prohibitive, soit impossible. Toutes les cuisinières du Maryland pestaient contre cette disette, et l'on voyait des enfants plonger les mains dans la baie, les lécher, espérant ainsi satisfaire leur besoin de cet élément essentiel. Il arrivait aux femmes et aux hommes de rêver qu'ils savouraient un plat salé ; leurs corps présentaient d'étranges éruptions, la transpiration devenait aigre et cuisante, plus douloureuse que des piqûres de moustique.

Presque toutes les industries naissantes souffraient à un moment quelconque du manque de sel et, comme il était impossible d'en trouver, les métiers qui auraient dû prospérer stagnaient ou dépérissaient. Henry Steed écrivit à Fithian :

> Le manque de sel nous accable. Jamais la pêche n'a été meilleure dans la baie. Des tonneaux entiers d'excellentes aloses encombrent notre jetée. Mais parce que nous ne disposons pas de sel, il nous est impossible de les conserver pour l'hiver ; en février, nous aurons faim alors que nous pourrions manger comme des rois. Les larmes me sont montées aux yeux quand j'ai donné ordre à mes esclaves de jeter le poisson déjà pris et de ne plus pêcher.
>
> Quand notre bateau neuf, le *Martha-Keene,* traversera l'Atlantique, pourriez-vous nous trouver une cargaison de sel en provenance des mines polonaises, sans tenir compte du prix de revient ? Et pourriez-vous, je vous prie, m'adresser une documentation exposant la façon d'obtenir du sel par évaporation de l'eau de mer ?

Quand les documents demandés arrivèrent à Devon Island, Henry Steed vit enfin là une activité idéale pour les Turlock. Elle exigeait peu de capital, d'ingéniosité et de travail. Mais lorsqu'il se rendit au marais, il découvrit une situation qui l'atterra. Timothy Turlock, vieux, crasseux, édenté, régnait sur une cabane aussi déconcertante que sa personne. Dans un coin, se tenait Birgitta, la Suédoise, échevelée et ivre. Flora, sa fille de sept ans, aurait pu être une enfant ravissante si ses cheveux avaient été peignés et qu'on pût distinguer ses traits ; dans son état actuel, elle évoquait un petit animal rusé, nanti des pires défauts de son père. La présence d'une troisième femme, Nancy, la domestique de James Lamb, laissa Steed pantois ; elle aurait dû être au travail et l'effrontée petite souillon perdait son temps avec les Turlock. Le seul qui parût digne de confiance était Stuby ; depuis que Steed l'avait vu pour la dernière fois, le jeune homme avait été terrassé par la petite vérole et il en portait les marques profondes.

— Je voudrais vous voir créer des salines, commença Steed.

— Quoi ? grogna Timothy, qui nourrissait des soupçons sur tout ce que pourrait proposer son visiteur.

— Un endroit plat dans lequel vous amèneriez l'eau salée. Il faut le couvrir afin d'empêcher la pluie de s'y infiltrer et, une fois la plus grande partie de l'eau évaporée, on fait bouillir le reste et on obtient du sel.

— Qui a besoin de sel ?

— Tout le monde.

— Moi, pas.

— Mais vous ne comprenez pas ? Cela nous aiderait tous et vous pourriez l'échanger contre tout ce dont vous avez besoin.

— Pas besoin.

— Mais les autres ? Nos pêcheries ? Il nous faut du sel.

— Alors, faites-en vous-même.

— Non, Timothy. Notre terre est trop haute. La vôtre, à côté du marais, convient exactement.

— Vous pouvez vous servir de notre terre.

— Nous avons besoin de quelqu'un pour surveiller la saline. Timothy, ce serait beaucoup plus facile que de chasser le loup.

— On aime chasser.

Il en appela à Stuby qui opina.

— Stuby, supplia Steed, ne pourriez-vous pas expliquer à votre père qu'il se fait vieux. Qu'il ne peut plus aller dans les bois...

— Mieux que moi, déclara Stuby, sur un ton péremptoire qui mettait fin à la conversation.

A regret, Steed se tourna vers Nancy, la pria de convaincre les Turlock qu'ils devraient s'occuper des salines, et elle comprit. Dans un jargon d'analphabète, elle discuta avec eux, leur expliqua combien le travail serait facile et les résultats profitables. Elle ne parvint à rien avec Timothy, mais elle obligea Stuby à l'écouter et il finit par entrevoir les possibilités offertes.

— Quoi ? demanda-t-il d'un ton buté, laissant entendre par ce mot unique qu'il se déclarait prêt à écouter la proposition.

Enchanté d'avoir secoué l'indifférence du clan, Steed les emmena tous jusqu'à la grève où, conformément à la documentation reçue de Londres, il dessina les contours d'une saline qui pouvait être alimentée par les eaux du Choptank sur une surface plane, ou chauffoir, pour l'évaporation préliminaire, puis sur diverses tables successives pour obtenir la concentration voulue, la dernière devant être protégée par un auvent sous lequel interviendrait l'ébullition.

— Qui paye ? voulut savoir Timothy.

— Je construirai l'auvent, assura Steed.

Ainsi, vers la fin de 1669, les Turlock se lancèrent-ils dans l'industrie du sel.

Ils connurent bien des vicissitudes. L'eau du marais de Turlock ne renfermait qu'un virgule quatre pour cent de sel, alors qu'à la sortie de la baie elle en contenait deux virgule neuf pour cent ; autrement dit, tenter de faire du sel sur le marais se révélait deux fois plus difficile que la même entreprise en Virginie du Sud. Le marais recevait aussi plus que sa part de pluie et les constants apports d'eau douce diluaient encore la teneur ; les pluies impliquaient aussi un ensoleillement moindre. Et, lorsque la dernière table sous l'auvent fournit enfin une quantité de sel pitoyable, celui-ci contenait une bonne part de sable.

— Au diable le sel, grommela Turlock.

Ce fut à cette époque qu'éclata un différend entre lui et Stuby, dont Nancy était la cause.

En s'enfuyant de chez les Lamb, elle encourait les foudres de la justice et un magistrat voulut l'appréhender mais, poussée par la pitié, Prudence Lamb s'y opposa :

— Il vaut mieux que nous n'intervenions pas dans l'accomplissement de son destin.

— Avec Timothy Turlock ? Elle a été fouettée deux fois pour avoir couché avec lui.

— Nous ne nous sommes pas montrés capables de la retenir, dit Prudence.

— Mais elle vous doit... combien au juste ? Trois ans ?

— Elle nous doit peu.

— Vous ne voulez pas porter plainte ?

— Non. Peut-être est-ce la volonté de Dieu qu'elle vive dans le marais.

Mais si Nancy avait goûté quelques mois de liberté dans la cabane encombrée, ça n'avait pas été sans heurts. A l'origine, Timothy avait constitué son pôle d'intérêt ; il était le seul être humain vers lequel elle eût jamais été attirée. Quand elle était avec lui, ils riaient beaucoup et, une fois, alors que la chasse au loup avait été favorable, il était même allé jusqu'à payer une amende pour lui éviter le fouet.

Mais elle ignorait que Timothy était déjà marié, en l'occurrence à la grande Suédoise qu'il avait légalement prise sous contrat, et que c'était elle la maîtresse en titre de la hutte. En outre, il y avait aussi Flora, et les choses auraient pu être difficiles si Birgitta n'avait fait preuve de mansuétude. Elle ne voyait aucune raison qui empêchât Nancy de s'installer dans la cabane, et si Turlock voulait coucher avec la gamine de temps à autre, Birgitta s'en inquiétait peu car elle n'avait jamais eu l'intention de rester avec cet odieux petit bonhomme. Elle avait été sa compagne pendant huit ans, sans jamais cesser de tirer des plans pour s'enfuir ; la présence de cette gamine dégingandée n'avait donc aucune importance.

Les ennuis vinrent de Stuby. Il avait toujours aimé Birgitta ; elle ne l'avait jamais traité comme un idiot. Il éprouva donc de l'irritation en voyant son père la traiter de façon injuste, amener une nouvelle femme dans la hutte et, après quelque temps, son ressentiment devint de plus en plus vif jusqu'à ce qu'il éclate enfin contre son père :

— Renvoie-la !

— Nance ?

— Birgitta malheureuse.

— Et après ?

— Injuste.

— La ferme !

— Birgitta...

— La ferme !

Le vieil homme édenté saisit son mousquet et en frappa Stuby ; le bruit alerta les femmes qui se mirent à hurler.

« Idiot ! grommela simplement Timothy.

Son fils ne répondit pas mais, cet après-midi-là, il disparut.

Désemparé, il errait dans la forêt quand Griscom et Bonfleur tombèrent sur lui.

— C'est l'idiot ! s'écria l'Anglais dont la voix dénotait une certaine surexcitation.

Et ils l'emmenèrent jusqu'à leur bateau où ils avaient besoin de quelqu'un pour nettoyer les détritus laissés par les charpentiers noirs de Paxmore.

Stuby travailla pour les étrangers pendant que son père essayait sporadiquement de faire du sel, et plus il examinait le bateau, plus il éprouvait de soupçons à l'égard de ces hommes. Les longues années passées dans les bois lui avaient appris à observer, à soupeser : la façon dont la mousse poussait, la couleur des crapauds, l'inclinaison des pins, les racines de mélèze. Il apportait à la visite du bateau cette même minutie et, au bout d'un mois, les étrangers auraient été atterrés par ce qu'il savait sur leur compte. Ils l'appelaient « l'idiot », sans se rendre compte qu'avec Stuby Turlock ils avaient introduit un génie de la nature au cœur de leur projet.

Il relevait les plus minces détails qu'il notait mentalement : parcelles de sang séché dû à des blessures ; taches sur le pavois indiquant que des provisions de poudre y avaient été appuyées ; trous de clous qui, à un moment quelconque, avaient maintenu des objets lourds ; marques sur le pont inférieur laissées par des barils ; fibres de cordages là où des hamacs avaient été suspendus en grand nombre ; multiples réparations antérieures à celles de Paxmore laissant supposer que le bateau avait subi des dommages importants, et le retour fréquent d'un mot qu'il ne comprenait pas : Marigot.

Pourtant, ça n'était pas le bateau ni les étrangers qui le perturbaient, mais le souvenir qu'il gardait de Nancy et, un après-midi qu'il était seul, il grimpa dans son canoë et retourna au marais. Il amarra avec soin l'embarcation à la jetée branlante, pour le cas où il serait appelé à s'enfuir rapidement, se dirigea d'un pas résolu vers la cabane, en ouvrit la porte d'un coup de pied et annonça qu'il était venu chercher Nancy.

Elle était assise dans un coin, à demi vêtue, et tirait sur une ficelle dont Flora tenait l'autre extrémité. Elle leva les yeux avec indifférence.

— Salut, Stub.

Il l'ignora et s'avança vers l'endroit où son père était étendu sur le sol en train d'observer deux punaises qui s'acharnaient sur une mouche morte.

— Nancy est à moi ! s'écria Stuby.

— Va-t-en !

— Toi, écoute ! Nancy est...

Comme un serpent lové, Timothy jaillit, saisit le mousquet dont il s'était déjà saisi pour repousser son fils, et lui en assena des coups sur la tête.

« Non ! cria Stuby dans un rugissement rauque et profond. Plus jamais !

Il bondit sur son père et lui porta plusieurs coups violents qui l'envoyèrent à terre, mais Timothy se releva en s'aidant de son mousquet. Criant et hurlant, il se rua sur son fils, lequel lui arracha le mousquet et le frappa au menton avec une telle violence que le vieux Turlock tomba à la renverse, entraînant une chaise dans sa chute ; il heurta le sol et perdit connaissance.

Sans se préoccuper du corps inerte, Stuby alla dans le coin où Nancy était assise et la prit par la main, pour l'entraîner hors de la cabane.

— Tu es à moi.

— Pas la peine de partir, déclara Birgitta sur le seuil.

D'un geste de la main, elle leur désigna l'un des angles masqué par des rideaux et tous deux s'y rendirent. Et la petite Flora écarta les lambeaux d'étoffe et les regarda faire l'amour.

Les longues journées pendant lesquelles Edward Paxmore achevait les modifications qu'il apportait au *Martha-Keene* et réparait le mystérieux bateau amené jusqu'à son chantier par Griscom et Bonfleur s'avérèrent pénibles pour sa femme. Ruth Brinton, restée seule à la Falaise-de-la-Paix, avait le sentiment d'être poussée par Dieu vers une tâche qu'aucun Blanc des colonies n'avait osé aborder jusque-là : déterminer le genre de relations devant exister entre maître et esclave. Elle avait épuisé toute sa force de persuasion pour tenter d'obtenir que son mari accordât une liberté pleine et entière aux esclaves dont il avait hérité par accident, mais Edward Paxmore déclarait avec insistance qu'ils étaient sa propriété, légalement reconnue, et que tant qu'il les traiterait avec humanité, ainsi que la Bible le prescrivait, il ne pouvait être en faute.

— J'ai été domestique. J'obéissais à mon maître et, de lui, j'ai beaucoup appris, répétait-il à sa femme.

— Mais tu n'étais pas un esclave, rétorquait-elle. Ton temps de servitude était limité.

Il n'estimait pas qu'il s'agissait là d'une différence considérable.

— J'aurais été heureux de prolonger mon contrat, faisait-il remarquer.

— Mais toujours avec la possibilité qu'il soit rompu sur ta demande.

— Quelle différence ça fait ?

Au Foyer de Patamoke, elle enregistra des défaites analogues. Elle parla au cours de quatre Premiers Jours successifs, et l'un des assistants avertit Paxmore :

— Empêche ta femme de tourner à la virago.

Elle était furieuse de constater combien les quakers, si

chatouilleux sur les principes fondamentaux de justice, se montraient obtus quand il s'agissait d'un problème moral d'une telle importance.

Quant aux autres Églises, que pouvait-elle attendre de leur part ? Elles servaient leurs maîtres et prêchaient la doctrine exigée par les plantations. Même le père Steed, cette âme noble qui avait tant fait pour le Maryland, était aveugle :

— Dieu place chaque homme au niveau qui lui convient, déclarait-il pieusement, et comme celui de l'esclave, le mien a toujours été très bas. En prêchant la bonne parole dans le désert, Mrs. Paxmore, j'ai passé des mois et des mois sans accomplir une seule action valable. Ma vie...

Fréquemment, sans raison apparente, il fondait en larmes, et elle ne fut guère surprise lorsque le plus jeune de ses frères se présenta un jour à la falaise en annonçant que Ralph allait mourir.

— Il dit que, plus que tout, il souhaiterait vous parler.

— Je suis prête.

Elle songea que, si elle avait été mourante, il serait venu à elle.

Ils partirent pour Devon mais, parvenus devant l'embouchure de la rivière, ils ne purent remonter le vent et Paul ordonna à ses esclaves de souquer sur les avirons. Elle observa les gros muscles de leurs bras, qui brillaient sous la sueur, sans même percevoir leurs efforts, hantée qu'elle était par la vision des trois Noires qui travaillaient pour elle et angoissée à la pensée qu'elle n'en savait guère plus sur ces femmes que sur les quatre rameurs. Oh ! elle connaissait leur nom — Mary, Obdie, Sara — et leur âge approximatif. Elle avait trente-six ans et pensait que les trois esclaves étaient plus jeunes. Elle savait que Mary était mariée à l'un des hommes qui travaillaient pour Paxmore, mais elle ignorait lequel ; Obdie et Sara avaient toutes deux des enfants mais sans qu'elle sût de qui.

« Dieu tout-puissant, pensa-t-elle, assise près de l'étrave du sloop, le regard perdu vers l'arrière, nous obligeons des êtres humains à vivre parmi nous et nous ne savons rien d'eux. » Jamais elle n'avait entendu un des Steed ou un autre propriétaire mentionner ses esclaves par leur nom. Personne ne disait : « J'ai dit à Amy et à Obadiah d'aller le chercher » ; c'était invariablement : « J'ai envoyé mes esclaves le chercher », comme si ceux-ci existaient sans nom ni personnalité. A présent, tandis qu'Henry Steed descendait le chemin pour venir accueillir le bateau, elle gardait les yeux rivés non sur lui, mais sur les visages des quatre hommes qui avaient ramé. Des visages noyés dans le rêve, sans ossature pour leur conférer une réalité, ni sang pour les animer, ni qualités spécifiques hormis celles de leur âge et de leur capacité de travail. « Ces hommes sont de premier choix », songea-t-elle en les enveloppant d'un regard vide. C'est tout ce qui nous intéresse à leur sujet, mais ce sont aussi des êtres humains, et si nous les autorisons à vivre parmi nous sans reconnaître ce fait, nous semons des graines du malheur.

— Ralph est dans un triste état, annonça Henry les larmes aux yeux. Ménagez-le, ne vous lancez pas dans des discussions trop passionnées.

— C'est pour discuter qu'il m'a fait appeler, rétorqua-t-elle.

Compassée, enveloppée jusqu'au cou de gris, coiffée du bonnet quaker, elle souleva sa jupe pour éviter la poussière, monta le chemin et les marches menant à la pièce, récemment ajoutée au corps de bâtiment, où reposait le prêtre.

— On me dit que tu es souffrant, commença-t-elle.

— Je suis un petit bateau qui va bientôt être tiré au sec.

Ils s'entretinrent pendant plus d'une heure, évoquant tous les points qui les séparaient et, enfin, elle dit :

— Je suis désolée, père Ralph, qu'aucun prêtre ne soit présent pour parler avec toi.

Il essaya de se moucher mais n'y parvint pas tant il était faible.

— Puis-je m'exprimer à votre manière ? demanda-t-il.

Elle opina.

« Tu es un prêtre, dit-il.

— Je suis une pauvre femme, torturée par le péché au point que je crains de ne pas échapper à la nuit.

— Pourquoi ?

— A cause de l'esclavage. Je suis déchirée.

— Inutile, murmura-t-il. Inutile. Dieu sauve le moineau. Il prend soin de l'esclave.

— Je ne peux pas m'en remettre à Dieu, dit-elle.

Son visage sévère se stria de larmes.

« Mon père, absous-moi.

— Nous avons partagé le fleuve...

Sa voix se brisa.

« Mes frères... appelez-les...

Elle se précipita pour prévenir les Steed et bientôt, frères, épouses, petits-neveux et petites-nièces se pressèrent dans la pièce. Le rejeton d'Edmund Steed — le fervent catholique — voulut les consoler, mais ne put articuler les mots. Fitzhugh, plus saisissant que jamais avec ses cheveux dorés, s'approcha du chevet et prit la main du prêtre.

— Ne meurs pas, supplia-t-il.

Ses aînés eurent un haut-le-corps devant une telle franchise.

— Viens ici, Fitz, ordonna Henry.

Mais le prêtre retint la main de l'enfant et, dans cette suprême manifestation d'amour pour sa famille, mourut.

Au cours des jours qui suivirent, Ruth Brinton connut à la fois tourment et consolation. De retour à la falaise, elle se mit en devoir de découvrir qui étaient ces Noirs qui partageaient la terre avec elle. A sa grande surprise, elle apprit que Mary avait trente-neuf ans, soit cinq de plus qu'elle ne l'avait cru.

— Comment restes-tu si jeune ?

— Je travaille.

— Ton mari est-il bon ?

— Le meilleur homme que Dieu ait jamais fait, répondit-elle, ses grands yeux noirs embués de larmes.

— Est-ce qu'il aime l'enfant ?

— Il chante pour elle.

Obdie avait été prise dans un village sur les bords d'un fleuve et son oncle avait manigancé sa vente auprès de trafiquants arabes :

— Lui méchant. Il a sept femmes.

Elle avait donné du fil à retordre dans la maison et répugnait à ce qu'on lui donne des ordres. Elle prétendait avoir vingt et un ans, mais on relevait d'importantes contradictions dans son histoire : des hommes à la Barbade, des hommes à Devon Island, un enfant né à la Falaise-de-la-Paix — le récit devenait très compliqué. Ruth Brinton s'efforça d'avoir une conversation sérieuse avec elle, mais Obdie la soupçonnait de chercher à lui assigner de nouvelles tâches et elle faisait mine de ne pas comprendre. Il n'y avait pas grand-chose à tirer d'Obdie.

Sara plongea Ruth Brinton dans la perplexité. Elle disait avoir vingt-six ans et quatre enfants, deux garçons et deux filles.

— Ils te manquent ?

— C'est loin.

— Crois-tu en Dieu ?

— Hum...

— Veux-tu être libre ?

Sara soutint le regard de sa maîtresse et ne dit mot. Un voile sembla tomber sur ses yeux comme si elle risquait d'être trahie si on perçait ses véritables pensées. Il ne s'agissait pas d'une manifestation d'insolence ou d'antagonisme ; c'était là un de ces sujets qui ne pouvaient être discutés entre une maîtresse blanche et une esclave noire, et il était injuste que la Blanche l'abordât.

« Tu es de celles qui pourraient apprendre, Sara.

— Hum...

— Est-ce que tu voudrais savoir lire ?

— Oui.

— Pourquoi ?

De nouveau, les yeux sombres se voilèrent mais, cette fois, Ruth Brinton crut déceler une lueur de haine.

« Oh ! Sara, tu ne dois pas nous haïr pour ce que nous faisons.

La Noire n'eut aucune réaction.

A quelques jours de là, Ruth Brinton se rendit sur le chantier pour juger par elle-même du travail qu'abattaient les esclaves. La visite agaça son mari qui s'employait à réparer le bateau de Griscom. Il la suivit des yeux tandis qu'elle se rendait dans la fosse de sciage et remarqua avec une exaspération croissante qu'elle s'attardait une heure, se contentant de regarder les deux hommes qui débitaient des planches dans un tronc de chêne.

— Est-ce qu'Abiram et Dibo manient la scie tous les jours ? demanda-t-elle à son mari le soir venu.

— C'est ce qu'ils font de mieux.

— Et celui qui est en bas, dans la fosse, est-ce qu'il travaille là tout l'été ?

— Ruth ! Nous vendons le bois qu'ils débitent...

— Nous le vendons ? Tu veux dire que nous n'en avons même pas besoin pour nous ?

— Et d'où viendrait notre tabac ? Nous vendons les planches.

Elle garda le silence car, manifestement, ces questions irritaient son mari. Mais le Premier Jour, elle se sentit obligée par le Seigneur de parler lors de la réunion. Il y eut un certain malaise lorsqu'elle se leva, et une femme alla même jusqu'à chuchoter :

— Si seulement elle pouvait tenir sa langue.

Mais Ruth en était incapable.

> Je suis égarée par ma faute dans un chemin ténébreux, et je ne parviens plus à voir la lumière. J'ai honte de penser que ma congrégation a refusé de reconnaître le danger qui jalonne la voie que nous suivons, et j'estime qu'il est impie de notre part d'écarter le cas de conscience qui se pose à nous sous prétexte qu'il n'est pas important. Je prie Dieu pour qu'Il me guide. Je suis une âme perdue dans le péché, et je prie pour qu'Il m'éclaire.

Nombre de quakers qui avaient assisté à la réunion protestèrent auprès de Paxmore. Aussi lorsque sa femme et lui arrivèrent à la Falaise-de-la-Paix ce soir-là, il s'adressa à elle avec une rudesse inhabituelle :

— Il faut que tu cesses de mêler le sujet de l'esclavage à nos prières. La question a été réglée.

— Elle vient juste d'être soulevée !

— Ruth, la Bible a parlé. Notre congrégation a parlé. Tu as entendu ce que le père Steed a dit avant de mourir. Te places-tu au-dessus de ces autorités ?

— Oui.

— Femme vaine et arrogante.

— Non, Edward, dit-elle avec douceur. Je suis plongée dans l'angoisse et j'essaie de trouver la lumière.

D'un commun accord, ils mirent fin à cette conversation stérile. Tous deux, qui avaient tant souffert pour une même foi, se vouaient un amour mutuel, brûlant d'un feu qui ne s'éteindrait jamais et dont leurs quatre enfants étaient la preuve. Edward se rendait compte qu'il n'aurait jamais aimé Ruth avec autant de fougue si elle avait montré moins d'obstination dans ses croyances, si elle n'avait été prête à subir des sévices pour les défendre. Et, de son côté, elle n'oubliait pas que ce charpentier paisible et mal fagoté était retourné au Massachusetts au mépris de la mort pour clamer cette même croyance. Elle ne pensait plus qu'il s'était offert à recevoir les coups de fouet à sa place à Ipswich car, à présent, leur amour se situait sur un autre plan.

Lors de tels conflits domestiques, Edward avait l'habitude d'abandonner la discussion et de gagner le porche où il restait un long moment à contempler le fleuve serein ; le cours d'eau lui apportait un calme qu'il n'avait jamais connu jusqu'alors et, chaque fois qu'il apercevait le marais et les arbres majestueux, il oubliait sa querelle. Ce soir-là, la lune à son dernier quartier s'élevait dans le ciel, jetant une lueur argentée sur la placide étendue d'eau allant de la falaise à Devon Island, la transformant en un lac paisible d'une incroyable beauté.

— Cette falaise était là de toute éternité pour les quakers.

Sur quoi, il regagna la cuisine pour embrasser sa femme.

Ruth Brinton se libérait de sa hargne à sa manière : elle se précipitait vers ses fourneaux et se mettait à cuisiner avec frénésie, cognant casseroles et bouilloires, sans pour autant cesser de se gourmander. Entre l'épluchage et la cuisson, elle pensait à l'objet de la discussion et souriait car elle se rendait compte que la vérité était révélée aux humains de diverses manières et à divers moments. Elle avait même été autorisée, par Dieu peut-être, à envisager l'avenir des Blancs et des Noirs le long du fleuve et sa clairvoyance l'obligeait à parler dans les réunions. Si Edward ne distinguait pas les dangers, s'il conservait des idées confuses sur les droits de propriété et les citations bibliques dépassées, sur la prospérité de sa famille aux dépens d'une main-d'œuvre d'esclaves, elle devait se montrer tolérante jusqu'à ce que lui et les autres quakers comprennent.

Elle prépara un excellent repas. Tous deux parlèrent du bateau des étrangers ; il lui annonça que Stuby avait cessé de travailler pour l'Anglais afin de vivre avec Nancy et qu'il avait été remplacé à bord par son frère jumeau, Charley. Puis, ils allèrent se coucher mais, vers trois heures du matin, quand les hérons firent entendre leurs cris, elle fut envahie de terribles frissons et se redressa dans le lit en haletant.

— Edward ! s'écria-t-elle, affolée.

Il s'éveilla lentement et fut atterré par ce qu'il vit : sa femme, la chemise froissée, tremblait comme une feuille secouée par l'orage.

« Le péché m'étouffe ! cria-t-elle d'une voix rauque.

La façon dont Ruth confessait son péché était presque calquée sur les paroles utilisées antérieurement par Edmund Steed au moment où s'achevait sa vaine tentative de conversion : il étouffait dans le péché et il ne dut son salut qu'à un aveu public et à l'exil en Virginie.

« Aujourd'hui, nous devons libérer nos esclaves !

— Qu'est-ce que tu dis ?

— Qu'avant le coucher du soleil, nous devons renoncer à tous nos esclaves. C'est la volonté de Dieu.

Il tenta de la calmer, avec l'intention de la raisonner plus tard, mais elle refusa de se laisser consoler. Elle ne pouvait que répéter :

« Nous devons libérer nos esclaves.

Comprenant qu'à partir de ce moment il lui serait impossible de revenir en arrière, il tenta plusieurs manœuvres de diversion.

— Laisse-moi établir un testament prévoyant leur affranchissement à ma mort, proposa-t-il.

Non, un tel délai équivaudrait à esquiver le problème fondamental.

« Laisse-moi les louer à d'autres... des hommes bons qui les traiteraient bien.

Non, en agissant ainsi, ils n'effaceraient pas la souillure de leur âme.

« Alors, laisse-moi les vendre. J'irai trouver Steed avant midi. Il a besoin de main-d'œuvre.

Non, parce que cela reviendrait à transférer à d'autres son propre péché.

Mais lorsqu'il lui expliqua en termes pesés de bon gestionnaire qu'il lui était impossible d'administrer son affaire s'il se défaisait des esclaves, elle cessa de discuter et l'écouta ; et elle comprit que ses demandes impérieuses plaçaient son mari dans une situation morale et économique qu'il n'était pas préparé à assumer. Elle l'embrassa avec tendresse.

— Edward, j'ai toujours su que tu emprunterais la bonne voie, dit-elle. Ce soir, au coucher du soleil, il n'y aura plus d'esclaves à la Falaise-de-la-Paix, il n'y en aura jamais plus.

— Ce que je ferai...

— Ne m'en parle pas. Je ne peux supporter d'en savoir davantage.

Et elle s'endormit.

Tôt le lendemain matin, il s'affaira à concrétiser le plan qu'il avait imaginé : il réunit les esclaves et leurs enfants à bord d'une embarcation et les conduisit à Devon Island où les Steed déclarèrent qu'ils seraient enchantés de les acheter.

— Il ne faut surtout pas parler d'achat, avertit Paxmore. Sinon, Ruth Brinton mettrait fin à notre accord.

— Il y a d'autres façons de procéder, assura Steed.

Et il prit les dispositions suivantes : depuis Londres, Fithian enverrait à Edward une caisse d'outils de charpentier de marine et à Ruth Briton une malle d'ouvrages traitant de théologie.

« Et, pour couronner notre transaction, Edward, je vous céderai cette bonne terre à l'est de Patamoke qui vous permettra d'y construire un chantier naval à demeure.

Paul Steed promit aussi de trouver des domestiques blancs et de lui prêter les esclaves noirs dont il aurait besoin pour construire ses autres bateaux. Et ainsi, le quaker Edward Paxmore se débarrassa de ses esclaves en réalisant un bénéfice appréciable et en acquérant un chantier naval. Dès le lendemain, après la livraison du *Martha-Keene,* Paxmore transférerait ses activités à Patamoke.

Il y eut à cela un empêchement et, assez curieusement, il ne vint pas de Ruth Brinton. Assurée qu'en renvoyant les esclaves de la Falaise-de-la-Paix, elle avait accompli tout ce que l'on pouvait espérer en 1670, elle se disait que, par la suite, chacun prendrait conscience de ce problème et qu'alors peut-être Edward lui-même cesserait d'esquiver ses devoirs moraux.

L'empêchement se teinta de violence. Des hommes se précipitèrent vers l'entrepôt des Steed en criant :

— Des pirates ont volé le *Martha-Keene !*

— Ils ont massacré nos marins ! lancèrent d'autres.

Quand les employés de l'entrepôt coururent vers la grève, ils aperçurent le *Martha-Keene,* voiles hautes, qui descendait le Choptank en direction de la baie, et les cadavres de trois matelots sur la jetée.

Au cours des heures fiévreuses qui suivirent, les habitants de Patamoke firent nombre de découvertes qui les bouleversèrent. Jack Griscom et Henri Bonfleur s'étaient lancés dans la flibuste bien des années auparavant. Opérant sous divers noms, ils avaient écumé les Caraïbes, pourchassant les vaisseaux espagnols qui regagnaient leur pays après avoir appareillé de Panama, attaquant les bateaux de commerce anglais qu'ils trouvaient sur leur route.

Toutes ces révélations leur furent fournies par Stuby Turlock qui avait observé et écouté.

— Pourquoi ne nous as-tu pas prévenus ? demandèrent les habitants de Patamoke unis par une même colère.

— Personne m'a demandé, répondit-il.

La journée se passa à rassembler des renseignements sur les pirates ; ceux-ci n'avaient pas d'équipage travaillant sur la côte de Virginie ; ils s'étaient probablement réfugiés dans le Choptank après quelque poursuite longue et sanglante ; dès l'instant où ils avaient vu le *Martha-Keene,* ils avaient décidé de le voler ; et ils mettaient sans doute le cap sur la mer des Antilles pour se livrer à de nouveaux méfaits. L'émotion s'accrut encore quand chacun dressa le bilan de ses pertes.

Le bateau d'Edward Paxmore avait été volé ; il avait disparu la veille du jour où il devait être livré aux Steed. Deux ans d'efforts anéantis.

Henry Steed arriva, affolé, pour annoncer qu'au moment où les pirates allaient sortir du Choptank, ils avaient mouillé devant Devon Island et convaincu tous les esclaves travaillant sur l'île de se joindre à eux pour recouvrer leur liberté.

— Quand Abijah et Amos ont essayé de raisonner les esclaves pour qu'ils restent avec nous, Griscom les a tués tous les deux. Tous les vôtres se sont enfuis, Paxmore.

Les plaintes les plus déchirantes vinrent de Timothy Turlock qui remonta le fleuve dans son canoë en hurlant des monosyllabes difficiles à comprendre. Stuby se chargea de la traduction et informa le groupe que les pirates avaient persuadé Charley de rester à bord pour aider à manœuvrer les voiles et qu'ils avaient aussi emmené Birgitta.

— Ils l'ont enlevée ? demanda une femme.

— Non ! bredouilla Timothy. Elle... partie.

Il tenait à la récupérer, et ce furent ses bruyantes lamentations qui incitèrent les autres à passer aux actes.

— Il faut reprendre le bateau, dit Edward Paxmore.

— Comment ? s'enquit quelqu'un.

— Lui donner la chasse. Le récupérer.

— Avec quoi ?

— Avec leur bateau. Il est plus petit, mais je l'ai bien réparé.

Henry Steed était résolu à reprendre ses esclaves car toute son entreprise reposait sur eux ; le bénéfice de sa plantation découlait de leur labeur et leur perte serait un désastre.

Le jeune Earl Steed, futur capitaine du bateau volé, fit entendre la voix de la logique :

— Si nous parvenons à rassembler un équipage de seize hommes et un nombre suffisant de mousquets, nous serons en mesure de mieux manœuvrer leur bateau qu'ils ne pourront manœuvrer le nôtre, et nous les rattraperons.

— Où ?

Épineuse question. Les pirates avaient un jour d'avance et disposaient d'un bateau plus rapide, mais ils ne pouvaient compter que sur eux-mêmes, Charley Turlock et les esclaves de Steed pour en assurer la manœuvre. Un équipage résolu avait des chances de les rattraper. Cependant, les flibustiers pouvaient choisir parmi des centaines de destinations et les localiser paraissait difficile.

Ce fut alors que Stuby parla. Le visage grêlé, émacié, vêtu de haillons, il paraissait bien peu apte à se battre contre les pirates, mais ceux-ci l'avaient insulté et ils avaient enlevé une femme qui s'était montrée bonne à son endroit.

— J'ai écouté. Souvent, ils disaient Marigot.

— La baie de Marigot ! s'exclama Paxmore.

— Où est-ce ? demanda Earl Steed.

— Évidemment ! reprit Paxmore. C'est là que les pirates se sont attaqués aux négreries. Ce devait être Griscom et le Français qui menaçaient l'île quand je m'y trouvais.

Il expliqua où se situait Marigot et traça les grandes lignes d'un plan qui permettrait aux hommes du Choptank de s'y glisser et de reprendre le *Martha-Keene.* Earl Steed l'écouta avec attention et estima que la manœuvre de représailles avait des chances de réussir.

— Pouvons-nous réunir seize hommes ?

Il y avait Earl Steed, Tim Turlock qui brûlait de se venger, Edward Paxmore résolu à récupérer son bien. Henry Steed voulait les accompagner, mais son fils s'y opposa.

— Tu es trop vieux, dit-il.

— Et Timothy Turlock ? riposta Henry.

— Lui n'a pas d'âge.

Stuby insista pour s'embarquer et produisit trois mousquets qui vinrent grossir l'arsenal du bord. Douze autres se portèrent volontaires, y compris un fameux chasseur d'écureuils qui possédait deux mousquets.

— Il faut emporter toute la poudre disponible, leur dit le capitaine Steed.

— Pourquoi ? s'enquit Paxmore.

— Si nous ne parvenons pas à reprendre le bateau, je n'ai pas l'intention de les laisser en profiter.

Lors du long voyage jusqu'à la baie de Marigot, le capitaine

Steed, âgé de vingt-neuf ans, fit preuve d'une résolution que ceux qui avaient connu son père et ses deux oncles n'auraient jamais cru déceler en lui. Il n'était pas doux comme le père Ralph, ni pointilleux comme son oncle Paul, ni pompeux comme son père ; il appartenait à une nouvelle race. Pour lui, l'Angleterre n'était plus qu'un souvenir de famille respectable ; certes, il y avait fait ses études mais, à ses yeux, ce pays ne représentait pas le paradis perdu. Pour Earl Steed, l'avenir résidait au Maryland, et si la mère patrie se montrait trop pusillanime pour protéger ses colonies des entreprises des pirates, il se chargerait de passer à l'action.

Le voyage produisit un effet étrange sur Paxmore car il lui donnait la possibilité d'apprécier la façon dont un bateau bien construit manœuvrait sous voiles et s'adaptait à la mer. Le voilier avait été construit aux Pays-Bas espagnols par des charpentiers de marine hollandais connaissant leur affaire. Maintenant, il avait plus de soixante-dix ans, avait subi rapetassage sur rapetassage jusqu'à ce que les rares bordages d'origine ne pussent être identifiés, mais ses lignes étaient si douces, l'assemblage du bois si bien réalisé qu'il demeurait aussi robuste qu'au premier jour.

Quand il n'assurait pas la veille, Paxmore observait les manœuvres de voile et il eut ainsi confirmation de la thèse soutenue par son professeur de Bristol : les haubans étayant le mât ne devaient pas être raidis comme des cordes de harpe. Il se pencha aussi sur l'action du gouvernail et comprit que le safran ne devait pas résister à la mer, mais fendre l'eau en imprimant la direction au navire. Et, en guise de conclusion, il s'émerveilla de la différence existant entre un bateau dans son élément et en cale sèche. Toutes les parties œuvrent ensemble, on peut les entendre parler.

Chaque fois qu'il mettait la main sur une feuille de papier, il prenait des notes sur la façon dont un véritable bateau devait être assemblé, et ces renseignements seraient à la base de son chantier naval. Il pensait bien qu'au cours des soixante-dix ans qui s'étaient écoulés depuis que ce vieux routier avait été construit, nombre d'améliorations avaient été imaginées à Londres et à Boston, mais il les découvrirait par la suite ; ce trésor hollandais constituait une bible en matière de construction navale et, pour l'artiste que devenait Paxmore, il ne pouvait exister de base plus solide.

Mais l'île de Sainte-Lucie se profilait à l'horizon et le temps de l'étude était passé. Le plan du capitaine Steed prévoyait de se tenir sous le vent de la Martinique afin de s'assurer qu'aucun autre bateau pirate ne naviguait dans les parages, puis de faire voile aussi vite et audacieusement que possible sur Marigot dans l'espoir d'y trouver le *Martha-Keene;* mais quand ce plan fut mis à exécution, il ne donna aucun résultat car Steed avait trop bien navigué ; il arrivait avec deux semaines d'avance sur les pirates. La baie était déserte.

Il passa le temps à imaginer une stratégie qui lui procurerait l'avantage quand les pirates se manifesteraient enfin. Sans doute s'approcheraient-ils de l'île comme s'ils venaient de la Jamaïque ou d'Haïti ; Earl Steed mouilla donc dans une petite baie qui permettait au bateau d'échapper aux regards tout en autorisant la surveillance de l'entrée de Marigot. Puis, il dépêcha Stuby et Paxmore à terre afin que ceux-ci reconnaissent le terrain ; du sommet des collines qui entourent ce havre splendide, Paxmore put voir la négrerie qu'il avait reconstruite, les baraques servant de repaires aux pirates ainsi que la garde quasi symbolique qu'ils assuraient. Il constata avec satisfaction que la discipline semblait très relâchée, mais ce fut Stuby qui remarqua l'anse protégée où de petits bateaux de poursuite se trouvaient amarrés. Sans piper mot, il fit comprendre à son compagnon qu'il faudrait couper les amarres des embarcations pour qu'elles partent à la dérive, et il passa un long moment à relever le tracé des sentiers conduisant à cet endroit.

Paxmore revint à bord et annonça que Marigot somnolait au soleil, que la négrerie était vide, ce qui indiquait qu'aucun navire de commerce n'était attendu.

— Tout est prêt pour accueillir Griscom. Il ne devrait pas tarder, dit le capitaine Steed.

Et le matin suivant, aux environs de la neuvième heure, le *Martha-Keene* apparut à leur vue, se dandinant sur les longues lames tandis qu'il approchait du mouillage. Avec adresse, le bateau se faufila dans l'entrée de Marigot, telle une jolie femme se glissant dans sa chambre. Stuby, qui guettait de son poste d'observation sur une éminence, attendit que les pirates fussent allés à terre à l'aviron. Il repéra chacun des hommes qui débarquaient : Griscom, bruyant et paillard, Bonfleur qui entourait la taille d'une femme inconnue, six marins blancs, mais pas le moindre signe de Charley, de Birgitta ni d'aucun des Noirs. Il rapporta ces nouvelles déroutantes au capitaine.

Earl Steed était résolu à passer à l'action le soir même.

— Les pirates seront à terre et, si je ne me trompe pas sur leur compte, Griscom sera saoul.

Il demanda son avis à Stuby, et cet homme de l'eau, cadavéreux, au visage grêlé, dit :

— Peut-être Charley. Peut-être encore deux à bord.

— Pourquoi les autres ne reviendraient-ils pas dans le courant de la nuit ?

— Saouls.

Earl Steed, de même que les hommes plus âgés de sa famille, avait considéré Stuby Turlock comme un idiot et pourtant, à présent, il était prêt à se fier à lui ; ce curieux individu était doué d'une ruse animale qui lui permettait d'enregistrer de stupéfiants résultats. Stuby observait le monde, assimilait ce qu'il voyait et en tirait des conclusions. Il parla à Steed de l'anse où les embarcations de poursuite étaient amarrées.

« Moi, couperai amarres.

Puis, Steed exposa sa tactique.

— A la tombée de la nuit, nous gagnerons Marigot à l'aviron. Stuby et Tom se rendront à terre pour couper les amarres des embarcations afin qu'elles partent à la dérive, puis ils reviendront à la nage et nous les reprendrons à bord du canot dont Chasseur d'Écureuils aura la responsabilité. Paxmore et moi mènerons le groupe d'abordage. Une fois à bord, nous déraperons l'ancre ; nous couperons la chaîne en cas de besoin et, si le vent tient, nous manœuvrerons pour faire sortir le *Martha-Keene* de la baie. Il nous suffira alors de faire embarquer quelques-uns de nos marins sur le navire récupéré et nous partirons avec les deux bateaux pour rentrer chez nous.

— Et s'il y a plusieurs gardes à bord ? s'enquit Paxmore.

— Nous leur trancherons la gorge, déclara tranquillement Steed.

Il remarqua le haut-le-corps de Paxmore.

« N'oubliez pas qu'ils ont déjà tué cinq des nôtres, ajouta-t-il. Ils n'hésiteront pas à nous massacrer si nous leur en laissons la possibilité.

— Et s'ils résistent ? insista Paxmore.

— Stuby et moi ouvrirons le feu sur le pont. Chasseur d'Écureuils depuis le canot.

— On entendra les coups de feu à terre.

— Ils ne trouveront pas d'embarcations. Stuby s'en sera chargé.

— Et si le vent tombe ? Si nous ne pouvons pas sortir le *Martha-Keene* de la baie ?

— Nous le ferons brûler jusqu'à la ligne de flottaison.

— D'accord, laissa tomber Paxmore. Mais je préférerais ne porter ni couteau ni mousquet, ajouta-t-il simplement.

Steed acquiesça.

« Mais si nous devons incendier le bateau, j'aimerais que ce soit moi qui y mette le feu, reprit Paxmore.

Steed opina et dit :

— Stuby, allez vous occuper de ces embarcations.

Et l'homme de l'eau s'en fut.

Les autres attendirent jusqu'à l'heure convenue, puis ils mirent le canot à la mer et le maintinrent à l'arrière pour permettre à Steed, Paxmore et Chasseur d'Écureuils d'y embarquer. Utilisant de petites pagaies à la place d'avirons, ils pénétrèrent dans la baie de Marigot, prêtèrent l'oreille aux bruits de ribote venant de terre et attendirent avec appréhension jusqu'à ce qu'ils distinguent dans la pénombre Stuby et son camarade qui nageaient vers eux comme un couple de castors.

Steed sentit croître son inquiétude quand Stuby lui annonça :

— Tranquille. Alors, nous nager jusqu'au bateau. Presque vide.

Un simple coup d'œil lancé par une vigie aurait permis de repérer les nageurs et compromis l'expédition ; ce que Steed ignorait c'est qu'aucun guetteur n'aurait pu repérer Stuby Turlock, capable de se glisser dans l'eau sans laisser de sillage ni produire le moindre éclaboussement.

Les cinq hommes pagayèrent en silence jusqu'au flanc du *Martha-Keene,* du côté opposé à la terre, et quand Paxmore tendit la main pour empêcher que le canot ne cognât contre la coque, il put identifier le bordage qu'il touchait et la membrure sur laquelle il était fixé. Il caressa son œuvre comme s'il s'agissait d'un animal familier.

Il était prévu qu'à cette phase de l'opération, le capitaine Steed prendrait le relais et déciderait s'il fallait ou non passer à l'abordage, mais il eut la stupéfaction d'entendre Stuby Turlock parler à haute voix dans un mélange d'indien choptank et d'anglais approximatif que seul était en mesure de comprendre son frère jumeau, Charley ; celui-ci se précipita et, se penchant sur la lisse, fouilla l'ombre et répondit. Les deux frères parlèrent pendant une demi-minute au cours de laquelle Paxmore se sentit paralysé par la peur, puis Stuby cria, presque assez fort pour être entendu de la grève :

— Personne à bord. Seulement Charley.

Et il se hissa le long du bordé, suivi de Steed et de Paxmore et, au bout d'un moment, du nageur qui l'avait accompagné. Chacun fut accueilli par les étreintes d'ours de Charley et ses grognements incompréhensibles, puis tous s'attaquèrent au problème consistant à faire manœuvrer le bateau et à le sortir de la baie.

La tâche se révéla impossible. L'ancre ne pouvait être dégagée. Les voiles se trouvaient dans les soutes et il n'était pas question de déplacer une telle masse à l'aviron. Des lumières commençaient à briller à terre.

— Oh, Charley ! tonna la voix puissante de Griscom. Charley, espèce d'idiot ! Qu'est-ce qui se passe ?

Chasseur d'Écureuils, auquel incombait la garde du canot du côté opposé à la terre, avait contourné l'arrière du *Martha-Keene* et, avec des mouvements prudents mais délibérés, il visa le pirate qui tenait la lanterne. D'une balle, il tua Griscom et l'enfer se déchaîna. Cris, hurlements, bruits de pas précipités s'élevèrent. Bonfleur eut assez de bon sens pour se cacher derrière un arbre et, quand Chasseur d'Écureuils saisit son deuxième mousquet, il abattit un autre flibustier.

— Brûlons le bateau ! s'écria Steed.

Paxmore hissa à bord le baril de poudre, mais Stuby et son frère étaient déjà au travail dans les fonds du bateau de chêne — si robuste, si laid ; ayant prélevé de la poudre dans les réserves des pirates, ils la disposèrent en une longue traînée et, sans ordres, y mirent le feu. Des flammes jaillirent des panneaux d'écoutille, encadrant les jumeaux qui tapotaient leurs cheveux roussis et gloussaient joyeusement.

« Mettez le feu ! hurla Steed à l'adresse de Paxmore.

Mais l'ordre était inutile. Le brasier qu'avait allumé Stuby se propagea au pont, atteignit le baril de poudre de Paxmore et éclata en un gigantesque incendie.

« Ne restez pas dans la lumière ! s'écria Steed à l'instant où les coups de feu commençaient à crépiter sur la grève.

Il courut jusqu'à l'endroit où il avait abandonné le canot et descendit le long du bordé, mais l'embarcation n'était plus là.

« Où diable est passé le canot ? hurla-t-il.

— Ici ! cria Stuby dans l'obscurité que trouaient les flammes.

Et il était bien là, du mauvais côté, une cible idéale, de laquelle Chasseur d'Écureuils et les deux Turlock abattaient les pirates comme s'il s'agissait de canards sur le Choptank.

— Bon Dieu, amenez le canot ici ! rugit Steed.

— Inutile de jurer, laissa tomber Paxmore. Ce bateau ne naviguera plus jamais.

Le capitaine Steed ne devait jamais oublier son voyage de retour depuis la baie de Marigot. Voici comment il le rapporta par la suite à son père :

> Les Turlock restaient toujours ensemble comme les sorcières de *Macbeth* devant leur sinistre chaudron et, toutes les six ou sept minutes, ils éclataient tous trois d'un grand rire, se donnaient des bourrades, se roulaient sur le pont en gloussant de joie. Et quelle était, je vous prie, la cause de cette hilarité ?
>
> Griscom et Bonfleur s'étaient comportés en véritables monstres. Ils battaient Charley, lui mettaient du papier enflammé dans les oreilles, l'obligeant à danser pendant qu'ils buvaient, mais de temps à autre, pendant que nous naviguions, Charley se rappelait la façon dont Chasseur d'Écureuils avait abattu Griscom et il se laissait retomber en arrière, mimant la chute du capitaine flibustier, et les trois Turlock rugissaient d'aise.
>
> Les pirates avaient relâché à la Jamaïque où Griscom avait vendu Birgitta à un autre flibustier. Chaque fois que Charley décrivait les adieux de la Suédoise au moment où elle s'apprêtait à descendre la passerelle conduisant à la jetée de Port-Royal, et la manière dont elle avait giflé Bonfleur et repoussé Griscom qui était tombé à la renverse, Timothy Turlock hurlait de joie et abreuvait son fils de bourrades tout en suppliant Charley de lui répéter l'histoire du départ de son épouse.
>
> Les pirates relâchèrent aussi à Haïti et quand Charley leur rapportait ce qui s'y était déroulé, tous les Turlock gloussaient parce que Griscom avait incité nos esclaves à nous quitter en leur promettant la liberté sur cette île... pas de travail... bonne nourriture... des femmes... de l'alcool. Abijah et Amos savaient que c'était impossible et ils avaient

tenté... Mais, ainsi que vous le savez, les pirates les ont massacrés. A Haïti, les esclaves croyaient avoir atteint leur paradis, et tous furent vendus dans cet enfer où aucun d'eux ne survivra plus d'un an. Les Turlock s'amusaient fort de cette conclusion.

Mais c'est à Charley que nous devons la bonne fortune qui nous échut lors de ce voyage parce qu'il avait entendu les pirates ourdir un plan en vue de capturer un bateau chargé de sel venant de Sal Tortuga. J'ignorais qu'il y eût du sel en ce lieu et je décidai aussitôt de changer de cap pour emplir nos cales de cette précieuse denrée, sachant qu'au Maryland elle nous vaudrait une fortune.

Steed ne fut en mesure que de fournir des rapports succincts sur le comportement d'Edward Paxmore : « Pendant les trois premiers jours de notre voyage de retour, il pria afin d'être absous, et lorsque je lui demandai pourquoi, il me répondit : " J'ai eu recours à la violence ", et je lui rappelai : " Mais nous leur avons repris votre bateau ", ce à quoi il répondit : " Oui, et je me suis réjoui quand Griscom a été tué, et de cela, j'ai honte ". »

Mais après trois jours de désarroi, Paxmore retrouva son équilibre ; il commença à mettre en ordre ses dessins de marine et remplit les vides tant et si bien qu'il disposa bientôt d'un manuel sur la construction navale presque aussi complet que tous ceux qu'il aurait pu dénicher en Amérique à l'époque. Lorsqu'il l'eut achevé, il donna libre cours à une véritable euphorie et, un soir, avide de se confier, il harcela le capitaine Steed sur la plage arrière.

— Je sais maintenant que, lorsqu'on achève une tâche importante, comme celle qui consiste à écrire un livre par exemple, en arrivant au dernier mot, on voudrait tout recommencer pour faire le travail correctement.

Steed considéra les étoiles.

« Quand le *Martha-Keene* a pris feu et que nous avons vu les flammes le consumer, j'ai éprouvé de la satisfaction, bien que ce fût une perte.

— Vous rattraperez toutes vos pertes avec notre vente de sel.

— C'était mon bateau. J'avais peiné sur lui, j'en avais rêvé. Mon sang circulait en lui et, quand nous l'avons lancé, j'ai prié pour qu'il flotte. Mais en le voyant couler, j'exultais parce que je pouvais tout recommencer et construire un vrai bateau.

Le capitaine Steed rapporta à son père : « Et il resta là, toute la nuit, se frappant la cuisse du poing et marmottant sans cesse : " Un vrai bateau, un vrai bateau. " Et quand je suis descendu pour prendre un bol de soupe, il était encore là, remuant les bras comme s'il dessinait des espars et des courbes. »

Paxmore était encore sur la plage arrière quand le capitaine remonta sur le pont, mais celui-ci ne lui prêta pas attention car un curieux incident se produisait à hauteur de la cale contenant le sel. Timothy Turlock, qui se rappelait les heures de travail infructueux passées à essayer de récolter du sel par évaporation sur le Choptank, était enchanté de savoir qu'à Sal Tortuga, la précieuse denrée pouvait être pelletée comme du sable et, emporté par la joie qu'il éprouvait à l'idée de n'avoir plus à travailler, il pissait dans la cale.

— Fichez le camp de là ! s'écria Steed. Éloignez-moi cet imbécile du sel !

— P'pa ! grommela Charley.

Il ajouta quelques mots inintelligibles. Voyant que son père refusait de l'écouter, Charley le poussa. Le vieil homme trébucha, chancela contre le pavois et bascula par-dessus bord.

— Virez de bord ! hurla le capitaine Steed.

Mais la manœuvre se révéla impossible.

« Mettez le canot à l'eau !

Mais on n'y parvint pas. Impassible, le bateau poursuivait sa route.

Steed courut jusqu'à la lisse et tenta de jeter un filin au vieil homme qui s'essoufflait, mais le cordage ne l'atteignit pas. La distance s'accrut, et les bras de Timothy s'affaiblirent. Lorsqu'il comprit que le bateau ne virerait pas de bord, qu'on ne mettrait pas le canot à l'eau, il éclata de rire, et le dernier son qui parvint à ceux qui se tenaient sur le pont fut son ricanement aigu, dément, tandis que le sillage le recouvrait.

Ruth Brinton Paxmore éprouvait des difficultés à se faire une idée exacte de l'expédition. Assise en compagnie des Steed devant l'armoire à étains, elle écoutait les échanges de congratulations et ne parvenait pas à comprendre comment un tel voyage pouvait être considéré comme une réussite alors qu'il s'était achevé dans l'échec le plus complet, mais le capitaine Steed était satisfait, son Edward euphorique, et même les fils Turlock semblaient heureux. Tout cela était bien mystérieux.

— Tu persistes à considérer l'expédition comme une réussite ? s'enquit-elle avec sa raideur habituelle.

— Oui, répondit le capitaine Steed, enchanté du bénéfice tiré de la cargaison de sel.

— Mais tu n'as pas récupéré tes esclaves ?

— Non, ils ont été vendus à Haïti.

— Et Turlock n'a pas récupéré sa femme ?

— Non, elle a été échangée à la Jamaïque.

— Et Edward n'a pas récupéré son bateau ?

— Non, il a brûlé à Marigot.

— Et les fils Turlock ne sont pas rentrés avec leur père ?

— Non, il s'est noyé dans la Chesapeake.

— Et tu appelles ça une réussite ?

Elle considéra les membres de l'expédition : Steed, placide et satisfait de ses bénéfices ; Chasseur d'Écureuils, réjoui d'avoir tué Griscom et deux autres pirates en trois coups de feu ; et les yeux de son propre mari luisants de victoire. Cela dépassait l'entendement ; elle conclut qu'il existait quelque chose dans le monde des hommes qui leur permettait de définir le triomphe en termes qu'aucune femme ne comprendrait jamais. Elle jugea préférable de ne rien ajouter.

Mais cette nuit-là, chez elle, à la Falaise-de-la-Paix auprès de son mari, elle fut éveillée par la terrible réalité du crime qu'elle avait commis. Dans sa rectitude inébranlable, elle avait chassé les esclaves d'Edward qui jouissaient auprès de lui de la justice et de la sécurité ; ils étaient passés chez les Steed pour de l'argent, et ils s'étaient enfuis de Devon avec les pirates dans l'espoir de retrouver leur liberté. A Haïti, ils avaient été revendus pour connaître l'esclavage le plus cruel qui fût au monde. Là-bas, dans les plus terrifiantes forêts d'Amérique, ils travailleraient sous le fouet, se rappelleraient leur enfance en Afrique, les jours paisibles auprès des Paxmore et mourraient dans l'année.

— Oh, Dieu, pardonne-nous nos péchés ! murmura-t-elle, en proie à des frissons.

Elle imagina Mary peinant dans les champs haïtiens, la femme et sa famille périssant d'épuisement.

« Tu devrais être ici avec moi.

Même sous le joug de l'esclavage, il était préférable de

travailler pour des maîtres dignes d'amour en attendant le jour où les torts seraient redressés.

« Ta mort est punition pour mon âme.

Obdie mourrait à Haïti, et Abiram et Dibo et Sara aussi.

« Oh, Sara ! s'écria-t-elle dans la nuit. Nous avons besoin de toi.

Sa mort serait lamentable car cette femme avait appris à se défendre. Avec obstination, elle avait mené une vie secrète qu'aucun Blanc n'était capable de percer ; elle s'était révélée difficile, parfois même vile, mais au cours de cette nuit atroce, Ruth Brinton reconnut que, si elle avait été esclave, elle se serait conduite comme Sara.

« Je n'aurais jamais cessé de me battre, se dit-elle.

Son agitation fit qu'Edward se retourna dans son sommeil, et elle souhaita désespérément lui parler ; mais elle comprit qu'en cette nuit de retrouvailles, il serait injuste de lui faire partager la culpabilité qu'elle ressentait ; aussi s'éloigna-t-elle sur la pointe des pieds et, enveloppée d'un manteau, elle traversa les pièces silencieuses dans lesquelles les Noires s'étaient souvent tenues. Elle se rendit auprès de ses enfants mais, lorsqu'elle baissa les yeux sur eux, elle ne vit que les petits Noirs qu'elle avait envoyés à la mort : les enfants de Mary et d'Obdie. Et elle quitta la chambre et les dormeurs.

Dans la cuisine, elle ouvrit son livre de comptes à la page où elle avait noté les gages qu'elle leur devait ; lentement, les sommes s'étaient accrues en attendant le jour de la liberté. Les dettes n'avaient pas été réglées ; elles ne le seraient jamais.

En proie au désarroi, elle gagna le porche, cherchant une consolation dans le fleuve mais, cette nuit-là, le Choptank n'en offrait aucune. Un vent très fort s'était levé ; il soufflait de la baie, brassant les eaux de l'embouchure, soulevant des moutons. Une lune agonisante flottait dans l'est, projetant une lumière grise sur les marécages où les oies se blottissaient les unes contre les autres et sur la cime des grands arbres qui attendaient de devenir bateaux. Elle regarda vers l'ouest, vers Devon, mais l'île était cachée par l'écume née de la turbulence des vagues, et aucun oiseau ne volait.

— Le Choptank sait, murmura-t-elle. Il sent la terreur qui s'accumule.

Lorsque le soleil se leva sur une nature tourmentée, Edward la trouva là, toute tremblante, réfléchissant aux désastres spirituels que les braves gens du Choptank ne cesseraient jamais de s'attirer.

1701

Le 14 septembre 1701, Rosalinde Janney se mit en route pour l'un des plus tristes voyages qu'une femme pût effectuer. Elle quittait un foyer respecté, une famille de noble ascendance, deux sœurs avec lesquelles elle avait vécu en harmonie, les chiens et les chevaux qui l'aimaient. Un tel sacrifice aurait justifié bien des lamentations mais, dans ce cas particulier, elle abandonnait aussi l'une des plus belles plantations qui bordaient les eaux à marées de Virginie, dotée de ses propres jetées et chantiers navals sur le Rappahannock, pour se rendre dans quelque contrée sauvage du Maryland de l'autre côté de la baie, et c'était là le véritable arrachement.

Mais elle était résolue à faire contre mauvaise fortune bon cœur. Née vingt-six ans auparavant, elle avait été une enfant laide — « Et c'est une malédiction pour une fille », disait sa nounou — mais son aspect peu engageant n'avait pas empêché son père, volontiers badin, de lui donner le nom de l'une des plus charmantes et des plus spirituelles héroïnes de Shakespeare. « Belle Rosalinde », l'appelait-il, souvent en présence d'invités, qui constataient combien cette expression, d'une ridicule indulgence, était inappropriée.

Enfant, Rosalinde pestait contre ces taquineries ; quelles que fussent les plaisanteries lancées par son père, les passages de la pièce qu'il lisait à haute voix où apparaissait la véritable Rosalinde, elle savait qu'elle avait un visage disgracieux, trop large, trop rouge et une denture bien trop saillante. Lorsqu'elle eut douze ans et qu'elle put lire Shakespeare dans le lourd volume envoyé par les Fithian, elle jugea la pièce ridicule, et dit à sa mère :

— Imaginez-vous en train d'errer dans la forêt habillée en garçon et de parler durant des heures à un jeune homme qui est tombé amoureux de vous vêtue en fille et qui ne se doute pas que son interlocuteur est la bien-aimée.

— Tu pourrais t'habiller en garçon que personne ne s'en apercevrait, commenta sa mère.

— Mais la véritable Rosalinde était belle.

— Tu seras belle aussi quand tout prendra sa place.

Ses sœurs cadettes, qui étaient devenues de ravissantes jeunes filles, répétaient souvent cette promesse :

— Quand tu seras plus âgée, Roz, tout prendra sa place.

Il n'en fut rien. Elle grandit, atteignit une taille imposante pour une femme mais, bien qu'elle ne manquât pas d'appétit, elle conserva une maigreur affligeante. Elle endura mille tourments en observant les prétendants qui dans leurs chaloupes descendaient le Rappahannock à l'intention de ses sœurs. Et, lorsqu'il devint évident que ses cadettes au faîte de leur beauté, étaient en âge de convoler, elle s'écarta de bonne grâce, disant à ses parents :

— Je crois que Missy devrait épouser le jeune Lee. C'est un bon parti.

Et elle encouragea aussi le mariage de Letty avec le jeune Cowperthwaite.

L'année précédente, à vingt-cinq ans, elle n'avait encore trouvé aucun but à sa vie ; grande, consciente de sa gaucherie, elle ne participait pas à la vie mondaine et se retrouvait de plus en plus seule. Elle se tourna vers la lecture et, un après-midi, alors que les insectes bourdonnaient sur les rives du fleuve alourdies par l'été, elle trouva refuge, ironie du sort, dans la pièce de théâtre qui était à l'origine de ses infortunes.

— Quelles inepties ! s'écria-t-elle devant la façon dont Orlando se fourvoyait dans l'intrigue grotesque.

Mais lorsqu'elle aborda le passage dans lequel Rosalinde et sa cousine évoquaient le sort des femmes, il lui sembla que Shakespeare avait écrit à son intention chacune des paroles prononcées par ces deux intelligentes créatures :

> CÉLIA : Asseyons-nous, et sous nos sarcasmes, chassons dame Fortune de son rouet : que cette ménagère apprenne désormais à répartir ses dons avec équité !
>
> ROSALINDE : Je voudrais que cela nous fût possible, car ses bienfaits sont bien mal prodigués, et la bonne vieille aveugle se méprend surtout dans ses dons aux femmes.
>
> CÉLIA : C'est vrai : celles qu'elle fait jolies, sont rarement

vertueuses, et celles qu'elle fait vertueuses, sont fort peu séduisantes.

« C'est bien ça ! songea Rosalinde Janney. Les belles femmes sont bêtes, et celles qui sont brillantes sont laides. Ma foi, je suis laide, ce qui m'autorise à être brillante. Et, par Dieu, je serai brillante ! »

Dès lors sa vie changea. Elle ne vit pas l'ombre d'un prétendant car elle devenait de plus en plus maigre et masculine ; en revanche, elle apprit comment gérer une plantation. Elle assimila l'art de la culture du tabac parfumé, de son traitement dans les longs séchoirs bas, de son emmagasinage dans les barils et de son chargement à bord des navires qui traversaient l'océan pour venir s'amarrer aux jetées de son père. Elle excella dans les estimations, supputant le rapport du tabac à Londres et à Bristol, où les bateaux de Virginie se rendaient rarement. Et, à la surprise générale, elle devint extrêmement avisée dans l'emploi des esclaves, sachant quand les acheter ou les vendre, et comment utiliser au mieux la main-d'œuvre en lui assignant diverses tâches. Après une année d'études poussées, elle se transforma en une intendante efficace, jamais dure ni outrecuidante, mais ayant toujours une conscience aiguë de ce qui se passait dans son domaine.

Son père, qui observait la concentration dont elle faisait preuve et sa quasi-obsession, comprit la substitution qu'elle opérait — l'intendante remplaçait la maîtresse — et il fut désolé qu'une de ses filles se fourvoyât dans une voie aussi stérile. Il commença à s'intéresser tout spécialement à elle et à lui parler beaucoup plus qu'il ne l'avait fait avec ses sœurs.

— Cesse de t'inquiéter, Belle Rosalinde. C'est à moi qu'il incombe de te trouver un mari.

— J'y ai renoncé depuis longtemps.

— Que non ! Tu es un fruit trop précieux pour le laisser dépérir sur sa tige.

L'image lui déplaisait, mais elle ne dit rien qui pût offenser son père. Elle éprouva de la gêne lorsqu'elle apprit qu'il avait parlé d'elle à divers jeunes gens de la région ; il leur proposait une dot importante, comprenant notamment un terrain le long du fleuve, s'ils acceptaient d'épouser sa fille aînée. Il n'y eut pas preneur ; même avec deux cent cinquante hectares et un mouillage sur le Rappahannock, cette fille disgracieuse n'était pas un parti intéressant, et elle le savait.

Elle céda donc à l'irritation lorsque son père insista.

— Belle Rosalinde, tu seras mariée plus tôt que tu ne le crois.

— Quelle combinaison avez-vous encore échafaudée ?

Il ne répondit pas. Il l'attira à l'ombre de la maison spacieuse construite pour ses filles et leurs époux.

— Douce petite Roz, murmura-t-il d'un ton grondeur, crois-tu que j'allais autoriser la petite-fille d'un Cavalier, compagnon du prince Rupert...

Résolue à vivre de plain-pied avec la réalité, Rosalinde entendait soumettre les légendes de son père à un examen minutieux.

— Notre vieux bouc n'a jamais été compagnon du prince Rupert et, en aucun cas, il ne peut être considéré comme un Cavalier.

— Ton grand-père...

— Était palefrenier dans une auberge, et il a donné au prince Rupert les six meilleures montures dont il était chargé.

— Et il est glorieusement parti sur l'un de ces six chevaux pour combattre aux côtés du prince Rupert à Marston Moor.

— Ce cher vieux balourd n'est jamais allé à Marston Moor, heureusement pour nous d'ailleurs, parce qu'il s'y serait saoulé... En tout cas, je ne l'ai jamais vu à jeun.

— Si je dis qu'il se trouvait à Marston Moor, et si je le répète, c'est qu'il y était bel et bien.

Comme nombre de familles de la région, les Janney avaient décidé que leur glorieux ancêtre, Chilton Janney, était un Cavalier parcourant l'Angleterre aux côtés de Rupert lors de la malheureuse et futile tentative de celui-ci pour défendre le roi Charles Ier dans le conflit qui l'opposait aux Têtes rondes de Cromwell. Aucun des membres de la cavalerie de Rupert n'avait émigré en Virginie, ce qui n'empêchait pas les colons des terres riveraines, comme les Janney sur le Rappahannock, de le prétendre. De cœur, ils étaient du côté de Rupert, même si leurs ancêtres ne l'avaient pas été. Par extension, ils avaient le droit de se parer du titre de Cavalier car ils étaient convaincus que, s'ils avaient résidé en Angleterre à l'époque, ils auraient sans aucun doute chevauché auprès du prince. Quoi qu'il en soit, ils se considéraient comme des Cavaliers et se comportaient comme tels, et cela seul comptait.

— Je compte bien ne pas laisser la petite-fille d'un Cavalier dépérir sur sa tige, trancha Thomas Janney.

Rosalinde, qui n'avait jamais davantage été de plain-pied avec la vie, songea : « Si quelqu'un dépérit sur sa tige, c'est bien Letty. Elle ne lit pas, ne s'intéresse à rien et, quand elle ouvre la bouche, c'est pour proférer des inepties. Pourtant, elle est censée s'épanouir sur sa tige puisqu'elle a un mari, alors que je dépéris parce que je n'en ai pas. »

— Aux yeux d'une femme intelligente, ce monde est vraiment sens dessus dessous, marmonna-t-elle.

— Que veux-tu dire ?

Elle n'avait pas prémédité les paroles qui lui échappèrent, mais elle estimait que la vanité de son père devait être dénoncée.

— Pourquoi, père, lorsque nous évoquons notre famille, parlez-vous toujours comme si elle avait commencé avec Chilton Janney s'installant sur le Rappahannock vers 1650 ? Pourquoi oubliez-vous Simon Janney qui a fait souche sur la James River en 1610 ?

Il était d'usage chez les Janney du Rappahannock de ne jamais mentionner Simon, qui avait vécu misérablement dans les marais de la James River, et encore moins son épouse, Bess, condamnée pour fornication et achetée à un capitaine de navire. Ils savaient que certains éléments de la vie de Simon figuraient dans les archives — ses acquisitions de terres, ses achats d'esclaves, ses démêlés concernant la propriété de champs le long du Choptank, et la façon dont il avait acheté le grand domaine du Rappahannock aux Fithian — mais ils préféraient tenir tout cela caché. Cependant, au cas où certains aspects viendraient au jour, ils avaient fabriqué à Bess l'Édentée une ascendance acceptable : elle était devenue « Elizabeth Avery, fille d'une prospère famille rurale du Hampshire ».

— Nous ne parlons jamais de ces Janney-là, répliqua son père d'un ton sec.

Mais on savait que, lorsque Simon et sa femme décharnée s'étaient installés sur la plantation actuelle, ils avaient auprès d'eux leur fille, une pauvre créature étique, Rebecca. Elle était là quand Chilton Janney avait fui les soldats de Cromwell ; il était son cousin, fils du frère de Simon, palefrenier de son état dans une auberge au nord de Londres, un garçon retors qui comprit aussitôt l'intérêt qu'il aurait à épouser cette fille disgracieuse, héritière de treize cents hectares.

Il se révéla un mari exemplaire et, après avoir nourri son

épouse normalement, la transforma en une femme de tournure agréable. Ils eurent quatre enfants, dont l'exubérant père de Rosalinde et, à présent, les plantations le long du Rappahannock étaient peuplées de Janney, rejetons du Cavalier.

— Père, dit-elle lorsqu'il la quitta pour se rendre sur la jetée, vous êtes un fameux coquin mais j'aimerais que vous cessiez de parcourir le pays pour m'offrir à la vente.

Vaines remontrances ; une semaine plus tard, quand un bateau arriva de Londres, son père annonça à toute la famille :

— C'est une journée à marquer d'une pierre blanche ! Nous avons trouvé un mari pour Belle Rosalinde !

Des cris de joie saluèrent cette nouvelle si longtemps attendue et les sœurs de Rosalinde se jetèrent au cou de leur aînée.

— Maintenant nos familles pourront toutes vivre ensemble ! s'écria Letty.

Mais les paroles du père douchèrent cet enthousiasme.

— Roz ne vivra pas ici. Elle habitera de l'autre côté de la baie... au Maryland.

Les Janney en eurent le souffle coupé. Le Maryland ! Exiler la descendante d'un Cavalier au Maryland était une sentence à peine moins sévère que la mort ; le Maryland était presque aussi déplorable que le Massachusetts ; en fait, la nouvelle était si déprimante que personne ne trouva le moindre commentaire sensé à formuler.

Avec un soin appliqué, Thomas Janney énonça les termes des dispositions prises :

« C'est un gentilhomme distingué dont les ancêtres ont atteint la James River quarante ans avant que les nôtres s'installent sur le Rappahannock, ce qui équivaut à un titre de noblesse. Il possède huit cents hectares... une île entière... et mille six cents autres le long d'un beau fleuve... des esclaves... son propre port... d'immenses champs de tabac, acheva-t-il d'une voix mourante laissant présager les nouvelles fâcheuses qui allaient suivre.

— Quel âge a-t-il ? demanda Missy.

— Il a déjà été marié.

— Est-ce qu'il a jeté sa femme à la mer ? s'enquit Letty.

— Elle est morte en couches.

— Vous ne nous avez toujours pas dit son âge, insista Letty.

— Il a eu un très beau départ dans la vie... une magnifique plantation... Il a quarante ans.

Nouveau silence au cours duquel les jeunes femmes comparèrent mentalement l'âge du prétendant à celui de leur père.

— C'est un ancêtre.

— C'est un mari, rétorqua Janney en appuyant sur le mot.

Rosalinde intervint enfin :

— L'avez-vous rencontré ?

— Comment l'aurais-je rencontré ? Il vit de l'autre côté de la baie, au Maryland.

— Qui vous a parlé de lui ?

— Les Fithian. J'ai écrit aux Fithian à Londres.

— Oh, mon Dieu ! explosa Rosalinde. Voilà maintenant que vous me vendez à l'encan dans les rues de Londres !

— Inutile de blasphémer ! Ça ne sied pas à une dame.

— Je ne suis pas une dame. Je suis une femme outragée parce que son père dispose d'elle comme d'une cargaison de tabac.

— Nous nous sommes efforcés de te trouver un époux, répliqua Janney d'un ton sec.

Et lorsqu'il en appela aux autres membres de la famille, ceux-ci opinèrent ; eux aussi avaient proposé Rosalinde un peu partout dans la région.

— Combien avez-vous autorisé les Fithian à payer... si quelqu'un voulait de moi ? demanda Rosalinde d'un ton glacial.

— Les Fithian m'assurent que ton futur n'exige pas de dot.

Rosalinde posa avec soin son couteau et sa fourchette, puis elle leva les yeux et demanda :

— Une chose est importante. A-t-il bonne réputation ?

— Oui. Les Fithian ont traité des affaires avec sa famille avant même d'entrer en rapport avec la nôtre. Ils m'ont rappelé...

Sa voix se mua en un chuchotement.

« ... que sa famille avait traité avec le... vieux Simon.

— N'est-il pas temps que vous me donniez son nom ? Après tout, je dois l'épouser.

— Un dernier détail, Roz : c'est un papiste.

Vivement, il prévint toute protestation de la famille.

« Mais il a promis que tu n'aurais pas à te convertir, ajouta-t-il d'un même souffle.

— Très généreux de sa part, laissa tomber Rosalinde.

Son père fit circuler une lettre adressée aux Fithian dans laquelle le prétendant s'engageait par écrit :

> Je soussigné, Fitzhugh Steed, promets par la présente que mon épouse Rosalinde ne sera jamais pressée de se convertir au catholicisme. Je m'y engage formellement.
>
> Fitzhugh Steed

— C'est un Steed ! s'écria joyeusement Missy.

Et chacun des jeunes convives de se souvenir d'amis ayant été en rapport avec cette famille distinguée. Presque tous les foyers catholiques installés le long des grands fleuves de Virginie avaient envoyé quelques-uns de leurs enfants à Devon Island pour épouser des Steed.

— Oh, quelle chance tu as ! s'écria Letty.

Mais Rosalinde regardait dans le vide ; jamais il ne lui était venu à l'idée qu'elle pût épouser un homme de quarante ans.

Ainsi, par un jour de septembre 1701, Rosalinde Janney quitta sa ravissante demeure et avança d'un pas résolu en direction de la jetée familiale, tenant par la main ses sœurs en larmes. Au bas de la pelouse, elle regarda avec appréhension vers la pinasse sur laquelle on avait la veille embarqué tous ses effets personnels, et qui devait l'emporter vers son nouveau foyer, mais à sa place se balançait un splendide trois-mâts aux espars vernis, aux œuvres vives d'un beau rouge, à la coque brune et à la scintillante ligne de flottaison bleue. Sur le tableau, en lettres d'or, se détachait le nom : *Belle-Rosalinde.* C'était un cadeau somptueux, un navire capable de traverser l'Atlantique : elle arriverait dans son nouveau foyer en grand équipage.

Ses sœurs lui dirent adieu avec effusion ; ses beaux-frères l'embrassèrent aussi, non sans soulagement. Son père la pressa contre sa poitrine :

— N'oublie jamais que tu es une Janney de Virginie. Que ton grand-père a chevauché avec le prince Rupert. Sois fière. Sois une bonne épouse. Apprends à tes enfants qu'ils descendent d'une noble lignée. Ce seront des Cavaliers.

Elle regarda les aimables membres de sa famille, debout sur la jetée, jusqu'à ce que leurs lointaines silhouettes se fondent dans le crépuscule d'un conte de fées. Lorsqu'ils eurent disparu, elle examina chaque maison, chaque arbre le long de ce fleuve qu'elle adorait et, quand le cours d'eau disparut à son tour, et que la Virginie se perdit dans la brume, elle fondit en larmes.

Maintenant, elle naviguait sur les eaux de la baie, cette vaste étendue menaçante, et elle eut le sentiment que sa vie s'était brisée en deux : la douceur à jamais perdue du passé, l'humiliation inévitable du présent. Abandonner la Virginie pour le Maryland sauvage ! La clémence du Rappahannock pour Dieu sait quel cours d'eau tourmenté ! Et la charmante chapelle anglicane pour la messe romaine ! « Seigneur, ni en Virginie ni en Angleterre, un papiste ne peut détenir un poste officiel, et voilà que j'en épouse un ! A-t-on jamais contraint une jeune fille à pire mésalliance ? »

— C'est atroce pour une femme d'être mise en vente ! s'écria-t-elle, le regard perdu vers ses esclaves.

Ces mots l'incitèrent à s'inquiéter de leur sort. Comment regagneraient-ils la Virginie une fois le trois-mâts au Maryland ?

— Comment les marins rentreront-ils ? demanda-t-elle au capitaine blanc.

— Ils font partie du bateau.

Ce fut à cet instant que Rosalinde réalisa que son père lui avait fait présent non seulement de ce magnifique navire, mais aussi des douze esclaves que sa manœuvre nécessitait. Elle s'était attendue à emmener ses trois servantes, mais certes pas à disposer de douze hommes ! C'était là une dot de princesse.

Le lendemain, en bonne gestionnaire, elle porta toute son attention sur le comportement du trois-mâts sous voiles. Puisque ce bateau serait le sien, il lui fallait en percer les secrets, ce qui n'était pas aisé car il s'agissait d'un navire d'un genre très particulier. Il comportait le mât de misaine habituel, à phare carré, un grand mât, lui aussi gréé à phare carré ; ce gréement lui était familier mais, juste derrière le grand mât, le touchant presque à certains endroits, se dressait un curieux artimon supportant focs et grand-voile ; dès que Rosalinde comprit l'intérêt de ce gréement singulier, elle se réjouit de constater que bien peu de bateaux seraient capables de distancer le sien.

Elle était plus sereine lorsque le trois-mâts arriva sous le vent de Devon Island, contourna le promontoire est et mit cap à l'ouest pour s'engager dans la rivière. Tandis qu'il progressait vers l'intérieur des terres, elle eut tout le loisir d'examiner son nouveau domaine : un chêne géant, des pelouses aussi vertes que celles de Virginie, de longues maisons de bois évoquant des décennies de vie bien remplie et, sur la jetée, un bel homme de quarante ans, aux cheveux blonds, à l'allure désinvolte et, à en juger par sa posture, vraisemblablement vain et égoïste. A côté de lui, se tenait une fillette qui s'avança la première pour l'accueillir. Avec une charmante révérence, elle lui tendit la main.

— Je m'appelle Evelyn, et je suis votre fille.

L'homme sourit et lui présenta le bras pour l'aider à débarquer.

— Bonjour. Je suis Hugh Steed.

Considérant le beau couple que formaient père et fille, Rosalinde comprit à quel point elle devait leur paraître quelconque ; elle eut le sentiment qu'ils faisaient partie d'une conspiration, les beaux alliés contre les laids, mais elle leur fut reconnaissante de ne pas montrer leur déception s'ils en ressentaient une. Elle s'efforça de sourire.

— Je suis Rosalinde Janney.

Mais quand elle se trouva sur la jetée, à côté de ces deux êtres radieux, elle éprouva de la honte à l'idée de représenter une épouse aussi peu engageante. Sa tête se mit à tourner et elle se demanda si elle aurait la force d'aller jusqu'au bout de ce mariage arrangé par les Fithian de l'autre côté de l'Atlantique, mais elle serra les dents, permit à Fitzhugh de l'embrasser et songea non sans ironie : « Courage, ma fille. Tu as pour ancêtre un Cavalier qui chevaucha aux côtés du prince Rupert à Marston Moor. »

La vengeance de Rosalinde

Lorsque Rosalinde Janney quitta la jetée de Devon Island pour se diriger vers la demeure et qu'elle découvrit l'édifice dont la forme était due au hasard avec sa succession d'ailes ajoutées au petit bonheur, elle éprouva un étrange sentiment ; il lui semblait qu'elle avait traversé la baie pour mettre de l'ordre dans ce domaine et que, sans elle, ce résultat ne pouvait être acquis. La maison des Steed avait besoin d'être prise en main, de même que ses habitants. Relevant sa jupe de la main gauche, elle s'avança d'un pas ferme vers la tâche qui l'attendait.

Fitzhugh, faisant preuve de délicatesse dans ses intentions, s'efforça de donner à sa future épouse l'impression d'être la maîtresse de l'île ; l'entraînant sous le porche de bois, il s'immobilisa pour lui laisser le temps de regarder derrière elle en direction de la rivière et de l'activité qui s'y déployait, puis il déclara dans une belle envolée :

— Tout cela est à vous. Tout a besoin de vous.

Devant cette démonstration de générosité, elle voulut lui étreindre la main, mais la présence des esclaves qui suivaient avec les bagages l'en empêcha. Elle se contenta de sourire, exhibant des dents blanches qui paraissaient toujours démesurées.

— Diriger une plantation est une tâche harassante. Vous semblez vous en être très bien tiré sans moi.

Il gloussa et se tourna vers sa fille.

— Montre ses appartements à ta mère.

Et il s'éloigna, son habit orné de dentelles formant un sillage mouvant dans le soleil.

Evelyn Steed se montra encore plus aimable que son père. Elle se conduisait comme une princesse mutine, débordant d'assurance et brûlant d'aider la nouvelle venue dans son installation. Elle prit Rosalinde par la main et l'entraîna à travers des couloirs sombres jusqu'à une spacieuse chambre à coucher donnant sur la rivière. Puis, alors qu'il eût été temps d'abandonner la main de Rosalinde, elle lui saisit l'autre et la serra avec force.

— Nous avons tellement besoin de vous ! s'écria-t-elle soudain. Nous sommes tous tellement heureux que vous soyez venue.

— Tu es une charmante surprise, dit Rosalinde dans un souffle, touchée par la sincérité d'Evelyn. Je ne savais pas que ton père avait une fille aussi ravissante.

— Et Mark ? Est-ce qu'on vous l'a caché aussi ?

— Qui est Mark ? Ton frère ?

— Mon frère aîné. Il est à Saint-Omer.

— Où est-ce ?

— En France. Tous les garçons catholiques font leurs études à Saint-Omer quand leurs pères possèdent des bateaux. Ou s'ils en ont à leur disposition.

— J'aime la façon dont tu utilises le mot *disposition,* Evelyn. Tu sembles être une bonne élève.

— Père adore se servir de grands mots. Il dit qu'un gentilhomme doit s'exprimer de façon précise.

Elle pirouetta dans la pièce, puis s'immobilisa et de nouveau étreignit les mains de Rosalinde.

« Je me sentais atrocement seule ici... ma mère partie, Mark en France...

— Ta mère...

— Morte. Ça fait longtemps.

De nouveau, elle pirouetta avec légèreté.

« Et père s'est senti aussi seul que moi.

Elle se figea devant Rosalinde.

« Quel âge avez-vous ?

— Je ne suis pas assez vieille pour être ta mère, ni trop vieille pour être ta sœur.

— J'adore les devinettes ! Attendez, laissez-moi trouver.

Elle tourna autour de Rosalinde, l'observant sous tous les angles.

« Vous avez vingt-sept ans.

— Tu me vieillis d'un an.

— C'est un bel âge. Mais n'est-ce pas un peu tard pour se marier ?

Elle n'attendit pas la réponse.

« Vous savez, mon père souhaite déjà me voir mariée, et il a écrit aux Claxton de l'autre côté de la baie. Les connaissez-vous ? A Annapolis ?

— Tu poses tes questions si rapidement que tu ne me donnes même pas le temps de répondre.

Rosalinde attira à elle la jeune fille surexcitée et la fit asseoir à côté d'elle, sur le lit, et toutes deux restèrent là, jambes pendantes, aux prises avec des questions importunes.

— En effet, Evelyn, je me marie très tard parce que j'ai été désavantagée par la nature. Mes jeunes sœurs sont aussi jolies que toi et elles n'avaient guère plus que ton âge lorsqu'elles se sont mariées. Et puis comment pourrais-je connaître les Claxton d'Annapolis puisque je viens de Virginie qui en est fort éloigné ?

Soudain, elle se rendit compte qu'elle s'exprimait d'un ton sec et même agacé ; elle adoucit sa voix.

« Ce prétendant est-il sympathique ?

— Je ne l'ai jamais vu. Je n'ai jamais vu le moindre Claxton. Tout se fait par lettre.

— Exactement comme pour moi.

— Pour vous aussi ?

Les boucles de la jeune fille accrochèrent la lumière quand elle se tourna pour dévisager Rosalinde. Après quoi, elle éclata de rire.

« Alors, vous êtes une épouse par correspondance ?

— Via Londres.

— Que voulez-vous dire ?

— Votre père a demandé aux Fithian s'ils avaient une épouse en vue, et ils lui ont répondu...

— Vous aussi, vous êtes une Fithian ! s'écria joyeusement Evelyn en esquissant des pas de danse à travers la chambre. Miss Fithian, je vous présente Miss Fithian, fit-elle dans une parodie de présentations.

Son rire cessa brusquement.

« Il est permis d'être une épouse par correspondance quand on a vingt-six ans. A mon âge, j'aimerais au moins rencontrer mon futur.

— Et tu le rencontreras ! assura Rosalinde qui se remémorait ses propres réactions devant une situation analogue.

— Ne cédez pas ! Ne cédez pas ! supplia la jeune fille. Je vous en prie, ne cédez pas.

— Du calme, Evelyn. Nous n'allons pas nous allier contre ton père.

— C'est un amour...

Elle hésita.

« Comment dois-je vous appeler ? Mère ? Ou quoi ?

— Appelle-moi Rosalinde. Je suis Rosalinde Janney, appelée à devenir sous peu Mrs. Steed.

Le trois-mâts neuf fut envoyé à Annapolis pour quérir un prêtre et, quatre jours après son arrivée à Devon, Rosalinde revêtit sa toilette de mariée avec l'aide d'Evelyn.

— Je dois t'avouer que je suis un peu nerveuse, Evelyn. Je n'ai pas la moindre idée de ce qu'est une cérémonie catholique.

— Moi non plus, répondit la jeune étourdie.

Elle avait les joues plus empourprées qu'à l'accoutumée, ne tenait pas en place et Rosalinde ne tarda pas à comprendre la raison de son excitation.

« Le père Darnley habite Annapolis. Je suis sûre qu'il pourra me parler de Regis.

— Qui ça ?

— Regis Claxton. Le garçon que j'épouserai.

— Interroge-le, conseilla Rosalinde. Et si tu éprouves la moindre gêne, je m'en chargerai.

— Pas de risque ! Je tiens à lui parler.

Les trois esclaves noires et Evelyn s'affairèrent autour de Rosalinde ; bien que sa taille l'empêchât de ressembler à la classique et délicate mariée, les dentelles qui ornaient sa robe et les fleurs qu'on posa dans ses bras n'en créaient pas moins un esprit de fête, et elle ne se sentit pas ridicule quand elle quitta sa chambre pour aller rejoindre Fitzhugh et le prêtre.

La cérémonie la surprit ; elle était presque identique à celles qui avaient présidé au mariage de ses sœurs selon le rite anglican, et le père Darnley fit tout son possible pour la mettre à l'aise. Lorsque les prières s'achevèrent elle entraîna Fitzhugh vers le prêtre auquel elle souhaitait parler en particulier.

— Nos enfants seront élevés dans la foi catholique, déclara-t-elle. J'assisterai à la messe avec mon mari, mais je crois préférable de ne pas me convertir.

— Vous ne subirez aucune pression de ma part, assura Fitzhugh.

— Ni de la mienne, renchérit le prêtre.

Le père Darnley avait séjourné depuis trop longtemps au Maryland pour avoir conservé le zèle missionnaire de sa jeunesse et, durant les dernières années, il avait assisté de trop près au conflit fatal opposant catholiques et protestants pour croire que l'ancienne domination catholique prévaudrait jamais.

— Vous rendez-vous compte, demanda-t-il en pliant ses vêtements sacerdotaux, que, lorsque notre capitale a été déplacée de Saint Mary's City à Annapolis, des gardes ont été disposés sur la place centrale pour interdire aux catholiques d'emprunter la rue face aux nouveaux temples... de crainte que nous ne les profanions.

— Est-ce possible ? s'étonna Steed.

— C'est toujours valable, assura Darnley.

Sur quoi, Fitzhugh et lui éclatèrent de rire.

— Un seul de mes pas peut mettre l'État en péril ! s'écria Steed en hochant la tête.

Il se tourna vers sa nouvelle épouse.

« Vous voyez le cercle infâme dans lequel vous vous fourvoyez !

— Lors de mes adieux, mes sœurs m'ont embrassée comme si je quittais le monde civilisé.

— En un sens, elles avaient raison, dit le prêtre. Mais vous trouverez une consolation dans le fait de vivre ici, au Maryland... auprès des Steed et leur espoir de grandeur, et auprès des catholiques et leur espoir d'immortalité.

Il hésita juste assez longtemps pour donner l'impression qu'il plaisantait.

« Je suis affamé. Nous avons tous besoin de manger... et je ne me formaliserais pas si nous buvions aussi.

Rosalinde veilla à placer le père Darnley à côté d'Evelyn et durant le somptueux repas, servi par onze Noirs, elle garda un œil sur sa belle-fille et constata avec satisfaction que celle-ci engageait avec son voisin une conversation animée. Vers la fin du banquet, elle s'approcha du prêtre et demanda :

— Qu'avez-vous pu lui dire concernant les Claxton ?

— Qu'il s'agit d'une magnifique famille catholique jouissant d'une excellente réputation à Annapolis.

— Et Regis ?

— Un bon catholique, déclara le prêtre d'un ton morne, comme s'il se refusait à en dire davantage sur le jeune homme.

— Mais pas un mari très exaltant, n'est-ce pas ? demanda brutalement Rosalinde.

— Exaltant ? Non. Digne de confiance ? Oui.

— Je vois, marmonna Rosalinde.

A la façon dont le père Darnley se détourna pour attaquer

son pudding au kaki, elle comprit qu'elle n'en tirerait rien d'autre. Selon les critères du prêtre, le jeune Claxton se situait au bas de l'échelle.

La journée s'achevait. Les esclaves débarrassaient les tables et des feux furent allumés dans le quartier réservé aux Noirs où les femmes arrivant des champs recevaient leurs parts du gâteau de mariage. Sur la rivière, les premières oies sauvages de l'automne se réunissaient bruyamment et un vent plus froid balayait la baie. Le prêtre s'attarda au coin du feu tandis que, dans sa chambre, Evelyn ressassait les mauvaises nouvelles qu'elle venait d'apprendre concernant son futur.

Dans la chambre nuptiale, le beau Fitzhugh Steed cédait à un certain soulagement. Depuis la mort de sa première femme, une sotte gamine, incapable de vivre sur une île et d'élever deux enfants, il avait compris qu'il lui faudrait se remarier ; le domaine était devenu trop vaste et trop diversifié pour être aisément dirigé et s'il souhaitait le voir prospérer, il devait lui consacrer toute son énergie. Il ne pouvait donc se permettre de se laisser distraire par des problèmes domestiques.

Nombre de familles, à la fois au Maryland et en Virginie, avaient souhaité s'allier aux Steed de Devon et divers mariages lui avaient été proposés, mais il en avait fini avec les péronnelles stupides. Il avait besoin d'une épouse du type de Rosalinde : plus mûre, de bonne famille, ayant passé le temps des rêveries romantiques. Une femme qui veillerait à l'établissement d'Evelyn et à l'initiation de Mark à la gestion de la plantation. Quant à lui, il avait pris diverses dispositions qui se révélaient satisfaisantes et il appréhendait les démêlés avec une femme ; mais il n'en admettait pas moins que, s'il se remariait, il lui faudrait honorer ses obligations conjugales, et il se proposait de les remplir, bien qu'il se sentît plus aiguillonné par le devoir que par la passion.

C'est pourquoi, tandis que Rosalinde se déshabillait derrière un paravent, il se débarrassa de son habit de marié, et se mit au lit. Lorsqu'elle posa la bougie sur la table de chevet, elle paraissait presque jolie avec ses cheveux noirs répandus sur les épaules.

— Roz ! Tu es vraiment belle ! s'écria-t-il en se redressant sur son oreiller.

Et il tendit le bras pour lui prendre la main. Jamais elle n'oublierait ce geste ; elle devait souvent s'étonner de la force de caractère que Fitzhugh avait déployée pour agir de la sorte et elle lui en sut toujours gré.

— Je veux être une bonne épouse, déclara-t-elle en soufflant la chandelle.

— Tu seras la meilleure des épouses, lui assura-t-il en l'attirant au lit.

Par une froide journée, le 25 mars 1702, Rosalinde informa son apathique époux qu'elle était enceinte et, en septembre, elle donna le jour à un fils, Samuel. Fréquemment, au cours des années qui suivirent, elle se demanda quel miracle lui avait permis d'avoir des enfants de son étrange et lointain mari ; elle devait en avoir trois, deux garçons et une fille, et chaque grossesse lui faisait l'effet d'un accident, résultat d'une démonstration n'ayant aucun sens et aucune signification spirituelle. Il lui arriva de résumer sa situation de la façon suivante : « Si Fitzhugh était propriétaire d'une vache de premier choix, il la ferait saillir par un bon taureau. Il éprouve les mêmes sentiments à mon égard. » Puis, elle fronça les sourcils.

— Je vaux mieux que ça, marmonna-t-elle.

Et elle se jura de prouver sa valeur.

Après la naissance de son premier enfant, Rosalinde irrita son mari en insistant pour passer en revue la totalité des propriétés que possédaient les Steed. Au début, Fitzhugh supposa qu'elle entendait par là les bâtiments et champs de Devon Island et il fut agacé lorsqu'elle lui dit un matin :

— Aujourd'hui, je voudrais voir l'entrepôt de la grande terre.

Quand elle visita l'établissement et le port, auxquels les documents officiels faisaient allusion sous le nom de Grand-Ville de Patamoke, elle fut dûment impressionnée ; bien qu'il ne s'agît que d'un village, il y régnait une grande activité. Sur le quai, la taverne était spacieuse, l'entrepôt des Steed imposant ; le chantier naval Paxmore occupait toute la partie est de la baie et, au centre, se dressait un tribunal flambant neuf auquel rien ne manquait, flanqué qu'il était par le poteau de flagellation, le pilori et la sellette à plongeon. La ville comportait une rue unique, parallèle au port, aboutissant à une place entourée de pieux fichés dans la terre.

— C'est notre marché aux esclaves, expliqua fièrement Fitzhugh. Nous y réalisons de bonnes affaires.

Rosalinde songea : « En comparaison de la façon dont nous gérons notre plantation sur les rives du Rappahannock, vos affaires sont négligeables. Mais tout cela changera. »

Elle reporta toute son énergie sur Devon Island et, plus elle constatait la façon désinvolte avec laquelle les Steed se déchargeaient de leurs responsabilités, plus elle s'étonnait de la prospérité relative du domaine. Très peu d'ordre et encore moins de logique ; les deux mille cinq cents hectares étaient complantés au hasard ; les dix-huit domestiques blancs et les trente-cinq esclaves se voyaient arbitrairement affectés à des tâches pouvant se révéler productives ou pas. Les deux navires transocéaniques appareillaient rarement de Devon et de Bristol les cales pleines, et personne ne se préoccupait de la rentabilité de leur utilisation. Le hasard régnait en maître et le fait que Devon continuât à exister était dû davantage à ses vastes étendues qu'à une saine gestion.

Rosalinde se promit d'y mettre bon ordre. Tout d'abord, elle s'attaqua à la maison, construction hétéroclite qui avait atteint des dimensions extravagantes et s'avérait difficile à entretenir. Elle convoqua les frères Paxmore qui vinrent de leur chantier de Patamoke ; elle les consulta sur les transformations qui seraient souhaitables pour conférer une certaine unité aux bâtiments et elle resta auprès d'eux pendant qu'ils examinaient la question. Ils l'avertirent qu'ils répugnaient à s'engager dans de nouveaux travaux, car la construction des navires requérait tout leur temps. L'aîné, qui était le seul à prendre la parole, ajouta :

— Mais nous estimons avoir des obligations envers les Steed auxquels notre chantier doit beaucoup. Voyons ce que nous pouvons envisager.

Ils n'étaient pas enthousiasmés par les possibilités offertes : de nombreuses adjonctions apportées au petit bonheur devaient être abattues. Rosalinde surprit une réflexion de l'aîné :

— Dommage que la structure centrale ne soit pas assez robuste. On aurait pu envisager un télescope.

Elle lui demanda ce qu'il entendait par là.

« Viens avec nous jusqu'à la falaise et nous t'expliquerons.

De ce fait, elle traversa pour la première fois le fleuve jusqu'à la Falaise-de-la-Paix et monta l'allée pavée de coquilles d'huîtres menant à la maison paisible et sans prétention qui se dressait sur le promontoire. Dès qu'elle l'aperçut, Rosalinde comprit ce que les deux frères entendaient par *télescope.*

L'humble maison érigée par Edward Paxmore en 1664 était solide mais, après sa mort, les familles de plus en plus nombreuses de ses quatre enfants exigeaient un espace supplémentaire ; on avait donc ajouté un bâtiment plus important de quatre pièces au faîtage plus haut. Puis, lorsque le chantier connut la prospérité, une vraie maison avait été jointe aux précédentes avec une toiture encore plus élevée.

Maintenant, l'ensemble présentait une maison haute et solide sur la gauche, rejointe par une section moins imposante, à laquelle à son tour était accolée une troisième structure plus modeste. Les trois bâtiments évoquaient un télescope aux sections décroissantes.

— Un géant pourrait les emboîter l'une dans l'autre, commenta Rosalinde en examinant l'ensemble. C'est net, pratique, plaisant à l'œil et cela s'intègre parfaitement au paysage.

Elle fut encore plus impressionnée par l'aspect fonctionnel des trois sections ; et lorsqu'elle eut fini de visiter la dernière pièce, méticuleusement rangée, elle demanda :

« Pourriez-vous faire la même chose pour moi ?

— Non, répondit Paxmore. On ne peut construire de cette façon que si la première maison est massive et dégagée.

— N'y a-t-il aucun espoir d'apporter des améliorations à la nôtre ?

— Pas du tout ! Tu bénéficies d'un emplacement magnifique...

— Je sais que l'emplacement est heureux. Mais en ce qui concerne la maison ?

— Elle ne pourra jamais avoir cette ligne simple, dit-il. Mais elle peut acquérir son propre charme.

— Comment ?

— Si l'on abat toutes les parties laides.

Ça n'était pas plus difficile que ça. Pour obtenir une belle maison, il était essentiel de raser les parties laides. Rosalinde s'y résolut mais, tout en surveillant les esclaves qui abattaient les diverses excroissances, elle gardait à l'esprit la pureté de lignes de la maison quaker, sa simplicité. Quand vint le moment de commencer à reconstruire, elle demanda aux frères

Paxmore l'autorisation de retourner à la Falaise-de-la-Paix pour s'imprégner des bâtiments qui l'avaient séduite.

Ce fut à l'occasion de cette deuxième visite qu'elle rencontra Ruth Brinton Paxmore, maintenant âgée de soixante-neuf ans. Le jeune Paxmore fit les présentations.

— Voici notre mère.

Dès le premier instant, Rosalinde éprouva de la sympathie pour cette vieille dame digne, vêtue du gris austère des quakers.

Elles s'entretenaient depuis moins de dix minutes quand Ruth Brinton interrompit les amabilités.

— As-tu pris des dispositions à Devon pour affranchir tes esclaves ?

— Que voulez-vous dire ?

— Quand comptes-tu accorder la liberté à tes esclaves ?

La question était incongrue, et se rapportait à un sujet qui n'avait jamais été abordé en présence de Rosalinde ; celle-ci fut incapable de répondre ; elle sut gré au fils aîné de la vieille dame qui expliqua avec une gêne manifeste :

— Mère parle toujours de l'esclavage. Ne prête aucune attention à ses paroles.

— Mais il te faut y penser, insista Ruth Brinton. C'est une question à laquelle nous nous devons de faire face.

Elle s'exprimait avec une telle sincérité, animée par une flamme intérieure si vive, que Rosalinde se tourna vers les deux frères.

— Retournez à vos occupations. Nous avons à parler, votre mère et moi.

Et elles discutèrent deux heures durant, évoquant tout d'abord les banalités ménagères pour en arriver aux arcanes de l'Église.

— J'ai eu la joie insigne de connaître le grand-oncle de ton mari, le père Ralph. Nous parlions souvent de religion et il m'a presque persuadée que, si je n'étais pas quaker, je devrais être catholique. Je crois que tu serais bien inspirée en élevant tes enfants dans la foi catholique. C'est la tradition des Steed. Par bonheur, mes enfants ont épousé des quakers, mais je n'aurais pas été affolée s'il en avait été autrement.

— Combien d'enfants avez-vous eus ? demanda Rosalinde qui se reprit vivement. Combien d'enfants avez-vous ?

— Deux garçons qui dirigent le chantier. Une fille, et puis, très tardivement, une autre fille. Leurs maris travaillent aussi au chantier.

— Quelle chance vous avez !

En deux heures, Rosalinde en apprit plus sur les Steed qu'au cours de toutes les conversations qu'elle avait eues avec son époux : la rare valeur spirituelle du père Ralph, le caractère exigeant d'Henry qui avait édifié la fortune de la famille, et le curieux comportement de son fils, le capitaine Earl qui avait combattu les pirates, établi des liaisons maritimes et partagé sa vie entre l'Angleterre et le Maryland.

— Il adorait la mer et jamais on n'aurait dû lui confier la direction d'une plantation. Le domaine a commencé à péricliter sous sa gestion.

— Il a dû mourir jeune.

— En tant que directeur de plantation, il est mort jeune. Presque au début. Mais en tant que marin, il a dû atteindre la cinquantaine.

— Que s'est-il passé ensuite ?

— Le fléau de nos mers. Les pirates. Deux d'entre eux ont remonté ce fleuve.

— Oui. Evelyn m'en a parlé. Elle prétend qu'ils étaient quakers.

La vieille dame éclata de rire et surprit Rosalinde par la vigueur de ses réactions.

— Des quakers, quelle plaisanterie ! Tout n'était que fausseté chez eux et ils ont volé tout le monde. Le capitaine Earl les a poursuivis et a tué l'Anglais, Griscom. Le Français, Bonfleur, lui a échappé et est devenu le monstre de cruauté qu'il est encore. Durant des années, il a cherché à se venger et, un jour, il a surpris le bateau de ton beau-père au large de la Barbade. Il a capturé le navire, tué trois passagers et en a renvoyé trois autres au Maryland pour nous informer qu'Earl Steed avait été torturé pendant deux jours, puis jeté aux requins.

— Grand Dieu ! Mon mari ne m'a jamais dit...

— Tu ferais bien, Rosalinde, de ne pas invoquer en vain le nom du Seigneur. Nous ne sommes pas en Virginie ici et tu pourrais t'attirer des ennuis.

— Il n'y a pas eu de représailles ?

— Quatre bateaux construits par mes fils ont été pris par les pirates. Ces flibustiers dévastent tout selon leur bon plaisir.

— Vous parlez comme s'ils devaient être punis... pendus, même. Je croyais que les quakers...

— Nous voulons la paix, mais nous nous protégeons aussi des chiens enragés. J'ai toujours pensé que, quand ton beau-père a tué ce monstre de Griscom, il aurait dû abattre Bonfleur.

— N'est-ce pas là une étonnante confidence, Mrs. Paxmore ?

— Rosalinde, il est difficile de concilier foi et passions humaines.

Elle hésita, fronça les sourcils et se mura dans le silence.

— Quel exemple étiez-vous sur le point de me donner ? s'enquit Rosalinde.

— Es-tu capable de l'entendre ?

— Je le crois.

— J'ai soixante-neuf ans...

— Cet âge excuse-t-il votre franchise ?

— Je le pense.

— Alors, je suis prête à tout entendre, même le pire.

— Ce n'est pas le pire, Rosalinde. Mais le genre de problème que Dieu nous envoie pour nous mettre à l'épreuve.

— Par exemple ?

— J'estime que tu devrais assumer la responsabilité des autres enfants que ton mari a eus.

— Où sont-ils ? s'enquit Rosalinde, sans la moindre altération dans la voix.

— Dans le marais, répondit Ruth Brinton. Dans les marécages du désespoir humain.

— Quel marais ?

— Le marais de Turlock... de l'autre côté de la boucle du Choptank.

Et elle s'employa à éclairer Rosalinde sur un sujet qui n'avait jamais été abordé à Devon.

« Un prisonnier nommé Turlock s'est évadé et a gagné ce marais il y a bien des années, avant qu'Edward et moi n'arrivions ici.

— Et qu'y a-t-il fait ?

— Il a engendré. Avec chaque créature sur laquelle il pouvait mettre la main, il a engendré toute une kyrielle d'enfants abominables... retardés, criminels, dévoyés... et quelques autres, qui méritent le salut de leur âme.

— Pourquoi devrais-je m'occuper de ces enfants ?

— Parce que...

Elle hésita, puis préféra biaiser.

« Le vieux Turlock s'est acoquiné avec une Suédoise et lui a fait une souillon, une fille nommée Flora ; à son tour, Flora a eu une souillon qu'elle a appelé Nelly et c'est cette Nelly...

— Où mon mari la retrouve-t-il ? s'enquit Rosalinde d'un ton uni.

— Dans le marais.

La vieille femme semblait ne porter aucun jugement.

« Il n'est pas entièrement fautif, Rosalinde. Comme tu le sais, sa femme était une pauvre chose, apte à remplir une seule tâche, mettre au monde deux beaux enfants. Evelyn est admirable à tous les points de vue, et Mark est exceptionnel. Enfin, leur père s'est laissé aller... il a fréquenté le marais, c'est là que vivent ses trois enfants.

— Ça se passait voici longtemps ?

— Ça se passe en ce moment ! L'un des enfants est encore au berceau.

Assez inexplicablement, Ruth Brinton pouvait dévoiler un tel fait sans paraître médisante ; peut-être parce qu'elle se posait en témoin d'une intégrité sans faille. Quoi qu'il en soit, elle instruisit Rosalinde de la liaison prolongée de son mari et des enfants qui en étaient résultés. C'était le sort de ces innocentes victimes et non le comportement de leurs parents qui inquiétait la vieille moraliste.

« Nelly Turlock n'est pas capable de les élever. Auprès d'elle, ils resteront à l'état de bêtes des marais.

— Comment est-elle ?

— Belle, évidemment.

— A-t-elle habité Devon à un moment quelconque ?

— Ciel, non ! Fitzhugh n'aurait jamais pu l'autoriser à se rendre chez lui. Il la considère un peu comme l'une de ses esclaves. Il peut coucher avec elle, mais jamais il ne...

— Vous m'avez donné matière à réflexion, coupa Rosalinde.

— Tu es destinée à vivre longtemps au bord de ce fleuve et tu devras faire face à de nombreuses obligations, reprit la vieille dame. Ton mari. Ses enfants. Les tiens. La vie consiste à tout tenir à bout de bras. Tout.

— J'étais venue visiter votre maison, dit Rosalinde en prenant congé de la vieille quakeresse. Et c'est la mienne que j'ai visitée.

Sur le bateau qui la ramenait à Devon, elle tenta de passer au crible ce qu'elle avait appris, et essaya de se raisonner : Evelyn Steed était une enfant admirable, digne du plus profond amour, et Mark, qu'elle n'avait pas encore vu, ne devait lui céder en rien ; Fitzhugh se révélait sous son vrai jour, égoïste, paresseux, se contentant de simuler la direction d'une plantation ou d'une vie conjugale ; son propre enfant promettait d'être intelligent et ce serait sur lui et sur ceux qui pourraient suivre qu'elle devrait s'appuyer. Elle n'avait rien à gagner en avouant à Fitzhugh qu'elle avait connaissance de sa conduite ; du reste, elle n'était pas bouleversée par la découverte de son infidélité. Dans les plantations, les propriétaires virginiens se compromettaient souvent avec de jolies esclaves nubiles et les prudentes épouses avaient appris que la réaction la plus avisée et la plus efficace consistait à ignorer la situation : la toquade durait rarement assez longtemps pour devenir gênante aux yeux de tous ; si des enfants en résultaient, ils pouvaient, soit se fondre au sein de la population noire de la plantation, soit être discrètement vendus plus bas dans le sud.

Elle se ferait une raison en ce qui concernait Nelly Turlock, pourtant un mot de Mrs. Paxmore la tourmentait. Quand Rosalinde lui avait demandé si la liaison de Fitzhugh avec la fille Turlock remontait à plusieurs années, Ruth Brinton avait répondu : « Ça se passe en ce moment. » Elle songea : « Si cet état de choses continue, malgré la présence de l'épouse dans la maison — et elle commença à dénombrer les outrages qu'elle subissait, auxquels s'ajoutait le souvenir cuisant de ce que Mrs. Paxmore avait dit à propos de l'enfant encore au berceau —, il a dû être conçu alors que je vivais avec lui ! » La fureur l'envahit, mais elle ne tarda pas à éclater d'un rire sonore : « Que je suis bête ! Je m'efforce de croire que cette histoire n'est pas plus sérieuse qu'une coucherie avec une esclave... ce qui s'est produit dans le passé ne m'atteint pas. Mais sous prétexte que la liaison se poursuit, je me sens outragée. Désormais, j'ignorerai aussi cet aspect de la question. »

Et ce fut dans cet état d'esprit qu'elle amorça la retraite qui allait l'éloigner de Fitzhugh Steed. S'il préférait folâtrer dans le marais plutôt que de vivre dans la plantation, s'il avait davantage besoin de la beauté éphémère de cette créature sauvage que de l'assurance digne d'une épouse cultivée, tant pis pour lui ! Elle commença à édifier les robustes défenses dont s'entourent les femmes pour se protéger des débâcles dans la chambre à coucher. Dorénavant, son intérêt se concentrerait sur les jardins.

L'inauguration de son célèbre jardin fut retardée ; au moment où elle en arpentait les sentiers, elle leva les yeux par hasard et aperçut Evelyn, à présent âgée de dix-sept ans, et épanouie comme une ravissante fleur automnale.

— C'est atroce ! s'écria Rosalinde en allant embrasser sa belle-fille. Je me soucie du jardin et j'ignore le plus précieux bouton de rose !

Le soir, à table, elle s'adressa à Fitzhugh.

— Dès demain, nous nous mettrons en quête d'un mari pour Evelyn.

— Aucun souci à se faire de ce côté-là, répondit-il. J'ai envoyé un bateau à Annapolis avec mission de ramener le jeune Claxton.

Mais quand les esclaves de Steed remirent l'invitation de leur maître au jeune homme, celui-ci leur annonça :

— Je refuse de traverser la baie tant que le temps ne se sera pas amélioré.

Quand cette héroïque réponse lui fut rapportée, Evelyn rougit ; elle avait navigué par tous les temps sur le Choptank !

— Grand Dieu ! s'exclama Rosalinde avec colère. Si j'étais un homme sur le point de rencontrer pour la première fois l'objet de ma flamme...

Elle marqua une pause pour mieux se pénétrer de sa réaction en un tel cas.

« ... je crois que je braverais volontiers le pire des ouragans.

— Vous en seriez capable, convint Fitzhugh. Mais ne vous inquiétez pas. Regis viendra en temps voulu et nous marierons cette petite.

A deux semaines de là, par beau temps, un bateau arriva d'Annapolis, avec à son bord le père Darnley qui informa les Steed que le jeune Regis et sa mère effectueraient la traversée d'un jour à l'autre.

— Situation fâcheuse, marmonna Rosalinde. Le prêtre se manifeste avant le futur.

— La famille Claxton jouit d'une position prépondérante et elle doit être traitée avec égard, lui rappela Fitzhugh.

— Pourquoi diable un garçon doit-il être amené au mariage pendu à la main de sa mère ?

Personne ne répondit. Evelyn était mortifiée, Fitzhugh irrité par la brutale franchise de sa femme, et le père Darnley, qui comptait les Claxton parmi ses paroissiens, estimait plus prudent de se réfugier dans le silence.

— Excellent potage, commenta-t-il.

Quand Rosalinde chercha son regard dans l'espoir de le rallier à sa cause, il regarda fixement son assiette. Mais à la fin du repas, il ne put s'esquiver ; comme il se dirigeait vers le coin de la cheminée pour y lire les prières du soir, elle l'arrêta.

— Mon père, ce mariage ne doit pas avoir lieu !

Ce à quoi il ne répondit pas.

Lorsque la baie fut si calme qu'elle évoquait un étang protégé par les bois, les Claxton se manifestèrent, mais leur rencontre avec les Steed manqua nettement de chaleur. Mrs. Claxton, issue d'une famille de parvenus possédant de vastes terres, entraîna son fils, remarquable par son absence de menton, le long du chemin qui menait à la demeure et le poussa en avant afin qu'il pût être accueilli par sa future épouse. D'un air affecté, avec gêne, il prit Rosalinde, sa future belle-mère, pour Evelyn ; il ne semblait pas le moins du monde percevoir la différence d'âge et de beauté qui séparait les deux femmes. Et lorsque sa mère lui expliqua son erreur, il minauda de plus belle.

« Comment un tel individu peut-il envisager de faire la cour à ma fille ? » se demanda Rosalinde qui entama de subtiles manœuvres visant à renvoyer les mains vides ce couple si déplaisant.

— Je vous en prie, entrez, dit-elle avec empressement. Je vous présente mon mari, Fitzhugh. Je suis certaine que, d'après les lettres des Fithian, vous avez déjà compris que cette jeune personne est Evelyn.

Elle ne tarit pas d'éloges sur les Claxton, assurant que leur renom s'étendait au-delà de la côte orientale.

« Vous appartenez à l'une des plus grandes familles du Maryland, et nous sommes très honorés de votre visite. Le père Darnley nous a aussi parlé de votre piété.

Evelyn se rendait compte que sa mère cherchait à susciter des réactions prétentieuses chez les Claxton et elle dut convenir qu'elle y réussissait.

— Nous ne sommes pas la famille la plus importante, se récria avec une feinte modestie Mrs. Claxton. Les Dashiell possèdent une plantation beaucoup plus vaste que la nôtre.

Rosalinde s'attaqua au jeune homme, le submergeant de flatteries ironiques dont il ne put se défendre.

— Le père Darnley nous a assuré que vous étiez un chasseur émérite.

— Un jour, j'ai tué trois lapins.

— Remarquable ! s'exclama Rosalinde.

Si le premier après-midi se révéla pénible, à mesure que se prolongeait la visite les choses se gâtèrent. Mrs. Claxton se montrait d'une incommensurable niaiserie et son fils paraissait résolu à prouver qu'il avait hérité les qualités les plus marquantes de sa mère. Evelyn elle-même, qui avait espéré que Regis serait l'homme qui l'entraînerait vers une vie nouvelle de l'autre côté de la baie, renonça à ses rêves.

— Il est insupportable, confia-t-elle à Rosalinde.

La veille du jour qu'il avait prévu pour le mariage, Fitzhugh se racla la gorge pendant le dîner et annonça :

— Mrs. Claxton, je crois que votre fils et vous devriez porter un toast.

— A quoi ? demanda l'étourdie visiteuse.

— A demain. Jour béni entre tous puisque le père Darnley unira Regis et Evelyn.

Cette annonce brutale, à laquelle ni Rosalinde ni Evelyn n'étaient préparées, causa un certain émoi, et Regis eut la bonne grâce de se lever, de s'approcher de la jeune fille et de lui prendre la main qu'il porta gauchement à ses lèvres.

Rosalinde remarqua que ce geste provoquait chez Evelyn une certaine répulsion. Le soir même, elle alla trouver la jeune fille dans sa chambre.

— Tu dois mettre un terme à cette situation ridicule.

— Il n'est pas en mon pouvoir de le faire.

— Tu n'as pas le droit de te réfugier derrière une telle excuse ! Tout être humain doté d'un semblant de caractère peut s'opposer à ce qui lui est néfaste.

— J'ai dix-sept ans ! gémit Evelyn. Et père a tant fait pour arranger ce mariage !

Rosalinde éclata d'un rire méprisant.

— Ma chère enfant, ce n'est pas une question d'âge. La vanité de ton père n'entre pas en ligne de compte. Ce qui importe, c'est que tu te prépares la meilleure vie possible. Que tu deviennes le meilleur être humain possible. Avec Regis Claxton, tes chances seront réduites à néant. Ce sera un effroyable gâchis.

— Mais je risque de ne jamais me marier. Ici, il n'y a pas de catholiques.

— Il n'y avait pas de catholiques pour ton père non plus, et il m'a prise. Crois-moi, Evelyn, tu es une fille exceptionnelle. Tu es belle. Les hommes te rechercheront, et aucune loi ne les oblige à être catholiques.

— Il est le seul qu'aient trouvé les Fithian.

— Les Fithian ! Que les Fithian aillent au diable !

La force avec laquelle Rosalinde prononça ces paroles surprit la jeune fille qui se retourna et lui lança tout à trac :

— Ça a été si dur ?

— Pas comme tu le crois, répondit Rosalinde. Ton père s'est montré très bon, Evelyn ; tu as d'ailleurs eu l'occasion de t'en rendre compte. Mais le procédé ! Ces transactions par lettres auprès des Fithian de Londres ! Cette façon ridicule de disposer de vies humaines en dehors des intéressés...

Ardent symbole de rébellion, Rosalinde se mit à arpenter la chambre.

— Est-ce à cause de Nelly Turlock ? demanda Evelyn.

Rosalinde se figea soudain, bras ballants, à distance du lit. Jamais elle n'avait parlé de Nelly à sa belle-fille car elle doutait que celle-ci fût au courant de la conduite de son père, mais à présent le sujet avait été abordé.

— Qui diable pourrait s'inquiéter de Nelly Turlock ? Ton père a trouvé un dérivatif dans le marais et ça ne me regarde pas.

Elle marqua une pause.

« As-tu vu les enfants ?

— Ils sont adorables. Avec de magnifiques cheveux blonds. Je suppose que vous avez entendu ce qu'on dit sur le compte de Nelly.

— J'ai entendu toutes sortes d'histoires lamentables ; elles ne me font aucun effet, Evelyn. Quand tu seras mariée, il y aura la grande maison où tu habiteras avec ton mari, et il y aura la petite maison où il ira voir l'une des esclaves ou une quelconque Turlock, et souviens-toi que les deux ne peuvent jamais se rencontrer.

— Je doute que Regis prenne l'une de ses esclaves.

— C'est bien ce qu'on peut lui reprocher ! Du reste, on peut tout lui reprocher, et je te supplie de ne pas l'épouser.

— Il est ma seule chance ! s'écria la jeune fille d'une voix angoissée.

Sur quoi, elle enfouit sa tête dans l'oreiller. Rosalinde s'approcha, la prit entre ses bras et entreprit de la consoler.

— Une vie humaine est en jeu. La tienne. Tu as de nombreuses années devant toi, et il faut qu'elles soient pleines. Tu dois faire preuve de caractère.

Ces paroles n'avaient aucun sens pour la jeune fille bouleversée ; Rosalinde la secoua, l'obligea à écouter.

« Deux images me viennent à l'esprit et je veux qu'elles s'imposent au tien. La première concerne mes sœurs, Missy et Letty. Deux femmes ravissantes qui te ressemblent beaucoup ; elles avaient en elles d'immenses possibilités, mais elles se sont jetées dans des mariages idiots avec des hommes idiots et, maintenant, elles mènent des vies idiotes. L'envie me prend de pleurer quand je pense à elles. L'autre image s'applique à une femme que tu connais, Mrs. Paxmore.

— La vieille dame qui tempête sans cesse contre l'esclavage ?

— Non. La vieille femme qui n'a jamais craint de se dresser pour défendre les causes qu'elle croit justes. En conséquence, elle a une belle maison, de beaux enfants, et de beaux petits-enfants. Et, plus important encore, une belle âme. Prends exemple sur elle. Pas sur mes sœurs.

Enfin, Rosalinde proférait des paroles qu'Evelyn pouvait comprendre.

— Essayez-vous de ressembler à Mrs. Paxmore ? demanda la jeune fille.

Rosalinde réfléchit. Jamais encore elle n'avait exprimé ses intentions, car elle ne connaissait personne à qui elle pût se confier ; mais, à présent, elle devait admettre que la question d'Evelyn était pertinente.

— Oui, dit-elle doucement. Je suppose que je veux lui ressembler. Et demain, nous serons à même de voir si j'ai réussi, ajouta-t-elle d'une voix dure.

Quand Evelyn tenta de percer le sens de cette menace, Rosalinde se pencha et l'embrassa.

« Tu m'es infiniment précieuse, et je ne peux rester plantée là à te regarder gâcher tes dons avec cet ahuri. Il ne saurait en être question.

Le lendemain, au petit déjeuner, elle avertit son mari que ce mariage ridicule n'aurait pas lieu ; mais il écarta ses protestations en prétendant qu'il serait embarrassant de rompre, à présent que les choses étaient allées si loin. Elle s'efforça de le convaincre qu'un banal instant de gêne n'était rien par rapport au gâchis d'une vie, mais il avait déjà fait appeler le prêtre et les domestiques. Les Claxton descendirent tard, espérant faire une entrée remarquée mais, à leur vue, Rosalinde ne put réprimer son rire.

— Fitzhugh, vous ne pouvez pas permettre ça !

— Tout le monde est là, dit-il avec entrain en s'avançant pour accueillir Mrs. Claxton.

Mais, au moment où il entraînait les deux jeunes gens devant le père Darnley, Rosalinde s'écria d'une voix forte :

— Arrêtez cette farce !

— Quoi ? marmonna Mrs. Claxton, d'une voix étranglée. Elle paraissait sur le point de s'évanouir.

— Sortez d'ici ! intima Rosalinde. J'ai dit dehors ! Tous, autant que vous êtes. Dehors !

Les esclaves furent les premiers à réagir. Ils battirent en retraite et passèrent la porte. Les domestiques sous contrat suivirent, poussés par Rosalinde qui se tourna alors pour faire face aux Claxton éberlués. Bras fléchis, comme si les poings la démangeaient, elle déclara d'un ton uni :

« La mascarade est finie ! Remontez à bord de votre bateau et rentrez chez vous !

Et son attitude ne se modifia en rien jusqu'au moment où visiteurs et bagages se retrouvèrent sous le porche.

— C'est ignoble ! protesta Mrs. Claxton lorsque Fitzhugh s'efforça de la calmer.

Mais Rosalinde restait inflexible.

— Vous allez rentrer chez vous, dit-elle d'un ton sévère. C'était une effroyable erreur. Je reconnais que je me suis montrée désagréable. Mais il vous faut partir.

Elle demeura sur le seuil comme pour monter la garde. Grande, résolue, elle les foudroyait du regard, telle une déesse dont le bandeau venait de tomber. Au bout d'un moment, mère et fils se glissèrent jusqu'à leur sloop, qui mit le cap sur Annapolis.

Fitzhugh était outragé par la conduite de sa femme, et peut-être l'aurait-il corrigée sans la présence du père Darnley qui s'efforçait de rester en marge de ce scandale. Mais quand le prêtre se prépara à rejoindre le sloop qui le ramènerait, lui aussi, à Annapolis, Rosalinde essaya de se le concilier.

— Mon cher père, vous savez ce qui s'est passé. Alors, à présent, trouvez un prétendant pour notre fille.

Il feignit de ne pas entendre ; elle lui barra le chemin. « Dites aux jeunes gens que je donnerai à Evelyn une importante partie de ma dot. Mais pour l'amour de Dieu, faites quelque chose pour sauver cette âme.

Quand les Steed se retrouvèrent seuls pour accuser le choc provoqué par l'attitude de Rosalinde, Fitzhugh explosa, estimant que c'était à lui, le chef de famille, que revenait le soin de marier sa fille ; ses récriminations étaient si grotesques que Rosalinde n'en tint pas compte. Elle étreignit la fille de son mari — en vérité la sienne — et chuchota :

— Aujourd'hui, nous avons bien agi. Dans une cinquantaine d'années, ma jolie, tu te souviendras en riant de cet épisode, et tu me béniras de t'avoir sauvé la vie.

En février 1703, alors que les tempêtes annuelles balayaient la Chesapeake, un petit bateau manœuvré par un navigateur solitaire, un jeune homme aux cheveux ébouriffés par la pluie et le vent, vint s'amarrer au port de Devon. N'apercevant personne sur la jetée, le voyageur jeta sur ses épaules trempées un vêtement informe de tissu grossier et prit le chemin de la maison. Avec un certain retard, un domestique l'aperçut et cria :

— Un étranger vient de débarquer !

Et il descendit pour avertir le jeune homme que celui-ci foulait le territoire des Steed.

— Je sais, répondit l'intrus en continuant son chemin. Je suis envoyé par le père Darnley.

Du seuil, Rosalinde Steed entendit ces paroles et se précipita sous la pluie pour accueillir l'inconnu.

— Nous sommes heureux de vous souhaiter la bienvenue, s'écria-t-elle sans tempérer son enthousiasme.

Elle prit le jeune homme par le bras et l'entraîna vers le porche. Elle l'observa avec admiration tandis qu'il tapait des pieds et secouait la pluie de sa veste.

— Je m'appelle Thomas Yates, de la James River. Le père Darnley m'a dit que vous avez une...

Rosalinde l'interrompit ; elle ne voyait aucune raison de taire sa joie.

— Evelyn ! s'écria-t-elle, triomphante, un jeune homme vient te voir... Il a bravé la tempête !

Maintenant, elle était libre de s'occuper de son jardin. Sa fille était mariée. Son fils achevait ses études dans un collège français. Et son mari avait repris ses habitudes : quelques jours à Devon, quelques jours dans le marais. Même le comptoir de Patamoke prospérait.

Elle expliquait clairement aux ouvriers qu'elle ne voulait pas d'un jardin conventionnel de style anglais comme ceux qu'elle avait connus sur les rives du Rappahannock. Elle respectait les dessins géométriques et comprenait pourquoi ils ralliaient les suffrages des dames dont les doigts ne touchaient jamais la terre. Au rythme des saisons et des alternances de floraison, de tels jardins pouvaient être attrayants, mais elle aimait travailler la terre et voyait grand ; ces deux facteurs déterminèrent ses plans : « Mes principales fleurs seront des arbres. Parce que quand on plante des arbres, on est en droit de se croire immortel. »

Elle commença par dresser l'inventaire des arbres déjà en place ; par bonheur, disséminés dans l'espace compris entre la jetée et la maison, se dressaient des érables et des ormes imposants ; elle les fit tailler et ils servirent de repères pour ses plantations. Elle était particulièrement fière d'un grand chêne blanc de proportions majestueuses : neuf mètres à la base et près de vingt-cinq mètres de haut ; ses branches s'étalaient sur une zone de près de cinquante mètres. Il procurait assez d'ombre pour protéger toute une pelouse. Il régnait déjà en souverain quand le capitaine John Smith avait baptisé l'île, et les autres arbres devaient lui être subordonnés.

La pelouse ne comptait pas d'érables rouges, aussi son premier soin, au cours de l'hiver 1703, fut-il de transplanter trois arbres de cette espèce dont deux moururent rapidement.

— On ne peut pas déplacer des arbres de cette importance et espérer les voir prendre, l'avertit son mari.

Pourtant, elle en transplanta trois autres, tout aussi forts, et ces derniers prirent. Précoces au printemps, somptueux à l'automne, ils étaient visibles de tout le cours de la rivière quand on arrivait par bateau.

Sur ces solides fondations, elle composa le restant de son stupéfiant jardin : cornouillers pour le printemps, lauriers de montagne pour l'été et d'énormes plantations de pyracanthas pour l'automne, époque à laquelle les cornouillers se chargeaient de grappes de baies rouges.

— Pas de tulipes, pas de roses trémières ! Et pour l'amour de Dieu, pas de buis ! Je ne veux rien qui ait besoin d'être chouchouté.

Elle évita aussi la pivoine, le sempiternel magnolia, le phlox et l'aubépine. Mais elle ne répugnait pas à la décoration et, lorsque ses principaux arbres et arbustes furent en place, elle s'écria :

— Maintenant, passons aux joyaux !

Et en vingt-quatre endroits, judicieusement choisis, elle planta des houx — deux mâles et vingt-deux femelles — espérant que ces dernières porteraient des baies rutilantes qui luiraient au soleil. Une fois les houx en place — certains atteindraient douze mètres de haut — elle ajouta la touche finale, le geste extravagant qui ferait de cette partie de la pelouse le portrait impérissable de celle qui l'avait conçue : dans sept endroits à découvert, exposés au soleil, elle planta des touffes d'hémorocalles, sachant que, quand elles proliféraient, elles inondaient les lieux de fleurs d'une nuance rouille éclatante. Juillet à Devon Island serait inoubliable : les hémorocalles veilleraient à la permanence du souvenir.

En 1704 et 1705, ses gigantesques jardins lui causèrent maintes déceptions ; les érables transplantés rassemblaient leurs forces, les hémorocalles n'avaient pas encore commencé à se multiplier — chaque pied en fournirait jusqu'à cinquante —, et les cornouillers, transplantés sans grands ménagements, étaient moribonds. De petits jardins agrémentés de fleurs peuvent être transformés en quelques mois ; ceux qui sont composés d'arbres exigent des années. Mais dès 1706, les diverses parties semblèrent se fondre ; le chêne dominait avec ses feuilles dentelées qui brillaient au soleil et les érables ajoutaient leurs touches de couleur. La succession des saisons était satisfaisante : cornouillers luisants au printemps, hémorocalles indisciplinées au début de l'été et, en automne, l'exubérance des pyracanthas, cet arbuste noble entre tous ; et les couleurs changeantes des arbres à feuillage caduc qui se profilaient sur le vert permanent des conifères.

Son jardin fut une réussite exceptionnelle, aussi durable et généreuse qu'elle-même ; mais parfois elle avait le sentiment qu'il était au faîte de sa gloire en plein hiver lorsque les vents soufflaient du nord-ouest, que la neige recouvrait tout et que seuls les pins apportaient une touche de couleur. A cette époque, les cornouillers sommeillaient ainsi que les racines des hémorocalles et les bourgeons des lauriers. Même le chêne était dénudé, mais lorsqu'elle se promenait entre les troncs glacés, elle contemplait les houx, ces arbres beaux et obstinés sur lesquels s'abattaient les oiseaux de l'hiver en quête de baies rouges. Le cœur lui sautait dans la poitrine et elle s'écriait :

— Quand les dernières baies auront disparu, le printemps viendra et tout recommencera.

Elle courait dans la neige et imaginait les superbes jardins de l'été avec le laurier aussi pâle et délicat que l'iris.

Le jardin de sa vie privée n'était guère florissant. Son mari ne cherchait plus la moindre excuse à ses absences fréquentes, et elle supposait qu'il séjournait dans le marais. Elle n'avait jamais vu Nelly mais, au hasard des commentaires dus à quelques rares visiteurs, elle apprit que la jeune femme était belle et enjouée. « Elle a un corps splendide, et il est incompréhensible qu'elle ne soit pas encore mariée. » L'explication la plus sensée lui vint d'une femme au ton acide dont le mari dirigeait les établissements des Steed à Patamoke :

— C'est une Turlock, et on n'aime pas le mariage dans cette famille.

Rosalinde s'était prudemment renseignée sur les enfants de Nelly. Elle apprit qu'il s'agissait de joyeux vauriens dotés des cheveux blonds et des yeux bleus de leur grand-mère suédoise.

— C'est d'autant plus étonnant qu'ils sont surtout des Turlock.

— Que voulez-vous dire ? s'enquit Rosalinde.

Celle qui transmettait le renseignement était envieuse des Steed ; elle cherchait à blesser la maîtresse de l'île. Se mordillant la lèvre inférieure, elle commença à parler, hésita, bredouilla enfin :

— Vous savez sans doute que Flora Turlock est la mère de Nelly... L'avez-vous déjà vue, Rosalinde ?

Mrs. Steed secoua négativement la tête.

« Bien sûr que non, reprit la femme. Comment auriez-vous pu ? Il n'est pas question que vous vous rendiez au marais.

Rosalinde sourit, offrit encore un peu de thé, et demanda :

— Qu'essayez-vous de me dire ?

— Aussi ignoble que cela paraisse, la mère de Nelly était Flora. Son père était Charley.

— Charley qui ?

— Turlock ; Charley Turlock... le frère de Flora.

La visiteuse porta la tasse de thé à ses lèvres.

« Son frère ! Elle a eu un enfant de son frère.

Sans réfléchir, Rosalinde répondit :

— J'ai lu quelque part que les pharaons épousaient leurs sœurs.

— Excuseriez-vous une telle conduite ?

— Pas du tout. Je disais...

Elle n'acheva pas sa phrase car elle comprit qu'aucune parole ne pourrait satisfaire cette femme, que chacun de ses mots serait déformé et colporté dans la communauté.

— Vous n'ignorez pas..., reprit la femme, que Flora a été fouettée publiquement pour son péché.

— Il semble qu'il y ait eu beaucoup de femmes fouettées à Patamoke.

— Mais...

— Et je me demande si ce châtiment a quelque utilité.

— Mrs. Steed...

— Et cette affreuse sellette à plongeon ! On la réserve aussi aux femmes, et je suppose que, si je n'étais pas l'épouse de Fitzhugh, j'y serais liée et immergée dans le Choptank.

C'était là de l'hérésie, et la visiteuse le prit comme tel ; l'expression indignée qui se peignit sur ses traits trahit son intention de divulguer les paroles de Mrs. Steed, mais Rosalinde n'en avait pas fini.

« Il m'est bien égal que vous répétiez mes propos ou que vous les taisiez. Le fouet infligé à une femme et les immersions sur la sellette à plongeon sont des actes ignobles d'hommes apeurés, et j'en suis écœurée.

A quatre jours de là, Fitzhugh revint de Patamoke, bouleversé.

— En ville, on ne parle que de votre défi aux autorités.

— En l'occurrence, de ce que j'ai dit en prenant la défense de Flora Turlock, n'est-ce pas ?

Elle marqua une pause.

« La mère de Nelly. De *votre* Nelly, ajouta-t-elle.

Ce nom n'avait jamais été prononcé auparavant en présence de Fitzhugh, et il fut outré par ce qu'il considérait comme un manque d'éducation de la part de sa femme.

— Les épouses s'abstiennent de parler de ces choses. Surveillez vos paroles quand vous faites allusion au fouet... et à la sellette à plongeon.

— Me menaceriez-vous, Fitzhugh ? Vous devriez savoir que vous perdez votre temps.

— Je vous rappelle que les magistrats peuvent vous condamner, s'ils le veulent.

— Ils ne le voudront pas, laissa-t-elle tomber d'un ton badin. Jamais ils ne feraient quoi que ce soit pour vous humilier.

— Qu'entendez-vous par là ?

— Tant que vous vivrez, je pourrai dire tout ce que bon me semblera.

Elle le dévisagea comme s'il s'agissait d'un inconnu.

« Vous n'êtes plus mon mari, Fitzhugh, mais vous êtes mon protecteur, ajouta-t-elle. Et sous votre protection, j'agirai à ma guise ; ainsi il me plaît de vous informer que je considère les châtiments auxquels les hommes condamnent les femmes comme barbares et qu'ils doivent cesser.

— C'est bien peu féminin de votre part que de parler ainsi, Rosalinde. Vous traitez de sujets que n'aborde pas une dame.

Fitzhugh avait tort de croire que sa femme, pour disgracieuse qu'elle fût, manquait de féminité. Aucune des habitantes du Choptank n'attendait l'arrivée de la dernière poupée de mode avec plus d'impatience qu'elle. Quand elle apprenait l'arrivée d'un navire en provenance de Londres, elle s'arrangeait pour être la première à monter à bord afin de s'arroger l'aubaine.

Comme il eût été difficile pour les maisons de couture londoniennes de publier des catalogues illustrant leurs créations et que les revues et journaux expédiés aux colonies comportaient peu de gravures, les marchands avaient pris l'habitude de faire confectionner des poupées articulées de trente-cinq centimètres de haut qu'ils habillaient avec des répliques exactes des plus récents modèles. Chaussées et munies de perruques, ces ravissantes figurines étaient emballées et embarquées à destination des terres lointaines, ce qui permettait aux coquettes habitant les lieux les plus reculés de suivre la dernière mode.

En mai 1706, le trois-mâts *Belle-Rosalinde* effectua une rapide traversée depuis Londres et mouilla à Devon Island, apportant l'une des plus séduisantes poupées qui eût jamais franchi l'Atlantique. Une petite dame portant une coiffe bleu pâle ornée de six minuscules volants de dentelle et vêtue d'une robe dont l'audacieuse nouveauté coupait le souffle. Le corsage de brocart doré retenait aux épaules une sorte de traîne majestueuse de soie lourde. Rosalinde avait déjà vu de tels manteaux de cour et elle en aimait les lignes mouvantes, mais il s'agissait, cette fois, d'une innovation : juste à hauteur des hanches, la traîne formait deux larges coques qui débordaient amplement de chaque côté.

— Comment font-ils ? demanda-t-elle à ses esclaves fascinées.

Les couturières noires palpaient l'étoffe, essayant de comprendre comment elles devraient procéder pour copier le modèle. Avec adresse, elles soulevèrent les différentes épaisseurs et découvrirent que le tissu reposait sur quatre cercles de bois fins et ployés.

— Quelle merveille ! s'écria l'une des esclaves en laissant retomber la jupe.

La robe fut de nouveau soulevée, examinée sur toutes les coutures.

— Nous pouvons faire ! assura l'une des esclaves en suivant le drapé du doigt.

Mais Rosalinde avait acquis un sens très sûr de ce qu'elle devait porter et de ce qu'il lui fallait éviter, et elle déçut ses esclaves :

— Pas pour moi. Ces demi-cerceaux me feraient paraître encore plus grande.

Les Noires exhalèrent un concert de soupirs quand Rosalinde coupa les cerceaux à l'aide de ses petits ciseaux mais, une fois la lourde traîne libérée, toutes convinrent qu'elle siérait davantage à une femme de haute taille.

« Voilà ce que je désire, dit Rosalinde.

Et avant que la journée se fût écoulée, la robe de la poupée avait été reproduite, non dans une lourde soie, mais dans un basin léger. Et lorsque la nouvelle toilette fut achevée, la coiffe de dentelle terminée, les escarpins recouverts de rouge, Rosalinde présida la table avec un surcroît d'assurance, et la conviction qu'elle n'avait rien à envier aux femmes les plus élégantes de Londres.

L'évocation de Londres lui rappela Mark dont elle attendait impatiemment le retour. Elle ne le connaissait que par les lettres qu'il envoyait d'Europe, mais le style en était si personnel, l'esprit si vif, que leur auteur s'était déjà assuré l'affection de sa belle-mère.

> J'ai été informé, grâce à mon adresse à lire à l'envers les lettres posées sur le bureau d'autrui, que Fithian a pris ses dispositions pour que Tom Yates administre quatre mille cinq cents hectares sur la James River. On l'a prévenu qu'il faisait preuve d'un peu trop d'ambition, et je me demande aussi si ce n'est pas le cas, mais au bas du double de la lettre, l'aîné des Fithian avait écrit : « Ce jeune homme possède des qualités certaines. Je crois que nous ne courons aucun risque en lui accordant du crédit. » J'ai été rassuré de constater que, dans leur dernière commande, Tom et Evelyn avaient demandé trois caisses de livres.

Elle fut enchanté lorsque, en janvier 1707, Mark tenta de nouveau sa chance en remettant une lettre pour Devon Island au capitaine du *Belle-Rosalinde.* En acceptant la missive, le capitaine le prévint :

— Il faudra que le ciel nous vienne en aide pour nous faufiler entre ces diables.

Mais il avait déjà échappé aux pirates et, quand son voilier aux couleurs vives s'amarra à Patamoke, tous admirèrent son audace. Fitzhugh exhiba la lettre de Mark en ville.

— Mon fils reviendra par le convoi d'octobre, annonçait-il.

— Prions le ciel pour que les bateaux arrivent sans encombre, répondaient invariablement ses interlocuteurs.

Pour incroyable que cela paraisse, la Chesapeake était, à l'époque, en état de siège ; plus de cent bateaux pirates — anglais de la Jamaïque, français de la Martinique — se massaient au cap Henry, attendant de fondre sur le navire de commerce venant de Virginie ou du Maryland et assez présomptueux pour tenter de forcer le blocus. Et si les bateaux demeuraient amarrés à leurs quais, les flibustiers s'avançaient avec arrogance dans la baie et ravageaient les plantations situées sur les promontoires exposés. Nombre de familles anglaises installées sur la James River, le York ou le Rappahannock virent avec terreur les pirates français rôder autour de leurs appontements, sauter à terre et saccager les plantations. Argenterie, tabac, esclaves venaient grossir le butin des flibustiers, qui, parfois, incendiaient la maison. Des fermiers étaient massacrés et des bateaux coûteux volés au mouillage.

Ce fut une ère de terreur où un pirate pouvait commander en toute impunité un bateau de quarante canons avec deux cents hommes d'équipage. La marine de guerre britannique n'apportait qu'un piètre secours, engagée qu'elle était dans l'absurde guerre de Succession d'Espagne ; ses navires devaient soutenir le duc de Marlborough qui se battait en Flandre contre les Français, et aucun n'était disponible pour s'opposer aux flibustiers. Tout bateau anglais appareillant, soit de Londres, soit d'Annapolis, courait le risque quasi certain d'être capturé ; en cas de résistance, ses passagers étaient généralement abattus ou pendus.

Affolés, les colons dont l'existence dépendait du commerce avec Londres mirent au point une stratégie coûteuse, mais efficace : les bateaux anglais ne traversaient l'Atlantique qu'en convois géants ; l'un quittait Londres en octobre, l'autre appareillait de la Chesapeake en mai. Pendant le restant de l'année, aucun navire ne s'aventurait au large, hormis les forceurs de blocus tels le *Belle-Rosalinde.* Ceux-ci couraient des risques énormes, se fiant à leur vitesse pour distancer les pirates embusqués ; quand ils réussissaient, leurs bénéfices atteignaient des sommes fabuleuses.

Mark Steed quitta l'Angleterre par le convoi d'octobre. Le bateau sur lequel il embarqua, un brick construit quelques années auparavant par les frères Paxmore, appartenait à sa famille, mais il ne rechercha aucune faveur ; il se considérait comme un passager ordinaire, effectuant une traversée dangereuse. En descendant la Tamise, il s'aperçut que sept autres bateaux naviguaient de conserve, et jugea leur présence réconfortante. Mais lorsqu'ils entrèrent dans la Manche, il se rendit compte que le convoi ne devait pas seulement comprendre huit navires. Une cinquantaine de vaisseaux attendaient et tous mirent cap au sud, émaillant la mer de leurs voiles.

— Magnifique ! s'écria Mark cherchant à faire partager son enthousiasme à un gentilhomme qui rentrait à Annapolis.

— Il nous faut encore passer les côtes françaises, lui fit remarquer son interlocuteur.

Et, tandis que le convoi évoluait au large de Douvres, alors que les dangereuses côtes de France étaient encore en vue, le jeune Steed fut heureux de voir que deux navires de guerre anglais se joignaient au convoi pour le protéger.

« Avec eux sur notre flanc, les Français n'oseront rien entreprendre, assura le gentilhomme.

L'impressionnant convoi mit alors cap à l'ouest pour quitter la Manche, mais le vent tomba et les soixante-dix bateaux demeurèrent encalminés sur la mer vitreuse, se touchant presque l'un l'autre en dérivant. Les marins se tenaient sur la lisse afin de pouvoir repousser, sans grand effort, les navires qui risquaient de les heurter. La nuit venue, de faibles lumières apparurent derrière les hublots.

— Ohé du bateau ! s'écriaient les hommes de quart chaque fois qu'un navire se rapprochait dangereusement.

Lorsque le cri se renouvelait, les matelots se précipitaient vers la lisse pour repousser leur redoutable voisin ; le tout évoquait un assemblage de jouets que des enfants laissaient dériver sur une mare.

Mais quand le vent se leva, le convoi put faire route sur Plymouth à la sortie de la Manche, et Mark resta bouche bée devant le spectacle qui s'offrait à lui. Là, à l'endroit même où l'Armada espagnole avait été vaincue par Drake et Hawkins, attendaient cent soixante navires, voiles hautes, prêts à partir au signal convenu.

— J'ignorais qu'il y eût tant de bateaux ! s'exclama Mark à l'adresse de ses compagnons de voyage.

Pour ajouter à sa stupéfaction, une escadre de neuf vaisseaux de guerre quitta Plymouth et vint prendre position aux points stratégiques le long du gigantesque convoi.

Un canon tonna dont l'écho fut étouffé par les milliers de voiles. Un pavillon bleu fut hissé sur le vaisseau du commodore et chacun des vaisseaux de guerre répondit par un coup de canon.

— A vos postes ! cria le capitaine du brick.

Et, avec les deux cent vingt autres, le bateau évolua sous le vent, cap sur le Nouveau Monde.

Ce fut une traversée inoubliable. Chaque fois que Mark se penchait sur la lisse du brick, il ne voyait pas moins de cinquante voiles dispersées à l'horizon et, la nuit, il distinguait le même nombre de lumières, sauf lorsque la brume enveloppait l'Atlantique. Alors, dans la pénombre, le vaisseau du commodore faisait tonner son canon à intervalles réguliers, et l'air pesant en amortissait le son. Parfois, il semblait que le canon eût été tiré à très courte distance ; alors, Steed croisait les bras dans l'air froid de novembre et éprouvait un bien-être qu'il n'avait jamais connu auparavant.

— Nous avons passé les côtes françaises, fit-il remarquer.

Mais le plus grand péril était encore à venir.

Le convoi annuel ne faisait pas route directement sur la Chesapeake, ceci afin d'éviter le gros temps ; il se dirigeait vers les eaux plus calmes de la Barbade où le regroupement était possible et, de là, il mettait cap au nord, passait devant les repaires des pirates et gagnait la Chesapeake. L'inconvénient de cet itinéraire résidait dans la dernière partie du trajet, quand le convoi traversait les eaux infestées de flibustiers. Pourtant, sous la protection des navires de guerre qui montaient la garde autour de l'immense flotte, il était possible d'effectuer la traversée avec d'infimes pertes.

— Mais la discipline la plus stricte doit être observée, fit remarquer le jeune enseigne détaché du brigantin du commodore. S'il y a un seul traînard, il sera perdu.

A la Barbade, il fournit des instructions écrites et annonça que les signaux seraient changés pour cette partie du voyage.

— Deux coups de canon et un pavillon rouge signifient que les bateaux les plus rapides devront lofer et se mettre en panne jusqu'à ce que les plus lents les aient rattrapés. Si un bateau quelconque, et le vôtre paraît rapide, dépasse celui du commodore, il sera coulé. C'est compris ?

Le capitaine opina.

« Nous entrons dans une zone dangereuse, reprit l'enseigne. Assurez une veille constante. Nous savons que Carpaux croise dans les parages, tout comme Jean Vidal. Et le pire, c'est que nous avons été informés que Bonfleur disposait actuellement de trois bateaux rapides. Soyez à vos postes !

Carpaux avait opéré de fréquentes incursions dans la Chesapeake et Vidal, un féroce flibustier de la Martinique, était connu pour incendier les navires et jeter les passagers à la mer, mais c'était Bonfleur qui inspirait la plus grande terreur. Ce vieil homme de soixante-quatre ans avait déjoué maintes tentatives visant à s'emparer de sa personne. Il était le fléau des Caraïbes, responsable de l'incendie de Panama, de la mise à sac de Belize. Depuis quarante ans, il ravageait la Chesapeake, remontait les fleuves, saccageait les plantations, brûlait les demeures.

Il avait fréquemment navigué de conserve avec Stede Bonnet et l'Ollonais ; de plus petite stature que ses compères, il se montrait plus féroce que l'un ou l'autre. Une fois, il était entré à Carthagène à la tête de trente-sept hommes ; avec de si faibles effectifs il avait conquis la ville, soutiré une fortune aux habitants et massacré une centaine de récalcitrants. En 1705, avec deux autres bateaux qui participaient souvent à ses expéditions, il détacha onze navires du convoi d'octobre, les brûla et tua une cinquantaine d'hommes.

La France lui offrait un refuge à la Martinique dans l'espoir qu'il infligerait d'importantes pertes aux Anglais, mais il lui arrivait aussi bien de capturer des bateaux français et d'anéantir leurs équipages, réservant d'ailleurs le même traitement aux Espagnols et aux Hollandais. Dépourvu de sens moral, de pitié ou de remords, le vieux forban avait vu des dizaines de pirates pendus par les autorités de divers pays, et il menait une guerre sans merci à toutes les nations civilisées. Dans les derniers jours de décembre 1708, il était à la tête de quatre-vingt-onze canons et de sept cents hommes et il s'était vanté qu'il « taillerait en pièces le convoi anglais ».

Le commodore ne l'entendait pas de cette oreille. Il avait l'intention de conduire l'immense rassemblement de voiles au-delà de Point Comfort jusqu'à la sécurité relative de la Chesapeake ; pour y parvenir, il lui fallait resserrer la formation afin que ses navires de guerre pussent agir de concert en cas d'attaque. En conséquence, il émit des signaux ; mais lorsque les deux cent vingt bateaux se rapprochèrent, les collisions devinrent inévitables. Le vent variait, ce qui obligeait les navires à virer de bord et, ce faisant, ils heurtaient les bateaux plus petits ; des espars se rompaient, des voiles se déchiraient.

Quand le commodore lançait le signal indiquant aux navires les plus rapides de lofer, celui de Mark Steed venait debout au vent, hissait une voile de cape et mettait en panne ; les lames arrivaient par le travers et le faisaient rouler bord sur bord des heures durant ; hormis les marins les plus endurcis, tous souffraient du mal de mer, mais le convoi tenait.

Au large de la côte nord d'Haïti, par vent frais, les pirates décidèrent de passer à l'attaque : Carpaux, descendant de l'archipel des Carolines, Vidal et Bonfleur, venant de caréner à la Martinique, fondirent sur les traînards ; soit onze bateaux pirates manœuvrés par deux mille hommes armés jusqu'aux dents et plus de deux cents canons. Ils auraient pu réussir si le commodore n'avait prévu leur attaque audacieuse. Il fit virer de bord son propre navire afin d'affronter les flibustiers, ordonna par signaux à tous les vaisseaux de guerre de le suivre, et invita les bateaux de commerce dotés de lourds canons à prendre position sur son flanc. Celui de Steed faisait partie de ces derniers et il fonça sur les deux bateaux pirates commandés par Carpaux.

L'engagement fut bref, violent. Les boulets des flibustiers atteignirent plusieurs des navires marchands les plus lents, mais sans en détruire un seul. La flottille du commodore courut droit sur les pirates, les dispersant et coulant un vaisseau de Jean Vidal. Les gros navires de commerce dotés d'armement lourd firent feu sur les flibustiers, plus rapides, et réussirent à les repousser pour la plupart ; mais Henri Bonfleur, vainqueur de maints combats, savait qu'aucun convoi n'est en sûreté si les bateaux qui le forment peuvent être dispersés ; avec une stupéfiante audace, il dirigea ses trois navires droit sur le centre de la gigantesque flotte.

Il coupa la longue file, crachant le feu et menaçant l'existence même du convoi. Mais lorsqu'il parvint à hauteur du brick où se trouvait Steed, il constata que ce bateau marchand ne s'enfuyait pas mais fonçait droit sur lui. Il était évident que les deux navires allaient s'aborder, mais le capitaine des Steed refusait de céder. Son beaupré avançait inexorablement.

— Parez à l'abordage ! cria le second.

Steed se raidit au moment où l'avant de son bateau abordait le pirate ; des hommes tombèrent, une partie du gréement s'affala.

« Parez à repousser l'abordage ! s'écria le second.

Steed saisit un cabillot et le brandit comme s'il avait le pouvoir de repousser le pistolet d'un flibustier. Certains des hommes de Bonfleur, horribles individus barbus, armés de coutelas, tentèrent de sauter à bord ; mais les marins anglais les repoussèrent au moment où les deux coques raguaient l'une contre l'autre avant de se séparer.

A cet instant, le jeune Mark Steed vit nettement le capitaine flibustier : de petite taille, la barbe grisonnante, une grosse écharpe autour du cou, deux pistolets pendant inutilement à hauteur des genoux, il hurlait des ordres. Il était si répugnant que Steed, empoigné par une force vengeresse, voulut lui jeter le cabillot à la tête, mais il visa mal et son arme improvisée retomba sur le pont. Au moment où les deux bateaux s'arrachaient l'un à l'autre, le flibustier très endommagé, Bonfleur dévisagea une fraction de seconde son jeune adversaire, puis il l'ignora, occupé qu'il était à sauver son navire.

Mais il n'y réussit pas. Deux des vaisseaux du commodore fondirent sur le bateau mal en point et le criblèrent d'un feu roulant si violent qu'il ne pouvait en réchapper. Il n'en alla pas de même pour Bonfleur. L'un des capitaines sous ses ordres, voyant le péril que courait son chef, vira de bord et décrivit un cercle qui l'amena sous le vent du bateau de Bonfleur qui commençait à sombrer ; à l'instant où il le croisait, des hommes tendirent la main, agrippèrent le vieux flibustier et le hissèrent sain et sauf à leur bord.

« Reformez le convoi », ordonna par signaux le commodore et, au moment où la nuit tombait, les navires se rassemblèrent, ponts proches les uns des autres, tandis que les vaisseaux de guerre évoluaient sur leurs flancs.

Les pirates avaient été repoussés. Les navires de commerce mirent cap au nord et atteignirent la Chesapeake avant la nouvelle année. Tandis que le rassemblement s'enfonçait dans la baie, certains des bâtiments quittaient le convoi pour remonter la James River, le York, le Rappahannock ou le Potomac ; chaque fois qu'ils mouillaient à proximité de la terre, les gens accouraient pour recevoir le courrier annuel arrivant d'Angleterre et accueillir des amis qu'ils n'avaient pas vus depuis six ou sept ans. Les coups de feu crépitaient et, très loin en amont, les planteurs annonçaient :

— Le convoi est arrivé !

Au troisième jour de navigation dans la baie, le bateau de Steed abandonna le reste du convoi et fit route sur le Choptank. Les esclaves qui faisaient le guet à l'extrémité nord de l'île allumèrent des feux ; d'autres Noirs les virent et, à leur tour, lancèrent un brandon sur leur tas de bois ; bientôt, un coup de canon fut tiré depuis la plantation afin que les habitants de la demeure pussent se précipiter vers la berge nord et contempler leur bateau qui rentrait au port, à l'abri du danger, à l'abri des pirates.

Triomphalement, le brick contourna le promontoire est et pénétra dans la rivière ; des amarres furent lancées depuis la terre afin que les esclaves pussent haler le vaisseau jusqu'à l'appontement et, debout sur le pont, Mark Steed, vingt-sept ans, ayant étudié la théologie en France et le droit en Angleterre, chercha des yeux sa nouvelle mère.

Elle le vit alors, tel qu'elle se le rappellerait toujours : un homme jeune, jeune d'allure, jeune de cœur, jeune d'esprit.

— Voici venir le salut des Steed, murmura-t-elle quand il s'approcha.

Il ne la déçut pas. Autant son père était indolent, autant il se révélait actif ; alors que ses oncles n'avaient que des idées confuses sur la façon de diriger la plantation, il appliquait quelques principes de base. Lorsqu'il tenta de les exposer à ses aînés, il s'aperçut bientôt que ceux-ci ne saisissaient rien à ses explications ; seule Rosalinde comprenait.

— Nous devons être autonomes en tout, dit-il à sa belle-mère. Jamais plus nous ne devons acheter d'esclaves... hommes ou femmes... qui n'aient pas de qualification. Je veux que les domestiques sous contrat et les esclaves de la plantation soient des spécialistes. Si nous ne pouvons les former, nous les revendrons et en achèterons d'autres ayant déjà suivi un apprentissage.

Les Steed disposaient de vingt-sept travailleurs blancs et de soixante-huit esclaves qu'ils répartissaient en trois secteurs d'activité : l'un comptait les jardiniers et les hommes qui s'occupaient des bateaux, le deuxième, à l'extrémité ouest de Devon, accueillait la main-d'œuvre des champs de tabac, et le troisième, sur le continent, comprenait ceux qui étaient employés exclusivement à la culture du tabac. Il existait une quatrième équipe constituée de quatre Noirs qui pouvaient être dépêchés n'importe où ; ils travaillaient généralement à défricher des terres afin de remplacer les anciens champs qui s'épuisaient rapidement du fait de la voracité des plants de tabac.

La plantation comptait aussi de nombreux spécialistes que Mark et Rosalinde s'employaient à former : tisserands, pour fabriquer les énormes quantités de tissus dont les Steed et les esclaves avaient besoin chaque année, dentelières pour le linge fin, tailleurs, tanneurs, cordonniers, barbiers, ébénistes, marins, calfats, bûcherons qui faisaient rouler les arbres gigantesques jusqu'aux fosses, scieurs, charpentiers, fondeurs, cordiers, pêcheurs, tonneliers, sans oublier les hommes à tout faire, capables de réparer n'importe quoi. Les Steed administraient l'équivalent d'une petite ville et il appartenait à Mark de veiller au bon fonctionnement de l'ensemble.

Il éprouva une certaine surprise lorsque sa belle-mère insista pour adjoindre une nouvelle spécialisation.

— J'aimerais disposer de deux esclaves qualifiés dans la confection des briques.

— Pour quelle raison ?

— J'aurai besoin de briques.

Considérant cette lubie avec indulgence, Mark envoya un bateau de l'autre côté de la baie, à Saint Mary's City où la construction s'était arrêtée depuis que le Maryland avait une nouvelle capitale, et acheta deux esclaves spécialisés dans la briqueterie. L'investissement s'avéra excellent car les deux Noirs découvrirent des dépôts d'argile à proximité d'arbres qui leur fourniraient le charbon de bois, et bientôt les briques rouges s'accumulèrent à un rythme régulier.

Mark s'interrogeait sur les intentions de sa mère ; elle utilisa un certain nombre de briques pour aménager une terrasse moussue contiguë à la maison et d'autres en guise de pavage, formant d'agréables sentiers entre les arbres florissants. Mais ces prélèvements ne représentaient qu'une faible partie de la production ; le reste était entreposé avec soin et la pile devint très vite impressionnante.

— Devons-nous confier un autre travail à ces hommes ? s'enquit Mark.

— Il n'en est pas question.

— Mais que comptez-vous faire de tout ça... de ces milliers de briques ?

— Elles seront très utiles, Mark.

Et les piles de continuer à s'entasser.

Rien de ce qui touchait les opérations des Steed ne la laissait indifférente. Lorsqu'elle découvrit que les bateaux familiaux étaient souvent en carénage à cause des vers qui rongeaient les œuvres vives, elle consulta les Paxmore.

— Il n'y a rien à faire contre les tarets. Ils abondent dans nos eaux et mangent le bois aussi vite que tu avales la farine de maïs.

— Ne peut-on appliquer de la peinture sur le bois pour le protéger ?

— Le coaltar et la poix sont utiles, expliquèrent-ils.

Elle affecta plusieurs équipes d'esclaves à une besogne particulière, l'incision des conifères, pour en tirer la résine et la poix qui serviraient à enduire les carènes ; ce système se révéla efficace, aussi longtemps que le goudron maintenait la résine sur le bois traité; une application épaisse durait à peu près quatre mois.

— N'existe-t-il pas une autre façon de protéger le bois? demanda-t-elle aux capitaines.

Selon eux, le doublage en cuivre était efficace mais d'un coût prohibitif. Elle en importa de grandes feuilles par le convoi d'octobre et, quand celles-ci furent clouées sur la coque du plus grand des navires, les voraces tarets se tinrent à distance. Mais comme les capitaines l'en avaient avertie, ce procédé se révélait trop coûteux pour les colonies. Un doublage en plomb aurait pu faire l'affaire, mais ce métal était introuvable en Amérique.

Serrant les dents, comme si les tarets lui avaient personnellement déclaré la guerre, elle se pencha avec attention sur le problème. Il s'agissait de petites créatures blanchâtres, d'environ cinq centimètres de long, auxquelles leur nez oblong permettait de se frayer un chemin dans le chêne. Lorsqu'elle se glissa sous la carène d'un bateau au sec pour observer les dégâts qu'ils causaient, elle constata que les tarets avaient perforé les bordages, les minant en tous sens jusqu'à ce que le bois rongé s'effritât. Aucune essence n'était à l'abri de leur attaque; seuls le cuivre ou le plomb pouvaient les arrêter.

Puis, de deux sources différentes, lui vinrent des informations précieuses.

— Les tarets causent toujours plus de dégâts en juillet et en août, dit un capitaine. C'est pourquoi il est avisé d'envoyer les bateaux vers l'est dès le mois de mai. Ainsi, les vers ne peuvent pas les attaquer au cours de l'été.

Une autre remarque, due à l'aîné des Paxmore, l'aida considérablement :

— Nous souffrons moins que les autres des attaques des tarets parce que notre chantier est en amont, où l'eau est plus douce.

Ces deux renseignements lui permirent de prendre des dipositions qui préserveraient la flottille de la famille.

— Mark, dès le mois de juin, j'aimerais que nos capitaines remontent le Choptank aussi loin que possible. Et que les bateaux y restent pendant les mois de juillet et d'août... Vous verrez, nous n'aurons plus à déplorer les dégâts des tarets.

Les capitaines bougonnèrent devant des ordres aussi saugrenus émanant d'une femme, mais ils obtempérèrent et eurent la stupéfaction de constater que Rosalinde avait vu juste : en eau douce, les tarets ne se développaient pas et ceux qui étaient déjà à l'œuvre mouraient rapidement. Grâce à cet ingénieux changement de mouillage, la famille épargna des sommes importantes en carénages, et ses bateaux naviguèrent plus vite en raison de la propreté des coques.

Mark se chargeait des questions financières ; il passait du temps dans l'entrepôt de Patamoke pour y examiner les comptes. Il s'y trouvait lorsque Nelly Turlock se présenta un matin pour choisir des coupons d'étoffe. Elle poussa la porte avec désinvolture et se campa au milieu du magasin comme en pays conquis. C'était une femme qui ne passait pas inaperçue, du même âge que Mark mais infiniment plus avertie ; ainsi, quand elle se rendit compte que le jeune homme était le fils de son protecteur, elle déploya tous ses efforts pour se le concilier et refusa d'être servie par les employés.

— J'ai besoin de trois mètres de frise pour un pantalon de chasse destiné à Charlie, expliqua-t-elle avec un sourire sous-entendu, comme si elle s'amusait de quelque plaisanterie personnelle que Mark ne pouvait comprendre.

Tout en déroulant le rude tissu de laine renforcé, capable de résister aux épines, il essaya de l'observer à son insu, mais elle surprit son regard et sourit de nouveau.

« Et un peu de tweed irlandais, c'est pour un manteau d'hiver, dit-elle en baissant la voix. Ce cariset est pour moi aussi.

Tandis qu'il mesurait les tissus, elle fouilla dans les rayons et découvrit une pièce de lainage, convenant à la confection de jupes épaisses pour se prémunir du froid.

« Quel métrage me faut-il ? demanda-t-elle d'un ton doucereux en maintenant l'extrémité du tissu contre son épaule.

— Comptez largement, conseilla-t-il.

— Il faut qu'elle prenne la moitié en plus pour les épaules, intervint l'esclave affecté à la coupe des étoffes.

— Je crois qu'il a raison, convint Mark qui sourit à sa cliente et se mit en devoir de couper le tissu.

Elle choisit encore plusieurs coupons ; mais, lorsque Mark lui annonça le montant de ses emplettes, elle n'offrit pas de le régler.

— Mettez ça sur le compte de Mr. Steed, dit-elle.

Et d'un geste arrogant du doigt, elle feuilleta le registre jusqu'à la page dévolue aux comptes de Fitzhugh Steed. Quand Mark y porta les derniers achats, il s'aperçut que la dette totale de son père était considérable. Il lui vint à l'esprit — à en juger simplement par ce qu'elle avait acheté ce jour-là — que son père nourrissait et habillait tout le clan Turlock. Il ne se sentait pas en droit d'aborder la question avec son père, mais il en toucha deux mots à Rosalinde.

— Cette femme nous vole, en quelque sorte.

Cette remarque incitait à discuter ouvertement de la conduite de Fitzhugh.

— Mark, c'est très simple en vérité. Et je n'élève aucune protestation. Pas même en ce qui concerne le vol.

— Mais il se conduit comme un imbécile !

Rosalinde repoussa cette opinion si grossière, et Mark reprit :

« Cette liaison était excusable du vivant de ma mère. Les choses étaient plutôt atroces. Et après sa mort, il n'avait plus à se gêner. Mais à présent, il a une femme, une bonne épouse.

Il secoua la tête avec dégoût et s'approcha de la fenêtre.

— Écoutez, Mark. Il a pris de mauvaises habitudes qui, peu à peu, l'ont asservi. Vous n'ignorez pas que Nelly et lui ont trois enfants.

— Des enfants ! Grand Dieu !

L'information le troublait tant qu'il se mit à arpenter la pièce ; puis il rejoignit Rosalinde.

« Ce sont mes frères et sœurs en quelque sorte...

L'idée sembla l'amuser et il éclata d'un rire amer.

« C'est idiot, n'est-ce pas ?

— Oui. Et c'est ce qu'une femme doit endurer... autant qu'elle le puisse. Enfin... quand elle n'est pas jolie... Je veux dire quand elle est laide.

— Mère !

Le cri venait du cœur ; l'expression de Mark le prouvait. Sa belle-mère n'était que de six ans son aînée, et cette minime différence d'âge le déroutait ; Rosalinde était singulièrement plus avisée que lui et ses jugements dénotaient souvent une profondeur qui ne cessait de le surprendre. En fait, il l'aimait. Elle possédait toutes les qualités qu'il aurait souhaité trouver chez son père, et aucune des faiblesses qui rendaient le chef de famille si pitoyable.

« Vous embellissez d'année en année, dit-il. Et père ne sera pas là pour vous voir à votre plein épanouissement.

— Il nous enterrera tous les deux, prédit-elle.

— Ça n'est pas ce que je voulais dire.

Quand Mark retourna à Patamoke pour surveiller les travaux d'agrandissement de l'entrepôt, il espérait que Nelly Turlock ne se manifesterait pas avec son habituelle désinvolture afin d'exiger des dividendes pour sa famille, mais elle continua d'apparaître, insolente, provocante, d'une assurance insupportable. Elle avait un flair étonnant pour repérer un nouvel arrivage de Londres et un appétit si vorace qu'une partie non négligeable de chaque cargaison semblait lui être destinée. Un après-midi, Mark calcula que Nelly Turlock dilapidait un peu plus du double de ce qui était alloué à Rosalinde, et quand il montra les chiffres à celle-ci, elle lui fit remarquer :

— Il y a davantage de Turlock dans le marais que de Steed sur l'île.

Cette réflexion n'était pas tout à fait exacte. Henry et Paul, fils d'Edmund qui s'était installé à Jamestown en 1607, avaient, à eux deux, engendré huit enfants — le grand-père de Mark, le capitaine Earl Steed, était l'un d'eux — et ceux-ci n'avaient pas tardé à donner naissance à des rejetons ; de ce fait, Devon Island comptait de nombreux Steed qui vivaient dans la grande maison et un nombre à peu près égal dans des cottages annexes. En réalité, l'île devenait si peuplée que Rosalinde jugea que des mesures s'imposaient. Son mari grommela comme à l'accoutumée :

— Tous les Steed peuvent vivre sur cette île aussi longtemps qu'ils le souhaiteront.

Rosalinde ne prêta aucune attention à ces protestations. Au contraire, elle en appela à Mark et lui exposa les raisons qui la poussaient à souhaiter le départ de certains membres de la famille, lui faisant remarquer que l'île devenait surpeuplée. Il convint qu'elle voyait juste, et lui accorda son soutien.

Un jour, la seconde épouse, l'étrangère venue de Virginie, rassembla les membres du clan dans la pièce aux vieux étains et dévoila son plan :

— La grande maison restera inchangée...

Par la suite, certains des Steed devaient se rappeler qu'elle avait prononcé ces paroles avec une certaine hésitation, comme si elle doutait de la pérennité de la maison.

« ... et les enfants de la génération suivante, ceux qui assureront l'administration du domaine, resteront ici. Par là, j'entends Mark... et son épouse quand il en prendra une. Nous garderons le Cottage du Héron à la disposition des membres de la famille, ainsi que Holly Hall, mais nous convertirons les autres maisons en logements pour les esclaves.

Ces paroles soulevèrent de bruyants commentaires, mais elle se montra inflexible.

« Les petits baraquements doivent disparaître. Ce sont des taudis.

Elle attendit que les protestations se fussent apaisées.

« Nous avons, Mark et moi, exploré nos terres. La berge nord du Choptank offre d'excellents emplacements. Chaque famille devra choisir celui qui lui convient. Deux cent cinquante hectares de terre seront alloués à chaque maison construite.

Les protestations se firent véhémentes; certains repoussèrent le projet, mais Rosalinde ne s'inclina pas pour autant.

« J'ai découvert un site exceptionnel; il me semble que deux ou trois familles pourraient s'y installer. L'endroit me paraît même plus beau que l'île. Bien aménagé, il deviendrait un paradis.

Le flot des protestations s'apaisa. Les Steed n'acceptaient pas d'un cœur léger l'autorité de Rosalinde sur des questions aussi importantes pour la famille, mais ils la savaient avisée et, si elle déclarait que l' « un des emplacements de la grande terre était plus attrayant que l'île », ils étaient prêts à l'écouter.

« Prenez un bateau, rendez-vous jusqu'à l'extrémité ouest du marais de Turlock et entrez dans Dividing Creek. Dépassez l'anse et, sur la berge ouest, vous découvrirez l'embouchure d'une splendide rivière. Remontez-la sur sept cents mètres environ et vous parviendrez à un confluent. C'est le terrain situé entre ces deux bras d'eau que je vous recommande. On m'assure qu'un chef indien y a vécu et, dans l'acte de propriété que notre famille a acheté à Janney, l'endroit s'appelle le Refuge.

Par ces paroles, elle donnait le départ à une véritable course. De nombreux concurrents embarquèrent dans leurs sloops et rallièrent Divinding Creek pour évaluer l'intérêt présenté par le majestueux triangle que Pentaquod, chef des Choptanks, avait choisi autrefois.

Il était stupéfiant de constater à quel point ce terrain privilégié, rasé par les incendies de défrichage en 1631, était revenu à la vie. Pendant huit années, les champs avaient produit un oronoco de qualité moyenne, puis le tabac avait si rapidement épuisé les matières minérales du sol que les Steed avaient estimé préférable d'abandonner le triangle et de défricher d'autres terres.

Sur les champs abandonnés, les oiseaux de passage avaient semé des graines et celles-ci s'étaient transformées en cèdres qui poussaient comme du chiendent. Puis, glands et noix germèrent, prirent racine, et chaque vent d'automne déposait là des gordonias que suivaient les baies de houx déposées par les oiseaux en hiver. Au bout de cinquante ans, la terre était redevenue aussi belle qu'à l'époque où Pentaquod l'avait découverte et chérie. Les chênes géants vieux de quatre siècles avaient disparu, ainsi que les gordonias d'un âge vénérable, mais seul un œil très exercé aurait remarqué leur absence car la terre avait recouvré la santé : le feu, la culture intensive, et tous les abus qu'on lui avait fait subir n'avaient pas réussi à détruire ce sol magnifique. Il lui avait suffi d'un sommeil de soixante-dix ans pour recouvrer sa richesse.

Cette terre était somptueuse quand la cinquième génération des Steed d'Amérique vint la redécouvrir : chevreuils et castors abondaient, oies et canards se disputaient les endroits pour s'y reposer, les derniers ours et loups de la région y avaient élu domicile et, dans les petits marécages formés par les cours d'eau qui se mêlaient, des milliers d'espèces diverses proliféraient. Une fois de plus, là s'offrait un paradis avec des perspectives enchanteresses et, au moment où la nuit se dissipait, où le soleil se libérait de l'ombre et surgissait à l'est, des hérons bleus s'envolaient vers leurs anciens territoires, sondant les fonds vaseux de ruisseaux, déchirant l'aube de leurs cris.

Lorsque Fitzhugh restait à Devon, la vie sur l'île ne manquait pas de charme. C'était un homme agréable qui aimait ses enfants et appréciait la vie de la plantation. Il se laissait même aller à l'excitation quand une cargaison d'esclaves arrivait d'Haïti ou quand un bateau de la flottille familiale appareillait à destination de Londres chargé de barils d'oronoco. Il ne cachait pas sa joie lors de ces jours heureux qui n'intervenaient qu'une ou deux fois l'an ; quand les bateaux venant d'Europe apportaient le courrier, il disposait avec soin les lettres sur la grande table de la cuisine et, sans les ouvrir, essayait de deviner de qui elles émanaient, et quelles nouvelles elles contenaient.

Il se montrait courtois avec son épouse et exigeait que tous agissent de même envers elle. Par badinage, il l'appelait « Mistress Roz » et paraissait satisfait de la façon dont elle gérait la plantation. En tout cas, il n'intervenait jamais dans les ordres qu'elle donnait, mais son approbation tacite se teintait de condescendance, comme si les responsabilités de son épouse faisaient partie d'un jeu puéril auquel il ne prenait aucun intérêt.

Depuis qu'ils faisaient chambre à part, son attitude envers elle tenait de celle d'un oncle indulgent et Rosalinde acceptait ce traitement sans se plaindre ; elle comprenait qu'il la traitait ainsi parce qu'il avait conscience de son incompétence. Elle prenait des décisions épineuses parce que, toute sa vie, Fitzhugh avait été enclin à la facilité et, ce faisant, avait gâché la force de caractère qu'il aurait pu avoir.

De son côté, Rosalinde traitait son mari avec déférence et flattait sa vanité. Il était le maître ; les enfants devaient le respecter et, lorsque les revues arrivaient, il allait de soi qu'il fût le premier à les lire. Invariablement, elle s'adressait à lui sans user d'un diminutif et veillait à ce que les enfants parlent de lui en disant « père ». Elle portait une attention exagérée aux opinions qu'il émettait et les approuvait avec enthousiasme en présence des enfants, tout en se promettant de n'en tenir aucun compte.

Fitzhugh n'avait jamais ressenti l'ombre d'un attachement quelconque pour son épouse. A ses yeux, elle était une grande femme gauche, à la voix trop forte, et il eût été stupéfait de découvrir qu'elle recelait tous les émois d'une jeune et ravissante personne de dix-sept ans. Au cours des premiers mois de leur mariage, elle avait sincèrement aimé cet homme insouciant, superficiel, et avait éprouvé une joie sans bornes à sa première grossesse ; même lorsqu'elle eut pris conscience de sa médiocrité, elle tenta de lui garder son amour mais, à présent, elle réagissait vis-à-vis de lui comme elle aurait pu le faire devant un chiot amusant et enjoué : c'était amusant de l'avoir dans les jambes à la maison sans que cela portât à conséquence.

Il s'assurait aussi que la grande maison fût toujours bien approvisionnée en vivres ; ainsi, deux esclaves chassaient en permanence afin qu'il y eût constamment du gibier en réserve. Au cours de la même semaine, les Steed mangeaient de la venaison, de l'agneau, du rat musqué, du canard, de la dinde et parfois du porc. Mais le plat que Fitzhugh préférait entre tous était l'alose sur un lit d'oignons très relevés. Lorsqu'on en servait, les enfants rechignaient à cause des arêtes, mais il les réduisait au silence en leur affirmant que « l'alose développe le cerveau, parce que si l'on n'est pas assez malin pour éviter les arêtes, on n'est pas assez malin pour la manger ».

Ce n'était pas Rosalinde mais lui qui surveillait les cuisines, et il apprit aux trois esclaves qui y travaillaient quelles étaient ses préférences en matière de cuisson du pain, et la façon dont il fallait procéder pour faire de la gelée avec des pieds de veau. Il se montrait pointilleux sur la manière dont étaient accommodées les deux denrées de base, huîtres et crabes, et il affirmait à ses visiteurs que, nulle part au Maryland, on ne pouvait trouver de meilleures galettes de crabe qu'à Devon.

Selon lui, aucun banquet n'était digne de ce nom si, en sus des six viandes, sept légumes et huit desserts, il ne comportait pas de grandes assiettées d'huîtres et de galettes de crabe. Généralement, quand la table était dressée, il se rejetait en arrière sur sa chaise et, à sa façon chaleureuse, disait aux invités :

— Quand Mistress Roz a quitté l'autre côté de la baie pour m'épouser, sa famille de Virginie l'a accompagnée jusqu'au bateau en pleurant. « Tu vas au Maryland ! Tu mourras de faim ! » Et comme vous pouvez le constater, c'est bien le cas.

Fitzhugh s'occupait aussi personnellement de la cave et veillait à ce qu'elle fût bien pourvue en bourgogne, porto et madère ; si ces deux derniers venaient à manquer dans les plantations voisines, il subvenait généreusement aux besoins jusqu'à l'arrivée des bateaux attendus. Il surveillait la façon dont ses esclaves préparaient le cidre que la famille consommait en quantité, mais lui seul préparait les trois breuvages pour lesquels Devons devint célèbre. Le lait caillé à la bière était servi pendant la plupart des repas : « Un tiers de lait, un tiers de crème, un tiers de bière au citron, jaune et vert, avec un soupçon de cannelle. » On apportait le posset — lait caillé et vin chaud assaisonné d'épices — avant que chacun regagnât sa chambre, car il invitait au sommeil et constituait un excellent digestif. Le persicot était réservé aux grandes occasions. Conservé dans des cruches, de couleur ambre, on le servait après le dessert afin de rendre l'haleine agréablement parfumée. Fitzhugh en parlait ainsi : « J'avertis les esclaves afin que, pendant six semaines, ils mettent de côté tous les noyaux de pêche, d'abricot et même de cerise. Lorsque je dispose d'une quantité suffisante, je les coupe chacun en quatre et les fais mariner dans le cognac auquel j'ajoute des clous de girofle et de la cannelle. Au bout de trois mois, je verse sur le mélange un peu d'eau sucrée ; ensuite, plus il s'écoule de temps, meilleur c'est. »

Rosalinde se chargeait des responsabilités plus prosaïques, notamment des soins médicaux exigés par tous les habitants de la plantation. Certains matins, le petit bâtiment situé devant la maison devenait une véritable infirmerie où se tenaient en rangs, attendant d'être soignés, plusieurs membres de la famille Steed, trois ou quatre domestiques blancs et une douzaine d'esclaves. Une longue expérience de la vie dans une plantation lui avait permis de connaître les remèdes les plus appropriés aux maux allant de pair avec la culture du tabac : ipéca pour provoquer les vomissements, sels laxatifs pour l'effet opposé, huile de genièvre pour les affections pulmonaires, essence de colchique pour soulager les spasmes, axonge pour les brûlures.

Elle recourait volontiers à l'huile de lin chaude badigeonnée et recouverte de linges ; cette application apaisait le feu des congestions. Elle utilisait aussi le tartre stibié pour guérir les embarras gastriques et, dans un flacon enfermé dans une armoire dont elle seule possédait la clef, se trouvait du laudanum, précieux en cas d'amputations ou d'extractions dentaires.

Contrairement à certaines plantations situées de l'autre côté de la baie, celle des Steed constituait un centre d'activités. Chacun des rejetons mâles approchant de la majorité avait appris à cultiver les champs, fabriquer les tonneaux, traiter l'oronoco, et calculer les bénéfices. A un moment quelconque, la plupart d'entre eux avaient travaillé dans l'entrepôt familial de Patamoke, d'autres s'étaient embarqués en tant que marins pour naviguer jusqu'à Bristol. Le mépris dans lequel beaucoup de gentilshommes anglais tenaient le commerce n'avait pas cours chez les Steed ; la famille avait prospéré, en partie grâce au tabac, en partie grâce aux multiples activités qui y étaient associées et, certaines années, quand l'oronoco se vendait mal à Bristol et à Londres, les Steed continuaient à tirer un revenu intéressant des tonneaux, peaux de castor, bateaux et, par-dessus tout, de leur comptoir. Il était difficile pour celui qui vivait le long du Choptank de ne pas payer un tribut aux Steed sous une forme ou une autre.

Une existence agréable en somme. Mais, parfois, quand Rosalinde regardait son sémillant mari jouer avec les enfants, elle ne pouvait s'empêcher de penser : « Si seulement il comprenait qu'une femme laide peut aussi aimer ! » En de tels moments, elle éprouvait un profond ressentiment à l'encontre de Dieu qui l'avait faite laide. Puis quand la crise arrivait à son paroxysme, elle se jurait farouchement : « Je ne céderai pas. Je ne tomberai pas à son niveau. Laide ou pas, je m'efforcerai de tirer le maximum de moi-même. »

Le comptoir de Patamoke comptait parmi ses clients une jeune fille quaker de dix-huit ans, à l'air grave. Vêtue de gris austère, coiffée d'un bonnet dont les cordons flottaient librement sur ses épaules, elle possédait cette peau laiteuse qui confère la beauté à n'importe quelle femme ; dans son cas, les traits fins étaient si harmonieusement équilibrés, si plaisants que, chaque fois qu'elle entrait dans le magasin, Mark Steed ne pouvait s'empêcher de la comparer à l'agressive femme Turlock. Il la comparait aussi à sa mère et, jugeant d'après un passage de Shakespeare que celle-ci lui avait lu, pensait : « Puisqu'elle est jolie, sans doute est-elle stupide. »

Afin de s'en assurer, il tenta à plusieurs reprises d'engager la conversation avec elle, mais en vain. Elle était venue au magasin pour y chercher des marchandises nécessaires au chantier naval, et elle ne se laissait pas distraire. Elle n'accordait aucune attention aux chatoyants tissus de Paris, et ni elle ni aucun des autres Paxmore n'appréciait la dentelle de Bruges ou les cuivres de Gand. Elle semblait presque retardée, ombre grise apparaissant mystérieusement sur la jetée après avoir débarqué de la chaloupe manœuvrée par son père, muette, grave, insensible aux galanteries.

De retour chez lui, il fit une remarque sur l'étrange comportement de la jeune fille.

— Quand comptes-tu te marier, Mark ? demanda brutalement Rosalinde.

— Avant de quitter Londres, je m'étais plus ou moins engagé auprès de Louise Fithian.

— Londres ? Je pensais que tu choisirais une épouse dans la région.

— Louise Fithian est charmante, je vous assure.

Et il énuméra les qualités de la jeune fille avec un enthousiasme qui ravit sa mère.

— As-tu son portrait ?

Il l'avait. Une silhouette, découpée par un Français habile dans le maniement des petits ciseaux, qui montrait le profil banal d'une beauté boudeuse et dénuée de personnalité.

« Elle paraît très séduisante, marmonna Rosalinde sans enthousiasme.

Elle considéra de nouveau le portrait.

« Je me demande s'il est très judicieux de faire venir une épouse de Londres. Je me pose vraiment la question.

— Notre ancêtre Edmund a fait venir Martha par correspondance. Il ne l'avait jamais vue avant qu'elle débarque ici, sur la jetée.

— C'était une fugitive. Persécutée à cause de sa religion.

— C'est là un autre écueil. Il n'y a pas de jeunes filles catholiques dans la région du Choptank.

— La jeune Fithian n'est pas catholique.

— Non. Mais je la connais.

— Tu connais aussi la petite Paxmore.

— La petite jeune fille grise ?

— Pas si grise que ça.

Et elle insista pour qu'il l'accompagnât à la Falaise-de-la-Paix. Lorsqu'il eut amarré le sloop à la jetée des Paxmore et gravi l'éminence jusqu'à la maison-télescope, elle ne l'entraîna pas vers la jeune Amanda, qui observait la scène avec intérêt, mais le présenta à la vieille Ruth Brinton qui semblait au comble de la fureur.

— C'est épouvantable ! tempêta-t-elle. Sur la place, face au tribunal !

— Que s'est-il passé ? s'enquit Rosalinde.

— La vente légale d'êtres humains.

— Mrs. Paxmore, coupa Rosalinde, on a toujours procédé ainsi, et on le fait aussi humainement que possible. Maintenant, cessez de pester de la sorte.

— Mais hier, on a vendu une mère pour le nord, un père pour le sud et une fillette de neuf ans pour partir en amont du fleuve.

— Nous n'agissons pas ainsi sur l'île, déclara Rosalinde d'un ton uni.

— Qu'un seul le fasse, et nous sommes tous complices, ma chère amie.

— Non, protesta Rosalinde. Chaque famille mène son existence selon ses propres critères, et aucun Steed n'a jamais abusé d'un esclave. Nous avons besoin d'eux et nous les aimons.

— Mais si une famille d'êtres humains peut être traînée sur le quai, devant la porte de l'édifice où l'on est censé rendre la justice...

La vieille dame fut prise de tremblements et Amanda s'approcha pour la calmer.

— C'est une question sur laquelle grand-mère n'a pas obtenu satisfaction, dit-elle, sur la défensive.

— Et c'est à croire qu'elle ne l'obtiendra jamais ! glapit la vieille femme.

— Aux réunions, elle a été plusieurs fois réprimandée, poursuivit Amanda. Mais elle s'obstine. Elle prêche dans le désert.

Elle prononça ces mots avec une telle simplicité qu'elle évoquait une jeune juive sortie tout droit de l'Ancien Testament.

— Je voulais vous présenter mon fils, Mark, dit Rosalinde.

— J'ai entendu dire que c'était un bon petit gars, répliqua Ruth Brinton.

— Et où pouvez-vous avoir entendu ça ?

— Amanda me l'a dit. Elle le voit quand elle va chercher des clous.

Rosalinde remarqua que la jeune quakeresse ne rougissait pas ; elle regardait droit devant elle sans montrer la moindre confusion. Mais le visage de Mark s'empourpra et Rosalinde songea : « Tant mieux. C'est une réaction très humaine et qui le différencie de son père. »

Durant la courte traversée qui les ramenait à Devon, Rosalinde garda le silence, mais dès qu'elle fut seule à la maison avec son fils, elle déclara d'un ton énergique :

— Je tenais à ce que tu rencontres une vraie femme.

Et elle lui narra brièvement l'histoire de Ruth Brinton au Massachusetts et la vie exemplaire qu'elle avait menée à Patamoke où elle était à la fois la conscience des quakers et de toute la communauté.

— Ne me prenez pas pour un imbécile en me parlant de la vieille Mrs. Paxmore. Vous teniez à ce que je rencontre Amanda... chez elle.

— En effet. Je voulais que tu voies ce que peut être un foyer où règne une intégrité sans faille.

— J'aurais peur de m'approcher d'une quakeresse. Cette Amanda pourrait se révéler une véritable virago. Vous avez vu comme elle a pris les choses en main quand vous tourmentiez sa grand-mère ?

— Je ne la tourmentais pas. Seulement, l'esclavage...

— Vous la tourmentiez. Et vous en faites autant avec moi.

Il résolut de ne plus rien avoir à faire avec la petite Paxmore et, à partir de ce moment, il trouva des excuses pour l'éviter quand elle passait au magasin. C'était une jeune fille réservée, d'un commerce difficile et, de façon assez indéfinissable, réfrigérante ; à vrai dire, elle lui faisait peur.

La recherche d'une épouse trouva une conclusion par une voie assez détournée. Avec le convoi d'octobre, Rosalinde reçut une lettre des plus déconcertantes, émanant des Fithian.

> Peut-être verrez-vous une certaine inconvenance dans la liberté que nous prenons, puisque vous n'êtes plus concernée par les affaires de Virginie, mais nous estimons prudent de vous avertir confidentiellement que la situation financière de la plantation Janney sur le Rappahannock périclite. Le rendement des champs a diminué, de même que la qualité du tabac parfumé. A chaque convoi, on nous expédie un tabac de plus en plus médiocre et nous recevons des commandes de plus en plus importantes de marchandises coûteuses. Pour parler franc, votre famille est au bord de la faillite et aucun de ses membres ne semble en avoir conscience.
>
> Nous avons noté avec admiration la façon dont vous avez, avec Mark, administré vos plantations du Maryland, ce qui place celles-ci au tout premier rang. La diversification de vos activités est l'une des causes de votre réussite, et nous avons remarqué qu'il vous arrive rarement de commander quoi que ce soit qui ne contribue pas à la prospérité de votre entreprise. Ne pourriez-vous traverser la baie avec Mark pour inciter votre famille à suivre votre exemple ? Deux fois dans le passé, nous avons dû reprendre possession de ce qui est actuellement la plantation Janney et nous ne souhaitons pas recommencer dans un avenir prochain. Louise Fithian adresse son meilleur souvenir à Mark et lui souhaite bonne chance dans son entreprise.

Les esclaves reçurent l'ordre de préparer le *Belle-Rosalinde*, qui appareilla avec à son bord Mrs. Steed et son fils pour les conduire jusqu'aux berges du Rappahannock. L'ampleur de la dégradation intervenue dans l'affaire familiale et l'inaptitude des gendres Janney à redresser la situation s'avérèrent moins attristantes que le mépris qu'éprouva Rosalinde à l'encontre de ses jeunes sœurs.

Missy et Letty avaient dépassé la trentaine ; chacune était mère de plusieurs enfants, et elles restaient l'une et l'autre aussi vides qu'une femme peut l'être. Elles semblaient ignorer tout ce qui touchait à la plantation et, quand Rosalinde évoqua brutalement la catastrophe qui menaçait, elles ne purent que gémir. Jamais elles n'entraient dans les cuisines et se déchargeaient de toutes les préoccupations ménagères sur leurs esclaves ; elles ne savaient rien des prodigalités de la famille et considéraient les bateaux des Janney comme de simples transporteurs des marchandises venant directement de Londres dans leurs salons. Ce qui partait de la plantation à destination de Londres ne les concernait pas.

Plus affligeant encore aux yeux de Rosalinde et de Mark, elles préparaient leurs ravissantes filles à mener la même existence : lever à dix heures, lourd repas à midi, un peu de travaux d'aiguille, mais jamais quoi que ce soit d'utile, sieste dans l'après-midi, visites, bavardages, toilettes, lourd repas le soir, un doigt de sherry pendant que les hommes buvaient du porto, et ignorance de ce qu'était un séchoir à tabac.

Ce fut Mark qui comprit l'effroyable rançon de ce système.

— Le gaspillage des épouses ne peut être évité ; c'est la destruction des hommes qui est pénible. Si vos sœurs me répètent encore une fois : « Rosalinde peut s'occuper des affaires, c'est la plus intelligente d'entre nous », je sens que je vais éclater. L'une ou l'autre aurait pu être aussi intelligente que vous, Rosalinde ; elles auraient pu l'être, je le sais, et elles ont gâché leur vie, celle de leur mari, et maintenant, elles laissent péricliter la plantation.

— Vous n'avez pas entièrement raison, répliqua Rosalinde. Pour qu'une femme devienne... pour qu'une femme sache exploiter ses dons, il lui faut un exemple. Elle ne peut pas découvrir la vérité toute seule.

— Quel exemple avez-vous eu ?

— William Shakespeare.

— Qu'entendez-vous par là ?

— J'entends que j'étais une fille laide ; aucun prétendant ne se manifestait... et devant la disgrâce que Dieu m'avait infligée, mon unique consolation était la lecture. J'ai lu tout ce gros livre que vous voyez là-bas, sur la table près de la fenêtre, et je suis persuadée qu'il n'a pas été ouvert depuis mon départ.

— Je n'ai jamais rien compris à Shakespeare, répondit Mark avec franchise.

— Ni moi non plus... tout au moins au début. Il faut être opiniâtre et essayer trois ou quatre fois.

— Nous ferions mieux de partir, Rosalinde. Nous ne pouvons rien pour votre famille. Elle est condamnée.

— Maintenant, nous devons essayer pour la troisième et la quatrième fois, répliqua Rosalinde.

Et ils passèrent deux tristes mois à tenter de remettre la plantation Janney sur pied. Mark travailla avec les gendres, tous deux plus âgés que lui, leur expliquant comment ils devaient surveiller leurs champs les plus éloignés et équilibrer leurs comptes.

— Ne commandez aux Fithian que ce qui vous permettra d'améliorer ce que vous possédez. Ou vous faites en sorte de produire de nouvelles cultures, ou vous allez tout droit à la faillite.

Rosalinde se montrait encore plus impitoyable ; sans trahir les confidences des Fithian, elle obligea ses sœurs et beaux-frères à se pencher sur les comptes des quatre années écoulées et elle leur montra la chute vertigineuse de leur fortune.

— Plus de vêtements importés d'Europe ; seulement de gros et robustes tissus. Vous pouvez apprendre à coudre. Plus de voyages coûteux ; vos enfants feront leurs études en Virginie. Trois esclaves dans la maison, les autres affectés à un travail productif.

— Quel travail ? gémit Letty.

— Dieu est témoin de ta sottise ! Tu demandes quel travail, et les comptes prouvent que vous achetez des souliers, des tonneaux, des habits, du mobilier que les Fithian importent de Flandre. Arrêtez ! Cessez tous ces achats ridicules et faites toutes ces choses vous-mêmes !

— Je ne peux pas fabriquer du mobilier, rétorqua Letty.

— Alors, apprenez aux esclaves à le fabriquer.

— Comment ?

— Les manuels ne manquent pas. Si vous aviez importé des livres...

— Ça te va bien de dire ça. C'est toi qui as toujours été la plus intelligente.

Écœurée, Rosalinde abandonna ses jolies sœurs ; elles ne pouvaient plus être sauvées. Mais leurs maris avaient une mince chance de salut.

— Si vous déployez tous vos efforts pendant cinq ans, vous réussirez peut-être à sauver le domaine. Sinon, ce sera la faillite et, lors d'un convoi, les Fithian ne vous adresseront pas des colis de dentelles et de soieries, mais ils vous dépêcheront un directeur pour organiser la vente de la propriété à des personnes plus qualifiées.

Les larmes lui montèrent aux yeux quand elle quitta la maison de son enfance, ce domaine ravissant et paisible avec ses pelouses à perte de vue ; mais sa nostalgie ne tempéra pas sa fureur, et lorsque le trois-mâts approcha de l'embouchure du Rappahannock, elle s'assit à côté de Mark et aborda avec audace le problème qui la préoccupait.

— Quand le bateau approchera de Devon, tu me laisseras débarquer sur le promontoire et j'effectuerai le reste du trajet à pied.

— Pourquoi ?

— Parce que tu continueras jusqu'à la Falaise-de-la-Paix, et c'est là que tu débarqueras. Tu graviras la colline et tu demanderas à Richard Paxmore la main de sa fille Amanda.

— Mais...

— Mark, tu as vu l'alternative. Si des hommes forts tels que toi n'épousent pas les meilleures d'entre les femmes, que deviendra l'humanité ?

— Elle n'est pas catholique.

— Je n'ai aucun commentaire à formuler. Je n'en ai pas car ce que tu viens de dire est hors de propos.

— Mais les quakers...

Il marqua une pause.

« Regardez la vieille dame. Elle n'est que feu et flammes.

— Moi aussi, je suis feu et flammes. Quand j'aurai soixante-dix ans, les habitants du Choptank me haïront parce que je n'aurai jamais cessé d'être forte. Je ne capitulerai jamais, et je ne resterai pas impassible en voyant le meilleur des Steed, leur plus grand espoir, commettre des erreurs ridicules. Louise

Fithian est rayée. Maintenant, tu vas épouser une vraie femme.

Amanda ne montra aucune surprise lorsque Mark Steed vint lui proposer le mariage et, par la suite, quand Rosalinde se présenta à la Falaise-de-la-Paix pour arrêter les détails, la jeune fille sortit de sa réserve pour lui confier :

— Je savais que cela prendrait du temps.

Elle se montra aussi résolue qu'à l'accoutumée et prit une décision qui étonna sa famille.

— Mark est catholique ; nous serons donc mariés par un prêtre.

Et ce fut le sloop des Paxmore, pas un bateau des Steed, qui appareilla pour Annapolis afin de ramener le père Darnley.

Fitzhugh Steed ne prit aucune part à ces décisions. Au sujet des difficultés de la plantation Janney, il dit :

— C'est votre famille, Roz. Faites pour le mieux.

Quand son fils lui annonça qu'il épousait la fille Paxmore, il commenta :

— Les femmes se valent toutes. Je n'ai jamais souffert d'avoir épousé une protestante.

Il ne surveillait plus guère son langage et usait fréquemment du dialecte en vigueur chez les riverains. Parfois, plusieurs jours s'écoulaient sans qu'on le vît à Devon, et Rosalinde s'habitua à le suivre des yeux lorsqu'il montait dans une embarcation, seul, et descendait la rivière pour se rendre au marais. Il restait muet sur la fille Turlock et, par un curieux hasard, Rosalinde n'avait jamais eu l'occasion de rencontrer Nelly. Mark passait la majeure partie de son temps avec Amanda, et il n'avait plus l'occasion de s'occuper du comptoir de Patamoke ; la source de renseignements concernant la maîtresse de Fitzhugh s'était ainsi tarie.

Rosalinde évoluait dans un monde étrange : épouse d'un homme qu'elle connaissait à peine et dont elle ne partageait plus la couche, directrice d'une vaste plantation appartenant à d'autres. Maintenant que Mark et Evelyn avaient fondé un foyer, toute sa tendresse se concentrait sur ses trois enfants. Samuel, huit ans, laissait présager une personnalité comparable à celle de Mark. Intelligent, il avait des réactions rapides, mais déjà il affichait la même propension que son père à la légèreté, la séduction, et Rosalinde se demandait souvent s'il parviendrait jamais à construire sa vie sur une base solide.

Pierre, de deux ans son cadet, qui portait le nom d'un ami de son mari, rencontré au collège de Saint-Omer, se montrait plus calme, un vigoureux petit bonhomme aux cheveux roux. Il paraissait aimer les animaux et les endroits tranquilles du jardin boisé, et faisait preuve d'une véritable passion pour la langue française qu'il parlait avec son père. Rosalinde avait le sentiment de ne pas connaître Pierre car il avait un caractère têtu et renfermé, mais ce qu'elle voyait en lui lui plaisait. « Il ferait un bon quaker », dit-elle un jour où il avait obstinément refusé d'obéir.

Rachel était irrésistible ; cette petite personne rieuse de cinq ans donnait à penser qu'elle deviendrait aussi étourdie que ses tantes de la plantation Janney. Elle flirtait avec son père dans les rares occasions où elle le voyait, et déployait une adresse diabolique pour manœuvrer ses aînés. Elle semblait douée d'une intelligence supérieure, et usait volontiers de mots trop compliqués pour qu'elle pût les comprendre. « Pierre est perceptif », disait-elle, entendant par là que son frère était d'un commerce difficile. Chaque fois que Rosalinde surprenait la fillette en train de jouer la comédie ou d'abuser de ses privilèges, elle pensait : « Le bon sens lui viendra en grandissant. » Rosalinde croyait beaucoup au bon sens et priait pour que ses enfants en soient dotés.

L'affection dont elle faisait montre à l'égard de ses enfants surprenait les visiteurs car on croyait volontiers que l'intelligence allait de pair avec la sécheresse de cœur ; raisonnement qui incitait nombre de citoyens de Patamoke à excuser la liaison de Fitzhugh avec la fille Turlock. « Pauvre homme, il doit faire bien froid dans sa chambre à coucher ! » Pourtant, les trois délicieux bambins démentaient cette boutade ; il est vrai qu'ils étaient le fruit de la passion de Rosalinde, pas de celle de son mari.

Elle était même la meilleure mère que les Janney ou les Steed eussent jamais produite ; une femme aimante, attentive, compréhensive, ayant une juste vision de l'avenir de ses enfants. Elle leur apprenait à compter, exigeait qu'ils lisent des ouvrages d'un niveau supérieur à leurs capacités. Elle harcelait son mari afin qu'il se mît en quête d'un précepteur pour la famille ; elle faisait remarquer que s'il en arrivait un de Londres qui se montrât satisfaisant, tous les enfants Steed vivant sur le continent pourraient s'installer à Devon et y apprendre le latin.

— Vous avez tout fait pour éloigner les Steed de l'île et maintenant vous proposez d'y ramener les gosses, bougonna Fitzhugh.

Sur quoi il refusa tout net de chercher un précepteur.

Elle doutait de ses capacités à enseigner à ses fils plus que ses propres rudiments de connaissances, quand elle entendit parler d'une mission jésuite récemment installée à Bohême, un domaine isolé au nord de la côte est. Cet ordre avait opté pour cet endroit très retiré afin de ne pas attirer l'attention des protestants fanatiques qui avaient une fâcheuse propension à incendier les bâtiments papistes et à persécuter les jésuites qu'ils soupçonnaient de vouloir restaurer le catholicisme au Maryland. Rosalinde se promit de mener son enquête sur l'institution, mais elle remit cette démarche à plus tard.

Par une froide matinée de décembre 1710, elle aperçut à son réveil l'île couverte de neige. De sa fenêtre, elle contemplait le manteau blanc qui rehaussait les baies rutilantes des houx et les branches dénudées du chêne quand elle vit ses trois enfants, bien emmitouflés, franchir la porte d'entrée en courant vers les talus. Tout d'abord, elle s'amusa de la scène et les observa avec intérêt ; bientôt, ils disparurent en direction de la jetée, puis revinrent en gambadant. Les larmes aux yeux, Rachel protestait, accusant ses frères de l'avoir criblée de boules de neige ; lorsque ceux-ci s'approchèrent pour la réconforter, elle leur écrasa ses mitaines en pleine face, les barbouillant de la neige qu'elle cachait derrière son dos.

Ce jeu puéril, sous le soleil rouge de décembre qui posait ses reflets sur les visages enfantins, avertit Rosalinde que le moment était venu de les éloigner de Devon pour les plonger dans les mathématiques, les œuvres de Shakespeare et les écrits des philosophes catholiques. Les garçons, à peine âgés de huit et sept ans, commençaient déjà à perdre leur temps.

Dès que la neige cessa de tomber, elle donna ordre aux esclaves de préparer le sloop et, par une journée ensoleillée et calme, elle habilla chaudement ses fils et les embarqua. Elle était si résolue qu'elle ne songea même pas à consulter Fitzhugh pour cette décision cruciale mais, même si elle l'avait voulu, elle ne l'aurait pu puisqu'il était au marais.

Ils naviguèrent vers le nord au-delà de la latitude d'Annapolis, passèrent la superbe embouchure du Chester, s'engagèrent sur l'Elk d'où ils s'enfoncèrent dans Bohemia River. Le sloop progressa à la voile aussi loin que possible avant d'avoir recours aux avirons. Les personnes auxquelles ils demandèrent leur chemin les considéraient avec effroi et refusaient de les éclairer. Finalement, quand le bateau se fut amarré à la dernière jetée, une femme admit avec réticence :

— Les papistes sont par là, dit-elle en indiquant un minuscule sentier menant à la forêt.

Deux esclaves marchèrent en avant pour secouer la neige des branches retombantes, et deux autres suivirent, portant les minces bagages des garçons. Rosalinde avançait au milieu, sa jupe attachée au-dessus des genoux par une cordelette, tenant Samuel et Pierre par la main. C'est dans cet équipage que les Steed arrivèrent chez les jésuites.

Ils furent reçus par un prêtre qui administrait un domaine de trois cent vingt hectares dont une faible partie était cultivée ; le reste consistait en forêts non explorées. L'église de la mission, construite en bois, était petite, tout comme le presbytère où logeaient les frères, guère plus qu'une cabane aux planches disjointes.

— Nous n'avons pas d'école ici, dit le prêtre.

— Je ne m'attendais pas à en trouver une, déclara Rosalinde.

— Que pouvons-nous faire pour vos fils ?

— Vous pouvez leur apprendre à étudier... à lire le latin... à devenir des hommes.

Elle se montra si persuasive et offrit avec tant de chaleur d'indemniser les jésuites que le prêtre ne put lui opposer un refus. Il invita le groupe à passer la nuit sur les lieux ; les esclaves coucheraient dans un coin de la mission, les Steed à même le sol devant l'âtre. Alors que la journée tirait à sa fin et que le feu projetait des ombres sur les fenêtres aux carreaux de papier huilé, la conversation roula sur le Maryland et les Steed.

— J'ai entendu parler de votre famille. Votre mari n'a-t-il pas fréquenté un séminaire en France ?

— Il n'a rien d'un séminariste, dit-elle doucement, en se recroquevillant dans l'espoir de garder un peu de chaleur. Mais il a bien fait ses études en France, ainsi que mon fils Mark... A Saint-Omer.

Le prêtre la dévisagea ; l'âge de cette femme n'autorisait pas à croire qu'elle eût un fils assez vieux pour être déjà sorti de Saint-Omer.

« Mon beau-fils, expliqua-t-elle. Il a épousé une jeune quakeresse. Et moi non plus, je ne suis pas catholique.

— Mais vous amenez vos fils ici ?...

— Père, je ne veux pas que mes fils soient des sauvages. C'est tout.

— Oui, bien sûr, marmonna le prêtre.

Et il énuméra les raisons qui rendaient impossible le séjour des enfants à la mission : manque de place pour les loger et de nourriture décente, absence de manuels scolaires, de professeurs, précarité de ce lieu déshérité. Lorsqu'il eut achevé, Rosalinde déclara :

— Parfait. Je vous les laisserai et repartirai demain matin.

Ce fut une bénédiction du ciel qu'elle eût obligé les jésuites à garder ses fils car, lors du voyage de retour, comme le sloop s'apprêtait à remonter le Choptank, l'esclave qui tenait la barre s'écria :

— Des pirates !

Et droit devant, fondant sur eux à une distance d'environ deux milles, se profilèrent deux vaisseaux des Caraïbes aux flancs hérissés de bouches à feu, aux ponts encombrés de forbans. Les flibustiers avaient prévu d'envahir la baie en hiver, car aucun navire de guerre anglais n'y montait la garde. A présent, avec leur armement puissant, ils étaient libres de piller, de saccager à volonté.

Rosalinde gagna précipitamment l'avant du sloop et se livra à un rapide calcul fondé sur les années passées dans la baie : « Le vent nous est favorable. Nous pouvons atteindre la rivière avant qu'ils nous aient rejoints. » Et, sans hésitation, elle donna ordre au capitaine de régler la voilure et de forcer l'allure du sloop afin de gagner sans retard le Choptank.

En se rapprochant de l'île, ils hurlèrent et adressèrent des signaux optiques, espérant prévenir du danger qui menaçait, mais personne ne les vit ni ne les entendit. Ils remontèrent donc vivement le Choptank, et aperçurent derrière eux avec effroi les deux bateaux pirates qui embouquaient la passe. Les quatre esclaves, sachant que les flibustiers capturaient les Noirs pour les revendre à Haïti, les redoutaient davantage encore que Rosalinde et, lorsque le promontoire masqua le vent, ils souquèrent énergiquement sur les avirons, espérant maintenir la distance qui les séparait des bateaux pirates.

Afin de couper la route au sloop, le vaisseau pirate de tête lâcha une bordée ; les lourds boulets firent jaillir des gerbes d'écume non loin de l'endroit d'où Rosalinde lançait ses ordres. Les grondements se répercutèrent dans l'air hivernal, et les habitants de l'île prirent conscience du danger qui menaçait.

Durant de longues minutes, tandis que les gros bateaux se rapprochaient, rien ne se produisit, puis Rosalinde s'aperçut avec soulagement que, sur l'île, on avait mis à l'eau une longue embarcation manœuvrée par des esclaves ; lorsque celle-ci se rapprocha, elle distingua, à l'avant, Mark Steed qui criait des ordres aux hommes de nage. En moins de dix minutes, estima-t-elle, les rameurs en renfort seraient à bord du sloop qui pourrait ainsi fausser compagnie aux flibustiers.

C'est alors que le bateau pirate tira un unique coup de canon ; le boulet tomba à proximité immédiate de l'embarcation de Mark, l'éclaboussant et le masquant un instant à la vue de Rosalinde.

— Non ! hurla-t-elle.

Quand la gerbe d'eau retomba, elle vit que Mark, indemne, se dressait à son poste de commandement, et se laissa choir sur le banc comme si sa propre vie venait d'être sauvée.

Les renforts permirent au sloop de maintenir la distance qui le séparait des pirates et d'aborder l'île avant l'entrée de la rivière. Rosalinde et Mark sautèrent à terre.

— Abandonnez les bateaux ! Sauvez-vous ! cria Mark.

Il attendit que les quatorze esclaves aient disparu dans les bois. Il se tenait à la même place lorsque les bateaux des flibustiers se rapprochèrent dangereusement, prenant tout leur temps pour débarquer, conscients qu'aucune résistance ne leur serait opposée.

Rosalinde et Mark se précipitèrent le long des sentiers traversant la forêt pour gagner les champs de tabac où ils crièrent à tous ceux qu'ils rencontraient :

— Les pirates ! Tous à la grande maison !

Lorsqu'ils eurent atteint cette forteresse vulnérable, Rosalinde demanda qu'on lui amenât sa fille, et quand Rachel parut, les cheveux dorés, les yeux bouffis de sommeil, Rosalinde l'embrassa.

— Maintenant, il faut que tu sois brave, lui dit-elle.

Elle demanda à l'enfant où était son père.

— Il n'est pas revenu depuis votre départ, répondit la petite.

Elle donna ordre à Mark de se mettre en quête d'Amanda et,

lorsque la petite épouse quakeresse grosse de plusieurs mois s'avança pesamment, Rosalinde ordonna :

— Il faut vous cacher dans la cave la plus éloignée. Les pirates font subir les pires sévices aux jeunes femmes, même quand elles sont dans votre état.

Puis, elle voulut savoir si d'autres Steed se trouvaient sur l'île et fut heureuse d'apprendre qu'il n'y en avait aucun ; ayant échappé aux épreuves, ils pourraient reconstruire.

« Quand les pirates débarquent, ils ne tardent pas à repartir, commenta-t-elle les dents serrées. Notre tâche consiste à les empêcher de tout détruire.

Maintenant, les bateaux — véritables casernes flottantes — remontaient la rivière, pénétrant avec arrogance dans une eau qui leur eût été interdite si un navire de guerre anglais avait croisé au large. L'île ne disposait d'aucune défense et, au moment où il se rapprochait de la jetée, le bateau de tête lâcha une bordée qui atteignit le premier étage de la maison de bois.

— Oh, mon Dieu ! s'écria Rosalinde qui se tenait, sous le porche. Ça va être encore pire...

Les pirates se ruaient à terre, des hommes maigres, barbus, aux épées scintillantes. Dix débarquèrent, puis quarante, puis cent, qui se dispersèrent à travers les arbres, saccageant tout sur leur passage. Ils ne molestaient pas les esclaves, mais les dirigeaient par groupes vers des bateaux ; en revanche, ils incendiaient leurs logements.

Puis, ils avancèrent vers la grande maison ; quatre-vingts ou quatre-vingt-dix flibustiers, avides de pillage, ivres de destruction. Ils s'approchèrent méchamment, souhaitant que quelqu'un se dressât pour leur opposer une résistance, car ils avaient le courage exubérant de ceux qui savent l'ennemi désarmé. L'un d'eux saisit un brandon dans la hutte en flammes des esclaves et se précipita vers la maison.

— Non ! cria Rosalinde.

Par ce mot, elle ne voulait pas empêcher le forban d'incendier la maison, elle tenait à avertir Mark qu'il ne devait pas opposer de résistance. Mais le jeune homme se précipita au-devant de l'incendiaire en brandissant son pistolet, et lorsque le flibustier continua d'avancer, en agitant la torche à hauteur de sa tête grisonnante, Mark visa, fit feu et l'abattit.

L'enfer se déchaîna. Deux pirates, apercevant leur camarade à terre, le sang giclant de sa blessure au front, accoururent, assoiffés de vengeance. Quatre autres se ruèrent sur Mark, le poignardèrent et le criblèrent de balles longtemps après que la mort eut fait son œuvre. Un autre se précipita comme un fou vers la maison, faisant décrire des cercles à son fusil ; il atteignit la petite Rachel à la tempe et lui ouvrit le crâne. Puis, il se tourna vers Rosalinde, la frappa à plusieurs reprises de la crosse de son arme, s'acharnant sur elle jusqu'à ce qu'elle s'évanouît.

Lorsqu'elle revint à elle, elle se trouvait adossée à un arbre ; des esclaves avaient risqué leur vie pour la traîner jusqu'à un endroit sûr. Reprenant ses esprits, elle vit la plantation en flammes : la grande maison, les logements des esclaves, les cottages où d'autres Steed avaient vécu ; même la jetée brûlait. Et, sous le porche du bâtiment éventré, pillé, elle aperçut le corps disloqué, abandonné au feu, de sa fille.

Une fois le pillage achevé, le capitaine débarqua. Rosalinde l'observa avec une haine farouche tandis qu'il progressait au milieu des arbres qu'elle avait plantés. Jamais elle n'oublierait ce nabot ratatiné, marchant à pas lents, apparemment satisfait du carnage accompli par ses hommes. Il gagna l'endroit où elle se tenait, ordonna à deux flibustiers de la relever, puis tourna autour d'elle comme il eût fait avec une esclave au marché.

— Je m'appelle Henri Bonfleur, dit-il. J'ai déjà eu affaire à votre famille.

Sur quoi, il la gifla, puis se tourna vers ses hommes.

« Libérez-la. Elle est trop laide pour nous.

Il lui décocha dans l'estomac un coup de pied qui la fit tomber à la renverse. Tandis qu'elle gisait dans l'herbe roussie, il la regarda de toute sa hauteur :

« Cette fois, n'envoyez pas de bateau à Marigot.

Sur le point de la quitter pour examiner le butin, il revint vers elle et lui laboura les côtes de coups de pied.

« Vos hommes ont tué Griscom. Eh bien, contemplez donc ce feu de joie !

Le visage convulsé de haine, il poursuivit son chemin et, quand un de ses subordonnés lui demanda s'il fallait la tuer, il ricana :

« Non. Qu'elle vive pour se souvenir de ce jour.

Hors d'elle, Rosalinde vit les bateaux s'éloigner triomphalement. Puis, avec lenteur, vrillée par la douleur, elle se releva et gagna d'un pas chancelant l'endroit où se terraient quelques esclaves. Elle leur donna ordre de creuser deux tombes dans le cimetière familial, au-delà du grand chêne. Là, elle enterra les enfants sur lesquels avaient reposé ses espoirs : Mark, qui n'était pas de son sang mais dans lequel elle retrouvait sa manière de penser et sa force de caractère, et la petite Rachel à qui sa malice aurait permis de devenir une radieuse héritière. Quand la terre tomba sur leurs corps qu'aucun cercueil ne protégeait, elle céda à la douleur. En cet instant effroyable, elle jura de se venger :

— Messieurs les pirates, fuyez ! Où que vous soyez, nous vous retrouverons !

Désormais, tous ses actes obéirent à la haine qui la consumait ; les pirates devaient être chassés des mers et pendus. Il était intolérable qu'ils pussent impunément saccager les propriétés ; et si le gouvernement de Londres était incapable de protéger la baie, elle s'en chargerait.

Elle fit opérer des transformations sur deux bateaux appartenant à la famille, les équipa de plusieurs rangées de canons dissimulés. Elle augmenta le nombre d'hommes d'équipage, auxquels elle prescrivit un entraînement intensif en vue de repousser un abordage. Fusils et coutelas furent commandés en quantité. A la fin de l'été 1711, ses stratagèmes portèrent leurs fruits. L'un des navires subit l'attaque d'un brigantin pirate dont la voilure lui permettait de manœuvrer par brise légère. Mais le flibustier ne se doutait pas que le capitaine des Steed cherchait à être dépassé ; quand le brigantin se trouva à bonne portée, il dévoila sa batterie de lourds canons dont le feu rasa les superstructures du bateau pirate.

Les flibustiers ne se laissèrent pas impressionner pour autant, car leur tactique consistait à jeter les grappins sur le bateau de commerce, à l'aborder et à décimer l'équipage dans des combats au corps à corps. Cette fois, ce furent les marins du bateau de commerce qui se lancèrent à l'abordage et, à l'aide de coutelas et de pistolets, tuèrent nombre de flibustiers. Ils en enchaînèrent dix-neuf dans l'entrepont et les ramenèrent à Devon.

— Il faut les remettre aux autorités, déclara Steed.

— Dans cette île, c'est vous l'autorité, rétorqua Rosalinde.

Il lui demanda ce qu'elle entendait par là.

« C'est vous qui devez rendre la justice. Prononcez votre sentence.

Devant le refus de son mari, elle envoya les pirates à

Patamoke, où elle demanda que le tribunal condamnât ces assassins à mort et, lorsque la sentence fut prononcée, elle regarda construire le gibet sur la jetée ; elle s'y trouvait quand on amena les flibustiers. A chacun des dix-neuf hommes qui passait devant elle, elle dit :

— Si vous voyez Bonfleur en enfer, racontez-lui ce qui est arrivé.

Ces pendaisons causèrent un scandale. D'une part, elles étaient illégales car la piraterie relevait de la responsabilité de la province et tous les habitants de la région reconnaissaient que Mrs. Steed aurait dû les envoyer à Annapolis. Mais, par ailleurs, les pirates avaient ravagé sa plantation et massacré deux de ses enfants, sans parler de l'enlèvement de vingt esclaves, et la vengeance de Rosalinde remplissait chacun de joie. Entre autres, cet acte prouvait aussi ce qu'une femme résolue pouvait tenter et réussir. Elle devint une héroïne et une feuille imprimée relata les détails de la victoire de son bateau et de la pendaison des pirates. Mais elle ne s'estima pas satisfaite pour autant. Elle ordonna que des milliers de ces feuilles fussent distribuées dans tous les ports des Caraïbes. Elle tenait à ce que Bonfleur, Carpaux et Vidal sachent qui avait amené leurs camarades au gibet. Elle les défiait, comprenant qu'elle ne connaîtrait pas le repos tant qu'eux aussi n'auraient pas subi le même sort.

Sa rigueur incita les autorités à rassembler une flottille de bâtiments armés avec mission de détruire les nids de pirates qui infestaient les Caraïbes ; lorsqu'on demanda des volontaires, elle offrit ses deux bateaux armés avec leurs équipages.

— Plus de cargaisons de tabac à destination de Londres, dit-elle à l'un des capitaines. Nous combattrons dans les Caraïbes jusqu'à ce que le dernier de ces démons soit pendu.

— Que deviendront les récoltes ? protesta Fitzhugh.

— Elles pourriront, répondit-elle sèchement. En tout cas, elles ne seront pas transportées à Londres par nos navires.

Lorsqu'il se plaignit d'un tel gâchis, elle lui dit avec mépris :

« Si vous pouviez faire preuve de la moindre virilité, Fitzhugh, vous serviriez sur l'un de ces bateaux.

— Moi ?

— Oui ! N'avez-vous aucune notion de justice ? Autorisez-vous un forban à incendier votre maison et à tuer deux de vos enfants sans riposter ? Voulez-vous que je prenne le commandement de l'un de ces bateaux ? Par Dieu, je sillonnerais les mers jusqu'à ce que je lui mette la main au collet.

— La main au collet de qui ?

— Du pirate ! De cet immonde pirate, de ce boucher qui sème la terreur, qui vient nous narguer jusque dans notre baie pour massacrer, brûler.

— Vous devez apprendre...

— J'ai déjà appris. J'ai appris quel être faible et apathique vous étiez. J'ai accepté votre conduite dans le marais. J'ai pardonné votre absence quand la maison a été incendiée, et je peux comprendre le peu de chagrin que vous avez éprouvé quand vos enfants ont été tués. Mais je ne tolérerai jamais votre couardise.

— Mais, Rosalinde...

— Allez-vous embarquer sur ce navire ? Ou voulez-vous que je le fasse ?

« Je ne tiens pas à me venger pour rendre la pareille à ces maudits pirates, songea-t-elle après que son mari se fut embarqué à regret, mais je tiens à remettre de l'ordre dans le monde. La piraterie ne peut être tolérée. »

Espérant que les nouvelles mesures, adoptées par les Américains, mettraient fin à l'insécurité qui régnait dans la Chesapeake, elle reporta son attention sur Devon. Elle ne voulait pas de tombes ostentatoires pour Mark et Rachel, mais elle tenait à ce qu'un souvenir tangible marquât l'impérissable amour qu'elle avait éprouvé pour ces deux merveilleux enfants. Ils reposaient sous le chêne ; parfois, elle se rendait sur leurs tombes et ressassait cette perte irréparable, mais elle versait peu de larmes car elle n'était pás de celles qui ont la larme facile. Il lui arrivait de songer aux servantes noires dévouées qui tenaient les cuisines et exécutaient les travaux de couture, et de s'interroger sur leur sort : violées, malmenées par les pirates et vendues à Haïti. Alors, la cruauté du monde l'accablait ; elle baissait la tête, se vidait de toute pensée et, au bout d'un long moment, soupirait et retournait à sa besogne.

Avant tout, il lui fallait reconstruire la maison ; chaque fois qu'elle tenait un crayon au-dessus d'une feuille de papier, elle ressentait la perte de Mark. Comme elle eût souhaité qu'il fût présent pour l'aider ! Il aurait connu les dimensions et les prix des plaques de cuivre. Il lui arrivait parfois de se demander pourquoi elle avait éprouvé une telle affection pour ce garçon ; il n'était pas son fils, pas même de son sang ; peut-être était-ce parce qu'il représentait à la fois tous les hommes, tous les maris, tous les généraux et capitaines, et que le monde se serait infiniment mieux porté s'il y en avait eu davantage de sa trempe.

N'ayant aucun de ses propres enfants auprès d'elle, elle réservait toute son affection à Amanda Paxmore Steed, ainsi qu'on l'appelait dans la communauté. Alors que le moment de la délivrance approchait, Rosalinde fit accélérer la reconstruction de la maison afin qu'une pièce à part pût être réservée aux enfants. En fait, elle se montra si tyrannique dans ses attentions que la jeune quakeresse lui annonça un jour :

— Rosalinde, je retourne à la Falaise-de-la-Paix.

— Mais vous êtes une Steed.

— Non, je suis un être humain. Et tu m'étouffes.

— Quelle ridicule...

— Rosalinde, j'agis ainsi afin d'avoir un bon fils, un enfant normal. Une fois qu'il sera né et qu'il aura pris un bon départ dans la vie, nous reviendrons. Bien sûr, nous reviendrons.

Le ferme contour de la mâchoire d'Amanda avertit Rosalinde qu'il lui fallait s'incliner, et vite, si elle ne voulait pas perdre un petit-fils.

— C'est une excellente idée, approuva-t-elle. Vous éviterez les incessants va-et-vient des maçons pendant la reconstruction.

Elle ne fit pas appel à un architecte. Elle déplora plus que jamais la perte des esclaves spécialisés, razziés par les pirates mais, grâce à de judicieux achats en Virginie, elle acquit d'excellents maçons, habiles à poser des briques, des charpentiers auxquels elle donna ses instructions sur la façon dont la maison devait être édifiée.

— Elle occupera l'emplacement de la précédente, mais sera de lignes très épurées.

Elle dessina les plans de chaque façade, de chaque pièce et, lorsque le sol fut aplani et que le bois débité sécha au soleil, elle annonça sa décision :

« Nous la construirons en briques.

— Il n'y en aura pas assez pour toute une maison.

— Nous en cuirons d'autres.

Et elle doubla l'équipe des briqueteurs ainsi que celle des esclaves préposés à l'abattage des arbres pour le charbon de bois ; avec le temps, elle accumula d'amples réserves de briques rougeâtres qui s'ajoutèrent à celles qu'elle avait stockées au cours de la décennie précédente.

Mais une fois les fondations terminées et les deux premières rangées de briques posées, le résultat ne la satisfit pas.

— Il y a quelque chose qui cloche. Les briques n'ont pas l'air d'être posées comme elles devraient l'être.

Elle nourrissait le vague souvenir d'un mur de briques entrevu quelque part le long du Rappahannock, et le sien ne lui était pas comparable.

Était-ce la teinte ? Ou l'épaisseur du mortier à base de coquilles d'huîtres ? Ou le creux des joints entre les rangées ? Elle n'aurait pu le dire. Aussi, se rendit-elle à Patamoke pour parfaire ses connaissances. Un étranger, fraîchement débarqué de Hollande, déclara enfin qu'il saurait déceler ce qui n'allait pas. Il accompagna Rosalinde à Devon, examina le mur.

— C'est très simple. Vous n'utilisez même pas l'appareil anglais ?

— Quoi ?

Il lui montra comment les briques avaient été posées : les unes à la suite des autres dans le sens de la longueur, ce qui conférait à l'ensemble une monotonie et une solidité moindre.

— Il vous faut adopter soit l'appareil anglais, soit l'appareil flamand.

Et il expliqua que, dans le premier, une rangée était composée de briques posées dans le sens de la longueur tandis que celles du dessus et du dessous étaient placées dans le sens de la largeur. Cette alternance était très agréable à l'œil.

— C'est ce qu'il nous faut. C'est simple ; nous démolirons la deuxième rangée et la poserons dans le sens de la largeur.

— Mais l'appareil flamand est encore plus heureux, affirma le Hollandais.

Et il lui indiqua la façon simple et cependant séduisante d'alterner dans chaque rangée une brique dans le sens de la longueur et une autre dans le sens de la largeur ; ainsi, le mur acquérait une robustesse à toute épreuve et une beauté particulière.

— Ça me plaît ! s'écria Rosalinde.

Mais avant qu'elle eût donné de nouvelles instructions à ses esclaves, le Hollandais ajouta :

— Le plus bel effet est obtenu en utilisant des briques de tons pâles, fabriquées sur place, pour celles qui sont posées dans le sens de la longueur, et d'autres plus sombres, du genre hollandais, pour celles qui sont posées dans le sens de la largeur.

Le Hollandais passa deux jours à parcourir les rives du Choptank à la recherche d'une terre plus foncée ; il trouva une argile qui permettait la fabrication de briques d'une teinte si chaude que Rosalinde décréta que sa maison serait construite avec ce matériau. Il lui fallut plus de deux ans pour rassembler les briques de teinte sombre dont elle avait besoin, et, lorsqu'elle en eut réuni suffisamment, elle se proposa enfin d'entamer la construction proprement dite.

La réalisation fut retardée par un événement qui déclencha un feu roulant de canons dans la baie. La flottille de bateaux armés par les planteurs de Virginie et du Maryland avait jusque-là obtenu de piètres résultats ; on comptait bien quelques escarmouches avec les pirates, mais aucun engagement sérieux. Les incursions dans la Chesapeake avaient cessé mais, en haute mer, les flibustiers continuaient à incendier et à massacrer en toute impunité. Puis, en novembre 1713, cinq vaisseaux américains foncèrent sur quatre bateaux pirates au large de la Martinique et, après une poursuite, les obligèrent à se réfugier dans la baie de Marigot. Là, il s'ensuivit un furieux combat au corps à corps et tous les navires flibustiers furent détruits. On enchaîna quatre-vingt-dix boucanfiers pour les emmener à Williamsburg. Puis, en opérant un tri pour les acheminer vers Londres où ils seraient pendus, on découvrit qu'un vieil homme, qui se faisait passer pour un simple matelot, n'était autre qu'Henri Bonfleur, alors âgé de soixante-neuf ans, édenté, pétri de cruauté.

Ce fut Fitzhugh Steed qui annonça l'exaltante nouvelle à Devon. Il était accompagné d'un lieutenant, venu témoigner du courage de son compagnon lors des combats et, lorsque tous deux gravirent le chemin menant à la cabane rudimentaire où Rosalinde vivait seule, ils restèrent ébahis devant la qualité de son accueil. Elle embrassa son mari avec chaleur.

— Bonfleur est-il vraiment aux fers ? demanda-t-elle.

— Nous l'avons vu lors du tri ; il a été choisi pour partir à Londres où il sera pendu, confirma Fitzhugh en se laissant tomber dans un fauteuil.

Serrant les poings, elle se mit à arpenter la pièce de long en large, sans tenir compte de la présence du lieutenant.

— Dieu nous l'a livré !

Elle vint se planter devant son mari.

« Il nous faut partir pour Williamsburg, tout de suite.

— Pourquoi ?

— Pour aller chercher Bonfleur.

— Pour quoi faire ?

— Pour le pendre.

Elle ne laissa pas à son mari le temps de protester.

« Il doit être pendu à un gibet que j'érigerai moi-même sur ces cendres.

Elle désignait du doigt l'emplacement du porche disparu, là où Mark et Rachel avaient été tués.

— C'est du passé maintenant, dit Fitzhugh du fond de son fauteuil.

— Ça ne fait que commencer ! Nous les prendrons tous, et nous les pendrons... tous !

Rien ne put la faire revenir sur sa détermination de voir Bonfleur exécuté sur les lieux mêmes de ses infamies, mais Fitzhugh refusa de l'accompagner en Virginie.

— Vous êtes folle. Que faites-vous de votre dignité de femme ?

Elle rétorqua qu'elle agissait en tant que mère outragée.

— La mère de vos enfants, soit dit en passant.

A Williamsburg, les autorités anglaises chargées de la répression de la piraterie restèrent abasourdies lorsqu'elle demanda qu'on lui remît Bonfleur ; mais après l'avoir observée au tribunal, inflexible comme l'acier, les juges admirent que seule sa détermination avait permis d'éliminer ce pirate d'une cruauté sans pareille. Sur quoi, elle leur fit le récit des dévastations commises par cet homme à Devon et ils convinrent qu'il était logique que Bonfleur fût pendu sur les lieux de ses forfaits.

— Mais pas dans l'île car on y verrait une vengeance personnelle. Publiquement, à Patamoke, avec roulements de tambour.

— Merci, dit-elle d'un ton tranquille, sans trahir la moindre émotion.

Mais lorsqu'elle quitta la salle d'audience, telle une déesse vengeresse, l'un des juges chuchota :

— Cette femme a un cœur d'airain. Grâce à Dieu, elle n'est pas à mes trousses.

Dans les jours qui suivirent, en attendant que s'opère le transfert de Bonfleur, elle disposa d'un moment de répit et pensa que Williamsburg n'était pas très éloigné de la James

River, au bord de laquelle vivaient Tom et Evelyn Yates. Mue par une impulsion, comme à son habitude, elle partit en bateau pour le domaine des Yates. Lorsqu'elle constata l'ordre et la prospérité régnant dans la famille qui comptait trois beaux enfants, elle céda à l'émotion et, sous le pâle soleil hivernal, des larmes coulèrent sur ses joues.

— Qu'y a-t-il, mère ? s'écria Evelyn, craignant que le voyage en Virginie et la fièvre du procès aient détérioré la santé de Rosalinde.

— Voilà ce que devrait être la vie, répondit la visiteuse. Une femme et ses enfants. Pas la chasse aux pirates.

Soulagée, Evelyn éclata de rire.

— Quelle farceuse vous faites ! Vous donnez toujours la chasse à un ennemi quelconque. Vous vous souvenez du jour où vous avez éconduit les Claxton ?

Elle embrassa sa belle-mère.

« Vous avez dit que vous me sauviez la vie. Eh bien, c'était vrai.

Rosalinde évoqua cette mémorable journée.

— J'ai fait preuve d'une brutalité ignoble, mais j'avais raison.

D'un large geste du bras, elle embrassa les enfants et la prospérité de la terre.

« Quel paradis d'activité en comparaison de Regis Claxton et de ses craintes mesquines !

Elle s'essuya les yeux.

« Et j'avais aussi raison quand j'ai déclaré la guerre à Bonfleur. Et maintenant, il me faut rentrer pour le pendre.

Elle insista pour que le pirate parcheminé effectuât la traversée de la baie enchaîné dans la cale de son trois-mâts, le *Belle-Rosalinde.* Lorsque le bateau embouqua la passe au nord de l'île, elle donna ordre au geôlier anglais d'amener le prisonnier sur le pont afin qu'il pût contempler le théâtre de son triomphe passé.

— Voilà où vous avez débarqué, Bonfleur. Et ces murs calcinés sont ceux que vous avez incendiés. Le grand chêne marque l'emplacement de la tombe de mes enfants. Et droit devant, se trouve Patamoke que vous avez aussi saccagé, il y a des années, et ce marais devant lequel nous passons est celui où vous avez enlevé la Suédoise. Vous souvenez-vous d'elle ?

Les mains crispées sur ses chaînes, Bonfleur dévisagea sa tortionnaire avec hargne.

— Je me souviens de ce soir d'hiver où mes hommes voulaient vous tuer et où je les en ai empêchés. Erreur fatale !

Elle le renvoya dans l'entrepont, et lorsqu'on le fit débarquer à Patamoke, elle se tint à côté du gibet dans l'air froid de décembre, sans jamais détourner les yeux du cruel visage du flibustier. Quand il fut pendu et que ses pieds liés se balancèrent dans la nuit, elle déclara :

— Maintenant, nous allons donner la chasse aux autres.

En regagnant Devon, elle constata que Fitzhugh était parti. Il avait emporté ses vêtements et ses armes au marais qu'il refusait de quitter. Son attitude causa un scandale et, n'eût été sa situation autrefois prépondérante, il eût vraisemblablement reçu le fouet en public. On fit chercher le père Darnley à Annapolis afin de le raisonner, mais quand le prêtre alla le trouver dans son antre, Steed répondit :

— Je ne rentrerai jamais. Celle-ci...

Il désigna Nelly Turlock.

« ... ne lit pas d'ouvrages savants, ne me harcèle pas de questions.

Le père Darnley regagna Devon.

— Nous pouvons encore espérer qu'il changera d'avis, et qu'il assumera de nouveau ses responsabilités.

— Pas lui, assura-t-elle d'un ton catégorique. C'est un homme d'une faiblesse insigne, absolument incapable d'assumer ses responsabilités.

— Il a combattu les pirates.

— Parce que je l'y ai contraint.

— Ne l'auriez-vous pas trop aiguillonné ?

— Non, c'est un peu comme deux personnes qui avancent sur une route sombre avec une seule lanterne. L'une marche en tête et trace la voie. L'autre refuse de la suivre.

— Mais si Fitzhugh ne peut pas suivre ? S'il a besoin de votre aide ?

— Il ne tient pas à suivre. Ça ne l'intéresse pas de suivre. Il ne s'est jamais soucié de son foyer, ni de sa femme, ni de ses bateaux, ni de quoi que ce soit.

Elle comprit combien elle se montrait dure et tenta d'atténuer ses propos.

« Je ne l'abandonne pas, mon père ; il s'est laissé lui-même aller à l'abandon il y a bien longtemps. Il a même abandonné l'Église. Maintenant, c'est moi la catholique. Il...

De ses longs doigts, elle esquissa un geste qui exprimait le vide.

A quelques semaines de là, le père Darnley fut mandé de nouveau. Fitzhugh était mort. Il chassait dans le marais en compagnie de ses enfants quand il se figea subitement; essuyant la sueur qui lui noyait les yeux, il dit à son aîné :

— Je crois que le moment est venu de me coucher.

Les Turlock voulaient l'enterrer dans les bois, mais Rosalinde fit chercher le corps afin de l'inhumer sous le chêne. Devant le tombeau, elle fit de son mieux pour se composer le portrait de la veuve éplorée, mais ses pensées étaient empreintes de dureté : « Tu entamerais les meilleures années de ta vie si tu m'avais acceptée pour compagne. » Et, tandis que le père Darnley chantait les louanges du défunt, rappelant béatement ses prétendues brillantes études à Saint-Omer et sa bravoure au combat contre les pirates, Rosalinde se préoccupait du dessin en dents de scie qu'offrirait sa nouvelle maison : « D'ici, il est impossible de savoir si on est en train de la construire ou de l'abattre. Elle est figée dans un espace de temps, indéchiffrable. Mais, je vous le certifie, la famille est en train de s'édifier. Les garçons, aujourd'hui à Bohême, y veilleront. »

Deux de ses enfants, Mark et Rachel, étant morts, les trois autres absents de Devon — Evelyn de l'autre côté de la baie, Sam et Pierre chez les jésuites à Bohême —, Rosalinde se devait de trouver un nouvel objet sur lequel reporter son inlassable énergie et son besoin d'aimer; un jour d'avril 1714, alors qu'elle quittait le comptoir de Patamoke, ses pas l'amenèrent par hasard jusqu'à l'endroit où se dressaient le poteau de flagellation et le pilori, face au tribunal et au marché aux esclaves. Là, à la joie d'une soixantaine de témoins, une fille de dix-huit ans recevait le chat à neuf queues. Son dos était déjà en sang lorsque Rosalinde arriva sur les lieux et, au huitième coup, elle s'évanouit. Mais les spectateurs exhortèrent le geôlier à poursuivre sa tâche comme les juges le lui avaient ordonné : douze coups bien appliqués.

— Qu'a-t-elle fait? s'enquit Rosalinde avec un regard de compassion au corps ensanglanté, nu jusqu'à la ceinture, qui pendait, flasque, à la barre horizontale.

— C'est la servante de Tom Broadnax.

— Mais qu'a-t-elle fait?

Rosalinde reconnut le nom d'un notable de Patamoke, mais cela ne l'informa pas sur le crime dont était accusée la servante.

— Elle a nourri un bâtard de son corps.

— Quoi ?

A trente-neuf ans, Rosalinde supportait mal l'imprécision. Elle exigea de savoir quel crime cette fille avait commis qui pût justifier un châtiment aussi sauvage.

— C'est ce qu'on dit au tribunal : *Nourrir un bâtard de son corps.*

Les arcanes de cette terminologie incitèrent Rosalinde à mener une enquête. Elle se rendit au tribunal où les registres des inculpations et des sentences étaient conservés, soigneusement tenus à jour par un clerc ; lorsqu'elle demanda à consulter les archives, elle s'entendit répondre que c'était impossible. Elle se dressa de toute sa hauteur et tempêta devant le petit bonhomme qui tenait le registre.

— Rien n'est impossible. J'exige de consulter ces minutes.

Elle lui arracha le livre des mains et s'approcha de la fenêtre pour en examiner les pages récentes.

Ce qu'elle vit concernant le cas de Betsy, la servante de Thomas Broadnax, l'indigna.

« C'est du roman. Un mauvais roman en quatre chapitres !

Elle ne se trompait pas :

> *26 mars 1714.* Ce jour, Thomas Broadnax a porté plainte auprès de la cour contre Betsy, sa servante sous contrat, qui fait preuve d'obstination et se montre de moins en moins disposée à obéir. Il demande à la cour que celle-ci avertisse la fille Betsy et lui rappelle ses devoirs de fidèle servante.
>
> *28 mars 1714.* Thomas Broadnax soumet à la cour un témoignage selon lequel Betsy, sa servante sous contrat, bien que n'étant pas mariée, est sur le point de mettre au monde le bâtard qu'elle a nourri de son corps.
>
> *29 mars 1714.* Thomas Broadnax s'est présenté devant la cour et a déclaré que sa servante Betsy a mis au monde le bâtard nourri de son corps. La cour condamne ladite Betsy à recevoir dix-huit coups de fouet bien appliqués ; la sentence devenant exécutoire dès qu'elle sera rétablie de sa délivrance.
>
> *3 avril 1714.* Thomas Broadnax s'est présenté devant la cour et l'a informée que l'enfant auquel Betsy, sa servante sous contrat, a donné le jour est une fille. La cour assigne

ladite bâtarde au service de Thomas Broadnax pour lequel elle travaillera jusqu'à l'âge de vingt et un ans ; celui-ci devra lui assurer le vivre, le couvert et la vêture.

Il s'agissait là d'une suite de décisions qui auraient pu émaner de n'importe quel tribunal de la côte orientale, et Rosalinde se rendit compte que ces coutumes, pour barbares qu'elles fussent, n'en étaient pas moins approuvées par la population. Ce qui rendait le cas encore plus répugnant était le fait que chacune des quatre mentions portait la signature du juge et de ses assesseurs sous celle du président du tribunal, Thomas Broadnax. Ayant à se plaindre de sa servante, il l'avait accusée dans son propre tribunal et condamnée à être fouettée publiquement ; puis, il s'était arrogé les services non rémunérés de l'enfant jusqu'à sa majorité.

Pendant plusieurs jours, Rosalinde ne put chasser de son esprit la vision de Betsy suspendue à la barre horizontale, ni s'empêcher de se demander comment la malheureuse en était arrivée là. Elle décida de rester à Patamoke pour tenter de voir Betsy et lui parler, mais la pauvre servante était enfermée dans la maison de Thomas Broadnax, essayant vainement de laver le sel de ses plaies. Aussi, Rosalinde se mit-elle en quête du juge qu'elle trouva dans ses champs ; un homme corpulent, vêtu de noir, muré dans sa dignité.

— C'est une fille déloyale, et elle mérite son châtiment.

— Travaille-t-elle toujours pour vous ?

— Il reste trois ans à courir sur son contrat.

— Ne craignez-vous pas qu'elle vous empoisonne, pour ce que vous lui avez fait subir ?

— Du poison ? Vous feriez bien de tenir votre langue, Mistress Steed.

— Oui, renchérit-elle avec hauteur. Si vous m'aviez traitée de la sorte, je n'aurais de cesse de me venger.

— Oui, nous savons que la vengeance est votre fort. Savez-vous comment on appelle la somptueuse bâtisse que vous construisez ? La Vengeance de Rosalinde. Vous en vouliez à votre mari de...

Sa voix mourut, donnant ainsi plus de poids à l'insinuation.

— Broadnax, vous êtes un imbécile. Et, qui plus est, un imbécile satisfait.

Ce furent ces paroles qui amenèrent Rosalinde Steed à comparaître devant le tribunal de Patamoke et, comme dans le cas de Betsy, son accusateur, témoin de la partie adverse et dispensateur de justice, n'était autre que le juge Thomas Broadnax.

> *17 avril 1714.* Thomas Broadnax a déclaré à la cour que Rosalinde Steed, évoquant le cas de Betsy, la servante sous contrat qui a été fouettée pour déplorable conduite, a traité T.B. d'imbécile, affirmant qu'elle pourrait l'empoisonner. Condamne ladite R.S. à payer une amende de trois cents livres de tabac au juge Broadnax.

La condamnation était signée par le juge Thomas Broadnax, président du tribunal.

Rosalinde porta personnellement à la maison du juge le certificat de transfert du tabac. Betsy lui ouvrit la porte. Sachant que Mrs. Steed avait intercédé en sa faveur, elle éclata en sanglots. Rosalinde mit rapidement fin à ses larmes.

— Montrez-moi votre dos.

— Non. Il me tuerait s'il entrait.

— Ridicule ! Il est au tribunal.

— Sa femme est pire.

— Est-ce qu'elle vous prive de nourriture ?

— Oui, et elle me bat aussi.

— Mais vous avez bien eu l'enfant ?

— Oui. C'est tout ce qui me reste dans cette maison.

— Qui est le père ?

Betsy détourna les yeux. Elle refusait de parler, et de montrer son dos mais, d'un mouvement preste et inattendu, Rosalinde lui releva son casaquin, dévoilant les affreuses marques, profondes, livides. Un instant, elle les contempla et, malgré elle, des larmes lui montèrent aux yeux. Elle eut honte de sa réaction et marmonna une excuse en laissant retomber le corsage.

— Qui est là ? s'enquit une voix dure, venue d'une pièce voisine.

Betsy rajusta vivement ses habits.

— On vient d'apporter le certificat pour le tabac, répondit-elle.

— Qu'est-ce que vous dites ? reprit la voix sévère.

Bientôt, Mrs. Broadnax, une femme austère d'une cinquantaine d'années fit irruption dans le vestibule, prête à tancer sa servante. Elle avisa Mrs. Steed.

— Je suis surprise de vous voir ici, vous, une empoisonneuse.

— J'ai apporté l'amende que votre mari a exigée.

— Laissez le papier et allez-vous-en. Les femmes de votre espèce ne nous impressionnent pas.

A quatre jours de là, Rosalinde put mesurer la rancune que les Broadnax nourrissaient à son endroit. De retour à Devon, elle vit une chaloupe qui s'amarrait à la jetée ; un homme seul en descendit, un inconnu pour elle, mais dont elle savait l'existence.

Il était maigre et droit, sans doute à force d'avoir vécu dans les bois. Il avançait avec une grâce tranquille, comme s'il était le maître des arbres à travers lesquels il se mouvait. Son visage portait de profondes cicatrices laissées par la petite vérole et ses cheveux blancs trahissaient son âge, soixante-treize ans, que démentait pourtant son maintien. Il s'exprimait avec difficulté comme si les mots — tous les mots — lui étaient étrangers et, de temps à autre, ses propos s'émaillaient de phrases indiennes que Rosalinde n'avait jamais entendues.

— Stuby.

Il se présenta, en présumant qu'elle comprendrait qu'un Turlock se trouvait devant elle.

— Turlock ?

— Mmmum.

Aux questions de son hôtesse, il répondait par des grognements, indiquant affirmations ou négations et, au bout de quelques minutes, Rosalinde distingua aisément le oui et le non.

— Je suis très heureuse de vous connaître, Stuby. Mon fils Mark m'a dit beaucoup de bien de...

D'un geste, il balaya cette amabilité car son message était impérieux.

— Eux, fouetter Nelly.

— Qui est Nelly ? demanda-t-elle machinalement.

Elle porta vivement la main à ses lèvres comme pour étouffer sa bêtise.

— La femme de Steed. Broadnax la fouette.

— Pourquoi ?

— Trois enfants. Vos trois enfants.

Et, lentement, l'atrocité qui avait motivé cette visite apparut à Rosalinde : le juge Broadnax, rendu furieux par la manière insolente dont Mrs. Steed avait réagi après sa condamnation, et enragé par le compte rendu de sa femme sur la façon dont l'amende de tabac avait été apportée, avait décidé de rendre coup pour coup. Il s'était précipité au tribunal, avait accusé Nelly Turlock « d'avoir nourri trois bâtards de son corps », et l'avait condamnée à dix coups de fouet bien appliqués.

— Quand la sentence doit-elle être exécutée ?

— Trois jours...

Sur quoi, Stuby ajouta quelques mots ; ceux-ci révélaient que même lui comprenait la vengeance insensée que sous-entendait la sentence.

« Beaucoup d'années, rien. Votre homme meurt... le fouet.

— Oui. Broadnax n'aurait jamais osé du vivant de mon mari ; ni de celui de Mark, d'ailleurs. Ils l'auraient abattu...

Alors, pour une raison qu'elle aurait été incapable d'expliquer, elle demanda :

« Est-ce que Charley...

Elle ne savait comment formuler sa question.

« Est-ce que Charley Turlock et Flora Turlock étaient les parents de Nelly ?

— Mmmum, grogna Stuby. Maison petite... Nous tous vivre...

— Considérez-vous que c'était mal, Stuby ?

— Maison petite..., répéta-t-il.

Son ton laissait entendre qu'il se refusait à porter un jugement sur l'étrange conduite de son frère : la hutte du marais était petite et avait abrité de curieux accouplements. Puis, sa réserve le déserta et il saisit la main de Rosalinde.

« Le fouet, vous arrêter.

— Oui, si Dieu m'en donne la force.

Après le départ de Stuby, pendant toute la journée, elle envisagea les moyens de mettre fin à ce déni de justice, mais elle constatait son impuissance. Puis, alors que le jour tirait à sa fin, elle conçut le moyen qui plongerait dans la honte les habitants de Patamoke et les amènerait à abandonner cette odieuse pratique consistant à fouetter les femmes.

Elle fit appeler ses six esclaves les plus vigoureux et leur donna ordre de préparer le sloop le plus rapide.

— La nuit va tomber, protesta un marin.

— Nous n'allons que jusqu'à la falaise, répondit-elle.

Son estimation concernant la durée de la traversée se révéla exacte ; elle atteignit la Falaise-de-la-Paix bien avant la nuit et gravit la colline jusqu'à la maison brune. Ainsi qu'elle l'avait espéré, elle trouva Ruth Brinton Paxmore occupée à contempler le crépuscule enveloppant le fleuve qu'elle aimait tant.

— Je suis venue pour une affaire grave, dit Rosalinde.

Et elle exposa le déplorable événement qui devait avoir lieu dans deux jours à Patamoke.

— Thomas Broadnax se prend pour Nabuchodonosor, commenta Ruth Brinton.

— C'est d'une injustice tellement criante, Mrs. Paxmore. Depuis des années, des hommes se réunissent et condamnent au fouet des femmes qui n'auraient pu enfanter sans leur participation, mais jamais les hommes ne sont punis. Grand Dieu ! mon mari a arpenté les berges de ce fleuve avec impunité et personne n'a osé porter la main sur lui, mais dès l'instant où il disparaît, des juges iniques s'attaquent à sa compagne et la condamnent à être fouettée. Pourquoi ? Pourquoi ?

— Tu es venue poser la question à celle qu'il fallait, déclara la frêle et vieille dame, tout en se balançant dans la pénombre dont semblaient faire partie ses habits gris.

— Que voulez-vous dire ?

— On m'a chassée de Virginie à coups de fouet. J'ai été fouettée à travers tout le Massachusetts que j'ai parcouru, attachée derrière une carriole.

— Vous... Ruth Brinton ? Vous ?

La vieille dame se leva. Elle dégrafa son corsage, dévoilant des cicatrices que ni le temps ni l'effritement du souvenir ne pouvaient effacer.

— Oh, Dieu tout-puissant ! murmura Rosalinde.

Elle demeurait pétrifiée devant l'atrocité des flagellations qu'exacerbaient les marques laissées sur le corps de la vieille dame. Elle comprit alors avec horreur que les hommes ne condamnaient que les jeunes femmes à être dénudées comme si la sexualité qui se mêlait à l'acte n'existait pas lorsque les victimes étaient plus âgées. Le châtiment n'était pas une simple flagellation ; c'était un acte de luxure, un exutoire pour les pensées lubriques.

Et cette révélation lui inspira la façon dont il pourrait être mis fin à une telle pratique. Son plan était audacieux et risqué, mais elle ne doutait pas de son efficacité.

— Ruth Brinton, jeudi, au moment où Nelly devra être fouettée, vous et moi nous avancerons, et nous dénuderons aussi nos dos en exigeant de partager son supplice puisque nous partageons sa culpabilité.

Sa déclaration était si étrange qu'elle crut bon de s'expliquer.

« En étant complices des autres habitants de la ville.

— J'ai quatre-vingt-un ans.

— C'est un témoignage qu'il nous faut.

Par un heureux hasard, Rosalinde avait prononcé le seul mot capable de réveiller la lutteuse chez la vieille femme : *témoignage*. Tout être humain qui entend mener une vie ayant un sens doit apporter un témoignage ; par la prière, par la tenue de son foyer, la conduite de sa vie publique. Hommes et femmes se devaient dans les moments critiques de témoigner publiquement quant aux croyances fondamentales. Ruth Brinton avait toujours agi ainsi, c'est pour cela qu'elle était considérée tout au long de la côte orientale comme une sainte quakeresse, parfois difficile, toujours obstinée, mais un témoignage vivant des efforts de l'homme en vue d'accéder à une vie plus sensée.

— Je t'aiderai, dit-elle.

Ce soir-là, les deux femmes partagèrent la même chambre à coucher et, avant de s'endormir, Ruth Brinton confia :

— Je t'aiderai, Rosalinde, parce que c'est toi qui as sauvé la vie d'Amanda quand les pirates sont venus. Tu t'es offerte pour la sauver, et il n'y a pas de plus grand amour.

Elles passèrent la matinée du lendemain, mercredi, en prières et, à midi, en pleine sérénité, elles descendirent jusqu'à la jetée des Paxmore et embarquèrent sur le sloop de Rosalinde. Les fils de Ruth Brinton travaillaient au chantier de Patamoke. Il ne se trouva donc personne pour empêcher la vieille dame de quitter la falaise. Et ce fut dans cet état d'exaltation qu'elles appareillèrent, entrèrent dans le Choptank, dépassèrent les marais de Turlock et pénétrèrent dans le port de la ville. Au moment où les esclaves amarraient le bateau, elles virent le juge Broadnax, corpulent et sévère, qui feignit de ne pas les reconnaître ; à quatre occasions, il avait infligé une amende aux frères Paxmore pour refus de service militaire, ce qui l'amenait à considérer les quakers d'un plus mauvais œil encore que les Steed.

Elles passèrent la nuit à Patamoke chez le membre de la famille Steed chargé de la direction du comptoir et, le jeudi matin, elles occupaient les premières places devant le poteau de flagellation, au milieu de spectateurs excités venus nombreux assister au supplice de la femme Turlock. Le shérif paradait comme s'il était le héros du jour ; il faisait claquer le chat à neuf queues et jetait des regards conquérants en direction de la prison d'où l'on tirerait la criminelle.

A dix heures, la porte de la prison s'ouvrit, et Nelly Turlock apparut, vêtue d'un sarreau marron. Terrifiée, elle fut traînée vers le poteau de flagellation. Sur son passage, quelques assistants crièrent leur joie, d'autres grommelèrent des malédictions ; tant que Fitzhugh l'avait protégée, elle avait pu se montrer insolente ; à présent l'heure de la vengeance avait sonné.

Rosalinde ne l'avait jamais vue avant cet instant ; Nelly était très belle en effet, mais si crasseuse et si affolée qu'elle semblait incapable de distinguer ceux qui l'injuriaient de ceux qui la plaignaient.

Le moment vint de la lier au poteau ; aussitôt fait, le shérif tendit le bras et lui arracha son sarreau, la laissant nue jusqu'à la ceinture. Mais avant qu'il ait eu le temps d'appliquer le premier coup de fouet, un événement extraordinaire se produisit. Mrs. Steed se détacha de l'assistance, s'avança jusqu'au pilori et, ôtant son corsage, se dressa à demi nue à côté de la condamnée. Alors que s'élevaient des halètements outragés, la vieille Ruth Brinton Paxmore s'avança à son tour et agit de même. Lorsqu'elle dévoila son dos flétri, des cris de dégoût fusèrent :

— Emmenez-les !

— Profanation !

L'exhibition des trois femmes à demi nues eut exactement l'effet escompté par Rosalinde. L'une était belle, désirable, et méritait le fouet, mais il n'en allait pas de même pour les deux autres : Rosalinde était une dame de haute taille, aux seins lourds et pas le moins du monde voluptueux ; quant à Ruth Brinton, c'était une arrière-grand-mère, qui n'avait pas sa place dans une telle manifestation. L'époque où des hommes s'étaient réjouis de la voir fouetter était depuis longtemps révolue. Ses seins s'étaient desséchés ; cette parodie de femme n'inspirait que le dégoût.

— Emmenez-les ! cria une mégère. C'est obscène.

Alors, Rosalinde parla, sans se couvrir les seins de ses mains, campée, résolue :

— Je suis aussi coupable qu'elle. Vous devez me fouetter.

— La flagellation des femmes doit cesser ! ajouta la vieille Ruth Brinton.

A ce moment, le juge Broadnax apparut, tremblant de rage devant cette interruption qu'il n'avait pas autorisée.

— Que se passe-t-il ?

— Deux autres exigent d'être fouettées.

— Alors, fouettez-les !

Mais il avait proféré son verdict avant de voir les volontaires et, lorsqu'il découvrit à côté du poteau Rosalinde et Ruth Brinton, nues jusqu'à la ceinture, il fut choqué.

« Couvrez-les et emmenez-les ! tonna-t-il.

Lorsqu'on eut obtempéré, il donna ordre d'exécuter la sentence mais, à chaque coup de fouet, Rosalinde et Ruth Brinton hurlaient de douleur comme si les mèches déchiraient leurs propres chairs ; leurs cris soulevèrent un écho : après cette matinée mémorable, on ne fouetta plus les femmes à Patamoke.

L'incident eut une conséquence inattendue. Stuby Turlock retourna à Devon pour parler à Mrs. Steed, mais cette fois il n'était pas seul. Il remonta l'allée de gravier conduisant à la maison en construction suivi de trois enfants blonds dont les âges s'échelonnaient entre dix et dix-sept ans. Ils étaient propres et avaient été chapitrés pour que leur conduite fût irréprochable.

— J'amène ses enfants, annonça Stuby dès que la maîtresse de l'île apparut.

Gravement, Rosalinde serra la main de chacun des enfants, raides et soupçonneux.

— Vous dites...

— Les enfants de Fitz.

Elle s'enquit de leurs noms et leur proposa de se promener dans la cour. Dès qu'ils se furent éloignés, elle se tourna vers Stuby.

— Pourquoi les avez-vous amenés ?

— Nelly partie. Jamais revenir.

— Elle s'en enfuie ?

— Mmmum.

Rosalinde toussa et se fouilla à la recherche de son mouchoir. Rien d'étonnant à ce qu'une femme ayant subi une telle humiliation veuille quitter le fleuve.

— Moi, je serais restée. Je me serais battue, déclara-t-elle après s'être mouchée. J'aurais pris Broadnax dans ses propres...

Stuby porta vivement les mains à ses oreilles.

— Pas dire. Après, fouet pour vous.

— Vous n'êtes pas obligé d'écouter, Stuby, mais Thomas Broadnax court à sa perte. Maintenant, dites-moi pourquoi vous avez amené ces enfants.

— Pas mère. Pas père. Restent ici.

Par cette déclaration concise, Stuby Turlock posait un problème moral à Rosalinde Steed : que faire des bâtards de son défunt mari ? Tous les combats qu'elle avait menés au cours de sa vie exigeaient qu'elle assumât la responsabilité de ces trois enfants ; la disparition et l'éloignement de sa propre progéniture plaidaient en faveur de cette solution. Mais elle avait aussi le sens des dures réalités, et elle savait que ces enfants étaient nés dans le marais. Leur père était un être faible, dépourvu de caractère, et leur mère pire encore. Le sang qui coulait dans les veines de ces enfants n'était pas bon. Intuitivement, elle comprit qu'avec eux elle ne parviendrait à rien.

Elle en était venue à croire que le troupeau des humains peuplant le monde était étonnamment inégal. Quand elle avait incité son fils à épouser Amanda Paxmore, elle savait que la petite quakeresse ne pouvait en aucun cas mal tourner ; elle était issue d'une lignée solide avec le feu de la vieille Ruth Brinton qui lui coulait dans les veines et l'intégrité irréductible d'Edward Paxmore. Elle savait que ses fils, à Bohême, deviendraient des hommes forts dont Devon pourrait dépendre. Mais les rejetons de ses sœurs stupides, de l'autre côté de la baie... quels êtres timides et fragiles ils deviendraient !

Les trois Turlock, qui en ce moment arpentaient la cour, étaient issus de parents tarés, et elle était convaincue que, quels que fussent l'amour et la force qu'elle leur dispenserait, elle et eux courraient au désastre. Ils appartenaient au marais et les en tirer serait cruel.

— Ramenez-les, Stuby.

— J'ai soixante-treize ans. Bientôt, je meurs. Les enfants ?

— Ils se débrouilleront.

— Je vous prie, Mrs. Steed. Vos enfants, pas les miens.

— Non, trancha-t-elle d'un ton catégorique.

Elle se refusait à éclairer Stuby sur les raisons de sa décision dont elle ne voulut pas démordre. Et lorsque Stuby lui rétorqua qu'il ne disposait pas des moyens nécessaires pour élever les enfants, elle promit :

« Je paierai pour tout.

Et quand elle le vit entraîner les enfants vers le sloop, épaules affaissées, cheveux blancs scintillant dans le soleil, elle acquit la certitude qu'en dépit de sa déception momentanée, Stuby finirait par lui donner raison.

Elle tint parole. Elle suivit avec attention les événements qui se produisaient dans le marais, et veilla à ce que Stuby disposât des fonds nécessaires pour élever les enfants abandonnés, mais lorsqu'elle apprit qu'il leur donnait le nom de Steed, elle lui fit savoir qu'il s'était montré peu avisé. Dès lors, les rejetons de Nelly et de Fizthugh se fondirent dans la meute des Turlock.

La mort n'emporta pas Stuby aussi vite qu'il le craignait. Sa vie saine dans les bois, sa frugalité lui permirent de vivre longtemps et de dispenser aux enfants de Nelly l'amour dont ils avaient besoin et l'expérience du marais. Devenus adultes, les garçons se révélèrent des hommes de l'eau accomplis. L'immense intérêt que leur avait inculqué Turlock pour les oiseaux et toutes les espèces du fleuve leur permit de devenir les principaux pourvoyeurs du cru en crabes mous, huîtres, canards à rôtir et tortues comestibles.

Rosalinde, qui enregistrait leurs progrès, songea : « J'avais raison de ne pas les enlever à leur milieu naturel. Ce jour-là, ils étaient comme des vagues échouées loin dans l'intérieur des terres, laissant une empreinte là où elles ne pourraient jamais revenir. » Maintenant qu'ils avaient retrouvé leur élément, ils réussissaient.

Ses fils aussi réussissaient. En décembre 1718, ils revinrent de Bohême, jeunes lettrés accomplis ; les jésuites leur avaient enseigné le latin, le grec, l'italien et le français ; Thucydide et Cicéron leur étaient aussi familiers que la Bible dans sa version de Douai. Ils ignoraient tout de la chasse aux oies et du piégeage des castors, mais ils percevaient la subtilité de saint Thomas d'Aquin et étaient, ainsi que l'assuraient les jésuites, « prêts à se plier aux règles rigoureuses de Saint-Omer ».

Rosalinde convint qu'ils devaient poursuivre leurs études en France — « Où, dans le monde d'aujourd'hui, un jeune homme pourrait-il trouver meilleure instruction ? ». Mais l'idée de leur faire traverser l'Atlantique par le convoi de mai la remplissait de terreur car le plus épouvantable pirate qui eût jamais sévi ravageait la Chesapeake. Après les pendaisons en masse de 1713, on avait enregistré une diminution de la flibuste mais, en 1716, un funeste ouragan s'était abattu sur les Caraïbes, en l'occurrence le cruel Edward Teach, plus connu sous le nom de Barbe-Noire. A la Jamaïque, il rugit :

— Prévenez la chienne de Devon que nous irons venger nos valeureux camarades qu'elle a fait pendre.

A deux reprises, il s'aventura dans la baie, mais s'en tint à la côte de Virginie où il se livra à d'énormes dévastations et, à chaque plantation incendiée, il disait à ses victimes :

— Dites à la chienne de Devon que nous ne l'avons pas oubliée.

La réaction de Rosalinde fut instantanée. Elle offrit à la marine de guerre le concours de ses cinq bateaux et sacrifia les bénéfices de trois convois pendant que ses capitaines sillonnaient les Caraïbes à la recherche de Barbe-Noire. Ce forban rusé, formé à l'école des corsaires, pendant la guerre de Succession d'Espagne, les évita. A la fin de 1718, on apprit en Virginie qu'il se terrait dans une crique de Caroline du Nord. On demanda des volontaires, et Rosalinde envoya ses bateaux ; après quoi, les nouvelles n'atteignirent plus l'intérieur de la baie.

— Vous ne pouvez vous rendre en France tant que Barbe-Noire continuera à sévir, expliqua-t-elle à ses fils. Il ne rêve que de vous tuer, et moi aussi. Il vous faut patienter.

Entre-temps, ses fils resteraient auprès d'elle. Ils appartenaient à une race d'hommes qui avait résisté aux pirates, et si elle leur avait enjoint de donner la chasse à Barbe-Noire, ils n'auraient pas hésité, mais elle préférait les garder à Devon. Samuel, qui avait presque dix-sept ans, se montrait toujours expansif et parfois obstiné. Pierre évaluait les situations avec pondération et faisait preuve de prudence dans ses réactions ; elle était heureuse de constater le respect mutuel qu'ils s'accordaient, et il n'était pas rare qu'ils se fissent des concessions afin de ménager le sentiment qui les unissait. Ils formaient un duo solide et Rosalinde songea : « Ils seront capables d'administrer Devon quand ils rentreront de France. »

Tandis que chacun attendait des nouvelles de Caroline, elle donna des instructions à ses fils concernant le domaine.

— N'essayez jamais d'affadir votre parc en l'embellissant. Et quand vous vous marierez, promettez-moi de ne jamais laisser vos épouses border de buis nos ravissants sentiers. Ceux qui les plantent ne nourrissent aucun amour pour les jardins. Ils transforment le buis en une sorte de jeu, en font des labyrinthes et font perdre leur temps aux jardiniers pour les tailler.

Pierre demanda à sa mère le nom des plantes qu'elle chérissait le plus.

— Le pyracantha, répondit-elle sans hésiter. Il est grand, sec, robuste, et d'une couleur éclatante.

— On dirait que vous vous dépeignez, mère, remarqua Sam.

Elle reconnut la similitude.

Tous étaient réunis quand les oies se préparèrent à leur long voyage vers le nord ; elle était émue de leur départ, mais ses fils ne laissaient percer aucune émotion, ce qui l'inquiéta.

— Il vous faut vivre près de la nature. Les livres et les prêtres ne sont pas la vie. Les allées et venues des crabes le long du fleuve… voilà la vie.

Elle les entraîna dans les moindres recoins de la plantation, leur indiqua les qualités du sol, leur exposa la croissance des diverses plantes qu'elle cultivait. Elle leur fit partager le plaisir qu'elle éprouvait à traverser le marais qui délimitait l'embouchure de la rivière, projetant à l'intérieur des terres son incroyable réservoir d'espèces. Elle s'y trouvait un jour lorsque les hérons arrivèrent, leurs longues pattes maladroites ramenées devant eux pour atterrir sur les hauts-fonds.

— Voilà les oiseaux que j'aime… si patients… si constants.

Samuel et Pierre découvrirent bientôt leur patrimoine, par les yeux de leur mère, et prirent conscience de la lourde responsabilité qu'ils devraient assumer à leur retour de Saint-Omer.

— Et tout en examinant les plantes et les oiseaux, n'oubliez pas de vous intéresser aux filles, leur conseilla-t-elle. Demandez-vous toujours lesquelles d'entre elles s'intégreraient à l'île. Lesquelles seraient de solides compagnes. Et de bonnes mères, comme Amanda. Envisagez-les toutes, mais choisissez la meilleure.

Puis, lorsqu'il sembla que le convoi de mai n'oserait pas appareiller, le *Belle-Rosalinde* revint de Caroline avec une nouvelle qui incita les riverains à s'agenouiller pour remercier le ciel : « Barbe-Noire est mort ! » Avec le soutien des autres navires coloniaux, les bateaux de Rosalinde avaient acculé le pirate dans une anse où le lieutenant Robert Maynard avait engagé avec lui un combat sans merci qui s'était terminé par la mort du forban tué d'un coup de coutelas. La tête tranchée du flibustier, qui avait proféré tant de menaces à l'encontre de la chienne de Devon, effectua son dernier voyage fichée à l'extrémité du bout-dehors d'un bâtiment appartenant aux Steed.

Lorsque la nouvelle parvint à Patamoke, on tira des salves et Rosalinde ordonna à tous les membres de la famille Steed d'assister aux prières publiques sur la jetée. Là, tenant solennellement la main de ses fils, elle entendit le ministre du culte s'écrier d'une voix triomphante :

— Le long siège a pris fin ! Cette nuit, nous dormirons en paix ! Aucune ville sur la Chesapeake n'a fait plus que la nôtre pour vaincre les pirates et, parmi nous, se tient une femme qui n'a jamais faibli pendant ce combat.

Lors de la paisible traversée qui les ramenait à Devon, Rosalinde dit à ses fils :

— Si jamais vous vous engagez dans une entreprise de quelque importance, et vous ne manquerez pas de le faire, allez jusqu'au bout.

— Est-ce pour cela que les Steed du Refuge vous appellent Rosalinde la Vengeance ? s'enquit Sam.

Pierre intervint avant qu'elle eût le temps de répondre.

— Pour moi, vous serez toujours Rosalinde l'Inébranlable.

— Je préfère ça.

Elle ne put s'empêcher de penser : « Je ne tiens pas à ce que mes fils me voient sous les traits d'une virago toujours en lutte contre les hommes — leur père, Bonfleur, Barbe-Noire, le juge Broadnax. J'aurais pu être l'amie ou l'associée de n'importe lequel d'entre eux. S'ils m'en avaient donné la possibilité. S'ils avaient été des êtres humains dignes de ce nom. »

En mai, lorsque le grand convoi se forma — deux cent trente navires, cette année-là —, elle n'hésita pas à faire embarquer ses fils car elle avait la certitude qu'une fois leurs études achevées, ils reviendraient assumer leurs responsabilités en tant qu'héritiers de Devon.

Ses fils partis, elle mesura sa solitude. Il lui fallait achever la maison, mais cette tâche ne requérait pas toute son énergie. Elle avait besoin de vie, d'enfants afin de les voir grandir comme elle voyait prospérer les arbres ; aussi, dans cet état d'esprit empreint d'une certaine humilité, elle demanda à ses esclaves de préparer la petite chaloupe. Elle y embarqua et gagna la Falaise-de-la-Paix où, sans se faire annoncer, elle gravit la colline jusqu'à la maison-télescope. Là, elle chercha Amanda et fit la paix.

— J'ai besoin de vous à Devon. Et je crois que Beth a besoin de l'île.

Sa petite-fille était une enfant enjouée de huit ans, dont les tresses couleur d'ambre s'échappaient du bonnet quaker. Lorsqu'elle fit la révérence et serra la main de Rosalinde, celle-ci pensa : « Cette petite deviendra une vraie femme. Elle a l'âge requis pour bénéficier de la douceur d'un foyer catholique après la sévérité quaker. » De son côté, Amanda pensait : « Rosalinde est la femme la plus franche et la plus courageuse que je connaisse, mais elle est dominatrice. Nous serions à Devon depuis une semaine qu'elle exigerait que, l'une et l'autre, nous devenions catholiques. »

Et elle déclina l'invitation de Rosalinde :

— Je respecte tes intentions, mais j'ai le sentiment que Beth doit rester ici. Elle est faite pour cette vie et Devon ne pourrait que l'en distraire.

Elle coupa court à toute discussion et, finalement, Rosalinde dut redescendre la colline, embarquer dans la chaloupe et rentrer seule.

En traversant le Choptank, alors que la plus douce des brises imprimait un mouvement régulier à l'embarcation, elle médita sur l'ironie du sort : « Stuby voulait me donner les trois enfants de Fitzhugh, mais j'ai refusé en arguant, à juste titre, qu'ils ne s'intégreraient jamais au cadre de Devon, et j'avais raison. Maintenant, je vais chercher la petite-fille de mon mari, et Amanda refuse sous le prétexte, que j'estime également juste qu'elle ne s'intégrerait pas au cadre de Devon. Eh bien, j'ai mes fils, et ils sont les meilleurs de tous... élevés dans la vérité, descendants de Cavaliers. »

Il était possible que les préoccupations qu'elle nourrissait concernant les enfants ne fussent pas dictées par l'amour, mais plutôt par un besoin de se sentir mêlée au processus de perpétuation de la vie, et il fut heureux qu'au moment même où son existence familiale devenait si vide, un événement la jetât au cœur même des activités du Choptank.

Au foyer du juge Thomas Broadnax, mari et femme se

liguaient pour terroriser la petite bâtarde confiée à leurs soins. Ils l'avaient nommée Penelope, abrégé en Penny; ils la maltraitaient, la ravalaient au servage le plus atroce. Ils la vêtaient à peine suffisamment pour qu'elle ne pérît pas de froid et ne lui acccordaient que la nourriture indispensable à sa survie. Tous deux croyaient que leur sévérité leur était dictée par Dieu pour châtier l'enfant née hors du mariage, persuadés que, lorsqu'ils la punissaient, ils agissaient en Son nom.

A la moindre infraction aux règlements complexes qu'ils avaient institués, elle était battue. Si elle osait protester, on l'enchaînait au mur d'un cabinet noir et elle recevait de nouveau des coups une fois libérée. Ses bras étaient couverts de cicatrices et lorsqu'un adulte esquissait un mouvement vers elle, Penny se recroquevillait. Le juge Broadnax lui expliquait constamment, en termes légaux et emphatiques, pourquoi il convenait qu'il la battît jusqu'au sang, et pourquoi il agissait ainsi à son corps défendant, mais c'était Mrs. Broadnax qui la terrifiait. L'épouse du juge se transformait en démon, frappant, griffant et hurlant jusqu'à ce que l'enfant, tremblante, apporte à sa maîtresse un lourd plateau chargé de nourriture. Mrs. Broadnax s'empiffrait tandis que Penny affamée restait à ses côtés.

Comme les persécutions devenaient insupportables, la petite fille s'enfuit de la maison et erra au hasard, cherchant un refuge qui la préserverait de la fureur du juge. Elle aboutit au chantier des Paxmore mais, à sa vue, le frère aîné comprit qu'elle s'était enfuie de chez les Broadnax et il prit peur ; en effet, l'hébergement d'un domestique en fuite était considéré comme un crime majeur, et il ne voulait pas encourir un tel risque. Il chassa l'enfant avec brusquerie.

Effrayée, la petite fille repartit sur la route et arriva bientôt devant le comptoir Steed où Rosalinde choisissait du tissu pour vêtir ses esclaves. Apercevant l'enfant maltraitée aux bras couverts de cicatrices, elle se baissa impulsivement et l'embrassa.

— Ne crains rien, petite. Cardo, donnez quelque chose à manger à cette enfant.

Pendant que Penny se bourrait de fromage, Rosalinde découvrit son identité.

« Le juge Broadnax ! Il t'a battue comme ça ?

Elle venait juste de comprendre les sévices qu'avait subis l'enfant quand Mrs. Broadnax s'engouffra dans l'entrepôt, exigeant de savoir si sa servante fugitive, répondant au nom de Penny, avait été aperçue...

— Ah, te voilà, petite ingrate !

Mais lorsqu'elle esquissa un geste en direction de la petite criminelle, Mrs. Steed s'interposa.

— Ne touchez pas à cette enfant.

— Elle m'appartient. C'est une coquine désobéissante.

— Ne la touchez pas.

Insensible à la menace qui perçait sous le ton calme de Rosalinde, Mrs. Broadnax s'avança vers Penny avec l'intention de lui tordre le bras et de l'entraîner hors de l'entrepôt. Au lieu de quoi, elle dut faire face à l'imposante Rosalinde Steed qui, d'une énergique poussée, l'envoya trébucher contre des tonneaux sur lesquels elle s'étala de tout son long.

« Ne la touchez pas ! répéta Rosalinde d'une voix tonitruante. Je vous préviens, si vous touchez à un seul des cheveux de cette petite, je vous tue.

Déclaration terrifiante, qu'entendirent plusieurs témoins. Mrs. Steed prit l'enfant dans ses bras, la porta jusqu'à la jetée et embarqua avec elle à bord du sloop des Steed sans tenir compte des menaces de Mrs. Broadnax.

— Si vous hébergez cette enfant, vous pourrirez en prison !

Des mandats d'amener furent signés, et le constable appareilla pour Devon. Après s'être assuré que Penny se trouvait bien sur l'île, il revint tristement.

— C'est honteux d'arrêter une femme comme Mrs. Steed. Mais elle a mal agi et je suppose qu'elle doit payer.

Le procès fit sensation ; on se le rappela longtemps dans le Maryland. Le juge Thomas Broadnax présidait, estimant normal d'être à la fois juge et partie. Gravement, il laissa le procureur exposer les griefs retenus contre l'irascible femme Steed — ses éclats contre l'autorité, sa menace précise de mort à l'encontre de l'épouse du juge, et son inqualifiable conduite lorsqu'elle s'était dévêtue pendant la flagellation publique de la fille Turlock, putain notoire. Alors que chaque détail de l'accusation était dévoilé, amenant le sang aux joues de tous les Steed présents au tribunal, le juge pontifiait et affichait une compassion sereine.

— Voulez-vous dire qu'une gente dame, telle que Mrs. Steed, a proféré de telles insanités ? demandait-il en secouant la tête d'un air de doute.

Mais il se méprenait sur son adversaire. Le premier jour,

Rosalinde demeura silencieuse pendant qu'on accumulait de pénibles preuves contre elle. Elle se rendait compte qu'elle n'était pas jugée pour avoir enlevé une servante sous contrat, mais pour une accumulation d'offenses mineures à l'égard de la communauté mâle : le fait qu'elle fût protestante adhérant plus ou moins au catholicisme, qu'elle eût défendu la fille Turlock, qu'elle se fût montrée dure dans ses marchandages lors d'achats de terrains, qu'elle eût envoyé ses fils à Bohême, puis à Saint-Omer et, par-dessus tout, qu'elle eût été une femme s'exprimant sans détour alors qu'elle aurait dû garder le silence. Bizarrement, six personnes témoignèrent qu'elle construisait une maison offensante pour la communauté, comme s'il s'agissait là d'un véritable péché.

A la fin de la première journée d'audience, il était clair que le juge Broadnax aurait toutes les raisons voulues de la condamner à la prison ou tout au moins à la sellette à plongeon, mais le deuxième jour l'atmosphère changea. Impitoyablement, Rosalinde produisit des témoins enfin prêts à accuser leur juge infâme : il avait battu l'enfant jusqu'à l'évanouissement au cours d'un dîner ; il l'avait obligée à travailler sans souliers dans la neige ; il lui avait procuré une robe, et une seule, qu'elle devait laver le samedi et porter humide à l'église le dimanche. Les témoignages s'amoncelaient sans cesse, comme si la communauté tenait à se purger d'une connivence de fait. A plusieurs reprises, le juge Broadnax tenta de mettre fin au défilé des témoins, mais ses assesseurs, las de la domination qu'il exerçait et voyant la possibilité de s'en débarrasser, s'y opposèrent.

L'un des témoignages qui porta le plus fut celui d'Amanda Paxmore Steed ; elle s'avança à la barre et décrivit avec calme, en détail, l'état de la petite fille lorsque Mrs. Steed l'avait priée de se rendre à Devon pour constater par elle-même. Amanda, femme frêle et réservée, créa une impression si forte et se montra si implacable dans sa description des ecchymoses et des cicatrices, que nombre de femmes fondirent en larmes.

Le juge Broadnax interrompit la séance pour faire remarquer que la Bible ordonnait aux maîtres de châtier leurs domestiques lorsque ceux-ci désobéissaient ; c'était là un argument de poids car, en 1720, la société du Maryland n'éprouvait aucune pitié pour les serviteurs en fuite ; la coutume voulait qu'ils fussent fouettés et rendus à leurs maîtres qui bénéficiaient d'une prolongation du contrat. Tous ceux qui se faisaient complices des délinquants risquaient la prison.

— Nous sommes ici pour préserver l'inviolabilité des contrats, rappela le juge Broadnax au jury. Que vaudraient vos fermes et vos plantations si les domestiques que vous avez honnêtement acquis étaient autorisés à traîner un peu partout ? Répondez à cette question, je vous prie.

A cet instant critique, Rosalinde fit appeler trois femmes qu'elle avait trouvées avec beaucoup de peine. Elles avaient connu Betsy, la servante de Broadnax, mère de Penny la bâtarde et, par cinq fois, elles s'étaient entendu confier par Betsy certains renseignements.

— Juge Broadnax, commença Rosalinde d'un ton tranquille qui n'en laissait pas moins percer menaces et mépris, tenez-vous à ce que ces femmes témoignent ?

— Vous produisez de faux témoins à l'audience ! Ça n'a aucun intérêt, mais si ces femmes veulent se couvrir de ridicule… et vous aussi, Mrs. Steed…

Il haussa les épaules et la première femme, une servante de réputation douteuse, s'avança à la barre.

— Betsy a dit que c'était le juge qui venait dans son lit.

La deuxième femme, qui ne jouissait pas d'une meilleure réputation, témoigna :

— Betsy m'a dit que le juge couchait avec elle.

Et le dernier témoin fit une déclaration identique. Puis, Penny en personne s'avança à la barre et témoigna d'une voix ténue :

— Avant de mourir, ma mère m'a dit que le juge était mon père.

Quand vint le tour de Rosalinde, elle reconnut toutes les accusations portées contre elle : dans sa colère, elle avait déclaré que le juge méritait d'être empoisonné, et dans une plus grande colère encore elle avait frappé Mrs. Broadnax et menacé de la tuer.

— Mais j'ai agi ainsi parce que le mal était parmi nous.

— Qu'est-ce qui vous permet de le prétendre ? demanda l'un des assesseurs.

— Je l'ai su en prenant connaissance des minutes judiciaires. Et vous auriez dû le savoir, vous qui avez autorisé le greffier à les transcrire.

— Quelles minutes ?

— Celles de ce tribunal.

Et elle énonça de mémoire les odieuses accusations d'un juge qui avait condamné sa propre servante pour sa grossesse, l'avait fait fouetter et s'était adjugé l'enfant pour la tenir dans la servitude, puis l'avait cruellement maltraitée.

« En battant l'enfant, le juge Broadnax se punissait de son propre péché. En maltraitant cette petite fille, Mrs. Broadnax cherchait à se venger de son mari. Il y a là abomination et culpabilité, mais elles ne sont pas de mon fait.

De nos jours encore, on peut prendre connaissance du jugement en consultant les archives de Patamoke :

> *11 novembre 1720.* Attendu que Rosalinde Steed de Devon a été reconnue coupable d'avoir proféré de violentes menaces à l'encontre de Thomas Broadnax, citoyen de cette ville, et de sa femme Julia, et en raison de ses constantes harangues, elle est condamnée à trois immersions sur la sellette à plongeon.
>
> Thomas Broadnax, président du tribunal
> Alloway, juge assesseur
> Samuel Lever, juge assesseur
> *Quorum atteint.*

Il faisait froid sur le Choptank, ce jour-là. Le vent soufflait d'ouest, soulevant des moutons, et invitait les bateaux à rester au mouillage. L'air était un peu plus chaud sur le port où l'on avait dressé la longue poutre supportant la sellette à plongeon, mais l'eau n'en était pas moins glacée. Une foule considérable se pressait alentour pour assister au châtiment de la femme Steed, mais l'euphorie ne régnait pas parmi les assistants. On convenait que les juges avaient agi comme il se devait : Penny s'était enfuie et serait rendue à ses maîtres pour servir d'exemple aux autres domestiques ; Mrs. Steed l'avait hébergée, ce qui constituait un indéniable délit ; et, par ailleurs, elle pouvait être considérée comme une agitatrice qui parlait à tort et à travers sans raison valable. Mais son crime demeurait anodin par rapport à celui du juge Broadnax, et non seulement celui-ci n'était pas châtié, mais on lui avait rendu une petite fille qu'il pourrait maltraiter à sa guise pendant les douze prochaines années. Il y avait quelque chose de pourri à Patamoke, et ses habitants en prenaient conscience.

Rosalinde s'avança vers la sellette à plongeon, silencieuse, crâne, bravant encore Broadnax. Elle ne se départit pas de son arrogance lorsqu'on la lia sur l'instrument de supplice et elle refusa de fermer les yeux au dernier instant. Au lieu de quoi, elle prit une longue inspiration et dévisagea Thomas Broadnax avec une haine qui parut enflammer l'atmosphère de novembre. Puis, la sellette plongea vers l'eau sombre.

Ce qui suivit devint le sujet d'interminables et délectables discussions. La coutume voulait qu'en immergeant une femme irascible, ayant exaspéré les hommes de la ville, on la maintînt sous l'eau jusqu'à ce que ses poumons menacent d'éclater. C'était un terrible châtiment, aggravé par les insultes et moqueries de la foule. Mais ce jour-là, grâce à des dispositions prises par les citoyens de la ville, la sellette entra dans l'eau et en ressortit si vite, et le plongeon fut répété à une telle cadence que, ainsi que le remarqua une femme d'un air approbateur :

— Elle a juste eu le temps d'être mouillée.

Quand les hommes hissèrent définitivement la sellette et délièrent leur victime, la foule fit une ovation à Rosalinde. Les femmes se précipitèrent pour l'étreindre, et le juge Broadnax tonna :

— Ça n'était pas une immersion. La sentence de la cour énonçait clairement...

Mais ses concitoyens l'avaient abandonné. Ils entouraient Rosalinde, la félicitaient, l'embrassaient, tandis que le juge restait planté sur le port, seul.

Sur la côte orientale, la coutume voulait que l'on donnât des noms aux maisons des notables et certains se teintaient d'un charme si particulier qu'ils seraient destinés à durer aussi longtemps que le domaine en question. Ainsi, un chicanier trouva enfin la paix dans une ferme isolée et la baptisa « La Fin de la controverse » ; un terrain fut cédé dans des circonstances discutables et la maison qui y fut bâtie fut nommée « Intention inavouable » ; non loin de Devon Island, un homme construisit la maison de ses rêves et lui donna un nom français, « La Croix d'or », qui se transforma peu après en « Crosiadore » ; et sur la berge du Choptank, trois fermes attenantes résumèrent l'aventure coloniale : « La Folie de Bell », « La Ténacité de Bell », « Le Triomphe de Bell ».

Il était donc compréhensible que le nom donné par dérision à la maison de brique de Devon Island devint permanent :

« La Vengeance de Rosalinde ». Le soir, dans les tavernes, certains affirmaient qu'elle avait été ainsi baptisée à cause de l'impitoyable chasse qu'avait livrée Rosalinde au pirate français Bonfleur. D'autres se souvenaient que les mots avaient été prononcés pour la première fois lorsque Fitzhugh Steed avait quitté l'île pour vivre avec la fille Turlock. Mais la plupart croyaient, ou voulaient croire, que ce nom rappelait le triomphe de Mrs. Steed sur le juge cruel, Thomas Broadnax.

— Il avait le pouvoir de la condamner à la sellette à plongeon, mais elle est entrée et sortie de l'eau comme un canard, et a vécu assez longtemps pour assister à la disgrâce de son ennemi et le voir quitter la ville. Nous avons tous ri de lui et de sa garce de femme, tant et si bien qu'ils n'ont pas pu le supporter. Rosalinde tenait sa vengeance.

C'était une maison bizarre, déconcertante, aux masses mal équilibrées. L'appareil flamand, au lieu de réaliser une belle façade, paraissait lourd et disgracieux. Mais peut-être l'erreur venait-elle du plan de base pour lequel seule Rosalinde était à blâmer. Divers hommes de métier, y compris les frères Paxmore, avaient fait remarquer que ce qu'elle avait construit ne valait guère mieux qu'un cube sans le moindre ornement.

— Chacun des quatre côtés est un carré de dimensions identiques. C'est monotone et peu esthétique.

Elle n'avait tenu aucun compte des critiques et pendant neuf ans, s'était obstinément conformée à son plan qui consistait à ériger un cube parfait sur les fondations de la maison originale. Mais lorsque les visiteurs virent l'erreur qu'elle commettait avec ses deux cheminées, ils se crurent autorisés à la mettre en garde. Ainsi, l'un de ses capitaines, qui avait eu l'occasion de voir de belles demeures en Angleterre, lui dit :

— Pour équilibrer les masses, il est indispensable que les deux cheminées se dressent aux extrémités opposées de la maison, pas côte à côte sur l'arrière.

Elle ne tint pas davantage compte de ces recommandations et, en 1721, dix ans après le début des travaux, le cube fut achevé. Un seul élément se révélait satisfaisant : la façade principale pouvait se prévaloir d'un équilibre classique, avec une porte centrale d'une austère rigueur, flanquée de chaque côté de deux fenêtres aux belles proportions. A l'étage, se découpaient cinq croisées, de dimensions plus réduites que celles du rez-de-chaussée, mais centrées, celle du milieu placée juste au-dessus de la porte d'entrée. Curieusement, ces dix ouvertures aux rapports harmonieux, encadrées de blanc sur l'appareil flamand, conféraient au cube stabilité et élégance de bon aloi — sans elles, la maison eût été un désastre total ; avec elles, elle n'était qu'un échec.

Ruth Brinton Paxmore adressa à la communauté sa dernière exhortation par un froid Premier Jour de 1721. Elle avait quatre-vingt-huit ans, mais pouvait se rendre sans aide de la jetée au Foyer de Patamoke et gravir d'un pas ferme l'estrade où l'attendait le fauteuil trônant face aux bancs. Elle était vêtue de gris, comme à l'accoutumée et coiffée d'un petit bonnet dont les cordons pendaient librement sur ses épaules, habitude qu'elle avait empruntée à sa petite-fille, Amanda.

Son apparition suscita des sentiments variés parmi les quakers de Patamoke ; elle représentait l'une des principales émanations de la côte orientale, une sainte femme qui n'en était pas moins importune. En dépit de ses exhortations et de ses échecs constants, elle persistait à introduire l'esclavage dans toutes ses conversations privées et ses déclarations publiques. Les quakers de Patamoke avaient rejeté à plusieurs reprises sa motion selon laquelle la possession d'esclaves était incompatible avec l'appartenance à la secte. Les membres de la réunion annuelle de la côte orientale avaient agi de même, ainsi que ceux des assemblées plus importantes d'Annapolis et de Philadelphie. Les quakers insistaient pour qu'un propriétaire traitât bien ses esclaves, ainsi que la Bible l'exigeait, et ils élaborèrent une doctrine qui irrita nombre de non-quakers : tout propriétaire d'esclaves, animé d'un esprit de justice, devait veiller à leur salut chrétien et à leur éducation. Mais les réformes radicales que voulait introduire Ruth Brinton ne ralliaient aucun suffrage et on la considérait comme une gêneuse. « Elle est notre silice », disaient nombre de quakers et, ce jour-là, quand elle se leva pour prendre la parole, ils furent au supplice.

> La question est simple et ne peut être ignorée. L'esclavage sous toutes ses formes doit être supprimé. Il n'est pas profitable au planteur, ni juste pour l'esclave. Quel que soit l'angle considéré, la société est entravée par son existence et si nous, sur la côte orientale, persistons dans cette erreu.

alors que d'autres régions s'en tiennent à la main-d'œuvre libre, nous sommes voués à la régression.

Durant toute ma longue vie, j'ai écouté avec attention les arguments que l'on m'a opposés sans leur trouver la moindre substance. Le programme quaker doit être simple et direct. Aussi longtemps que l'Africain est esclave, il nous incombe de l'éduquer. Dès que possible, nous devons l'affranchir. Si l'émancipation présente de trop grandes difficultés, tu dois le libérer à ta mort par testament. Et sans relâche, tu dois déclarer à tous ceux qui peuvent l'entendre : « Aucun homme, aucune femme qui est propriétaire d'esclaves ne peut être quaker. »

Dignement, comme si elle était indifférente à l'accueil réservé à son message, elle se rassit et, deux jours plus tard, rendit l'âme.

Sa mort eut des conséquences inattendues pour Rosalinde. Quatre jours après l'inhumation dans le petit cimetière situé derrière le Foyer de Patamoke, Amanda débarqua à Devon avec Beth. La petite fille avait dix ans. Douée d'une grande intelligence, elle était prête à recevoir une solide instruction.

— Nous voulons qu'elle vive avec toi, déclara Amanda avec la réserve et la précision de sa grand-mère. Beth et moi estimons qu'il est temps d'avoir recours à un précepteur.

— Nous en achèterons un, assura Rosalinde avec brusquerie.

Elle amena Amanda et l'enfant à Annapolis où de nombreux jeunes gens, plus ou moins qualifiés en tant qu'enseignants, offraient leurs services.

— Nous nous attacherons le meilleur d'entre eux, dit Rosalinde. Et il pourra faire la classe à tous les Steed.

Ce qu'elle fit. Le jeune homme était une perle. Diplômé de Cambridge en Angleterre, et catholique pratiquant, Philip Knollys appartenait à cette catégorie d'individus n'ayant aucune connaissance profonde, mais dont le vernis permet d'exposer des théories avec une confiance imperturbable. Il n'était guère plus intelligent que Beth, mais il savait comment empêcher garçons et filles de se dresser les uns contre les autres et, dès qu'il eut fondé sa petite classe, bruyante mais efficace, pour les dix-sept enfants Steed, Rosalinde déclara à ses cousins du Refuge :

— C'est un jeune homme qu'il faut nous attacher.

Ce furent des années de bonheur pour Rosalinde. Elle chérissait Amanda qu'elle considérait comme l'une des jeunes femmes les plus sensées qu'elle eût jamais connues et, auprès d'elle, elle prenait un malin plaisir à jouer le rôle de renégate protestante appréciant la complexité du catholicisme. Bien entendu, Beth était subjuguée par Knollys et, sous sa direction, inclinait vers le catholicisme. Lorsque ses oncles revinrent de Saint-Omer, ils la jugèrent très avancée dans ses connaissances religieuses.

— Quel dommage que les filles ne puissent être instruites, dit Pierre à sa mère. Notre petite Beth a l'esprit plus vif que nous ne l'avions à son âge.

La petite Beth nourrissait ses propres idées concernant une éducation plus avancée. Dès qu'elle eut dix-sept ans, elle informa sa mère et sa grand-mère de son intention d'épouser le précepteur. Celui-ci fut convoqué et affronta Rosalinde et Amanda avec un aplomb qui ne manquait pas de charme ; il avait vingt-neuf ans et son contrat devait prendre fin dans un an.

— Est-il convenable qu'un homme, qui est encore un domestique, demande la main d'une jeune fille qu'il doit considérer comme son élève ? demanda Rosalinde.

Sans donner au jeune homme le temps de répondre, Beth intervint :

— Tu poses trois questions distinctes. Comment pourrait-il répondre à toutes à la fois ?

— Comment ça, trois questions ?

Tel un avocat, le menton pointant en avant, Beth rétorqua :

— Tout d'abord : Est-ce convenable ? Tout ce qui est fait avec une conscience pure est convenable. Deuxièmement : A-t-il une obligation morale envers moi qui suis son élève ? Oui. Et il s'en est acquitté. Troisièmement : Est-ce que le fait qu'il soit domestique lui interdit de demander ma main ? Oui. Mais on peut remédier à cette situation.

— Comment ? demanda Rosalinde, ne désarmant pas pour autant.

— En mettant fin à son contrat. Maintenant.

Amanda accepta et la jeune fille se précipita dans les bras de Knollys pour le couvrir de baisers.

La cérémonie fut célébrée sous le chêne par le père Darnley, un vieillard à présent, qui officiait dans une demi-ivresse joyeuse, ce qui choqua Amanda. Chez les quakers, le mariage revêtait un caractère de grande solennité mais, comme le père Darnley l'avait unie à Mark bien des années auparavant, elle lui accorda toute son indulgence.

A présent, Rosalinde avait tout le temps requis pour se consacrer à la construction de sa maison et, lorsqu'un nouveau professeur fut engagé pour s'occuper de l'école Steed, Mr. Knollys disposa d'assez de loisirs pour l'aider. Il possédait des connaissances étonnantes en matière de géométrie et de charpente, et il accepta volontiers de diriger les esclaves rassemblés pour la dernière phase des travaux. Au fil des mois, Rosalinde dévoilait ses intentions ; Knollys partageait l'enthousiasme de la maîtresse de céans et, à Patamoke, assurait à qui voulait l'entendre :

— Ce sera la plus belle demeure de la côte orientale.

Ceux qui s'étaient moqués du lourd cube initial, aux cheminées mal placées et aux murs latéraux décevants, comprirent enfin ce qu'elle avait toujours eu en tête. Utilisant la forme massive comme centre de sa construction, elle édifia à une certaine distance, à l'est et à l'ouest, deux cubes de dimensions plus réduites, chacun abritant deux pièces au rez-de-chaussée, deux à l'étage, et coiffé d'un toit dont le faîtage était beaucoup moins haut que celui du bâtiment principal. Une fois achevées, les deux constructions annexes paraissaient aussi bizarres que le cube central : bâtiments lourds, ramassés, sans ornements agréables, mis à part la rigoureuse disposition de la façade principale où quatre fenêtres, un peu plus réduites que celles de la grande maison, apportaient l'équilibre.

Lorsqu'on lui demandait ce qu'étaient les deux curieux appendices, Rosalinde répondait :

— Ils serviront à loger tous les enfants que nous aurons.

Et les enfants vinrent, ce qui obligea le nouveau professeur à travailler sans relâche pour instruire le flot ininterrompu des rejetons Steed, auxquels Rosalinde continua à dispenser ses soins. A ses remèdes habituels, elle ajouta des gouttes de gingembre, efficaces dans les cas de grippe, du miel de Venise, souverain contre les toux enfantines. Une habitante de Patamoke lui indiqua les vertus de la corne de cerf calcinée ; cette substance amère donnait d'excellents résultats dans les cas de congestion. Il était à présent possible de s'approvisionner en poudre de curcuma à Londres pour combattre les anémies. Mais le médicament qui rendait la vie supportable malgré les moustiques était le dernier-né, appelé simplement « écorce ».

Il s'agissait en effet de l'écorce de quelque arbre magique, écorce amère, qui s'attaquait à toutes les fièvres et les dévorait.

— Un enfant peut être prostré par la fièvre, secoué par des frissons comme devant un chien féroce, et être remis sur pied par cinq tisanes d'écorce, expliqua Rosalinde aux Steed du Refuge.

Et lorsqu'ils suivirent ses conseils, ils constatèrent que l'été devenait plus tolérable. L'écorce était un miracle et, à Devon, seule Mrs. Steed la dispensait en y ajoutant toujours une recommandation :

— Savourez son amertume. Elle va se battre pour vous.

En 1729, elle dévoila ses ultimes intentions en ce qui concernait la maison. A l'aide d'un immense tas de briques rassemblées au cours des deux dernières années et des esclaves de Knollys dont elle exigea un effort supplémentaire, elle se livra à plusieurs entreprises audacieuses. Elle découpa d'importantes surfaces dans les deux murs latéraux du cube initial, et agit de même sur les bâtiments qui le flanquaient. On aurait pu croire qu'elle était résolue à détruire les édifices qu'elle avait mis si longtemps à construire, mais lorsque tout fut prêt, elle assigna aux esclaves la tâche exaltante consistant à bâtir deux petits passages, bas et compacts, chacun éclairé par trois fenêtres, qui reliaient le tout. Ces deux nouvelles réalisations n'étaient pas assez vastes pour être considérées comme des maisons mais, construites solidement, elles faisaient partie de l'ensemble. Lorsqu'on lui demandait quel en serait l'usage, Rosalinde répondait :

— Pendant les journées ensoleillées, je m'installerai pour les travaux d'aiguille dans l'une de ces pièces chaudes et confortables.

Ces ultimes apports, reliant trois cubes, faisaient de l'ensemble une magnifique demeure.

Une fois les gravats enlevés, les pelouses ratissées, les nouveaux buissons bas plantés pour faire disparaître toutes traces de travaux, La Vengeance de Rosalinde apparut dans toute sa splendeur et aucune des cinq parties merveilleusement équilibrées n'était mieux adaptée à sa fonction que le cube initial qui avait suscité tant de cyniques moqueries. On comprenait à présent pourquoi elle avait placé les cheminées sur l'arrière : les passages n'auraient pu être ajoutés si elle les avait disposées sur les murs latéraux. Apparaissait aussi la raison qui l'avait poussée à laisser ces derniers aveugles : elle avait toujours eu l'intention de les percer pour y amorcer les passages.

Quelle fière allure avait cette grande demeure avec ses cinq lignes distinctes de toiture, ses vingt-quatre fenêtres harmonieuses de la façade, légèrement avancée sur la partie centrale, en recul de chaque côté, reliée par des passages encore plus décalés sur l'arrière. La façon dont la maison s'intégrait au paysage se révélait satisfaisante. Elle avait planté les arbres longtemps avant la construction ; aussi, lorsqu'un visiteur débarquait sur la jetée et regardait en direction du nord, il découvrait une étendue de pelouse pas trop imposante, des bouquets d'arbres pas trop nombreux, une maison pas trop chargée d'ornements, et il était tenté de s'exclamer :

— Que les proportions de l'ensemble sont belles !

Le visiteur ne pouvait voir de prime abord, dans un angle du salon, l'armoire que Rosalinde avait fait construire pour y conserver les plats d'étain sauvés de l'incendie allumé par les pirates. Certaines des pièces avaient été endommagées par les flammes, mais chacune pouvait servir et une fois l'an, avec la venue du printemps, elle aimait rassembler tous les Steed pour un dîner d'action de grâce où elle remerciait le ciel qu'aucun désastre ne se fût abattu sur la famille au cours de l'année. Alors, elle autorisait les enfants à manger dans les assiettes d'étain afin qu'ils s'imprègnent du poids de l'histoire.

— On ne peut jamais prévoir ce que deviendra une maison ou un être humain avant que le travail ne soit achevé, leur disait-elle.

Après le départ des Steed du Refuge, elle rassemblait sa propre famille pour instruire les enfants de leur héritage. Elle relatait comment Edmund Steed était venu en Amérique, animé par un cœur d'ardent catholique, pour édifier la plantation, et comment Martha Keene avait fui l'Angleterre pour venir partager sa solitude. Puis, elle leur parlait du roi Charles qui avait été décapité, et les enfants aimaient cette partie du récit à cause des détails macabres car elle savait leur décrire la chute de la hache. Ensuite, mêlant l'esprit d'aventure et la fiction, elle leur expliquait qui était le prince Rupert et la façon dont il avait sillonné l'Angleterre à cheval pour sauver son roi ; après quoi, elle posait la question :

— Et qui l'accompagnait ?

— Chilton Janney ! s'écriaient les enfants.

— Oui. C'était votre arrière-arrière-grand-père, un Cavalier, il a chevauché aux côtés de Rupert à Marston Moore.

— Mais vous prétendez qu'il était toujours ivre, intervenait l'un des enfants.

— Je ne l'ai jamais vu dans un autre état, admettait Rosalinde.

— Et ce n'était pas un vrai Cavalier, objectait un autre enfant.

— Il l'était de cœur, rétorquait-elle.

Au fil de ce récit, certaines descriptions relatives au Choptank pourraient inciter à croire qu'il s'agissait d'un cours d'eau paisible : « Elle embarqua dans la chaloupe et se rendit à la Falaise-de-la-Paix », ou « Ils naviguèrent nonchalamment en descendant le fleuve et passèrent le marais ». Et vingt-neuf jours sur trente, de telles descriptions reflétaient la vérité. Le Choptank constituait une magnifique étendue d'eau ; la vaste superficie s'étendant de Devon Island à l'ouest, à Patamoke à l'est ressemblait à un lac et, par beau temps, une personne seule et expérimentée comme Rosalinde pouvait la traverser en toute tranquillité.

Ce fut par une telle journée d'octobre 1732 qu'elle quitta La Vengeance de Rosalinde, descendit jusqu'à la jetée et demanda aux esclaves de parer sa chaloupe.

— Je vais jusqu'à Patamoke, expliqua-t-elle.

— Mieux demain, objecta l'un des plus vieux esclaves. Nuages sur la baie.

— Il y a toujours des nuages quelque part, marmonna-t-elle sans tenir compte de l'avis de l'homme.

Le fleuve lui parut d'une beauté inouïe lorsqu'elle y pénétra pour entamer la facile traversée jusqu'à Patamoke. Les berges bordées de chênes et d'érables se paraient d'innombrables tons de rouge et, plus haut, sur la falaise, se devinait la grisaille charmante de la maison-télescope des Paxmore, si différente du manoir qu'elle avait érigé, si parfaite dans sa dignité quaker, et elle pensa : « Un coin perdu comme le nôtre et, sur une superficie de quelques kilomètres carrés, nous avons les deux plus belles maisons d'Amérique. » Son regard s'appesantit sur la demeure grise et elle se rappela la vieille Ruth Brinton dans sa cuisine toute simple, et la petite Amanda, si résolue, apprenant ses leçons d'intégrité.

Comme elle dépassait la falaise et se dirigeait vers le marais, le ciel s'assombrit et un vent fort, venant de la baie, se leva. Alors, en l'espace de quelques minutes, une furieuse tempête assaillit son petit monde. La pluie s'abattait en rafales obliques ; le vent soufflait à quarante nœuds, puis à cinquante. Des franges d'écume ciselaient les vagues qui déferlaient sur le fleuve, aussi imposantes que celles de l'océan ; et sa chaloupe, ballottée en tous sens, luttait contre les assauts de la tourmente.

En quelques minutes, Rosalinde amena la voile et la chaloupe prit l'allure de fuite. « Le vent me poussera à la côte, n'importe où. Je serai trempée comme une soupe pour rejoindre Patamoke à pied, mais ça n'a pas d'importance. » Son attitude lui était dictée par les habitudes du Choptank. La côte orientale étant formée d'alluvions, les marins n'avaient pas à redouter les écueils ou les rochers. Quand le mauvais temps menaçait, l'homme de l'eau laissait dériver son bateau vers la grève jusqu'à ce que la quille raclât le fond ; puis il débarquait et, avec de l'eau jusqu'aux cuisses, gagnait la sécurité de la terre ferme.

Mais, en ce jour d'octobre, les lames n'autorisaient pas une telle échappatoire ; elles ballottaient la chaloupe avec une telle violence que Rosalinde fut contrainte de lâcher la barre et de s'agripper au plat-bord pour ne pas être jetée à l'eau ; elle se cramponnait ainsi quand elle aperçut une succession de vagues monstrueuses qui fonçaient sur elle ; alors seulement elle comprit le danger qui la menaçait.

« Je tiendrai bon », se dit-elle en s'arc-boutant pour résister au choc de la première lame et, de toute sa force, elle s'agrippa au bateau qui tangua follement.

Lorsque la dernière des grosses vagues passa en rugissant, Rosalinde exhala un soupir : « Je l'ai échappé belle ! Il s'en est fallu de peu, de si peu ! » Et elle prit de longues inspirations tout en regardant avec effarement le mât éclaté et la bôme qui traînait dans l'eau. Il lui restait encore une chance d'échouer le bateau et de lutter pour gagner la terre ferme. Elle reprit donc la barre dans l'espoir d'imprimer une direction à la chaloupe. Elle y serait parvenue si une violente rafale n'avait déferlé, venant de la baie, faisant bouillonner le fleuve. Des vagues en provenance d'une direction se heurtaient à d'autres soulevées par le vent furieux. La chaloupe se dressa tout à coup, tournoya et chavira.

Rosalinde fut projetée au cœur des vagues furieuses ; elle n'en lutta pas moins pour atteindre la berge qu'elle aurait gagnée si le mât brisé ne l'avait heurtée ; elle sentit ses pieds happés par un hauban qui la tirait vers le fond, inexorablement.

Les enfants Turlock, qui exploraient avec soin le marais après la tempête, repérèrent la chaloupe naufragée et crièrent à leurs aînés :

— Bateau échoué !

Lorsque les membres de la famille se précipitèrent pour s'emparer de tout ce qui était susceptible d'être arraché à l'embarcation, ils découvrirent Rosalinde à demi enfouie dans le sable, les mains crispées sur le hauban auquel elle avait livré un ultime combat avant de mourir.

Rosalie se reproche [illegible] elle en [illegible] par un [illegible] la haute mer [illegible]

Les enfants [illegible], qui [illegible] avec soin le [illegible] après la tempête, [illegible] la chaloupe [illegible] à leurs amis :

— [illegible] !

Lorsque les membres de la famille se [illegible] de tout ce qui [illegible] Rosalinde [illegible] un [illegible] avant de mourir.

[illegible]

1773

L'un des voyages les plus importants jamais effectués le long de la Chesapeake fut aussi l'un des plus courts. Il ne couvrait guère que dix-sept kilomètres, mais lorsque sa regrettable mission fut achevée, une révolution était née.

Les lords propriétaires du Maryland avaient toujours joui du droit de collation, privilège féodal dont ils usaient parfois de façon assez discutable. Tous les habitants de la colonie admettaient le droit des seigneurs à nommer leurs ministres du culte lorsque des vacances se présentaient dans l'Église d'Angleterre, mais personne ne pouvait comprendre comment un propriétaire, même s'il ne résidait pas sur ses terres et habitait Londres sans jamais avoir vu le Maryland, avait pu nommer à la paroisse rurale de Wrentham un homme aussi dénué de convictions religieuses que Jonathan Wilcok.

Ce monstre se présenta à l'opulente cure, située à quelques kilomètres au nord de Dividing Creek, un jour de novembre 1770. Cent trente kilos de chantage, de simonie et de jouissance égoïste. Le chantage était à l'origine de sa nomination à cette enviable sinécure : il avait surpris le jeune lord Baltimore dans une situation non seulement compromettante, mais carrément périlleuse si le secret n'était pas gardé, et lorsqu'il le fit remarquer au juvénile débauché, il ajouta :

— Si vous m'accordiez la cure de Wrentham au nord du Choptank, je ne menacerais plus votre sécurité.

La simonie consistait, en l'occurrence, à offrir tous les services de l'Église contre un profit personnel. Il se refusait à marier, baptiser ou enterrer sans rétributions substantielles, lesquelles devaient être réglées en tabac de premier choix ; il abusait aussi de sa situation en marchandant à outrance lorsqu'il voulait acquérir des biens immobiliers à titre privé. Il ne reculait devant aucune opération, aussi douteuse fût-elle, s'il pouvait en retirer un bénéfice quelconque.

Mais c'était sa propension à la jouissance égoïste qui lui valait l'opprobre de ses paroissiens. Détenteur d'un poste qu'aucune autorité terrestre ne pouvait lui ôter — ni l'évêque de Londres qui le méprisait, ni lord Baltimore qui la craignait, et encore moins ses ouailles qui n'avaient aucun droit, sinon celui de lui régler ses confortables émoluments et de se taire — il était libre de se conduire comme bon lui semblait. Cette licence allait jusqu'à lui permettre de s'enivrer sept soirs par semaine, engendrer deux bâtards, entretenir une épouse médisante et une maîtresse, et immiscer son énorme masse suante dans n'importe quelle opération susceptible de lui être profitable.

A l'aube, par une froide journée de janvier 1773, cet homme d'Église, dont le poids dépassait alors cent quarante kilos, se leva tôt, s'emmitoufla dans de chauds lainages sur lesquels il passa un vêtement clérical à col empesé et cravate blanche ; il examina son reflet avec satisfaction et déclara à son épouse qui l'adorait :

— Aujourd'hui, nous allons mettre un peu d'ordre dans la communauté.

Puis, il informa ses quatre esclaves qu'il prendrait le bateau jusqu'à Patamoke afin d'assister à l'audience de midi au tribunal.

« Ma présence est impérative. L'avenir du Choptank est en jeu.

Les esclaves attelèrent deux chevaux à un grossier palanquin.

— Tout est prêt, maître, annonça l'un d'eux.

Le recteur avança en se dandinant vers la litière. Il lui aurait été impossible de marcher pour couvrir les cinq kilomètres qui le séparaient de l'église de Dividing Creek, mais il parvint à franchir les quelques pas que nécessitait l'approche du palanquin. Lorsqu'il se trouva devant la litière, il ne put y monter car elle oscillait d'un côté à l'autre ; l'un des esclaves se tint entre les deux chevaux qu'il s'efforça de calmer. Deux Noirs prirent le recteur par les bras et le firent reculer tandis que le quatrième poussait sur son énorme bedaine.

— Allons-y ! s'écrièrent les esclaves.

Avec une adresse remarquable, ils juchèrent leur maître sur la litière. Grognant et suant en dépit de la température basse, le recteur ordonna :

— En route !

L'un des esclaves saisit la bride des chevaux et marcha en tête tandis que deux autres poussaient à l'arrière ; le quatrième était censé veiller à ce que le gros homme ne tombât point.

Dans cet équipage, la procession atteignit le cours d'eau où attendait l'embarcation épiscopale. Là, de nouvelles difficultés se présentèrent ; en effet, le mastodonte devait descendre de son palanquin, avancer sur une jetée glissante et être embarqué. L'opération fut menée à bien avec force accompagnements de cris ; dès que le recteur se retrouva sur la péniche, il se mit à l'aise, s'adossa à sept coussins et rugit :

— A Patamoke !

Lorsqu'il arriva dans le centre commercial en pleine expansion, enfants et badauds se passèrent le mot :

— Voilà le recteur de Wrentham !

Et tous de se précipiter vers la jetée pour se délecter de l'extraordinaire spectacle qu'offrait ce débarquement. Celui-ci exigeait le service de six hommes : sur la péniche, les quatre esclaves poussaient et grognaient tandis que, de la jetée, deux autres lançaient un cordage que l'on passait sous les bras du gros homme afin de le haler. Puis, l'un des esclaves comptait : « Un ! Deux ! Trois ! » Sur quoi, majestueusement, le recteur s'élevait du chaland comme soutenu par des ailes et se retrouvait bientôt à terre.

Dès que ses pieds rencontraient la sécurité de la jetée, il se recomposait une attitude, celle du clergyman bienveillant. Avec d'amples mouvements de cape, il dispensait d'aimables hochements de tête aux citadins. D'un pas pesant et digne, il prit le chemin du tribunal, son visage porcin ridé de sourires condescendants. Pénétrant dans le bâtiment bas, il nota avec satisfaction que tout était prêt : le banc des magistrats était occupé par des juges bien disposés à son égard, les trois coupables attendaient l'énoncé de leur juste châtiment.

Les prévenus formaient un trio assez curieux sans que rien, sinon leur commune culpabilité, pût les relier entre eux. Même leur habillement différait profondément. Simon Steed, quarante-trois ans, était un homme de haute taille, austère, aux épaules étroites, qui considérait la cour, l'assistance et ses co-inculpés avec un égal dédain. Il était vêtu à la française, goût qu'il avait acquis à Saint-Omer : perruque poudrée, plastron empesé, chemise à quatorze boutons ornée de dentelles ; son habit de velours bleu lui retombait presque aux genoux que dépassait de peu sa culotte resserrée par de petites boucles d'argent. Des volants de dentelle grise soulignaient ses poignets, conférant de l'élégance à chacun de ses gestes. C'était un gentilhomme, le citoyen le plus riche de la communauté, et le fait de le voir au banc des prévenus comme un criminel de droit commun excitait les habitants de Patamoke. Pourtant, à en juger par la déférence qu'ils lui témoignaient, il était clair que leur sympathie allait vers lui et non vers son accusateur.

A côté de lui, se tenait un homme qui venait d'atteindre la quarantaine ; il se singularisait par son chapeau à calotte plate et à larges bords qu'il refusa d'ôter, même lorsque le greffier le lui demanda. Il s'agissait de Levin Paxmore, l'un des principaux notables du Foyer de Patamoke et directeur du chantier naval Paxmore, dont les ouvriers travaillaient avec acharnement pendant cette période difficile. Cet homme sombre, vêtu d'une longue redingote grise à neuf brandebourgs, sans dentelles aux poignets ni boucles d'argent sur les souliers, ne manquait pas non plus d'une certaine élégance ; l'étoffe de ses vêtements était d'excellente qualité. Manifestement, il se jugeait offensé d'avoir à comparaître devant le tribunal et faisait mine d'ignorer les témoignages de sympathie qu'on lui adressait.

Le troisième homme s'était souvent trouvé au banc des prévenus ; maigre, l'œil canaille, il était le patron d'un vieux sloop délabré avec lequel il sillonnait la Chesapeake. Il venait du marais et était habillé en conséquence : chaussures grossières, taillées dans une peau de bête, pas de bas, pantalon bouffant retenu à la taille par une corde effilochée, lourde chemise de laine ; pas de paletot, ni de chapeau ; par contre, une barbe, et du plus beau noir. Tel apparaissait Teach Turlock, et son nom même représentait un défi à la communauté car son propre à rien de père lui avait donné le nom du pirate Barbe-Noire, « un homme qui savait où il allait ». Quarante et un ans auparavant, quand l'inculpé avait été ainsi nommé, Barbe-Noire hantait encore tous les esprits ; deux gentilshommes avaient alors porté plainte devant le tribunal pour obliger le vieux Turlock à donner à son fils un nom convenable, ce que la cour avait ordonné ; officiellement, il était inscrit sous le nom de Jeremiah Turlock, mais universellement connu sous celui de Teach, et même ses ennemis les plus irréductibles étaient obligés d'admettre qu'il lui convenait.

Les principes sociaux et moraux des trois inculpés étaient

aussi différents que leurs vêtements. Simon Steed soutenait ouvertement le roi ; il ne montrait aucune mansuétude à l'égard des agitateurs du Massachusetts et de la Virginie qui incitaient à la trahison, et il espérait avec ferveur que les trublions, aussi bien en Amérique qu'en Angleterre, seraient vite ramenés à la raison. Levin Paxmore se tenait en marge de toute discussion politique ; il estimait que Dieu nommait les gouvernements et que les hommes n'avaient pas le droit de se livrer au moindre commentaire, sans parler de protestation. Quant à Teach Turlock il incarnait le nouvel esprit qui se répandait aux colonies : il était un révolutionnaire en puissance, non par principe, mais poussé par le vulgaire désir de prendre sa revanche sur ceux qui occupaient des positions élevées. Dès qu'il entendait évoquer une possibilité de rébellion, ses doigts se portaient d'eux-mêmes à son fusil.

Seule, l'intervention d'une force étrangère aussi puissante que celle du recteur de Wrentham pouvait avoir rassemblé trois hommes aussi dissemblables dans une cause commune. Et, à présent, ce grassouillet serviteur de l'Église s'avançait vers le devant de la salle en soufflant comme un bœuf ; il se laissa choir dans un grand fauteuil et, d'un signe, indiqua au juge que les débats pouvaient commencer.

Le collecteur d'impôts témoigna en premier.

— Depuis des temps immémoriaux, tous les bons citoyens de la région livrent avant le dernier jour de décembre trente livres de tabac de premier choix devant être remis au recteur de Wrentham en tant que contribution pour l'entretien de l'Église officielle de notre district.

— Cette loi a-t-elle toujours été observée dans la colonie ? demanda le président du tribunal.

— Du temps de votre père et du mien. Vous-mêmes, honorables juges, me remettez le tabac ainsi que tout honnête chrétien y est tenu.

Le juge et les deux assesseurs acquiescèrent avec bonne conscience.

— Quelqu'un a-t-il omis de payer ? demanda le président du tribunal.

— Ces trois hommes.

— C'est vous qui collectez les impôts. Pourquoi n'avez-vous pas pris de mesures ?

Le percepteur rougit, gêné ; il regarda la pointe de ses chaussures, puis dit d'une voix haut perchée, gémissante :

— L'ancien recteur m'avait dit : « Laissez tranquilles ces damnés papistes et quakers. Dieu se chargera de les punir. » Mais notre nouveau recteur…

Du regard, il quêta l'approbation du gros homme.

« … a l'intention de mettre fin à cet état de choses.

— Comment ? demanda le juge.

— Chacun des trois prévenus doit lui régler dix ans de dîme. Notre recteur exige son dû.

— Et vous avez demandé le tabac aux inculpés ?

— Oui.

— Simon Steed a-t-il refusé de vous remettre ses trois cents livres ?

— Oui. Il a dit qu'il était catholique et qu'il refusait de payer.

— Levin Paxmore vous a-t-il opposé un refus ?

— Oui, en disant qu'il était quaker.

— Et Teach Turlock a eu la même attitude ?

— Oui.

— Et vous avez renouvelé votre demande auprès des inculpés à trois reprises ainsi que l'exige la loi ?

— Oui.

— Et chacun d'eux a refusé par trois fois ?

— Oui.

Le constable déclara que, aussitôt après que le collecteur d'impôts lui eut signalé les infractions, il s'était personnellement efforcé d'obtenir les trois cents livres de tabac, mais qu'il n'avait essuyé que rebuffades.

— Mr. Steed, s'il plaît à la cour, a fait preuve d'une indifférence dédaigneuse… refusant de prendre acte de ma présence… Il a dit à l'un de ses hommes : « Éloignez cet individu de sur mes terres. » L'ami Paxmore, celui qui garde le chapeau sur la tête, s'est comporté très différemment. J'ai déjà dû l'arrêter pour refus de servir dans la milice et quand il m'a vu arriver, il m'a demandé à voix basse : « Et qu'est-ce que tu veux à présent ? » Je le lui ai expliqué et il m'a répondu : « Trois cents livres de tabac pour la chapelle ? Tu sais que je ne peux pas payer ça. »

— Et qu'avez-vous dit ?

— J'ai dit : « Tu sais que, si tu ne payes pas, c'est prison et compagnie. »

Le public rit et Paxmore lui-même esquissa un léger sourire.

— Turlock vous a-t-il proposé de payer ?

— Il m'a proposé de m'abattre.

Cette phrase aussi souleva les rires.

« Il n'avait pas de fusil et j'en ai conclu que c'était façon de parler.

— Mais il a bien menacé de vous abattre ?

— En paroles, oui.

Vint alors le témoignage du recteur. Il s'extirpa pesamment de son fauteuil, ajusta son rabat blanc sous son triple menton, et déclara en termes choisis :

— Depuis des temps immémoriaux, la coutume respectée de cette colonie a voulu que chaque homme, femme ou enfant ayant dépassé l'âge de seize ans contribue au règlement de la rémunération du recteur. Cette pratique permet de lever des fonds pour les pauvres, d'entretenir les bâtiments destinés au culte de Dieu, et prouve que tous les citoyens révèrent l'Église et s'efforcent de la protéger. Si un seul refuse de payer, toute la structure de notre foi chrétienne est en péril ; ceci a, de tout temps, été reconnu par les tribunaux. Ces trois hommes ont nié avec persistance le droit de l'Église à collecter son juste tribut, et je demande qu'ils soient condamnés à une amende de dix fois trente livres et à la prison pour outrage.

— Vous avez entendu les accusations, dit le président du tribunal. Turlock, qu'avez-vous à dire pour votre défense ?

L'homme de l'eau haussa les épaules.

« Ami Paxmore, avez-vous une justification à faire valoir ?

Le quaker secoua la tête.

Le juge posa alors la question à Steed, mais le recteur intervint avant que le planteur n'ait eu le temps de répondre.

— Votre honneur, je crois qu'il serait sage de ne pas autoriser cet homme à s'exprimer devant la cour. Il a été élevé en France où il a assimilé les doctrines pernicieuses et dégradantes de l'athéisme. Il a importé des ouvrages de Voltaire et de Montesquieu qu'il a prêtés à ceux qui savaient lire le français. Il est même allé jusqu'à trouver une édition anglaise de *Candide* qu'il a aussi fait circuler. Ses paroles, quelles qu'elles soient, seront séditieuses et hors de propos.

Cependant le juge et ses assesseurs convinrent que le prévenu devait être autorisé à parler et, avec l'énergie et la sérénité qui le caractérisaient, Steed se mit en devoir d'interroger le recteur.

— Soutenez-vous que catholiques et quakers soient aussi tenus de payer la dîme annuelle ?

— Je le soutiens.

— Même si le tabac est difficile à trouver ?

Il ne laissa pas au recteur le temps de répondre.

« Où Teach Turlock pourrait-il se procurer du tabac ?

— D'autres en trouvent.

— Vous n'avez pas répondu à ma question. Où s'en procurerait-il ?

— Je n'ai pas à me préoccuper des problèmes domestiques de Teach Turlock.

Le regard dégoûté qu'il lança à l'homme de l'eau indiquait que le recteur ne s'intéressait pas non plus aux problèmes moraux de Teach.

— A une époque où il est si difficile de trouver du tabac que tous les autres services officiels acceptent d'être réglés en lin... ou en maïs, vous seul exigez du tabac. Pourquoi ?

— Parce que les lords Baltimore ont passé un contrat solennel avec Dieu afin de Lui assurer trente livres de tabac de premier choix par tête et par an.

Steed s'approcha d'un couple de fermiers. Campé devant eux, il demanda au recteur :

— Avez-vous accepté que cet homme vous cède une partie de sa propriété en règlement de cet impôt ?

— Il me l'a proposé.

— Quelle superficie ?

— Vingt-sept hectares.

— Êtes-vous propriétaire en votre nom, et non en celui de l'Église, d'une superficie totale de cent cinquante hectares des meilleures terres cultivables du Choptank ?

— Le recteur d'une paroisse est en droit d'habiter une maison confortable et de cultiver ses terres.

— D'une superficie de cent cinquante hectares ?

— Ces terres me sont échues de façon honorable.

— Ne m'avez-vous pas demandé l'an dernier de vous céder vingt et un hectares à l'ouest de Dividing Creek ?

— Vous me les deviez.

— Et quelle sera l'importance de vos propriétés à la fin de cette année ?

Le recteur en appela à la cour ; le président du tribunal et ses assesseurs admirent que la question était tendancieuse. Steed changea de tactique.

« Quel est le montant des dons charitables que vous avez accordés au cours des douze derniers mois ?

— Si quelqu'un était venu me trouver...

— Peter Willis n'est-il pas allé vous trouver ?

— C'est un gredin notoire. Lui accorder une aide quelconque...

— Qui avez-vous aidé ?

— Qui ? Qui ? Et vous, qui êtes-vous pour m'interroger ainsi ?

— Je voulais savoir quels dons charitables vous aviez consentis, rétorqua Steed avec calme.

Le gros clergyman en appela de nouveau à la cour qui, une fois de plus, lui donna raison.

— Mr. Steed, nous ne faisons pas le procès du recteur de Wrentham, mais le vôtre.

— Excusez-moi, dit Steed avec humilité. Mais il me faut poser une autre question qui est plus indiscrète que la précédente.

— Surveillez vos paroles, conseilla le président du tribunal.

— Recteur Wilcok, nous connaissons des années difficiles. Des voix s'élèvent un peu partout dans le pays...

— Propos séditieux ! lança le recteur.

— Le temps ne tardera pas à venir où l'Angleterre aura besoin de tous les soutiens...

— Propos séditieux, bien français !

— Ne croyez-vous pas qu'en cette époque difficile, il serait prudent, alors que vous détenez tant de terres...

— Sédition ! Sédition ! Je ne me prêterai plus à un tel interrogatoire.

Les juges acquiescèrent.

— Mr. Steed, vous outrepassez vos prérogatives. Vous avez soulevé des questions à tendance pernicieuse, et vous avez cherché à introduire dans la sereine enceinte de cette cour les passions qui agitent les foules à l'extérieur. Asseyez-vous.

— Ces passions, monsieur le pré...

— Constable, faites asseoir le prévenu !

L'intervention du représentant de l'ordre ne fut pas nécessaire ; Steed s'inclina devant les juges, devant le recteur puis, avec une grâce exquise, pivota sur les talons et salua le couple de fermiers que l'on avait spolié. Ensuite, il regagna sa place au banc des prévenus où Levin Paxmore lui serra la main.

— Accusés, levez-vous ! intima le président du tribunal. En ces temps troublés, il est indispensable que les traditions sur lesquelles notre colonie est fondée soient observées avec une rigueur toute particulière. Les braves gens ont toujours payé la dîme à l'Église qui les protège et les guide. Maintenant, plus que jamais, nous avons besoin de cette protection et de ce guide. Pour quiconque, catholique ou quaker, le fait de nier cette obligation constitue une déplorable infraction au civisme. Simon Steed et Levin Paxmore, chacun de vous est condamné à livrer à l'Église de Wrentham trois cents livres de bon tabac en barils.

Les dissidents acquiescèrent.

« Quant à vous, Teach Turlock...

Devant ce préambule de mauvais augure, l'homme de l'eau hirsute se tourna vers le public et sourit comme pour dire : « C'est de moi qu'on parle. »

« Vous n'avez ni tabac, ni moyens d'en acquérir, reprit le juge. Vous ne possédez aucun bien personnel qui vaille d'être donné en paiement, mais vous n'en devez pas moins trois cents livres de tabac ; aussi, le tribunal vous condamne-t-il à céder au recteur de Wrentham trente hectares de la terre ferme que vous possédez au nord du marais.

Le sourire s'effaça. L'homme de l'eau enveloppa ses juges d'un regard stupéfait, appel silencieux à l'affreux verdict ; on lui arrachait la terre qu'il chérissait, que ses ancêtres avaient acquise des Indiens, et protégée contre les loups, les moustiques, les collecteurs d'impôts et les Steed qui voulaient y planter du tabac. Un cri étranglé jaillit de sa gorge. Il se rua vers les juges.

— Non !

Le constable le tira en arrière mais, ce faisant, le poussa vers le recteur qui, à ce moment précis, extirpait sa masse pesante du fauteuil.

Sans réfléchir à la folie de son acte, Turlock bondit sur le gros homme et lui martela la face à coups de poing. Le tumulte se déchaîna dans la salle et, après que le constable aidé de deux fermiers eut calmé l'irascible homme de l'eau, le président du tribunal laissa tomber d'un ton sinistre :

— Six semaines de prison !

Et Teach Turlock fut traîné hors de la salle.

Dès que le public se fut retiré, les juges accompagnèrent le recteur jusqu'à la jetée où, avec l'aide de six hommes, on le réembarqua sur son chaland. Le président du tribunal s'avança le long de la grève en adressant force courbettes au clergyman, mais ses deux assesseurs restaient immobiles sur le quai.

— L'année prochaine, croyez-moi, je n'appuierai pas les revendications de ce scélérat, ce cagot.

— C'est la loi.

— Alors, la loi doit être changée.

— De tels propos sont dangereux, Edward, dit le deuxième assesseur en jetant un regard alentour pour s'assurer que personne n'avait entendu ces paroles au relent de trahison.

— Nous vivons une époque dangereuse. Je suis anglais de naissance et d'éducation. Mais récemment, j'ai commencé à craindre que Londres...

— Soyez raisonnable. Teach Turlock méritait la prison... pour une foule de raisons.

— Mais pas de se voir dépouiller de sa terre.

— Pour ce qu'il en fait de sa terre...

— Avez-vous vu son expression quand Arthur a prononcé la condamnation ? Et Steed ? Et Paxmore ? Ce sont des hommes de bien.

— Ce sont des dissidents. Le jour approche où nous devrons tous serrer les rangs.

Le juge qui avait parlé le premier regarda en direction de la grand-rue de Patamoke ; d'un geste du menton, il la désigna à son compagnon. Les deux assesseurs suivirent des yeux Steed et Levin Paxmore qui marchaient bras dessus, bras dessous, absorbés par une conversation animée.

— Vous rendez-vous compte, reprit le premier juge, qu'aujourd'hui, ici, nous avons réalisé un miracle ?

— Un miracle ?... Un bien grand mot.

— Si ; nous, les juges, nous avons forgé des liens qui rassembleront dans un élan commun des hommes aussi dissemblables que Steed, Paxmore et Turlock. Je vous le prédis, nous verrons le jour où ces trois hommes et une foule d'autres dépouilleront le gros recteur de Wrentham de toutes ses terres, et après quoi, ils...

— Edward, je vous en supplie, n'achevez pas votre pensée ! s'écria le deuxième assesseur en se plaquant les mains sur les oreilles.

— Des idées naîtront et iront si bon train que tous les juges du comté seront incapables de les endiguer.

— L[illegible] prochaine, croyez-moi, [illegible] quand ils se seront [illegible] ce qu'il [illegible].
— C'est la loi.
— Alors, la loi doit être changée.
— De tels propos sont dangereux, avertit un des deux assesseurs en lançant un regard alentour pour s'assurer que personne n'avait entendu ces paroles au [illegible].
— Nous vivons une époque dangereuse. Je suis anglais de naissance et d'éducation. Mais récemment, j'ai commencé à craindre une Légende.
— Soyez rassuré. [illegible] pendant un certain temps la [illegible] pour une sorte de [illegible].
— Mais pas tant de [illegible] dépouillés de sa [illegible].
— Pour ce qu'il en [illegible] de sa terre [illegible].
— Avez-vous vu son expression quand Arthur a évoqué la contamination ? Et Saeed ? Et Palamore ? Ce sont des hommes de bien.
— Ce sont des dissidents. Le jour approche où nous devrons les [illegible].
Le juge qui avait parlé le premier regarda en direction de la [illegible] de Palamore et, d'un geste du menton, la désigna à son compagnon. Les deux assesseurs suivirent des yeux Saeed et [illegible] Palamore qui marchaient bras dessus, bras dessous, absorbés par une conversation animée.
— Vous rendez-vous compte, reprit le premier juge, qu'aujourd'hui, ici, nous avons réalisé un miracle ?
— Un miracle ? Un bien grand mot, [illegible].
— Si, nous, les juges, nous avons [illegible] des liens qui [illegible] dans un clan commun des hommes [illegible] dissemblables. [illegible] Saeed, Palamore [illegible] prédis, nous verrons le jour où ces trois hommes et une [illegible] dépouilleront la [illegible] de [illegible] de toutes ses terres, et après quoi [illegible].
— Edward, [illegible] assesseur en se plaçant les mains sur les oreilles.
— Des idées [illegible] qu'ils [illegible] les juges [illegible] seront incapables de les [illegible].

Trois patriotes

Les deux juges se trompaient en croyant que Steed et Paxmore complotaient. Ils parlaient affaires et, parvenus à hauteur du chantier naval, Paxmore invita son co-inculpé à entrer dans le bureau aux cloisons de bois d'où il dirigeait son entreprise.

— Qu'est-ce qui te fait croire que les bateaux feront prime ? s'enquit Paxmore tandis que les deux hommes s'asseyaient sur des sièges sculptés dans le chêne.

— La haine que j'ai lue dans les yeux de Turlock... quand les juges l'ont dépouillé de sa terre.

— Les Turlock réagissent toujours comme des sauvages.

— Cette fois, c'était différent. Il s'agissait d'une déclaration de guerre, et franchement, Levin, j'ai peur.

— De quoi ? Turlock est impuissant...

— De l'état d'esprit. La mentalité change, Levin, et tôt ou tard nous en subirons le contrecoup.

— Et c'est pour ça que tu veux des bateaux ? Pour te prémunir contre les troubles ?

— En effet. Je crois que le jour viendra où des hommes, tels que vous et moi, qui souhaitent maintenir nos liens avec l'Angleterre seront acculés par la canaille.

— Tu as un avantage sur moi. Je n'ai pas étudié en France.

— Les chiens enragés... les Turlock. Bientôt, ils hurleront que les colonies doivent se détacher de l'Angleterre. L'Angleterre résistera, ainsi qu'il convient, et je crains même qu'il y ait la guerre.

Il hésita, regarda le sol.

« Et si la guerre vient, nous aurons besoin de navires, ajouta-t-il dans un murmure.

Paxmore, qui s'efforçait d'ignorer ce qu'impliquaient ces paroles, préféra se réfugier dans le pédantisme du jargon nautique.

— Ami Steed, tu utilises des termes à la légère. Un navire est un très grand vaisseau comprenant au moins trois mâts. Les nations possèdent des navires. Les hommes d'affaires ont des bricks ou des sloops.

Steed, qui répugnait lui aussi à parler de la guerre, demanda :

— Lequel me conseillez-vous ?

— Ni l'un ni l'autre. Ce qu'il te faut, c'est une goélette, capable de se déplacer avec rapidité.

Et chacun prit une longue inspiration car l'un et l'autre savait qu'une commande venait d'être proposée et acceptée ; il ne s'agissait pas là d'une affaire banale. Si Steed était prêt à payer le prix d'une goélette, il lui faudrait sacrifier une substantielle partie de sa fortune, et si Paxmore en entreprenait la construction, il devrait écarter tous les projets de moindre importance dont dépendaient ses revenus habituels.

Les deux hommes gardaient donc le silence, réfléchissant aux obligations qu'ils étaient sur le point d'assumer. Finalement, Steed prit la parole. Il se leva, s'approcha du bureau qu'il tapota du bout de son index.

— La rapidité, Levin. Par-dessus tout, la vitesse.

— Tu peux avoir la rapidité, mais tu ne peux pas avoir à la fois la vitesse et une cargaison maximum, marmonna-t-il. Je peux étirer les lignes ainsi...

Il indiqua la longueur envisagée pour le bateau.

« ... mais cela implique que je doive le resserrer ici, à l'endroit précis où tu souhaites entreposer tes barils.

— Oubliez les barils. La goélette transportera une cargaison comprimée d'une valeur triple.

— Nous devrons rester bas sur l'eau, mais les mâts, eux, seront très hauts. Nous aurons besoin d'une grande surface de toile.

— Il me faudra des superstructures massives.

— Elles nuiront à la vitesse.

— Mais il me les faut. Pour le canon.

A ce mot, Paxmore s'appuya des deux mains à son bureau.

— Je ne peux pas accepter de placer un canon à bord de l'un de mes bateaux, Steed.

— Je ne vous le demanderai pas. Mais vous pouvez prévoir une construction assez solide pour que je puisse fixer le canon quand vous aurez fini.

— Je ne pourrai pas accepter...

— Il vous suffira de prévoir les emplacements nécessaires... pour quatre canons.

— Mais cela rendrait les œuvres mortes trop lourdes, objecta Paxmore.

Dès qu'il eut prononcé ces paroles, il comprit que Steed l'avait circonvenu pour qu'il participât à une opération militaire, et il fit machine arrière.

« Je ne construirai pas un grand bateau de guerre, déclara-t-il.

— Il n'en est pas question, assura vivement Steed. Notre bateau sera une goélette de paix.

Pendant deux jours, le charpentier et le planteur envisagèrent les plans du bateau appelé à devenir la spécialité des chantiers Paxmore : effilé, rapide, voilé à l'extrême, maître bau réduit au minimum, œuvres vives aux lignes tendues, sensible à la barre, doté d'un immense bout dehors. Ce serait une goélette définie par un homme d'affaires, exécutée par un poète ; à chaque phase critique, chacun des deux hommes prenait ses décisions en fonction de sa vision propre de l'avenir, après avoir procédé à une analyse attentive de ce qui se produisait aux colonies.

Simon Steed prévoyait que des individus violents, tels que Teach Turlock, allaient acculer les colonies à une confrontation avec la mère patrie, et que les troubles considérables qui s'ensuivraient seraient de nature à bouleverser le commerce et les voies maritimes. Cette probabilité l'influençait dans deux directions. Il savait que, dans les époques troublées, les négociants aventureux prospéraient car ils se montraient prêts à acheter et à vendre alors que les autres restaient paralysés par la crainte. Et il se sentait aussi encouragé à se lancer dans des entreprises audacieuses en se rappelant les combats acharnés menés par sa grand-mère contre les pirates ; comme elle, il estimait que les mers devaient être sillonnées librement. Il était donc prêt à courir des risques et à payer, non seulement la goélette que Paxmore et lui envisageaient de construire, mais aussi trois bateaux du même modèle qui seraient mis en chantier à sa suite. Il considérait qu'avec une flotte de quatre vaisseaux, il disposait d'un avantage certain pour se livrer au commerce en des temps troublés. Tous ses bateaux navigueraient sous pavillon britannique, maintenant et toujours, il n'en doutait pas.

Levin Paxmore, durant ses quarante ans d'activité, avait

construit nombre de vaisseaux hauturiers, lesquels péchaient par leur lourdeur : des trois-mâts aux formes un peu ridicules, des bricks aux mâts trapus. Il avait toujours su que de meilleurs bateaux attendaient d'être construits avec les chênes et les pins de ses forêts et, parfois, lorsqu'il apercevait, près de son chantier, un navire britannique amarré dans le port, avec ses lignes séduisantes, ses mâts bien proportionnés, il se sentait tenaillé par un regret d'artiste : « Je saurais surpasser les Anglais si on me passait commande. » A présent il avait un client, un homme au moins aussi perspicace que lui, et il lui tardait de passer à l'action. Il le ferait en tant que quaker pacifiste qui abhorrait la guerre, et il ne lui vint pas à l'esprit qu'en collaborant avec Steed il serait peu à peu amené à composer avec ses convictions.

Ainsi ces deux hommes de bonne volonté se jetèrent à corps perdu dans leur projet, convaincus de pouvoir le mener à bien tout en restant fidèles à leurs croyances passées. Les dimensions de la goélette n'avaient pas été précisées mais, à la fin de la deuxième journée, ils convinrent que le lendemain ils décideraient des mesures exactes. Cependant, peu après l'aube, deux esclaves se présentèrent au chantier naval, porteurs d'une nouvelle exaltante : un bateau de commerce avait mouillé à Devon, en provenance de Londres ; il amenait Guy Fithian et sa femme en tournée d'inspection.

— Ont-ils été bien accueillis ?

— La femme de Maître Isham ; elle a invité eux à entrer.

Simon Steed ne s'était jamais marié et, à quarante-trois ans, il ne voyait aucun intérêt à convoler. Il dirigeait l'affaire familiale, lisait les ouvrages philosophiques qu'on lui adressait de Paris, et laissait à son jeune frère, Isham, et à l'épouse de celui-ci le soin de s'occuper de la vie mondaine de l'empire Steed. Si Isham avait accueilli les visiteurs, nul besoin d'abandonner sur-le-champ l'exaltante tâche consistant à élaborer les plans d'une grande goélette.

— Retournez à Devon et annoncez à Fithian que je le retrouverai à la tombée de la nuit, dit Simon à ses esclaves.

— Non, Maître ! Lui dire venir tout de suite.

Et l'homme tendit à Steed une brève note émanant d'Isham. Celui-ci le prévenait que de graves nouvelles étaient arrivées de Londres. Sa présence était indispensable. Il se tourna vers Paxmore.

— Nous disposons de deux heures pour faire le travail de

deux jours, lui annonça-t-il. Quelles seront les dimensions de notre bateau ?

Les deux hommes, en manches de chemise malgré le froid vif de janvier, avancèrent à grandes enjambées pour délimiter la longueur de la goélette.

— Je la souhaiterais plus longue que je ne l'avais pensé, dit Paxmore. Je conseille d'envisager vingt-six mètres.

Et il ficha deux pieux en terre pour marquer cette distance considérable.

— Plutôt plus longue que plus courte, commenta Steed en déplaçant légèrement les pieux.

— Un maître bau étroit, un peu moins de six mètres quarante.

Paxmore enfonça deux nouveaux pieux.

— Ça me convient, approuva Steed. Ça laisse juste assez de place pour faire pivoter le canon.

Le quaker ignora l'allusion à l'artillerie ; debout, au milieu de l'esquisse, il déclara :

— Je crois que nous pourrions avoir une cale de deux mètres cinquante à deux mètres soixante-quinze. Évidemment, Steed, tu ne pourras naviguer qu'en eau profonde, dans la baie.

— Nous nous en tiendrons au chenal... jusqu'à l'océan. Que son plan antidérive ait des lignes aussi effilées que possible.

— J'estime que le bateau devrait approcher de cent soixante tonneaux.

Au cours des deux heures qui suivirent, Paxmore et Steed reconsidérèrent avec soin chacune de leurs décisions et, lorsqu'ils estimèrent être parvenus à un compromis satisfaisant, face aux diverses exigences souvent contradictoires, Paxmore appela l'un de ses neveux :

— Martin, ce grand chêne que nous avions mis de côté..., commence à le tailler en quille.

Et avant que Steed eût quitté le chantier, s'éleva le bruit rassurant de l'herminette.

Durant l'agréable trajet de retour à Devon, Simon s'efforça de deviner la nature des informations qui avaient pu pousser son frère à lui adresser une note aussi impérieuse. Puisque les Fithian en étaient à l'origine, les nouvelles venaient de Londres. Et puisque la guerre qui opposait l'Angleterre et la France avait cessé, elles devaient concerner les colonies. Une question politique sans doute. Simon fronça les sourcils. Pouvait-il s'agir d'affaires ? Le Parlement n'avait certainement pas entériné une législation pouvant porter préjudice au négoce.

Il était convaincu que Londres ne se laisserait pas aller à de telles sottises ; sa conviction s'appuyait sur un raisonnement tout personnel selon lequel le roi ne pouvait compter que sur le soutien d'hommes tels que Paxmore et lui. « Il n'y a que nous qui soyons en mesure de tenir la racaille à distance », pensa-t-il. Et, au même instant, il eut un haut-le-corps car le sloop contournait le marais de Turlock. Il imagina ce révolté moisissant en prison, tirant des plans pour se venger, et cette vision l'encouragea à résumer des idées qui le hantaient depuis plusieurs mois : « La société doit être un compromis entre des hommes nouveaux, pas encore éprouvés, tels que Turlock qui veut détruire les anciennes structures, et des hommes anciens, expérimentés, tels que Paxmore et moi, qui ont tendance à s'accrocher trop longtemps aux structures qu'ils essaient de protéger. »

Il considéra un instant ce problème et, selon son habitude, comme chaque fois qu'il était confronté à de vastes idées telles que la *société*, l'*humanité* et le *changement*, il se mit à penser en français ; là résidait la faille : extérieurement, tout semblait le rattacher au gentilhomme anglais classique, à cela près qu'il avait appris à lire des ouvrages français et que ceux-ci l'avaient corrompu.

Il était fasciné par Montesquieu ; il avait passé tout un été à méditer sur l'audacieuse théorie du Français selon laquelle l'homme était mieux gouverné par trois autorités distinctes agissant séparément : l'exécutif, le législatif et le judiciaire. Il ne lui était jamais venu à l'esprit qu'il s'agissait là des fonctions d'un gouvernement mais, par le truchement de Montesquieu, il se rendait compte que tel était bien le cas.

Mais parvenu à cette conclusion, il en esquiva aussitôt les conséquences logiques : la meilleure façon d'atteindre à cet équilibre consistait à s'en tenir au système anglais. Un roi juste, un Parlement fort, un groupe de juges avisés. Contradiction évidente de sa nature : dans toutes les applications pratiques, il était anglais ; dans toutes les attitudes fondamentales de l'existence, il était français. A présent, il redevenait pragmatique : « Ce serait une tragédie si, un jour, nos colonies étaient tentées de se séparer de l'Angleterre », et dès qu'il eut atteint la jetée de Devon, il gravit rapidement l'allée, pressé de découvrir les motifs qui avaient poussé Guy Fithian à traverser l'Atlantique.

On l'entendit arriver et tout le monde se précipita pour l'accueillir sur le seuil. Là, pour la première fois, il vit Jane Fithian, jeune, gaie, blonde et radieuse, au bras de son très compétent mari. Elle forçait l'admiration dans sa robe bleu clair, en indienne, au corsage orné de dentelles et elle parut flotter vers lui pour lui tendre la main.

— Bonjour. Je suis Jane Fithian, dit-elle d'une voix douce.

— Soyez la bienvenue à Devon, Mrs. Fithian.

— Oh, non ! s'écria-t-elle avec un rire perlé. Je suis la sœur de Guy, pas son épouse.

A ces mots, il rougit tant que ceux qui l'observaient, y compris les esclaves, sentirent qu'il était troublé par la ravissante Anglaise aux allures d'elfe et, dès qu'il se retrouva seul avec Guy, il demanda :

— Pourquoi l'avez-vous amenée ?

— Parce qu'il est grand temps pour vous de vous marier, Simon, rétorqua Fithian sans la moindre hésitation.

Les paroles et ce qu'elles sous-entendaient étaient si audacieuses que Steed rougit de nouveau. Il s'apprêtait à protester, mais Fithian ne lui en laissa pas le temps.

« En vérité, ce qui m'amène est un désastre... un double désastre.

Et il exposa l'aggravation de la situation qui l'avait incité à traverser l'Atlantique sans tarder.

« La chute des cours du tabac est responsable du déclin de maintes plantations avec lesquelles nous sommes en affaires ; certaines sont au bord de la faillite. Et si nous continuons à leur accorder du crédit, nous aussi nous courons à la faillite.

— Notre position est solide, dit Steed sur la défensive.

— Dieu veuille que toutes les plantations américaines soient à votre image. Vous et Isham savez gérer votre entreprise et trouver un juste équilibre.

Il secoua la tête avec gravité.

« Simon, seriez-vous intéressé par la reprise de l'affaire Janney... la grande plantation sur le Rappahannock ?

— Non, déclara Simon sans même prendre le temps de la réflexion.

— N'êtes-vous pas parent avec cette famille ?

— Si, vaguement. Mais cela ne nous intéresse en rien. Est-ce la raison de votre venue ?

— Janney ne représente qu'un cas parmi une vingtaine d'autres. Vous rendez-vous compte que des courtiers tels que nous sont propriétaires de la majeure partie de la Virginie ? Je représente un consortium. Six courtiers londoniens, et on nous demande d'absorber plusieurs millions de dettes américaines. Vous appelez ces lieux Maryland et Virginie. En vérité, vous pourriez les nommer Fithian et Goodenough.

En proie à une vive agitation, il se mit à arpenter la pièce en secouant la tête.

« Nous sommes propriétaires de ces satanées plantations, à notre corps défendant. Simon, accompagnez-moi chez Janney, au moins pour me conseiller les mesures nécessaires. Vous me devez bien ça.

De nouveau, Steed protesta, arguant que ce serait folie pour un habitant de la côte orientale de s'occuper d'une plantation en Virginie, mais Fithian coupa court.

« Que cela vous plaise ou non, Simon, nous sommes tous entraînés dans la folie.

La gravité avec laquelle son fidèle ami s'exprimait obligea Steed à écouter.

« Vous vous sentez en sécurité parce que vous gérez vos plantations et vos comptoirs avec prudence. Eh bien, le gouvernement de Londres semble résolu à vous acculer à la faillite, oui, vous, aussi bien que les prodigues Janney.

— Comment ça ?

— Le thé. On va vous couper la gorge avec le thé. Et si l'opération réussit, on continuera et on agira de même avec le reste.

— Pourquoi le thé ?

— Parce que la Compagnie des Indes orientales...

— Je sais. Je sais. C'est l'une des sociétés les plus mal gérées du monde. Mais elle bénéficie d'un monopole d'État.

— Et elle va l'exercer. La combinaison est la suivante : si vous, négociants américains, souhaitez acheter du thé à Londres, vous devrez acquitter une lourde taxe. La Compagnie des Indes orientales en sera exemptée. Vous ne pourrez soutenir la concurrence. La Compagnie débarquera sa cargaison sur vos docks et bradera la denrée.

Quand les complexités et les injustices de cette combinaison apparurent à Steed, il s'affala dans son fauteuil, se prit la tête entre les mains.

— On dirait que le Parlement est résolu à écraser les colons dont le soutien est vital pour l'Angleterre.

Et, avec une hargne manifeste, il passa en revue la succession de mesures discriminatoires déjà prises à l'encontre des marchands du Maryland : restrictions du commerce, taxes injustifiées, avantages consentis aux monopoles londoniens aux dépens des négociants coloniaux, lois ridicules sur la navigation, arrogance des collecteurs d'impôts.

« Cherchez-vous à anéantir vos amis ?

— J'en ai l'impression, admit Fithian.

Puis, il baissa la voix et la conversation s'éloigna des affaires commerciales qui le préoccupaient ainsi que Steed, pour aborder les questions moins terre à terre.

« Ce que l'Angleterre devrait faire dès à présent, Simon, serait de dire aux colonies de bonne grâce : " Allez de votre côté, les enfants. Devenez forts et, par la suite, partagez vos richesses avec nous. "

Steed ne répondit pas. L'idée était si radicale, si contraire à ses propres conclusions, qu'il ne parvenait pas à l'assimiler.

« En agissant ainsi, nous vous retiendrions à jamais, reprit Fithian. Vos fonds seraient déposés à Londres, vous achèteriez vos marchandises en Angleterre, et enverriez vos fils à Oxford. Croyez-moi, une telle union donnerait naissance à la plus grande puissance du monde.

— Êtes-vous nombreux à penser de la sorte ? s'enquit Steed.

— Vous seriez écœuré d'entendre les bêtises qu'on débite. Les hommes n'imaginent pas l'avenir autrement que sous l'angle du passé. Je soutiens l'avenir du commerce atlantique et tous font la sourde oreille. De son côté, Burke envisage la position légale et lui non plus n'est pas entendu.

— Aucune concession n'est-elle possible ?

— Toutes seraient possibles si les hommes étaient sensés. On accordera des concessions insignifiantes. Mais celles qui comptent et qui pourraient remodeler le monde... ? Impossible !

— Ainsi, les planteurs seront mis le dos au mur ?

— Oui. Parce qu'ils occupent le devant de la scène.

— Ce serait une effroyable erreur si le Parlement continuait à nous prendre pour cible. Nous sommes le reflet de votre bon sens. Nous faisons preuve de loyauté, nous adorons l'Angleterre, mais nous ne nous laisserons pas berner.

Et la discussion se poursuivit ainsi, l'Anglais prônant la séparation, le colonial renouvelant son attachement à la couronne. Elle cessa quand Fithian déclara avec brusquerie :

— Ne parlons plus de ça. Il faut que vous m'accompagniez chez Janney.

— Je vous préviens, je n'y toucherai à aucun prix.

— Mais il sera intéressant pour vous de vous pencher sur le problème. D'ailleurs, je veux montrer la côte de Virginie à Jane.

— Elle nous accompagnera ?

— Bien sûr. Je tiens à ce qu'elle vous connaisse. Je veux que vous l'épousiez.

— Votre attitude est choquante.

— C'est ma petite sœur. Une merveilleuse enfant, chère à mon cœur. Et nous avons entretenu des rapports suivis avec les colonies depuis plusieurs générations. J'estime qu'il est temps de resserrer plus étroitement ces liens.

— Je suis catholique.

— Nous ne manquons pas de protestants dans les autres branches de la famille.

Il alla appuyer le bout de son index sur la poitrine de Steed. « Nous avons tous besoin de sang nouveau, d'idées nouvelles. Vous avez besoin d'une femme.

D'un geste, il balaya les objections de son ami.

« Dans mon bureau de Londres, je lis des lettres en provenance du monde entier et après quelques années je me fais une idée de mes correspondants. Simon, vous m'apparaissez comme un homme solide, honnête, un rien calculateur, rangé, qui peut être profondément bouleversé par les événements de notre temps, mais qui n'en a pas moins le cœur sec. Ne passez pas à côté de la vie.

En cette période d'hiver, la navigation jusqu'au Rappahan nock fut idyllique ; des vols d'oies d'un gris chatoyant obscurcissaient parfois le ciel. De temps à autre, un bateau se dirigeant vers Baltimore trouait la brume légère et disparaissait au bout d'un instant. Le froid sec rougissait les joues de Jane Fithian, les faisant ressembler à des pommes d'api.

— Je dois avoir tout d'une fille de ferme, disait-elle en manière d'excuse.

Elle était spirituelle et prenait part avec brio aux conversations d'hommes cultivés :

— J'estime que le roi devrait envoyer deux armées aux colonies. L'une partirait de New York en direction du nord, et l'autre de New York en direction du sud. Ainsi, nous verrions de quoi sont capables ces rebelles exaltés, disait-elle pour taquiner Steed.

Mais elle ne parvenait pas à le faire sortir de ses gonds, lui son aîné de vingt et un ans.

— Vos armées, chère Miss Fithian, n'atteindraient jamais Boston ni Philadelphie. Il ne faut pas nous prendre pour des enfants.

— Vous êtes des barbares, et si nos bateaux cessaient de vous approvisionner, ne serait-ce que pendant six mois, vous péririez... par manque de vivres... et d'idées.

— Et si nos bateaux cessaient de vous ravitailler pendant six mois, les Fithian s'effondreraient... par manque d'argent.

— Nous serions ridicules, chacun de notre côté, si nous agissions aussi bêtement, admit-elle. Je suis persuadée que nous n'en viendrons pas là.

Lorsqu'ils arrivèrent à la plantation de Janney et que Jane en constata le triste état, elle fut profondément troublée.

— Ils sont tellement stupides, tous ! s'exclama-t-elle. Oh, Guy ! si seulement nous pouvions rester ici un an ou deux, et les remettre à flot !

Son frère lui fit remarquer que la faute n'incombait pas aux seuls Janney et qu'elle était partagée par les courtiers londoniens.

— Moi aussi, je suis à blâmer pour leur avoir accordé trop de crédit.

— Qu'allez-vous faire ? s'enquit Steed.

Guy Fithian baissa la tête et se caressa le menton.

— Prier. C'est tout ce que nous pouvons faire. Prier.

— Pourquoi ?

— Eh bien, dans ma première prière, je demanderai à Dieu de trouver des hommes de votre trempe pour gérer le domaine Janney et les dix-neuf autres. Ce qui nous permettra de surmonter nos difficultés avant que la guerre n'éclate. Ensuite, je prierai pour que, après le conflit, les colonies devenues libres fassent honneur à leurs engagements.

— Ne parlez pas comme si la guerre était inévitable ! s'écria Steed.

— Elle l'est, déclara Fithian d'un ton tranquille.

Après avoir visité plusieurs plantations au bord d'un abîme que leurs propriétaires entrevoyaient à peine, Jane interrogea son frère :

— Ne peut-on rien faire ?

— Comme je l'ai déjà dit, nous pouvons prier.

— Alors, la guerre que j'ai évoquée en plaisantant serait une réalité ?

— Je le crois, assura Guy.

La visite des grandes plantations tenait du rêve : lentement, le sloop remontait les cours d'eau ; les esclaves attendaient sur la jetée pour saisir les amarres ; sous leurs pas, se déployait une pelouse impeccable ; d'un côté, se devinaient les logements des esclaves et, au milieu de l'enceinte, le manoir hypothéqué, parfois orné de colonnes, qui brillait dans le soleil hivernal. Invariablement, la réception était somptueuse, avec un grand assortiment d'alcools, et émaillée de banalités ayant trait à la vie mondaine à Londres, mais la terreur emplissait les yeux des planteurs en présence du courtier, véritable propriétaire des lieux.

Guy Fithian n'avait rien d'un destructeur ; il était venu constater quelles étaient les mesures indispensables pour sauver les propriétaires officiels et ses propres intérêts, mais aucun remède ne pouvait être envisagé.

— Il faut nourrir les esclaves, Mr. Fithian. Les cours du tabac remonteront tôt ou tard. Nous ignorons tout de la culture du maïs ou du blé. Il a bien été question de planter des pommiers, mais seulement pour faire du cidre. Et chaque mois, nos dettes s'accroissent.

Pourtant, c'étaient ces braves gens, si mal traités par Londres, qui soutenaient avec le plus d'enthousiasme l'Angleterre et le roi.

« Il n'y aura jamais de soulèvement ici. A Richmond et à Williamsburg, il en a été question. On ne peut pas se fier à Jefferson, et Patrick Henry est un agitateur né, sans envergure. Non, monsieur, la Virginie s'en tient résolument au roi.

— C'est plus qu'on ne pourrait m'en demander, confia Fithian à Steed au moment où le bateau appareillait pour regagner Devon.

Steed ne répondit pas.

« Et en ce qui concerne Jane ? demanda Fithian, à brûle-pourpoint.

— En ces temps incertains...

— C'est le moment ou jamais de mettre de l'ordre dans vos affaires personnelles. Avez-vous l'intention de l'épouser ?

— Grand Dieu !

— Simon, au cours des six dernières semaines, nous avons rendu visite à des gens incapables de prendre une décision. N'allez pas leur ressembler en vieillissant.

L'allusion à l'âge n'était pas des plus heureuses ; elle fournissait une excuse à Steed.

— Après tout, j'ai quarante-trois ans ; elle n'en a que vingt-deux. Et je suis assez vieux...

— Belle excuse ! coupa Guy. Je suis capable d'en imaginer une dizaine d'autres, mais toutes sont hors de propos.

— Pourquoi ? demanda Simon avec une certaine vivacité car il lui déplaisait d'être ridiculisé.

— Parce que nous vivons une époque de tensions, d'incertitudes ; en de telles périodes, les hommes avisés s'en tiennent aux principes fondamentaux... le mariage, par exemple.

— J'y réfléchirai pendant la traversée, promit Steed.

Et lorsque l'île se profila au loin dans l'est, à demi enveloppée par la brume du fleuve, Guy l'appela à l'arrière du sloop.

— Alors, qu'avez-vous décidé ?

— Eh bien... pourquoi pas ? répondit Steed après une certaine hésitation.

— Jane, viens ici ! s'écria Fithian.

La jeune fille apparut bientôt, vive, les joues colorées, et son frère lui annonça :

« Simon veut t'épouser.

Sur quoi, elle embrassa Steed et lui décocha un coup de coude dans les côtes.

— Si vous n'aviez pas fait votre demande, je m'en serais chargée dès que nous aurions débarqué à Devon.

Steed éprouva une sorte de soulagement à l'idée qu'une décision si importante eût été prise sans angoisse. Plus il avait observé Jane dans les manoirs de Virginie, plus il en était devenu amoureux. C'était une jeune fille vive, séduisante, résolue, portant un intérêt sans mélange aux entreprises Fithian. Sans doute aurait-elle pu épouser un homme plus jeune — plusieurs en Virginie avaient paru désireux de faire leur demande — et il était flatté qu'elle l'eût choisi.

— Vous auriez pu remettre de l'ordre dans n'importe

laquelle de ces plantations, dit-il à la jeune fille tandis que tous trois remontaient l'allée menant à la maison. Je tiens à ce que vous dirigiez celle-ci.

— Je ne suis pas venue pour diriger. Je suis venue pour aimer, rétorqua-t-elle avec à propos.

Mais au-delà des considérations d'ordre pratique, Steed se sentait attiré physiquement par Jane et il n'éprouvait ni répugnance ni gêne à exprimer cet état de choses. Jane se révéla encore plus désirable quand tous deux gagnèrent le salon qui avait abrité l'amère solitude de Rosalinde Janney Steed. Alors que les flammes dans la cheminée projetaient des ombres dansantes, Jane dit :

— Vous pensiez que votre vie était finie, n'est-ce pas, Simon ? En réalité, elle s'apprêtait à commencer, ajouta-t-elle en riant.

Tandis que Simon Steed traversait la Virginie, courtisant Jane avec quelque réticence, Teach Turlock fulminait en prison et, à chacun des détenus qui partageaient sa cellule, il tenait des propos séditieux à peine voilés.

— Faudrait chasser ce gros recteur du Maryland. Ce voleur de terres.

Il insinuait aussi que les juges dépouillaient les pauvres gens et, chaque fois qu'il était question d'un Anglais, même du roi, il s'exprimait en termes hargneux.

Ses camarades de prison, conscients du cheminement de ses pensées, s'efforçaient de le calmer en le mettant en garde contre ses excès. Mais il écartait leurs conseils.

— Le moment approche...

Et il ajoutait qu'à sa sortie de prison, les Anglais n'auraient qu'à bien se tenir.

Le geôlier put mesurer le durcissement de l'attitude de Turlock lorsqu'il remit au détenu l'acte que celui-ci devait signer ; il s'agissait d'un acte de transfert de propriété de trente hectares au profit du recteur de Wrentham ; lorsque Teach comprit, il refusa d'apposer sa marque.

— C'est pas le recteur qui prendra mes terres !

— Mais le tribunal exige que tu signes, expliqua le gardien. Le greffier opina.

— Le diable emporte le tribunal !

Les deux fonctionnaires en eurent le souffle coupé car pareil langage n'avait pas cours à Patamoke. En un tel cas, la loi était précise : manquer de respect à un tribunal, quel qu'il soit, était passible de prison ; à la deuxième infraction du même ordre, la langue du contrevenant était brûlée au fer rouge ; un troisième manquement était puni par la pendaison.

— Ne parlez pas de ce blasphème aux juges, conseilla le geôlier quand il se retrouva seul avec le greffier. C'est un fou qui adore sa terre.

Il fallait cependant annoncer aux juges que Turlock avait refusé de signer et les magistrats en conçurent une vive colère. Deux d'entre eux vinrent le trouver dans sa cellule pour l'avertir du danger qu'il encourait, mais il demeura assis à la même place, les lèvres serrées, sale, les mains glissées sous ses fesses pour ne pas être tenté de saisir la plume.

— Nous pouvons prolonger votre incarcération ou saisir votre sloop.

Obstiné, il ne se laissa amadouer ni par les promesses ni par les menaces, et refusa de prendre la plume. Les juges se retirèrent et peu après on l'informa que sa peine avait été doublée ; il resterait en prison jusqu'en avril.

Il rit des juges, du recteur et de lui-même ; il se rendait compte que les événements avaient pris une tournure déplorable. A ce stade, il aurait pu encore se tenir en marge de la rébellion ; un simple geste de conciliation l'eût amadoué. Au lieu de quoi, sa femme vint lui apprendre que les arpenteurs avaient mesuré les trente hectares.

— Pas le marécage vers le ruisseau. La meilleure terre. Avec les grands arbres.

Assez curieusement, il ne céda pas à la colère, ne jura pas. Après le départ de sa femme, il resta assis sur son tabouret, ressassant ses griefs, figé.

— Quand on lui enlève un morceau de terrain, on lui enlève un morceau de tripe, remarqua l'un des détenus.

Bientôt, deux juges se manifestèrent, accompagnés du constable ; ils apportaient les documents qui devaient être signés. Turlock se laissa maîtriser, maintenir le bras droit et, à son corps défendant, ses doigts tracèrent un X démesuré qui le dépouillait de sa terre. Par la suite, lorsque les juges évoquèrent la scène, ils se souvinrent que, pendant la signature forcée, Turlock avait examiné les documents avec une férocité de bête.

— Il ne sait pas lire, mais il s'est imprégné de la disposition des lettres sur les papiers, et il ne les oubliera pas.

Il fut libéré le 6 avril 1773. Le 7, le presbytère de Wrentham fut mis à sac. Tout d'abord, le gros recteur ne put déterminer ce qui lui avait été volé ; ses chandeliers et son argenterie paraissaient intacts. A plusieurs jours de là, il s'aperçut que le titre de propriété des trente hectares en bordure de marais avait disparu ; quand il en eut acquis la certitude, il appela ses esclaves et leur ordonna de l'amener aussitôt à Patamoke. Tempêtant, soufflant, il apprit aux juges que le titre de Turlock avait été volé.

— Nous allons demander au greffier de vous établir une copie, répondirent-ils.

Mais ils découvrirent que le document avait aussi disparu des archives.

— C'est Turlock ! se rappela le greffier. Il est venu ici le lendemain de sa libération et a demandé à voir l'acte qu'il avait signé.

— Vous saviez que vous aviez affaire à un analphabète.

— Je n'y ai pas pensé. J'ai été appelé...

Sa voix mourut pendant qu'il cherchait à se souvenir de cette journée, puis il comprit comment il avait été joué.

« C'était Mrs. Turlock ! Elle a sonné à l'autre porte. Elle m'a demandé si son mari était là.

— Et vous ne vous êtes pas assuré que l'acte avait été remis en place dans les archives ?

— Personne n'aurait l'idée de voler des titres de propriété.

Turlock n'était pas de cet avis. Les juges ordonnèrent qu'on établît de nouveaux actes, mais quand le constable se rendit au marais pour informer Teach que le tribunal lui avait infligé une amende supplémentaire de huit hectares pour cambriolage et que cette superficie serait ajoutée aux biens du recteur, il explosa en une crise de rage si violente que toute tentative en vue d'obtenir sa signature sur le titre de transfert était vouée à l'échec.

— J'estime m'en être tiré à bon compte en ayant la vie sauve, déclara plus tard le constable.

Les juges décidèrent donc de signer l'acte eux-mêmes et Turlock se vit dépouillé d'une autre partie de ses terres.

Sous le coup de la fureur, il se retira sur son sloop noir prêt à rendre l'âme : tonture affaissée, voiles en lambeaux, coque rongée par les tarets. Mais Turlock avait appris à le manœuvrer avec une adresse stupéfiante et, à son bord, il avait même navigué jusqu'à la Barbade pour y prendre du rhum de contrebande, ainsi qu'à Sal Turtuga pour y charger du sel.

Le sloop aurait dû compter dix hommes d'équipage mais deux seulement assuraient la manœuvre car Turlock pouvait rester éveillé, ou presque, plusieurs jours d'affilée en maintenant sa vieille épave à flot. A l'occasion de ce voyage, il disposait de dix-huit hommes parce que, cette fois, il mijotait autre chose qu'une expédition de contrebande à la Barbade. La nuit venue, il se glissa hors du marais, contourna Devon et pénétra dans les eaux de la Chesapeake qu'il se proposait de sillonner pendant un certain temps.

Un vaisseau d'une autre apparence naviguait de manière analogue. Le lieutenant Copperdam, appartenant à la Marine royale, croisait depuis plusieurs mois au large de la côte du Massachusetts et avait arraisonné divers bateaux américains se livrant à la contrebande. Il avait coutume d'aborder le vaisseau, de confisquer la marchandise délictueuse, de faire prisonnier l'équipage qu'il mettait aux fers et expédiait à Londres. L'intransigeance de son comportement avait exaspéré les citoyens du Massachusetts à tel point que Copperdam avait jugé plus prudent d'aller tenter sa chance dans la Chesapeake.

Le premier bateau colonial qu'il aperçut fut un sloop délabré, à la tonture affaissée, qui se dandinait sans doute sous une charge de contrebande. Tout d'abord, Copperdam envisagea de le laisser aller car, dans un tel état, il ne pouvait transporter que très peu de marchandises mais, ne voyant rien d'autre à l'horizon, il manœuvra pour un arraisonnement facile.

Cependant, alors qu'il se rapprochait de l'épave, les flancs de celle-ci s'ouvrirent, laissant apparaître six canons. Il n'y eut pas de mise à feu et Copperdam vit avec stupeur que l'ennemi avait l'intention de l'aborder et de livrer combat. Il tenta trop tard de se dégager et, ce faisant, se mit au plain. Sur quoi le sloop, au tirant d'eau réduit, se rapprocha et ses hommes passèrent à l'abordage.

Un miracle se produisit ! Au lieu de capturer le bateau anglais et de mettre son équipage aux fers les assaillants se contentèrent de faire main basse sur tout ce qui présentait une valeur quelconque puis, avec force tapage, ils firent voile sur l'Atlantique. En rapportant cette humiliante expérience aux autorités anglaises de New York, le lieutenant Copperdam déclara :

— Ça revenait à combattre un porc-épic les mains nues. On m'a assuré que l'équipage ne comptait que dix-huit hommes. J'avais plutôt l'impression qu'ils étaient huit cents.

Lorsqu'on lui demanda des renseignements sur le capitaine du sloop, il dit :

« Barbu, pieds nus, crasseux, et il n'a pas prononcé un seul mot.

Au moment même où il faisait son rapport, un autre bateau anglais s'amarra au quai de New York et narra une histoire similaire.

— Un sloop noir, qui paraissait sur le point de sombrer, nous a hélés, a vidé nos soutes et pris le large.

— Le capitaine allait-il nu-pieds ? Avait-il une barbe fournie ?

— C'est bien ça.

Lorsque le signalement circula dans la Chesapeake, les marins locaux surent que Teach Turlock avait déclaré une guerre personnelle aux Anglais, et ils se demandèrent dans combien de temps ce conflit deviendrait général. Les propriétaires de plantations, atterrés devant l'éventualité d'une rupture déclarée avec l'Angleterre, grommelèrent :

— Où ce satané imbécile veut-il en venir ? S'est-il délivré à lui-même une lettre de marque et a-t-il engagé des représailles personnelles ? Il devrait être pendu.

Mais, par une nuit sans lune, le sloop noir remonta subrepticement le Choptank ; avant le lever du soleil, les hommes de l'eau l'avaient déchargé de son butin ; ils soulevèrent le mât hors de son emplanture et dissimulèrent la coque dans le marais. Ces rudes marins avaient trouvé en Turlock leur champion.

Dans les derniers jours de 1773, Levin Paxmore travaillait quatorze à quinze heures par jour. Le tableau arrière du bateau en construction avait déjà été sculpté et un nom y était peint — *Whisper* — et la carlingue était assujettie à la quille. Les deux immenses mâts avaient été débités — carrés à la base, puis octogonaux, et circulaires au-dessus du pont — et leurs emplantures ménagées. Mais le bordé accusait un important retard ; la raison n'en était pas nouvelle : débiter les bordages de pin de l'épaisseur voulue, les former pour qu'ils s'intègrent à la ligne compliquée de la goélette et appareiller celui de bâbord à son homologue de tribord s'avérait à la fois long et difficile. Il y avait une limite à la quantité que les scieurs étaient capables de débiter dans une journée, et un navire de cette taille consommait le bois à un rythme six fois plus rapide que les bateaux plus petits que Paxmore construisait habituellement.

Cependant, chaque bribe d'information qui parvenait jusqu'à Patamoke confirmait Steed dans sa conviction initiale : la construction devait être achevée au plus vite.

— Les perspectives n'ont rien de réjouissant, expliqua Paxmore à sa femme. Hier, un navire anglais est venu jusqu'à Patamoke. On m'a harcelé de questions pour savoir si c'était l'un des nôtres qui avait arraisonné le bateau du lieutenant Copperdam. Ils voulaient découvrir pourquoi je construisais le *Whisper*. Ils ont tout noté.

— Que va-t-il se passer selon toi ? demanda Ellen.

— J'ai la tête vide. J'en arrive à travailler au jour le jour.

Il marqua une pause.

« La seule chose dont je sois sûr, c'est qu'une fois ce bateau achevé, il faudra en attaquer un autre.

De nouveau, il hésita.

« J'ai envoyé mes hommes dans la forêt. Ils ont débité trois quilles et six mâts de plus et, dès maintenant, je pense aux goélettes qui vont suivre.

— Est-ce que tu prévois la guerre ?

Paxmore jeta un regard circulaire dans la cuisine afin de s'assurer qu'aucun des enfants n'écoutait.

— Je prévois la confusion.

— Alors, pourquoi aura-t-on besoin de tant de bateaux ?

— Je ne sais pas. Mais en des temps de confusion...

— Levin, c'est souvent en de tels temps qu'on accomplit le meilleur travail aux yeux de Dieu.

— Non ! se récria-t-il.

Il se mit à arpenter la pièce, agitant les bras comme pour empêcher sa femme d'en dire plus.

« Ce soir, je ne veux pas entendre parler de tes obsessions.

— Levin, le moment est venu. Dieu nous inflige des épreuves afin que nous puissions porter la bonne parole.

Elle s'exprimait avec une insistance si douce et une telle

logique qu'il capitula. Il se laissa tomber sur une chaise à côté d'elle.

— Qu'y a-t-il encore ? demanda-t-il.

— L'année dernière, au Foyer de Patamoke, la motion n'a été repoussée que par treize voix. A la réunion annuelle de Baltimore, il lui a manqué moins de cent voix. C'est une obligation que Dieu nous impose afin de mettre un terme à...

— Je me refuse à présenter cette proposition.

— Levin, je l'ai présentée à trois reprises. Tous s'attendent à ce que je recommence. Mais, cette fois, si c'est toi qui te lèves... ta voix aura plus de poids. A lui seul, ton soutien peut convaincre la moitié des opposants.

— Ellen, je suis trop las. Je trime toute la journée au chantier, toute la nuit sur mes plans. Ces discussions avec toi me nouent l'estomac.

— Mais, Levin, le moment est venu. Un grand roulement de tambour annonce l'heure et il nous faut aller de l'avant...

— Tu parles comme un soldat.

Elle ignora sa remarque.

— Quand Ruth Brinton a exigé qu'Edward affranchisse ses esclaves, il a protesté en assurant que ses affaires ne s'en remettraient pas. Ça a eu l'effet opposé. Quand Thomas Slavin a libéré les siens, les voisins lui ont prédit la faillite. A présent, il est propriétaire de terres deux fois plus vastes.

— Je ne peux pas me prononcer pour autrui.

— L'affirmation publique de sa foi n'est pourtant pas autre chose, déclara Ellen avec ardeur. Je n'en témoigne pas pour faire honte à mon prochain, je témoigne parce que Dieu m'y oblige. C'est mal pour les quakers de posséder des esclaves. C'est mal de séparer les familles. C'est mal d'acheter et de vendre des êtres humains. Et si tu refuses de prendre la tête de ce mouvement, alors tu excuses le mal.

— Je ne me chargerai pas de ton travail à la réunion, dit-il avec fermeté.

Et comme Ellen continuait de le harceler, il quitta la maison et alla se réfugier dans son chantier afin d'examiner les problèmes susceptibles d'être résolus de façon précise. Il y demeura plusieurs heures, considérant d'un air approbateur la goélette massive qui prenait enfin forme et, alors qu'il en contemplait les contours dans l'ombre, il la vit glisser sur l'eau, ses deux mâts dressés, et il lui vint à l'esprit que, si la vitesse représentait le facteur essentiel, on pourrait l'obtenir en renonçant à la technique consistant à gréer toutes les goélettes de grandes voiles triangulaires à l'avant et à l'arrière, et en leur substituant un gréement beaucoup plus subtil : voiles auriques pour misaine et artimon afin que le haut de chaque mât pût supporter un hunier et un foc supplémentaires. Un tel compromis... A l'aide d'une cheville, il dessina un tel gréement sur le sol, et il lui parut superbe ; mais lorsqu'il s'imagina lui-même dans les entrailles d'une goélette ainsi gréée, il prit conscience de ses limites.

Il ajusta donc ses voiles fantômes, les déplaçant sur des espars invisibles : « Je veux que cette goélette soit capable de manœuvrer dans n'importe quel temps ; en ce cas, rien ne vaut le phare carré. Il permet de stopper un bateau à mi-course. Ou même de le faire culer. Mais je tiens aussi à ce que la goélette serre le vent de près et, pour cela, il nous faut de plus grandes surfaces à l'avant et à l'arrière. » Il continua ainsi longtemps, mais plus sa pensée devenait logique, plus son estomac se nouait ; bientôt, il frissonna dans la nuit.

— Je n'apporterai pas mon témoignage à la réunion ! s'écria-t-il d'une voix tonitruante.

Au moment où il prononçait ces paroles, il reconnut que le harcèlement dont il était l'objet de la part d'Ellen au sujet de l'esclavage n'était pas la cause de son désarroi. Assez bizarrement, son malaise provenait de son hésitation sur le gréement, et il s'agissait là d'un problème qui n'affectait qu'un quaker : vitesse et manœuvrabilité ! Aucun homme ne pouvait exiger ces deux qualités s'il se contentait d'importer des marchandises d'Angleterre. Ce double besoin ne pouvait naître que de l'intention d'utiliser le bateau comme vaisseau de guerre. « En somme, je construis un navire de guerre. »

Accablé par cette révélation, il tomba à genoux, joignit les mains et pria : « Je ne construis pas de navires de guerre. Je ne construis pas de plates-formes à canon. Dieu tout-puissant, je suis un pauvre homme qui essaie de vivre avec son prochain selon Ta loi. Je T'en supplie, use de Ton pouvoir pour nous maintenir en paix. » Il pria longtemps, demanda conseil à Dieu sur ce qu'il convenait de faire avec la goélette en chantier et les trois autres qui suivraient. Il ne voulait pas construire un vaisseau de guerre ; pourtant, chaque amélioration qu'il avait apportée au *Whisper* rendait le bateau plus apte à un engagement naval.

Il était encore agenouillé lorsque la porte du hangar s'ouvrit, livrant passage à un homme qui semblait porter une brassée d'outils. Si le singulier visiteur s'était dirigé dans l'autre sens, Paxmore aurait pu croire qu'il les dérobait mais, manifestement, il les rapportait — ce qui ne manquait pas de surprendre. Gardant le silence, il observa l'homme qui se rapprochait et eut la surprise de reconnaître Gideon Hull, l'un de ses meilleurs ouvriers, un honnête quaker ; il portait bien des outils de charpentier de marine.

— Que fais-tu, Gideon ?

L'ouvrier laissa tomber les outils ; stupéfait, il se tourna d'un bloc et découvrit Paxmore agenouillé dans l'ombre. Aucun des deux hommes ne proférait une parole. Paxmore entreprit de ramasser son bien.

« Que comptais-tu en faire, Gideon ?

— Je les rapportais.

— Je te les aurais prêtés si tu me les avais demandés.

— Ce n'était pas pour moi, Levin.

— Pour qui, alors ?

Hull gardait le silence. Il savait que s'il prononçait un seul mot, l'histoire éclaterait au grand jour et il ne voulait compromettre personne. Mais Levin Paxmore, tout comme sa femme, était d'une nature obstinée. Sous le feu des questions, Hull finit par avouer :

— C'était pour Teach Turlock. Il est de retour dans le marais avec son bateau dont le bordé a été endommagé par un boulet de canon. Nous nous sommes glissés là-bas pour l'aider à réparer.

— Qui ça, nous ?

— Leeds et Mott.

Paxmore était confondu. Trois de ses meilleurs ouvriers offraient leur assistance à un hors-la-loi ! Prenant conscience des risques que comportait une telle conduite, il allait tancer Hull lorsqu'il comprit qu'il était aussi coupable que lui et peut-être même davantage : « Dans ce chantier, nous construisons des navires de guerre. Nos actes relèvent de la trahison et aider un pirate à réparer son sloop est le moindre de nos méfaits. »

— Chacun sait que c'est Turlock qui a arraisonné le bateau de Copperdam, lança Hull non sans fierté. Il a déjà revendu deux cargaisons de butin à Baltimore.

— Comment a-t-il pu recevoir un boulet de canon dans le bordé ?

Hull refusa de fournir des détails supplémentaires et Paxmore jugea préférable de ne pas insister.

« As-tu effectué les réparations ?

— Oui. Il est de nouveau parti pour la Chesapeake, déclara Hull avec une satisfaction évidente.

Et, sans autre commentaire, il remit en place les précieux outils, s'inclina devant Paxmore et quitta le hangar.

Profondément troublé par le comportement de Hull, Paxmore s'attarda sur les lieux jusqu'à l'aube. Son regard se posa sur les trois troncs de chêne qui attendaient de se muer en quilles, et il se rappela les préceptes de ses ancêtres : « Tous les bateaux construits par Paxmore ont toujours une quille irréprochable. » Les navires sortis de son chantier bénéficiaient tous de telles quilles, lourdes, nettes, massives, et c'est ce qui expliquait que leur tonture ne s'affaissait jamais, qu'ils ne vieillissaient pas prématurément.

Mais la quille de sa vie personnelle était loin d'être si ferme ; son bateau donnait de la bande. En ce qui concernait la question de l'esclavage, il savait que son épouse avait raison et que le moment était venu pour les quakers d'annoncer en clair que la possession d'esclaves ne pouvait aller de pair avec l'appartenance à leur secte ; mais il savait aussi les limites imposées à l'homme, et son travail consistait à construire des goélettes pour faire face aux troubles imminents. Néanmoins il approuvait tacitement le conflit qu'il jugeait déplorable et inévitable à la fois. Les patriotes se recrutaient souvent parmi des individus irresponsables, tels que Teach Turlock ; ils s'efforçaient d'entraîner la population dans des actes qu'elle regretterait. Les honnêtes gens, comme Steed et Levin Paxmore, se gardaient de tels excès, et il pria pour qu'il en fût toujours ainsi.

Mais cette nuit-là, il avait découvert avec quelle facilité on pouvait être amené à aider la rébellion, et il en était confondu. Il acheva sa longue veille en prononçant une ultime prière : « Dieu tout-puissant, garde les colonies sur une quille droite. »

L'équilibre précaire fut rompu au cours du doux printemps de 1774. Guy Fithian, animé par les meilleures intentions et l'espoir d'un profit commercial, adressa à son beau-frère Simon une lettre enthousiaste :

> Enfin, une lumière brille dans les ténèbres ! Ainsi que je vous l'avais prédit lors de notre voyage en Virginie, j'ai été confondu par l'acte du Parlement qui accordait le monopole du thé à la Compagnie des Indes orientales. Cette société a agi de façon inconsidérée et au détriment d'honnêtes négociants tels que vous. Je suis heureux de vous annoncer que j'ai trouvé un moyen de tourner le monopole, et que vous aurez maintenant la possibilité de vendre le thé dans votre région du Maryland, grevé d'une taxe infime, ce qui vous permettra — et à moi aussi — de retirer de l'affaire des bénéfices substantiels. J'ai donc pris la liberté de charger votre vieux trois-mâts, le *Belle-Rosalinde,* de trois mille deux cents livres de feuilles de thé de premier choix. Étant donné que votre bateau n'est pas rapide, il arrivera après cette lettre, mais je suis persuadé que vous ne rencontrerez aucune difficulté pour vendre sa cargaison à un prix très avantageux.

Steed ne prévoyait aucune difficulté pour la vente de cette marchandise dont il n'avait pas passé commande : les Fithian lui enverraient des feuilles de thé de premier choix : denrée convoitée par ses clients. Et, ainsi que Londres le faisait remarquer, avec le nouveau système de taxation, le thé reviendrait moins cher que celui qu'on importait de Hollande et de France. Mais en attendant son arrivée, Steed eut à affronter des ennuis d'ordre domestique.

Jane Steed se révélait une épouse encore plus délicieuse qu'il ne s'y était attendu. Compagne fascinante, hôtesse gracieuse, elle s'habillait à ravir. Devon n'avait jamais offert de meilleurs repas que ceux qu'elle élaborait, et lorsque des visiteurs européens séjournaient à la plantation, ils ne manquaient jamais de louer les mérites de la table.

— C'est à Simon que vous devriez adresser vos compliments, disait Jane avec modestie. Il a vécu en France et y a appris les secrets de la bonne cuisine.

Elle proférait là un charmant mensonge ; Simon partageait les goûts simples des Américains pour les aliments : cuits à outrance et servis en grande quantité.

En arrivant en Amérique, Jane s'était parfois moquée des prétentions culturelles dont faisait preuve son futur mari ; après quelque temps de vie commune, elle s'aperçut qu'il était capable de lire dans cinq langues : anglais, français, allemand, latin et grec. Sa bibliothèque contenait les meilleurs ouvrages disponibles dans chacune de ces langues, et tous avaient été lus et relus. Ses connaissances étaient stupéfiantes et Jane constatait avec plaisir que sa culture ne l'incitait pas au radicalisme ; dans ses jugements, il se montrait conservateur et, lorsqu'elle défendait l'Angleterre, il la soutenait invariablement.

Cependant, Jane n'avait pas pris conscience d'un fait pendant ses courtes fiançailles ; à présent, elle cédait de plus en plus au désarroi en constatant que Simon était avant tout un négociant. Il possédait des comptoirs à Patamoke, Edentown, Oxford et Saint Michaels. Lui et ses frères avaient travaillé dans ces magasins, servi la clientèle ; à leur tour, les neveux s'initiaient aux méthodes qui avaient valu plus d'un siècle et demi de prospérité à la famille.

Non seulement les Steed possédaient des comptoirs, mais ils offraient aussi sur le marché la production de leurs esclaves. Les Noirs confectionnaient des tonneaux, comme dans toutes les plantations, mais lorsqu'ils avaient satisfait les besoins de la famille, le surplus était proposé à la vente le long de la Chesapeake. Ils vendaient aussi le bois débité et l'excédent des étoffes tissées par les esclaves de Devon. Plus affligeant encore, à deux occasions, Simon avait chargé l'un de ses bateaux jusqu'au plat-bord avant de mettre le cap sur la Martinique pour vendre cargaison et navire à un Français entreprenant qui, en une seule transaction, se retrouvait en possession de nombreux tonneaux de tabac, d'approvisionnement de marine très recherché dans les îles, et d'un excellent bateau construit par Paxmore. Lors de ce premier marché inhabituel, Steed avait réalisé un bénéfice de mille livres, réglées en pièces espagnoles, et la deuxième tractation lui en rapporta quinze cents.

Ce genre de transaction déplaisait à Jane. Un gentilhomme ne se mêlait pas de commerce. Il abandonnait la gérance de magasins et le marchandage à des individus d'une catégorie sociale inférieure. En fait, un gentilhomme ne portait jamais d'argent sur lui et n'en discutait jamais avec d'autres. La circulation d'espèces — le passage de pièces d'une main à une autre — était malpropre, et elle jugeait atroce que son mari fût mêlé à des opérations avilissantes.

— Les Fithian ne font pas autre chose, protesta un jour Simon.

— Oui, mais sur le plan général, jamais en particulier.

— Je ne vois pas la différence, rétorqua Simon.

— Vous la verriez si vous aviez été élevé en Angleterre. Le commerce est répugnant. Les gentilshommes s'en tiennent à la direction de grosses affaires.

Elle se montrait intraitable sur ce point et Steed découvrit que, pour les grands bourgeois anglais, la vente au détail d'un seul article passait pour dégradante, alors que la vente en gros de mille articles identiques était acceptable.

« Tout cela se résume à une question très simple, assura Jane. Est-ce que vous vous inclinez obséquieusement devant le détenteur de quelques shillings, ou traitez-vous vos affaires comme un gentilhomme… avec des comptes annuels et d'une façon digne ?

— Est-ce là ce que fait votre frère ?

— Évidemment. Je doute qu'il ait jamais touché d'argent tout au long de sa vie. Il y a des registres, des comptes annuels, et tout cela est réglé par des employés qui écrivent des lettres.

Steed éclata de rire.

— Quand nous étions en Virginie, n'avez-vous pas constaté que tout ce beau monde risquait de perdre ses plantations parce qu'il ignorait tout des affaires ? Alors que nous, les Steed, avions sauvé les nôtres grâce à notre expérience du négoce ? Nous savons gérer les comptoirs et tirer profit du travail des esclaves. Chacun de mes neveux sait comment fabriquer un tonneau, tout comme moi à leur âge.

— Ne vous sentez-vous pas…

Elle chercha le mot.

« … souillé ? Est-ce que le poste de commis de magasin ne vous semble pas dégradant ?

— Pas quand il nous permet de rester solvables et d'acheter les livres dont nous avons envie.

Si, ainsi que Jane le déclarait, elle « se sentait souillée par les doigts sales du commerce », elle devait admettre que le négoce n'avait rien de mesquin. Sans aucun doute, la fortune de la famille se fondait sur les comptoirs de la côte orientale et diverses fabrications annexes, mais les bénéfices essentiels provenaient des exportations vers l'Europe : tabac, fournitures de marine et bois pour l'Angleterre ; poisson, farine et viande pour d'autres nations. Il était courant qu'un navire marchand mouillât dans la Chesapeake avec des commandes émanant de cinquante villes européennes où des firmes cherchaient à s'aboucher avec les Steed. En Grande-Bretagne, les lettres provenaient de villes telles qu'Oxford, Cambridge, Édimbourg ; en Espagne, de Barcelone, Cadix, Séville ; au Portugal, de Lisbonne ou des salins de Saint-Ubes ; en Belgique, de Gand, Ostende et Ypres ; en Hollande, d'Amsterdam, Utrecht, Haarlem ; et en France, en raison des études que Simon avait poursuivies dans ce pays, de trente-quatre cités, telles que Bergerac, Dunkerque, Metz, Besançon et, surtout, Nantes. Travailler à Devon Island en 1774 permettait d'entrer en contact avec les centres européens les plus évolués.

Mais au printemps de cette même année, un événement d'ordre commercial supplantait toutes les autres préoccupations : l'arrivée dans la Chesapeake du vieux *Belle-Rosalinde* aux bordés gorgés d'eau, chargé de balles de thé qui avaient échappé à la taxe habituelle de Londres. Pour rendre la transaction légale, il suffisait de régler une taxe infime, symbolique, décrétée par le Parlement afin de prouver que les colonies lui demeuraient soumises. A Boston, au cours de l'automne précédent, certains troubles, sans grande importance, avaient été occasionnés par la perception de cette taxe pourtant légère, mais les esprits s'étaient calmés et les habitants du Maryland, fidèles au roi, estimaient qu'ils ne connaîtraient aucun ennui dans leur colonie.

En fait, les planteurs avec lesquels Steed s'entretint accueillirent avec joie la perspective de cet achat avantageux. Les juges, qui nourrissaient des sentiments très probritanniques, lui dirent :

— Il est grand temps que la mère patrie exerce son autorité. Vous avez fait du bon travail, Steed, en acheminant ce thé jusqu'ici.

Les Paxmore n'en étaient pas moins troublés. Ils adoraient leur thé et, étant donné qu'ils ne buvaient rien de plus fort, ils souffraient d'en être privés. Mais, comme tous les quakers en général, ils réfléchissaient aux conséquences possibles de l'acte le plus innocent en apparence, et cette taxe sur le thé ne pouvait être considérée comme telle.

— Je veux le thé, déclara Levin Paxmore. Mais je répugne à payer une taxe sur laquelle je n'ai pas été consulté, et qui va à l'encontre de mes principes républicains.

Il conclut qu'il paierait la taxe, et boirait le thé, tout en redoutant la suite des événements.

« Je sais ce que fera Steed. Je sais ce que nous ferons. Mais qui peut augurer de la réaction des Turlock ?

Qui, en effet ? Depuis ce jour fatidique de 1765 où le Parlement avait arbitrairement décrété un droit de timbre infime sur tous les documents commerciaux et légaux, les gazettes et almanachs, Teach Turlock et ses semblables avaient compris que la Grande-Bretagne essayait de passer la bride aux coloniaux, et ils résistaient comme des bêtes enragées. Turlock n'avait jamais utilisé de papiers timbrés — comment l'aurait-il pu, puisqu'il ne savait pas lire ? — mais il sentait venir le danger — « C'est pas juste ! » — ; il avait continué à résister à chacun des décrets successifs du Parlement qui limitaient sa liberté car sa logique primitive lui faisait comprendre que, si Londres réussissait avec le thé, cette pratique s'étendrait à d'autres domaines au point d'étouffer tous les droits.

Teach n'aurait pu exprimer une seule de ses conclusions en une phrase cohérente, mais son esprit rusé savait déceler la tyrannie, quelque forme subtile qu'elle empruntât.

— Le recteur, le roi, du pareil au même. Il vole mes terres ; il vole mes taxes. Ensemble, ils volent ma liberté.

Il reflétait l'état d'esprit de la plupart des colons et, lorsque son bateau noir remonta audacieusement le Choptank, ceux-ci applaudirent car ils voyaient en lui leur champion, bien que sa grossièreté l'empêchât d'être leur porte-parole. Il suivit le *Belle-Rosalinde* jusqu'à ce qu'il fût amarré au quai de Patamoke ; il n'entra pas dans le port, mais mouilla dans le Choptank d'où il put observer les opérations, surveiller le capitaine du bateau qui remettait les documents officiels aux autorités et accueillait à son bord le collecteur d'impôts anglais. Celui-ci examina la marchandise, calcula sa valeur et demanda le montant des taxes au destinataire, Steed. Lorsque l'imposition fut réglée, et la soumission à l'Angleterre légalisée, Turlock gagna la terre à l'aviron.

Son arrivée causa un certain émoi ; ses audacieux arraisonnements l'avaient promu au rang de héros, mais il n'avait guère le physique de l'emploi. Agé de quarante-deux ans, d'une maigreur extrême, barbu, pieds nus, vêtu d'habits grossiers qui pendaient lamentablement, crasseux après plusieurs mois passés en mer, Turlock ne portait pas de ceinture, mais le morceau de filin qui retenait sa culotte maintenait aussi deux pistolets et, au moindre pas, ceux-ci sautillaient sur ses hanches squelettiques. Il ne portait pas de chapeau mais, en raison de sa très haute taille, sa tête hirsute dépassait celle des autres.

— Où est Steed ? demanda-t-il dès qu'il se trouva devant les locaux des douanes.

— A son magasin.

Se déplaçant avec les mouvements coulés d'un homme habitué à se glisser à travers le marais et le long des sentiers boisés, Turlock gagna le comptoir des Steed, escorté de trois marins. Arrivé devant le magasin, il dit à ses hommes de l'attendre et entra. Il ne vit pas Steed.

— Où est-il ? s'enquit Turlock.

Le jeune neveu de Steed, qui dirigeait l'entrepôt, lui désigna une pièce à l'arrière.

« Salut, Simon.

— Turlock ! Vous prenez bien des risques en venant au port.

— Le thé.

— Quoi le thé ?

— Vous avez payé la taxe ?

— Comme j'y étais obligé.

— Ne le vendez pas.

— Mais il est payé. Les gens le désirent.

— Simon, ne le vendez pas.

Ils discutèrent un long moment de la sorte : les suppliques de Turlock visaient à empêcher la vente, les réponses de Steed indiquaient qu'il s'agissait d'une transaction commerciale normale. Ils n'arrivaient à rien. Turlock haussa les épaules et sortit, mais quand les employés de Steed voulurent décharger le thé pour le remiser dans l'entrepôt, les matelots de Turlock s'interposèrent. Une bousculade s'ensuivit, rien de grave, et le jeune Steed faisant office de directeur accourut sur le quai pour prier l'équipage du *Belle-Rosalinde* de disperser les perturbateurs ; mais quand les hommes du trois-mâts s'avancèrent pour aider à décharger le thé, la silhouette décharnée de Teach Turlock se dressa soudain de toute sa hauteur.

— Touchez pas ! ordonna-t-il d'un ton calme.

Il ne porta pas les mains à ses pistolets. Il se planta simplement à l'extrémité de la passerelle, et conseilla aux marins de Steed de poser leurs ballots de thé et de se retirer. Ils obtempérèrent.

Toute la journée, Turlock monta la garde et, au coucher du

soleil, le canot du sloop noir débarqua neuf matelots qui prirent position autour de la passerelle.

Au cours des deux jours qui suivirent, la tension monta. Les juges se rendirent sur le quai et prévinrent Turlock qu'il ne devait pas entraver le déchargement d'une cargaison payée et taxée.

— Pas de thé, se contenta de répondre l'obstiné Turlock.

Aucun détachement de l'armée ne cantonnait à Patamoke, et l'unique adjoint du constable ne pouvait s'opposer à la volonté de ces brigands, mais si l'on pouvait mobiliser la population, les forbans seraient ramenés à la raison et le thé serait déchargé.

Aussi, les juges en appelèrent-ils aux habitants de Patamoke — et un curieux événement se produisit. Les hommes écoutèrent avec respect, pesèrent les arguments des magistrats — et conclurent que ces derniers avaient tort et que Turlock avait raison.

— Ils lui ont pris sa terre et il leur prend leur thé, rappela l'un des assistants.

— Il n'est pas question de terre, mais de thé, rectifia un juge.

Turlock prit la parole.

— Pas de thé. Pas de taxe. Bientôt, nous perdons tout.

Les arguties parlementaires dépassaient l'entendement des braves gens, mais ceux-ci n'en décelaient pas moins le danger que représentait cette taxe insidieuse. Ainsi les tentatives des magistrats pour les rallier à leur cause et s'opposer à Turlock échouèrent.

Turlock ne se réjouit pas de la défaite des autorités. Il se contenta de gagner d'un pas tranquille l'entrepôt des Steed, où s'amorça une discussion appelée à déterminer le comportement ultérieur de tous ceux qui vivaient le long du Choptank. Ni Steed ni Turlock ne laissèrent les arguments tourner à l'aigre ; les menaces, pour peu qu'il y en eut, se traduisirent par les euphémismes de rigueur chez deux adversaires de longue date qui s'efforçaient l'un et l'autre de trouver une issue pour sortir de l'impasse.

— Le thé sera débarqué, assura Steed. On enverra la troupe d'Annapolis.

— Les soldats trouveront pas de thé.

— Pourquoi ?

— On parle aujourd'hui. On parle demain. Demain soir, nous brûlons votre trois-mâts.

— C'est du vandalisme !

— Il est vieux. Soixante-dix ans. Rapiécé de partout.

— Vous brûleriez le *Belle-Rosalinde ?*

— Simon, c'est la guerre. A la Barbade, des hommes du Massachusetts me l'ont dit.

— L'Angleterre nous écrasera. Teach, si vous brûlez mon trois-mâts, l'Angleterre vous chassera des mers.

Pour la première fois depuis le début de la discussion, Turlock sourit. Un visage malpropre, hirsute, arrogant. A quatre reprises, il s'était attaqué aux Anglais sur mer ; par trois fois, il avait été obligé de s'enfuir, mais il savait que, lorsque cent bâtiments armés en course comme le sien séviraient, rien ne pourrait les éliminer. Il n'essaya pas de réfuter les arguments de Steed ; il souriait.

Et cette tranquille assurance transmettait au négociant un message qu'aucune parole n'aurait pu exprimer.

— Vous croyez que la guerre est inévitable ? demanda Steed.

— Mmumm.

— Vous croyez que nous pouvons la gagner ?

— Mmumm.

— Vous croyez que la navigation redeviendra libre ?

— Mmumm.

— Vous croyez que Boston restera sur ses positions ?

— Mmumm.

Sans trêve, ces deux hommes, qui ne s'étaient trouvés réunis qu'en tant que co-inculpés pour l'affaire de la dîme, examinèrent la situation. Au bout de deux heures, Steed proposa :

— J'aimerais avoir l'avis de Paxmore.

Turlock acquiesça et on fit chercher le quaker.

— Turlock croit que la guerre est inévitable, dit Steed.

— J'espère bien que non, rétorqua Paxmore dont le visage exprimait l'angoisse.

— Vous peur ? grommela Turlock.

— Oui, parce que l'Angleterre nous anéantira.

— Mais que se passera-t-il s'il n'y a pas une véritable guerre ? s'enquit Steed. Seulement des escarmouches. La navigation sera-t-elle alors possible ?

A présent, Paxmore ne pouvait que s'exprimer avec la fierté du constructeur.

— Le *Whisper* ne sera pas pris. Sa vitesse sera stupéfiante.

— Quand sera-t-il prêt ?

— Dans trois semaines.

— Et vous mettrez les autres en chantier ?

— J'ai déjà commencé.

Par cet aveu, Paxmore reconnaissait qu'il s'était engagé dans la guerre. Il s'épongea le front.

— Paxmore, laissa tomber Steed, si la guerre éclate, pouvons-nous la gagner ?

— Non.

— Mais vous paraissez résigné à l'inévitable.

— L'Angleterre gagnera, mais elle apprendra qu'elle doit nous traiter avec plus d'égards.

— C'est mon sentiment, assura Steed. Nous aurons la guerre. Turlock y veillera. Mais nous n'avons aucun espoir d'en sortir vainqueurs. Nous y gagnerons peut-être des concessions mineures.

— Nous gagnerons ! affirma Turlock avec force.

— Comment ? demandèrent les deux hommes d'une même voix.

— En tenant bon. Demain soir, nous commençons. Nous brûlons le *Rosalinde.*

— Quoi ? s'exclama Paxmore.

Turlock se redressa de toute sa taille et toisa ses deux voisins angoissés.

— Quand nous nous sommes trouvés ensemble au tribunal, nous savions que ça arriverait. Construisez vos goélettes, Levin. Simon, armez-les. C'est la guerre. Demain soir, elle sera à Patamoke.

Il pivota sur les talons et sortit.

— Parlait-il sérieusement ? demanda Paxmore, secoué à l'idée que le trois-mâts puisse être brûlé volontairement.

— Oui. C'est un geste symbolique. Et je ne ferai rien pour l'empêcher.

Il laissa passer un temps pour permettre à Paxmore de bien s'imprégner de ses paroles.

« Et vous non plus, vous n'interviendrez pas, Levin. Nous allons nous rendre à la Falaise-de-la-Paix... tout de suite... pour y chercher des espars.

Et afin de se protéger, il annonça aux employés du magasin que Paxmore et lui partaient chercher des arbres dans les bois proches de la Falaise-de-la-Paix. Alors que, depuis le seuil de la maison-télescope, ils regardaient la nuit tomber sur le fleuve, le ciel s'embrasa derrière eux et des gerbes de lumières rougeâtres montèrent de l'est. Paxmore baissa la tête en une prière silencieuse et Steed contempla les reflets rouges jusqu'à leur disparition.

— Nous avons donné le départ à un événement de taille, dit-il.

Terrifié à l'idée des conséquences, Paxmore garda le silence.

Un trait caractéristique des Steed de Devon voulait que, lorsqu'ils avaient opté pour une voie, ils n'en dévient pas tant que le but n'était pas atteint. Au cours des semaines agitées qui suivirent l'incendie du *Rosalinde,* Simon durcit sa position face à la menace de guerre.

— Je demeurerai toujours fidèle au roi, dit-il à sa femme.

— Je l'espère bien, répondit-elle comme si la chose allait de soi.

— Mais si le Parlement persiste à ne pas reconnaître nos droits élémentaires...

— Quels sont les droits élémentaires dont les colons pourraient se prévaloir ?

— Vous me rappelez le membre du Parlement qui a dit : « A Londres, la tête pensante. En Amérique, les mains et les pieds au travail. »

— C'est l'évidence même ! La raison d'être d'une colonie est de procurer la richesse à la mère patrie. Et j'estime qu'il est honteux que vous ayez laissé ce misérable pirate brûler votre thé.

Elle ne trouvait pas de mots assez forts pour stigmatiser la capitulation honteuse de son mari.

— La population a refusé le thé.

— Elle l'aurait accepté si vous aviez fait preuve de la moindre combativité.

Elle ironisa sur la pusillanimité des autorités et déclara que trois soldats anglais en uniforme auraient mis fin à toute l'affaire.

« Qui plus est, ajouta-t-elle, je crois que Turlock vous a averti de son intention de brûler le *Belle-Rosalinde* pour vous permettre de vous enfuir avec Paxmore, ce veule individu.

Sans tenir compte de cette habile déduction, il expliqua :

— L'irritation que je ressens est due au fait que les colonies ne sont pas utilisées comme il convient. La seule justification possible de l'Angleterre consisterait à expérimenter sur les nouvelles terres des méthodes qui n'ont pas été employées chez elle.

— Quelles sottises vous pouvez débiter, Simon !

— Je veux que le Maryland reste partie intégrante de l'Angleterre, mais à la seule condition que nous conservions le droit de nous développer à notre guise.

— Le Maryland se développe comme se développe l'Angleterre. Et il n'y a pas à revenir là-dessus. Votre mission est de servir le roi.

Une possibilité de servir apparut au cours de l'été 1774, lorsqu'un comité de onze notables de Patamoke et des régions environnantes se constitua pour discuter des événements intervenant dans divers secteurs des colonies. Quelque temps auparavant, deux des membres avaient proposé de tenir le rôle de rapporteurs locaux auprès du Comité de correspondance du Maryland, auquel il incombait de garder le contact avec les comités analogues des autres régions. Des documents incendiaires avaient été envoyés de Boston en Caroline du Sud et les correspondants de cet État avaient exposé comment, eux aussi, s'étaient opposés aux importations de thé.

En juillet, le Comité de Patamoke envoya une députation à Devon pour offrir à Steed la présidence de la réunion qui examinerait la situation aux colonies et établirait une déclaration d'intention sur le plan local. Deux bateaux remontèrent la rivière et des hommes graves empruntèrent l'allée bordée de briques menant à la demeure où Jane Steed les accueillit avec une courtoisie forcée. Ayant eu l'occasion de recevoir ces mêmes visiteurs pour des réceptions plus gaies, elle connaissait leurs noms mais, à présent, elle devinait le but de leur visite et en éprouvait de la répulsion.

— Entrez, messieurs, dit-elle avec une réserve évidente. Posez vos chapeaux sur la table. Mon mari ne tardera pas à vous rejoindre.

Dès que Simon apparut, il alla droit au cœur du sujet.

— Je suppose, messieurs, que vous ne vous êtes pas imposé un si long trajet pour me parler d'une histoire banale.

— En effet, répondit le chef de la délégation.

Il demanda aux deux correspondants d'exposer brièvement la situation dans les colonies.

— Au Massachusetts, d'interminables difficultés avec le

gouverneur. En Caroline du Sud, une quasi-rébellion. A New York, la confusion. Et en Virginie...

L'homme marqua une pause et abandonna son style pompeux.

« Messieurs, je crois que nous pouvons rendre grâce au ciel pour la Virginie. Cette colonie compte d'éminents patriotes.

— Que font-ils ?

— Ils écrivent des déclarations, discutent. Nous défendent de toutes leurs forces.

— Qui ?

— Jefferson...

— Je n'ai guère d'estime pour lui, laissa tomber Steed.

— Madison, Wythe.

— Byrd s'est-il prononcé ?

— Non. Il semble avoir peur.

— C'est mauvais signe. Les Byrd sont les meilleurs de tous.

— Et les plus timorés.

— Alors, que proposez-vous pour la côte orientale ?

— Pour l'ensemble de la côte, rien. Pour Patamoke, tout.

Et les paisibles hommes d'affaires, conservateurs, autodidactes pour la plupart, exprimèrent leurs craintes et leurs espoirs. La situation se dégradait. Comme à New York, tout n'était que confusion. Les colonies ressemblaient à un bateau sans gouvernail, ballotté au gré des flots, et il incombait aux hommes de bonne volonté de prendre position. Ce à quoi étaient prêts les délégués de Patamoke.

— Nous allons organiser une réunion au tribunal jeudi prochain, annonça l'un d'eux. Nous estimons que vous devriez la présider, Simon, et nous formulerions nos résolutions.

— C'est une affaire grave, dit Steed. Si nous signons et publions un document qui...

— Nous courons des risques, admit le porte-parole.

— Mais, intervint l'un des correspondants, dès jeudi soir, nos résolutions pourraient prendre le chemin de toutes les colonies. Les hommes du New Hampshire connaîtraient notre position, et ceux de Géorgie aussi.

Steed pensa : « Il veut expédier ses lettres parce que son travail consiste à expédier des lettres. »

— Nous mettrons la tête sur le billot, dit-il à haute voix. Vous le comprenez ?

Le chef de la délégation perçut l'allusion contenue dans le *nous*.

— Alors, vous êtes des nôtres ?

— Oui.

— Dieu soit loué ! Nous ne voulions rien entreprendre sans vous.

Après le départ des onze patriotes, peut-être affermis par l'acceptation de Steed, mais sans aucun doute effrayés par son allusion au billot, Jane voulut savoir ce qui s'était passé et, lorsque Simon le lui apprit, elle laissa éclater sa fureur :

— Comment osez-vous, pitoyables petits marchands, défier le roi ?

— Je n'avais pas vu les choses sous cet angle, répondit Steed d'un ton uni.

— Vous feriez bien d'y penser ! Une bande de misérables rustres, de lourdauds de Patamoke veulent dicter leurs volontés au roi d'Angleterre... ? C'est là ce que vous proposez ?

— Je n'ai pas exprimé cette opinion.

— Et à votre avis, comment la trahison peut-elle s'exprimer ?

Simon réfléchit un instant.

— J'imaginais plutôt qu'un groupe d'hommes sur le terrain voulait instruire le Parlement de certains faits qui auraient pu lui échapper.

— Quelle présomption ! s'écria-t-elle. Vous ! Vous allez instruire le Parlement !

— Si j'habitais l'Angleterre, je serais au Parlement. Personne, au sein de cette docte assemblée, n'a, même de très loin, la connaissance que j'ai du Maryland.

— C'est de la pure vanité, Simon.

— Essayez de comprendre, Jane. Chacun des onze individus qui sortent d'ici en sait davantage sur ce qu'il convient de faire au Maryland que n'importe quel membre du Parlement.

— John Digges ! Il ramasse des peaux de rat musqué !

— Et il connaît les rats musqués. Il sait tanner leurs peaux, les vendre, et il sait ce qui est bon pour ceux qui lui ressemblent.

— Simon, si vous avez l'intention de vous joindre à ces hommes et d'adresser des résolutions insultantes au roi, j'imagine que des soldats vont débarquer ici pour vous arrêter et, qui sait, pour vous pendre.

— C'est le risque que je cours, laissa tomber Steed.

Le jeudi matin, il demanda à deux esclaves de le conduire à Patamoke où il arriva à midi. Après être passé au magasin pour s'assurer qu'il n'y avait pas de thé sur les étagères, il se rendit au chantier naval où le *Whisper* était prêt à être lancé. C'était une goélette magnifique et les fines lignes de calfatage des œuvres vives formaient d'harmonieux dessins. Steed demanda à Paxmore s'il avait l'intention d'assister à la réunion du tribunal ; le charpentier répondit d'un ton catégorique :

— Non. Tu mets le cap sur des eaux où je ne te suivrai pas.

— J'aimerais avoir votre signature, insista Steed.

— Ma femme voulait aussi que j'assiste à la réunion, mais je ne suis pas homme à signer des pétitions. J'ignore où tout cela va mener.

— Vous avez entendu Turlock. Ça mène à la guerre. Et la guerre ne mène à rien, mais nous sommes sur un chemin dont nous ne pouvons dévier.

Paxmore répéta qu'il ne participerait pas à la réunion, mais il surprit Steed en lui montrant trois quilles débitées dans le chêne et de nombreux espars entreposés dans le hangar. Le jour même du lancement du *Whisper,* il attaquerait la construction d'une nouvelle goélette.

Quatorze hommes se réunirent. Tout d'abord, Steed ne prit pas la parole ; il resta gravement assis sur l'estrade, et quand le greffier se mit en devoir de noter les paroles des orateurs, il secoua la tête et la transcription cessa. Il expliqua qu'il répugnait à ce que les propos des participants soient enregistrés, de crainte qu'ils ne se retournent contre eux par la suite.

L'assemblée fut aussi ridicule que Jane l'avait prédit : un groupe de fermiers à peine éduqués et de petits commerçants avait la prétention d'instruire le roi ; mais ces hommes se débattaient avec des idées explosives et les vérités simples qu'ils énoncèrent seraient appelées à constituer l'un des exposés les plus significatifs des doléances américaines. Lorsque les discours prirent fin, Steed se leva.

— Nous sommes ici pour renouveler notre allégeance au roi et rechercher son soutien compréhensif, leur rappela-t-il. Je ne signerai pas votre manifeste s'il ne comporte pas une affirmation de loyalisme.

Tous en convinrent et, une fois achevé, le document était ainsi libellé :

> Alarmés devant la situation actuelle de l'Amérique et angoissés par les incessantes atteintes à notre liberté, nous sommes résolus, non seulement à nous plaindre, mais aussi

> à unir tous nos efforts afin d'empêcher l'application de mesures qui nous priveraient de nos précieuses prérogatives de sujets anglais. Motivés par un zèle sans faille et une loyauté indéfectible à l'égard de notre Très Gracieux Souverain, nous sommes résolus à agir calmement et posément, de concert avec nos concitoyens des colonies, afin de prendre toute mesure légale et constitutionnelle en vue d'empêcher la perte ou l'amoindrissement de nos libertés, ainsi qu'à promouvoir une union et une harmonie encore plus étroites avec la mère patrie qui se doit de veiller à leur préservation.

Un à un, treize hommes s'avancèrent pour signer ; puis la plume fut tendue au président qui apposa son nom à l'emplacement qui lui était réservé, Steed de Devon ; avant le coucher du soleil, les deux énergiques correspondants se mirent en route pour Annapolis, porteurs du document intitulé : le *Manifeste de Patamoke.*

Au cours des premiers mois de 1775, la guerre personnelle qui opposait Teach Turlock à l'Angleterre prit fin. Il perdit son sloop.

Il rentrait de la Barbade avec une cargaison licite de sucre, de sel et d'esclaves quand il fut arraisonné par une frégate anglaise du service des douanes pour une vérification de routine. Puisqu'il ne transportait aucune marchandise de contrebande, Turlock aurait dû se soumettre de bonne grâce à la visite des douanes pour une vérification de routine, mais son antagonisme à l'égard de l'autorité l'incita à résister. Quand le capitaine anglais tira un coup de semonce, Turlock prit la fuite.

A bord d'un navire digne de ce nom, l'homme de l'eau aurait pu distancer la frégate car il était bien meilleur marin que ses poursuivants, mais son vieux sloop à la tonture affaissée n'était plus en mesure de fournir un effort ; il fut rapidement rejoint. L'approche du crépuscule laissait encore la possibilité à Turlock de s'échapper, aussi la frégate ouvrit-elle le feu et un boulet atteignit le mât du vieux bateau, le brisa, laissant les voiles déchiquetées battre dans le vent.

La manœuvre permit au capitaine anglais de se rapprocher mais, au lieu de se trouver face à un bâtiment marchand, soumis, attendant l'abordage, il découvrit un petit bateau de guerre dont l'équipage se préparait au combat.

— Jetez vos armes ! intima le capitaine anglais au moment où les coques allaient se heurter.

Mais avant qu'il pût renouveler sa mise en demeure, des coups de feu éclatèrent et un engagement naval en règle s'ensuivit.

Les Anglais l'emportèrent. Trois des matelots de Turlock trouvèrent la mort dans le combat, les survivants furent embarqués à bord de la frégate, puis les vainqueurs mirent le feu au sloop noir. Captif, impuissant, Turlock dut le regarder sombrer dans l'Atlantique tandis que son équipage était mis aux fers pour être emmené à Londres.

— Piraterie, mutinerie ! tonna le capitaine. Avoir ouvert le feu sur un bateau de Sa Majesté ! Vous serez pendus, tous autant que vous êtes !

Mais au moment où la frégate entrait dans l'Atlantique nord, elle fut surprise par un rapide navire armé en course de Boston, et il s'ensuivit un deuxième engagement naval que les Anglais perdirent. Les prisonniers américains revirent la lumière et, après que le navire eut été vidé de son contenu, les libérateurs le remirent à Turlock et à sa bande qui disposèrent alors d'une belle frégate anglaise à la place du vieux sloop délabré. A son bord, ils capturèrent un navire de commerce britannique, en route pour Plymouth.

Alors qu'ils entraient victorieux dans la Chesapeake, ils tombèrent sur un patrouilleur de Virginie qui les conduisit à Jamestown où leur prise fut confisquée par le gouvernement. On les embarqua pour Patamoke et à leur arrivée Turlock annonça :

— Livré deux batailles, perdu deux bateaux. Je me retrouve sur le cul.

Durant plusieurs semaines, il tenta de trouver un navire mais, bien qu'il fût un héros aux yeux de ses semblables, il n'en restait pas moins un pirate aux yeux des bourgeois qui possédaient les bateaux. Il se retira donc dans le marais et, un jour, alors qu'il chassait les écureuils, il aperçut à travers les roseaux la plus belle goélette qu'il lui eût jamais été donné de voir : le *Whisper* de Mr. Steed, long, fin, magnifiquement voilé. Revenant d'un voyage clandestin à la Jamaïque, il se glissa devant le marais, semblant effleurer l'eau, et disparut bientôt en direction de Patamoke. Alors, Turlock s'écria :

— Voilà le bateau que je commanderai !

Sa campagne commença le jour même. Lorsque Simon Steed acourut sur la jetée pour inspecter sa goélette, Teach Turlock s'inclina poliment devant lui.

— Belle goélette, monsieur. Si vous voulez me la confier... des bénéfices... gros bénéfices.

L'idée était si incongrue que Steed ne l'envisagea pas une seconde mais, une fois le *Whisper* vidé de sa cargaison, Turlock revint à la charge :

— Moi, jamais attrapé avec un bateau pareil.

Steed n'avait pas l'intention de confier un tel trésor à un gredin de va-nu-pieds, mais un jour qu'il se trouvait dans son comptoir de Patamoke, Turlock lui fournit une raison valable.

— Bientôt, nous avons la guerre... la vraie guerre... et vous croyez qu'il pourra commander le *Whisper ?* demanda-t-il en désignant du pouce le capitaine Allworthy.

La question laissa Steed perplexe. Allworthy était un homme de confiance et un bon marin, mais il pourrait difficilement commander un bateau de cette envergure si la guerre éclatait. Il ne serait pas assez audacieux pour forcer le blocus. La première graine était semée.

Elle germa quelques jours plus tard tandis que l'on chargeait le *Whisper* d'espars à destination de la France ; Steed surveillait l'embarquement depuis le quai quand Turlock s'approcha de lui.

— Laissez-moi l'amener en France. Connaître les eaux. Et donnez au capitaine Allworthy la nouvelle goélette que construit Paxmore.

L'idée paraissait si sensée que Steed n'hésita qu'un instant et regarda Turlock dans les yeux. Il y lut une détermination si farouche que, sans plus réfléchir, il céda.

— D'accord. Embarquez comme second. Nous verrons ce que vous serez capable d'apprendre.

Quand le *Whisper* descendit le Choptank pour gagner la baie, Teach Turlock était à son bord, barbu et pieds nus, s'imprégnant des mouvements de la goélette, percevant sa puissance et ses limites. Au moment où le voilier passait à hauteur de Devon Island, il salua.

— Simon Steed, vous serez fier des exploits de cette goélette.

La nuit, étendu dans son hamac, il revoyait les lignes du bateau, se rappelait l'endroit précis où chaque cordage passait dans les palans et la force des cabillots qui les retenaient. Il percevait le moindre mouvement de la goélette et la façon dont elle montait à la lame.

Il entretint de curieuses relations avec le capitaine Allworthy, dont il ne s'était pas privé de médire. Il vouait du respect à l'homme ; il le suivait partout et buvait chacune de ses paroles car il se rendait compte qu'il avait affaire à un vrai marin. Pendant des siècles et des siècles, avant même qu'on écrivît les premiers mots de la Bible, des hommes comme Allworthy avaient, par l'étude et l'expérience, perçu ce dont un bateau en bois était capable. Cette connaissance, transmise de génération en génération — des Phéniciens aux Grecs, puis aux Gaulois et aux Anglo-Saxons et aux pêcheurs de harengs sur les bancs de Terre-Neuve —, représentait la tradition de la mer et, lorsqu'on l'observait, les bateaux arrivaient à bon port ; quand on ne s'y conformait pas, ils s'échouaient sur les rochers. Et pas un de ces capitaines n'aurait pu expliquer sa science.

Lorsque le *Whisper* rentra à Patamoke, Turlock était à la barre ; le cœur lui bondit dans la poitrine quand il constata que Paxmore avait lancé la deuxième goélette dont les mâts se trouvaient déjà à poste. Il ne dit mot, mais observa avec l'acuité d'un aigle du marais le capitaine Allworthy qui descendait la passerelle pour faire son rapport à Mr. Steed. Il retint son souffle quand celui-ci monta à bord.

— Eh bien, Mr. Turlock, êtes-vous prêt ?

— Oui.

— Le *Whisper* est à vous.

— Vous pourrez être fier de votre goélette, assura Turlock.

Par la suite, quand Steed regagna Devon Island, il dut faire face à des ennuis. Jane Fithian était outrée que son époux plaçât une goélette de cet ordre entre les mains d'un tel homme.

— Regardez-le ! Il ne sait ni lire ni écrire. C'est tout juste s'il est capable d'émettre deux mots à la suite. C'est l'Américain dans ce qu'il a de pire !

Simon tenta d'expliquer à sa femme en quoi Turlock était l'homme de la situation, mais elle rétorqua, indignée :

« Pouvez-vous l'imaginer débarquant à Londres et rencontrant le capitaine bien élevé d'un bateau anglais ? C'est risible.

— Dans les années à venir, Jane, mes capitaines n'iront pas à Londres.

— Parlez-vous encore de trahison ?

— Je vois les choses en face. Teach Turlock est l'homme qu'il nous faut.

— Alors, puisse Dieu nous tenir en sa miséricorde !

— Et l'Angleterre aussi !

Il prononça ces paroles avec ferveur ; son épouse comprit alors qu'il avait atteint la croisée de quelques chemins imaginaires et, un instant, elle fut tentée de partager son expérience ; au lieu de quoi, elle dit :

— Jeter Turlock dans l'Atlantique à bord d'une goélette armée revient à placer une bombe amorcée dans le lit du roi George.

Plus Simon réfléchissait à cette remarque, plus elle lui semblait appropriée. Mais il ne s'attendait pas à certains des actes auxquels se livrerait son fougueux capitaine. Au moment de l'appareillage, Steed monta à bord pour une ultime inspection et ce qu'il vit le satisfit. Les marins étaient heureux d'embarquer avec Turlock, le héros local et, sous ses ordres, ils avaient tout merveilleusement briqué. Tonneaux arrimés avec soin, tout était paré à bord. Pourtant, alors que Steed s'apprêtait à retourner à terre, enchanté par le spectacle, il avisa dans un coin de la cabine du capitaine un gamin roux, âgé de sept ans tout au plus.

— Qui est cet enfant ?

— Matt.

— Qui est-il ?

— Mon fils.

— Il n'embarque pas avec vous ?

— Si. Il faudra bien qu'il apprenne.

Il se tourna vers son fils.

« Accompagne Mr. Steed jusqu'à la passerelle.

Le gosse s'engagea dans le dédale de passages avec une assurance qui prouvait sa parfaite connaissance des lieux.

Le fait que Jane Steed reprochât à son mari la conduite des colons à l'égard de l'Angleterre n'altérait pas outre mesure l'harmonie du couple. Elle aimait son emphatique époux et s'amusait des efforts qu'il déployait pour se conduire en gentilhomme anglais. Il se montrait généreux, bon, et réglait sans discuter les dépenses de la jeune femme, ce qui la comblait d'aise. Dès le début, elle avait souhaité avoir une esclave sachant coudre « à la française », et il lui en avait acheté une à Annapolis. Quand elle apprit qu'un vrai théâtre avait été construit dans cette ville, elle voulut traverser la baie pour s'y rendre, et il l'y emmena. Quand elle protestait si quelqu'un la traitait d'Américaine, assurant qu'elle était anglaise, il en convenait de bonne grâce.

— Jane est londonienne. Elle appartient à la famille Fithian. Nos courtiers.

Pour sa part, Simon l'aimait plus que jamais. Elle souriait avec tant de chaleur que tous ses traits en semblaient irradiés, ce qui enchantait son époux. Elle était bonne et enjouée ; on eût dit qu'elle illuminait chacune des pièces dans lesquelles elle entrait, et Simon appréciait le regard admiratif dont les hommes l'enveloppaient, parfois même à leur insu. Sous sa direction, La Vengeance de Rosalinde était devenue la demeure la plus recherchée de la côte orientale, célèbre pour son hospitalité. La grossesse de la nouvelle maîtresse des lieux apparut bientôt à tous ; Jane se promena fièrement au bras de Simon et l'amour que celui-ci lui portait s'en trouva renforcé.

— Quand je pense aux années pendant lesquelles nous aurions pu être mariés..., lui dit-il un jour tristement.

— Nous n'aurions pas pu nous marier plus tôt, lui fit-elle remarquer. Je n'étais pas prête.

Il s'étonna qu'une jeune fille aussi charmante ait pu venir en Amérique.

— Comment se fait-il que vous n'ayez pas déjà convolé ? lui demanda-t-il.

— Depuis le temps où j'étais une toute petite fille, Guy m'a dit que mon destin était de venir en Amérique et de vous épouser, lui répondit-elle. Il apportait vos lettres à la maison et me les donnait à lire... tabac et gueuses pour le lest... je me suis familiarisée avec la plantation de Maryland.

Elle lissa son tablier sur son ventre proéminent.

« Il m'a aussi assuré que vous étiez riche et bon.

Elle leva la main et promena l'ongle de son pouce sur le menton de son mari.

« Et il m'a dit qu'en France, vous aviez acquis des manières exquises. A l'entendre, vous étiez irrésistible. Alors, j'ai patienté.

— Vous m'avez sauvé la vie, dit-il simplement.

Et elle accepta le compliment comme une réalité car elle avait constaté le changement qui s'était opéré en lui depuis son arrivée. Elle savait qu'auparavant l'existence de son mari s'était déroulée selon une routine inflexible : chaque jour, il se levait, lisait une œuvre classique, écrivait ses lettres à destination de l'Europe, prenait son petit déjeuner et allait s'occuper des mille tâches qu'exigeait la direction d'une grande plantation. Il avait cru que ce serait là son destin définitif et que, s'il préservait la richesse du domaine, celui-ci passerait entre les mains de ses neveux qui mèneraient une vie analogue à la sienne.

L'arrivée de Jane avait bouleversé son existence austère. Elle l'avait incité à s'intéresser à d'autres occupations, telles que la navigation pour le plaisir et les réceptions des planteurs voisins. De ce fait, les commandes emportées à Londres par les capitaines de Steed étaient désormais différentes ; et quand de beaux meubles arrivèrent à Devon Island, l'intérieur de La Vengeance de Rosalinde rivalisa d'élégance avec sa façade.

— Vous avez déclenché une véritable révolution, lui dit-il affectueusement un matin de février.

Au lieu d'accepter le compliment avec plaisir, comme à l'accoutumée, elle le surprit en répondant de manière abrupte :

— N'utilisez pas ce mot en ma présence. Ces satanées colonies ne rêvent que de révolution.

Il voulut la rassurer, affirmant que le Maryland, bien qu'un peu turbulent, ne souhaitait pas le moins du monde rompre avec le roi.

— Il y aura peut-être bataille en paroles, voire échange de quelques coups de feu, dit-il. Mais notre loyalisme au roi ne saurait être mis en question.

Elle ne tint pas compte de cette profession de foi, et prétendit que tous les actes des colons indiquaient la félonie. Il lui rappela que c'était lui qui avait insisté sur les termes réaffirmant le loyalisme au roi dans le *Manifeste de Patamoke.*

— Des mots ! s'écria-t-elle.

La vigueur avec laquelle elle proféra ces paroles fit comprendre à son mari que depuis un certain temps déjà elle ressassait le consentement des colons. A quelques jours de là, elle tendit à Simon une lettre non scellée devant être expédiée à Londres. Elle était adressée à Guy Fithian et, comme la coutume familiale voulait que Jane et Simon ajoutent un post-scriptum aux lettres de l'un ou de l'autre, il déplia le feuillet et éprouva un choc en prenant connaissance de son contenu.

La vie ici devient à peu près insupportable. D'une façon générale, l'habitant du Maryland est un paysan qui n'apprécie pas les bonnes manières et ne s'efforce pas le moins du monde de les acquérir. Les conversations sont si ennuyeuses qu'il m'arrive d'avoir envie de hurler. Exclus, la politique, la mode, le badinage, les commentaires sur la vie de la cité. J'ai traversé la baie pour découvrir ce que les colons appellent leur théâtre. Sheridan, pas un seul individu sur scène capable de jouer la comédie, et des violons désaccordés.

Je n'ai pas mangé une pièce de bœuf savoureuse depuis deux ans, et si quiconque s'avise encore de me présenter des huîtres, je les lui jetterai au visage. Mets atroces. Pourtant, je supporterais tout si les citoyens faisaient preuve de civisme, mais il n'est question que de guerre contre l'Angleterre et d'engagements navals. Simon, avec sa bonté coutumière, m'assure que son affligeant pays demeurera toujours fidèle à notre roi bien-aimé ; mais je ne comprendrai jamais pourquoi le roi souhaiterait conserver de tels sujets. A mon sens, il est préférable de rompre tous liens avec l'Amérique et qu'elle aille au diable.

Guy, expliquez-moi pourquoi l'Angleterre, qui a été capable de soumettre les rebelles écossais en 1715 et 1745, et les Français en 1763, autorise ces ridicules colons sans flotte, sans armée, sans cités et sans chefs à nous causer des ennuis ? Pourquoi le roi n'envoie-t-il pas la troupe, comme il l'a fait pour l'Écosse, afin de ramener à la raison ces fantoches ? Je vous préviens que si ces rebelles grotesques — et j'aimerais que vous voyiez l'imbécile auquel Simon a confié le commandement de l'un de ses bateaux — entrent en conflit ouvert avec le roi, je m'embarquerai sur le premier navire anglais qui touchera Devon et rentrerai à Londres pour attendre que ces énergumènes aient été matés. Je dois accoucher sous peu et j'emmènerai aussi mon enfant.

Sans commentaire, la mâchoire frémissante, Simon porta la lettre jusqu'à son bureau, alluma une bougie, fit fondre la cire et appliqua son cachet, sans ajouter le post-scriptum habituel. Il plaça la missive dans l'imposant paquet de correspondance à destination de l'Europe, la laissant sur le dessus afin que Jane pût s'assurer qu'elle avait bien été postée. Il ne dit mot sur le contenu de la lettre, mais se montra encore plus prévenant envers sa femme, prêtant l'oreille à ses plaintes au sujet de leurs voisins et comblant chacune de ses exigences.

Lorsqu'on apprit sur les côtes de la Chesapeake que la situation s'était détériorée au Massachusetts après Lexington, et que les rebelles continuaient à faire feu sur les hommes du roi, Jane sombra dans un découragement d'où Simon ne parvint pas à la tirer. Elle se mit à discourir sur l'indigence de la vie au Maryland.

— Pas d'éducation. Pas le moindre sens des usages. Et ces interminables visites de voisins lourdauds qui s'éternisent parfois pendant un mois... Je ne pourrai pas supporter un jour de plus la monotonie de cette cuisine écœurante.

Steed jugeait préférable de ne pas lui rappeler que, quelques semaines auparavant, elle avait loué la cuisine du Maryland. Il fit de son mieux pour la calmer mais, aux yeux de Jane, rien ne pouvait effacer l'insolence des colons qui avaient tiré sur les troupes du roi. Elle se cabra encore davantage quand le capitaine Turlock arriva à Patamoke porteur de nouvelles triomphales concernant le *Whisper*. Dans un moment d'égarement, Simon l'invita à Devon où ses manières grossières et sa jubilation paysanne exaspérèrent Jane.

— Cette goélette est capable de n'importe quoi ! s'écria Turlock d'une voix tonitruante. Sous focs, misaine et grand-voile, elle serre le vent. Avec les huniers, elle court vent arrière comme un faucon.

Avec enthousiasme, il rapporta la façon dont il avait pu échapper à un engagement avec une frégate anglaise.

— Avez-vous ouvert le feu sur le bateau du roi ? s'enquit Jane.

— Pas la peine.

Turlock se rappelait l'incident et souriait, découvrant des chicots entre les poils de sa barbe.

« Matt était à l'arrière ; il se gaussait des Anglais qui n'arrivaient pas à nous suivre.

— Qui est Matt ? demanda Jane.

— Mon fils.

— Quel âge a-t-il ?

— Bientôt huit ans.

Jane accusa un frisson et quitta la pièce.

— Je crois que vous feriez bien de regagner votre bord, dit Steed.

Déconcerté, le capitaine efflanqué prit congé. Il avait espéré être retenu à dîner.

— Je suis prêt à partir n'importe quand, assura-t-il à Simon en arrivant sur la jetée.

Tous deux restèrent un instant debout à côté du navire et parlèrent de leurs plans.

— Toujours les mêmes difficultés, commenta Steed, un pied sur la lisse. Pas de sel. Pas d'argent.

— A la Jamaïque, on dit que Saint-Ubes, au Portugal, ne manque pas de sel.

— Nos bateaux n'y sont jamais allés. C'est trop près de l'Angleterre.

— J'aimerais faire la traversée jusqu'à Saint-Ubes. Grosse cargaison. Gros bénéfices.

— Vous êtes prêt à risquer le voyage ?

— Avec le *Whisper,* oui.

Et il fut convenu que Turlock tenterait une traversée pour rallier le port dont les mines de sel réputées passaient pour être les meilleures après celles de Pologne et d'Autriche.

Quand Steed affirmait que son problème perpétuel était d'ordre pécuniaire, il n'entendait pas par là que les plantations de Devon fussent dans une passe difficile. Il construisait deux autres goélettes hauturières et ses marchandises se vendaient bien. La difficulté résidait en ceci : les Anglais riches, appartenant au gouvernement, refusaient de frapper suffisamment de pièces pour les colonies. Depuis un siècle, le tabac avait fait office d'espèces, mais avec l'effondrement des cours, il ne représentait plus une monnaie d'échange ; au lieu de quoi, les affaires se traitaient à l'aide d'un incroyable mélange de papiers et de pièces européennes. Les lettres de crédit, établies par un marchand au profit d'un autre, circulaient comme des livres sterling, et aucune n'était plus recherchée que celles émises par John Hancock, Robert Morris et Simon Steed. Pourtant, elles ne pouvaient suffire à la demande d'un commerce en plein essor et chaque colon se voyait contraint d'imaginer toutes sortes de stratagèmes pour mettre la main sur de véritables espèces.

— Avez-vous réussi à vous procurer des pièces ? s'enquit Steed.

— C'est surtout pour ça que j'étais venu, dit Turlock.

Il attira Steed jusqu'à un banc à l'écart, non loin de la rivière.

« Nous avons arraisonné un navire marchand, un espagnol, lui confia-t-il dès qu'ils furent seuls.

Avec soin, il ouvrit un gros paquet enveloppé de toile qu'il avait caché sous son habit. Il dénoua les liens et des pièces d'or scintillèrent sous le soleil.

— Vous avez mis la main sur des big-joes ! s'écria Steed, incapable de cacher son enthousiasme.

Depuis bien longtemps, il n'avait eu l'occasion de voir quelques-unes de ces splendides pièces portugaises ; elles avaient été frappées en 1723, sous le règne du roi João à son effigie portant perruque et avec son nom latin Ioannes, ce qui leur avait valu d'être appelées big-joes par les Américains. Une pièce entière, lourde et valant à peu près trente dollars, était connue sous le nom familier de big-joe ; et sciée par le milieu, ce qui était généralement le cas, elle s'appelait demi-joe.

— Et ça aussi, ajouta fièrement Turlock.

Il tria dans le tas pour désigner les doublons espagnols, les souverains anglais, et un grand nombre de livres tournois, petites pièces françaises, considérées un peu partout dans le monde en tant qu'étalon.

— Voyage profitable, marmonna Steed.

Il renoua le lien pour fermer la poche de toile qu'il rendit à son capitaine afin que celui-ci la déposât au comptoir de Patamoke. Intérieurement, il jugeait curieux que la capture d'un navire marchand fût fêtée à Devon : « Ce que notre famille considérait comme de la piraterie est aujourd'hui loué au nom du patriotisme. »

Le long voyage qu'entreprit le capitaine Turlock à la fin de 1775 fut ponctué d'une suite d'événements assez chaotiques : les énormes bénéfices réalisés sur le sel portugais, la poursuite de la frégate anglaise *Chancery*, les deux mois de détention dans une geôle de Lisbonne, faute de documents en règle, la capture d'un riche navire marchand rentrant du Pérou, et le début de l'éducation de Matt.

Le gamin avait pour professeur le second, un homme du Choptank, nommé Mr. Semmes, auquel le gros recteur de Wrentham avait appris à lire. Lorsque le capitaine Turlock sut que son second avait fait ses études auprès du clergyman, il eut des commentaires assez imagés sur les mœurs du ministre du culte.

— Il m'a appris à lire dans l'espoir de s'attacher un domestique sans bourse délier, expliqua Mr. Semmes. Quand je lui ai annoncé que j'allais naviguer, il a essayé de me faire arrêter en tant qu'esclave déserteur.

— Vous lui avez écrasé le nez à coups de poing ?

— Non.

— Dommage.

Mr. Semmes avait un sens aigu de la mer et, un matin que Matt lui apportait son petit déjeuner, il prit l'enfant par le bras.

— As-tu l'intention de devenir capitaine ? lui demanda-t-il.

— Oui, répondit Matt.

— Alors, il te faut apprendre à lire et à écrire.

— Le cap'taine ne sait ni lire ni écrire, répliqua l'enfant.

Sur quoi, le capitaine Turlock envoya le gosse à terre d'un revers de main.

— Je serais meilleur capitaine si je savais lire et écrire, grommela-t-il en se levant.

Et les leçons commencèrent. Mr. Semmes dessina l'alphabet et les chiffres sur une planche bien lisse ; Matt les assimila en trois jours. En un temps très bref, il fut capable d'écrire son nom et celui de chacun des membres de l'équipage.

Mais il était surtout fasciné par le livre de bord car il se rendait compte que les événements enregistrés sur ses pages étaient infiniment plus importants que les noms.

— La vie du navire est inscrite ici, dit Mr. Semmes en notant ses observations. Cap est nord-est. Temps calme. Toute la toile.

Afin de mieux comprendre la signification des mots, l'enfant apprit à lire le compas et se montra bientôt capable d'énoncer les trente-deux aires de vent, les récitant comme s'il s'agissait d'un jeu.

— Écoutez, Mr. Semmes. Je vais vous réciter le deuxième quart. Est, quart sud-est ; est sud-est ; sud-est quart est. Sud-est, sud-est quart sud ; sud, sud-est, sud quart sud-est...

Mr. Semmes applaudissait aux progrès de son élève.

Un beau jour, alors que le capitaine Turlock venait de faire le point de midi, il revint dans la chambre des cartes et, au lieu d'aboyer ses données à Mr. Semmes, il les énonça à Matt ; les yeux brillants, il regarda son fils à la tignasse rousse qui traçait en grandes lettres enfantines : « Latitude 39° 10′nord ; longitude 29°15′ ouest approx. » Teach mentionnait ses positions de cette façon parce qu'avec l'aide d'un bon sextant raflé sur un navire marchand espagnol il pouvait être sûr de sa latitude mais, ne disposant pas d'un chronomètre, il devait se contenter d'une estimation de sa longitude.

Lorsqu'il vit les renseignements consignés sur le livre de bord, aussi bien que si Mr. Semmes s'en était chargé, il s'éloigna de crainte de trahir son émotion : Matt était le premier de sa lignée qui fût capable d'écrire, et cette accession à la connaissance ressemblait beaucoup à l'accession des colonies au rang de nation : des perspectives illimitées s'étendaient devant lui.

Au printemps de 1776, il devint évident que les avocats ergoteurs du Massachusetts et les patriotes philosophes de Virginie étaient résolus à retrancher les treize colonies de l'Empire britannique, et on ne tint aucun compte des conseils de prudence émis par les loyalistes de Pennsylvanie et du Maryland. Des échos des réunions se tenant à Philadelphie où des hommes aussi pondérés que Charles Carroll, ressortissant du Maryland, allaient jusqu'à envisager la révolution, se répandirent sur la côte orientale, mais on ne leur accorda aucun crédit car la majorité des citoyens, vivant dans des villes telles que Patamoke ou sur des plantations comme Devon, souhaitaient demeurer rattachés à l'Angleterre. Ils avaient tout intérêt à agir de la sorte ; ils en avaient pesé chaque avantage.

Levin Paxmore représentait un exemple typique. En tant que quaker, il avait vu sa religion acceptée sans restrictions sérieuses ; bien sûr, il lui fallait payer une amende pour refus de servir dans la milice, et il devait verser trente livres de tabac par an à l'Église d'Angleterre, mais il ne considérait ces contraintes que comme des impositions irritantes. Il était libre de prier comme bon lui semblait, d'épouser qui il voulait, de parler franchement lors des réunions, d'élever ses enfants dans sa foi, et il chérissait ces libertés. Ses affaires aussi prospéraient sous l'autorité anglaise ; au cours des dix-neuf années écoulées, il s'était levé chaque matin en ayant plus de travail qu'il n'en pouvait abattre et, bien qu'il dût patienter pour ses paiements parce que l'argent ne circulait pas, ses créances finissaient toujours par être honorées. En ce moment, les choses se présentaient sous un jour plus propice que jamais. Il avait achevé la construction de deux goélettes pour le compte de

Simon Steed, et deux autres étaient en chantier tandis que les demandes émanant des autorités officielles affluaient de Philadelphie. Depuis déjà quelque temps, il savait qu'un conflit armé avec l'Angleterre était inévitable, mais il croyait encore que celui-ci serait bref et sans conséquences graves. Mais, à présent, il entendait des rumeurs laissant présager une véritable scission et certains de ses voisins les plus inquiets envisageaient de regagner la mère patrie si les troubles persistaient. Lorsque deux quakers vinrent le trouver avec un plan logique de rapatriement, il rassembla sa famille dans la pièce où Ruth Brinton avait établi les principes auxquels sa descendance devait se tenir.

— Je crois que nous devrions rester sur place, dit-il. Notre tâche consiste à instaurer ici l'État de Dieu.

— Même si le Maryland se sépare de l'Angleterre ? s'enquit Ellen.

— Il n'y aura pas séparation, déclara-t-il d'un ton ferme. Je m'attends à des troubles, peut-être sérieux, mais nous n'en resterons pas moins anglais.

En levant la main gauche, comme pour mettre fin à tout commentaire superflu, il éluda la question de sa femme qui voulait savoir pourquoi, s'il se disait anglais, il construisait des bateaux devant être utilisés contre l'Angleterre.

Pour Simon Steed, de telles considérations se révélaient plus épineuses. De tout son être, il demeurait lié à l'Europe ; ses intérêts commerciaux restaient centrés sur l'Angleterre, pays pour lequel il éprouvait les sentiments les plus chaleureux. A Londres, les Fithian géraient sa fortune ; au Berkshire, ses ancêtres avaient défendu la foi ; et bien qu'il eût personnellement poursuivi ses études en France, il s'en remettait à l'Angleterre pour sa ligne de conduite. Tout au long de la côte Atlantique, des milliers d'hommes tels que lui dressaient un bilan moral et optaient pour la loyauté au roi. Dans le cas de Simon, le désir de se rallier à cette solution était d'autant plus grand qu'il avait épousé une Anglaise, laquelle n'avait plus qu'un désir : regagner son pays.

Steed cédait à la consternation devant l'animosité que nourrissait Jane à l'égard des colons ; elle abhorrait la côte orientale et le provincialisme qui, selon elle, s'en dégageait.

La naissance de sa fille ne s'était pas déroulée dans les meilleures conditions et l'enfant se révélait de nature difficile. Jane était convaincue que l'eau du Choptank irritait le bébé, et elle en vint à haïr l'épouvantable nom de ce fleuve qui l'entourait de tous côtés.

— La Tamise, l'Avon, la Derwent, voilà de vrais cours d'eau. Comment imaginer un fleuve qui ne charrie que du sel ?

— A Edentown, l'eau est douce, se récria son mari.

— Et comment imaginer des moustiques sur la Tamise ? Simon, je vous avertis que, si ces imbéciles de Philadelphie prononcent un seul mot contre le roi, je rentre à Londres.

En juillet, elle apprit l'atroce nouvelle : les dirigeants de Philadelphie, épaulés par des hommes tels que Charles Carrol et Samuel Chase du Maryland, avaient non seulement proclamé leur indépendance à l'égard de l'Angleterre, mais aussi osé mettre par écrit une liste insultante d'accusations à l'encontre du roi.

— Quelle impudence ! Ces prétentieux parvenus !...

Elle ne parvenait pas à retrouver son calme.

« Attention, Simon, ajouta-t-elle d'un ton glacial, nous vous châtierons comme nous avons châtié les Écossais.

Et dès l'instant où elle apprit la nouvelle de la déclaration d'Indépendance, elle ne songea plus qu'à fuir. Elle se refusait à rester dans cette colonie rebelle et se réjouissait à la perspective de navires de guerre anglais entrant dans la Chesapeake pour mettre ses riverains au pas.

Teach Turlock n'apprit la déclaration que vers la fin août mais, à ses yeux, celle-ci ne revêtait guère d'importance puisqu'il menait déjà sa guerre personnelle depuis une année. En janvier, il s'était montré assez audacieux pour s'aventurer dans la Tamise, en misant sur le fait que le *Whisper* n'était pas encore identifié en tant que bateau armé en course ; il avait vu juste. Le commerce avec les colonies était alors à peu près inexistant ; il ne parvint pas à trouver une cargaison intéressante à ramener et dut quitter l'Angleterre à vide. Quand il arriva à Saint-Ubes, il constata que les navires de commerce avaient chargé tout le sel disponible ; il devint donc évident que les gains qu'il pourrait tirer de ce voyage se limiteraient à ce qu'il réussirait à dérober sur les navires français et espagnols.

Il n'en rencontra aucun et le *Whisper* sillonna en tous sens les eaux des Caraïbes, mais lorsqu'il relâcha à la Martinique dans l'espoir de trouver une cargaison quelconque, des capitaines français lui apprirent que les treize colonies étaient devenues les États-Unis d'Amérique et se trouvaient en guerre déclarée avec l'Angleterre.

— Unis ! marmotta Turlock avec un reniflement de mépris en se rappelant les incessantes querelles opposant le Maryland et la Virginie. On sera jamais unis !

Puis, il redressa son menton hirsute.

« Enfin, maintenant, nous sommes en guerre ! s'écria-t-il, hilare.

Et il regagna son bord.

Au nord de la Barbade, il intercepta et coula un petit bateau de commerce anglais, abandonnant son équipage dans les chaloupes de sauvetage. Puis, il mit cap au nord-est dans l'intention d'arraisonner tout navire anglais se dirigeant vers la Martinique ou la Guadeloupe ; là il surprit un autre bateau de commerce britannique dont l'équipage subit le même sort, mais en vue de terre.

Sa troisième prise intervint non loin de Caracas ; il s'agissait d'un bâtiment espagnol lourdement chargé et, après l'avoir pillé, il le laissa aller. Son quatrième exploit eut lieu aux dépens d'un gros navire de commerce anglais qui se rendait de Panama à la Jamaïque. Ce soir-là, le jeune Turlock porta sur le livre de bord les mots qui chantaient la gloire du bateau armé en course : « Pour chaque canon, un navire. » Le *Whisper* avait quatre canons, et il avait fait quatre prises. Aucun corsaire ne pouvait se targuer d'un meilleur résultat.

Triomphant, Turlock fit voile vers la Chesapeake où le récit de ses exploits se répandit d'une côte à l'autre. Il gardait jalousement un tonnelet de big-joes et de livres tournois et, lorsqu'il déversa les pièces sur le bureau du comptable, son employeur lui annonça une nouvelle déconcertante :

— Capitaine, le conseil de sécurité d'Annapolis a réquisitionné le *Whisper.* Vous devrez rapatrier des familles en Angleterre.

Soudain, la voix de Steed se brisa et il se détourna ; mais quand il fit de nouveau face à son capitaine, il dévoila un visage empourpré et quitta précipitamment le bureau du comptable.

— Qu'est-ce qui se passe ? demanda Turlock à l'employé.

— Les familles qui restent loyales au roi sont rapatriées en Angleterre.

— Steed s'en va ?

— Non. Mais sa femme part... avec l'enfant.

Turlock était déconcerté. Dans son monde, un homme

disait à sa femme ce qu'elle avait à faire, et elle obéissait à moins de souhaiter se voir rossée à coups de pelle. Qu'une épouse abandonnât son mari et se rendît dans un autre pays avec son enfant lui paraissait inconcevable.

— Pas juste, grommela-t-il tandis que l'employé rangeait les pièces.

Mais les choses se déroulèrent de la sorte. Le *Whisper* appareilla à destination de Baltimore où deux familles embarquèrent ; l'une des femmes s'agenouilla et embrassa le pont.

— Quelle bénédiction de se trouver sur un bateau anglais !

Elle avisa alors le capitaine Turlock.

« Est-ce cet homme qui nous ramène en Angleterre ? demanda-t-elle les larmes aux yeux.

A Annapolis, neuf familles montèrent à bord, et six autres en provenance des plantations riveraines. A Patamoke, deux groupes embarquèrent suivis d'esclaves qui charriaient une impressionnante quantité de bagages. Lorsque la fine goélette descendit le Choptank, un chaland quitta Devon avec Jane Fithian Steed, sa fille et son mari. Une échelle de corde fut lancée du *Whisper* mais, avant que Mrs. Steed ne montât, son mari la prit par le bras.

— Je vous rejoindrai en Angleterre. Pour le moment, je dois m'occuper de la plantation.

— Vous ne viendrez jamais en Angleterre, et je ne reverrai plus jamais le Maryland.

Le ton de Jane était catégorique.

— Mais...

Sans lui laisser le temps d'exprimer sa pensée, elle grimpa le long de l'échelle. Steed saisit l'enfant et la passa au marin qui se penchait pour la prendre. Les esclaves hissèrent les bagages à bord et le *Whisper* s'éloigna, abandonnant le chaland qui dérivait au gré du courant.

Mais la liste des passagers n'était pas close. Au moment où le *Whisper* mettait le cap sur la baie, un sloop rapide apparut, en provenance de Patamoke ; il s'en éleva quelques coups de feu pour attirer l'attention et, lorsqu'il se mit à couple, les rapatriés aperçurent le gros recteur de Wrentham.

— Je ne peux plus entendre parler de ces infâmes colonies, criait-il. Je suis anglais !

Des cordages furent lancés le long du bord pour permettre à douze hommes de hisser l'énorme clergyman sur le pont, suivi de dix-neuf caisses et paquets divers.

Une fois en sécurité à bord, sans possibilité de battre en retraite, il découvrit que le propriétaire de la goélette sur laquelle il s'enfuyait n'était autre que Simon Steed, son capitaine, Teach Turlock, celui-là même qu'il avait escroqué. Il se hâta de descendre dans l'entrepont et on ne le revit plus à l'air libre.

Pendant la traversée, le jeune Matt fut chargé de s'occuper du bébé des Steed ; il cessa son service au carré et porta lait et biscuits à l'enfant dont il fut la nounou attentive. Plusieurs femmes auraient pu le remplacer dans cette tâche, mais la plupart étaient terrassées par le mal de mer et les autres s'occupaient de Mrs. Steed ; cette dernière s'était effondrée dans la cabine du capitaine dès l'instant où la goélette avait quitté la Chesapeake, et personne n'aurait pu mieux s'occuper de l'enfant que Matt.

Il la nourrissait, la promenait sur le pont et l'amusait avec de petits jeux. Elle avait moins d'un an et lorsqu'elle rampait vers le pavois, il la surveillait étroitement. Il profitait des moments où elle dormait dans son couffin pour poursuivre ses études avec Mr. Semmes, mais il avait à peu près épuisé les connaissances du second ; il découvrit bientôt un gentilhomme d'Annapolis, qui regagnait le Sussex, après cinquante ans d'absence et se montra enchanté de lui enseigner les mathématiques plus avancées et la conjugaison des verbes.

Mais généralement, Matt et l'enfant restaient à l'avant, bercés par les longs rouleaux de l'Atlantique. Il appréciait ces jours où de nouvelles connaissances s'ouvraient à lui, où il lui était loisible de comprendre la tragédie qui s'était abattue sur ces familles de braves gens. Et puis la présence de la petite Steed, qui ne pleurait jamais, ne cessait de l'enchanter.

Mais Matt se rappellerait surtout un incident, survenu non pas sur le pont, mais dans la cale. Un matin qu'il surveillait Penny Steed, il remarqua l'absence de son père et, au bout d'un instant, Mr. Semmes s'approcha de lui.

— Voulez-vous m'accompagner, Matt ? demanda-t-il à voix basse.

Matt descendit dans l'entrepont d'où lui parvinrent bientôt des gargouillis.

Arrivé devant la cabine occupée par le recteur de Wrentham, il poussa la porte et découvrit le gros clergyman qui transpirait abondamment tandis que son père se penchait sur l'énorme masse. Un document préparé par Mr. Semmes se trouvait sur la table, devant l'homme accablé.

— Signez ça, ou je vous balance aux requins, disait Turlock.

— Je ne me laisserai pas dépouiller d'une terre qui m'appartient, gémissait le gros recteur.

Un coup appliqué contre la nuque suscita de nouvelles plaintes.

« Vous me martyrisez ! s'écria le recteur d'une voix larmoyante.

— Signez, et je vous laisserai tranquille.

De la main gauche, Turlock poussa la plume vers Wilcok, et grommela :

« Signez, ou je vous donne à bouffer aux requins.

— Bon, je vais signer.

Et le recteur apposa sa signature au bas du document suivant :

A bord du *Whisper*, 10 août 1776

De mon plein gré et sans y être contraint par qui que ce soit, je reconnais par la présente avoir obtenu du capitaine Teach Turlock, de Patamoke, quarante hectares de ses meilleures terres par dol, tromperie, malversation et vol et, par la présente, je les lui restitue intégralement.

Jonathan Wilcok, recteur de Wrentham
Témoins : John Semmes, Matthew Turlock

Quand les hommes eurent quitté la cabine et regagné le pont, le capitaine Turlock emmena son fils dans la timonerie et lui désigna le coffre contenant les papiers du bateau.

— Nous devons le défendre au péril de notre vie, dit-il à son fils.

Pour Levin Paxmore, les années 1776-1777 tinrent du désastre. A l'instigation de Simon Steed, il acheva quatre goélettes du type *Whisper* et apprit avec stupeur que trois d'entre elles avaient été aussitôt capturées par les Anglais et transformées en navires de guerre britanniques qui mettaient tout en œuvre pour empêcher la libre navigation des colons. La quatrième, *Good-Hope,* envoyée dans l'Atlantique avec un équipage non aguerri de paysans du Choptank, ne tarda pas à être coulée. Devant ces nouvelles, Ellen Paxmore ne put tenir sa langue.

— Je t'avais prévenu de ne pas construire des bateaux de guerre, lui rappela-t-elle. Tu en as lancé plusieurs, et ils ont tous été perdus.

— Pas celui de Turlock.

— Mais celui-là n'avait pas été construit en tant que bateau de guerre, fit-elle remarquer non sans ironie.

Elle le harcelait pour qu'il cessât d'apporter son soutien à ces futiles combats ; partout, les Britanniques étaient victorieux et elle jugea que la perte rapide des goélettes sorties des chantiers de son mari montrait que Dieu n'approuvait pas la rébellion qui, selon elle, ne ferait pas long feu.

Mais Levin persista.

— C'est mon travail, dit-il en examinant la quille de la sixième goélette, déjà baptisée par Isham Steed, *Victory*. Est-ce que tu prévois la victoire ? demanda-t-il au jeune Steed au moment où l'on gravait le tableau.

— Pas dans la bataille. Mais je crois que nous imposerons notre point de vue au roi ; une fois le conflit terminé, nous jouirons de la liberté.

Au cours de ces premières années de conflit, Simon Steed se trouva confronté à de douloureuses décisions. Pour payer les frais occasionnés par la guerre, le gouvernement du Maryland, tout comme le Congrès continental, émit du papier-monnaie ; les patriotes furent incités à se dessaisir de leurs pièces et à accepter les nouveaux billets à ordre, et la plupart obtempérèrent. De pauvres gens ne possédant que quelques shillings en espèces se précipitaient dans les bureaux officiels, échangeaient leurs pièces contre du papier et se voyaient félicités pour leur patriotisme.

— Devons-nous nous dessaisir de notre métal ? demanda Isham un jour que les autorités d'Annapolis exerçaient de fortes pressions sur les Steed.

— Pas encore, répliqua Simon avec obstination. Ce papier-monnaie ne vaut rien. Nous allons conserver nos pièces et nous verrons ces billets à ordre s'effondrer.

Il voyait juste. En quelques mois, le papier se déprécia, tout d'abord échangé à raison d'un dollar cinquante en papier pour un dollar pièce, puis deux dollars cinquante et bientôt dix dollars papier pour un vrai dollar. A ce stade, les pressions faisant appel au patriotisme s'accrurent.

— Est-ce qu'on ne pourrait pas en acheter un peu, maintenant ? demanda Isham.

— Nous verrons le papier se vendre à trente contre un, répondit Simon non sans une certaine irritation.

Avant la fin de l'année, le papier était échangé à raison de quarante contre un.

— Maintenant ? demanda Isham.

Une fois de plus, Simon secoua la tête.

Pourtant, un jour, il arriva au bureau très surexcité.

— Le papier est tombé à quatre-vingts contre un. Le moment est venu d'acheter.

— Mais est-ce qu'il ne va pas s'effondrer complètement ? s'enquit Isham. Cinq cents contre un ?

— Non, expliqua Simon. Le Maryland est un État fier. Le papier sera racheté. Il faut nous porter acquéreurs pour un maximum.

Et à quatre-vingts contre un, les Steed commencèrent à se dessaisir de leur métal. Simon ne se trompait pas. Le Maryland était fier et il racheta le papier à quarante contre un ; autrement dit, Simon avait doublé la fortune de la famille. Qu'il fût parvenu à ce résultat aux dépens des patriotes sentimentaux ne le concernait en rien.

— La spéculation est un art qui doit être pratiqué en tant que tel, se plaisait-il à déclarer.

Pour le capitaine Turlock, les premières années de la révolution ressemblèrent à un kaléidoscope : aube tropicale au large de Panama dans l'attente d'un navire de commerce anglais ; rapide course jusqu'à New York, chargé d'approvisionnement ; longue navigation aisée jusqu'à Saint-Ubes pour y prendre une cargaison de sel ; expédition dans le Channel à la poursuite d'un bateau britannique ; escale à Nantes pour y embarquer la quincaillerie et les cordages dont Baltimore avait le plus pressant besoin.

Le *Whisper* devint célèbre ; « la goélette au petit rouquin », l'appelait-on parce que plusieurs capitaines avaient rapporté la présence à bord d'un gamin roux qui excitait au combat les corsaires américains au moment de l'abordage.

— Il porte un bonnet de laine qui lui descend jusqu'aux oreilles et s'exprime d'une voix grave pour un enfant de son âge. Tout d'abord, j'ai cru qu'il s'agissait d'un nain, mais lorsqu'il s'est avancé vers moi et m'a dit : « Capitaine, rendez-vous », je me suis aperçu que c'était un enfant. Étonnant.

Le capitaine Turlock n'avait qu'une vague idée de la façon dont la guerre se déroulait ; il savait que le général Washington se trouvait coincé quelque part dans le nord et que les Américains semblaient perdre plus de batailles qu'ils n'en gagnaient, mais lorsqu'un marin fait prisonnier lui lança d'un air de défi : « Quand la guerre sera finie, les traîtres comme vous et Ben Franklin seront pendus », il demanda : « Et quel bateau il commande, le capitaine Franklin ? »

Son équipage constata avec étonnement que la guerre le rendait prudent. Plus question de se livrer à de téméraires incursions dans les ports ennemis ou de se mesurer inutilement à des forces supérieures. Le *Whisper* bénéficiait de la vitesse et de la manœuvrabilité, et on pouvait tirer profit de ces qualités en attaquant par surprise sans prolonger le combat ; Turlock ne répugnait pas à fuir, adoptant sur mer la même stratégie que les généraux américains sur terre : l'attaque soudaine, la retraite rapide, l'attente, la manœuvre prudente.

Si le *Whisper* pouvait se fier à sa vitesse pour échapper à la plupart des bâtiments anglais, il lui fallait tenir compte du fait que trois goélettes du même type et dotées de qualités identiques avaient été capturées par l'ennemi et naviguaient maintenant sous pavillon britannique. Il craignait qu'un jour, dans les Caraïbes, les trois autres goélettes Paxmore convergent sur lui et le prennent en chasse. Cette préoccupation constante expliquait sa prudence et les raisons qui l'obligeaient parfois à regagner la Chesapeake à vide, même quand des avaries exigeaient des réparations onéreuses.

Puis, au début de 1777, alors que les perspectives étaient plus sombres que jamais, Mr. Steed eut l'occasion de se rendre compte par lui-même de l'habileté de son va-nu-pieds de capitaine.

Un certain lieutenant Cadwallader était arrivé de New York, porteur d'un message urgent émanant du général Washington qui voyait s'évanouir ses chances de résister aux Anglais.

— Le général est persuadé que nous ne pourrons pas tenir un an de plus si la France n'intervient pas, expliqua-t-il. Elle devra même nous apporter un soutien considérable. Steed, il vous faut partir pour la France.

— Je croyais que Franklin s'y trouvait déjà.

— Oui. Et il obtient d'excellents résultats à Paris. Mais les hommes d'affaires importants... les négociants établis dans des ports tels que Nantes sont convaincus que nous n'avons aucune chance de gagner.

— Je ne serai pas très efficace, répliqua Steed, pensant à sa propre incertitude sur l'issue de la guerre.

— Mais vous pourrez leur parler. Il faut que vous y alliez.

— Je ferai de mon mieux.

Et après que Cadwallader fut reparti pour les ports du sud, Steed songea : « Quelle ironie ! Les protestants anglais de Philadelphie et de New York se sont toujours moqués des catholiques qui allaient poursuivre leurs études à Saint-Omer — " Pourquoi ne pas fréquenter une véritable université comme Oxford ? " A présent, c'est le français qui devient essentiel. » Il n'appréciait guère la mission qui lui avait été confiée et nourrissait peu d'espoirs de la mener à bien. Il estimait les colonies perdues et s'interrogeait sur la nature de la paix qu'accorderait l'Angleterre. Mais il avait un sens aigu du devoir et, puisqu'on lui avait confié cette délicate ambassade, il ferait de son mieux.

Il était facile pour Cadwallader de dire : « Allez en France », mais beaucoup moins aisé pour le capitaine Turlock d'y parvenir. Au moment où le *Whisper* allait quitter les eaux de la Chesapeake, il se trouva face à une flottille de bateaux anglais, chacun armé de deux canons de gros calibre.

— Ils sont sept ! cria le jeune Matt, perché sur le beaupré.

— Je les vois, répondit son père.

— Qu'allons-nous faire ? s'enquit Steed.

— Attendre.

— Attendre quoi ?

— Le bon moment.

Et ils attendirent. Cinq longues et monotones journées s'écoulèrent pendant que le *Whisper* croisait lentement à l'ombre des promontoires et à bonne distance des navires britanniques au large. A deux reprises, des corsaires américains arrivèrent de l'est, repérèrent les Anglais et battirent en retraite pour mettre le cap sur d'autres ports de la côte. Mais le *Whisper* ne pouvait recourir à ce stratagème. Il était pris au piège dans la Chesapeake et il y resterait tant que son capitaine n'aurait pas imaginé un moyen pour l'en faire sortir.

Au cours de ces journées d'atermoiement, Simon Steed fit

preuve des qualités de patient négociateur que le général Washington lui avait prêtées. A quarante-sept ans, raide, guindé, courtois, il était profondément blessé par le départ de sa femme et désolé d'être séparé de son enfant. Il ne se plaignit jamais. Au début du voyage, il avait expliqué à son capitaine que la rapidité était essentielle. A présent, c'était à l'homme de l'eau qu'il incombait de forcer le blocus et personne à bord du *Whisper* n'était plus qualifié que lui pour y parvenir.

— Ce que nous attendons, Mr. Steed, c'est un vent frais d'ouest qui se lève vers deux heures du matin.

— Qu'est-ce que ça nous apportera ?

— Vous verrez !

Et le septième jour, au crépuscule, le capitaine Turlock s'approcha de Mr. Semmes au moment où le soleil disparaissait derrière la Virginie, et tous deux observèrent les nuages.

— Cette nuit, je crois, dit Turlock.

Les deux hommes avertirent le propriétaire.

— Cette nuit peut-être, mais ce sera risqué.

— Des coups de canon ?

— Oui. Ça tirera pas mal.

A la tombée de la nuit, il alerta les servants de ses pièces qui mirent à poste nombre de boulets et de sacs de poudre supplémentaires. A minuit, Steed ne perçut pas la moindre variation de vent mais à une heure, alors que la lune à son dernier quartier montait dans l'est, il remarqua une légère ondulation sur les eaux paisibles de la baie, puis quelques rafales sporadiques suivies d'un calme plat. Il supposa que le vent nocturne, si longtemps attendu, était tombé mais le capitaine Turlock connaissait la Chesapeake comme sa poche. Il rejoignit ses hommes.

— Avant le lever du soleil, on sera au milieu d'eux.

Si le vent se levait brusquement, ainsi que Turlock l'escomptait, il déferlerait sur la Chesapeake trente ou quarante minutes avant d'atteindre l'Atlantique ; dans l'obscurité, les Britanniques ne se douteraient même pas que la goélette faisait route, à moins qu'ils n'aient l'expérience de Turlock, ce qui était improbable. Pendant la demi-heure de vent fort dont il bénéficierait, il se proposait de faire naviguer la goélette à sa vitesse maximum, cap droit sur la flottille anglaise. En cas de collision avec un vaisseau ennemi, le combat aurait lieu contre celui-ci sans qu'il soit exclu de fuir. Mais Turlock espérait se faufiler entre les bateaux du blocus et gagner le large.

A deux heures moins le quart, le vent fraîchit fortement.

— A quatre heures, ce sera du grand frais. Allons-y !

Il fit hisser toutes les voiles : trinquette, grand foc, clinfoc, misaine et artimon. Les deux huniers seraient gardés en réserve jusqu'à la dernière minute lorsque la vitesse maximum serait atteinte : les établir avant le coup de vent qui menaçait pourrait se révéler dangereux, et Turlock ne tenait pas à courir ce risque avant de prendre la fuite. Alors, il jouerait le tout pour le tout.

A trois heures trente, il se trouvait un peu à l'ouest de l'entrée de la baie, dissimulé par les collines basses de Virginie ; puis, il mit cap plein est et, tandis que la goélette gagnait de la vitesse sous le pâle clair de lune, il se tourna vers son second :

— Mr. Semmes, toute la voile !

Le jeune Matt pesa avec les autres sur la drisse, et les huniers se déployèrent majestueusement en tête de mâts.

« A parer les canons ! s'écria Turlock.

Et le bateau, prêt à toute éventualité, fonça vers l'est en direction du large.

A quatre heures vingt seulement, les Britanniques prirent conscience qu'une grande goélette venait droit sur eux. Des sonneries de clairon retentirent, des ordres fusèrent mais, avec leurs grands-voiles amenées, les bateaux du blocus ne purent réagir assez vite et il s'ensuivit une certaine confusion. Et le navire corsaire américain de courir sous neuf voiles gonflées par le vent fort, pont dans l'eau, étrave fendant la houle courte.

— Feu ! hurlèrent les capitaines anglais.

Et les canons tonnèrent — sans résultat.

— Ne tirez pas ! cria Turlock.

Sa tâche ne consistait pas à couler ou à endommager les bateaux du blocus ; il voulait les éviter, et il y parvint avec une habileté démoniaque jusqu'à l'instant où le capitaine du septième bateau anglais, comprenant à la faveur du clair de lune que ce fou audacieux allait lui échapper, donna ordre à son timonier de virer de bord et d'amener son navire en plein sur la route de la goélette.

— Cap'taine ! s'écria Matthew.

Le capitaine Turlock ne pouvait rien tenter ; il lui fallait continuer à foncer en espérant que sa supériorité de poids et de voilure infligerait plus de dommages à l'ennemi que le *Whisper* n'en subirait.

— Gare à l'abordage ! hurla-t-il.

Et Simon Steed, propriétaire de la splendide goélette, se crispa.

Mais au tout dernier moment, alors que le bout-dehors du *Whisper* allait s'enfoncer dans le flanc bâbord du bateau anglais, Turlock imprima à la roue du gouvernail un mouvement violent sur tribord en une manœuvre qui, au large, aurait fait chavirer la goélette étant donné l'énorme surface de toile qu'elle portait par ce temps frais. Mais à cet instant, ainsi que son capitaine l'avait prévu, le rapide *Whisper* heurta latéralement le vaisseau anglais, plus petit, sur bâbord, et il s'ensuivit un craquement de bois tandis que le britannique étayait la goélette, la maintenant droite. Le choc fut si soudain et si bref que le *Whisper* sembla rebondir, puis il s'éloigna sans grand dommage.

Alors, le capitaine Turlock pesa de nouveau sur la roue du gouvernail, cette fois vers bâbord et, tandis que son bateau s'écartait de l'ennemi blessé, avec le vent presque par le travers, suffisamment fort pour coucher la goélette, l'étrave vira avec majesté, la pression sur les voiles faiblit, le *Whisper* se redressa, et Turlock demanda à Mr. Semmes d'aller lui chercher son fils. Matt apparut bientôt, les joues empourprées par la victoire.

— Au début du combat, je me suis dit : « Mon fils est un sacré imbécile », grommela Turlock.

— Pourquoi ?

— Parce que tu te tenais au-dessus de l'étrave comme une satanée figure de proue. Mais quand le moment est venu de hisser les voiles, tu étais là à peser sur les drisses.

Matt sourit.

« Et quand les canons ont tonné, tu t'es pas caché, ajouta Turlock.

Il tendit la main et fourragea dans la tignasse rousse de son fils.

« Tu seras un marin.

Vers la fin du voyage, Steed connut un moment difficile. Comme il examinait la carte de l'embouchure de la Loire pour rallier Nantes, il ne put s'empêcher de penser qu'il se trouvait à une faible distance de l'Angleterre, ce qui fit naître en lui de troublantes images : son épouse anglaise, sa fille, les honnêtes gens tels que les Fithian, la sérénité. Il imagina la surprise du capitaine Turlock s'il lui ordonnait : « Mettons cap au nord pendant deux jours et nous toucherons l'Angleterre », et il songea : « Quand la guerre sera finie, il se peut que je m'installe en Angleterre. Jane serait heureuse de rester dans son pays et Isham pourrait diriger la plantation. »

Dès que ces pensées s'imposèrent à lui, il comprit qu'il n'envisageait pas la victoire totale que le lieutenant Cadwallader avait évoquée, celle que voulait le général Washington, mais bien une sorte de trêve négociée qui permettrait de rétablir les relations ayant existé avant la guerre : « Voilà ce que je souhaite : les colonies et l'Angleterre de nouveau réunies, mais sur un pied d'égalité. » Puis, il comprit la raison qui lui dictait ce souhait : « Nous ne pouvons pas vaincre l'Angleterre. Nous sommes condamnés à vivre avec elle. Et je souhaiterais que finisse cette satanée guerre. » Son regard se porta vers le nord.

— L'Angleterre !... L'Angleterre !

Entre-temps, il lui fallait obtenir l'aide de la France afin que les colonies puissent gagner quelques batailles et se présenter en bonne posture à la table des négociations. « Je remplirai ma mission », se promit-il, inconscient du fait qu'en un moment aussi critique il continuait à appeler sa nouvelle nation *les colonies*. Un bien piètre ambassadeur en vérité.

Il se tenait là, sur le pont, lointain et accablé de solitude, quand le jeune Matt Turlock quitta son poste de vigie et s'approcha de lui.

— On ne tardera pas à apercevoir les côtes de France.

Steed ne répondit pas.

« Est-ce que vous n'avez pas habité la France ? demanda Matt.

— Oui.

Le jeune rouquin ne se laissa pas démonter par la froideur de l'accueil.

— Là-haut, c'est l'Angleterre, continua-t-il, devant le mutisme de son interlocuteur. Les Anglais aimeraient bien savoir où nous sommes. Ils aimeraient capturer notre bateau. Je suis allé en Angleterre une fois, Mr. Steed.

Pour toute réponse, le silence, troué par le cri d'un goéland.

« Vous vous souvenez ? J'ai emmené Mrs. Steed et Penny à Londres.

Le nom de sa fille tira Steed de sa léthargie.

— Elle s'est bien comportée ? s'enquit-il.

— Elle était dans un couffin à l'avant. Je la surveillais.

— Vraiment ? Personne ne m'en a parlé.

— Oui, Mrs. Steed restait dans sa cabine, malade, je crois. Mais Penny et moi, on était tous les deux à l'avant, jour après jour. Elle adorait la mer.

— Et tu t'es occupé d'elle ?

Il secoua la tête, fouilla dans sa poche et finit par en tirer un demi-joe.

« Tiens, voilà pour toi.

Il tendit la pièce à Matt.

Le gamin n'éleva pas de fausses protestations. Il connaissait la valeur d'un joe portugais et il l'empocha joyeusement.

— Merci, Mr. Steed.

— Où mettais-tu Penny ?

— Je posais le panier là. Je le sortais tous les matins.

Et pendant le reste de la journée, Simon Steed se tint à l'avant ; parfois, son regard se levait vers le nord pour revenir bientôt se poser sur le pont, là où s'était trouvé le panier.

La goélette entra dans la Loire à hauteur de Saint-Nazaire où un fort assez primitif semblait veiller sur l'estuaire, mais il était douteux que les canons si fièrement alignés pussent être dangereux. Un pilote français monta à bord pour guider le *Whisper* dans le fleuve, mais il ne fit qu'ajouter au pessimisme de Steed en déclarant :

— A nos yeux, les colonies n'ont pas grand-chance. Ce sont les bateaux qui emporteront la décision, et c'est l'Angleterre qui les possède.

Une fois le *Whisper* amarré au quai de Nantes, Steed s'aperçut que les négociants français montraient beaucoup plus d'intérêt pour sa cargaison de caviar que pour sa mission essentielle.

— Nous ne donnons pas cher des chances américaines. En vérité, Steed, nous pensons que vous seriez mieux inspirés en restant avec l'Angleterre.

— Dans ce cas, je me demande pourquoi vous vous battez pour sauvegarder votre indépendance. Une succession de guerres... et toujours contre l'Angleterre.

— Nous sommes une nation. Avec une armée. Des navires. Votre destin est colonial.

Partout où il allait à Nantes, il était accueilli par des réflexions de cette nature. Les négociants français souhaitaient tous les malheurs du monde à l'Angleterre et si, par hasard, les colonies étaient l'artisan de ce désastre, bravo. Steed entendit nombre de protestations d'amitié et de bonne volonté, invariablement suivies de froids calculs selon lesquels l'Angleterre devait gagner la guerre. Lorsqu'il dîna chez les Montudoin, famille régnant sur le bassin de la Loire, leur neveu, qui avait connu Steed en tant qu'étudiant, loua fort les colonies du sud :

— Merveilleux pays. Population courageuse. Vous n'imaginez pas à quel point nous sommes heureux de vous avoir parmi nous, Simon.

— Ferez-vous état de votre enthousiasme à Paris ? demanda brusquement Steed.

— Sur le plan mondain. Sur le plan politique, je crains fort, mon cher ami, que vous n'ayez aucune chance.

Respectueux de ses engagements, Steed se rendit dans chacune des firmes avec lesquelles il entretenait des rapports — Bailly, Brisard du Marthres, Pucet fils — et partout, il entendit la même antienne :

— Les colonies ne peuvent gagner. Acceptez la meilleure paix possible et contentez-vous-en.

Par voie de terre, il entreprit le long voyage jusqu'à Lorient, port qui comptait les négociants les plus aventureux ; eux aussi lui firent part de leurs doutes :

— Nous autres Français, nous sommes des gens pratiques. Si vous aviez la moindre chance de conserver votre indépendance à l'égard des Anglais, nous vous soutiendrions de toutes nos forces. Mais c'est impossible.

La maison Bérard, avec laquelle Steed entretenait d'excellentes relations d'affaires, organisa un dîner officiel en l'honneur de son visiteur, non en tant que négociateur politique mais en tant que client estimé, et devant l'assemblée des notables, un certain M. Coutelux résuma l'opinion générale :

> Nous avons suivi avec une attention extrême les événements des colonies et avons approuvé la détermination que vous affichiez en 1774, tendant à vous libérer de la domination commerciale exercée par Londres. Votre résistance aux diverses taxes, votre entêtement à vouloir livrer votre tabac directement en France sans passer par Bristol, votre aspiration à vous doter d'un gouvernement autonome à la française..., tout cela nous encourage. Vous êtes sur la bonne voie, Steed. Mais lorsque vous défiez la puissance

militaire anglaise, en particulier sa marine qui vous est tellement supérieure, vous faites preuve de sottise et il ne faut pas escompter que nous vous soutenions dans votre folie.

Soyez sûr, Steed, que nous sommes plus que jamais opposés à l'Angleterre. Nous attendons le moment voulu pour lui assener le coup de grâce. Il peut se produire en Espagne, en Italie, ou dans quelque contrée lointaine, telle que l'Inde ; quelque part, d'une quelconque façon, nous sommes destinés à régner sur l'Europe, et l'Angleterre est vouée à un rôle mineur. Mais le lieu adéquat ne peut être les colonies. Vous ne disposez pas d'effectifs, d'armée, d'industrie et de flotte. Votre meilleure chance, je vous le dis de grand cœur, est de rentrer chez vous, de faire la paix avec Londres et d'attendre le jour où la France assenera à l'Angleterre le coup mortel. Alors, et alors seulement, vous serez libres.

Découragé, Steed regagna Nantes, monta à bord du *Whisper,* et s'entretint avec son équipage.

— Je dois rester en France jusqu'à ce que nous ayons obtenu de l'aide. Mais vous êtes libres de partir. Capitaine Turlock, êtes-vous prêt à courir le risque de forcer à nouveau le blocus ?

— Bien sûr.

— Votre chance peut vous abandonner.

— J'ai plus d'un tour dans mon sac.

Et il fut convenu que le capitaine Turlock chargerait à crédit la goélette d'étoffes, de quincaillerie, de sel, de compas de marine et tous objets manufacturés si avidement réclamés par les colonies, qu'il effectuerait un voyage rapide au Maryland et reviendrait chercher Steed.

Après le départ de son capitaine, Steed s'attela à la tâche. Inlassable, il alla frapper à chaque porte, expliquant dans un français impeccable pourquoi les colonies méritaient d'être soutenues dans leur lutte :

— Je sais que nous combattons les Anglais depuis 1775 sans grands résultats. Mais nous n'avons pas désarmé et nos forces s'accroissent continuellement. Croyez-moi, mon cher ami, nous devenons de plus en plus forts.

Devant les rires qui accueillaient ses propos, il ajoutait : « Alors, pourquoi avez-vous confié vos marchandises à mon capitaine ? Parce que vous savez qu'il forcera le blocus. Dans sept mois, il sera de retour pour prendre une nouvelle cargaison. Vous le savez.

Il retourna à Lorient, descendit jusqu'à La Rochelle. Plus il parlait, moins il enregistrait de progrès. Peut-être était-il trop français pour bien soutenir la cause des colonies ; il ne parvenait pas à transmettre l'état d'esprit du moment d'un fermier de Blue Ridge ou d'un tisserand du Massachusetts. Alors qu'il touchait le fond du désespoir, il fut sauvé par un compatriote qui, lui, usait du langage simple des hommes de son pays.

Benjamin Franklin, principal avocat des colonies en France, se rendit à Nantes pour rencontrer les notables de cette ville ainsi qu'à Lorient et à La Rochelle. Les Montaudoin mirent à sa disposition un petit château où il établit son quartier général. C'est là que Steed le rencontra.

Il avait largement dépassé soixante-dix ans ; chauve, bedonnant, l'œil furtif, il faisait preuve d'une vivacité de jeune homme. Sa mise était agressivement américaine, comprenant un bonnet de fourrure et une canne noueuse en merisier. Il parlait un français abominable qui communiquait à ses déclarations un ton neuf plein de fougue. Lors des grandes réceptions qu'il donnait, il repoussait la sentimentalité et n'évoquait jamais le courageux combat de l'Amérique ; en revanche, il en appelait toujours aux intérêts fondamentaux de la France qu'il exprimait de façon très prosaïque.

— Nous faisons votre sale travail et nous ne demandons qu'un soutien matériel. Nous réclamons le droit de commercer librement avec vos grands ports, et vous en tirerez des bénéfices. Nous souhaitons équilibrer les relations entre le Nouveau Monde et l'Ancien, et c'est vous qui serez les premiers à en recueillir les avantages.

C'était un homme étonnant. Il était venu de Paris avec une femme mystérieuse, présentée sous le nom de Mme de Segonzac ; la véritable identité de cette personne et ses relations exactes avec Franklin restaient vagues, mais l'ambassadeur faisait preuve de déférence à son égard et il comptait sur elle pour convaincre ses invités. Il aimait aussi marcher dans les rues de Nantes et visiter les boutiques qui, pour l'occasion avaient fait venir de Paris d'étonnants souvenirs : tasses à thé à l'effigie de Franklin, tabatières décorées de bonnets de fourrure en émaux, coussins de soie brodés du portrait du grand homme, et brochures illustrées du bonhomme Franklin renfermant des citations de *Pauvre Richard*. Ce furent ces aphorismes bon enfant, pragmatiques, qui rendirent ce rustre Américain cher au cœur des Français ; à sa façon barbare, il parlait leur langue. Mais rien de ce qu'il accomplit à Nantes ne surpassa l'exploit qu'il accomplit un après-midi, dans une rue animée près des quais. Un entreprenant marchand corse avait fait venir de grands pots de chambre de faïence, ornés à l'extérieur du portrait de Franklin et à l'intérieur de son célèbre bonnet de fourrure. Plusieurs centaines de ces vases de nuit avaient été vendues un peu partout en France, mais ceux-ci étaient les premiers à apparaître à Nantes et, lorsque Franklin les aperçut, il s'immobilisa, s'adressa au Corse et suivit d'un regard approbateur l'homme qui posait le pot de chambre au milieu de la rue. Puis, à la grande joie des badauds, il montra de quoi il aurait l'air, juché sur le vase de nuit à son effigie. Les acclamations fusèrent et, en deux jours, l'histoire se répandit dans tous les ports de la côte occidentale.

Dans les grandes réunions, il ne paraissait jamais sérieux, tout en l'étant profondément. Il n'apportait qu'un unique message : les États-Unis l'emporteront. Et avant d'avoir séjourné une semaine sur la côte Atlantique, il parvint à convaincre les rudes négociants qu'il était de leur intérêt de soutenir ce pays neuf, non parce que les États-Unis s'appuyaient sur des principes philosophiques venus de France ni parce qu'il existait une amitié innée entre les deux pays, mais parce que, ce faisant, les Français damaient le pion aux Anglais et, du même coup, récoltaient un véritable pactole.

Pendant deux mois, Franklin et Steed œuvrèrent ensemble et, lorsque Turlock ramena le *Whisper* à Nantes et que vint le moment de la séparation, le vieillard déclara :

— Simon, vous m'avez apporté une aide précieuse.

Conscient de n'avoir soutenu Franklin que du bout des lèvres car il ne croyait pas à l'ultime victoire américaine, Steed marmonna :

— Je n'ai rien accompli. C'est vous que l'on voulait entendre.

— J'étais le pitre qui attirait l'attention. Il était d'une importance capitale que vous soyez là pour représenter l'autre aspect de notre effort.

Il rit et du bout des doigts souleva le menton de Steed comme s'il avait affaire à un gamin.

« C'est vous qui étiez l'élément respectable et, croyez-moi, Steed, les négociants français sont assoiffés de respectabilité. Ils ne traitent jamais avec les banques qui ne présentent pas toutes les garanties.

Franklin ne tarda pas à reprendre son sérieux. D'un geste ferme, il saisit Steed par les revers de son habit.

« Quand nous avons amorcé notre mission vous n'imaginiez pas que nous puissions gagner. Je m'en suis rendu compte. Croyez-vous à notre victoire à présent ?

— Je suis en plein désarroi. Il me semble que nous ne devrions pas nous séparer de l'Angleterre.

— Simon, notre destin est de gagner. Je sais que nos armées sont en déroute et que nous n'avons pas de flotte. Mais un grand élan nous pousse, et nous ne pouvons pas être vaincus.

Il désigna du doigt la porte de la cabine.

« Regardez le nouvel Américain.

Et là se tenait le capitaine Turlock, pieds nus, crasseux, mais prêt à se frayer un chemin jusqu'au port de Bristol si on le lui demandait.

« Pourquoi avez-vous pris cet homme pour capitaine ? s'enquit Franklin.

— Parce qu'il sait... il sait ce dont un bateau est capable.

— Le général Washington vous a pris pour ambassadeur parce que vous savez. Vous savez ce qu'est une plantation. Maintenant, ouvrez les yeux, fils, et voyez ce qu'une poignée d'hommes comme vous et le capitaine Turlock peuvent accomplir.

Euphorique, il se leva et reprit son discours comme s'il tentait de convaincre les négociants de Nantes.

« Nous pouvons remodeler le monde, Simon. Nous allons gagner.

A dater de ce jour mémorable, Simon Steed ne douta plus de la victoire ; il répudia son prudent amour de l'Angleterre, son besoin romantique des anciennes certitudes, et se donna corps et âme à la révolution.

Franklin et lui obtinrent des résultats tangibles durant la semaine qui suivit, et la solide confrérie des négociants français de la côte Atlantique envisagea la possibilité d'une victoire des États-Unis, susceptibles de devenir un centre commercial de première importance. L'opposition à l'engagement français dans ce qui avait été considéré jusque-là comme un soulèvement idéaliste diminua, et la voie fut tracée pour l'intervention énergique du trio de génies militaires français qui se joindraient à La Fayette afin d'aider les États-Unis : Rochambeau, Bougainville et, en tout premier lieu, de Grasse.

Lorsque le moment vint pour Steed de se rembarquer à destination de Devon, Franklin lui confia :

— J'ai écrit au Congrès pour proposer que vous soyez nommé agent des États-Unis du Sud.

— Pour quoi ?

— Pour l'approvisionnement.

— Je ne comprends pas.

— Les bateaux. Des hommes comme le capitaine Turlock. Faites-leur sillonner l'océan. Apportez des mousquets, de la poudre, de la chaîne et du tissu pour les uniformes. Steed, une armée a besoin d'une foule de choses... de volaille aussi bien que de canons. Obtenez-les.

Simon Steed était de ces hommes pour lesquels une proposition précise équivalait à un ordre.

— Que voulez-vous que j'emporte maintenant ? demanda-t-il dans le feu de l'action.

La réponse de Franklin le stupéfia :

— Rien. Quittez Nantes à vide.

— Gâcher une chance pareille...

— Mettez le cap sur Saint-Eustatins.

— Quoi, cette île minuscule ?

— Minuscule, mais puissante. Elle appartient aux Hollandais, et nous y avons constitué un énorme dépôt de munitions.

— Et où prendrai-je les fonds ?

— Vous tablerez sur le crédit. Votre crédit.

— Ça paraît très risqué.

— Nous prenons tous des risques si graves qu'ils me terrifient. Les vôtres se concrétiseront à Saint-Eustatins.

Sur quoi, ils se séparèrent. Chacun misait un enjeu aux proportions atterrantes : échouer débouchait sur la ruine et la pendaison ; gagner sous-entendait la naissance d'une nation fondée sur des principes nouveaux dont les possibilités n'étaient qu'entrevues. Au milieu des réticences à Nantes, où personne ne croyait à la victoire de l'Amérique, Simon Steed s'était imprégné de ces principes nouveaux auxquels il était prêt à sacrifier sa fortune et sa vie.

— Nous appareillons ce soir, annonça-t-il au capitaine Turlock.

— A vide ?

— Oui. A destination de Saint-Eustatins.

— J'y suis jamais allé, marmonna Turlock.

Mais il était prêt à se rendre n'importe où.

Qu'un marin pût découvrir Saint-Eustatins tenait du miracle, mais un prodige encore plus stupéfiant l'attendait à l'amarrage. Il s'agissait de l'un des plus petits territoires du globe, un minuscule point rocheux, volcanique, perdu dans une poussière d'îles au nord de la Guadeloupe. Le capitaine Turlock, qui cherchait à repérer le lieu de sa destination à travers des bancs de nuages, en était arrivé à douter de son existence quand son fils s'écria :

— Capitaine ! Terre à tribord !

Émergeant de la mer, telle une mystérieuse sentinelle, se dressait la côte déchiquetée de Saint-Eustatins.

Pendant que le *Whisper* manœuvrait pour entrer dans le port exigu, Simon Steed découvrait un spectacle inouï : d'immenses entrepôts blottis le long de la côte et remplis de cordages, de coton, au point que les balles débordaient sans la moindre protection ; pas de sentinelles, ni de canons de marine pour garder les lieux ; et plus de soixante vaisseaux qui se pressaient dans l'espace étroit ménagé entre les promontoires. Simon apprit que chaque jour cinq ou six navires chargés à ras bord apportaient des marchandises d'Europe et d'Afrique, et que le même nombre repartait avec des approvisionnements pour les colonies américaines en guerre. Ainsi que le disait un amiral britannique exaspéré par l'insolence des lieux : « C'est l'îlot le plus riche du monde ! »

Il régnait là une atmosphère de conte de fées ; l'îlot appartenait aux Hollandais qui n'étaient en guerre avec personne, mais les marchandises qui y parvenaient étaient expédiées par des négociants de tous les pays : Russie, Suède, Portugal et plus particulièrement de France et d'Angleterre. Ce dernier aspect se révélait irritant pour les Britanniques : les fournisseurs des navires anglais, qui refusaient d'approvisionner en marchandises et en matériel les bateaux de guerre à Plymouth, envoyaient en secret leurs meilleurs produits à Saint-Eustatins, où ils étaient vendus à des Américains en guerre contre l'Angleterre. Par ailleurs, maints navires de commerce appareillant de Londres avec des connaissements pour l'Italie ou la Grèce changeaient de cap en sortant des eaux anglaises pour faire voile sur Saint-Eustatins où les bénéfices étaient triplés.

Le capitaine Turlock ne put s'amarrer à quai ; trente bateaux le précédaient. Mais de son mouillage en rade foraine, il gagna la terre à l'aviron afin d'acheter le matériel de guerre dont on manquait sur les côtes de la Chesapeake : de solides cordages anglais, de robustes cuivres français, des mousquets autrichiens et du sel polonais. Il acheta à bon escient, à une vingtaine de marchands qui s'exprimaient en autant de langues différentes. Une fois les factures établies, Mr. Steed émit des lettres de crédit. Chargé à ras bords, le *Whisper* appareilla pour l'Amérique, sans que son capitaine ait la moindre idée sur la façon dont il forcerait le blocus anglais ni du port où il relâcherait s'il réussissait à tromper la vigilance de l'ennemi.

Ce fut une traversée paisible et ensoleillée par vent arrière, qui s'acheva brusquement car une importante flottille anglaise patrouillait dans la Chesapeake. Même un rusé compère, tel que Turlock, n'aurait pu s'y glisser. Il fit route au nord, en direction de Boston, mais fut intercepté par une frégate américaine délabrée, manœuvrée par un équipage de fortune et dotée de quelques mauvais canons.

— Faites demi-tour ! On ne peut pas entrer à Boston ! cria son capitaine à l'aide d'un porte-voix.

Le *Whisper* et sa cargaison sans prix dérivèrent vers le sud dans l'espoir de relâcher dans quelque port des Carolines mais, là aussi les navires britanniques montaient la garde.

— Mr. Steed, la seule solution qui nous reste est d'échouer le bateau quelque part dans le comté de Delaware et de transporter les marchandises par voie de terre, proposa Turlock en désespoir de cause.

Mr. Semmes convint qu'aucune autre tactique ne pouvait être envisagée et Steed dut se résigner.

— Mais nous perdrons au moins vingt pour cent en chapardage, maugréa-t-il.

— Vous n'aurez qu'à majorer vos prix de quarante pour cent, rétorqua Turlock.

En conséquence, la goélette mit cap au nord en restant au large afin de n'être pas repérée par la flotte de la Chesapeake, puis à la latitude de Lewes, sur la côte du Delaware, elle vira soudain vers l'ouest en direction de la terre. Le *Whisper* mouilla à l'embouchure d'un petit cours d'eau, les canots furent mis à la mer et le déchargement commença. Avant même que les premières marchandises aient touché terre, des hommes du comté de Delaware se manifestèrent et des groupes s'organisèrent afin d'acheminer ces fournitures militaires de première nécessité à travers la péninsule jusqu'à la côte est de la Chesapeake, d'où elles seraient transbordées jusqu'à Baltimore.

— Vous serez payés, assura Steed aux nouveaux venus.

— Payés ou pas, nous arriverons à Baltimore.

Ces hommes combattaient les Anglais depuis trois longues années ; la victoire paraissait plus incertaine que jamais, mais l'idée de capituler ne les effleurait pas un instant.

— Retournez à Saint-Eustatins. Faites autant de voyages que vous le pourrez, dit Steed à son capitaine dès que la goélette eut été déchargée.

Ainsi, commencèrent les allées et venues entre l'entrepôt hollandais et les colonies. Au cours des années qui suivirent, chaque fois qu'une cargaison forçait le blocus anglais, Simon Steed en assurait le contrôle. Il consignait chaque article, lui accordait la valeur la plus élevée possible, le remettait au jeune gouvernement, et s'allouait une commission de trente pour cent qui s'ajoutait au prix gonflé des marchandises. Si la guerre se poursuivait, si le capitaine Turlock continuait ses audacieuses incursions, les Steed deviendraient millionnaires, et pas en dollars mais en livres sterling.

Mais à la fin de 1777, les événements prirent une fâcheuse tournure. D'intrépides capitaines britanniques transformèrent la Chesapeake en un lac anglais. Il s'insinuèrent dans les eaux américaines, y débarquèrent une armée considérable qui marcha sur Philadelphie dans l'espoir de couper en deux les colonies, d'isoler celles du nord, puis de s'en prendre à celles du sud.

Bientôt, sur le Choptank se répandit la nouvelle qu'une grande bataille avait été livrée sur les rives du Brandywine ; Philadelphie était tombée et le général Washington n'avait échappé à l'anéantissement qu'en battant en retraite jusqu'à une fonderie appelée Valley Forge. Il était douteux qu'il réussît à rassembler ses forces pour contre-attaquer ; l'écrasement de la révolution semblait imminent.

Une flottille de navires britanniques remonta le Choptank, mouilla devant Patamoke et bombarda la ville. Constatant qu'on ne leur opposait aucune résistance, des groupes armés débarquèrent et un lieutenant, sanglé dans son uniforme bleu soutaché d'or, annonça :

— Nous sommes venus brûler l'infâme nid de sédition qu'est le chantier naval Paxmore.

Sur quoi, le détachement mit le feu aux hangars et se retira.

Sur son ber, reposait le *Victory* presque terminé. Ses espars n'étaient pas encore en place et il restait à achever le calfatage mais, tel quel, il représentait une goélette dont on avait le plus urgent besoin. Aussi, en dépit des flammes, alors que tout permettait de penser que le précieux navire allait être réduit en cendres, la silhouette de Levin Paxmore, le cheveu en bataille, se profila soudain sur l'incendie ; il se précipita pour ôter les cales maintenant le *Victory* à terre, dans l'espoir qu'une fois libéré il glisserait à l'eau, échappant ainsi au feu.

Lorsque ses concitoyens comprirent les intentions de Paxmore, ils se groupèrent pour l'encourager sans se préoccuper des dernières rafales tirées par les bateaux anglais. Aucun cependant ne se porta volontaire pour entrer dans la fournaise et l'aider à dégager les cales.

Ellen Paxmore, outrée par le bombardement et alertée par le feu qui embrasait le ciel, accourut jusqu'au chantier et comprit les intentions de son mari. Elle était atterrée à l'idée que cette magnifique goélette allait être anéantie. Voyant que personne n'offrait son aide à Levin, elle empoigna une hache et disparut dans les flammes ; mais à l'endroit où elle se trouvait, elle était impuissante ; le feu faisait rage et elle dut reculer.

Un esclave appelé Pompée observa la vaillante tentative de Mrs. Paxmore et, de ses mains nues, étouffa les étincelles qui menaçaient la robe grise. Après quoi, il saisit une masse et se jeta dans le brasier où il parvint à dégager deux cales.

— Il bouge ! rugit la foule.

Lentement, le *Victory* glissa, prit de la vitesse, et dans un grand éclaboussement entra dans l'eau.

A ce stade, les hommes secouèrent leur apathie ; ils sautèrent dans des embarcations et entourèrent le bateau prématurément lancé qu'ils aspergèrent d'eau avant d'amarrer la coque à une jetée. Rassuré sur le sort de sa nouvelle goélette, Levin Paxmore regagna avec peine sa maison pour y panser ses brûlures. Au lieu de quoi, il dut affronter la plus pénible discussion qui l'eût jamais opposé à sa femme. Celle-ci l'attendait sans se préoccuper de ses propres blessures.

— As-tu vu, Levin ? Le seul homme assez courageux pour t'aider a été l'esclave Pompée.

— Je n'ai rien vu.

— Tu ne vois jamais rien. Pompée s'est jeté dans le brasier. Il m'a aidée à étouffer le feu qui prenait à ma robe. Il a dégagé les cales. Est-ce que ça ne signifie rien pour toi ?

— Ça signifie que nous avons sauvé le *Victory*.

— Ça signifie qu'il est un homme, un brave homme. Ne vois-tu pas que c'est terriblement mal de garder un tel homme en esclavage ?

— Les mains me font mal.

— Le cœur me fait mal, Levin. Je ne supporterai pas cette situation un jour de plus. Les colonies combattent pour la liberté. Des hommes tels que Simon Steed réalisent des miracles au nom de la liberté tout en ignorant le plus grave des problèmes. Juste devant leur porte.

— Pompée est un bon esclave. Depuis que je l'ai loué, je l'ai traité avec équité.

— Mais de quel droit te permets-tu de traiter avec équité ou injustice ? Te prends-tu pour Dieu parce que tu es blanc ?

— Que veux-tu que je fasse ?

Elle baissa la voix et saisit les mains brûlées de son mari.

« Quand viendra le Premier Jour, je veux que tu te lèves pour proposer que désormais tout quaker propriétaire d'esclaves soit exclu de notre communauté.

— Tu t'es déjà livrée à cette tentative à plusieurs reprises.

— Mais pas toi. Et tes paroles auront plus de poids.

— Je m'épuise à construire des goélettes. Steed prétend, sans doute avec quelque exagération, que nos bateaux contribuent à gagner la liberté.

— Un combat beaucoup plus important se déroule sur la Chesapeake.

— Que veux-tu dire ?

— Il est certain que les colonies obtiendront leur liberté d'une façon ou d'une autre. L'Angleterre ou une confédération, quelle importance au fond ? Mais la liberté des hommes...

— Ça aussi, ça viendra... en temps voulu.

— Non !

Sa voix s'enfla.

« Il y a plus de cent ans que, dans cette ville, Ruth Brinton Paxmore a supplié les quakers de libérer leurs esclaves. Sans résultat. Il y a cinquante ans, ta grand-mère a formulé la même supplique, toujours en vain. Dans cinquante ans, ma petite-fille prêchera la bonne parole dans le désert si nous ne nous décidons pas...

— L'esclavage s'éteindra de lui-même, tu le sais.

— Je sais qu'il persistera à jamais si les honnêtes gens ne le combattent pas. Levin, le Premier Jour, tu prendras position publiquement, tu apporteras ton témoignage.

— Je ne peux pas m'immiscer dans une discussion qui ne concerne...

— Levin ! Aujourd'hui, un Noir t'a sauvé ; il s'est jeté dans les flammes comme une salamandre. Le laisseras-tu là, dans le brasier ?

— Je ne peux pas te suivre quand tu te lances dans l'hyperbole.

— Et je ne peux plus demeurer dans cette maison tant qu'un seul de ses habitants accepte l'esclavage. Levin, il faut que j'aille faire mon lit ailleurs.

Il appuya le front sur la table.

— J'ai perdu mon chantier, mes outils. Et les mains me brûlent. J'ai besoin d'aide, Ellen.

— Et tu perdras ton âme immortelle si tu tournes le dos à Pompée. Lui aussi a besoin d'aide.

Il se redressa d'un bond.

— Qu'exiges-tu ?

— Ton témoignage... en public... le Premier Jour.

Elle marqua une pause, puis sa voix s'adoucit.

« Levin tu t'es préparé à ce jour. Je t'ai vu observer les Noirs de la ville. Le temps est venu. Je crois que le feu a servi de signal... pour éclairer l'avenir.

— Peux-tu m'appliquer un peu de graisse d'ours sur les mains ? Elles me brûlent. Elles me brûlent terriblement.

Elle appliqua le corps gras.

— Est-ce que ça signifie que tu parleras ?

— Je ne le voulais pas. Dans ce genre d'affaire, Dieu avance avec précaution. Mais Pompée est un brave homme. Tu dis que c'est lui qui a fait sauter les dernières cales ?

— Oui. Mais il n'exige pas ton soutien à cause de ses actes ; il l'exige à cause de son existence même.

— Je suppose que le moment est venu. Je témoignerai pour toi.

— Ni pour moi, ni pour Pompée parce qu'il t'a aidé... Pour l'avenir de ce pays... l'avenir tel que Ruth Brinton le voyait.

Aussi, lors d'un Premier Jour de la fin 1777, la réunion de Patamoke se trouva plongée dans un débat qui allait déchirer l'Église. Ses membres s'étaient rendus au foyer s'attendant à ce que des paroles de consolation fussent dites à Levin Paxmore pour la perte de son chantier ou que l'on prononçât des prières rendant grâce au ciel pour le départ des Anglais. Au lieu de quoi, après neuf brèves minutes de silence, Levin Paxmore, les mains bandées, les cheveux roussis, se leva.

> La Bible nous dit que, parfois, il nous arrive de voir à travers un verre opaque. Pour moi, il a fallu le grand incendie qui a détruit mon œuvre. Dans ce brasier se mouvait une forme comparable à Shadraq, Méshak et Abed-Nego. C'était l'esclave Pompée, propriété d'un membre de cette assemblée qui le loue à d'autres. Je n'ai pas vu ce qu'a accompli Pompée, mais on m'assure qu'il a fait preuve du plus grand courage et que c'est à lui que revient le mérite d'avoir sauvé la goélette.
>
> Depuis l'incendie, je me suis demandé pourquoi un esclave, qui n'avait rien à gagner et tout à perdre, avait choisi de braver les flammes pour sauver ma goélette, et la seule réponse sensée est que Pompée est mon semblable en tout point. Il respire comme moi, mange, travaille et dort quand il est fatigué. Comment puis-je le savoir ? Parce que je l'ai vu hier sur le quai, et ses mains étaient bandées comme les miennes. Le feu le brûle comme il me brûle. (Il leva ses mains bandées et nombre d'assistants commencèrent à se sentir mal à l'aise.)
>
> Aussi, aujourd'hui, je fais amende honorable et reviens sur ce que j'ai déclaré à l'occasion des précédentes réunions. Les esclaves doivent être libérés. Au nom de Dieu et de Jésus-Christ, ils doivent être libérés, et aucun homme ne pourra se targuer d'être quaker s'il est propriétaire d'esclaves.

La réunion s'acheva dans la consternation. Levin Paxmore était considéré comme l'un des membres les plus prospères de la communauté, l'un des plus sages aussi. Ceux qui s'opposaient au changement avaient toujours compté sur sa voix pour les soutenir. « Procédons avec lenteur. Nous étudierons le cas lors de la prochaine réunion. » Et il avait rompu le pacte en se déclarant brutalement pour l'affranchissement immédiat sous peine d'expulsion.

A la réunion trimestrielle qui se tint en décembre 1777, les quakers du Choptank représentèrent la première congrégation religieuse importante des États du sud à déclarer l'esclavage hors la loi. En dépit de l'obstination de Levin Paxmore, la motion fut combattue avec vigueur et il fallut deux jours à l'homme chargé des écritures pour s'assurer de l'adhésion de chacun ; pourtant, sept membres butés quittèrent la salle en tempêtant, prêts à renoncer au quakerisme plutôt qu'à leurs esclaves.

Plus de cent ans s'étaient écoulés avant que cette secte du sud, libérale entre toutes, décidât que l'esclavage était incompatible avec les principes chrétiens. Cent ans s'écouleraient avant que des sectes plus conservatrices n'arrivent au même résultat.

Lorsque la décision fut prononcée, Levin Paxmore effleura ses mains crevassées.

— La douleur a cessé, dit-il à Ellen.

Et elle sut pourquoi.

Pour les Américains qui peuplaient la région bénie de la Chesapeake, le point culminant de la révolution fut atteint en 1781. L'avenir de l'Amérique, et peut-être même du monde, était alors menacé car il semblait que la tentative de gouvernement autonome allait être réduite à néant et, avec elle, l'espoir d'accéder à une vie meilleure pour des millions d'hommes en Europe.

Cette année-là, l'armée anglaise, enfin placée sous un commandement énergique, commença à dépecer le sud. Remportant une victoire après l'autre elle écrasa les lieutenants du général Washington en Géorgie et en Caroline du Sud, et il devint clair qu'une poignée de paysans, aussi braves fussent-ils, ne pouvaient se mesurer à des centaines de soldats anglais bien entraînés, soutenus par une forte artillerie.

Quand le général Cornwallis commença à ravager la Virginie et que l'amiral Rodney eut rassemblé dans les Caraïbes une escadre prête à envahir la Chesapeake, l'échec de la rébellion parut évident. New York aux mains des Anglais, Philadelphie neutralisée, Boston et Newport impuissantes à apporter leur soutien, et aucun port important de la côte Atlantique en mesure d'accueillir des vaisseaux américains, en admettant que l'un d'eux parvînt à forcer le blocus.

Les patriotes commençaient à parler ouvertement de défaite et à supputer entre eux les conditions qu'ils parviendraient à arracher aux Anglais victorieux. Le général Washington en personne n'affichait plus son bel optimisme ; il adressa à Steed de Devon une lettre qui résumait la situation :

> Où se trouve, je vous prie, la flotte française qui, d'après Franklin et vous, devait voler à notre secours ? Sans l'aide rapide des Français, je crains que nous ne soyons perdus. Nos hommes se mutinent. Au camp, nous comptons plus de déserteurs que de recrues. Nous n'avons plus de vivres, plus d'armes, plus d'uniformes pour sauvegarder la dignité de nos hommes et, surtout, plus de solde à leur offrir. Seule, la volonté de fer des officiers subalternes maintient un minimum de cohésion au sein de l'armée, et il y a peu d'espoir pour qu'un tel miracle se poursuive tout au long de l'année.
>
> Mon cher ami, il nous faut une aide immédiate de la France. Avez-vous la possibilité d'adresser ce message à Paris ? Si oui, partez sur-le-champ et expliquez aux Français que le sort de la guerre est en jeu, et que nous risquons de périr de dénuement si la situation se prolonge. Nous avons besoin d'armes, de vivres, d'étoffes et d'argent et, tout particulièrement, de la marine française pour desserrer l'étau qui nous paralyse. Steed, agissez, je vous en supplie.

Steed ne pouvait agir. Il ne pouvait adresser de supplique à Nantes : aucun courrier ne réussissait à forcer le blocus. Il ne pouvait envisager de traverser l'Atlantique lui-même car le capitaine Turlock sillonnait la mer des Caraïbes. Et il ne pouvait même pas embarquer dans le sloop familial pour se rendre en Virginie et aider à combattre Cornwallis, car les patrouilleurs anglais étaient maîtres de la baie. Impuissant, il lüi fallait rester à Devon, assister au désastre ; il ignorait qu'un autre désastre, sans doute pire à ses yeux, s'était abattu sur deux de ses goélettes à Saint-Eustatins.

A bord du *Whisper*, le capitaine Turlock était satisfait de Norman, le neveu de Simon Steed, qui commandait le *Victory* tout neuf. Quoique audacieux, le jeune homme se conformait aux signaux ; sa hardiesse ne l'incitait pas à l'imprudence.

— Il fera un bon capitaine, déclara Turlock à son fils en observant les manœuvres de Norman.

Ensemble, ils avaient effectué trois traversées jusqu'à Saint-Eustatins, transportant des cargaisons énormes que Simon vendait avec bénéfice aux armées affamées du général Washington. Les deux goélettes entreprenaient un quatrième voyage et, si leurs capitaines réussissaient à se faufiler jusqu'à Boston ou à Savannah, ils réaliseraient une fortune. Les bateaux naviguèrent de conserve vers le sud en contournant les îles Vierges de façon à esquiver les navires anglais en alerte. Le capitaine Turlock invita son jeune homologue à bord du *Whisper* pour une ultime réunion.

— Cette fois, nous n'aurons pas de temps à perdre. Il nous faudra entrer et sortir du port aussi vite que possible.

— Jusqu'ici, nous avions toujours pris notre temps.

— Quelque chose me dit que, cette fois, ce sera différent, affirma Turlock.

— Comment ça ?

— L'Angleterre se prépare à la mise à mort. Il y a trop de mouvement.

— Je n'ai rien vu pendant la traversée.

— Moi non plus, grommela Turlock. Mais les choses ont changé. Il faudra entrer et sortir rapidement.

Norman Steed ne parvenait pas à comprendre comment un homme qui ne voyait rien et ne savait rien pouvait néanmoins percevoir le changement du monde. Il prit congé du capitaine Turlock et regagna son bord. Mais quand les deux goélettes passèrent au large de Saint-Martin, cette curieuse île mi-française, mi-hollandaise, il vit que le capitaine Turlock avait fait mettre un canot à la mer. Les hommes qui le montaient lui délivrèrent un message impératif : « A Saint-Eustatins, le *Whisper* doit entrer le premier. Assurez une veille attentive. »

Pourtant, quand ils approchèrent de l'île dorée, rien ne semblait avoir changé. Toujours la même forêt de mâts, la même fébrilité sur les quais et le rassurant drapeau hollandais qui pendait, inerte, dans l'air moite. La brise était si faible que, lorsque le *Victory* du capitaine Steed atteignit l'entrée en bonne position pour virer sur tribord, la goélette effectua la manœuvre, mais se plaça un peu en avant du *Whisper*. Le fin voilier se prépara à mouiller faute de place à quai, mais un feu nourri se déchaîna soudain. Le grand mât du *Victory* s'abattit en même temps que son jeune capitaine, touché à mort, la poitrine transpercée de deux balles de mousquet.

Le capitaine Turlock s'apprêtait à entrer précipitamment dans le port pour venger cet acte insensé, mais à peine venait-il de dévoiler ses quatre canons que Mr. Semmes s'écriait :

— Capitaine ! Ces bateaux sont tous anglais !

Et c'était vrai. L'amiral Rodney, commandant l'escadre des Caraïbes, s'était enfin décidé à punir l'insolence des Hollandais qui favorisaient ce relais où les traîtres venaient s'approvisionner. A la tête de forces nombreuses, il s'était rendu maître de l'île. Puis, avec ruse, il avait laissé flotter le drapeau hollandais pour inciter des corsaires comme le jeune Steed à avancer jusqu'à portée de ses canons. Saint-Eustatins n'était plus l'île dorée, elle n'était que plomb et fer.

En proie à une rage folle, Teach Turlock vira de bord, s'éloigna, abandonnant le jeune Steed mort, le *Victory* perdu et son équipage du Choptank aux fers, attendant d'être emmené sur les pontons de Plymouth. Furieux de s'être laissé prendre, Turlock sillonna les Caraïbes, s'attaquant à tout navire anglais qu'il apercevait. Lors d'une traversée antérieure, il avait réussi une prise pour chacun de ses canons ; aucun corsaire ne pouvait espérer mieux. Cette fois, il en fit deux pour chacune de ses pièces, et le butin s'amoncela dans les entrailles de sa goélette, richesse énorme... et dérisoire.

En effet, il ne pouvait toucher terre. La raison qui lui avait permis de sillonner librement les mers à travers des myriades d'îles résidait dans le fait que l'Angleterre avait déplacé ses bâtiments de guerre en direction du nord-ouest pour enserrer les colonies dans un cercle de fer. L'étau que redoutait le général Washington se refermait, et il n'existait aucun moyen qui permît à Turlock de décharger ses prises de guerre.

Puis, un jour de la fin août, alors qu'il croisait au large des Carolines dans l'espoir de découvrir un refuge, il dépassa un petit bateau de pêche dont les occupants lui annoncèrent :

— Les Français sont arrivés !

Ils évoquèrent le général de La Fayette, cet homme vaniteux mais brave qui marchait sur la Virginie, en rétablissant l'ordre et en manœuvrant avec une telle maîtrise qu'il était parvenu à enfermer le général Cornwallis dans la péninsule de York. Ils évoquèrent le puissant effort qui se déployait partout dans les colonies afin d'apporter de l'aide à La Fayette et mettre fin à la guerre. Puis, ils rapportèrent la nouvelle la plus exaltante :

— On dit qu'une flotte française est arrivée pour nettoyer la Chesapeake.

— Autrement dit, nous pouvons rentrer chez nous ! s'écria Turlock.

Et, en quelques minutes, il fit virer de bord et mit cap au nord.

Au large d'Hatteras, ils interceptèrent un autre bateau dont les occupants confirmèrent l'incroyable nouvelle :

— Les navires français gardent la baie ! Vous entrerez sans peine !

Les hauts-fonds de Hatteras passés, le capitaine Turlock donna ordre d'augmenter la surface de voilure et le *Whisper* bondit sur l'eau, atteignant la vitesse prévue par Levin Paxmore mais, au moment où le voyage approchait de son terme, Turlock comprit que son arrivée n'aurait rien de triomphal car il avait perdu l'un de ses bateaux, et il maudit les Anglais, forma des vœux fervents pour que les Français les écrasent.

Puis, monta le cri poussé par le jeune Matt à l'avant :

— Cap'taine ! Bateaux de guerre ! Tous anglais !

Et là, devant l'entrée de la Chesapeake, croisaient majestueusement quatre grands vaisseaux de ligne : *Royal-Oak,* soixante-quatorze canons ; *London,* quatre-vingt-dix canons ; *Invincible,* soixante-quatorze canons ; *Intrepid,* soixante-quatre canons. Dans un déploiement de souveraine indifférence, ils roulaient, indomptables, implacables. Ils aperçurent le *Whisper* mais ne s'en préoccupèrent pas ; ils savaient qu'ils ne pouvaient le rattraper au large. Leur tâche consistait à écraser l'intrus français ; une fois cette mission menée à bien, des bateaux gênants, tels que le *Whisper,* seraient réduits à merci, rayés de la surface des mers.

— Cap'taine, encore d'autres ! s'écria le jeune Matt.

Sept autres gigantesques vaisseaux apparurent à l'horizon, les plus puissants de la marine britannique.

« Cap'taine ! D'autres encore !

Et huit autres navires se profilèrent, terrifiant les marins du petit *Whisper : Monarch, Centaur, Montagu, Ajax.* Ils avançaient, tels des engins de mort, roulant dans les lames comme des baleines indifférentes au menu fretin qui les entourait. Lorsque l'escadre les eut dépassés, le capitaine Turlock demanda à Mr. Semmes de porter une inscription dans le livre de bord :

> *4 septembre 1781.* Au crépuscule, au large du cap Henry, nous avons été dépassés par dix-neuf grands vaisseaux de ligne anglais, faisant route sur la Chesapeake. Puisse Dieu dans Sa miséricorde venir en aide aux Français car demain nous vivrons ou périrons avec leurs navires.

Les Français ne pouvaient se trouver dans une situation plus critique pour engager le combat avec l'escadre anglaise. Quelques jours auparavant, l'amiral de Grasse avait pénétré dans la Chesapeake à la tête d'une flotte de vingt-quatre vaisseaux mais, imprudent, il avait fait mouiller ses navires à l'abri des promontoires. Pis encore, il avait donné quartier libre à près de la moitié de ses équipages, lesquels hantaient les côtes à la recherche de vivres et d'eau. Plus épouvantable encore, aucun de ces navires n'était doublé en cuivre comme ceux des Anglais, et ils étaient déjà minés par les tarets. Et, pour comble d'infortune, la position de De Grasse ne laissait pas à celui-ci la place de manœuvrer. Il se trouvait pris au piège et, lorsque des bateaux partis en reconnaissance revinrent précipitamment pour lui annoncer que l'amiral Rodney arrivait avec toute l'escadre des Caraïbes, il prit conscience du péril que courait sa flotte.

Si de Grasse avait été tant soit peu prudent, il se serait rendu sur-le-champ, car l'ennemi disposait de tous les avantages, sauf un. Les bateaux britanniques avaient des carènes propres, exemptes de tarets ; leurs équipages, endurcis par de précédents combats, se présentaient au grand complet ; ils bénéficiaient de l'avantage du vent et de l'espace pour manœuvrer ; ils possédaient des canons servis par les meilleurs marins du monde. Seul désavantage : l'amiral Rodney ne se trouvait pas à bord ; sa place était occupée par un gentilhomme indécis, ayant peu d'expérience de la bataille, un nommé Gatch.

L'incident ayant causé cette substitution relevait de l'une de ces infortunes qui interviennent de temps à autre, comme pour prouver que l'histoire ne peut se targuer d'être une science exacte. Le gouvernement anglais avait envoyé dans les Caraïbes son meilleur amiral, Rodney, et quantité de bons navires. La victoire sur de Grasse était assurée. Mais lorsque Rodney se rendit maître de Saint-Eustatins, il fut à tel point ébloui par les richesses de l'île, et si follement tenté de faire main basse, pour son compte personnel, sur quatre millions de livres, qu'il s'attarda dans les entrepôts et les magasins bourrés de marchandises ; ensuite, il réquisitionna les meilleurs navires de guerre afin de le convoyer jusqu'à Londres en grande pompe. Son absence, et celle des bateaux détournés, offraient à l'escadre française prise au piège une mince chance de s'échapper.

Mais le capitaine Turlock ignorait l'absence de Rodney et, lorsque le soleil se leva le matin du 5 septembre, il frissonna. Observant les événements à bonne distance dans l'est, « comme un moucheron surveillant des aigles », il vit les grands vaisseaux de ligne anglais s'avancer en flèche vers l'entrée de la baie où les bateaux français pris au piège ne manqueraient pas d'être détruits l'un après l'autre.

— Ça va être un massacre, dit-il à Mr. Semmes.

Il se tourna vers son fils.

« Quand tu seras capitaine, ne te laisse jamais enfermer dans une baie.

Le désastre de Saint-Eustatins lui revint à l'esprit.

« Ni dans un port, ajouta-t-il.

— Regardez ! s'écria Matt.

Et dans le lointain, à peine visible, s'avançait la première ligne de bateaux français.

— Grand Dieu ! s'exclama Mr. Semmes. Ils vont tenter l'impossible !

Et ils avançaient, en ligne, sans aucune possibilité de fuite, sans espace pour de subtiles manœuvres ; ils se contentaient de foncer aveuglément devant eux pour sortir du piège dans lequel ils s'étaient fourvoyés, sans espoir de gagner le large : le *Languedoc,* quatre-vingts canons ; le *Saint-Esprit,* quatre-vingts canons ; le *Marseillais,* soixante-quatorze canons.

— Regardez ! cria de nouveau Matt.

Et ils virent s'avancer le plus puissant des navires à flot, le gigantesque *Ville-de-Paris,* cent dix canons.

— Ils vont réussir ! s'écria Mr. Semmes en appliquant une grande tape dans le dos du capitaine Turlock.

Le capitaine ne répondit pas. Pendant une heure, il se contenta de rester planté là, immobile, les yeux rivés sur l'incroyable tableau offert par vingt-quatre navires de guerre français désavantagés, renversant le cours de la bataille par un acte de suprême courage. Lorsque le dernier bateau eut franchi les limites de la baie, prêt à se joindre aux autres pour l'engagement, Turlock se tourna vers Mr. Semmes.

— Nous l'avons vu. Personne ne nous croira, mais nous l'avons vu.

Comme un cerf échappant aux chiens, de Grasse avait franchi la barrière, se ménageant un espace suffisant pour manœuvrer.

L'amiral anglais réagit à retardement. Sa proie avait déjoué le piège, mais il ne manquait pas de ressources pour contrer le mouvement.

— Paré à virer lof pour lof ! signala-t-il à tous les bateaux.

A bord du *Whisper*, les hommes observèrent avec admiration, quoique à leur corps défendant, la façon dont les lourds navires de guerre anglais réagissaient. Un moment, ils mettaient cap droit sur la Chesapeake, dans l'instant qui suivait, ils venaient vent arrière et, en moins de quatre minutes, ils avaient viré à l'intérieur de leur propre sillage pour se diriger à l'opposé, suivant un cap qui les amènerait à entrer en collision avec les navires français, à moins que ceux-ci ne laissent porter.

Par cette manœuvre, les Anglais reprenaient l'avantage ; bâbord amures, vent par le travers, lourds canons braqués, ils couraient sur les Français, conservaient le choix du mouvement.

— Regarde ! chuchota Turlock à l'adresse de son fils. Jamais tu ne reverras ça.

Majestueusement, pesamment, les deux escadres se rapprochaient. Au maximum de leur vitesse, les navires se déplaçaient à moins de trois nœuds, mais leur poids était si énorme que Matt crut entendre le craquement des espars.

Chaque ligne s'étendait sur environ huit kilomètres. Celles qui suivaient se tenaient à l'arrière à quelque six kilomètres ; autrement dit, ces navires ne pourraient se rapprocher assez vite pour participer au combat. En revanche, les bateaux de tête se rapprochaient sans cesse... quatre cents mètres les séparaient... puis deux cents... cent... finalement ils furent à portée de pistolet.

— Quand vont-ils ouvrir le feu ? demanda Matt.

— Ça ne tardera pas, assura Turlock.

D'énormes gerbes de flammes jaillirent des bateaux anglais. Des boulets ricochèrent sur les ponts français, causant d'effroyables dégâts. La bataille pour l'avenir de l'Amérique venait de commencer.

Matt ne devait jamais oublier le choc de cette première

bordée anglaise. Les Britanniques avaient utilisé des boulets de bois dans l'espoir que les éclats acérés transperceraient les matelots français et ils obtinrent le résultat escompté. Avant même que la fumée ne se fût dissipée, les ponts des navires français se teintaient de rouge et des mousses se précipitaient, armés de seaux de sable pour éviter que les canonniers ne glissent dans le sang mais, avant que ces derniers aient eu le temps d'ajuster leurs pièces, une deuxième salve de boulets de bois explosa, causant de nouveaux dommages.

— Pourquoi est-ce que les Français ne leur rendent pas la pareille ? demanda Matt avec colère.

— Ils se battent autrement, expliqua Turlock. Garde l'œil sur les espars anglais.

Matt suivit le conseil de son père ; il observa que les canonniers français ne s'acharnaient pas sur les ponts ennemis, mais qu'ils commençaient à abattre mâts et voiles.

— Qui gagne ? s'enquit Matt d'un ton surexcité.

— Impossible de le savoir, répliqua Turlock.

Et durant deux heures atroces, sous le soleil d'été, les canons rugirent. Implacables, les navires se rapprochaient de plus en plus ; on entendait l'écho des coups de pistolet. Les navires de tête de la ligne anglaise dévastèrent les ponts ennemis déjà à court d'équipages et, un instant, il sembla que les Français allaient céder. Mais un peu avant le crépuscule, la terrible efficacité de leurs canons causa de sérieux ravages. Les grands mâts anglais s'abattaient, les voiles s'affalaient. L'un après l'autre, les navires anglais accusèrent les coups puis, après un moment de flottement, ils commencèrent à décrocher et à battre en retraite.

Il est curieux de constater qu'aucun Américain ne participa au combat décisif de la Révolution, à l'engagement que Washington considérait comme déterminant. Des canonniers de Marseille et de Bordeaux, ainsi que de jeunes officiers du Kent et du Sussex, mais pas un seul Américain. Il n'y avait pas de marins du Nantucket, ni de tireurs du New Hampshire, ni de sloops ou de frégates de Boston. Le destin de l'Amérique fut scellé par des Français engagés dans un combat sans merci contre les Anglais.

Lorsque la journée s'acheva, aucun camp n'avait gagné. Aucun pavillon ne fut hissé en signe de victoire. Aucun bateau n'avait été coulé. Bien sûr, les amiraux anglais décidèrent de brûler le *Terrible*, gravement endommagé ; par la suite, cet acte devait d'ailleurs être interprété comme une dérobade. Le capitaine Turlock, qui se trouvait à proximité du *Terrible*, couché dans les lames, déclara que « six marins du Choptank auraient pu acheminer ce bateau jusqu'en Angleterre et faire quatre prises en cours de route ». Mais le navire n'en fut pas moins incendié.

L'engagement constitua l'une des batailles décisives de l'histoire. Tandis que les bateaux français demeuraient imprenables, les Anglais durent se retirer, abandonnant la Chesapeake à la flotte ennemie. Rochambeau fut alors à même d'amener des milliers de soldats français dans le sud pour porter l'ultime coup de boutoir à Cornwallis : le féroce blocus des ports de l'Atlantique était forcé.

Ce fut là un triomphe sans célébration, une bataille sans nom. Pourtant elle consacra l'accession de l'Amérique à la liberté, l'établissement d'un nouveau système de gouvernement appelé à servir de modèle à tous, et une révision de la théorie impérialiste. Le seul Américain capable de percevoir ces conséquences au cours de la bataille fut un homme de l'eau, un va-nu-pieds du Choptank, qui, au matin du 6 septembre 1781, vit les navires de guerre anglais virer lentement vers le nord pour battre en retraite.

— Maintenant, nous pouvons rentrer chez nous, dit-il à Mr. Semmes. Ils ne reviendront pas.

Parmi les soldats français débarqués par la flotte de l'amiral de Grasse, se trouvait le jeune colonel Vauban, descendant collatéral du maréchal qui, en 1705, avait établi les principes de la guerre de siège. Le jeune Vauban fut enchanté de découvrir que le général Cornwallis s'était retranché dans une position fortifiée dont il ne serait délogé qu'à la suite d'un siège prolongé. Il alla trouver le général Washington.

— Mon général, déclara-t-il, je vais vous montrer comment soumettre cet Anglais.

Avant même d'y être autorisé, l'énergique jeune homme réunit une équipe de fortune dont la Bible allait être le *Code du siège*, ouvrage qu'il avait compilé en se fondant sur les principes de son fameux ancêtre et fait éditer à Paris. Dès qu'il vit l'endroit où Cornwallis s'était terré, il sut comment procéder.

— Général Washington, c'est très simple en vérité. Siège classique.

De son propre chef, il traversa la Chesapeake pour s'adjoindre l'assistance de Simon Steed.

— J'ai besoin d'un interprète pour m'adresser aux hommes et vous parlez français. Il me faut aussi une centaine d'ouvriers capables de manier le fusil, et on m'a assuré que les hommes du Choptank étaient les plus habiles.

En réponse à la première requête, Steed fit observer qu'il avait cinquante et un ans, et avait renoncé à prendre part à des combats au corps à corps.

— Mon arrière-arrière-grand-père a assiégé des places fortes de toute première importance à l'âge de soixante-dix ans, rétorqua le jeune Vauban avec désinvolture. Je ne vous demande que de parler et de me trouver une centaine d'hommes.

Pour recruter les tireurs, Steed eut recours au capitaine Turlock qui s'écria :

— Bon Dieu ! Il y a bien une bonne centaine de Turlock qui ne demandent qu'à se battre.

En vérité, lorsqu'il chargea le *Whisper* d'hommes et de munitions, il n'y avait que onze Turlock à bord, un éventail de malandrins si misérables que le colonel Vauban protesta :

— Vous m'amenez des rats !

Steed traduisit la remarque à l'usage de son capitaine.

— Des rats musqués, rétorqua Turlock. Vous m'en direz des nouvelles quand vous les verrez à l'œuvre.

De tous les coins de la côte orientale, des contingents analogues se mirent en marche afin de rallier Yorktown et, lorsqu'il les eut rassemblés, Vauban leur dit dans une belle envolée :

— Messieurs, nous allons montrer à l'Amérique ce qu'est un siège.

Il portait un uniforme blanc et or, qu'il protégeait avec soin, ce qui lui valait le mépris de sa horde en haillons et souvent pieds nus ; cependant, lorsque les nouveaux venus eurent achevé de creuser les tranchées conçues par le Français, ils constatèrent avec surprise que les approches des fortifications anglaises avaient été si habilement combinées qu'ils pouvaient se déplacer en toute impunité dans des boyaux qui les protégeaient des tirs anglais. Aucune possibilité de tirer sur eux.

Simon Steed comprit que le général Cornwallis était perdu. Il suffisait aux soldats français, qui menaient le combat, d'avancer pour se rendre maître de la place. Il exposa son point de vue au général Washington lors d'une réunion d'état-major, ce qui eut le don d'exaspérer le colonel Vauban.

— Messieurs ! Nous devons mener le siège selon les règles.

Il produisit l'ouvrage expliquant la façon dont un gentilhomme devait se comporter lors des phases finales du siège. « Il nous faut montrer notre force, ajouta-t-il, et ensuite pratiquer une brèche dans la muraille.

— Inutile de pratiquer une brèche dans la muraille ! assura l'un des aides de camp de Washington. Il nous suffit d'affamer les assiégés.

— Les affamer ! explosa Vauban. Messieurs, il s'agit d'un siège !

Sur quoi, il alla disposer ses hommes de l'eau devant les défenses du fort anglais et les obligea à un exercice de manœuvres de son invention. Ces hommes barbus, crasseux, insolents, n'en obtempérèrent pas moins, persuadés que l'officier qui les commandait « connaissait son affaire ». Quand les tireurs anglais du chemin de ronde firent feu sur les colons déguenillés, Vauban les ignora avec hauteur et continua à commander l'exercice.

— Maintenant, ils connaissent notre force, dit-il lorsque le maniement d'armes prit fin. Ils courbent l'échine.

Il exposa au comité de généraux que, selon les règles, la situation allait évoluer sans tarder.

— Le général Cornwallis est contraint de tenter une sortie. Cette nuit même.

— Ce serait un véritable suicide ! protesta un général américain, le torse moulé dans une chemise de toile rude.

— Mais il n'a pas le choix, répliqua Vauban.

Il feuilleta son manuel et trouva le passage concernant la conduite à tenir par le commandant assiégé.

> L'honneur des armes exige que l'officier assiégé fasse un effort sincère pour franchir les lignes des assiégeants et qu'il inflige autant de dommages qu'il est possible aux installations de la place forte. Éviter de telles sorties équivaudrait à faillir à l'honneur.

— Mais on lui truffera les fesses de balles ! répliqua l'officier américain.

— Il n'a pas à s'en préoccuper ! assura Vauban visiblement stupéfait. C'est une question d'honneur.

— Au diable l'honneur, il est foutu.

Déclaration hors de propos dont Vauban ne tint aucun compte.

— La deuxième obligation nous incombe. Nous devons tenter de pratiquer une brèche dans les fortifications. Je m'en chargerai demain matin.

— Nous n'avons pas besoin de pratiquer de brèche ! se récrièrent les Américains.

Ils avaient raison. Avec la baie de la Chesapeake sous le contrôle de l'amiral de Grasse, Cornwallis était perdu. Il ne manquerait pas de se rendre dans les jours à venir, et pratiquer une brèche dans les fortifications serait une opération stupide, mais Vauban produisit de nouveau son *Code du siège :*

> Pour le général commandant les assiégeants, s'abstenir de pratiquer une brèche dans les fortifications, ou tout au moins de le tenter, relèverait d'un manquement à l'honneur. Afin de remporter la victoire avec un semblant de dignité, il doit donner l'assaut aux murailles.

Le soir même, ainsi que Vauban l'avait prédit, le général Cornwallis effectua une sortie. Ses hommes marchèrent droit sous le feu des Américains et continuèrent à progresser jusqu'à une batterie de canons qu'ils mirent hors d'état de nuire. Puis, ils regagnèrent l'abri de la place forte et le siège reprit. A midi, le lendemain, de nouveaux canons remplaçaient la batterie mise à mal, et les pertes ne s'élevaient qu'à onze hommes chez les Anglais, quatre chez les colons.

A la consternation de Vauban, la brèche dans les fortifications ne fut pas nécessaire. Les hommes, y compris les Turlock au grand complet, avaient reçu leurs charges de poudre et attendaient dans les tranchées mais, avant qu'ils aient reçu l'ordre de passer à l'action, le général Cornwallis se rendit. L'heure de gloire de Vauban venait de sonner.

On se demanda comment les Anglais devraient remettre leur fort et leurs armes aux vainqueurs, et un fiévreux débat s'ensuivit, dominé par le colonel Vauban assisté de son interprète, Simon Steed. Le général Cornwallis exigeait les honneurs militaires, y compris le droit de défiler à la tête de ses hommes, drapeaux déployés et mousquets à la bretelle, tandis que la fanfare anglaise jouerait un air américain en signe de respect pour la bravoure de ceux qui les avaient obligés à se rendre.

— Non ! Non ! protesta Vauban.

Avec l'aide de Steed, il brandit son ouvrage et en lut l'un des passages les plus marquants :

> A la fin du siège, si celui-ci est victorieux, le général vaincu a le droit de faire défiler ses hommes hors des murailles, les drapeaux fièrement déployés, l'arme à la bretelle ; il est de tradition que la fanfare des vaincus joue un air militaire cher aux vainqueurs, ceci en hommage à la bravoure de ceux qui ont donné l'assaut.

Les officiers anglais assistant à la réunion virent là une justification de ce qu'exigeait le général Cornwallis mais, à ce moment, Vauban demanda à Steed de lire la suite du passage :

> Mais cette tradition n'est respectée que si l'armée vaincue peut quitter la place forte par la brèche que les assaillants ont pratiquée. Si la reddition intervient alors que les murailles restent intactes, cela implique que les défenseurs ont fait preuve d'un manque de détermination pour défendre leur position, et ils abandonnent tout droit aux honneurs. Ils marchent sans armes, drapeau roulé, car ils ont failli à l'honneur militaire.

Après avoir entendu ces paroles sévères, l'un des généraux anglais se précipita et arracha le livre des mains de Steed.

— Nous n'avons pas failli à l'honneur, monsieur.

Le colonel Vauban se montra magnanime.

— J'ai fait de mon mieux pour inciter à pratiquer une brèche. Mais je n'ai guère été suivi. Et Cornwallis a hissé trop tôt le drapeau blanc. Un jour de plus, et j'aurais pratiqué ma brèche.

Il étreignit le général anglais et se retira, les larmes au yeux, car il ne pouvait autoriser les Anglais à franchir le portail intact avec les honneurs militaires. Leurs armes furent empilées, les drapeaux roulés et la fanfare réduite à jouer un air de son propre pays.

Mais les généraux anglais eurent leur revanche. Ce soir-là, ils refusèrent de dîner à la table des Américains.

— Les Américains ne nous ont pas vaincus, déclarèrent-ils. Ce sont les Français qui nous ont défaits.

Ils dînèrent avec Rochambeau et son état-major mais, tandis que le vin coulait à flots, le colonel Vauban remarqua :

— Les va-nu-pieds que j'ai amenés de ce côté-ci de la baie forment une troupe assez lamentable. Ils sont dévorés par la vermine et pas un seul d'entre eux ne sait lire. Mais ils ont des qualités qui leur sont propres. Je doute que la libre Amérique soit un lieu plaisant. Mais elle saura secréter ses propres vertus.

La victoire aurait dû valoir à Simon Steed honneurs et récompenses. Il n'en fut rien.

A Nantes, il avait bien servi la cause des colonies et son ingénieuse contrebande d'approvisionnement lui avait coûté quatre de ses bateaux. Il avait aussi fourni plus de cent hommes lors de l'ultime siège où il s'était trouvé sous les ordres du général Washington. Après la guerre, au moment où l'on distribua les charges, il estima qu'il aurait dû accéder aux plus hautes fonctions, ne fût-ce que pour compenser la perte de ses quatre goélettes. Or, il n'obtint rien.

Trop de bruits couraient sur les bénéfices scandaleux qu'il avait tirés de la guerre ; ses spéculations sur émissions de papier-monnaie étaient connues et admirées, quoique de mauvaise grâce, dans certains milieux car, constamment, il avait vu juste, doublant ses investissements à chaque reprise. Mais il en allait différemment en ce qui concernait ses transactions portant sur les reconnaissances accordées aux soldats parce que, dans ce cas, il tirait profit de l'héroïsme des autres.

En vérité, l'accusation était injuste, ainsi que le prouvait le cas de Wilmer Turlock. Celui-ci s'était battu durant les cinq années de guerre, se plaignant sans cesse, mais toujours présent. Il s'était aussi porté volontaire pour l'ultime siège de Yorktown, et ses services avaient été récompensés par l'une de ces promesses imprimées, émises par le Congrès continental, assurant qu'à une date ultérieure il recevrait quatre cent quatre-vingt dollars. Ses ennuis commencèrent lorsqu'il dit à son oncle Teach :

— J'ai besoin de l'argent maintenant.

— On ne paye pas maintenant.

— Comment faire ?

— Il y a des types qui achètent ces certificats pour spéculer, expliqua le capitaine.

— Qui ?

— Sam Deats, en amont.

Wilmer Turlock alla trouver Deats, un misérable qui ricana :

— Je donne un pour huit.

— Qu'est-ce que ça veut dire ?

— Qu'en échange de tes quatre cent quatre-vingts dollars, je t'en donne soixante.

— C'est du vol !

— Je t'ai pas demandé de venir me trouver. C'est moi qui prends le risque. Pas toi.

— Mais le Congrès paiera.

— Alors, attends que le Congrès paie, et laisse-moi tranquille.

Et quand Wilmer s'adressa à d'autres spéculateurs, il s'entendit offrir dix pour cent.

— Va à Devon, lui suggéra son oncle. Simon Steed est dur en affaire, mais il est honnête.

Le jeune soldat se rendit dans l'île où Mr. Steed établit un papier au bas duquel Wilmer apposa sa marque.

> Le 19 janvier 1785, je me suis rendu auprès de Simon Steed pour le supplier d'accepter mon billet à ordre. Par trois fois, Mr. Steed m'a conseillé de le conserver, m'assurant que le Congrès l'honorerait, mais quand je lui ai expliqué que j'avais besoin d'argent immédiatement, il m'a averti qu'il ne pourrait m'offrir qu'un dollar pour six. Je lui ai répondu que d'autres me donnaient seulement un dollar pour huit ou un pour dix ; aussi, il a accepté mon billet de quatre cent quatre-vingts dollars pour lesquels il m'en a remis quatre-vingts que j'ai acceptés avec empressement.

Steed possédait de nombreux reçus de ce genre prouvant qu'il avait conseillé aux jeunes soldats de conserver leurs billets à ordre et que, finalement, il leur avait donné davantage que le cours habituel. Mais il n'en restait pas moins qu'il avait pu ainsi racheter leurs créances sur le gouvernement à un sixième de leur valeur. Et lorsque le Congrès paya les billets au pair, ainsi que Steed l'avait prévu, il empocha un bénéfice de six cents pour cent sur un prêt d'une durée de quatorze mois.

Pourtant, cette opération usuraire ne l'aurait pas discrédité ; partout, dans le Maryland et dans bien d'autres États, des financiers avaient agi de même, mais le cas de Simon s'aggravait de ses importantes transactions avec le gouvernement. En 1777, à Nantes, Benjamin Franklin avait proposé que Simon fût nommé agent d'achat auprès de la jeune nation, et on lui avait accordé ce poste.

Tous convenaient que Steed avait agi avec habileté en faisant pénétrer en fraude l'approvisionnement nécessaire, chargé sur ses divers bateaux. Le *Whisper* était même entré dans la légende en raison de son audace lors des incursions à Saint-Eustatins ; la contribution de la goélette pouvait être considérée comme héroïque et, sans le nerf de la guerre qu'elle avait acheminé jusqu'à Baltimore et Boston, l'issue du conflit aurait pu être différente.

Mais à présent, on apprenait la nature des transactions qui intervenaient chaque fois que l'une des goélettes de Steed relâchait à Saint-Eustatins. Ainsi, deux balles de cordage de première qualité en provenance des Pays-Bas, achetées cinquante livres, étaient revendues à Baltimore cent vingt livres ; la commission versée à Simon Steed pour s'être procuré la marchandise et l'avoir acheminée se montait à 33,33 %, soit quarante livres sterling. Donc, sur une cargaison de balles de cordage coûtant cinquante livres, Steed réalisait un bénéfice de cent dix livres. Il est vrai qu'il courait des risques avec le *Whisper* dont il lui fallait payer le capitaine et l'équipage mais, même une fois ses frais déduits, ses bénéfices restaient impressionnants.

En mettant les comptes à jour, le Congrès s'aperçut que ce modeste gentilhomme de la côte orientale avait soutiré quatre cent mille livres sterling au gouvernement, et son nom se couvrit d'opprobre : « plus riche que Simon Steed », « patriotisme à vendre à six cents pour un dollar ». Tout espoir pour lui d'accéder à de hautes fonctions dans le nouveau gouvernement s'évanouit.

Simon se retira à Devon. Seul dans la grande maison, il passait ses après-midi à errer sans but dans le parc dessiné par sa grand-mère Rosalinde. Le chêne se parait de plus de majesté au fil des décennies et, en automne, les pyracanthas devenaient flammes. Les houx atteignaient la taille de véritables arbres, femelles chargées de baies rouges, mâles sévères et lointains comme leur maître. Et au début de l'été, quand l'or brun des hémorocalles submergeait les berges, Simon pensait qu'aucun autre lieu du Maryland ne pouvait être plus beau.

En de tels instants, quand la nature se montrait si bienveillante, il songeait à sa femme et à sa fille et constatait à quel point elles lui manquaient. Il n'éprouvait aucune amertume, car il comprenait les raisons de Jane Fithian qui trouvait l'Amérique rurale si déplaisante, mais il n'en pensait pas moins avec ironie : « Elle nous méprisait. Elle se demandait comment des lourdauds tels que Washington et Jefferson pouvaient avoir la présomption de négocier avec le roi. Nous avons négocié ! »

Penny lui manquait. Chaque année, tout au long de la guerre — soit neuf ans, de 1775 à 1783 — il était parvenu à faire passer en Angleterre des lettres de crédit destinées à son épouse et à sa fille ; en retour, il n'avait reçu qu'une silhouette, celle d'une fillette de cinq ans portant des nattes. Il avait envoyé la miniature à Annapolis pour la faire sertir d'or fin, et elle pendait au bout d'une chaîne à la tête de son lit.

Souvent, depuis la fin de la guerre, il avait envisagé de quitter le Maryland pour rejoindre sa famille en Angleterre, ou peut-être de l'emmener en France, mais après s'être ouvert de son projet à Guy Fithian, il écarta cette idée en recevant une lettre :

> Je servirai mieux votre cause en faisant preuve de franchise. Ma sœur n'a pas retrouvé tous ses esprits bien qu'elle ait bénéficié des meilleurs soins qui se puissent trouver en Angleterre. Elle se laisse aller à de furieuses diatribes à l'encontre des traîtres d'Amérique, et vous revoir pourrait avoir un effet désastreux. Penny jouit d'une excellente santé et ne semble pas devoir suivre sa mère dans ses insanités. Elle vous sait gré de l'argent que vous lui envoyez chaque année.

Lorsqu'il réfléchissait à cette douloureuse situation, il lui arrivait de penser que son patriotisme lui avait imposé de trop lourds sacrifices : il lui avait coûté son épouse, sa fille, son neveu, sa flottille et son honneur.

Pourtant, il possédait plus de deux cent mille livres sterling, Dieu sait combien de livres tournois, de doublons espagnols et de big-joes portugais. Deux ou trois fois l'an, il donnait des réceptions à La Vengeance de Rosalinde ; alors, des bateaux en provenance de toute la Chesapeake venaient s'amarrer à la jetée de la rivière Devon. Des esclaves portaient des malles dans les grandes chambres, et les deux ailes de la maison se remplissaient. Quarante personnes s'asseyaient pour dîner dans la splendide salle à manger conçue par Rosalinde Janney Steed, et Simon présidait, prêtant l'oreille aux échanges de banalités, mais sans y prendre part.

Dans la matinée du 15 avril 1789, un gentilhomme en uniforme, le commandant Lee, descendit jusqu'au quai de Mount Vernon en Virginie où deux rameurs l'attendaient pour lui faire traverser le Potomac.

Dès qu'ils l'eurent déposé sur la côte du Maryland, il se précipita à la rencontre de deux hommes en uniforme qui l'attendaient avec des chevaux frais. Le commandant Lee sauta en selle et partit au galop pour Annapolis. A chaque relais, devant chaque église, à la croisée des chemins où des gens se rassemblaient, il annonçait la nouvelle exaltante :

— Le général Washington sera notre président !

Invariablement, des ovations s'élevaient des groupes, et il repartait au galop. Les gens se dispersaient pour informer leurs voisins de la bonne nouvelle, à dire vrai la seule qui eût un sens en cette journée historique. Qui, en dehors de Washington, était en mesure d'accepter cette charge et possédait l'habileté nécessaire pour promulguer la nouvelle constitution ?

A l'hôtel de ville d'Annapolis, le commandant Lee se sentit quelque peu dépité en apprenant que la nouvelle de l'élection s'était déjà propagée, mais il eut le plaisir de constater que les foules en liesse venaient l'accueillir comme le représentant de Washington.

— Il s'arrêtera ici demain en se rendant à la capitale, assura Lee à ceux qui l'entouraient. Son mandat débutera dès qu'il aura prêté serment à New York.

Mais le commandant Lee n'avait pas effectué le trajet depuis Mount Vernon pour s'entretenir avec les politiciens d'Annapolis. Il éperonna son cheval et gagna le quai où attendait une pinasse manœuvrée par quatre marins. Il embarqua d'un bond.

— A Devon Island, et vite ! ordonna-t-il.

Les marins hissèrent les petites voiles le long des deux mâts courts, puis établirent le foc, mais le vent se révéla capricieux ; ils ne progressaient que par à-coups, et la nuit les surprit alors qu'ils dérivaient sur la vaste étendue de la Chesapeake. Des étoiles brillaient sporadiquement, pâles et lointaines, au-dessus des voiles pendantes, mais pas le moindre vent pour les aider à affectuer la traversée.

A quatre heures du matin, le commandant Lee n'y tint plus.

— N'allons-nous pas continuer à l'aviron ?

Le patron de l'embarcation examina la situation, scrutant l'ombre dans toutes les directions. Avant d'imposer cette ingrate besogne à ses hommes, il s'enquit :

— Est-ce que nous repartirons aussitôt après pour le nord ?

— Nous ne passerons que quelques heures à Devon, et nous repartirons tout de suite.

— Dans ce cas, je ne vais pas exiger de mes hommes qu'ils souquent sur les avirons. Le vent se lèvera.

— Oui, mais quand ? demanda Lee dans l'ombre.

— Il se lèvera, assura le marin.

Lee rongea son frein tout le reste de la nuit et, à cinq heures et demie, alors que l'aube commençait à poindre, il s'endormit. Lorsqu'il s'éveilla, il faisait grand jour et un vent frais poussait la pinasse en direction du nord-ouest. Le patron s'abstint de lui faire remarquer le bien-fondé de ses pronostics.

A huit heures du matin, Devon apparut à l'horizon et la pinasse embouqua la passe pour entrer dans la rivière.

Bientôt, elle s'amarra à la jetée où quelque trente personnes attendaient pour saluer l'officier. Celui-ci les ignora, se fraya un chemin à travers les groupes, et se précipita vers Steed qu'il étreignit.

— Le général Washington vous adresse son meilleur souvenir. C'est lui qui va être notre président.

A l'annonce de cette nouvelle rassurante, une ovation s'éleva de l'assistance, et Steed opina gravement, comme si les acclamations lui étaient destinées.

— Comment aurait-on pu en choisir un autre ? demanda-t-il en se tournant vers l'assistance.

Et de nouveau, des cris de joie s'élevèrent.

— Le général effectue la traversée d'Annapolis à Chestertown, et il espère s'entretenir avec vous dans cette ville avant de se diriger vers New York et ses nouvelles responsabilités, annonça le commandant Lee.

A ces mots, Steed se sentit envahi par l'espoir ; sans aucun doute, le nouveau président allait conférer une charge importante à la principale personnalité de la côte orientale. En proie à l'exaltation, il s'éloigna en se demandant de quelles fonctions il allait être investi : « Toute ma vie, je me suis occupé de bateaux ; la Marine serait tout indiquée. Ou je pourrais rendre service à un poste en rapport avec le commerce ou les fonds de la nation. »

Sa rêverie s'interrompit quand Lee le tira par le bras.

« Le général tient aussi à voir Paxmore et Turlock.

La nouvelle brisait net l'intimité de la rencontre.

— Devons-nous embarquer dans votre bateau ? s'enquit Steed, décontenancé.

— Non, expliqua le commandant. Je dois prendre quelques autres personnes en cours de route.

Steed se dit intérieurement : « Ce n'est pas une rencontre qui est prévue ; c'est une véritable assemblée. »

— Je fais faire préparer mon sloop.

— Parfait, acquiesça Lee. Surtout, ne manquez pas d'aller chercher Paxmore et Turlock.

Simon sauta à bord d'un canot et se dirigea droit sur la Falaise-de-la-Paix où il informa Paxmore du désir de Washington et, ensemble, ils se rendirent jusqu'au marais. Tout d'abord, ils éprouvèrent quelques difficultés à en trouver l'entrée à travers les myriades de cours d'eau qui fractionnaient l'endroit, mais Paxmore se rappela certains points de repère qui conduisaient à la rivière de Turlock et ils entrèrent prudemment comme s'ils redoutaient une embuscade. Au fil des ans, les habitants de la côte orientale avaient appris à aborder les lieux avec précaution.

— Ohé ! cria l'un des matelots de Steed.

L'écho s'était à peine éteint qu'une détonation retentit. Depuis le canot, les hommes entendirent les balles s'enfoncer dans l'herbe sèche.

— Restez où vous êtes ! cria une voix d'outre-tombe.

— Capitaine Turlock ! s'écria Simon. C'est moi ; Steed !

Un deuxième coup de feu résonna, éveillant la colère de Steed.

« Mais, bon Dieu, Turlock ! Le président Washington veut vous rencontrer. A Chestertown.

— Le capitaine Turlock est pas là.

— Où est-il ?

— Sous le porche.

Et entre les herbes hautes apparut un jeune homme efflanqué de vingt ans, armé d'un mousquet, un chien sur les talons, vêtu de haillons, ne portant ni chaussures ni chapeau. L'un de ces hommes de l'eau bourrus ; à la vue de Steed son visage crasseux se fendit en un large sourire.

— On s'est vus à Yorktown.

— Vous vous y êtes battu ?

— Pas battu. Crevé le cul à creuser des tranchées.

— Où est Teach ?

Le jeune homme l'entraîna à travers les sentiers herbeux jusqu'à la cabane. Là, pieds nus, vêtu de quelques loques rapiécées, se grattant la barbe, se tenait l'homme qui avait semé la terreur dans les Caraïbes.

— Mr. Steed ! Je suis content de vous voir !

— Le président Washington veut que nous lui rendions visite à Chestertown.

— Quand ?

— Ce soir.

— Alors, on ferait bien d'y aller.

Le capitaine abandonna le porche, disparut quelques minutes à l'intérieur de la cabane, et reparut dans une tenue plus acceptable : pantalon bouffant de tissu grossier, lourde chemise de lin, chaussures confectionnées dans des peaux de rats musqués, bonnet de fourrure.

Il indiqua aux esclaves de Steed un raccourci à travers le marais et, dans l'heure qui suivit, les trois hommes se retrouvèrent à bord du sloop, cap au nord-ouest à destination de Knapps Narrows, où Steed annonça la nouvelle aux habitants de Bay Hundred. Une fois dans la Chesapeake, ils firent route au nord pour franchir le difficile passage de Kent espérant atteindre Chestertown au moment où Washington y arriverait pour y passer la nuit.

Mais la malchance les surprit sous le vent de Kent Island ; la brise fraîche fut masquée par les arbres et ils dérivèrent tout l'après-midi ; Steed se sentit gagné par l'impatience.

— Ne peut-on pas faire avancer ce satané bateau ?

— Les hommes pourraient essayer de le déhaler à l'aviron.

— Alors, qu'il s'y mettent !

Mais cette manœuvre ne se révéla pas très efficace et, au coucher du soleil, les hommes du Choptank atteignirent l'embouchure de la Chester River, à l'heure où le nouveau président était fêté par ses amis de Chestertown.

A l'aube, Steed était hors de lui.

— Est-ce qu'on ne pourrait pas trouver des chevaux ? demanda-t-il au capitaine.

— Pas de chevaux. Pas de routes.

— Maudit soit ce calme !

A dix heures du matin, le trio atteignit Chestertown et, ainsi que Steed l'avait craint, Washington était parti à l'aube pour Warwick, sa prochaine étape sur la route de New York. Steed demanda à l'aubergiste de lui trouver trois chevaux.

— Les hommes de Washington les ont tous pris.

— Trouvez-en !

— Qui payera ?

— Moi.

— Et qui êtes-vous ?

— Simon Steed, de Devon.

L'aubergiste opina.

— Dans ce cas, j'en trouverai peut-être chez les fermiers voisins.

— Aller les chercher tout de suite.

Le cabaretier envoya deux de ses valets chercher les chevaux, mais les propriétaires exigeaient d'être réglés sur-le-champ pour de vieilles rosses qu'ils ne voulaient pas louer.

— Bon, je vous les achète, convint Steed.

Mais Levin Paxmore se récria :

— Tu demandes des prix exorbitants. Mr. Steed a besoin de ces chevaux pour rattraper le général Washington... pour un rendez-vous très important.

L'un des paysans désigna Teach Turlock.

— Lui aussi va voir Washington ? demanda-t-il en ricanant.

— Oui, répondit Paxmore d'un ton uni. C'est un héros de la guerre.

— Comment s'appelle-t-il ?

— Teach Turlock.

Les fermiers restèrent un instant bouche bée, puis ils crièrent à l'adresse des badauds :

— Eh, c'est Teach Turlock ! Eh, les gars, c'est Teach Turlock !

Ils saisirent la main du capitaine, la secouèrent avec enthousiasme.

« Vous avez bien failli mettre le feu à toute la baie avec le *Whisper*. Capitaine Turlock, vous êtes un sacré bonhomme !

— Si vous voulez louer les chevaux, Turlock, on est d'accord, proposa l'un des fermiers.

Et les trois hommes du Choptank se lancèrent à la poursuite du président. A Georgetown, ils traversèrent la Sassafras River, puis galopèrent jusqu'à Cecilton et suivirent ensuite un mauvais chemin poussiéreux menant à Warwick ; là, des paysans s'attroupaient aux carrefours.

— Où est le général ? s'enquit Steed.

— Il est descendu chez Heath.

— Je l'ai vu quand il est entré ! dit une femme avec fierté.

— C'est là qu'il doit dormir, ajoutèrent des enfants.

Sur la route, bras croisés, le commandant Lee montait la garde devant la ferme où dormait le général. Lorsque Steed s'avança, l'officier l'invita à mettre pied à terre et à laisser là son cheval.

— Vous nous avez manqués.

— C'est à cause de ce satané vent.

— Le général sera heureux de vous voir. Il a demandé après vous à plusieurs reprises.

En entendant ces paroles, Steed rayonna, mais la remarque suivante lui fit perdre sa superbe.

« Le général adore jouer aux cartes ; dès qu'il se lèvera, il voudra faire une partie, expliqua Lee. Essayez de dormir un peu sur ce banc, Steed. Il se peut qu'il veuille jouer toute la nuit.

L'entrevue s'annonçait sous un jour très différent de celui que Steed avait imaginé. Toute la nuit, alors qu'ils étaient encalminés, il avait ruminé les sujets qu'il souhaitait aborder avec le président, et n'y avait certes pas inclu les jeux de cartes. Mais il était résolu à atteindre deux objectifs lors de cette rencontre : se présenter sous le meilleur jour possible et obtenir des assurances sur la façon dont la côte orientale serait gouvernée.

En conséquence, il n'accepta pas le banc que lui proposait le commandant ; il transporta son sac de toile jusqu'au lavoir où il procéda à de soigneuses ablutions, se peigna, s'aspergea d'eau de Cologne et passa des vêtements propres. Sa toilette achevée, il offrait l'image d'un digne patriote de cinquante-neuf ans, brûlant d'assumer les fonctions que le nouveau président pourrait lui confier.

Washington ne se leva qu'en fin d'après-midi, à six heures et demie, et apprit par le commandant Lee que les hommes du Choptank étaient arrivés. Sans se préoccuper de sa tenue, Washington quitta sa chambre et avisa Steed au garde-à-vous ; il le gratifia d'un signe de tête, puis repéra Paxmore, le constructeur de bateaux, et se précipita vers lui, serrant les mains labourées de cicatrices.

— Quels merveilleux bateaux vous nous avez construits ! s'écria-t-il.

— Quatre d'entre eux ont fini entre les mains des Anglais.

— Peut-être, mais le *Whisper* nous a aidés à gagner la bataille. Restez couvert, ami Paxmore. Vous avez mérité ce droit.

Puis il aperçut le capitaine Turlock et alla se camper devant lui, admiratif, mains sur les hanches, incapable de parler. Enfin, il saisit l'homme de l'eau par les épaules et l'étreignit avec force.

« J'avoue que j'ai un faible pour les braves.

Il rappela quelques-unes des aventures de Turlock.

« Vous avez bien failli vous faire coincer à Saint-Eustatins, hein ?

— Les Anglais ont pris un autre bateau. Ça a été une rude défaite.

— Nous en avons tous connu, dit Washington. Vous devriez être amiral, monsieur.

— Je ne sais ni lire ni écrire, répliqua Turlock.

Washington sourit.

— Et qu'avez-vous l'intention de faire maintenant ?

— Aller à la pêche, répondit Turlock.

Washington s'esclaffa.

— Commandant Lee ! s'écria-t-il d'une voix tonitruante. Regardez cet homme. Regardez-le bien. C'est le seul en Amérique qui ne cherche pas à décrocher un poste quelconque.

Il rit de nouveau, puis s'inclina très bas.

« Vous nous avez été d'une aide précieuse, capitaine.

Enfin, le général se tourna vers le colonel Steed.

« Je suis rudement heureux que vous nous ayez rattrapés, Steed, assura-t-il d'un ton chaleureux. Il me tarde de faire une partie de cartes.

Et il le précéda vers une petite pièce que le commandant Lee avait préparée pour la soirée. Elle contenait une table, six chaises, deux hautes lampes et trois crachoirs. Deux planteurs de la région de Warwick attendaient depuis cinq heures de l'après-midi et avaient hâte d'entamer la partie. Un certain colonel Witherspoon, qui accompagnait Washington, prit une chaise mais quand le général et Steed se furent assis, il restait un siège vide.

— J'aime que nous soyons six, dit Washington. Ami Paxmore, voulez-vous vous joindre à nous ?

— Non, il n'en est pas question, répondit le quaker.

— Et le commandant Lee ? s'enquit Steed.

— Il a assez perdu Je lui interdis le jeu, laissa tomber Washington.

— Savez-vous jouer ? demanda le colonel Witherspoon à l'adresse de Turlock.

— Un peu.

— Asseyez-vous.

Et Turlock s'installa sur la sixième chaise. A la première donne, il regarda ses cartes.

— Bon Dieu ! s'exclama-t-il.

Washington cessa de filer ses cartes et regarda l'homme du marais.

— Nous n'aimons guère les jurons, capitaine Turlock, intervint Witherspoon d'un ton réprobateur.

— Vous les aimeriez si vous voyiez mes cartes, répliqua Turlock.

Washington sourit. Après la troisième donne, le général se tourna vers Simon.

— Steed, vous n'imaginez pas à quel point je suis heureux que vous ayez accepté de vous joindre à nous. L'une de mes premières tâches à New York sera de demander au Congrès de vous dédommager pour la perte de vos bateaux.

— Je vous en serai très reconnaissant.

Il attendit, sachant que le moment était venu pour le président de lui proposer des fonctions dans le prochain gouvernement. Mais Washington garda le silence et Turlock rompit le charme en marmonnant :

— A vous de donner, général.

Peu avant minuit, le commandant Lee entraîna Levin Paxmore à l'extérieur. Les deux hommes bavardèrent plusieurs heures durant tandis que les habitants des environs restaient assis sur le bas-côté, observant la maison où leur héros bien-aimé s'entretenait avec les notables de la région.

— Si vous saviez à quel point j'aimerais être de la partie, avoua Lee.

— Tu aimes tant les cartes ?

— J'en suis fou, mais je perds toujours et le général m'interdit de jouer.

Ils déambulèrent en silence le long de la route obscure pendant quelques minutes.

« Évidemment, lui aussi perd toujours, reprit Lee, mais il prétend qu'il peut se le permettre.

— Est-ce qu'il joue beaucoup ?

— Avant la guerre, il jouait presque tous les soirs. Il tenait des comptes qui prouvent qu'il perdait gros. Pendant la guerre, je ne l'ai vu jouer qu'une fois. C'était pendant les mauvais jours, à Valley Forge. Et, bien entendu, il a perdu. Il perdra ce soir, vous pouvez en être sûr, et j'inscrirai dans le livre : *Chestertown, perdu trois livres, seize shillings, neuf pence.*

— Nous sommes à Warwick.

— Je me perds dans toutes ces localités. Elles me paraissent toutes semblables. Dès que nous arrivons, la population se précipite et noie le général sous ses caresses. Ce pays n'a jamais vu de héros comme Washington et n'en verra jamais plus.

— Est-il si exceptionnel ? s'enquit Paxmore.

— Vous l'avez vu. Plus d'un mètre quatre-vingt-dix. Il domine le commun des mortels.

— Je veux dire moralement.

— Il m'intrigue, reconnut Lee. Il remet toute sa destinée entre les mains de Dieu, qu'il sert avec dévotion. Mais comme un soldat, pas comme un clergyman quémandeur.

Dans l'obscurité, le commandant Lee laissa passer un temps qui exprimait son trouble.

— Est-ce qu'il fera un bon président ? s'enquit Paxmore.

— Le meilleur. Personne ne lui arrive à la cheville. Un monument d'intégrité.

De nouveau, il se tut.

« Mais il n'est pas exempt de contradictions. Vous savez, évidemment, qu'il a acquis l'approbation unanime en refusant d'accepter la moindre solde en tant que général de l'armée des colonies. C'est exact, il n'a jamais touché un shilling de solde. Il a sans cesse répété qu'un patriote devait servir son pays en danger sans se préoccuper des questions d'argent.

— C'est admirable, convint Paxmore.

Il s'abstint de faire remarquer qu'aux plus sombres jours de la guerre, il avait construit trois bateaux pour la marine en plus de ceux de Steed en assumant tous les frais parce qu'il savait que les révolutionnaires ne disposaient pas des fonds nécessaires. Par ailleurs, son chantier avait été incendié et ses meilleurs ouvriers réquisitionnés par l'armée.

Même s'il avait aimé les cartes, il n'aurait pas osé jouer cette nuit-là car il sortait très appauvri de la guerre ; pourtant, apprendre que le général Washington avait lui aussi servi sans solde ne manquait pas de le réconforter.

— Washington a bien refusé toute solde, ajouta le commandant Lee. Mais il a demandé le paiement de ses frais. C'est moi qui l'ai aidé à les établir, et il inscrivait tout... les dépenses nécessitées par son fils, le vin pour les officiers, une voiture pour lui et quatre autres pour ses amis, les rations, les armes, les galons de ses uniformes, les haches pour le bois. A la réflexion, ces comptes étaient extraordinaires.

— Je pourrais dresser de tels comptes pour mon chantier, grommela Paxmore. Et je n'y manquerais pas si on me le demandait.

— Bien sûr, admit Lee. En tout cas, quand il a été question que Washington devienne président, il a de nouveau proposé de n'être pas rétribué, de se contenter d'une note de frais, et le comité lui a répondu avec fermeté : « Oh, non, monsieur ! Cette fois, il vous faudra accepter un traitement ! » Et, par la suite, certains membres m'ont confié : « Aucun pays neuf ne pourrait résister à ses satanées notes de frais ! »

Ils revinrent sur leurs pas et passèrent devant la fenêtre de la pièce où les joueurs concentraient leur attention sur les cartes. Ils virent le général Washington regarder d'un air écœuré celles que le capitaine Turlock venait de lui donner.

— Est-il capable de gouverner ? demanda Paxmore. Je veux dire par là que les soldats peuvent se montrer à la fois obstinés et obtus sur le plan de la connaissance.

— Il ne lit pas beaucoup, confia Lee. Je le vois rarement penché sur un livre. Il n'a certes rien d'Adams ou de Jefferson, mais peut-être ceux-ci lisent-ils trop.

Ils continuèrent leur promenade sans but sur la route silencieuse, abordant tous les aspects de la nouvelle position à laquelle accédait Washington : les nominations militaires, les finances, la justice, la constitution d'une flotte marchande, le ralliement de nouveaux États de l'ouest, toute la gamme des problèmes auxquels un gouvernement était confronté — et pendant ce temps, le général jouait aux cartes.

— Je n'ai jamais connu mon père, avoua Lee vers deux heures du matin. C'est peut-être ce qui explique mon attachement au général. Je le sers depuis 1774, j'étais alors un gamin, et jamais meilleur homme n'a foulé notre sol. Il ne sera peut-être pas un président exceptionnel, mais il sera juste. Et il incarnera un symbole qui s'affermira au fil des ans.

Il réfléchit un instant et, après être repassé à hauteur de la fenêtre derrière laquelle se distinguaient les joueurs, il reprit :

« A l'occasion des réunions qui se sont tenues pendant la révolution, nous avons connu d'excellents orateurs, et j'ai entendu la plupart d'entre eux. Jamais une intelligence ne m'a parue plus vive que celle de ce petit avocat trapu de Philadelphie, James Wilson. Benjamin Franklin savait lui aussi être convaincant, et John Adams pouvait soulever les foules. Mais le meilleur discours a été prononcé par George Washington, et pourtant, il n'était pas long.

« C'était en 1774, je crois, quand les Britanniques bombardaient Boston et que nous nous trouvions dans le sud sans très bien savoir quoi faire. Ce jour-là, les propos étaient enflammés et confus mais, alors que tout semblait perdu, Washington... je crois qu'il n'était que colonel à l'époque...

Il hésita.

« ... dans la milice de Virginie, il me semble. Quoi qu'il en soit, alors qu'il semblait que nous devions abandonner Boston à son sort, cet homme se leva et prononça une phrase. Une unique phrase, et lorsqu'il se rassit, toute l'histoire des colonies était changée.

— Qu'a-t-il dit ?

— « Messieurs, je vais enrôler mille hommes, les équiper et les payer de mes deniers, et je marcherai moi-même à leur tête pour aller au secours de Boston. »

— J'ai besoin de sommeil, marmonna Paxmore. Je vais rentrer.

— Je vais continuer à monter la garde ici, dit le commandant Lee.

Lorsque Paxmore entra dans la petite salle de jeu, il était trois heures et demie, et Teach Turlock n'avait que quelques shillings sur la table.

— Si vous êtes aussi bon président que joueur de cartes, le pays est en bonnes mains, dit-il avec admiration.

Il perdit le pli et décida de se retirer du jeu.

— Venez, ami Paxmore. On va dormir un peu, marmonna Turlock.

Et il s'étendit à même le sol de l'autre côté de la porte tandis que le quaker gagnait une pièce à l'arrière de la maison où dormaient une dizaine d'hommes.

Vint l'instant que le général Washington appréciait entre tous. Quatre heures du matin, alors que le silence enveloppait les êtres et les choses, sauf dans cette pièce où les chandelles vacillaient. La partie ne comptait plus que quatre joueurs, l'un des planteurs locaux s'étant retiré, et chacun de ceux qui restaient avait eu tout le temps de percer les particularités des autres. Simon Steed jouait sans subtilité, sans bluff. Le colonel Witherspoon savait tirer son épingle du jeu ; il examinait chaque carte, chaque adversaire avec une attention soutenue et gagnait souvent. Le planteur était un bon joueur, prêt à prendre des risques énormes s'il sentait que la chance tournait en sa faveur. Et le général Washington se révélait tel qu'il avait toujours été : prudent et opiniâtre défenseur de son argent, mesquin quand il s'agissait de miser, mais audacieux s'il entrevoyait la possibilité de rafler un gros pot ; pourtant, si transparent dans sa façon de faire qu'il devait perdre si le jeu se poursuivait assez longtemps.

— Votre Majesté, lança Steed à cinq heures du matin, je crois que je vous bats.

— Je n'apprécie pas ce titre, répliqua Washington, en pressant ses mauvaises cartes contre sa chemise.

— Sire, le pays est friand de pompe royale, insista Steed.

— Je préfère Monsieur.

— Le peuple ne le permettra pas. Croyez-moi, Sire, nous avons peut-être renversé une forme de royauté, mais nous brûlons d'en adopter une autre… meilleure, évidemment. Et c'est vous qui l'incarnez.

Washington se tapota le menton de ses cartes.

— D'autres ont prononcé les mêmes paroles que vous, Steed, et votre conseil est peut-être avisé. Il est possible qu'en fin de compte nous ayons une royauté. Mais dans ce jeu, vous ne devez pas vous adresser à un homme en l'appelant Sire quand vous avez l'intention de lui trancher la gorge. Quelles cartes allez-vous abattre contre moi, Steed de Devon ?

Le jeu prit fin à six heures moins le quart. Le commandant Lee apparut sur le seuil.

— Les chevaux sont prêts, monsieur.

— Nous ferions bien de prendre le chemin de Wilmington, répondit Washington. Nous pourrions nous accorder une demi-heure pour faire un brin de toilette, n'est-ce pas, Witherspoon ?

— Avez-vous encore perdu ? s'enquit Lee avec un rien de malice.

— Vous pouvez noter dans le registre que j'ai perdu deux livres, douze shillings et trois pence.

— Warwick se sera révélé coûteux, commenta Lee.

— Ça en valait la peine parce que ça m'a donné l'occasion de retrouver mon frère d'armes de Yorktown, déclara Washington qui s'approcha de Steed et lui passa le bras autour des épaules.

Sur quoi, il se retira pour faire sa toilette. Il ne serait pas question de fonction officielle, mais il ne pourrait être taxé d'insensibilité. Lorsqu'il revint et surprit l'expression accablée de Steed, il s'approcha de lui, le prit par le bras et dit brutalement :

— Mon cher ami, je donnerais n'importe quoi pour vous avoir à mes côtés.

Il marqua une pause.

« Mais les scandales. Impossible. Impossible, ajouta-t-il en gagnant la cour où les chevaux attendaient.

Mais avant de rejoindre les montures, il dut faire face à Teach Turlock qui tira d'un sac crasseux le papier dont il avait pris un soin jaloux depuis 1776 ; la cession par le recteur de Wrentham des quarante hectares des Turlock.

— Je vous en prie, général Washington, faites-moi rendre mes terres.

Le président examina le papier, posa quelques questions à Turlock et à Steed, puis demanda au commandant Lee de lui apporter une plume. Assis sur un banc devant la porte de la ferme, il ajouta son aval au précieux document :

> A mon vieux frère d'armes, le gouverneur John Eager Howard
>
> Il m'a rarement été donné de voir un document aussi frauduleux, écrit sous la contrainte et dénué de valeur, mais

il m'a rarement été donné d'entendre des témoignages aussi dignes de foi pour étayer cette revendication. Je vous en prie, prêtez une oreille attentive à la supplique du patriote Teach Turlock, et que ses terres lui soient restituées.

Sur la route, une centaine de personnes attendaient pour acclamer leur héros et le général avait fière allure dans sa redingote rouge et bleu tandis qu'il s'inclinait à droite et à gauche. Le commandant Lee apporta un petit tabouret pour l'aider à monter en selle.

— Tous mes vœux, Sire, dit Steed, les yeux embués de larmes.

— Des tâches ingrates nous attendent, tous, autant que nous sommes, rétorqua Washington en s'éloignant.

Les ovations qui s'élevaient sur son passage l'accompagneraient, sans cesse renouvelées, jusqu'à New York.

Sans avoir à se consulter, les trois hommes du Choptank enfourchèrent leurs chevaux et suivirent la cohorte sur quelques kilomètres, comme attirés par un puissant aimant. Lorsque vint pour eux le moment de rebrousser chemin, le commandant Lee s'approcha pour leur souhaiter bonne route. Puis, il s'adressa à Steed :

— Le général m'a chargé de vous dire que vous pourrez avoir recours à lui aussi longtemps que vous vivrez l'un et l'autre. Il vous considère comme un fidèle serviteur de la nation.

Puis il se pencha vers Levin Paxmore, lui chuchota quelques mots à l'oreille tandis que les chevaux piaffaient sous le soleil matinal.

« Je me suis exprimé librement cette nuit. Je vous saurais gré de considérer ce que je vous ai dit comme confidentiel.

— Je respecterai ta requête, assura Paxmore.

Sur quoi, Lee glissa dans la main du quaker un message personnel de Washington. Paxmore attendit d'avoir regagné son bureau du chantier pour en prendre connaissance. Alors, il déplia avec soin la feuille, la lissa et lut :

Ami Paxmore,

Veuillez nous soumettre aussitôt que possible un compte sincère des frais qui vous ont été occasionnés par la construction de bateaux pour notre cause, en déduisant les fonds qui ont pu vous être adressés par le Congrès. Je ferai de mon mieux pour veiller à ce que vous soyez intégralement réglé car tous les hommes libres ont une dette envers vous.

George Washington

Le jour même, Levin Paxmore établit le compte sincère de chaque shilling qu'il avait déboursé pour la révolution, y compris la reconstruction de ses hangars et un salaire pour sa femme ; lorsque le président Washington eut signé l'autorisation de paiement, Paxmore fut réglé intégralement, et ces subsides militaires constituèrent la base de la fortune des Paxmore.

fonds qui ont pu vous être adressés par le Congrès ; je ferai de mon mieux pour veiller à ce que tous soient intégralement réglés car tous les hommes libres ont une dette envers vous.

George Washington.

Le jour même, Levin Paxmore établit le compte minutieux de chaque shilling qu'il avait déboursé pour la Révolution, y compris la reconstruction de ses hangars et un [illegible] pour sa femme, lorsque le président Washington eut signé l'autorisation de paiement. Paxmore fut réglé intégralement, et ses créances militaires constituèrent la base de la fortune des Paxmore.

1811

La côte orientale bénéficiait généralement d'un hiver clément. Le gel sporadique de quelques cours d'eau ou une chute de neige occasionnelle qui fondait rapidement soulignaient la mauvaise saison, mais en raison de l'effet modérateur de l'Atlantique et de la Chesapeake, la température ne descendait jamais très bas.

Pourtant, en janvier 1811, la neige tomba en abondance et les fermiers de la côte restèrent chez eux en attendant une amélioration des conditions atmosphériques. Thomas Applegarth, un célibataire de vingt-sept ans, locataire d'une ferme proche de Patamoke appartenant aux Steed, mit à profit cette oisiveté forcée pour se plonger dans l'étude d'un livre que lui avait prêté Elizabeth Paxmore, chez qui il travaillait de temps à autre en tant qu'homme à tout faire. En l'occurrence, c'était une géographie des États de la côte est et le jeune homme fut impressionné par le tracé des montagnes de Pennsylvanie allant du nord-est au sud-ouest. A la vue de cette nouvelle carte, l'esprit le plus obtus aurait déduit que quelque force extraordinaire avait déterminé la configuration de cette chaîne montagneuse, mais Applegarth ne possédait pas les connaissances requises pour découvrir la nature de cette force.

En examinant la carte, il se remémora une lecture récente concernant des événements qui s'étaient produits à une époque lointaine en Europe, mais sans se souvenir exactement de quoi il s'agissait. Puis, un peu avant le coucher du soleil, quand vint le moment d'aller s'occuper du bétail, il posa son livre, sortit et s'engagea sur le chemin gelé menant à l'étable ; ce faisant, il avisa une petite accumulation de glace sous un arbre et, soudain, tout le mystère de la chaîne de montagnes de Pennsylvanie et de la formation de la Chesapeake s'éclaircit, à croire que l'on venait de craquer une monstrueuse allumette dans une vallée obscure ; la glace ! Voilà ce qui avait sculpté les montagnes d'Europe. Et voilà ce qui avait creusé les vallées d'Amérique !

Il ne pouvait concevoir ce qu'était la période glaciaire ni l'étendue de la couche qui, à une époque, avait recouvert la Pennsylvanie, mais une chose lui apparaissait clairement : la couche de glace avait dû retenir une énorme quantité d'eau laquelle, libérée au moment de la fonte, avait formé un fleuve gigantesque, lointain parent de l'actuelle Susquehanna. C'était ce fleuve, et lui seul, qui avait creusé la baie de la Chesapeake et déposé le limon qui, avec le temps, était devenu la côte orientale.

Cette révélation était si grandiose, ses divers éléments s'ajustaient si bien les uns aux autres, qu'il se sentit transporté, tout en continuant à traire les vaches dans l'ombre trouée par la lueur de la lanterne.

— C'est comme ça que ça a dû se passer, se dit-il. Dans le nord, le monde était prisonnier d'un manteau de glace qui, quand il a fondu, a ciselé les montagnes et rempli les vallées de gigantesques fleuves.

L'idée le préoccupait à tel point que, dès la première journée de beau temps, il se rendit à la Falaise-de-la-Paix pour rapporter l'ouvrage à Mrs. Paxmore et lui demander si elle croyait que l'Amérique eût connu une époque glaciaire.

— Que voulez-vous dire ?

— J'ai lu que le nord de l'Europe, il y a très longtemps, était recouvert de glace.

— Je suppose que la Russie est couverte de glace chaque année.

— Non. Le livre expliquait que toute la terre était recouverte par une couche de glace de plusieurs dizaines de mètres d'épaisseur... et sur toute sa surface.

— Aucune vie n'aurait été possible, protesta-t-elle.

— C'est bien ça, continua Applegarth. Il fallait que la glace soit très épaisse pour creuser les vallées.

— Pour faire quoi ?

— Avez-vous déjà regardé les montagnes de Pennsylvanie ? demanda-t-il.

— Je ne suis jamais allée en Pennsylvanie.

— Je veux dire sur la carte.

— Je n'ai jamais vu de carte de Pennsylvanie.

— Il y en a une dans votre livre.

— Ah oui ? s'étonna-t-elle.

La quakeresse éprouvait une certaine irritation à la pensée qu'il pouvait y avoir des cartes et des idées qui lui échappent. Elle arracha le livre des mains d'Applegarth et le feuilleta.

« Mais oui, il y en a une, convint-elle en l'examinant avec attention.

— Vous voyez comme les montagnes prennent toutes la même direction.

— Qu'est-ce que ça signifie ?

— Qu'elles ont été sculptées par une lourde couche de glace qui se déplaçait en direction du sud-ouest.

— Ça aurait pu se passer de cette façon, admit-elle.

— C'est sans doute ce qui s'est produit, renchérit Applegarth. Toute la vallée de la Susquehanna, telle que nous la connaissons aujourd'hui... eh bien, ce devait être un immense fleuve. Cent fois plus grand que celui que nous pouvons voir à présent.

D'un doigt ferme, il souligna sur la carte les principaux éléments de sa théorie et en vint enfin à la Chesapeake.

« Notre baie devait être l'embouchure de cet immense fleuve. Qu'en pensez-vous ?

Au cours des semaines qui suivirent et durant les interminables soirées d'hiver, Thomas Applegarth et Elizabeth Paxmore étudièrent tout ce qu'ils pouvaient trouver concernant la période glaciaire et les formations montagneuses ; ils découvrirent bien peu de choses. Les hypothèses relatives à l'objet de leurs recherches commençaient seulement à susciter l'intérêt aux États-Unis ; les passionnantes révélations qui se faisaient jour en Europe demeuraient inconnues à Patamoke ; un jour, cependant, Mrs. Paxmore découvrit un élément intéressant. Un professeur de philosophie de l'université de Yale se penchait en dilettante sur les questions scientifiques. Il émit une opinion intéressante selon laquelle on pouvait se figurer un fleuve, tel que l'Hudson à New York, comme « une vallée de fleuve noyé ». La phrase fascina Mrs. Paxmore qui s'en ouvrit à son mari.

— Quelle merveilleuse imagination ! s'exclama-t-elle. Une vallée dont le fleuve a été noyé, inondé par la mer.

— Ça me fait l'effet d'une bien fâcheuse association de termes, rétorqua son mari. Un cochon peut se noyer. Ou un gamin en tombant de son canoë. Ils cessent de respirer et se noient. Mais comment un fleuve peut-il se noyer ?

— Il ne se noie pas, répliqua-t-elle, il est noyé.

George Paxmore se rejeta contre le dossier de son siège pour mieux réfléchir à cette incursion dans le domaine de la logique. Puis, d'un brusque geste de la main, il écarta le professeur de Yale, l'Hudson et la Chesapeake.

— Aucune personne cultivée ne peut cautionner un tel abus de terme.

Mais lorsque Mrs. Paxmore évoqua cette nouvelle théorie avec son homme à tout faire, celui-ci en comprit immédiatement toute la portée.

— C'est ce qui s'est passé ! s'écria-t-il au comble de l'excitation. Vers la fin, lorsque la glace était presque fondue, le fleuve a dû perdre de sa force et la mer s'est installée ; l'embouchure du fleuve a été noyée sous le poids de l'eau salée.

L'hypothèse se révélait si satisfaisante sur le plan intellectuel, et si conforme aux observations, qu'elle mettait un terme aux spéculations antérieures. A présent, il imaginait le bassin de la Susquehanna, résidu d'un fleuve qui, à une époque, avait drainé une importante superficie recouverte de glace, un cours d'eau majestueux qui, enfin, avait été vaincu par la mer empiétant constamment sur son territoire. Thomas Applegarth résolut d'approfondir la question dès le retour du printemps.

Mrs. Paxmore, dont le manuel de géographie avait été à l'origine de toutes ces conjectures, poursuivit ses propres recherches, se plongeant dans tous les livres sur lesquels elle pouvait mettre la main, et s'entretenant de la question avec tous les membres de la communauté qu'elle jugeait plus savants qu'elle. Elle éprouva une vive surprise quand, un soir, son mari se leva de table et dit :

— Tu étais peut-être dans le vrai, Elizabeth. J'ai observé notre baie... Je me suis efforcé de concilier ce que je voyais avec la thèse que tu as émise voici quelque temps. Et plus j'y réfléchis, plus je suis convaincu que tu as mis le doigt sur quelque chose.

Il développa sa pensée : si l'ancien fleuve avait été noyé, la baie qui en résultait serait due en partie au fleuve et en partie à la mer, et non entièrement à cette dernière, ce qui signifiait qu'il existait une gradation allant de l'eau douce à l'embouchure de la Susquehanna, là où elle se jetait dans la baie, jusqu'à l'eau salée à l'endroit où la baie rejoignait la mer. « Et c'est bien le cas, conclut-il. Théorie intéressante.

— Thomas Applegarth envisage une expédition jusqu'au

cours supérieur de la Susquehanna, dit-elle. Je crois que nous devrions l'aider.

— Nous pourrions lui laisser davantage de loisirs. Trouver un autre domestique.

— Je veux dire pécuniairement.

George Paxmore joignit ses mains et les considéra longuement. On n'était guère prodigue sur la côte orientale, et surtout pas chez les Paxmore. Pourtant sa femme faisait là une proposition sérieuse, sensée.

— Je pense que nous pourrions lui allouer vingt-cinq dollars.

— Veux-tu le lui annoncer ?

— Il serait préférable que ce soit toi. Puisque tu l'as encouragé.

Elizabeth décida que tous deux informeraient leur homme de peine, et lui annonceraient que la famille était prête à parrainer ses recherches en lui attribuant vingt-cinq dollars. Applegarth ne s'attendait pas à pareille aubaine et, pendant un instant, il n'eut aucune réaction.

— De mon côté, j'ai quinze dollars, dit-il enfin. Et je peux en économiser au moins vingt pour la fin février. J'aimerais voir le cours supérieur du fleuve avant la fonte des neiges.

Ainsi, le 1er mars 1811, Thomas Applegarth, paysan de Patamoke, appareilla à bord d'un petit sloop et mit le cap sur l'embouchure actuelle de la Susquehanna. Les vents ne lui étaient pas favorables et il lui fallut trois jours pour atteindre le Havre de Grâce où il laissa son bateau aux soins d'un propriétaire de chantier naval et, avec soixante-trois dollars en poche, entama son exploration du fleuve.

Pour cinquante cents, il s'adjoignit le concours d'un riverain qui l'emmena dans son canoë jusqu'aux rapides de Conowingo. Là, son compagnon l'abandonna et il continua à pied sur la rive gauche du fleuve, c'est-à-dire la berge est. A maintes reprises, il dut quitter le cours d'eau tant le chemin était difficile et, certaines nuits, il lui arriva de dormir à plusieurs kilomètres de la Susquehanna.

Mais chaque fois qu'il avait la possibilité de suivre la berge, de plonger dans l'eau glaciale pour se laver, il avait le sentiment assez mystérieux de se purifier et de se rapprocher des secrets du passé. Quand il rencontrait l'un des rares bacs de transbordement, il demandait à aider les rameurs et passait plusieurs jours à aller d'une rive à l'autre ; aussi, lorsqu'il parvint à l'important point de jonction de Columbia, il était un batelier accompli.

Après avoir passé Harrisburg et atteint les contreforts montagneux de Pennsylvanie, il commença enfin à relever les traces de ce qu'il cherchait. Il devenait clair qu'à une époque lointaine ce fleuve imposant avait été dix ou quinze fois plus large. Les couches nivelées de sédiment qui s'étendaient à l'est et à l'ouest de ses berges en fournissaient la preuve. Sans aucun doute, lors d'une période antérieure, elles avaient constitué le lit de ce puissant fleuve qui avait évacué l'eau provenant de la fonte des glaces. Chaque jour lui apportait une révélation, une preuve.

Quand il atteignit Sunbury, à trois cent cinquante kilomètres de Patamoke, il fut confronté à une décision difficile car, au nord de cette agglomération, la Susquehanna se divisait en deux bras, l'un à l'ouest, en direction de Williamsport, l'autre à l'est vers Wilkes-Barre, et aucun de ceux auprès desquels il se renseigna ne put lui désigner, de façon catégorique, le cours principal. Il eut la stupéfaction d'apprendre qu'aucun des habitants de Sunbury ne s'était aventuré jusqu'au cours supérieur de l'un ou l'autre bras.

— Lequel des deux charrie la plus grande quantité d'eau ?

— Quand il y a une inondation, ils sont aussi dangereux l'un que l'autre, lui assura un autochtone.

— Si vous vouliez remonter au cours supérieur, quel bras prendriez-vous ?

— Je n'ai pas l'intention d'aller voir plus haut.

— Mais à votre avis, lequel faudrait-il suivre ?

— Ça ne me regarde pas.

Il trouva une femme qui lui dit :

— Pendant les crues, j'ai l'impression que le bras est charrie les plus gros troncs d'arbres... comme s'il venait de plus loin.

— A moins qu'il ne traverse une contrée plus boisée.

— J'ai aussi pensé à ça, rétorqua-t-elle.

— L'argument me paraît judicieux, convint-il, à bout de ressource. Je remonterai le bras est.

Donc, le dernier jour de mars, Applegarth se mit en marche pour le long périple jusqu'à Wilkes-Barre, d'où il se dirigea vers l'établissement indien de Tunkhannock au nord. Le trajet était rude ; aucun bateau ne pouvait remonter le courant et, sur de longues distances, aucun sentier ne suivait la berge. Trois jours durant, il lutta pour se tailler un chemin dans la forêt, bien résolu à ne pas s'éloigner du fleuve, mais dut se résoudre à en quitter le cours et à suivre des chemins déjà tracés sans se préoccuper des détours.

Il avait l'impression d'explorer une terre vierge et, parfois, lorsqu'il s'était éloigné du cours d'eau pendant plusieurs jours et qu'il le rejoignait, il poussait des cris de joie comme s'il retrouvait un vieil ami.

— Te voilà, mon beau fleuve, si chargé de secrets !

Il ôtait veste et chaussures, et entrait dans l'eau ; parfois, celle-ci lui paraissait si plaisante qu'il y plongeait sans se préoccuper de ses vêtements, puis il remontait sur la rive, le temps de permettre au pantalon et à la chemise de sécher ; de temps à autre, il empruntait la carriole d'un paysan se rendant au marché ; le plus souvent, il cheminait seul, jour après jour, tendant de tout son être vers la source du fleuve.

Lors du long et sinueux trajet allant de Tunkhannock à Towanda, sur près de soixante kilomètres, il ne rencontra personne ; parfois, sa progression s'accompagnait d'éclaboussements quand il devait avancer à l'extrême bord de la berge. Il se nourrissait de façon frugale — pain et fromage —, et ce régime lui fit perdre trois kilos. Pendant cette période de solitude, il se promit de coucher sur le papier ses réflexions relatives à la Susquehanna et aux rapports entre le fleuve et la Chesapeake, cette étendue d'eau qu'il aimait tant. Il passait plusieurs jours d'affilée à transposer sa pensée en mots, s'efforçant de conférer à ceux-ci la même gravité qu'il avait relevée dans ses lectures de l'hiver. Il avait le sentiment qu'il existait une façon adéquate de rapporter une expédition : il devait se garder de toute prétention ; il lui fallait formuler ses conclusions de manière à pouvoir, le cas échéant, les réviser afin que d'autres, par la suite, soient en mesure de les réfuter si leurs découvertes étaient plus valables que les siennes. Il s'agissait de conjectures que seuls des hommes qualifiés sauraient confirmer.

Il couvrit les derniers kilomètres en Pennsylvanie comme s'il était transporté par une sorte de fièvre.

Il s'enfonça de plusieurs kilomètres dans l'État de New York avant de rencontrer quiconque ; or, celui sur lequel il tomba n'avait pas la moindre idée de l'endroit où le petit cours d'eau connu sous le nom de Susquehanna prenait sa source.

— Un chasseur de chevreuil le saurait peut-être, lui dit un fermier.

L'épouse de cet homme lui proposa d'aller trouver le vieux Grizzer. Applegarth le découvrit dans une masure misérable ; un septuagénaire édenté, chauve, mais pourvu d'une barbe épaisse.

— Bon Dieu, fiston ! Moi aussi, j'ai toujours voulu savoir où commençait ce satané ruisseau. Pour deux dollars, je vous emmènerai un peu plus loin que je suis allé jusqu'ici. Et pour deux dollars de plus, on ira jusqu'au bout, même si ça nous mène au Canada.

Ils entamèrent donc un trajet de quarante-cinq kilomètres ; un vieillard qui connaissait le terrain et un jeune homme qui connaissait le fleuve. Ils traversèrent des champs de maïs qui n'avaient pas encore été labourés pour les semis de printemps et des bois que seuls hantaient des chevreuils et de vieux fous comme Grizzer. Et devant eux la Susquehanna, devenant de plus en plus étroite, jusqu'à se faire ruisseau, mais persistant avec une détermination démoniaque.

— Bon Dieu, fiston, ce satané filet d'eau est entêté ! grommela le vieil homme.

Le quatrième jour, il manifesta sa mauvaise humeur.

— Fiston, j'ai fait un marché de dupe. Ce satané ruisseau n'a pas de commencement, et je suis crevé.

Lorsqu'il comprit qu'il lui faudrait restituer les deux dollars qui lui avaient été alloués en tant que guide, il recouvra un peu de son ardeur.

« Bon, j'irai encore un peu plus loin. Faut bien qu'il ait une source, par là, quelque part.

Au bout d'une journée, ils découvrirent ce qui, faute de mieux, pouvait être considéré comme une source.

— Est-ce que vous appelleriez ça une source ? demanda le vieux.

— Peut-être, répondit Applegarth, si elle n'était pas alimentée par ce cours d'eau un peu plus haut.

— Nom de Dieu, bougonna le vieux, j'espérais que vous ne le remarqueriez pas.

— J'aimerais le remonter un peu plus haut, dit Applegarth.

— Faut pas vous priver de cette envie, fiston. Quant à moi, je vous annonce que la Susquehanna commence là. Exactement là.

— Attendez-moi là. Nous ferons le chemin de retour ensemble.

Et le vieil homme s'installa à côté de la fausse source tandis que le jeune Applegarth suivait le filet d'eau plus haut vers le nord. Cette nuit-là, il dormit sous un chêne et, un peu avant midi le lendemain, 4 mai 1811, il atteignit la vraie source du fleuve, en l'occurrence un pré que rien ne différenciait de ses voisins. Pas de bétail, pas d'eau jaillissant mystérieusement, seule une lente accumulation d'humidité due à de nombreuses sources invisibles et insignifiantes, un épandage de rosée en quelque sorte, le commencement, l'origine du propos.

Un soleil clair nimbait le pré ; là où se devinait l'humidité, les rayons se reflétaient, et il semblait que toute la surface fût dorée, sanctifiée, comme si la vie en soi commençait. En regardant cette terre moite, féconde, Thomas Applegarth songea : « C'est ainsi que tout commence, les montagnes, les mers, la vie elle-même. Une lente accumulation — une concentration lourde de sens. »

Inutile de se rappeler le nom de Thomas Applegarth. Ni lui ni aucun de ses descendants ne figureront de nouveau dans ce récit. Il était l'un des milliers d'Américains de son époque qui s'efforçaient de percer la signification des choses : explorateurs, mécaniciens, agriculteurs, constructeurs de bateaux, hommes et femmes fondateurs d'universités, rédacteurs de journaux, ministres. Tous avaient un point commun : quelque part, d'une façon quelconque, ils avaient appris à lire et les exigences de la vie sur des terres vierges les poussaient à réfléchir. De ce ferment, naîtraient les réalisations qui feraient de l'Amérique un grand pays, les inventions et les techniques nouvelles, et le germe des idées qui remodèleraient la terre.

Certes, cette incitation à la créativité excluait les Noirs. Ceux-ci n'étaient pas autorisés à lire, ni à poursuivre des études de mathématiques ni à laisser libre cours à leurs dons inventifs. Sur le plan social, la perte subie par l'Amérique en raison de cette interdiction arbitraire devait être incommensurable.

Lorsque des savants, réunis en 1976 à l'occasion du bicentenaire, s'efforcèrent de déterminer la contribution apportée au pays par une poignée de philosophes inconnus tels que Thomas Applegarth, ils conclurent :

> Un ouvrage classique est souvent considéré comme mineur quand il a été à peine remarqué lors de sa publication et qu'il ne retient pas l'intérêt du public

susceptible de l'acheter. Il ne connaît qu'un tirage limité, quelquefois deux si les parents de l'auteur acquièrent des exemplaires, et il s'éteint rapidement de mort naturelle. Mais, au fil des décennies, nous nous apercevons que tous ceux qui auraient dû lire cet ouvrage en ont pris connaissance ; le livre trouve donc une sorte de survie grâce aux érudits et aux profanes dévoués de tous les pays. Dans un chuchotement, ils se confient les uns aux autres : « Vous devriez lire ce petit livre écrit par Un tel. C'est un bijou. » Et à un siècle de là, nous constatons que le nombre de personnes ayant lu ce petit livre écrit par Un tel dépasse celui des lecteurs de succès populaires parus à la même époque. Et, plus important encore, ceux qui lisent le petit livre en question sont ceux qui œuvreront pour le monde : ceux qui éduqueront les jeunes, prendront des décisions d'importance nationale ou s'efforceront de rivaliser avec leurs prédécesseurs.

Le parfait exemple du classique dit mineur est l'ouvrage de Thomas Applegarth *De la période glaciaire*, publié à trois cents exemplaires à Patamoke en 1813. Pour autant que nous le sachions, Applegarth n'avait pas fréquenté l'école. Une certaine Elizabeth Paxmore, quakeresse habitant non loin de Patamoke, lui apprit à lire. C'est elle qui éveilla son intérêt pour les questions scientifiques.

A l'âge de vingt-sept ans, ce paysan du Maryland partit avec soixante dollars en poche pour explorer le cours de la Susquehanna, dans l'intention de vérifier si le nord de la Pennsylvanie avait un jour été recouvert d'une couche de glace. Ses observations générales sont extraordinaires pour son temps. Il semble avoir anticipé sur des théories très en avance sur son époque et prévu avec exactitude les résultats d'explorations ultérieures. Ses conclusions, spécifiques certes, sont aujourd'hui dépassées, ce qu'il avait du reste pressenti dans un passage remarquable, relatif à la nature de la découverte :

L'esprit spéculatif de l'homme va de l'avant par grandes révolutions, comme un point sur le pourtour d'une roue en motion et si, à un moment donné, le point est en avant, il ne peut y demeurer longtemps car la roue et la charrette qu'elle porte doivent avancer et, ce faisant, le point sur le pourtour se déplace vers l'arrière. Ce mouvement oscillant dont nous décelons rarement la position temporaire représente ce que nous appelons le processus de civilisation.

L'exploit d'Applegarth, qui ne devait jamais être surpassé, fut de considérer le bassin de la Susquehanna, passé et actuel, comme un ensemble écologique. A son époque, le mot n'existait pas encore, mais il en imagina le concept, et aucune équipe contemporaine n'aura eu une vision plus claire de la Susquehanna et de ses ramifications. Il inspira plusieurs générations de savants américains et aucun lecteur, ayant suivi son exploration jusqu'à l'ultime jour où il découvrit la véritable source de la Susquehanna, n'oubliera la description qu'il donne de cet instant :

Je me tenais dans le pré où le soleil réfléchissait les gouttes d'eau isolées, et je me rendis compte que, pour un fleuve tel que la Susquehanna, il ne pouvait y avoir de commencement. Il était simplement là, cours d'eau indéfinissable, large par moments, étroit à d'autres, parfois turbulent, parfois assoupi, se muant en un courant puissant, puis en une vaste baie, et enfin se fondant à l'océan, chaîne ininterrompue dont tous les maillons sont si étroitement soudés qu'il existera à jamais.

Le duel

Au cours de la guerre de 1812, les forces américaines remportèrent d'exaltantes victoires en haute mer, au Canada, sur le lac Érié et à La Nouvelle-Orléans, mais elles faillirent être anéanties sur la Chesapeake. De braves et rusés capitaines britanniques sillonnèrent la baie, la transformant en un lac anglais où évoluaient plus de cent bâtiments, petits et grands, désireux de « mettre les Américains au pas et de donner une leçon à l'oncle Sam ».

En 1813, parmi les officiers les plus impétueux, un jeune Anglais de vingt-huit ans n'éprouvait que mépris à l'égard des anciens colons et brûlait de se venger de la victoire remportée sur son père lors de la bataille de la Chesapeake en 1781. Ce fils, petit-fils et arrière-petit-fils d'amiraux, se nommait sir Trevor Gatch.

Il avait gravi les échelons à une vitesse fulgurante, ainsi que pouvait l'espérer un jeune homme bénéficiant d'une telle ascendance. A onze ans, il avait embarqué sur le navire amiral de son père. Nommé lieutenant à quinze ans, il s'était vu confier le commandement d'un patrouilleur et, à dix-neuf ans, il avait été promu au grade de capitaine dans la marine de guerre britannique. C'était un homme frêle, petit et mince. Ses cheveux blond clair, sa voix aiguë et ses traits délicats lui donnaient un air quelque peu efféminé mais, en dépit de son apparence, il avait acquis une formidable autorité en raison de son amour du commandement et d'une raideur inflexible. Il éprouvait une véritable passion pour la discipline et nul n'ignorait sa propension à punir par le fouet ; mais les hommes étaient fiers de servir sous ses ordres parce qu'ils le considéraient comme un capitaine audacieux dont l'astuce permettait de sauver des navires qui couraient à leur perte. Ses marins disaient de lui : « Je naviguerais jusqu'en enfer avec ce diable de Trevor. » Et sa promotion au grade d'amiral ne faisait aucun doute.

Son tempérament impétueux s'expliquait par ses racines familiales. Les Gatch étaient originaires de Cornouailles, « la péninsule qui se voudrait la mer ». Des générations avaient appareillé de Plymouth, s'attirant la faveur des souverains. A la fin du XVIe siècle, la reine Elizabeth avait souhaité établir en Irlande du Nord une colonie loyale à la cause protestante, et son choix se porta en premier lieu sur les belliqueux Gatch. En sûreté dans un château irlandais, honorés par le roi Jacques Ier, et dotés d'une baronnie qui, ultérieurement, produirait deux lords, les Gatch avaient continué à sillonner les mers, se battant pour soutenir les Marlborough au large de la Flandre, à l'occasion de la prise de la Jamaïque, affrontant l'amiral de Grasse à la bataille de la Chesapeake.

En 1805, on s'attendait à ce que sir Trevor servît aux côtés de Nelson à Trafalgar, et il n'y manqua pas ; ce capitaine de vingt ans commandait un vaisseau de ligne armé de soixante-douze canons. Lorsque son mât de misaine et ses espars furent abattus, il réagit en s'attaquant à un navire français endommagé qu'il réduisit en pièces en venant le frôler dans une manœuvre désespérée. A présent, il rôdait dans la Chesapeake, mû par le désir de mettre à mal un bateau américain, quel qu'il fut, résolu à être amiral et lord.

A la fin d'août 1813, il était mouillé à proximité de ce qui avait autrefois été Jamestown, en Virginie, lorsqu'un espion traversa la baie, porteur d'une nouvelle qui le combla d'aise :

— Le *Whisper* a subi de graves avaries durant son dernier combat ; à présent, il attend d'être réparé au chantier naval Paxmore, à Patamoke.

— Le *Whisper !* s'écria Gatch lorsqu'il parvint enfin à contrôler son enthousiasme. Nous le trouverons et nous le détruirons !

Stimulant ses rameurs à bord du canot, il rejoignit à la hâte le navire amiral pour demander l'autorisation de mener une expédition sur le Choptank, de détruire le *Whisper* et de pendre son capitaine. Le commandant britannique, qui connaissait les ravages causés par la goélette depuis deux générations, accorda son consentement avec allégresse. Et l'amiral, qui venait d'incendier les plantations en aval des fleuves, ajouta sa bénédiction :

— Que Dieu vous aide, Gatch ! Et sonnez les clairons quand il se balancera au bout d'une corde.

Ainsi, le capitaine Gatch, à bord du *Dartmoor*, huit canons, escorté par sept bateaux plus petits, appareilla pour châtier les Américains et couler le *Whisper*.

L'espion qui avait informé les Britanniques du triste état du *Whisper* ne passa pas inaperçu lorsqu'il traversa la baie ; un homme de l'eau rusé, originaire de la Wicomico River, au sud de Patamoke, devina ses intentions ; il fit voile vers le nord pour annoncer aux Américains du Choptank :

— La flotte britannique a été informée que le *Whisper* se trouvait au chantier naval.

Cette inquiétante nouvelle revêtait une importance capitale aux yeux de deux individus. Le capitaine Matthew Turlock, propriétaire de la goélette, était un homme de l'eau, roux de cheveux et de barbe, à l'allure et au comportement rudes. Agé de quarante-cinq ans, il combattait sur mer depuis sa petite enfance et, au fil du temps, il avait acquis la conviction que la responsabilité essentielle du capitaine était de sauver son bateau ; la cargaison, les bénéfices, les délais, même la sécurité de l'équipage, passaient au second plan. Et il n'avait jamais failli à cet impératif : sauver le navire, quels que fussent les circonstances et l'état de la mer. Il avait vu couler bien des bateaux, mais jamais un seul dont il assurât le commandement. Maintenant, pris au piège en cale sèche, le *Whisper* était en péril, et il avait bien l'intention de le sauver.

L'autre Américain que la nouvelle affligeait était George Paxmore, le jeune directeur du chantier naval. Il se doutait que, si les Britanniques remontaient le Choptank et découvraient le *Whisper* au carénage, ils brûleraient la goélette et ses hangars. Encore enfant, il avait souvent entendu le récit des événements qui s'étaient déroulés en 1781, soit deux ans avant sa naissance, lorsqu'un corps expéditionnaire britannique avait remonté le fleuve et incendié le chantier Paxmore. Il ne souhaitait pas que l'histoire se répétât.

Dès l'annonce de la nouvelle, les deux hommes s'activèrent.

— Tout d'abord, il faut remettre le bateau à l'eau, déclara Paxmore.

Ce jeune homme efflanqué, austère, savait déployer une énergie peu commune. Armé d'un énorme maillet, il se glissa entre les madriers et fit sauter les cales secondaires. Puis, il remonta le long du berceau et donna ordre d'ôter les longrines principales.

Entre-temps, le capitaine Turlock avait rassemblé son équipage pour l'aviser qu'il faudrait improviser un gréement de fortune ; le *Whisper* pourrait ainsi évoluer sur l'eau, même si ses mâts et espars avaient été déposés. Dès qu'il eut donné ses instructions aux hommes, il rejoignit Paxmore pour l'aider à libérer le *Whisper,* et il le regarda avec satisfaction glisser dans le port. Lorsqu'il entra dans l'eau, vingt-huit de ses marins prirent place dans des canots et souquèrent sur les avirons ; à leur suite, la coque vira dans le Choptank où on lui adjoignit un gréement de fortune qui lui permettrait de gagner le marais.

Il convenait alors de mettre à l'épreuve le stratagème dont dépendait le succès. Tandis que le *Whisper* descendait le courant, George Paxmore conduisit une quarantaine d'hommes dans les bois où leurs haches mordirent dans les troncs de gros acacias. Assuré que son équipe abattrait suffisamment d'arbres, George Paxmore regagna son chantier en toute hâte. Il réunit une vingtaine d'ouvriers pour évacuer du bois débité sur un entrepôt secondaire, à quelque deux cents mètres en amont. Dès l'arrivée des billes de bois et des échelles, Paxmore sauta à bord d'un petit sloop et entama ses allées et venues à la voile sur le fleuve.

Il croisa ainsi, sans cesser de suivre d'un œil attentif le travail des deux équipes. En fin d'après-midi, le premier groupe d'hommes commença de regagner le chantier avec les troncs d'acacia. Ceux-ci furent grossièrement dressés devant la façade du hangar principal qu'ils camouflaient et masquaient comme une sorte de forêt.

« Ça n'a pas l'air vrai du tout, songea-t-il. Il faudrait deux fois plus d'arbres. »

Il se rapprocha de l'entrepôt dont la façade cherchait à ressembler à un hangar de chantier naval. Ces billes de bois ne donneront le change à personne. Trop fraîchement coupées.

Il regagna le port et, toute la nuit, surveilla l'abattage d'arbres supplémentaires, l'application d'une peinture à l'eau sur le nouveau chantier naval ; à l'aube, lorsqu'il remonta le Choptank, il eut la certitude d'avoir mené sa tâche à bien. « Ça les trompera peut-être, pensa-t-il. Peut-être pas. Je ne peux rien faire de plus. »

Mais alors, et alors seulement, il songea à une chose

absolument vitale. Retour à terre ! Vite ! Vite ! Dès que le sloop eut atteint le quai, il sauta à terre et se précipita vers le véritable chantier naval en criant à ses bûcherons :

— Retournez dans la forêt ! Apportez-moi autant de branches sèches que vous pourrez.

Il se tourna vers les charpentiers.

« Venez me donner un coup de main avec la térébenthine.

Les hommes suaient comme des bêtes sous le chaud soleil d'août quand les sentinelles donnèrent l'alerte.

— Ils remontent le fleuve !

Le bombardement anglais de Patamoke, le 24 août 1813, fut d'une réelle sauvagerie. Le capitaine Gatch envisageait de débarquer en aval de la ville et de l'investir par voie de terre afin d'anéantir avec application ce lieu infâme, quand un escadron d'hommes de l'eau, comptant quelques Turlock du marais, les accueillit par un feu si résolu que sir Trevor en resta confondu.

— Le diable m'emporte ! Ils se battent comme les meilleurs soldats de Napoléon.

Et à sa grande consternation, il dut se tenir à bonne distance au centre du fleuve et bombarder les lieux avec ses gros canons car les tireurs de la berge mettaient à mal ses matelots.

« Incendiez toute la ville ! cria-t-il.

Et les bouches à feu crachèrent en direction des principaux bâtiments. Les premières bordées n'allumèrent pas d'incendies spectaculaires, et il donna ordre à ses hommes de concentrer tous leurs efforts sur le chantier naval qui, selon lui, abritait le *Whisper ;* lorsque des boulets rougis à blanc frappèrent le long bâtiment, des flammes jaillirent, un grand feu se déclara aussitôt et les marins britanniques hurlèrent de joie

— Le diable m'emporte ! Cette fois, on les a eus ! lança le capitaine Gatch.

Il pensait que les boulets incendiaires avaient atteint les stocks de térébenthine et de résine entreposés pour réparer les avaries du *Whisper.*

Tandis que les flammes s'élevaient en crépitant et détruisaient le hangar et ce qu'il abritait, sir Trevor sourit et se tourna vers son second :

« Mon père a été humilié à la bataille de la Chesapeake, et

une génération entière de nos gars a tenté de couler le *Whisper*. A présent, c'est chose faite.

A midi, il donna ordre à sa flottille de descendre le Choptank en se tenant à bonne distance des promontoires où la milice locale se montrait d'humeur belliqueuse.

— Devons-nous tirer quelques bordées d'adieu sur la ville ? demanda le second.

— Certainement ! répliqua sir Trevor.

Et dix-neuf lourds boulets décrivirent un arc de cercle avant de tomber sur la ville, causant des ravages, tandis que les marins britanniques célébraient leur victoire par des cris de joie.

Comme les bateaux se retiraient, l'espion qui les avait attirés là, et qui connaissait la ruse des habitants du Choptank et des Turlock, gardait les yeux rivés sur le marais. Soudain, alors que le capitaine Gatch partageait une bouteille de rhum avec ses canonniers, l'homme s'écria :

— Capitaine, voilà le *Whisper*... là-bas !

Gatch faillit s'étrangler. C'était bien la goélette, dissimulée dans les hautes herbes du marais où aucun Anglais ne l'aurait repérée. Maintenant, à deux heures de l'après-midi, sir Trevor devait faire face au fantôme du *Whisper* qu'il avait coulé dans la matinée.

— Canonniers à vos postes ! ordonna-t-il.

Toute la flottille se déploya à proximité du marais, d'autant qu'elle n'avait plus à craindre aucun tireur, et lentement, les lourds canons furent mis en position.

La première bordée atteignit son but ; le pont éclata, des virures jaillirent. La suivante prit la goélette sur bâbord, au-dessus de la ligne de flottaison, causant des dégâts considérables.

— Elle fait eau ! Elle donne de la bande ! cria une vigie après la cinquième bordée.

Puis, tandis que les canons anglais de moindre calibre s'acharnaient sur la goélette, la vigie cria :

« Il y a un homme à bord. Cheveux roux. Barbe rousse.

Et le feu se concentra sur cette grande silhouette sautillante ; enfin, un boulet de canon atteignit l'homme au bras gauche et le cloua à la timonerie. La vigie vit jaillir le sang.

« Il est touché, capitaine. Il est tombé.

Quand le capitaine Gatch appliqua l'œil à sa lunette d'approche, il vit la goélette donnant de la bande sur bâbord, les éclats de bois, les taches de sang et, sur le pont, une main coupée.

— Il est mort, annonça-t-il à son équipage.

Immédiatement, il donna ordre de mettre les canots à la mer pour que les hommes aillent brûler ce qui restait de la goélette. Et les feux furent allumés ; les mâts brisés et la main coupée se consumèrent ; vengeance était tirée de toutes les offenses infligées par le *Whisper*.

Le lendemain matin, quand la flottille britannique embouqua la passe au nord de Devon Island, l'espion annonça :

— C'est là qu'habitent les Steed. Ils étaient propriétaires du *Whisper*.

— La maison est très éloignée ; mais j'offre une récompense à celui qui l'atteindra.

Sur quoi, les canons crachèrent et de gros boulets décrivirent des arcs de cercle en direction de La Vengeance de Rosalinde, mais deux seulement l'atteignirent. En fin de course, ils se logèrent sans plus dans les briques surmontant le premier étage, près du toit, où ils demeurèrent incrustés.

Le bombardement anglais de Patamoke affecta trois habitants de la localité de diverses manières. Paul Steed, petit-fils d'Isham et petit-neveu de Simon, dirigeait maintenant la vaste plantation, assisté dans sa tâche par plusieurs cousins plus âgés appartenant aux Steed du Refuge. A vingt-deux ans, il était encore assez jeune pour rire de la canonnade dont sa demeure avait été la cible. Pendant le tir, il avait même dansé joyeusement tandis que les boulets passaient très haut au-dessus de la maison. Lorsque deux d'entre eux finirent par l'atteindre, sans causer de dommages, il s'écria d'un ton triomphant :

— Ils ne peuvent rien contre nous ! Regardez-les s'enfuir comme des rats !

Il empoigna un mousquet et se précipita vers la côte nord, tirant sans cesse en direction de la flottille. Ses balles manquaient leur but de deux bons kilomètres mais, par la suite, il ne devait pas moins se vanter :

— Nous les avons repoussés.

Contrairement à ses aînés, Paul était le premier rejeton des Steed à n'avoir fréquenté aucune école européenne, pas même le grand collège catholique de Saint-Omer. Il avait été éduqué avec plus ou moins de bonheur à la nouvelle université de Princeton, dans le New Jersey, où un grand nombre de jeunes gentilshommes du sud poursuivaient leurs études. Les fortes tendances presbytériennes de l'établissement avaient eu un effet nocif sur la foi catholique que les Steed avaient toujours entretenue jusque-là, et le caractère du jeune Paul en avait pâti. Il n'était plus très sûr de ses sentiments religieux : il lui manquait les convictions reposant sur des bases simples et ses hésitations s'exprimaient dans sa répugnance à envisager le mariage ou à assumer les véritables responsabilités de la plantation.

Les Steed de Devon se préparaient donc à aller grossir les rangs des familles riveraines en déclin, et Paul ne paraissait pas apte à renverser cette déplorable tendance. Le problème était simple : Paul et ceux de sa génération étaient les premiers à ne plus bénéficier des séjours en Europe. Les bateaux familiaux ne quittaient plus les jetées du domaine pour des traversées régulières et rapides à destination de l'Angleterre et de la France ; et cette absence de contact avec la civilisation nuisait à la jeunesse. Non que l'Europe offrît une culture supérieure ou une éducation plus subtile que celle dispensée dans les universités de Yale ou William and Mary, mais l'Europe procurait un échange d'idées différentes, exprimées dans des langues différentes, par des hommes élevés dans des traditions différentes, et Paul Steed était trahi par son éducation incomplète privée de ces idées neuves et libérales. Dorénavant, les grandes familles de la Chesapeake allaient se cantonner dans leurs domaines.

Pourtant le jeune maître ne manquait pas d'esprit. Lorsque les Anglais furent hors de vue, il se fit apporter des échelles et examina les deux boulets de canon fichés dans le mur nord de la maison. Après avoir constaté qu'ils étaient incrustés entre les briques, il donna ordre à ses esclaves de combler de plâtre les fissures afin que les boulets fussent emprisonnés à jamais, et il devint rituel d'amener les invités dans la chambre de Paul, au premier étage, pour leur montrer les projectiles anglais.

— Ce diable de Gatch essayait de me tuer dans mon lit, disait-il en riant. Mais il a mal calculé son coup et visé trop haut. Un mètre plus bas, les boulets traversaient la fenêtre et me tuaient pendant mon sommeil.

Il se gardait bien de révéler qu'il n'avait jeté son dévolu sur cette chambre qu'après l'attaque britannique.

Pour sa part, George Paxmore se réjouissait à l'idée que les Britanniques aient déversé leurs projectiles sur son chantier factice ; celui-ci avait brûlé sans grande perte, et il n'y en avait aucune à déplorer sur son chantier camouflé, resté intact. Paxmore était si heureux qu'à chacun des bûcherons et charpentiers qui l'avaient aidé, il remit une prime équivalant à une semaine de paye.

Mais il subissait aussi une défaite d'ordre psychologique parce que le *Dartmoor,* qui avait causé tant de dommages à Patamoke et incendié le *Whisper,* était sorti des chantiers Paxmore. Son grand-père, Levin, le célèbre architecte naval, l'avait construit avec amour dans les années 1770. C'était la première goélette du type du *Whisper* qui avait accompli tant de prouesses.

Elle avait été baptisée *Victory* et était tombée dans un piège tendu par l'amiral Rodney à Saint-Eustatins. Le capitaine Norman Steed avait été tué par une balle de mousquet, et le *Victory* capturé. Rebaptisée *Dartmoor* et équipée de six puissants canons, la goélette s'était distinguée plusieurs années durant au sein de la flotte britannique et avait contribué à la défaite des Français à Trafalgar.

Le capitaine Gatch chérissait le *Dartmoor* qui lui permettait d'évoluer à une vitesse stupéfiante, de fondre sur les bateaux d'un plus fort tonnage, et de les réduire à merci avant qu'ils aient eu la possibilité de manœuvrer leurs lourds canons pour le repousser. La goélette bénéficiait en outre d'une appréciable puissance de feu ; récemment, le capitaine Gatch avait fait installer deux lourds canons supplémentaires à l'avant, ce qui portait l'armement à huit pièces, et il avait consacré plusieurs semaines à entraîner ses canonniers pour tirer le meilleur parti de ces engins.

Pendant les heures où la flottille se tint devant Patamoke, y semant la dévastation, Paxmore sombra dans la confusion : d'une part, il se lamentait de l'acharnement que le capitaine Gatch déployait à anéantir son chantier, d'autre part, il appréciait la possibilité qui lui était offerte d'observer le *Dartmoor ;* et il dut admettre que nombre des modifications apportées par Gatch avaient renforcé la goélette : « Il a surélevé le pavois pour fournir une protection accrue à ses canonniers. Et il a déplacé ses pièces pour ajouter du poids à l'avant. Cette formule tient l'étrave basse. Elle procure aux canonniers une plate-forme plus stable. » Mais son œil exercé décela le danger : « Je crois que ce surcroît de poids risque de faire enfourner la goélette. Gatch devra se montrer prudent. » Finalement, il en vint à formuler une curieuse concession : « Au combat, la goélette doit être inégalable. » Hésitation. « Mais elle n'a pas été conçue pour le combat. »

A force d'argumenter, il se trouvait acculé dans l'impasse qui guette tous ceux dont la mission est d'établir les plans d'un bateau ou de prendre une décision : chaque amélioration porte en soi le germe de sa destruction, l'équilibre vital a été compromis et les conséquences sont imprévisibles. Le fardeau qui incombe à celui qui est au pied du mur est de décider si la modification justifie le risque encouru. Le capitaine Gatch avait misé sur le fait que le poids à l'avant lui permettrait un tir plus efficace, et la précision de ses dernières bordées confirmait son option.

Au plus fort de l'incendie et des cris, George Paxmore conclut : « J'ai en tête un bateau qui triplerait les avantages du *Whisper* en n'augmentant que modérément les risques. » Et il commença à prier à haute voix pour que les vigies du capitaine Gatch ne repèrent pas son chantier naval camouflé car il avait hâte d'entreprendre une nouvelle construction. Quand la flottille se retira, il n'eut pas honte de s'agenouiller et de rendre grâce au ciel.

Puis, des rumeurs se déversèrent dans Patamoke : « le *Whisper* a été repéré » ; « l'espion l'a aperçu, caché dans les herbes » ; « des bordées à faible distance l'ont coulé » ; « finalement, il a été incendié ».

Paxmore fut si bouleversé par ces bruits que sa femme s'étonna de son agitation.

— George, qu'y a-t-il ? Nous avons sauvé le chantier.

— Ils ont coulé le *Whisper.*

— Non ! se récria-t-elle.

Elle courut vers le fleuve, comme s'il pouvait lui apporter un démenti, mais il était gris, indifférent.

Des ouvriers vinrent confirmer le rapport.

— Le capitaine Turlock a été tué. Il a brûlé avec son bateau.

George Paxmore se moucha bruyamment, se mordit la lèvre.

— Matthew Turlock était le meilleur des hommes de l'eau que ce fleuve ait jamais vu naître.

Et de rappeler les aventures du capitaine à la barbe et aux cheveux roux.

Mais Matthew Turlock n'était pas mort dans l'incendie de son bateau. Quand sa main gauche fut sectionnée, la douleur qu'il ressentit et la vue de son sang l'amenèrent très près de l'évanouissement. Ce fut peut-être à cela qu'il dut son salut : étendu sur le pont, essayant d'étancher l'hémorragie, il devenait invisible aux tireurs anglais.

Lorsqu'il comprit que le *Whisper* ne pouvait être sauvé, il rampa vers le bord côté terre et se laissa glisser dans le marais tout en essayant d'envelopper son moignon dans le pan de sa chemise. Quand les marins s'approchèrent pour mettre le feu à l'épave, il était dissimulé dans les hautes herbes. Par la suite, il gagna la terre ferme où deux gamins Turlock venus regarder l'incendie le repérèrent et allèrent chercher de l'aide pour le traîner à l'abri ; mais il refusa de quitter la berge avant que sa goélette se soit consumée.

Le *Whisper !* Le plus fier des vaisseaux de la résistance américaine, qui avait sillonné les mers sous les ordres de son père, son foyer depuis l'âge de sept ans, le fléau des corsaires, l'insolent défi aux amiraux anglais, le rapide, le fin aïeul ! Comme il était pitoyable de le voir mourir sur les hauts-fonds d'un marais, pris pour cible par des boulets sans qu'il pût riposter ! Des larmes salées mouillèrent sa barbe et il sombra dans l'inconscience, ce qui permit aux siens de le transporter à l'abri.

Rachel Turlock, soixante-dix-sept ans et chef du clan, jeta un coup d'œil au moignon sanguinolent.

— Une pelle chauffée à blanc, dit-elle.

Aucun médecin ne demeurait dans le voisinage et la blessure saignait trop abondamment pour être étanchée par les moyens habituels.

« Une pelle chauffée à blanc, répéta Rachel.

On attisa le feu dans lequel on posa une bêche jusqu'à ce que le métal fût rougi à blanc. Puis cinq hommes du clan maintinrent Matthew contre le sol de terre battue pendant qu'un sixième tirait la bêche des braises, crachait sur le fer pour éprouver son état d'incandescence, puis l'appliquait avec force sur le moignon déchiqueté. Sous le coup de la douleur fulgurante qui se répandait dans son corps, Matthew s'évanouit de nouveau ; quand il revint à lui, il vit que son moignon avait été enduit de graisse d'ours et enveloppé de chiffons.

Pendant qu'il se débattait contre la douleur sourde, un

Turlock de Patamoke fit irruption dans la hutte, porteur d'une triste nouvelle :

— La dernière bordée a touché ta maison.

— Merry est blessée ?

— Morte. Elle a été tuée.

Dans sa fureur en apprenant que sa femme aussi était perdue, tout comme son bateau et sa main gauche, Matt Turlock jura de se venger. Ainsi commença le duel.

Quand le moignon fut guéri, Matt lui laissa son pansement de toile et, de temps à autre, le frappa contre tables et chaises afin de l'endurcir. Après un tel traitement, la cicatrice devint bientôt aussi coriace que de l'os, et il estima que le moment était venu.

Il s'approcha de la boîte dans laquelle il gardait son trésor : les titres de propriété de sa terre, la renonciation signée par le recteur de Wrentham et par le président Washington, un sac de pièces européennes en argent. Il les porta à un artisan de Patamoke en lui donnant ordre de les fondre. Lorsque l'argent frémit dans le creuset, il émit son désir :

— Fais-moi un lourd gobelet pour mon moignon, il faut qu'il soit massif. Tu y foreras deux trous pour y passer des lanières... que j'attacherai au coude.

Lorsque le gobelet fut fondu, il le trouva conforme à son souhait, mais il formula une autre exigence :

« Je veux que tu graves une étoile à chacun des points cardinaux et, sur le côté plat, un aigle.

A l'aide de burins et marteaux, l'artisan cisela quatre étoiles sur le gantelet, puis il ajouta un bel aigle sur la partie plate recouvrant l'extrémité du moignon. Une fois les lanières de cuir passées dans les trous et attachées au-dessus du coude, il se retrouva nanti d'une protection qui pouvait devenir une arme mortelle dans un combat.

Les marins de Patamoke le surnommèrent « Poing d'Argent », mais ils se gardèrent bien de le provoquer de crainte qu'il leur fît tâter de son lourd poing gauche. Matthew avait quarante-cinq ans quand il perdit son bateau ; un homme de l'eau, grand, hirsute, à la barbe rousse, aux yeux enfoncés à demi dissimulés par des sourcils broussailleux du même roux. Il avait sillonné la Chesapeake depuis sa naissance ; il s'y était même aventuré seul à l'âge de quatre ans, et il avait bien l'intention de continuer. Mais, pour cela, il avait besoin d'un bateau.

Quand il passa au bureau de George Paxmore, il s'aperçut que le constructeur quaker brûlait de remplacer le *Whisper*. Le jeune homme était si affligé par la perte du trésor familial qu'il semblait prêt à entamer une nouvelle construction sans commande ferme. Pas tout à fait, pourtant. Dès qu'il eut modéré son enthousiasme, il demanda :

— As-tu l'argent pour payer le bateau ?

Il éprouva un vif soulagement en apprenant que Turlock n'en manquait pas.

Paxmore répugnait à entendre les suggestions du capitaine ; il souhaitait seulement construire un bateau qui surpasserait tout ceux qui étaient sortis du chantier jusque-là. Dévoilant ses plans à contrecœur, il s'enquérait néanmoins de temps à autre :

— Est-ce que tu comprends ce que je cherche à obtenir ?

Fait étrange, Turlock se contenta de laisser le constructeur agir à sa guise car il avait appris de son père que le mérite du *Whisper* tenait pour un quart dans les manœuvres que Turlock lui imprimait, et pour les trois autres quarts dans le génie de Levin Paxmore.

— Tout ce que je vous demande, c'est que ce soit le meilleur bateau que vos chantiers aient jamais vu naître, dit-il au jeune Paxmore.

— Tu l'auras, mais à condition d'y mettre le prix.

Il tira une feuille de papier sur laquelle il avait porté le montant d'un devis qui tenait compte des moindres détails, jusqu'à la dernière gournable.

« Ça te coûtera deux mille huit cent soixante-trois dollars quarante-sept.

— Quelles dimensions ?

— Longueur, vingt-cinq mètres vingt-cinq. Largeur, sept mètres quinze ; tirant d'eau, trois mètres vingt à l'avant, quatre mètres quarante-cinq à l'arrière.

— Bien. Je ne veux pas d'un bateau trop lourd à l'étrave.

— Moi non plus, se récria Paxmore.

Puis, il attendit une confirmation mais, au lieu de parler, Turlock tira de sa ceinture un sac de toile rempli de pièces d'argent et commença à les compter, poussant les piles de sa main gauche, en argent elle aussi. Lorsque la somme eut atteint mille dollars américains, il dit :

— Construisez-le-moi. J'ai le solde.

Et il disparut.

La construction s'acheva au début de 1814.

— La plus faible brise suffira pour faire évoluer ce bateau, dit Paxmore. Mais, au large par bon vent, il taillera de la route comme pas un.

Tailler de la route, couper le flot, telle fut l'origine du mot *clipper* pour désigner ce voilier rapide, très fin de carène. C'est ainsi que l'avaient surnommé les ouvriers de Paxmore et ce mot avait été peint sur le tableau. Mais quand il le vit, Turlock s'y opposa.

— C'est moi qui baptise mon bateau, dit-il d'un ton catégorique.

Et il l'appela *Ariel :* « l'esprit de la mer ; celui qui hante le cœur des océans ».

Il recruta un équipage de trente-quatre hommes aguerris et, par un froid jour de janvier, leur annonça :

— On va l'essayer sur le Choptank.

Dès que le bateau commença à évoluer, il le dirigea vers la Chesapeake, mais resta à proximité de la côte orientale, loin des navires de guerre britanniques somnolents et, lorsqu'il arriva à hauteur du cap Henry, il surprit ses hommes en faisant voile vers l'Atlantique.

— Maintenant, on va voir comment il réagit à la lame ! annonça-t-il.

Plus de trois mois s'étaient écoulés quand il revint dans la baie avec un équipage endurci, prêt au combat. Il ne ramenait pas de butin ; l'*Ariel* avait intercepté deux petits bateaux de commerce anglais sans en tirer autre chose que des vivres pour son équipage. A Patamoke, il demanda à Paxmore d'opérer quelques modifications, obtint la caution de Paul Steed et repartit pour sa quête.

Il évoluait à bonne allure dans la baie lorsque la vigie cria .

— Deux navires anglais, trois quarts bâbord devant.

Matt saisit sa lunette d'approche et eut le souffle coupé ; le bâtiment de tête était le *Dartmoor,* la goélette commandée par son ennemi mortel, le capitaine Gatch.

— Il a huit pièces alors que nous n'en avons que deux ! cria-t-il à ses hommes. Sans compter les deux ou trois autres à bord du bateau qui le suit. C'est faisable.

Sans accorder à ses marins le temps d'estimer ce que cet énorme avantage pouvait présenter pour Gatch, Matt jeta un rapide coup d'œil à la carte et s'assura que le combat pourrait se limiter à la partie de la baie comprise entre la York River, à l'ouest, et le cap Charles, à l'est ; il ne risquait donc pas d'être inquiété par des navires de soutien britanniques venant de la James River puisque l'embouchure de celle-ci se situait très au sud. Le destin lui avait accordé l'espace, le vent frais soufflant de la côte occidentale et un équipage sûr. Que lui fallait-il de plus ?

— Nous allons couper la route à celui-ci et le couler, dit-il vivement en désignant le sloop qui suivait le *Dartmoor* et comptait quatre canons.

Après avoir donné cet ordre bref, il exécuta une manœuvre qui l'amena tribord amures et qui lui permettait de passer entre les deux vaisseaux ennemis. Il estima qu'il pourrait en finir avec le sloop avant que le capitaine Gatch ait eu le temps de virer de bord et d'amener ses pièces en position.

L'*Ariel* semblait bondir, le pont dans l'eau, sa haute mâture vibrant sous le poids des voiles ; la manœuvre fut exécutée avec tant d'adresse que Turlock réussit à mener à bien la première partie de son plan : ses deux canons s'en prirent au plus petit des bateaux et stoppèrent sa course ; puis l'*Ariel* vira de bord et fonça sur le bateau anglais endommagé. Neuf hommes du Choptank se lancèrent à l'abordage ; ils se colletèrent avec les Anglais, en tuèrent quelques-uns et incendièrent le sloop. Il était impossible de les récupérer sans arrêter net l'*Ariel* et donner la possibilité au *Dartmoor* de faire feu à volonté ; aussi, Turlock fit-il signe à ses hommes et observa avec satisfaction qu'ils mettaient des canots à la mer. Pour eux, le combat était terminé.

Quand Gatch vira cap pour cap dans l'intention de fondre sur l'impudent bateau américain, il reconnut avec stupeur son capitaine qu'il croyait avoir envoyé ad patres depuis belle lurette.

— Grand Dieu ! s'exclama-t-il. C'est Turlock !

Il remarqua aussitôt que l'*Ariel* ne disposait que de deux canons alors qu'il y en avait huit à bord du *Dartmoor*.

« C'est le nouveau bateau qu'ils appellent clipper ! cria-t-il. Nous allons l'envoyer par le fond.

Gatch pouvait se prévaloir de tous les avantages. En mettant cap au nord, il était passé au vent de l'*Ariel ;* il disposait de huit canonniers parfaitement entraînés et d'un équipage enthousiaste, convaincu de son invincibilité. Élément plus important encore, lors du bombardement de Patamoke il avait damé le pion à son adversaire et il était persuadé de pouvoir renouveler son exploit. La défaite était impossible.

Avant que Turlock ait eu le temps de se détourner du premier Anglais, Gatch fondit sur lui, venant du nord, la voilure parfaitement contrôlée, et les quatre pièces de bâbord exactement dans l'axe voulu. La manœuvre fut un chef-d'œuvre de tactique navale ; les canonniers de Gatch, bien à l'abri sur leur plate-forme stable, mirent à mal les ponts de l'*Ariel ;* pourtant, ils n'endommagèrent aucun des mâts, ce qui permit à Turlock de mettre cap à l'est et de se préparer au prochain assaut. Il nota avec consternation qu'aucun de ses canonniers n'avait fait feu sur le navire britannique au cours du premier engagement. Il ne voulait pas que cela se reproduise ; il choisirait le moment et les conditions du prochain assaut.

En conséquence, il évolua le long de la partie est de la baie, sans perdre de vue le *Dartmoor,* et observa avec satisfaction que le sloop anglais brûlait jusqu'à la ligne de flottaison. Tu as perdu la moitié de tes effectifs, Gatch ; à présent, nous allons nous charger de l'autre moitié.

Tout en guettant l'occasion qui lui permît de garder le *Dartmoor* sur bâbord, il donna ordre à ses canonniers de faire pivoter leurs pièces sur ce bord et les avertit :

— Cette fois, il faudra les mettre à mal.

Puis, il s'adressa aux marins.

« Quant à vous, vous les arroserez d'un feu roulant de mousquet.

Conformément à son plan, il fit mouvement à grande vitesse, tribord amures, coupant la route à la goélette de Gatch et, au passage, le salua d'un feu nourri déversé par toutes sortes d'armes. Un boulet de canon ricocha sur le mât de misaine, ce qui déventa les voiles d'avant ; des balles de mousquet s'enfoncèrent dans le pont. C'était là un engagement de quelque importance et aucun matelot américain n'avait été perdu.

A ce stade, la prudence eût voulu que Turlock battît en retraite ; il avait causé des dommages à son ennemi, et il y avait peu d'espoir que son clipper, ne disposant que de deux canons, pût livrer un combat prolongé et continuer à harceler le *Dartmoor.* Mais la soif de vengeance qui animait Turlock l'empêchait d'être prudent.

— Est-ce qu'on les achève ? demanda-t-il à ses hommes

L'équipage hurla son assentiment. Il dévia donc de sa route et évolua le long de la côte ouest de la baie dans l'intention de fondre sur le *Dartmoor,* bâbord amures avec le vent venant de l'arrière du travers.

Mais Gatch avait percé les intentions de son adversaire. Conscient de ce que son bateau, avec sa misaine endommagée, était très ralenti par rapport au clipper, il se prépara à croiser l'*Ariel,* tribord contre tribord, en lâchant une bordée que ces insolents Américains ne seraient pas près d'oublier. Les matelots de Turlock comprirent aussitôt la tactique de l'Anglais et se rendirent compte que leur sort dépendait de la façon dont ils sortiraient de ce déluge de feu. Ils firent pivoter leurs deux canons, les amenèrent dans la meilleure position possible, et hérissèrent de mousquets le flanc tribord. Ce serait un assaut de volonté.

C'était aussi l'assaut de deux capitaines. Gatch avait l'avantage de la puissance de feu. Turlock celui du vent, de la vitesse et de l'encouragement d'une victoire partielle. Et chacun était soutenu par son équipage ; les matelots anglais sachant que ce diable de Trevor était un chef chanceux, les Américains s'en remettant, comme ils l'avaient toujours fait, au courage de Poing d'Argent.

Comme ils étaient beaux, les deux bateaux des Paxmore tandis qu'ils manœuvraient sur la Chesapeake, le vieux *Dartmoor,* l'une des plus parfaites réussites du chantier de la baie, l'*Ariel* tout neuf, précurseur des clippers qui allaient s'assurer la maîtrise des mers de la Chine à Mourmansk ! Ils évoluaient comme les insectes d'été qui dansent sur l'eau sans que leurs pattes en effleurent jamais la surface. Avec la quête de leurs mâts, leurs lignes tendues, ils bondissaient sur l'eau, pressés d'en arriver à l'épreuve de force et, dans un instant de crainte, Gatch se demanda : « Seigneur, aurait-il l'intention de m'éperonner ? » Il croyait l'Américain capable de n'importe quelle folie.

Mais à la dernière minute, Matt Turlock manœuvra afin que le flanc tribord de l'*Ariel* coupât la route du *Dartmoor,* et le feu se déclencha. Les canonniers américains étaient précis, ils étaient résolus ; ils tuèrent deux marins anglais, mais les lourdes pièces du *Dartmoor* étaient terrifiantes et elles éventrèrent l'*Ariel*

Le bois éclata. Sous le choc, les hommes furent projetés en tous sens Le clipper frémit et une vergue s'effondra. Cette fois, la puissance de feu des Anglais avait été irrésistible, et le fragile *Ariel* était perdu.

Plus exactement, il eût été perdu si Turlock avait été assez fou pour attendre une troisième passe d'armes. Une rapide estimation des avaries lui fit comprendre que son bateau avait été sérieusement endommagé et que, désormais, ses avantages de vitesse et de manœuvrabilité étaient réduits à néant. Sans la moindre hésitation, il battit en retraite.

— Maintenant, nous le tenons ! s'écria Gatch sous les ovations de ses hommes.

Il comptait pourchasser l'*Ariel* blessé jusqu'à sa cachette du Choptank et le détruire comme son prédécesseur.

Mais il n'entrait pas dans les intentions du capitaine Turlock de se cacher où que ce soit. Sans réfléchir à l'endroit où il pourrait faire procéder aux réparations, il imprima un trajet chaotique à l'*Ariel,* cap sur la sortie de la baie. Tout comme son père, quarante ans auparavant, il savait que son bateau trouverait refuge sur les côtes de l'Atlantique. Endommagé, espars enchevêtrés, ponts encombrés de débris, l'*Ariel* se faufila vers la haute mer où le *Dartmoor* ne pouvait le rattraper et où il serait en mesure de recouvrer ses forces.

— Il va couler au large, prophétisa sir Trevor en suivant des yeux le bateau ennemi.

Mais il ne croyait pas à sa prédiction ; il se doutait que, d'une façon quelconque, Turlock parviendrait à réparer ses avaries et que, quelque part sur les mers, le fin clipper et la goélette se mesureraient de nouveau. Néanmoins, lorsqu'il rapporta le combat à l'amirauté, il chanta victoire. « Il est vrai que nous avons perdu un petit sloop, mais l'*Ariel* a été gravement endommagé, et c'est primordial car les Américains placent beaucoup d'espoir dans leur nouveau clipper. Nous l'avons chassé des mers. » Il comptait maintenant deux victoires sur le capitaine Turlock et aucune défaite ; quand ses hommes rejoignirent la flotte de l'amiral Cockburn pour l'attaque sur Washington, ils se vantèrent : « Ce diable de Trevor sait comment s'y prendre avec les Américains. Il les écrase. »

De tous les ports de l'Atlantique où Matt Turlock aurait pu relâcher pour réparer son bateau, il choisit le moins prévisible. Il mit le cap sur Saint-Eustatins, l'insignifiant îlot hollandais du nord des Caraïbes. L'endroit n'avait plus rien de l'entrepôt opulent ; un traité de paix signé en Europe avait rendu l'île aux Hollandais, et celle-ci était redevenue ce qu'elle avait toujours été au cours des siècles : un petit port assoupi, agrémenté de quelques modestes boutiques. Certes, le long de la grève, se dressaient toujours les immenses entrepôts qui, pendant les quelques années exaltantes, aux environs de 1770, avaient abrité la richesse du monde, mais à présent ils étaient vides et les souris rongeaient leurs charpentes.

Les quelques artisans restés sur place furent heureux de trouver de l'occupation et s'affairèrent autour de l'*Ariel*. Au bout de trois semaines, le clipper avait recouvré toute sa vigueur, mais il importait de lui trouver une affectation. Pas question de retourner dans la Chesapeake ; en effet, au cœur de 1814, la baie était si infestée de navires de guerre britanniques qu'aucun vaisseau américain ne pouvait s'y aventurer, et cet état de choses devait se poursuivre pendant une année. L'accès à d'autres ports demeurait interdit par le blocus ; ainsi commencèrent de fastidieuses allées et venues en quête d'occasions lucratives.

Le capitaine Turlock effectua une traversée couronnée de succès entre la Martinique et le port espagnol de Veracruz au Mexique ; là, il chargea du bois à destination d'Halifax, mais un patrouilleur anglais l'aperçut et l'obligea à gagner la haute mer. Il se débarrassa de ses billes de bois de l'autre côté de l'Atlantique, au Portugal ; mais dans ce pays il ne put trouver aucune cargaison pour l'un des ports susceptibles de l'accueillir. Le rapide clipper et son équipage de trente-quatre hommes, qu'il fallait nourrir, se voyaient contraints à errer sur les mers.

Comme il naviguait sans but dans l'Atlantique Turlock se rappela sa dernière traversée à bord du *Whisper :* il avait débarqué une cargaison de viande à La Havane et s'apprêtait à quitter le port lorsqu'un avitailleur était venu à bord d'un canot pour lui proposer de faire entrer en fraude trois esclaves en Virginie, moyennant une somme rondelette. Il avait accepté, et l'argent était venu grossir ses bénéfices de façon substantielle. Ce souvenir l'incita à se renseigner sur la traite des esclaves dont il apprit les règles fondamentales : « Charger son bateau d'une quelconque marchandise de troc. Aller en Afrique, y embarquer les esclaves, les échanger au Brésil, contre du rhum et du sucre acceptables dans n'importe quel port de commerce… et répéter l'opération. »

Se voyant interdire tout commerce honnête par le blocus britannique, il était tenté par l'argent facile qu'il pourrait gagner en Afrique, mais la loi tempérait son ardeur. Depuis 1792, les capitaines de navires américains n'étaient plus autorisés à importer des esclaves et risquaient la prison en cas d'infraction. En 1808, toute importation, quel que soit le pavillon sous lequel le bateau naviguait, fut interdite, et le Maryland, qui possédait trop d'esclaves, alla jusqu'à s'opposer à leur achat dans des États limitrophes, tels que la Virginie.

Pourtant, le trafic continuait. De hardis capitaines se taillaient d'énormes profits en gagnant clandestinement l'Afrique et en déchargeant leurs cargaisons à Cuba ou au Brésil, ou même en débarquant des esclaves en contrebande dans les marais de Géorgie. Matt Turlock décida de se lancer dans cet abominable commerce.

— Ce ne sera que momentané, assura-t-il à son second, Mr. Goodbarn, tandis que l'*Ariel* mettait le cap sur l'Afrique. Une traversée de temps à autre, rien de plus, jusqu'à ce que revienne la paix.

En relâchant dans le port de Luanda, il se rendit chez les courtiers locaux.

— Je ne suis pas un négrier. J'ai l'intention d'effectuer un seul voyage jusqu'au Brésil.

— Parfait, approuva le senhor Gonçalves. J'ai deux cent seize esclaves en attente.

Mais quand Gonçalves visita les cales nues de l'*Ariel,* il éclata de rire.

« Si vous souhaitez transporter des esclaves, il vous faudra construire des cages adéquates.

Turlock embaucha une équipe de charpentiers portugais, habitués à ce genre de travail. Ces hommes se répandirent dans le ventre du clipper pour y installer des barrières massives ; alors que le bruit du marteau se répercutait dans tout le bateau, Turlock eut une prémonition : « Ils clouent mon destin. » Il comprenait que, une fois son clipper aménagé pour la traite, l'appât du gain deviendrait irrésistible : on ne prend pas de telles dispositions pour une seule traversée. Sans tenir compte des sommes en jeu, il se jura de démolir les cloisons dès que la guerre serait terminée et de se livrer de nouveau à des transports licites.

La besogne achevée, le senhor Gonçalves lui proposa de descendre dans les cales pour apprécier le travail de ses charpentiers ; Matthew accusa un sursaut devant l'épaisseur sinistre du cloisonnage, l'exiguïté de l'espace alloué aux esclaves. A l'endroit où le mât de misaine traversait le pont, pour s'ajuster dans son emplanture, une véritable muraille avait été édifiée. Là où passait le grand mât, une sorte de grille verticale avait été dressée et, à l'arrière, une autre muraille fermait la cale. Mais Turlock céda à la stupeur en constatant qu'entre le bas de la cale et le pont tout un plancher avait été construit ménageant une très faible hauteur sous barrots.

— Dans la cale inférieure, la hauteur ne dépasse pas un mètre vingt, commenta Turlock.

— Un tout petit peu moins, admit Gonçalves.

— Et dans la cale supérieure moins d'un mètre quarante ?

— Un mètre quarante-cinq, annonça fièrement Gonçalves en montrant à Matt qu'un homme pouvait presque se tenir droit à condition de pencher le torse en avant.

— Vous disposez de quatre compartiments, reprit le Portugais. Deux au-dessus, deux en bas. De quoi transporter quatre cent soixante-dix esclaves. Vous placerez les plus vigoureux, les plus récalcitrants en bas. Les autres là-haut.

Turlock se sentait pris au piège comme s'il avait construit sa propre prison ; les modifications apportées par les charpentiers à son bateau l'atterraient. Il envisageait d'abandonner la traite avant même d'avoir commencé, mais le senhor Gonçalves calma ses craintes :

« Capitaine, il fallait construire deux étages pour vous permettre de transporter davantage d'esclaves. C'est ainsi que vous réaliserez des bénéfices. Et l'ensemble devait être solide. N'oubliez pas que, cent quinze jours durant, de vigoureux Noirs ne cesseront de pester contre ces barreaux, qu'ils tenteront tout pour les arracher et semer la révolte. Dans ce métier, il est une chose que nous avons apprise : si les esclaves se libèrent... et tôt ou tard ils arriveront à venir à bout de leurs barreaux, même s'ils sont aussi forts que ceux-ci... il n'y a qu'une solution : tirer dans le tas... et vite.

Quand les esclaves furent parqués dans les quatre compartiments, Turlock modifia quelque peu son opinion. Il lui vint à l'esprit que des hommes fiers, comme ceux du Choptank, n'accepteraient pas une telle indignité ; en quelques minutes, une révolte éclaterait. Non, ceux-là ne sont pas des hommes fiers, songea-t-il. Bientôt, une fois les panneaux rabattus et assujettis, obturant totalement les soutes, mises à part quelques ouvertures par lesquelles la nourriture et l'eau seraient distribuées, il appareilla et fit route sur le port brésilien de Belem, un peu à l'est de l'Amazone. Quand il y parvint, en janvier 1815, les propriétaires de plantations portugais accueillirent avec empressement ce lot d'esclaves et l'assurèrent qu'il en tirerait un bénéfice prodigieux mais, ainsi que cela se produisait souvent en de tels cas, le paiement fut retardé et il dut ronger son frein au mouillage.

Plus il découvrait la ville tropicale, voilée de vapeur, à proximité de l'Amazone, plus elle lui plaisait. Il se mit à fréquenter une taverne appelée Infierno — dont la porte était gardée par deux démons sculptés dans l'ébène qui semblaient chaque fois lui adresser un clin d'œil, comme s'ils représentaient un avant-goût de ce qui attendait les trafiquants d'esclaves dans l'autre monde — et, dans cet établissement, il entendit des histoires fantastiques sur l'Amazone : « Trente pour cent de l'eau qui alimente les mers du globe vient d'ici. A soixante milles au large, l'eau est encore douce. Aucun homme n'est jamais parvenu au bout du fleuve. Il est habité par des oiseaux et des animaux inconnus. »

Il prêtait l'oreille à ce récit lorsqu'un marin anglais fit une déclaration incroyable :

— Nos troupes ont marché sur Washington, incendié la ville et fait prisonnier tout le gouvernement américain. Les États-Unis n'existent plus.

Planté devant Turlock qui criait son incrédulité, le matelot ajouta :

« Les bateaux comme le vôtre seront chassés des mers. En ce moment même, on pend des capitaines de votre espèce.

Après avoir encaissé son argent, Turlock n'en continua pas moins à fréquenter l'Infierno tant la soif de renseignements le tenaillait. Il ne parvenait pas à croire qu'une nation aussi vaillante ait pu s'effondrer, mais avant de repartir pour sa troisième traversée vers l'Afrique, il eut confirmation de la nouvelle par un officier français récemment débarqué à Belem.

— Les Américains auraient dû comprendre qu'ils ne pouvaient défier l'Angleterre sans notre appui. Maintenant, vous avez tout perdu.

Pour la première fois de son existence, Turlock se sentait désorienté. Il avait besoin de l'argent facile que lui procurait la traite, mais il voulait en savoir plus sur son pays. Il estimait que, si l'Amérique avait succombé sous l'assaut des Britanniques, il devrait rallier son pays sur-le-champ. Il savait que la patrie exsangue manquerait d'hommes compétents et de bons bateaux pour remonter le courant.

Aussi, en dépit des offres alléchantes que lui soumettaient les trafiquants brésiliens, il ne mit pas le cap sur l'Afrique, mais fit voile vers la Chesapeake. Il y arriva en avril 1815 sans trouver de navires anglais pour lui en interdire l'accès, ni de batteries installées sur les promontoires. Avec prudence, il entra dans la baie, héla le premier bateau qu'il rencontra et s'entretint avec le capitaine.

— Vaincus ? Bon Dieu, non ! On a repoussé les tuniques rouges jusqu'à Londres.

— On m'a dit que Washington avait été incendié.

— Oui. Mais rien n'a été perdu. On reconstruira la ville, elle sera encore plus belle qu'avant.

— L'Angleterre ne nous tient pas sous sa coupe ?

— Non. Jamais elle ne nous soumettra.

Lorsque Matt débarqua à Patamoke, il fut accueilli en héros ; il était l'homme qui avait fait honneur au pavillon américain. Il passa sous silence la deuxième défaite que lui avait infligée le capitaine Gatch, ainsi que son ignoble trafic d'esclaves. Il éprouvait un tel soulagement en constatant que l'Amérique était encore libre qu'il accepta sans remords les félicitations dont il était l'objet.

Bien qu'au faîte de la gloire, il devint maussade ; à quarante-sept ans, il n'avait pas d'épouse, pas de foyer, pas même un véritable travail, et il ne parvenait pas à oublier les longs mois pendant lesquels il avait erré sur l'Atlantique sans pouvoir se prévaloir d'un port d'attache. Il décida de relâcher un certain temps à Patamoke, d'y faire procéder à des réparations sur l'*Ariel* en attendant que se présente une occasion plus favorable.

Dans l'intervalle, il se rendit de plus en plus fréquemment à Devon Island où régnait une grande effervescence.

Dès que la guerre prit fin, Penelope Steed Grimes informa ses amis londoniens qu'elle emmenait sa ravissante fille, Susan, au Maryland pour l'y marier. Depuis plusieurs années, elle entretenait une correspondance suivie avec ses lointains parents, les Steed de Devon, et avait appris la mort de son père. Simon Steed avait joui de toute la considération des

Fithian, la famille londonienne de Penelope, d'autant qu'il s'était montré généreux à son endroit. Lorsqu'elle avait épousé le capitaine Grimes, Simon lui avait adressé cinq mille livres sterling, somme considérable qui avait permis à son mari d'acheter un brevet de colonel dans un régiment d'élite. Il était mort en combattant Napoléon et Simon l'avait précédé dans la tombe.

A Devon, Penelope avait pour correspondant Isham Steed, le frère de son grand-père, un charmant vieillard qui s'était rendu à Londres en 1794 pour assister au mariage de sa petite-nièce avec le capitaine Grimes. Il avait conquis tout un chacun par sa courtoisie et son aptitude à rire des prétentions américaines. Il aimait Penelope et, au fil des ans, l'avait tenue informée de l'évolution de son patrimoine américain.

Il avait suggéré que la jeune Susan vînt en Amérique pour épouser son petit-fils Paul. Tout d'abord, l'idée sembla grotesque à Penelope.

— Ils sont cousins, en quelque sorte. Et Paul a fréquenté l'une de ces ridicules écoles américaines où l'on n'apprend rien.

Elle continua à se gausser pendant un temps, puis en vint peu à peu à considérer d'un autre œil la proposition d'Isham.

Les Fithian l'assurèrent que les Steed étaient l'une des familles américaines les plus solides et que, selon la rumeur qui courait, Simon avait doublé sa fortune pendant la rébellion. La stabilité de la famille ne pouvait être mise en doute ; maintenant que la paix régnait dans la région, la vie au Maryland n'était pas dépourvue d'agréments.

Donc en cet été de 1816, Penelope Grimes, pétulante veuve de quarante et un ans, s'embarqua sur l'un des navires Steed en compagnie de Susan, sa fille de vingt ans. Après une traversée paisible, le bateau mouilla à Devon. Accoudée à la lisse, Susan constata avec ravissement que La Vengeance de Rosalinde justifiait largement la description qu'on lui en avait faite.

— La maison est protégée par une centaine d'arbres ! s'exclama-t-elle. C'est un endroit magnifique !

Sa voix musicale portait sur l'eau et, lorsque Susan vint vers lui, Paul fut encore plus charmé par sa grâce que par la beauté de ses traits.

Suivirent plusieurs jours d'exploration et d'enchantement.

Penelope se réjouit autant que sa fille de la douceur inattendue de Devon.

— Vraiment, si ces lieux étaient transportés en pleine campagne anglaise, personne n'y verrait la différence. Susan, nous sommes ici dans un petit paradis.

Les deux femmes étaient fascinées à l'idée de posséder des serviteurs auxquels on pouvait donner n'importe quel ordre sans crainte de les voir vous fausser compagnie. Pourtant, quand le vieil Isham et le jeune Paul parurent un jour en tenant par la main une timide petite Noire de treize ans, ni l'une ni l'autre des visiteuses n'était prête à faire face à la réalité de l'esclavage.

Paul poussa devant lui la petite fille, pieds nus, juste vêtue d'une culotte.

— Elle est à vous, Susan, lança-t-il avec une fierté manifeste. Elle s'appelle Eden.

— Eden quoi ?

— Simplement Eden. Les esclaves n'ont pas de nom, expliqua Isham. Elle coud très bien. Et elle est assez jeune pour que vous puissiez la dresser à votre guise.

Eden, dont les beaux traits ne trahissaient pas la moindre émotion, subissait son examen en silence.

— C'est un bijou ! s'exclama Penny.

— Mais comment est-ce que je..., commença Susan qui se demandait comment il convenait de procéder avec une esclave.

— Elle vous appartient. Elle dormira devant votre porte, expliqua Paul. Elle se conformera à tous vos désirs. Elle est votre propriété.

Il se tourna vers la petite Noire.

« Retourne à la cuisine, intima-t-il d'un ton sec.

Sur quoi, la fillette disparut.

— Paul ! s'exclama Susan dès que l'esclave se fut éloignée. Quel adorable cadeau ! Et quelles réceptions merveilleuses !

— Il y en aura d'autres, assura-t-il.

Et le soir même Susan rencontra quelques-uns des capitaines des Steed. Parmi eux, se trouvait Matthew Turlock qui, momentanément, ne travaillait pas pour le compte des Steed, mais n'en était pas moins une personnalité en vue de la communauté.

— Je vous présente notre héros local, dit Paul avec un rien de taquinerie. Il a combattu les Anglais.

— Je suis certaine qu'il a bien combattu, rétorqua Penelope

en serrant son unique main. On m'a assuré que certains de vos marins se sont conduits en vrais héros.

— Oui ! s'exclama Susan d'une voix flûtée. Ma cousine est mariée à sir Trevor Gatch, et il nous a dit...

Au nom de Gatch, le capitaine Turlock se raidit.

— Un ennemi redoutable, laissa-t-il tomber. C'est lui qui a tiré au canon sur cette maison.

— Cette maison ? s'étonna Penelope. La guerre est-elle venue jusqu'ici ?

— Oui, répondit Turlock.

— Vous devriez voir ce que votre ami, sir Trevor, nous a fait ! s'écria Paul d'une voix un peu plus forte qu'il ne l'eût souhaité.

Il saisit une lampe et conduisit les deux femmes à l'étage jusqu'à sa chambre où deux boulets de canon étaient fichés dans le mur près de son lit.

« Si le capitaine Gatch avait tiré un mètre plus bas, j'aurais été tué.

— Oh, regardez, ces atroces projectiles ! s'exclama Susan. Ils sont entrés de plein fouet dans la pièce. Puis-je les voir de plus près ?

Elle chercha une chaise des yeux pour s'y jucher, puis se tournant vers le capitaine Turlock :

« Soulevez-moi, dit-elle. Il faut que je les voie.

Et avant que quiconque ait le temps de protester, elle se plaça devant l'homme de l'eau à la barbe rousse et lui ramena les bras autour de sa taille. D'un mouvement souple, il l'éleva vers le plafond, la maintenant sans difficulté.

« Oh, Paul ! s'écria-t-elle en suivant du doigt le contour des boulets. Vous auriez pu être tué, en effet.

Le capitaine Turlock posa la jeune fille à terre, et présenta ses excuses à Mrs. Grimes :

— Je ne me serais jamais permis...

— Ça n'est rien, assura Penelope. Susan agit toujours à sa guise, et il n'y a aucun mal.

— Nous sommes heureux qu'elle soit venue vivre parmi nous, dit-il galamment.

Il se montrait à la fois si poli, si rude et attentif que Mrs. Grimes commença à s'intéresser à lui. Au cours de ce premier dîner, elle lui adressa souvent la parole, l'interrogeant sur ses années passées en mer, sur les aventures auxquelles Paul avait fait allusion. Lors du troisième repas qu'ils prirent ensemble, elle lui posa des questions plus personnelles, mais elle ne s'attendait pas à la stupéfiante révélation qu'il lui fit :

— Je ne vous ai jamais oubliée..., Mrs. Grimes. Quand vous avez quitté Devon pour vous exiler à Londres...

— On ne peut guère parler d'exil, capitaine.

— Vous quittiez votre foyer. C'était un exil.

— J'ai trouvé un nouveau foyer. C'était donc du bon sens. Mais quand nous sommes-nous donc rencontrés ?

— En partant pour Londres, vous avez embarqué sur le bateau de mon père. Je m'y trouvais aussi, et on m'a affecté à votre garde.

Il marqua une pause, se rappelant l'époque où l'Amérique et lui ne volaient pas encore de leurs propres ailes.

« Je vous avais posée dans un couffin, à l'avant ; je vous nourrissais et vous amenais vers les femmes quand vous pleuriez.

Il prononça ces paroles avec tant de simplicité et une affection si évidente que Mrs. Grimes en fut touchée.

« Nous vous nommions Penny, ajouta-t-il. J'avais huit ans.

— Et nous étions appelés à connaître tant d'épreuves ! s'écria-t-elle impulsivement. Comment avez-vous perdu votre main ?

— Le capitaine Gatch me l'a fait sauter. Le jour où il a pondu ses œufs à l'étage.

Elle rit de la boutade.

— Ainsi, vous avez combattu les Anglais votre vie durant ?

— En toute loyauté, déclara-t-il. Ça a été un long combat... il s'est étendu sur des années, et nous...

— En toute loyauté, vous haïssez le capitaine Gatch, n'est-ce pas ?

— Oui. Et notre guerre ne s'achèvera qu'avec notre mort.

Il la fit naviguer dans la baie, lui désigna les plantations de Dividing Creek, propriétés d'une autre branche des Steed, puis il l'emmena à Patamoke pour lui montrer son clipper, l'*Ariel*, en cale sèche au chantier naval Paxmore.

— Regardez ces lignes tendues, lui dit-il avec enthousiasme. Elles fendent l'eau à la façon dont un héron fend l'air.

— Qu'est-ce qu'un héron ?

Il commençait à le lui expliquer lorsque George Paxmore, grand, la mine grave, le chapeau plat vissé sur la tête, sortit d'un hangar, en proie à des soucis manifestement sérieux.

— Il faut que je te parle, Matthew.

— Quand j'aurai fini de montrer le fleuve à Mrs. Grimes, répondit Turlock. Sa fille sera la nouvelle maîtresse de Devon...

— Félicitations, marmonna Paxmore sans ôter son chapeau ni tendre la main. Tu reviendras ?

— Oui.

— Qu'est-ce qu'un héron ? demanda de nouveau Penelope lorsque le solennel quaker les eut quittés.

— N'avez-vous jamais vu de marais ?

— Non, mais on m'a dit que vous en habitiez un. J'aimerais beaucoup le voir.

Aussi, lors du trajet les ramenant à Devon, il fit un détour par Turlock Creek et amena le sloop dans les entrelacs étroits et mystérieux où les spartes s'élevaient à deux mètres cinquante, créant un monde secret. Et, tandis qu'ils glissaient en silence dans cet antre merveilleux, un héron prit son envol.

— Le voilà, le grand pêcheur, dit Matthew. Nos Indiens l'appelaient Pêcheur Longues Jambes.

— Vous aviez des Indiens... dans le temps ?

— Nous avons des Indiens, à présent... aujourd'hui.

— Que voulez-vous dire ?

— J'ai du sang indien. Par trois fois, les membres de ma famille... ça remonte loin, certes.

— Vous avez du sang indien !

Ce détail exotique la fascinait, et elle se promettait d'en faire part à sa fille dès qu'elle serait de retour à Devon mais, auparavant, il lui fallait voir l'objet de leur détour.

— C'est là que j'habitais, dit Matthew en désignant la hutte de rondins qu'avaient occupée les Turlock pendant deux siècles.

— J'aimerais voir la maison de près. Peut-on s'y rendre à pied ?

— Oui, à condition de ne pas craindre pour vos souliers.

— Aucune importance !

Elle débarqua du sloop et le précéda sur le sentier menant à la tanière primitive.

Une Turlock, d'un genre indéfinissable, apparut lorsque les voix approchèrent de sa cabane. Deux enfants se cachaient dans ses jupes.

— Oh, c'est toi, Matt ! Qu'est-ce qui t'amène ?

— Je te présente Mrs. Grimes. Sa fille épouse Paul Steed.

— Elle a bien de la chance.

— Mrs. Grimes, je vous présente Bertha, ma cousine.

Penelope s'efforça de prononcer quelques paroles aimables, mais le choc causé par la vision de la cahute et de ses occupants se révélait trop violent. C'était là l'Amérique, l'Amérique brocardée par les beaux esprits anglais, et elle lui répugnait.

— Je crois que nous devrions retourner à Devon, marmonna-t-elle.

— Vous ne voulez pas entrer ? demanda Bertha en ouvrant la porte d'un coup de pied.

— Non, merci. On nous attend, dit-elle, battant en retraite.

L'incident aurait dû préparer Turlock à ce qui suivit. Devant l'insistance de Mrs. Grimes, il venait de passer trois jours à Devon au cours desquels l'occasion lui avait été donnée d'observer Penelope et sa fille. La jeune Susan n'était encore qu'une enfant ; avec un bon mari, elle pourrait devenir une vraie femme ; auprès d'un homme faible comme Paul Steed, elle se laisserait aller et deviendrait une piètre compagne. Mais à vingt ans, elle était belle et enjouée et il formait des vœux à son endroit.

Penelope était une femme mûre, dotée du charme facile que confèrent des revenus annuels de quatre mille livres sterling. Elle avait de superbes cheveux, de belles dents, une peau encore lisse et possédait une culture superficielle. Et, en tout premier lieu, elle était vive, ne cachait pas sa soif d'aventure dans ce Nouveau Monde. Si certaines de ces découvertes, comme la hutte de Turlock, lui répugnaient, elle n'en percevait pas moins ce qu'impliquait la vie sur les rives du Choptank et comprenait la nature des forces qui avaient façonné les capitaines des Steed ; or, aucun d'eux n'était plus impressionnant que le capitaine Turlock et, de diverses façons, elle le lui fit comprendre.

C'est pourquoi à la fin du troisième jour passé à Devon, le capitaine monta dans sa chambre, procéda à une toilette soigneuse, examina ses ongles, et alla trouver Mrs. Grimes à laquelle il s'adressa avec simplicité.

— J'ai pensé que vous envisagiez de rester en Amérique... Peut-être même que vous aviez pensé à... Enfin, l'*Ariel* m'appartient en propre... Je n'ai pas dépensé mon argent à tort et à travers...

Mrs. Grimes céda à un rire nerveux.

— Serait-ce une demande en mariage, capitaine ?

— Oui.

En femme bien élevée, elle s'efforça de maîtriser son rire, mais celui-ci se transforma bientôt en un gloussement injurieux.

— Moi ? Vivre au Maryland pendant le reste de mes jours ?

Elle se ressaisit un peu et lui posa la main sur le bras.

« Je suis une Londonienne endurcie, capitaine.

Puis, elle ajouta des paroles qu'elle n'aurait jamais prononcées dans un climat plus détendu :

« M'imaginez-vous dans la cahute ? Avec Bertha ?

— Je ne vis plus dans une cabane à présent, dit-il d'un ton grave, gardant son poing d'argent derrière le dos de crainte que celui-ci ne fût aussi une offense.

— Mon cher capitaine Turlock..., commença-t-elle.

Mais le fou rire la saisit de nouveau. Elle en éprouva de la honte, essaya à deux reprises de se composer une attitude, puis elle se leva, s'approcha de lui et l'embrassa sur la joue.

« C'est impossible... des Indiens... à Londres...

D'un geste de la main, elle l'invita à se retirer, ce qu'il fit après s'être incliné avec cérémonie.

Dès le départ de Turlock, elle informa les Steed qu'elle tenait à rentrer à Londres sans tarder.

— Je me suis conduite de façon lamentable et j'ai honte, avoua-t-elle.

— Turlock vous aurait-il offensée ? s'enquit Paul Steed d'un ton menaçant comme s'il se préparait à courir derrière le capitaine pour le rosser.

— Non. Il m'a fait l'honneur de me demander en mariage.

— Vous demander en mariage ?

Lorsque la maisonnée fut informée de cette maladresse, l'éclat de rire fut général ; seule, Susan garda son sérieux.

— J'aurais adoré l'avoir pour père. Ce gros poing d'argent frappant sur la table, dictant sa loi.

— C'est un homme de l'eau, dit Paul en guise d'explication.

Les préparatifs de départ commencèrent mais, avant que Mrs. Grimes n'embarquât, le vieil Isham Steed s'éteignit. Après ses funérailles, lorsqu'on examina ses papiers de crainte que des billets à ordre ne fussent négligés, Paul tomba sur la copie d'une lettre que le défunt avait adressée au président Jefferson. Lorsque le document eut circulé de main en main, Mrs. Grimes put se faire une idée plus exacte des Indiens que la famille de sa fille avait connus au cours des siècles précédents.

Devon Island, Maryland, 13 juillet 1803

Cher Président,

Dès réception de votre requête me demandant un rapport sur la tribu du Choptank, j'ai réuni une commission constituée des habitants les mieux informés de la région afin de pouvoir vous éclairer. Aucun de nous ne parle la langue indienne et ne peut être qualifié d'expert, mais nos ancêtres et nous-mêmes avons vécu avec cette tribu pendant des générations et, bien que nos renseignements ne soient pas d'une précision scientifique, ce sont les meilleurs que nous soyons en mesure de vous fournir. Après ce préambule d'excuses, voici ce que je puis vous apprendre.

A ce jour, nous n'avons connaissance que d'une seule survivante appartenant à la race des Choptanks. Il s'agit de Mrs. Molly Rat Musqué, âgée d'environ quatre-vingt-cinq ans, impotente, mais d'une lucidité parfaite. Elle vit sur sept hectares d'une terre relativement bonne située sur la rive gauche du Choptank, face à la cité de Patamoke. Pour autant que nous sachions, elle est une Choptank pur sang, fille d'un ouvrier honorablement connu de notre région et descendante d'une famille de chefs. Elle a presque toutes ses dents, une chevelure superbe, et montre un intérêt très vif pour tout. Elle a été enchantée de nous parler car elle a conscience d'être la dernière survivante de sa race. Bien entendu, son âge est incertain, mais les événements auxquels elle a assisté parsonnellement, il y a quatre-vingts ans, nous permettent d'estimer qu'elle doit avoir environ quatre-vingt-cinq ans.

La légende situe l'apogée de la société choptank à la première décennie du XVIIe siècle, quand la tribu comptait deux cent soixante membres dont cent quarante habitaient le village à l'emplacement de l'actuel Patamoke et cent vingt en amont, à peu près à l'endroit où se situe Denton. Les Choptanks étaient inférieurs en nombre, puissance et importance par rapport aux Nanticokes du sud, et davantage encore en regard des tribus installées sur la côte occidentale de la baie.

Une tradition tenace parmi les Choptanks affirme que le grand homme de leur histoire fut un certain Pentaquod, figure mythique, originaire du nord. Molly Rat Musqué croit qu'il pouvait s'agir d'un Susquehannock, ce qui paraît d'autant plus improbable que le capitaine Smith a rencontré un véritable werowance nommé Pintakood, et sans doute a-t-elle confondu les deux noms.

Les membres de cette tribu paisible n'ont jamais combattu les Blancs. Nous pouvons ajouter que le moment le plus marquant de leur histoire tribale se situe en 1698, lorsque le gouvernement du Maryland les a accusés d'avoir tué un fermier blanc lors d'une discussion à propos d'une vache. Bien que l'on prouvât par la suite, sans le moindre doute, que le méfait était imputable à des Nanticokes et non à des Choptanks, un conseil tribal se réunit et le werowance de l'époque dit à son peuple : « Il est indispensable que l'un de nous se reconnaisse coupable de ce crime et se laisse pendre afin que les autres aient la paix. » Alors, deux jeunes gens s'avancèrent, prirent leur canoë, descendirent le fleuve et se constituèrent prisonniers.

Ils s'adaptaient mal à la civilisation. A l'origine, ils possédaient les plus belles terres du Maryland, mais on les refoula constamment jusqu'à ce que nos ancêtres les confinent à de pitoyables enclaves où ils végétèrent. Un homme nommé Turlock, dont la nombreuse famille a eu des apports de sang choptank à trois générations différentes, résume ainsi la conduite de l'homme blanc à l'égard de cette tribu : « On en épousait quelques-unes, on en abattait d'autres, et on affamait le reste. »

Peu à peu, ils perdirent leurs terres parce qu'ils ne comprenaient pas ce qu'impliquaient les baux, les hypothèques et les ventes ; et quand leurs propriétés étaient situées à proximité du fleuve, il s'ensuivait une situation déplorable. Les Blancs leur conseillaient de clôturer leurs champs, comme tout bon fermier doit le faire, mais quand les Indiens obtempéraient, d'autres colons abattaient les clôtures pour faire paître leur bétail, et il arrivait parfois que les Indiens exaspérés tuent un animal indésirable. Il en résultait des difficultés interminables. Il était impensable que les Blancs et les Indiens cohabitent en paix.

Les Choptanks ne périrent pas au combat ; il n'y eut jamais de guerre. Ils ont simplement perdu tout désir de vivre. Leurs familles se sont réduites. Les hommes se mariaient de plus en plus tard parce qu'ils n'avaient plus de terrains de chasse. Seules quelques vieilles femmes ont survécu. Elles semblaient mieux s'adapter que les hommes. A présent il n'y a plus que Molly Rat Musqué.

Réfléchissant aux vicissitudes qui s'étaient abattues sur

son peuple, elle nous a dit : « Aussi misérable que soit la terre qu'on nous donnait, il y avait toujours quelqu'un d'autre pour la convoiter. » Elle nous a montré sept offres différentes d'achat pour ses sept hectares, mais elle nous a confié : « Je ne vendrai pas. Je mourrai sur les rives de mon fleuve. »

Dans une note annexe, nous mentionnons tous les mots choptanks dont Molly Rat Musqué se souvient, plus certains autres qui sont entrés dans notre langue. Elle nous a dit que le mot *Choptank* signifiait *là où l'eau remonte très fort,* mais elle a été incapable de s'expliquer davantage. A ce sujet, je voudrais vous faire remarquer que, bien qu'il y ait une marée à Patamoke, elle est toujours de faible amplitude. Nous n'avons aucune autre explication à proposer quant à l'étymologie de ce nom.

Et maintenant, Tom, sans vouloir montrer trop de familiarité ou en appeler à notre amitié, je dois avouer que tous ceux d'entre nous qui ont étudié le droit que nous enseignait George Wythe à William and Mary sont fiers de ce que vous avez accompli, et si le destin veut que vous soyez reconduit dans votre mandat de président, nous sommes persuadés que vous remplirez les devoirs de votre charge avec autant d'efficacité que vous en montrez actuellement.

Votre condisciple à l'université
Isham Steed

Post-scriptum. J'ai fait venir d'Amsterdam le télescope que vous m'aviez recommandé et, ainsi que vous me l'aviez prédit, je passe des heures magnifiques à explorer le ciel.

Si Matt Turlock était d'humeur maussade en prenant congé de Penelope Grimes dont le fou rire lui résonnait encore aux oreilles, il étouffait de rage lorsqu'il quitta George Paxmore. Il avait fait voile sur le chantier naval pour juger des réparations effectuées sur l'*Ariel* et, en arrivant, il s'était aperçu que le clipper avait été remis à l'eau sans qu'on eût procédé à la moindre remise en état.

— Qu'est-ce qui ne va pas ? demanda-t-il d'un ton hargneux.

— Tout, répondit Paxmore, peu désireux de fournir des explications.

— Où sont les charpentiers ?

— Ils ne travaillent pas. Et ils ne toucheront pas à ton bateau.

— Pourquoi ?

— Parce qu'ils sont descendus dans la cale. Nous y sommes tous descendus.

— Et alors ?

Paxmore appela l'un de ses ouvriers, un quaker, connu pour son habileté et sa piété.

— Dis au capitaine Turlock ce que tu as vu, Lippincott.

— J'ai vu le trou à rat d'un bateau de traite.

Il lança un regard de défi au capitaine et s'éloigna.

— Matthew, tu es devenu négrier, laissa tomber Paxmore d'un ton lourd de reproche. Tu t'es servi du plus beau clipper que j'aie jamais construit...

— Et que comptez-vous faire ? demanda Turlock sans baisser pavillon.

— Je te fais une proposition, Matthew. Si tu autorises mes hommes à monter à bord de ton clipper et à démolir les cages à esclaves, nous ferons le travail pour rien et, ensuite, nous procéderons aux autres réparations. Si tu refuses d'abandonner ton trafic, nous ne toucherons plus à ton bateau, quand bien même il serait mangé aux tarets et prêt à couler.

Repoussé par deux fois dans la même journée, c'était plus que ne pouvait en supporter Turlock. Il écarta Paxmore d'un geste vif.

— Je ferai réparer l'*Ariel* par des charpentiers courageux... qui savent comment va le monde et à quel point il est difficile de trouver une cargaison à embarquer et un port pour la décharger.

Mais Paxmore n'était pas homme à se laisser rabrouer. Il s'approcha de Turlock qui regardait son bateau d'un air mauvais.

— Matthew, je voudrais prier pour toi. Et Elizabeth aussi. Viens chez nous.

— Je n'ai pas besoin de prières. J'ai besoin de charpentiers.

— Nous avons tous besoin de prières.

— Ôtez-vous de mon chemin, Paxmore. Vous me rendez malade.

— Alors, je me chargerai des prières.

— Ne vous donnez pas cette peine. Je n'ai plus besoin de prières.

— Je ne prierai pas pour toi. Je prierai pour moi. Je demanderai pardon à Dieu d'avoir construit ce clipper. Tu l'as déshonoré... Je ne le considère plus comme l'un de mes navires.

Avec gravité, il regarda le clipper, ultime chef-d'œuvre de la tradition familiale et, d'un geste maladroit de la main gauche, l'effaça du port. Le navire était contaminé. Il n'entrerait plus jamais dans le chantier Paxmore.

A bord d'un bateau affecté au transport d'esclaves, Matt Turlock risquait chaque jour l'arraisonnement. Il navigua avec mille précautions dans l'Atlantique, cherchant à se faufiler jusqu'à Saint-Eustatins pour les réparations dont le clipper avait le plus impérieux besoin. Arrivé enfin à bon port, il dut surveiller le travail et mettre la main à la pâte. Mais quand les charpentiers hollandais eurent achevé leur tâche, l'*Ariel* était au faîte de sa puissance, avec une troisième plate-forme à canon, le cloisonnage de ses soutes renforcé et équipé d'anneaux de fer pour y arrimer des chaînes.

— Maintenant, je peux envisager une centaine de voyages en Afrique, dit-il à l'avitailleur hollandais venu apporter les vivres.

— Vous aurez de la chance si vous en faites un seul. Les navires de guerre anglais ont recommencé à patrouiller.

— Les abrutis ! Jamais ils ne mettront fin à la traite. En tout cas, pas aussi longtemps que le Brésil et l'Amérique auront besoin d'esclaves.

— Ils ont déjà arraisonné quatre... non cinq bateaux. Un certain capitaine Gatch en a ramené un...

— Qui ?

— Le capitaine Gatch... *Dartmoor*... huit canons.

— Il est venu ici ?

— Il a capturé un bateau négrier, battant pavillon espagnol, qu'il a ramené ici pour réparer les avaries causées par ses canons. Mais il était trop endommagé ; on n'a rien pu faire. Alors, Gatch l'a remorqué au large pour y mettre le feu.

— Gatch sévit dans les parages ?

— Oui. Il vous pendra, même si vos soutes sont vides... s'il vous soupçonne de vous livrer au trafic des esclaves.

— Est-ce qu'il doit revenir à Saint-Eustatins ?

— Oh, il croise un peu partout !

Après avoir quitté Saint-Eustatins, Matt s'attarda dans les parages, espérant que sir Trevor reviendrait avec une autre prise, mais il n'en fut rien. Aussi se rendit-il jusqu'à Luanda et, à proximité de la côte, chargea deux cents esclaves qu'il débarqua clandestinement en Géorgie, puis lors de sa traversée suivante, il en prit plus de trois cents pour La Havane.

Là, sur le port, il rencontra Spratley, un petit bonhomme édenté, crasseux, parlant le jargon grossier des bas-fonds de Londres où il était né. Il avait déserté son bord à Haïti et était parvenu à gagner Cuba. Matt se tenait devant une taverne des quais quand l'homme s'approcha de lui et le tira par la manche recouvrant le poing d'argent.

— C'est vous le capitaine Turlock, hein ?

— Oui.

Matt baissa les yeux sur l'inconnu peu ragoûtant.

— Je voudrais embarquer avec vous.

— Je n'ai besoin de personne.

— Vous avez besoin de moi.

Matt se recula, observa le candidat ayant bien peu de chance d'être agréé et éclata de rire.

— Tu saloperais n'importe quel bateau rien qu'en y mettant les pieds.

A son tour, le matelot éclata de rire.

— C'est ce que disait le capitaine Gatch.

— Sir Trevor Gatch ?

— Ce diable de Trevor. Vous êtes à ses trousses. Moi aussi.

— Comment sais-tu que je suis à ses trousses ?

— Qui est-ce qui le sait pas ?

— Et toi, qu'est-ce que tu lui veux ?

— Je veux le tuer. Je veux lui tenir la tête dans un seau de merde et regarder ses yeux pendant qu'il étouffe.

— Parce qu'il t'a fouetté, commenta Turlock sans cacher son mépris. Comment t'appelles-tu ?

— Spratley.

— Eh bien, Spratley...

Il saisit l'homme par le plastron de sa chemise et l'attira à lui.

« Moi aussi, je te ferai fouetter. Comme bon à rien. Maintenant, du vent.

Mais Spratley avait remarqué la façon dont Turlock avait réagi en entendant le nom de son ennemi ; il était certain d'avoir Matt à l'usure.

— Je sais ce que vous voudriez savoir, capitaine.

— Quoi ?

— Je sais où est le capitaine Gatch.

— Ah oui ?

— Capitaine, je crève de soif.

Et lorsque les deux hommes furent installés dans la taverne, Spratley rapporta ses démêlés avec Gatch.

« Il a l'air correct et convenable à terre et dans les combats. Droit comme un I et tout ce qui s'ensuit. Mais au bout du compte, c'est un démon. Vous voulez que je vous montre mon dos ?

— Je t'ai déjà dit que, moi aussi, je t'aurais fait fouetter, rétorqua Turlock.

Une longue expérience lui avait appris à ne jamais accorder foi aux récits de brutalités commises en mer. Ceux qui s'en plaignaient appartenaient invariablement à l'engeance méritant d'être châtiée, à bord ou à terre. Mais quand Spratley expliqua comment le capitaine Gatch avait conduit le groupe de débarquement qui l'avait tant impressionné dans les rues de Londres, la façon dont Gatch refusait de remettre leur solde à ses hommes, selon le principe « Gardez la paye pour garder l'homme », et les sempiternels discours que sir Trevor adressait à son équipage, l'intérêt de Turlock s'éveilla et, faisant fi de tout discernement, il inscrivit le geignard sur son rôle d'équipage.

Il le méprisait ; pourtant, lors de la traversée de Cuba à Luanda, il s'entretint souvent avec lui, avide d'entendre toute rumeur concernant l'homme qu'il avait juré de vaincre, et Spratley parlait d'abondance.

— S'il y a abordage, je voudrais être le premier à sauter à son bord. Je veux lui plonger mon couteau dans la gorge.

Turlock devina que ce rat d'entrepont vouait à Gatch une haine aussi implacable que la sienne.

Le petit Anglais se révéla bon marin ; il comprenait les ordres et accomplissait correctement sa tâche. Il était canonnier ; aussi, supplia-t-il Turlock de le laisser manœuvrer la troisième bouche à feu.

— Je veux lui faire sortir les yeux de la tête !

— Je croyais que tu voulais faire partie de l'équipe d'abordage.

— Je veux le tuer.

Il se montrait si convaincant que Turlock enfreignit la règle qu'il s'imposait et sympathisa avec son nouveau matelot ; il demanda à voir son dos et, lorsqu'il découvrit la chair zébrée de cicatrices, Turlock dut lutter contre la nausée.

— Comment ça s'est produit ? demanda-t-il.

— Dix coups une première fois. Vingt une autre. Et puis cent.

— Aucun homme ne pourrait survivre à cent coups de fouet.

— C'est ce que le second a dit. Mais Trevor a hurlé : « Je le guérirai ou je le tuerai ! »

— Te guérir de quoi ?

Une étrange expression envahit le regard de Spratley.

— Je ne sais pas, dit-il avec un étonnement sincère. Il était de mauvais poil, c'est tout.

Il s'absorba un instant dans ses réflexions.

« Après dix-neuf coups, le second a fait arrêter.

— Oui. Aucun homme ne pourrait...

— Il croise dans le golfe du Bénin.

— Pourquoi ne me l'as-tu pas dit plus tôt ?

— Plus tôt, vous m'auriez pas cru.

— Est-ce qu'il y sera longtemps ?

— C'est là qu'il est stationné. Un an dans le golfe et puis retour en Angleterre.

— Est-ce qu'il patrouille loin ?

— Très. Je me suis échappé à Haïti. Pendant sept semaines, on a donné la chasse à un bateau américain.

Sur quoi, il ajouta un détail qui prouvait la véracité de ses dires.

« Vous savez, il méprise les Américains. Il les traite de rebelles ingrats.

— A-t-il jamais parlé de moi ?

Spratley éclata de rire.

— Il a dit qu'il vous avait battu deux fois et qu'il était capable de vous battre encore deux fois, à moins qu'il ne vous ait tué avant.

De nouveau, il gloussa.

« C'est pour ça que j'ai essayé de vous dénicher. On m'a parlé de votre poing d'argent... on m'a dit que vous étiez pas facile à tuer.

Alors que l'*Ariel* approchait des côtes d'Afrique, le capitaine Turlock fit un cauchemar troublant. Il ne dormait pas vraiment, sommeillait plutôt dans son hamac, quand une pensée diffuse s'imposa à son esprit. Spratley avait été déposé à La Havane par ce démon de Trevor et tout ce qui avait suivi faisait partie d'un plan ourdi avec soin. On voulait l'attirer dans le golfe du Bénin où Gatch l'attendait avec sa flottille, cent canons contre trois.

Sans réfléchir, il se précipita vers le poste avant où dormait Spratley ; il l'arracha à son hamac et le martela de son poing d'argent.

— Capitaine ! Capitaine ! s'écria le matelot éberlué.

Turlock retrouva ses esprits, mais cela n'aida en rien Spratley. Il l'agrippa par la nuque, lui cogna la face contre la cloison et continua de la sorte jusqu'à ce que Mr. Goodbarn descendît pour voir ce qui se passait.

— Laissez-nous tranquilles ! hurla Turlock.

Puis, dans l'obscurité du poste avant, il accusa l'Anglais. « Gatch t'a débarqué, hein ? Il t'a fait la leçon et t'a appris tout ce que tu m'as déballé, hein ?

Il jeta à la face de Spratley la duplicité dont il l'accusait, mais le matelot, ahuri, était incapable de comprendre.

Cependant, Turlock crut que le cauchemar constituait un avertissement et il se refusa à faire voile vers le golfe du Bénin. Avec audace, il mouilla à Luanda, défiant les patrouilleurs britanniques qui pouvaient être stationnés dans les parages pour s'opposer à la traite. Avec la même audace, il alla à terre, marchanda les esclaves que les Portugais avaient rassemblés dans l'intérieur des terres, puis quand il en eut réuni cinq cents, il veilla personnellement à leur embarquement et appareilla pour une traversée rapide à destination de La Havane. Il savait qu'il aurait dû abandonner Spratley sur la plage, mais il le garda, et plus il écoutait ses récits rapportant les insanités de Gatch, plus il se persuadait que Spratley était ce qu'il avait prétendu être depuis le début : un rat d'égout, impressionné par la marine et qui s'y était fourvoyé jusqu'au moment de sa désertion. Qu'il brûlât de se venger de son cruel capitaine ne faisait pas l'ombre d'un doute.

Aussi, en quittant La Havane, Turlock ne fit pas voile sur Luanda ; il mit le cap sur le golfe du Bénin et, comme Belem se trouvait sur sa route, il y relâcha pour embarquer un chargement supplémentaire de poudre et de munitions : avec son troisième canon, ses réserves seraient vite épuisées en cas de combat. Spratley ne cacha pas sa joie à l'idée d'un nouvel approvisionnement de boulets, et il expliqua à l'équipage comment il se promettait de l'utiliser :

— Premier coup ! Les voiles de sir Trevor. Deuxième coup ! Le mât de sir Trevor. Troisième coup ! Sir Trevor, en personne !

Pour obtenir ces munitions, Turlock dut mouiller à une certaine distance du port, à l'écart des voies habituelles et, par un après-midi étouffant, englué de vapeur, il s'assura que ses hommes pourraient s'occuper du chargement et se rendit à terre à l'aviron afin de s'arrêter à l'Infierno ; à l'entrée, les diables d'ébène lui adressèrent un clin d'œil comme à un frère ; il le leur rendit puis, selon son habitude, observa le ciel avant de pénétrer dans l'établissement. « Une tornade pourrait bien s'annoncer. Nous resterons ici jusqu'à ce qu'elle soit passée. » Il s'assit pour déguster un verre de bière épicée et fut bientôt tiré de sa quiétude par un remue-ménage qui se produisait à la porte ; des éclats de voix lui parvinrent, suivis d'un bruit de lutte ; il leva les yeux et aperçut sir Trevor Gatch suivi de cinq de ses officiers. Un bref instant, il envisagea de fuir avant que l'Anglais ne s'avisât de sa présence mais, dès qu'il eut réfléchi, il repoussa cette idée. Cloué sur sa chaise, il posa son poing d'argent au milieu de la table, là où il ne pouvait manquer d'attirer l'attention.

Les officiers entrèrent en plastronnant ; ils regardèrent avec insolence autour d'eux, mais sans percer l'identité de Matt Turlock. En s'asseyant, l'un des plus jeunes devina la nationalité du buveur solitaire.

— Partout où on va, on trouve des Américains ! lança-t-il à l'adresse de ses camarades.

Le capitaine Gatch avait le dos tourné et ne pouvait donc voir Turlock, mais dès que sa tablée fut servie, il s'adressa à son jeune subalterne d'un air pincé :

— Vous disiez, Compton, que nous partagions ces lieux avec des Américains.

— Oui, commandant.

— Désolant.

Turlock s'abstint de relever la remarque, mais Gatch ne tarda pas à renchérir.

— On pourrait penser que les Américains ne s'aventureraient plus sur mer après la défaite que nous leur avons infligée.

Constatant l'absence de réaction, il fit une pause pour préparer une nouvelle pique.

« Surtout depuis que nous avons capturé deux négriers américains, et que nous les avons envoyés en Angleterre pour les faire pendre.

Les officiers rirent, ce qui encouragea leur capitaine à hausser le ton.

« Ce ne sont que des négriers et de misérables mercantis.

— Qui ça ? demanda tranquillement Matt.

Gatch se raidit. Une tension des épaules souligna son comportement tout militaire. Il s'exprima d'un ton plus calme.

— Les Américains, laissa-t-il tomber. Ce sont des bons à rien et...

Il n'acheva pas sa phrase car Turlock coupa sèchement :

— Et vous, monsieur, vous êtes un satané imbécile.

Gatch bondit, pivota sur les talons et se retrouva face au capitaine Turlock. Il ne manifesta pas de surprise, pas plus qu'il ne battit en retraite. Son regard se posa sur la barbe rousse, puis descendit jusqu'au poing d'argent. Avec son groupe, il avait l'avantage du nombre, six contre un, ce qui aurait dû le pousser à se montrer magnanime, mais il éprouvait une telle haine à l'égard de l'homme qu'il ne put se contrôler.

— Si je comprends bien, capitaine Turlock, vous cherchez à vous faire administrer une troisième raclée.

Turlock balança le bras gauche, amena son lourd moignon en position, cueillit de bas en haut sir Trevor à l'épaule ; le coup dévia, heurta au front l'Anglais qui s'effondra. Quatre officiers bondirent sur Turlock ; sans doute l'auraient-ils tué si, en dépit de sa position peu glorieuse, le capitaine Gatch ne les en avait empêchés.

— Lâchez ce rustre. Ce n'est pas après lui que nous en avons. C'est après son infect clipper négrier.

Les officiers obtempérèrent, laissant Turlock regagner sa table pour y prendre sa casquette. Lorsqu'il eut réglé sa consommation, il recula vers la porte tandis que le capitaine Gatch annonçait à l'assistance :

— Ce soir, nous allons nettoyer l'Atlantique d'un négrier.

Turlock claqua la porte derrière lui et se rua vers le quai. Il sauta dans son canot et souqua furieusement sur les avirons. Les six Anglais se profilèrent sur le ciel assombri ; ils couraient en direction du *Dartmoor,* caché par un entrepôt, de l'autre côté du port.

Turlock sentait ses bras s'engourdir de fatigue mais, tout en se rapprochant de son bateau, il commença à crier :

— Ohé de l'*Ariel !* Hissez les voiles ! Dérapez l'ancre ! Nous partons !

— On ne peut pas appareiller ! Steve Turlock est à terre avec trois hommes ! lui fut-il répondu.

Accentuant encore son effort, Matt hurla :

— On appareillera sans eux !

Dès que le canot cogna contre la coque de l'*Ariel,* il assujettit les filins et les matelots halèrent du même coup embarcation et capitaine à bord.

« Paré à l'appareillage ! s'écria-t-il en sautant sur le pont. Cap au large !

— Que se passe-t-il, capitaine ? demanda Mr. Goodbarn avec sa circonspection habituelle.

— Gatch ! Le *Dartmoor* se cache en amont du fleuve.

Mr. Goodbarn ravala sa salive.

— Capitaine, rien ne nous oblige à quitter le mouillage. Le gouvernement brésilien n'autorisera pas Gatch à nous attaquer tant que nous serons dans ses eaux.

— Je le veux au large, déclara Turlock tandis que le clipper commençait à frémir.

— Ohé de l'*Ariel !* lancèrent des voix venant de la côte.

— Ralliez à la nage ! hurla Turlock.

Et Steve Turlock plongea, suivi de ses compagnons.

— Nos papiers n'ont pas été visés, prévint Mr. Goodbarn.

— Au diable les papiers !

Peu à peu, les voiles de l'*Ariel* se gonflèrent sous la brise et le bateau se déplaça plus vivement. Un garde-côte brésilien cingla vers le clipper pour protester contre ce départ intempestif, mais son attention fut détournée par le navire de guerre anglais qui, lui aussi, appareillait sans avoir fait viser ses documents.

L'*Ariel* bénéficiait d'une légère avance qu'il améliora en quittant l'abri de la côte, mais le *Dartmoor,* qui espérait augmenter sa vitesse dès que le vent se renforcerait, tenait à stopper l'élan de son ennemi. Dans la lumière crépusculaire, une bordée soigneusement ajustée tenta d'abattre le gréement de l'*Ariel,* mais le tir se révéla trop court. Avant que les canonniers aient eu le temps de recharger, le clipper était hors de portée et, tout au long de la nuit, il resta à bonne distance du *Dartmoor.*

A l'aube, les deux vaisseaux conservaient à peu près la même position. Quelle que fût l'allure de l'*Ariel*, le vent forcissant permettait au *Dartmoor* de se maintenir à peu près à la même distance.

— Capitaine, on n'arrive pas à les semer, dit Mr. Goodbarn non sans inquiétude.

— C'est bien ce que je souhaite.

— Mais avec ce vent plus frais, la goélette risque de nous dépasser.

— C'est ce que je veux.

Mr. Goodbarn, dont le cou risquait d'être sérieusement allongé si l'*Ariel* était pris, regarda à l'arrière, vers le *Dartmoor* menaçant, et accusa un frisson.

« Envoyez les huniers, Mr. Goodbarn.

— Capitaine, le vent forcit.

— C'est ce que nous voulons, approuva Turlock en regardant d'un air approbateur les voiles carrées qui s'élevaient en tête de mât. Maintenant, on va voir si c'est un bon marin.

Par cette journée de ciel plombé, une brise fraîche soufflait de terre et, neuf heures durant, les deux bateaux labourèrent la mer vers l'est, ponts dans l'eau ; peu à peu, le vent se renforça, sifflant dans les mâtures. Au coucher du soleil, la même distance séparait les deux vaisseaux ; pendant la totalité de la nuit, le capitaine Turlock garda toute la toile, bien que l'*Ariel* gîtât fortement sur tribord. Par deux fois, Mr. Goodbarn demanda s'il fallait amener les huniers et, par deux fois, le capitaine répondit en formulant la même question :

— Sir Trevor a-t-il amené les siens ?

Dans l'obscurité, l'*Ariel* vibrait sous les secousses que lui imprimait le surcroît de voilure et la mer qui se creusait. Certains des matelots exprimèrent leur appréhension.

— Il va nous envoyer par le fond.

— Il sait ce qu'il fait, répliqua l'un des hommes du Choptank.

Mais à ce moment, le clipper amorça une terrible embardée sur tribord, se vrilla dans le creux de la lame, se cabra et se retrouva brutalement sur bâbord.

« Seigneur ! s'exclama l'homme du Choptank.

Seul parmi tous les matelots, Spratley se délectait de la poursuite ; il restait à l'avant près de son canon comme si le combat était imminent et regardait sans cesse derrière lui pour essayer d'entrevoir le *Dartmoor*. Quand l'aube creva les nuages qui couraient dans le ciel, le soleil apparut un bref instant et le poursuivant se découpa dans un halo doré.

— On les tient toujours ! s'écria Spratley.

Il parlait comme un pêcheur fatiguant une grosse prise et l'amenant à bonne distance pour la prendre à l'épuisette. Quand le capitaine Turlock passa à sa hauteur en procédant à une inspection du pont, le petit Anglais lui adressa un clin d'œil.

— Aujourd'hui, on va l'avoir, assura-t-il.

Matt opina.

La poursuite continua toute la journée, et chaque fois qu'il semblait que l'*Ariel* allait creuser la distance, par une habile manœuvre de voiles, Turlock perdait un peu de vitesse, permettant ainsi au *Dartmoor* de combler son retard.

— Mais, bon Dieu, se plaignit l'un des matelots, on devrait avoir une demi-journée d'avance sur lui !

— On ne veut pas avoir trop d'avance, rectifia Spratley. On entraîne ce fumier dans la gueule de l'enfer, expliqua-t-il sans cesser de monter la garde près de son canon.

Au cours de la troisième nuit, le capitaine Turlock dut prendre un peu de repos et il abandonna l'*Ariel* à Mr. Goodbarn.

— Je pense que vous avez compris où je veux en venir.

Le second opina. A l'aube, le *Dartmoor* s'était rapproché, à la grande joie de Turlock. Toute la journée, il navigua dans le coup de vent qui forcissait de façon à garder la goélette anglaise dans une position d'où le capitaine Gatch pourrait être tenté d'ouvrir le feu mais, tant que l'*Ariel* ne réduisait pas sa voilure, le *Dartmoor* ne pouvait pas se le permettre non plus.

A midi, le capitaine Turlock observa le *Dartmoor* à l'aide de sa lunette d'approche.

— Gatch a bien fait placer ses canons à l'avant ? demanda-t-il à Mr. Goodbarn.

— Oui. Il y en a deux. Les autres sont à poste fixe.

— Mais ils sont bien à l'avant ?

— Ils le sont, capitaine.

— Parfait. Est-ce que la goélette ne vous semble pas lourde de l'étrave ?

— Elle l'a toujours été depuis que les Anglais l'ont prise.

— Vous aussi, vous le constatez ?

— Oui, elle est trop lourde de l'avant, capitaine.

— C'est bien ce qui me semblait. Gatch est un imbécile.

Et il ordonna que le canon mobile de Spratley soit amené à l'arrière. Puis, il laissa porter légèrement, de façon à obtenir une vitesse maximum.

A trois heures de l'après-midi, le capitaine Turlock, sans se préoccuper des signes annonciateurs de la tempête, avait toutes ses voiles hautes et faisait route de façon que le vent vînt de deux quarts sur l'avant du travers bâbord. Il restait bâbord amures parce que comme tous les autres navires, l'*Ariel* naviguait un peu mieux sur un bord que sur l'autre, soit sur bâbord. D'après ses souvenirs du *Whisper,* il pensait que le *Dartmoor* se trouvait aussi à son avantage sur bâbord.

Le duel s'engagea. Sans coup de feu car, avec précaution, le capitaine Turlock garda son clipper juste hors de portée mais, à la façon dont il avait navigué, on devait croire à bord du *Dartmoor* qu'il était sur le point de perdre de la vitesse, ce qui permettrait aux huit lourds canons de le cribler de boulets. Quoi qu'il en soit, le *Dartmoor* ne lâchait pas prise et, quand le capitaine Turlock vit son ennemi enfourner légèrement dans les lames qui grossissaient, il se tourna vers Mr. Goodbarn.

— Avant le coucher du soleil, annonça-t-il.

A quatre heures, les rafales se firent si violentes que le second se montra pressant.

— Il nous faut amener les huniers, capitaine.

— On les laisse, déclara Turlock.

— Vous faites courir un grand risque à notre bateau, capitaine.

— Et au sien, rétorqua Turlock.

A cinq heures, le ciel commença à s'assombrir et à cinq heures trente le temps se détériora davantage ; jamais l'*Ariel* n'avait affronté de pires conditions. Persuadé que les deux navires se rapprocheraient avant la tombée de la nuit, Spratley avait demandé à son aide de lui apporter six boulets supplémentaires sur le pont, et deux autres canonniers avaient agi de même. Turlock céda à la colère en s'en apercevant.

— Tous les boulets supplémentaires à fond de cale. Et ajoutez-y tout ce qui est pesant !

Au cours du quart d'heure qui suivit, l'équipage entassa dans les fonds tout ce qui était transportable tandis que le capitaine Turlock criait dans la soute :

« Placez tout ça à l'arrière ! Tout à l'arrière !

Pendant que ses hommes s'exécutaient, il s'approcha de Mr. Goodbarn.

« Nous allons rester très lourds à l'arrière. A lui, le poids sur l'avant.

C'était encore insuffisant. En sentant le pont vibrer sous ses pieds, Turlock comprit que son bateau était en danger.

« Le canon de Spratley ! hurla-t-il. Par-dessus bord !

— Oh, capitaine ! protesta le petit Anglais.

Mais Mr. Goodbarn et ses hommes firent pivoter le lourd canon et le poussèrent par-dessus bord. Spratley gémit en le voyant disparaître.

Juste avant que l'obscurité ne s'installât avec la rapidité qui lui est coutumière sous les tropiques, le soleil perça la couche de nuages et illumina le *Dartmoor,* tel un bateau doré décorant une assiette de porcelaine : espars, voiles, ponts scintillants. La lumière ne régna qu'un instant ; puis, alors qu'elle commençait à s'estomper et que des vents violents déferlaient sur l'océan, l'étrave de la belle goélette s'abaissa lentement, piqua dans une énorme masse d'eau, ne rémonta pas à la lame, creusa la mer de plus en plus profondément et le bateau s'engouffra, disparut totalement.

Pas une casquette ne flottait sur l'eau sombre de l'Atlantique. Le soleil s'éteignit. L'or se fondait dans la nuit.

De l'*Ariel* monta un hurlement bientôt suivi de cris individuels de victoire, et Spratley se mit à danser entre les deux canons qui restaient.

— Il a sombré ! s'écria-t-il à l'adresse du capitaine.

Mais Turlock, en proie à une émotion qui lui faisait perdre la tête, fit décrire à son bras gauche un brutal arc de cercle et le poing d'argent vint cueillir le canonnier, l'envoyant rouler sur le pont.

— Tu n'étais pas digne de lacer ses souliers ! lança Turlock.

Mais Spratley ne se laissa pas dépouiller de sa victoire. Il se remit sur pied d'un bond et, sans se préoccuper du capitaine, approcha un boutefeu de l'un des canons ; un boulet jaillit audessus des lames belliqueuses, ricocha et disparut pour aller rejoindre le *Dartmoor* dans les vastes et sombres abysses.

— Vous pouvez amener la toile, Mr. Goodbarn, dit Turlock. Cette nuit, il va nous falloir affronter un sérieux coup de torchon.

1822

Au cœur des terres lointaines et désolées du Canada septentrional, là où l'homme ne s'aventure que s'il est perdu et sur le point de mourir, une famille d'oies s'installa à la fin de l'été 1822 sur une morne étendue de marécage du cercle arctique. Père, mère et six oisons qui, par un caprice de la nature, se trouvaient dans un péril extrême.

Les deux adultes, de splendides oiseaux pesant près de sept kilos et dont les ailes leur permettaient des voyages de huit mille kilomètres, ne pouvaient quitter le sol. A l'époque où ils doivent nourrir et protéger leurs rejetons, ils sont incapables de voler. Comme tous ceux de leurs espèce, ils perdaient les fortes plumes de leur queue chaque été, et demeuraient rivés au sol pendant environ six semaines au cours desquelles il leur fallait se dissimuler pour échapper à leurs ennemis et parcourir les marécages sur leurs pattes maladroites en attendant la repousse de leurs rectrices. Pendant cette période de mue, ils étaient sans défense, c'est pourquoi ils pondaient leurs œufs en un lieu aussi désolé.

Onk-or, le père de famille, errait parmi les buissons à la recherche de graines tandis que sa compagne restait à proximité du nid pour veiller sur les oisons à l'appétit insatiable. De temps à autre, lorsque Onk-or rapportait de la nourriture et relayait la femelle auprès des jeunes, celle-ci s'élançait pour parcourir de longues distances sur ses pattes, tant elle appréciait d'échapper à la monotonie de sa tâche mais, ce jour-là, quand elle parvint au sommet d'un monticule herbeux, elle accéléra sa course, battit l'air de ses ailes ankylosées par six semaines d'immobilité et revint en voletant vers le nid tout en émettant des cris stridents.

Se maintenant à moyenne altitude, elle piqua vers le nord où s'insinuait un bras de mer et se posa sur l'eau avec force éclaboussements. D'autres oies la rejoignirent pour manger des graines flottant sur les vagues et, après ces semaines de solitude, elle goûta leur compagnie ; mais elle ne tarda pas à se dresser sur l'eau ; elle battit des ailes, prit de la vitesse en soulevant de grandes gerbes liquides, puis s'éleva dans l'air en direction de son nid. Suivant en cela une longue habitude, elle atterrit à distance de l'endroit où attendaient ses petits, se déplaça avec une feinte insouciance afin de tromper les renards qui risquaient de l'observer, puis rassembla des bribes de nourriture qu'elle apporta à ses enfants. Dès qu'elle apparut, Onk-or s'éloigna, toujours incapable de voler, à la recherche d'un surcroît d'aliments.

Ce jour-là, il y avait un observateur, un renard de l'Arctique que la faim tenaillait. Lorsqu'il repéra le nid grossier, à même le sol, dans lequel s'agitaient les six oisons, trop jeunes pour voler, il ne se lança pas dans une action précipitée, car il avait appris à craindre les becs acérés et les puissantes ailes des oies adultes. Au contraire, il battit en retraite et décrivit de larges cercles à bonne distance du nid, puis il invita l'un de ses congénères à chasser avec lui. Ensemble, ils retraversèrent la toundra avec prudence, profitant de chaque monticule pour se dissimuler, et repérèrent le terrain en vue d'imaginer leur tactique.

Pendant les heures les plus lumineuses de la journée, ils demeurèrent cachés, en attente ; l'expérience leur avait appris que la nuit était plus propice à l'attaque.

Le plan des renards prévoyait que le plus vigoureux des deux attaquerait Onk-or en incitant le grand jars à s'éloigner davantage du nid et, pendant le combat qui s'ensuivrait, l'autre s'en prendrait à la femelle ; ensuite, tandis qu'elle se défendrait avec maladresse, il s'emparerait de l'un des oisons et s'enfuirait. A la faveur de la confusion ainsi créée, le premier renard pourrait éventuellement fondre sur un deuxième petit.

Lorsque les renards eurent atteint leur position stratégique, le premier fonça sur Onk-or, l'attaquant du côté où il tenait la tête cachée, mais dès qu'il eut accéléré l'allure, écartant les herbes sur son passage, Onk-or s'éveilla et eut conscience du danger. Il ne tenta pas une manœuvre de diversion ni un mouvement pour se protéger le cou ; il pivota sur la patte gauche, fit décrire un arc de cercle à son aile déplumée dont l'arête osseuse cueillit son adversaire, l'envoyant à terre.

Onk-or savait que le renard tentait de l'éloigner du nid ; aussi, renonçant à profiter de son avantage pour assener un deuxième coup à l'assaillant, il battit en retraite en direction du petit tas de branchages et d'herbes, et cacarda pour avertir sa famille. Sa compagne, comprenant le danger, attira les oisons plus étroitement sous ses ailes et observa la sinistre grisaille ambiante.

Elle n'attendit pas longtemps : tandis que le premier renard se ruait de nouveau sur Onk-or, le deuxième se précipita à l'attaque du nid. Elle ne disposa que d'une fraction de seconde pour estimer la direction d'où venait l'assaut ; alors elle se dressa, étendit les ailes et pivota pour faire face au carnassier. Quand il bondit sur elle, elle lui assena un coup de son bec puissant sur le museau qui l'étourdit un moment.

Dès qu'il eut récupéré, il se lança dans une deuxième attaque. Cette fois, l'oie était prête et son aile, largement déployée, envoya bouler son assaillant qui se renversa sur le dos. Pourtant son instinct l'avertit que le renard avait recours à une feinte pour distraire son attention. Si elle le frappait de nouveau, il se précipiterait derrière elle et s'emparerait de l'un des petits. Aussi, quand le renard tomba, elle pivota sur la patte droite, se plaçant, toutes ailes déployées, entre l'assaillant et le nid.

Espérant en vain que les deux oies commettraient quelque erreur fatale, les renards luttèrent encore un moment puis, reconnaissant la futilité de l'assaut, ils se retirèrent dans un concert de glapissements aigus.

Quand vint le jour, les parents décidèrent qu'il était urgent d'apprendre à leurs six rejetons à voler. Au matin, Onk-or ne quitta pas le nid, en quête de nourriture ; il demeura à côté du curieux amas de branches et d'herbe et poussa ses enfants vers le marécage.

Ceux-ci formaient un groupe disgracieux ; ils trébuchaient, tombaient, battaient vainement des ailes ; mais, peu à peu, ils acquéreraient la maîtrise qui leur permettrait de s'envoler vers le sud pour gagner les eaux de Maryland. Deux d'entre eux parvenaient déjà à se soulever dans l'air, à voler sur une courte distance, pour atterrir avec une joyeuse maladresse.

A la vue de leur réussite, une de leurs sœurs battit des ailes, courut sur le sol rocailleux et, avec effort, s'éleva dans l'air ; à cet instant, Onk-or frémit. Trop tard ! L'oison, incapable de voler, retomba lourdement à terre, juste à l'endroit où les renards faisaient le guet. Lorsqu'ils fondirent sur leur proie, Onk-or, en un suprême effort, déploya ses ailes encore inaptes au vol, parvint à s'élever légèrement et tenta d'atteindre les carnassiers. Il ne put se maintenir en l'air et retomba à son tour. L'un des prédateurs saisit alors l'oison, le tua d'un brutal coup de mâchoire et s'enfuit. Son compagnon décrivit de larges cercles, harcelant Onk-or, et disparut bientôt pour partager le festin.

Onk-or et sa compagne constituaient une exception dans le règne animal : ils étaient unis pour la vie, aussi étroitement soudés que n'importe quel couple d'humains. Chacun s'inquiétait du sort de l'autre, et Onk-or aurait sacrifié sa vie sans hésiter pour sauver celle de son épouse. Quatre fois, ils avaient effectué le trajet depuis le cercle arctique à la côte orientale de la Chesapeake et, quatre fois, ils en étaient revenus. En vol, ils communiquaient d'instinct ; chacun comprenait les intentions de l'autre et, au sol, soit pendant la nidification dans la zone arctique, soit quand ils se nourrissaient le long du Choptank, ils se sentaient mutuellement responsables de leur sécurité.

Aussi, quand les renards eurent disparu avec leur proie, la première réaction du jars fut de s'assurer que sa compagne était sauve. Tranquillisé sur ce point, il reporta son attention sur les cinq enfants en vie. Ceux-ci devaient apprendre à voler sur-le-champ.

A la mi-septembre, comme chaque année au cours de leur vie, Onk-or et sa compagne sentaient naître en eux un besoin impérieux. Ils observaient le ciel et réagissaient au raccourcissement du jour. Ils remarquèrent avec satisfaction que leurs cinq rejetons étaient devenus de grands et robustes oiseaux, à l'envergure imposante. Ils étaient prêts à entreprendre leur vol. Le brunissement de l'herbe et le mûrissement de certaines graines indiquaient l'imminence du départ.

Dans tous les nids de l'Arctique, naissait une même agitation et les oiseaux se querellaient. Les mâles s'élevaient tout à coup dans le ciel et parcouraient de longues distances sans raison apparente, puis revenaient et atterrissaient dans un nuage de poussière. Pas de rassemblement, pas de réunion de familles. Puis, soudain, pour des raisons mystérieuses, inexplicables, d'immenses vols prenaient leur essor, tournoyaient, puis se constituaient en formations qui prenaient la direction du sud.

Cette migration vers le sud était l'une des merveilles de la nature : des centaines, des milliers, des millions de bêtes volaient en formations, en un V parfait, évoluant à diverses altitudes et à diverses heures de la journée, mais toutes quittaient le Canada en empruntant l'une des quatre routes principales conduisant à différentes régions d'Amérique. Certaines volaient à neuf mille mètres d'altitude, d'autres à moins de mille mètres, mais toutes cherchaient à échapper aux marécages glacés de l'Arctique pour gagner des terres nourricières clémentes comme celles du Maryland. Pendant de longs moments, les oies volaient en silence mais, le plus souvent, elles communiquaient bruyamment entre elles ; et la nuit, alors qu'elles évoluaient dans l'air automnal, elles émettaient des cris qui s'imprimaient à jamais dans la mémoire de ceux qui les entendaient : « Onk-or ! Onk-or ! »

La formation dans laquelle Onk-or et sa famille prirent la route du sud cette année-là comptait quatre-vingt-neuf oiseaux, mais ceux-ci ne constituaient pas une unité régulière, permanente. Parfois, d'autres groupes s'y intégraient jusqu'à ce que la formation comptât plusieurs centaines de membres ; parfois, plusieurs familles s'en détachaient pour rejoindre quelque autre unité. Mais en général, la formation montrait une certaine cohésion.

Les oies volaient à plus de soixante-dix kilomètres à l'heure ; aussi pouvaient-elles couvrir une distance de seize cents kilomètres par jour. Divers étangs, lacs et berges de cours d'eau, constituaient des étapes et leur procuraient asile et nourriture. Ainsi, la partie nord du Québec offrait ses lacs et les affluents du Saint-Laurent. Le Maine regorgeait de possibilités et il existait des lieux accueillants dans l'ouest du Massachusetts et dans l'État de New York. Les oies âgées, comme Onk-or, connaissaient parfaitement tous ces endroits.

Les premiers jours d'octobre, les oies atteignaient l'État de New York ou celui de Pennsylvanie. Le soleil était chaud, les lacs accueillants mais, quand les vents du nord-ouest commençaient à souffler, amenant les gelées nocturnes, les plus vieilles d'entre elles s'agitaient. Elles n'appréciaient guère le gel subit, annonciateur de difficultés, et le déclin du soleil exigeait qu'elles gagnent rapidement le sud pour y trouver la sécurité.

Alors elles s'élevaient pour former leur ultime V. Quel que fût le lac sur lequel elles s'étaient reposées, les oies empruntant la route de l'est se dirigeaient vers la Susquehanna et, lorsqu'elles apercevaient ses larges formes sinueuses, elles se sentaient en sûreté. Le fleuve représentait leur guide immémorial et elles le suivaient avec assurance pour parvenir enfin à la

Chesapeake, l'étendue d'eau la plus vaste qu'il leur était donné de voir pendant leur migration. Ces mille estuaires et criques leur promettaient nourriture et refuge pendant le long hiver, et la vue de la baie les emplissait de joie.

Parvenus à destination, les groupes se dispersaient. Quatre mille oiseaux atterrissaient au Havre de Grace, vingt mille sur la Sassafras ; la Chester River en accueillait plus de cent mille et la Miles autant. D'énormes concentrations choisiraient la Tred Avon, mais le rassemblement le plus important atteindrait le Choptank ; là, plus de deux cent cinquante mille oiseaux envahissaient les champs et les estuaires.

Depuis plus de cinq mille ans, les ancêtres d'Onk-or avaient élu domicile dans un marais, sur la berge nord du Choptank. Ils y trouvaient l'espace, les herbes et les graines en abondance, ainsi que les multiples entrelacs de cours d'eau procurant des abris sûrs. L'endroit était idéalement situé, à la fois proche des champs qui leur procuraient la nourriture, et du fleuve qui leur permettait de se poser et de s'envoler aisément. C'était une étape hivernale parfaite sous tous les rapports, excepté un : elle appartenait aux Turlock, les chasseurs les plus impénitents du Maryland ; chaque membre de la famille naissait avec un appétit insatiable pour les oies.

— Je les aime rôties, farcies aux oignons et aux piments, ou hachées menu avec des champignons, clamait Lafe Turlock à qui voulait l'entendre. Je me moque de tous les autres mois de l'année, mais qu'on me laisse novembre avec une oie bien grasse sur le fourneau trois fois par semaine.

Le père et le grand-père de Lafe l'avaient initié aux secrets de la chasse à l'oie. « C'est l'oiseau le plus rusé du monde. Il a un sixième sens, et même un septième, et un huitième. J'ai vu un vieux jars malin survoler ma terre et conduire son troupeau sur mon poste d'affût, repérer mon fusil, s'arrêter net, faire pivoter toute sa formation sur un espace de quelques centimètres sans que je puisse tirer un seul coup de fusil. » Sur quoi, Lafe décocha un coup de pied au poêle et résuma la situation :

— C'est pour ça que l'oie rôtie a si bon goût... C'est parce qu'elle est si difficile à chasser.

— Pourquoi ça ? demanda un jeune chasseur.

Lafe se retourna pour considérer le blanc-bec. Il l'observa d'un air méprisant, comme un intrus, puis laissa tomber :

— Je vais t'expliquer, fiston. Je connais ta ferme en aval du fleuve. Bel emplacement pour chasser. Plus de cent mille oies doivent le survoler en l'espace d'une semaine. Peut-être deux cent mille. Mais ça te sert à rien parce que, si tu réussis pas à en attirer une à portée de fusil, tu pourras jamais tuer une oie. Jamais une seule oie à portée de fusil. Y a de quoi enrager ! Alors, ce qu'il faut faire, fiston, c'est choisir un endroit où elles peuvent atterrir et y construire une cabane d'affût...

— Je l'ai déjà fait.

— Et la cacher sous des branches qui n'aient pas l'air d'avoir été coupées, reprit Lafe sans tenir compte de l'interruption. Et disposer tout autour au moins huit appeaux de bois placés dans huit positions différentes. Ensuite, il te faut apprendre à imiter le cri de l'oie pour tromper le jars le plus malin qui ait jamais existé. Et si tu fais pas tout ça, fiston, jamais tu goûteras d'oie parce qu'elles passeront au-dessus de toi nuit et jour. Cette année, j'ai un autre plan.

Il trempa le doigt dans la mélasse et s'en servit pour esquisser sa stratégie.

« Vous connaissez ma cabane d'affût au bord du fleuve ?

— Ouais. J'y ai moisi assez longtemps pour rien, grommela l'un des hommes.

— Et vous connaissez la cahute à côté de l'étang, à l'ouest du marais ?

— J'y ai passé des jours à me mouiller les fesses, répliqua le même interlocuteur.

— Et c'est ce qui t'arrivera encore cette année dans ce coin-là. Parce que j'ai préparé ces deux postes d'affût exactement de la même façon que d'habitude, avec tous les appeaux. Je veux que le chef de la formation les aperçoive et entraîne son troupeau ailleurs.

— Où ça ? demanda le sceptique.

Lafe sourit, et la jubilation accusa les rides de son visage.

— Maintenant, venons-en à mon plan, reprit-il. Ici, au bord de ce champ de maïs, je construis une troisième cabane d'affût et je dépose à proximité les meilleurs leurres qu'on ait jamais sculptés, mon père et moi.

Aussi, lorsque Onk-or amena sa formation de quatre-vingt-neuf oiseaux sur les marais du Choptank, de dangereuses innovations l'attendaient. Certes, lors de son premier passage, il repéra le poste d'affût habituel sur la berge du fleuve et l'autre, mal dissimulé, près de l'étang ; des générations d'oies avaient évité ces ridicules appeaux. Il distingua les leurres classiques disposés le long de la rive, les bateaux prêts à amener les chasseurs sur le fleuve et les chiens à côté des embarcations. Tout cela lui était familier ; il retrouvait son domaine.

Il émit un signal, amorça une glissade circulaire tout en gardant son aile gauche presque immobile, puis se posa dans un bel éclaboussement au milieu du marais. Puis il se fraya un chemin à travers les herbes pour repérer la nourriture disponible dans les champs. Sa compagne l'escorta et, en quelques minutes, ils acquirent la certitude qu'ils passeraient un bon hiver. En revenant au marais, ils observèrent la cabane. Aucun changement. Du linge séchait derrière la cuisine.

Tandis que les oies prenaient possession de leur territoire, les premiers coups de feu retentirent, et Onk-or expliqua à ses petits les dangers qui les guettaient dans cette riche contrée.

La survie exigeait une vigilance continuelle et aucune autre espèce ne se montrait plus habile à se protéger. Des oiseaux plus petits, tels que les pigeons qui constituaient une cible plus difficile à atteindre par le chasseur, pouvaient se fier à la chance en espérant qu'un humain les manquerait ; mais l'oie formait une cible massive, de face ou de côté, qu'un chasseur ne pouvait manquer si elle se trouvait à portée de fusil.

A la mi-décembre, il devint évident que les oies avaient, une fois de plus, damé le pion à Lafe Turlock ; aucune n'avait atterri près de l'affût du fleuve et seules quelques traînardes s'étaient posées sur l'étang. Dès la fin de la première semaine, Onk-or avait repéré le traquenard du champ de maïs et Lafe n'avait abattu que trois oies.

Il réunit ses cinq fils et quatre autres fins tireurs auxquels il annonça :

— On va se payer des oies à ne plus savoir qu'en faire. Voilà comment on va s'y prendre.

Une heure avant l'aube, il emmena son plus jeune fils jusqu'à l'affût du fleuve et disposa une douzaine d'appeaux au hasard.

— Je veux que les oies t'aperçoivent. Ça les obligera à aller plus loin.

Il plaça près de l'étang un autre de ses fils, auquel il donna des instructions identiques.

— Bien sûr, si tu peux abattre une oie, te gêne pas. Mais on compte pas sur toi.

Au champ de maïs, il posta un troisième fils, de manière qu'il soit lui aussi repéré. Il entraîna les six hommes qui restaient dans une longue marche à travers les buissons pour gagner une crique où, selon lui, les oies seraient obligées de se poser.

— La formule, c'est de penser comme une oie. Elles vont s'éloigner du champ de maïs, voler en demi-cercle, apercevoir les appeaux près des pins et se poser ici.

Or, à l'instant où elles se poseraient, il leur faudrait affronter la fusillade nourrie des quatre tireurs les plus rapides, suivie d'une deuxième rafale émanant des autres chasseurs ; pendant ce temps, les quatre premiers rechargeraient et abattraient les oies blessées, et ainsi de suite.

Ce matin-là, Onk-or conduisait le vol. En quelques instants, le troupeau se constitua en deux formations en V qui se dirigeaient de concert vers un cours d'eau, au sud du marais. Les gros oiseaux se posèrent loin en amont, se gorgèrent d'herbe, puis s'envolèrent de nouveau pour trouver un terrain plus propice. Ils survolèrent l'étang où de futiles coups de feu éclatèrent, puis prirent la direction du champ de maïs où Onk-or repéra immédiatement le chasseur solitaire qui y était posté. Il s'éloigna, amorça une glissade sur la gauche et aperçut quelques oies qui se nourrissaient le long d'une rivière bordée de pins. Le fait que certains de ses congénères se soient posés à cet emplacement prouvait que la zone ne recelait pas de dangers ; il y conduirait donc son troupeau.

Les oies perdirent de l'altitude, déployèrent leurs ailes et se préparèrent à l'atterrissage ; c'est alors que Onk-or perçut un mouvement dans les pins qui bordaient la berge et, par une habile manœuvre en direction du nord, il parvint à se mettre hors de portée tout en poussant des cris perçants afin d'avertir les autres. Il s'éloigna, imité par ceux qui le suivaient de près, mais nombre d'oies ne réagirent pas à temps ; elles passèrent juste au-dessus du poste d'affût et une fusillade nourrie éclata.

Sept oies trouvèrent la mort dans l'embuscade, y compris deux des rejetons d'Onk-or. Un désastre dont il portait la responsabilité. Jamais cela ne devait se reproduire.

Lafe chantait victoire.

— Pour attraper une oie, il faut penser comme une oie, expliquait-il à son auditoire.

Mais son triomphe fut de courte durée ; pendant le reste de la saison il ne tua plus une oie dans son marais, et ne réussit qu'à en abattre deux à l'occasion d'une expédition qui le mena plus loin en amont.

— Jamais vu des bestiaux plus malins ! pestait-il. Je vais aller trouver Amos Todkill et lui demander qu'il me loue ses appelants.

Donc, en janvier 1823, il fit voile sur Patamoke où il entama des marchandages éperdus avec Todkill qui s'était spécialisé dans le ratissage des marais pour y repérer de jeunes oies blessées qu'il dressait et utilisait en tant que leurres vivants, pour attirer leurs congénères sauvages droit sur les canons des fusils postés à l'affût.

Todkill proposa de louer pendant trois jours quinze de ses appelants pour un dollar et demi.

— C'est plutôt cher, se plaignit Lafe.

— Mais c'est la réussite assurée. Ça ne rate jamais.

Todkill leur attacha les pattes et les jeta dans le bateau de Lafe qui repartit pour son marais.

— J'ai besoin de quinze ou seize fameux chasseurs annonça-t-il au magasin. J'ai investi du bon pognon dans ces satanés appelants et je compte bien en avoir pour mon argent.

Il constitua une véritable batterie dont il posta les membres aux emplacements stratégiques afin qu'aucune proie ne pût échapper au feu croisé des chasseurs. Puis, il dispersa une cinquantaine des appeaux de bois les mieux imités ; après quoi, il libéra les quinze appelants de Todkill.

Puis, il attendit en compagnie des seize autres chasseurs. Rien ne se produisait. De temps à autre, des oies venant du marais les survolaient sans prêter attention aux appelants qui cacardaient pour les inciter à se poser.

D'emblée, Onk-or avait repéré le bizarre dispositif d'appeaux en bois et les appelants vivants, et il ne tarda pas à remarquer les fusils cachés dans les ajoncs. Non seulement, il avait évité la zone dangereuse à son propre groupe, mais il avait aussi alerté les autres, si bien que Lafe et son artillerie en étaient pour leurs frais.

— On s'est laissé prendre à ces appelants, et Lafe aussi, mais ce qu'il y a de sûr, c'est que le vieux jars ne s'y est pas laissé prendre, commenta l'un des chasseurs.

— En tout cas, ces satanés appeaux m'ont fait perdre un dollar et demi, marmonna Lafe. J'ai eu toutes les peines du monde à pas étrangler ces saloperies d'oiseaux avant de les rendre à Todkill.

Les hommes éclatèrent de rire. L'idée que Lafe Turlock pût faire du mal à une oie, sinon en l'abattant d'un coup de fusil, était inconcevable. Il adorait ces grands oiseaux, leur distribuait des débris de maïs quand la neige recouvrait le sol ; il soignait les blessés et, à la fin de la saison, les remettait à Todkill. Une fois, lors d'une grande réunion, il avait déclaré : « La vie de l'homme est divisée en deux saisons : quand il y a les oies et quand il n'y en a pas. » De ce fait, ses compagnons qui se gaussaient de son échec furent surpris de constater qu'il ne réagissait pas.

Turlock gardait le silence pour une bonne raison : il s'apprêtait à appliquer le plan trois de son grand dessein. Au début mars, il rassembla ses fils et leur annonça :

— J'ai traîné un peu partout dans les bois, et je crois que j'ai découvert l'endroit où elles s'accouplent.

Il faisait allusion aux quelques oies qui avaient été blessées par des coups de feu, ou séduites par la clémence du Choptank ; au lieu de s'envoler vers le nord avec les autres, elles demeuraient sur place, élevant leurs familles, nées au Maryland, dans les marais du sud. Et lorsqu'elles s'accouplaient, elles étaient plus vulnérables.

« Les oies sont comme les hommes, expliqua Lafe à ses fils. Quand elles ont le cul en tête, au diable la prudence. Et la semaine prochaine, on va tuer assez de ces écervelées pour nous nourrir jusqu'en juillet.

— Comment on va faire, p'pa ?

— La stratégie, fiston.

Onk-or, lui aussi, pensait à la stratégie. Il devait faire passer à son troupeau le cap de la frénétique saison des amours sans essuyer de pertes et, pour y parvenir, il lui fallait le détourner des terrains d'accouplement. En effet, il avait appris que, lorsque les jeunes oies, éperdues, contemplaient la danse nuptiale, elles oubliaient toute prudence, et leurs aînées ne valaient guère mieux.

Ainsi, pour Lafe comme pour Onk-or, les derniers jours de l'hiver devinrent critiques ; l'homme devait découvrir le terrain d'accouplement, et le jars en éloigner sa famille. Neuf jours passèrent sans que les fusils des Turlock fassent une victime.

— Vous en faites pas, disait Lafe à ses fils d'un ton assuré. Il faut bien que les oies s'accouplent, et quand elles seront au travail, on entrera en scène.

Il avait prévu, mieux que les jeunes oies, l'emplacement où celles qui ne s'envoleraient pas vers le nord procéderaient à la pariade et, là, dans une clairière, il prit l'affût avec ses fils, chacun muni de trois mousquets. Les jeunes oies réagissant à un impérieux instinct, arrivèrent sur les lieux et y entamèrent bientôt leurs danses.

Deux mâles concentraient leur attention sur une femelle, laquelle se tenait à l'écart et se lissait les plumes, feignant d'ignorer l'événement qui scellerait son destin.

Pendant ce temps, les mâles redoublaient d'agressivité ; ils se menaçaient à coups de bec, sifflaient, avançaient, reculaient et mimaient la fureur. L'un d'eux passait à l'attaque, déployait ses ailes et assenait des coups violents sur la tête de son adversaire. A ce stade, le combat entrait dans sa phase réelle ; chacun des lourds oiseaux tentait de saisir la tête de l'autre dans son bec puissant.

Conformément à des règles compliquées, il devenait évident aux deux adversaires, au reste du troupeau et à la femelle attentive, que l'un des combattants avait triomphé. L'autre battait en retraite ; alors venait la phase la plus touchante de la danse.

Le mâle victorieux s'approchait de la femelle à petits pas, en se dandinant, puis tendait le cou et l'agitait doucement d'avant en arrière près de l'élue ; et celle-ci tendait le sien, et ils s'enlaçaient en s'effleurant à peine, et demeuraient dressés ainsi, leurs cous enchevêtrés, dans l'une des manifestations les plus délicates et les plus gracieuses de la nature.

Au moment où la danse approchait de son paroxysme, les jeunes oies faisant partie du groupe d'Onk-or s'élancèrent instinctivement vers le lieu d'accouplement en dépit des efforts frénétiques du vieux jars et de sa compagne pour les en empêcher.

— Allons-y ! lança Turlock.

Et les fusils crachèrent. Avant que les oies surprises aient pu prendre leur essor, les six Turlock lâchèrent leurs armes, en empoignèrent d'autres, ouvrirent de nouveau le feu et recommencèrent. Les oies s'abattirent en grand nombre et, lorsque Onk-or réussit à faire reprendre l'air à son troupeau, il abandonnait assez de congénères mortes pour remplir la cave à glace des Turlock.

Quand les survivants se rassemblèrent sur le marais, Onk-or s'aperçut que l'un de ses fils avait péri, et il allait céder à sa peine lorsqu'il remarqua, avec terreur, que son épouse aussi manquait à l'appel. Il avait vu des oies chanceler et tomber dans les hautes herbes au bord du cours d'eau, et son instinct lui disait que les hommes allaient ratisser cette zone pour chercher les blessées.

Sans hésitation, il abandonna son troupeau et se précipita vers le lieu d'accouplement. Son arrivée déconcerta les chasseurs qui, ainsi qu'il l'avait prévu, recherchaient les oiseaux mal en point. Il vola juste au-dessus de leurs têtes et se posa dans la zone où il avait vu tomber des oies et, là, il découvrit sa compagne sérieusement blessée à l'aile gauche. Elle ne pouvait voler et, dans quelques minutes, les chiens et les hommes la trouveraient.

La harcelant à coups de bec, il la poussa vers un bras d'eau, l'entraîna vers la sécurité qu'offrait le cœur du marais. Lorsqu'elle hésitait, il lui becquetait les plumes, mettait tout en œuvre pour l'empêcher de s'arrêter.

Ils avaient franchi environ deux cents mètres lorsqu'un chien jaune, un bâtard au flair aiguisé, releva leurs traces et se douta qu'une oie blessée se dissimulait quelque part dans les hautes herbes. Sans bruit, il se glissa vers la bête meurtrie et, d'un bond, fonça sur elle.

Mais il ne s'attentait pas à ce qu'elle fût accompagnée d'un mâle adulte, résolu à la protéger. Onk-or se dressa sur l'eau, fouetta l'air de son cou et abattit son bec sur le chien. Stupéfait, celui-ci recula, puis, comprenant la situation, se précipita sur le jars.

S'ensuivit un combat meurtrier, ponctué d'éclaboussements, dans lequel le chien avait tous les avantages. Mais Onk-or fit appel à toutes ses ressources ; il se battait non seulement pour se protéger, mais aussi pour sauver sa compagne blessée et, dans les entrelacs du marais, il s'attaqua au chien avec force coups de bec. Son assaillant battit en retraite.

— Y a une oie blessée par là ! cria Turlock à ses fils. Tigre a trouvé sa trace.

Mais le chien ne rapportait rien, sinon une profonde coupure sur le crâne.

« Eh ! Tigre a été attaqué par une oie. Entrez là-dedans et trouvez-moi cette satanée bête !

Trois garçons et leurs chiens pataugèrent dans le marais, mais déjà Onk-or et sa compagne meurtrie étaient en sécurité. Tous deux se cachèrent dans les ajoncs pendant que les chasseurs barbotaient bruyamment et que les chiens, peu désireux de rencontrer la bête qui avait blessé Tigre, ne déployaient aucun zèle pour les retrouver.

A une semaine de là, une fois sa compagne guérie, Onk-or rassembla son troupeau et, se conformant à un instinct impérieux, entreprit le voyage vers l'Arctique : Pennsylvanie, Connecticut, Maine, puis les marécages gelés du Canada. Un soir, alors qu'elle survolait une petite ville de l'État de New York, la formation se mit à pousser de grands cris ; les habitants sortirent sur le pas de leur porte pour suivre des yeux le mystérieux passage. Parmi eux, se trouvait un garçon de huit ans. Il observa les formes grisâtres et prêta l'oreille à leur lointaine conversation. Conséquence de cette unique expérience, il allait s'attacher aux oiseaux, étudier tout ce qui les concernait et, une fois adulte, les dessiner, les peindre, écrire sur leur compte, et prendre les premières mesures en vue de leur procurer des refuges ; tout cela parce que, par une nuit baignée de clair de lune, il avait entendu les oies survoler sa maison.

Le mirador de la veuve

La Vengeance de Rosalinde ne possédait pas un mirador de la veuve à proprement parler. Cette agréable adjonction architecturale avait fleuri en Nouvelle-Angleterre où les familles de marins construisaient sur le toit de leurs maisons une plate-forme carrée, entourée d'un garde-fou. De là l'épouse pouvait contempler la baie et repérer le bateau de son mari rentrant au port après une campagne de pêche à la baleine de plusieurs années dans le Pacifique sud. Le nom de « Mirador de la veuve » provenait des récits romanesques concernant ces femmes fidèles qui continuaient à guetter l'arrivée du navire, abîmé depuis longtemps dans quelque mer lointaine.

La grande maison des Steed n'en était pas moins dotée d'un mirador de la veuve, aménagé ultérieurement. En 1791, lorsque Isham Steed suivit les conseils de son condisciple Tom Jefferson et commanda à Amsterdam un télescope, il aménagea une terrasse d'où il pourrait observer les étoiles ; en conséquence, il découpa une ouverture dans la toiture et y construisit une plate-forme qu'il entoura d'une balustrade basse, ce qui constitua un endroit agréable d'où il contemplait le ciel et les bateaux traversant la baie.

Au cours d'une chaude journée de la fin mars 1823, Susan Grimes Steed monta sur cette terrasse et se laissa choir avec langueur dans un fauteuil d'osier. Pendant près d'un quart d'heure, elle garda les yeux rivés sur la baie dans l'espoir d'apercevoir quelque voilier rentrant à Baltimore, mais son attention fut distraite par un bruissement au-dessus d'elle. Elle leva les yeux et vit un grand nombre d'oies dessinant un long V ; de toutes les anses et boucles du Choptank, elles s'élevaient, amorçant leur long voyage vers le Canada.

Sachant qu'elles s'éloignaient et ne reviendraient qu'avec les premiers froids de l'automne, Susan s'extirpa de son fauteuil et vint s'appuyer à la rambarde.

— Oh, Dieu fasse que je m'envole avec vous ! murmura-t-elle.

Elle se laissa retomber dans son fauteuil et posa sur la baie un regard vide. Aucun bateau en vue, pas de navire arrivant d'Espagne, seule la vaste étendue d'eau miroitante, sans une ride, aussi loin que portait le regard, jusqu'à la côte occidentale. Et l'ennui qui s'était emparé d'elle se fit plus pesant.

Alors, à l'extrémité sud de la surface liquide, apparut ce qui pouvait être un bateau — tout au moins un point qui se déplaçait et sur lequel elle braqua son télescope pendant une longue demi-heure.

« Ça pourrait être un bateau de pêche. » Elle était heureuse de trouver une pensée qui lui occuperait l'esprit. « Non, c'est un navire. Un trois-mâts. » Et avec ce mot, revinrent les obsédants phantasmes érotiques.

Elle imaginait le bateau sous la forme d'un homme remontant la baie pour la plier à son désir, l'assaillir, lutter avec elle, lui déchirer ses vêtements et la pourchasser dans les bois de Devon. Pendant que les images défilaient, elle sentit ses lèvres s'assécher et, lorsque le bateau se trouva juste au large de l'île, voiles établies pour continuer sa route vers Baltimore, elle se leva, se dressa près de la balustrade, les yeux rivés sur les hauts mâts, le corps douloureux, tenaillé par le désir. « Comme je souhaiterais être à bord de ce bateau ! ».

Elle demeura ainsi jusqu'à ce que le bateau eût disparu, emportant avec lui la vision phallique. Puis elle descendit l'échelle et, d'un pas lent, gagna sa chambre où elle s'étendit sur le couvre-pieds de satin, les yeux rivés sur les deux boulets de canon incrustés dans le mur. Si seulement ils étaient tombés un peu plus bas et l'avaient tué dans son lit...

L'horreur la saisit à l'idée qu'elle souhaitait la mort de son mari ; elle se cacha le visage dans les mains et s'écria :

— Quelle malheureuse je suis devenue !

— Vous appeler moi, Ma'ame ? demanda Eden depuis la porte.

— Non. Va-t'en.

La jeune Noire s'éclipsa et Susan se retrouva seule avec ses phantasmes. Ceux-ci découlaient de l'atroce déception que lui avait infligée son mari. Maintenant, elle considérait Paul Steed comme un être superficiel qui gâchait ses dons et abîmait tout ce qu'il touchait, à l'opposé d'elle qui avait hérité la détermination qui caractérisait son grand-père Simon. Lors de son arrivée à Devon, sans doute paraissait-elle frivole, mais elle n'avait jamais eu l'intention de le rester. Elle pensait que son changement avait surpris et, en quelque sorte, déçu son mari car, peu après leur mariage, il lui avait dit :

— Quand je vous ai vue pour la première fois sur la jetée, vous étiez une enfant belle et innocente. Il ne faut pas que vous changiez.

Mais elle avait changé, et lui pas.

Et pourtant, il lui fallait bien admettre qu'au début de leur mariage il s'était montré empressé. Il l'aimait et elle s'était retrouvée grosse presque immédiatement. Les premiers temps, tous deux avaient apprécié leur grand lit, mais celui-ci était vite devenu le théâtre d'étreintes banales, tout au moins de la part de Paul, sinon de celle de Susan. Deux autres grossesses avaient suivi — elle se demandait parfois comment elles avaient commencé — et, au bout de la cinquième année, leur mariage avait sombré dans la routine, la platitude, l'ennui.

Elle avait pris conscience de la faiblesse morale de son mari quand il avait commencé à gâter les enfants par manque de caractère et à laisser décliner les affaires de la famille par insouciance. Elle s'était efforcée d'être une bonne mère, d'imposer la discipline aux enfants quand son mari s'en montrait incapable, mais cela les amena à se tourner exclusivement vers elle lorsqu'ils avaient besoin de conseils. Paul devrait leur parler. Que diable, nous avons trois des plus beaux enfants du Maryland et il les ignore ! Un fils de six ans, une fille de quatre, et un autre garçon turbulent de deux ans ; chacun d'eux paraissait plus intelligent qu'on ne pouvait l'espérer ; déjà, elle avait appris à Mark, l'aîné, à lire et à compter, et sa sœur l'imitait avec une étonnante facilité.

— Nous devrions être une famille heureuse, marmonna-t-elle un jour. Nous avons tout pour cela.

Mais Paul retenait une partie si infime de l'intérêt de Susan et de ses aptitudes, qu'elle se sentait inutilisée, comme un réservoir de grande capacité privé de déversoir. C'était un sot ; à se demander ce que les professeurs de Princeton avaient pu lui apprendre, en admettant qu'ils se fussent efforcés de lui inculquer quoi que ce soit. Ses idées étaient fragmentaires, ses objectifs changeants, ses croyances ténues. Il inspirait peu de respect chez les Steed, et n'avait que de faibles chances de conserver la direction de la plantation.

Elle approchait de la trentaine, du seuil de ce qui aurait dû être sa maturité, et la perspective de vivre avec un homme qui gâchait ses dons la terrifiait. Non qu'elle se trouvât mal à l'aise loin de Londres comme cela avait été le cas pour sa mère. Elle aimait le Maryland et, la veille de son départ d'Angleterre, tous les membres de sa famille l'avaient avertie qu'elle ne devait en aucun cas suivre l'exemple de la malheureuse Jane Fithian Steed.

« Ta grand-mère était ma sœur ; Guy et moi, nous nous sommes efforcés de la préparer à la vie aux colonies, avait expliqué le vieux Carstairs Fithian. Nous l'avions prévenue que c'était à elle de faire des concessions, non à son mari. Elle ne devait pas s'attendre à mener la même vie qu'à Londres, ni à trouver dans son époux un dandy parisien. Ta grand-mère était une femme de caractère ; elle a combattu l'Amérique sans trêve et, en fin de compte, elle a perdu l'esprit. Si tu épouses le jeune Steed, il te faudra t'adapter à ses habitudes. »

L'adaptation n'était pas nécessaire, tout au moins dans les domaines qui avaient causé la perte de sa grand-mère Jane ; Susan adorait la liberté du Maryland, les individus variés qu'elle rencontrait sur les rives du Choptank, la nourriture originale, la joie que lui causait une visite à Annapolis. Elle aimait la baie et la vie sauvage qui hantait ses rives ; ainsi Devon Island comptait encore des chevreuils et, à la vue des oies qui s'appropriaient le fleuve, elle cédait à l'enchantement.

Son malaise ne trouvait pas sa source dans l'égoïsme ou une mesquine complaisance. Elle se montrait une bonne hôtesse et, quand des voisins de la plantation venaient séjourner à La Vengeance de Rosalinde, elle leur donnait l'impression qu'ils l'honoraient de leur présence. Si elle avait eu soixante ans, elle n'aurait eu à faire face à aucun problème. Mais elle n'en avait que vingt-neuf.

En février de cette année-là, elle prit une habitude pernicieuse. Une nuit, étendue dans son lit, d'humeur chagrine parce que son mari la négligeait, elle sortit le pied gauche de sous les couvertures comme si elle avait l'intention d'abandonner la couche, et l'impression de liberté engendrée par ce geste anodin la stupéfia : « Je peux sortir mon autre pied et quitter les lieux, si bon me semble. »

Aussi, prit-elle l'habitude de dormir un pied hors des couvertures. Un matin, Eden la trouva en train de sommeiller ainsi et s'en étonna.

— Ma'ame, vous prendre froid.

Mais Susan ne lui fournit aucune explication et Eden s'aperçut que sa maîtresse continuait à dormir ainsi.

L'histoire des boulets de canon lui paraissait suspecte aussi. D'après certaines rumeurs émanant des esclaves, il était évident que Paul n'occupait pas cette pièce au moment du bombardement et, lorsqu'il s'était précipité vers la grève en brandissant son mousquet, la flottille du capitaine Gatch avait disparu depuis longtemps. Néanmoins, les deux boulets demeuraient dans le mur, plâtrés, afin de susciter l'admiration des visiteurs qui rendaient hommage à l'héroïsme de Paul.

Elle se rappelait la première fois qu'elle les avait examinés. « Y a-t-il une chaise sur laquelle je puisse monter ? » avait-elle demandé, mais avant que qui que ce soit ait eu le temps de répondre, elle s'était tournée vers le capitaine Turlock qui l'avait soulevée, et elle avait senti le poing d'argent pressé contre sa jambe...

« Il faut que je me reprenne ! » Mais son esprit refusait de lui obéir.

Une fois les oies parties, les jours s'allongèrent et la baie se réchauffa. Maintenant, elle se rendait sur le toit chaque jour, cherchant la détente dans son fauteuil d'osier, utilisant son télescope pour suivre l'évolution des bateaux. Elle distinguait les contours des arbres et, par temps clair, parvenait même à reconnaître certains bâtiments, mais les hommes qui les occupaient demeuraient invisibles, trop minuscules pour être identifiés.

Quand elle se laissait aller à trop s'apitoyer sur elle-même, elle quittait la terrasse pour travailler dans le jardin immense, à demi sauvage, constellé d'arbres et de buissons à fleurs. Après le premier été de 1816, qui avait vu les hémorocalles ambrées s'épanouir un peu partout sur les pelouses, elle s'était efforcée de confiner les plantes vivaces à des espaces limités, arrachant les pousses vagabondes et entourant de galets les touffes qu'elle voulait conserver.

Il s'agissait là d'un travail pénible qu'elle aurait dû laisser aux esclaves, mais elle adorait les fleurs, surtout les vigoureuses hémorocalles, et il lui arrivait parfois de travailler jusqu'au coucher du soleil, dégageant les plantes des mauvaises herbes, remettant en place les galets. Elle ne tentait pas de conférer aux lieux une certaine joliesse. La vieille Rosalinde Janney Steed avait laissé des instructions écrites à l'intention des femmes qui lui succéderaient en tant que maîtresses des jardins :

> Je vous en supplie, ni roses, ni labyrinthes, ni allées au cordeau, ni statues de marbre importées d'Italie, et, pour l'amour de Dieu, pas de buis.

Mais les arbres dépérissaient et, à moins que leur départ ne fût prévu et d'autres plantés pour leur succéder, le parc disparaîtrait en l'espace de deux ou trois générations.

Tandis qu'elle travaillait aux bordures, elle remarqua une importante cavité dans l'un des cèdres qui poussaient à la limite du jardin ; elle y enfonça son petit rateau et s'aperçut que l'arbre n'allait pas tarder à mourir, ce qui l'incita à se rendre dans les bois protégeant la grande maison au nord afin d'y repérer le jeune conifère qui remplacerait le moribond. Elle errait donc sur le rivage nord de l'île quand lui apparut dans le chenal une vision qui, tout à la fois, l'enchanta et l'affligea : le clipper *Ariel* rejoignait enfin son port d'attache. Elle était enchantée à l'idée de pouvoir de nouveau s'entretenir avec le capitaine Turlock, et affligée de ne pas s'être trouvée sur la terrasse pour fêter son arrivée dans la baie ; c'était ce voilier qu'elle attendait depuis le dégel.

Elle n'adressa pas de signes en direction du clipper, elle ne sortit pas du couvert des pins. Elle demeura dans l'ombre, observant chaque détail du bateau, essayant d'évoquer les mers qu'il avait sillonnées, les cargaisons qu'il avait transportées, et les ports lointains dans lesquels il avait relâché.

Elle s'attarda là pendant plus d'une heure, se rapprochant peu à peu du rivage quand les arbres masquaient sa vue pour suivre la progression du majestueux clipper — au-delà de la Falaise-de-la-Paix, au-delà du marais Turlock où s'étaient posées les oies, en direction de Patamoke. Un détail la réconforta : la coque de l'*Ariel* paraissait sale, et le bateau devrait rester au port plusieurs semaines pour y être caréné.

Deux raisons poussaient le capitaine Turlock à rallier promptement Devon : il tenait à savoir si Paul Steed avait accumulé un stock de tabac suffisant pour être livré en France où les navires des Steed n'allaient pas souvent ; par ailleurs, il souhaitait renouer ses relations avec Mrs. Steed. Lors de sa dernière visite, huit mois auparavant, il avait été flatté de l'attention qu'elle lui témoignait ; il était convaincu qu'il ne lui était pas indifférent et, souvent, pendant les longues veilles sur l'Atlantique ou au mouillage à proximité des côtes africaines, un couplet obsédant résonnait à ses oreilles, l'obligeant à se rappeler la façon provocante dont elle l'avait regardé, une invite en quelque sorte.

Que de clins d'œil t'ont été adressés
Venant à toi par l'amour si joliment troussé.

Les images qu'évoquaient ces clins d'œil le tourmentaient ; il tentait de les répudier : « Tu as cinquante-cinq ans. Elle n'est qu'une enfant. » Mais la pensée persistait, et Mrs. Steed représentait son dernier espoir de femme capable de satisfaire la faim qui le tenaillait. Il brûlait de la revoir.

Aussi, lorsqu'il eut amarré son sloop à la jetée de Devon, il sauta à terre avec une allégresse inconnue et entreprit de gagner le bureau d'où Paul dirigeait la plantation. Chemin faisant, il ne cessait de fouiller le jardin des yeux dans l'espoir d'y apercevoir Susan. Il ne la vit pas, ce qui le troubla car elle devait être au courant de son arrivée.

Au moment où il s'apprêtait à entrer dans le bureau de Paul, il leva les yeux et aperçut la jeune femme sur le toit, appuyée à la rambarde ; Susan, dans une robe gris-bleu, un châle sur la tête, qui regardait dans sa direction. Elle ne lui adressa aucun signe, se contentant de rester là, penchée, à l'observer.

Paul n'avait pas de cargaison à destination de la France.

— Le blé ne s'y vend pas mieux qu'en Angleterre, expliqua-t-il. Mais je vais vous dire ce dont j'ai besoin, capitaine Turlock : vingt barils de sel.

— Je vous les apporterai à mon prochain voyage.

— Quand ?

— Nous appareillerons la semaine prochaine.

— Vous repartez si vite ?

— Le temps de faire un brin de toilette à l'*Ariel* et nous reprendrons la mer.

— J'espère que nous aurons le plaisir de vous voir avant votre départ.

— Tout le plaisir sera pour moi.

— Vous restez à déjeuner avec nous, évidemment.

— J'en serais très heureux.

Paul acheva de consulter quelques papiers, puis précéda son visiteur vers la maison où Tibère, un vieil esclave en livrée, ouvrit la porte pour laisser entrer les deux hommes.

— Mrs. Steed est-elle là ? s'enquit Paul.

— Sur le toit, répondit le domestique.

— Satané toit... Dis à Eden qu'elle aille chercher Madame.

Et peu après, Susan apparut, sans châle, les yeux fiévreux.

— Le capitaine Turlock est de retour, annonça Paul.

— J'espère que vous avez fait bon voyage, dit-elle en regardant Turlock droit dans les yeux.

Ils ne déjeunèrent pas dans la grande salle, mais dans l'une des galeries reliant les corps de bâtiments construits par Rosalinde Steed plus d'un siècle auparavant. La pièce répondait exactement à ce qu'elle en avait attendu ; le soleil se déversait sur la petite table ronde, entourée de trois chaises dont les occupants apercevaient les arbres du jardin, si proches qu'on avait l'impression de pouvoir les toucher.

— J'adore déjeuner ici, dit Susan pendant que quatre esclaves apportaient les plats.

Elle n'ajouta rien car les hommes commençaient à parler. Le capitaine Turlock narra quelques-unes de ses récentes aventures et, après qu'il eut évoqué une dizaine de pays qu'elle ne connaîtrait jamais, elle l'interrogea :

— Ne m'avez-vous pas dit, lorsque nous nous sommes rencontrés pour la première fois il y a bien des années, que vous vous livriez à une sorte de duel avec le capitaine Gatch qui a épousé une de mes cousines ? Vous ne m'avez jamais dit ce qui en était advenu.

Turlock toussota, se raidit sur sa chaise.

— Nous nous sommes combatttus l'un l'autre pendant des années, et personne ne l'a emporté.

— Mais j'ai entendu dire qu'il était mort... en mer.

— Il est mort bravement, Mrs. Steed. En tentant l'impossible.

— Que voulez-vous dire ?

— Il essayait de faire naviguer sa goélette plus vite qu'elle ne le pouvait.

— Quelle curieuse façon de mourir. Vous entendez, Paul ?

— Sa goélette a coulé, fit Steed d'une voix coupante. C'est ce que j'ai entendu dire il y a longtemps.

Il réfléchit un instant.

« Tout son équipage a sombré avec lui, ajouta-t-il.

— Est-ce que cet épisode faisait partie du duel ? s'enquit Susan.

Turlock parut mal à l'aise. Il s'éclaircit la gorge.

— C'était son caractère, madame. Il lui fallait agir comme il l'a fait.

Un esclave entra pour prévenir Paul qu'on le demandait au bureau ; il s'excusa, mais Susan et le capitaine demeurèrent dans la petite pièce baignée de soleil.

— Un marin de Patamoke, qui a navigué à bord de l'*Ariel*, m'a assuré que vous aviez affronté le capitaine Gatch pas très loin d'ici, qu'il vous avait vaincu et que beaucoup de sang avait coulé.

— C'est vrai.

— Mais, finalement...

— J'ai survécu.

— Et lui pas. Était-ce parce que vous étiez plus malin que lui... plus brave ?

— C'était un duel, madame.

— J'aurais souhaité être sur ce bateau.

— Les femmes ne sont pas autorisées à mon bord, madame.

— Je veux parler du sien. Quand il vous pourchassait et que vous l'entraîniez à sa perte.

— Que dites-vous ?

Susan eut un rire nerveux.

— Capitaine Turlock, je sais tout concernant la première bataille. Il vous a mis hors de combat, et vous vous êtes enfui.

— En effet, admit Turlock avec un large sourire.

— Mais vous l'avez attendu au Brésil...

Elle n'était pas très certaine de ce qu'elle voulait ajouter, mais un flot de paroles s'échappa d'elle.

« Quand vous nous avez donné des détails sans importance sur l'Amazone..., les oiseaux, l'immensité... En vérité, le grand fleuve vous importait peu. Vous essayiez de me faire comprendre ce qu'avait été la bataille.

— Pourquoi aurais-je agi de la sorte ? demanda-t-il d'un ton uni.

— Parce que vous savez que je...

Elle le regarda fixement, mais son attention fut attirée par un mouvement sur la pelouse.

« Regardez ! Paul s'en va.

Assis côte à côte, tous deux observaient Paul qui descendait vers la jetée. Quand le sloop se fut éloigné, un esclave se précipita vers la maison et parla au vieux Tibère, lequel vint informer sa maîtresse.

— Maît'e obligé parti' bateau.

— Desservez la table, laissa-t-elle tomber calmement.

Puis, dans la pièce silencieuse, elle réfléchit un long moment à ce qu'il convenait de dire.

« Vous souvenez-vous de notre première rencontre ?

— C'était bien sous le porche, n'est-ce pas ? Avec votre mère.

— Je veux dire... quand nous avons pris conscience l'un de l'autre.

— Je ne me rappelle pas très bien...

— Si. Vous vous rappelez très bien. Votre souvenir est aussi vivace que le mien.

Elle hésita, et ce fut lui qui poursuivit :

— Les boulets de canon... Vous vouliez les voir, et je vous ai soulevée... Et, depuis cet instant, vous n'avez jamais quitté mes bras.

— J'aimerais les retrouver.

Doucement, elle lui prit la main. Elle l'entraîna dans le vestibule désert ; tous deux montèrent l'escalier menant à la chambre. Là, elle lui saisit les bras, les posa sur sa taille et se dressa sur la pointe des pieds.

« Vous allez être obligé de me soulever.

Il referma les bras sur elle ; quand il la souleva, elle se pressa contre lui, l'étreignit et chuchota :

« Ne me quittez plus, Matt.

Et quand ils dénouèrent leur étreinte, ils tombèrent tous deux enlacés sur le lit.

Il eût été préférable qu'Eden, la jeune esclave, ignorât l'événement qui s'était produit dans la chambre ; mais, en fin d'après-midi, au moment où elle préparait habituellement le lit, elle entra et trouva le couple nu. Sans aucune gêne, elle adressa un grave signe de tête à sa maîtresse, pivota sur les talons et referma la porte derrière elle.

Au cours des semaines qui suivirent, quand le capitaine Matt se présentait à Devon pour des motifs assez peu vraisemblables, ou que Mrs. Steed se rendait à Patamoke sous prétexte de faire des courses et passer la nuit chez des amis, Eden comprit l'importance de la liaison. Et elle supposa que

JEAN-GABRIEL TÉTAR

42, Bd Victor Hugo
92200 Neuilly-sur-Seine

757-65-99

Mr. Steed devait être au courant des agissements de son épouse.

Pendant tout le mois de juin, Paul feignit l'ignorance et mena sa vie comme à l'accoutumée ; mais lorsque le capitaine Turlock eut l'insolence d'envoyer l'*Ariel* en Afrique sous le commandement de son second, Mr. Goodbarn — afin de batifoler tout à loisir à terre —, Paul ne put continuer à donner le change. Il devint d'humeur chagrine et négligea ses affaires. Les esclaves se virent sans cesse rabroués. Il se refusait à affronter Susan et le capitaine. Il donnait libre cours à son amertume et à sa hargne.

Son état d'esprit se manifesta d'une façon imprévisible, même pour lui. Les Steed avaient toujours joui d'une excellente réputation le long de la côte orientale pour la façon bienveillante dont ils traitaient leurs esclaves ; ce comportement avait même donné lieu à un adage : « Les esclaves de Devon sont bien nourris et portent des vêtements chauds. » Ils étaient rarement punis et jamais fouettés ; toute la famille faisait honneur à cette tradition, même les Steed du Refuge ; quiconque transgressait cette règle se voyait convoqué à La Vengeance de Rosalinde et rappelé à l'ordre :

— Les Steed n'agissent pas de la sorte ; si vous persistez dans votre attitude, il vous faudra quitter le Choptank.

Néanmoins Paul Steed, le maître de Devon, qui aurait dû donner l'exemple à tous, se mettait à battre Eden, lui reprochant des fautes imaginaires. La fureur dont il faisait preuve à l'encontre de la jeune Noire était décuplée chaque fois que Susan s'absentait. Il exigeait alors une explication de la part d'Eden, et lorsque celle-ci se contentait de baisser la tête, boudeuse, muette, il perdait tout contrôle et la frappait à la tête jusqu'à ce que les sanglots de l'esclave le ramènent à la raison. Mais un matin où Susan avait une fois de plus déserté sa couche, il appela Eden et, quand celle-ci se mura dans le silence, il fut étreint par une telle rage, pour la première fois, qu'il s'arma d'une courroie et la fouetta avec fureur.

— Maît'e, moi pas savoir ce qu'elle fait !

— Si, tu le sais, espèce de catin !

Et il continua de la frapper, la suppliant de lui dire la vérité tout en redoutant de l'entendre.

A partir de ce jour, il trouva un exutoire dans ce jeu consistant à exiger de savoir où était sa femme et ce qu'elle faisait, tandis qu'il battait Eden et l'interrogeait sans relâche, terrifié à l'idée qu'elle pût le lui dire. Eden avait vingt ans, les traits aussi délicats et la peau aussi claire que le jour où grand-père Isham l'avait offerte à Susan. Fait troublant, elle n'avait pas encore été mère, ce qui ne l'empêchait pas de comprendre la complexité de la vie sur la plantation mieux que les autres esclaves. Elle cousait, savait faire le ménage et s'occuper des enfants. Elle représentait un apport pour la grande maison, à l'égal d'un meuble confortable, et il était humiliant pour Paul Steed de la fouetter.

Mais elle n'y pouvait rien. Elle était la propriété des Steed, à perpétuité, et si Paul avait à se plaindre d'elle, la société l'autorisait à la battre jusqu'à ce qu'elle perdît connaissance.

Son triste état s'aggravait, du fait qu'elle savait ce que faisait sa maîtresse, et qu'elle l'approuvait. Quand Paul la battait, elle se consolait en pensant qu'il était cocu et que personne ne l'ignorait. Lorsqu'il se laissait aller à la fureur et la fouettait avec violence, elle serrait les dents et songeait : « Il sait pourquoi il agit ainsi. » Elle se faisait complice de sa maîtresse et en venait à considérer le capitaine Matt comme un héros pour la joie et l'amour qu'il apportait à La Vengeance de Rosalinde.

Enfin, Susan découvrit les sévices dont sa servante était l'objet ; un jour, elle vit Eden grimacer en soulevant une malle emplie de vêtements préparés pour un séjour d'une semaine à Patamoke.

— Qu'y a-t-il, Eden ? s'enquit-elle.

La jeune Noire ne répondit pas ; Susan souleva son casaquin et découvrit les zébrures qui lui marquaient le dos.

— Mon Dieu ! Que s'est-il passé ?

En apprenant l'affreuse vérité, elle s'emporta contre son mari et alla le trouver sur-le-champ.

— Qu'est-ce qui vous a pris de frapper ma soubrette ?

Il ne fournit aucune réponse sensée, mais parla vaguement de l'insolence dont Eden aurait fait preuve ; ni l'un ni l'autre ne mentionnèrent la véritable cause, bien que chacun la connût parfaitement.

Susan était une femme de caractère ; elle emmena Eden à Patamoke et la vendit à un planteur qui la traiterait décemment mais, dès que Paul apprit la nouvelle, il alla trouver le nouveau propriétaire, hurla que celui-ci n'avait pas le droit d'acheter son esclave, qu'elle appartenait à Devon et qu'il exigeait qu'on la lui rendît.

— Mais j'ai payé quatre cents..., bredouilla l'homme.

Paul lui fourra l'argent dans la main — et Eden devint sa propriété.

Lors du trajet de retour à Devon, il affirma à Eden qu'il n'avait jamais voulu lui faire de mal, qu'il l'aimait bien et qu'il la considérait comme l'une de ses meilleures domestiques. Il promit de ne plus la harceler de questions sur Mrs. Steed et prit d'autres résolutions tendant à prouver que, dorénavant, il se montrerait un maître plein de considération. Mais à peine était-elle de retour à Devon depuis quelques jours qu'il fit irruption dans la grande chambre du premier et, sous l'empire de la colère, exigea de nouveau de savoir où était sa femme. Devant le silence d'Eden, il la fouetta avec une lanière ; elle s'abstint de crier jusqu'à ce que la courroie tombât des mains de son maître qui gémit :

— Eden, je ne veux pas te faire mal, mais où est ma femme ?

Et quand elle le regarda sans ironie, sans mépris, avec tristesse, il tenta de se ressaisir, mais elle grimaça de douleur en sentant un filet de sang couler le long de son dos. Il vit la blessure, prit la jeune Noire dans ses bras, l'étreignit.

« Je n'avais pas l'intention de te faire mal. Je ne voulais pas...

Puis, il tomba avec elle sur le lit, lui arracha ses vêtements, lui essuya le dos, la consola et demeura auprès d'elle pendant plusieurs jours.

L'été était là. Les cardinaux striaient les arbres de rouge, et les hérons bleus avançaient tranquillement sur la pointe des pieds, là où les oies s'étaient réunies si bruyamment. Les esclaves sortaient souvent de l'eau des crabes mous et les insectes bourdonnaient au soleil de l'après-midi. Les moustiques apportaient une note discordante, mais Paul avait imaginé un sac de toile dans lequel hommes et femmes glissaient leurs jambes sans se déchausser, puis le serraient à la taille. Avec cette protection, seules les mains et la figure demeuraient vulnérables et deux esclaves se tenaient dans les pièces de réception, agitant des éventails pour éloigner les féroces insectes.

En juillet, la canicule s'abattit brutalement. Pas la moindre brise ; les bateaux restaient encalminés dans la baie tandis que leurs capitaines pestaient, guettant un souffle d'air. Quand les navires se déhalaient enfin, ils laissaient un sillage visible sur plusieurs milles. Une brume étouffante envahit le fleuve. Rares étaient les oiseaux prêts à braver l'intense chaleur qu'elle dégageait. Parfois, un peu avant le crépuscule, des pygargues s'aventuraient sur le cours d'eau vitreux à la recherche de poisson.

Les gordonias demeuraient immobiles ; des heures passaient sans que tombât une aiguille de pin, et la vie des hommes semblait elle aussi suspendue. Tibère, posté près de la porte d'entrée, somnolait dans son fauteuil sans se demander où était sa maîtresse. Il aimait Susan et connaissait sa générosité à l'égard des esclaves. Il avait remarqué sa bonté envers Eden et sa sollicitude pour les enfants noirs lorsqu'ils tombaient malades. Quant à Eden, il l'avait toujours considérée comme un être humain exceptionnel, plus apte à se protéger que la plupart des esclaves, et si elle avait choisi son sort pour échapper aux sévices du maître, ça n'était pas Tibère qui le lui reprocherait. Souvent, elle demeurait des journées entières dans la grande chambre à coucher en compagnie de Mr. Steed ; il eût sans doute été préférable qu'elle ne quittât pas les champs et menât une vie normale avec un mari et des enfants, mais Tibère ne la critiquait en rien.

Matt et Susan passèrent le long été dans un monde de bonheur irréel. Ils se retrouvaient le plus souvent dans la petite maison du capitaine à Patamoke et, lors de la première nuit qu'elle y passa, Susan demanda :

— Le capitaine Gatch a bombardé cette maison, n'est-ce pas ? Est-il vrai que l'un de ses boulets à tué ta femme ?

— Qui t'a dit ça ?

— Eden.

— Cinq ont atteint la maison. On voit encore l'endroit où ils ont frappé.

— Tu n'as pas éprouvé le besoin de les emprisonner dans la maçonnerie pour prouver ta bravoure.

— Ne pense plus à ça, Susan.

Pendant les journées les plus torrides, ils s'enivrèrent d'une passion qui semblait sans limites ; après leurs folles étreintes, suivies d'un bref sommeil, Susan le harcelait :

— Réveille-toi, Matthew. Chaque minute compte. Ne les gâchons pas.

Un après-midi, il leva vers elle un regard ensommeillé.

— Ta mère t'a-t-elle jamais dit... Ça te paraîtra peut-être ridicule, mais je l'ai demandée en mariage.

Susan laissa échapper de petits cris joyeux.

— Affreux satyre !

— Grand Dieu, non ! Tu n'imagines pas à quel point nous étions sages.

— Tu ne l'as jamais amenée ici, comme moi ?

— Petite peste ! Je voulais épouser ta mère. Elle était très belle, tu sais.

Il rit.

« Dire que je me suis occupé d'elle quand elle était bébé !

La joie de sentir la fille de Penny Steed à côté de lui, dans son lit, le submergea ; il garda le silence. Susan devina les pensées qui l'agitaient.

— Tu m'étais destiné. Ma mère a joué les éclaireurs, comme une Indienne. Oh ! Seigneur, comme je voudrais que nous n'en soyons qu'au début tous les deux... avec la vie devant nous !

S'ils se laissaient aller sans contrainte à leurs débordements amoureux, ils s'efforçaient en revanche de préserver un minimum de convenances en regard de la communauté. Prudents, ils n'affichaient pas leur liaison, et laissaient à leurs concitoyens la possibilité de l'ignorer s'ils le souhaitaient. Susan ressemblait davantage à une femme d'intérieur vertueuse qu'à une femme débauchée et, après cinq ou six jours de folles étreintes dans la maison de Patamoke, elle regagnait discrètement Devon pour y assumer son rôle de mère dévouée.

La façon dont Paul s'était donné en spectacle en rachetant Eden constituait le seul incident scandaleux intervenu jusqu'à ce jour, et il avait rapidement été oublié en raison de la conduite digne de Matt. La liaison du capitaine et de Susan, pour curieuse qu'elle fût, demeurait dans des limites acceptables. Une ménagère de Patamoke résuma la pensée de tous en prédisant : « A la fin de l'été, l'*Ariel* reviendra, le capitaine Matt s'embarquera et tout sera terminé. »

Le poids des deux intrigues retombait plus lourdement sur Paul. S'il n'avait jamais fait preuve de caractère, il se révélait à présent d'une faiblesse insigne. Des rumeurs circulaient selon lesquelles il entretenait une liaison durable avec la servante noire de son épouse, ce dont les gens s'amusaient. Mais les affaires de la plantation commençaient à péricliter et le peu d'intérêt qu'il portait à Devon se bornait à des intrusions en trombe dans son bureau, à des criailleries et des décisions grotesques. Les jeunes Steed du Refuge, sur lesquels reposait la majeure partie du travail, commencèrent à envisager la possibilité de le supplanter.

— Il ne se contente pas de laisser tout aller à vau-l'eau dans sa plantation. Sa négligence rejaillit aussi sur nos propres affaires.

Ses difficultés essentielles avaient trait à Eden. Au lit, elle excitait sa concupiscence ; hors du lit, elle demeurait une énigme obsédante, et il lui semblait qu'elle se moquait de lui quand elle allait et venait dans la chambre, mettant de l'ordre dans la garde-robe de Susan. A une occasion, alors que sa femme était absente depuis cinq jours, il sombra dans une profonde mélancolie et s'en prit à Eden.

— Ici, c'est la place de ma femme, pas la tienne ! lui cria-t-il.

Il leva la main pour la frapper mais, cette fois, elle lui agrippa le poignet.

— Plus jamais, Maît'e.

Elle le dévisageait. Lentement, il baissa le bras. Elle s'affirmait aussi d'autres façons, exigeant des prérogatives, mais dans le cadre de leur liaison, elle se montrait toujours irréprochable.

Lorsqu'il s'éveillait, il la trouvait assise sur le bord du lit, les mains croisées sur ses genoux. Il remarqua qu'elle ne portait jamais les vêtements de Susan bien qu'il le lui eût proposé.

— Cette robe vient de Paris. Essaie-la, Eden.

— Non. C'est à Ma'ame.

— Elle t'irait bien, j'en suis sûr.

— Missié, vous feriez mieux de dormir.

Il passa une grande partie de la canicule à dormir mais, de temps à autre, il se jetait à corps perdu dans la lecture : John Locke, Alexander Pope et David Hume. Puis, il envisageait soudain de grandes transformations dans la plantation et échafaudait de nouvelles théories mais, peu après, il sombrait dans le sommeil. Il admirait Pope et tenta d'en lire des passages à Eden, choisissant des fragments imprégnés de la moralité anglaise, frisant le lieu commun :

> Car les fous se précipitent là où les anges ont peur de s'aventurer...

L'espoir bat éternellement dans la poitrine de l'homme...
Un peu d'instruction présente bien des dangers...
La véritable étude de l'humanité, c'est l'homme...

Eden écoutait avec attention, mais Paul ne parvenait pas à savoir si elle assimilait les paroles ; elle constituait un bon auditoire et, si Tibère frappait à la porte de la chambre apportant un broc de limonade, elle l'en déchargeait très vite pour ne pas distraire le maître de sa lecture.

Mais un après-midi d'août, dans une chaleur étouffante, Paul lisait des vers de Pope à haute voix quand il tomba sur un quatrain qu'il commença avec verve ; puis il hésita sur les mots et acheva le poème dans la confusion :

Le vice apparaît comme un monstre si horrible
Que de la haine il devient vite la cible.
Pourtant, si trop souvent l'habitude vient de sa face,
Il est d'abord supporté, puis plaint et, bientôt, il vous enlace.

Le livre lui échappa des mains ; il regarda Eden comme s'il la voyait pour la première fois et sembla en éprouver de la répulsion.

— Sors d'ici ! Le diable t'emporte ! Quitte cette chambre !

Sur quoi, il empoigna la courroie dans l'intention de la battre mais, une fois de plus, elle lui tint tête. Affichant un mépris incommensurable, elle marcha vers la porte, l'ouvrit sans hâte et gagna le couloir. Les esclaves travaillant dans la maison entendirent les cris de rage du maître.

« Ne remets plus jamais les pieds ici, espèce de putain !

Il la suivit dans le couloir, brandissant la lanière sans pouvoir la toucher. Lorsqu'elle parvint à l'escalier principal, réservé aux Blancs, elle en descendit lentement les marches pendant que Tibère criait d'une voix assez forte pour être perçue par le maître :

— Toi, pas le d'oit passer pa' cet escalier, toi impe'tinente !

Et il fit mine de la gifler et la repoussa vers l'arrière de la maison.

Le soir même, elle était de retour dans la grande chambre, le sourire aux lèvres, les yeux fixés sur les boulets de canon pendant que le maître pleurait et implorait son pardon.

Comme le voulait la tradition à Patamoke, les quakers tentèrent d'apporter une solution à la situation pénible qui sévissait le long du fleuve. Un matin, vers la fin de l'été, George Paxmore frappa à la porte du capitaine Turlock.

— Matthew, ma femme et moi aimerions te parler.

— Allez-y, parlez, rétorqua Turlock en se plantant devant la porte afin de masquer à son visiteur l'intérieur de la pièce.

— Chez nous. Elizabeth t'attend.

— Je n'ai pas envie de causer avec Elizabeth. Elle parle et n'écoute jamais.

— Je te supplie de venir en ami.

Une certaine gêne les envahit durant le trajet jusqu'à la maison des Paxmore, proche du chantier naval. Aucun des deux hommes ne souhaitait aborder un sujet d'importance, et Paxmore se contenta de remarquer que les bateaux se dirigeant vers Baltimore paraissaient beaucoup plus nombreux. Il observa que le nouveau port avait supplanté Annapolis.

— Et Patamoke aussi, ajouta-t-il. Nous ne verrons pas beaucoup de bateaux comme le tien ici, à l'avenir.

— Vous en verrez tant que je naviguerai à bord de mon clipper.

Quand ils passèrent devant l'*Ariel* retour d'Afrique, Paxmore demanda :

— Pourquoi permets-tu à Mr. Goodbarn...

Mais sa remarque abordait un sujet qu'il préférait éviter momentanément, et il n'acheva pas sa phrase.

Parvenu devant la maison des Paxmore à Patamoke, petite bâtisse blanche près du port, George s'inclina devant son aîné ; après tout, le capitaine Turlock avait quinze ans de plus que lui.

— Entre, dit-il. Nous sommes heureux de t'accueillir chez nous.

Toute de gris vêtue, Elizabeth Paxmore conservait le teint frais de sa jeunesse que n'avaient altéré ni poudre ni fards. A trente-neuf ans, c'était une femme séduisante et Turlock se surprit à penser : « Bon Dieu, si j'étais pas embarqué avec l'autre, celle-ci ferait bien mon affaire. » Il s'inclina et s'assit sur la chaise qu'elle lui désignait. Il remarqua que, tout en restant austère, le foyer de ses hôtes était accueillant ; il comportait juste assez de sièges sculptés par le maître de céans, juste assez de napperons brodés par la maîtresse.

— Une fois de plus, dit George, nous voulons te supplier d'abandonner ton ignoble commerce, Matthew.

— Quel commerce ?

— La traite. Tu n'utilises ton bateau qu'au transport des esclaves.

— J'ai harcelé Paul Steed pour qu'il me confie une cargaison de blé.

— Nous savons que tu charges un peu de blé pour un grand nombre d'esclaves. Nous sommes au courant de tes escales en Afrique et au Brésil.

— En quoi est-ce que...

— Nous sommes voisins, Matthew, ajouta Elizabeth, et tout ce que tu fais nous affecte aussi.

— Ça ne devrait pas être le cas.

— C'est inévitable. Tu es mon frère. Tu navigues à bord de mon bateau. Tu amènes tes esclaves dans mon ombre.

— J'ai l'impression que vous vous mêlez de mes affaires.

— C'est juste, admit Elizabeth. Mais si tu ne te soucies pas de ton âme immortelle, c'est à moi que cette tâche incombe.

— Et je suppose que c'est Dieu qui vous l'a ordonné ?

— Oui, Matthew. Il te l'ordonne aussi, mais tu ne l'écoutes pas.

— Bon Dieu, comment pouvez-vous être si sûrs...

— Ce n'est pas en jurant que tu donnes plus de poids à tes arguments, Matthew.

— Aimerais-tu boire une tasse de thé ? s'enquit Elizabeth.

— Volontiers, acquiesça Matt.

— L'esclavage est un mal affreux, reprit George. Il rend les hommes indignes, vils.

A ces mots, Matt regarda ses mains ; il pensait à ce que Susan lui avait raconté sur l'étrange comportement de son mari.

— Nous ne pouvons pas nous entretenir avec toi de façon sensée, dit Elizabeth. A moins que tu ne reconnaisses que l'esclavage est un grand mal. Tu t'en rends compte, n'est-ce pas ?

— Je me rends compte qu'il faut de la main-d'œuvre pour travailler les champs, et que celle qui convient le mieux pour remplir cette tâche est celle que nous apportent les nègres d'Afrique. Dieu n'aurait pas permis...

— Ce commerce te corrompt, Matthew, rétorqua George. Tu n'es pas l'homme pour lequel j'ai construit l'*Ariel*, le temps t'a rongé...

— Il nous ronge tous. Vous, aussi bien que Mrs. Paxmore.

— Nous nous sommes efforcés de nous en tenir aux principes humanitaires.

— Tels que vous les définissez. Répondez-moi. Croyez-vous sincèrement que vous verrez l'esclavage aboli au Maryland de votre vivant ?

— Il a été aboli sur les mers. Tôt ou tard, les patrouilleurs britanniques te feront prisonnier et te pendront.

— Jamais ! Et jamais vous ne verrez la fin de l'esclavage.

Elizabeth approcha sa chaise en un geste qui laissait entendre qu'elle allait changer de sujet.

— Quand George dit que ta profession te corrompt, il fait allusion à ta déplorable conduite envers les Steed.

— Ça n'a aucun rapport...

— Si. La vie humaine forme un tout. Tes actes en Afrique déterminent ton comportement à Patamoke.

— C'est grotesque.

— Nous assistons à la destruction d'une âme. Notre angoisse n'est pas moindre que la tienne.

— Je ne ressens pas la moindre angoisse. Ni en Afrique, ni à Patamoke.

— Si, Matthew, insista George. Je sens ton trouble, et je suis ton frère. Nous t'aimons, Elizabeth et moi. Nous aimons ta force et ta générosité. En tant qu'amis et associés, nous te demandons de renoncer au mal. Finis-en une bonne fois pour toutes. Reprends la mer. Brûle l'*Ariel* qui est souillé. Je te construirai un nouveau bateau, meilleur. Matthew...

— Veux-tu prier avec nous ? proposa Elizabeth.

— Priez après mon départ.

— Quand partiras-tu ?

— Dans moins d'une minute.

— Je veux dire de Patamoke.

— Ça me regarde.

— Pas toi uniquement. Ne vois-tu pas le mal que tu fais aux Steed ?

— Je n'ai pas demandé...

—Mais tu ne peux pas consciemment pousser deux êtres humains à se détruire, Matthew. Il est question de deux âmes immortelles.

— Occupez-vous de votre âme, Mrs. Paxmore. Je m'occuperai de la mienne.

— Je prierai pour que Dieu t'éclaire.

— Si vous voulez mon avis, Mrs. Paxmore, vous êtes une satanée fouineuse. Priez pour vous et fichez-moi la paix.

Il quitta les lieux en trombe, excédé par les occupants mais, sur le chemin de sa maison, où Susan l'attendait, il médita sur les relations qui existaient et depuis longtemps entre sa famille et les Paxmore et sur les histoires qui avaient cours sur les quakers ; il les plaignit d'avoir à supporter des femmes affligées de langues de vipère si acérées. Selon la rumeur, elles allaient jusqu'à prendre la parole en public à l'église. Pourtant si, à ses yeux, les quakeresses ne représentaient qu'austérité, sermons et bigoterie il semblait curieusement qu'au fil des générations ces femmes tranquilles avec leur air modeste et leur intelligence vive aient conservé tout au long de leur vie l'affection de leurs époux. Ceux-ci paraissaient autant les aimer à soixante-dix ans qu'à dix-sept. « Je me demande si c'est dû à leur éducation ? Est-ce par ce qu'elles donnent toujours leur avis et participent à tout ? En comparaison des femmes des Steed ou des Turlock, ces épouses quakeresses semblent rester en possession de tous leurs moyens jusqu'à ce que Dieu les rappelle à Lui. »

Les bribes de compassion que Turlock avait pu nourrir pour les quakers disparurent à la suite d'une scène déplorable qui se déroula ce même jour sur le port. Matt était absent, parti rendre visite à la veuve d'un Turlock mort en mer, quand George Paxmore rencontra par hasard Mrs. Steed qui sortait d'une boutique ; mû par un zèle évangélique, il l'accosta.

— Susan, me ferais-tu l'honneur d'une brève visite ?

— Je n'ai aucune envie d'aller chez vous, répondit-elle d'un ton sec. Surtout après ce que vous avez dit du capitaine Turlock.

— Je ne t'invitais pas chez moi, mais à bord de mon clipper.

Cette déclaration surprit tant Susan qu'elle n'opposa aucune résistance. Mais une fois sur le port, elle comprit qu'il s'agissait de l'*Ariel* et refusa d'aller plus loin.

— Ce bateau n'est pas à vous. C'est celui du capitaine Turlock.

— C'est moi qui l'ai construit, répliqua Paxmore.

Il la prit par le bras et la persuada de l'accompagner. Lors du court trajet en canot menant à l'*Ariel*, il garda le silence, mais quand le matelot de garde lui demanda la raison de sa visite, Paxmore répondit :

— Je viens inspecter mon clipper.

Il aida Susan à gravir l'échelle de coupée. Il ne la laissa sur le pont qu'un bref instant, au cours duquel elle admira l'ordre qui régnait à bord, puis il l'entraîna vers une écoutille et réclama une échelle. Un matelot en apporta une que Paxmore mit en place afin que Susan pût descendre. Lorsqu'elle se trouva dans l'entrepont, il la rejoignit.

Il fallut quelques instants à la jeune femme pour s'habituer à la pénombre ; au moment où elle commençait à distinguer ce qui l'entourait, Paxmore dit :

— Dans ce compartiment, en avant du mât, où on ne peut même pas se tenir debout, il entasse cent soixante esclaves.

— Non !

Elle soupçonnait que Matt se livrait à la traite, tout comme elle savait qu'il avait participé à de grandes batailles pendant la révolution, mais les deux faits restaient aussi vagues l'un que l'autre. Pour elle, il était simplement Matt Turlock qui sillonnait les océans ; l'esclavage sur mer n'avait pas plus de réalité que l'esclavage à Devon Island. Elle eût été incapable de dire à Paxmore, à cet instant précis, comment vivaient les esclaves des Steed ; ils existaient, mais restaient en marge d'une quelconque prise de conscience.

— Et à l'arrière du grand mât, quatre-vingts de plus.

— Mon Dieu !

— Oui. Ce n'est qu'en faisant appel à la miséricorde de Dieu que nous pouvons comprendre ce qu'est ce bateau.

Et il l'obligea à se coucher sur le ventre et à regarder dans la soute inférieure.

« A l'avant cent vingt hommes. A l'arrière, cent de plus.

Il la maintint lorsqu'elle voulut se relever.

« Regarde la hauteur sous barrots dont dispose une femme enceinte quand elle essaie de se tenir debout.

Elle était sur le point de réagir quand elle entendit une voix qui tonnait sur le pont :

— Que diable faites-vous là-dessous ?

— Je montre à votre dame la façon dont vous gagnez votre vie, rétorqua George Paxmore d'une voix calme.

Avec un effroyable juron, Matt Turlock sauta dans l'entrepont, empoigna Paxmore par le collet et le poussa vers l'échelle.

— Dehors ! Espèce de prêchi-prêcha ! Du vent !

Bientôt, le quaker émergea à l'air libre et Turlock le traîna vers l'échelle de coupée.

« Ne remettez plus jamais les pieds à bord de mon bateau !

— Il est aussi le mien, Matthew.

Ces paroles furent prononcées avec une ferveur si paisible que Turlock perdit complètement la tête et décocha un violent coup de pied en direction du quaker ; il le manqua.

« Dieu te réprouve, toi et ton bateau de négrier, dit Paxmore en embarquant dans son canot.

Deux matelots aidèrent Susan à quitter l'entrepont ; Turlock s'attendait à ce qu'elle fût bouleversée par ce qu'elle avait vu, au lieu de quoi, elle était tout excitée.

— J'ai toujours voulu visiter l'*Ariel,* assura-t-elle. C'est une expérience passionnante.

Il l'entraîna vers sa cabine où elle se réjouit à la vue des cartes, d'une statuette d'ivoire, du lit à cardan. C'était là le cadre naturel de Matt Turlock.

« Paxmore m'a rendu service en m'entraînant dans la cale. Elle s'assit sur le lit, sans cesser de dévisager Matt comme si elle le voyait pour la première fois.

— Ce matin, il a prétendu que je te détruisais.

— Non ! Tu me crées. Et ça remonte à sept ans, Matt, quand tu m'as soulevée pour me montrer les boulets de canon. Depuis, chaque jour, j'ai senti la pression de tes bras parce que tu m'as tenue un peu plus longtemps qu'il n'était nécessaire. Tu m'as tenue parce que tu avais envie de moi... et j'ai toujours eu envie de toi.

Le premier après-midi qu'ils avaient passé dans le grand lit de La Vengeance de Rosalinde, il lui avait demandé :

— Dois-je détacher les lanières et ôter mon poing d'argent ?

— Non ! avait-elle protesté. Je veux le sentir sur mon corps !

Depuis, chaque fois qu'ils commençaient à faire l'amour, elle posait un baiser sur l'aigle d'argent en une sorte de soumission ; la ciselure devint le symbole de leur passion. Elle l'embrassa de nouveau et chuchota :

— Pauvre Paxmore. Il devait croire qu'en me montrant la soute aux esclaves il tuerait l'amour que j'avais pour toi. Je t'aime davantage pour la vie dangereuse que tu mènes. Maintenant, je sais pourquoi tu as besoin d'un poing d'argent.

Plus tard, alors qu'ils se reposaient sur le lit à cardan, un bruit violent leur parvint, venant du pont et, avant que Susan ait eu le temps de passer des vêtements, la porte de la cabine s'ouvrit livrant passage à Paul, en proie à une rage qui confinait à la folie. Il tenait une hache et hurlait des menaces de mort.

Suivit une lutte frénétique ponctuée de cris qu'on entendait jusqu'au quai. Susan ne devait jamais se remémorer avec précision la suite des événements. Elle se rappelait Matt se jetant en travers du lit et arrachant l'arme des mains de Paul. Ensuite, une serviette autour des reins, Matt empoigna l'intrus qu'il jeta dans le port ; les habitants de Patamoke se pressaient sur le quai quand Paul rejoignit la terre ferme à la nage. Une femme, qui avait assisté à la scène depuis un canot, résuma ainsi la situation : « Tous deux étaient nus. » Le scandale avait éclaté au grand jour.

Lorsque les jeunes Steed qui travaillaient au bureau de Devon eurent vent de l'épouvantable scandale — les esclaves eux-mêmes s'en gaussaient — ils comprirent qu'il leur fallait agir. Ils chargèrent l'un des Noirs d'annoncer leur départ à Paul ; ils descendirent jusqu'à la jetée, prirent place dans un sloop et partirent pour le Refuge. En passant à hauteur de la Falaise-de-la-Paix, ils entreprirent de répéter ce qu'ils diraient et, quand ils atteignirent le marais et pénétrèrent dans Dividing Creek, ils étaient prêts.

Gravement, ils firent halte à chacune des plantations du Refuge, avisant les uns et les autres qu'ils devaient se réunir sur-le-champ chez Herbert Steed ; là, dans la demeure de ce dernier, ils dévoilèrent le honteux comportement des Steed de Devon.

— Il s'est mis à battre Eden, la servante de sa femme, avec une grosse courroie.

— Frapper une esclave !

— Et après l'avoir battue, il couche avec elle.

— Vous n'en avez pas parlé aux femmes ? s'enquit Herbert avec un haut-le-corps.

— Tout le monde est au courant. Vous savez sans doute que tante Susan vit avec le capitaine Turlock.

La rumeur avait atteint le Refuge et Herbert Steed s'était déjà fait une opinion à ce sujet : « Ragots du marais. »

— Hier, les choses ont atteint un paroxysme. Après avoir fermé les yeux sur la liaison de sa femme pendant plusieurs mois, Paul est arrivé en trombe à Patamoke, a essayé d'assassiner Turlock et s'est retrouvé en train de barboter dans le port où Turlock l'avait jeté.

A la surprise générale, Herbert éclata de rire.

— Paul Steed se croyait capable de tuer quelqu'un ? Il ne ferait pas de mal à une mouche. Je suis étonné que cette fille... comment s'appelle-t-elle déjà... se laisse battre par Paul.

— Ça n'est plus le cas. Selon un esclave, elle lui aurait saisi le poignet en disant : « Plus jamais », et il n'a pas osé continuer.

Les jeunes Steed en revinrent au sujet qui motivait leur présence.

— Le scandale ne nous affecte pas. Mais Paul est en train de laisser péricliter les plantations de Devon. Et, sous peu, sa gestion lamentable affectera nos affaires.

— Que voulez-vous dire ? s'enquit Herbert, qui se sentait concerné dès qu'il était question d'argent.

— Prenez les comptoirs... Personne ne s'en occupe. Les employés arrivent vers neuf heures. Le mois dernier, je les ai visités tous les quatre... pleins de mouches, crasseux, ne faisant certes pas honneur aux Steed.

— Savez-vous que l'équipe de défrichage n'a même pas brûlé un hectare cette année ? intervint l'autre neveu. Personne n'est là pour aiguillonner les hommes.

— Assez ! intima Herbert.

Et une étonnante transformation de sa personne s'opéra : ses épaules se raidirent, ses yeux s'étrécirent, sa mâchoire se crispa. A cinquante-trois ans, il croyait être à l'abri des responsabilités quotidiennes, mais la possibilité de voir les plantations Steed s'effondrer le galvanisa. Il se leva vivement.

« Je prends la direction des plantations de Devon, annonça-t-il.

Il coupa court aux commentaires de ses cousins. Il emballa quelques affaires dans un sac de toile, gagna le sloop. Il s'apprêtait à embarquer avec ses neveux lorsqu'il se ravisa.

— Timothy, retourne à la maison et prends trois fusils.

Dès qu'il fut en possession des armes, le trio appareilla pour Devon.

Cet après-midi-là, Paul Steed quitta son lit, abandonna Eden et, après avoir erré sans but, entra dans son bureau. A sa grande surprise, il y trouva, installé dans son propre fauteuil, celui qu'on appelait Oncle Herbert, un individu compassé, superficiel.

— Que faites-vous ici ?

Sa voix se voulait autoritaire.

— Je suis venu prendre les choses en main.

— Quelles choses ?

— Paul, retournez auprès de votre putain, et ne permettez plus jamais au capitaine Turlock de remettre les pieds à Devon Island.

— Me donneriez-vous des ordres ?

— Paul, sortez d'ici. Vous n'avez plus voix au chapitre.

Instinctivement, les deux jeunes Steed se mirent en position derrière leur oncle ; le trio offrait un tel rempart d'opposition que Paul se sentit incapable de le combattre.

— Vous ne réussirez pas..., bredouilla-t-il.

Herbert Steed se leva, contourna le bureau, s'avança vers l'ancien maître et l'escorta jusqu'à la porte.

— Allez rejoindre la fille, Paul. Dorénavant, vous n'aurez rien de mieux à faire.

Expulsé de son bureau, il regagna La Vengeance de Rosalinde d'un pas mal assuré, traversant sans le voir un jardin d'une étonnante beauté. Il espérait retrouver auprès d'Eden l'inspiration et l'énergie nécessaires pour s'opposer à ce coup de force.

— Entrez, Maître Paul, lui dit Tibère comme à l'accoutumée en ouvrant la porte.

D'un coup de pied, Paul referma le battant au nez de l'esclave et s'éloigna. Il ne se dirigea pas vers la jetée où sa présence n'était plus souhaitée, mais marcha vers l'ouest et les champs de blé qui avaient toujours été les plus productifs. Plusieurs générations auparavant, les Steed avaient appris que, pour donner un bon tabac, les terres devaient se reposer de temps à autre afin d'éviter l'épuisement en azote, et ces lopins bénéficiaient d'une culture alternée. En les parcourant, il se sentit fier de les avoir si bien entretenus ; ils étaient peut-être les meilleurs champs du Maryland.

Mais en atteignant l'extrémité ouest de l'île, il découvrit avec stupéfaction que les champs étaient infiniment plus réduits que lorsqu'il était enfant ; cette constatation lui parut invraisemblable et il se demanda si sa mémoire ne le trahissait pas. Il appela le contremaître à grands cris, mais personne ne se manifesta ; il s'approcha de la lisière, décochant des coups de pied dans la terre, examina l'endroit où les eaux de la baie venaient lécher l'île. Et, ce faisant, il aperçut l'un de ses esclaves en train de pêcher. L'homme crut que son maître l'espionnait et il s'éloigna à toutes jambes, de crainte d'être puni.

Paul reprit son errance et parvint à un bouquet de pins où ses cousins et lui venaient camper lorsqu'ils étaient enfants. Il prêta l'oreille aux rugissements de la baie ; les étoiles commençaient à trouer le ciel. Mon Dieu ! Tant d'arbres ont disparu ! Et au-dessous de lui, dans les eaux de la Chesapeake, des pins pourrissaient.

De nouveau, il appela le contremaître. Cette fois, un vieil esclave se manifesta.

— Oui, Missié. Vous vouloir quoi, Maît'e ?

— La grève ?... Elle s'écroule ?

— Oui, Missié. Un peu plus chaque année.

— Ces arbres... Il y avait bien une forêt ici ?

— Oui, Missié. Moi, quand j'étais petit, les arbres jusque là-bas.

Il indiqua un endroit tellement éloigné que Paul en eut le souffle coupé.

— Et on ne fait rien ?

— Non, Missié. Rien à faire.

Paul congédia l'esclave et reprit sa promenade. Il semblait qu'au cours de sa brève existence une importante partie de l'île eût été engloutie. « Il faut que je prenne des mesures. Je vais parler aux hommes qui s'occupent des champs. »

Lorsqu'il se rapprocha des bureaux, il s'aperçut qu'il régnait alentour une grande confusion. Le capitaine Turlock avait descendu le Choptank à bord d'un petit bateau pour ramener Mrs. Steed chez elle, mais Herbert Steed l'avait précédé sur la jetée, lui refusant l'autorisation de débarquer. Une bousculade s'en était suivie ; les deux jeunes Steed étaient venus au secours de leur oncle et Turlock avait frappé l'un d'eux de son poing d'argent, le jetant dans la rivière, avant de remonter dignement l'allée conduisant à la demeure. Il atteignit le porche au moment où Paul revenait de sa promenade mélancolique.

— Bonsoir, Paul, lança Turlock.

Les événements confus de ces derniers jours étaient plus que

Steed ne pouvait en supporter — sa déchéance, l'effritement de la terre, et maintenant cette arrogance — il se rua sur le capitaine.

— Salaud ! Je vais vous corriger...

— Vous allez... quoi ? demanda Turlock.

Steed battit des bras de façon désordonnée. Le capitaine le repoussa à deux reprises ; constatant que Paul persistait dans son attaque ridicule, il leva le bras gauche et, de son poing d'argent, lui imprima une poussée plutôt qu'il ne le frappa. Paul tomba à genoux. Turlock s'apprêtait à le relever lorsqu'il perçut un ordre menaçant :

— Restez où vous êtes, Turlock !

Il se retourna et avisa Herbert Steed au milieu de l'allée, flanqué de ses deux neveux. Tous trois étaient armés de fusils.

— Mais que diable ?...

— Déguerpissez ! intima Herbert Steed d'un ton uni.

— Baissez ces armes ! aboya Turlock.

— Ne me mettez pas au défi, Turlock. Je vais compter jusqu'à cinq, et si vous êtes encore sous ce porche, je vous logerai du plomb dans les tripes. Les gars, soyez prêts à faire feu.

Et il commença à compter :

« Un, deux, trois...

— Steed ! s'écria Turlock. Vous vous conduisez comme un...

Herbert s'interrompit.

— Croyez-vous qu'un tribunal nous condamnerait ? Après ça ?

Avec une expression de dégoût intense, il désigna Susan du bout de son arme.

« Quatre. Visez au ventre, les gars !

Avant que Herbert n'ait eu le temps de prononcer le mot « feu », le capitaine Turlock quitta le porche, jeta un regard de mépris au mari resté à terre et descendit l'allée de graviers. Il avait parcouru quelques pas lorsque Susan poussa un cri et voulut se précipiter à sa suite, mais les trois Steed du Refuge s'interposèrent avec leurs fusils.

— Vous, vous restez ! tonna Herbert. La comédie est finie.

Et il lui barra le chemin. Turlock atteignit bientôt la jetée, sauta dans son sloop qui entreprit doucement la descente de la rivière ; mais il revint trois jours plus tard, apportant les barils de sel commandés par Paul. Herbert apparut sur la jetée avec l'argent du paiement, mais Turlock l'ignora et laissa Mr. Goodbarn se charger de la transaction.

— Je monte à la demeure, déclara-t-il.

— Non, il n'en est pas question, répliqua Herbert Steed d'un ton tranquille.

— J'ai bien l'impression que si, répondit Turlock.

Trois de ses matelots surgirent, armés de mousquets, avec mission de neutraliser les hommes du bureau. Pendant qu'ils montaient la garde, Matt Turlock gravit l'allée sans hâte ; il remarqua que les dernières hémorocalles séchaient sur leurs tiges brunes. Parvenu à la porte, il frappa poliment et informa Tibère qu'il était venu présenter ses hommages à Mrs. Steed.

Jusqu'à cet instant, Susan n'avait pas eu conscience de l'arrivée de Turlock, mais quand la voix de celui-ci résonna dans le hall elle se rua hors de sa chambre, descendit l'escalier en courant et se jeta dans les bras de son amant. Le mari suivait.

Après avoir embrassé Susan, Turlock la repoussa avec douceur.

— Je pars pour l'Afrique. Je ne reviendrai pas de si tôt. Pas avant des années.

— Oh, non ! s'écria-t-elle en se pressant contre lui.

— Il le faut. Nous sommes au bout de nos forces, tous autant que nous sommes.

— Non, Matt ! Non !

Elle l'étreignit, le supplia de rester, mais il avait pris sa décision. Il se tourna vers Paul.

— Je regrette. J'espère qu'à l'avenir les choses iront mieux pour vous tous.

Paul ne répondit pas, mais Susan refusa de considérer que c'était la fin de l'été, la fin de tout ce dont elle avait si désespérément rêvé.

— Tu ne peux pas partir, Matt !

Une idée tentante l'envahit.

« Je partirai avec toi. Eden, mes malles !

Elle se rua dans l'escalier pour appeler sa servante, et planta là les deux hommes.

— Il faut que je la ramène à la raison, dit Matt en se précipitant derrière elle.

Il la rejoignit dans la chambre où elle extirpait des placards cartons et robes. Dans un coin de la pièce, Eden, mince, silencieuse, grave, contemplait le tumulte.

— Susan ! s'écria Matt d'un ton coupant. Assez ! Tu ne peux pas embarquer à mon bord.

— Mais je...

— C'est hors de question.

Il l'arracha à ses frénétiques préparatifs et la prit par les épaules sans se préoccuper d'Eden.

« Susan, tu as été ce que j'ai eu de plus précieux au monde, ajouta-t-il avec tendresse.

— Je dois t'accompagner, chuchota-t-elle. Il n'y a rien d'autre dans la vie, Matt. Rien. Ces trois derniers jours..., acheva-t-elle en frissonnant.

— Nous devons tous repartir sur une base nouvelle.

— Il ne peut pas y avoir de base nouvelle.

— Tu pourrais aider Paul à retrouver le contrôle de...

— Lui ?

Le mépris écrasant qui se devinait sous ce mot soulignait avec plus de dureté encore la fin de l'été, ce qui n'ébranla pas Matt pour autant. Il fit un pas vers la porte, mais elle émit un cri si bouleversant qu'il se figea. Elle se jeta contre lui, gémit :

— Matt, soulève-moi comme tu l'as fait le premier jour.

Elle lui agrippa la main, l'entraîna vers le lit et attendit qu'il passât les bras autour de sa taille ; comme il l'avait fait autrefois.

Lentement, il la souleva, et les épaules de la jeune femme arrivèrent bientôt au niveau des boulets encastrés dans le mur.

« Tiens-moi longtemps, aussi longtemps que la première fois, supplia-t-elle.

Mais il commença à baisser les bras. Avec frénésie, elle s'accrocha à lui, en vain. Elle sentit ses pieds toucher le sol ; sa vie était finie.

Elle ne protesta pas quand il la quitta, mais elle l'entendit dire à Eden :

— Veillez sur elle. Elle mérite d'être aimée.

D'un pas lourd, il descendit l'escalier, s'inclina devant Paul Steed et regagna son sloop.

— Retour à l'*Ariel,* dit-il à Mr. Goodbarn. Nous appareillerons demain matin.

Les matelots baissèrent leurs armes. Matt salua les trois Steed qui l'observaient depuis la porte du bureau.

L'*Ariel* quitta Patamoke le lendemain à l'aube, à destination de Londres, Luanda et Belem. Turlock avait rassemblé des contrats de transports maritimes qui retiendraient son bateau à la mer pendant quatre ans et, tandis que le clipper descendait le fleuve, le capitaine leva les yeux pour la dernière fois vers le décor familier et les phares sur lesquels il avait guidé sa vie. Par le travers, il avisa le chantier Paxmore où son bateau avait été construit ; comme il regrettait d'avoir gâché ses relations avec les honnêtes quakers ! Personne mieux qu'eux ne mettait autant de cœur à s'occuper d'un bateau, à savoir ce qui était bon pour lui.

Un peu plus loin, le marais familial ; le cousin Lafe devait suivre des chevreuils à la piste dans les hautes herbes ; les hérons pêchaient sur les hauts-fonds. Et la Falaise-de-la-Paix montait la garde à l'embouchure du fleuve ; ce havre noble, tranquille, si différent de l'ostentation de Devon. Il se rappelait le jour où la mère de George Paxmore l'avait invité à la maison-télescope pour lui remettre un livre qui ne l'avait pas quitté pendant toute la guerre.

— Tu n'as pas besoin de fréquenter l'école pour apprendre. Un bateau aussi est une école. Mais qui n'apprend pas, meurt jeune.

Il était résolu à détourner les yeux de La Vengeance de Rosalinde, de crainte qu'elle ne hantât ses rêves, mais quand Devon Island se profila à bâbord, son regard fut attiré par la grandiose demeure, et il vit ce qu'il craignait d'y voir. Sur le mirador de la veuve, dans sa robe bleue agitée par la brise, se dressait Susan, dont le visage était indiscernable à distance, mais dont le corps était si familier. Tant que l'île resta en vue, le capitaine Turlock garda les yeux rivés sur la silhouette solitaire. Jamais plus il ne connaîtrait une femme comme elle ; elle lui avait apporté une félicité, une passion, un amour sans pareils. Il s'arracha à sa contemplation et, involontairement, regarda en direction de sa cabine. Dieu, comme je souhaiterais qu'elle soit là, à m'attendre !

Il secoua la tête et reporta son attention sur Devon et elle avait disparu ! Déçu, il haussa les épaules. Je n'imaginais pas qu'elle pût descendre avant que nous soyons hors de vue.

Tel n'était pas le cas. Sachant que l'*Ariel* quitterait Patamoke à l'aube, elle avait dormi sporadiquement, gardant le pied gauche hors de la légère couverture, toujours prête à fuir cet horrible lit. Elle s'était levée dès les premières lueurs du jour pour demander à Eden de lui passer la robe bleue dont le capitaine lui avait fait compliment le jour de leur première étreinte.

Susan ne put avaler son petit déjeuner et, quand le soleil commença à baigner l'île, elle monta sur le toit, s'assit, perçut la caresse des chauds rayons de septembre et garda les yeux rivés vers l'est, le Choptank, Patamoke. Fixé au fauteuil de rotin, de crainte qu'il ne fût emporté par le vent, se trouvait le petit télescope dans son sac étanche. Elle le saisit et observa le fleuve ; l'*Ariel* lui apparut, guère plus gros qu'un point sur une feuille de papier lorsqu'elle le repéra pour la première fois. Puis, il s'élargit, voiles et coque se distinguèrent. Maintenant, elle pouvait abandonner la lunette d'approche et observer le magnifique clipper, cinq voiles hautes, passant à hauteur de l'île. A l'œil nu, elle ne parvenait pas à identifier les silhouettes qui se déplaçaient sur le pont mais, en ayant recours au télescope, elle découvrit le capitaine Turlock. De temps à autre, son poing d'argent accrochait les rayons du soleil. Quel homme irrésistible, avec sa tignasse rousse, sa barbe, ce métal massif en guise de main ! Au cours de leur dernier séjour passionné dans la maison de Patamoke, il lui avait dit qu'il commençait à se sentir vieux.

— Quand j'étais jeune, j'aurais été capable de rester au lit avec toi quatre jours d'affilée, sans même penser à manger un morceau.

Tandis qu'il avançait dans la passe, elle se remémorait les paroles tendres qu'il lui avait adressées.

« Tu es une source intarissable en bordure du désert.

— Oh, Dieu, ne me l'enlevez pas ! s'écria-t-elle.

— Il est parti, dit une voix derrière elle.

Elle se tourna et se trouva face à son mari. D'un geste violent, Paul Steed lui fit sauter le télescope des mains et regarda l'instrument rebondir sur le toit avant de s'écraser à terre.

« Espèce de putain ! Pleurer à chaudes larmes pour un individu pareil !

Il désigna le navire négrier qui s'éloignait.

« Joli héros ! Un marchand de chair humaine, ajouta-t-il avec mépris.

Humiliée par ces sarcasmes et furieuse de la perte du télescope, elle pivota et se rua sur lui, sans avoir conscience de ses intentions ; elle voulait lui faire mal, l'obliger à ravaler ses railleries. Paul fit soudain volte-face et, alors qu'il avait eu peur d'affronter Matt Turlock et Herbert Steed, il s'apprêta à passer à l'action avec Susan. D'un coup brutal, usant de ses deux mains, il la renvoya contre la balustrade ; elle oscilla un instant sur le garde-fou, perdit l'équilibre et amorça une chute sur le toit.

Par bonheur, son pied droit se prit entre les montants de bois, ce qui la sauva. Mais quand Paul la vit suspendue, la cheville coincée, la tête à proximité du vide, il perdit le peu de bon sens qui l'habitait et dégagea le pied. Il le retint une seconde et soudain s'écria :

— Va rejoindre ton Turlock !

D'une violente secousse, il la poussa sur la pente du toit. Il la suivit des yeux jusqu'au moment où elle disparut derrière le rebord ; ses gémissements et ses cris se muèrent en hurlements quand elle heurta le sol.

Inconscient de l'horreur de son acte, Paul perçut sa chute ; puis, avec un cri frénétique, il sauta derrière elle. Cependant, son pied se prit dans la balustrade ; il vacilla, s'abattit contre les ardoises, roula sur quelques mètres, puis franchit à son tour le rebord.

Il n'est pas aisé de tuer un être humain. Un meurtrier en puissance poignarde sa victime à six reprises sans parvenir à atteindre un organe vital. Une femme, rendue folle par la colère, tire plusieurs fois à bout portant sur un homme et l'atteint en divers endroits sans causer de blessures graves. Ainsi les époux Steed étaient tombés lourdement dans un massif de fleurs.

Herbert Steed entendit le vacarme dès son arrivée au bureau ; il se précipita et appela ses neveux.

— A quoi jouent-ils encore ces abrutis ?

Puis, ce fut Tibère qui descendit l'allée en courant.

— Missié, Missié ! Eux suicidés !

A cette nouvelle, tous les esclaves se précipitèrent vers leurs maîtres. Lorsque l'oncle Herbert et ses neveux les rejoignirent, ils aperçurent Eden qui tenait Mrs. Steed dans ses bras et la berçait doucement.

— Vous pas mourir, disait-elle d'une voix chantante. Vot'e heure est pas là. Vous pas mourir.

Il apparut bientôt que ni Susan ni Paul n'étaient mortellement atteints, mais il convenait de leur prodiguer des soins.

— Cet idiot n'a jamais été capable de mener quoi que ce soit jusqu'au bout, résuma Herbert Steed. Maintenant, c'est à nous qu'il incombe de lui faire retrouver l'usage de ses jambes.

Il les fit transporter dans la grande chambre où une esclave les soigna jusqu'à l'arrivée du docteur. Lorsque celui-ci débarqua du sloop qui l'avait amené de Patamoke, il s'aperçut que la Noire avait remis les os en place et nettoyé les plaies.

— Je ne peux guère en faire plus, déclara-t-il.

Cependant, il informa l'oncle Herbert que celui-ci n'avait pas à s'inquiéter au sujet de Paul.

« Sa hanche se ressoudera, affirma-t-il. Il aura une jambe un peu plus courte que l'autre, mais sans plus. C'est sur Mrs. Steed qu'il faut veiller. Je crains une lésion de la colonne vertébrale.

Son diagnostic se révéla exact. Paul guérit, mais garda la jambe gauche un peu plus courte et une torsion permanente du cou. Quant à Susan, elle resta infirme ; les vertèbres avaient été affectées de façon définitive et, bien qu'elle parvînt à faire quelques pas dans sa chambre, elle était incapable de fournir un effort soutenu.

A la surprise de la famille, l'oncle Herbert prit de grandes décisions dans tous les domaines.

— Ces deux-là ne sont guère en mesure d'élever leurs enfants. Je vais envoyer les deux aînés à l'école que dirige Mrs. Paxmore à la Falaise-de-la-Paix, annonça-t-il.

Susan éleva quelques protestations, mais il coupa court :

« Les quakers ne présentent pas grand intérêt, mais ils ont le don de l'enseignement, assura-t-il. Votre Mark semble intelligent ; Mrs. Paxmore développera ses aptitudes. Que Dieu vienne en aide à ce gamin !

Susan n'était pas exigeante, mais elle nécessitait des soins constants qu'Eden lui prodiguait, tout comme à Paul d'ailleurs ; plus le couple se montrait capricieux, plus elle faisait preuve de compréhension. Elle n'avait ni mari ni enfant ; elle adopta les deux infirmes comme des membres de sa famille et les traita l'un et l'autre avec une égale compassion. Quand Paul se laissait aller à des exigences intempestives, elle l'ignorait, sachant quel être faible et lamentable il était devenu ; et quand il la harcelait, elle l'écartait avec douceur.

Mais elle concentrait son affection sur Susan qu'elle habillait avec soin et à laquelle elle accordait l'amour plein de mansuétude dont une mère entoure un enfant malade. Ce fut elle qui insista pour que Susan retournât sur le toit.

— Je ne veux pas que ma femme remonte sur le toit... plus jamais, s'interposa Paul.

Mais Eden lui imposa silence. Elle ordonna à deux esclaves de porter l'infirme sur le mirador de la veuve. Dès lors, Susan y passa le plus clair de son temps pendant la belle saison, et même en hiver lorsque la température était clémente. Elle s'asseyait dans le fauteuil d'osier et, à l'aide du télescope neuf offert par l'oncle Herbert, elle observait le va-et-vient des grands voiliers qui sillonnaient la baie.

Certains jours, quand ses forces lui revenaient, elle se redressait, étreignait la rambarde, et contemplait l'évolution des bateaux avec une folle intensité.

— Ramenez-le-moi ! s'écriait-elle alors. Ramenez-le-moi !

Tel était son état d'esprit, un jour d'octobre 1825. Elle gardait les yeux rivés en direction du sud lorsqu'elle entendit un lointain bruissement au-dessus de son épaule et, sans chercher à se retourner, à s'arracher à la contemplation du sud, elle murmura :

— Elles sont de retour. Les oies reviennent.

Et elle se tint figée, les yeux perdus vers le sud déserté, tandis que la première formation survolait la demeure ; le bruyant et joyeux caquetage annonçait le retour des oies.

1832

Vers la fin de la troisième décennie du XIXe siècle, les ethnies noires vivant en bordure du golfe de Guinée, en Afrique occidentale, formaient un groupe très évolué. Les tribus Ibo, Benin, Yoruba et Fanti en étaient venues à appréhender la tragédie de l'esclavage et elles prirent des mesures pour y mettre un terme. Les temps anciens, où des bandes impitoyables s'abattaient sur un village confiant pour y razzier les jeunes hommes et femmes les plus vigoureux, étaient révolus.

Mais la traite n'en demeurait pas moins un commerce très lucratif, et d'audacieux négriers n'hésitaient pas à courir le risque d'être capturés par les patrouilleurs britanniques ayant pour mission de les anéantir. A terre, les trafiquants devaient trouver leurs victimes dans de lointains villages, au sud du Congo où les chefs locaux ignoraient tout de la traite et pouvaient être bernés. Des meutes de marchands de chair humaine hantaient forêts et savanes, remontaient jusqu'au cours supérieur de rivières peu connues pour traquer leur gibier.

Un trafiquant fameux, répondant au nom d'Abu Hassan, suivait des chemins compliqués pour capturer ses esclaves. Ainsi, il empruntait le cours du Congo à son embouchure, dans le sud du golfe de Guinée. Sans se préoccuper des terres avoisinantes, sous la domination des Kongos, peuple aussi évolué que les Ibos ou les Yorubas plus au nord, il remontait le fleuve sur près de six cents kilomètres, jusqu'au Kasai, énorme affluent venant du sud. Là non plus, il ne se livrait pas à la chasse aux esclaves car le territoire était contrôlé par une tribu rusée, les Kubas. Après avoir remonté le Kasai sur environ cinq cent cinquante kilomètres, il parvenait à une gigantesque rivière, la Sankuru ; là non plus il ne tentait pas de rassembler des Noirs car sur ses bords vivaient les Lubas. Après s'être enfoncé sur environ huit cents kilomètres en amont de la

Sankuru, il arrivait enfin à destination ; le cours d'eau Xanga, gigantesque, mais si éloigné qu'aucun capitaine de traite n'en avait jamais entendu parler. En amont de la Xanga, s'agglutinaient de petits villages dont la population ignorait tout du commerce du « bois d'ébène ».

Ce fut dans l'un de ces villages qu'Abu Hassan arriva au printemps de 1832. C'était un homme triste, de haute taille, usé par quarante-sept ans de difficile et dangereux trafic en Afrique. Portant, à la mode arabe, une grande gandoura d'un blanc éclatant, il se présentait toujours en grand seigneur, se lavant les mains après tout contact déplaisant. Il parlait plusieurs langues — arabe, français, anglais, portugais et divers dialectes congolais — et était capable de conclure des marchés avec un chef xanga ou un négrier de Boston. Né dans une colonie arabe du nord du Mozambique, il avait commencé par convoyer des esclaves le long des côtes de l'océan Indien avant de les faire embarquer pour l'Arabie, pays où la demande ne faiblissait pas ; mais lorsqu'il devint de plus en plus ardu de capturer des Noirs, il dut s'enfoncer au cœur du continent. Cependant, il s'aperçut bientôt qu'il était à la fois plus simple et plus profitable d'emmener ses esclaves vers l'ouest, jusqu'au port portugais de Luanda où attendaient des bateaux à destination de Cuba, du Brésil et des États-Unis.

En 1832, tout en remontant les cours d'eau dans des pirogues chargées de produits de troc — de la pacotille —, il ne se doutait pas qu'il allait être confronté à un jeune Xanga, répondant au nom de Cudjo, lequel habitait un village au confluent de la grande Sankuru. Cudjo lui réservait bien des ennuis.

Depuis quelque temps déjà, son propre peuple le soupçonnait. Des espions l'observaient et rendaient compte de ses faits et gestes au chef du village et, lors des conseils de la tribu, on ne tenait pas compte de ses avis. Plus alarmant encore, la famille de Luta, la jeune fille qu'il avait choisie pour en faire son épouse, avait tout à coup refusé de la lui vendre.

Les ennuis, qui s'étaient mystérieusement manifestés, ceux-là même qui le menaçaient, n'étaient pas imputables à une opposition dans son propre village ; ils provenaient d'ailleurs. Autrefois, les trafiquants arabes remontaient la Xanga avec nonchalance, faisant étape pendant plusieurs jours pour échanger marchandises et commérages mais, récemment, un nouveau type de commerce était apparu, incarné par cet homme nommé Abu Hassan. Il arrivait avec des pirogues, s'entretenait en secret avec le chef, concluait des marchés hâtifs et disparaissait. Il apportait aussi des marchandises inhabituelles : fusils, boissons, étoffes. Il se montrait arrogant, donnait des ordres, et les porteurs qu'il embauchait pour l'aider à charrier ses ballots jusqu'au marché ne revenaient jamais dans leurs villages.

Cudjo éprouvait une vive antipathie à l'égard d'Abu Hassan ; les vieux trafiquants avaient toujours accepté ce que les villageois proposaient pour le troc, mais cette nouvelle race énonçait ses exigences avec brutalité et les Noirs se sentaient obligés de les satisfaire. Cudjo s'efforça d'inciter les siens à repousser de tels procédés, mais il n'avait que vingt-quatre ans et les sages de la tribu refusèrent de l'écouter. Il se demanda pourquoi les vieux chefs défendaient Hassan avec autant d'acharnement alors que celui-ci n'apportait rien de bon, et il persista dans son opposition.

Il en vint à être considéré comme un agitateur dont la présence ne pouvait plus être tolérée. Quelques mois auparavant, quand Abu Hassan avait remonté la Sankuru avec six pirogues, Cudjo était prêt à s'opposer à lui dès que les transactions commenceraient mais, à sa grande surprise, l'Arabe ne fit pas étape au village. Il continua à remonter la Xanga jusqu'à son cours supérieur après avoir pris le temps de s'entretenir avec les trois chefs et de leur remettre des présents.

— Il commercera avec nous sur le chemin du retour, expliquèrent les chefs du village tandis que le convoi repartait.

— Nous ne devrions pas traiter avec lui, protesta Cudjo.

Sur quoi, ses aînés échangèrent des regards entendus.

Il prit alors conscience qu'un complot était en train de se tramer contre lui. Les chefs se rencontraient en secret, refusaient de l'admettre dans leurs palabres ; il s'inquiéta d'autant plus lorsque Akko, un homme de son âge, lui fut préféré.

Akko était un rusé compère, plus porté aux artifices qu'au travail, et Cudjo savait que la tribu se trouverait en difficulté si elle l'écoutait. Mais Akko se montrait habile à tirer avantage de tout, et chacun des habitants du village comprit que les anciens étaient résolus à l'élever à la position prééminente qui aurait dû échoir à Cudjo.

Lorsqu'on apprit qu'Abu Hassan redescendait la Xanga avec ses hommes, Cudjo comprit que la décision avait été prise ; Akko fut chargé de rassembler les biens du village destinés au troc, alors que Cudjo se voyait assigner une tâche mineure. Il se morfondit dans une oisiveté amère tandis qu'Akko collectait ivoires, plumes, cuirs en partie tannés, et poudre de corne de rhinocéros, si recherchée en Orient pour ses vertus aphrodisiaques.

Cudjo mit à profit son inactivité pour imaginer un curieux stratagème. Il partirait en reconnaissance vers le cours supérieur de la Xanga afin de savoir quelles marchandises de troc Abu Hassan exigeait, puis il reviendrait et annoncerait aux membres de sa tribu quels objets retenaient l'attention de l'Arabe afin qu'on pût en rassembler pour le retour du trafiquant. Ainsi, il prouverait sa bonne volonté, indiquant du même coup qu'il ne gardait pas rancune au village de lui avoir préféré Akko.

C'était un homme jeune, vigoureux, capable de pagayer pour remonter la Xanga et de parcourir de longs trajets à pied à l'intérieur des terres. Il avait de robustes jambes, un cou épais et des épaules d'une largeur inhabituelle. Si le différend qui l'opposait à Akko avait été réglé en combat singulier, il eût été victorieux.

Il n'éprouva donc aucune difficulté à remonter le cours de la rivière et, le sixième jour, il dissimula sa pirogue, s'enfonça au cœur de la forêt et se tapit dans le feuillage pour observer les opérations dans le village où les Arabes avaient fait halte. Il avisa les cases, les piles de défenses d'ivoire et les tentes à rayures où les trafiquants menaient leurs tractations et dormaient, la nuit venue.

Il s'étonna du nombre d'Arabes qui participaient à l'expédition. Autrefois, quand un trafiquant s'arrêtait au village, il amenait un seul assistant et chargeait les porteurs noirs de l'acheminement des défenses d'éléphant. Abu Hassan lui-même, lors de ses deux voyages précédents, n'était accompagné que de deux aides blancs ; cette fois, il en avait neuf. Cudjo s'efforça de découvrir quelle énorme quantité de marchandises de troc justifiait un tel déploiement de forces, mais il ne remarqua rien.

Deuxième détail inexplicable : un grand feu brûlait à proximité d'une tente devant laquelle deux Blancs étaient assis, le visage barbouillé de noir, comme s'ils jouaient à se faire passer pour des nègres. Cudjo ne comprenait rien à ce comportement.

Son incertitude quant à la suite des événements l'incita à dormir dans les bois cette nuit-là ; en s'éveillant, avant l'aube, il constata qu'on avait laissé mourir le feu. De son poste d'observation, il vit les Arabes sortir de leur tente pour raviver les braises ; fait troublant car, dans son village, on entretenait les feux toute la nuit pour éloigner les animaux sauvages et on les laissait s'éteindre à l'aube.

Quand le soleil se leva, deux événements intervinrent à court intervalle, et le monde serein qu'il avait connu s'écroula. Du sud, où ne subsistaient que des villages pauvres ayant peu de biens à troquer, venait une morne colonne de vingt-deux Noirs, chacun relié au suivant par des chaînes, et le cou enserré dans un cercle de fer. Ils avançaient en silence, sous la garde de trois Arabes armés de fusils et de fouets.

Quand la colonne approcha du village, sur un signal, les chefs noirs, assistés de leurs complices, bloquèrent toutes les voies par lesquelles les habitants étaient susceptibles de s'enfuir, et désignèrent des jeunes gens vigoureux, hommes et femmes, qui furent bientôt ligotés. Tandis que Cudjo observait la scène avec horreur, les chefs remirent les jeunes gens aux Arabes, lesquels les entraînèrent jusqu'à la tente où le feu avait été ranimé. Là, deux Arabes, aidés de Noirs, assujettirent des cercles de fer autour du cou des captifs et les relièrent les uns aux autres par des chaînes refermées à coups de marteau.

Un Noir, aussi robuste que Cudjo, comprit les intentions des anciens ; il se libéra, et il aurait gagné la forêt si Abu Hassan en personne n'avait épaulé son fusil, visé avec précision et tué le fugitif d'une balle. Une jeune femme hurla ; lorsqu'elle voulut se précipiter vers le corps de son compagnon mort, Abu Hassan fit décrire un arc de cercle à son fusil et l'assomma d'un coup de crosse. On lui passa un cercle de fer autour du cou et une chaîne pendant qu'elle gisait, inconsciente, dans la poussière.

L'extrémité de la chaîne passée au dix-neuvième prisonnier fut alors soudée à celle qui retenait captifs les vingt-deux jeunes gens venant des villages déshérités du sud, et la procession des quarante et un futurs esclaves entama sa longue marche vers l'ouest pour gagner Luanda, où les cargaisons de bois d'ébène, groupées dans les négreries, attendraient d'être assez nombreuses pour remplir un bateau à destination de Cuba.

Cudjo tremblait de rage à la vue des Arabes fouettant ses frères enchaînés. Les meilleurs sujets, les plus vaillants, partaient en captivité, et leur triste destin avait été scellé par leurs propres chefs dont la duplicité était récompensée par de la verroterie, quelques coupons d'étoffe et des haches de fer. Abu Hassan s'était fait accompagner de neuf assistants, non pour des transactions commerciales, mais pour forger les cercles de fer et convoyer les cargaisons humaines jusqu'aux négreries. Dès que la procession se fut éloignée, Abu Hassan et ses aides chargèrent leurs pirogues et se préparèrent à descendre la rivière jusqu'au village de Cudjo.

Il prit ses jambes à son cou dans l'espoir de les devancer et courut à travers la forêt pour atteindre l'endroit où il avait caché sa pirogue.

Il rejoignit le cours d'eau avant le passage des Arabes, dégagea son embarcation dissimulée et pagaya furieusement. Jamais encore il n'avait vu la Xanga sous son vrai jour, avec ses arbres penchés sur l'eau, ses oiseaux qui voletaient en tous sens ; rivière chère à son cœur, mais dont tous les riverains étaient à présent menacés.

Il pagaya sans relâche jusqu'à ce qu'il contournât enfin la boucle qui protégeait son village. Des enfants l'aperçurent et annoncèrent à grands cris son retour. La nouvelle eut un résultat inattendu : les anciens accoururent vers la rive, devinant le message qu'il apportait. Et quand sa pirogue toucha la petite jetée, ils avancèrent pour l'encercler.

— Abu Hassan ! cria-t-il.

Mais avant qu'il ait pu ajouter quoi que ce soit, il entrevit un homme, sans doute Akko, qui se faufilait derrière lui. Il se retourna pour faire face à son adversaire ; celui-ci brandit une lourde massue et l'abattit sur son crâne ; Cudjo perdit connaissance.

Lorsqu'il revint à lui, il était bâillonné et lié par un lourd cercle de fer à une chaîne dont l'autre extrémité était fixée à un arbre. Gardé par un Arabe armé d'un fusil, il n'avait aucune possibilité de communiquer avec les siens ; s'il essayait de crier, le bâillon étouffait sa voix ; s'il tentait d'échapper à l'Arabe, le cercle de fer l'étranglait. Pourtant, d'une façon quelconque, il fallait qu'il prévienne les jeunes, hommes et femmes, du péril qui allait s'abattre sur eux.

Il constata avec horreur que les chefs rassemblaient la tribu, tandis que les Arabes, y compris celui qui le gardait, prenaient position, prêts à faire feu. Il essaya de crier, mais sa voix ne porta pas. Il examina la chaîne entourant l'arbre et comprit qu'en dépit de sa force il ne parviendrait pas à la briser.

Impuissant, il vit les anciens désigner les jeunes qu'ils étaient prêts à vendre : ce garçon vigoureux, cette superbe fille, ce jeune homme qui avait volé une vache, tous ceux dont le village souhaitait se débarrasser. Puis, il se raidit. Les chefs désignaient Luta, la jeune fille qu'il avait voulu acheter pour en faire son épouse. Elle hurla et Abu Hassan la fit taire en l'assommant.

A cet instant, Cudjo parvint à se débarrasser de son bâillon, et il s'écria d'une voix sonore :

— Résistez ! Ne vous laissez pas enchaîner !

En entendant ce cri, qui risquait de compromettre l'opération, Abu Hassan donna ordre à l'un de ses hommes d'imposer silence au nègre mais, quand l'Arabe s'approcha, Cudjo fit appel à toutes ses forces et, dans un élan surhumain, brisa la chaîne qui le retenait à l'arbre. Il en fit tournoyer l'extrémité au-dessus de sa tête, bondit vers l'homme qui s'effondra sous le choc. Puis, il s'avança vers les prisonniers condamnés, pour les inciter à la révolte mais, à peine avait-il franchi quelques pas qu'Abu Hassan épaula son fusil. Geste inutile car Akko, pour la deuxième fois, brandit sa massue et l'assomma. Cudjo s'écroula ; aussitôt le bout de sa chaîne fut soudé à celle d'un homme qu'il connaissait depuis son enfance. Ensemble, ils effectueraient la longue marche vers la mer.

Vingt-trois prisonniers, hommes et femmes, allaient grossir le convoi, mais les forgerons avaient préparé vingt-sept cercles de fer ; les laisser inutilisés tenait du gâchis. Abu Hassan écarta les anciens qu'il avait soudoyés, et désigna trois hommes et une femme.

— Ajoutez-les à la chaîne, ordonna-t-il.

Les gardes empoignèrent les quatre Noirs et les maîtrisèrent pendant qu'on leur passait les colliers de fer. La première victime n'était autre qu'Akko.

— Pas lui ! s'écria l'un des chefs félons. C'est mon fils !

— Emmenez-le, intima Hassan.

Dès que les soudures furent achevées et que le vieillard vit son fils enchaîné, il gémit, s'agrippant à Hassan.

Celui-ci le repoussa mais, à présent, c'était au tour des autres parents de se lamenter ; ce fut bientôt un tel brouhaha qu'Hassan perdit patience. Il prit une décision extraordinaire.

— Emmenez-les tous à Luanda.

— Tout le village ?

— Oui. Tout le monde.

— Il y a près de mille kilomètres. Ils n'y arriveront pas vivants.

— Certains y arriveront.

Et sous les coups de fouet, toute la population s'ébranla derrière les jeunes gens enchaînés. Cent dix-neuf enfants et adultes entreprirent un impossible voyage à travers la forêt congolaise, pour une destination que la plupart d'entre eux n'atteindraient jamais. A l'avant, deux gardes arabes armés. A côté des prisonniers enchaînés, deux autres Blancs, le doigt sur la détente, puis la masse des villageois sous la surveillance d'Abu Hassan, suivi de deux autres Arabes formant l'arrière-garde, prêts à abattre le premier fugitif. Les deux autres Blancs descendaient la Xanga pour rejoindre le Congo dans les pirogues chargées d'ivoire et de cornes de rhinocéros.

Ce fut une marche folle, un acte irrationnel qui n'avait cependant rien d'inhabituel, à cette époque où la traite connaissait un déclin. En 1832, chaque phase de cet ignoble commerce était cynique, impitoyable et illégale. Des chefs noirs vendaient leurs congénères pour un peu de pacotille ; des Arabes, respectueux du Coran, organisaient les convois ; des chrétiens, acharnés à sauver des âmes, dirigeaient des négreries ; des capitaines en rupture de ban transportaient les esclaves à bord de bateaux clandestins ; et à Cuba, des trafiquants sans foi ni loi les achetaient, dans l'espoir de les introduire en fraude aux États-Unis où l'importation de Noirs était désormais interdite.

La déportation des Noirs avait été mise hors-la-loi, par les États-Unis en 1792, par la Grande-Bretagne en 1807, par la France en 1815 ; mais de telles restrictions rendaient les bénéfices de la contrebande encore plus alléchants. Les propriétaires de plantations, aux Caraïbes, au Brésil, aux États-Unis, continuaient à offrir des prix extravagants pour les esclaves de premier choix, et certains forbans étaient toujours prêts à tenter de forcer le blocus.

Abu Hassan apportait sa contribution à ce fabuleux trafic. Il avait quitté la Xanga avec vingt-sept Noirs superbes, enchaînés, plus une masse de cent dix-neuf individus, du tout-venant. Il espérait que vingt-deux au moins du premier lot arriveraient à Luanda ainsi qu'une trentaine des autres. S'il parvenait à ce résultat, il s'adjugerait un beau bénéfice qui s'ajouterait à celui des cargaisons déjà convoyées depuis les villages du sud. En fait, à moins de difficultés imprévisibles, il aurait la chance de remplir tout un bateau, uniquement avec ses esclaves.

Il ne s'inquiéta donc pas lorsque les plus âgés moururent. Son esprit pratique l'incitait même à abandonner les moribonds ; aussi, la procession fondit-elle peu à peu au fil des jours. C'était un bon convoi, l'un des meilleurs, car il n'avait encore perdu aucun des Noirs enchaînés, et c'était de ces derniers que dépendaient les bénéfices substantiels.

Pour les captifs enchaînés, la marche s'avérait atroce. Pendant plus de quarante jours, sous la chaleur de l'Afrique, chaque individu devait avancer, dormir, satisfaire ses besoins naturels, attaché à deux autres prisonniers. Pour une jeune femme, enchaînée entre deux hommes, le trajet relevait du cauchemar ; mais la procession n'en continuait pas moins.

Cudjo, qui se trouvait à peu près au milieu de la chaîne, supportait le voyage mieux que les autres, mais les gardes ne tardèrent pas à comprendre qu'en dépit de ses entraves, il s'efforçait de se rapprocher d'Akko dans l'espoir de le tuer. Ce dernier demandait protection à ceux-là mêmes qui les convoyaient. Les gardiens auraient certes préféré abattre Cudjo, mais ce grand nègre représentait un bien précieux ; ils se contentaient donc de le fouetter ou de lui décocher des coups de crosse chaque fois qu'il tentait de se rapprocher de son ennemi.

Incapable d'assouvir sa vengeance, Cudjo était impuissant à aider Luta, enchaînée à Akko ; le moindre de ses gestes en direction de la jeune fille était interprété, aussi bien par les gardes que par Akko, comme une attaque contre ce dernier. A une occasion, l'un des Arabes enfonça la crosse de son arme sur le cou-de-pied de Cudjo et, pendant un temps, il sembla qu'Abu Hassan fût obligé de l'abattre car il boitait et ne parvenait pas à suivre. Mais le Noir rassembla son énergie et continua à avancer sans ralentir la chaîne.

Le père et la mère de Cudjo moururent presque simultanément le trentième jour. Abu Hassan jeta un coup d'œil à leurs cadavres et ne regretta pas leur mort. Cinquante et un prisonniers avaient déjà connu un sort analogue ; seuls les plus vigoureux survivaient, et il paraissait vraisemblable qu'il atteindrait Luanda avec plus que les trente esclaves supplémentaires sur lesquels il comptait.

Le quarantième jour, de grosses pluies s'abattirent sur la région et les fièvres des marais causèrent beaucoup de pertes. Deux des femmes enchaînées moururent et douze parmi les autres, ce qui diminuait d'autant les bénéfices escomptés par Hassan. Devant cet état de faits, celui-ci céda à la fureur et, lorsque les chaînes des deux femmes mortes durent être ôtées, il s'en prit au forgeron avec tant de hargne que l'homme se contenta d'arracher les cercles de fer, lacérant horriblement les cadavres. Et la colonne se remit en marche.

Le cinquante-neuvième jour, Abu Hassan entra à la tête de sa cohorte dans les faubourgs de Luanda, prospère cité portugaise, perchée au bord de l'Atlantique. Abandonnant compagnons et esclaves dans un campement improvisé aux lisières de la ville, il entra seul dans Luanda pour préparer la vente des Noirs. Non sans irritation, il constata qu'aucun négrier ne se trouvait en vue, sans doute parce que deux navires britanniques montaient la garde pour empêcher les trafiquants d'accoster. Il ne lui restait qu'à enfermer ses esclaves dans l'une des négreries, proches de la côte, que dirigeaient les jésuites. Il s'efforça de découvrir lequel, parmi ces immenses enclos, contenait les Noirs en provenance de la Xanga, et il finit par le trouver.

— Bon convoi, lui annoncèrent ses gardes.

Partis de villages plus éloignés dans le sud, où les affluents du Congo étaient moins profonds, ils n'avaient pas eu à déplorer de lourdes pertes ; ils convoyaient aussi des Noirs plus jeunes, en excellente condition physique. Il était logique que le taux de survie se révélât meilleur.

— Moins de dix pour cent de pertes, annoncèrent-ils, fiers de leurs résultats.

— Venez prendre en charge les nouveaux arrivés, ordonna Hassan.

Les gardes l'accompagnèrent au campement provisoire où, d'un coup d'œil connaisseur, ils évaluèrent le lot de Noirs blottis les uns contre les autres.

— Les vingt-cinq enchaînés sont de qualité. Les quarante et un autres ne valent pas cher.

— Ils compléteront une cargaison, rétorqua Hassan, sur la défensive.

— Ils ne tiendront pas longtemps à Cuba, ripostèrent les hommes avec une assurance toute professionnelle. Il n'y en aura pas beaucoup à faire entrer en douce en Amérique.

— Ils compléteront une cargaison, répéta Hassan.

— Est-ce qu'on leur ôte leurs chaînes ? demanda l'un des gardes.

— Non. Il peut se passer des semaines avant qu'un bateau vienne accoster, grommela Hassan. Ces satanés Anglais...

Il avait raison de penser que la présence des Anglais obligerait ses esclaves à rester parqués longtemps, mais il eût laissé libre cours à sa colère s'il avait su qui incriminer. Parmi les prêtres qui dirigeaient les négreries, se trouvait un jeune Portugais d'origine paysanne ; il s'appelait le père João et souffrait d'un mal incurable. Ce qu'il vit de la traite l'écœura ; et, malgré les risques qu'il encourait, il imagina un système de signaux pour alerter les patrouilleurs britanniques chaque fois que les négreries étaient pleines, ou qu'un bateau de trafiquant s'apprêtait à tenter une incursion pour charger des esclaves en toute hâte.

Le soir où le premier convoi d'esclaves de la Xanga arriva, le père João plaça un linge blanc entre les branches d'un arbre. Le signal fut repéré par la vigie du *Bristol* qui alla en rendre compte au capitaine.

— Capitaine, des esclaves sont arrivés dans la négrerie.

Pendant deux semaines, le navire de guerre patrouilla le long des côtes de l'Angola portugais, tenant en respect les quelques voiliers rapides qui tentaient de forcer le blocus. Si le *Bristol* les arraisonnait, ils se pliaient de bonne grâce à l'inspection de leurs cales, sachant que, si celles-ci n'abritaient pas d'esclaves, le navire de guerre était impuissant. Le négrier pouvait être équipé d'anneaux destinés à recevoir les chaînes et d'entreponts ménagés pour accueillir les Noirs ; s'il était à vide, il n'enfreignait aucune loi, et les officiers anglais devaient se contenter d'un regard de mépris à l'adresse de l'équipage américain.

Le blocus persistait ; les Britanniques s'obstinaient, les Américains pestaient, les négociants arabes se désolaient du coût de la nourriture destinée aux esclaves, et les Noirs dans les négreries essayaient de survivre. Ces grands enclos n'avaient pas de toit ; lorsque la pluie s'abattait, ils se contentaient de se serrer les uns contre les autres et d'attendre qu'elle s'arrêtât ; puis le soleil luisait avec une chaleur toute tropicale, et Hassan se laissait aller à la fureur car ses captifs les plus âgés mouraient et les plus jeunes dépérissaient.

Personne n'eut à souffrir davantage que Luta de la détérioration des conditions de vie. Pendant plus de treize semaines, elle avait été enchaînée entre deux hommes jeunes, à peine plus âgés qu'elle, auxquels elle n'avait pu dissimuler aucune de ses fonctions physiologiques. Elle ne craignait pas les coups ; de temps à autre, les gardes arabes ne pouvaient supporter davantage l'ennui et les plaintes, et une folie momentanée s'emparait d'eux ; ils frappaient les captifs sans discrimination, mais les esclaves intelligents avaient appris à éviter ces assauts sporadiques.

Cependant, Luta restait sans défense devant l'indignité d'une promiscuité étroite, enchaînée dans un enclos d'attente. La résignation l'aurait peut-être conduite à la mort si Cudjo n'avait veillé sur elle, lui apportant encouragements et force. Parfois, il criait de sa place, au centre de la chaîne, des paroles enflammées et réconfortantes jusqu'à ce que l'un des gardes lui imposât silence d'un coup de crosse. Alors pendant les longues heures de pluie, il se contentait de la surveiller ; peu à peu, elle lui fit comprendre qu'elle était résolue à survivre à cette atroce expérience, et il hurla à la face de tous l'amour qu'il lui portait.

Six semaines s'étaient écoulées depuis que les lots successifs d'esclaves en provenance de la Xanga avaient été jetés dans les négreries, et Abu Hassan commençait à se lamenter en songeant aux frais que lui imposait l'entretien de son capital. Il lui fallait faire face à un dilemme : moins bien nourrir les prisonniers et économiser son argent, ou continuer à bien les alimenter pour qu'ils soient en meilleure forme au moment de la vente aux enchères à Cuba. Il repoussa chacun des termes de l'alternative : il vendit les esclaves entreposés dans la négrerie aux pères jésuites, propriétaires de l'enclos.

Ainsi, les Arabes se débarrassèrent des esclaves de la Xanga ; ils empochèrent un substantiel bénéfice et se rendirent dans les souks pour réunir la pacotille destinée à suborner d'autres tribus au sud du Congo. Abu Hassan connaissait dix-neuf autres affluents de la Sankuru sur les rives desquels vivaient de misérables tribus, dont les vieux chefs pourraient être soudoyés.

Les jésuites auxquels Hassan avait vendu sa cargaison ne souhaitaient pas faire le commerce des esclaves ; ils étaient simplement les propriétaires des négreries et, à plusieurs reprises, ils avaient jugé profitable de jouer les intermédiaires en payant les trafiquants arabes ; ils assumaient ainsi la charge de nourrir les Noirs qu'ils finissaient par livrer à un capitaine négrier pour un bénéfice réduit, mais cependant substantiel.

Ce n'était pas ce profit que recherchaient les jésuites ; pendant que les Noirs se trouvaient sous leur garde, ils s'employaient à les christianiser, œuvre méritoire puisque, si les esclaves mouraient lors de la longue traversée jusqu'à Cuba, leur âme serait sauvée.

Après le départ des Arabes, les sévices cessèrent et des prêtres jeunes et doux, originaires de fermes portugaises, se rendirent quotidiennement dans les négreries ; là, dans un jargon émaillé de mots africains, ils expliquaient que Jésus veillait sur tous, même sur ceux qui étaient enchaînés, et que, dans une vie ultérieure et meilleure, les esclaves Le rencontreraient et qu'ils jugeraient par eux-mêmes de Sa bienveillance et de Sa générosité. Cudjo restait insensible aux exhortations, mais Luta se mit à parler au père João et lut une sincère compassion dans les yeux de ce dernier. Quand la jeune Noire ressassait les promesses du père João, celles-ci lui semblaient sensées ; elle avait toujours cru qu'il devait y avoir un Dieu qui régissait le mouvement des étoiles, les actes des hommes et même ceux des animaux dans la forêt. Et le fait que ce Dieu eût envoyé son fils en tant qu'intermédiaire paraissait acceptable. Que ce fils fût né d'une vierge ne constituait pas un obstacle insurmontable ; au cours des dernières semaines, enchaînée à ses deux compagnons elle avait souvent souhaité ne pas avoir de corps.

Elle écouta le prêtre avec tant d'intensité que le père João déclara à ses supérieurs :

— Nous allons obtenir beaucoup de conversions dans la négrerie. La jeune fille qu'on appelle Luta est prête à embrasser la vraie foi.

Un soir, deux jésuites plus âgés pénétrèrent dans la négrerie ; ils avancèrent avec précaution entre les corps étendus et s'approchèrent de Luta. Écartant les deux compagnons de la jeune fille aussi loin que la chaîne le permettait, les prêtres prirent à part Luta et lui demandèrent si elle était prête à accepter Jésus pour seul maître. Quand elle opina, ils montrèrent une grande joie et l'assurèrent que, dorénavant, le Christ se chargerait d'elle personnellement et qu'elle connaîtrait la vie éternelle. Ses épreuves sur terre seraient désormais plus aisées à supporter, en raison du paradis qui l'attendait dans l'autre monde ; dans son nouveau foyer, elle trouverait l'amour et la sollicitude de Dieu.

Puis, ils la bénirent et la prièrent de s'agenouiller ; elle y parvint avec peine et ses deux compagnons de chaîne durent l'imiter. Force fut à ceux qui suivaient d'agir de même et, bientôt, tous les Noirs de la file se retrouvèrent à genoux pendant que Luta était admise dans le giron de l'Église. Cudjo, contraint de s'agenouiller avec ses compagnons, aurait soulevé des objections si la bénéficiaire de cette grâce n'avait été Luta ; il estimait que, si elle avait besoin de cette assurance, il ne devait rien faire pour l'en distraire.

— Tu es maintenant l'enfant de Dieu, la bien-aimée de Jésus, psalmodia le plus âgé des prêtres.

Après le départ des jésuites, les vingt-cinq esclaves se redressèrent et les deux hommes enchaînés à Luta la regardèrent avec un intérêt tout particulier pour voir si la bénédiction des prêtres l'avait changée d'une façon quelconque. Ils décelèrent la résignation tranquille qu'elle avait toujours manifestée.

Un changement curieux intervint chez les Noirs de la négrerie : ils étaient si las de la monotonie, des pluies, de l'implacable soleil, qu'ils en venaient à souhaiter l'apparition à Luanda de ce que les prêtres appelaient un bateau. Personne dans les enclos ne pouvait imaginer les nouvelles terreurs qu'apporterait ce bateau, mais les esclaves n'en désiraient pas moins sa venue. Et Cudjo plus que les autres.

A l'aube, le deuxième jour d'août, un étrange navire arriva en vue de Luanda. Bas sur l'eau, fin, doté d'un gréement mixte — quatre grands focs frappés sur le long bout-dehors, quatre phares carrés à la misaine, gréement aurique au grand mât — qui donnait à penser qu'il devait tirer le maximum d'avantages du vent.

— Maintenant, il va se passer quelque chose, se confiaient mutuellement les trafiquants de la côte.

A huit heures du matin, un canot se détacha du bateau, gagna une crique et déposa à terre un homme âgé, aux épaules voûtées, à la démarche lente ; son arrivée rassura les trafiquants.

— Celui-là est sérieux. Il vient pour acheter, commentèrent-ils.

— Bonjour, lança le nouveau venu en arrivant sur la place. Je m'appelle Goodbarn. Second à bord de l'*Ariel*. Capitaine Turlock.

— Nous vous avions reconnu, assura l'un des courtiers.

Le visiteur s'assit dans un fauteuil de rotin et demanda à boire ; il paraissait las et vieilli depuis son dernier passage, et les trafiquants ne furent pas surpris de l'entendre dire :

— C'est notre dernière traversée. Nous allons charger beaucoup d'esclaves pour en tirer un gros bénéfice.

— Les négreries sont pleines.

— Nous ne voulons ni vieillards ni malades.

— A vous, Mr. Goodbarn, nous pouvons proposer des centaines de nègres jeunes et vigoureux.

— Nous allons en charger quatre cent soixante dans les cales et l'entrepont. Et nous courrons le risque d'en transporter cinquante-sept sur le pont. Ceux-ci devront être enchaînés afin d'être arrimés au pavois.

— Une sacrée cargaison, commenta un courtier.

— Nous avons l'intention de prendre une retraite dorée.

— Quel âge a Poing d'Argent ?

— Il a largement dépassé la soixantaine, mais on ne le devinerait pas.

— Quand avez-vous l'intention de charger ?

— Aujourd'hui.

— C'est impossible.

— Vous prétendiez que vous n'attendiez que l'arrivée d'un bateau.

— Oui. Mais on n'aurait pas le temps de préparer le fauteuil rouge.

— Au diable le fauteuil rouge ! s'écria Goodbarn.

Il était fatigué et encore plus désireux que son capitaine d'en finir avec cet ultime coup de dés.

— Sans fauteuil rouge, aucun esclave ne quittera le port. Je peux vous l'assurer.

— Quand pourriez-vous l'installer ?

— Demain. Mais comment comptez-vous toucher terre ?

Goodbarn but une longue gorgée de bière tiède, la garda un instant dans la bouche et son regard se perdit vers la baie.

— Nous sommes venus ici en 1814 afin d'aménager l'*Ariel* pour la traite... un unique voyage. Dix-huit ans ont passé, et nous sommes toujours négriers. Nous nous répétons sans cesse que c'est notre dernier voyage.

Il jeta un coup d'œil prudent à la ronde et fit comprendre au courtier qu'il souhaitait lui parler en particulier.

« Vous m'avez demandé quels étaient nos plans ? Eh bien, le capitaine Turlock estime qu'il y a un espion sur la côte qui adresse des signaux aux patrouilleurs britanniques. Ne riez pas. Rien d'autre ne peut expliquer la rapidité de leur réaction chaque fois que nous tentons de débarquer.

— C'est impossible, déclara le courtier. Les autorités portugaises...

— Aussi, nous allons payer un capitaine espagnol pour qu'il fasse diversion. Il remontera la côte sur quelques milles. Le *Bristol* le prendra en chasse et nous en profiterons pour nous approcher.

— Le commandant anglais est trop malin pour tomber dans ce genre de piège.

— Ça ne sera pas un piège Aujourd'hui même, vous allez emmener trois cents esclaves vers le nord jusqu'à l'endroit où l'Espagnol peut débarquer. Si le *Bristol* ne se manifeste pas, il chargera les esclaves, les vendra à La Havane et partagera le bénéfice avec nous.

— Qui paiera pour le convoi d'esclaves... pour le cas où le *Bristol* prendrait l'espagnol en chasse ?

— Moi. Nous prenons de gros risques pour ce voyage qui devrait nous assurer de beaux bénéfices. Le capitaine Turlock est toujours prêt à débourser la forte somme pour faire de l'argent, dit-il en déversant sur la table des espèces sonnantes et trébuchantes.

Le trafiquant soupesa les pièces, les compta, réfléchit à l'offre inusitée et opina. Puis, il appela les autres.

— Nous pouvons faire préparer le fauteuil rouge pour demain, annonça-t-il. L'*Ariel* chargera cinq cent dix-sept esclaves à neuf heures.

A midi, trois cents esclaves partirent vers le nord afin de servir d'appât ; à une heure, le père João les repéra et informa les Britanniques ; à deux heures, le *Bristol* fit route vers le nord.

Dans les négreries, les esclaves sélectionnés pour l'*Ariel* reçurent les soins habituels préludant à l'embarquement. Chacun d'eux fut gratifié de deux seaux d'eau fétide, l'un jeté en pleine face, l'autre sur le dos. Des récipients supplémentaires restèrent au centre du camp pour ceux qui souhaitaient procéder à des ablutions plus poussées ; Cudjo et Luta en profitèrent. Pendant que les esclaves se lavaient, les prêtres apportèrent des baquets de nourriture en quantité inhabituelle.

— Ils veulent qu'on ait l'air propre et sain, chuchota Cudjo. On sera vendus demain.

Ce soir-là, les esclaves s'endormirent, en sachant que le lendemain matin un événement d'importance surviendrait.

A l'aube, on les fit sortir des négreries pour les canaliser jusqu'au quai où Cudjo vit pour la première fois un vieil homme, à la barbe rousse, dont la main gauche était remplacée par un bloc d'argent ; son port majestueux, en dépit des épaules voûtées, son regard vif, indiquaient qu'il était le maître. Quand Cudjo remarqua le respect avec lequel les autres Blancs s'adressaient à lui, il murmura à l'adresse de ses compagnons de chaîne :

— Attention à celui-là.

Le vieil homme avança entre les files de Noirs non enchaînés, acceptant certains d'entre eux, en refusant d'autres.

— Oui, oui, oui. Pas celui-là.

Devant l'assurance dont il faisait preuve en prenant ses décisions, Cudjo devina que l'homme n'en était pas à son coup d'essai. Lorsque celui-ci eut approuvé l'embarquement de quelque quatre cents Noirs, il se tourna vivement vers les captifs enchaînés mais, comme il allait s'approcher de la file, Cudjo l'entendit appeler un autre homme, âgé lui aussi, et vêtu de noir.

— Goodbarn !

Ensemble, ils inspectèrent les esclaves vigoureux. Ils acceptèrent la plupart d'entre eux mais, lorsque l'homme à la barbe rousse en arriva au compagnon de chaîne de Cudjo, un grand gaillard qui avait été malade depuis son arrivée à la négrerie, il décela aussitôt que, malgré sa stature, celui-ci serait un mauvais placement ; il déclara qu'il fallait le faire sortir de la chaîne, mais Goodbarn, si tel était son nom, expliqua que c'était impossible, et l'homme à la main d'argent haussa les épaules.

Il s'arrêta devant Cudjo et, pour quelque raison inexplicable, lui souleva le menton, regarda droit dans les yeux sombres et parla à son associé. L'expression de Cudjo lui déplaisait et, une fois de plus, il demanda si celui-ci et son compagnon malade ne pouvaient être détachés de la chaîne ; Goodbarn répéta que c'était impossible. La main sous le menton de Cudjo, il proféra quelques mots, sans doute un avertissement, et repoussa l'esclave.

Lorsqu'il eut fini de passer en revue les captifs, il donna ordre à Mr. Goodbarn de rassembler tous ceux qu'il avait choisis ; il s'approcha du lot, hocha la tête, adressa encore quelques mots brefs à Goodbarn. Le marché était conclu.

Maintenant, commençait la cérémonie préludant au long voyage des Africains. Les cinq cent dix-sept esclaves furent entassés dans un espace étroit où ils se tinrent le dos à la mer, face à un fauteuil rouge placé au centre d'un amoncellement de ballots de marchandises. Une procession de prêtres s'en approcha, ouvrant le chemin à un homme grave, vêtu de rouge. Lorsqu'on l'eut aidé à monter sur la plate-forme soutenant le fauteuil, il leva les mains et le silence se fit parmi les assistants.

— Vous allez entreprendre un voyage qui vous mènera vers une terre inconnue, dit-il en portugais. Mais quel que soit le lieu où votre destin vous entraînera, Dieu veillera sur vous parce que vous êtes Ses enfants. Il vous guidera et vous réconfortera.

Il poursuivit de la sorte durant plusieurs minutes, tandis que Mr. Goodbarn fulminait et regardait constamment en direction de la mer. L'évêque estimait qu'en vérité les Noirs avaient beaucoup de chance d'effectuer ce voyage qui les ferait accéder à des pays où Dieu régnait et, là, ils apprendraient à connaître Son infinie miséricorde.

Suivait la phase essentielle de la cérémonie, l'instant qui justifiait la fondation de la négrerie. L'évêque tendit largement les bras et s'écria :

— Je vous baptise au nom du Père, du Fils et du Saint-Esprit et vous admets au sein de la Sainte Église catholique, apostolique et romaine. Si vous deviez mourir au cours du voyage que vous allez entreprendre, vous auriez accès au paradis ou seriez assis à la droite de Dieu.

Il termina en se signant, et sept prêtres se précipitèrent vers les esclaves, les aspergèrent d'eau bénite en les assurant de la vie éternelle. Une fois la cérémonie achevée, l'évêque donna sa bénédiction à toute l'assemblée, souhaita bonne traversée à l'équipage et descendit de l'estrade en balles de coton. Dès qu'il eut disparu, Mr. Goodbarn cria :

— Maintenant, embarquez-moi ce tas de salauds, et vite !

On fit pivoter les captifs ; ils firent face à la mer et, pour la première fois, virent le bateau appelé à les emporter vers le paradis dont l'évêque avait parlé. Ils n'eurent pas le loisir de le contempler longtemps : des membres de l'équipage les poussaient en criant :

— Allez, avancez ! Avancez !

Marins et trafiquants les attiraient sur le quai, les canalisaient vers la passerelle. Sur le pont, se tenait le capitaine Turlock, la barbe rousse parsemée de gris, le poing d'argent scintillant sous les chauds rayons du soleil. D'un œil exercé, il examinait les captifs pour s'assurer qu'on n'avait pas substitué de malades à ceux qu'il avait choisis. D'un ample geste du bras que terminait la main d'argent, il fit descendre les esclaves non enchaînés dans la soute.

Là, Mr. Goodbarn surveillait leur répartition dans l'un des quatre compartiments, s'assurant que les hommes les plus vigoureux et ceux qui étaient susceptibles de causer des ennuis soient placés à fond de cale. Dans l'entrepont, un certain Mr. Jenkins vérifiait la solidité des soudures reliant les chaînes au bateau. Quand ses aides eurent achevé leur tâche, quatre cent soixante esclaves se retrouvèrent entassés dans un espace qui aurait pu en accueillir une soixantaine dans des conditions acceptables. Le caillebotis du grand mât fut verrouillé, le passage entre les deux niveaux fermé à clef ; les Blancs grimpèrent à une échelle qu'ils tirèrent derrière eux. Et l'écoutille menant au pont se referma, bloquée de l'extérieur. Seules, la pénombre, la nausée et la crasse tiendraient compagnie aux Noirs pendant la traversée.

Entre-temps, sur le pont, le capitaine Turlock était confronté à une expérience qu'il n'avait jamais osé tenter auparavant : trouver de la place pour cinquante-sept hommes et femmes, pour la plupart enchaînés. Leurs fers furent rivés au pavois, sur bâbord et tribord. Il ordonna aux autres de gagner l'avant sous la surveillance d'un garde ayant pour mission de tirer au moindre geste suspect.

— C'est notre dernière traversée, dit-il à Goodbarn. Tâchons que tout se passe au mieux.

Elle commença mal. Le signal du père João avait envoyé le *Bristol* sur une fausse piste, mais dès que le prêtre s'aperçut qu'il avait été abusé et que l'*Ariel* se glissait jusqu'au quai, il déploya hardiment un grand drap qui prévint le navire britannique de l'arrivée du négrier. Le patrouilleur anglais vira de bord, mit cap au sud, résolu à intercepter le navire de traite avant que celui-ci ait le temps de gagner la haute mer.

— Le *Bristol* arrive ! cria la vigie de l'*Ariel*.

— A vos postes ! hurla le capitaine Turlock.

Aucun ordre supplémentaire ne fut nécessaire ; chacun des matelots américains savait qu'il lui fallait mettre tout en œuvre pour faire sortir le clipper du port de Luanda s'il ne voulait pas moisir dans une geôle londonienne.

Avec une rapidité stupéfiante, l'*Ariel* fut paré à appareiller et, tandis que les Portugais à terre s'affairaient à larguer les amarres, Mr. Goodbarn surveillait l'établissement de la voilure connue sous le nom de « bonheur du négrier ». « Ce gréement est capable de déhaler un bateau avec un pet d'air. »

Déjà en route, le *Bristol* bénéficierait d'un avantage, surtout avec ses formidables canons, mais l'*Ariel* n'avait pas l'intention de se tenir à leur portée et, lors des premières phases de la course, le clipper équilibra les chances en profitant d'une brise de terre qui le poussait vers le large. Le père João, qui observait la progression des deux bateaux, priait pour que la brise tombât et que le négrier fût pris. Mais Dieu resta sourd à ses prières. Le léger vent se maintint et le capitaine Turlock se dégagea du port.

— Faites envoyer les huniers, dit-il à Mr. Goodbarn.

Dès que les voiles hautes furent établies, l'*Ariel* bondit en avant, mais il lui fallait suivre une route qui le rapprochait du *Bristol* à bord duquel les canons étaient déjà en position.

Parmi les esclaves enchaînés au pavois, se trouvaient Cudjo et Luta, et le vigoureux Noir, toujours en alerte, devina que le comportement discipliné de l'équipage américain signifiait que le bateau courait un danger ; il se redressa, autant que sa chaîne le lui permettait, et osa un regard par-dessus la lisse. Il poussa un cri étranglé ; non loin de là, évoluait un bateau beaucoup plus grand aux voiles gonflées par le vent.

Jusqu'à ce jour, il n'avait jamais vu de bateau et il ne pouvait donc en comprendre les caractéristiques, mais son intuition lui souffla que cet autre vaisseau était la cause de l'appréhension qu'il lisait sur les visages de ses gardiens. Pendant un bref instant, il fut en mesure d'évaluer la position relative des deux bateaux, mais la voix irritée du capitaine Turlock s'éleva bientôt :

— Mr. Jenkins, faites-moi coucher ce grand type, là-bas !.

Jenkins assomma Cudjo d'un coup de cabillot. Mais avant de tomber sur le pont, Cudjo eut le temps de crier à ses camarades :

— Il y en a un autre qui essaie d'attraper celui-ci !

Les esclaves, ceux de bâbord et de tribord, se relevèrent pour voir ce que Cudjo voulait dire, et le mouvement concerté des Noirs terrifia les matelots qui, le jour de leur embarquement à bord de l'*Ariel,* avaient appris : « Ce qui est à craindre, ce n'est pas le gros temps ou les patrouilleurs anglais, mais la révolte. Il faut l'écraser avant qu'elle commence ! »

— Mr. Jenkins ! cria Goodbarn. Faites-moi coucher tous ces nègres !

Armés de cabillots, les matelots se répandirent le long du pavois, assommèrent les esclaves et continuèrent à les rouer de coups. Les Blancs ne craignaient pas d'écraser quelques têtes ; ils savaient qu'un certain nombre de morts seraient à déplorer en cours de route, et ils auraient peut-être tué Cudjo si le capitaine Turlock n'avait crié :

— Mr. Jenkins ! Retour à la manœuvre !

La férocité de la correction eut raison des Noirs qui se turent. Cudjo n'en continuait pas moins d'observer le navire britannique quand le tangage de l'*Ariel* lui permettait un bref coup d'œil, et il constatait avec joie que l'autre bateau se rapprochait. Mais maintenant, des événements déroutants intervenaient. Une suite d'habiles manœuvres commandées par l'homme au poing d'argent lui permit de distancer son poursuivant. Un fusil, infiniment plus gros que celui utilisé par Abu Hassan, cracha une balle énorme, à en juger par le bruit qu'elle fit en sifflant dans les cordages au-dessus de lui.

Un des esclaves enchaînés à Luta regarda par-dessus la lisse et vit ce qui se passait.

— Ils nous tirent dessus avec un gros fusil ! s'écria-t-il.

— Couché ! hurla le capitaine.

Privés de leur vigie, les Noirs recroquevillés les uns contre les autres n'eurent plus la possibilité de suivre les phases de l'engagement ; pourtant, une curiosité si intense les vrillait que Cudjo se redressa avec défi — juste à temps pour voir le navire britannique abandonner la chasse. Le *Bristol* tira deux coups de canon en direction de l'*Ariel,* mais les boulets se perdirent à bonne distance, et les matelots américains laissèrent éclater leur joie.

Cudjo savait que la poursuite était abandonnée. Il savait que cet homme à la barbe rousse disposait de pouvoirs inhabituels. Il savait aussi que toute chance de salut était perdue.

Dès que l'*Ariel* se fut éloigné des côtes africaines et que la menace britannique se fut dissipée, la routine quotidienne s'installa. Au lever du soleil, un matelot jetait plusieurs seaux d'eau salée sur les Noirs enchaînés. Une heure plus tard, des marmites pleines d'un infâme brouet étaient déposées à proximité des esclaves. Vers midi, les écoutilles menant aux cales fétides étaient ouvertes, et une corvée constituée de Noirs non enchaînés ayant trouvé place à l'avant était envoyée dans l'entrepont pour y chercher les morts des dernières vingt-quatre heures. Les cadavres étaient jetés dans un panier de cordages qu'on hissait pour en déverser le contenu par-dessus bord. Plusieurs fois, les jeunes gens enchaînés sur le pont reconnurent au passage les corps de leurs parents.

Au coucher du soleil, on apportait de nouvelles bassines de nourriture, mais le mouvement constant du bateau causait de telles nausées aux esclaves que la plupart d'entre eux, y compris Cudjo, ne pouvaient s'alimenter. Ils vomissaient, déféquaient sur place, et demeuraient étendus dans les excréments jusqu'à ce que le seau d'eau matinal fasse disparaître une partie des déjections. Cudjo, qui maigrissait à vue d'œil, se demandait quelles conditions pouvaient régner dans les cales. Il en eut un vague aperçu : à midi, lorsque les panneaux d'écoutille étaient relevés, la puanteur moite qui s'en dégageait était si atroce que les matelots blancs portaient des chiffons humides à leur nez et, à une occasion, quand une équipe de corvée descendit pour aller chercher des cadavres, Cudjo demanda à l'un des Noirs qui la composaient :

— Comment est-ce en bas ?

— Il vaut encore mieux mourir sur le pont que vivre en bas, répliqua le vieil homme.

En dépit de son mal de mer, Cudjo observait avec un intense intérêt tout ce qui se produisait sur le pont. Il ne tarda pas à se faire une idée de la compétence du capitaine Turlock, et à juger des différentes façons dont il faisait établir les voiles. Il comprenait la tâche du timonier, et il apprit même les mots utilisés pour lui donner les ordres de route : « Comme ça », quand le sillage du bateau paraissait indécis, ou « Barre toute », quand la grande bôme devait passer sur l'autre bord afin de mieux tirer profit du vent. Il fut capable de déterminer l'importance relative des matelots, et sut qui prenait le commandement quand le capitaine dormait. Il apprit à quoi correspondaient les quarts piqués par la cloche, et passa en vain bien des heures à essayer de déterminer ce qui se trouvait dans la boîte noire, devant le gouvernail, qui retenait tant l'attention du capitaine et du timonier. Il ne lui vint pas à l'esprit que l'objet en question pût avoir un rapport quelconque avec la direction, car il savait toujours où se situait le nord, sauf quand la brume tombait sur l'océan. Pourtant, il remarqua que les Blancs consultaient cette boîte beaucoup plus fréquemment quand lui-même était désorienté, et il en déduisit que la boîte noire servait à empêcher le bateau de se perdre. A une occasion, Abu Hassan avait apporté au village xanga une marchandise de troc qui avait stupéfié et enchanté les habitants : un aimant et un assortiment de copeaux métalliques. Cudjo avait été autorisé à utiliser l'aimant avant que la limaille ne se perdît, mais le mystère de l'instrument l'avait troublé. Il en vint à conclure que la boîte secrète devait contenir un aimant qui attirait le bateau dans la direction voulue.

Tout en se familiarisant avec les manœuvres du navire, il était obsédé par ce qui se passait dans la cale ; une fois, quand les panneaux d'écoutille furent soulevés pour hisser six cadavres, il tira sur ses chaînes dans l'espoir d'entrevoir l'horreur qu'il pressentait, mais il ne vit rien. En fait, son acte ne passa pas inaperçu ; le capitaine Turlock remarqua son geste et donna ordre à Mr. Jenkins de l'assommer.

Tandis que Cudjo gisait, inconscient, sur le pont, le capitaine Turlock vint se camper au-dessus de lui et s'adressa aux esclaves tremblants :

— Vous voulez voir ce qui se passe en dessous ? Eh bien, Dieu me damne, vous allez le voir, et tout de suite !

Il donna ordre de soulever le panneau d'écoutille d'avant et fit jeter tous les Noirs non enchaînés dans la cale. Si leurs compagnons les attrapaient, c'était tant mieux. S'ils se cassaient les reins, qu'ils aillent au diable. Puis, il dit au charpentier de dégager la chaîne des anneaux qui retenaient les deux groupes au pavois et, ensuite, les matelots reçurent l'ordre de précipiter les captifs dans l'entrepont ; les deux Noirs enchaînés à Cudjo l'entraînèrent, inanimé, dans leur chute.

Il se réveilla dans le ventre du bateau. L'obscurité et

l'horreur y régnaient et, quand un grain s'abattit, la masse informe de bras, de jambes et de torses roula d'un côté à l'autre. Sans entraves, les esclaves les plus vieux, qui avaient occupé la partie avant du pont, s'efforcèrent de se faire une place dans l'espace confiné où ils ne pouvaient pas se tenir debout ; il leur fallait rester étendus, jour après jour.

Les esclaves enchaînés durent affronter d'autres difficultés. Étant donné qu'ils ne pouvaient se déplacer qu'en groupe, ils devaient se blottir les uns contre les autres dans les endroits désertés par les morts ; mais au cours de la première nuit dans l'entrepont, Cudjo parvint à se rapprocher de Luta et, pour la première fois depuis leur capture, ils purent se parler.

— Je tenais à descendre ici, lui expliqua-t-il.

— Pourquoi ?

— Parce que je sais comment manœuvrer le bateau.

— A quoi bon ?

— Quand nous nous serons rendus maîtres du bateau, nous pourrons retourner chez nous.

— Comment ? demanda-t-elle avec un geste en direction du compartiment étouffant rempli d'ombres émaciées.

— Nous prendrons le bateau, répéta-t-il avec obstination.

Et au cours de cette longue nuit, il se déplaça, vrillé par le mal de mer, parmi ses compagnons de l'entrepont et leur parla. L'un d'eux lui apprit une nouvelle étonnante.

— Dans la cale du dessous, qui est bien pire, il y a un homme d'un autre village qui s'appelle Rutak. Il dit la même chose que toi.

Celui qui le renseignait l'entraîna vers un orifice pratiqué dans le plancher. Cudjo se baissa ; ses chaînes obligèrent ses compagnons les plus proches à se coucher à ses côtés.

— Est-ce que Rutak est là ? s'enquit-il dans un chuchotement.

— C'est moi, Rutak, annonça une voix sourde au bout d'un instant.

Ils parlèrent pendant près d'une demi-heure et, dans l'entrepont, six esclaves au moins entendirent ce que disait Cudjo, tandis que, dans la cale, les compagnons de Rutak ne perdaient pas un mot de la conversation. Avant la fin de la nuit, tous les Noirs connurent les intentions de Cudjo et de Rutak.

Parmi ceux qui se trouvaient liés à la même chaîne que Cudjo, et qui ne pouvaient s'empêcher d'entendre les paroles échangées, se trouvait Akko, celui dont la duplicité avait réduit Cudjo et les autres à l'esclavage. Fils de chef, il avait toujours joui de privilèges ; aussi, l'épreuve de la marche forcée, l'atrocité de la négrerie et l'horreur de la vie sur le bateau l'affectaient davantage que ses compagnons. Il était brisé ; ses sentiments les plus profonds avaient été foulés aux pieds, et il brûlait de se venger.

Il tira sur ses chaînes, entraînant ses deux voisins, et s'approcha de Cudjo.

— Je t'aiderai à prendre le bateau, murmura-t-il dans l'obscurité.

L'offre, si inattendue, recelait un dilemme. Deux mois auparavant, Cudjo avait voulu tuer cet homme ; à présent, l'atrocité de leur condition avait eu raison de son désir de vengeance personnelle, mais pouvait-il faire confiance à un homme qui l'avait trahi ? Dans l'obscurité, il lui était impossible de distinguer les traits d'Akko ni d'évaluer sa sincérité, mais les horreurs de l'esclavage étaient telles qu'elles pouvaient transformer n'importe quel individu. Il secoua ses chaînes et agrippa les mains d'Akko.

— Nous aurons besoin de toi, dit-il.

Le lendemain, à midi, quand les panneaux d'écoutille s'ouvrirent, la clarté inonda l'entrepont où Cudjo et ses compagnons se blottissaient les uns contre les autres. La hauteur sous barrots ne dépassait pas un mètre quarante-cinq, sans la moindre prise d'aération. Dans un angle, se trouvait une latrine, mais l'urine filtrait à travers le plancher et tombait sur les Noirs du dessous. Les mourants étaient entassés dans un coin. Quand la trappe de la cale fut soulevée, Cudjo eut une vision d'enfer. Il frissonna. Chaque détail surpassait le précédent en horreur.

Quand le capitaine Turlock jeta par hasard un coup d'œil dans l'entrepont et s'aperçut que les chaînes des esclaves qui y avaient été jetés la veille n'avaient pas été rivées aux anneaux, il explosa.

— Ils ont pu se propager dans tout le bateau ! hurla-t-il.

Il fit venir le charpentier.

« Allez chercher le forgeron. Descendez là-dedans, et arrimez-moi tous ces nègres aux anneaux, ordonna-t-il.

Protégés par quatre matelots armés de cabillots, les deux spécialistes se mirent au travail, ce qui ne calma pas pour autant le capitaine.

« Si on laisse ces nègres... ceux qui ont vu tout ce qui se passait sur le pont, se regrouper en bas... qui sait ce qui peut arriver ?

Il se pencha pour vérifier la bonne marche du travail et aperçut la rude face de Cudjo, en train de dévisager son ennemi mortel.

« Non ! s'écria Turlock. Ne le laissez pas dans le compartiment supérieur avec les autres qui étaient sur le pont. Collez-le-moi, lui et sa bande, dans la cale et arrimez-les solidement.

Cudjo, Luta et Akko se retrouvèrent plongés dans les entrailles du bateau dont ils avaient résolu de se rendre maîtres, et le forgeron riva l'extrémité de leur chaîne aux anneaux séparés par un large espace. Désormais, aucun d'eux ne pourrait gratter sa vermine, ni se frotter les yeux, ni se nourrir lui-même. Les anneaux furent refermés sur la chaîne à coups de marteau, le panneau de la cale retomba. Une fois celui de l'entrepont mis en place, l'obscurité s'installa.

Dans ces ténèbres, Cudjo, Akko et Rutak conspiraient. Ce dernier, un homme robuste, avait déjà imaginé un moyen pour briser l'anneau qui le retenait à la cloison, et il y parvint avec l'aide des hommes qui pouvaient se déplacer librement dans la cale ; ensuite, il montra à Cudjo et à Akko comment l'imiter. Puis, les trois hommes comprirent qu'il leur fallait se libérer de leurs compagnons, mais sectionner la chaîne était impossible. Ils décidèrent donc que, lors de leur tentative de rébellion, ils transformeraient cet inconvénient en avantage. Ils se serviraient des chaînes en tant qu'armes, et ils entraînèrent leurs deux groupes, constamment courbés et dans l'impossibilité de se redresser, à des manœuvres compliquées avec l'aide des esclaves libres de leurs mouvements.

Dès que leur plan eut été mis au point, Cudjo et Rutak se tinrent des heures durant les lèvres collées aux planches du plafond pour communiquer instructions et directives à leurs compagnons de l'entrepont.

Au jour fixé pour leur tentative qui devait avoir lieu à midi, une tempête se leva et le mal de mer eut raison des hommes dans la cale ; même Cudjo et Rutak étaient en proie à des nausées. Ils n'avaient rien à vomir parce qu'ils avaient peu mangé, et ils décidèrent de renoncer momentanément à leur plan.

Cependant, Akko, le petit homme maigre et sec, qui souffrait plus que les autres de la détention, insista :

— Les Blancs seront aussi malades que nous, assura-t-il. Ils seront moins sur leurs gardes. Ce temps nous a été envoyé par les dieux.

Il se montra si persuasif que Cudjo et ses compagnons finirent par admettre que la tempête favorisait leur tentative. En conséquence, plusieurs d'entre eux forcèrent le panneau donnant accès à la cale et grimpèrent dans l'entrepont. Là, quatre hommes vigoureux avaient préparé la phase de l'opération qui leur incombait.

Ils formaient une troupe étrange dans l'ombre dense : quatre cent soixante-dix-neuf Noirs sans armes, les plus forts entravés par leurs chaînes, se proposant de réduire à merci quatre officiers prudents et trente-deux matelots armés de fusils, de couteaux et de cabillots. Les captifs savaient que nombre d'entre eux trouveraient la mort dans l'entreprise, mais ils étaient certains que leurs gardiens mourraient aussi.

Ce jour-là, l'enlèvement des cadavres fut retardé en raison de l'état de la mer et, à deux heures passées seulement, le capitaine Turlock donna ordre à ses hommes d'ouvrir les panneaux d'écoutille. Étant donné qu'il n'y avait plus d'esclaves sur le pont pour collecter les morts, deux marins descendaient dans le panier en cordages qui était ensuite utilisé pour hisser les corps. Pendant qu'ils étaient en bas, les matelots devaient aussi passer dans chacun des compartiments afin de s'assurer qu'aucun des prisonniers ne s'était libéré. Cette tâche n'était guère appréciée en raison de la puanteur qui régnait dans les soutes.

Par ce jour de gros temps, deux matelots ronchons descendirent dans le panier, visitèrent l'entrepont et s'aperçurent que deux groupes de captifs enchaînés avaient quitté la cale. Ils ne purent rendre compte de cette alarmante nouvelle ; dès qu'ils tentèrent d'ouvrir la bouche, des mains se plaquèrent sur leurs visages et ils périrent étranglés.

Avec un remarquable sang-froid, Rutak et ses hommes grimpèrent en silence dans le panier, évaluèrent le temps nécessaire pour réunir les cadavres, puis envoyèrent le signal habituel pour que les marins sur le pont hissent le funèbre chargement. Au moment précis où l'équipe de Rutak émergea de l'écoutille, mais avant que quiconque sur le pont eût donné l'alarme, Cudjo et ses compagnons saisirent les cordages qui pendaient du panier et sortirent à l'air libre. En moins de dix secondes, les deux groupes de Noirs enchaînés jaillirent sur le pont.

La victoire était impossible s'ils n'utilisaient pas leurs chaînes avec efficacité, et ils s'y employèrent. En en faisant tournoyer les extrémités, ils se précipitèrent sur les matelots dont certains furent décapités, d'autres blessés, d'autres encore étouffés. Dès que les marins tombaient sur le pont, les Noirs libres de leurs mouvements les étranglaient.

Akko se révéla l'un des plus adroits, sachant d'instinct ce que les chaînes pouvaient accomplir ; lui et Luta tuèrent trois marins. Ce fut aussi Akko qui, le premier, aperçut le capitaine qui surgissait, pistolet au poing et observait froidement la scène avant de prendre une décision ; Rutak, le colosse, paraissait fou furieux, cependant Turlock estima que d'autres pourraient se charger de lui. Il avisa Cudjo, l'esclave qu'il redoutait depuis le départ, et comprit qu'il lui fallait le tuer s'il ne voulait pas perdre son bateau.

— Cudjo ! cria Akko quand le capitaine leva son arme.

Mais Cudjo n'entendit pas ; Akko et Luta se jetèrent sur le dos de Poing d'Argent. Ils l'empêtrèrent dans leurs chaînes et tentèrent de l'étrangler, sans y parvenir.

— Mr. Goodbarn, à l'aide ! s'écria le capitaine en s'écroulant sur le pont.

Mais le second avait déjà été massacré.

Akko, Luta et Turlock roulèrent ensemble sur le pont, mais à l'aide de son pistolet et de son poing d'argent, le capitaine tint ses assaillants à distance. Avec effort, il parvint à se redresser et, appuyé sur un genou, braqua son arme droit sur la poitrine d'Akko et fit feu. Puis, du métal de sa main gauche, il martela la face de Luta, la réduisit en un magma sanguinolent.

Il repoussa leurs corps et tenta d'aller rejoindre ses hommes ; il y serait parvenu si, en se retournant, Cudjo n'avait aperçu Luta, morte. Avec un grand cri, il entraîna ses compagnons de chaîne qui, d'un même élan, sautèrent sur Turlock, le plaquant au pont. Cudjo enfonça les genoux dans la poitrine du capitaine et continua à appuyer jusqu'à ce qu'il entendît craquer les os.

Un tel traitement aurait dû venir à bout de Turlock mais, dans un extraordinaire sursaut d'énergie, il se débarrassa de Cudjo d'un coup de pied, se releva, et fit décrire de mortels arcs de cercle à son bras gauche. Mais comme il s'apprêtait à rejoindre ses matelots, un flot de sang jaillit de sa bouche. Il porta la main droite à ses lèvres et comprit que rien ne pourrait arrêter un tel saignement.

— Mr. Goodbarn ! s'écria-t-il d'une voix affaiblie. Ne les laissez pas prendre le bateau !

De nouveau, Cudjo se rua sur lui, suivi de ses compagnons. Turlock attendit qu'il fût à proximité, puis il lui décocha un furieux coup de son poing d'argent et tenta de l'assommer avec la crosse de son pistolet, mais Cudjo continuait à avancer tandis qu'un cri de victoire s'exhalait de lui. Il l'entortilla dans ses chaînes, lui fit perdre l'équilibre et l'étrangla.

Il martelait la tête sanglante de Turlock sur le pont quand il entendit Rutak crier :

— Cudjo ! Occupe-toi du bateau !

Dès le début de la conspiration, il avait été convenu que Cudjo prendrait la barre, mais la mort de Luta et sa soif de vengeance l'en avaient distrait. Il secoua la tête, s'efforçant de se repérer ; à cette seconde, le timonier déchargea son mousquet, presque à bout portant, dans la tête d'un esclave de la chaîne de Cudjo, mais le Noir, avec une extraordinaire détermination, continua sur sa lancée, enlaça le matelot qu'il entraîna dans sa chute avant d'expirer. Le timonier essaya de se libérer, mais trois femmes fondirent sur lui et l'égorgèrent.

La vue du sang dégrisa Cudjo ; il bondit, autant que ses chaînes le lui permettaient, et saisit la roue du gouvernail.

A présent, tous les Noirs étaient sortis des entrailles du bateau et ils assaillaient les matelots. Le charpentier, qui avait arrimé leurs chaînes aux anneaux, fut décapité. Le forgeron, qui avait libéré les morts de leurs colliers de fer avant de les jeter par-dessus bord, fut à son tour enchaîné, lesté de ferrailles et, malgré ses hurlements, balancé vivant à la mer.

Rutak mit fin à la tuerie.

— Jetez tous les Blancs dans les soutes. La moitié à fond de cale, l'autre dans l'entrepont, ordonna-t-il.

Puis, sur ses directives, les cadavres des marins s'abîmèrent dans la mer déchaînée. Au moment où quatre Noirs allaient soulever le capitaine Turlock, Cudjo les arrêta d'un geste.

— Il était brave, dit-il.

Il plongea le regard dans les yeux vitreux du cadavre, glissa les mains sous son dos et le souleva doucement. Avec respect, le vieux corps usé fut jeté dans l'Atlantique, l'océan auquel il avait livré combat pendant tant d'années. Le poing d'argent, dont la valeur aurait permis le rachat de nombreux esclaves, disparut, désormais inutile, dans les flots.

Vint le triste moment des adieux aux quarante-huit esclaves qui avaient sacrifié leur vie pour la liberté. Chacun des survivants perdait au moins un ami, mais aucun d'eux n'éprouva le désarroi et l'angoisse de Cudjo quand Akko et Luta furent détachés de la chaîne où ils avaient vécu côte à côte durant cent soixante-quatre jours. Le mort avait engendré la douleur ; il avait comploté contre ses frères, mais il avait péri en brave. Quant à la morte... elle resterait à jamais le symbole du paisible village sur les berges de la Xanga. Il détourna les yeux quand leurs cadavres s'abîmèrent dans les flots.

Il retourna à la barre, résolu à mettre tout en œuvre pour que le bateau trouvât un havre. Dans les ténèbres de la cale, il avait assuré à ses compagnons que, s'ils se rendaient maîtres du navire, lui saurait le manœuvrer.

Il le sut. Lorsque le vent forcit, il donna ordre d'amener les voiles déjà arisées et, voyant que son équipage noir ne comprenait pas ses directives, il abandonna le gouvernail et montra à tous la façon de procéder. Il confia la barre à son compagnon de l'entrepont, celui qui l'avait conduit à Rutak lors de cette première nuit fatidique.

Quand les mouvements du bateau devinrent moins violents et que Rutak et ses aides en eurent exploré chaque recoin, s'initiant aux divers aliments trouvés dans la cambuse, Cudjo reporta son attention sur la mystérieuse boîte noire qu'il savait devoir maîtriser pour que l'aventure fût couronnée de succès. Tout autour du cercle noir, apparaissaient des chiffres, mais qui demeuraient une énigme. Une longue aiguille se trouvait au centre, elle remuait.

Cudjo devina qu'il devait exister un lien entre le mouvement à l'intérieur de la boîte noire et le vent, ou peut-être même les voiles, ou le balancement du bateau, et ce ne fut que le lendemain soir, une fois le vent apaisé, quand les étoiles apparurent avec une brillance inhabituelle, qu'il parvint à percer l'énigme. Il laissa Rutak barrer vers quelque destination inconnue, avec une voile établie, pendant qu'il s'occupait de la boîte noire. Tard dans la nuit, après avoir épuisé toutes les hypothèses car le mouvement ne coïncidait pas avec un phénomène qu'il fût en mesure de déceler, il leva les yeux vers les étoiles qu'il connaissait depuis son enfance ; quand il repéra l'astre fidèle qui permettait aux hommes de se diriger dans la nuit, il comprit soudain que celui-ci contrôlait l'aiguille dansante ; quel que fut l'endroit indiqué, elle conservait une direction constante.

Il ne savait que faire de cette connaissance, puisqu'il n'avait aucune notion du monde ni de l'endroit où il voulait aller.

Rutak et ses compagnons vinrent discuter de cette question avec lui : où aller ? Il était incapable de répondre et personne ne pouvait l'éclairer.

Ils savaient que les Arabes étaient leurs ennemis mortels, des êtres malfaisants qui manipulaient les chefs et ourdissaient des plans pour les conduire en esclavage. Ils savaient que les hommes qui parlaient le portugais étaient aussi leurs ennemis, empressés qu'ils étaient à les vendre aux négriers. Les prêtres les troublaient ; certains les avaient aidés, mais d'autres étaient responsables de leur embarquement ; le rôle du chef habillé de rouge qui les avait abreuvés de mots, puis aspergés d'eau, était encore plus mystérieux. Une seule certitude demeurait aux yeux de Cudjo : il y avait sur l'océan au moins un bateau qui était leur ami. Et il leur appartenait de le retrouver.

Ils conservèrent la route que Cudjo avait établie arbitrairement lors de cette première nuit étoilée ; ils se dirigeraient vers le nord, toujours le nord, et, au fil des semaines, les Noirs apprirent à envoyer les voiles et à les ariser. Ils devinèrent ce qu'était une ancre et la façon de l'utiliser, et ils tirèrent trois marins de la cale pour que ceux-ci leur enseignent le matelotage. Ces Américains, qui avaient effectué plusieurs traversées de traite, s'étonnèrent de l'ordre que les Noirs maintenaient à bord ; on leur avait appris que les esclaves n'étaient que des bêtes.

Mais les matelots se refusèrent à aider les Noirs. Le temps plus frais leur fit comprendre que l'*Ariel* se dirigeait vers le nord, mais comme ils ne pouvaient voir les étoiles, ils ignoraient le bien-fondé de leur supposition. Ils estimèrent aussi que les seuls Américains ayant survécu étaient enfermés dans la cale ; autrement dit, les mutins en avaient tué au moins dix-neuf. Ils redescendirent dans les soutes, bien résolus à reprendre le bateau et à pendre tous ces satanés nègres, mais Rutak, qui avait fomenté une première révolte, n'avait pas l'intention d'en laisser éclater une deuxième. En conséquence, il ordonna à quarante Noirs, hommes et femmes, de coucher dans l'entrepont afin de surveiller la cale.

A la fin du mois d'octobre 1832, le clipper *Ariel,* de

Baltimore, fut arraisonné par la corvette française *Bordeaux* au large de la côte marocaine. Le capitaine du bateau intercepté ignorait quelle conduite adopter en de telles circonstances. Il estima que la meilleure solution consistait à suivre son chemin en évitant une collision.

La corvette exécuta quatre manœuvres en rapide succession : elle tira un boulet devant l'étrave de l'*Ariel,* puis un autre ; enfin, elle se rapprocha et cria des ordres en français et en anglais ; finalement, elle mit à la mer deux canots où prirent place vingt marins armés jusqu'aux dents. Quand ceux-ci eurent abordé l'étrange bateau, ils crièrent à leur capitaine :

— Le bateau est manœuvré par des Noirs ! Ils ne parlent aucune langue civilisée.

Les officiers vinrent à bord et il ne leur fallut que quelques minutes pour comprendre ce qui s'était passé ; dans la cale, ils découvrirent les dix-sept prisonniers et apprirent peu à peu l'atroce vérité.

— Nous faisions voile vers l'ouest.

— Quelle destination ?

— Cuba.

— La cale pleine d'esclaves ?

— ... Oui.

— Achetés où ?

— Des trafiquants arabes les avaient amenés à Luanda.

— Il semble que vous ayez fait des incursions à terre pour les capturer vous-mêmes.

— Oh, non, monsieur ! Parole d'honneur. Les Portugais nous les ont vendus. Vous savez, l'évêque sur le fauteuil rouge... il les bénit avant l'embarquement.

— Combien en avez-vous embarqués ?

— Cinq cent dix-sept.

— Grand Dieu ! Il n'en reste que quatre cent trente et un !

— Vous savez ce que c'est que les nègres. Ils meurent comme des mouches.

Le porte-parole des matelots survivants se rendit compte qu'une fois traduite sa phrase créait une impression défavorable.

« Et n'oubliez pas que beaucoup ont été tués pendant la révolte, ajouta-t-il précipitamment.

En somme, un bâtiment important avait été pris en haute mer et tous ses officiers massacrés. Il s'agissait d'un incident grave dont les conséquences ne pouvaient être déterminées qu'en cour de justice. Aussi, le capitaine du *Bordeaux* plaça-t-il quelques-uns de ses hommes à bord de l'*Ariel* pour que les deux navires fissent route de conserve jusqu'à un port français ; ils naviguaient ainsi depuis deux jours quand le patrouilleur britannique *Bristol* se profila à l'horizon. Son commandant identifia l'*Ariel* comme le négrier que les Anglais cherchaient à arraisonner depuis des années et exigea des Français la remise du bateau.

Un incident international menaçait d'éclater, mais les deux capitaines, autrefois adversaires dans la guerre, comprirent qu'ils se fourvoyaient dans une impasse dont ils ne sortiraient que grâce à un compromis. On en établit un, qui parut raisonnable aux deux parties, devant une bouteille de porto à bord du *Bristol :* les Français avaient capturé le bateau ; celui-ci devait rester leur prise. Si le tribunal qui jugerait l'affaire le leur abandonnait, le fin clipper irait grossir la flotte française. Les esclaves rebelles, qui avaient assassiné au moins dix-neuf marins américains, y compris quatre officiers, seraient remis aux Anglais qui mettaient tout en œuvre pour supprimer la traite. Bien entendu, les dix-sept survivants américains seraient libérés par les Français, mais mis sous bonne garde par les Britanniques en tant que témoins pour le procès des esclaves rebelles, puis en tant qu'inculpés accusés de trafic d'esclaves.

L'*Ariel* alla en effet rejoindre les bâtiments de la flotte française ; son étonnante rapidité et la sobriété de ses lignes enthousiasmèrent ceux qui servirent à son bord. L'infâme entrepont fut supprimé et sa plage centrale légèrement surélevée pour recevoir huit canons courts. Le clipper sillonna l'Atlantique pendant plusieurs années, ayant souvent pour mission de s'opposer à la traite ; ultérieurement, il effectua une traversée jusqu'à la ville où il avait été construit.

Les esclaves furent remis aux fers et transportés à bord du *Bristol* jusqu'à Plymouth où, le 13 juin 1833, une extraordinaire cour de justice prononça un extraordinaire verdict :

> Il est établi que le clipper *Ariel,* naviguant sous pavillon américain, s'est livré à la traite des Noirs pendant de nombreuses années, procurant des bénéfices considérables à ses propriétaires et à son équipage. Par ailleurs, lors de l'incident qui nous occupe, il faut noter que le bateau était manœuvré selon les meilleures traditions maritimes.

Aucune preuve de cruauté abusive ou de sévérité outrancière ne nous a été apportée. La responsabilité de l'équipage, du capitaine Matthew Turlock au mousse, est indéniable.

Aux environs du 1er août 1832, l'*Ariel* est arrivé au large de Luanda, en Afrique portugaise, dans l'intention évidente de rassembler une cargaison d'esclaves entassés dans les négreries de la ville. Ces esclaves, au nombre de cinq cent dix-sept, aussi incroyable que cela puisse paraître, avaient été capturés dans les villages riverains de la Xanga, l'un des affluents de la Sankuru, elle-même affluent du Congo. Ils étaient la propriété du trafiquant arabe Abu Hassan dont les activités ont déjà fait l'objet de rapports auprès des tribunaux britanniques.

L'*Ariel* chargea sa cargaison illicite en dépit des efforts déployés par le croiseur de Sa Très Gracieuse Majesté, le *Bristol,* ayant pour mission de mettre fin à la traite des Noirs ; puis le clipper réussit à gagner le large malgré les bordées tirées par le *Bristol.* Le 22 septembre, les esclaves détenus dans la cale se révoltèrent et se rendirent maîtres du bateau. A plus d'un mois de là, le 24 octobre, l'*Ariel* fut arraisonné par la corvette française *Bordeaux.* Il est à noter qu'à ce moment le clipper était manœuvré convenablement, voiles bien établies. La cour entérine la confiscation dudit clipper et félicite le *Bordeaux* de s'en être emparé.

En ce qui concerne les individus impliqués dans cette affaire, nous déclarons les dix-sept matelots américains survivants coupables d'avoir participé au crime de trafic d'esclaves. Ils reconnaissent que, si la traversée avait été couronnée de succès, ils auraient touché leur part du montant de la vente des esclaves à Cuba. Ils sont condamnés individuellement et solidairement à deux ans de prison.

Les esclaves soulèvent une question plus épineuse. Nombre de nos concitoyens et de ressortissants d'autres nations estimeront justifiée la tentative de ces Noirs d'échapper à la servitude, mais il n'en demeure pas moins qu'ils se sont rendus coupables de mutinerie en haute mer. Ils se sont emparés d'un navire dûment enregistré et ont assassiné quatre officiers et quinze matelots. Les nations maritimes peuvent-elles admettre un tel comportement qui va à l'encontre des traditions navales ? La cour ne le pense pas.

En raison du rôle de meneur qu'il a tenu, l'esclave connu sous le nom de Rutak sera pendu. L'esclave connu sous le

> nom de Coboto sera pendu. L'esclave connu sous le nom de Betana sera pendu... (et ainsi de suite jusqu'à concurrence de dix-neuf noms).
>
> L'esclave connu sous le nom de Cudjo, qui semble avoir tenu un rôle important lors de la révolte, a néanmoins contribué à sauver le bateau. Lui et tous les autres seront transportés à La Havane pour y être vendus.

Ainsi que l'on pouvait s'y attendre, cette condamnation sévère souleva des protestations en Angleterre et en France, mais elles n'en furent pas moins limitées. En Angleterre, 1832 enregistra d'importantes réformes politiques, auxquelles s'opposait constamment le célèbre duc de Wellington ; au cours de cette année, le mouvement anti-esclavagiste remporta un tel succès qu'une loi interdit la propriété d'esclaves dans tout l'empire britannique. Les sujets anglais étaient si préoccupés par le bien des Noirs en général qu'il ne leur restait plus la moindre énergie pour défendre les Noirs dans un cas particulier.

En France, le pays s'efforçait de comprendre le comportement bizarre de son nouveau roi, Louis-Philippe ; porté au pouvoir par les radicaux qui voyaient en lui un révolutionnaire, il ne tarda pas à être porté aux nues par les conservateurs parce qu'il avait toujours été un réactionnaire de cœur. Plongés alternativement dans le désarroi et l'enthousiasme, les Français ne pouvaient s'intéresser au sort d'une bande d'esclaves, dont la rébellion avortée avait permis à la France de s'adjoindre un beau navire de guerre.

Le 15 juin 1833, Cudjo et quatre cent onze autres Noirs quittèrent les prisons de Plymouth pour s'embarquer sur un navire britannique à destination de Cuba, où ils furent mis en vente.

Le bruit avait couru qu'il s'agissait des mutins ayant assassiné l'équipage de l'*Ariel*, et une curiosité morbide présida à leur vente. Un nombre inaccoutumé d'acheteurs se pressaient autour du commissaire priseur, mais ils étaient venus en spectateurs. Les propriétaires de plantations ne tenaient pas à faire travailler leurs terres par des esclaves susceptibles de leur attirer des ennuis, et les spéculateurs craignaient qu'aucun d'eux ne puisse être passé clandestinement en Amérique où un soulèvement d'esclaves, conduit par le prédicateur Nat Turner, avait dégénéré en massacre au cours duquel cinquante-cinq Virginiens avaient trouvé la mort. Les Américains propriétaires d'esclaves étaient encore sous le coup de la terreur.

Lors de la mise aux enchères, les trafiquants brésiliens achetèrent le lot, à l'exception des six jeunes hommes les plus vigoureux. Après un examen minutieux, ceux-ci furent choisis par un Américain maigre, vêtu d'un complet de toile blanche boutonné jusqu'au cou. Il suçait constamment un cure-dent en argent et s'exprimait à la manière douce d'un gentleman.

— Mon nom est T. T. Arbigost, de Savannah, en Géorgie, et je paye comptant.

Après la vente, le commissaire priseur lui demanda pourquoi il avait acheté les six hommes qui comptaient vraisemblablement parmi les plus intraitables.

— Je sais comment m'y prendre pour les mater, déclara Arbigost. Je les ferai entrer en fraude en Géorgie et, ensuite, je les proposerai sur le marché, un à la fois... dans diverses régions du pays... personne ne saura qu'il s'agit des fortes têtes qui ont défrayé la chronique.

Il paya rubis sur l'ongle, emmena ses six esclaves, dont Cudjo, jusqu'à son sloop, les jeta dans la cale et donna ordre à son charpentier de les mettre aux fers. Celui-ci, un homme robuste, originaire de l'intérieur de la Géorgie où il espérait posséder un jour sa propre plantation, avait des idées bien arrêtées sur la façon dont il fallait procéder avec les Noirs. Aidé de quatre matelots, choisis parmi les plus solides, il fit étendre Cudjo sur le plancher de la soute la plus basse, où il n'y avait que soixante centimètres de hauteur sous barrots. Il donna ordre à ses assistants de lui lier les chevilles et de lui écarter les jambes au maximum ; il procéda de même pour les poignets. Puis, il lui passa autour du cou un lourd collier de fer auquel pendaient deux petites chaînes. Il assujettit ces dernières au plancher et, quand le vigoureux esclave fut ainsi immobilisé, le charpentier le bourra de coups de pied, l'abreuvant de jurons, le mettant au défi de se révolter une nouvelle fois. Il continua ainsi jusqu'à ce que Cudjo ait perdu connaissance. Puis, après lui avoir infligé quelques horions en guise d'adieu, le charpentier s'en prit aux cinq autres Noirs qu'il traita de la même façon.

— Essayez donc de vous mutiner maintenant.

Ce fut dans cette posture que Cudjo, âgé de vingt-six ans, entra clandestinement en Amérique.

Le briseur d'esclaves

La plupart des nations ont, à un moment quelconque, admis et pratiqué l'esclavage. La Grèce et Rome ont fondé leur société sur ce principe. L'Inde et le Japon ont résolu la question en créant des classes d'intouchables qui existent encore de nos jours. L'Arabie a longtemps toléré l'esclavage traditionnel qui sévissait aussi de façon notoire dans des pays à prédominance noire, tels que l'Éthiopie et le Burundi. Dans le Nouveau Monde, chaque puissance coloniale a instauré un système adapté à ses besoins particuliers et conforme à ses coutumes nationales.

Le plus pratique était celui du Brésil. Leur foi catholique interdisait aux Portugaises l'émigration vers des pays neufs et sauvages ; de ce fait, les Portugais durent trouver leurs épouses parmi les esclaves, et une société curieuse, forte et viable, se développa. Les esclaves restaient à leur place jusqu'à ce qu'elles donnent naissance à de belles filles ; elles devenaient alors brusquement les mères de l'épouse. A quatorze ans, le fils du maître recevait sa propre esclave en cadeau, la plus jolie Noire de la plantation ; c'est à elle qu'incombait la tâche agréable d'initier le garçon à un aspect essentiel de l'esclavage.

Le système le plus logique était celui des Anglais. Étant donné que nombre de jeunes gens des meilleures familles étaient destinés à vivre outre-mer, il devint traditionnel pour les jeunes filles de la bonne société de les y suivre. Le mariage avec les esclaves restait inconcevable, mais on se devait de les traiter décemment, et il ne fut donc pas surprenant que l'Angleterre devînt la première grande nation à condamner l'esclavage dans la mère patrie et à le blâmer à l'étranger.

Les Français se révélèrent probablement les meilleurs administrateurs ; il s'agissait d'un moyen terme entre l'assimilation totale du Brésil et l'ostracisme rigide de l'Angleterre, ce qui eut pour résultat une aimable société, assez souple, en Guadeloupe et en Martinique où une famille bien née ne rougissait pas de compter un cousin marié à une esclave. D'insistantes rumeurs prétendaient que Joséphine de Beauharnais, la ravissante Martiniquaise qui épousa Napoléon et devint impératrice des Français, avait du sang d'esclave provenant de ses lointains ancêtres. Le sort de l'esclave français n'avait certes rien d'enviable et il y eut aussi des insurrections dans les îles, mais celles-ci furent traitées à coups de compromis et de concessions.

Le système le plus lourd et le plus astreignant était celui des Hollandais. Ils ne traitaient pas leurs esclaves plus mal que les autres, mais exerçaient une pression si insoutenable, sans jamais faire preuve de souplesse, que les rébellions éclataient fréquemment dans leurs colonies. Être esclave dans une île hollandaise équivalait à vivre sans le moindre espoir. Jour après jour, les raffineries tournaient impitoyablement, écrasant les Noirs, les rejetant dans une soumission lugubre, bientôt insupportable. Alors, éclatait une brutale insurrection, sauvagement réprimée, et le broyage de la raffinerie reprenait.

Les Espagnols se classaient à part. Au Mexique et au Pérou, ils exploitèrent d'abord des Indiens comme esclaves ; ils les baptisaient et les anéantissaient Les Noirs bénéficiaient d'un sort plus enviable dans certaines colonies espagnoles où ils tenaient fréquemment le rôle d'instituteurs, d'employés et de fonctionnaires subalternes, et où il leur arrivait de se lier d'amitié avec les Blancs. Dans les îles espagnoles, leur existence sur les champs de canne à sucre était horrible et brève. Nombre d'entre eux, qui avaient connu la servitude dans des îles telles que Cuba, rendaient grâce à leurs dieux oubliés lorsqu'on les amenait aux États-Unis.

Sous tous les rapports, selon l'avis unanime des observateurs, l'île où l'esclavage humain atteignait son paroxysme dans l'horreur n'était autre que Haïti. Là, sous une lointaine administration française, une bande de cruels exploiteurs n'ayant de compte à rendre à personne acceptait les esclaves les plus rétifs, ceux dont les planteurs ne pouvaient rien tirer ; ils les obligeaient à travailler seize heures par jour, les traitaient comme des bêtes, les nourrissaient peu, les battaient constamment et les enterraient au bout de quatre ou cinq ans. Pour un esclave, être envoyé à Haïti équivalait à une sentence de mort lente.

En Amérique, l'esclavage recouvrait un territoire si vaste qu'aucune généralisation ne peut lui être appliquée. Dans les

États du nord, de climat tempéré où l'on cultivait le tabac, tels que la Virginie, il évoquait l'exemple anglais dans ce que celui-ci avait de meilleur ; dans les États du sud, comme le Mississippi et la Louisiane, là où les plantations de canne à sucre, de coton et d'indigo baignaient dans une vapeur moite, prévalaient les pires excès des systèmes anglais et haïtien. Et dans les États exclusivement voués à la culture du coton, tels que la Géorgie et l'Alabama, on trouvait à la fois le meilleur et le pire.

Le Maryland formait un cas à part. En fait, il comprenait deux catégories distinctes : la côte occidentale dont les plantations subirent de grandes modifications à la suite des pressions anti-esclavagistes émanant de Pennsylvanie ; et la côte orientale, qui restait fermée à toute influence extérieure et se comportait comme un prolongement des Carolines. En 1833, l'esclavage de cette région se concentrait sur les vastes propriétés des Steed.

Elles comptaient quatre plantations importantes : la grande, à Devon Island, avec son satellite au nord du Choptank, et les trois beaux domaines du Refuge dont les champs les plus éloignés atteignaient la Miles River. L'ensemble des cultures recouvrait une vaste superficie, certainement plus de douze mille hectares, et employait six cent quatre-vingt-treize esclaves. Ceux-ci, dont le total serait appelé sous peu à dépasser huit cents, se trouvaient sous la direction et la surveillance de dix-huit Blancs.

Personne ne connaissait tous les esclaves des Steed. Certains travaillaient dans des champs si éloignés qu'ils voyaient rarement un contremaître blanc. D'autres s'occupaient des magasins. Les plus chanceux, en ce qui concernait la nourriture et les vêtements, servaient de domestiques dans l'une des quatre maisons. D'autres se spécialisaient dans des métiers exigeant beaucoup de compétence ; ils passaient toute leur existence dans des ateliers isolés. Mais la plupart s'occupaient des différentes cultures : blé, maïs, légumes et un peu de tabac. Ils binaient, sarclaient et engrangeaient toute leur vie durant.

Ils vivaient dans des cabanes rudimentaires, au sol de terre battue, aux parois de planches disjointes qui laissaient pénétrer les courants d'air. Ils étaient autorisés à brûler un peu de bois. On leur donnait à manger, mais en quantité limitée. Quand ils tombaient malades, ils étaient soignés, mais seulement par le contremaître ou la femme de celui-ci. Et on leur fournissait des vêtements, un costume décent pour les grandes occasions, des treillis de travail pour tous les autres jours de l'année. Ils n'avaient pas d'église, pas d'hôpital, pas d'école.

Les premiers esclaves avaient débarqué à Devon en 1670, soit cent soixante-trois ans auparavant et rien n'avait changé depuis lors. En vérité, depuis plus de quatre-vingts ans, aucun esclave n'était venu directement d'Afrique ; les nouveaux arrivants étaient nés en Amérique, souvent sur des plantations connues pour leur succès en matière d'élevage de Noirs.

A Devon, leur vie était réglée par le contremaître ; sur les plantations les plus éloignées, un esclave Steed pouvait passer trois ans à défricher de nouvelles terres sans jamais être amené à rencontrer un membre de la famille. Les contremaîtres étaient généralement allemands ou écossais. Ils abordaient la vie de façon pragmatique et la religion, luthérienne pour les premiers, calviniste pour les seconds, les incitait à croire que les pêcheurs devaient être châtiés. Aussi étaient-ils toujours prêts à réprimander l'esclave nonchalant et obtenaient ainsi un meilleur rendement de leur main-d'œuvre ; par ailleurs, ils étaient généralement honnêtes.

A Devon, en 1833, un certain Mr. Beasley, un Écossais qui jouissait d'une réputation irréprochable de sévérité et de justice, occupait le poste de contremaître. Il connaissait chacun de ses esclaves par son nom et s'efforçait de leur confier les tâches pour lesquelles ils étaient le mieux adaptés. Dans une plantation de Virginie où il avait travaillé autrefois, il fouettait les esclaves parce que le maître l'exigeait ; mais après être passé chez les Steed, il ne frappa plus jamais un Noir. Pourtant, il exigeait une obéissance totale et, lorsqu'il avait affaire à un réfractaire, Mr. Beasley conseillait de le vendre à quelque autre plantation. Il aimait aussi que ses esclaves assistent aux réunions de prières qu'il organisait — « La parole de Dieu est un baume pour les esprits tourmentés ».

Certaines des plantations les plus éloignées avaient connu des contremaîtres d'une tout autre espèce ; plusieurs s'étaient conduits de façon ignoble. Ils fouettaient, battaient, assommaient les Noirs. Lorsque des rapports dûment vérifiés parvenaient à Mr. Beasley, il congédiait aussitôt les coupables. Ainsi, les Steed pouvaient à juste titre se vanter, ce dont ils ne se privaient pas :

— Nos esclaves sont les mieux traités du Maryland. Ils ne sont ni battus, ni même malmenés.

L'aspect le plus déplorable concernant l'esclavage, tel qu'il était pratiqué chez les Steed, résidait dans sa routine. Sous le fardeau de l'habitude, les Blancs, aussi bien que les Noirs, se voyaient ravalés à un pitoyable niveau où les situations les plus extraordinaires étaient acceptées et considérées comme allant de soi. Une chaîne ininterrompue de Noirs, hommes et femmes, étaient achetés pour la plantation ou y étaient nés, et ils existaient pendant des siècles sans nom de famille, sans histoire écrite, sans changement, sans espoir. Les hommes qui travaillaient aux champs formaient une interminable succession de Tom, Jim, Joe ; à la grande maison, on préférait les noms classiques qui apportaient une note de distinction : Pompée, César, Hannibal, Napoléon, Brutus. Les femmes employées à la culture portaient des noms courts que leurs contremaîtres n'utilisaient pas pour autant : Pansy, Petty, Prissy, Pammy, Puss. Au fil des générations, les esclaves ne se différenciaient en rien; ils étaient semblables face au traitement qui leur était appliqué, face à l'habillement, à l'indifférence, à la mort.

Les Blancs, qui veillaient à l'application de ce système, devenaient aussi semblables, à leur façon. La plupart des épouses se montraient bonnes et condescendantes, mais aussi attentives à ce qu'une nouvelle génération de couturières grandisse dans les cases des esclaves. Les propriétaires de plantation se montraient distants mais aimables ; ils auraient éprouvé de la honte si on les avait accusés de maltraiter leurs Noirs : « Nous nous efforçons d'être de bons maîtres et nous congédions un contremaître qui frappe un esclave. » Le fait qu'à Devon le maître en personne eût cédé à une période de folie au cours de laquelle il était allé jusqu'à fouetter Eden, sa servante, n'était évoqué que par euphémisme : « Nous avons eu certaines difficultés, mais tout est rentré dans l'ordre. » En vérité, les maîtres n'étaient confrontés qu'à un problème d'ordre psychologique. Ils en arrivaient à croire qu'ils étaient d'une essence supérieure et destinés à tenir entre leurs mains le sort des déshérités.

Les contremaîtres blancs des Steed occupaient une position curieuse, mi-esclaves, mi-libres. En cent ans, aucun d'eux n'avait jamais pris un repas à la table des Steed, et ne s'était même jamais assis en présence d'un membre de la famille sans y avoir été expressément invité. Il eût été inconcevable pour Mr. Beasley d'enfreindre ces habitudes.

Sur les rives du Choptank, on comptait cinq classes sociales et les membres de chacune d'elles connaissaient leur place. Tout d'abord, venaient les Steed et les planteurs aisés; infiniment plus bas, végétaient les esclaves. En ville, il y avait les commerçants et les artisans, tels que Paxmore, auxquels les propriétaires d'esclaves faisaient allusion en disant : « Ces pauvres malheureux ! » Dans la campagne, vivaient de robustes fermiers dont dépendait la société et, partout, apparaissaient d'innommables déchets blancs, tels que les Turlock, auxquels on se référait souvent en disant : « Oh, ceux-là ! »

Un aspect de l'esclavage échappait à toute explication : le long du Choptank, seule une famille sur huit possédait des esclaves; néanmoins, toutes croyaient que leur existence dépendait de la continuité de l'esclavage. On eût dit que les Steed avaient usé de sorcellerie afin d'inciter les fermiers ne possédant pas de Noirs à défendre un système dont seuls les riches tiraient profit. Et quand George Paxmore assurait que la vie économique du fleuve prospérerait si les Noirs étaient affranchis et libres de travailler pour un salaire, il était considéré comme un attardé irresponsable, non seulement par les Steed qui possédaient des esclaves, mais aussi par les Turlock qui n'en avaient aucun et dont la situation inférieure était due à la persistance de la main-d'œuvre esclave dans la région.

— Tout ce que je veux savoir sur les nègres, c'est qu'ils ont assassiné mon cousin Matt, dit Lafe quand on apprit à Patamoke la nouvelle concernant la révolte à bord de l'*Ariel*. Qu'un seul de ces salauds me regarde de travers, et je le saigne !

L'esclavage pratiqué par les Steed pouvait passer pour doux, et il se révélait fructueux. Ainsi, à Noël, il apparaissait sous son meilleur jour; à cette période de l'année, une longue tradition voulait que les esclaves bénéficient d'une semaine de vacances, et Mr. Beasley veillait à ce que, dans chaque communauté, on fît rôtir sur la braise des cochons et des volailles. A la grande maison, on préparait des friandises et des pâtés. On pétrissait des centaines de miches de pain et les membres féminins de la famille s'assuraient que chaque esclave avait bien reçu ses nouveaux vêtements de travail; les garçons ayant atteint leur dix-huitième année se voyaient gratifiés de leur premier costume de sortie et les filles de deux robes.

Bien que buveur d'eau convaincu, Mr. Beasley autorisait la circulation de bouteilles et même de tonnelets de whisky sur les terres, et les festivités étaient aussi nombreuses que variées : combats de coqs, rencontres de lutte, expositions de travaux d'aiguille, concours de pâtisserie, et toutes sortes de jeux pour les enfants. Chaque plantation comptait un violoneux qui jouait parfois pendant neuf heures d'affilée. Souvent, les Blancs de bonne famille venaient assister aux danses ; et les propriétaires, assis dans leur fauteuil, regardaient d'un air approbateur les Noirs se divertir.

Aucun travail n'était effectué pendant cette période, hormis les tâches inévitables, telles que la traite des vaches, le ramassage des œufs, et le nettoyage des pots de chambre de la grande maison. C'était un temps de réjouissance et, cinquante ans plus tard, des Noirs habitant quelque lointaine région du pays se rappelleraient la vie sur la plantation : « Sans Noël, je serais sans doute mort. »

Les Steed appréciaient ces festivités presque autant que leurs esclaves car elles les confortaient dans leur illusion qu'ils étaient de bons maîtres. La gaieté qui se lisait sur les visages des Noirs prouvait que la vie dans les cabanes était tolérable et la joie manifeste quand des vêtements neufs et de la nourriture supplémentaire étaient distribués démontrait que, sur ces plantations au moins, les esclaves aimaient leurs maîtres.

Seule ombre au tableau : on avait surpris Elizabeth Paxmore, la quakeresse, en train d'apprendre à lire et à écrire aux enfants noirs ; certes, elle ne les admettait pas dans l'école qu'elle dirigeait à la Falaise-de-la-Paix pour les Blancs de la plantation, mais elle les accueillait dans le hangar derrière la maison-télescope, se moquant ainsi des habitudes locales. Pis encore, elle avait autorisé deux Noirs plus âgés à se faufiler chez elle, et elle leur apprenait à lire la Bible ; or, chacun de ces étudiants appartenait aux Steed.

Quand l'oncle Herbert, qui désormais dirigeait l'ensemble des affaires Steed, eut vent de ce comportement criminel, il fut médusé. Il s'en ouvrit à ses neveux, lesquels lui assurèrent que les esclaves n'avaient jamais été autorisés à apprendre à lire. Il convoqua alors Mr. Beasley qui, le chapeau à la main, écouta les instructions du maître.

— Il faut que vous alliez raisonner cette femme impossible.

Nous ne pouvons nous permettre un scandale... Dieu m'est témoin que nous lui avons envoyé nos enfants. Mais nous tenons à mettre un terme à ses agissements pernicieux.

Mr. Beasley embarqua donc dans son sloop et se rendit à la Falaise-de-la-Paix.

— Mrs. Paxmore !

Il s'inclina poliment.

« Je suis venu vous entretenir d'une affaire pénible.

— Tu n'es bon qu'à cela, répondit-elle avec une pointe d'humour grinçant.

A quarante-neuf ans, raide et droite comme un orme, elle restait jolie. Ses traits reflétaient un calme harmonieux, comme s'ils s'assortissaient aux robes grises qu'elle portait, et ses manières s'étaient un peu adoucies. Créature désarmante que cette femme d'âge mûr qui gardait une vivacité de jeune fille. Avec un sourire chaleureux, elle invita Mr. Beasley à entrer ; elle lui désigna un siège et s'assit en face de lui.

« Maintenant, expose-moi tes ennuis.

— Madame, c'est au sujet des deux esclaves auxquels vous avez appris à lire la Bible.

— Est-ce mal d'apprendre à lire la Bible à un être humain ?

— Mrs. Paxmore, vous semblez ignorer que depuis les troubles suscités en Virginie par Nat Turner... les choses ne sont plus les mêmes. Et il faut que vous cessiez de vous mêler des affaires des esclaves.

— Je ne cesserai pas, déclara Elizabeth Paxmore d'un ton ferme en croisant les bras.

Mr. Beasley feignit de ne pas avoir entendu.

— Il faut que vous cessiez d'apprendre à lire et à écrire à des négrillons.

Mrs. Paxmore voulut répondre, mais le contremaître ne lui en laissa pas le temps. Il semblait avoir appris par cœur les arguments qu'il lui débitait.

« Tous les États sont d'accord pour reconnaître que les esclaves ne doivent pas lire la Bible. Les Noirs accordent trop de poids à certains versets, et ça les trouble. Ce qu'il faut, c'est qu'un ministre du culte blanc leur explique la Bible... ou le maître de la plantation.

— Et eux-mêmes, n'accordent-ils pas trop de poids à certains versets ?

— Ils donnent une juste vue d'ensemble. Par exemple, que

Dieu a tout prévu dans le monde. Que certains sont nés pour être esclaves.

— Et que l'esclave doit obéir au maître.

— Bien sûr. La Bible le dit explicitement.

Elizabeth enveloppa le contremaître d'un regard compatissant.

— Crois-tu que je vais cesser de répandre la parole de Dieu ?

— Ça vaudrait mieux, Mrs. Paxmore. La parole de Dieu ne peut être enseignée que par ceux qui sont capables d'expliquer sa vraie signification.

Ils étaient acculés à une impasse. Mr. Beasley n'avait rien à ajouter. Il prit congé avec courtoisie, se coiffa et regagna son sloop. Tout d'abord, Elizabeth eut le sentiment d'avoir gagné la partie mais, en définitive, ce fut lui qui triompha car elle ne revit jamais ses élèves noirs, adultes ou enfants. Elle attendit qu'ils se manifestent dans le hangar derrière la maison, mais ils ne revinrent pas. Un jour, à Patamoke, elle accosta une esclave des Steed pour lui demander ce qu'étaient devenus ses élèves. La femme refusa de répondre dans la rue où elle pouvait être aperçue par un employé du comptoir, mais elle fit comprendre à Mrs. Paxmore qu'elle la rejoindrait un peu plus tard à l'abri d'un mur.

— Eux, tous vendus pou' sud.

La phrase évoquait l'ultime terreur des esclaves — les plantations de canne à sucre, les champs de coton du Mississippi — et Mrs. Paxmore sentit ses genoux se dérober sous elle ; elle s'appuya au mur, porta les mains à ses yeux. Les deux jeunes gens si doués, les enfants qui commençaient juste à apprendre l'alphabet...

« Eux, tous été vendus pou' le sud.

Cudjo fit irruption dans cette société à la mi-décembre 1833, et son arrivée fit sensation car il était le premier Noir, récemment arraché à l'Afrique, que quiconque eût jamais vu à Devon.

Il parvint au Choptank par des voies détournées. Mr. Beasley amena à Baltimore les deux lecteurs de Bible, de même que quatre enfants séparés de leurs parents, dans l'intention de les vendre pour le sud. Mais en approchant de la salle des ventes, il fut accosté par un trafiquant d'esclaves de Savannah.

— Je me présente : T. T. Arbigost. J'ai une proposition intéressante à vous faire.

Mr. Beasley n'appréciait guère ce genre d'homme pas plus que les combinaisons douteuses, mais Arbigost se pencha sur lui.

« Pourquoi payer une commission inutile au commissaire priseur ? chuchota-t-il.

— Où voulez-vous en venir ?

— Vendez-moi vos esclaves, directement.

— Vous m'offrirez moins que ce que je pourrai en tirer.

Mr. Beasley avait de bonnes raisons de nourrir des soupçons à l'égard des trafiquants de Géorgie, mais Arbigost, avec son complet de toile blanche et son cure-dent d'argent qui tressautait au coin de ses lèvres, lui paraissait particulièrement suspect. Cependant, celui-ci proposa un échange intéressant.

— Je sais que les nègres dont vous voulez vous défaire sont de mauvais éléments. Je m'en suis rendu compte au premier coup d'œil. Mais je suis prêt à vous en débarrasser et vous n'y perdrez rien, au contraire. Contre les deux hommes, je vous propose un nègre de premier choix, comme vous n'en avez jamais vu... docile, capable de réparer n'importe quelle machine. Et pour les quatre enfants, je vous donne mes deux femmes.

— Votre proposition ne me paraît pas...

— Plus quatre cents dollars.

Le marché fut conclu.

« Pour être tout à fait franc, Mr. Beasley, confia Arbigost après avoir promené son cure-dent d'un coin à l'autre de sa bouche, à votre place, je ferais travailler les deux filles dans les champs. Elles sont trop effrontées pour être domestiques dans une grande maison.

— Et votre étalon, il est de la même espèce ?

— Oh, non, monsieur !

Il se rapprocha du contremaître et sa voix se mua en un chuchotement.

« Je l'ai moi-même fait entrer en fraude. Il venait juste de débarquer d'Afrique.

Mr. Beasley n'avait jamais fait travailler d'esclaves venant directement d'Afrique.

— Est-ce un avantage ? s'enquit-il.

— Oh, oui, oui ! assura Mr. Arbigost avec enthousiasme.

Ça lui a appris ce qu'il faut éviter de faire si on ne veut pas avoir d'ennuis.

Enchanté d'avoir affaire à un nouveau genre d'esclave, Mr. Beasley examina le Noir. Vingt-cinq ans environ, vigoureux, dents saines, biceps énormes. Son visage reflétait une totale résignation, expression recherchée par les surveillants des plantations.

— Est-ce qu'il faut que je l'enchaîne au bateau ?

— L'enchaîner, Mr. Beasley ? Vous ne pensez pas qu'un gentil garçon comme ça va se révolter ? Regardez. Il est doux comme un agneau.

Mr. Arbigost expédia un coup dans les côtes de Cudjo qui ne réagit pas.

Les trois esclaves furent amenés au quai et le long et agréable trajet jusqu'à Devon commença. Cudjo se rappellerait le voyage dans les moindres détails : les dimensions énormes du port de Baltimore, la multitude des bateaux qui s'y côtoyaient, l'immensité de la baie, la beauté de la côte orientale qui se profilait à l'horizon, la sérénité de Devon Island. Il observa aussi les quatre esclaves à demi nus qui manœuvraient le bateau et songea : « J'ai fait naviguer un bien plus grand navire que celui-ci. » Mais il remarqua que les hommes paraissaient détendus et que leur dos ne portait pas trace de cicatrices, comme le sien.

Une fois réceptionné à Devon, il fut affecté à la plantation éloignée d'où venaient les deux hommes ayant appris à lire et, là, loin de la clémence des Steed, il se trouva sous la coupe de Mr. Starch, le plus féroce des contremaîtres. Tous les esclaves faisaient leur apprentissage sous sa surveillance ; l'homme avait le don de dresser les Noirs et de briser leur résistance pour mieux les intégrer dans le système Steed. Dès qu'il vit Cudjo et son physique impressionnant, il pensa que l'esclave se montrerait rétif ; mais au cours de son séjour en Géorgie, le grand Xanga avait assimilé la tactique adéquate.

Il obéissait. Apte à comprendre plus rapidement que la plupart des individus, il s'appliquait à déterminer ce qui satisfaisait un contremaître irascible et s'employait à le combler. Une raison impérieuse le poussait à agir de la sorte : il était déterminé à apprendre. Ses trente-trois jours aux commandes de l'*Ariel* lui avaient donné foi en lui-même. Il se savait capable de maîtriser une machine compliquée, de manier les hommes. Il lui fallait apprendre à lire, à compter ; sa vie n'aurait de sens que si, d'une façon quelconque, il apprenait à être libre. Par-dessus tout, il avait acquis cette confiance intérieure qui peut rendre un homme infiniment plus puissant que les hasards de la naissance ne l'y autorisent. Aucun mauvais traitement ne le distrairait des deux buts qu'il s'était fixés : apprendre et gagner sa liberté.

La notion d'esclavage lui était incompréhensible, mise à part la vérité fondamentale selon laquelle les Noirs étaient esclaves et les Blancs pas, et que, quels que soient leurs arguments, ceux-ci avaient toujours raison. Ainsi, pendant son bref séjour à Savannah, il avait observé avec stupéfaction des Blancs qui donnaient à des Noirs des instructions stupides et inefficaces pour remplir une tâche donnée ; le Noir le plus obtus devait se rendre compte de l'absurdité des ordres, mais le plus intelligent ne pouvait s'élever contre le maître blanc. « Oui, Missié. Oui, Missié », furent les premiers mots d'anglais qu'apprit Cudjo, et il les utilisait constamment sans se sentir diminué pour autant. Si « Oui, Missié » constituait le mot de passe permettant d'exister, qu'il en soit ainsi.

Blancs et Noirs éprouvaient la même fascination à l'égard de cet étranger venu droit d'Afrique ; les premiers, dans l'espoir de trouver la preuve que les Noirs étaient sauvages et ne pouvaient être rachetés que par l'esclavage ; les derniers, désireux de découvrir quelques renseignements sur leurs origines. Il déçut les deux groupes ; il n'était pas sauvage et ne s'intéressait pas à l'Afrique ; il ne se préoccupait que de l'Amérique. Au cours de son apprentissage en Géorgie, il avait appris assez d'anglais pour communiquer et, dès qu'il fit partie de l'équipe de Mr. Starch, il commença à poser des questions :

— Qui grand patron ? Où lui habite ? Ici, quelqu'un lire ?

Cette dernière question suscita la crainte chez les autres esclaves. Ils expliquèrent néanmoins que les prédécesseurs de Cudjo avaient été surpris en train de lire, ce qui leur avait valu d'être vendus dans le sud. Étayant leurs propos d'une centaine d'histoires, ils lui firent comprendre que ce qui pouvait arriver de pire à un esclave était d'être vendu dans le sud ; après avoir écouté d'innombrables récits de cette nature, il dit :

— Moi, été dans le sud.

Et il ajouta qu'il y avait pire encore.

Chaque fois qu'il tombait sur quelques lignes écrites ou imprimées, il étudiait les lettres avec application, s'efforçait de déchiffrer leur mystère. Son premier enseignement lui vint des barils de marchandises préparés à destination de Londres. Avant l'embarquement des tonneaux, un esclave apparut muni d'un stencil métallique et de copeaux. Allumant un petit feu, l'homme l'alimenta de bûches jusqu'à ce qu'il obtînt une flamme satisfaisante dans laquelle il tint son stencil métallique. Lorsque celui-ci fut chauffé à blanc, il le pressa contre le dessus du baril, le laissant grésiller en attendant que l'inscription s'y gravât profondément : PLANT. DEVON FITHIAN LONDRES 280 LS.

Il s'imprégna de l'inscription, incapable d'en comprendre le sens. Néanmoins, il pouvait la reproduire, lettre par lettre, ce qu'il faisait dans le sable quand personne ne l'observait. Puis, quelques mots de Mr. Starch lui apprirent que ce baril devait partir pour Londres, et il en éprouva une singulière sensation de fierté car il était allé à Londres ; il savait au moins cela.

Il entendit aussi le contremaître d'une autre plantation dire :

— Starch, je me demande si le dernier tonneau contient bien deux cent quatre-vingts livres.

— Quand nous indiquons deux cent quatre-vingts livres, c'est toujours exact, grommela Starch en tapotant les chiffres brûlés dans le bois.

Cudjo détourna le regard mais, après le départ des deux hommes, il s'approcha du tonneau et étudia les marques que Starch avait désignées du doigt ; il apprit ainsi que 280 se disait deux cent quatre-vingts. Au cours des quelques jours qui suivirent, il traça ces chiffres sur la terre à plusieurs reprises en les prononçant. Ils représentèrent le premier apport dans le domaine de la connaissance.

Lorsque le baril suivant fut rempli, au moment où le couvercle allait être cloué, il se tint à côté du tonneau et demanda d'une voix forte afin d'être entendu de Mr. Starch :

— Celui-là a bien deux cent quatre-vingts ?

— Vaudrait mieux, répliqua machinalement le contremaître.

Puis, il s'interrompit, regarda Cudjo et secoua la tête : il se souviendrait de ce Noir.

Le sentiment de puissance qui l'envahit à l'idée de savoir que ce baril allait partir pour Londres et qu'il contenait deux cent quatre-vingts livres était si exaltant que Cudjo chercha d'autres inscriptions à déchiffrer ; il n'en trouva pas. Aussi, se renseigna-t-il pour savoir comment les deux esclaves vendus dans le sud avaient réussi à s'instruire, et il ne tarda pas à découvrir qu'une blanche, Mrs. Paxmore, leur avait appris à lire. Il cessa de poser des questions de crainte qu'un de ses compagnons devinât ses intentions mais, dans un autre secteur du champ, il demanda qui était cette Mrs. Paxmore et obtint le renseignement.

Un jour de décembre 1834, il quitta son travail, gagna la berge de Dividing Creek, traversa la rivière à la nage et en descendit le cours à pied jusqu'à ce qu'il parvînt à la Falaise-de-la-Paix. Sans hésitation, il gravit la colline, atteignit la porte de derrière, frappa et attendit.

Une femme apparut, d'âge mûr, mince, sévère dans sa robe grise. Il devait se rappeler qu'elle ne manifesta ni surprise ni crainte, comme si elle escomptait l'arrivée d'esclaves insubordonnés.

— Oui ?

— Moi, apprendre lire ?

— Bien sûr.

Elle referma avec soin la porte de la cuisine, le conduisit jusqu'au hangar et le fit asseoir.

« De quelle plantation viens-tu ?

La phrase se révéla trop compliquée et elle la formula différemment.

« Qui grand patron ?

— Missié Sta'ch.

Elle se rejeta en arrière, joignit les mains.

— Est-ce que tu comprends les mots : *vendus dans le sud ?*

— J'ai été sud.

Elle baissa la tête et, lorsqu'elle la releva, Cudjo vit des larmes briller dans ses yeux.

— Tu veux quand même apprendre ?

Il opina et, sans autre commentaire, elle saisit l'abécédaire — en l'occurrence un bardeau sur lequel l'alphabet avait été gravé au fer rouge — mais, avant qu'elle ait eu le temps de dire quoi que ce soit, il traça du bout du doigt les mots brûlés au stencil sur les tonneaux de tabac. Ne parvenant pas à le suivre, elle alla chercher un crayon et une feuille de papier.

« Écris, dit-elle.

Pour la première fois de sa vie, Cudjo traça des mots sur du papier : PLANT. DEVON FITHIAN LONDRES 280 LS. Elle sourit. Elle devinait l'effort que cet esclave analphabète avait dû fournir pour se rappeler les lettres et elle était sur le point de lui en expliquer le sens lorsqu'il désigna les chiffres 280.

— Deux cent quatre-vingts, dit-il.

Elle le félicita.

Elle lui désigna chaque groupe de lettres et il exulta en découvrant les symboles qui signifiaient Londres. Il répéta le nom à plusieurs reprises, la regarda et éclata de rire.

« Moi, été Londres.

Elle jugea que c'était peu vraisemblable et pensa qu'il confondait le nom avec une localité du sud. Avec patience, elle lui expliqua ce qu'était Londres et où la ville se situait.

« Moi, été Londres, répéta-t-il.

Et en quelques mots ponctués de gestes, il la convainquit qu'il était allé dans cette grande cité qu'elle n'avait jamais vue. Mais quand elle lui demanda comment il s'y était rendu, une prudence instinctive l'avertit que personne ne devait être au courant, et il feignit de ne pas comprendre la question.

Elle haussa les épaules et reprit sa leçon ; elle désigna les quatre N et expliqua que ce symbole avait le même son dans chacun des quatre mots où il apparaissait. Cudjo répéta ces paroles et, à la deuxième tentative, un éclair joyeux joua sur son visage, illuminant la pièce. C'était là le secret ! Tous ces symboles étaient dotés de leurs sons propres, et lire se limitait au déchiffrage de ces sons.

Tout l'après-midi, il s'employa à répéter après Mrs. Paxmore les lettres de l'inscription des barils jusqu'à ce qu'il les eût assimilées. Intuitivement, elle comprenait qu'il était plus important de procéder ainsi.

A la fin de la journée, il en revint à l'abécédaire et attribua un son à chaque lettre ; il connaissait déjà le D de Devon et le F de Fithian, et elle lui expliqua que PLANT. était l'abréviation de *plantation,* ce qu'il comprit aisément. Elle lui tendit l'abécédaire.

— Apprends les lettres.

Avant de prendre congé, elle lui demanda de lire l'alphabet et il déchiffra vingt et une lettres sans se tromper. Le soir, elle annonça à son mari qu'il s'agissait de l'être le plus intelligent auquel elle eût jamais dispensé son enseignement.

Noël et ses réjouissances approchaient. Les esclaves profitaient de leur semaine de vacances. Pendant que chacun se régalait de cochon rôti et buvait son whisky, Cudjo se glissait jusqu'à la Falaise-de-la-Paix et passait des heures à revoir les leçons que Mrs. Paxmore préparait. Il fit la connaissance de Mr. Paxmore et de Bartley, leur jeune fils, un beau garçon, et fut invité à partager à leur table le repas de Noël. Un silence incompréhensible pour lui régna pendant ce repas simple, mais la nourriture était abondante et l'atmosphère chaleureuse. Bartley débordait de curiosité, d'autant qu'avec ses quinze ans, il brûlait de découvrir le monde.

— Tu es allé dans le sud ?

— Oui.

— Comment c'était ?

— Beaucoup travail. Peu manger. Missié, donnait fouet.

— C'est mieux ici ?

— Oui.

— Est-ce que tu te marieras un jour ?

La phrase dépassait l'entendement de Cudjo ; il baissa les yeux sur son assiette, la première qu'il eût jamais vue.

— Donne-lui encore un peu de dinde, dit Mrs. Paxmore.

Dès la fin du repas, Cudjo voulut retourner au hangar où les leçons étaient dispensées.

— Bartley va t'accompagner. Il me remplacera.

Le garçon s'avéra aussi doué que sa mère. Il s'amusa à faire réciter à son élève l'alphabet aussi vite que possible ; ils se mesurèrent à ce jeu et il apparut que Cudjo avait assimilé chaque lettre, chaque son, mais quand ils en arrivèrent aux chiffres, il se troubla.

Bartley brillait en arithmétique et aidait souvent son père à calculer les tonnages au chantier ; il fut donc en mesure d'en enseigner les rudiments. Si Cudjo s'était montré habile à apprendre les lettres, il excella dans les chiffres. En trois jours de travail intensif, au cours desquels il vit rarement Mrs. Paxmore, il assimila les principes élémentaires du calcul.

— Il est remarquable, dit Bartley à ses parents quand le Noir repartit pour la plantation à la fin des vacances.

Cudjo était d'autant plus remarquable qu'il continuait à apprendre, tout en étant dépourvu du matériel nécessaire à l'instruction ; il connaissait chaque particularité du bois de l'abécédaire. Même en dormant, il eût été capable d'écrire la phrase tracée derrière le bardeau qui contenait toutes les lettres de l'alphabet. Il se la récitait des heures durant, imaginant chacune des vingt-six lettres se détachant à sa place.

Mais il lui fallait autre chose à présent. En mars 1835, à l'occasion de l'une de ses rares rencontres avec Mrs. Paxmore — il redoublait de prudence, ayant compris que Mr. Starch le surveillait — celle-ci lui dit :

— Tu peux me rendre l'alphabet. Tu en sais assez pour lire dans un livre.

Et elle lui tendit un petit volume mal imprimé qui s'intitulait *le Vade-mecum de l'élève appliqué.*

Cudjo tint le livre à deux mains, l'examina, en lut le titre sans se tromper, puis il le leva jusqu'à son visage et le pressa fortement contre sa joue.

— Moi, connais chaque mot.

Il mit le doigt sur *appliqué* et Mrs. Paxmore dit qu'il était appliqué du fait qu'il étudiait et apprenait si bien. Puis, il désigna *Vade-mecum,* et elle commença à lui expliquer qu'il s'agissait d'un mot latin, mais elle se ravisa : son expérience lui avait enseigné que c'était inutile ; il suffisait qu'il comprenne le sens.

— Ça signifie *viens avec moi.* C'est pour t'aider.

Il ouvrit le livre à une page exposant des problèmes mathématiques, dont beaucoup lui avaient déjà été dévoilés par Bartley, et il se mit à débiter les solutions avec une rapidité que Mrs. Paxmore n'aurait pu égaler.

— Un miracle s'est produit dans le hangar, dit-elle à son mari ce soir-là.

Elle sourit et se tourna vers son fils.

« Tu es meilleur professeur que moi.

Elle laissa passer un temps et, soudain, fondit en larmes.

« Et dire qu'on soutient que les nègres sont incapables d'apprendre ! Je ne comprendrai jamais, ajouta-t-elle.

Le livre fit le malheur de Cudjo. Il était si petit qu'il pouvait le cacher dans son pantalon, pas dans une poche puisque sa culotte n'en comportait pas, mais au-dessus de la fesse gauche, maintenu en place par une ficelle passant entre les pages. Il ne pouvait partager son secret avec personne, si l'on découvrait qu'il savait lire, il serait vendu dans le sud. Aussi, n'ouvrait-il le livre que quand il se savait seul.

L'ouvrage avait été écrit à l'intention de garçons de neuf à dix ans, et il dépeignait des héros sur lesquels les enfants pouvaient prendre modèle : Robert Bruce et l'araignée, Roland et le dernier combat, George Washington à Valley Forge. Le degré de difficulté convenait à Cudjo, et son esprit alerte assimila aussitôt les passages moraux. Il grillait de parler à quelqu'un du combat de Robert Bruce. Il n'y avait personne.

Aussi, apprit-il les morceaux choisis, prenant infiniment de plaisir aux poèmes simples qui émaillaient le texte.

> Assis dans sa cellule, le brave Robert
> Regardait l'araignée et rêvait de haubert,
> Et puis résonna l'appel de la bataille,
> Et soudain, il n'y eut plus de murailles.

Un matin de novembre, alors qu'on roulait des tonneaux jusqu'à la jetée de la plantation, Mr. Starch entendit Cudjo lire l'inscription d'expédition.

— Plantation Devon. Pour Fithian à Londres. Deux cent quatre-vingts livres.

Il sauta à bas de son cheval et empoigna Cudjo.

— Où as-tu appris à lire ?

— Moi, pas lire, Missié.

— Tu viens de lire cette inscription.

— Moi, vous avoir entendu la dire, Missié.

— Tu es un menteur. Reste là.

Il sauta en selle, passa au milieu des esclaves, posa des questions et revint, furieux.

« Tu es allé voir Mrs. Paxmore.

— Non, Missié.

— Foutu menteur !

Il se pencha sur sa selle, saisit son fouet et en abattit la mèche sur les épaules de Cudjo. Celui-ci recula pour se mettre hors de portée. Son geste décupla la rage du contremaître qui sauta à terre, se rua sur l'esclave et lui ordonna d'ôter sa chemise pour recevoir le fouet comme il l'avait mérité. Le Noir n'obtempéra pas immédiatement ; Mr. Starch arracha la chemise et, ce faisant, découvrit le bout de ficelle qui émergeait de la ceinture.

— Qu'est-ce que c'est que ça ? rugit-il.

D'une brutale secousse, il déchira le pantalon et le livre tomba à terre.

« Le diable m'emporte ! tonna-t-il.

Et il fouetta Cudjo jusqu'à ce que le bras lui fît mal. Il fit embarquer l'esclave sur le sloop de la plantation et se rendit à Devon Island pour rapporter l'infraction à Mr. Beasley, mais l'oncle Herbert l'interpella dès qu'il mit le pied sur la jetée.

— Qu'est-ce qui vous amène ici ? s'enquit-il.

— J'ai surpris cet esclave en train de lire. Il a été chez les Paxmore.

— Oh, mon Dieu ! soupira Steed. Il va falloir passer aux actes avec ces satanés quakers.

— Où est Beasley ? demanda Starch.

— Il a pris sa retraite. Et si vous vous montrez à la hauteur, vous pourrez prendre sa place, dit l'oncle Herbert.

Il marqua une pause, lourde de sens.

« Et peut-être la mienne aussi, le moment venu.

— La première chose à faire est de dresser celui-ci à coups de fouet, dit Starch, impressionné par les allusions du patron.

— Vendez-le pour le sud. Je ne veux pas de nègres qui sachent lire chez moi.

— Bien sûr, admit Mr. Starch après une hésitation. Mais...

— Mais quoi ?

— Il est rudement fort pour réparer les machines. Il est très doué.

— Que proposez-vous ?

— On aurait intérêt à le garder, Mr. Steed. Il pourrait nous rendre service.

Il toussota.

« Ce que je propose, c'est de le louer à Cline pendant un an.

L'oncle Herbert joignit les doigts et en mordilla les extrémités. Envoyer un esclave à Herman Cline équivalait à une sanction effroyable à laquelle on n'avait recours que pour des cas rédhibitoires.

— Nous autres, les Steed, nous évitons de côtoyer des individus tels que Cline.

— Mais il dresse les nègres.

— Vous croyez qu'il peut dresser celui-ci ?

Il ne laissa pas à Mr. Starch le temps de répondre.

« Je méprise les nègres qui savent lire.

— Cline se chargera de mettre celui-là au pas, croyez-moi.

Et Starch fit voile vers le sud pour ramener le briseur d'esclaves.

Cline habitait au nord du Little Choptank, au sud de Devon. Là, sa femme et lui vivaient sur une terre basse et humide, mi-champs mi-marais. A vil prix, il avait réussi à acheter quatre esclaves dont personne ne venait à bout et, en les terrifiant par le fouet et le poing, il les avait transformés en ouvriers acceptables. Ils avaient asséché une partie des marécages, permettant la création d'une ferme rentable. Et le succès obtenu avec ces Noirs rétifs lui avait valu un titre qu'il monnayait : Cline, le briseur d'esclaves. Les planteurs de la région en vinrent à croire que, pour cent cinquante dollars, Herman Cline était capable de briser la résistance de l'esclave le plus rebelle et d'en faire un serviteur docile.

Il se manifesta un matin sur la jetée de Devon ; quarante-sept ans, ni grand ni fort. En remontant l'allée, coiffé d'un chapeau informe, portant des chaussures éculées, un pantalon déchiré, une chemise de laine grossière, il tenait avec ostentation un gourdin sculpté dans la main droite. Cet instrument insolite était prolongé d'une lanière de cuir de près de deux mètres nouée à son extrémité. Il tenait cette sorte de fouet nonchalamment de façon que la mèche formât deux boucles souples ; quand il parlait, il pointait le manche vers son interlocuteur, faisant osciller la lanière. Il n'était pas rasé, ni lavé, semblait mal nourri, mais ses yeux se déplaçaient avec une telle rapidité, enregistrant chaque détail, qu'il créait une impression d'extraordinaire énergie et de volonté farouche.

L'oncle Herbert éprouvait un tel dégoût qu'il n'essaya pas de l'accueillir avec amabilité, mais son attitude ne désarçonna pas pour autant le briseur d'esclaves. Il était venu pour affaire et souhaitait en finir.

— Mêmes conditions qu'avant. Je travaille votre gars pendant un an. Vous me donnez cinquante dollars quand je le ramène. Au bout de cinq mois, s'il est dressé, vous m'en redonnez cent.

Steed opina ; Cline fit passer sa chique d'une joue à l'autre et chercha un endroit pour cracher. Herbert indiqua la porte. Cline revint bientôt, se tapota la paume gauche du bout de son gourdin.

« Et s'il n'est pas dressé quand je vous le rends, vous gardez les cent dollars.

L'oncle Herbert souhaitait se tenir en dehors de l'ignoble transaction ; il s'en remit à Mr. Starch.

— D'accord, Cline, grommela le contremaître. Mais cette fois, vous avez affaire à une forte tête.

— Tant mieux, c'est ceux que je préfère, assura Cline avec un sourire de défi. Si je suis obligé de le tuer pour le dresser, vous ne pourrez pas me le reprocher.

— Nous sommes prêts à courir ce risque, convint Starch.

Cudjo fut amené et, du premier coup d'œil, Cline comprit qu'une année de difficultés l'attendait. Il ne dit mot, se contenta de pousser le grand Xanga jusqu'à la jetée. Il lui fit signe d'embarquer et sauta dans le sloop derrière lui. Mais avant de larguer les amarres, il leva soudain son gourdin et l'abattit sur la tête de son pensionnaire. Le Noir tomba à la renverse et Cline continua à l'abreuver de coups, en s'acharnant sur la face du malheureux qui gisait au fond du bateau.

Sur la jetée, Steed et Starch restaient médusés devant la violence de l'attaque.

— C'est toujours comme ça qu'il commence, expliqua le contremaître.

— C'est assez horrible, grommela Herbert Steed.

— Regardez derrière vous, monsieur, conseilla Starch. Il est bon que nos nègres voient le traitement qu'ils encourent.

Sur la pelouse, derrière la jetée, sept ou huit esclaves de la grande maison observaient la scène en silence. Mr. Starch remarqua Eden parmi eux ; il s'approcha d'elle et la saisit par le bras.

— Tâche de filer doux avec Mr. Paul, sinon, toi aussi, tu iras passer un an chez Cline.

Elle ne tenta pas de se dégager et ne réagit pas à la menace. Elle se contenta de regarder le bateau qui s'éloignait en direction du sud, vers le Little Choptank.

Herman Cline était considéré comme un fermier avisé. S'étant rendu acquéreur de terres basses dont personne ne voulait, il avait patiemment abattu les arbres sur toutes les éminences, aménageant ainsi une série de champs disséminés, émergeant du marécage. De sages prévisions et un travail acharné lui avaient permis de tirer des récoltes substantielles de sa terre et, s'il persévérait pendant vingt ans, il posséderait une ferme très prospère.

Sa main-d'œuvre lui était fournie par sa femme, ses deux filles — de vrais chevaux de trait —, les quatre esclaves qu'il avait achetés et les cinq autres qui lui étaient confiés pour être mis au pas. Les neuf Noirs habitaient une petite cabane sans fenêtre, sans plancher, sans meuble, à part une rangée de clous auxquels ils pendaient leurs vêtements. Pas de cheminée, pas d'ustensiles de cuisine ; la nourriture leur était apportée dans un seau où ils devaient la saisir à pleines mains.

Il n'y avait pas de dimanches chez les Cline. Une demi-heure avant l'aube, trois cent soixante-cinq jours par an, y compris

Noël, Mrs. Cline tapait contre un triangle d'acier pour avertir les esclaves qu'ils devaient être prêts à se mettre au travail. Ils trimaient jusqu'au coucher du soleil, avec une pause de dix minutes à midi ; une fois la nuit tombée, chacun exécutait quelque tâche supplémentaire, par exemple couper du bois ou nettoyer les soues à cochons. Les esclaves appartenant en propre à Mr. Cline ne pouvaient rien espérer de mieux jusqu'à la fin de leurs jours.

Les cinq Noirs confiés à sa garde étaient traités avec encore plus de brutalité. Chaque matin, le briseur d'esclaves trouvait un prétexte pour frapper l'un d'eux.

— Les cochons n'ont pas été bien nettoyés.

Le troisième matin, ce fut le tour de Cudjo.

— J'ai vu que tu regardais ma fille. Quand elle passe, baisse les yeux.

Et la lanière de cuir de s'abattre par vingt fois sur Cudjo. « Qu'est-ce que tu feras quand ma fille passera ?

— Moi, baisser les yeux, répondit Cudjo.

— Appelle-moi Monsieur.

Sur quoi, il appliqua dix coups de fouet supplémentaires.

Pour nourriture, les esclaves recevaient un seau de bouillie de maïs, chaque jour, sans la moindre variante. Tous les trois jours, chacun d'eux touchait un mince morceau de porc séché qu'il pendait au clou qui lui était assigné et en mâchait une bouchée, s'efforçant de faire durer le lard jusqu'à la prochaine distribution.

La raclée matinale n'était qu'un début. Toute la journée, Cline arpentait ses champs, fondant sur ses esclaves à des moments inattendus ; au détour d'un chemin, il se précipitait sur eux, les accusait de paresse et les battait jusqu'au sang. Il leur fallait travailler sans répit et apporter autant de soin au matériel de la ferme que s'il leur appartenait en propre. Cline observait une habitude, courante chez les propriétaires d'esclaves : il faisait une longue sieste puis, frais et dispos, il se manifestait une heure avant la fin du jour. Il s'étirait et se jetait sur n'importe quelle besogne en cours, s'acharnant à la tâche comme un démon, jusqu'à ce que la sueur lui dégoulinât sur la figure, alors, il s'arrêtait et lançait :

— Voilà comment un homme travaille quand ça n'est pas une feignasse, bande d'abrutis !

Après quoi, il jetait son dévolu sur un esclave moins zélé que les autres et le gratifiait de dix ou douze coups de fouet.

« Je t'ai montré comment on travaillait, nom de Dieu ! Maintenant, vas-y, feignant !

Au moment de Noël, le système Cline devenait intolérable. Les neuf esclaves savaient que partout, le long du Choptank, les Noirs bénéficiaient d'une semaine de festivités alors qu'eux devaient continuer à travailler sans le moindre répit. Le jour de Noël, une demi-heure avant l'aube, comme à l'accoutumée, le triangle de fer résonnait, les esclaves émergeaient de leur case de terre battue et partaient pour effectuer une tâche particulièrement pénible. A midi, Mrs. Cline faisait de nouveau retentir l'instrument métallique et son mari allait trouver les Noirs.

— Vous n'en avez vraiment pas fichu lourd, mais aujourd'hui, c'est Noël, marmonnait-il.

Quand ils regagnaient leur misérable cabane, ils trouvaient la sempiternelle bouillie et, sur un morceau de papier graisseux, un poulet rôti.

Lorsque Cudjo avisa le festin de Noël, il réprima le rire amer qui lui montait aux lèvres.

— Dans les plantations de Devon, on avait des cochons entiers et des monceaux de poulets !

Il éprouvait un tel écœurement qu'il renonça à se battre pour une portion de volaille. Il mangea sa bouillie et regarda les huit autres esclaves s'arracher les morceaux.

Mr. Cline ne distribuait pas non plus de vêtements neufs à Noël. Chacun de ses esclaves possédait une tenue en tout et pour tout. Il la portait chaque jour jusqu'à ce qu'elle fût en lambeaux. Alors, Mr. Cline se fâchait :

— Tu pues pire qu'un cochon ! Bon Dieu, tu pourrais pas faire attention à tes affaires !

Il faisait pleuvoir une grêle de coups de fouet sur le coupable et, à contrecœur, lui jetait d'autres vêtements.

Le long du Little Choptank, les saisons se succédaient, plus atroces les unes que les autres. En été, les moustiques s'abattaient en formations serrées, piquant tous en même temps. En hiver, le vent glacial soufflant de la baie s'infiltrait dans la cabane aux planches disjointes où les neuf esclaves grelottant de froid se blottissaient les uns contre les autres. La bise se faufilait dans les fentes, véritable chapelet d'aiguilles qui leur labourait la peau. Par une température de deux degrés au-dessous de zéro, les esclaves couchaient à même le sol, protégés par une mince couverture. Comme ils travaillaient nu-pieds dans les champs, des entailles profondes leur entamaient constamment la chair.

Pourquoi neuf esclaves vigoureux permettaient-ils à un Herman Cline, bien moins fort que n'importe lequel d'entre eux, de les maltraiter de la sorte ? La question ne peut trouver une réponse que si l'on considère le problème dans son ensemble. Environ onze millions d'esclaves furent arrachés à l'Afrique, et plus de la moitié affectés à des maîtres cruels. Les raisons de leur soumission sont complexes et épouvantables. Ils étaient disséminés par petits groupes, cent ici, soixante là. Et quand ils étaient ainsi parqués, toutes les forces de la société conspiraient pour les maintenir dans la servitude.

Les Blancs de Patamoke se montraient prêts, voire empressés, à corriger un Noir ayant résisté à son maître. Les lois du Maryland approuvaient une telle action, et les shérifs se chargeaient de les faire appliquer. Chaque ministre du culte, dans les régions où l'esclavage avait cours, débitait les vieilles antiennes tirées de la Bible : « Et le domestique, qui connaissait la volonté de son maître et qui ne s'y est pas plié, recevra de nombreux coups de fouet. » « Telles sont les paroles de Jésus. » Les Blancs, qui se prélassaient dans les magasins, les femmes, qui bavardaient dans les ouvroirs, les enfants, qui étudiaient à l'école, et les juges, qui agissaient au nom de la loi, soutenaient le système et s'unissaient pour rappeler aux esclaves qu'ils devaient obéir.

Un tel raisonnement ne parvient pourtant pas à expliquer pourquoi les neufs Noirs qui partageaient cette cahute glacée toléraient la brutalité de Cline. Ses quatre esclaves personnels avaient servi sous la férule d'autres maîtres, à peine moins cruels, et ils avaient la certitude que, s'ils passaient dans quelque autre ferme, ils seraient traités de façon analogue. De ce fait, ils enduraient les sévices. Les cinq pensionnaires, placés chez Cline pour y être dressés, étaient affectés par la sauvagerie de leur maître provisoire, mais ils savaient que leur calvaire avait un terme. S'ils parvenaient à survivre à cette année atroce, ils pouvaient espérer une existence meilleure. Alors, eux aussi, enduraient. Mais la raison fondamentale qui permettait à Cline de se déplacer seul au milieu de ces Noirs vigoureux résidait dans le fait qu'on avait inculqué à tous, à l'exception de Cudjo, une vérité essentielle : s'ils lui causaient des ennuis, il avait le droit de les tuer.

Il existait des lois qui s'y opposaient, certes. Tous les États esclavagistes les brandissaient fièrement, et le code du Maryland comptait parmi les plus humains : aucun esclave ne devait être maltraité ; il devait bénéficier d'une nourriture convenable, de vêtements et d'un abri ; aucun d'eux ne devait être mutilé ; et si un esclave était tué, celui qui lui avait donné la mort était tenu pour responsable. Dans les grandes plantations, on respectait les droits de l'esclave, mais on s'accordait à reconnaître que la ferme de Mr. Cline constituait une sorte d'institution disciplinaire ; il était normal que le code n'y fût pas appliqué.

Cudjo en eut la preuve, un matin d'avril 1836, alors qu'il séjournait chez le briseur d'esclaves depuis six mois. Un Noir insubordonné, appartenant à une plantation de la Miles River, fut si odieusement harcelé par Mrs. Cline, qui lui avait ordonné de balayer le poulailler, qu'il finit par répondre :

— Mais, Ma'ame, moi avoir déjà nettoyé.

— Espèce d'effronté !

Elle saisit un gros bâton et commença à le rouer de coups ; le vacarme attira Mr. Cline qui se précipita à la rescousse.

« Il m'a menacée ! glapit la femme.

— Je vais t'apprendre à frapper une Blanche ! hurla Cline.

Il courut chez lui pour y prendre son fouet, et fit pleuvoir une telle grêle de coups sur l'esclave que, désespéré, l'homme plongea dans la rivière.

« Tu essaies de filer, hein ? rugit Mr. Cline.

Il alla chercher son mousquet, visa et, d'une balle, lui fit éclater le crâne.

Une enquête était inévitable. Un juge et un shérif de Patamoke se penchèrent sur le cas ; ils apprirent de Mrs. Cline que l'esclave l'avait menacée et en arrivèrent au verdict que l'huissier ne se donna même pas la peine de consigner : « Mr. Cline a agi comme il le devait. »

Au cours des jours qui suivirent, Cline donna libre cours à sa hargne en s'en prenant à Cudjo ; il devinait que, s'il était parvenu à terroriser le grand Xanga, il n'avait pas brisé sa résistance. Les Steed possédaient de nombreuses plantations et, s'il dressait convenablement Cudjo, il pouvait espérer accueillir la clientèle du domaine. Il surveillait donc constamment le Noir, le battait sans raison, le privait de nourriture et lui assignait les tâches les plus pénibles. Par une soirée de juin, vers onze heures, alors que Cudjo travaillait depuis l'aube, avec seulement une pause de dix minutes à midi, Mr. Cline le surprit en train de dodeliner de la tête tout en lavant le bateau de la ferme. Il se rua sur lui avec son fouet et le fustigea pour son indolence. Cudjo tomba à genoux, incapable d'en supporter davantage et il resta là, étendu dans la boue, entendant vaguement les paroles de Cline :

— Maintenant, tu feras peut-être attention à ce que je te dis.

Cudjo dut ramper jusqu'à la cabane, dormir à même le sol de terre battue, et être prêt au travail dès le lever du soleil.

Quel était l'effet du traitement, sur une période de onze mois ? Chaque matin, Cudjo se levait, résolu à composer dans sa tête une douzaine de phrases avant midi, en utilisant toutes les lettres de l'alphabet. Et il y parvenait.

Dans l'après-midi, il se remémorait les aventures de Robert Bruce, de Roland et de George Washington ; il inventait des épisodes survenant alors que ces héros se débattaient dans leur condition d'esclave : « Roland dit à Maît'e, " Cheval parti pa' là ". »

Et, après avoir tiré du seau autant de bouillie qu'il le pouvait, et mâchonné son bout de lard, il s'exerçait au calcul mental, additionnant de longues colonnes de chiffres.

Une nuit de septembre, alors qu'il était étendu sur la terre froide, il imagina que le sol bougeait sous lui et qu'il se trouvait de nouveau à bord du grand navire. Il se rappela les magnifiques journées passées avec Rutak à discuter et à résoudre tant de graves problèmes, et l'ancienne assurance s'empara de lui : il se consola en songeant qu'il était un homme capable et, à haute voix, il dit :

— Quand tout ça fini, moi, un homme libre.

A peine avait-il prononcé ces mots qu'un esclave intraitable, un nouveau pensionnaire de Cline, lui parla dans l'obscurité.

— L'endroit où toi aller, si toi avoir chance, Pennsylvanie.

Le nom n'était pas inconnu à Cudjo. Parmi les esclaves du sud, c'était le mot magique ; si on parvenait à atteindre la Pennsylvanie, qui se trouvait au nord, il y avait de l'espoir. Cudjo parla au nouveau venu de Mrs. Paxmore.

« En Pennsylvanie, beaucoup de gens comme elle, lui assura son compagnon.

— Comment toi savoir ?

— Moi, j'ai été là-bas.

— Alors, pourquoi toi ici ?

— Blancs m'ont pris. Eux m'ont revendu.

Cudjo ne trouva rien à répondre. Après avoir connu la liberté, être trahi devait représenter la pire des expériences, mais il n'en continua pas moins à se répéter, comme chaque nuit des milliers d'esclaves : « Pennsylvanie ». Il tenta de tracer le nom sur le sol quand personne ne le regardait, et il réussit à mettre presque toutes les lettres en place. La liberté se trouvait au nord. On arrivait en Pennsylvanie en fuyant vers le nord.

En novembre 1836, Cline embarqua Cudjo à bord de son sloop et fit voile vers Devon. Là, il poussa l'esclave, dompté en apparence, vers le bureau.

— Mr. Steed, je vous amène un nègre soumis.

— Il s'est révélé difficile ?

— Un des pires que j'aie jamais eus. Hargneux.

— Mais vous l'avez dressé ?

— Oui.

Il était mal à l'aise en présence d'un aristocrate du cru, et attendait que Steed abordât la question d'argent, mais l'oncle Herbert prenait un malin plaisir à déconcerter ce déchet blanc. Il fit mine de se plonger dans ses papiers, puis il leva les yeux et parut surpris de voir Cline, toujours à la même place.

— Vous désirez quelque chose ?

— L'argent. Mr. Starch a dit...

— Oh, bien sûr ! Mais Mr. Starch n'est pas là pour le moment.

Sans comprendre qu'il s'agissait d'une taquinerie, Cline vit là une dérobade ; son visage s'assombrit, ses doigts se crispèrent comme ils le faisaient quand il se trouvait face à un esclave rétif ; mais sans lui laisser le temps de se lancer dans une action inconsidérée, Steed appela :

« Mr. Starch !

Et en attendant le contremaître, il gratifia Cline d'un sourire condescendant.

« Quelles dispositions avions-nous prises pour régler Cline ? demanda-t-il quand Starch parut.

— Cinquante tout de suite. Cent plus tard si le nègre est dressé.

Le briseur d'esclaves soupira et ses poings se relâchèrent. Avec mépris, Steed compta cinquante dollars et poussa l'argent avec une règle en direction de Cline ; celui-ci le prit, salua d'un signe de tête et gagna la porte.

— Quel horrible individu ! grommela l'oncle Herbert dès que le battant se fut refermé.

— Mais indispensable, commenta Mr. Starch.

Il se rappela avoir omis de poser une question importante à Cline et se précipita vers la porte.

« Cline ! A votre avis, à quoi ce nègre est-il bon ?

— A réparer toutes sortes de trucs, répondit l'homme.

Un an auparavant, Mr. Starch avait découvert les dons de Cudjo pour la mécanique, et il était satisfait de constater que Cline confirmait son jugement.

— Nous pouvons l'utiliser dans la plantation la plus éloignée, dit-il à l'oncle Herbert. Nous avons besoin là-bas d'un esclave qui comprenne la mécanique.

Mais son plan fut compromis par une intrusion qu'aucun des deux hommes n'avait prévue.

Depuis quelque temps déjà, Paul Steed prenait conscience du vieillissement de son oncle ; il comprenait qu'il lui faudrait sous peu reprendre la direction des vastes propriétés et faisait en sorte de s'intéresser aux décisions qui devaient être prises. Or, le matin même, Eden lui avait annoncé :

— On ramène celui qu'on appelle Cudjo. Lui savoir arranger des tas de choses.

Paul gagna donc le bureau en boitillant et demanda :

— Avons-nous ici un esclave du nom de Cudjo ?

Surpris par l'intervention de Paul, l'oncle Herbert répondit par l'affirmative et ajouta :

— Starch va l'emmener de l'autre côté du fleuve.

— Non, coupa Paul d'un ton sec. J'ai besoin de lui à la forge.

Et quand le Noir eut débarqué du sloop de Starch, Paul le conduisit jusqu'à une petite construction sombre, située dans la partie ouest de l'île, où Hannibal, un très vieil esclave, faisait office de forgeron ; il battait les faux, réparait les roues et ferrait les chevaux. Dans un angle, se découpait une forge carrée, massive, pas très haute ; un énorme soufflet, constitué de deux peaux de vache, l'activait et on l'alimentait avec du charbon de bois. C'était un lieu exigu, compact, étouffant en été, protégé en hiver, et Cudjo assimila rapidement la technique du travail du fer. Un jour qu'il martelait le cercle d'une roue, il leva les yeux et vit une femme, souriante, épanouie, sans doute plus âgée que lui, qui se tenait sur le seuil.

— Je m'appelle Eden, dit-elle.

Comme il ne réagissait pas, elle crut bon d'ajouter :

« Toi, savoir lire. Mrs. Paxmore me l'a dit.

Et, joignant le geste à la parole, elle tira de sous sa jupe un livre qu'elle lui offrit. Ce qui le terrifia. Le cadeau n'était pas différent de celui qui lui avait valu une condamnation d'un an en enfer ; il pouvait même s'estimer heureux d'en être sorti vivant. Mais elle insistait ; un cadeau de sa part et de celle de Mrs. Paxmore. Et Cudjo sentit ses mains trembler quand il saisit le livre ; au bout d'un long moment, il le porta à sa joue et l'y maintint ; des larmes vinrent mouiller la reliure.

— Qu'est-ce que c'est comme livre ? demanda-t-elle.

Il épela les lettres : *Leçons tirées de l'œuvre de Plutarque.* Avec un infini regret, il le rendit à la jeune femme.

— Non, dit-il.

— Cudjo, toi le garder. Missié a dit.

— Missié Herbert ?

— Non, Missié Paul. Lui te voir. Tout de suite.

Et elle l'emmena dans la demeure dont les abords lui avaient été interdits jusque-là. A l'entrée, Tibère, un vieillard à présent, impressionnant dans son uniforme bleu et or, l'accueillit par ces mots :

— Fils, toi garder mains aux côtés et pas buter dans les meubles.

Il fit pénétrer Cudjo dans le vestibule immense.

« Par ici.

Il précéda les deux esclaves vers le charmant boudoir de l'aile ouest construit plusieurs générations auparavant par Rosalinde Janney Steed. Au seuil de la pièce aux proportions harmonieuses, baignée des rayons de soleil filtrant à travers les rideaux de dentelle, le vieux portier s'inclina :

— Missié Paul, Ma'ame Susan, moi, avoir honneur amener vos deux esclaves, Eden et Cudjo.

Sur quoi, il s'inclina et se retira.

Deux personnes minces, à l'air distingué, occupaient la pièce. A portée du maître se trouvait une pile de livres. La table supportait un service à thé, à proximité de Mrs. Susan installée dans un imposant fauteuil.

— Missié Paul, annonça Eden. Celui-ci Cudjo. Lui, savoir lire.

Sa famille avait vécu à Devon Island depuis plus de cent cinquante ans et, au fil des ans, les différentes générations avaient peu à peu imaginé le pittoresque langage en usage maintenant chez les esclaves et les petits Blancs, avec ses formules tronquées, son vocabulaire propre, ses conjugaisons simplifiées et son rythme chantant. C'était là une langue imagée dont Cudjo avait acquis les rudiments.

— Entre, Cudjo.

L'homme frêle penchait la tête. D'une main fine, il indiqua au Noir l'endroit où celui-ci pouvait se tenir.

« Je suis ton maître, Cudjo. C'est à moi que tu devras obéir.

— Oui, Missié.

— Eden me dit que tu sais lire. Est-ce vrai ?

Cudjo connut un moment d'angoisse. La première fois qu'un Blanc avait découvert qu'il savait lire, il l'avait envoyé chez Mr. Cline pendant une année. Si maintenant il avouait, il risquait d'y retourner avec de faibles chances d'en sortir vivant car il aurait fait perdre à Cline l'argent qui lui revenait. Il garda le silence.

L'homme assis sur la chaise prit le livre des mains d'Eden et le tendit à son esclave.

« Lis le titre.

Savoir lire était un don presque aussi précieux que la liberté, et Cudjo souhaitait ardemment faire montre de sa science. Mais il était aussi terrifié à l'idée de retourner chez Cline et il ne put remuer les lèvres.

— Toi, lire, insista Eden.

— *Leçons tirées de l'œuvre de Plutarque*, lut fièrement Cudjo.

— Sais-tu qui était Plutarque ? s'enquit Susan.

A cet instant, Cudjo s'aperçut qu'elle était infirme car elle remuait avec difficulté dans son fauteuil et paraissait incapable de se servir de ses jambes.

— Non, Ma'ame.

— Es-tu bon ouvrier ?

Elle ne lui laissa pas le temps de répondre.

« Je veux dire... sais-tu bien te servir d'outils... de machines ?

— Oui, Ma'ame.

— Je veux que tu me fabriques un fauteuil...

Et elle expliqua le rêve qu'elle caressait depuis si longtemps : un fauteuil qu'elle pourrait déplacer en se servant de ses mains et qui l'aiderait à se lever lorsqu'elle s'en sentirait la force. A peine achevait-elle d'exposer ses désirs, que Cudjo s'agenouilla, examina le dessous du fauteuil et émit des suggestions quant à la façon dont les vœux de sa maîtresse pourraient être comblés.

— Grand Dieu, Paul ! s'exclama-t-elle avec enthousiasme. Il est le premier à comprendre ce que j'essaie d'expliquer depuis si longtemps.

Puis, elle éclata de rire et regarda son mari d'un air taquin. « Non, Paul. Inutile de feindre. Toi non plus, tu n'avais pas compris.

Paul rougit et se tourna vers Eden.

— Tu as dit vrai. L'homme est habile.

Il reporta son attention vers Cudjo.

« Tu peux garder le livre. Ma femme t'en donnera d'autres si tu lui construis un fauteuil.

En regagnant la forge, il n'eut pas le loisir d'examiner les livres. Eden parlait sans trêve, avec intensité.

— Cudjo, moi, tout savoir sur toi, fit-elle à voix basse.

Il prit peur et crut qu'elle avait appris le rôle qu'il avait joué dans la révolte sur le bateau. Non. Elle parlait de la façon dont il avait survécu aux mauvais traitements de Cline.

« Noirs, faire passer le mot. Toi, tête de cochon.

Il se tut. Puis, à sa grande surprise, il sentit qu'elle lui prenait la main et la pressait entre les siennes.

« Cudjo, toi, moi... tous deux, fuir.

Il regarda droit devant lui. C'était là des paroles qui risquaient de le conduire à la potence. Elle semblait si à l'aise dans la grande maison qu'elle pouvait être une espionne, une de celles qui trahissaient les Noirs cherchant à s'enfuir. Mais elle continuait à parler, à voix basse, d'un ton impérieux.

« Toi, regarde bien tout dans grande maison. Toi, tout apprendre. Et puis toi et moi... filer en Pennsylvanie.

Le mot éclata à travers les ombres de l'après-midi. La Pennsylvanie ! Combien de fois n'avait-il pas murmuré le nom magique !

« Faut pas traîner, Cudjo, fit-elle précipitamment. Toi, moi, libres. Moi, avoir argent, pistolet... couteaux... Moi, jamais revenir ici !

Elle s'exprimait avec une fureur qu'il n'avait jamais connue chez une femme ; elle ressemblait au grand Rutak pendant la révolte ; une force morale irrésistible. Elle était prête à tuer — elle-même ou les autres. Un animal sauvage dans sa détermination à ne plus jamais être mis en cage.

« Moi, avoir attendu toi, Cudjo. Moi, avoir vu Cline presque tuer toi dans le bateau. Moi, avoir regardé... alors, j'ai dit à moi : " Si lui revient, avec lui. "

Elle s'abîma dans le silence et se mit à trembler, agitée par sa soif de liberté, bâillonnée depuis si longtemps. Elle serra plus fortement la main de son compagnon.

« Moi, avoir besoin un autre pour aider, surveiller, dire quand.

Elle marqua une hésitation.

« L'autre, toi Cudjo.

Il retrouvait enfin la parole.

— Moi, connaître ferme Cline. Toi, regarder mon dos. J'ai peur.

Il ne craignait pas de s'enfuir et ne redoutait pas le châtiment s'il échouait dans sa tentative ; en revanche, il avait peur de se confier à un autre être humain. Il ne pouvait faire confiance à personne ; au fond de sa mémoire, résonnait ce que l'esclave lui avait dit une nuit à la ferme de Cline : « Blancs, m'avoir repris. M'ont revendu. » Il ne pouvait se fier qu'à lui-même.

Il repoussa la proposition d'Eden, l'écarta sans ménagement. Furieuse, elle jeta le Plutarque à terre et se moqua de lui quand il se baissa pour ramasser le livre.

— Pourquoi toi apprendre à lire ? A quoi ça te sert ? Toi, pas homme libre.

La première rencontre tourna court , mais le lendemain soir, alors que Cudjo se lavait après son travail à la forge, Eden passa de nouveau la porte et lança avec effronterie :

— Hannibal, toi jamais aller pêcher là-bas ?

— Quelquefois.

— Alors, toi aller.

Lorsque le vieillard se fut éloigné, elle s'approcha de Cudjo et l'attira sur la paille, là où il dormait ; elle se mit à l'embrasser et à fourrager dans ses vêtements. Quand, pour la première fois de sa vie, il découvrit le mystère de la femme, elle lui prit la main, la plaqua sur son dos afin qu'il sentît les cicatrices qui le marquaient.

— Tu crois toi tout seul être fouetté ? demanda-t-elle d'un ton uni.

Du bout des doigts, il caressa le dos labouré tandis qu'elle reprenait sa litanie.

— Nous partir nord. Missié Paul, lui peut-être essayer nous arrêter. Missié Starch aussi. Alors, nous tuer eux.

Et les plans furent dressés. Quand Hannibal revint de la rivière sans poisson, il enveloppa les amants d'un regard attendri.

— Ça, c'est bien, Miss Eden. Tout le monde se demandait quand toi trouver un homme. Moi, être rudement heureux ce soir. Rudement heureux.

Paul et Susan Steed se réjouirent d'apprendre que leur esclave fréquentait la forge où dormait le nouveau venu, Cudjo. Ils s'étaient souvent demandé pourquoi une femme aussi ravissante ne se mariait pas ; à trente-quatre ans, elle était plus belle. Son attitude réservée, digne, suscitait l'admiration chaque fois qu'elle apparaissait au cours d'une réception pour dispenser ses soins à Susan.

Tous remarquaient la tendresse qu'elle témoignait à l'infirme et les efforts qu'elle déployait pour lui adoucir la vie. Et chacun aussi de rire de la manière dont elle manœuvrait Paul. Au fil des ans, celui-ci avait perdu son humeur chagrine et fini par accepter les conséquences de son extraordinaire conduite sur le toit. Sa jambe gauche restait plus courte que la droite mais, grâce à un talon compensé, il boitait peu. Bien que son cou fût nettement penché vers la droite comme pour contrebalancer l'équilibre de son corps, rien ne l'empêchait de se consacrer à son plaisir favori, la lecture des nombreux ouvrages qui remplissaient sa bibliothèque et qu'il avait acquis à Princeton : Thucydide, Platon, Montesquieu, Rousseau, Locke, Adam Smith, Plutarque — dont la pensée lui était devenue aussi familière que s'ils avaient vécu le long du Choptank et étaient venus lui rendre visite en voisins.

Il nourrissait une piètre opinion des théologiens en tant qu'écrivains et considérait leurs recueils avec dédain ; cependant il appréciait les beaux sermons mais, étant donné l'absence d'église catholique à proximité, il pouvait rarement goûter ce plaisir. Bien entendu, la famille Steed persistait dans la tradition et invitait les prêtres à séjourner dans l'île afin qu'ils dispensent leur enseignement religieux. Un été, Paul stupéfia les membres les plus conservateurs de la famille en persuadant un démagogue, méthodiste itinérant, à passer cinq jours à Devon, prodiguant ses sermons aux esclaves dans la journée et discutant le soir avec les Steed. Ce fut une expérience instructive et quand l'homme, un individu dégingandé, originaire de Virginie, s'en alla, il emporta cent dollars que lui avait alloués Paul.

L'infirmité avait fait de Steed un gentleman du sud dans la meilleure tradition : il ne travaillait pas, lisait énormément ; il passait beaucoup de temps à réfléchir aux problèmes de la région ; et il s'emportait contre l'injustice fondamentale des relations nord-sud.

— Les criminels du nord nous obligent à vendre notre blé et notre coton en Europe à des prix dérisoires, mais sans nous permettre d'acheter nos objets manufacturés à bas prix en Angleterre. Ils établissent des tarifs élevés, empêchent l'entrée de produits européens à bon marché et nous contraignent à acheter au Massuchusetts et à New York à des prix prohibitifs. Ces forbans du nord nous étranglent et, s'ils continuent, ils mettront l'Union en péril.

Susan avait tout d'un ravissant camée, créature paisible, juchée dans son fauteuil, dispensant à chacun une douceur sereine. Elle portait beaucoup d'attention à sa mise, s'efforçant d'être toujours à son avantage et Eden l'aidait beaucoup dans ce sens.

— Vous, faire venir six robes neuves de Baltimore, disait l'esclave.

Et lorsque Susan ne les commandait pas, Eden s'en chargeait.

Ce fut cette liberté d'action qui valut des ennuis à la servante. Un matin, alors qu'elle venait de rentrer à la grande maison après avoir passé la nuit à la forge en compagnie de Cudjo, sa maîtresse lui prodigua ses conseils :

— Il faut que tu te fasses épouser, Eden. Les femmes qui laissent les hommes profiter d'elles le regrettent toujours.

L'affection qu'elle portait à Eden l'incita soudain à lui faire un cadeau.

« Eden, prends les deux robes que nous avons reçues de Londres. Tu n'auras qu'à défaire l'ourlet et elles t'iront très bien.

— C'est vrai, Ma'ame ?

— Oui. Tu as été si bonne. Et puis, si Cudjo te voit dans une jolie robe, ça lui ouvrira les yeux.

Eden prit les toilettes coûteuses, les ajusta à sa taille. Hélas, la première fois qu'elle porta celle de toile écrue, dont la couleur rehaussait son teint, elle tomba sur Mr. Starch qui commençait à exercer le pouvoir qui serait le sien s'il devenait directeur des plantations Steed.

Aucun des esclaves de Devon n'éprouvait de sympathie à son endroit ; ils estimaient qu'il aurait été mieux à sa place dans l'une des plantations les plus éloignées où sa grossièreté n'aurait pas détonné, et ils redoutaient aussi les changements qu'il risquait d'instaurer. Le contremaître avait conscience de l'animosité qu'il suscitait et était résolu à y mettre fin. Aussi, quand il vit l'impertinente Eden descendre l'allée dans sa nouvelle toilette, il supposa qu'elle avait volé la robe à sa maîtresse.

— Quelle fille insolente ! marmonna-t-il en la croisant.

Il la suivit des yeux tandis qu'elle avançait d'un pas vif et léger en direction de la forge ; l'assurance dont elle faisait preuve eut le don de l'exaspérer et il se jura de se débarrasser de la Noire à la première occasion.

Le 1er avril 1837, Herman Cline se présenta à Devon pour y prendre les cent dollars dus pour le dressage de Cudjo. Quand il entra dans le bureau, son fouet sous le bras, l'oncle Herbert le laissa attendre, puis leva les yeux.

— Oui ? fit-il.

— Je suis venu chercher mes cent dollars.

L'oncle Herbert ne dit mot et l'anxiété se peignit sur les traits de Cline.

« Vous avez vu que j'ai fait du bon travail ?

— Oui, oui.

— Alors, est-ce que je peux avoir mon argent ?

— Mais bien sûr.

Steed compta la somme et, de nouveau, la poussa devant lui avec une règle, comme si le fait de la remettre personnellement à Cline le rendait complice d'une transaction douteuse. Le briseur d'esclaves compta l'argent, ce qui irrita Steed, puis il resta planté devant le bureau sans paraître vouloir prendre congé.

« Qu'y a-t-il ? s'enquit Steed, agacé.

Gauchement, Cline se dandina d'une jambe sur l'autre.

— J'ai des difficultés, marmonna-t-il enfin.

L'attitude de l'oncle Herbert changea de façon spectaculaire. Il se pencha en avant, presque avec empressement.

— Je peux peut-être vous aider.

— Eh ben... voilà ce qu'il en est. J'ai quatre mâles, des nègres difficiles à manier, personne a jamais pu rien en tirer. Je les ai achetés bon marché et, à coups de fouet, je les ai transformés en esclaves qui valent leur pesant d'or.

— Tout le monde connaît vos capacités dans ce domaine. Où sont les difficultés ?

— Ben... l'autre jour, la patronne et moi, on s'est dit qu'on perdait la moitié de la valeur de ces nègres.

Herbert Steed crut deviner ce qui allait suivre et décida de couper court immédiatement.

— Non, nous ne voulons pas vous les louer, Cline. Ils travaillent sous vos ordres, mais je doute qu'ils nous rendent les mêmes services.

— Eh, attendez, m'sieur ! Soyez pas si pressé. Je pensais pas à ça du tout. Ce que je me demandais, c'est si vous auriez pas de jeunes négresses à me vendre ?... Des filles qui vous donnent des ennuis. J'ai besoin de poulinières...

— Qu'est-ce que c'est ? demanda une voix derrière le briseur d'esclaves.

— Oh, Mr. Starch ! Je suis venu chercher mon argent.

— Vous l'avez bien gagné. Cudjo est très souple maintenant. Grâce à vous.

— Il est resté pour me demander si nous n'avions pas de jeunes Noires à lui vendre, dit l'oncle Herbert. Pour la reproduction.

— Je me demandais quand vous vous décideriez à vous lancer dans l'élevage, remarqua Starch. C'est gaspiller vos mâles que les garder comme ça.

— C'est bien ce qu'on s'est dit, la patronne et moi. Vous avez sûrement des filles qui vous donnent du fil à retordre. Vous voulez pas vous en débarrasser ?

— Non...

Starch hésita. L'image de l'impertinente Eden dans sa robe volée s'imposa à lui.

« Mais vous pourriez revenir le 1er juin. A ce moment-là, y aura peut-être une affaire à conclure.

— Qu'aviez-vous en tête ? demanda l'oncle Herbert, après le départ de Cline.

Starch expliqua que, dans la plantation éloignée de Broad Creek, une Noire lui donnait des ennuis et qu'ici même, à

Devon, une certaine Eden ne valait guère mieux ; elle devrait être éloignée.

— C'est aussi mon avis, déclara Herbert Steed en claquant des doigts. Cette négresse devient de plus en plus arrogante.

Il tambourina sur son bureau.

« Qu'est-ce qui vous a mis la puce à l'oreille ?

— Elle m'a croisé en descendant l'allée ; elle se pavanait dans une robe qu'elle a sûrement volée à Mrs. Susan.

— Faites-la chercher.

On envoya des esclaves à la recherche d'Eden ; ils la trouvèrent à la forge où elle empêchait Hannibal et Cudjo de travailler.

— Où as-tu pris cette robe ? demanda Herbert d'un ton sévère quand elle entra dans le bureau.

— Ma'ame Susan. Elle a donné à moi.

— Sûrement pas ! intervint Starch. Tu l'as volée.

Ignorant le contremaître, Eden regarda l'oncle Herbert droit dans les yeux.

— Moi, rien volé. Vous le savoir, déclara-t-elle avec autorité.

Starch la saisit par le bras et l'obligea à lui faire face.

— Tâche de jamais plus parler sur ce ton-là ! hurla-t-il. Maintenant, sors d'ici et va ôter cette robe.

Dès qu'elle eut quitté le bureau, l'oncle Herbert leva les yeux vers son contremaître.

— Vous avez raison. Nous allons envoyer cette effrontée chez Cline. Il la dressera.

Eden ne regagna pas son réduit pour ôter sa robe, mais elle courut chez Susan. Peu après, un esclave frappa à la porte du bureau, porteur d'un message impérieux.

— Ma'ame Susan. Elle veut voir vous, Messiés.

Ils se rendirent à la demeure où Mrs. Steed les attendait.

— J'ai donné des robes à Eden et elle les gardera, dit-elle d'un ton sec.

En regagnant le bureau, Starch marmonna d'un air renfrogné :

— Jamais elle ne nous autorisera à vendre Eden à Cline.

— Elle n'est plus propriétaire d'Eden, rappela l'oncle Herbert. Elle l'a vendue pour l'éloigner de Paul et celui-ci l'a rachetée. Elle est l'esclave de Paul, et non plus celle de Susan.

Cette nouvelle réjouit Starch, et il fut convenu qu'Eden serait envoyée chez Cline avant que Paul puisse intervenir.

Ignorant tout de ces événements, Cudjo se concentrait sur le fauteuil de Mrs. Steed. Il fabriqua des roues si grandes qu'elles pourraient aisément absorber les inégalités de terrain, puis il les cercla de chêne. Il employa le fer de meilleure qualité pour forger l'essieu dont les deux extrémités, façonnées en carré, s'emboîteraient dans les moyeux. Il confectionna un dossier canné et un siège à double cannage, mais il fit surtout preuve d'ingéniosité dans sa conception du levier : lorsqu'on le poussait en avant, celui-ci soulevait le siège, permettant ainsi à son occupante de se tenir debout. Il exerça là son esprit inventif et, quand la chaise roulante fut presque achevée, de nombreux visiteurs vinrent à la forge pour l'examiner.

— Ça valait la peine de donner cent cinquante dollars à Cline pour garder ce nègre, commenta Herbert Steed. Il les a gagnés rien qu'avec ce fauteuil.

— La seule chose qui m'inquiète au sujet de Cudjo, c'est qu'il fréquente Eden, marmonna Starch. On ferait bien de se débarrasser d'elle sans tarder.

— Cline doit revenir vers le 1er juin.

Mais Starch, pressé de se débarrasser de cette Noire susceptible de créer des ennuis avant qu'il fût nommé directeur de la plantation, envoya discrètement un sloop vers le Little Choptank, pour informer le briseur d'esclaves que, s'il se présentait à Devon la première semaine de mai, il pourrait prendre livraison de deux ou trois bonnes reproductrices à un prix très intéressant.

A la mi-avril, le fauteuil magique fut achevé et présenté à Susan dans la pièce ensoleillée de l'aile ouest. Ses multiples couches de vernis accrochaient la lumière. Avec douceur, Cudjo souleva l'infirme et l'installa sur le siège façonné avec tant de soin.

— Fauteuil très solide. Pourtant, doux comme petit chat.

Le corps de l'infirme épousait bien le siège qui paraissait très confortable.

« Pour avancer, vous tourner roues.

Et il lui montra comment guider le fauteuil le long du passage reliant l'aile ouest au corps du bâtiment principal. Depuis longtemps, Susan désirait un tel siège ; rayonnante de joie elle le déplaça avec facilité.

« Vous, bien comprendre, Ma'ame Susan. Maintenant, le plus beau.

Il amena la chaise roulante près de la fenêtre donnant sur le jardin et expliqua le mystère.

« Vous, bien empoigner ce manche, vous, pousser, et fauteuil soulève vous sur pieds.

Quand le siège amorça un mouvement ascendant, amenant l'infirme à la position verticale, une expression de stupéfaction se peignit sur les traits de Susan ; elle ne dit pas un mot, mais saisit les mains de Cudjo pour lui faire comprendre qu'il devait à nouveau lui montrer la manœuvre. Une fois de plus, elle se retrouva debout.

— Maintenant, laisse-moi essayer toute seule, murmura-t-elle.

Elle retourna vers la table devant laquelle elle était restée assise depuis quatorze ans. Avec précaution, elle fit pivoter les grandes roues, avança seule jusqu'à la fenêtre. Elle imposa un arrêt au fauteuil ; pesa sur le levier et sentit le siège la soulever en avant. Elle porta les mains sur l'appui de la croisée, se tint debout et se pencha vers le jardin où elle avait autrefois travaillé avec tant d'acharnement. Personne ne parlait. Des larmes lui vinrent aux yeux. Enfin elle se tourna vers Cudjo.

« J'aurais dû avoir ce fauteuil depuis plus de dix ans.

Elle remercia Cudjo, puis s'adressa à Eden.

« Va à la cuisine et dis à Mammy de préparer un repas de fête pour la forge ce soir.

Et les Noirs dansèrent quand arrivèrent les deux poulets rôtis.

Mais le lendemain matin, un esclave qui s'était absenté quelques jours se faufila jusqu'à la forge, porteur d'une nouvelle accablante :

— Moi, avoir été en bateau voir Cline.

Cudjo accusa un frisson à la seule mention de cet enfer.

« Eden, continua l'esclave, toi, vendue à Mr. Cline.

— Quoi ? s'insurgea Cudjo.

— Oui. Cline avoir dit à moi, lui venir semaine prochaine chercher Eden.

Après le départ de l'homme, Cudjo rapporta à Eden ce qu'il n'avait jamais avoué auparavant ; il décrivit les conditions atroces qui sévissaient à la ferme de Cline. La misérable cahute dans laquelle elle devrait dormir ; les épouvantables maîtresses de Cline, pires les unes que les autres, le fouet, la nourriture infecte, le travail sans trêve, même à Noël.

— C'est dur pour un homme résister un an, ajouta-t-il. Mieux morte que là-bas.

Ses lèvres se serrèrent car il n'osait imaginer l'alternative : elle serait amenée à commettre un acte terrible pour lequel elle serait pendue à la croisée des chemins.

« Eden, toi pas aller, dit-il d'un ton apaisant.

Et ils commencèrent à tirer des plans.

L'application des dernières couches de vernis au fauteuil fournissait un prétexte à Cudjo pour se rendre dans la grande maison et, à une occasion, alors que Paul et Susan étaient montés faire la sieste dans la chambre aux boulets de canon, Eden n'entraîna pas Cudjo dans la pièce ensoleillée où elle travaillait habituellement, mais l'emmena dans la partie est, rarement utilisée, dans une petite pièce voilée de rideaux où, depuis longtemps, elle dissimulait dans une armoire vide ce dont elle aurait besoin pour sa fuite : un pistolet, un sabre, des couteaux, une corde et une surprenante quantité de pièces de monnaie dans un petit sac de toile. Devant ces trésors, Cudjo céda à la terreur.

— Eden ! Mr. Cline, si lui trouve esclave avec une lame de couteau, il le bat pendant trois jours, si fort, plus pouvoir marcher ni lever le bras. Toi, tu seras tuée pour ça, Eden.

— Si quelqu'un essaie d'empêcher moi, moi tuer. Missié Paul, lui venir vers moi, lui mort.

— Eden, ne dis pas ça. Missié Paul, lui est bon pour nous.

— Lui est bon maintenant. Mais lui pouvoir changer.

Elle lui prit la main et la glissa sous sa blouse afin qu'il sentît les cicatrices qui lui marquaient le dos.

« Qui a fait ça, tu crois ?

— Missié Paul ? demanda Cudjo d'un air incrédule.

— Y a longtemps.

— Eden, tout le monde savoir à Devon nègres pas fouettés.

— On a fouetté moi, dit-elle simplement.

Elle le convainquit que si quiconque, même Mrs. Susan, essayait de la maintenir dans sa servitude, elle tuerait.

— Mais, Ma'ame Susan, elle est ton amie. Elle t'a donné belles robes.

— Personne mon amie. Toi, parler comme ça, toi pas mon ami.

Leur plan consistait à attendre les beaux jours de mai, quand la chaleur permettrait de dormir à la belle étoile. Ils resteraient sur la côte est de la baie parce qu'ils avaient entendu dire qu'il était plus facile d'éviter Wilmington que Baltimore et, avec un peu de chance, ils atteindraient la Pennsylvanie au bout de deux semaines. Ils ne doutaient pas, une fois arrivés, de pouvoir aisément gagner leur vie, car Eden savait tenir une maison et Cudjo était capable de s'atteler à n'importe quelle besogne.

Ils estimèrent pourtant que, si Mr. Cline risquait de se manifester le 1er mai, puisque les affaires des plantations se traitaient souvent le premier jour de chaque mois, ils devraient s'enfuir dans le courant de la dernière semaine d'avril, et ils fixèrent une date.

— Dans cinq jours, toi et moi partir, dit Eden.

Il n'y avait pas à revenir sur cette décision.

Le matin du quatrième jour, alors que Cudjo travaillait distraitement à la forge, le vieil Hannibal s'approcha de lui.

— Toi, partir première nuit tu peux, chuchota-t-il.

Cudjo continua à marteler son fer à cheval sans mot dire.

« Toi, emmener Miss Eden.

De nouveau, le silence, et le vieil homme recula, puis il s'immobilisa et dit :

« Moi, prier pour toi, fils. Toi, avoir raison.

L'un des aspects les plus cruels de leur résolution résidait dans le fait que ni Eden ni Cudjo ne pouvaient demander à personne où se situait la Pennsylvanie et à quoi ils pouvaient s'attendre s'ils y parvenaient. Chaque esclave débitait des histoires lamentables ayant trait aux tentatives avortées à cause de la trahison de ceux qu'ils croyaient leurs amis.

Ceux qui tendaient vers la liberté s'exposaient à des dangers — par accident, par vengeance ou par leur propre incompétence. Se rendre du Maryland du sud jusqu'à la frontière de Pennsylvanie exigeait un courage sans faille et une force peu commune ; s'enfuir d'Alabama ou de Louisiane nécessitait une détermination que des mots ne sauraient exprimer. Par ailleurs, qu'un homme et une femme se lancent ensemble dans une telle tentative requérait non seulement du courage, mais aussi une chance incroyable.

Eden, de cinq ans l'aînée de Cudjo, prenait les décisions importantes, mais la puissance qu'on devinait chez lui l'impressionnait. Elle ignorait qu'il s'était rendu maître d'un grand voilier et qu'il avait réussi à le manœuvrer pendant un mois, mais divers indices lui donnaient à penser qu'au cours de sa vie antérieure il avait fait preuve d'un grand courage. C'était à lui qu'incombaient certains détails mineurs, par exemple se procurer la lime, le sac de vivres, les deux bâtons qui les aideraient à marcher.

Au coucher du soleil, le 28 avril, tout était prêt, et les deux esclaves mangèrent ensemble à la forge. Le vieil Hannibal leur tenait compagnie ; à la fin du repas, les larmes lui montèrent aux yeux. Cudjo l'incita à sortir pour aller chercher du charbon de bois, de crainte qu'Eden ne comprît qu'il avait percé leur secret. Il revint avec un sac plein de charbon, les yeux secs.

Puis, sans le moindre préambule, Hannibal laissa tomber :

— Pennsylvanie, dix jours dans le nord.

Personne ne dit mot. Il attisa le feu et ajouta :

« Moi, avoir entendu dire pas aller Wilmington. Aller ouest. Là, beaucoup quakers.

De nouveau, le silence tomba. Au bout d'un long moment, Eden se pencha, embrassa Cudjo pour lui souhaiter une bonne nuit et regagna la grande maison. Elle savait que, le lendemain soir à la même heure, ils auraient volé un canot dans lequel ils remonteraient la Tred Avon River avant de trouver un endroit pour se cacher près d'Easton. En se retournant pour embrasser du regard le jardin et le paisible paysage où se découpait la jetée, elle se jura : « Rien ne nous arrêtera. Ni les chiens, ni la mort. » D'un pas vif elle entra dans la maison ; elle s'aperçut que Mrs. Susan était déjà montée se coucher et que Mr. Paul lisait dans la bibliothèque, comme à l'accoutumée. En l'entendant entrer, il leva les yeux.

— C'est toi, Eden ?

Puis, il tourna la tête sur son cou tordu et lui lança un regard bizarre. Elle crut reconnaître l'expression qu'il avait eue, quatorze ans plus tôt, quand il s'apprêtait à la fouetter. Elle se trompait pourtant. Effrayée, elle se précipita vers sa chambre, heureuse à l'idée que, bientôt, elle n'aurait plus à supporter la vue de ce petit homme estropié.

Le matin du dernier jour, Cudjo et Eden vaquèrent à leurs occupations avec une innocence de bon aloi. Ils se forçaient à parler avec naturel, mais ils s'exprimaient à voix si basse qu'à plusieurs reprises Susan dut demander à Eden de hausser le ton. Le déjeuner se déroula sans incident, tout comme la sieste de l'après-midi, mais à cinq heures, Cudjo accourut. Il tremblait.

— Toi, vouloir quoi, Cudjo ? s'enquit Tibère, dressé devant la porte.

— Moi, voir Eden.

— Elle avec Ma'ame Susan. Aile est. Essayer ton fauteuil.

Consternation ! C'était là que se trouvait le matériel nécessaire à leur fuite. Ne sachant ce qu'il serait contraint de faire, il se précipita dans le couloir est et, en entrant dans la pièce, avisa Susan qui se dirigeait droit vers l'armoire contenant le pistolet et les couteaux.

— Ma'ame Susan ! s'écria-t-il. Moi, vouloir parler Eden.

— Entre donc, invita-t-elle gaiement.

Et elle lui montra avec quelle adresse elle dirigeait son fauteuil, puis elle quitta la pièce. Dès qu'elle se fut éloignée, Cudjo se rapprocha d'Eden.

— Mr. Cline est venu chercher toi, dit-il, visiblement accablé.

Ils jetèrent un coup d'œil par la fenêtre, aperçurent un sloop amarré à la jetée et le briseur d'esclaves qui se dirigeait vers le bureau, sans doute pour s'entretenir avec l'oncle Herbert et Mr. Starch.

Eden ne se troubla pas pour autant, n'exhala pas le moindre cri ; elle se contenta d'agripper Cudjo par le bras.

— Jamais eux prendre moi, chuchota-t-elle.

— Réfléchir, dit Cudjo. Toi, te taire. Moi, penser.

Elle avait l'impression de voir le flot de pensées qui inondait le cerveau de son compagnon et, pour la première fois, elle réalisa qu'il était capable d'autre chose que de réparer des machines.

« Pas toucher pistolet ; peut-être eux fouiller nous. Pas partir en courant. Suivre plan.

Son poing droit tremblait tandis qu'il envisageait diverses possibilités. Puis, tout en observant le sloop menaçant, il crut entrevoir une solution.

« Eden, soleil bientôt couché. Cline, pas naviguer de nuit. Lui, dormir ici, chez Starch. Toi et moi, pas bouger. Nuit tombée, nous attendre une heure. Et puis, nous voler bateau et partir.

Sans tenir compte du conseil de Cudjo qui voulait éviter tout acte susceptible d'éveiller les soupçons, Eden alla ouvrir l'armoire et y prit l'un des couteaux.

— Nous, essayer ton plan, Cudjo. Mais si pas marcher, personne prendre moi.

Cudjo prit une longue inspiration, dans l'espoir de maîtriser son appréhension. Il embrassa Eden et regagna la forge. Il avait vu juste. Après avoir conclu l'achat d'Eden et de deux autres Noires, Cline fut invité à passer la nuit chez Starch puisque l'obscurité n'allait pas tarder à tomber. Le couple bénéficiait d'un répit. Mais, peu avant le coucher du soleil, Cline alla trouver l'oncle Herbert.

— J'aimerais m'assurer que cette fille, Eden, est encore en âge de procréer. Je veux pas ramener chez moi une femme trop vieille, incapable de servir.

L'oncle Herbert envoya donc deux esclaves à la grande maison avec ordre de ramener Eden. Mais lorsque les messagers se présentèrent, Tibère leur interdit l'entrée de la grande maison.

— En arrière. Missié Paul juste envoyer quelqu'un chercher Cudjo. Moi, pas bouger d'ici, tant que lui pas revenir.

Apprenant qu'il était convoqué à la grande maison, Cudjo éprouva des frissons, non qu'il craignît pour lui-même, mais il imaginait les événements sanglants qui risquaient d'éclater. Il ne doutait pas de devoir partager le sort d'Eden, et celui-ci les conduirait à la potence. Il dissimula une lime effilée dans la jambe de son pantalon et gagna la demeure. Là, il tomba sur le vieux Tibère qui ronchonnait contre les esclaves venus chercher Eden.

— Pourquoi toi pas venir plus vite, Cudjo ? Toi, avoir des ennuis. Allez, vite. Toi, entrer.

Et il le conduisit jusqu'à la pièce où les maîtres avaient l'habitude de prendre le soleil. Il ouvrit la porte et poussa Cudjo à l'intérieur.

Mr. Paul et Mrs. Susan étaient assis. Eden se tenait près d'eux. Quand Cudjo lui jeta un coup d'œil, elle porta la main à son corsage, lui faisant ainsi comprendre que le couteau était prêt. Ce que voyant, il caressa du bout des doigts la lame effilée logée dans la jambe de son pantalon. Il hocha la tête, attendant un signal.

Aucun signal ne vint. Paul Steed s'éclaircit la gorge.

— Ma femme et moi, sommes heureux de te voir, dit-il aimablement.

D'un geste, il indiqua un siège.

« Tu peux t'asseoir.

Cudjo hésita. Il s'était rarement assis dans un fauteuil et jamais sur un siège couvert de brocart.

« Assieds-toi, reprit Paul en riant. Ça ne mordra pas.

Les deux esclaves s'assirent sur la soie.

« Ma femme et moi, nous avons beaucoup pensé à vous deux, poursuivit Paul d'une voix paisible. Nous n'avons jamais rencontré personne qui fasse preuve d'autant de bonté qu'Eden.

Il eut un signe de tête en direction de la Noire.

« Et la semaine dernière, Mrs. Steed a proposé...

— Ce que j'ai proposé..., commença Susan.

Se tournant brusquement, elle propulsa son fauteuil à travers la pièce, l'arrêta, manœuvra le levier et se retrouva debout devant Cudjo.

« Nous avons l'intention d'affranchir Eden, et nous l'autoriserons à acheter ta liberté, Cudjo.

Liberté. Le mot résonna comme un coup de tonnerre dans sa tête ; pourtant, il avait été prononcé par ceux-là mêmes qu'ils se préparaient de tuer. Troublé, Cudjo regarda Eden, mais elle restait assise, les mains sur les genoux, les yeux baissés.

— Voilà comment les choses vont se passer, déclara Paul. Nous allons affranchir Eden par ce document que nous signerons dès ce soir. Elle est libérée en raison des services exceptionnels qu'elle a rendus à ma femme.

— Moi, libre ? demanda Eden.

— Oui, tu es libre.

Il toussota car ce qu'il avait à ajouter était pénible et gênant.

« Nous te devons beaucoup, l'un et l'autre, Eden. Lors d'une période sombre de nos existences...

— Ce que Mr. Steed essaie de te dire, coupa Susan, c'est que nous tenons à t'exprimer notre reconnaissance pour ton affectueuse bonté.

D'un geste, elle intima silence à Eden.

« Certes, je souhaite de tout mon cœur que tu restes ici, que tu continues à m'aider. J'ai encore besoin de toi en dépit du fauteuil de Cudjo.

Paul s'était ressaisi.

— Nous te verserons un petit salaire que nous mettrons de côté pour toi, expliqua-t-il d'un ton assez désinvolte. Et quand la somme atteindra trois cents dollars, tu pourras acheter la liberté de Cudjo.

— J'ai déjà vingt dollars ! annonça fièrement Eden.

— Tu as vingt dollars ?

— Oui. Depuis moi toute petite, avoir économisé chaque penny.

Elle esquissa un geste, faisant mine d'attraper quelque chose au vol.

« Tiens, Eden, pour avoir tenu le cheval.

— Je te conseille de garder cet argent. Tu en auras besoin quand Cudjo s'installera.

— Quoi vous vouloir dire ?

— Quand il sera libre, vous irez sans doute à Patamoke, et il travaillera peut-être au chantier naval, à moins qu'il ne s'installe à son compte.

— Quand moi libre ? demanda Eden d'un ton énergique.

— Tu es libre dès maintenant, assura Paul. Cudjo sera affranchi sous peu... quand tu auras gagné sa liberté.

Il produisit un document d'affranchissement que lui et sa femme avaient déjà établi. Mais, avant qu'ils aient pu le signer, un brouhaha parvint de la porte ; l'oncle Herbert, flanqué de Mr. Starch, entrait dans la maison et réclamait Eden. Les voix se rapprochèrent ; bientôt Herbert fit irruption dans la pièce, Mr. Starch sur les talons.

— Ah, te voilà ! s'exclama Herbert avec irritation. Pourquoi n'es-tu pas descendue quand les esclaves sont venus te chercher ?

Paul et Susan se regardèrent, déconcertés par l'intrusion.

— Qu'est-ce que ça signifie, oncle Herbert ? demanda Paul. Ma femme et moi, nous...

— Nous ne nous intéressons ni à vous ni à votre femme, répliqua Herbert avec insolence. Nous sommes venus chercher cette fille.

— Et pourquoi ? s'enquit Paul avec un mouvement pénible de la tête pour dévisager son oncle.

— Mr. Cline veut l'examiner. Il veut s'assurer qu'elle est en état de procréer.

Susan crut étouffer au fond de son fauteuil.

— Quoi ?

— Elle a été vendue à Cline. Elle partira demain matin.

— Vous n'oseriez pas vendre mon esclave.

— Mrs. Steed, cette fille ne vous appartient plus. Il y a des années qu'elle a cessé d'être votre propriété. Elle est à Mr. Steed, et j'ai décidé de la vendre.

Avant que Susan ait eu le temps de protester, Paul intervint :

— Vous ne m'avez pas consulté.

— Bien sûr que non, rétorqua l'oncle Herbert avec condescendance. Mr. Starch et moi, nous nous épargnons de tels détails. Nous dirigeons l'exploitation et agissons au mieux.

Paul se leva ; subitement, ses épaules se raidirent, sa voix s'affermit. Il regarda son oncle droit dans les yeux.

— Oncle Herbert, vous et Mr. Starch ne dirigez plus la plantation. Votre gestion prend fin dès ce soir.

— Mais, Paul, j'ai montré à Mr. Starch comment il devrait prendre les choses en main quand je...

— Quand quoi ?

— Quand je prendrais ma retraite. J'ai soixante-sept ans, vous savez.

— Eh bien soit, vous la prenez dès à présent.

Se déplaçant avec aisance, il s'approcha de son oncle et lui saisit les deux mains.

« Vous nous avez été d'une aide précieuse, oncle Herbert, pendant les jours sombres que j'ai connus. Sans vous, Devon aurait périclité. Mais maintenant, mon désarroi a pris fin et votre administration aussi. Vous quitterez l'île demain.

— Mais Mr. Starch a besoin...

— Il n'a besoin de rien. Croyez-vous que je remettrais Devon entre des mains comme les siennes ? Mr. Starch, vous quittez mon service. Je suis certain que Mr. Herbert trouvera à vous employer dans l'une des plantations du Refuge.

— Mais, Mr. Paul..., commença Starch d'un ton pleurnichard.

— Je n'ai pas besoin de vous, Mr. Starch, ni de personne de votre espèce.

— Qui dirigera la plantation... et les comptoirs ? s'enquit l'oncle Herbert.

Le gros homme perdait toute sa suffisance.

— Moi, rétorqua Paul. Avec l'aide de ma femme.

Comme attirés par un puissant aimant, Herbert et Starch regardèrent la fragile créature dans le fauteuil. Celle-ci, à cet instant, manœuvra le levier et, à la stupéfaction des deux hommes, se mit debout. Elle avança vers eux sans aide.

— Oui, renchérit-elle. Nous n'avons que trop longtemps négligé notre magnifique plantation.

L'oncle Herbert ouvrit la bouche, mais les paroles s'étranglèrent dans sa gorge. Puis, son regard se fixa sur Eden.

— En tout cas, la vente de cette fille a été conclue. Mr. Starch, je vous confie la garde de cette esclave pour la nuit.

Le contremaître s'avança vers Eden, mais Paul s'interposa.

— Arrière, Starch ! Je vous répète que vous avez quitté mon service.

— Qu'allons-nous faire pour la fille ? s'enquit Herbert.

— Nous allons l'affranchir, dit Paul.

A pas lents, Susan s'approcha du bureau.

— Mais nous l'avons déjà vendue, Paul. Cette fille n'est bonne qu'à nous attirer des ennuis.

— C'est faux, rétorqua Paul d'un ton uni.

— Vous la connaissez mieux que personne il est vrai... et vous devriez avoir honte...

— C'est précisément le cas, dit Paul. J'ai eu honte pendant quatorze ans.

Susan rejoignit son mari et lui prit la main.

— Maintenant, nous allons signer le papier, déclara-t-elle. Oncle Herbert, étant donné que vous étiez officiellement chargé de l'administration de Devon quand ce document a été établi il y a trois jours, j'estime qu'il serait sage que vous y apposiez votre signature en tant que témoin.

Elle demanda à Eden de rapprocher le fauteuil et s'y laissa tomber manifestement épuisée ; elle prit la plume et signa l'acte de renonciation au droit de propriété sur l'esclave. Paul fit de même, puis d'un signe, il invita l'oncle Herbert à les imiter. Celui-ci renâcla et Paul lui lança d'un ton sec :

— Nous tenons à votre signature, Herbert. Votre dernier acte officiel à Devon.

Le vieil homme au visage cendreux s'approcha, signa à contrecœur.

« Vous semblez très fatigué, mon oncle, remarqua Paul. J'aurais dû vous soulager du poids de ce fardeau depuis au moins trois ans.

Mr. Starch, exaspéré par la scène qui venait de se dérouler, ne put se contenir plus longtemps.

— Se conduire comme ça devant deux esclaves... Par Dieu, monsieur, c'est indécent.

Et il quitta la pièce d'un pas lourd.

— Il a raison, fit l'oncle Herbert en regardant Eden et Cudjo d'un air dégoûté.

Puis, il leur tourna le dos et revint se planter devant Paul et Susan.

« J'ai fait de mon mieux pour sauver votre plantation.

— Vous nous avez été très utile, convint Paul. Mais à présent, Devon a besoin d'une nouvelle direction.

— Et vous croyez que vous serez en mesure de l'imposer ?

— Oui, avec l'aide de Susan.

Méprisant, Herbert se tourna vers l'infirme.

— Aucun doute sur la question. Il a su vous imposer sa direction, hein ? La tête la première... du haut du toit.

— Les années passent, répliqua Susan d'un ton tranquille. A la passion succède la sagesse. Nous allons faire de Devon une plantation modèle, encore plus florissante.

— Pas s'il en est à la tête, aboya Herbert.

Et avec mépris, il quitta la pièce d'un pas pesant. Dès qu'il eut claqué la porte derrière lui, un silence gêné s'installa. Paul savait qu'il n'aurait jamais dû parler ainsi à un Blanc en présence d'esclaves, mais le mal était fait. Eden, qui devinait ses pensées, s'affaira à mettre de l'ordre dans le boudoir, comme s'il s'agissait d'une journée ordinaire.

— Cudjo, toi m'aider avec livres.

Pendant que les deux esclaves allaient et venaient dans la pièce, Paul dit :

— Demain, nous nous mettrons au travail.

— Demain... porter papier à moi au tribunal ? demanda Eden. Écrire dans le grand livre ?

— Oh, oui ! s'exclama joyeusement Mrs. Steed. J'irai avec vous en bateau. Je me sens mieux, Paul, ajouta-t-elle devant le regard surpris de son mari. Et je tiens à assister au mariage de ces deux jeunes gens. Je veux qu'Eden commence sa nouvelle vie honorablement.

Paul opina, et Eden surprit dans ses yeux l'expression énigmatique qui l'avait tant effrayée la veille. Elle comprit qu'il garderait son secret : il l'avait battue, aimée, affranchie. Elle répugnait à le remercier pour sa générosité. Après avoir tapoté un dernier coussin, elle quitta la pièce, mais Cudjo s'approcha de ses bienfaiteurs, inclina son torse puissant et dit :

— Nous deux, remercier vous.

Cette nuit-là, ils dormirent à la forge, abasourdis, déchirés par des sentiments contradictoires et confus. A l'aube, Cudjo chuchota :

— Avant partir Patamoke, moi aller armoire. Moi, enlever pistolet et couteaux.

Mais Eden voyait les choses sous un autre angle.

— Jamais. Un jour, peut-être nous en avoir besoin.

1837

Bartley Paxmore ne devait jamais oublier ce voyage. En 1837, des routes, ou plutôt une succession de fondrières, reliaient les petites villes disséminées le long de la côte orientale ; il devenait possible d'aller en charrette de Patamoke au siège du comté à Easton, bien que l'expédition se révélât assez inconfortable.

Mais les domaines isolés situés aux extrémités des péninsules demeuraient accessibles par bateau. Certes des chemins cahoteux conduisaient au centre de chaque promontoire, mais les chevaux ne les empruntaient qu'avec difficulté. La maison des Paxmore, à la Falaise-de-la-Paix, n'était séparée de Patamoke que par un trajet fluvial d'environ dix kilomètres ; par des chemins tortueux, la distance atteignait dix-huit kilomètres.

Ainsi, quand le jeune Paxmore, âgé de dix-huit ans, qui se jugeait capable de voler de ses propres ailes, décida de quitter la Falaise-de-la-Paix pour gagner une exploitation du cours supérieur de la Miles River, il choisit d'emprunter le petit sloop familial. Il ne parla à personne de ses intentions ni de son départ. Il se contenta de descendre sur la jetée à l'aube, et de larguer les amarres.

On ne remarqua son absence qu'à l'heure du déjeuner. Ses frères cadets furent dépêchés jusqu'à la jetée d'où ils revinrent porteurs de la nouvelle attendue :

— L'*Émeraude* est parti ! s'écrièrent-ils.

A la fin du repas, ils posèrent maintes questions pour savoir où Bartley avait mené le bateau. Leurs parents regardaient droit devant eux sous leurs cheveux gris, se refusant à toute explication. Mais à la fin du déjeuner, George Paxmore ne put se contenir plus longtemps. D'un coup de son poing massif assené sur la table, il fit sauter plats et assiettes.

— Si je m'attendais à ça !

Il quitta vivement la table, de crainte de laisser exploser son rire.

Elizabeth Paxmore s'efforça de calmer les enfants qui l'assaillaient de questions. Amy, la cadette, croyait que Bartley était allé à Oxford pour y acheter des porcs, supposition qui fit sourire sa mère. Mais celle-ci se refusa à dire aux enfants où, selon elle, leur frère était allé.

A cet instant, Bartley doublait Blackwalnut Point à l'extrémité sud de Tilghman Island, et il borda foc et grand-voile pour le long trajet vers le nord. Nonchalamment installé à l'arrière, la barre sous le bras gauche, il tourna les écoutes. Un vent frais venant de bâbord lui permettait de garder aisément son cap, et il navigua tranquillement tout au long de l'après-midi.

Soixante-quinze kilomètres séparaient la Falaise-de-la-Paix du cours supérieur de la Miles River, et il lui serait impossible de couvrir une telle distance avant la nuit, parce que la route exigeait que l'on suivît différents caps ; pendant de longs bords, il lui faudrait louvoyer, faire parfois route vers le sud pour ensuite bifurquer vers le nord. Impossible de prévoir comment tournerait le vent pendant ce trajet ; les trente derniers kilomètres s'effectueraient à la fois aux allures portantes et au plus près.

Il ne s'inquiétait pas à l'idée de passer la nuit dans son bateau. Il se contenterait de s'approcher de la rive, d'amarrer l'étrave à un arbre penché sur le cours d'eau, et il pourrait dormir tranquillement. Il n'était pas tenaillé par la faim et sans doute ne le serait-il pas avant l'aube ; dans son état d'exaltation, la seule pensée de nourriture lui soulevait le cœur.

Il n'avait vu Rachel Starbuck qu'une seule fois, à l'occasion de la grande réunion annuelle des quakers qui se tenait à Third Haven, le foyer vénéré d'Easton. Les Paxmore n'avaient pas rallié le lieu saint en carriole ; ils s'étaient tous entassés dans le sloop, abandonnant le Choptank à Oxford pour remonter la magnifique Third Haven Creek qui débouchait dans l'étang de Papermill où ils s'amarrèrent à la jetée appartenant à Mardochée Swain. Ils gagnèrent à pied le lieu de la réunion. Dès qu'il eut passé le seuil du foyer, Bartley gémit intérieurement. Indécis, les quakers continuaient à débattre du problème de l'esclavage ; en effet, les communautés vivant à bonne distance de Patamoke se montraient très conservatrices, et des familles comme celles des Paxmore devaient faire preuve de patience à leur endroit. Bartley fut donc étonné d'entendre Swain qui, sur l'estrade, affirmait que les quakers ne devaient rien tenter en vue d'aliéner les grandes plantations possédant des esclaves :

> A long terme, mes chers amis, et c'est le long terme qu'il convient de garder à l'esprit, nous ne parviendrons jamais à abolir l'esclavage si nous n'obtenons pas le concours sincère des bons chrétiens, actuellement propriétaires d'esclaves. Nous nous sommes fait une opinion. A présent, il s'agit de la faire partager aux autres, et nous n'y parviendrons pas en exigeant l'aliénation de leurs droits de propriété.

En prononçant les mots *droits de propriété,* Swain avait étourdiment adopté le vocabulaire de ceux qui défendaient l'esclavage — « Cet esclave est ma propriété légale, on ne peut me priver de sa main-d'œuvre » —, et les assistants le lui reprochèrent. Trois orateurs soulignèrent son erreur ; après quoi, il se leva à nouveau et s'exprima d'une voix douce, conciliante :

> C'est parce que l'esclavage est protégé par la loi en tant que droit de propriété inviolable que nous devons faire face à des difficultés quand nous nous attaquons à ce problème. Tous les hommes sensés, du nord et du sud, conviennent que l'esclavage est immoral. Mais il est aussi légal, et c'est cette justification légale qui autorise sa continuité. Pour le combattre, nous ne devons avoir recours qu'à des moyens légaux. Ce qui nous oblige à convaincre les propriétaires d'esclaves que la société a changé, que ce qui est légal devrait maintenant être déclaré illégal. J'insiste sur ce point ; c'est avant tout une question de persuasion.

Avant que Swain ait eu le temps de regagner son siège, un homme, inconnu de Bartley, se leva d'un bond et avec une virulence bien peu quaker se lança dans une argumentation vigoureuse, demandant que les membres de la réunion prissent une résolution diamétralement opposée à celle avancée par Mardochée. Selon lui, les quakers devaient inciter les esclaves à s'enfuir de chez leurs maîtres, puis les aider à gagner la liberté en les faisant entrer en Pennsylvanie. Bartley perçut l'excitation qui étreignait les assistants. Il se pencha vers son père.

— Qui est-ce ? s'enquit-il dans un chuchotement.

— Un homme résolu qui possède une exploitation sur la Miles River. Il s'appelle Starbuck.

Comme Bartley observait avec attention le fougueux orateur, il avisa, assise de l'autre côté de la travée dans la partie réservée aux femmes, une jeune fille d'une étonnante beauté. Elle avait de grands yeux sombres, des cheveux châtains et portait une robe grise à col blanc et une coiffe bleu et jaune. Elle regardait l'orateur avec une intensité et une fierté si évidentes que Bartley devina qu'elle était sa fille. Il ne pouvait quitter des yeux la ravissante créature.

Il supposa qu'elle était plus jeune que lui, mais ses traits dénotaient une maturité précoce et une grande force de caractère. En écoutant parler son père, elle se penchait en avant comme pour lui apporter son aide, mais Bartley remarqua que sa mère, presque aussi jolie qu'elle, lui posait la main sur le bras pour la calmer et l'obliger à adopter une attitude plus digne.

Il n'écouta plus le reste du débat. « Aucune importance, songea-t-il. Les mêmes arguments seront débités avec monotonie pendant les vingt prochaines années. » Il n'avait d'yeux que pour la fille Starbuck, et il eut le sentiment qu'en prêtant attentivement l'oreille il l'entendrait respirer. Elle représentait l'être humain le plus fascinant qu'il lui eût jamais été donné de voir, et la tête lui tournait à force de la regarder.

Pendant l'intermède de midi, il s'avança vers elle et fut surpris de sa propre audace.

— Es-tu la fille de l'orateur Starbuck ? lui demanda-t-il.

— Oui.

— Je m'appelle Bartley Paxmore. Du Foyer de Patamoke.

— Je sais, répondit-elle.

Le fait que cette fille éblouissante eût pris la peine de découvrir son identité le cloua sur place. Planté là, au soleil, sur les marches du foyer, il ne trouvait rien à dire.

— Aimerais-tu déjeuner avec nous ? s'enquit-elle.

Il tenta de bredouiller une réponse pour lui faire comprendre qu'il n'avait pas emporté un repas individuel, elle lui répondit d'un ton uni :

« Nous emportons toujours plus qu'il n'en faut.

Sur quoi, il se joignit à eux. Ce fut un enchantement. Les

Starbuck avaient cinq enfants, dont deux étaient mariés ; après les présentations, Bartley se tourna vers la jeune fille avec gêne.

— Personne ne m'a dit ton nom, murmura-t-il.

— Rachel.

C'était à Rachel qu'il pensait maintenant, en naviguant vers le nord. Depuis leur rencontre, trois mois plus tôt, elle l'obsédait ; il revoyait sans cesse la splendide jeune fille en robe grise, allant et venant entre les arbres de Third Haven, le ravissant visage encadré de la coiffe bleu et jaune. Son souvenir le hantait ; il la voyait dans le sillage de son bateau ; il croyait sentir vibrer dans les écoutes l'attraction qu'elle exerçait sur lui. Jamais encore il n'avait entendu un nom qui convînt si bien à une créature de rêve, un nom si mélodieux que celui de Rachel Starbuck.

Il passa la nuit amarré à un tronc d'arbre abattu en face de Saint Michaels et, comme il ne trouvait pas le sommeil, il contempla les lumières vagabondes du petit village de pêcheurs, les allées et venues d'hommes portant des lanternes, et il songea : « Bientôt, j'aurai un foyer à moi et, le soir, j'irai chercher les œufs dans la grange pour Rachel. » La vision lui communiquait une telle félicité qu'il se mit à chanter :

C'est elle la plus jolie fille de tout le champ.
Et je suis le garçon le plus fort au combat.
A moi ses lèvres et leurs baisers si attachants
Le rouge-gorge chante : « Ce soir elle est à toi... là-bas. »

Il rit. « Père me tancerait d'importance s'il m'entendait chanter des paroles aussi conquérantes. » Puis les lumières mouvantes de l'autre côté du fleuve commencèrent à disparaître et tout s'endormit, sauf lui ; le cœur lui cognait dans la poitrine car, avant la fin de cette nouvelle journée, il aurait amarré son bateau devant la maison de Rachel Starbuck.

Il arriva à hauteur de la ferme à onze heures du matin ; les deux jeunes Starbuck le repérèrent au moment où son bateau se rapprochait de la rive.

— C'est Paxmore ! hurlèrent-ils.

Leurs cris attirèrent leur sœur sur le seuil. Quand elle reconnut le visiteur, elle comprit le but de sa visite. Sans même lisser son tablier ou céder à la moindre coquetterie, elle descendit le chemin pour aller à sa rencontre, lui tendit la main et lui souhaita la bienvenue.

En proie à une folle émotion, Bartley bredouillait. Finalement, il demanda, non sans brusquerie :

— Ton père est-il à la maison ?

— Oui, répondit-elle.

Sans un mot de plus, Bartley Paxmore se dirigea vers la maison, entra et chercha des yeux Micah Starbuck. Selon la coutume quaker, il s'adressa à son aîné en l'appelant par son prénom :

— Micah, je suis venu te demander ta fille.

L'abolitionniste joignit les doigts et pinça les lèvres comme s'il allait siffler.

— Eh bien, puisqu'elle doit nous quitter un jour ou l'autre..., marmonna-t-il à la grande surprise de Paxmore. Qu'est-ce que tu en dis, mon poussin ?

— Je crois que je suis prête, annonça Rachel en prenant la main de Bartley.

— Nous ferons l'annonce à la réunion de dimanche, dit Starbuck.

Tout se passa le plus simplement du monde. Quand Prudence Starbuck descendit des chambres et les rejoignit dans la salle commune, on l'informa des fiançailles de sa fille.

— Nous avons entendu dire que tu étais un bon gars, Bartley.

— Je te remercie, Prudence.

Tout ce qu'il avait rêvé avec tant d'ardeur prenait forme à une telle cadence qu'il était pris de vertige et ne savait ce qu'il convenait de faire.

— A présent, tu peux l'embrasser, dit Micah.

Tremblant, Bartley se pencha avec maladresse et embrassa Rachel sur la joue.

« Tu te montreras plus empressé par la suite, assura Micah en riant.

Bartley sentit ses genoux se dérober sous lui.

— Puis-je m'asseoir ? demanda-t-il.

Quel que soit ce que le sort lui réservait, Bartley Paxmore se souviendrait qu'à dix-huit ans il avait été si amoureux de Rachel Starbuck qu'il avait cru défaillir en lui effleurant la joue de ses lèvres. Il avait parcouru soixante-quinze kilomètres sans se faire annoncer pour la demander, comme attiré par un faisceau d'aimants, et le feu qui l'embrasait ne se consumerait jamais au point de devenir de la cendre toute grise.

Le lendemain, les Starbuck prirent les dispositions nécessaires pour que l'annonce des fiançailles soit lue lors de deux réunions successives afin de hâter la célébration du mariage. On convint que Bartley passerait ces onze ou douze jours à la ferme, et ce qui se produisit accidentellement le sixième jour changea le cours de son existence.

La famille dînait, un peu avant le coucher du soleil, quand Micah entendit un bruit venant du poulailler ; il envoya son fils cadet pour voir ce qui se passait. L'enfant revint et se tint sur le seuil, figé, pieds joints, mains aux côtés, comme pour annoncer une nouvelle d'importance à un roi ou à un général.

— Encore un Noir. Il se cache dans les ajoncs.

Personne ne dit mot. Mais tous se levèrent tranquillement et suivirent des yeux Micah qui abandonnait la pièce. Il revint après une brève absence.

— Tu sais ce qu'il convient de faire, dit-il simplement.

Le dîner était oublié ; chaque membre de la famille se déplaça en silence, sachant quel rôle lui était imparti. Prudence réunit la nourriture qui se trouvait sur la table et la déposa dans une grande écuelle qu'elle tendit à Rachel.

— Il doit mourir de faim, murmura-t-elle.

Rachel sortit. Mrs. Starbuck et son autre fille s'activèrent dans la salle commune, mettant de l'ordre afin que tout parût comme à l'ordinaire ; une dure expérience leur avait appris que, ce soir-là, leur maison ferait l'objet d'une fouille en règle. Lorsque tout lui sembla satisfaisant, elle s'approcha de Bartley.

— Maintenant, tout dépend de toi, lui dit-elle d'un ton presque sévère.

— Que dois-je faire ?

— Te maîtriser. Tu seras peut-être en butte à des insultes, Bartley. Seras-tu capable de te contrôler ?

— J'essaierai.

— Essayer ne suffit pas.

Elle se tourna vers Rachel qui venait de rentrer.

« Tu t'occuperas de lui.

Au bout d'un certain temps, Micah revint.

— Il a été horriblement battu.

— Faut-il le panser ? lui demanda Prudence.

— Non. Il s'en sortira comme ça. Nous l'amènerons dans les bois les plus éloignés.

Bartley ignorait ce que signifiaient ces paroles, mais ce qui survint ensuite l'étonna. Starbuck s'adressa au plus jeune de ses fils, un garçon de dix ans.

« Tu resteras avec lui, Comly. A l'aube, tu emprunteras des chemins détournés pour l'amener à la ferme Pidcock sur Wye Island.

— Oui, père, répondit l'enfant.

Il monta à l'étage et en redescendit avec un chandail qu'il glissa sous son bras car il ne faisait pas encore froid.

— Quant à toi, lança Starbuck d'un ton catégorique à son futur gendre, prends une pelle et enterre ces misérables hardes. Étale du fumier dessus pour chasser l'odeur.

Ainsi, pour la première fois, et par accident, Bartley Paxmore apporta aide et assistance à un esclave en fuite. A la Falaise-de-la-Paix, sa famille s'était engagée, sur le plan philosophique, à mettre fin à l'esclavage en général; les Starbuck acceptaient de risquer leur vie pour aider un Noir à titre individuel. Starbuck avait arraché les haillons du Noir et s'apprêtait à lui tendre un pantalon de toile grossière et une chemise de laine. L'esclave se dressait, nu, dans la pénombre : un homme robuste d'une vingtaine d'années, dont les flancs et le dos étaient marqués de coups de fouet. Le fugitif et le quaker se dévisagèrent longuement, puis Starbuck dit à son jeune fils :

— Emmène-le dans les bois les plus éloignés.

— Nous remonterons au milieu du courant pour tromper les chiens, répondit l'enfant.

Les Starbuck se réunirent dans la cuisine. Ils restaient assis, silencieux, et Bartley songea : « C'est une réunion quaker d'un autre genre. » Mais bientôt, on entendit les cris du shérif, et des bruits de pas en direction de la maison. Les chasseurs d'esclaves ouvrirent la porte d'un coup de pied.

— Où est le nègre ? aboya l'un d'eux.

Trois chiens, babines retroussées, tirèrent sur leurs laisses pour entrer; Bartley eut le cœur serré en reconnaissant l'homme qui les menait : le vieux Lafe Turlock, émanation du marais, édenté, maigre, brûlant de toucher la récompense que lui vaudrait la capture d'un fugitif. Il pourchassait les esclaves car il les haïssait depuis que l'un d'eux avait massacré son cousin Matt au cours de la révolte à bord de l'*Ariel*. « J'ai les meilleurs chiens chasseurs de nègres de toute la côte orientale, disait-il volontiers. Il suffit de leur donner une godasse ou une chemise à flairer, et ils pisteraient le fuyard jusqu'au Canada. » Bartley se plaça derrière Rachel pour éviter d'être repéré par Lafe.

— Pas la peine de nous raconter d'histoires, Starbuck, intima le shérif. Tout le monde sait que vous aidez les nègres à passer en Pennsylvanie. Mais cette fois, on est bien décidé à récupérer notre homme. Il appartient au gentleman ici présent. Il l'a payé quatre cents dollars, et il est juste qu'il remette la main dessus.

Le propriétaire avança d'un pas, un homme sec, vêtu de haillons. De la main gauche, il tenait un fouet dont la lanière formait deux longues boucles ; ses lèvres découvraient des dents noircies par une éternelle chique. Le bord de son chapeau lui retombait bas sur les yeux.

— Je suis Herman Cline, de Little Choptank. Et vous... le diable vous emporte, vous cachez des nègres.

— Donnez son signalement, proposa le shérif.

— Il s'appelle Joe. Un grand type au dos couvert de cicatrices, dit Cline en gardant les yeux rivés sur Starbuck.

— Oh, ce ne doit pas être les cicatrices qui manquent, commenta Prudence d'un ton uni.

Les trois hommes se tournèrent vers Mrs. Starbuck ; leurs yeux brûlaient de la haine que suscitait chez eux une telle insolence.

— Où est-ce que vous l'avez caché ? demanda Herman Cline.

— Je n'ai pas vu d'esclave, rétorqua Prudence.

— Vous êtes prête à le jurer ?

— Oui.

— Évidemment ! s'exclama le shérif en éclatant de rire. Parce que le nègre n'est pas sorti du poulailler.

— Allons-y, intervint Lafe en tirant sur les laisses de ses chiens.

Dans la pénombre, les chasseurs d'esclaves inspectèrent basse-cour, granges et champs, recherchant attentivement la moindre trace. Les chiens passèrent juste au-dessus de l'endroit où les hardes avaient été enterrées, mais sans rien déceler.

Soudain, le shérif pivota sur les talons, saisit Bartley par le bras et s'écria :

— Qui diable êtes-vous ? Un agitateur du nord ?

— Il est venu épouser ma fille..., commença Micah.

— Celui-là, je le connais, coupa Lafe Turlock. C'est un Paxmore. Sale engeance.

— Encore un satané quaker, bougonna le shérif en secouant Bartley comme s'il avait affaire à un enfant récalcitrant. Où est-il ?

— Qui ? demanda Bartley en essayant de se libérer.

— Ne jouez pas à ce petit jeu avec moi ! hurla le shérif. Je représente la loi, ajouta-t-il en frappant Bartley en pleine figure.

C'en était trop. Bartley serra un poing qui aurait achevé sa course sur la face du shérif si Micah n'avait prévu cette réaction et saisi le bras du jeune homme.

« Vous avez de la chance, jeune homme, dit le shérif d'un ton menaçant. Si vous vous avisez de me toucher, je vous abats comme un chien. Alors, où est ce nègre ?

— Mr. Starbuck, intervint Cline d'un ton pleurnichard, nous sommes des gens raisonnables. Nous savons que mon nègre se trouve sur vos terres. Je l'ai vu traverser le Little Choptank à la nage et Lafe, ici présent, l'a aperçu qui ramait sur le fleuve dans un bateau volé.

— Ouais, renchérit Lafe. Mes chiens ont relevé sa trace et ils nous ont conduits jusqu'à votre porte, Mr. Starbuck. Le nègre est chez vous et nous le savons.

— Le fuyard appartient à Mr. Cline, ajouta le shérif. Et j'ai un mandat délivré par le tribunal qui vous somme, vous et tous les citoyens respectueux des lois, de m'aider à récupérer le bien de Mr. Cline. Si vous préférez enfreindre les ordonnances de l'État...

— Qu'est-ce que tu fais ? cria Micah.

Bartley se retourna et vit Lafe Turlock qui s'apprêtait à jeter un brandon dans la grange.

— Ou vous nous remettez le nègre, ou votre grange va flamber.

La vue de la flamme et l'idée qu'une grange à la belle et solide charpente pût être incendiée mirent le jeune Paxmore hors de lui. D'une secousse, il se libéra de l'étreinte du shérif et se rua sur Turlock ; il le fit basculer, le cloua au sol et lui arracha le brandon. Son geste eut le don d'exaspérer le shérif qui porta la main à son arme, mais Micah s'interposa.

— Il n'y a aucun esclave sur ma propriété, affirma-t-il d'un ton calme.

— Vous êtes bien comme votre bonne femme, grommela le shérif. Toujours prêt à jurer n'importe quoi.

En un sens, il éprouvait du soulagement du fait que Micah l'eût empêché de faire usage de son arme ; il ne tenait pas à tuer un jeune Blanc.

— Je crois qu'il est par là, dans les bois, dit Lafe en se relevant.

Il s'épousseta, récupéra ses chiens.

— Pourquoi est-ce que vos satanés cabots ne retrouvent pas sa trace ? grogna Cline, furieux.

— Parce qu'ils ont emmené le nègre en lui faisant remonter le ruisseau en plein milieu du courant pour tromper les bêtes.

— Alors, faites suivre la même route à vos satanés chiens pour qu'ils retrouvent la trace à l'endroit où le nègre a quitté le ruisseau ! s'emporta Cline.

Turlock ne releva pas la ridicule proposition ; jamais il n'avait participé à une chasse à l'esclave en compagnie d'un individu aussi répugnant. Généralement, la battue tenait de la partie de plaisir ; on buvait, on mangeait, on s'encourageait les uns les autres, on flattait les chiens. Mais Cline... quel sale type !

La nuit tombait et les chasseurs d'esclaves cédaient au découragement.

— Si on retournait à Patamoke ? proposa l'un d'eux.

Mais le shérif ne voulait pas abandonner.

— Tout le monde dans la cuisine, ordonna-t-il.

Il s'adressa aux Starbuck dès que ceux-ci furent assis.

« Bon Dieu, nous savons que ce nègre est dans le coin. Je l'ai vu, vu de mes yeux, entrer sur vos terres, Starbuck, comme s'il savait qu'une fois ici il serait en sûreté. Vous l'avez caché avant qu'on ait eu le temps d'arriver. Et, nom de Dieu, on va le trouver !

Ils fouillèrent la maison de fond en comble, renversèrent tous les coffres. A un moment, le shérif empoigna la plus jeune des petites Starbuck.

— Tu lui as porté à manger, hein ? hurla-t-il.

— Non, répondit-elle. On ne l'a jamais vu ici.

Les chasseurs d'esclaves durent s'avouer vaincus, mais le shérif avertit Micah.

— Je vous aurai à l'œil. Je sais que vous aidez les nègres à gagner le nord. Et c'est interdit par la loi... la loi du Maryland, la loi des États-Unis, et la loi des honnêtes gens.

Herman Cline jeta un regard suppliant à Starbuck, mais il comprit qu'il n'avait aucune chance de l'attendrir ; alors il se tourna vers Lafe.

— Toi et tes satanés cabots ! ironisa-t-il.

Il avait donné dix dollars à Turlock sans pour autant récupérer son esclave.

Au moment où le trio s'en allait, le shérif saisit Paxmore par le bras.

— Fiston, vous avez bien failli vous faire tuer ce soir. Vous entrez dans une famille de la pire engeance qui soit. Un de ces jours, je vous ferai tâter de la prison.

Le mariage fut célébré dans l'après-midi du lundi qui suivit le deuxième dimanche. De nombreux quakers venus des environs se réunirent à Third Haven, les femmes à gauche, les hommes à droite. Deux rangées de sièges leur faisaient face sur l'estrade ; sur le banc du fond étaient assis deux hommes et deux femmes âgés. Ils n'étaient pas parents. Les hommes portaient leurs chapeaux. Sur les sièges de devant, se tenait Bartley Paxmore, célibataire, habitant la Falaise-de-la-Paix, dix-huit ans, coiffé de son chapeau, et Rachel Starbuck, célibataire, habitant Miles River, seize ans, coiffée d'un bonnet jaune et bleu.

Pendant les vingt premières minutes de la cérémonie, personne ne parla. Quelques mouches enfermées dans la salle bourdonnaient paresseusement, mais sans se montrer offensantes. Dehors, pépiaient les oiseaux de l'été, mais à une telle distance qu'on les entendait à peine, et eux non plus n'avaient rien d'offensant. Hommes et femmes regardaient droit devant eux, se rappelant d'autres mariages auxquels ils avaient assisté, mais personne n'esquissait le moindre geste.

Enfin Bartley Paxmore se leva et prononça les paroles sacramentelles qui communiquent un frisson à tout quaker qui les écoute :

— En présence de Dieu et de nos amis ici rassemblés, moi, Bartley Paxmore, je te prends, Rachel Starbuck, pour épouse... Pour le meilleur et pour le pire, dans la richesse et dans la pauvreté, dans la maladie et dans la santé jusqu'à ce que la mort nous sépare.

Il se rassit en tremblant. Après une longue pause, Rachel se leva et dit d'une voix claire :

— En présence de Dieu et de nos amis ici rassemblés, moi, Rachel, je te prends, Bartley...

Sur quoi, elle se rassit. Après un silence prolongé, le jeune couple se leva de nouveau. Paxmore glissa un anneau d'or au doigt de son épousée et l'embrassa. Puis, tous deux de se rasseoir et, de nouveau, le silence.

Vingt minutes s'écoulèrent de la sorte avant que l'une des femmes âgées installées sur le banc du fond se levât pour déclarer d'une voix ferme :

> Le mariage est un sacrement ordonné par Dieu et précieux à Ses yeux. Mais il est aussi union de deux corps jeunes et vigoureux, et si nous l'oublions, nous échappons aux vœux de Dieu. Rachel et Bartley, trouvez de la joie l'un dans l'autre. Ayez des enfants. Que le rire résonne dans votre foyer. Que votre amour aille croissant, et quand l'ardeur de la jeunesse s'en sera allée, le souvenir d'un grand amour illuminera à jamais votre vie. Aujourd'hui, notre réunion compte nombre de vieux couples dont l'existence a été rendue supportable et fructueuse à cause de la passion mutuelle qu'ils se vouaient ; il en ira de même pour vous dans cinquante ans quand vous vous remémorerez ce jour.

Elle s'assit, et personne ne fit mine d'approuver ou de désapprouver ces paroles remarquables. Son bref discours résumait ce qu'elle pensait du mariage, et elle s'était sentie inspirée par Dieu pour enseigner sa connaissance à ce couple qui partait vers la vie. Après un silence de plusieurs minutes, un vieillard se leva et déclara d'une voix forte et nette :

> Les hommes prudents, appartenant à toutes les nations, à toutes les religions, ont compris qu'il ne convenait pas qu'un couple dépense plus de vingt pour cent du revenu de la famille en loyer. Ne prenez jamais d'hypothèques pour une raison quelconque, sauf pour l'achat d'une ferme, et dans ce cas n'acceptez jamais de payer plus de cinq pour cent d'intérêt. Et n'avalisez jamais, jamais, la dette d'un ami. Pendant soixante ans, j'ai vu des hommes se porter garants pour un ami et ça s'est toujours terminé de façon désastreuse. La créance est perdue, l'ami est perdu, l'argent est perdu, seul le chagrin demeure. Rachel, ne laisse jamais ton mari avaliser la dette d'un ami. Si l'autre

parti a besoin d'argent et le mérite, donne-le lui. Mais ne contresigne jamais un billet.

Lorsque le vieillard se rassit, son voisin lui chuchota quelques mots à l'oreille ; après un temps de réflexion, le vieil homme se releva et ajouta une ultime recommandation :

— Il serait aussi admissible de prendre une hypothèque pour acheter un bien immobilier en ville, mais seulement si c'est indispensable pour les affaires, et jamais à plus de cinq pour cent d'intérêt.

Le silence se réinstalla ; l'assistance se tint immobile puis une femme jeune, à la voix hésitante, se leva.

— Quand vous aurez des enfants, puisque tel est le but du mariage, faites tous deux en sorte de leur apprendre à connaître Jésus. C'est une chose effroyable que d'élever des enfants hors de la foi chrétienne.

Elle n'ajouta rien à sa recommandation, et les discours s'arrêtèrent là.

Enfin, les deux hommes âgés qui occupaient le banc du fond se levèrent et se serrèrent la main. Puis, tous les assistants firent de même avec leurs voisins, et chacun défila pour signer l'acte de mariage qui serait déposé au bureau de l'enregistrement d'Easton. La dernière signature apposée, Bartley Paxmore était dûment marié à Rachel Starbuck.

Le chemin de fer

Vers 1845, les habitants du Choptank se scindaient en deux groupes nettement définis, lesquels pouvaient être représentés par les deux principales familles de la région. Paul et Susan Steed étaient considérés comme les champions des riches propriétaires de plantations, ceux qui estimaient que le Maryland devait suivre l'exemple des Carolines et de la Géorgie, même si cette orientation entraînait la dissolution de l'Union. De leur côté, George et Elizabeth Paxmore servaient de porte-parole à la grande masse des fermiers se réclamant de la classe moyenne et des hommes d'affaires qui considéraient que l'Union devait être préservée à tout prix. Dans le domaine financier et intellectuel, la faction des Steed l'emportait ; sur le plan de la force morale et de l'obstination, le groupe Paxmore prédominait.

La plupart du temps, la ligne de conduite des Steed et des Paxmore divergeait ; les premiers s'occupaient de leurs plantations et les derniers de la construction des bateaux ; mais il arrivait parfois que leurs intérêts convergent, ce qui n'allait pas sans aléas.

A cette époque, Devon devint l'une des plantations les plus en vue d'Amérique, ceci pour trois raisons.

En premier lieu, Paul Steed administrait ses domaines en homme d'État, recherchant les meilleurs contremaîtres du Maryland et de la Virginie qu'il rémunérait généreusement. Il était alors propriétaire de près de neuf cents esclaves qu'il utilisait avec discernement. Pas de sévices ni de mauvais traitements. Après qu'il eut découvert la façon dont Cline gérait sa ferme disciplinaire, Paul Steed interdit que l'on envoyât des esclaves de Devon sur le Little Choptank. Ses sages décisions contribuèrent à la prospérité de sa plantation. Il alternait les ensemencements, faisait naviguer ses bateaux à plein temps, et étendait le nombre et la portée de ses comptoirs. Les années passées dans l'oisiveté studieuse lui avaient permis de devenir un expert, et on l'apercevait souvent, boitillant dans les coins les plus reculés de ses plantations de la grande terre, immisçant son cou tors dans toutes sortes de problèmes qu'il prenait plaisir à résoudre.

En second lieu, lors d'un voyage à travers la baie en 1842, il eut l'occasion de voir fonctionner la ligne de chemin de fer Baltimore-Ohio, et fut conquis par la perspective de relier les diverses régions du pays grâce au rail ; poussé par la curiosité et l'instinct du progrès, il effectua en train le trajet jusqu'à Harpers Ferry et retour. Cette expérience le convainquit que le seul espoir de la péninsule, et à fortiori de la côte orientale, consistait à en réunir les trois parties par le chemin de fer.

Dès la naissance de la nation, tout être doué d'une intelligence égale à celle d'un moineau s'était rendu compte que la péninsule aurait dû ne former qu'un seul État, mais le hasard de l'histoire avait voulu qu'une partie fût affectée au Maryland, dont les citoyens méprisaient la côte orientale, la jugeant arriérée, une autre au pseudo-État du Delaware, qui ne parvint jamais à justifier son existence, et la dernière partie à la Virginie qui faisait de la pointe extrême de la côte orientale l'orphelin le plus pitoyable de l'Amérique.

Tous ceux qui habitaient cette contrée continuaient à espérer que, sous peu, les trois factions seraient réunies en vue de constituer un État viable, doté de ses intérêts propres. Les années passaient sans qu'intervînt cette fusion. Paul mena une campagne au Congrès pour faire adopter cette solution de bon sens et tous ceux qui l'approchaient convenaient du bien-fondé de ses arguments, mais on ne prenait aucune mesure concrète car, ainsi que le sénateur Clay lui déclara un jour :

— Mon cher Steed, dans notre monde, il n'existe rien de plus permanent qu'une disposition provisoire.

A présent, avec la possibilité d'une voie ferrée se prolongeant sur toute la longueur de la péninsule et la reliant, au nord par Philadelphie, au sud via Norfolk, la côte orientale entrevoyait un avenir prometteur. L'organisateur et l'administrateur de cet avenir ne serait autre que Paul Steed. Ce fut dans l'intention de réaliser ce grand dessein que Susan et lui entreprirent d'inviter à Devon les personnalités du pays. Le sloop des Steed traversait la baie, gagnait l'embouchure du Potomac qu'il remontait jusqu'à Washington pour prendre à son bord les sénateurs et les membres du Congrès les plus en vue afin de les emmener passer une dizaine de jours à La Vengeance de Rosalinde. Pendant que les visiteurs philosophaient, Paul faisait appel aux notables du Choptank qui venaient s'entretenir avec eux pour tenter de les convaincre.

Les habitants de la région avançaient toutes les raisons qu'un homme sensé pouvait invoquer en vue d'expliquer pourquoi les trois parties devaient être réunies, et ils n'obtenaient rien, hormis le plaisir de rencontrer de grands hommes et de les écouter palabrer. Bien souvent, au cours de ces années pleines de promesses, les sénateurs évoquaient pendant deux minutes la question de la côte orientale, puis discouraient cinq heures durant sur les insolubles problèmes de l'esclavage.

En troisième lieu, ce fut à propos de l'esclavage que Steed attira l'attention la plus favorable sur Devon. Il commença assez innocemment par une longue lettre aux Fithian de Londres, dans laquelle il analysait la situation et exposait que l'abolition de l'esclavage pouvait convenir à l'Angleterre mais qu'elle serait un véritable suicide pour le sud de l'Amérique. Noël Fithian répondit en relevant non sans finesse des faiblesses dans le raisonnement de son ami, et Paul rétorqua par une autre missive.

Ultérieurement, il correspondit avec des gentlemen du Massachusetts, de l'Ohio, de la Louisiane et, surtout, de la Caroline du Sud. Ses lettres étaient si bien tournées, si solidement argumentées, qu'elles circulèrent parmi les amis des destinataires, et les lecteurs occasionnels des différentes régions du pays écrivirent à Paul pour lui suggérer de rassembler ses missives qui serviraient ainsi à faire valoir le point de vue d'un réaliste du sud. Cependant, Steed attendit que le sénateur Calhoun, de la Caroline du Sud, joignît sa voix à celles de ses autres correspondants pour passer à l'action. Avec sa perspicacité habituelle, Calhoun, le grand défenseur des droits des États et de l'esclavage, écrivit à Paul :

> Il ne m'a jamais été donné de compulser une série de lettres exposant si succinctement la position morale du sud. Vous vous montrez logique et inflexible dans la défense de notre attitude, et il serait salutaire que vous réunissiez toutes vos lettres afin que les populations du nord, qui souhaitent comprendre notre raisonnement, le découvrent, exprimé avec autant de bonheur.

En 1847 Paul publia son recueil de vingt lettres, *Réflexions d'un planteur du Maryland,* qui exaltait le sud avec tant d'enthousiasme et réfutait si bien la position adoptée par le nord, que nombre de lecteurs se demandèrent comment un planteur local, isolé dans l'une des parties les plus retirées du pays, pouvait faire montre d'une telle érudition. L'explication était simple.

Durant les sombres années de sa retraite, quand partout, le long du Choptank, on le ridiculisait pour ses relations avec Eden, l'esclave noire, et son peu d'empressement à s'élever contre le comportement de sa femme, il trouva une consolation en se plongeant dans l'œuvre de trois auteurs qui le marquèrent de façon indélébile. Jean-Jacques Rousseau lui rappelait à nouveau la condition honorable de l'homme, lorsque celui-ci tenait compte des enseignements fournis par la nature ; il lui emprunta l'amour passionné de la liberté de l'homme et sa détermination à la protéger, aussi bien au sud qu'au nord. Platon lui rappela les nobles propositions sur lesquelles doit être fondée toute société rationnellement constituée. Mais il puisa l'essentiel de son enseignement dans les romans de sir Walter Scott.

Comme nombre de gentlemen du sud, Paul trouva dans les œuvres de Scott la défense des principes sur lesquels se fondait la noblesse de la vie dans les États méridionaux : le courageux châtelain animé de bonnes intentions, la femme chaste qui l'inspire et qu'il protège, le serf loyal dont le zèle permet à son maître d'administrer ses terres, et l'adhésion de tous aux idéaux d'une chevalerie altruiste. Par un mémorable après-midi de 1841, alors qu'il lisait tranquillement *la Prison d'Édimbourg,* il se leva d'un bond et fit un serment : « Ici, sur cette île, je veux être un nouveau Guy Mannering, un Quentin Durward local. »

A partir de cet instant solennel, il tendit vers la société de Platon, la liberté chère à Rousseau et la chevalerie de Walter Scott. Il était inévitable que ses lettres résument les enseignements tirés de ces modèles et, dans sa première missive à Noël Fithian, alors qu'il abordait les sujets les plus épineux qui troublaient le pays, il n'hésita pas à faire état de ses convictions personnelles :

... Le nègre, génétiquement inférieur, exige un maître ; il montre de nombreuses qualités quand il est bien guidé et il n'a pas sa place en dehors d'un quelconque système d'esclavage.

... Contrairement à ce que prétendent certaines personnes mal intentionnées, l'esclavage est un avantage économique car il permet aux propriétaires terriens de cultiver des superficies qui resteraient en friche. Aucun Blanc ne peut travailler à l'extérieur dans des régions telles que les Carolines, l'Alabama et la Louisiane.

... Il est possible qu'un système d'esclavage dans le sud coexiste avec le système de main-d'œuvre libre adopté par le nord, à condition que le nord ne persiste pas à offrir des prix très bas pour nos matières premières et à exiger des tarifs élevés pour ses articles manufacturés.

... Il est aussi possible que l'esclavage existe en même temps qu'un système d'affranchissement progressif des Noirs ; ce principe a été expérimenté avec succès. L'objectif logique serait de former des esclaves pour des métiers qu'ils pourraient exercer n'importe où en Amérique. Deux cents ans seront probablement nécessaires pour que les Noirs accèdent au niveau d'éducation qui leur sera indispensable.

... Si l'on tient à œuvrer dans ce sens, il est essentiel que les Noirs s'étant enfuis de chez leurs propriétaires légaux soient rendus à ces derniers, quelle que soit la région des États-Unis où ils trouvent refuge. Le droit de propriété est sacré et doit être respecté, aussi bien par la loi fédérale que par celle des États.

... On a évoqué la possibilité d'une sécession de l'Union, mais elle n'interviendra que si les populations du nord persistent à exiger des tarifs prohibitifs, à encourager l'abolitionnisme et à donner asile aux esclaves en fuite. Si l'on peut mettre fin à cette opposition, les deux parties pourront coexister avec profit et considérer l'avenir sous un jour serein.

Dans ses vingt lettres, Paul évoquait invariablement le sud et la fâcheuse persécution dont il était l'objet de la part de « ceux du nord », comme si le premier était une entité spirituelle, et le second un ramassis d'éléments divers dus au hasard. Mais jamais il ne ridiculisait la position adoptée par le nord et, dans sa Lettre VIII, il faisait preuve d'un discernement aigu. La Lettre XIII traitait sans ambages de l'accusation de cruauté envers les esclaves, répandue par ceux du nord. Elle fut réimprimée maintes fois dans les journaux du sud et servit de cible aux innombrables détracteurs du nord. Un de ses paragraphes devint célèbre :

> Il y a eu des sévices, mais jamais dans les plantations de ma famille ou de mes amis. Il y a eu indifférence devant les exigences alimentaires, vestimentaires et sanitaires, mais elle n'a pas sévi dans les domaines que je connais. Et il y a eu des cas où les esclaves réfractaires ont été fouettés inconsidérément, mais le planteur coupable d'un tel comportement est méprisé par ses pairs, évité par ses relations et tourmenté par sa conscience. Il est tenu à l'écart par les siens et honni par la population. Il ne peut se racheter qu'en prouvant de façon continue et durable qu'il renonce à sa déplorable attitude ; car s'il devait persister dans cette voie, après avoir été rappelé à l'ordre, il serait mis au ban de la société.

Le hasard voulut qu'une autre lettre retînt l'attention en dehors de celles publiées dans le livre ; il s'agissait de la Lettre XIX, qu'il avait rédigée dans un mouvement d'humeur. L'esclave Frederick Douglass, né sur une plantation limitrophe du Choptank, avait travaillé dans divers champs contigus aux domaines des Steed, et s'était enfui dans le nord où il avait été adopté par les éléments les plus douteux du mouvement abolitionniste. En 1845, il publia un ouvrage injurieux qui prétendait être le compte rendu fidèle de la situation dans la région du Choptank et, grâce à ce livre, il acquit une certaine notoriété en tant que prédicateur dans les églises du nord. Le sud se sentit à la fois vexé et lésé par ce livre car Douglass écrivait avec verve, et l'on croyait à Patamoke qu'un Blanc avait rédigé l'ouvrage à sa place. Aussi, dans une lettre adressée à un ami de l'Ohio, Paul Steed réduisit à néant les affirmations de cet agitateur. Ses arguments s'étayaient sur quatre points qu'il énonçait au début de sa lettre :

> *Premièrement,* cet écrit ne prouve en rien la capacité des Noirs à accéder à un haut niveau intellectuel car son auteur ne saurait être considéré comme un Noir, ainsi qu'il le reconnaît : « Mon père était blanc. D'après ce qu'on m'a

dit, il s'agissait de mon maître. » Les capacités intellectuelles dont il fait preuve lui ont été léguées par son ascendance blanche.

Deuxièmement, c'est un imposteur car il s'est toujours affublé de faux noms, se faisant tout d'abord appeler Bailey, puis Stanley, puis Johnson et enfin Douglass. Quel patronyme va-t-il maintenant usurper ? « Le vrai Mr. Johnson venait de lire *la Dame du lac* et il proposa qu'on me nommât Douglass. Depuis lors, et jusqu'à maintenant, on m'appelle Frederick Douglass. »

Troisièmement, c'est un athée et, en conséquence, aucune des allégations de mauvais traitement qu'il avance ne peut être acceptée. Qui a jamais proféré blasphème plus horrible que celui-ci : « La religion du sud n'est qu'un écran de fumée pour dissimuler les crimes les plus abominables, une justification de la brutalité et de la force les plus ignobles, la sanctification des filouteries les plus haïssables, et un voile plus épais encore à l'abri duquel sont perpétrés les actes les plus répréhensibles, les plus vils, par les détenteurs d'esclaves. » N'est-ce pas là des paroles dignes de l'Antéchrist ?

Quatrièmement, c'est un faussaire avoué : « Pendant la semaine qui a précédé notre fuite, j'ai rédigé plusieurs documents destinés à nous protéger. » Il entend par là qu'il a falsifié cinq laissez-passer pour tromper les autorités et les a signés du nom honorable de William Hambleton, de Saint Michaels, que, dans son ignorance, il a mal orthographié.

L'intérêt des lettres de Steed résidait dans ses exposés concernant la gestion et l'économie. Toutes les lettres étaient imprégnées de ces réflexions. Il se dépeignait sous les traits du meilleur propriétaire de plantations qui fût — informé et désireux de gérer ses vastes domaines afin que chacun y trouve son profit. De diverses manières, assez spontanées, il exprimait sa détermination à procurer à ses esclaves un mode de vie décent et une part soigneusement calculée des avantages retirés par sa gestion. Chaque esclave recevait plus de vêtements que sur toute autre plantation, plus de nourriture. Steed portait une attention particulière à l'aspect sacré de la vie familiale et il abolit la vieille coutume, qui ne rebutait pas l'oncle Herbert, selon laquelle on vendait un mari réfractaire dans le sud sans se préoccuper de l'épouse et des enfants laissés sur place. Il exposait ainsi ses arguments :

> Un esclave sain représente à la fois un investissement substantiel et une source de bénéfice, mais l'investissement est anéanti et le bénéfice perdu si la condition physique de l'esclave est détériorée par de mauvais traitements ; et je n'entends pas seulement par là des sévices, mais aussi les douleurs morales pouvant intervenir en raison de la dispersion de la famille ou de la négligence à l'égard des enfants. Si les lois d'humanité ne protègent pas l'esclave, les principes d'une saine administration devraient s'en charger.

Dans la Lettre xx, celle qui offrait le plus de difficultés à l'analyse des observateurs du nord, Steed exposait à Noël Fithian sa théorie selon laquelle la liberté des États-Unis dépendait de la continuité de l'esclavage. Il citait quelques arguments de poids tirés de l'expérience de la Grèce, de Rome et de l'Amérique à ses débuts. Il était convaincu que les hommes libres ne pouvaient s'épanouir que s'ils étaient soutenus par une caste d'esclaves, et il affirmait qu'il défendait à la fois la liberté du gentleman blanc et le bien-être du Noir. Jamais sa position ne varia ; jamais il ne se laissa aller à la moindre concession susceptible d'ébranler sa thèse. L'un de ses arguments fut largement cité :

> La liberté dont jouissent les citoyens des États-Unis, liberté que le monde leur envie, fut au départ le fait de gentlemen du sud, détenteurs d'esclaves. Parmi les hommes qui rédigèrent la déclaration d'Indépendance, ceux-là mêmes qui apportèrent la contribution la plus importante possédaient des esclaves. Parmi ceux qui ont élaboré notre constitution, nombreux étaient les intellectuels originaires du sud. Sur les douze présidents qui ont amené notre nation à son niveau actuel et à son enviable réussite, neuf ont été propriétaires d'esclaves, et leur administration s'est avérée la plus saine et la plus appréciée de la population en général.

Il soutenait que seul le gentleman libéré des questions prosaïques par le dur labeur de ses esclaves était à même d'apprécier l'évolution de la société et de séparer le bon grain de l'ivraie. Il affirmait que c'étaient les épouses des gentlemen en question qui incitaient la société à tendre vers des valeurs plus hautes.

> Ce sont les femmes du sud qui ont entretenu la flamme qui guide notre pays : charité, courage, pitié, grâce et autres vertus. Elles y parvenaient car elles étaient libérées — en raison de l'existence des esclaves — et avaient le loisir de s'occuper de questions d'une tout autre importance que les tâches ménagères. Ce ne sont pas les femmes du nord qui ont établi les normes de notre comportement national car elles étaient accablées de travaux mesquins. Ce sont nos gentes dames du sud qui ont donné le ton.

Et, une fois de plus, il en revenait à son thème fondamental, selon lequel l'esclavage avait permis aux Noirs, hommes et femmes, d'accéder à la liberté.

> Ainsi, nous nous apercevons que la Noire du sud est plus libre de se pencher sur les questions primordiales, chères aux mères de famille, que la prétendue femme libre du nord qui travaille en usine dans des conditions qui l'empêchent de jouir de la vie. La véritable liberté se trouve dans une société hiérarchisée où chacun a sa place et s'y tient.

Il se considérait en 1847 comme l'héritier de Périclès, de Marc Aurèle et de George Washington, et il s'efforçait d'observer les règles strictes, édictées par ces grands hommes. « Leur liberté d'action dans le monde, disait-il souvent, se fondait sur l'existence d'esclaves qui effectuaient les tâches les plus ingrates. » Mais il n'était pas insensible à la question insidieuse des abolitionnistes : « L'esclave doit-il durant toute son existence vivre sans espoir ? » Il abordait ce sujet à la fin de la Lettre XX :

> Vous vous souvenez, Noël, de l'excellente esclave noire, Eden, dont vous avez pu apprécier les services lors de votre dernière visite. Sous tous les rapports, on pouvait lui reconnaître une foule de qualités, et les soins affectueux qu'elle a dispensés à Susan après notre accident ont permis à ma femme de survivre. Nous avons libéré Eden, après quoi, un salaire lui a été versé et elle l'a économisé afin de racheter la liberté de son mari, le mécanicien xanga dont vous aviez admiré le travail à la forge. Ils habitent

maintenant notre village de Patamoke où l'homme a ouvert un atelier prospère de réparations en tous genres. Il vous plaira d'apprendre qu'Eden a volontairement proposé de travailler à Devon et de s'occuper de Susan qui, grâce à ses soins, se déplace maintenant avec une aisance que vous n'imagineriez pas. Je veux croire qu'Eden et son mari sont plus heureux ici, au Maryland, qu'ils auraient jamais pu l'être en Afrique.

En fait, Steed se persuadait qu'il protégeait la liberté de tous, surtout celle des esclaves qui lui appartenaient. « Je leur sers de maître pour leur propre bien », arguait-il, et il se montrait si persuasif en propageant cette théorie que les habitants du Choptank en vinrent à croire que « nos esclaves sont plus heureux à notre service qu'ils ne le seraient s'ils étaient affranchis ». Tout le monde raisonnait de la sorte, sauf les esclaves et ceux qui travaillaient de leurs mains, comme George Paxmore.

Depuis longtemps, Paul Steed se doutait qu'un jour ou l'autre il aurait des ennuis avec les Paxmore au sujet de l'esclavage et, à la fin de 1847, il reçut la visite de Mr. Thomas Cater, le receveur des postes de Patamoke. Mr. Cater effectua la traversée jusqu'à Devon pour apporter à Mr. Steed la preuve que les quakers de la Falaise-de-la-Paix recevaient un courrier séditieux.

— Je ne l'aurais jamais cru, monsieur, si je ne l'avais vu de mes yeux, commença-t-il.

Et il posa sur le bureau une lourde enveloppe en provenance du nord contenant un exemplaire du *New York Tribune,* journal connu pour son esprit frondeur.

« Voilà le corps du délit, déclara prudemment Mr. Cater.

Steed se refusa à toucher la gazette car la loi du Maryland interdisait formellement la diffusion de tout écrit « destiné à engendrer le mécontentement parmi nos gens de couleur », et des hommes s'étaient vu condamner à dix ans de prison pour ce délit. Tout d'abord, la loi n'avait été appliquée qu'en regard de torchons incendiaires tels que *The Liberator ;* à présent, elle s'adressait à tous les journaux qui, d'une façon quelconque, mettaient en question l'aspect moral et économique de l'esclavage.

« Que dois-je en faire ? s'enquit Mr. Cater.

— La loi vous enjoint de le brûler.

— Chaque fois qu'il en arrivera un exemplaire ?

— Rien ne vous oblige à encourager le soulèvement des Noirs.

Mr. Cater ne souhaitait pas rapporter le journal séditieux à Patamoke. Il demanda une allumette à Mr. Steed, sortit sur la pelouse, s'agenouilla et procéda à l'incinération. Lorsque le journal fut réduit en cendres, il regagna le bureau.

— Je prendrai note de tout ce qu'ils reçoivent et vous tiendrai au courant.

L'inquiétude de Steed concernant une trahison possible de Paxmore fut écartée quand on apprit à Devon que le sénateur Clay avait enfin décidé de traverser la baie pour aborder le projet de ligne de chemin de fer. La préparation de son séjour donna lieu à un extraordinaire déploiement de mesures visant à lui assurer tout le confort possible : c'était à présent un vieillard et le voyage serait difficile. Il n'était plus en exercice, mais il continuait à porter le titre de sénateur, et jouissait encore d'un tel pouvoir que, s'il approuvait la construction d'un chemin de fer sur la côte orientale, ses anciens collègues du Sénat soutiendraient son point de vue. Le choix porta sur la grande chambre d'ami de l'aile ouest dont les meubles croulèrent sous les fleurs ; les esclaves durent se livrer à plusieurs répétitions afin de servir de leur mieux la personnalité du Kentucky. Des invitations partirent à l'intention des notables de la région et Susan s'activa dans son fauteuil roulant jusque dans les parties les plus reculées de la demeure afin de veiller à tous les détails qui contribuaient à la réputation sociale des Steed.

Le sloop tant attendu s'amarra à la jetée en milieu d'après-midi et le sénateur mit pied à terre ; c'était un homme distingué de soixante et onze ans, grand, mince, à la belle crinière blanche, à la bouche large et expressive. Il émanait de lui une impression de dignité qui reflétait ses années passées au service du pays. D'une manière qui lui était propre, il s'immobilisa sur la jetée, regarda autour de lui afin de s'imprégner de la façon dont la plantation était gérée et gravit l'allée d'un pas ferme, voire empressé.

— Vous avez là un bien beau domaine, dit-il d'un ton approbateur à Paul qui le suivait avec peine à cause de sa claudication. Ma ferme du Kentucky me manque... surtout les animaux. J'apprécie une bonne exploitation. C'est le trait d'un esprit avisé.

Au moment où le sénateur approchait de la maison, le vieux Tibère s'avança dans son uniforme bleu, ganté de blanc, et s'inclina profondément.

— Bienvenue à La Vengeance de Rosalinde.

— Quelle a été la vengeance de cette dame ? s'enquit Clay, en s'arrêtant sous le porche afin d'observer la plantation sous cette nouvelle perspective.

— Elle en a assouvi plusieurs, expliqua Paul. Elle a fait pendre le pirate Henri Bonfleur.

— J'ai entendu parler de lui, dit Clay tout en admirant la façon dont le jardin descendait vers la rivière.

— Et c'est son bateau qui a capturé Barbe-Noire. Il a été décapité, vous savez. Une véritable terreur que mon aïeule.

— Et elle a construit cette magnifique demeure ?

— Oui.

— Je vois qu'elle a eu recours à l'appareil flamand.

Rien n'échappait à l'œil du grand homme. Lorsqu'il vit Susan Steed approcher dans son fauteuil roulant, il déploya tout son charme et alla vivement à sa rencontre.

— Comme c'est aimable à vous de m'avoir invité dans ce paradis, déclara-t-il sans emphase, mais avec la chaleur expansive d'un fermier du Kentucky que réjouissait la vision d'une plantation bien gérée.

— Nous avons invité certains de nos notables afin qu'ils fassent votre connaissance, expliqua Steed. Leurs bateaux ne tarderont pas à arriver.

— J'en suis très heureux.

— Souhaitez-vous vous reposer après cette longue traversée ? s'enquit Steed.

— Non. Les voyages ne me fatiguent pas. En revanche, j'aimerais entendre votre point de vue sur les questions qui m'amènent ici.

Il se dirigea vers la pièce ensoleillée où les rayons obliques du couchant filtraient à travers les rideaux de dentelle, conférant au petit salon une atmosphère chaude et hospitalière. Là, installé dans un fauteuil confortable, il but deux verres de whisky et demanda à son hôte :

— Alors, parlez-moi de ce projet de chemin de fer.

Steed avait préparé une carte représentant la côte orientale et, chaque fois qu'il y portait les yeux, la colère lui nouait la gorge.

— Monsieur, pour tous, il est évident que cette péninsule devrait former un seul État.

— J'ai tout tenté dans ce sens, mais en vain, assura Clay avec un gloussement au souvenir de l'opposition qu'avait rencontrée sa proposition de rassembler en un seul État les trois parties de la péninsule. Avez-vous jamais essayé de dicter sa ligne de conduite à un État souverain ? Alors, quand il y en a trois...

Il secoua la tête et étudia la carte.

« Quel est exactement votre projet ?

— Celui-ci, répondit Paul, commençant à tracer les grandes lignes de ce qu'il estimait indispensable. Il faut que le gouvernement fédéral autorise la construction d'une voie de chemin de fer allant de Wilmington à l'extrémité du cap Charles. Elle relierait la péninsule jusqu'à Norfolk de l'autre côté de la baie. Qu'il favorise la naissance de villes le long de cette ligne principale. Et, d'ici, un ferry remontera jusqu'à Baltimore.

— Steed, vous faites preuve de bon sens, comme toujours. Mais vous négligez un aspect essentiel. Baltimore est appelée à devenir la métropole régionale et, étant donné que le blé a supplanté le tabac en tant que culture principale, Baltimore se tournera vers l'ouest, non pas vers le sud. Quand nous achèverons la grande ligne de chemin de fer jusqu'à Chicago, l'attrait de l'ouest deviendra irrésistible. Tournez-vous vers Baltimore, pas vers Norfolk.

Il souhaitait s'étendre sur le sujet, mais les invités commençaient à arriver, des hommes d'affaires venant de diverses parties du Choptank ; Clay saluait chaque visiteur avec déférence, écoutant avec attention pendant que Steed expliquait ce que chacun d'eux représentait.

Après un copieux dîner, arrosé de trois vins différents, Mrs. Steed écarta son fauteuil de la table.

— Mesdames, je crois que nous devrions laisser ces messieurs à leurs cigares.

Et elle entraîna les femmes hors de la pièce.

— Mr. Steed m'a parlé de ses espoirs... ou plus exactement de vos espoirs... concernant une ligne de chemin de fer, commença Clay d'un ton qui laissait entendre qu'il approuvait le projet.

Quand la grande carte fut déployée, chacun exposa son point de vue.

« Mais il est impossible que les rails traversent le Choptank, fit remarquer Clay.

— C'est évident, monsieur, convint un négociant du comté de Dorchester. Notre plan prévoit que ce tronçon ira jusqu'à Patamoke qui en sera le terminus. Sur la rive sud, nous construirons une voie vers l'est qui rejoindra la ligne principale.

— Évidemment, monsieur le sénateur, intervint un habitant de Patamoke, il y aurait un ferry pour traverser le Choptank. D'ailleurs, il en existe déjà un, ajouta-t-il en indiquant l'emplacement du bac actuel.

— Le projet me semble magnifique, assura Clay.

— Vous nous aiderez ?

— Sans aucun doute.

Cet engagement enchanta les habitants de la côte orientale parce que la parole d'Henry Clay valait son pesant d'or. C'était un politicien qui se doublait d'un réalisateur, un promoteur, un détenteur d'esclaves qui cependant comprenait le point de vue du nord, le seul homme qui voyait la nation en tant qu'entité.

Mais les hommes du Choptank voulaient s'assurer que Clay serait en mesure de tenir sa promesse.

— Est-il exact que le corps législatif du Kentucky veuille vous renvoyer au Sénat ?

La brutalité de la question, qui effleurait le sujet délicat de son avenir incertain, embarrassa Clay, mais il n'en laissa rien paraître. Il se tourna vers l'orateur :

— Depuis l'époque où j'ai servi pour la première fois dans le corps législatif du Kentucky, monsieur, je n'ai pas cessé de répondre à l'appel de mon pays. Et, bien que je me fasse vieux, si le Kentucky souhaite me confier un nouveau mandat, je ne m'y déroberai pas.

Il laissa passer un temps.

« Si je retourne au Sénat, je soutiendrai votre projet de chemin de fer. Mais je ne me contenterai pas de vos tronçons courts, je veux un réseau de voies ferrées qui irriguera tout le pays. Je veux mettre fin aux notions de nord et de sud, d'ouest et d'est. Par-dessus tout, je veux mettre un terme à nos cruelles dissensions sur la question de l'esclavage.

Et le sujet du chemin de fer fut abandonné.

« Vous, citoyens du Maryland, vous trouvez au confluent de cette dissension. Certains d'entre vous, comme Steed, sont des planteurs. Mais je suppose que la plupart d'entre nous n'ont pas d'esclaves.

Il demanda à ceux qui possédaient des Noirs de lever la main. Les deux tiers des invités n'en détenaient pas.

« Alors, vous qui êtes en marge, dites-moi ce que nous devons faire pour nous entendre tous.

Il se pencha en avant, vieillard exténué par son incessant combat, et s'adressa à chacun des invités à tour de rôle, quêtant son avis.

Les réponses divergèrent : certains souhaitaient qu'on accordât aux détenteurs d'esclaves le droit d'emmener leurs Noirs dans tous les territoires qui s'ouvraient dans l'ouest ; d'autres voulaient voir abaissés les tarifs imposés par les membres du Congrès représentant la Nouvelle-Angleterre ; deux hommes proposèrent que l'on fixât une date limite à laquelle tous les esclaves seraient libérés, cent ans par exemple. Tous convinrent qu'il fallait tout mettre en œuvre pour que les divergences entre le nord et le sud fussent atténuées.

Puis, Clay se lança dans un véritable interrogatoire.

— Supposons qu'un esclave s'enfuie de votre plantation...

— Cela se produit de temps à autre, reconnut Paul, qui se pencha en avant pour mieux appréhender la façon dont Clay manœuvrerait devant ce délicat problème.

— Et supposons que l'esclave de Mr. Steed arrive à Boston.

— Certains vont jusqu'au Canada, intervint un propriétaire d'esclaves.

— Mr. Steed devrait-il être légalement autorisé à se rendre à Boston pour récupérer son esclave ?

A l'unanimité, on convint qu'il en avait le droit ; même les deux hommes estimant qu'à une date lointaine tous les esclaves devraient être affranchis admirent que la loi actuelle autorisait Steed à reprendre son bien.

« Maintenant, abordons la question la plus épineuse, reprit Clay. Quand Mr. Steed arrive à Boston, peut-il demander l'aide des marshals des États-Unis au service de la ville ? Ou de la police locale ? Ou celle d'un quelconque citoyen ?

Chacune de ces questions reçut une réponse affirmative unanime, mais avant que le sénateur pût reprendre la parole, l'un des assistants les plus libéraux crut bon d'ajouter :

— J'aimerais revenir sur ma réponse concernant la dernière

question... au sujet de l'aide demandée à un quelconque citoyen. Est-ce que ce ne serait pas de la provocation? L'entreprise se déroulerait au vu et au su de tous... en public.

Clay se rejeta contre le dossier de son siège pendant que chacun des invités envisageait ce cas hypothétique. Tous convinrent que le recouvrement par voie légale d'un individu était indispensable. A trois reprises, Clay avança des suggestions analogues avec de légères variantes et, à trois reprises, les habitants du Choptank confirmèrent leur première décision : le bien d'un citoyen est sacré et, si celui-ci s'enfuit, tout le pouvoir dont dispose la société doit se liguer pour que le fuyard soit rendu à son propriétaire.

Les invités passèrent la nuit à La Vengeance de Rosalinde et, au petit déjeuner, le sénateur Clay reprit son interrogatoire. Toute la matinée, il parla aux uns et aux autres, et pendant le déjeuner, et durant l'après-midi. Une heure avant le coucher du soleil, il déclara qu'il aimerait visiter la plantation, et effectua à pied un trajet de trois kilomètres au cours duquel rien ne lui échappa. A un moment, il se tourna vers Steed qui boitillait à ses côtés.

— L'un des actes les plus avisés de mon existence aura été d'importer du bon bétail d'Angleterre. Rien n'étaye mieux un pays que l'élevage et l'agriculture.

Il approuva la sage administration de Steed et surprit celui-ci en lui disant :

— J'ai lu vos *Réflexions,* Steed, et je suis heureux de constater que vous mettez en pratique ce que vous recommandez.

Ce soir-là, Clay était prêt pour une nouvelle séance de trois heures, mais le chemin de fer ne fut mentionné qu'à une seule reprise.

— Dites-moi, messieurs, quand nous aurons construit cette voie, drainera-t-elle votre sympathie vers Norfolk ou vers le nord, vers Philadelphie, ou vers l'ouest, via Baltimore et Chicago?

— Nous serons toujours les défenseurs du sud, monsieur, reconnut Steed.

Clay s'apprêtait à répondre, lorsque Tibère poussa les battants de la porte pour laisser entrer les dames.

— Savez-vous que je suis anglaise, sénateur? demanda Susan au cours de la soirée.

Clay se leva et s'inclina.

— Votre pays nous envoie de courageux généraux et de bien jolies femmes.

— Et il m'arrive de penser que cette rivalité entre le nord et le sud est une folie.

— Je le crois aussi, madame,, comme le différend qui oppose l'Irlande à l'Angleterre.

— Ah, mais dans ce cas, il s'agit de deux pays distincts !

— Et nous devons veiller à ce que le sud et le nord ne deviennent pas deux nations distinctes.

— Oui, il le faut à tout prix ! s'exclama l'un des invités.

Clay tendit la main vers la clochette d'argent posée à côté du coude du maître de céans ; il la fit tinter. Quand Tibère se manifesta, il demanda :

— Tibère, voulez-vous apporter des verres pour ces dames ?

Une fois le vin versé, Clay proposa un toast.

« Il m'a rarement été donné de parler à des citoyens aussi sensés que ceux qui sont réunis ici ce soir.

Il hésita.

« Êtes-vous citoyenne de ce pays, Mrs. Steed ?

— Depuis bien des années, assura Susan.

— Mesdames et messieurs, à l'Union !

Tous burent en silence ; chacun regardait par-dessus son verre l'homme extraordinaire qui incarnait l'ensemble de toutes les forces destinées à ressouder l'unité du pays : Clay, l'homme du compromis ; Clay, l'homme qui écoutait ses adversaires.

Le lendemain, comme il descendait l'allée menant à la jetée, il se pencha vers Steed.

— Il ne sera pas facile d'obtenir votre chemin de fer. Dans l'ordre d'urgence, nous devons avant tout achever la voie menant à Chicago.

— Et après ?

— Je ne peux prévoir qu'une année à l'avance, Steed. Je suis toujours terrifié par les douze mois à venir.

Bien entendu, les Paxmore n'étaient jamais conviés aux réunions mondaines qui se déroulaient à La Vengeance de Rosalinde, ce qui coulait de source puisque l'attitude des quakers à l'égard de l'esclavage différait tant de celle des planteurs qu'aucune des deux parties ne se serait sentie à l'aise. Se considérant comme des gentlemen, les planteurs auraient hésité à irriter les quakers en leur exposant les difficultés qu'ils rencontraient avec leurs Noirs alors que, n'étant pas des gentlemen, les quakers n'auraient montré aucune répugnance à proclamer bien haut l'inconsistance du système en vigueur.

— On dirait presque qu'ils rejettent les lois dictées par la terre, se plaignait Paul.

— Ils alimentent leurs préjugés de cette atroce littérature expédiée de Boston et de New York, répliquait Susan. Ils refusent de reconnaître ce qui crève les yeux.

— Quoi, par exemple ?

— Par exemple, la façon dont neuf cents esclaves vivent auprès de nous en totale harmonie.

Elle avait mis le doigt sur la différence tragique qui séparait les deux familles : les Steed donnaient en exemple leurs plantations bien administrées et estimaient qu'elles compensaient les abominables camps tels que celui d'Herman Cline, tandis que les Paxmore se braquaient sur l'unique et atroce ferme de la Little Choptank, jugeant qu'elle contrebalançait les centaines de plantations où l'humanité prévalait. Les deux points de vue s'opposaient diamétralement.

Les difficultés que Paul avait redoutées intervinrent après que les Paxmore se furent abonnés au *Liberator ;* ils exigèrent que Mr. Cater leur remît les publications alors que la loi le lui interdisait. En conséquence, chaque fois que le bateau à vapeur de Baltimore arrivait, apportant des éditions du *New York Tribune* ou du *Liberator,* le receveur des postes procédait à l'incinération des journaux interdits.

Quand George Paxmore acquit la certitude que le courrier confié à la poste des États-Unis était détruit, il protesta, mais Cater l'avertit :

— Ami Paxmore, on dirait que vous ne vous rendez pas compte que j'agis pour votre bien. Imaginez que je vous remette les journaux et que je prévienne le shérif. Vous iriez tout droit en prison.

Les Paxmore portèrent plainte à Annapolis, et on les avisa que le receveur des postes Cater ne faisait que son devoir. Ils écrivirent au directeur général des postes à Washington, lequel transmit la réclamation à un subordonné qui répondit : « Les citoyens du nord sont en droit d'exiger que leur courrier soit acheminé vers le sud, et nous nous y employons ; mais il est compréhensible que les receveurs des postes du sud le brûlent, conformément à la loi locale. »

Cette réponse exaspéra les Paxmore ; en désespoir de cause, ils demandèrent l'arbitrage du champion inconditionnel du bon droit en Nouvelle-Angleterre, John Quincy Adams, ancien président de l'Union, et actuellement son ardent défenseur au Congrès. Il cherchait à exploiter une situation de ce genre et il envoya un enquêteur, un gentleman de l'Illinois, chargé de vérifier les accusations des Paxmore. Le marshal, un anti-esclavagiste, regagna Washington muni de preuves selon lesquelles le receveur de Patamoke avait brûlé du courrier confié à la poste des États-Unis.

Un scandale aurait pu éclater car Adams, vieux lutteur de quatre-vingt-un ans, hargneux et bourru, était résolu à combattre une telle ignominie. Ce ne fut pas nécessaire. On trouva un compromis par lequel le receveur Cater était déplacé de Patamoke et promu à une situation plus élevée par les patriotes de la Caroline du Sud, où il continua à brûler impunément tout courrier lui paraissant séditieux.

Son départ eut une étrange répercussion. Quand Cudjo obtint sa liberté, il s'installa à son compte à Patamoke. Il faisait office de charpentier, mécanicien, constructeur de bateaux, réparateur en tout genre, jardinier ou pêcheur occasionnel à bord de bateaux draguant les huîtres. Les Paxmore lui offrirent une situation permanente à leur chantier naval, mais l'insatiable besoin de liberté de Cudjo le poussait à être son propre patron ; même si ce choix impliquait des périodes d'inactivité forcée.

Eden continuait à travailler à La Vengeance de Rosalinde, prodiguant ses soins à sa maîtresse infirme, ce qui conférait au couple noir un curieux aspect. Chaque mois, pendant une quinzaine de jours, Eden habitait avec Cudjo dans leur cabane de Patamoke, aidant son mari à élever leurs deux fils ; puis elle s'embarquait à bord de l'un des bateaux des Steed et regagnait Devon pour y passer deux semaines. Ce fut au cours de l'un des séjours sur l'île de l'esclave affranchie que Paul Steed lui dit :

— Eden, maintenant que vous êtes libres, Cudjo et toi, il vous faut un nom de famille.

Proposition logique puisque la possession d'un nom de famille soulignait l'accession d'un Noir à la liberté. Ni Eden ni Cudjo n'avaient jamais eu de patronyme.

— Mais comment nous appeler ? demanda Eden.

Tout en parlant, Paul posa les yeux sur une lettre et il s'irrita à la pensée que les Paxmore avaient réussi à éloigner un receveur des postes qui remplissait si bien son office. C'est alors qu'il lui vint une idée :

— Eden, Mr. Cater est parti pour le sud. Son nom est disponible.

Ainsi, Cudjo et Eden devinrent les Cater, et chaque fois que les Steed mentionnaient ce nom, celui-ci leur rappelait l'antagonisme qui les opposait aux Paxmore.

Par trois fois, Steed essaya d'attirer Daniel Webster à Devon, visite qui revêtait une importance considérable puisque dans la lutte pour le chemin de fer le soutien du grand homme de la Nouvelle-Angleterre se révélait essentiel. Webster incarnait le personnage le plus puissant du Sénat et il ralliait les suffrages des chefs d'industrie.

Il était trop occupé par les affaires d'État pour entreprendre le long voyage depuis Washington, bien que Steed eût proposé de le faire chercher par l'un des bateaux de la plantation. Puis, un jour, sans crier gare, un certain Mr. Walgrave, du New Hampshire, débarqua à Devon, porteur d'une nouvelle exaltante :

— Si vous pouviez inviter ces messieurs pour assister à la rencontre...

Et il tendit à Paul une liste de noms comprenant ceux des hommes d'affaires les plus prospères de la côte orientale, du Delaware et de Baltimore.

— Je ferai de mon mieux, assura Paul. Ce chemin de fer...

— Oh ! s'exclama l'homme du New Hampshire, vous constaterez à quel point le sénateur s'intéresse au chemin de fer.

Les invitations partirent donc et presque tous leurs destinataires répondirent favorablement. On prit des dispositions pour loger les visiteurs dans toute la maison, dans le bureau, et même dans deux cottages de contremaîtres, repeints pour l'occasion. Les invités arrivèrent deux jours avant la date prévue pour la conférence, et de grandes cartes furent exposées pour étudier les différents itinéraires envisagés. On parla d'un tronçon qui aurait relié Baltimore par ferry ; les représentants de cette ville affirmaient que le commerce devait y être drainé plutôt que rejeté vers le nord, sur Philadelphie, et quelques concessions permirent de trouver un terrain d'entente.

La veille de la conférence, Mr. Walgrave se manifesta. Il assura à chacun que Daniel Webster traversait la baie pour le rencontrer personnellement, et il passa la soirée à susciter un enthousiasme sans bornes pour le sénateur.

Au petit déjeuner, il traça les grandes lignes de l'emploi du temps de la journée, et à dix heures, quand le bateau remonta la rivière, il présidait sur la jetée le comité d'accueil.

— Hip, hip, hip, hourrah ! s'écria-t-il, encourageant les esclaves qui attendaient les amarres à se joindre à l'ovation.

Une fois le bateau à vapeur à quai, Mr. Walgrave sauta à bord le premier et, dès que les marins eurent débarqué les bagages, il oublia ses chuchotis pour crier à pleins poumons :

— Voici le sénateur Webster !

De la cabine émergea un homme corpulent, chauve, à la tête énorme, aux yeux perçants, aux pommettes saillantes. Ses lèvres se tiraient en un éternel rictus et, tel un empereur, il descendit la passerelle et s'avança d'un pas vif sur la jetée pour serrer la main de son hôte.

— Mon cher ami Steed ! s'écria-t-il à l'intention d'un homme qu'il n'avait jamais vu. Comme c'est aimable à vous de m'accueillir ici !

Il serra les mains avec solennité, passa devant chacun des membres du comité d'accueil, s'immobilisa un instant pour admirer le paysage et, d'une voix vibrante :

— Messieurs, il me tarde de parler du chemin de fer.

Au cours de la séance qui précéda le déjeuner, il se révéla irrésistible, non à cause de sa voix qu'il prenait soin de ne pas laisser éclater, ni en raison de sa corpulence qu'il déplaçait peu, mais grâce à son intelligence hors de pair. Un planteur venu de l'autre côté du Choptank commença à exposer presque humblement les avantages que présentait une voie ferrée...

— Mr. Stallworthy, inutile d'user de circonlocutions avec moi. Je n'ai aucun électeur au Massachusetts dont les affaires n'aient pas connu un essor considérable avec le chemin de fer. J'estime qu'il est essentiel que nous construisions le maximum de voies ferrées aussi bien dans le nord que dans le sud, car ce sont les artères qui irrigueront notre pays et le souderont.

En évoquant les problèmes de l'Union, il parlait comme un dieu, et Steed remarqua combien cet homme se montrait persuasif dans ses engagements personnels alors qu'Henry Clay avait paru si détaché et intellectuel. « Nous avons besoin des deux », pensa-t-il pendant que Webster continuait sur sa lancée, écartant les difficultés que Steed savait pourtant quasi insurmontables.

Au cours du dîner, les propos de Webster tinrent du feu d'artifice. A la droite de Susan, il discourait à perdre haleine sur sa vision d'une Union plus puissante s'étendant à toutes les régions du continent, ravitaillée par les États du sud, approvisionnée en biens d'équipement par ceux du nord, et en matières premières par ceux de l'ouest. Au milieu de son laïus, il laissa tomber sa serviette, posa les mains à plat sur la table et déclara avec ardeur :

— Honorables concitoyens du sud, je suis ici dans l'intention d'apprendre ce que vous attendez de cette Union.

Le vieux Tibère apparut pour escorter les dames vers le salon où elles prendraient leur café, mais Webster intervint :

— Je pense qu'il serait bon que les dames restent, déclara-t-il avec autorité.

Et il veilla à remettre en place le fauteuil de Susan.

La discussion visait haut. Il n'était pas venu, comme Henry Clay, pour écouter, mais bien plutôt pour saisir les images fugaces qu'engendraient les difficultés ; il les appréhendait, les reformulait, et les intégrait à son arsenal. Aucun propriétaire d'esclaves ne pouvait proposer la moindre disposition sans que Daniel Webster comprît ses problèmes, les partageât, et assurât qu'il ferait de son mieux pour les résoudre. Mais quand la question insidieuse qu'Henry Clay avait posée — quelles mesures devait-on prendre envers un esclave en fuite ? — fut soulevée par Steed, Webster l'écarta en quelques mots bien sentis :

— Le rendre à son maître, évidemment.

De quelle façon, dans quelles circonstances, et quel serait l'effet sur les forces fédérales chargées de faire appliquer la loi..., tout cela ne le concernait en rien.

Il se retira tôt, quitta la pièce en coup de vent, sa tête massive courbée comme sous le poids des fardeaux qui allaient de pair avec sa charge. Sur le seuil, il se retourna, sourit à Susan et regarda chacun des hommes droit dans les yeux.

— Messieurs et charmantes dames, ce soir votre chemin de fer est plus proche de Patamoke qu'il ne l'a jamais été.

Après son départ, qui laissa un vide, les invités commencèrent à se disperser, mais Mr. Walgrave adressa un signe impérieux à Paul afin que Tibère escortât les épouses jusqu'au salon. Une fois les portes de la salle à manger refermées et les cigares allumés, Mr. Walgrave, du bout de la table, déclara de sa voix susurrante :

— Messieurs, maintenant, il nous faut parler affaires.

— Qu'avez-vous en tête ? demanda un négociant de Patamoke.

— Le sénateur Webster, messieurs. Voilà ce que j'ai en tête.

Et il se lança dans un discours qui stupéfia les convives, à l'exception d'un seul venu de Baltimore. Steed remarqua que ce gentleman continuait à tirer sur son cigare, les yeux fixés au plafond, et il eut l'impression que son commensal avait déjà entendu ce laïus.

> Messieurs, je vais aller droit au but. Comme moi, vous savez que Daniel Webster est le seul membre du Sénat qui soit apte à défendre nos intérêts. Ne me dites pas qu'un homme de cette valeur ne saurait représenter les intérêts des gens du sud. Lui seul est capable d'imposer un tarif dans les limites du raisonnable. Mais, plus important encore, il a soutenu toutes les lois valables concernant les affaires qui sont venues devant le Congrès au cours des trente-huit années pendant lesquelles il a été à votre service.

L'un des invités fit remarquer que le sénateur avait servi le Massachusetts, pas le Maryland, qu'il avait même combattu la plupart des lois favorables aux planteurs. Mr. Walgrave n'opposa que du mépris devant une telle plainte.

> C'est indigne, monsieur, indigne. Le sénateur Webster a pu être amené à voter, en tant que représentant de la Nouvelle-Angleterre, contre l'un ou l'autre de vos décrets, mais n'a-t-il pas constamment voté dans le sens de l'intérêt des affaires ? N'êtes-vous pas mieux lotis les uns et les autres parce qu'il a été votre chien de garde au Sénat, s'opposant aux lois qui ne servaient qu'à exciter la populace aux dépens de l'homme d'affaires ?

Il fit le tour de la table, s'adressa à chacun des convives en personne, et prouva que Webster avait fait son devoir. Chacun dut admettre que Daniel Webster avait été le défenseur des planteurs et des industriels. Puis, il en vint au point crucial :

> Et je suis ici ce soir, messieurs, pour vous demander d'apporter votre appui à l'homme qui vous a soutenus si indéfectiblement. J'ai besoin de votre concours financier pour permettre à Daniel Webster de régler quelques-unes de ses dettes personnelles, ceci afin qu'il ait l'esprit libre et qu'il puisse continuer à vous défendre au Sénat. Je voudrais que chacun de vous se pose la question suivante : « Dans quelle mesure les efforts de ce grand homme au Sénat m'ont-ils aidé ? », et il faut que vos contributions soient en rapport avec la réponse.

— Quelle somme envisagez-vous ? demanda un planteur du nord de Patamoke.

— Cinq cent mille dollars, chuchota sans hésitation Mr. Walgrave.

— Cinq cent mille dollars ! s'exclamèrent plusieurs convives tandis que d'autres en avaient le souffle coupé.

— Messieurs, ajouta Mr. Walgrave, ainsi que vous le savez, le sénateur Webster mène une existence coûteuse. Il a des fermes, des parents, il reçoit beaucoup à Boston et à New York. Et quand vous viendrez à Washington, vous boirez et dînerez avec lui. Ses dépenses sont à l'image de son cœur..., larges.

— Exigez-vous de nous la totalité de ce demi-million ? demanda un planteur.

— Grand Dieu, non ! s'exclama Walgrave. Des partisans compréhensifs de tout le pays apportent leurs contributions.

— Une telle collecte n'est-elle pas contraire à la constitution ? s'enquit un avocat de Patamoke.

— Elle l'est, sans aucun doute, convint Mr. Walgrave. L'expérience lui avait appris que c'était la meilleure façon de traiter cette question que l'on soulevait invariablement durant les séances de collecte de fonds.

— Alors, pourquoi nous demandez-vous...

— Mon cher ami, si ce soir votre contribution se monte... eh bien, disons à deux mille dollars, et que vous vous attendiez à ce que le sénateur Webster vote oui ou non face à une loi qui vous intéresse personnellement, ce serait de la corruption, une tentative visant à soudoyer un membre du Sénat. Mais le sénateur Webster est incorruptible. Son vote n'est pas à vendre. Ce que je vous demande ce soir, est que si vous estimez devoir aider ce grand homme et le conserver à son poste...

— Personne ne se présente contre lui.

— Grâce à Dieu. D'ailleurs, sa réélection n'est pas en jeu et, si elle l'était, personne au Massachusetts ne pourrait le battre.

— Alors, pourquoi a-t-il besoin...

— Monsieur, il nous sert tous en tant que sénateur. Il représente toute la nation. Son train de vie...

— Doit être plutôt élevé pour qu'il ait besoin d'un demi-million.

— Il l'est, coupa Mr. Walgrave d'un ton sec, avant d'en revenir à son chuchotement habituel. Il l'est parce qu'il lui faut travailler dur pour protéger les propriétaires. Messieurs, ou vous soutenez Daniel Webster, ou vous jetez votre fortune aux chiens.

Le moment était venu de rudoyer les souscripteurs en puissance et de remettre de l'ordre dans la séance. Il fit le tour de la table en plaçant devant chaque invité un feuillet soigneusement imprimé sur lequel il suffisait de porter le montant de la contribution consentie ; et Webster avait causé une impression si favorable que chacun des hommes, à l'exception d'un seul, nota la somme. Paul Steed offrit trois mille dollars.

— Vous n'avez pas signé, dit Mr. Walgrave à l'homme qui gardait les yeux rivés au plafond.

— Non. Figurez-vous que j'ai déjà apporté ma contribution il y a trois ans. A Pittsburgh... vous vous souvenez ?

— Non, je ne me souviens pas, répliqua Mr. Walgrave d'un ton sec.

— Le soir où vous avez fait appel aux industriels de la sidérurgie... quatre cent mille dollars cette fois-là.

Mr. Walgrave nota le nom de l'homme. En aucun cas, il ne devait être réinvité à une soirée mondaine donnée en l'honneur de Daniel Webster.

Pour Eden Cater, les années 1840 se déroulèrent sous le signe de la perplexité. Elle était une femme libre, ayant un bon mari, deux beaux garçons et une maîtresse attentionnée qui avait besoin d'elle. Mrs. Susan, à l'aide de divers systèmes mis au point par Cudjo Cater, se déplaçait aisément dans la maison et, avec l'âge, faisait preuve de plus de bonté et de compréhension.

La présence d'Eden dans la maison n'était pas vraiment indispensable. Deux jeunes esclaves avaient été formées pour s'occuper de Mrs. Susan, mais chaque fois qu'Eden partait pour Patamoke où elle allait passer quelques jours avec sa famille, son absence se faisait sentir.

— Elle est si compréhensive, disait Susan aux autres Noires. Parfois, elle se conduit comme si cette maison était la sienne et non la mienne.

Elle réfléchissait un instant à cet état de choses.

« C'est normal, ajoutait-elle. Elle est née dans cette île. Elle a commencé à vivre dans la maison la même année que moi.

Eden était attirée par Patamoke, non seulement à cause de sa famille, mais aussi parce qu'elle sentait se préparer des événements qui, sous peu, les dépasseraient, elle et Cudjo. Le soir, elle adorait s'asseoir sur le banc devant leur cabane et échanger des idées avec son mari.

Leurs conversations suivaient d'étranges méandres ; elle avait en effet appris un anglais de gentleman à La Vengeance de Rosalinde, tandis que Cudjo avait puisé son vocabulaire dans la case et les champs de Cline, que venaient enrichir les lectures de Plutarque. Leurs prononciations aussi étaient différentes ; Eden s'exprimait avec des intonations douces et traînantes, alors que celles de Cudjo étaient brutales, cassantes. L'un et l'autre continuaient à avoir recours à des contractions, à des phrases tronquées, ce qui ne les empêchait pas de converser à un niveau élevé et d'encourager leurs fils à les imiter.

Lors de l'un de ses séjours à Patamoke, Eden dit à son mari :

— Quand ces grands sénateurs, hommes très importants, viennent à La Vengeance, eux parler chemin de fer pendant dix minutes et esclavage pendant dix heures. Cudjo, eux pas savoir exactement où ils en sont.

— Toi, croire quoi ?

— Tous les bons Blancs, comme Missié Steed et ce Clay, et Webster, eux veulent faire bien. On sent quand ils parlent. Mais eux pas savoir, Cudjo. Eux savoir encore moins que toi et moi.

— Et les autres ?

— Presque tous, les gros propriétaires du Choptank, eux carrément bêtes. Eux croire que rien changera jamais. Tout au bas de l'échelle, Lafe Turlock et Herman Cline. Des chasseurs d'esclaves. Cudjo, toi te méfier d'eux. Eux nous tuer... un jour.

— Pourquoi nous ? On a rien fait.

— Parce que nous libres. Eux détester les Noirs. Mais les Noirs libres, encore davantage.

Cudjo lui demanda ce qu'elle pensait des Paxmore.

« Eux, faire de leur mieux, Cudjo. Mais tout mélanger.

— En tout cas, ils m'ont aidé.

— Mais eux croire qu'on peut changer les choses seulement en étant gentils. Ma'am Elizabeth, Missié George, eux vouloir faire mal à personne. Turlock et Cline, eux vouloir faire mal à tout le monde.

— Mais Missié Bartley et Ma'am Rachel, eux c'est quelqu'un. Toi, te rappeler la nuit où esclave a frappé à notre porte ?

Si elle s'en souvenait ! Ç'avait été une nuit marquante pour les Cater. L'esclave avait traversé le Choptank à la nage, exploit stupéfiant, et s'était présenté à leur porte, dégoulinant d'eau. Conscient qu'il risquait de retourner à sa condition d'esclave s'il était surpris à aider un fugitif, Cudjo voulait le renvoyer, mais Eden imposa sa loi. « Moi, penser souvent comment faire si toi et moi partis la nuit où Ma'am Susan a signé le papier. Je vois chiens... nous dans le marais, pas d'amis. » Elle avait attiré l'esclave à l'intérieur. « Cudjo, faut toujours aider esclaves. »

— Ce Bartley, reprit Cudjo, peut-être lui pas vouloir se battre, mais lui pas peur. Moi et l'esclave courir vers nord. Lafe Turlock et ses chiens derrière. Lafe lui tirer sur moi. Bartley, lui sortir de derrière un arbre ; tous deux se battent. Lafe lâcher chiens sur Bartley. Rachel, elle arriver, et elle taper sur bêtes avec sa pagaie. Tout le monde arrêté, sauf moi et l'esclave. Nous arriver en Pennsylvanie. Bartley, lui passer quinze jours prison.

— Oui, acquiesça Eden d'un air pensif. Pour les petites choses, eux forts. Mais pour les grosses, eux comme les autres.

— Pas la vieille Ma'am Paxmore. Jamais. Elle apprendre à lire à moi. Tout le monde la prévenir. « Tu apprends à lire à nègre, toi avoir des ennuis. » Mais elle apprendre à moi.

Eden se refusa à tout commentaire sur cette femme hors du commun. Mais en ce qui concernait les autres Blancs, ils trébuchaient dans l'obscurité, allant en aveugles vers un conflit qu'Eden jugeait inévitable.

— Parce que, quand je les écoute à la grande maison, Cudjo, tout ce que j'entends, c'est que grands sénateurs ou pas, eux pas savoir ce qu'il y a au bout du chemin.

Mais Eden, elle savait.

Les dernières semaines de 1849 se déroulèrent sous le signe de la confusion. Le Sénat, sous l'impulsion de Daniel Webster et d'Henry Clay, récemment réélu par le Kentucky, préparait un large compromis acceptable par le sud, le nord et l'ouest, destiné à abolir les rivalités, la menace de sécession et l'éventualité d'une guerre. Rarement, dans l'histoire, deux chefs de file avaient tendu vers un but plus souhaitable.

Mais la Chambre des représentants était en plein désarroi. Lors de cinquante-huit sessions s'étendant sur plusieurs semaines, elle avait été incapable d'élire un président ; ses membres se regardaient en chiens de faïence. Et pas la moindre solution en vue. La cause de ce désordre résidait dans la question de l'esclavage, ainsi que ce devait être le cas tout au long de la décennie suivante. La Chambre, qui se montrait moins philosophe que le Sénat, ne parvenait pas à museler ses rivalités et le futile débat se poursuivait.

Durant ces tergiversations, l'un des esprits les plus subtils que le Sénat serait appelé à connaître, adressa une lettre à Paul Steed pour lui faire savoir qu'il souhaitait depuis longtemps rencontrer l'auteur des *Réflexions* et qu'il était prêt à traverser la baie bien que sa santé laissât fort à désirer. Par une journée ensoleillée de décembre, le vapeur de Baltimore vint s'amarrer au quai pour permettre de débarquer une des figures les plus prestigieuses de l'histoire américaine.

Son apparence n'avait pourtant rien de prestigieux. Il émergea de sa cabine, aidé de deux matelots ; il portait un long manteau noir à plusieurs collets étagés mais pas de chapeau, ce qui laissait flotter au vent sa grande crinière blanche ; pourtant c'étaient son visage creux et ses yeux brûlants qui produisaient l'impression la plus durable car le tout tenait du masque mortuaire.

— Grand Dieu ! s'exclama Paul à mi-voix en le voyant descendre. Il est mourant !

C'était John C. Calhoun, représentant la Caroline du Sud au

Sénat des États-Unis, ardent défenseur du sud. Il avait cinq ans de moins qu'Henry Clay, mais paraissait infiniment plus vieux que ce dernier. Pourtant, dès qu'il eut retrouvé la terre ferme, il s'avança vivement pour serrer la main de Paul.

— Mon cher Steed, commença-t-il à voix basse comme pour mieux ménager ses forces. Je suis heureux de rencontrer l'homme auquel je voue une telle admiration.

Tout en remontant l'allée menant à la maison, suivi des planteurs venus à Devon afin d'honorer le champion de leur cause, il s'arrêtait de temps en temps, reprenait son souffle et, lors de ces pauses, laissait les propriétaires d'esclaves le féliciter pour ses diverses prises de position au Sénat. Steed fut touché par l'affection que tous portaient à ce grand homme.

Midi approchait lorsque le groupe atteignit la maison, mais Calhoun insista pour que la réunion commençât immédiatement. Aussi, les hommes se rassemblèrent-ils dans la grande salle tandis que les femmes allaient se rafraîchir. A peine les assistants étaient-ils assis que Calhoun fit sursauter Paul en déclarant :

— Steed, je tiens à ce que vous abandonniez ces idées ridicules concernant le chemin de fer. C'est une invention du nord imaginée pour berner le sud et lui faire oublier ses anciennes vertus. Tracez une voie ferrée dans cette péninsule et vous verrez fleurir les baraquements du nord sur la bonne terre du sud. L'avenir du sud est lié à l'agriculture et à une économie fondée sur l'esclavage.

Pas un mot de plus ne fut prononcé sur la question du chemin de fer et, avant que Steed n'ait eu le temps de s'opposer à ce rejet, le maigre vieillard promena un regard vif sur l'assemblée de planteurs comme pour s'assurer de leur loyalisme. Puis, certain de parler à des amis, il exposa ses idées :

« Nous, hommes du sud, allons devoir affronter une crise grave qui éclatera lors de la prochaine session du Congrès. Clay et Webster complotent, j'en ai l'intime conviction, en vue de faire passer un monstrueux projet de loi embrassant des mesures diverses qui accorderont tout au nord et rien au sud. Nous serons dépouillés des droits que Dieu nous a accordés. Nous serons expulsés des territoires. Le Texas sera partagé en deux, uniquement parce que c'est un État esclavagiste. Il est question d'interdire la vente des esclaves à Washington, pratique jugée avilissante pour la capitale du pays. Nous reculons sur tous les fronts.

Lorsque les propriétaires d'esclaves lui demandèrent ce qu'il convenait de faire, il regarda chacun d'eux de ses yeux brillants, puis leur demanda s'ils étaient résolus à résister.

— Nous le sommes, assurèrent-ils à l'unisson.

Sur quoi, il exposa son programme de défense :

— Nous devons exiger le droit d'emmener nos esclaves dans tous les territoires. Nous devons conserver au Texas une superficie maximum. Nous ne devons pas capituler pour la question de Washington car c'est aussi notre capitale. Et, par-dessus tout, nous devons exiger du Congrès qu'il vote une loi draconienne concernant les esclaves fugitifs. Si l'un de vos esclaves ou des miens s'enfuit vers le nord, tout le pouvoir du gouvernement fédéral doit être mis en œuvre pour rendre cet esclave à son propriétaire légal.

« Je prends position, non en tant qu'homme au sud, mais en tant que citoyen soucieux de l'intérêt de mon pays. Nous sommes différents par rapport aux autres nations. Nous sommes une minorité, et le jour viendra où les autres nations du monde se ligueront contre nous, parce que nous poursuivrons notre lutte pour la liberté alors qu'elles continueront à opprimer leurs peuples. A ce moment un grand débat philosophique s'instaurera en vue de déterminer la façon dont les droits d'une minorité peuvent être préservés contre les écrasantes pressions d'une majorité. Les États-Unis se dresseront seuls, messieurs, et seront confrontés au problème auquel nous devons faire face aujourd'hui. Comment une minorité forte de son bon droit peut-elle se protéger de l'inconséquente tyrannie de la majorité ?

Il passa une éblouissante demi-heure à développer ce thème ; d'après lui, le problème auquel le sud était confronté en 1849 serait celui de tous les pays en 1949. Il se montra brillant dans son argumentation, il jongla avec les précédents historiques. Cet ardent défenseur de la liberté augurait de l'avenir avec une étonnante clairvoyance. Puis, il posa ses mains tremblantes sur les accoudoirs de son fauteuil et déclara :

« Voilà, messieurs, les difficultés auxquelles nous devons faire face.

Le vieux Tibère apparut sur le seuil et annonça que le déjeuner était servi ; tous se rendirent dans la salle à manger pour déguster la tortue, les huîtres et la venaison.

Les conversations se poursuivirent dans l'après-midi et toute la journée du lendemain. Calhoun ne cacha pas à ses interlocuteurs que, d'après lui, les États-Unis se trouvaient à un tournant dangereux. Il ne fallait pas négliger une possible éventualité : le sud se verrait peut-être contraint de se séparer de l'Union parce que le nord refusait de respecter ses droits. Tandis qu'il parlait, chacun des auditeurs eut conscience que le sénateur, au terme de sa vie, se colletait avec les problèmes les plus ardus ; c'était un homme qui vivait dans un monde différent du leur, dans lequel les faits empiétaient sur les idées, et les idées sur la structure de la vie nationale. Il vivait à un degré d'intensité qu'aucun d'eux ne pouvait égaler, ainsi que le remarqua un planteur de Dorchester County en repartant sur son sloop :

— Cet homme fait penser à un volcan qui aurait craché du feu pendant si longtemps que ses parois se seraient fissurées, laissant voir son brasier intérieur.

Lorsque ses invités s'en furent allés, Paul pensa que le vieil homme souhaiterait se reposer pendant deux ou trois jours, mais ce répit n'entrait pas dans les vues de Calhoun.

— Steed, vous ne m'avez présenté que des gens du sud, des hommes et des femmes déjà acquis à notre cause. J'aimerais rencontrer quelques-uns de ceux qui épousent les opinions du nord. J'ai besoin de savoir ce qu'ils pensent.

— Tout de suite ?

— Cet après-midi. Quand je rentrerai à Washington, j'engagerai un grand débat sur l'avenir de notre pays, en admettant que la Chambre parvienne à se réorganiser. Et, pour ce faire, j'aimerais connaître les arguments de ceux qui sont dans l'autre camp.

— Le seul..., commença Paul.

Soudain, une idée audacieuse lui vint à l'esprit.

« Sénateur, nous avons une famille de quakers, juste de l'autre...

— Faites-les chercher. Je n'ai jamais parlé à des quakers.

Un bateau se rendit donc à la Falaise-de-la-Paix ; il revint sur le coup de deux heures de l'après-midi, avec à son bord quatre membres de la famille Paxmore : George, le constructeur naval, Elizabeth, tranquille porte-parole, le jeune Bartley, bouillonnant d'idées, et Rachel, fille de Starbuck, abolitionniste avoué. Ils paraissaient très dignes en montant l'allée de gravier menant à la demeure où ils ne s'étaient pas rendus depuis longtemps ; femmes vêtues de gris, coiffées de bonnets, hommes vêtus de noir, visages austères sous leurs chapeaux plats, mais tous marchaient avec un empressement qu'apprécia Calhoun.

— Ils ressemblent aux premiers chrétiens avançant résolument vers la fosse aux lions.

Il rit.

« Eh bien, aujourd'hui, je suis leur lion, ajouta-t-il.

Dans sa lettre de remerciements à Steed, Calhoun écrivit : « Il m'a rarement été donné de rencontrer une femme qui m'ait laissé une impression aussi favorable que votre Elizabeth Paxmore. Tout d'abord, elle paraissait prude et sévère mais, en écoutant ses explications proférées d'une voix douce, exprimées avec tant de force et d'intelligence, je me suis surpris à souhaiter qu'elle soit dans mon camp. Vous m'avez dit que vous voyiez rarement cette famille. Si vous rencontrez Elizabeth Paxmore, transmettez-lui, je vous prie, l'assurance de mon respect. »

L'entrevue fut mémorable en ce sens qu'elle porta exclusivement sur les différences les plus marquantes entre les deux parties, comme si tous les participants étaient convenus que l'après-midi était trop précieux pour être perdu en banalités.

CALHOUN : Je crois que nous pourrions commencer en admettant que le nègre est un être inférieur, destiné à servir l'homme blanc en effectuant des besognes subalternes.

ELIZABETH : Je me refuse à l'admettre. J'enseigne à des Noirs. Oui, en infraction avec la loi. Mais je leur donne des leçons et je t'assure, sénateur, qu'ils apprennent aussi rapidement que ton fils.

CALHOUN : Je suis navré à l'idée que vous puissiez enfreindre la loi, Mrs. Paxmore. On dirait que vous vous croyez plus avisée que le Congrès.

RACHEL : Sans aucun doute, dans le cas présent.

CALHOUN : Vous êtes bien sûre de vous pour une personne si jeune.

RACHEL : Et tourmentée, Mr. Calhoun. J'ai l'impression de ne pas savoir grand-chose, sinon qu'un conflit est inévitable.

CALHOUN : Quel âge avez-vous, madame ?

RACHEL : Vingt-huit ans.

CALHOUN : Vous devriez vous consacrer à vos enfants. Maintenant si, comme je le prétends, le nègre est inférieur, la meilleure façon de le traiter reste l'esclavage. Il lui apporte la liberté.

BARTLEY : Comment un homme sain d'esprit peut-il croire ça ?

CALHOUN : Les esprits les plus subtils l'ont pensé depuis l'aube des temps. Jésus-Christ, Platon, George Washington. L'esclavage a été conçu par les sages de l'Antiquité avec tant de bonheur qu'aucune amélioration ultérieure n'a pu lui être apportée.

BARTLEY : Es-tu satisfait de la façon dont il sévit en Caroline du Sud ?

CALHOUN : Il est le salut de la Caroline du Sud, le fondement de notre progrès.

ELIZABETH : Apprends-tu à tes esclaves à lire la Bible ?

CALHOUN : L'enseignement n'est pas fait pour les esclaves. La Bible doit être interprétée à leur intention. N'ai-je pas raison, Steed ?

ELIZABETH : Avant que Paul ne réponde, je crois bon de t'avertir que je connais la façon dont il interprète la Bible quand il la lit à ses esclaves : « Esclaves, obéissez à vos maîtres. »

CALHOUN : C'est ce que dit la Bible.

RACHEL : Mais elle dit bien davantage.

CALHOUN : Et l'enseignement sans retenue de ce « davantage » ne servirait qu'à plonger les esclaves dans le désarroi. Nous avons appris, au cours des deux derniers siècles, la meilleure façon de traiter les nègres. Ce sont des enfants, de charmants enfants quand ils ne sont pas induits en erreur par quelque prédicateur à demi cultivé tel que Nat Turner.

ELIZABETH : Ce sont des hommes et des femmes tout aussi capables de comprendre la Bible que toi et moi.

CALHOUN : Là, vous êtes dans l'erreur. J'imagine le jour, dans une centaine d'années... disons en 1949, où une sorte de liberté aura été obtenue par les nègres mais, je vous assure, Mrs. Paxmore, que ce jour vers lequel vous tendez trouvera ces nègres tout aussi aliénés. Ils ne vivront pas de la charité de la plantation, mais de la charité du gouvernement. Ils seront incapables de se conduire comme il faut, d'économiser, ou de régir leur vie. Ils s'entasseront dans vos cités, recevront aumônes et secours, et resteront les esclaves qu'ils ont toujours été.

ELIZABETH : Sénateur, ils fréquenteront les universités

d'Harvard et de Princeton avec tes petits-enfants dont bien peu de choses les distingueront.

CALHOUN : Aucun Noir n'assimilera suffisamment de connaissances pour entrer à Yale d'où je suis sorti.

RACHEL : Et Frederick Douglass ? As-tu lu son livre ?

CALHOUN : Steed, ici présent, a réglé le cas de Douglass. Il a prouvé que son livre avait été écrit par un Blanc.

RACHEL : Monsieur, fais-tu toujours fi de ce qui va à l'encontre de tes préjugés ?

CALHOUN (*s'adressant à George*) : Est-ce que les maris quakers... Vous êtes les premiers quakers que je rencontre, vous savez. Autorisez-vous toujours vos épouses à mener le débat ?

GEORGE : Il est très difficile de les arrêter, monsieur, surtout quand elles ont raison.

CALHOUN : Partagez-vous leurs idées ?

GEORGE : Totalement.

CALHOUN : Alors, je crains que des années de danger ne nous guettent. Au cours des deux derniers jours, j'ai parlé aux planteurs de la région. Ils partagent mon point de vue. Ne pressentez-vous pas le conflit dont vous allez être responsables ? J'avais cru comprendre que les quakers aimaient la paix.

ELIZABETH : C'est le cas, et nous en sommes privés en raison de l'esclavage.

CALHOUN : Vous savez que, dans certains États, vous pourriez être condamnée à une peine de prison pour enseigner aux nègres. Steed, vous devez en avoir conscience. (*Sans laisser aux Paxmore le temps de répondre, il passa à un autre sujet.*) L'un d'entre vous a-t-il lu l'excellent ouvrage de Mr. Steed sur la question ?

RACHEL : Nous l'avons tous lu. Ne serait-ce que par respect pour un illustre voisin.

CALHOUN : Et comment avez-vous ressenti son implacable logique ?

RACHEL : Comme les murmures d'un gentleman désorienté, qui ne comprendra pas ce qui lui arrive le jour où la tempête se déchaînera.

CALHOUN : Êtes-vous tous quatre abolitionnistes ?

RACHEL : Je le suis, les autres...

CALHOUN : Je vous en prie, petite madame, laissez-les s'exprimer.

ELIZABETH : Nous n'aimons pas les classifications.

CALHOUN : Mais c'était vous qui receviez par la poste les journaux séditieux.

ELIZABETH : Sénateur, la liberté n'est pas la sédition.

CALHOUN : Elle l'est quand elle prive Steed de son bien légal.

ELIZABETH : Paul Steed ne peut posséder des êtres humains.

CALHOUN : La loi dit qu'il le peut. Le Congrès dit qu'il le peut.

RACHEL : Alors, la loi doit être balayée, à la façon dont le vent d'automne balaye les feuilles mortes. Lorsqu'elles étaient vertes, elles avaient leur utilité, maintenant c'est l'hiver et elles sont tombées.

CALHOUN : Éclairez ma lanterne. Si le Congrès vote une loi draconienne exigeant que les citoyens habitant toutes les régions du pays... j'entends par là Boston, Philadelphie, Chicago... la loi obligera ces citoyens à rendre tous les esclaves fugitifs à leurs propriétaires légaux.

RACHEL : Mon Dieu !

CALHOUN : Vous ne craignez pas d'invoquer en vain le nom de Seigneur ?

RACHEL : Envisages-tu de faire passer une telle loi ?

CALHOUN : Le projet sera déposé avant un an. Pouvez-vous me dire comment vous réagirez ? J'ai besoin de le savoir.

GEORGE : Nous résisterons de tout notre être. Je l'affirme en tant qu'habitant de Patamoke. Tu te doutes des réactions dans des villes telles que Boston. Tout le...

CALHOUN : Même si la loi est votée par l'ensemble du pays ?

GEORGE : Si tu fais promulguer une telle loi, sénateur, elle s'éteindra aussitôt d'elle-même.

CALHOUN : Elle prévoira des peines de prison pour les contrevenants.

GEORGE : Prévois de construire d'immenses prisons, sénateur.

CALHOUN : Je comprends que ces dispositions puissent choquer certains... enfin, des quakers, comme vous. Mais avec le temps ?

GEORGE : Chaque jour accroîtra la résistance. Je t'affirme, sénateur, que tu ne pourras jamais faire appliquer une telle loi ici.

CALHOUN : Dans ce cas, voyez-vous les choses comme je les vois ? La possibilité d'une guerre entre les deux parties ?

RACHEL : Oui.

CALHOUN : Mais je croyais que les quakers...

ELIZABETH : Comme toi, sénateur, nous vivons dans la confusion. Nous savons que tu as fait preuve d'un patriotisme inébranlable en 1812. Et nous n'ignorons pas tes sympathies pour l'Union au cours des années qui ont suivi. Tu étais un autre homme, alors.

CALHOUN : L'intransigeance du nord m'a contraint à changer.

ELIZABETH : Il a dû t'en coûter beaucoup sur le plan philosophique.

(*Calhoun haussa les épaules.*)

GEORGE : Il en a été de même pour nous. Notre famille a invariablement prêché la paix. Mais nous avons dû partir en guerre contre les pirates ; nous avons dû construire des bateaux pour combattre les Anglais en 1777. Nos navires ont pris part au conflit en 1814. Et, à présent, nous nous trouvons face à une éventualité encore plus terrifiante. Il n'est pas facile d'être quaker, et je suppose qu'il n'est pas facile d'être sénateur.

CALHOUN : Vous ne ferez aucune concession ?

RACHEL : Aucune.

CALHOUN : Et vous, jeune homme ? Vous n'avez pas dit grand-chose.

BARTLEY : J'ai les yeux fixés sur l'avenir. Je n'ai pas grand-chose à dire. (*Il fit comprendre qu'étant donné les circonstances, et en présence de Paul Steed, il préférait garder le silence.*)

CALHOUN : Entendez-vous par là que vous vous êtes déjà livré à des opérations clandestines... en aidant des esclaves à fuir leurs propriétaires légaux ?

BARTLEY : Si un fugitif frappe à ma porte, il trouvera de l'aide.

CALHOUN (*s'adressant à Elizabeth*) : Il va de soi que si vous suivez les principes que vous avez énoncés, vous n'encourageriez pas la fuite des esclaves... vous ne leur viendriez pas en aide ?

ELIZABETH : Ma religion ne m'autoriserait pas à voler le bien d'autrui. Mais j'éduquerais l'esclave pour qu'il puisse gagner sa propre liberté.

CALHOUN : Je suis heureux qu'une voix s'élève pour défendre la propriété.

RACHEL : Crois-tu, sénateur, que tu puisses maintenir des millions de Noirs dans une servitude qui les ravale au rang d'objets ?

CALHOUN : Telle est la loi de la nature, madame, et la loi de l'Union.

RACHEL : Alors, la guerre est inévitable.

CALHOUN : Vous, la plus jeune personne de l'assistance, prendriez-vous sur vous une déclaration de guerre ?

RACHEL : Non, monsieur. C'est toi qui t'en es chargé.

CALHOUN : Qu'entendez-vous par là ?

RACHEL : Tu as dit que l'esclavage était immuable.

CALHOUN : Il l'est, petite madame. C'est la loi de Dieu, la loi de l'homme raisonnable. Le nègre doit être protégé ; il doit être guidé. Il faut que sa nourriture et ses vêtements lui soient procurés par un maître.

ELIZABETH : Je pourrais te donner le nom d'un Noir que sa valeur autoriserait à siéger à tes côtés au Sénat.

CALHOUN : Un tel nègre n'existe pas et n'existera jamais. Dites-moi, Mr. Paxmore, comment imaginez-vous l'évolution de la situation au cours de la prochaine décennie ?

GEORGE : Sans quitter mon chantier de Patamoke, j'ai entendu dire que quand Daniel Webster était venu ici...

CALHOUN : Vous a-t-il rendu visite, Steed ?

GEORGE : Il est censé avoir dit, en réponse à une question précise, qu'il soutiendrait un projet de loi draconien concernant les esclaves en fuite. Daniel Webster l'a affirmé.

CALHOUN : Pour une fois, il a fait preuve de bon sens.

GEORGE : Quand j'ai entendu ça, j'en ai conclu qu'une telle loi passerait et qu'il en résulterait une guerre entre les parties.

CALHOUN : Pensez-vous que les États du sud se séparent de l'Union ?

GEORGE : Tout ce que tu as dit aujourd'hui conduit à la sécession.

CALHOUN : Que pourrait faire le sud, Mr. Paxmore, pour détourner le courant qui semble nous entraîner tous dans cette direction ?

RACHEL (*dont l'intervention agaça le sénateur*) : Proposer un plan d'affranchissement pour tous les esclaves ; l'effet n'en serait pas immédiat, mais certain.

CALHOUN : Je vois que vous êtes une lectrice du *Liberator*.

RACHEL : Quand le receveur des postes m'autorise à en recevoir un exemplaire.

CALHOUN : Ce qui n'est pas trop fréquent, j'espère. Ainsi, vous voulez nous voir abandonner nos biens ? Jeter aux chiens le fruit de notre travail ? Steed que voici possède neuf cents esclaves qu'il a payés à la sueur de son front. Tous devraient partir ?

RACHEL : Il n'y aura pas de paix durable tant que les esclaves ne seront pas partis.

CALHOUN : Et pour aller où ? Vers la liberté telle que vous et moi la connaissons ? Jamais. S'ils partent, ce sera vers une nouvelle forme d'esclavage... privations, ignorance, charité sous un autre aspect. (*Il marqua une pause, puis s'adressa à Elizabeth.*) Si vous en savez tant sur les affres de la conscience quaker confrontée au problème de la guerre, vous ne devez pas ignorer combien une minorité peut se montrer obstinée à défendre ses droits. Dans l'ensemble, les citoyens de notre pays n'ont guère apprécié les quakers. En 1812, quand nous nous efforcions de protéger l'Union, leur pacifisme m'a exaspéré, mais vous avez persisté parce que vous saviez qu'une minorité prudente devait se défendre contre la tyrannie d'une majorité. Est-ce exact ?

GEORGE : Nous nous sommes efforcés d'exister sans gêner les autres. C'est peut-être ce qui a fait notre force.

CALHOUN : Précisément. Le sud est une minorité qui s'acharne à défendre ses droits. Le fait que nous ayons contrôlé le Sénat nous a permis d'y parvenir. Et j'entrevois le moment où les États-Unis deviendront une minorité dans le concert des nations. Ce jour-là, ils feront appel à tous les procédés qu'utilise le sud actuellement pour protéger leurs droits à l'existence. Je me bats pour l'avenir, Mr. Paxmore. J'ai une vision de l'avenir qui...

RACHEL : Est-ce qu'elle englobe l'esclavage permanent des Noirs ?

CALHOUN : Les nègres seront toujours des esclaves. Je préfère la vision du sud à celle que le nord veut imposer.

Ils dînèrent tôt, écoutant les vents violents qui soufflaient de la Chesapeake, puis ils gagnèrent leurs chambres. Le lendemain matin, tous se rassemblèrent sur la jetée pour escorter John Calhoun qui regagnait le Sénat, prêt à y affronter de grandes batailles, marchant à la rencontre de sa mort prochaine. Quand la porte de la cabine se fut refermée sur le manteau noir et la tête échevelée, Rachel Starbuck Paxmore murmura :

— Voilà l'un des plus éminents citoyens que le pays nous ait jamais donnés, et il se trompe sur tous les points.

Aucun envoi officiel de l'odieuse loi ne parvint à Patamoke avant la première semaine d'octobre 1850, mais quand l'affiche arriva de Baltimore pour être affichée sur le mur du palais de justice, chacun put constater que Daniel Webster avait tenu parole. Au chantier naval, George Paxmore se refusa à tout commentaire avant de s'être entretenu avec sa femme. A midi, il abandonna son bureau aux soins de ses employés, dont la plupart se prononçaient en faveur de la loi, et mit le cap sur la Falaise-de-la-Paix où sa famille était rassemblée dans la cuisine.

— Ils ont promulgué une loi encore plus abominable que tout ce que nous avions imaginé, annonça-t-il en tirant de sa poche le calepin sur lequel il avait noté les principaux articles du décret.

— C'est vraiment la loi ? s'enquit Rachel.

— La loi votée par l'ensemble du pays. Tout propriétaire d'esclaves peut se rendre n'importe où aux États-Unis et récupérer le Noir, homme ou femme, qu'il déclare être un fugitif.

— Même dans des villes comme Boston ?

— Partout. Dans tous les États, territoires, et dans le district de Columbia. Y compris les régions n'ayant pas encore le statut de territoire. Il suffit au Blanc de déclarer que le Noir lui appartient et sa revendication est admise. Le Noir ne peut témoigner pour son propre compte. Il n'a pas le droit d'avoir recours à d'autres témoins.

— Que peut-il faire ?

— Écouter la sentence du juge qui le renvoie à l'esclavage. Même les Noirs affranchis peuvent être ramenés manu militari. Tous les marshals des États-Unis ont reçu l'ordre d'appliquer la loi. Et un additif atroce a été apporté. Tout citoyen doit, sous peine de prison, aider le marshal à capturer le fugitif ou à arrêter l'esclave affranchi si le représentant de la loi le lui ordonne.

— Une telle loi est inconcevable, marmonna Elizabeth. Assise près de la cuisinière, bras croisés, elle secouait la tête avec incrédulité.

— Elle n'est pas inconcevable, rétorqua George avec une hargne inhabituelle. Elle a été votée. Mais nous pouvons la rendre inopérante.

— George ! Ne soyons pas trop pressés, dit Elizabeth. Demandons conseil à Dieu. Prions.

— Quel est le fond de ta pensée ? demanda Bartley à son père.

— Nous nous opposerons à la loi, intervint Rachel. Nous nous y opposerons de toutes nos forces.

— Bien sûr, acquiesça George dont les cheveux blancs s'ébouriffèrent quand il se pencha en avant.

— Je crois que nous devrions prier, insista Elizabeth.

Pendant quelques minutes, tous s'abîmèrent dans le silence, puis Elizabeth reprit la parole.

« Je dois arracher une promesse à chacun de vous. Nous devons nous abstenir de toute violence. Le problème ne peut être résolu par la violence.

— Mais si un esclave frappe à notre porte ? Tu l'aideras à s'échapper ? demanda Rachel.

— Je ne priverai pas autrui de son bien légal.

— Mais tu t'écarteras pendant que Bartley et moi...

Elizabeth accepta ce compromis et leur maison devint le havre des opprimés. Même au fin fond du sud, on se passait le mot : « Toi, arrive Choptank. Haute falaise blanche. Paxmore. » Si l'esclave y parvenait, Bartley et Rachel mettaient tout en œuvre pour le convoyer jusque chez les Starbuck d'où le jeune Comly le conduirait vers le nord et la Pennsylvanie.

L'attitude des cinq quakers participant à ce réseau d'évasion variait considérablement. Elizabeth, l'infatigable quakeresse qui luttait contre l'esclavage depuis un demi-siècle, estimait que la pression morale était suffisante. Elle prenait de gros risques en prodiguant son enseignement aux esclaves ; elle les nourrissait à ses frais, les habillait avec des chemises cousues de ses mains ; elle les soignait et pansait leurs blessures. Mais elle ne les encourageait pas à quitter leurs maîtres, car il s'agissait là de la négation d'un droit légal. Elle demeurait fidèle à elle-même : la quakeresse traditionnelle, la pédagogue, l'amie et la consolatrice, mais sans plus.

George Paxmore ne lésinait pas en apportant sa contribution pécuniaire ; il cachait les fugitifs et, à l'occasion, les guidait jusque chez les Starbuck, mais il abhorrait la violence et il se serait refusé à passer la nuit en compagnie des énergiques Starbuck qui, eux, ne la redoutaient pas.

A trente et un ans, Bartley Paxmore appartenait à une nouvelle race de quakers, engagée à combattre l'esclavage et prête à courir des risques au mépris de sa vie et de celle des fugitifs. Il faisait preuve d'une audace stupéfiante et avait mis au point un itinéraire d'évasion qui remontait à travers la péninsule et passait au cœur des plantations du Refuge. Il avait déjà effectué sept voyages jusque chez les Starbuck et pensait qu'il serait amené à en faire d'autres mais, comme son père, il répugnait à la violence et ne portait jamais d'armes.

Rachel, sa femme, était très différente. Comme tous les Starbuck, elle considérait l'esclavage comme la suprême abomination et repoussait la moindre concession. Si un propriétaire d'esclaves l'avait surprise tandis qu'elle conduisait des Noirs vers le nord, elle l'aurait tué ; en conséquence, Bartley ne lui permettait jamais de se fourvoyer dans des situations périlleuses. Elle était l'aiguillon, le stimulant, l'implacable ennemie du chasseur d'esclaves, et c'était souvent son courage inaltérable qui donnait aux fugitifs assez de cœur au ventre pour franchir les quinze derniers kilomètres les séparant de la frontière.

Pour sa part, Comly Starbuck ne repoussait pas la violence ; il l'attendait, et il était toujours prêt à plonger dans la bagarre si des chasseurs d'esclaves intervenaient. C'était un jeune homme vigoureux, plus trapu et plus fort que Bartley, tendant vers des fins très différentes : « Quand le sud fera sécession, ce qui est inévitable, les esclaves se soulèveront en masse. Alors, nous serons en mesure de mettre fin à ce mal. » Il attendait le jour où il s'enrôlerait dans les armées du nord.

Ceux qui s'opposaient à la libération des Noirs se scindaient en trois groupes. En premier lieu, venaient les propriétaires de grandes plantations dont la fortune était liée à la main-d'œuvre noire et qui se montraient toujours prêts à financer une chasse à l'esclave. Ils ne pouvaient être taxés de brutalité, mais le fait qu'une bande d'agitateurs du nord veuille les priver de leurs biens légaux les plongeait dans une perplexité profonde. Ils voulaient la paix avec le nord, souhaitaient que le commerce continue et prospère. Les plus avisés d'entre eux comprenaient que le pays, en s'ouvrant de plus en plus vers l'ouest, compterait bientôt un plus grand nombre d'États anti-esclavagistes et ils mettraient tout en œuvre pour qu'on respectât leurs droits héréditaires. Ils se montraient raisonnables sur toutes les questions à l'exception de l'esclavage. Comme Paul Steed, leur porte-parole, ils estimaient que les Noirs devaient accepter l'esclavage afin que tous les hommes fussent libres.

Au bas de l'échelle, on trouvait les chasseurs d'esclaves professionnels, tels que Lafe Turlock et ses chiens, Herman Cline et son fouet. Ils haïssaient les Noirs. Rares étaient les individus de cette espèce, mais chaque ville de la côte orientale comptait son lot. L'un des divertissements les plus faciles à organiser le long des rivières et fleuves salés restait la chasse aux nègres.

La majorité, groupe difficile à cerner, se situait entre les deux. Il s'agissait de Blancs possédant peu de terres, rarement nantis d'esclaves et, lorsque c'était le cas, n'en comptant qu'un ou deux. Mais ils avaient été convaincus par les philosophes du sud que leur bien-être dépendait de la persistance de l'esclavage et ils s'insurgeaient aisément quand ceux du nord dénigraient cette institution chère à leur cœur. La crainte que faisaient peser sur eux les esclaves ne dictait pas leur comportement, influencé plutôt par leur antipathie à l'encontre des Noirs affranchis qu'ils considéraient comme paresseux, indisciplinés et débauchés. Ainsi, un fermier exprimait l'opinion unanime en déclarant : « Je n'ai rien contre un esclave qui sait se tenir à sa place, mais je ne supporte pas qu'un nègre sache lire. C'est une source d'ennuis. »

Ceux du centre protestaient lorsque des habitants du sud, tels que les Paxmore, s'élevaient contre l'esclavage et se réjouissaient lorsque des Noirs s'enfuyaient. Ils ne s'embauchaient pas comme chasseurs d'esclaves, mais si une battue était organisée, ils s'y joignaient et, quand le Noir était acculé, que les chiens aboyaient, ils en tiraient autant de plaisir qu'en voyant un raton laveur pris au piège. Mais si quiconque suggérait que la côte orientale abandonne l'Union pour défendre l'esclavage, ils se calmaient et déclaraient : « Nous nous rangeons aux côtés de Daniel Webster. L'Union doit être préservée. »

Au cours des années 1850, après le vote de la loi sur les esclaves en fuite passée sous l'égide des sénateurs Clay et Webster — Calhoun estimait qu'elle n'était pas assez énergique —, une guerre subtile et occulte s'instaura entre les propriétaires d'esclaves et les ennemis de l'institution en question. Elle ne connut aucun répit ; un esclave s'enfuyait de quelque plantation du sud du Dorchester, se frayait un chemin jusqu'au Choptank, connaissant l'endroit où habitaient les Paxmore grâce à des renseignements clandestins, traversait à la faveur de la nuit le large cours d'eau, prenait pied au bas de la falaise blanche, grisâtre sous la lune, et grimpait pour aller frapper à la porte de la cuisine.

Ultérieurement, les Blancs seraient appelés à se poser la question avec incrédulité : pourquoi les Noirs acceptaient-ils l'esclavage ? Au cours de la décennie allant de 1851 à la fin de 1860, quelque deux mille Noirs parvinrent à la côte orientale, en dépit des obstacles quasi insurmontables, pour tenter de gagner la liberté. Une vieille femme de soixante-dix ans se levait un matin en disant : « Moi, vouloir mourir libre », et elle s'en allait. On prévenait les enfants d'une voix étouffée : « Tais-toi. Au moindre bruit, nous tous tués. » Ils mouraient dans les marais ; ils se noyaient dans les cours d'eau ; ils étaient pendus à des arbres, brûlés sur des bûchers. Mais ils continuaient à fuir, et certains d'entre eux séjournaient brièvement chez les Paxmore.

Pour la deuxième fois dans l'histoire de la famille, un Turlock apprenait à lire. A onze ans, le jeune Jake se levait chaque matin, se débarbouillait sur le banc derrière la cabane aux limites de la ville et se rendait à l'école. L'existence de celle-ci, et surtout la présence de son remarquable instituteur, représentaient le genre de hasard susceptible de changer la face de l'histoire — pas de la grande histoire, avec ses guerres et ses élections, mais de la petite histoire d'une ville comme Patamoke ou d'un fleuve comme le Choptank.

Le caractère de Paul Steed s'affirmait de plus en plus et, en dépit de l'indifférente crasse du gouvernement fédéral, il continuait à croire qu'une voie de chemin de fer pouvait être construite le long de l'épine dorsale de la péninsule, et il se demanda comment les entreprises de travaux publics trouveraient suffisamment de main-d'œuvre qualifiée pour poser les rails le moment venu. Avec l'aide de mules, les esclaves pouvaient niveler le terrain, mais des hommes infiniment plus adroits seraient nécessaires pour la construction proprement dite.

Ses difficultés trouvèrent une solution lorsque les journaux de Baltimore publièrent une suite d'articles sur la famine qui sévissait en Irlande et l'exode massif qui s'ensuivait. Un soir, dans la bibliothèque, il dit à Susan :

— Le diable m'emporte ! Dire que nous pourrions rallier l'Irlande et embarquer un millier d'hommes !

Dès le lendemain matin, il monta à bord de l'un de ses bateaux que l'on chargeait de blé, et donna ordre à son capitaine d'appareiller à midi, sans plus se préoccuper de la cargaison. A la tombée de la nuit, il se trouvait à la sortie de la Chesapeake après avoir donné les instructions nécessaires pour qu'on construisît des logements à Patamoke afin de recevoir les immigrants qu'il amènerait.

En débarquant à Cork, il assista à un spectacle qui devait le hanter pendant le restant de ses jours : de longues files d'êtres affamés attendaient désespérément de la nourriture ou un moyen de transport pour les conduire n'importe où.

— Ils s'embarqueraient pour l'enfer, confia à Steed le capitaine du port, un Anglais.

— Je pourrais emmener trois cents hommes.

— Vous êtes obligé de prendre les familles.

— Je ne voulais pas de femmes ni d'enfants.

— Personne n'en veut mais, si vous les laissez, ils mourront.

Paul se tint au bas de la passerelle tandis que défilaient devant lui soixante-dix-sept familles aux yeux vitreux, nanties d'un nombre considérable de rejetons émaciés.

— Nous rentrons, et vite ! dit Steed à son capitaine.

Dès que l'ancre eut été dérapée, il assuma ses fonctions de père nourricier auprès des affamés. Il travaillait de douze à quinze heures par jour dans la cambuse, aidant à préparer les aliments, et imaginant des façons de les distribuer en portions raisonnables afin que personne ne risquât la mort en s'empiffrant. Sa claudication, son cou tordu devinrent un symbole de salut aux yeux des Irlandais et, quand vint le dimanche, il organisa un service de prières pour les trois cent sept catholiques qu'il ramenait en Amérique.

Il n'y avait pas de prêtre à bord et Steed répugnait à le remplacer, mais il trouva un homme tout rond, à la langue déliée, répondant au nom de Michael Caveny, pour lequel la prière venait aussi naturellement aux lèvres que le juron.

> Dieu tout-puissant, qui avez infligé ses plaies à l'Égypte et la famine parmi les Hébreux afin que la terre tremble sous le châtiment, nous savons que Vous avez aussi dispensé des années d'abondance afin que Votre peuple prospère. Par votre grâce, nous nous sommes embarqués sur ce saint vaisseau qui nous conduit vers un paradis

> insoupçonné où la nourriture est abondante et où nos enfants pourront s'ébattre sur les vertes prairies sans craindre la disette.

Il dévidait ses prières l'une après l'autre, usant d'un style fleuri, de métaphores et de citations bibliques, exaltant à tel point l'espoir que des sanglots s'élevaient de l'assistance massée sur le pont. Au moment de la péroraison, alors que se mêlaient Dieu, nouveau-nés, agneaux, festins et actions de grâce, Paul se surprit à essuyer une larme furtive et, ce jour-là, il fit distribuer double ration de nourriture.

Michael Caveny — à l'origine, son nom avait été Cavanaugh, mais des siècles d'abréviation l'avaient ramené à sa forme actuelle et chantante — était un homme hors du commun. A trente-neuf ans, père de trois enfants, il avait connu les tourments de la faim, mais jamais le désespoir. Pour nourrir sa famille, il avait commis des actions qu'il effacerait ultérieurement de sa mémoire afin de ne pas infliger de telles images aux siens, et il avait obligé ceux-ci à survivre dans des conditions auxquelles des dizaines de ses voisins n'avaient pas survécu.

Il faisait preuve de lyrisme et, pour lui, la moindre manifestation de la nature justifiait une longue envolée oratoire.

— Regardez le poisson qui vole et fend l'air ! Dieu lui fait prendre son essor avec un chant, et le diable le rattrape pour le jeter dans la poêle brûlante !

Plus Steed fréquentait cet homme, plus il se sentait séduit et, avant même que le bateau s'amarrât au quai de Patamoke, Michael Caveny avait été désigné comme contremaître de l'équipe de chemin de fer.

Il s'agissait là d'un titre honorifique car il n'y avait pas de chemin de fer. Le pays était trop occupé à construire les voies réellement importantes menant vers l'ouest pour allouer des fonds à une ligne d'intérêt local, traversant la péninsule Delmarva, ainsi qu'elle avait été baptisée avec à-propos en empruntant les premières syllabes des trois États qui se la partageaient. Le chemin de fer n'atteignit Chicago qu'en 1853 et il devait aussi s'enfoncer vers le sud car, en dépit de l'appréhension du sénateur Calhoun qui le soupçonnait d'apporter avec lui l'hérésie du nord, les négociants du sud tenaient, eux aussi, à disposer d'une voie de chemin de fer pour le transport de leurs marchandises. Donc, une fois de plus, on ignora la côte orientale mais, pour celle-ci, cette perte comportait certains avantages ; en effet, l'isolement qui en résulta lui permit de poursuivre et d'approfondir son mode de vie particulier.

La décision de renoncer à la construction laissa Paul Steed avec une horde de catholiques irlandais sans emploi, entassés dans des taudis à la périphérie nord de la ville. Ils n'avaient pas de prêtre, pas d'occupation, pas d'économies, et disposaient seulement des vêtements que les planteurs de l'endroit leur procuraient mais, en quelques semaines, un pourcentage stupéfiant d'entre eux trouvèrent à s'employer. Onze quittèrent la ville pour devenir contremaîtres ; ils devinrent célèbres par deux traits caractéristiques : un œil infaillible pour repérer les plus jolies esclaves noires et les gigantesques beuveries auxquelles ils s'adonnaient ; mais ils n'en demeuraient pas moins des êtres foncièrement bons et, lorsqu'ils étaient renvoyés d'une plantation, une autre les embauchait aussitôt — « McFee jure qu'il ne s'enivrera plus, et je crois que nous devrions lui donner sa chance ».

Bien entendu, Paul Steed offrit à Michael Caveny un emploi à Devon mais, à sa grande surprise, le vaillant petit Irlandais refusa.

— J'ai le sentiment, Mr. Steed, que saint Matthieu lui-même aurait été honoré de travailler pour vous, mais ma place est en ville avec les miens. Nous allons construire une église et trouver un prêtre, et il y a les enfants auxquels il nous faut penser.

— Vous avez déjà fait des prodiges en ce qui les concerne.

— Ah ! jamais parole plus vraie n'a été prononcée, Mr. Steed, mais actuellement je songe à leur éducation. L'école de Patamoke a besoin d'un instituteur et j'ai l'intention de poser ma candidature.

Et ce fut ainsi qu'un beau matin le jeune Jake Turlock se réveilla avec ordre de se présenter à l'instituteur Caveny.

— Si les gosses de papistes sont capables d'apprendre à lire, tu peux en faire autant, lui assura son grand-père Lafe.

L'enseignement qui marqua Jake le plus profondément ne fut pas la lecture mais la géographie. Mr. Caveny avait acquis quinze exemplaires d'un merveilleux petit ouvrage intitulé *Géographie moderne,* publié à New York City en 1835. Établi par un certain professeur Olney, licencié ès lettres, le livre contenait un résumé des renseignements les plus récents sur le monde. Il renfermait des gravures sur bois séduisantes, illustrant la façon dont un tigre dévorait un homme aux Indes ou celle dont les chiens malamutes tiraient les traîneaux en Sibérie.

La contribution la plus précieuse apparaissait à la dernière page de chaque partie, dans un paragraphe intitulé « Caractères », car là, en quelques mots bien sentis, le professeur Olney exposait aux élèves ce qu'ils étaient en droit d'attendre des habitants de chaque pays. Le professeur Olney, d'ascendance britannique, rappelait aux écoliers ce qu'avaient été leurs ancêtres :

Anglais : Intelligents, courageux, travailleurs et entreprenants.

Écossais : Sobres, travailleurs, hardis et entreprenants. Se distinguent par leur niveau d'instruction et leur moralité.

Gallois : Emportés, honnêtes, braves et hospitaliers.

Jake reconnut que ces termes élogieux s'appliquaient aux gens qu'il connaissait à Patamoke, et quand il récita ces traits à son grand-père, Lafe grommela :

— Ce professeur sait de quoi il parle.

Cependant, lorsque Olney se penchait sur des peuples non britanniques, notamment sur ceux ayant des ascendances catholiques, il se montrait plus sévère.

Irlandais : Vifs d'esprit, actifs, braves et hospitaliers. Mais emportés, ignorants, vains et superstitieux.

Espagnols : Sobres, graves, polis et fidèles à la parole donnée. Mais ignorants, orgueilleux, superstitieux et vindicatifs.

Italiens : Affables et polis. Excellents dans les beaux-arts, musique, peinture et sculpture. Mais efféminés, superstitieux, serviles et vindicatifs.

Jake ne vit rien d'erroné dans ces descriptions. Sans aucun doute, les Irlandais qui habitaient aux confins de la ville étaient emportés, ignorants et hospitaliers, mais Mr. Caveny voyait les choses sous un autre jour.

— Je veux que chaque élève prenne sa plume et raye les mots qui suivent *Irlandais* parce que l'auteur connaît mal son sujet. Écrivez : « Spirituels, pieux, généreux à l'extrême, vifs d'esprit, fidèles jusqu'à la mort. Mais au tempérament violent, surtout lorsqu'ils sont maltraités par les Anglais. »

Pour les Italiens et les Espagnols, aucune correction n'était nécessaire. Mais c'était en décrivant les races considérées comme inférieures qu'Olney laissait libre cours à son fiel :

> *Arabes :* Ignorants, sauvages et barbares. Ceux de la côte sont des pirates, ceux de l'intérieur sont des voleurs.
>
> *Persans :* Polis, gais, raffinés et hospitaliers. Mais indolents, vains, avares et fourbes.
>
> *Hindous :* Indolents, lâches et superstitieux. Doux et serviles à l'égard de leurs supérieurs, hautains et cruels à l'égard de leurs inférieurs.
>
> *Sibériens :* Ignorants, crasseux et barbares.

Mr. Caveny exigea que ses élèves apprissent par cœur ces résumés significatifs et, à l'occasion d'un examen, il posait la question : « Comparez un Anglais et un Sibérien », ce à quoi Jake répondait : « L'Anglais est courageux, intelligent, travailleur et généreux, mais le Sibérien est ignorant, crasseux et barbare. » Il n'avait jamais vu de Sibérien, mais il était certain qu'il en reconnaîtrait un sur-le-champ, si jamais il allait en Sibérie : les habitants de ce pays se déplaçaient dans des traîneaux tirés par des chiens.

Dans son ouvrage, le professeur Olney ne décrivait pas les Noirs qui vivaient en Amérique, mais il disait succinctement de ceux qui demeuraient en Afrique : « Un peuple ignorant, crasseux et stupide. »

— Bien que cette description soit valable pour l'Afrique, il serait bon que nous exposions nos propres idées sur les nègres qui vivent ici, à Patamoke, dit Caveny.

Et, au tableau noir, il écrivit les mots que les enfants lui soufflaient pour décrire les Noirs qu'ils connaissaient ; par la suite, lorsque Caveny demandait à ses élèves à l'occasion d'un examen : « Quel est le caractère du nègre ? », Jake et les autres devaient répondre en se conformant à la description suivante :

> *Nègres :* Paresseux, superstitieux, vindicatifs, stupides, irresponsables. Portés sur la fuite, mais ils adorent chanter.

Aussi longtemps que vivraient les élèves de Mr. Caveny, ils considéreraient les Turlock d'origine britannique comme des êtres courageux, honnêtes, hospitaliers, travailleurs, sobres, hardis et entreprenants, et les Cater, ces Noirs, comme indignes de salut, ne pouvant se targuer que de leur aptitude au chant.

La ville de Patamoke avait alors atteint sa forme définitive. Tout était centré sur le port, lequel procurait un bon mouillage aux navires et constituait le cœur de la cité qui comptait à présent mille huit cent trente-six habitants. Les maisons de commerce se détachaient au nord du quai. Dans la grand-rue, se dressaient trois imposants bâtiments administratifs — le palais de justice et la prison que séparait le nouveau marché aux esclaves, vaste halle couverte.

Sur le côté est du port, s'élevaient les constructions hétéroclites du chantier naval Paxmore, et à l'ouest, ainsi qu'il est fréquent dans les villes américaines, se situait le quartier résidentiel. La merveilleuse vue sur le fleuve et les brises fraîches venant du sud se combinaient pour rendre ce secteur attrayant ; c'était là qu'habitaient les propriétaires de la ville. Entre est et ouest, se blottissaient les petites maisons des artisans, des marins, des fermiers à la retraite et les pensions de famille.

Ces dispositions fondamentales avaient été prévues depuis plus d'un siècle, mais deux éléments d'une importance vitale y avaient été adjoints et rendaient bien différente la ville en 1855. Au nord, au-delà du quartier des affaires, se groupaient les familles irlandaises qui avaient eu l'audace d'ériger une église catholique relativement vaste où officiait un prêtre fougueux venu de Dublin.

— Autrefois, les catholiques étaient des gentilshommes qui dînaient à Devon Island à la lueur des chandelles. Maintenant, c'est toutes sortes de gens bruyants, remarquèrent plusieurs citadins.

L'autre innovation se situait sur une pointe marécageuse à l'est du chantier naval où un conglomérat de cases et de cabanes avait poussé. La zone s'appelait la Grenouillère et était occupée par des Noirs affranchis ; là, des auvents avaient été aménagés pour abriter les esclaves loués à la journée à Patamoke. Il arrivait parfois qu'un homme ou une femme travaillât hors de la plantation à laquelle il appartenait pendant deux ou trois ans de suite sans jamais recevoir de salaire, lequel était réglé à son propriétaire. Cependant, si un planteur éclairé, tel que Paul Steed, louait l'un de ses esclaves, il veillait à ce que celui-ci perçût une partie de son salaire et plusieurs avaient ainsi gagné assez d'argent pour acheter leur liberté. Les Noirs entretenaient des rapports de pure forme avec le chantier naval ; leurs relations pouvaient être qualifiées de nombreuses avec le secteur des affaires, et elles se faisaient intensives avec le quartier résidentiel où beaucoup allaient travailler. Par contre, ils ne frayaient absolument pas avec les Irlandais.

Certes, il existait aussi une dernière zone, fluctuante, mal délimitée. Ses habitants vivaient là où ils le pouvaient, certains avec les Irlandais, d'autres dans des cabanes situées dans le quartier des affaires, et d'autres encore avec les Noirs. Il s'agissait des « petits Blancs ». Quarante et un Turlock étaient disséminés dans Patamoke sans que personne fût capable de démêler les liens de parenté existant entre eux.

C'était une bonne ville et, même au plus fort des passions exacerbées qui agitèrent le reste du pays, elle prospérait dans la paix. Une harmonie pragmatique baignait les lieux, due en majeure partie à la conduite exemplaire de ses deux habitants les plus éminents. Paul Steed gérait une bonne plantation à Devon et un excellent magasin à Patamoke. Il offrait des emplois aux Irlandais et de confortables salaires à tous. Il se montrait ferme dans son soutien à l'esclavage et au parti whig qui, à ses yeux, assurerait le salut du pays, mais, avant tout, il représentait une force d'équilibre. S'il se trouvait en ville le dimanche, il assistait à la messe, assis seul à la deuxième rangée de bancs, petit homme austère, convenable, la tête penchée sur le côté comme s'il pesait les paroles du prêtre.

L'autre citoyen le plus éminent, George Paxmore, était un vieil homme de soixante-douze ans, toujours très droit, la tête haute couronnée de cheveux blancs. Il ne travaillait plus quotidiennement au chantier naval, mais il quittait la Falaise-de-la-Paix de temps à autre pour s'y rendre et s'assurer que la construction des bateaux progressait de façon satisfaisante. Au chantier, il avait tendance à embaucher les Noirs plutôt que les Irlandais, mais il avait considérablement aidé ces derniers, apportant sa quote-part à la construction de leur église et souscrivant largement à leurs collectes alimentant leurs œuvres de charité. Il déplorait leur intempérance, enviait leur légèreté de cœur. Ce fut lui qui prit les dispositions nécessaires pour que Michael Caveny devînt constable de la ville ; il ne le regretta jamais car l'Irlandais, bourru et expéditif, préférait avoir recours à la parole plutôt qu'à son arme pour mettre au pas un délinquant. « Pas de doute, un homme comme vous qui bat sa femme devrait se laisser pousser une barbe plus fournie, Mr. Simpson. Autrement, comment oserait-il se regarder dans la glace ? »

Le statu quo qui régnait entre les habitants de la petite ville vola en éclats par un chaud après-midi quand T. T. Arbigost, sanglé dans son costume blanc, suçant son éternel cure-dent d'argent, débarqua d'un vapeur en provenance de Baltimore avec dix-sept esclaves qu'il parqua dans les enclos du marché. Après quoi, il s'épousseta, jeta un regard méprisant au bateau crasseux qu'il venait de quitter et fit porter un mot à Devon Island pour annoncer qu'il avait acquis un excellent lot d'esclaves de premier choix dans des plantations du sud du Maryland.

Paul Steed avait besoin de main-d'œuvre et il se rendit à Patamoke en vue d'acheter le lot ; mais quand il examina les esclaves, ceux-ci lui parurent en si bonne condition physique qu'il s'étonna qu'Arbigost les eût amenés au lieu de les vendre avec plus de profit sur les marchés de Louisiane.

— Eh bien... oui, convint l'onctueux marchand en se balançant sur sa chaise installée à l'ombre de la halle. Voilà bien le genre de question judicieuse que je poserais si je me trouvais face à d'aussi beaux spécimens que ceux-ci, laissa-t-il tomber en désignant les Noirs d'un geste désinvolte de sa badine.

— On ne peut sans doute rien en tirer, émit Paul.

— Là, vous vous trompez, assura Arbigost avec un sourire engageant. Aurais-je risqué de traverser la baie dans cet infâme baille ? demanda-t-il en pointant son cure-dent sur le bateau.

— Alors, quelle est votre explication ?

— L'argent, Mr. Steed. Tout simplement, l'argent.

— Vous en obtiendriez davantage en Louisiane.

— Que je perdrais en frais de voyage, Mr. Steed. Partout où je me suis rendu à Baltimore, j'ai entendu dire : « Steed de Devon a besoin d'esclaves. » Vous êtes très connu, monsieur.

Paul souhaitait conclure l'achat, mais plus il examinait les Noirs, moins il en croyait ses yeux.

— Un ramassis de têtes de mule que vous avez transporté clandestinement depuis la Géorgie, émit encore Paul.

— Mr. Steed ! protesta le rusé marchand.

Habilement, il écarta la question de la provenance pour aborder celle de la docilité des hommes qu'il proposait, et ce furent les paroles qu'il prononça en vue de circonvenir son client qui mirent le feu à Patamoke.

« Vous ai-je jamais vendu un nègre récalcitrant ? se récria Arbigost.

Il marqua une pause emphatique pour donner à Steed le temps de reconnaître sa conduite exemplaire, puis il apporta une autre preuve plaidant en sa faveur.

« Vous vous souvenez quand j'ai vendu à Mr. Beasley, votre employé, ce magnifique Xanga, Cudjo, si habile à réparer les machines ? Mr. Beasley m'a fait les mêmes objections que vous au sujet du Xanga mais, je lui ai assuré, comme je vous assure maintenant, que Cudjo était maté... qu'il serait un excellent esclave.

Il sourit, tapota le poignet de Paul du bout de son cure-dent.

« Ce que je n'avais pas dit à Mr. Beasley sur le moment, parce qu'il n'était pas indispensable qu'il le sache, c'est que c'était ce même Cudjo qui avait mené la fameuse révolte à bord de l'*Ariel*. Vous vous rappelez ?

— L'*Ariel* ?

Arbigost opina.

— Une sanglante affaire. Le bateau aux mains des esclaves.

Steed se laissa lourdement tomber sur un gros madrier servant d'estrade pour la vente des esclaves aux enchères, qui aurait lieu le lendemain s'il ne les achetait pas aussitôt. Le bateau avait été construit ici. Le capitaine massacré par les Noirs était originaire de Patamoke. C'était incroyable ! Cudjo Cater avait mené la révolte, et Paul Steed l'avait libéré.

Paul eût souhaité fuir cet individu insidieux, sanglé dans son costume boutonné jusqu'au cou, mais il avait besoin d'esclaves et, après s'être de nouveau fiché son cure-dent d'argent entre les lèvres, Mr. Arbigost lui fit une proposition intéressante :

« Nous pourrions marchander pour chacun de ces hommes, mais ce ne serait pas digne de gentlemen tels que nous. Je vous les laisse à deux mille cent dollars la tête.

Après que les esclaves eurent été triés et affectés aux

plantations les plus éloignées, Steed avertit Arbigost qu'il serait prudent de ne rien dire au sujet de Cudjo et de l'*Ariel.*

— J'en ai déjà parlé aux hommes qui ont amené les esclaves ici.

— Dans ce cas, nous pouvons escompter des ennuis, marmonna Steed.

Il décida de ne pas rentrer à Devon et de passer la nuit à Patamoke. Il se trouvait dans la maison contiguë au magasin quand Lafe Turlock, accompagné de ses cinq fils, des adultes à présent, vint cogner à sa porte, demandant à le voir.

— Steed, on me dit que c'était votre nègre, Cudjo, qui a pris l'*Ariel.*

— C'est ce que prétend Arbigost.

— On va le pendre. Il a tué mon cousin Matt.

— Pourquoi venir m'en parler ?

— Parce que nous voulons que vous nous accompagniez... Pour retenir le constable.

— Je pense que Mr. Caveny fera son devoir.

— Nous aussi, on le croit, et on veut pas d'ennuis.

— Ne vous préparez-vous pas à causer beaucoup d'ennuis ?

— On veut seulement pendre un nègre. On veut pas mettre la ville à feu et à sang.

— J'ai l'impression que ce lynchage la mettrait bel et bien à feu et à sang.

— Pas quand j'aurai expliqué à tous ce qu'il a fait.

Paul rentra dans la maison et demanda aux Turlock de le suivre. Il passa dans la cuisine et chuchota à sa servante de courir prévenir Mr. Paxmore et Cudjo Cater de ce qui se tramait, puis il retourna parler aux Turlock. Il ne réussit pas à les ébranler. Lafe déclarait qu'il tenait à passer lui-même le nœud coulant autour du cou de Cudjo, et ses fils l'encourageaient.

Les Turlock mirent fin à l'entretien quand Paul refusa catégoriquement de se joindre à eux pour le lynchage. Steed suivit des yeux les six hommes qui se déployaient en éventail à travers la ville pour rameuter la populace.

Paul réfléchit un instant à ce qu'il convenait de faire et décida de partir à la recherche de Mr. Caveny. Le constable avait déjà été prévenu du projet des Turlock et il se rendit compte qu'il s'agissait là de la première épreuve de force à laquelle il était confronté à Patamoke. Pour lui, l'*Ariel* n'était jamais qu'un bateau comme les autres, la révolte un incident banal, moins grave que la famine qu'il avait connue en Irlande. Il estima que la majorité des habitants de Patamoke partageraient ses sentiments et qu'il aurait les mains libres pour ramener à la raison cette famille turbulente.

Mais quand Steed arriva, manifestement effrayé, l'angoisse du planteur gagna le constable. Puis, Paxmore entra, grand, serein.

— Surtout, pas d'émeute, recommanda-t-il. Mr. Caveny, es-tu prêt à disperser la foule ?

— Ils ne sont que six, fit remarquer Caveny.

— Il y en aura bien davantage, dit Paxmore. Nous devrions nous rendre à la Grenouillère.

Les trois hommes avancèrent lentement à travers les rues, sans montrer la moindre trace d'agitation, et arrivèrent bientôt à la zone marécageuse. Là, ils s'aperçurent que tous les Noirs s'étaient enfuis, à l'exception d'Eden et de Cudjo Cater.

— On reste, déclara Eden quand les trois Blancs s'approchèrent.

— Il ne faut pas qu'on te trouve armée, dit Paxmore.

— On reste, répéta la Noire.

A son ton, il était clair qu'elle était armée. Cudjo gardait le silence, immobile, planté sur le seuil de sa cabane.

— Étiez-vous à bord de l'*Ariel ?* s'enquit Steed.

— Oui.

— Oh, mon Dieu ! marmonna Steed en secouant la tête.

La nuit s'annonçait sous de mauvais auspices.

Quand les Turlock se manifestèrent, il semblait que la moitié de la population avait pris fait et cause pour cette famille sans foi ni loi. Au moment où ils se rapprochaient, Paul sentit décupler sa rage. A l'avant, à côté de Lafe Turlock, marchait Mr. Arbigost ; apparemment, il estimait que la mise au pas des Noirs, où que ce soit, à quelque moment que ce soit, lui incombait.

— Arbigost ! s'écria Steed. Que diable...

— Nous voulons ce nègre, rugit Lafe.

Paul ignora le cri de Turlock.

— Arbigost, que faites-vous avec ces hommes ?

L'intérêt passionné se déplaça, abandonnant Turlock pour l'étranger au costume blanc ; un dialogue bref, enflammé, s'engagea, ce qui donna à la colère le temps de s'estomper.

— Messieurs ! s'écria Caveny après les premières passes d'arme. Ce serait une honte de gâcher une si belle soirée d'été.

Je vous propose de retourner en ville et de boire aux frais de Mr. Steed.

— Je veux ce nègre !

— Lafe, intervint Steed. Ça s'est passé il y a longtemps. Cudjo a prouvé...

— Je vais pendre ce nègre pour ce qu'il a fait à mon cousin Matt !

La mention de ce nom, célèbre entre tous, désamorça l'émeute ; dès qu'il fut prononcé, tous les regards convergèrent sur Paul Steed, et nombre des assistants se remémorèrent l'infortune du planteur. Le capitaine Matt, le grand rouquin fort en gueule, qui avait jeté Steed dans le port.

Devinant les pensées des émeutiers en puissance, Steed prit Lafe par le bras et proposa tranquillement :

— Si on allait tous prendre un verre au magasin ?

Dès que la foule eut reflué, Eden rentra dans la cabane ; elle tira le couteau de son corsage, le revolver de sous sa jupe et, sans la moindre manifestation d'émotion, les posa sur la table. Quand Cudjo vit les armes, il céda à la terreur à l'idée de ce qui aurait pu se produire, et il voulut les balayer d'un geste mais, se penchant, Eden les recouvrit de ses bras.

En mars 1857, alors que tous en Amérique pensaient que le compromis établi par Henry Clay et Daniel Webster avant leur mort allait sauver le pays — tous à l'exception des abolitionnistes incorrigibles qui n'envisageaient rien moins que l'éclatement de l'Union —, le président de la Cour suprême, Roger Brooke Taney, originaire du Maryland, lut une décision, face à cette haute instance, qui détruisit l'édifice branlant à l'abri duquel les conciliateurs avaient œuvré. En termes simples, irrécusables, le sage président, l'un des hommes les plus remarquables qui eût jamais siégé à la Cour, donna un aperçu de l'avenir.

Le cas était embrouillé, comme beaucoup de ceux qui font date dans les annales judiciaires. L'esclave Scott, né dans un État où l'on pratiquait l'esclavage, avait été transféré dans un État libre, puis dans un territoire où l'esclavage était interdit, enfin dans un État où il était autorisé, et au Massachusetts enfin, où les esclaves étaient automatiquement libérés. De quel statut pouvait-il se prévaloir ? La Cour aurait pu prendre n'importe quelle décision.

Le président Taney et ses assesseurs trouvèrent une échappatoire facile, bien qu'assez équivoque ; ils déclarèrent qu'étant donné que Dred Scott était noir, il n'était pas citoyen des États-Unis et n'avait pas le droit de présenter sa défense devant une cour fédérale. Il retrouvait le statut qui avait été le sien trois décennies auparavant. Il était né esclave et devait le rester tout au long de sa vie.

Si Taney avait abandonné l'affaire à ce point, il aurait simplement privé un Noir de sa liberté, mais le vieux séparatiste convaincu avait été au cœur du combat politique pendant les quelque quatre-vingts années qu'il comptait, et son caractère ne l'incitait pas à la diplomatie. Il décida de s'attaquer à la question la plus explosive de son époque. Il réglerait une fois pour toutes ce pernicieux problème de l'esclavage. Soutenu par des magistrats, qui comme lui possédaient des esclaves, le vieil homme ajouta à sa décision initiale des propos qui stupéfièrent le pays : aucune instance gouvernementale aux États-Unis ne pouvait priver un propriétaire de son bien légal ; le compromis du Missouri était frappé de nullité ; le Congrès ne pouvait empêcher l'esclavage dans les territoires, et les États pris individuellement n'avaient pas le pouvoir de libérer les Noirs.

Lorsque le jugement fut connu sur les rives du Choptank, les grands propriétaires pavoisèrent : tout ce qu'ils avaient demandé jusque-là au gouvernement fédéral leur était enfin accordé, et il semblait à des hommes tels que Paul Steed que les éléments de discorde s'étaient évanouis. Dans tous les comptoirs Steed de la région, il fit apposer des copies du jugement et déclara à ses contremaîtres :

— A présent, nous sommes en mesure de nous opposer à la fuite des esclaves avec une arme valable. Expliquez aux Noirs que, même s'ils s'échappent pendant quelques jours, ils devront nous être rendus. Le problème est réglé une fois pour toutes et nous pouvons aller de l'avant.

Le groupe de citoyens du centre se félicita du jugement ; il mettait fin à la lutte. Les Irlandais ne se sentaient pas concernés. Et les Noirs affranchis, tels qu'Eden et Cudjo Cater, comprirent qu'il leur faudrait manœuvrer avec une prudence infinie puisque, à n'importe quel moment, on pouvait les revendiquer en tant qu'esclaves, produire des documents falsifiés en cour de justice et même les enlever pour les envoyer dans une plantation de coton. Eden vérifia ses documents d'affranchissement, mais elle vérifia ses pistolets et couteaux avec encore plus de soin.

Quant aux Paxmore, ils furent effondrés en prenant connaissance de l'extraordinaire jugement et, lorsqu'ils en reçurent une copie, ils tombèrent sur le stupéfiant passage rédigé par Taney, président de la Cour suprême :

> Depuis plus d'un siècle, les esclaves ont été considérés comme des êtres d'un rang inférieur, tellement inférieur qu'ils n'ont aucun droit que les Blancs soient tenus de respecter.

En entendant ces paroles, George Paxmore inclina sa tête blanche et ne trouva rien à leur opposer. Par deux fois, il voulut parler, mais l'inutilité de ses arguments lui apparut et il se tut. Si la plus haute juridiction de la nation estimait qu'un Noir ne possédait aucun droit qu'un Blanc soit tenu de respecter, il n'y avait plus d'espoir pour le pays qui retournerait à la barbarie.

Rachel Starbuck Paxmore mena la lutte contre la décision prise à l'encontre de Dred Scott. Partout où elle allait, elle s'élevait contre l'aspect inhumain d'un tel verdict. Elle se levait dans les réunions et haranguait les quakers qui avaient cru que le compromis antérieur permettait d'accéder à un semblant de paix. Elle discutait avec les clients au magasin de Steed. Elle écrivait des lettres. Elle citait les paroles fielleuses de Taney pour prouver que l'Union éclaterait bientôt : « Nous ne pouvons admettre de telles théories. Que les hommes et les femmes de bonne volonté se lèvent pour les flétrir. »

Malheureusement pour la croisade de Rachel, le président Taney n'avait jamais prononcé ces paroles. Il s'était contenté de les citer comme reflétant l'opinion d'une génération antérieure, mais quand on le faisait remarquer à la jeune femme, elle répliquait avec mépris :

— Il ne les a peut-être pas dites, mais il a rédigé son jugement en se fondant sur elles.

En octobre de cette même année, elle trouva l'occasion de réfuter le verdict concernant Dred Scott. Elle se trouvait à la Falaise-de-la-Paix en compagnie de son mari et des membres les plus âgés de la famille. Tous avaient lu les articles d'Horace Greeley, de New York, et le vieux George croyait pouvoir trouver là matière à espérer.

— Greeley estime que les passions s'apaisent.

— Je l'espère bien, commenta Elizabeth, d'un ton tranquille.

Rachel s'apprêtait à éteindre les chandelles et à escorter tout le monde vers les chambres quand on frappa à la porte. Sans mot dire, elle reposa la lampe qu'elle tenait à la main, en monta la mèche, puis se tourna vers les autres.

— On va avoir de l'ouvrage.

Quand elle ouvrit la porte, elle s'aperçut que l'ouvrage qui l'attendait n'avait rien de commun avec celui auquel les Paxmore avaient été confrontés jusqu'alors. Neuf grands Noirs se profilaient dans l'obscurité.

— Nous venir de chez Cline, annonça leur porte-parole.

A la vue du dos lacéré et sanguinolent de l'homme, Elizabeth émit un faible cri et s'évanouit.

« Moi, pas vouloir faire peur à elle, balbutia le Noir.

Rachel le prit par le bras et le fit entrer dans la maison. D'un mouvement du coude, elle invita George à porter secours à son épouse, puis entraîna les huit autres esclaves dans la cuisine. Avec leurs imposantes statures, ils remplissaient la pièce et regardaient avec consternation la femme étendue à terre ; elle était âgée et frêle, mais on ne tarda pas à la ranimer. Elle se remit sur pied, s'appuya à la table et, d'une main tremblante, fit tourner le premier Noir afin qu'il lui présentât son dos.

— Dieu tout-puissant ! murmura-t-elle. Il faut que nous menions ces hommes vers la liberté.

Toute sa vie, elle s'était opposée à ce qu'on vînt en aide aux fugitifs ; ses principes religieux l'incitaient à croire que l'esclavage serait supprimé grâce à une lente persuasion. Elle avait toujours accepté de dispenser aux Noirs un enseignement, des encouragements et des secours. Mais, découvrant pour la première fois des traces de sévices sur un esclave, elle envisageait la question sous un tout autre jour.

— Nous, pas pouvoir supporter plus, déclara le premier Noir.

— Tu ne l'as pas tué ? s'enquit George.

— Aucune importance, laissa tomber Elizabeth d'un ton sec.

Sur quoi, elle s'affaira dans la cuisine pour préparer à manger aux esclaves. Pendant que ceux-ci se restauraient, elle se précipita à l'étage pour réunir les vêtements que Rachel tenait prêts pour les cas d'urgence.

— Nous, aller nord, dit l'un des esclaves.

— Bien sûr, approuva Rachel. Mais comment ?

Neuf colosses ! Comment échapper aux gardes, aux patrouilles le long des routes ?

Bartley imagina un plan qu'il exposa avec une autorité si tranquille qu'il convainquit chacun de ses chances de réussite.

— Il est clair qu'un aussi grand nombre de fugitifs ne peut tromper la vigilance des chasseurs d'esclaves. Et nous ne pouvons courir le risque de les cacher ici pour les faire passer un à un en Pennsylvanie. Alors, voilà comment nous allons procéder. Rachel, va trouver ton frère Comly et gagne Philadelphie afin de préparer notre arrivée. George, il faut que tu ailles en ville et que tu demandes à Parrish d'imprimer une affiche de vente aux enchères : *Marché aux esclaves de Patamoke.* Donne le signalement de ces neuf hommes et ajoute celui d'Eden Cater.

— Pourquoi Eden ? s'étonna George Paxmore.

— Parce que je vais conduire ces hommes vers le nord comme s'ils étaient ma propriété. Ouvertement. Achetés aux enchères publiques, ainsi que l'avis de vente en fait foi. Je les emmène dans ma plantation sur le Sassafras, et si une femme nous accompagne, ça paraîtra plus naturel.

— Il te faudra partir ce soir, fit remarquer Rachel. Cline va te donner la chasse.

— Mr. Cline, lui croire nous traverser la baie, expliqua le porte-parole des Noirs. Cline suivre nos traces. Lui en Virginie.

Cette fausse piste laissait une faible chance au stratagème de Bartley. Avant l'aube, Rachel était en route pour la maison de ses parents et George gagnait Patamoke en bateau pour faire imprimer l'affichette. Bartley annonça qu'il ferait coucher les esclaves dans les bois derrière la maison, mais sa mère l'empêcha d'emmener le blessé avant qu'elle n'ait pansé son dos lacéré. Le grand Noir s'étendit sur le sol et elle s'agenouilla pour nettoyer les blessures, vieille dame de soixante-treize ans aux cheveux blancs, moralement outragée par la sauvagerie d'un système.

A Patamoke, George alla trouver l'imprimeur quaker Parrish et lui confia les grandes lignes du plan mis au point par la famille. Fiévreusement, Parrish assembla les caractères pour composer un avis de vente aux enchères publiques censées s'être tenues en ville quatre jours auparavant. Il agrémenta l'affichette d'une gravure sur bois représentant un Noir appuyé à une binette. Le vendeur était T. T. Arbigost, de Géorgie, et parmi les esclaves se trouvait une Noire répondant au nom de Bessie dont il donnait un signalement détaillé.

Pendant que Parrish imprimait l'affichette et remplissait un acte de vente, George se rendit à la cabane des Cater. Il frappa et attendit que Cudjo entrouvrît la porte.

— Des esclaves de Cline se sont enfuis.

Cudjo ne dit mot, mais les muscles puissants de son cou se raidirent. Il écouta Paxmore qui exposait le projet de son fils.

— Eden venir maison ce soir. Nous partir tous les deux, dit-il avec enthousiasme.

— Non. Bartley ne voudrait pas que ce soit trop évident. Quelqu'un remarquerait ton absence. Il faut que tu sois là quand Cline passera, dans deux ou trois jours.

Une fois de plus, Cudjo garda le silence et Paxmore surprit la crispation de ses mains.

« Mon cher ami, tu ne dois pas toucher à Mr. Cline. Notre tâche consiste à emmener ses esclaves en Pennsylvanie.

— Vous vouloir Eden à la Falaise-de-la-Paix ?

— Oui, tout de suite.

— Elle va y aller. Les esclaves, eux arriver Pennsylvanie.

L'expédition se préparait. Rachel était en route pour Philadelphie. Elizabeth sortit de l'armoire l'argent économisé pour les fleurs de son jardin, et Bartley resta avec les esclaves, leur faisant la leçon sur la façon dont ils devraient répéter : « Oui, missié », à quiconque les interrogerait. Puis, Eden arriva. Elle était venue à bord de sa propre barque, vêtue de la tenue de soubrette conforme à la description donnée dans l'avis de vente. Elle était tendue et il lui tardait de partir ; quand elle se trouva face aux fugitifs, elle les rassura :

— Nous arriver Pennsylvanie.

Mais son comportement paraissait si agressif que Bartley se refusa à la prendre dans son groupe tant qu'Elizabeth ne l'aurait pas fouillée. Celle-ci lui ôta le pistolet caché sous sa robe et le couteau lié à son mollet.

— Surtout, pas de violence, avertit Bartley. Nous serons protégés par la miséricorde de Dieu.

Elizabeth, devant la porte de la cuisine, recommanda à chacun des esclaves qui passait devant elle :

— Ne te laisse pas prendre.

La file des esclaves, liés les uns aux autres par la soif de liberté, s'approcha en silence du fleuve où Bartley avait mouillé un grand ketch. Une fois les hommes embarqués, le bateau remonta le Choptank avec prudence, en se tenant à proximité de la rive opposée à Patamoke. Très en amont du fleuve, Bartley mit le bateau au sec et dit à ses compagnons :

— Nous arrivons à la partie la plus dangereuse du voyage.

Ce fut un trajet périlleux. Un Blanc, neuf Noirs et une esclave marchaient en file indienne, espérant éviter les agglomérations et les hommes. Vers midi, le premier jour, après avoir dépassé Easton sans encombre, ils furent abordés par un fermier qui leur demanda où ils se rendaient.

— Sassafras, répondit Bartley laconique.

— J'espère que, dans le lot, il y a des nègres auxquels vous pouvez faire confiance.

— Tom et Nero sont de bons ouvriers.

Ils dormirent à la belle étoile mais, au fur et à mesure que la péninsule s'étrécissait, ils ne purent éviter les villes et, après un endoctrinement poussé, Bartley prit la tête de la file pour traverser une agglomération, se retournant de temps à autre pour jeter un coup d'œil sur les Noirs comme s'il en était propriétaire.

— Où allez-vous ? demanda un constable.

Étant donné qu'ils se trouvaient maintenant au nord du Sassafras, Bartley dut changer sa réponse :

— A Elk. J'ai pas mal de défrichage à faire.

— Vous avez des papiers pour ces nègres ? demanda le policier en jetant un coup d'œil aux esclaves.

— Bien sûr.

Tandis que les Noirs se tenaient immobiles, très raides, s'efforçant de ne pas trahir leur peur, Bartley tendit les documents que John Parrish avait fabriqués.

— Jolie fille, remarqua le constable.

— Et, en plus, bonne cuisinière, assura Bartley.

— On voit pas mal de fuyards dans le coin. Gardez vos nègres à l'œil.

Sans raison, il assena un coup de gourdin au dernier esclave de la file et, un instant, Bartley craignit que son plan mis au point avec tant de soin ne s'écroule. Mais le Noir ramena en arrière une mèche de cheveux qui lui retombait sur le front, s'inclina à plusieurs reprises et marmotta :

— Oui, Missié. Oui, Missié.

La partie du trajet la plus éprouvante s'annonçait. Le

groupe se trouvait au nord d'Elk, non loin de la frontière de Pennsylvanie, mais c'était précisément là que les chasseurs d'esclaves guettaient leur gibier, patrouillant le long des routes, espérant capturer les fugitifs devenus insouciants à l'approche de la liberté. Et, ainsi que Bartley l'avait prévu, certains des Noirs voulurent quitter le groupe pour tenter leur chance individuellement.

Il s'efforça de les en dissuader, les avertissant que, s'ils se dispersaient, ils perdraient l'avantage acquis jusque-là. Il eut la surprise de trouver en Eden son soutien le plus ardent.

— Vous, soyez pas stupides, dit-elle aux hommes. Vous être seulement à huit kilomètres de la liberté. Gardez courage.

Mais un esclave nommé Pandy refusa de partager le risque en groupe ; il prétendit qu'un détachement aussi important serait repéré. Il tenterait l'ultime effort seul ; sur quoi, il s'éloigna.

Bartley ignorait quelles seraient ses réactions face à d'éventuelles difficultés au cours des derniers kilomètres ; l'angoisse l'étreignit quand il vit venir à lui trois cavaliers, manifestement des chasseurs d'esclaves.

— Qu'est-ce que vous fabriquez avec tous ces nègres ? demanda l'un d'eux.

— Je les emmène chez moi, au Soleil-Levant.

— Pourquoi est-ce que vous êtes si loin dans l'est ?

— Je les ai achetés à Patamoke. C'est bien moins cher qu'à Baltimore.

— Ça, c'est vrai, approuva l'un des cavaliers.

— Vous avez des papiers qui prouvent qu'ils sont à vous ?

— Sûr. Tout est en ordre, déclara Bartley.

Il tremblait car il savait que les huit esclaves n'avaient pas l'intention de se laisser prendre, et il craignait une réaction violente de la part d'Eden à la moindre anicroche. Il feignit l'indifférence, poussant un caillou du bout du pied pendant que les hommes lisaient les documents de vente. *Seigneur, est-ce que ça va durer longtemps ?*

— Ils me font pas l'effet de nègres de Géorgie. Ils ont plutôt l'air d'avoir travaillé dans les champs du Maryland.

— Il a fallu les mater, expliqua Bartley en soulevant la chemise du Noir au dos sanguinolent.

A la vue de la peau lacérée, les chasseurs d'esclaves comprirent qu'il s'agissait là d'un nègre rétif. D'un puissant coup de botte, leur chef envoya le Noir bouler dans la poussière tandis que les deux autres cavaliers semblaient griller de se livrer au même manège avec les autres. Si l'esclave jeté à terre avait eu la moindre réaction, une bataille rangée s'en serait suivie et certains y auraient laissé la vie, mais le Noir ne broncha pas et les cavaliers passèrent leur chemin.

Dès qu'ils se furent éloignés, Bartley cria aux Noirs :

— Maintenant, il faut faire vite. A toute allure jusqu'à la frontière !

Ils n'avaient guère progressé quand un martèlement de sabots leur parvint, venant de derrière eux ; les chasseurs d'esclaves les rattrapaient.

— On savait bien que vous étiez en train de filer ! s'écrièrent-ils en arrivant à hauteur du dernier esclave.

A ce stade, Eden passa à l'action. D'un bond sauvage, elle se jeta sur le cavalier de tête, le désarçonna. Il tomba et se retrouva dans une posture qui ne lui permettait pas de se défendre. Eden saisit une grosse pierre et la lui abattit sur le crâne. Quand elle se releva, elle vit que les Noirs avaient jeté à terre les deux autres cavaliers et, avant que Bartley ait pu intervenir, les trois hommes se retrouvèrent ligotés.

— Prenez les chevaux ! lança Eden.

Avec véhémence, Bartley mit en garde les esclaves : s'ils emmenaient les chevaux en Pennsylvanie, ils seraient pendus.

— Le vol de chevaux est un crime grave, expliqua-t-il.

Eden éclata de rire, mais Bartley reprit :

« On ne vous laissera jamais en paix. On vous donnera la chasse jusqu'en France.

— Emmenez-les dans les bois, dit Eden aux Noirs.

Les trois chasseurs d'esclaves furent traînés sous la futaie. Eden s'opposa à ce que Bartley les accompagnât, et il attendit avec angoisse le retour des Noirs. Il répéta ses injonctions relatives aux chevaux.

— Lâchez-les, insista-t-il.

Dès que ce fut fait, ils repartirent au pas de course en direction de la frontière, mais ils s'immobilisèrent bientôt devant un spectacle poignant. Deux chasseurs d'esclaves venaient vers eux, à cheval, entraînant un Noir, les mains liées derrière le dos, la corde au cou. C'était Pandy, celui-là même que Cline avait maltraité pendant sept ans. Il se trouvait à moins de deux kilomètres de la liberté quand il était tombé dans le genre de piège que Bartley et Eden pressentaient.

Il croisa ses camarades, les yeux baissés. Il s'était fait prendre, mais il ne voulait pas les trahir.

— Qu'est-ce que vous avez là ? demanda Bartley d'un air détaché.

— Un satané fuyard. Il va nous rapporter cinquante dollars chacun.

— Il n'a pas l'air commode.

— Où allez-vous ?

— Au Soleil-Levant.

— C'est pas très loin. Mais attention à vos nègres. Ils aiment jouer la fille de l'air.

— Pas de risque, j'ai deux gardes, répliqua Bartley.

— Des gardes ! s'esclaffèrent les hommes. Comme si on pouvait faire confiance à un nègre !

Et les chasseurs continuèrent leur chemin, en route pour la ferme de Cline.

Au cours du dernier kilomètre, aucun des Noirs ne dit mot. Bartley s'aperçut que la plupart d'entre eux avaient les larmes aux yeux. Puis quand ils eurent laissé la frontière de Pennsylvanie loin derrière eux, l'un des hommes commença à chanter :

Doux Jésus, veillez sur lui.
Doux Jésus, sauvez notre frère.
Doux Jésus, laissez-nous mourir en paix.
Doux Jésus, ramenez-nous chez nous.

L'émoi régnait à Philadelphie parmi les abolitionnistes qui ne ménageaient ni leur temps ni leur argent pour aider les esclaves en fuite. Un télégramme émanant des autorités de Wilmington avertissait d'une évasion criminelle : un Blanc et une Noire avaient emmené huit esclaves vers la liberté en maîtrisant trois chasseurs d'esclaves à proximité de la frontière de Pennsylvanie, les abandonnant, suspendus la tête en bas aux branches d'un grand chêne. Les recherches avaient été déclenchées après le retour des chevaux à l'écurie et on les avait découverts dans cette fâcheuse posture. Les sympathisants du nord attendaient dans l'espoir de connaître l'identité des rescapés.

Bartley avait prévu un tel remue-ménage et, dès qu'il eut montré aux huit hommes le chemin de Kennett Square où les quakers leur feraient suivre la filière habituelle, Eden et lui partirent vers l'ouest jusqu'au petit village de Nottingham. Là, ils visitèrent une famille quaker digne de confiance, les Hick, qu'ils mirent dans la confidence.

— Ce serait désastreux si on apprenait comment nous avons établi les faux documents. Nous comptons sur votre discrétion. Nous avons besoin, Mrs. Cater et moi, d'autres vêtements, de nouveaux papiers et d'assez d'argent pour nous permettre de rentrer chez nous en passant par Baltimore.

On fabriqua donc de nouveaux faux papiers et des billets furent achetés pour un gentleman regagnant Richmond avec la femme de chambre de son épouse. Les deux complices partirent vers le sud.

Rachel et son frère prirent le relais. A eux deux, ils formaient une équipe résolue et quand les esclaves arrivèrent à Philadelphie, ils les répartirent dans diverses cachettes afin que personne ne pût imaginer qu'il s'agissait des hommes ayant donné une raclée aux chasseurs d'esclaves. Rachel, qui pressentait toujours les ennuis, fit circuler des bruits selon lesquels les huit esclaves avaient atteint Lancaster tandis qu'une autre version soutenait qu'ils se trouvaient déjà à New York où les abolitionnistes s'apprêtaient à donner une réception en leur honneur.

Mais elle avait sous-estimé l'ennemi. En descendant Market Street, après avoir pris des dispositions pour que trois des fugitifs soient convoyés jusqu'à Boston, elle vit avec horreur Lafe Turlock et Herman Cline qui remontaient la rue deux policiers sur les talons. Elle se retourna, colla le nez à une vitrine et les suivit du coin de l'œil pendant qu'ils s'éloignaient. Le soir même, elle lut leur annonce dans le journal :

EN FUITE

Huit esclaves force de l'âge.
Quatre marqués de
cicatrices dos et visage.
Cent dollars de récompense
pour chaque Noir rendu à Herman Cline de Little Choptank,
Maryland, que l'on peut joindre
à la pension de famille de
Mrs. Demson,
à Arch Street.

D'après la loi, tout citoyen de Pennsylvanie était tenu de prêter aide et assistance à Herman Cline pour lui permettre de récupérer son bien. Un indicateur lui avait appris qu'en dépit de la fausse piste préparée par Rachel, les fugitifs avaient atteint Philadelphie et qu'ils s'y cachaient. Les marshals fédéraux perquisitionnaient déjà dans les garnis et un groupe d'hommes du sud, farouches esclavagistes résidant en ville, avait augmenté le montant de la récompense offerte par Cline. Ça n'était qu'une question de jours avant que les fugitifs fussent appréhendés et, déjà, on évoquait les complications puisqu'ils devraient passer en jugement au Maryland du nord pour répondre des sévices infligés aux chasseurs d'esclaves.

Mais les abolitionnistes ne manquaient pas de ressources, surtout quand Rachel Paxmore les aiguillonnait. Ils allèrent trouver un imprimeur quaker qui se mit à leur disposition avec empressement. Celui-ci sortit de sa presse quatre cents bulletins annonçant l'arrivée à Philadelphie des célèbres champions de l'esclavage, Lafe Turlock — avec son signalement précis — et Herman Cline l'un des maîtres les plus cruels de l'État du Maryland. La note s'ornait de gravures sur bois représentant les caricatures des deux individus sous lesquelles on lisait l'exhortation suivante :

> Tous nos concitoyens sont avertis d'avoir à se tenir sur leurs gardes afin de repérer ces monstres, ces infâmes individus. Partout où vous les verrez dans les rues, criez pour avertir de leur passage. Partout où ils feront halte pour se restaurer, prévenez la population, dévoilez leur identité à tous ceux qui peuvent vous entendre. Découvrez les endroits où ils dorment et faites-les nous connaître. Et s'ils font mine d'approcher un citoyen noir, hurlez et demandez de l'aide car ces hommes enlèveront des Noirs affranchis faute de retrouver leurs anciens esclaves.

Ces bulletins furent distribués dans toutes les auberges, tous les restaurants, cloués sur les poteaux et collés aux vitrines. Chaque membre du mouvement abolitionniste en reçut quatre exemplaires devant être affichés dans les lieux d'affluence. Par la suite, Rachel et son frère racontèrent à leur mère ce qui s'était produit au cours des jours suivants :

— Nous savions où ils couchaient, chez Mrs. Demson, et,

quand ils en sont sortis, ils ont été entourés par des groupes de jeunes gens qui hurlaient : « Négriers ! Négriers ! » Chaque fois qu'ils entraient dans une auberge, nous nous tenions près de leur table en les dévisageant. Quand ils voulaient boire une bière, ils n'étaient servis que lorsque tous les clients présents avaient été mis au courant de leur identité, et nombre de consommateurs crachaient sur leur passage et refusaient de boire tant qu'ils se trouveraient dans l'établissement. Partout, ils ont été traités comme des réprouvés.

Lafe Turlock et Herman Cline endurèrent leur supplice pendant trois jours, puis ils quittèrent la ville. Ils envisagèrent de retrouver leurs esclaves à New York mais, tandis qu'ils en discutaient à table, un abolitionniste leur cria :

— Et ne croyez pas que vous pourrez nous échapper ! Nous avons prévenu les comités de Lancaster et de New York.

A contrecœur, ils s'embarquèrent pour Baltimore. Au moment où le bateau s'éloignait du quai, Cline regarda au loin et faillit fondre en larmes.

— Tu te rends compte, Lafe ! J'ai sué sang et eau dans mes marais. Je commençais tout juste à prendre un bon départ, et voilà que mon bien fout le camp ! Neuf esclaves de premier choix. Plus de vingt mille dollars ! Et dire que ces salauds de nègres se cachent quelque part en ville.

— C'est ces saloperies de bulletins ! Ils ont rameuté tout le monde contre nous.

— Les économies de toute une vie envolées. C'est pas juste.

Mais la récompense pour les huit esclaves restait offerte et Rachel savait que nombre d'aventuriers grillaient de toucher la somme.

— Que pouvons-nous faire ? demanda-t-elle aux membres du comité de sauvetage de Philadelphie.

— Il n'y a qu'un moyen qui soit sûr, affirma un vieux et sage quaker. Il faut leur faire gagner le Canada.

— Mais je croyais qu'à Boston...

— Ils n'y seraient pas en sûreté non plus. Un Noir ne peut trouver la sécurité nulle part dans ce pays. Il lui faut aller au Canada.

Donc, Rachel Paxmore et son frère prirent des dispositions pour faire sortir les huit esclaves du pays. Il fallut du temps, de l'argent et du courage. Une chaîne de bonnes volontés se constitua : « Il y a un médecin à Doylestown ; ensuite, vous irez à Scranton et, après avoir passé New York, l'endroit le plus sûr est la maison de Frederick Douglass à Rochester. »

Rachel resta auprès des fugitifs, jusqu'au Canada. Ce ne fut qu'après les avoir vus traverser la frontière qu'elle céda à la tension qui l'habitait depuis trois semaines. Elle s'assit sur un tronc d'arbre abattu et pleura ; des tremblements lui agitaient les épaules tant était violent le soulagement qui la submergeait. Son frère la prit dans ses bras.

— Sœurette, murmura Comly. C'est fini. Ils sont en sûreté.

— Quelle honte ! marmonna-t-elle. Dire que des hommes vivant aux États-Unis sont obligés d'aller chercher la liberté au Canada !

L'évasion de neuf esclaves de la ferme d'Herman Cline sur le Little Choptank suscita une telle colère chez les autres propriétaires de la région qu'ils se réunirent à Devon Island afin d'envisager des mesures pour éviter que leur capital ne s'effritât de la sorte.

— Cline a perdu vingt mille dollars en une nuit, rappela un planteur de Saint Michaels. Si pareille mésaventure devait se renouveler, nous serions ruinés, nous les petits.

— Est-ce qu'on a envisagé de chasser les Paxmore ? demanda un grand gaillard qui avait dû pourchasser deux de ses esclaves jusqu'en Pennsylvanie avant d'être en mesure de les récupérer. Les choses vont beaucoup mieux le long de la Miles River depuis que David Baker...

Il n'acheva pas sa phrase, ne tenant pas à prononcer ouvertement que les Paxmore soient abattus.

— Ce qu'on pourrait faire, c'est avoir recours à la religion, suggéra l'un des Steed du Refuge. Rappeler aux esclaves les obligations morales qu'ils ont envers nous.

La proposition rallia les suffrages et plusieurs planteurs se tournèrent vers Paul Steed. L'un d'eux demanda :

— Paul, ne pourriez-vous pas organiser une tournée de sermons ? J'aimerais beaucoup que vous veniez chez moi pour parler à mes Noirs.

D'autres firent chorus avec le planteur, mais Steed refusa.

— Je parle mal en public. Les auditeurs sont hypnotisés par mon cou tordu et ils ne prêtent guère d'attention à mes paroles.

Quelqu'un se souvint alors d'un ministre du culte, appartenant à l'Église méthodiste, un homme grand, dégingandé, ardent, qui habitait de l'autre côté de la baie. Il avait obtenu des succès étonnants et suscité un renouveau de ferveur ; il était considéré comme « le meilleur prédicateur ayant l'oreille des nègres ».

— Vous pensez au révérend Buford ? demanda Paul.

Le planteur acquiesça.

— Je le connais, reprit Paul. Il a passé quelques jours chez nous, ici, à Devon.

Il fut convenu que deux des planteurs traverseraient la baie pour demander son aide au révérend Buford, et quand ils le découvrirent dans la petite ville de Hopewell, sur la James River, ils comprirent qu'il était l'homme de la situation. Grand, sévère, une crinière noire, et une stupéfiante pomme d'Adam qui ponctuait ses remarques les plus anodines, leur conférant un poids insoupçonné ; il était bien l'ardent défenseur de la foi qui convenait.

— Ce que nous voulons, lui expliquèrent-ils, ce sont les meilleurs sermons que vous ayez préparés pour les nègres.

Il répugnait à quitter la Virginie où il avait fort à faire, mais quand il apprit que l'invitation émanait de Paul Steed, il déclara avec empressement :

— J'accepte. Cet homme est le catholique le plus intelligent que j'aie jamais rencontré.

— Eh bien, il a besoin de vous, et nous sommes tous dans le même cas !

— Des ennuis avec les nègres ?

— Neuf des meilleurs esclaves d'Herman Cline se sont enfuis. On a relevé la trace de huit d'entre eux jusqu'à Philadelphie.

— J'ai entendu parler de Cline, grommela Buford. Certains de nos planteurs lui envoient leurs esclaves, et je n'ai pas l'intention de traverser la baie pour aider ce sinistre individu. Il méritait de perdre ses esclaves... tous, autant qu'ils étaient.

— Mon révérend, peu importe Cline, nous sommes inquiets pour nos Noirs. Un homme de bien, comme Paul Steed, risque de perdre tous ses investissements. Nous avons besoin d'aide. C'est une œuvre de pacification.

— Si vous pensez qu'il puisse vous être utile, je serais prêt à prononcer mon sermon sur *le Vol de soi.*

— C'est exactement ce qu'il nous faut. Je vous ai entendu le prononcer à Somers Cove il y a trois ans. Il est très percutant.

Le révérend Buford commença à débiter son sermon dans

des plantations de moindre importance à l'est de Patamoke, ceci afin de susciter l'intérêt à mesure qu'il se rapprocherait des centres les plus peuplés. Le processus ne variait jamais. En fin d'après-midi, lorsque le travail était achevé, on rassemblait les esclaves dans un espace découvert bordé d'arbres. Buford insistait pour que tous les Blancs de la plantation fussent présents, assis à l'ombre et vêtus de leurs costumes du dimanche. Il commençait son sermon juché sur une estrade mais, peu à peu, l'ardeur montait en lui et il se déplaçait à sa guise, dans un déploiement de gestes amples, usant d'un ton implorant.

Son message était simple et efficace. Il n'essayait pas d'éluder la raison qui l'avait amené sur la côte orientale :

> Je sais, vous savez, qu'il y a peu de temps, neuf esclaves se sont enfuis de chez leur maître pour tenter de trouver ce qu'ils appellent la liberté dans les villes du nord. Je suppose que certains de ceux qui se tiennent devant moi en ce moment ont été visités par de telles pensées. J'admets que ce serait peut-être mon cas si j'étais l'un de vous. Mais comment Dieu juge-t-il une telle conduite ?

Avec véhémence, il exposait les enseignements de la Bible sur la question de l'esclavage, établi par Dieu, approuvé pas Jésus et dont saint Paul a dit qu'il était l'une des portes du ciel. Il se montrait vigoureux en abordant le chapitre du châtiment car certains Noirs commençaient à douter que Dieu, si miséricordieux, encourageât les mauvais traitements. Comme tous les prédicateurs délivrant des sermons aux esclaves, il s'appesantissait sur les Proverbes, chapitre vingt-neuf, verset dix-neuf, qui déclaraient de façon précise : « Ce n'est pas avec des paroles que l'on corrige un serviteur, car il comprend mais il n'y a pas de réponse. »

Et il développait la thèse suivante, selon laquelle, lorsque le maître frappe un esclave, il accomplit l'œuvre de Dieu. « Dieu guide la main de votre maître pour vous punir quand vous n'obéissez pas. » Il insistait aussi sur le curieux passage de l'Épître I de Pierre, chapitre deux, verset dix-huit, prisé par les prêcheurs du sud. Ce petit livre, l'un des plus insignifiants de la Bible, n'en comportait pas moins des passages qui condamnaient une race.

> Que nous apprend la Bible ? Que vous devez obéir à vos maîtres, et non seulement à vos bons maîtres, mais particulièrement aux méchants parce qu'en acceptant leurs châtiments, vous entassez de l'or au ciel. Et la Bible dit par ailleurs que, si vous êtes puni injustement quand vous n'avez pas commis de faute, et je sais que cela se produit parfois, vous devez vous soumettre d'un cœur joyeux, parce que Dieu vous voit et qu'Il vous en tiendra compte au ciel. Voilà la loi de la Bible.

Toute leur vie, les esclaves avaient entendu des citations des Proverbes et de Pierre et, à présent, bien que le révérend Buford les commentât avec une verve particulière, ils cédaient à une sorte de malaise. Certains d'entre eux suivaient des yeux les allées et venues de la pomme d'Adam et chuchotaient : « Y va s'étrangler ! », et d'autres piétinaient avec impatience. Buford savait comment agir en de telles circonstances. Il gardait en réserve deux flèches dans son carquois et, lorsqu'il les décochait, les esclaves écoutaient car la première s'accompagnait d'une menace précise :

> Vous regardez Mr. Sandford assis là et vous pensez : « Il se la coule douce ! » Mais vous ignorez que Mr. Sandford a des obligations auprès de la banque et qu'il lui faut gagner l'argent un dollar après l'autre, et travailler dur pour parvenir à rembourser la banque s'il ne veut pas perdre sa plantation. Sinon, le banquier viendra, la saisira et vendra chacun de vous pour la Louisiane ou le Mississippi.

Il mentionnait la foule d'obligations qui incombaient aux Blancs assis à l'ombre : celui-ci devait passer ses examens à Princeton ; celui-là devait s'occuper des malades et, lui-même, révérend Buford, avait des devoirs envers les braves gens qui administraient son Église. Le monde croulait sous les obligations et celles des esclaves comptaient parmi les plus légères.

Sa deuxième flèche conférait à Buford une force extraordinaire pour imposer le calme aux esclaves, et c'était de là que son célèbre discours tirait son nom.

> Aujourd'hui, pendant le déjeuner, Mr. Sandford m'a assuré qu'il n'avait jamais eu meilleurs esclaves que vous.

« Ils travaillent dur, m'a-t-il dit ; ils veillent aux récoltes. Ils ne voleraient pas même un poulet. » Oui, c'est ce que Mr. Sandford m'a affirmé. Il m'a dit que vous étiez les esclaves les plus honnêtes du Maryland, mais il a ajouté quelque chose qui m'a peiné. Il m'a dit que certains d'entre vous pensaient à l'évasion. Et qu'est-ce que l'évasion en réalité ? Dites-le-moi. C'est le vol de soi-même. Oui, vous volez votre personne en l'arrachant à son propriétaire légal. Et Dieu considère cela comme un péché. C'est un péché bien pire que celui qui consiste à voler une poule, une vache ou un bateau, parce que la valeur de ce que vous avez volé est infiniment plus grande. Vous êtes le bien de Mr. Sandford. Vous lui appartenez. Vous êtes sa propriété et si vous vous enfuyez, vous lui volez votre personne. Et c'est là un terrible péché. Si vous commettez ce péché, vous rôtirez en enfer.

A ce stade, le révérend Buford s'étendait pendant une quinzaine de minutes sur une description de l'enfer. Celui-ci était empli de Noirs ayant péché contre leurs maîtres. Certes, de temps à autre, on y croisait un Blanc, celui qui avait assassiné son épouse par exemple, mais jamais un homme comme Herman Cline qui avait tué deux de ses esclaves. C'était un endroit horrible, plus intolérable que n'importe quel camp de redressement pour les Noirs, et il pouvait être évité par un procédé très simple : l'obéissance. Ensuite, le prédicateur en arrivait à sa péroraison et on comprenait pourquoi il exigeait la présence des maîtres :

Regardez votre maître, assis là, entouré de son aimable famille. C'est un être plein de bonté. Il a passé de longues années à trimer. Enfin il a eu assez d'argent pour vous acheter afin que vous puissiez vivre ici, au bord de ce magnifique fleuve plutôt que dans un marécage. Regardez sa ravissante femme, qui vient le soir jusqu'à vos cases pour vous apporter des médicaments. Et ces beaux enfants que vous avez aidé à élever afin que, plus tard, vous ayez de bons maîtres. Voilà les braves gens auxquels vous appartenez. Alors, voulez-vous les blesser en vous volant vous-mêmes ? En vous cachant dans le nord et en espérant qu'ils ne vous retrouveront pas ? Voulez-vous priver Mr. Sandford d'un bien qu'il a acheté et dûment payé ? Souhaitez-vous aller à l'encontre de la parole de Dieu, des commandements de Jésus-Christ, et faire perdre leurs plantations à ces braves gens ?

A ce moment, il souhaitait que les propriétaires se mettent à pleurer ; bientôt, les larmes couleraient sur les joues des esclaves les plus âgés ; cela lui permettrait de conclure dans une grande envolée, au milieu des reniflements des Blancs et du vacarme des Noirs criant : « Amen ! Amen ! » jurant tous de rester fidèles à leur devoir.

C'était un régal que d'entendre parler le révérend Buford. Il prononça son sermon sur *le Vol de soi* dans huit plantations importantes, achevant sa tournée à Devon Island où Paul Steed le reçut dans la grande maison avant la représentation.

— Vous êtes en progrès depuis notre dernière rencontre, remarqua Steed.

— Vous êtes vous-même devenu un administrateur de premier ordre, rétorqua Buford. Lors de ma dernière visite, vous consacriez tout votre temps à la lecture. Maintenant, c'est au travail.

— Que dit-on en Virginie ? s'enquit Steed.

Buford n'était certes pas un imbécile. Il évoluait dans les milieux les plus en vue et savait écouter.

— Nous sommes obligés de résister aux extrémistes des deux camps.

— Que voulez-vous dire ?

— Les abolitionnistes du nord font pression sur nous pour que nous libérions nos esclaves, et les séparatistes de Caroline du Sud voudraient nous voir quitter l'Union.

— Que comptez-vous faire ?

— Si des hommes, tels que vous et moi, parviennent à maintenir le calme, l'agitation s'apaisera d'elle-même. Nous assurerons l'équilibre entre le nord et le sud. Ensuite, nous pourrons envisager de mettre de l'ordre dans...

— L'esclavage ? coupa Steed.

— Dans cent ans, il s'effondrera de lui-même.

— Avez-vous lu l'ouvrage de Hinton Helper ?

— Oui. Et j'ai aussi lu votre réponse.

— Lequel des deux livres préférez-vous ?

Une fois de plus, le révérend s'abîma dans le silence. Enfin, il rassembla son courage :

— Celui de Helper, laissa-t-il tomber, nous serons tous infiniment mieux lotis quand l'esclavage prendra fin.

— J'ai presque un million de dollars immobilisés en esclaves.

— Immobilisés est bien le terme qui convient.

— Si vous voyez les choses sous cet angle, pourquoi continuez-vous à prêcher ?

— Parce que nous devons gagner du temps, Mr. Steed. Il nous faut maintenir l'équilibre à tout prix et, croyez-moi, si plusieurs millions d'esclaves s'ébattaient à travers le pays, cet équilibre serait rompu.

— Répondez-moi sans détour. Les quakers sont-ils dans le vrai ? Devrais-je affranchir mes esclaves dès maintenant ?

— Absolument pas.

— Alors quand ?

— Dans une quarantaine d'années environ. Votre fils Mark me fait l'effet d'un jeune homme très posé. Il voudra les affranchir, j'en suis certain.

— Et mon million de dollars ?

— Êtes-vous sûr de l'avoir jamais eu ? Je prêche souvent dans la grande plantation Janney, sur le Rappahannock...

— Je compte des Janney parmi mes ancêtres.

— C'est ce que j'ai entendu dire. Eh bien, eux aussi sont censés posséder un million de dollars et ils éprouvent des difficultés à rassembler quelques pièces pour me rétribuer. Ils sont riches et pauvres à la fois. Et l'histoire a une façon bien à elle de secouer le pommier de temps à autre. Les fruits atteints tombent, et le propriétaire s'aperçoit qu'il n'a jamais eu beaucoup de pommes.

— Ici, vous serez rétribué, assura Steed en produisant une poignée de billets. Il est très instructif de causer avec vous. Je n'arrive pas à comprendre comment vous parvenez à prononcer de tels sermons.

— Je suis un vieil homme, fruit d'une ancienne tradition.

— Vous avez à peine soixante ans !

— J'appartiens à un autre siècle. Et je redoute celui qui vient.

Son sermon à Devon Island fut de très loin le meilleur de sa tournée, mais il se déroula différemment parce que Paul et Susan acceptèrent de s'asseoir à l'ombre à la seule condition qu'il ne se référerait à eux en aucune façon. Le révérend se vit obligé de renoncer à ses effets mélodramatiques et de s'en tenir à la logique. Il parvint à dépeindre l'esclavage sous un jour idyllique, le désignant en tant que système d'ordre, agréable à

Dieu. A la demande de Steed, il souligna aussi les devoirs du maître à l'égard du serviteur, s'étayant sur des versets bibliques qu'il négligeait habituellement ; pourtant, lors de sa péroraison, il retrouva ses grandes envolées et, lorsqu'il eut achevé son sermon, ses auditeurs étaient en larmes et certains criaient. Au moment où il descendait de l'estrade, de nombreux Noirs l'entourèrent pour le féliciter. Mais lorsqu'il s'avança vers la jetée pour prendre le bateau qui le ramènerait en Virginie, il fut accosté par deux Blancs qui s'étaient sans doute faufilés dans la foule et qu'il n'avait pas remarqués pendant son sermon.

— Bartley Paxmore, se présenta l'homme en tendant la main. Voici ma femme, Rachel.

— J'ai entendu parler de vous, dit Buford, aussitôt sur ses gardes.

— Comment peux-tu déformer la parole de Dieu avec tant d'impudence ? demanda Bartley.

— Mes bons amis, répondit Buford sans perdre son calme, nous devons gagner du temps, vous autant que moi. Êtes-vous prêts à déclencher un holocauste ?

— Je serais honteuse de le retarder s'il fallait agir comme toi, rétorqua Rachel.

— Alors, il ne sera pas retardé, laissa tomber Buford, accablé. Vous y veillerez.

Il était si pressé d'échapper aux passions ambiguës de la côte orientale qu'il se rua vers son bateau et sauta à bord.

Quand Elizabeth Paxmore, clouée au lit par la maladie, entendit Bartley lui rapporter le sermon du révérend Buford sur *le Vol de soi,* elle demanda qu'on lui passât sa Bible dans laquelle elle se plongea, sans cesse distraite en retrouvant des passages appris par cœur dans son enfance.

Enfin, elle s'écria d'une voix assez forte pour être entendue de tous :

— Ça y est ! Je l'ai trouvé !

Et quand sa famille se fut réunie autour d'elle, y compris ses petits-enfants qui se rappelleraient l'événement dans les premières décennies du siècle suivant, elle posa la question : « Pourquoi persiste-t-il à censurer l'unique verset de la Bible qui semble le plus approprié ?

Et elle lut le seizième verset du Deutéronome, chapitre vingt-trois :

> Tu ne livreras pas à son maître un esclave qui se sauve auprès de toi de chez son maître... tu ne le molesteras pas.

Elle déclara qu'elle souhaitait que sa famille continuât à aider les fugitifs, même si cela devait éloigner les siens de la Falaise-de-la-Paix au cours de ce qu'elle savait être sa dernière maladie.

— Je peux très bien rester seule, leur assura-t-elle.

En 1859, deux événements contradictoires incitèrent Paul Steed à reconsidérer les bases économiques sur lesquelles reposaient les plantations de Devon. Tout d'abord, il dut estimer les remous soulevés un peu partout en Amérique par le violent ouvrage de Hinton Helper, originaire de Caroline du Nord, livre intitulé *la Crise imminente ;* à croire que l'esclavage se débattait dans des difficultés désespérées. Dans son œuvre sans concession, Helper affirmait que le sud, d'où il provenait et qu'il ne reniait en rien, souffrirait toujours de la concurrence avec le nord s'il persistait à avoir recours aux esclaves plutôt qu'à une main-d'œuvre libre. Statistiques à l'appui, il s'efforçait de prouver que les propriétaires de plantations auraient intérêt à affranchir tous leurs esclaves et à réembaucher ensuite les Noirs.

Au Maryland, ce livre causa beaucoup d'émoi car, à cette époque, les hommes choisissaient leur camp et les propagandistes du nord citaient Helper pour étayer leurs dires selon lesquels les États limitrophes seraient bien avisés en restant dans l'Union. On vota un décret-loi qui considérait comme un délit le fait de diffuser le livre de Helper, ainsi que *la Case de l'oncle Tom,* et quand les Noirs affranchis, qui habitaient près de chez Cudjo, étaient surpris en train de lire cette dernière œuvre, ils se voyaient condamner à dix ans de prison.

Nombre d'hommes du sud écrivirent à Steed, lui rappelant que ses Lettres avaient fait de lui le champion des propriétaires d'esclaves et que ce fait l'obligeait à réfuter les dires de Helper. Ses correspondants déclaraient : « Nous savons que Helper a eu recours à des données erronées pour justifier ses conclusions fallacieuses, et c'est à vous qu'il appartient de remettre les choses au point. »

Il eût préféré éviter de croiser le fer, mais un deuxième événement intervint qui l'obligea à agir selon le souhait de ses correspondants : peser de manière objective et sans parti pris le pour et le contre de l'esclavagisme. En effet, l'agriculture du sud avait souffert de la crise prolongée de 1840, et nombre de planteurs avaient alors frôlé la faillite ; Helper avait puisé ses statistiques dans cet intervalle ; celles-ci reflétaient que l'esclavage était un fardeau ; mais dès 1851, une extraordinaire expansion s'était manifestée et, dans les années 1854 et 1856 notamment, les planteurs du sud produisant tabac, coton, sucre, riz et indigo avaient amassé de véritables fortunes. La valeur des esclaves augmenta ; ainsi, quand Paul eut besoin d'en louer quelques-uns à des voisins, il s'aperçut avec stupéfaction qu'il devait payer un dollar par jour pour leurs services, sans compter la nourriture, les vêtements et les soins médicaux. Au moment de la récolte, le prix pour la journée atteignit un dollar cinquante ; il se demanda si les bénéfices qu'il retirerait de ses produits justifiaient une telle dépense.

> Je me suis donc retiré dans ma bibliothèque et, tous les chiffres étalés devant moi, je me suis efforcé de calculer avec pondération ce qu'avaient rapporté les plantations Steed dans les mauvaises années ainsi que dans les bonnes. Au début de 1857, je possédais neuf cent quatorze esclaves, répartis de la façon suivante, en termes d'âge, de sexe et de valeur.
>
> Tous les propriétaires d'esclaves s'apercevront que mes chiffres sont bas. Je les ai sous-estimés de façon délibérée. Dans cette analyse, j'ai l'intention d'affecter la valeur la plus faible à mes esclaves et de coter au plus haut le coût de leur entretien. Si, dans ces conditions, ils fournissent un bénéfice, j'aurai prouvé que l'esclavage est économiquement viable. Je crois bon d'ajouter quelques notes au tableau ci-dessous.
>
> *Enfants, jusqu'à cinq ans :* Ils représentent une valeur considérable et les estimer à zéro est ridicule. Mais la mortalité est élevée chez les enfants en bas âge ; ils deviennent souvent infirmes et se révèlent inutiles de bien d'autres façons ; il est donc prudent de les porter sur les registres de la plantation pour une valeur nulle.

ESCLAVES STEED

	Sexe masculin		Sexe féminin		
Classification	**Nombre**	**Valeur/pièce**	**Nombre**	**Valeur/pièce**	**Valeur totale**
Enfants, 0-5 ans	44	0	47	0	0
Enfants, 6-13 ans	135	300	138	250	75 000
Force de l'âge, 14-52 ans	215	2 000	161	1 800	719 800
Vieux, 53-66 ans	72	1 200	65	300	105 900
Vieillards, + de 67 ans	16	0	21	0	0
	482		432		900 700

Enfants de 6 à 13 ans : Les enfants en bonne santé sont achetés à des prix beaucoup plus élevés que ceux que j'ai portés, surtout les plus âgés d'entre eux. Si je le souhaitais, je pourrais vendre les petits nés sur le domaine pour les envoyer dans le sud à des prix très supérieurs à ceux que j'ai portés, mais dans les plantations Steed, nous ne vendons pas les enfants.

Force de l'âge : Les prix atteints dans les ventes de Patamoke ont toujours été supérieurs à ceux que j'ai portés, ainsi que le prouve le cours actuel des louages. Si un propriétaire de l'Alabama peut louer un esclave dans la force de l'âge quatre cents dollars par an, et que celui-ci travaille pendant quarante ans, sa valeur réelle est astronomique.

Vieux : Mes chiffres peuvent paraître élevés. Il me serait impossible de vendre nos esclaves âgés à de tels prix parce qu'ils ne tiendraient pas longtemps dans les plantations de riz ou de canne à sucre ; en revanche, pour assurer des services domestiques dans une ville telle que Baltimore, ils seraient cédés à des prix encore plus élevés que ceux que j'ai notés.

Vieillards : Tous les propriétaires d'esclaves se souviendront de vieux nègres qui ont assuré un service impeccable jusqu'à quatre-vingts ans et au-delà. Notre plantation emploie un portier, Tibère, qui peut être considéré comme l'un des joyaux de l'île. En nous quittant, les invités ne manquent jamais de louer ses manières dignes et, de retour chez eux, ils font allusion à Tibère dans leurs lettres. Quand les esclaves ont été bien traités au cours des années de labeur, ils procurent un service apprécié même après soixante-dix ans. Mais ils ne trouveraient pas preneur dans une vente aux enchères ; je les estime donc à zéro.

Artisans : Dans mon analyse, je n'assigne aucune classification aux mécaniciens qualifiés qui contribuent souvent et dans une large mesure à la réussite d'une exploitation. Dans notre domaine, nous employons environ vingt-cinq hommes qui trouveraient acquéreurs à plus de trois mille cinq cents dollars par tête s'ils étaient proposés à la vente, et trois ou quatre dont on obtiendrait aisément le double. L'administrateur de plantation serait coupable de négligence s'il n'assurait pas le renouvellement constant d'une telle main-d'œuvre parmi ses esclaves. En effet, leur achat dans les ventes publiques est très onéreux sinon impossible.

Le capital représenté par les esclaves de la plantation Steed atteint donc plus de neuf cent mille dollars, si l'on s'en tient aux chiffres les plus modestes, et à environ un million deux cent cinquante mille dollars, si on les évalue au meilleur cours. Mais quelle est la véritable signification de ces chiffres ? Pourrais-je réaliser neuf cent mille dollars du jour au lendemain en vendant mes esclaves ? C'est hors de question. En offrir un si grand nombre aux enchères de Patamoke ferait s'écrouler le marché ; ce que représentent mes esclaves ne correspond pas à un million de dollars, mais à la possibilité de retirer de leur travail un bénéfice d'environ treize pour cent l'an.

Le langage de la guerre nous offre un concept qui répond à la situation, *la flotte en puissance.* Une telle flotte ne navigue pas réellement ; elle n'est pas armée et son équipage n'est pas au complet ; personne ne connaît son état réel, mais l'ennemi doit en tenir compte dans tous ses plans parce que les bateaux existent bel et bien ; ils peuvent constituer une flotte véritable à un moment quelconque. Tels qu'ils sont, disséminés, en mauvais état, ils ne forment pas une flotte, mais ils représentent une flotte en puissance. Mes neuf cent quatorze esclaves sont une fortune en puissance, et j'ai souvent l'impression que je suis leur bien plutôt qu'ils ne sont le mien puisque, ainsi que je l'ai démontré, je ne peux les vendre. Il est même possible que la famille Steed ne réalise jamais les neuf cent mille dollars que représentent ces esclaves ; nous devons nous contenter de bien les employer et de tirer un bénéfice appréciable de leur travail. Treize pour cent sur neuf cent mille dollars donnent un revenu annuel de cent dix-sept mille dollars. J'admets volontiers que nous atteignons rarement cet objectif, mais nous n'avons pas lieu de nous plaindre.

Puis, il nota ses frais — environ cent vingt-deux dollars par an et par esclave, car il les nourrissait et les habillait mieux que la plupart des planteurs —, les pertes par accident et nombre d'autres causes. Il prouvait enfin qu'une gestion attentive, impliquant qu'on accorde à ses esclaves au moins autant d'attention qu'à ses porcs, permettait de les utiliser avec plus de profit qu'une main-d'œuvre payée. Il rejetait chacune des allégations essentielles soutenues par Hinton Helper et concluait par un argument irréfutable :

Je concède volontiers à Mr. Helper que, si un propriétaire de plantations se laissait aller à la paresse, s'il se montrait cruel à l'égard de ses esclaves ou indifférent aux moindres détails de son administration, il aurait intérêt à embaucher sa main-d'œuvre au lieu d'en être propriétaire. Mais le vrai gentleman du sud accepte à la fois la possibilité de récolter un juste bénéfice et l'obligation de créer sur ses plantations un style de vie harmonieux où chaque homme, chaque femme a des devoirs à remplir et des satisfactions à en retirer. Il apprécie la vie auprès de ses esclaves dont il voit grandir les familles et dont il partage les moments de détente. Il éprouve une légitime fierté en sachant que ses Noirs s'enorgueillissent de travailler pour lui ; souvent, il les entend se vanter auprès d'esclaves d'autres plantations : « Y a pas meilleur endroit où travailler. » Je dirige mon domaine dans l'espoir d'obtenir cette approbation et, ce faisant, j'en tire du profit pour tous.

Je ne craindrais pas de comparer les plantations Steed aux grands centres industriels du nord qui broient les ouvriers. Mes esclaves vivent au grand air ; ils se nourrissent d'aliments sains, ont chaud en hiver, et reçoivent des soins médicaux. Sous tous les rapports, leur sort est plus enviable que celui de la main-d'œuvre prétendue libre du nord où les ouvriers se lèvent avant le jour, travaillent dans des conditions atroces, rentrent chez eux après le coucher du soleil et, épuisés, s'effondrent sur leur paillasse. Lorsqu'on compare les deux systèmes avec objectivité, on en conclut que le nôtre l'emporte.

En mai 1860, les États-Unis étaient en proie à une telle confusion que les pays européens en vinrent à se demander quand la guerre éclaterait et quel camp l'emporterait. Londres et Paris recevaient des rapports alarmants de leurs envoyés ; l'ambassadeur de France avait écrit :

> L'élection présidentielle de cet automne se déroulera sous le signe du chaos. Il y aura jusqu'à cinq partis en présence car les démocrates sont en plein désarroi et ils ne parviendront pas à s'entendre sur un candidat unique. Ils en présenteront deux, un dans le nord, un autre dans le sud, et par là même perdront les élections. Les Whigs sont devenus des unionistes constitutionnels et n'ont aucune chance de gagner. Quant aux républicains, ils sont désunis eux aussi : ils proposeront sans doute deux candidats. Il est donc possible que 1860 s'inscrive dans les annales américaines comme l'année sans vainqueur.

Pour une foule de raisons contradictoires, la plupart des nations européennes se rangèrent aux côtés du sud et souhaitèrent qu'il l'emportât. L'Angleterre considérait les États du nord comme les vrais héritiers des colonies initiales et l'animosité suscitée par les événements de 1776 et de 1812 trouva un exutoire en se retournant contre eux. Par ailleurs, les industriels britanniques avaient un impérieux besoin du coton du sud ; ils incitaient leur gouvernement à soutenir ouvertement ces États. L'Autriche optait pour le sud qu'elle imaginait comme un réservoir de gentlemen et de chevaux de race. La France affichait ses sympathies pour le sud qu'elle jugeait civilisé alors que le nord ne pouvait être considéré comme tel. La Russie et l'Allemagne souhaitaient vaguement que l'on infligeât une leçon à cette nation de parvenus.

Lorsque l'Europe estima que la guerre était inévitable, il devint indispensable d'évaluer les chances qu'avait le sud de l'emporter et, à la fin mai, le gouvernement français dépêcha l'un de ses vaisseaux de second rang pour une croisière de routine. La mission était de relâcher dans sept ports du sud, choisis avec discernement afin de glaner un large éventail d'opinions. En souvenir des aimables relations qui avaient jadis existé entre la France et les Steed, dont les fils avaient fréquenté Saint-Omer, il fut décidé que le petit navire achèverait son voyage en relâchant à Patamoke où les notables seraient reçus à bord et interrogés.

Le vaisseau n'était autre que l'*Ariel,* soustrait à la flotte des négriers en 1832 et transformé en une corvette de huit canons. C'était un vieux bateau à présent, mais sa charpente restait solide avec sa quille intacte, et il retenait encore les suffrages d'hommes ambitieux. Ses capitaines, jeunes en général, faisaient souvent l'objet d'une rapide promotion. Son commandant actuel, le capitaine de Villiers, ne connaissait pas la Chesapeake, mais son grand-oncle avait servi sous l'amiral de Grasse, et le nom apparaissait souvent dans les annales de la famille.

L'arrivée de l'*Ariel* à Patamoke ne fut pas annoncée. Paul Steed poussait le fauteuil de sa femme pour une promenade dans le jardin quand le vaisseau embouqua la passe de Devon et, bien que le bateau eût beaucoup représenté pour tous deux, ils ne le reconnurent pas. Les chantiers de la marine française avaient surélevé le pavois pour permettre l'installation des canons et remplacé l'ancien gréement mixte par une voilure classique de brick.

Mais quand la corvette s'approcha de la Falaise-de-la-Paix, le vieux George Paxmore, qui l'avait construite, l'observa à la lunette comme il ne manquait jamais de le faire pour les bateaux de fort tonnage qui remontaient le fleuve.

— Bartley, je crois que c'est l'*Ariel !* cria-t-il à son fils. Regarde ce qu'ils en ont fait !

Bartley rejoignit son père sous le porche au moment où passait l'élégant navire. Il n'était pas encore né lorsque celui-ci avait été lancé en 1814, mais tant d'anecdotes l'avaient initié à son histoire qu'il fut à même d'apprécier le dessin compact, les lignes tendues et la surface de voile qui avaient rendu le bateau mémorable.

Dès que l'*Ariel* fut amarré au quai de Patamoke, il s'ensuivit un véritable émoi car son nom évoquait une légende ; aussi les habitants de tous les quartiers de la ville défilèrent pour le contempler. Une vingtaine de Turlock se pressèrent sur le quai ; l'*Ariel* n'avait-il pas été la propriété d'un membre de la famille ? Des hommes jeunes dont les pères avaient travaillé à bord vinrent en admirer les lignes. Un vieillard hargneux écarta la foule pour se frayer un chemin jusqu'au bord du quai.

C'était Lafe Turlock, à présent âgé de soixante-dix-sept ans, qui avait depuis longtemps renoncé à la chasse aux esclaves. Il avait vendu ses chiens et donné ses bottes à son petit-fils, mais à la vue de l'*Ariel,* ses yeux s'illuminèrent.

— C'était le bateau de mon cousin, le meilleur capitaine qu'ait jamais produit le fleuve. Tué par des nègres que je nommerai pas.

Tout au long de l'après-midi et de la soirée, les habitants de Patamoke défilèrent devant le bateau, rappelant ses exploits. Ils suivirent des yeux avec admiration le jeune capitaine de Villiers qui descendait à terre pour rendre ses civilités aux autorités et dépêcher à Devon une chaloupe chargée de transmettre ses hommages aux Steed. Il partit aussi à la recherche des Paxmore, mais les neveux qui dirigeaient le chantier naval le mirent en garde :

— Les Steed et les Paxmore ne sont pas invités aux mêmes réceptions.

C'était le genre de subtilité que le capitaine de Villiers tenait à percer.

— C'est à bord que j'avais l'intention d'inviter votre oncle, pas à Devon.

— Il en serait enchanté, assurèrent les jeunes gens.

— Et vous aussi, ainsi que vos épouses.

Ce fut donc convenu. Le premier soir, les officiers français se rendraient à Devon pour une grande réception où seraient conviés les principaux planteurs de la région. Le deuxième soir, les Paxmore et leurs amis seraient reçus à bord du bateau construit par le vieux George. Et, pour la dernière soirée, les Steed et quelques amis triés sur le volet assisteraient aux festivités d'adieux données à bord. De la sorte, le capitaine de Villiers pourrait se faire une idée des opinions ayant cours le long du Choptank.

Chaque après-midi, le bateau pouvait être visité, et une foule de Turlock se précipita sur le pont, l'ancien royaume du cousin Matt. Tous revivaient ses exploits et écoutaient, bouche bée tandis que Lafe désignait l'endroit où la tête rousse était tombée.

— Les nègres étaient si bêtes qu'ils ne lui ont même pas coupé son poing d'argent.

Une famille de l'endroit ne mit pas les pieds à bord du bateau. Cudjo Cater et ses enfants ne quittèrent pas la terre ferme.

— On n'a pas envie de nous voir sur ce bateau, expliqua Eden.

Cudjo emmena ses fils sur un promontoire d'où on distinguait le gréement et il leur raconta ses aventures.

— Tu étais attaché ? demandèrent-ils.

— Enchaîné, répondit Cudjo.

— Et le plafond n'était pas plus haut que ça ?

— Plus bas. Baisse encore la main.

— Personne ne peut vivre avec un plafond aussi bas.

— Nous vivions, dit Cudjo.

— Et alors, tu as monté l'escalier ?

— Sur le pont, Rutak menait l'assaut. Vous, jamais oublier son nom. L'homme le plus brave du monde. Si vous êtes sur terre, c'est à cause de Rutak.

— Dommage qu'on puisse pas y aller.

— Pas question d'aller à bord de ce bateau, répliqua Cudjo en entraînant ses fils à la maison. Enferme-les, recommanda-t-il à Eden. Si on se tient tranquilles, il arrivera rien.

La réception donnée à Devon était de celles qu'on n'oublie pas. Les officiers français avaient fière allure dans leurs uniformes soutachés d'or, avec leurs épées étincelantes. Paul et Susan Steed se conduisaient en hôtes empressés, devisant avec leurs visiteurs en français, puis traduisant à l'intention de leurs invités du Choptank. Susan exultait à tel point qu'elle se passa de son fauteuil roulant ; elle marcha fièrement jusqu'à sa place en bout de table, s'appuyant seulement au bras de son mari. Le vieux Tibère, qui comptait plus de quatre-vingts ans, officia avec sa courtoisie coutumière que peu de majordomes français auraient égalée, et on porta de nombreux toasts à la grandeur de la France.

— Le Maryland fait partie du sud ? s'enquit le capitaine de Villiers.

— Comme tout ce qui compte.

— Et si... enfin, si les événements se précipitaient ?

— Tous les hommes présents dans cette pièce... Posez donc

la question à mon fils Mark. C'est lui qui administre la plantation à présent.

A quarante-trois ans, Mark Steed était aussi beau que le capitaine français, bien que plus effacé.

— Nous suivrions l'exemple de la Caroline du Sud, tous autant que nous sommes.

Les autres acquiescèrent.

— Bien sûr, mais vous êtes des notables, fit remarquer de Villiers. Quelle serait l'attitude du gros de la population ?

Paul Steed qui ignorait la majorité centriste — ces obstinés méthodistes qui clamaient leur attachement à l'Union — déclara :

— Pour l'ensemble de Patamoke, quatre-vingt-quinze pour cent se lèveraient pour défendre la cause du sud... celle de la liberté.

— Si je devais exposer la situation à mon oncle au ministère, comment pourrais-je expliquer la supériorité du sud ? demanda de Villiers.

— Par le courage de ses hommes, rétorqua Paul Steed. Vous dînez avec des gentlemen, capitaine, des hommes qui respectent leur parole. S'ils partent en guerre contre le nord, ce sera jusqu'à la mort.

— Je bois aux gentlemen du sud, dit le capitaine en levant son verre pour un dernier toast.

Son repas avec les Paxmore se révéla moins chaleureux. Lorsque le vieux George eut expliqué la façon dont le bateau avait été construit et emmené les officiers dans les fonds pour leur montrer les astuces qui avaient permis d'éviter de tailler dans la quille, les sujets de discussion vinrent à manquer. Le capitaine de Villiers eut l'impression très nette que les quakers, dont il ignorait les usages, affichaient peu de goût pour les mondanités. La soirée se traîna jusqu'à ce qu'il s'éclaircît la gorge pour poser la question :

— Si la situation s'envenimait et... j'entends par là si la guerre devenait inévitable...

Rachel Starbuck Paxmore, ravissante en dépit de ses quarante ans passés, intervint :

— Nous soutiendrions le nord indéfectiblement.

— Et la population en général ?

— Je crois que plus de la moitié se joindrait à nous. Les bons méthodistes tiennent à l'Union.

— A Devon, on m'a dit le contraire.

— A Devon, le rêve prévaut. Ne vous laissez pas induire en erreur par le rêve.

— Pourtant, les hommes d'affaires les plus éminents, même ceux qui ne possèdent pas d'esclaves, étaient du même avis.

— C'est pourquoi la guerre serait si terrible. Le choc du rêve contre la réalité.

— Si la guerre éclatait, le nord pourrait-il contraindre le sud à rester dans le sein de l'Union ?

— Nous prions pour que les choses n'en arrivent pas là, déclara Bartley.

— Ce que nous faisons tous, rétorqua de Villiers.

Il éprouva un soulagement lorsque la soirée prit fin. Pourtant comme les inébranlables Paxmore descendaient la passerelle, il nota la dignité de leur allure austère et sentit qu'il aurait pu avoir une conversation intéressante avec eux s'il avait eu la chance de trouver un terrain d'entente. Mais comment procéder avec des hommes qui ne buvaient pas et des femmes qui ignoraient les propos galants ?

— Aurons-nous le plaisir de vous revoir demain ? s'enquit-il, penché sur la lisse.

— Non, répondit Rachel. Mais c'est aimable à toi de nous le demander.

La troisième soirée posait un problème délicat aux Steed. Inviter les officiers français à une réception à Devon était une chose, mais se rendre à Patamoke et monter, au vu et au su de tous, à bord du bateau qui, jadis, avait été mêlé si intimement à leur vie en était une autre. La liaison notoire de Susan avait connu son paroxysme sur l'*Ariel;* Paul avait été jeté dans le port sous les yeux de la population.

Avec la délicatesse qui avait régi leur existence depuis l'accident survenu sur le toit, Paul évita de demander s'il était convenable d'assister au dîner d'adieu, mais Susan ne fit pas preuve de la même réserve.

— Paul, j'aimerais tant revoir ce bateau !

— Serait-ce bien convenable ?

— Paul !

Elle posa la main sur son bras et éclata de rire.

« Nous avons été convenables au cours de ces trente-sept dernières années, et je doute qu'un seul habitant de Patamoke... non ! s'exclama-t-elle d'un air de défi. Je me moque éperdument que tout Patamoke se souvienne de nous et de l'*Ariel.* Je veux revoir ce bateau.

A midi, ils firent emballer leurs plus beaux habits et embarquèrent sur le sloop. A mesure que le petit bateau descendait la rivière pour entrer dans le fleuve, Paul sentait croître l'excitation de sa femme. On eût dit une collégienne allant à son premier rendez-vous.

— Paul ! Je suis persuadée que cette invitation est bénéfique pour nous. Ce bateau représentait tant pour nous... Je suis vieille à présent, et je désire enterrer le passé.

« C'est une femme exceptionnelle, songea Paul, résistante, vive, une compagne chère à mon cœur. » Leur remontée du fleuve tenait du poème d'hyménée, réaffirmant l'amour sans faille qui avait présidé à ces dernières années, et quand l'*Ariel* leur apparut, chacun d'eux comprit que les événements qui s'étaient produits sur ce bateau n'étaient plus qu'un incident oublié.

Le dîner très cérémonieux commença mal. Le vent tomba et les moustiques attaquèrent avec violence, mais le capitaine de Villiers avait prévu cette éventualité. Dès que tous ses invités se trouvèrent à bord, il donna ordre de déraper l'ancre et d'amener l'*Ariel* au milieu du fleuve où le nombre des insectes diminua sensiblement.

— Mesdames, je dois vous faire part de bonnes nouvelles, annonça-t-il alors. Les chimistes français ont réalisé un miracle. Un produit qu'ils appellent l'essence de citronnelle ; je pense que vous apprécierez son parfum qui tient de l'orange et du citron, ce qui ne sera pas le cas des moustiques.

Il donna ordre de faire vaporiser la citronnelle à proximité des invités et la plus aimable galanterie régna durant cette soirée, la dernière que connaîtraient les planteurs avant longtemps. Les femmes étaient belles et se comportaient comme si leurs esclaves veilleraient sur elles à jamais ; les hommes faisaient preuve de mansuétude à l'égard de leurs adversaires du nord.

Cependant, l'homme qui profita le plus de cette ultime soirée échappa aux regards des invités et de l'équipage. A terre, il se tenait dans l'ombre et observait le bateau qui lui avait été si familier. Quand il était monté à son bord, enchaîné, la passerelle se trouvait de ce même côté. Il avait passé ses premiers jours d'apprentissage rivé au pavois de ce bord ; le compartiment dans lequel il avait été enfermé au-dessous du pont devait se situer à peu près là-bas, et la deuxième cage, qui l'avait vu comploter avec Rutak, était encore plus bas.

Là, se trouvait la soute d'où il avait surgi avec Luta... Quand il pensait à la jeune fille, enchaînée jusqu'à ce que son cadavre fût détaché, il ressentait une sorte de vide. Seuls ses yeux perpétuaient le souvenir. C'était là, par-dessus la lisse, que son corps avait été jeté à la mer. Il dut s'asseoir, et courba si fort la tête qu'il ne vit plus le bateau.

Après un long moment, il regarda vers l'arrière, vers le gouvernail dont il s'était rendu maître, et le compas dont il avait percé les secrets. Quels jours extraordinaires il avait connus, cap au nord ! Il se leva, exalté, et imagina les voiles qu'on établissait sous son commandement : « Rutak, les drisses ! » Et les voiles hautes avaient été hissées, et il avait gouverné le bateau.

Hypnotisé par la beauté de son navire, il demeurait dans l'ombre, le manœuvrant jusqu'à ce que l'ancre fût dérapée. Il l'observa pendant qu'il regagnait le quai et nomma chacun des invités qui descendaient la passerelle. Puis, le silence enveloppa la nuit, rompu toutes les demi-heures lorsqu'on piquait la cloche. Comme il se la rappelait ! Au cours des jours les plus sombres, enchaîné dans le ventre du bateau, il avait épié ses tintements ; son rythme impérieux avait gouverné sa vie.

On piqua minuit, et deux heures, et quatre heures ; le bateau sommeillait, le flanc contre la jetée. Il vit le soleil d'été se lever, inonder le Choptank, dardant ses rayons dans le fleuve. Des voix flottaient doucement sur l'eau et, bientôt, les gens affluèrent sur le port pour assister à l'appareillage de leur navire.

Lafe Turlock vint pour rappeler à ses innombrables petits-enfants que ce bateau leur avait appartenu, et l'ancre fut dérapée pour la dernière fois. Le capitaine de Villiers apparut sur le pont ; alors, lentement, la belle corvette évolua sur le fleuve et s'éloigna. Mais l'homme qui avait été le véritable maître du bateau, après l'avoir capturé, demeurait dans l'ombre, les yeux rivés sur le haut des mâts jusqu'à ce qu'ils disparaissent.

Le capitaine de Villiers quitta Patamoke, emportant les opinions de tous ceux qui seraient engagés dans la lutte à venir — à l'exception des esclaves et des Noirs affranchis. Il ne lui était pas venu à l'esprit qu'il aurait dû leur demander leur avis.

Deux invités restèrent à bord après que les autres eurent rejoint la terre ferme. Le capitaine de Villiers insista pour que Paul et Susan Steed passent la nuit dans sa cabine.

— Je vous déposerai à Devon Island avant de mettre le cap sur la France.

Tous deux se retrouvèrent dans la cabine, théâtre du scandale.

— Cela semble si loin, murmura Susan dès que la porte se fut refermée. Mais notre vie n'a pas été gâchée.

Paul ne trouva aucune réponse appropriée, mais il était si agité qu'il ne souhaitait pas se coucher.

— J'étais si fier ce soir quand vous avez dit que vous n'auriez pas besoin de votre fauteuil.

— Je tenais à monter à bord de ce bateau...

— Je trouve que la conversation au cours de ces deux soirées... Rien d'étonnant à ce que mes ancêtres aient préféré la France.

— Vous êtes antibritannique, Paul. Vous l'avez toujours été.

— Les Français ont une façon de porter l'uniforme...

Susan se laissa tomber sur le lit familier, et garda les yeux rivés sur la porte de la cabine.

— Quand on songe à l'horreur qui a régné sur ce bateau...

Elle s'abîma un instant dans la réflexion.

« Tiens, je n'ai aperçu ni Cudjo ni Eden sur la jetée.

— Ils ne savent probablement pas que l'*Ariel* mouille ici.

— Croyez-vous que Cudjo l'a capturé ? Et qu'il a tué...

— Quelqu'un l'a bien fait.

— Est-ce qu'une bande d'esclaves incultes serait capable...

— Ils ont réussi à le faire naviguer.

— Paul, vous avez remarqué que le capitaine de Villiers cherchait à connaître notre opinion, n'est-ce pas ?

— Son gouvernement tient à être renseigné. Il y a un siècle, l'intervention française a emporté la décision dans la Chesapeake. L'histoire peut se répéter.

Un instant, il parut songeur.

« J'ai l'impression que nous, les planteurs, avons fait valoir notre point de vue, ajouta-t-il.

Il parlait comme si la guerre était inéluctable.

— Je crois qu'elle serait évitée si nous pouvions imposer silence à des agitateurs comme les Paxmore.

— Je me demande ce qu'ils lui ont dit... Vous savez qu'ils ont été invités de leur côté.

— A en juger par les réflexions de De Villiers, ils l'ont mortellement ennuyé. La sobriété rigide de ces gens ne facilite pas les rapports.

Susan ne parvenait pas à trouver le sommeil ; au cours de la nuit, elle alla seule jusqu'à la porte, l'ouvrit et contempla l'endroit où on lui avait dit que le capitaine Matt avait été terrassé. Elle eût souhaité se pencher sur le pont, en toucher le bois, mais elle était en chemise de nuit et mieux valait ne pas alerter la vigie.

— Que se passe-t-il, Susan ?

— Paul, demain, dès qu'on nous aura déposés à Devon, j'aurai besoin de vous pour accomplir une chose à laquelle je tiens beaucoup. Je voudrais que vous demandiez à Eden et à nos serviteurs de me porter sur le toit. Je veux voir le bateau quitter la baie.

— C'est très compréhensible, dit Paul.

Susan regagna le lit et tous deux s'endormirent.

Le lendemain, ils envoyèrent un gamin chercher Eden ; elle effectuerait la traversée jusqu'à l'île avec eux. Elle embarqua avec fierté, observant les moindres détails afin de les rapporter à son mari ; quand le capitaine français fit ses adieux aux Steed sur la jetée de Devon, elle enregistra tous ses faits et gestes. Il remarqua l'attention dont il était l'objet et galamment aida la Noire à gagner le quai, mais elle s'éclipsa vite. Sa maîtresse lui avait donné des ordres précis pendant la traversée :

— Dès que nous toucherons terre, je veux que tu ailles prévenir les domestiques qu'ils devront me porter sur le toit.

Elle s'y trouvait lorsque l'*Ariel* s'engagea dans la passe, cinglant vers la baie. Ce n'était plus le même bateau ; elle ne savait percer les modifications intervenues dans le gréement, mais il restait un navire qui s'aventurait sur l'immensité de l'océan et sa lente progression à travers la Chesapeake communiquait à la vieille dame une immense exaltation.

— Quelle grâce ! murmura-t-elle.

Mais lorsque l'*Ariel* disparut à l'abri d'un lointain promontoire, un puissant navire se manifesta, en route pour Baltimore, et elle le suivit des yeux, hypnotisée par sa majesté. Il s'agissait d'un clipper à quatre mâts affecté au commerce avec la Chine. Il avait été construit à New Bedford et portait deux fois plus de toile qu'un bateau sorti des chantiers du Choptank.

— Regarde ! s'exclama-t-elle en contemplant le voilier qui remontait la baie.

Eden l'engagea à quitter le toit, mais elle exigea de rester.

« Regarde, regarde cet immense navire, Eden !

Les deux femmes restèrent côte à côte pendant une heure, absorbées dans leur contemplation ; puis la brise tomba tout à coup. Sur quoi, les matelots hissèrent ce que les riverains du Choptank appelaient « les voiles pour un pet d'air », ces stupéfiantes bonnettes, frappées à l'extrémité des espars, et qui, ajoutées à la voilure déjà établie, donnaient au bateau l'air d'être décoré de dentelles.

« C'est si beau ! dit Susan. Et si grandiose !

— Ils sont construits dans le nord, commenta Eden.

Le quatre-mâts disparut à son tour.

— Tu peux appeler les autres maintenant, murmura Susan.

Elle gagna son lit, épuisée ; Eden craignit qu'elle ne s'en relevât pas et, à cette pensée, des larmes lui montèrent aux yeux.

— Qu'y a-t-il, Eden ? demanda la frêle vieille dame.

Elle n'obtint pas de réponse.

« Voir un bateau pareil... deux bateaux pareils... Ça suffit pour remplir une vie.

Quand la Caroline du Sud révéla son intention de combattre le nord en bombardant les positions fédérales de Fort Sumter dans le port de Charleston, l'émotion déferla sur les plantations de la côte orientale et certains responsables estimèrent que le Maryland rallierait sans tarder la rébellion pour défendre la liberté.

— Le gouverneur est originaire d'une petite ville proche du Little Choptank, expliqua Paul Steed aux autres planteurs. Il a le cœur bien placé.

Patamoke attendit donc la déclaration de guerre.

Elle ne vint pas. Les comtés esclavagistes se rendaient compte que leur sort était lié à celui du sud, mais la majeure partie du Maryland jouxtait la Pennsylvanie et cette zone avait été corrompue par l'idéologie du nord. Par ailleurs, Washington, la capitale, était entourée par la Virginie et le Maryland ; il était impératif pour le nord que le Maryland au moins restât au sein de l'Union ; d'énormes pressions furent exercées, notamment sur le nouveau président Lincoln, et il semblait que l'État serait sous peu déchiré.

Il n'en fut rien. Après bien des hésitations, que Paul Steed observa avec stupeur, le Maryland balançait, tout d'abord vers un camp, puis vers l'autre et, finalement, il se retrouva aux côtés du nord.

Pour être précis, la position officielle le plaçait aux côtés du nord, et un régiment de la côte orientale se battit même sous l'uniforme bleu, « pour leur honte éternelle », déclara Paul Steed, mais les honnêtes propriétaires de plantations et leurs partisans se rangèrent sous la bannière du sud, de même que les petits Blancs du marais. En effet, sentimentalement, le Maryland était un État du sud ; il l'avait toujours été. Ses traditions, sympathies et intérêts économiques tendaient vers le sud.

Aussi, lorsque les régiments nordistes furent formés, les partisans du sud ripostèrent en envoyant en Virginie des volontaires qui s'enrôlèrent dans les armées sudistes, et ce fut pour une mission de cet ordre que le colonel Rupert Janney quitta le Rappahannock pour aller consulter son cousin éloigné, Paul Steed, de l'autre côté de la baie.

Il effectua la traversée en secret, à bord de son propre bateau de cent dix tonneaux ; déjà, les canonnières fédérales patrouillaient dans la Chesapeake et on pensait que nombre de batailles importantes de la guerre se livreraient dans ses eaux. Sa carte en équilibre sur un genou, Rupert Janney expliqua à son capitaine comment gagner le Choptank et embouquer la passe pour remonter Devon Creek. A peine la passerelle était-elle installée qu'il sautait à terre, sanglé dans son uniforme.

— Où est Steed ? cria-t-il.

A quarante-cinq ans, le colonel Janney était un bel homme, mince, au visage imberbe, élégant d'allure.

— En vérité, je suis dans la cavalerie, Paul, comme tous mes aïeux. Vous savez, on m'a donné le nom du prince Rupert, votre ancêtre et le mien. Il n'a jamais failli, et je suis persuadé qu'il en sera de même pour vous. Je sers aux côtés de Jeb Stuart, un homme de valeur, le prince Rupert de notre époque. Il connaît les chevaux, Paul. Et la stratégie. Nous mettrons les Yankees en pièces et repartirons avant qu'ils soient revenus de leur surprise.

Il se mit à marcher de long en large dans la vaste salle à manger.

« Qu'allez-vous faire à présent ? demanda-t-il soudain. Cette grande demeure et... maintenant que Susan nous a quittés ?

— Mon fils Mark...

— C'est lui que je suis venu voir.

— Vous voulez emmener Mark ? s'enquit Paul sans laisser percer l'émotion qui l'agitait.

— Il représente le genre d'hommes qu'il nous faut. Si les gentlemen ne donnent pas l'exemple, la populace ne bougera pas.

— Je suis sûr que Mark souhaitera épouser la cause de la liberté.

— Exactement. Paul, ce que vous disiez dans votre livre... un sacré bon bouquin ! J'estime que vous avez tout résumé de façon magistrale. Nous combattons, vous et moi, pour la liberté. Tout est dans la balance... la bonne vie, la sage question... Quand pourrai-je voir Mark ?

— Il doit être au bureau.

— Il n'y était pas quand j'ai débarqué.

— Il vérifie sans doute le travail d'une équipe d'esclaves.

— Il faut les avoir à l'œil !

Il continua à arpenter la pièce, puis s'immobilisa pour poser sa deuxième question d'importance.

« A votre avis, quels effectifs pourrai-je ramener ?

— Vous voulez dire de la région ?

— Exact. J'ai entendu dire que vous aviez des tireurs de premier ordre ici. Je les veux tous.

Il s'exprimait avec un tel enthousiasme et déployait une telle énergie que Paul se demanda comment il avait pu laisser sa plantation péricliter.

— J'estime que la plupart des hommes de l'eau voudront s'enrôler. Ils savent se servir de fusils et adorent se battre.

— M'aiderez-vous à les embrigader ?

— Je suis prêt à tout pour la cause.

— Parfait. Jeb Stuart aura besoin de chevaux.

— Je lui en procurerai cent. Envoyez-moi les documents nécessaires.

— Paul, je savais en traversant la baie... Quand pourrons-nous enrôler les hommes ?

— Aujourd'hui même.

— Bon Dieu, Paul, si vous étiez plus jeune...

Son regard se posa sur le cou de son cousin.

« Que vous est-il arrivé ?

— Je suis tombé du toit.

— Grand Dieu ! Vous répariez votre toit vous-même ? A quoi vous servent vos esclaves ?

Ses yeux se fixèrent de nouveau sur le cou puis descendirent vers la jambe.

« Vous avez eu de la chance de ne pas vous tuer.

— Ma jambe s'est prise dans la gouttière.

— Nous mettrons ça sur le compte d'un miracle.

Quand Mark revint du bureau, Janney l'abreuva de bonnes raisons pour qu'il s'engageât dans la cavalerie sudiste, mais Mark l'interrompit :

— Je me suis déjà enrôlé dans l'infanterie.

— Quoi ? s'exclama Paul.

— Oui, j'ai écrit à Beauregard, à Richmond. Je serai nommé commandant ; j'aimerais traverser la baie avec vous, monsieur.

— Nous devons d'abord recruter des soldats.

Les trois gentlemen s'embarquèrent pour Patamoke où le colonel Janney harangua un rassemblement sur le quai.

— Messieurs, la liberté de la nation dépend de vous. La vie décente que nous avons menée est mise en péril par les forces de la répression. Je vous propose de vous joindre à notre croisade afin de protéger les droits des honnêtes gens.

Soixante-sept hommes, dont le quart était constitué de Turlock, se portèrent volontaires. Pendant qu'ils apposaient leurs marques sur les feuilles d'engagement, Janney avisa Bartley Paxmore et deux garçons Starbuck qui regardaient la scène.

— Voilà des hommes robustes, dit-il à Paul. Pourquoi est-ce qu'ils ne s'engagent pas ?

— Ce sont des quakers, expliqua Steed.

— Hum ! fit Janney avec un reniflement de mépris. Ils ne veulent pas se battre pour nous et ils ont peur de se battre contre nous. Affligeante engeance.

Une fois les volontaires à bord pour la dangereuse traversée jusqu'à Richmond, le colonel Janney se campa devant le capitaine de son bateau, salua et s'écria :

— Descendez le fleuve. Nous risquerons le passage à la faveur de l'obscurité.

Puis, il s'appuya à la lisse. Il salua Paul, qui s'inclina ; après quoi, il gagna l'avant du bateau et se tint très droit près de l'étrave, le vent jouant dans sa chevelure noire.

Comme tous les hommes à bord, il était convaincu qu'il partait pour une mission sacrée afin de défendre la liberté. Sur les soixante-huit hommes qui quittaient le Choptank, y compris Mark Steed, deux possédaient des esclaves, mais tous étaient persuadés que, seul, un renforcement permanent de l'esclavage permettrait de préserver la liberté du pays.

Du quai, Paul cria à son fils :

— Sois prudent, Mark. Nous aurons besoin de toi quand tout ça sera fini.

Le 22 septembre 1862, le président Lincoln proclama publiquement ses intentions : tous les esclaves des États en guerre contre l'Union devaient être émancipés au 1er janvier 1863.

— Dieu merci ! s'écria Paul Steed en apprenant la triste nouvelle. Cet idiot a au moins assez de bon sens pour ne pas toucher aux nôtres !

Il avait raison. Lincoln, qui éprouvait une aversion personnelle à l'encontre des Noirs et doutait que ceux-ci puissent jamais être absorbés par une société blanche, souhaitait les voir reléguer hors du pays. Il s'était abstenu d'affranchir ceux qui vivaient dans d'importants États limitrophes, tels que le Kentucky et le Maryland dont les gouvernements avaient pris le parti du nord ; seuls les États esclavagistes, tels que l'Alabama et la Louisiane, étaient touchés par la mesure. Soulagé, Paul écrivit à son fils, alors en campagne sur les rives du Mississippi :

> Par son action intempestive, il risque de s'aliéner les puissances européennes et de les jeter dans notre camp car elles considéreront l'émancipation comme un encouragement à la rébellion des classes asservies. L'Autriche souhaitera-t-elle la liberté des Noirs d'Amérique pour allumer des foyers de résistance au sein des possessions qu'elle coiffe ? Je t'affirme, Mark, que Lincoln a commis une effroyable erreur mais, grâce à Dieu, il n'a pas touché aux esclaves de Devon. Il a eu un semblant de bon sens en s'abstenant.

La proclamation, qui ne s'accompagnait d'aucun pouvoir effectif, ne libéra pas un seul Noir, mais elle n'en fit pas moins tomber le cours des esclaves dans les États limitrophes. Les propriétaires de plantations le long du Choptank se posaient la question : si Lincoln a le pouvoir d'émanciper les Noirs des

Carolines, pourquoi n'agirait-il pas de même au Maryland ? Et, en moins d'un mois, la valeur d'un Noir dans la force de l'âge passa de deux mille trois cents dollars à neuf cents dollars. A la fin décembre, elle tomba à six cents dollars. Dans ce court intervalle, les Steed perdirent soixante-dix pour cent de leur fortune négociable.

En juin, survint le coup du sort redouté par les planteurs du Maryland : un misérable rafiot de l'Union mouilla à Patamoke, et un commandant du Connecticut, portant un uniforme bleu constellé de taches, commença à enrôler des esclaves dans l'armée du nord. Il fit mine de demander l'autorisation aux propriétaires et leur remit des certificats garantissant un remboursement ultérieur de trois cents dollars par tête, mais bien peu crurent que de telles promesses seraient honorées.

La possibilité de fuir la servitude et de se battre contre le sud s'avérait irrésistible. Près de deux cents esclaves Steed demandèrent à Paul la permission de s'engager ; il ne pouvait refuser. Mais seuls les hommes les plus vigoureux furent acceptés, et quand ils embarquèrent, ceux qui avaient été écartés leur firent une ovation délirante, à croire que ce corps expéditionnaire devait à lui seul remporter l'émancipation de tous les Noirs.

Quand le remue-ménage atteignit la Grenouillère, Cudjo quitta sa cabane et, suivi d'Eden et de ses deux fils, se présenta à l'officier recruteur.

— Je sais faire marcher les bateaux, annonça-t-il.

— Tu es trop vieux, grand-père, répliqua le nordiste.

— Je sais réparer les machines.

— Grand-père, jette un coup d'œil aux gars dont on a besoin. Tu vois bien que tu ne peux pas être dans le coup.

Cudjo continua à le harceler et l'officier lui désigna des hommes refusés n'ayant que la moitié de son âge.

« Retourne chez ton maître.

— Je suis libre.

La phrase n'avait aucun sens pour le recruteur qui repéra les deux fils de Cudjo.

— Voilà les gars qu'il nous faut. Vous voulez vous battre pour la liberté ? demanda-t-il aux jeunes gens.

— Eux, bien se battre, dit Eden en poussant ses fils devant elle.

Les deux fils Cater furent enrôlés, mais à la fin de la journée, Cudjo fit encore une dernière tentative. L'agent recruteur s'en amusa et appela le commandant.

— Ce type insiste pour qu'on l'enrôle.

L'homme du Connecticut s'approcha, examina la denture de Cudjo et aboya :

— Bon Dieu, il doit avoir plus de cinquante ans !

— Je sais réparer machines.

— On n'a pas besoin de mécaniciens, mon vieux. On a besoin d'hommes qui peuvent marcher. Maintenant, retourne chez ton maître.

Quand le bateau appareilla, Cudjo regarda les hommes jeunes, pleins d'ardeur, qui se penchaient sur la lisse ; et il se demanda combien d'entre eux seraient capables de marcher pendant mille kilomètres, une chaîne autour du cou, et auraient encore la force de s'emparer du navire qui les transportait.

Quand les Noirs les plus robustes furent partis et qu'il ne resta que les inaptes au service et les femmes pour travailler les vastes plantations, Paul s'efforça de garder vivant l'esprit de Devon. Chaque soir, il laissait le vieux Tibère, qui approchait maintenant de ses quatre-vingt-dix ans, le précéder vers la salle à manger où il avait donné tant de réceptions. Seul, en bout de table, assis très droit, il était servi par deux vieux esclaves gantés de blanc. Invariablement, il regardait la chaise qu'avait occupée John C. Calhoun ; elle avait été placée à l'écart et protégée par une cordelette de passementerie dorée.

« Quelle ironie ! songeait Paul, les trois plus grands hommes du pays ont en vain brigué la présidence : Clay, Webster et Calhoun ont été rejetés. Nous avons toujours élu des personnalités de moindre valeur. » Avec tristesse, il dénombrait l'affligeante succession d'incompétents qui avaient occupé la Maison-Blanche au cours des années de crise : « Van Buren, dénué de caractère ; le général Harrison, un incapable ; John Tyler, que Dieu nous garde des individus de son espèce ; Polk, qui laissait tout aller à vau-l'eau ; le général Taylor, qui n'avait aucune des qualités requises pour un chef ; l'innommable Millard Filmore ; Franklin Pierce, un être ridicule ; James Buchanan, qui aurait pu éviter la guerre et, à présent, Abraham Lincoln, traître à tous ses engagements. »

Il se rappela avec attendrissement la force morale de Clay, la grandeur de Daniel Webster, la supériorité intellectuelle de Calhoun, et secoua la tête.

« Pourquoi faut-il que nous écartions toujours les meilleurs ? »

Puis, alors que son moral était au plus bas, les armées sudistes remportèrent toute une suite de victoires qui culminèrent par celle de Chancellorsville, au bas de la baie, et l'espoir lui revint. Par son seul prestige, le général Lee réussissait à vaincre un ennemi très supérieur en nombre, et du théâtre des opérations, Mark Steed écrivit :

> Ceci confirme notre certitude selon laquelle cinquante sudistes peuvent défaire un contingent yankee trois fois plus important, et nous communique un encouragement sans bornes pour envahir le nord et mettre fin au conflit. Alors, nous pourrons jouir de nos vieilles libertés et nous consacrer, vous et moi, aux plantations.

Cette même année, à la fin juin, la fièvre gagna le Choptank ; selon la rumeur, les armées sudistes se mettaient en marche dans un déploiement colossal pour amorcer un mouvement de tenaille qui se refermerait sur Philadelphie, Baltimore et Washington. La fin de la guerre semblait imminente.

Paul montait parfois sur le mirador de la veuve où sa femme s'était souvent muée en vigie, et son regard se perdait vers le nord, de l'autre côté de la baie, en direction de ces invisibles champs de bataille, juste au-delà de l'horizon où, ainsi qu'il le disait à ses amis planteurs, « se forge notre destinée ». C'était exaspérant. Des événements d'une importance capitale se déroulaient, et il n'en entendait que l'écho, à croire que la côte orientale n'avait aucun rôle essentiel à jouer.

Dans les premiers jours de juillet, le silence s'abattit sur la baie. Les moustiques arrivaient en formations serrées et les Noires pêchaient le crabe. Des rumeurs filtraient, selon lesquelles une grande bataille se déroulait à Gettysburg, à quelques kilomètres au nord de la frontière du Maryland.

Puis, tombèrent les nouvelles de désastres : « Pickett a conduit ses hommes là où des bêtes ne seraient pas allées, et ils ont presque réussi... » ; « Lee a presque réussi, mais il bat en retraite... » ; « Lee affirme que nous pouvons tenir, mais toute possibilité d'envahir le nord est exclue... » ; « Dans le Shenandoah, tout brûle... » ; « Le commandant Mark Steed est mort en héros... »

Paul continuait à hanter le mirador de la veuve. Appuyé à la rambarde, il contemplait son domaine, des milliers d'hectares, à perte de vue. Mais la plupart des esclaves étaient partis, Susan était partie, Mark ne reviendrait pas ; le chemin de fer n'était pas construit.

Au cours des premiers jours de froid de novembre 1864, Lafe Turlock alla s'asseoir dans sa cahute près du marais et entendit les oies.

— Je vais tuer tant d'oies que vous en aurez la figure toute barbouillée de graisse, promit-il à ses arrière-petits-fils.

Il avait quatre-vingt-un ans et était sec comme un coup de trique. Ses anciennes passions s'en étaient allées. Il n'avait plus de chien, il ne sortait plus la nuit pour regarder les incendies qui consumaient les maisons ; il pêchait peu et ne ramassait plus d'huîtres. Mais quand les oies revenaient à l'automne, une sorte d'ivresse s'emparait de lui et il huilait ses fusils.

La plupart des bons chasseurs se trouvaient sur les champs de bataille de Virginie et les hordes d'oies, environ huit cent mille volatiles en temps normal, atteignaient près d'un million, mais il était toujours aussi difficile d'attirer un vol au-dessus de l'endroit où l'on se cachait. Il expliquait aux gamins qui se pressaient à ses côtés pendant la saison :

— Les vieilles préviennent les jeunes, et vous n'êtes pas près d'attraper une oie si vous n'êtes pas plus malins que vous en avez l'air.

Il aurait aimé chasser avec ses fils, mais la plupart d'entre eux étaient morts, ou ses petits-fils, mais ces derniers tombaient en Virginie.

— D'après toi, combien on en a perdu ? demandait-il au magasin. On compte déjà dix-neuf Turlock morts. Dieu tout-puissant, les oies s'en donnent à cœur joie !

Il ne pouvait compter sur les gosses qui arrivaient à peine à tenir leur fusil. Pourtant, ils pouvaient occuper les postes d'affût, et peut-être qu'avec un peu de chance... Il les emmenait avant l'aube ; pendant la saison de chasse, l'école importait peu. Quand il semblait que les oies avaient une chance de se poser, il houspillait les gosses :

— Pas question d'abattre une oie à cent mètres. Faut les faire descendre en les appâtant.

Avec une habileté consommée, qu'il tenait de sa vieille expérience, il soufflait dans l'appeau et les oies étaient tentées.

Elles descendaient et quand elles étaient à portée, il criait aux gamins :

« Allez-y !

L'année était mauvaise, mais les Turlock auraient de quoi manger.

1886

Les pires tempêtes qui s'abattent sur la Chesapeake proviennent des ouragans naissant dans le sud-est, au-dessus de l'Atlantique. Là, ils se tordent, forment des spirales, accumulent de la force et arrachent aux vagues d'énormes quantités d'eau qu'ils transportent vers le nord en nuages cycloniques.

Les éléments déchaînés frappent d'abord le cap Charles à l'extrémité de la côte orientale, puis explosent avec fureur au-dessus de la baie, repoussant vers les terres pêcheurs de crabes et dragueurs d'huîtres. Le vent, qui atteint quatre-vingt-dix nœuds, brasse les eaux peu profondes de la Chesapeake en vagues si violentes que les petits bateaux risquent de chavirer.

A la fin d'août 1886, un tel ouragan se forma au sud de Norflok mais, au lieu de dévaster la baie, il effectua un grand bond vers le nord et se vida de sa pluie au-dessus de la vallée de la Susquehanna. En moins d'une journée, quarante-huit centimètres d'eau tombèrent sur certaines régions de la Pennsylvanie et tout fut inondé, même dans l'État de New York. Harrisburg n'échappa pas à l'assaut et les maisons des quais furent submergées. Les rues de Sunbury disparurent sous le déluge ; les eaux sombres recouvrirent les jetées de Wilkes-Barre, et même Towanda, loin dans le nord, subit le débordement de torrents furieux qui, la veille encore, n'étaient que des ruisseaux.

Alimentée par des milliers de cours d'eau, l'inondation se gonfla et, se frayant un chemin dans le sud vers la Chesapeake, ensevelit de petites villes, mit en danger de vastes cités. Elle se répandait et s'engouffrait dans la moindre dépression. Passé Harrisburg, elle déferla, s'insinua en Colombie et recouvrit de petits villages à proximité de la frontière de Pennsylvanie. Arrivée dans le nord du Maryland, elle explosa avec une fureur dévastatrice au cœur de la Chesapeake, élevant d'un mètre cinquante le niveau de l'immense baie.

Trois jours durant, la tempête fit rage avec des résultats aussi étranges qu'arbitraires. Norfolk fut totalement épargné. La ville ne subit qu'une forte pluie. Crisfield n'eut à déplorer aucun dégât, n'enregistrant que des précipitations pluvieuses insignifiantes. Devon Island et Patamoke furent à peine touchés et comptèrent trois jours sans soleil. Mais la grande baie en soi fut pratiquement détruite. Elle faillit être noyée par le déluge qui descendait du nord en cascade. Elle succombait sous le poids de l'eau.

Pour comprendre le phénomène, il nous faut imaginer la baie sous la forme d'une structure à trois dimensions. Du nord au sud, les eaux de la Chesapeake étaient méticuleusement graduées d'après leur degré de salinité, et toute modification de cette teneur en sel risquait de causer des dommages irréparables. Au Havre de Grâce, où la Susquehanna débouchait dans la baie, on aurait dû compter à cette époque un taux de salinité de trois pour mille ; or, on ne relevait pas la moindre trace de sel. Les bancs d'huîtres de Devon Island avaient besoin d'un taux de quinze pour mille ; celui-ci tomba à deux pour mille. Un peu plus loin dans le sud, les crabes réclamaient un taux de dix-neuf pour mille ; ils durent se contenter de moins de six pour mille. Toutes les espèces vivantes de la baie étaient en péril, car le fabuleux apport d'eau avait altéré les bases même de leur existence. La protection procurée par l'eau salée leur était retirée et on ne pouvait porter remède à cet état de choses ; des millions et des millions de créatures vivant dans la baie allaient mourir.

Le rapide rétablissement du rapport nord-sud traditionnel s'imposait, mais la baie était formée d'une surface et d'un fond. La zone inférieure contenait de l'eau froide très salée, souvent peu oxygénée, venant de l'Atlantique et charriant un grand nombre d'éléments nécessaires à la vie. Tout au fond, l'eau avait tendance à se déplacer en direction du nord et ce courant était essentiel pour l'équilibre de la baie. En surface, on trouvait une eau moins salée, plus lourde, plus chaude puisqu'elle profitait des rayons du soleil et d'un pourcentage d'oxygène plus élevé. Elle avait tendance à se déplacer en direction du sud, glissant au-dessus de l'eau froide. Elle transportait des formes inférieures de vie marine dont se nourrissaient crabes et poissons et elle déposait les éléments nutritifs exigés par les huîtres accrochées aux rochers.

Toute modification brutale des niveaux inférieurs et supérieurs de la baie aurait des conséquences désastreuses ; au cours des millénaires, la vie marine avait appris à s'accommoder des conditions et nombre d'espèces habitant les tièdes couches supérieures d'eau légère ne parviendraient pas à survivre si elles étaient soudain aspirées par les eaux froides du fond.

Il existait une dernière distinction, celle-ci entre les moitiés ouest et est de la baie. La première était alimentée par cinq fleuves importants — Patuxent, Potomac, Rappahannock, York, James — dont certains évacuaient les eaux de vastes terres délimitées vers l'ouest par les Blue Ridge Mountains. L'énorme flot d'eau douce déversé par ces fleuves rendait la partie ouest de la baie d'une salinité moindre que celle de l'est qui, comportant plus de limon et de végétation non marine, engendrait une vie plus intense.

Les prétendus fleuves de la côte orientale ne méritaient pas ce nom, en tout cas, pas dans le sens habituel que l'on donne à ce terme : ils n'évacuaient pas l'eau des terres en amont ; ils n'étaient pas longs, n'avaient pas de dénivelé important ; ils ne collectaient pas l'eau douce d'immenses superficies ; ils subissaient la marée sur une importante partie de leur cours, ce qui leur communiquait un taux de salinité nettement plus élevé que la majorité des vrais fleuves. En réalité, il s'agissait plutôt d'estuaires, de bras de mer s'insinuant à l'intérieur des terres, créant bas-fonds et marécages.

Étant donné que les fleuves de la côte orientale ne charriaient que peu d'eau par rapport à ce que déversaient ceux de la côte occidentale, la moitié est de la baie était plus salée, plus stagnante, plus propice aux marécages et à la production de petites plantes croissant dans l'eau salée, nécessaires à la vie marine. Par ailleurs, un autre phénomène naturel contribuait à la salinité de la partie orientale : le mouvement giratoire de la terre imprime une force constante qui pousse l'eau plus lourde vers l'est, ce qui fait que si un homme de science tirait des isohalines — lignes imaginaires allant d'ouest en est et joignant les points d'égale salinité — elles remonteraient du sud-ouest vers le nord-est. Autrement dit, une ligne partant vers l'ouest de Devon Island avec son taux de salinité de quinze pour mille rencontrerait une eau moins salée au milieu de la baie et beaucoup moins encore près de la côte occidentale. En fait, pour trouver à l'ouest un taux de salinité égal à celui de Devon, il faudrait descendre de quarante kilomètres dans le sud.

Les hommes de l'eau, habitués à observer les variations de la Chesapeake, estimaient que la baie se scindait en trois parties : le secteur de profondeur moyenne de la côte occidentale, le très profond chenal, suivi par les vapeurs, représentant le lit préhistorique de la Susquehanna, et les secteurs enchanteurs de la côte orientale où abondaient plancton, menhaden, crabes et huîtres.

Un clergyman de l'église épiscopalienne de Patamoke, bénéficiant de loisirs et de solides connaissances dispensées par Princeton, mena cette analyse à sa conclusion logique :

> Nous sommes en présence de trois dimensions : nord-sud, ouest-est, surface-fond. Si nous divisions chacune de celles-ci en dix gradations allant de 0 à 9, nous disposerions d'un système chiffré qui situerait avec précision un endroit donné de cette étendue d'eau si variée. Le point le plus au nord, le plus à l'ouest et le moins profond serait 0-0-0. Le point le plus au sud, le plus à l'ouest, le plus profond serait 9-9-9. Nous nous trouverions ainsi face à mille Chesapeake distinctes. Devon Island, que nous considérons comme notre centre d'intérêt, se situerait à peu près à mi-chemin de la baie en direction nord-sud, et serait notée 4. Étant située non loin de l'extrémité est, elle obtient donc un 8. Le banc d'huîtres est au fond, ce qui lui vaut un 9. En conséquence, la position qui nous intéresse est 4-8-9.

Que se produisit-il en 1886 au point 4-8-9 ? L'amplitude de la tempête pulvérisa toutes les données enregistrées jusque-là. Par exemple, le plus fort flot d'eau douce vomi par la Susquehanna à son embouchure relevé antérieurement équivalait à onze mille trois cents mètres cubes à la seconde, ce qui représentait un flux dévastateur. Maintenant, la crue était trois fois plus importante, trente-cinq mille mètres cubes à la seconde. Elle produisit un volume d'eau si prodigieux qu'il repoussa les isohalines de cent quinze kilomètres vers le sud, ce qui signifiait que les eaux de la zone de Devon étaient dépourvues de sel.

Quand la tempête éclata, il existait sur une plate-forme sous-marine de la côte ouest de Devon Island — au point 4-8-9, d'après les calculs du clergyman — des bancs d'huîtres qui s'étaient incrustés sur le fond rocheux. Là, s'étaient perpétuées les huîtres les plus grosses et les plus savoureuses de la baie, tandis que le minuscule naissain dérivait au gré des faibles courants jusqu'à ce qu'il s'accrochât au fond pour développer les coquilles qui abriteraient la nouvelle génération.

Le long de ce plateau, bien connu des hommes de l'eau de Patamoke mais dont ils taisaient l'existence, les mollusques avaient prospéré pendant des générations au cours desquelles les pêcheurs avaient ratissé la baie ; quel que fût le nombre de bourriches prélevées à cet endroit, les huîtres étaient remplacées par d'autres. C'était un banc qui ne décevait personne.

Au début, la crue de la Susquehanna n'affecta pas les huîtres. Il est vrai que le taux de sel baissa, mais vu la profondeur à laquelle vivaient les mollusques, cette chute ne leur fit courir aucun danger dans les premiers jours. Il n'en allait pas de même pour un autre aspect de l'inondation. En dévalant de l'État de New York, la Susquehanna se chargeait d'une stupéfiante quantité de boue fine ; par exemple, une maison située sur sa rive à Harrisburg n'avait été inondée que pendant sept heures, mais quand ses propriétaires revinrent, ils découvrirent une couche de quinze centimètres de vase dans leur chambre du premier étage. Comment s'était-elle déposée là ? Chaque centimètre cube d'eau brunâtre qui s'était insinué dans la maison charriait de fines particules de terre prélevées dans les fermes de New York et de Pennsylvanie. Et c'était cette terre, en suspension dans l'eau, qui se déposait.

La vase abandonnée dans la chambre à coucher d'un boucher de Harrisburg pouvait, une fois sèche, être balayée, pas celle qui se déposait sur un banc d'huîtres.

La vase tombait, insidieuse, avec lenteur. En quatre jours, il s'en déposa davantage que durant les soixante années écoulées. En premier lieu, il ne s'agissait que d'une pellicule comparable à celle que les hélices du ferry déposaient chaque soir. Une quantité aussi infime ne présentait aucun danger et pouvait même apporter un surplus de plancton pour la nourriture des huîtres. Mais la fine pellicule s'épaissit inexorablement, jusqu'à ce que les mollusques s'agitent à l'intérieur de leurs coquilles. Bien entendu, le naissain était étouffé depuis longtemps. Toute une génération d'huîtres en puissance avait été asphyxiée.

Elles auraient pu résister à une intrusion analogue s'il s'était agi de sable ; dans ce cas, les particules auraient été assez rugueuses pour que l'eau continue à circuler et à apporter le plancton. Un ensablement était tolérable, car avec le temps les grains seraient dispersés par l'eau, laissant les mollusques intacts. Mais il en allait autrement avec la vase charriée par la crue et, le dixième jour qui suivit les inondations, quand l'eau brunâtre transportait sa plus lourde charge de boue, même les huîtres adultes du banc de Devon commencèrent à mourir. Aucune eau vive ne pouvait les atteindre, pas plus que le plancton. Elles étaient ensevelies sous un effroyable amoncellement de vase et ne pouvaient se mouvoir vers un autre site ou un autre niveau. Accrochées à leur plate-forme, elles devaient compter sur les marées pour les débarrasser de la boue. Or, il n'y en eut pas.

Le douzième jour, la vase charriée depuis la Pennsylvanie se déposa dans un ultime effort de destruction, et quand elle se mêla aux eaux calmes du Choptank, elle se libéra et s'enfonça lentement, s'amoncelant dans le lit du fleuve. Le coup de grâce ! Les huîtres, déjà ensevelies sous cinq centimètres de vase, en reçurent encore sept et, un à un, les riches bancs de Devon Island furent recouverts d'une boue impénétrable. Les mollusques périrent dans leurs coquilles.

Après quelques mois, les courants du Choptank auraient emporté la boue, libérant la plate-forme sur laquelle d'innombrables générations de nouvelles huîtres pourraient prospérer. Les coquilles de mollusques morts demeureraient sur place, noueuses, grenues, accueillantes pour le naissain à la recherche d'un banc pour s'y accrocher. Les embryons trouveraient un foyer, le plancton nourrissant dériverait à proximité. Les bancs d'huîtres de Devon Island existeraient de nouveau mais, entretemps, ils étaient effacés par la vase de la grande tempête.

Un autre habitant de la Chesapeake fut lui aussi cruellement affecté par l'ouragan de 1886, mais il put mieux lutter contre le désastre ; il avait la possibilité de se déplacer et de s'adapter aux nouvelles conditions. Il s'agissait de Jimmy, ainsi qu'on appelait le crabe mâle, bleu, ce délicieux crustacé dont dépendait dans une si large mesure la richesse de la baie.

Alors que la tempête grondait encore au large de Norfolk, accumulant vitesse et eau, Jimmy, qui se tenait au bord de la rive herbeuse du marais de Turlock, devina qu'un changement radical de l'atmosphère ne tarderait pas à intervenir. Et le phénomène se produirait au pire moment pour lui. Comment pouvait-il avoir conscience de ces deux faits ? Il était sensible aux changements de pression atmosphérique ainsi qu'à tous les autres facteurs affectant les eaux de la baie. Si une tempête d'une force inhabituelle s'annonçait, il enregistrait la brusque chute de pression barométrique et se préparait à prendre les mesures de protection qui l'avaient sauvé dans le passé. Il savait par intuition quand il lui fallait s'extraire de sa vieille carapace constituée de matières inertes ne pouvant grandir avec lui ; quand il lui fallait s'en débarrasser et se préparer à l'élaboration d'une nouvelle enveloppe protectrice, le moment de la mue était imminent.

Quand la tempête se déchaîna sur le Choptank, sans précipitations pluvieuses, Jimmy ne décela pas la menace ; il se prépara donc à abandonner sa vieille carapace, processus compliqué qui demandait plusieurs heures de douloureuses contorsions. Pourtant, avant que la mue ne commence, il eut conscience d'un changement redoutable qui intervenait dans la baie. Le niveau de l'eau s'élevait et la salinité diminuait. Et quand ces deux phénomènes persistèrent, s'accrurent même, il se sentit mal à l'aise.

Pour sa mue, qui intervenait trois ou quatre fois l'an à mesure qu'il augmentait de volume, il préférait un endroit sûr, tel que le marais Turlock, mais si celui-ci devait être envahi par l'eau douce, le refuge se transformerait en piège mortel. Il commença donc à nager en direction de la partie médiane et profonde de la baie.

Un crabe adulte, tel que Jimmy, parvenait à se déplacer à une vitesse de deux kilomètres à l'heure ; il s'estimait donc en sécurité mais, au large de Devon, il fut atteint par un flot d'eau douce, ce qui l'incita à nager frénétiquement pour se protéger. Il n'allait pas mourir dans ce premier flux puisqu'il pouvait s'adapter aux surprenantes variations de salinité pendant un court laps de temps, mais son corps n'en avait pas moins été conçu pour vivre dans une eau au taux de sel approprié. Cependant, en se rapprochant des eaux profondes, il perdrait la protection du marais au moment critique de la mue. Il lui faudrait se livrer à ce processus complexe dans la baie, loin de la côte, où il serait très vulnérable. Mais il n'avait pas le choix.

La vase ne présentait pas de difficultés insurmontables. Bien sûr, elle obscurcissait sa vision, mais elle ne se déposait pas sur lui et ne le clouait pas au fond comme c'était le cas pour les huîtres. Il avait la possibilité d'agiter ses nombreuses pattes et de nager, aussi ne courait-il pas encore de danger à ce stade de la crue, mais son instinct le poussait à descendre en direction de l'océan afin de trouver la salinité indispensable à sa survie.

Ces différents aspects ne revêtaient que peu d'importance par rapport à la difficulté essentielle à laquelle il devait faire face. Il gagna le fond de la baie, découvrit une surface sableuse où, normalement, il n'aurait jamais envisagé une mue, et il commença ses girations. Tout d'abord, il parvint à rompre le scellement courant le long de sa carapace, en contractant son corps et en le gonflant ; pour ce faire, il aspirait de l'eau à travers son organisme, accumulant une pression hydraulique considérable, qui dessoudait la carapace de façon à permettre la partie la plus délicate de la mue.

Puis, commença le lent et pénible travail consistant à retirer les pattes dépourvues d'os de leur enveloppe protectrice, et à les mouvoir jusqu'à ce qu'elle émergent de la fine ouverture. Avec des mouvements de torsion, il délogea la partie principale de son corps.

Trois heures et vingt minutes après le début de ce processus bizarre, la vieille carapace partit à la dérive dans les eaux profondes de la baie, le laissant sans la moindre protection. Il ne possédait aucune structure osseuse dans quelque partie de son corps que ce soit, pas d'enveloppe qui dépassât l'épaisseur d'une feuille de papier à cigarette ; aucun moyen de défense, hormis son aptitude à nager, hélas très diminuée. Tout poisson croisant son chemin au gré du hasard pourrait l'avaler d'une bouchée ; dans des eaux moins profondes, il aurait pu devenir la proie d'un oiseau. Au cours de ces heures cruciales, il ne pouvait que se cacher.

Et pourtant, dans ces moments d'extrême vulnérabilité, sa nouvelle carapace commençait déjà à se former. Quatre-vingt minutes après la mue, son enveloppe aurait l'épaisseur d'une feuille de papier et, au bout de trois heures, elle se solidifierait. Dans cinq heures, il aurait retrouvé une carapace dure qu'il conserverait jusqu'à la prochaine mue.

Les résultats de la tempête continuaient à se faire sentir et le taux de sel diminuait ; il comprit la nécessité de s'éloigner vers le sud. Il nagea avec énergie et sans se laisser distraire de son but, demeurant à proximité de la côte est de la baie où les herbes nutritives produisaient le meilleur plancton ; au bout d'une journée, il eut l'impression que la salinité était redevenue à peu près normale.

Il n'eut pas le loisir de jouir de la nouvelle sécurité que lui accordaient l'eau salée et une nouvelle carapace rigide, car un instinct vital venait de l'assaillir ; il oublia ses préoccupations pour évoluer parmi la végétation à la recherche de femelles, oubliées depuis la précédente période d'accouplement. Ces femelles en attente partaient vers le sud pour passer l'hiver près de l'entrée de la baie et pondre quand elles auraient la chance d'être fécondées ; elles adressaient des signaux frénétiques à tous les mâles qui hantaient les parages, car les derniers jours de fécondité s'annonçaient.

Tout en sondant la végétation, Jimmy décela les signaux et s'enfonça avec une énergie extraordinaire dans des algues d'où une femelle reconnaissante se précipita vers lui. Après avoir attiré le mâle, elle se laissa aller à une passivité tendre et l'autorisa à la retourner de ses pinces et à l'étreindre, formant avec ses nombreuses pattes une sorte de panier dans lequel il la bercerait pendant les trois jours qui suivraient.

Pour elle, le temps de la mue était venu et Jimmy lui offrit une protection dont il n'avait pas bénéficié. La recouvrant totalement, il éloigna poissons et oiseaux menaçants ; les tortues aussi furent tenues à distance, ainsi que les loutres friandes de crabes sans carapace. Trois jours durant, il la protégea, la maintint doucement, pendant qu'elle accomplissait les difficiles girations imposées par la mue.

Lorsqu'elle parvint à s'extraire de sa vieille carapace, elle autorisa Jimmy à saisir l'enveloppe inutile pour l'écarter. Elle était absolument sans défense, créature sans squelette ni structure osseuse ; il devint alors possible pour les deux crabes, lui pourvu d'une carapace et elle démunie de protection, d'aborder la phase de l'accouplement, qui durait six ou sept heures.

Après quoi, il continua à bercer sa compagne deux jours durant, jusqu'à ce que sa carapace fût formée. Enfin, lorsqu'il la sentit en sécurité au-dessous de lui, il la libéra et ils se séparèrent. Elle se dirigea vers le bas de la baie pour y pondre ses œufs fécondés, lui partit vers le nord afin de passer l'hiver dans les profondeurs.

Mais en 1886, les choses n'étaient pas si simples ; quand la Susquehanna déborda, recouvrant la terre de chaque côté de ses berges sur une distance de plusieurs kilomètres, une nouvelle difficulté surgit : les eaux de la crue avaient balayé cabinets d'aisances, fosses à purin, tas de fumier, jetant dans le flot rapide une incroyable accumulation de déchets. Chacune des villes inondées apportait sa contribution au fleuve qui poursuivait sa course vers le sud et, lorsque les déchets se déversèrent dans la Chesapeake, cette dernière se transforma en un gigantesque cloaque putride, capable de contaminer toutes les eaux de la baie.

L'effet s'aggrava quand les grandes villes rejetèrent dans le fleuve d'énormes quantités de déchets industriels, notamment les huiles récemment élaborées qui répandirent des poisons sur toute la surface de la baie. La Chesapeake avait rarement dû absorber une telle concentration d'éléments mortels : elle n'y parvint pas.

De l'embouchure du fleuve à l'entrée de la baie, toute l'étendue d'eau fut infectée par des dizaines de poisons nouveaux. Les huîtres ayant eu la chance d'échapper à la vase ne purent éviter les germes funestes et, dans le courant d'octobre, nombre de ceux qui mangèrent les rares coquillages ramassés dans la baie risquèrent la mort, ou y laissèrent la vie. Les bars, poissons succulents entre tous, furent contaminés et la typhoïde se déclara un peu partout. Le désastre n'épargna pas les crabes dont la chair délicate absorbait les germes. A New York et à Baltimore, les familles qui en consommèrent périrent.

La pêche dans la Chesapeake fut réduite à néant, et il fallut deux ans avant que l'eau douce de la Susquehanna, du Rappahannock et de la James River nettoie la baie et la rende propice à la vie des huîtres et des crabes.

Jimmy, en cherchant refuge dans les profondeurs de la baie, et sa compagne fécondée se dirigeant vers le sud pour y élever sa progéniture, s'étaient accouplés dans une eau contaminée par les déchets de cette immense fosse d'aisances : eux aussi moururent.

Les hommes de l'eau

La côte orientale connut son apogée entre 1880 et 1920, époque où le reste du pays abandonna les comtés marécageux à leur assoupissement. Il est vrai qu'au cours de ces années le monde connut paniques, guerres, révolutions, élections contestées, mais rien de tout cela n'eut d'influence sur les estuaires somnolents et les criques isolées. A présent, des routes reliaient les villes situées sur le cours supérieur des fleuves, mais elles étaient étroites et poussiéreuses, et il fallait aux charrettes plusieurs jours pour couvrir une distance qu'un bateau rapide parcourait en une heure. Lorsque enfin apparurent les routes pavées de coquilles d'huîtres blanches au terme de cette heureuse époque, elles ne dépassaient guère la largeur d'une carriole et ne constituaient pas une voie de transport raisonnable, mais tenaient plutôt de l'invitation au suicide.

Parfois survenaient des événements qui apportaient du piment à la monotonie, mais ils provenaient rarement du monde extérieur. Ainsi, un serviteur noir fut accusé du viol d'une Blanche et une équipe de lyncheurs, composée des membres des familles Turlock et Caveny, fit irruption dans la prison, bien décidée à pendre l'accusé à un chêne ; mais le juge Hathaway Steed ne voulait pour rien au monde qu'une telle action entachât sa juridiction. Armé d'un pistolet, il tint tête à la populace et lui donna ordre de se disperser. Terrifié, le Noir fut alors emmené dans un comté voisin où on le pendit selon les règles.

Les équipes de base-ball de la côte orientale, parmi lesquelles on comptait six clubs rivaux, comprenant Easton, Crisfield, Chestertown et Patamoke, prospéraient et elles connurent même la célébrité pour avoir révélé Baker, un joueur incomparable qui obtint des résultats stupéfiants. Un luxueux ferry-boat quittait Baltimore tous les samedis et dimanches à sept heures et demie afin d'emmener les excursionnistes à Claiborne, où ils débarquaient pour s'entasser dans les wagons de la compagnie de chemin de fer Baltimore-Chesapeake-Atlantique, pour un trajet de deux heures à travers la péninsule jusqu'à Ocean City sur l'Atlantique. A seize heures quarante-cinq, les wagons se remplissaient de nouveau ; la machine poussive repartait pour Clairborne où les passagers réembarquaient sur le ferry et arrivaient à Baltimore à vingt-deux heures trente — le tout pour un dollar cinquante cents.

L'un des intermèdes qui échauffa les esprits eut lieu en 1887, lorsque le capitaine Thomas Lightfoot, semeur de discorde s'il en fut, s'amarra à la jetée de Patamoke avec sa cargaison de glace découpée dans les étangs d'eau douce du Labrador. Une fois les blocs bleu-vert lavés de la sciure et entreposés dans les glacières le long du quai, le capitaine Lightfoot produisit l'objet appelé à causer des troubles aussi durables que la pomme d'or décernée par Pâris.

— J'ai apporté quelque chose de très spécial à votre intention, annonça Lightfoot en donnant ordre à l'un de ses matelots noirs d'aller chercher l'objet en question. Avant de vous le montrer, je tiens à vous informer que je le propose à la vente, dix dollars comptant.

Au bout de quelques minutes, le Noir réapparut sur le pont tenant en laisse un superbe chien. D'un noir de jais, bien campé sur ses antérieurs, à la fois mince et puissant de croupe, il reflétait à tel point l'intelligence qu'il semblait devoir parler d'une minute à l'autre. Ses mouvements étaient vifs, ses yeux sombres suivaient tout ce qui se produisait à proximité, et il semblait pourtant d'un caractère si aimable qu'on s'attendait à le voir sourire.

« C'est un labrador, expliqua Lightfoot. Le meilleur chien de chasse qui ait jamais existé.

— Quoi ? aboya Jake Turlock.

— Le meilleur chien de chasse connu.

— Il arrive pas à la cheville d'un retriever de la Chesapeake, affirma Turlock qui faisait allusion à la robuste race de chiens roux dressés dans la baie.

— Ce chien peut donner des leçons à ton chesapeake, assura Lightfoot.

— Ce cabot vaut pas un clou, rétorqua Turlock. Il est trop lourd de l'avant.

Pourtant, quelque chose dans ce nouvel animal fascinait Tim Caveny dont le chesapeake roux venait de mourir après l'avoir déçu : « Très bien dans l'eau, obstiné sur la trace du gibier abattu, mais pas très malin. Carrément idiot, si vous voyez ce qûe je veux dire. » Le nouveau chien noir rayonnait d'une intelligence qui semblait devoir encore se développer.

— J'aimerais l'examiner, annonça Canevy.

Se doutant que Caveny serait son pigeon, le capitaine Lightfoot lâcha le chien ; celui-ci, avec une compréhension quasi magique, devina que son avenir dépendait de l'Irlandais. Il se précipita vers Canevy, s'appuya à sa jambe et lui flaira la main.

C'était un présage. Le cœur de Tim était définitivement aliéné.

« Je le prends, dit-il.

— Mr. Caveny, vous venez d'acheter le meilleur labrador qui ait jamais vu le jour.

Avec des gestes amples, Lightfoot remit l'animal à son nouveau propriétaire et le chien, comprenant qu'il avait enfin trouvé un maître, demeura à proximité de Tim, lui lécha la main, se frotta à lui et leva des yeux sombres débordant d'affection.

Tim régla les dix dollars, puis se baissa et caressa son nouveau compagnon de chasse.

— Viens, Lucifer, dit-il.

— Satané nom pour un chien, grommela Turlock.

— Il est noir, non ?

— S'il est noir, appelle-le Négro.

— Il est d'un noir Ancien Testament, déclara Tim. « Comment es-tu tombé du ciel, ô Lucifer, fils du matin ? » récita-t-il à la grande surprise du capitaine.

Il tourna le dos à l'assistance, se pencha sur le chien et lui caressa la tête à rebrousse-poil.

« Tu te lèveras tôt le matin, Lucifer, tôt, très tôt, ajouta-t-il à voix basse.

Lightfoot stupéfia alors les badauds en produisant trois autres chiens de la même race, un mâle et deux femelles qui trouvèrent aussitôt acheteurs parmi les chasseurs de Patamoke.

— Ils flairent le canard à des kilomètres, assura le capitaine à chacun de ses clients. On n'en a jamais vu qui perdent un oiseau blessé.

— Pour moi, ce genre de bestiau, ça vaut pas un pet de lapin.

— Quoi ? demanda Caveny.

— J'ai dit que, pour moi, ton chien noir vaut pas un pet de lapin, répéta Turlock.

D'un geste lent, Tim tendit la laisse à l'un des assistants ; puis, d'un puissant coup de poing, il envoya Turlock rouler sur les planches humides de la jetée. L'homme du marais trébucha en essayant de se remettre sur pied, mais Caveny lui décocha un uppercut qui le rejeta presque dans le port. N'étant pas partisan de laisser sa chance à un ennemi terrassé, Caveny bondit sur les planches et bourra de coups de pied le flanc gauche de son adversaire, en le soulevant, ce qui fut une erreur car, lorsque Turlock s'affaissa, sa main tomba sur un tas de bois qui attendait d'être chargé sur le bateau de Lightfoot ; il soupesa trois ou quatre rondins, en trouva un qui lui convenait et s'en servit pour assener un tel coup sur la tête de l'Irlandais que le nouveau propriétaire du labrador chancela en arrière, tenta de se redresser et tomba dans le Choptank.

Ce fut ainsi que commença le conflit opposant Tim Caveny, propriétaire d'un labrador noir, et Jake Turlock propriétaire d'un chesapeake roux.

La première épreuve réservée aux deux chiens survint en automne 1888 à l'occasion d'un affût aux ramiers sur les terres du vieux Lyman Steed, qui avait passé sa longue vie à gérer l'une des plantations du Refuge avant de prendre sa retraite dans une ferme proche de Patamoke.

Dix-neuf des meilleurs fusils de la région se réunissaient pendant la saison des ramiers afin de tirer ce petit gibier. Ceux-ci comptaient des gentlemen, comme Lyman Steed, des commerçants appartenant à la classe moyenne, et des hommes de l'eau comme Jake Turlock et Tim Caveny. En effet, le tir au ramier représentait l'une des formes de sport les plus démocratiques qui fût. Ici, la valeur d'un homme se jugeait selon deux critères : la façon dont il tirait, et la manière dont son chien lui obéissait.

Jake Turlock possédait un animal bien dressé, un gros chesapeake roux, hargneux, élevé pour la chasse dans les eaux glaciales de la baie en automne et en hiver. Ces chiens étaient exceptionnels en ce sens qu'ils bénéficiaient d'une épaisse bourre sous le poil et d'une importante réserve de graisse pour lubrifier le pelage. Ils pouvaient nager toute une journée ; ils adoraient plonger à la recherche d'une oie blessée et excellaient à se frayer un chemin à travers la glace. Comme la plupart de ses congénères, le chien de Jake avait un caractère épouvantable et n'obéissait qu'à son maître. Tous les autres chasseurs postés dans le champ représentaient des ennemis et il n'éprouvait que mépris à l'égard de leurs chiens, mais le cri sévère de Jake imposait sa discipline : « Eh-toi ! aux pieds ! »

Il répondait au nom de Eh-toi. Jake avait commencé à l'appeler ainsi lors de son arrivée à la cabane de Turlock, chiot rétif, bondissant, impossible à dresser. Jake l'estimait si peu qu'il tarda à lui donner un vrai nom. « Eh-toi, cherche le pigeon ! » Le chiot paraissait intrigué ; il attendait, se demandait s'il allait obéir ou pas et partait d'un bond quand Jake lui décochait un coup de pied.

Aussi, pendant sa jeunesse décevante, il fut simplement : « Eh-toi, plonge chercher l'oie ! » Mais à trois ans, après maints coups de pied et bourrades, il se transforma soudain en un merveilleux chien de chasse, un maraudeur comme son maître, un batailleur, un animal peu civilisé qui semblait bien adapté à la Chesapeake. « Eh-toi, file chercher ce pigeon ! » Aussi, quand le chien roux avança sur le champ d'affût aux ramiers par cette journée d'octobre, il passait pour l'un des meilleurs qui eût jamais été dressé dans la région de Patamoke.

Lucifer, le labrador de Tim Caveny, représentait une inconnue car il n'avait encore jamais participé à un tir aux ramiers. Par ailleurs, il avait été dressé d'une façon opposée à celle qu'avait connue Eh-toi.

— J'élève mes enfants avec amour, déclarait volontiers l'Irlandais, et je dresse mon chien de la même manière.

Dès l'instant où Lucifer débarqua du bateau du capitaine Lightfoot, il ne connut qu'amour.

La luisance de son poil était entretenue par les apports quotidiens de graisse prélevée à la table des Caveny, et on lui coupait les ongles. En compensation, il vouait une affection sans bornes à la famille.

— Je crois que ce chien donnerait sa vie pour moi, disait Mrs. Caveny à ses voisins.

Quand elle lui donnait à manger, il levait vers elle ses grands yeux noirs et se frottait à sa main. Un colporteur se présenta un jour à la porte, de façon inattendue et un rien menaçante ; le poil dressé, tendu, Lucifer se pencha en avant, attendant un signal. Surprise à la vue de l'homme, Mrs. Caveny laissa échapper un halètement, sur quoi Lucifer bondit comme une flèche vers l'intrus, bien décidé à le prendre à la gorge.

— Lucifer, aux pieds !

Et le chien s'arrêta net, en plein élan.

Mais pourrait-il assimiler la discipline de la chasse et rapporter le gibier ? Jake Turlock disait à qui voulait l'entendre :

— Cet imbécile d'Irlandais a pourri son chien... même s'il y avait quelque chose à en tirer au départ.

D'autres chasseurs, ayant dressé leurs bêtes dans la tradition Turlock, lui donnaient raison.

— De toute façon, il en tirera pas grand-chose de ce... comment y s'appelle déjà ?... labrador, ajoutaient-ils avec mépris.

Mais Caveny insista, s'adressant à Lucifer en phrases mélodieuses, aux douces intonations irlandaises, s'efforçant de persuader l'animal muet qu'un grand succès l'attendait sur le terrain de chasse.

— Lucifer, toi et moi, on va rapporter plus de pigeons que la ville en a jamais vus. Lucifer, quand je dis : « Cherche le ramier ! », tu dois te précipiter vers l'endroit où il est tombé. Ensuite, tu décriras des cercles de plus en plus larges.

Rien ne prouvait que le chien agirait ainsi. Tim fit appel à toute sa ruse. A présent, en l'emmenant sur les terres de Lyman Steed, il priait pour que ses leçons portent leurs fruits, mais lorsqu'il déboucha à l'angle du champ et aperçut les dix-huit hommes accompagnés de leurs chesapeakes qui brûlaient de voir ce qu'il obtiendrait de la bête, le cœur lui manqua et il se sentit pris de vertiges.

Il tira sur la corde attachée au collier du chien, le ramena en arrière, s'agenouilla à côté de lui et, avec son doux accent irlandais, lui chuchota :

— Lucifer, toi et moi, on nous attend au tournant. Tous nous observent.

Il caressa le pelage luisant.

« Reste à mes pieds constamment, petit gars. Ne bouge pas avant que j'aie tiré. Et quand tu t'élanceras, Lucifer, pour l'amour de Dieu miséricordieux, trouve le pigeon. De la douceur dans la gueule, Lucifer, de la douceur dans la gueule ; et pose-le à mes pieds comme tu faisais avec les poupées de chiffon.

Comme s'il comprenait les paroles de son maître, Lucifer se

tourna et regarda Tim avec impatience ; il semblait dire : « Je connais mon travail, je suis un labrador. »

Le champ, d'une superficie de huit hectares, avait été récemment fauché et procurait une vaste surface découverte ; il était bordé d'un côté par un marais, de l'autre par un large roncier, et enfin par un boqueteau d'acacias dissimulant une épaisse végétation de broussailles. Le vol de ramiers se présenterait au-dessus du bouquet d'arbres, perdrait de l'altitude, entendrait les détonations et obliquerait vers les ronces. L'attribution d'une place à chacun des chasseurs tenait d'un art que se réservait le juge Hathaway Steed, vêtu pour la circonstance d'une coûteuse veste de tweed importée de Londres.

Le juge avait chassé toute sa vie et élevé des chesapeakes qu'il vendait à ses amis. Il avait acquis un sens des ramiers infiniment plus développé que celui dont il avait fait preuve en matière de droit. Il se préparait à placer ses dix-huit subordonnés en des points stratégiques, à une soixantaine de mètres les uns des autres, de façon à couvrir toute l'étendue du champ. Il s'approcha de Tim Caveny.

— Vous, là, avec ce... comment appelez-vous ce chien déjà ?

— Un labrador, rétorqua Caveny en portant la main à sa casquette comme son père l'avait fait au vieux pays quand le seigneur de l'endroit lui adressait la parole.

— Puisque nous ne sommes pas sûrs qu'un chien comme celui-ci soit capable de chasser...

— Il en est capable.

— Mettez-vous dans le coin, ordonna le juge sans tenir compte de la protestation.

Tim voulait se plaindre, faire remarquer que les pigeons se présentaient rarement dans ce secteur, mais puisqu'on le mettait à l'épreuve, il garda le silence. Il n'en fut pas moins mortifié de voir que Jake Turlock bénéficiait de l'une des meilleures positions.

Puis, tout le monde cessa de parler ; sur la route menant au champ, avançait une charrette conduite par un Noir. Sur le siège à côté de lui se tenait un très vieux gentleman, un fusil en travers des genoux. C'était Lyman Steed, un propriétaire du champ. Avec ses quatre-vingt-sept ans, il était si frêle qu'il donnait l'impression de ne même pas pouvoir soulever un fusil, sans parler de tirer. Derrière lui, les yeux et les oreilles en alerte, trottinait un gros chesapeake roux.

La voiture s'arrêta à proximité de l'endroit où Hathaway Steed distribuait les postes d'affût. Le conducteur noir descendit, ouvrit un pliant, souleva le vieillard et le posa sur le siège.

— Où nous asseyons-nous aujourd'hui ? demanda Lyman Steed d'une voix chevrotante.

— Emmenez-le là-bas, à côté du gros arbre, dit Hathaway.

Le Noir porta le pliant et son occupant jusqu'à l'emplacement désigné, puis il gratta la terre du bout du pied pour l'aplanir et installa confortablement le propriétaire du champ, l'un des meilleurs fusils de la région.

— Nous sommes prêts, cria le Noir.

— Si vous apercevez un ramier que les chasseurs voisins n'ont pas vu ou que vous n'avez pas atteint, criez « Manqué ! », recommanda le juge en donnant ses dernières instructions. Contrôlez vos chiens. Et si les pigeons volent bas, en aucun cas ne tirez dans la direction de vos voisins de droite et de gauche.

Les hommes se mirent en position. Il était une heure et demie de l'après-midi et le soleil tapait durement. Les insectes bourdonnaient. Les chiens grillaient d'impatience, mais chacun d'eux restait à proximité de son maître.

Ce jour-là, les pigeons étaient au rendez-vous. Des bois, sortirent six ramiers, volant bas, dans leur stupéfiante formation zigzaguante. Surpris, Jake Turlock fit feu, mais sans résultat.

— Manqué ! cria-t-il d'une voix rocailleuse.

Tim Caveny tira, sans plus de succès.

— Manqué !

En rapides formations, les ramiers plongeaient, obliquaient, amorçaient des mouvements en vrille. Trois autres chasseurs visèrent, mais en vain. Au moment où les oiseaux essayaient de quitter le champ, le vieux Lyman Steed leva son arme. D'un magnifique coup, il atteignit sa cible et le gros chesapeake bondit avant même que le ramier ait touché terre ; il le rapporta sans que l'oiseau ait eu le temps de battre des ailes. Le portant fièrement dans la gueule, mais sans effleurer la chair de ses dents, il trottina vers son maître, tête haute, et posa le gibier aux pieds du vieillard.

— Voilà comment il faut faire, murmura Tim Caveny à son labrador.

Il avait raison. Les ramiers réapparurent vers deux heures et demie.

— Manqué ! cria l'un des chasseurs, quand les oiseaux passèrent au-dessus de sa tête sans lui laisser le temps de viser.

Jake Turlock attendait, et il en abattit un. Sur quoi, Eh-toi partit d'un bond dans le champ à découvert, se précipita sur l'oiseau et le rapporta. Jake regarda Tim, mais l'Irlandais gardait les yeux rivés sur le ciel ; il n'en chuchota pas moins à l'adresse de Lucifer :

— Tous les chiens sont capables de rapporter en terrain découvert. Attends qu'un pigeon tombe dans le roncier.

Lors du vol suivant, Tim n'eut pas la possibilité de tirer mais, mieux placé, Turlock abattit un ramier qui, effrayé par les détonations entendues en débouchant au-dessus du champ, avait fait demi-tour. Il tomba dans les ronces.

— Cherche le pigeon, intima Jake à son chesapeake.

Mais les buissons étaient trop épais. L'oiseau fut perdu. A ce moment, un pigeon se présenta à portée de fusil de Tim qui fit feu, et le ramier tomba aussi dans les ronces.

— Cherche le pigeon, dit Tim d'un ton calme, le cœur battant dans l'espoir d'un bon rapport.

Lucifer fonça droit vers le gibier blessé, mais il ne put pénétrer dans l'épais enchevêtrement de ronces. Contrairement au chesapeake de Turlock, il n'abandonna pas la partie, encouragé par la voix de son maître qui lui criait d'un ton doux :

« Tourne, Lucifer, tourne !

Et l'animal décrivit de larges cercles jusqu'à ce qu'il découvrît un chemin à travers les ronces. Mais, de nouveau, il se heurta à un obstacle infranchissable et, une fois de plus, son maître cria :

« Tourne, Lucifer !

Cette fois, le chien découvrit un accès qui lui permit de se faufiler, mais il avait couvert trop de terrain et il ne parvenait pas à localiser le gibier. Il entendit la voix implorante de son maître :

« Tourne, Lucifer !

Et il comprit, à ces paroles, qu'il lui restait une chance. Profondément enfoncé dans le roncier, à ras du sol pour que les épines ne puissent l'atteindre, il courut, s'accrocha, se cramponna et finit par tomber sur l'oiseau de Caveny. Il émit un petit aboiement et, quand Tim l'entendit, il sentit son cœur se dilater. Lucifer avait réussi sa première épreuve mais, en quittant les buissons de ronces, il flaira un autre pigeon, celui de Turlock, et le rapporta aussi.

Lorsqu'il déposa les deux ramiers aux pieds de Tim, celui-ci aurait voulu s'agenouiller et embrasser la gueule noire, mais les autres chasseurs l'observaient ; il se contenta d'une caresse virile et se prépara à savourer son triomphe.

Selon la coutume, lorsqu'un chasseur abattait un oiseau que son chien ne parvenait pas à récupérer et qu'un autre chien rapportait, le deuxième chasseur devait remettre le pigeon à celui qui l'avait touché. Plaisante tradition qui permettait au propriétaire de l'animal ayant retrouvé le gibier de le remettre ostensiblement à celui qui l'avait abattu sous l'œil des autres chasseurs.

Fièrement, Tim Caveny franchit la centaine de mètres qui le séparait de Turlock. Lucifer lui emboîta le pas, mais Tim lui intima de rester sur place et le chien obéit. Les autres chasseurs enregistrèrent la réaction de l'animal, puis virent Tim remettre gravement le pigeon à Jake. Mais à cet instant, un chasseur cria :

— Manqué !

Un vol venait en effet de déboucher. Mus par un réflexe, Jake et Tim firent feu, et deux oiseaux tombèrent. Étant sur place, Eh-toi se précipita afin de rapporter le ramier abattu par son maître, mais Lucifer se trouvait très loin de l'endroit où Tim avait tiré, et il continuait à observer le dernier ordre reçu ; il ne bougeait pas. Tim lui cria alors de chercher le pigeon ; il bondit, fonça droit sur le gibier et le rapporta, non aux pieds de son maître, mais à l'emplacement qui lui avait été assigné.

— Vous avez un sacré chien, Tim ! s'écria le voisin de Caveny.

Quand Tim regagna son emplacement et vit le ramier posé à côté de son carnier, il souhaita étreindre la bête noire, l'étouffer sous son affection ; mais il se contenta de dire :

— Bon chien, Lucifer.

— Manqué ! avertit l'un des chasseurs.

Les fusils se relevèrent. La journée fut un triomphe. Lucifer chassait aussi bien dans les marais que dans les ronces. Sa gueule était douce ; il se déployait en cercles dans les bois et excellait en terrain découvert. En outre, il faisait montre du caractère doux et aimable des labradors et des Caveny.

A l'occasion de ces réunions de tir au ramier, la tradition

voulait que l'un des membres offrît des rafraîchissements à la fin de la journée. A cinq heures moins le quart, la chasse prenait fin. Les chiens retrouvaient leurs laisses et, si les propriétaires étaient venus en carriole, on les faisait monter à l'arrière pendant que les maîtres mangeaient du canard froid arrosé de bière. Étant venus à pied, Turlock et Caveny attachèrent leurs chiens à des arbres et, ce faisant, le premier marmonna :

— Les pigeons, ça compte pas, Caveny. C'est ce qu'un chien fait dans la glace qui compte.

— Lucifer se débrouillera bien dans la glace, assura Tim avec conviction.

— Dans les eaux de la baie, mon chesapeake ne fera qu'une bouchée du tien. Là-bas, y a des vagues.

— Votre labrador me fait l'effet d'appartenir à une race dont on peut être fier, déclara le vieux Lyman Steed quand le serviteur noir l'eut transporté à l'endroit où se déroulait le pique-nique.

— Il a des qualités, reconnut le juge Hathaway Steed, mais on ne peut rien dire tant qu'on ne l'a pas vu avec les oies.

Tous les chasseurs félicitèrent Tim pour ce qu'il avait réussi avec son curieux chien, mais chacun d'eux prédit :

— Il ne donnera pas grand-chose dans les eaux de la baie. Son pelage n'est pas assez épais.

Tim ne discuta pas, mais lorsqu'il se retrouva chez lui avec Lucifer, il lui donna des foies de volaille et murmura :

— Lucifer, les oies sont comme les pigeons, en plus gros, c'est tout. Tu verras, froide ou pas, tu adoreras l'eau.

Pendant toute la saison des ramiers, au cours de laquelle son chien noir se comporta de façon exceptionnelle, Tim ne cessa de lui faire partager son assurance.

— Tu feras la même chose avec les oies.

L'épreuve eut lieu en novembre. Tandis que les quatre hommes et leurs chiens se dissimulaient dans une hutte d'affût à proximité du marais Turlock, Jake rappela à ses compagnons :

— Les oies se font rares maintenant. Faut pas faire d'erreur, pas plus l'homme que le chien.

Il avait raison. A une époque, le bassin du Choptank et des autres fleuves de la région donnait asile à des millions d'oies ; à présent il n'en restait que quatre cent mille, et les chasser devenait de plus en plus difficile. Jake, passé maître dans l'art d'imiter le cri de l'oie, s'époumona de l'aube à dix heures du matin pour attirer les gros oiseaux, mais en vain. Les chasseurs absorbèrent un maigre repas et, un peu avant le coucher du soleil, alors que la journée semblait perdue, neuf oies apparurent, ralentirent leurs battements d'ailes, tendirent les pattes et se posèrent juste devant le poste d'affût. Les fusils crépitèrent et, avant même que la fumée se fût dissipée, le chesapeake de Jake s'était rué hors de la hutte; déployant de puissants battements de pattes pour nager, il alla récupérer l'oie abattue par son maître. Lucifer plongea aussi, mais plusieurs secondes après Eh-toi, et il ne rapporta la proie de Tim qu'avec force éclaboussements.

— Pas de doute, il aime pas l'eau froide, remarqua Jake, l'air méprisant.

— Le tien non plus quand il a commencé, rétorqua Tim.

— Un chesapeake aime l'eau dès sa naissance; plus elle est froide, plus il est heureux.

Après huit parties de chasse à l'affût, les nemrods comprirent que si le nouveau chien de Tim Caveny faisait preuve de qualités pour la recherche du ramier par beau temps, il laissait à désirer pour la seule forme de sport qui comptait aux yeux du vrai chasseur — l'oie sur l'eau. Il répugnait à plonger dans les vagues froides et on commença à se demander comment il se comporterait sur la glace.

Au magasin, les conversations roulaient souvent sur les insuffisances de Lucifer.

— Ce labrador est trop fragile. Il vient pas à la cheville d'un chesapeake quand les conditions sont difficiles. Si vous voulez mon avis, je crois que Caveny s'est acheté un tocard.

Certains chasseurs allèrent jusqu'à proférer de telles remarques en présence de l'Irlandais.

Tim écoutait sans mot dire. Il avait auparavant possédé quatre chiens excellents, tous des chesapeakes; il connaissait donc la race presque aussi bien que Jake Turlock, mais il n'avait jamais rencontré un animal ayant le charme de Lucifer, sa chaleur, son amour, et ce n'étaient pas là qualités négligeables.

— Quand je rentre chez moi, la pièce me paraît plus grande si le chien est là.

— Un chien de chasse n'a rien à foutre dans une maison. Sa place est dehors.

— Vous ne connaissez pas Lucifer. Et, vous savez, il est le père des plus beaux chiots de la région. La race va prendre, c'est sûr.

Pourtant, les chiots ne trouvèrent pas d'acquéreurs.

Tim avait la foi. Il parlait à Lucifer, l'encourageant à sauter plus rapidement dans l'eau froide. Il lui montra ce qu'était la glace, la façon dont l'animal devait la rompre avec ses antérieurs pour se frayer un chemin jusqu'au gibier abattu. Ayant recours à toutes les astuces en vigueur le long du Choptank, il s'efforça de dresser son beau labrador.

Il n'y parvint pas. En janvier, quand la glace épaisse se formait sur les rives du fleuve, les parties de chasse se déroulaient en bordure de la baie. A une occasion Jake Turlock abattit une oie superbe qui tomba sur la glace à environ deux cents mètres de la hutte d'affût.

— Eh-toi, va chercher l'oie !

Le grand chesapeake prouva la valeur de sa race en sautant dans l'eau libre ; il nagea rapidement en bordure de la glace, puis se fraya un chemin jusqu'à l'oie. Il saisit le gros oiseau, replongea dans l'eau glaciale, écarta les blocs gelés et regagna le poste d'affût dans lequel il pénétra d'un bond, dégoulinant d'eau.

— Voilà ce que j'appelle un chien, commenta Jake.

Lucifer ne se révélait pas à la hauteur de telles performances. Il récupérait bien son oie, mais avec hésitation et presque en protestant. Il n'aimait pas plonger ; il manquait de nerfs pour rompre la glace et, quand il regagnait la hutte, il courait sur la rive gelée aussi longtemps que possible avant de retourner dans l'eau libre.

— Ouais, il a rapporté l'oie, admit Jake avec condescendance.

Sur le rivage de la Chesapeake, tout au long de la journée, les deux chiens se comportèrent de la sorte, Eh-toi marquant des points sur Lucifer, tout juste passable.

Tim ne lui adressait jamais un mot de reproche. Lucifer était son chien, un magnifique animal, aimant, sensible, et s'il n'affectionnait pas l'eau froide, cela ne regardait que son maître et lui. Un peu avant le coucher du soleil, le chien eut l'occasion de répondre à la confiance que son maître lui portait. Jake avait abattu une grosse oie qui était tombée dans un marais couvert de ronces d'où Eh-toi ne parvenait pas à l'extraire.

Pendant ce temps, Lucifer restait dans l'abri, tremblant d'impatience, et Tim comprit que son labrador savait où se trouvait l'oie. Après le retour de Eh-toi, rentré bredouille, Tim se pencha vers son chien.

— Lucifer, il y a une oie là-bas. Montre-leur de quoi tu es capable.

Le chien noir bondit comme une flèche, traça sa route avec force éclaboussements sur le sol à demi gelé de la zone herbeuse, mais sans rien trouver.

« Lucifer ! Tourne, tourne !

Le chien courut et nagea en décrivant bruyamment des cercles, mais sans plus de succès. Pourtant, il n'abandonnait pas la partie parce que son maître continuait à l'encourager.

Enfin Lucifer découvrit l'oie. Il la saisit délicatement et regagna la cahute à la nage. Il s'apprêtait à déposer l'énorme oiseau aux pieds de Tim quand celui-ci l'arrêta.

— Non, dit-il doucement.

Le chien était si attentif à l'humeur de son maître qu'il se figea, se demandant quelle faute il avait commise.

— Là-bas, dit Tim.

Et Lucifer alla vers Jake, déposa l'oie à ses pieds.

L'hostilité opposant les deux hommes de l'eau persista. Les clients du magasin l'entretenaient avec des commentaires désobligeants sur les insuffisances de Lucifer mais, à plusieurs reprises, Caveny eut le sentiment que leur animosité faiblissait car, sans que rien le laissât présager, un chasseur découvrait dans le chien de Tim une qualité qui lui coupait le souffle. Ouvertement, les uns et les autres continuaient à grogner.

— Je veux que mon chien soit costaud, capable de résister au mauvais temps et prêt à sauter à la gorge d'un type qui me chercherait noise.

Intérieurement, ils souhaitaient aussi être aimés de leurs chiens. Et la façon dont Lucifer restait aux pieds de Tim, soucieux de déceler la moindre nuance dans l'humeur de son maître, suscitait l'envie.

— Après tout, Tim tient peut-être quelque chose avec ce chien noir, allaient-ils jusqu'à admettre.

Mais Jake Turlock se refusait à la moindre concession.

— Tout ce qu'on peut lui reconnaître, à ce cabot, c'est

d'être un bon toutou de salon. Moi, c'est la chasse qui m'intéresse.

Mis à part ce désaccord au sujet des chiens et une bagarre à coups de poing de temps à autre, les deux hommes de l'eau restaient les meilleurs amis du monde ; ils chassaient ensemble, pêchaient ensemble, récoltaient les huîtres ensemble. Mais ce fut la canardière qui cimenta leur association, lui conférant sa substance et lui permettant de s'épanouir.

Au cours de ces décennies de prospérité de la côte orientale, la ville de Baltimore ne cessait de se développer. Certains critiques avertis la considéraient comme la plus belle cité des États-Unis, alliant la nouvelle richesse du nord à la noblesse du sud. La ville offrait bien d'autres charmes : un grand nombre de colons allemands lui conféraient sa distinction intellectuelle ; une foule d'Italiens lui apportaient sa chaleur. Mais aux yeux de la plupart des observateurs, son agrément résidait dans la façon dont hôtels et restaurants maintenaient une tradition gastronomique : plats du sud, viandes du nord, épices italiennes et bière allemande.

Le plus renommé des hôtels, le Rennert, avait été inauguré en 1888 ; on admirait ses sept étages surmontés d'un dôme à une extrémité et d'un belvédère à l'autre. Il pouvait se prévaloir des meilleures traditions hôtelières et la direction s'enorgueillissait : « Nous avons des cuisiniers noirs et nos serveurs sont gantés de blanc. » Dès le jour de son ouverture, il acquit une grande réputation pour sa cuisine : « Dix-huit sortes de gibier. Quatorze façons d'accommoder les huîtres. Et les meilleurs canards sauvages d'Amérique. » Dîner au Rennert équivalait à se régaler de ce que la Chesapeake pouvait offrir de mieux.

Jake Turlock et Tim Caveny n'avaient jamais vu le nouvel hôtel, mais celui-ci était appelé à tenir un rôle important dans leur vie. Ses chefs noirs exigeaient les huîtres les plus fraîches, et celles-ci étaient livrées quotidiennement pendant la saison par les riverains du Choptank qui emballaient leurs prises dans des sacs de filet pour leur faire traverser rapidement la baie par bateau spécial. Après avoir arrimé sa cargaison, le capitaine trouvait un peu de place sur le pont en dernière minute pour quelques tonneaux remplis de canards : malards, cols-verts, à caroncule rouge et, les plus savoureux de tous, les noirs. Ce fut en fournissant ces canards au Rennert que Jake et Tim commencèrent à gagner un peu plus d'argent, qu'ils mettaient de côté pour le projet qui leur tenait à cœur.

Un soir, au magasin, après avoir discuté des mérites respectifs de leurs chiens, Jake annonça :

— Je connais un type qui a un long fusil. Peut-être qu'il serait prêt à s'en défaire.

— Si tu peux avoir la canardière, de mon côté j'arriverai sans doute à mettre la main sur deux barques à fond plat, déclara Caveny, très surexcité.

— Si on a la canardière et les barques, je connais un patron qui livrera nos canards au Rennert. C'est l'hôtel qui paye le mieux.

— On pourrait mettre assez d'argent de côté pour que Paxmore nous construise un bateau, ajouta Caveny, délirant à cette perspective.

Les deux acolytes remontèrent le fleuve jusqu'à la jetée d'une ferme que possédait un vieil homme répondant au nom de Greef Twombly, et ils lui firent la proposition suivante :

— Vous n'aurez plus beaucoup l'occasion de vous servir de votre long fusil, Greef. On a l'intention de vous l'acheter.

— Avec quel argent ? s'enquit le vieillard édenté.

— On vous donnera dix dollars comptant. Tim Caveny les a dans sa poche. Et quarante de plus quand on commencera à ramasser des canards.

— Le canon de ce fusil a été fait dans de l'acier forgé spécialement. Mon grand-père l'a fait venir de Londres il y a soixante-deux ans.

— Il a servi.

— Il a encore plus de valeur maintenant que le jour où il est sorti de chez l'armurier.

— On t'en donne soixante.

— Pour soixante-cinq, je réfléchirai.

— D'accord. Soixante-cinq, mais vous nous le donnez tout de suite.

Twombly se balança d'avant en arrière, considérant tous les aspects du marché, puis il amena les deux hommes devant une arme superbe. Un engin monstrueux, trois mètres quarante de long, pesant près de cinquante kilos, nanti d'une crosse massive ne pouvant manifestement pas être épaulée, ce qui était préférable car quiconque eût tenté de tenir un tel canon au moment de la mise à feu aurait eu le bras arraché par le recul.

— Vous vous êtes déjà servis d'une canardière ? s'enquit le vieillard.

— Non, mais j'en ai entendu parler, répliqua Turlock.

— En entendre parler suffit pas, fiston. Il entre trois quarts de livre de poudre noire là-dedans. Pas moins. Sinon, ça porte pas. Ensuite, on verse une livre et demie de plombs de six, et une poignée de plus pour faire bon poids. On bloque le tout avec une étoupe grasse, comme celle-ci, et on est prêt. La détente est très dure pour que la mise à feu se produise pas accidentellement. Faut pas oublier que si ça arrivait, la charge pourrait faire sauter tout un pan de mur.

Les deux hommes de l'eau admirèrent l'énorme canon, les robustes ferrures et la massive crosse de chêne. Pendant qu'ils examinaient leur achat, Twombly demanda :

« Vous savez comment on fixe une canardière sur une barque ?

— J'en ai déjà vu à poste, affirma Turlock.

Mais Twombly tenait à s'assurer que les deux hommes comprenaient toute la complexité de cette arme puissante ; il leur demanda de la porter sur la jetée où était amarrée une barque à fond plat de quatre mètres vingt-cinq de long, à l'étrave effilée, à l'angle de quille très réduit. Des blocs occupaient l'endroit où l'on aurait dû s'asseoir, et un curieux dispositif en toile de sac était fixé à l'arrière.

Avec adresse, le vieux chasseur se laissa glisser dans la barque et s'agenouilla à l'arrière. Il exhiba alors une pagaie à double pale, telle que celle qu'utilisent les Esquimaux, puis deux autres pagaies à pale unique et au manche court. Il équilibra son poids, essaya la pagaie double, et dit à Jake :

— Vous pouvez me la passer.

Les deux compères s'attelèrent à transporter la lourde canardière.

« C'est pas fait pour les gosses, commenta le vieillard.

Il ajusta l'arme sur la barque, plaça le canon entre les cales, fit jouer un coin de bois qui maintenait la canardière en place, puis fixa la lourde crosse qui alla s'encastrer dans une sorte de manchon, en l'occurrence un sac de toile rempli d'aiguilles de pin.

« Voilà comment il faut procéder, expliqua Twombly. On utilise la pagaie double pour s'approcher, mais quand on arrive plus près des canards, on la rentre et on se sert des pagaies simples, comme ça.

Et à l'aide des deux pagaies, qui ressemblaient à des balayettes, il fit évoluer la barque sans le moindre bruit.

« Quand vous êtes en position, vous vous couchez sur le ventre en gardant les petites pagaies sous la main ; faut s'assurer que le long canon de la canardière est bien calé dans son berceau. On vise pas avec l'arme, mais avec la barque. Quand vous avez soixante-dix ou quatre-vingts canards à bonne portée, vous appuyez fortement sur la détente et...

Une explosion déchira l'air avec une telle force qu'elle sembla faire un trou dans le ciel. Le recul faillit défoncer l'arrière de la barque, mais les aiguilles de pin amortirent le choc tandis que s'élevait un véritable nuage de fumée.

« C'est la première fois que je tire avec la canardière en plein jour, grommela le vieillard. Ça, c'est une arme !

— Alors, vous nous la vendez ?

— Vous êtes le petit-fils de Lafe Turlock, hein ?

— Ouais.

— J'avais beaucoup d'estime pour Lafe Turlock. Il savait suivre les nègres à la piste comme pas un. La canardière est à vous.

— Vous toucherez bientôt vos cinquante-cinq dollars, promit Jake.

— Ça vaudrait mieux, riposta le vieillard avec un rien de menace dans la voix.

Caveny procura les deux barques comme il l'avait promis, et leur façon de procéder ne tarda pas à devenir de pure routine : à l'approche du crépuscule, Jake examinait la barque et s'assurait qu'il disposait d'assez d'aiguilles de pin pour amortir le recul ; il nettoyait l'énorme canardière, préparait sa poudre, vérifiait sa provision de plombs. Pendant ce temps, Tim préparait sa barque et donnait à manger aux deux chiens.

Eh-toi mangeait comme un cochon, ingurgitant tout ce que Caveny lui donnait ; Lucifer se montrait plus délicat ; il refusait de consommer certains aliments, les tripes de volaille par exemple. Mais les deux chiens avaient appris à vivre ensemble ; chacun avait son écuelle et grognait de façon menaçante si l'autre s'en approchait. Ils ne s'étaient jamais battus sérieusement ; Eh-toi aurait tué Lucifer dans un vrai combat, mais il leur arrivait d'échanger quelques coups de crocs de temps à autre.

Quand ils voyaient Jake graisser la canardière, ils s'agitaient, ne dormaient plus et épiaient chaque geste de leurs maîtres.

Dès qu'ils étaient sûrs qu'une chasse au canard se préparait, ils sautaient de joie et restaient à proximité de la barque dans laquelle Caveny les emmènerait.

La chasse à la canardière était un art difficile qui se pratiquait dans les meilleures conditions au plus froid de l'hiver par des nuits sans lune, ce qui permettait aux hommes de l'eau de bénéficier de divers avantages ; ils pouvaient couvrir la plus grande partie de leur trajet en faisant glisser les barques sur la glace ; parvenus en eau libre, ils découvraient les canards groupés, formant des sortes de grands radeaux, et l'absence de clair de lune leur permettait de s'approcher sans être vus. La tactique exigeait un silence absolu ; le crissement d'une semelle sur la glace risquait d'alerter le gibier. Les chiens, notamment, ne devaient pas faire le moindre bruit ; juchés sur la barque de Caveny, ils scrutaient l'obscurité.

Vers une heure du matin par une température de douze degrés au-dessous de zéro, Tim surveillait le cou des chiens ; presque toujours, le premier indice d'une présence de canards dans les parages lui était fourni par le poil de Eh-toi qui se hérissait. L'animal vivait en si parfaite harmonie avec la baie qu'un soir Tim admit :

— Jake, ton chien voit les canards à cent mètres par une nuit d'encre.

— C'est pour ça que c'est un chien de chasse, pas un chien de salon..., répliqua Turlock.

Quand les canards étaient repérés en grand nombre, serrés les uns contre les autres dans le froid, Turlock prenait les opérations en main. Il faisait avancer sa barque dans l'eau glaciale à l'aide de sa pagaie double, à genoux afin que le centre de gravité fût aussi bas que possible, et s'approchait du gibier qu'un rien risquait d'alerter. Le canon de la canardière était enduit de noir de fumée pour éviter toute brillance, et, dans l'obscurité, Turlock progressait pouce par pouce.

Puis, il rentrait sa pagaie double et se couchait sur le ventre, la joue contre la crosse de la canardière, les mains refermées sur les petites pagaies. C'était un moment de tension extrême ; le moindre écart, le moindre bruit alerteraient les canards qui s'envoleraient.

Lentement, très lentement, il commençait à pointer l'étrave de la barque sur le rassemblement et, une fois certain que le canon était dans la bonne direction, il rentrait ses pagaies courtes et prenait une suite de longues inspirations. Puis, la joue proche de la crosse, mais ne l'effleurant pas, la main droite près du pontet, il tendait l'index, le refermait sur la dure détente — et attendait. La barque dérivait et se stabilisait et, quand tout concordait, il appuyait sur la détente.

Il ne s'attendait jamais à l'ampleur de l'explosion qui déchirait la nuit. Elle était monstrueuse, comme un coup de canon, mais dans le bref éclair qu'elle produisait, il voyait les canards soulevés de l'eau comme si cent tireurs émérites avaient fait feu ensemble.

Caveny prenait alors le relai. Pagayant furieusement, il avançait sur l'eau sombre tandis que les deux chiens tremblaient d'impatience, attendant l'ordre de sauter pour rapporter les canards. Mais Caveny tenait à les emmener aussi près que possible de l'endroit où les palmipèdes avaient été abattus et, pour ce faire, il imposait une discipline de fer.

— Non, non, se contentait-il de dire.

Et les deux chiens obéissaient. Raides sur leurs pattes postérieures, les antérieures appuyées au plat-bord à hauteur de l'étrave, on eût dit deux figures de proue, l'une rousse, l'autre noire.

— Cherche ! criait-il en arrivant à bonne portée.

Les chiens sautaient à l'eau et commençaient leur travail consistant à rapporter les canards dans les deux barques ; Eh-toi allait toujours vers celle de Turlock et Lucifer vers celle de Caveny.

Étant donné que la tâche de Tim était d'achever le gibier au fusil, il était souvent trop occupé pour s'inquiéter de son chien ; aussi le labrador avait-il mis au point une technique à base de mouvements frénétiques des membres postérieurs qui lui permettait de bondir en partie hors de l'eau et de jeter ses canards dans la barque.

Ainsi, d'un seul coup de canardière, les deux hommes récoltaient souvent une soixantaine de cols-verts, dix ou douze noirs, et une vingtaine d'autres. A quelques rares occasions, ils pouvaient faire feu deux fois dans la même nuit et alors leurs bénéfices les stupéfiaient.

Dès que les barques revenaient s'amarrer à Patamoke, les deux compères emballaient leur gibier dans des tonneaux perforés qu'ils alignaient sur la jetée. Là, ils achetaient à d'autres chasseurs nocturnes suffisamment de canards pour remplir les barils qu'ils remettaient au patron du bateau apportant les huîtres au Rennert et, en fin de mois, ils recevaient de l'hôtel leur paie.

Chaque nuit, Jake et Tim se cachaient en bordure de la glace, attendant que les canards se groupent, serrés les uns contre les autres jusqu'à former une sorte de radeau, pour faire parler la canardière, et tandis que les tonneaux se remplissaient de cols-verts et de malards, leurs poches se remplissaient de dollars, à tel point qu'ils commencèrent à envisager l'achat d'un vrai bateau qui leur permettrait d'étendre leurs activités.

— Y a un type à Deal Island qui s'est construit un bateau d'un genre tout nouveau, dit Turlock un matin, alors qu'ils empilaient les canards dans les tonneaux.

— Qu'est-ce qu'il a de spécial ?

— Il prétend que c'est le meilleur modèle pour la Chesapeake. Il est fait spécialement pour la drague.

Jake et Tim se proposaient de draguer les huîtres, et le bateau auquel ils venaient de faire allusion semblait idéal pour une telle pêche. Un jour, il relâcha à Patamoke et Turlock se précipita au chantier naval pour demander à Gerrit Paxmore de venir le voir.

— C'est tout à fait remarquable, dit le quaker en examinant la réalisation des hommes de Deal Island. Très peu de tirant d'eau, ce qui permet d'aller partout sur les hauts-fonds, un seul mât très sur l'avant, mais regardez-moi sa quête ! Ça donne une voile triangulaire, davantage de place sur le pont, et la tête de mât juste au-dessus de la cale, ce qui permet d'installer un palan pour décharger la cargaison. L'énorme bôme donne plus de puissance pour draguer. Franc-bord très réduit, ce qui fait qu'on n'a pas besoin de soulever les huîtres trop haut et, apparemment, six hommes peuvent y coucher.

Mais son œil averti découvrit un détail qui lui déplut souverainement.

« Ce bateau n'a pas de quille en saillie, ce qui explique son faible tirant d'eau mais, pour compenser, il a une dérive escamotable, et ça, ça ne me plaît pas du tout.

— La dérive est indispensable pour contrebalancer l'effet de la voile, objecta Turlock.

— Je sais, mais pour faire le puits de dérive, on est obligé de tailler dans la quille.

— Quel mal y a-t-il à ça ?

— Au chantier Paxmore, nous ne touchons jamais à la quille.

Il jeta un coup d'œil à un vieux rafiot amarré à la jetée, à la tonture affaissée.

« Nos bateaux ne deviennent jamais comme celui-là.

Il refusa de s'appesantir davantage sur ce nouveau modèle et regagna son chantier. Turlock n'en demanda pas moins au patron de le prendre à son bord pour une sortie. L'homme de Deal Island accepta et Jake passa six jours à draguer les huîtres.

— C'est le meilleur bateau qu'on ait jamais construit, dit-il à Caveny en débarquant. Tout y est fait pour faciliter le travail.

Tous deux retournèrent donc chez Paxmore, et Tim écouta tandis que son associé vantait les mérites du nouveau bateau.

— Mr. Paxmore, ce bateau aide les hommes à draguer. On sent cette énorme bôme qui s'adapte au boulot.

Mais Paxmore demeurait intraitable.

— Je serais malheureux si je construisais un bateau dont la quille aurait été creusée en son centre.

— Vous seriez malheureux ?... Et nous alors ? C'est nous qui achetons le bateau.

— Je construis selon mes principes, déclara Paxmore. Si quelqu'un est prêt à utiliser mon bateau quand il est fini, parfait. Sinon, j'ai tout le temps d'attendre que le client voulu se présente.

Jake recula, lança un coup d'œil au quaker satisfait et dit :

— Vous serez en faillite dans six mois.

— Ça va faire trois siècles que nous construisons des bateaux, répliqua Paxmore en se refusant à poursuivre l'entretien.

La question faillit devenir de pure forme par une nuit de février alors que les deux associés s'étaient glissés vers une sorte d'étang ménagé au cœur de la glace où près de trois mille canards se pressaient les uns contre les autres sous la lune glacée apparue tardivement. Caveny prit conscience du froid intense quand Lucifer quitta son poste près de l'étrave pour se tapir au fond de la barque. Eh-toi se retourna à deux reprises vers son couard de compagnon, puis se plaça au centre comme s'il allait être obligé de faire le travail tout seul.

Jake, en apercevant cette énorme cible devant lui — plus de canards réunis en un seul endroit qu'ils n'en avaient jamais trouvés jusque-là — décida qu'il ne se contenterait pas d'une livre et demie de plombs ; il en utiliserait près du double. Mais propulser un tel poids de projectiles exigeait une charge en conséquence, et il versa dans la gueule de l'arme monstrueuse plus d'une livre de poudre noire. Il enfonça aussi deux fois plus d'étoupe.

— Ça, ça sera un coup inoubliable. Rennert nous versera assez d'argent pour payer notre bateau.

Prudent, il déplaça sa barque jusqu'à ce qu'elle fût en position, attendit, prit une longue inspiration et appuya sur la détente.

« Baoum ! » La canardière cracha un éclair visible à plusieurs kilomètres à la ronde, et la déflagration se répercuta à travers la baie. L'énorme charge de plombs tua plus de cent dix canards et sept oies. Elle arracha aussi l'arrière de la barque, fit perdre connaissance à Jake et le projeta à une bonne cinquantaine de mètres dans l'eau sombre et glacée.

Les minutes qui suivirent tinrent du cauchemar. Caveny, qui avait vu son associé catapulté en l'air au cours du bref éclair de l'explosion, pagaya dans la direction où Jake avait dû retomber, mais les deux chiens, dressés tout au long de leur vie à rapporter le gibier, s'activèrent dans la plus grande opération de récupération qu'ils aient jamais connue, et refusèrent de s'inquiéter de l'homme disparu.

— Nom de Dieu ! s'écria Caveny. Laissez ces canards et trouvez Jake !

Mais les chiens ne tenaient pas compte de ses objurgations ; ils effectuaient d'innombrables allées et venues à la nage et remplissaient leur mission, rapportant des canards à une cadence qu'ils n'auraient jamais osé imaginer dans leurs rêves les plus agités.

« Jake ! Où diable es-tu ?

Dans l'obscurité glacée, Caveny ne parvenait pas à repérer son compagnon, sans doute en train de se noyer ; il ne connaissait que la direction approximative dans laquelle Jake avait été projeté et, au bord du désespoir, il écumait l'endroit sans la moindre chance de retrouver son associé.

A ce moment-là, Lucifer nagea bruyamment jusqu'à la barque, reprochant presque à son maître de l'avoir éloigné du gibier abattu et, après avoir jeté deux canards dans l'embarcation, il pataugea avec désinvolture sur quelques mètres, agrippa par un bras Turlock inconscient qui commençait à couler, le remorqua vers la barque et retourna aussitôt à ses canards.

Lorsque Tim eut enfin réussi à hisser Jake à bord, il ne

trouva rien de mieux que de gifler l'homme évanoui de son gant glacé et, au bout de quelques minutes, celui-ci revint à lui. Les yeux vitreux, il essaya de se situer et, quand il comprit qu'il se trouvait dans la barque de Caveny et non dans la sienne, il hurla :

— Qu'est-ce que tu as fait de la canardière ?

— J'avais bien assez à faire pour te sauver ! s'emporta Tim, affolé par l'accident et les canards blessés qui continuaient à s'empiler dans la barque.

— T'occupe pas de moi. Sauvons la canardière.

Les deux hommes de l'eau se mirent à pagayer furieusement en tous sens pour tenter de réparer l'autre barque et, après des efforts infructueux, Jake eut l'idée d'appeler son chien.

« Eh-toi ! Où es-tu ?

Un aboiement leur parvint, venant d'une direction imprévue ; ils pagayèrent et trouvèrent la barque très endommagée, à demi coulée sous le poids de la canardière et des nombreux canards que Eh-toi avait rapportés.

Lors du morne et pourtant triomphal trajet de retour, Tim Caveny ne put s'empêcher de faire remarquer à son associé que c'était à son labrador qu'il devait la vie.

— D'accord, grommela Jake à travers la glace qui lui festonnait le menton. Mais c'est Eh-toi qui a sauvé la canardière, et c'est ça qui compte.

Les associés disposaient d'une somme suffisante pour effectuer un premier et substantiel versement sur un dragueur d'huîtres, mais avant de passer un accord avec un constructeur, Jake tenait à ce que Tim naviguât sur l'un de ces nouveaux bateaux. Tous deux firent donc équipe auprès d'un gentleman d'un caractère assez revêche venant de cette île et Tim rentra, convaincu que seul un dragueur de ce type pourrait lui donner satisfaction.

Mais il savait aussi que les meilleurs bateaux de la baie avaient toujours été construits par le chantier Paxmore, et il tenait à avoir un dragueur de premier ordre. Il s'efforça donc de persuader son associé de traiter avec le quaker, quelles que fussent les manies de celui-ci.

— Laissons-le construire le bateau à son idée. Il fera du bon boulot.

— C'est un bateau comme ceux de Deal Island qu'il nous

faut, s'entêta Jake. Je vais pas sacrifier des détails essentiels pour faire plaisir à cette tête de mule de quaker qui croit pouvoir améliorer le modèle.

Pendant une semaine, les deux hommes de l'eau ne parvinrent même pas à s'entendre pour aller chasser. Aucun tonneau de gibier ne fut expédié au Rennert. Puis, Tim fit le compte de leurs économies, conclut qu'ils pouvaient aller de l'avant et, à regret, convint que, puisque Paxmore refusait de construire le modèle qu'ils souhaitaient, ils s'adresseraient à un autre chantier. Tim éprouvait un certain malaise à cette idée, mais la décision était prise. Puis, un matin, alors que les deux associés discutaient pour savoir à quel autre constructeur ils pourraient s'adresser, un gamin vint leur annoncer que Mr. Paxmore voulait les voir.

Un trio curieux, mais typique du Choptank, se réunit. Gerrit Paxmore était le plus jeune des trois — raide, chaussé et habillé de noir. Austère, il souriait rarement et s'exprimait avec précision, comme si chacune de ses paroles se gravait dans son esprit en prévision d'une contestation ultérieure. Les clients ne tardaient pas à découvrir que traiter avec Paxmore n'avait rien de facile, mais c'était rassurant.

Jake Turlock avait hérité de la maigreur, de la taille et du visage revêche de sa famille. Il portait des souliers éculés, un pantalon informe, une chemise déchirée et un chapeau cabossé, articles vestimentaires qu'il changeait rarement. Il savait lire et écrire pour avoir bénéficié de l'enseignement du premier Caveny venu d'Irlande, mais il se faisait passer pour illettré. Il haïssait nègres et catholiques mais se trouvait sans cesse mêlé à eux et, à sa grande surprise, en aimait quelques-uns à titre individuel. Par exemple, il était convaincu que Tim Caveny, en tant que papiste, était un type sournois, mais il n'avait jamais trouvé un autre homme avec lequel le travail lui pesât moins. Tim l'avait forcé à économiser, lui avait sauvé la vie la nuit où la canardière avait démoli sa barque et, jusqu'alors, il s'était toujours révélé un ami sûr dans l'adversité. Mais Jake n'en était pas moins persuadé qu'en cas de réel coup dur, Caveny ne se montrerait pas à la hauteur.

Tim ressemblait beaucoup à son père, le vieux Michael, le maître d'école à l'inébranlable optimisme. Il était enclin à l'embonpoint, à la paresse et à la fantaisie. Il aimait son Église et sa famille, mais il aimait davantage encore l'idée de s'en tenir à un travail à portée de la main. A sa façon, il était tout aussi puritain que Gerrit Paxmore, ce qui expliquait la compréhension existant entre ces deux hommes. Tim était toujours prêt à parier que *son* nègre était plus fort qu'un autre, que *son* chien pourrait rapporter plus de pigeons, que *son* bateau serait plus rapide que tous ceux de la baie. Il vivait dans un monde de défi perpétuel, où l'on ne cessait d'affronter des hommes plus forts ou plus riches. Mais comme il était irlandais, il pouvait tabler sur la chance qui l'accompagnait comme une aura.

Ce fut lui qui entama la discussion ce matin-là.

— Mr. Paxmore, nous avons décidé..., commença-t-il.

— On n'a rien décidé du tout, coupa Turlock.

— Je peux peut-être t'aider, dit Paxmore. Je me suis concerté avec mes ouvriers et nous souhaitons tenter un essai avec ce nouveau type de bateau. Comment les appelles-tu, déjà ?

— Skipjack, lança Turlock.

— Oui, du nom du poisson volant qui plane sur l'eau, intervint Tim. Et c'est bien ce qu'il fait, Mr. Paxmore. Ce bateau plane.

— Aussi, avons-nous décidé, ici, au chantier Paxmore...

Le quaker toussota, posa les mains à plat sur son bureau comme s'il passait aux aveux.

« Nous construirons ton bateau.

— Avec la dérive à sa place ? demanda Turlock.

— Évidemment.

— Combien ? s'enquit Caveny.

— Nous pensons pouvoir le construire...

Avec une appréhension presque visible, il scruta chacun de ses deux clients en puissance, peu susceptibles de posséder la somme voulue.

« Nous pouvons le construire pour douze cents dollars, laissa-t-il enfin tomber dans un chuchotis.

A ces mots, Tim Caveny produisit une liasse de billets qu'il posa sur la table.

— Nous pouvons vous donner un acompte de cinq cent quarante dollars.

Somme deux fois plus élevée que celle à laquelle Paxmore s'attendait. Avec une surprise qu'il ne parvint pas à dissimuler, il demanda :

— Où t'es-tu procuré l'argent ?

— Nous l'avons économisé, rétorqua Caveny du tac au tac.

Jake Turlock répugnait à se défaire de son argent.

— Est-ce que ça ne serait pas meilleur marché, Mr. Paxmore, si Tim et moi on vous procurait le bois ?

— Si, bien sûr.

— De combien ?

— Est-ce que tu fournirais le bois de la quille, du mât et de la bôme ?

— Donnez-nous les dimensions et nous nous chargeons de vous apporter les arbres.

Paxmore se pencha sur une feuille de papier, qui prouvait, s'il en était besoin, qu'il tenait à construire le bateau sans trop se préoccuper du bénéfice qu'il en tirerait ; il disposait du plan complet d'un skipjack amélioré.

— Vingt mètres au moins pour le mât, soixante centimètres de diamètre pour permettre le dégrossissage.

— Je connais un arbre qui fera l'affaire, assura Jake.

— Une bôme de seize mètres.

— C'est très long pour une bôme... plus long que le bateau.

— Le dessin l'exige. Un bout-dehors de six mètres soixante.

— Le bateau sera trop lourd dans les hauts avec de telles dimensions, remarqua Turlock.

— Il sera lesté, assura Paxmore.

Mais il n'avait toujours pas annoncé la réduction qu'il consentirait si Turlock lui procurait le bois.

— Alors, quelle différence ? s'enquit Jake.

— Tu économiserais trois cent cinquante dollars.

— Tim, marmonna Turlock. Allons chercher nos haches.

Au cours des semaines qui suivirent, les deux hommes se livrèrent à un travail épuisant. Non seulement ils abattaient chênes et acacias pendant la journée, mais ils sortaient avec la canardière chaque nuit puisque ce n'était qu'en fournissant des tonneaux de canards au Rennert qu'ils pourraient finir de régler le skipjack. En outre, Tim Caveny, durant ses rares moments de loisir, construisait un engin appelé à stupéfier la baie.

Aidé de son fils aîné, il travaillait en secret, martelant des tuyaux, passant de nombreuses heures dans une forge de la ville. Jake se douta que son associé mijotait quelque chose, le matin où il lui donna un coup de main pour décharger sa barque du produit de la chasse.

— Qu'est-ce que tu fabriques avec tous ces montants ? s'enquit-il.

— J'ai une idée, assura l'Irlandais sans rien ajouter.

Puis, une nuit, au moment où les deux associés gagnaient leurs barques, Caveny exhiba son chef-d'œuvre. L'avant de son bateau se prolongeait de sept canons de cinq centimètres de diamètre, se déployant en éventail comme une queue de dinde et se rassemblant là où les détentes auraient dû se trouver, mais celles-ci étaient absentes.

— C'est mon invention, expliqua-t-il. Il nous suffit de charger les sept canons, poudre, plombs et étoupe...

— Mais comment les mettras-tu à feu ? s'enquit Jake.

— Ah, ah !... Tu vois cette espèce de gouttière ?

Jake l'avait vue et s'était demandé à quoi elle servait ; il ne pouvait se douter de la folle proposition que Tim allait faire.

« La gouttière se place là, juste au-dessous de l'orifice des sept canons ; nous la remplissons de poudre sur toute sa longueur et nous l'allumons à cette extrémité. Whoussh ! Elle met le feu à chacun des sept canons dans l'ordre, et nous tuons tant de canards que nous aurons besoin de deux autres barques.

— Il y aura un retour de flamme qui te grillera à mort, prédit Jake.

— Ça ne s'est encore jamais produit.

— Tu veux dire que tu as déjà essayé cette batterie ?

— Trois fois. Et cette nuit, nous allons l'expérimenter sur un gros rassemblement de canards.

Ils pagayèrent vers le centre du Choptank à la recherche d'une forte plaque de glace sur laquelle ils pourraient pousser leur arsenal. Au nord de Devon Island, à l'endroit où la rive se découpait en embouchures de cours d'eau, ils en trouvèrent une sur laquelle ils hissèrent leurs embarcations ; la longue et patiente progression commença vers l'intérieur des terres. Eh-toi et Lucifer, chacun dans sa propre barque, ne faisaient pas le moindre bruit et, quand les chasseurs parvinrent en eau libre, bêtes et hommes demeurèrent figés pendant une demi-heure pour s'habituer à l'obscurité et laisser au gibier le temps de s'apaiser.

Le poil de Eh-toi se hérissa.

— Y en a un paquet, chuchota Tim.

— On va avancer ensemble, proposa Jake.

— Mais je tirerai le premier.

— Ça vaudra mieux. Je serai là pour ramasser les morceaux quand tu auras sauté.

Le plan prévoyait que Tim mettrait le feu à sa gouttière de

poudre et que, dès la première décharge, Jake tirerait avec sa canardière. Ils estimaient que les deux engins cracheraient en chœur un rideau de plombs qui mettrait à mal la quasi-totalité des palmipèdes dormant dans les parages.

Chaque homme s'installa dans sa barque, désigna à son chien l'endroit où il devait se tenir, et se propulsa à l'aide des petites pagaies. Ils se distinguaient à peine l'un l'autre mais, de temps en temps, un signe de la main indiquait le chemin à suivre ; lentement, ils s'approchèrent des canards endormis ; ceux-ci étaient si nombreux que Tim renonça à les compter ; il savait seulement qu'ils offraient une cible idéale.

Quand approcha le moment de mettre le feu à la poudre, il marmonna une brève prière :

— Seigneur, Toi qui protèges les hommes de l'eau, veille à ce que rien ne donne l'alerte à nos proies.

Les canards dormaient, les deux barques avançaient, se mettant silencieusement en position. Les chiens restaient figés, muscles tendus ; les hommes allongés, visages à proximité de leurs armes. Pas de lune, pas de neige.

Les mains tremblantes, Tim Caveny répandit la quantité de poudre prévue dans la gouttière métallique, s'assura qu'elle se trouvait sous les orifices de ses sept canons, puis alluma l'extrémité de droite. Dans un éclair aveuglant, le feu se propagea d'un canon à l'autre et, dès la première décharge, Jake Turlock pesa sur la détente de sa canardière.

Pour ce qui était du massacre, la synchronisation était parfaite, car la poudre avait mis trois des canons de Tim à feu avant que Jake ait pu tirer : dès le premier éclair, des centaines de canards s'étaient élevés dans l'air pour être fauchés par la canardière de Jake et achevés par les quatre derniers tirs de la batterie de Tim.

Jamais encore on n'avait vu un tel carnage sur la Chesapeake. Les deux chiens rapportèrent tant de canards que les barques menaçaient de couler. Les chasseurs firent un voyage jusqu'à la rive glacée où ils empilèrent une partie du gibier avant de repartir chercher le reste. Les chiens étaient épuisés.

Le lendemain matin, les associés s'aperçurent qu'ils avaient tué soixante-neuf cols-verts, trente-deux malards, trente noirs, vingt-neuf sarcelles et treize oies, gibier d'eau qui prendrait le chemin de Baltimore. Par ailleurs, leur tableau de chasse comptait vingt-deux gélinottes dont ils pourraient tirer profit en les vendant aux Noirs du quartier de la Grenouillère, plus une vingtaine de harles dont personne ne profiterait car ces palmipèdes se nourrissaient de poisson. L'astucieuse batterie de Tim, d'un maniement si dangereux, mais si efficace, avait prouvé sa valeur ; aussi, les deux hommes de l'eau continuèrent-ils à abattre les arbres le jour et à se servir de leur arsenal la nuit. Tout l'argent qui leur arrivait de Baltimore était aussitôt remis à Paxmore.

A la fin de l'hiver, époque où les canards repartaient vers le nord, Gerrit Paxmore acheva la construction de son premier skipjack.

— Ce bateau naviguera mieux que tous ceux qui sillonnent la baie, annonça-t-il aux deux associés au moment du lancement.

Turlock et Caveny étaient tout prêts à le croire, mais ils sursautèrent quand le quaker ajouta :

« J'ai votre argent dans mon bureau. Je suis prêt à vous le rendre parce que vous n'êtes pas obligés de prendre livraison du bateau si vous ne le souhaitez pas.

— Pourquoi est-ce qu'on le souhaiterait pas ? bougonna Turlock avec un rien de hargne.

— Parce que j'ai changé quelque chose à la dérive, expliqua Paxmore.

Les trois hommes embarquèrent, descendirent dans la cale pour examiner les fonds ; là, Turlock et Caveny restèrent pantois. Au lieu de placer la dérive au centre de la quille — après avoir ménagé une fente de quatre mètres vingt-cinq de long dans le cœur du chêne et construit un puits pour empêcher l'eau de s'infiltrer — Paxmore avait laissé la quille intacte, ainsi que l'exigeait la tradition de sa famille, et découpé une fente parallèle, déportant la dérive de quelque vingt centimètres sur tribord.

— Espèce de tordu ! s'écria Turlock. Le bateau est désaxé. Jamais il...

— Mon ami, coupa Paxmore, inutile de crier. Ton argent est à ta disposition.

— Mais, nom de Dieu, je vous avais posé la question pour la dérive, et vous m'aviez répondu... N'est-ce pas, Tim ?

— Et comment ! Bon Dieu, ce satané truc... Cette foutue baille est éclopée à jamais.

— Messieurs, je vous en prie, ne criez pas. Votre argent...

— Au diable notre argent ! Nous voulons notre bateau.

— Rien ne t'oblige...

Il faisait sombre dans le ventre du skipjack et les trois hommes ressemblaient à des fantômes irascibles. Le plan de dérive était déporté. Tout l'équilibre du bateau était compromis et Caveny l'imagina naviguant en crabe sur la baie. Des larmes lui montèrent aux yeux, et il montra à Paxmore ses mains crevassées.

— On a abattu tous les arbres qui ont servi à construire ce bateau. Et qu'est-ce que vous nous offrez ?

— Un... un sabot ! glapit Turlock ayant recours au mot le plus infamant pour un bateau.

Cette ultime obscénité fit comprendre à Paxmore qu'il se trouvait dans une situation épineuse. Il avait pensé qu'en offrant de rendre l'argent à ses clients, ceux-ci ne lui feraient pas d'ennuis. Il pourrait trouver un autre acquéreur, peut-être en enregistrant une légère perte et, avec les fonds que lui procurerait la transaction, dédommager les deux hommes de l'eau pour le bois qu'ils avaient fourni.

— Non ! déclara Turlock avec obstination. Nous voulons notre bateau et nous le voulons tout de suite. Sortez cette foutue dérive de là, et mettez-la à sa place à travers la quille.

— Il n'en est pas question, répliqua Paxmore.

Joignant le geste à la parole, il posa sa main droite sur la quille vierge comme pour la protéger.

— On pourrait peut-être l'essayer, proposa Tim.

Turlock s'y refusait, de crainte que le résultat ne se révélât satisfaisant, mais Paxmore se raccrocha à cette idée.

« Si on acceptait le bateau, mal foutu comme il est, qu'est-ce que vous nous feriez comme réduction ? demanda Tim.

— Pas un centime, répondit Paxmore d'un ton catégorique. C'est le meilleur bateau de la baie et, à dire vrai, tu devrais me donner deux cents dollars de plus.

— Fumier ! grommela Turlock en émergeant à l'air libre. Je veux pas de ce bateau. Je veux rien avoir affaire avec un sabot pareil.

— On va quand même l'essayer, intervint Tim.

Il hissa la grand-voile ; la drisse filait aisément dans les poulies.

« C'est vrai qu'une voile comme ça s'établit plus facilement.

Ils hissèrent aussi le foc et quand la gigantesque bôme dépassant le bateau de soixante centimètres passa sur l'autre bord, ils perçurent la puissance de la surface de toile. Une bonne brise permit à Caveny et Paxmore de gagner le centre du

Choptank — Turlock répugnait à toucher les écoutes ou le gouvernail. Le skipjack gîta sur tribord et des moustaches d'écume soulignèrent l'étrave ; les goélands suivaient le nouveau bateau ; au bout d'un moment, Turlock repoussa Caveny pour prendre la barre.

Paxmore restait assis sur le panneau d'écoutille, sans mot dire. Il sentait que son bateau montait bien à la lame et répondait à la moindre sollicitation.

— Il a besoin d'un peu plus de lest à l'avant ! cria Turlock depuis sa place au gouvernail.

— Oui, c'est aussi mon avis, admit Paxmore.

Ils le baptisèrent *Jessie-T.* du nom de la mère de Jake et, avant même qu'il n'appareillât pour sa première pêche aux huîtres, les conventions de rigueur à bord d'un skipjack furent établies : « La couleur bleue était strictement interdite à bord du bateau. Aucune brique rouge ne devait jamais être utilisée comme lest. On ne devait pas manger de noix. Aucun capot d'écoutille ne devait jamais être posé à l'envers sur le pont. » Et, en raison du pavois très bas et de la bôme massive, plus longue que celle des autres types de bateaux naviguant sur la Chesapeake, un avertissement formel vint s'ajouter à la liste : « Surtout, quand tu travailles sur le pont, fais gaffe au gui ! »

Le *Jessie-T.* était manœuvré par une équipe de six hommes : le capitaine Jake Turlock commandait le bateau et répondait de la sécurité à bord ; le second, Tim Caveny, tenait les cordons de la bourse ; trois Turlock s'occupaient des dragues ; le membre le plus important de l'équipage était le cuisinier. Depuis le jour où le skipjack avait été commandé jusqu'au moment où les trois Turlock avaient été embauchés, un seul candidat s'était proposé pour la cuisine : un Noir remarquable, renommé le long des rives du Choptank.

Big Jimbo, un Noir d'une taille impressionnante, était le fils des esclaves affranchis, Cudjo et Eden Cater. Son père lui avait appris à lire et, de sa mère, il tenait une fierté indomptable. C'était un homme paisible, doué du sens de l'humour et, en raison de ses capacités exceptionnelles aux fourneaux, il savait qu'il valait bien le patron et surclassait le reste de l'équipage.

Dès son embarquement, il trouva la solution à une difficulté qui ne manqua pas de surgir. A bord d'un skipjack, les trois hommes d'équipage couchent dans le poste avant exigu. Le capitaine, le coq et le second — dans l'ordre — se partagent les trois confortables couchettes de l'arrière, et la tradition voulait que le patron choisît la plus longue, sur tribord, le cuisinier celle qui lui faisait face sur bâbord, tandis que le second occupait la couchette un peu moins confortable ménagée sur la largeur de la cabine ; mais à bord du *Jessie-T.*, les choses se présentaient différemment. L'un des Turlock, qui aurait dû coucher dans le poste avant, était le cousin germain de Jake, et il déclara qu'il dormirait à l'arrière parce qu'il était certain que le nègre ne verrait pas d'inconvénient à dormir dans le poste.

A son arrivée à bord, Big Jimbo s'aperçut que sa couchette était prise. Sans la moindre hésitation, il prit les effets qui l'encombraient et les déposa sur le pont.

— Un homme ne peut pas faire la cuisine s'il couche dans le poste avant, grommela-t-il.

Il venait de commettre une erreur de taille. Les vêtements qu'il avait sortis de la cabine n'étaient pas ceux de l'intrus ; ils appartenaient à Tim Caveny, copropriétaire du bateau. Quand le cousin de Turlock avait décidé de coucher à l'arrière, Tim avait entrevu la possibilité de s'adjuger une meilleure couchette ; il prit donc celle du coq et attribua la plus courte au cousin de Jake. Quand Tim vit ses affaires jetées sur le pont, il s'emporta.

— Monsieur Tim, si ces affaires sont à vous, excusez-moi, dit Big Jimbo.

Il les ramassa et les remit poliment dans la cabine où il les déposa, non sur la couchette que Tim s'était attribuée, mais sur la plus courte à l'arrière.

— J'avais l'intention de coucher là, maugréa l'Irlandais en désignant la longue couchette du cuisinier.

— Ça, c'est la place du coq, dit Big Jimbo.

Il s'exprima avec tant de douceur que Tim tomba sous le charme et ne lui tint pas rigueur. Puis, avant que la moindre animosité pût se faire jour, Jimbo rassembla l'équipage sur le pont et annonça :

— J'ai apporté du lait et de la crème, et nous allons nous régaler avec le meilleur ragoût d'huîtres du monde. Voulez-vous un ragoût femelle ou un ragoût mâle ?

— On peut pas faire la différence entre une huître mâle et une huître femelle ! lança l'un des Turlock.

— Je parle pas des huîtres, je parle de ceux qui les mangent.

Il sourit.

« Alors, qu'est-ce que ça sera ? demanda-t-il. Mâle ou femelle ?

— Quelle est la différence ? demanda l'un des hommes.

— C'est pas à vous de poser la question.

— On prendra le mâle !

— C'est le meilleur choix que vous puissiez faire, déclara Jimbo en disparaissant par l'écoutille menant à son fourneau à bois.

Le ragoût femelle était servi par tradition tout au long de la Chesapeake : huit huîtres par personne, chauffées dans leur eau, puis passées dans le lait et saupoudrées de farine, assaisonnées d'un peu de céleri, de sel et de poivre. Plat remarquable, mais pas assez consistant pour des hommes effectuant un travail de force.

Le ragoût mâle était très différent, et Big Jimbo se parlait à lui-même en préparant sa recette :

— D'abord, prendre beaucoup de bacon et le faire frire jusqu'à ce qu'il grésille.

Il s'y employa et le fumet qui se dégagea du lard lui prouva que Steed lui avait vendu la meilleure qualité. Lorsque le bacon grésilla, le coq coupa huit gros oignons et deux pieds de céleri qu'il mit de côté en attendant que le bacon fût à point. Il posa le lard sur un plat, jeta les légumes dans l'huile chaude pour les faire revenir. Puis, il les retira aussi et les ajouta au bacon. Après quoi, il déposa les quarante-huit huîtres dans la casserole, les laissa juste brunir pour qu'elles donnent tout leur arôme et, très vite, ajouta leur eau et les laissa cuire jusqu'à ce qu'elles se recroquevillent.

D'autres coqs suivaient la recette jusqu'à ce point, mais là Big Jimbo ajouta les deux ingrédients qui rendaient son ragoût mâle inoubliable ; d'un précieux paquet acheté à la Société des épices McCormick sur les quais de Baltimore, il tira un peu de poudre de tapioca, « ce qu'on a inventé de meilleur à l'intention des cuisiniers ». Il prit une petite pincée de poudre blanche, l'ajouta au lait qui commençait à frémir et, en quelques minutes, l'humidité et la chaleur firent gonfler la poudre de tapioca, la transformant en une masse translucide et gélatineuse. Après quoi, il versa les huîtres dans le lait, ajouta les légumes, puis le bacon qu'il émietta entre ses doigts avant de le laisser tomber dans le ragoût.

Le plat consistant n'était pas tout à fait prêt. De la boîte McCormick, il tira un paquet de safran dont il saupoudra le ragoût, le gratifiant d'une chaude couleur dorée, encore accentuée par la demi-livre de beurre qu'il ajouta au dernier moment. Dès que celui-ci fut fondu, il apporta la concoction sur la table et, quand les hommes y plongèrent leurs cuillères, ils se régalèrent du plus savoureux ragoût jamais cuisiné à bord d'un bateau.

— On mange aussi bien que ça tous les jours ? s'enquit Caveny.

— Apportez-moi les matières premières et je me charge de les cuisiner, rétorqua Big Jimbo.

Le dragage des huîtres représentait un rude travail, ainsi que le prouvèrent les événements qui intervinrent lors de l'hiver 1892. La saison comportait deux phases : d'octobre à Noël, alors que les huîtres abondaient, de janvier à la fin mars alors qu'elles se faisaient plus rares. Tous les hommes du *Jessie-T.* habitaient Patamoke et de ce fait le skipjack rentrait au port chaque samedi soir, apportant d'énormes quantités d'huîtres vendues aux mareyeurs locaux ; et comme l'équipage était dévot — y compris ces mécréants de Turlock — les hommes ne se glissaient pas hors du port le dimanche après-midi, comme certains : ils attendaient le lundi matin ; acte de piété qui, selon eux, devait inciter Dieu à les amener sur les meilleurs bancs.

Jake Turlock avait fêté Noël et dormait ce premier lundi après le Nouvel An quand à trois heures du matin, sa fille Nancy le secoua par l'épaule.

— Papa ! Il va être temps d'appareiller.

Il grommela une vague protestation et se redressa.

— Quelle heure est-il ?

— Trois heures, dit-elle en ramenant sa chemise de nuit autour de sa gorge.

Il sauta à bas du lit, enfila cinq couches de vêtements protecteurs, puis passa dans l'autre pièce où il embrassa deux de ses enfants endormis. Sa femme était déjà dans la cuisine où elle préparait le café et versait du lait dans un bidon qu'il emporterait sur le bateau. Elle lui remit aussi quelques tranches de bacon et une poignée d'oignons destinées à Big Jimbo pour le ragoût du jour.

Le capitaine Jake se dirigea vers la jetée, par les rues sombres de Patamoke ; au moment où il se rapprochait des mâts oscillants de la flottille huîtrière, il aperçut une vingtaine d'hommes, habillés comme lui, qui convergeaient sur le quai, apportant tous un peu de nourriture. Ils se déplaçaient comme des ombres dans l'air glacé, grommelant des saluts en se rencontrant. Quand Jake embarqua sur le *Jessie-T.*, il fut heureux de constater que Big Jimbo était déjà à bord et qu'il avait allumé le feu.

— J'ai apporté du lait, dit-il en posant ses paquets sur la table oscillante.

Le coq poussa un grognement, puis tendit la main vers un seau d'huîtres de choix, mises de côté pour l'occasion. La main gauche protégée par un gant usé, il commença à ouvrir les mollusques, jetant la chair dans une casserole et versant presque toute leur eau dans une autre.

« Ça se présente bien, dit Jake en déposant ses affaires.

Il monta sur le pont et trouva Caveny qui venait d'embarquer ; ils furent bientôt rejoints par les trois hommes d'équipage qui allèrent déposer leurs affaires dans l'étroit poste-avant.

— Larguez les amarres ! lança Jake.

La voilure établie, le skipjack amorça ses mouvements lents et réguliers vers le centre du fleuve, puis vers l'ouest en direction de la baie. Dans trois heures, le soleil se lèverait mais, momentanément, l'obscurité régnait.

Ils passèrent à hauteur de la Falaise-de-la-Paix, puis embouquèrent le chenal au nord de Devon Island. Blackwalnut Point apparut dans la pénombre tandis que la grande baie s'étendait devant eux, ses eaux agitées par le vent fort. Il faisait froid, sombre, humide, et les embruns lacéraient le visage.

Mais Big Jimbo fit tinter sa cloche et tous descendirent, laissant le plus jeune des Turlock debout devant la barre, dans la même position que son patron.

En bas, dans le carré exigu, Big Jimbo avait préparé l'un de ses meilleurs ragoûts mâles, et quand les biscuits eurent été émiettés au fond des assiettes et recouverts de l'épaisse préparation, les visages rayonnèrent. Mais, comme à bord de la plupart des skipjacks, personne ne toucha à sa cuillère jusqu'à ce que le coq eût pris place à table et tendu ses grosses mains noires vers celles du capitaine Turlock et de Tim Caveny qui, de leur côté, étreignaient les doigts des deux hommes d'équipage. Le cercle ainsi formé, tous les cinq inclinèrent la tête pendant que le capitaine disait les prières protestantes précédant le repas :

Bénis, Seigneur, par Ta sainte présence
Nous et les biens que Ta main nous dispense
Pour l'amour de Jésus-Christ notre sauveur,
Ainsi soit-il.

Lorsqu'il eut achevé, tous les hommes répétèrent « Ainsi soit-il », mais sans relâcher leur étreinte, car c'était au tour de Caveny d'entonner le bénédicité catholique :

> Bénissez, Seigneur, la nourriture que nous allons prendre et faites-nous la grâce d'en faire un saint usage. Ainsi soit-il.

De nouveau, les hommes répétèrent « Ainsi soit-il », mais leurs mains continuèrent à s'étreindre car, en plus des deux bénédicités d'usage, la coutume à bord du *Jessie-T.* voulait que Caveny ajoutât une prière personnelle et, avec ses chaudes intonations irlandaises, il demanda à Dieu une attention toute spéciale :

> Seigneur, nous avons honoré par des prières la journée qui Vous est consacrée et imploré Votre bénédiction pour nos familles. Nous Vous demandons maintenant de guider notre bateau vers les bancs où les huîtres dorment en attendant notre venue. Seigneur, faites que la récolte soit abondante. Saint Pierre, saint patron des pêcheurs, protégez-nous. Saint Patrick, vous qui avez traversé la mer, veillez sur notre bateau. Saint André, vous qui avez pêché dans la mer de Galilée, guidez-nous vers nos prises.

— Ainsi soit-il, murmurèrent les hommes de l'eau.
Et les cuillères plongèrent dans le ragoût saupoudré d'or.

Ils avaient besoin de prières car leur travail était pénible et dangereux. Quand le patron estimait que le *Jessie-T.* se trouvait au-dessus des bancs invisibles, il donnait ordre à Caveny et aux trois Turlock de mettre à l'eau les dragues, l'une à bâbord, l'autre à tribord, et quand le chalut à l'armature prolongée par une lame en dents de scie avait raclé le fond assez longtemps, il éprouvait la tension des câbles qui les retenaient, essayant d'estimer le poids des prises. Lorsqu'il jugeait celui-ci suffisant, il donnait ordre de hisser les chaluts.

Alors, commençait l'effort physique. A bâbord et à tribord, se trouvaient deux treuils actionnés à la main et, autour du tambour de chacun d'eux, s'enroulait le câble menant à la drague. Les hommes, deux à chaque treuil, tournaient les lourdes manivelles jusqu'à ce que les chaluts fussent ramenés à bord. Si l'armature à griffes s'accrochait à un rocher, il y avait risque de retour de manivelle, ce qui pouvait démolir une mâchoire ou casser un bras. Rares étaient les spécialistes de cette pêche qui, à un moment quelconque, n'avaient pas souffert d'un retour de manivelle. Une large cicatrice barrait le front du plus jeune des Turlock — « J'ai saigné comme un cochon. Si j'avais pas eu la tête dure comme du fer, j'aurais crevé. »

Lorsque les dragues étaient enfin hissées à bord, dégoulinantes de vase et d'herbes, leur charge était renversée sur le pont, sauf si elle était trop sale pour pouvoir être triée ; dans ce cas, les hommes se livraient à une manœuvre épuisante qui leur arrachait presque les bras. Ils abaissaient le chalut d'environ un mètre, le remontaient, imprimant un va-et-vient au gros filet jusqu'à ce que la boue eût disparu. A ce moment seulement, ils l'amenaient à bord avec son chargement d'huîtres et de coquillages.

Les chaluts étaient vidés sur le pont, puis remis à la mer pour un nouveau dragage. Dès ce moment, les hommes s'agenouillaient sur le pont et commençaient le tri ; leurs mains prestes, très entamées par les bords acérés des huîtres, plongeaient dans la masse des coquilles vides et d'algues, isolant les huîtres vivantes qui représentaient leurs prises. Les doigts semblaient danser à travers les déchets, sachant d'instinct qu'ils se refermaient sur une bonne huître ; avec une étonnante adresse, ils récupéraient chacune d'elles, la jetant derrière eux vers des tas invisibles qui augmentaient au fur et à mesure que progressait le dragage.

A bord des skipjacks, la coutume voulait que chacun des quatre hommes triant le contenu du chalut jetât ses huîtres dans le coin du bateau derrière lui ; cette mesure équilibrait le poids sur le pont, d'avant en arrière, de tribord à bâbord. Quand la longue journée s'achevait, de l'aube au crépuscule, six jours par semaine, le *Jessie-T.*, rempli d'huîtres, continuait à naviguer allégrement tant le poids était bien réparti.

A la fin de chaque journée, Jake, qui en tant que capitaine ne participait pas au tri, scrutait l'horizon à la recherche d'un bateau ayant un panier en tête de mât. Il s'agissait d'un navire acheteur qui ne manquait pas de sillonner les parages. Quand il s'était mis à couple, les hommes à bord du *Jessie-T.* devaient travailler deux fois plus vite. Ils empilaient leurs prises dans la mesure suspendue au mât de charge du bateau acheteur et chaque fois qu'elle se déversait dans les cales, Tim Caveny s'écriait :

— Une encoche ! Deux encoches !

Et ainsi de suite, jusqu'à la cinquième mesure, où il annonçait :

« Une taille !

Et il recommençait :

« Une encoche !

Au coucher du soleil, il faisait part à l'équipage des gains de la journée.

« Vingt-deux et trois.

Cela signifiait vingt-deux tailles plus trois encoches, soit cent treize boisseaux, et chacun pouvait alors calculer le rapport de la journée.

A bord du *Jessie-T.,* on travaillait à la part. Le skipjack recevait un tiers, partagé à égalité entre les deux propriétaires, Jake et Tim, qui devaient payer la nourriture, les cordages, les chaluts. Le patron recevait un tiers dont il remettait la moitié à Caveny, lequel aurait pu aussi bien être capitaine. Et les quatre hommes d'équipage partageaient le dernier tiers entre eux, mais Big Jimbo recevait un petit supplément de la part de chacun d'eux en reconnaissance de ses exceptionnels talents de cuisinier.

La position du Noir était paradoxale. Les quatre Turlock haïssaient les nègres et n'hésitaient jamais à exprimer leur répulsion. « Ces satanés esclaves ont tué mon cousin Matt... Qu'un d'eux s'avise de me chercher des crosses, et c'est un homme mort. » Cette menace était souvent proférée en présence de Big Jimbo qui, nul ne l'ignorait, était le propre fils du meurtrier ; mais à titre individuel, le coq était considéré comme un ami, empressé à aider sur le pont et le meilleur cuisinier de la flottille. « Mon vieux, quand on embarque à bord du *Jessie-T.,* on bouffe bien. Notre nègre cuisine bien mieux que le tien. »

L'extraordinaire contribution qu'apportait Big Jimbo eut

l'occasion d'être soulignée par un matin gris de février alors que les hommes prenaient le petit déjeuner, ayant laissé la barre au plus jeune des Turlock. Le bateau gîtait sur tribord et les assiettes glissaient sur la table. Le capitaine passa la tête par la porte du carré et cria :

— Tout va bien là-haut ?

— Tout va bien, répondit l'homme de barre.

Un temps passa, puis sa voix s'altéra.

« Cap'taine, de gros nuages noirs. J'ai besoin d'un coup de main ! s'écria-t-il peu après.

Jake se précipita vers l'échelle, mais Ned Turlock, l'un des trois hommes d'équipage, l'atteignit avant lui. D'un bond, le jeune matelot grimpa les quatre marches et émergea sur le pont juste à temps pour être frappé au visage par la bôme qui passait d'un bord sur l'autre à cause d'un changement de vent brutal. Ned fut projeté dans l'eau bouillonnante et se retrouva bientôt loin derrière le skipjack, sans gilet de sauvetage. Jake prit la barre et vira cap pour cap pendant que les hommes s'affairaient aux écoutes et s'efforçaient de contrôler le bateau.

Dès que le skipjack eut cessé de se cabrer et qu'il se retrouva sur un cap susceptible de le rapprocher de Ned qui se débattait, luttant pour sa vie, Big Jimbo se passa un filin autour de la taille et demanda à Tim Caveny de lui confectionner une sorte de harnais en cordage de diamètre plus réduit, qui lui entourerait les épaules et le relierait au filin principal. Après s'être assuré que son extrémité était tournée à la bitte d'amarrage, il plongea sans hésitation dans l'eau profonde et glacée. Il battit violemment des bras, cherchant à se maintenir à la surface.

— Merde, il sait même pas nager ! s'exclama l'un des Turlock.

— Les nègres savent jamais nager, grommela le capitaine. Tiens la gaffe prête.

Donnant de vigoureux coups de pied, battant des bras, Big Jimbo se rapprocha de l'homme qui se noyait, mais la force des vagues et le mouvement irrésistible du skipjack l'empêchaient de l'atteindre et Ned Turlock paraissait perdu. Sur le pont, le patron, au mépris du risque, vira de bord sous une furieuse rafale ; le bateau faillit chavirer et continua sur une amure lui permettant de se rapprocher de l'homme en péril.

D'une puissante étreinte, Big Jimbo saisit Ned à demi noyé ; il le pressa contre sa poitrine et lui fit rejeter de l'eau pendant que, sur le *Jessie-T.*, on halait le filin pour ramener les deux hommes à bord. Au dîner ce soir-là, après que les huîtres eurent été vendues et les bénéfices calculés, les six hommes de l'eau joignirent leurs mains pendant que Caveny distillait leurs remerciements :

> Dieu tout-puissant, vous nous avez fait essuyer une tempête comparable à celle qui s'abattit sur les pêcheurs de Galilée et, dans Votre sagesse, Vous nous avez arraché Ned, notre matelot. Mais, tout comme Vous avez sauvé Jonas après quarante jours et quarante nuits dans le ventre de la baleine, Vous avez poussé notre nègre, Big Jimbo, à plonger dans l'eau écumante pour sauver Ned. Saint Patrick, patron des pêcheurs, nous te remercions de ton intervention. Aucun homme n'est capable de plus d'amour.

Une fois la prière achevée, chacun formula des objections.

— Les quarante jours et quarante nuits, c'était Noé dans l'arche, pas Jonas.

— Tous les deux ont enduré une longue épreuve, riposta Caveny. Je croyais Ned perdu.

— La semaine dernière, vous avez dit que saint Pierre était notre saint patron.

— Le pêcheur a besoin de toute l'aide qu'il peut obtenir, rétorqua Caveny.

— Tu aurais dû terminer en disant : « Aucun homme n'est capable de plus d'amour que celui qui risque sa vie pour sauver celle de son frère », rectifia le capitaine.

— J'avais pas oublié. Mais je pensais que Ned n'aimerait pas qu'on lui dise qu'il est le frère d'un nègre.

Avec la demi-noyade de Ned Turlock, les soupçons selon lesquels le *Jessie-T.* était un bateau malchanceux allèrent si bon train que son patron éprouva des difficultés à enrôler un équipage. Au magasin, un client cynique rappela :

— Je vous l'avais bien dit. Ce skipjack était maudit dès le départ. Sa dérive est mal foutue. Il a le cul en porte à faux.

L'un des jeunes Turlock qui avait navigué à son bord déclara :

— Où il faut faire gaffe, c'est surtout avec le patron. A l'automne, quand il y a des huîtres à pas savoir qu'en faire, il verse un salaire à son équipage. L'hiver venu, c'est une autre paire de manches ; ce fumier vous balance un sourire d'ange et annonce : « Les gars, on ferait mieux de travailler à la part maintenant. » Jamais plus je remettrai les pieds sur ce foutu bateau.

Quand un skipjack de la côte orientale ne parvenait pas à enrôler un équipage, la tradition voulait que le capitaine prît la décision qui s'imposait :

— Caveny, on va aller à Baltimore.

Avec Big Jimbo et Ned pour tout équipage, les deux associés remontèrent la baie, dépassèrent le phare du lazaret, puis Fort McHenry où la bannière étoilée avait flotté pendant les jours sombres, et pénétrèrent dans l'un des plus beaux mouillages du monde, l'arrière-port de Baltimore. Ce dernier bénéficiait de trois avantages : il était situé en plein cœur de la ville ; il était entouré d'hôtels, de magasins et d'entrepôts aisément accessibles ; et il était si bien protégé par les hauts immeubles que les bateaux n'y couraient aucun danger. Le cuisinier du bord ne cacha pas sa joie en entrant dans ce port : sur le quai, se dressait l'immense bâtiment de la Société des épices McCormick dont les odeurs se répandaient alentour. Des étagères croulant sous l'amoncellement des condiments ! C'était le rêve de tous les coqs.

Comme le *Jessie-T.* approchait de son quai, dans l'angle formé par Light Street, où étaient amarrés les vapeurs blancs, et Pratt Street, bordée de tavernes et proche de la jetée dévolue aux skipjacks, le capitaine Jake avertit ses compagnons d'avoir à se tenir en alerte.

— On sera peut-être obligés de filer en vitesse, expliqua-t-il. Jimbo, tu garderas le bateau pendant que Tim et moi on ira à terre pour s'occuper de nos affaires.

— Cap'taine, rétorqua le cuisinier, je surveillerai le bateau, mais avant faut que j'aille chercher des épices.

Dès que le *Jessie-T.* se fut amarré, Big Jimbo se rendit chez McCormick et en revint avec un précieux petit paquet qu'il rangea avec soin.

Turlock et Caveny descendirent sur la jetée et, tandis que de leur démarche chaloupée ils gagnaient le quai bordé de bistrots, Jimbo leur cria :

— Bonne chance, patron. Je vous attendrai.

Une taverne, Le Pingouin ivre, ralliait les suffrages des

capitaines à la recherche d'un équipage, et les deux hommes de l'eau s'y rendirent.

— Quelle belle enseigne ! s'exclama Caveny en découvrant le pingouin fin saoul qui lui adressait une grimace.

Turlock ne tint aucun compte de la remarque esthétique et, d'un coup d'épaule, poussa les battants de la porte ; il se fraya un chemin dans la pénombre du bar, s'immobilisa un instant pour observer le tableau familier. Lorsqu'il s'approcha d'une table du fond de la salle, deux jeunes gens, qui reconnurent en lui un patron de skipjack de la côte orientale, se levèrent sans mot dire et s'esquivèrent par une porte latérale.

Les deux associés commandèrent une bière qui leur fut servie accompagnée d'un assortiment gratuit d'amuse-gueule.

— Vous avez beaucoup de monde en ce moment ? demanda Jake au barman.

— Pas beaucoup, rétorqua l'homme en essuyant laborieusement un verre. Les clients fréquentent surtout les autres bistrots.

— Y en a bien qui vont pas tarder à arriver, marmonna Jake en s'attaquant à l'assiette de petits sandwiches. Tim, tâche de me dégotter un autre œuf mariné.

Il ne se passa rien lors de ce premier après-midi et Caveny proposa de se rendre dans d'autres bars, mais Jake refusa.

— Dans le temps, quand j'avais besoin de quelque chose, c'est toujours ici que je l'ai trouvé. Tu verras, ça marchera encore cette fois.

En fin de journée, les ouvriers des chantiers voisins entrèrent pour prendre leur bière.

— Ça me rappelle les merveilleux vers du début d'*Énergie,* le poème de Grey, dit Caveny.

> En se rendant chez eux à la fin du jour,
> Les ouvriers las se manifestent,
> Fatigués par leur labeur honnête,
> Avides de rhum, leur seul amour.

Minuit approchait sans que rien survînt.

— Je vous avais prévenus qu'ils étaient dans les autres boîtes, dit le barman.

— J'ai entendu, je suis pas sourd, grommela Turlock.

Et, cette nuit-là, Tim et lui dormirent assis à leur table. L'aube pointa et, sur Light Street, débouchèrent des voitures amenant les passagers vers les premiers vapeurs en partance et bientôt Pratt Street s'anima sous le trafic. L'activité fiévreuse de Baltimore se précisait.

Vers neuf heures du matin, les deux associés étaient bien éveillés.

— Je n'ai jamais vu l'hôtel Rennert, dit tout à coup Tim. Si on allait jeter un coup d'œil pour voir ce que deviennent nos huîtres !

Les hommes de l'eau couvrirent quelques centaines de mètres dans l'air vif, léger ; ils traversèrent un parc et foulèrent les pavés belges qui revêtaient toutes les artères proches du grand hôtel.

— La splendeur du ciel descendu sur terre, commenta Caveny.

Turlock ne répondit pas ; l'Irlandais désigna l'immense façade et le portier galonné.

« C'est un honneur que de procurer des vivres à un tel établissement.

Ne recevant toujours pas de réponse, Tim tira son compagnon par la manche.

« Jake, je crois que saint Pierre, notre saint patron, verrait d'un bon œil que nous allions boire un verre au Rennert.

— Saint Pierre le verrait peut-être d'un bon œil, mais pas ce mannequin à la porte, rétorqua Jake en désignant ses vêtements grossiers et le menton pas rasé de Tim.

— On accueille toujours un honnête travailleur, déclara Caveny en s'approchant du portier. Mon bon ami, le capitaine Turlock et moi procurons les huîtres qui sont dégustées dans votre établissement. Pousseriez-vous la courtoisie jusqu'à nous permettre de nous y régaler d'une bière ?

Il ne laissa pas au factionnaire stupéfait le temps de répondre.

« A nos frais, évidemment, ajouta-t-il, très grand seigneur.

— Vous êtes des pêcheurs d'huîtres ? demanda le portier.

— Oui, répondit Caveny. Les meilleurs de la baie. C'est pourquoi nous fournissons des huîtres au Rennert.

— Messieurs, il vous suffit de franchir cette porte pour trouver le bar et son banc d'huîtres. Je suis persuadé que vous y serez très bien accueillis.

Avec circonspection, Jake Turlock entra dans la salle aux lambris d'acajou. Il avisa le bar luisant dont il avait entendu parler. Un écailleur noir ouvrait des huîtres dans un angle ; un tableau indiquait les différentes variétés disponibles et trois hommes en complets stricts prenaient une première collation. Une salle splendide.

— Mon bon ami, commença Caveny à l'adresse du barman, mon collègue et moi pêchons les huîtres que vous vendez ici.

— C'est vrai ? demanda l'homme.

— Aussi vrai que je me tiens devant vous comme l'honnête pêcheur que je suis.

— Et vous aimeriez déguster quelques-unes des huîtres que vous avez pêchées ?

— Qu'à Dieu ne plaise que nous ayons remonté la baie jusqu'à Baltimore pour manger des huîtres ! Nous voudrions une bière fraîche.

— Je vais vous la servir, assura le barman. Avec les compliments du Rennert.

— Nous avons de quoi payer, dit vivement Caveny.

— J'en suis persuadé, mais nous avons rarement l'occasion de voir nos pêcheurs d'huîtres. Et cette bière est sur le compte de la maison.

Caveny but sa bière à petites gorgées, comme un gentleman, tout en formulant diverses observations sur les mérites de l'hôtel. Il reposa son verre sur le comptoir avec délicatesse.

— Seriez-vous offensé, monsieur, si nous vous laissions un pourboire plus généreux que ne le veut la coutume ?

— De la part de marins tels que vous...

— D'hommes de l'eau, rectifia Caveny.

Il jeta sur le bar des pièces dont le montant aurait suffi à payer les deux bières majorées d'un bon pourboire.

— Ça, c'est un bel hôtel, dit-il à Turlock quand tous deux se retrouvèrent dans la rue.

— Retour au Pingouin ivre, grommela Jake pour toute réponse. On sait jamais à quel moment ils peuvent se pointer.

La première dupe en puissance se manifesta sur le coup de deux heures, un Anglais d'environ vingt-quatre ans, crasseux, affamé, les yeux chassieux. Il avait juste assez d'argent pour payer une bière, ce qui lui donnait droit à l'assiette gratuite d'amuse-gueule.

Turlock observa la voracité de l'inconnu et fit signe à Caveny, qui s'approcha du bar.

— Originaire de la belle cité de Dublin, je suppose.

— De Londres, rectifia l'homme.

— Pas de plus belle ville au monde. C'est ce que je dis

toujours. Verriez-vous une offense à ce que je vous propose une autre bière ?

Le jeune homme n'avait rien à opposer à une telle invitation, mais à peine le verre eut-il été vidé qu'il découvrit le prix exorbitant de son acceptation. Soudain, les bras robustes d'un homme invisible le saisirent par-derrière, tandis que Timothy Caveny le frappait au visage. Il perdit connaissance et, quand il revint à lui, il se retrouva pieds et mains liés dans la cabine d'un bateau inconnu sous la garde d'un colosse noir qui le menaçait d'un couteau.

Jake et Tim regagnèrent le Pingouin ivre, s'installèrent à une table du fond et attendirent. A la nuit tombée, un jeune homme entra dans la taverne, annonça à voix forte qu'il venait de Boston et attendait que son bateau arrivât de La Nouvelle-Orléans. Il flâna un moment, but une bière avec désinvolture, suçota quelques morceaux de betterave épicée et se lécha les doigts. C'était un garçon vigoureux et Caveny doutait qu'on pût en venir à bout ; aussi, pendant que le Bostonien jetait un vague coup d'œil dans la salle, Tim s'approcha du barman et lui fit une proposition à voix basse. L'homme accepta et quand l'Irlandais prit place auprès du jeune homme et lui offrit un verre en l'honneur du grand port de Boston où Tim avait servi à bord de nombreux bateaux, la consommation était prête.

Le Bostonien but une gorgée, regarda la mousse, puis posa le verre sur le comptoir.

— Buvez, l'encouragea Tim en avalant une longue gorgée de bière.

— Je voudrais un peu de betterave confite, dit le jeune marin.

— Rien de meilleur avec la bière, approuva Tim en lui faisant passer le saladier de verre.

Le marin mangea deux morceaux de betterave, avala trois rasades de bière et s'effondra comme une masse.

— Prends-le par les pieds, dit Turlock.

Les consommateurs, auxquels ce genre d'opération était familier, s'écartèrent pour laisser passer Jake et Tim qui emportaient leur deuxième matelot vers le *Jessie-T.*

Quand un équipage avait été recruté de la sorte, le capitaine ne prenait pas le risque de rentrer à son port d'attache toutes les semaines de crainte que ses hommes ne désertent. Il sillonnait donc la Chesapeake pendant la saison d'automne, chargeant les huîtres à bord des bateaux acheteurs, prenant des vivres frais si nécessaire, et ne quittait pas des yeux ses matelots shangayés qui, moins surveillés, auraient peut-être tenté une évasion.

— Ne vous lamentez pas, conseilla le capitaine Turlock à ses deux nouvelles recrues. Vous serez payés comme tout le monde. A Noël, vous serez riches.

Impressionnés par ces promesses, les marins travaillaient comme des esclaves. Ils mettaient les dragues à l'eau, les remontaient, leur imprimaient des mouvements de va-et-vient quand il y avait de la vase, restaient agenouillés des heures, des jours durant, pour trier les prises. Quand le bateau acheteur venait à couple, c'étaient eux qui pelletaient les huîtres dans la grande mesure métallique.

Les patrons des skipjacks étaient passés maîtres dans l'art de circonvenir leurs hommes shangayés.

— Tu comprends, les sommes que je t'ai annoncées ne sont pas les bénéfices nets. Tu dois payer les vêtements que nous te fournissons, les gants, et tout ce qui s'ensuit.

Ils devaient aussi payer leur nourriture et on déduisait de leurs parts les frais de réparation des chaluts, le prix des cordages neufs.

Quant au capitaine Turlock, il optait pour une méthode plus simple.

— Les gars, chaque jour, vous devenez plus riches.

— Quand est-ce qu'on ira à terre ? demanda l'Anglais.

— On dirait que tu as l'intention de nous quitter.

— En quelque sorte, oui.

— A Noël, promit Turlock.

Durant la troisième semaine de décembre, alors que la glace se formait sur les doigts, les deux matelots se présentèrent dans le carré et exigèrent de parler à Turlock.

— On veut que vous nous promettiez qu'on débarquera avant Noël.

— Je vous le promets formellement, assura Turlock.

Il voulut appuyer ses dires de façon encore plus convaincante.

« Mr. Caveny est prêt à vous le jurer. N'est-ce pas, Tim ? ajouta-t-il.

— Aussi sûr que la lune se lève au-dessus du lac de Killarney, vous aurez débarqué de ce bateau avant Noël, leur affirma Caveny.

Deux jours avant la grande fête, une fois le dernier bateau

acheteur chargé d'huîtres, le capitaine Turlock réunit son équipage et annonça joyeusement :

— Jimbo, si l'un des gars allait chercher du lait à Deal Island, tu pourrais nous préparer un bon ragoût mâle, hein ?

— J'aimerais bien, admit le grand Noir.

Turlock dévisagea les deux matelots shangayés.

— Toi, tu vas y aller, dit-il en s'adressant au Bostonien.

Puis, il parut changer d'avis, à croire qu'une profonde méditation philosophique l'animait, et il se tourna vers l'Anglais.

« Tu ferais mieux de prendre le seau. Celui-là, j'ai à lui parler de son salaire.

L'Anglais saisit le seau et monta sur le pont. Caveny, Jimbo et Ned Turlock le suivirent pour manœuvrer le *Jessie-T.* et lui permettre de s'amarrer à la jetée de Deal Island afin que l'Anglais pût débarquer et aller chercher le lait. Pendant ce temps, le capitaine Turlock engagea une conversation sérieuse avec le Bostonien.

— Où iras-tu avec l'argent qu'on va te donner ?

— Chez moi. Mes parents m'attendent.

— Ils seront fiers de l'argent que tu leur apporteras.

Le jeune homme esquissa un sourire amer.

« Faut pas te mettre en rogne. C'est comme ça, la mer, reprit Turlock d'un ton rassurant. Tu as appris à pêcher les huîtres tout en économisant de l'argent.

Cette réflexion moralisante avait quelque chose de répugnant, surtout si l'on tenait compte des ordres sans appel de Turlock pendant la saison de pêche ; animé par une juste colère, le Bostonien se leva pour monter sur le pont, mais le capitaine le retint en le prenant par le bras.

« Assieds-toi, mon gars. On a pêché pas mal d'huîtres pendant cette saison, et tu emporteras beaucoup d'argent à Boston.

Il débita quelques propos mielleux qui finirent d'exaspérer le jeune homme.

— Capitaine Turlock, vous êtes un fieffé coquin. Vous êtes un fameux salaud, et vous le savez !

Avec une moue de dégoût, il s'approcha de l'échelle, mais cette fois encore Turlock s'interposa.

— Faut pas t'emballer avant qu'on ait discuté de ton salaire.

Et la conversation reprit.

Sur le pont, on savait pourquoi le capitaine restait en bas

avec le Bostonien. Quand l'Anglais débarqua avec son seau, Caveny lui cria :

— La maison, là-bas, tout au bout.

Le jeune homme se mit en route pour le petit village de pêche et l'Irlandais adressa un signe à Ned Turlock qui se trouvait à la barre. Celui-ci fit pivoter le skipjack pour l'éloigner du quai et mit cap au large.

— Eh ! Attendez-moi ! hurla l'Anglais en voyant s'éloigner son bateau et sa rémunération.

On ne l'attendit pas. Implacablement, le bateau s'éloignait de l'île, et le jeune homme le regardait partir, son seau vide à la main. Il était débarqué, abandonné à son triste sort, payé avec « une poignée de sable », ainsi que les hommes de l'eau nommaient cette pratique courante. Avec un peu de chance, il pourrait regagner Baltimore dans deux ou trois semaines, sans avoir le moindre recours, la moindre possibilité de récupérer le salaire qui lui était dû pour plusieurs mois de labeur. En le voyant debout, sur le quai, Tim Caveny dit à ses deux compagnons :

— Je lui avais promis qu'il serait débarqué avant Noël.

Quand le *Jessie-T.* se trouva assez loin de la jetée pour qu'on ne distinguât plus le matelot abandonné, le capitaine Turlock appela depuis le carré :

— Mr. Caveny, descendez et payez cet homme.

L'Irlandais obtempéra et Turlock se lança dans des explications.

« Cet homme avait des griefs à faire valoir. Il m'en a fait part avec franchise. Il faut calculer ce que nous lui devons jusqu'au moindre centime et le régler intégralement. Je veux qu'il se souvienne de notre bonté.

Sur ces mots, il monta sur le pont et prit la barre.

Avec tout le charme irlandais dont il était capable, Caveny tendit le bras vers son registre de comptes qu'il ouvrit tout grand sur la table.

— Tu as travaillé dur et bien gagné l'argent qui te revient, commença-t-il.

A l'instant où, les comptes achevés, il s'apprêtait à tendre les billets, s'éleva le tohu-bohu sur le pont. Des bruits difficiles à déterminer se firent entendre, puis vint le cri angoissé du capitaine Turlock :

— Tout le monde sur le pont !

Le jeune Bostonien bondit machinalement et se rua vers

l'échelle sans remarquer que le trésorier demeurait à sa place. Il passa la porte du carré et se précipita pour aider à la manœuvre, apparemment urgente. Il déboucha sur le pont à l'instant précis où la bôme massive passait d'un bord sur l'autre à une vitesse incroyable. Avec un grand cri, il porta les mains à son visage, ne parvint pas à éviter le coup, et hurla quand le gui le précipita dans l'eau boueuse.

Les quatre hommes de Patamoke se penchèrent sur la lisse du skipjack et lui crièrent leurs instructions.

— Va vers la grève. Tu as pied. Tu n'as qu'à marcher.

Ils furent affolés en voyant que le jeune matelot battait désespérément des bras, trop terrifié par son immersion pour contrôler ses mouvements.

— Tu n'as qu'à marcher ! hurla Turlock. C'est pas profond. Je te dis que tu as pied.

Enfin, le matelot comprit ce que l'équipage s'efforçait de lui dire. Trébuchant, jurant, pestant, il parvint à prendre pied, s'aperçut que l'eau ne dépassait pas ses aisselles, et se mit en route pour la longue et froide marche vers Deal Island.

— Un Noël qu'il n'est pas prêt d'oublier, commenta Tim Caveny pendant que le marin se débattait pour gagner la côte.

A présent, ils n'étaient plus que quatre pour partager le montant de la saison de pêche et, quand ils se réunirent pour le repas du soir, deux jours avant Noël, ils se tinrent les mains et écoutèrent avec attention la prière de Tim Caveny :

> Dieu miséricordieux, Vous qui voyez tout et qui protégez ceux qui naviguent, Vous savez que nous sommes de pauvres pêcheurs qui faisons de notre mieux. Nous affrontons les vagues à bord de notre petit bateau afin que d'autres aient à manger. Nous nous acharnons au travail dans la tempête pour que d'autres puissent rester chez eux. Nous Vous remercions d'avoir veillé sur nous pendant cette longue et périlleuse saison de pêche, et nous Vous demandons d'étendre Votre bénédiction à nos femmes et à nos enfants.

Le dragage des huîtres était terminé pour 1892 ; cette nuit, le bateau acheteur resterait au mouillage à Baltimore. Mû par une sorte de tendresse, le *Jessie-T.* vira de bord, régla sa voilure et fit route vers son port d'attache. Les hommes de l'eau se rappelleraient ce Noël comme l'un des plus beaux de leur vie car le temps était froid et sec, agrémenté d'un soleil éclatant pendant la journée et d'un peu de brume pendant les nuits sans lune. Les deux associés devaient rattraper le temps perdu ; la surveillance exercée sur leur équipage shangayé les avait empêchés de se livrer à la chasse pendant les mois de novembre et décembre. De ce fait, ils sortirent toutes les nuits.

Ce fut un matin, en revenant d'une telle expédition, que Tim Caveny mit le doigt sur le danger qu'ils courraient en suivant le plan du patron visant à trouver un nouvel équipage après le départ de l'Anglais et du Bostonien. Turlock s'en était ouvert devant Big Jimbo.

— Vous en faites pas, lui assura le grand Noir. Je connais deux gars qui demandent pas mieux que d'embarquer.

Mais quand le cuisinier revint avec les candidats marins, Tim constata que chacun d'eux était très grand et du plus beau noir.

— Jake, tu crois que ce serait bien malin de notre part de les engager tous les deux ? demanda-t-il à son associé sans même l'attirer à l'écart.

— Ils ont l'air costaud.

— Mais ça ferait trois Blancs et trois Noirs. Et tu sais à quel point les nègres aiment comploter contre les Blancs.

Jake observa les trois Noirs et, bien que leurs visages fussent placides, il les imaginait organisant une mutinerie. Il s'approcha de Big Jimbo.

— Est-ce que c'est pas ton père qui a assassiné le frère de mon grand-père ? demanda-t-il.

— Peut-être bien que c'est votre grand-père qui a razzié mon père en Afrique pour en faire un esclave, rétorqua le coq d'un ton uni.

— Tim a raison, coupa Turlock. On en prendra un et on ira chercher un autre Blanc à Baltimore.

Aussi, le premier jour de dragage, le *Jessie-T.* n'était pas à pied d'œuvre. Il livrait un chargement de canards à l'hôtel Rennert à Baltimore et, une fois la marchandise remise à son destinataire, Turlock et Caveny retournèrent au Pingouin ivre. Ils n'eurent pas longtemps à attendre ; bientôt, un Allemand, un vrai géant, entra dans l'établissement. Il portait un chandail gris à col roulé et un pantalon si épais qu'il semblait capable de résister à un ouragan. Affamé, il engloutit trois œufs avant que le barman ait eu le temps de lui verser sa bière. Il engouffrait un sandwich quand le capitaine Turlock lui abattit une bouteille sur le crâne. L'homme s'effondra dans la sciure ; Caveny se précipita dans la rue et siffla pour que Big Jimbo vînt les aider à traîner le colosse hors du bistrot.

L'Allemand était encore inconscient lorsque le *Jessie-T.* appareilla, mais dès que le skipjack eut dépassé le lazaret, Jake appela le jeune Turlock qui se trouvait dans le poste avant.

— Prends la barre. Ce type-là peut nous causer des ennuis, quand il se réveillera.

Aidé de Tim, il étendit l'Allemand évanoui sur le pont, puis s'arma d'un cabillot et conseilla à Caveny de l'imiter. Dès qu'ils se trouvèrent dans une position sûre qui leur permettrait de se défendre, Turlock donna ordre au matelot noir de jeter un seau d'eau sur la tête de l'Allemand. Mais au moment où le marin s'apprêtait à obéir, Jake, prudent, appela Big Jimbo.

— Tu ferais bien de venir avec nous. Ce gars-là sera peut-être pas facile à manœuvrer.

Le cuisinier se joignit donc au cercle, et le matelot lança le contenu du seau.

L'Allemand secoua la tête, retrouva peu à peu ses esprits, et comprit qu'il se trouvait à bord d'un voilier qui traçait de la route. Il se redressa, essuya l'eau salée qui dégoulinait le long de sa figure, dévisagea chacun des inconnus à tour de rôle, deux Blancs, deux Noirs. Supposant que Turlock était le patron, il s'adressa à lui.

— Où est-ce que vous m'emmenez ? demanda-t-il avec un fort accent.

— A la pêche aux huîtres, répondit Jake.

L'Allemand était prêt à se battre, mais il aperçut les cabillots et changea d'avis.

— Combien de temps ? s'enquit-il.

— Trois mois. Et après t'avoir payé, on te ramènera à Baltimore.

L'Allemand restait assis sur le pont ; il essora son chandail et se présenta :

— Otto Pflaum, de Hambourg.

— Bienvenu à bord, Otto. Le café est prêt.

Il fut une recrue de choix, faisant preuve d'une énergie peu commune et d'une étonnante dextérité pour trier ce que les dragues remontaient du fond. Ignorant tout des traditions de la baie, il ne trouva rien d'anormal à ce que le *Jessie-T.* demeurât en mer plusieurs semaines d'affilée. Il aimait voir les bateaux acheteurs se mettre à couple pour charger les huîtres, car cela signifiait qu'au cours des quelques jours qui suivraient la nourriture serait meilleure, et il avait un appétit insatiable.

— Si on le laissait faire, il boufferait vingt-quatre heures sur vingt-quatre, commentait Big Jimbo avec admiration.

— Un seul truc bien sur le bateau, le cuistot, disait volontiers Pflaum.

Au cours de l'hiver 1893, l'équipage du *Jessie-T.* se réjouit d'avoir trouvé le grand Otto Pflaum parce que, une fois de plus, il lui fallait affronter son ancien ennemi ; en l'occurrence, les pêcheurs de Virginie qui empiétaient sur les eaux de Maryland, bien qu'un accord entre les deux États stipulât que les bancs d'huîtres en question appartenaient aux riverains de la côte orientale.

Les Virginiens bénéficiaient de trois avantages : leur État était plus vaste ; ils étaient plus nombreux ; leurs bateaux étaient beaucoup plus grands que les skipjacks et, pour une raison aussi bizarre qu'injustifiable, ils étaient autorisés à utiliser des moteurs alors que les pêcheurs du Maryland devaient s'en tenir à la voile. Leurs rapides dragueurs pirates pouvaient nettoyer un banc d'huîtres en un après-midi.

Certes les hommes du Choptank essayaient de tenir les envahisseurs à distance, mais les Virginiens, très bons marins, savaient comment procéder pour écarter les petits skipjacks. Ils avaient aussi des fusils et, comme ils ne craignaient pas de s'en servir, les coups de feu étaient fréquents ; deux matelots de Patamoke avaient déjà été tués.

Au début, on n'avait enregistré aucune manœuvre de représailles de la part des skipjacks mais, au bout d'un an, après plusieurs attaques sournoises, nombre de bateaux du Choptank s'étaient armés et des coups de feu crépitaient sporadiquement. Bien que les skipjacks fussent obligés de naviguer sous la menace constante d'une attaque en règle, le capitaine Turlock répugnait à détenir des armes à bord du *Jessie-T.*

— Notre boulot, c'est de draguer les huîtres, pas de nous bagarrer avec les Virginiens.

— Qu'est-ce que tu feras quand ils te tireront dessus ?

— Je m'arrangerai pour rester hors de portée.

— C'est bizarre que tu dises ça, Jake. C'est pas tes ancêtres qui ont viré tous les intrus de la baie ?

— Si, et on est plutôt fiers de ce qu'ils ont fait contre les pirates, les Anglais, et tous les autres.

— Alors, pourquoi est-ce que tu t'armes pas ?

— Parce qu'un skipjack n'est pas une canonnière.

Le *Jessie-T.* continua donc à naviguer sans armes à son bord, et la tactique de Jake se révéla efficace. Il arrivait sur les bancs très tôt chaque lundi et, après la prière, remontait ses dragues pleines à craquer. Quand les bateaux virginiens empiétaient sur son territoire et qu'il les savait armés, il se retirait et se contentait de chaluter sur les bancs moins importants à l'embouchure du Choptank. Mais la stratégie de Turlock ne fit qu'enhardir les envahisseurs et ceux-ci ne tardèrent pas à sillonner ouvertement les parages du fleuve.

Les Virginiens avaient à leur tête un bateau audacieux, arrogant. Il s'agissait d'un grand dragueur nommé *Sinbad,* qui se distinguait par deux éléments : comme figure de proue, il avait un grand oiseau rock, l'aigle légendaire aux énormes serres, et tout le bateau était peint en bleu, couleur interdite aux skipjacks. Le *Sinbad* était formidable.

Cet hiver-là, il défia le *Jessie-T.,* l'éperonnant presque au-dessus d'un banc d'huîtres.

— Du large, imbécile ! hurla le capitaine virginien en fonçant.

— Rentrons-lui dedans ! cria Ned Turlock à son oncle.

Mais le *Sinbad* était beaucoup trop lourd pour que le *Jessie-T.* eût recours à une telle tactique, et ce dernier battit en retraite. Sa déroute encouragea les autres dragueurs virginiens. En toute impunité, ils se déployaient au-dessus des bancs du Maryland, les nettoyant sans difficulté. Expérience humiliante pour les hommes du Choptank, rendue encore plus amère du fait que les navires acheteurs virginiens s'installèrent avec arrogance pour collecter les huîtres volées et les vendre à Norfolk.

Il fallait agir. Un soir, quatre skipjacks de Patamoke se rassemblèrent au-dessus de l'un des bancs pour envisager une stratégie commune, susceptible de tenir les Virginiens à distance. L'un des patrons, qui disposait d'un équipage sûr, en ce sens qu'aucun de ses membres n'avait été shangayé, déclara que, puisqu'il allait à terre, il télégraphierait au gouverneur du Maryland, exigeant une force armée pour repousser les envahisseurs de Virginie. Pflaum assista à l'entretien.

— Ils vont à terre. Pourquoi pas nous ? demanda-t-il d'une voix forte.

L'un des patrons, conscient de la situation de Pflaum, intervint :

— Parce que ton bateau ramasse les plus grosses huîtres.

Par la suite, les matelots du *Jessie-T.* rirent en voyant le grand Allemand seul près de l'étrave, qui s'efforçait de percer la curieuse explication.

Le télégramme n'obtint aucun résultat ; aussi, les patrons des skipjacks qui rentraient à Patamoke pour le week-end achetèrent-ils des fusils, bien résolus à les utiliser. Pendant deux jours, le capitaine Turlock se contenta de laisser les autres skipjacks patrouiller dans les eaux du Choptank pendant qu'il naviguait sans armes, mais quand les Virginiens comprirent sa tactique, ils foncèrent droit sur le *Jessie-T.* et le chassèrent des meilleurs bancs.

Otto Pflaum en avait assez. Au coucher du soleil, il fit irruption dans le carré.

— Satané Turlock ! s'écria-t-il. Vous n'allez pas à Patamoke parce que vous avez peur que je quitte le bateau. Vous nous achetez pas de fusils parce que vous avez peur du *Sinbad.* Bon Dieu, je vais pas me transformer en gibier ; si les autres me tirent dessus, pan-pan. Je veux un fusil.

Il l'obtint. Le lendemain après-midi, quand le *Jessie-T.* s'amarra à couple du navire acheteur, Turlock demanda à acquérir des fusils. On lui en procura cinq et le lendemain matin, quand la coque bleue du *Sinbad* fondit sur le skipjack au maximum de sa vitesse, il se heurta à Otto Pflaum, debout à l'avant qui tirait avec un fusil à répétition.

— Il les a touchés ! s'écria Ned Turlock tandis que les Virginiens, stupéfaits, se dispersaient sur le pont.

Au cours des jours qui suivirent, la pêche fut paisible et, tandis qu'il évoluait au-dessus des bancs, le capitaine Jake eut tout loisir de réfléchir à l'excellent travail réalisé par les Paxmore pour la construction du *Jessie-T.* « Son plan de dérive est décalé, pensa-t-il, mais n'empêche qu'il navigue mieux que tous les autres bateaux de la baie. » Il se rappelait avoir dit à Caveny : « Aucun homme ayant le moindre bon sens n'aurait construit un bateau en plaçant le mât autant sur l'avant, mais ça marche. Et tu sais pourquoi ? A cause de sa forte quête sur l'arrière. » C'était un mât bizarre ; il se dressait hors de son emplanture à un angle très aigu, au point qu'il semblait presque s'appuyer sur l'arrière, et sa partie supérieure s'inclinait vers l'avant, formant un arc qui paraissait devoir rompre l'espar. Deux forces antagonistes entraient ainsi en jeu ; le mât appuyé vers l'arrière mais incurvé vers l'avant produisait une tension qui lui conférait toute sa puissance ; il autorisait la plus grande surface de voile qu'on eût jamais utilisée sur un bateau de cette taille et, en raison même du dessin de la mâture, la voile se hissait et s'affalait aisément. « C'est un bateau magnifique, se répéta Jake. C'est une honte qu'il puisse pas s'occuper tranquillement de ses affaires et draguer les huîtres. »

Cependant, sous la conduite de l'enragé *Sinbad,* les Virginiens montèrent une opération concertée pour chasser les pêcheurs du Maryland de leurs propres eaux, et tout skipjack qui les défiait se voyait infliger un traitement peu amène. Les échanges de coups de feu devinrent courants, et le capitaine du *Jessie-T.* optait toujours pour la retraite afin de protéger son bateau, mais Otto Pflaum et le jeune Ned Turlock se refusaient à envisager la fuite. Le skipjack devint une cible de choix pour le *Sinbad.*

— Écartez-vous, bande de fumiers ! hurlait le capitaine virginien en faisant donner toute la puissance à son moteur.

— Ne changez pas le cap ! criait à son tour Pflaum.

Et le *Jessie-T.* tenait bon tandis que Pflaum et Ned Turlock, dressés à l'avant, expédiaient une grêle de balles sur les envahisseurs.

On n'obtenait aucun résultat mais, un soir, alors que l'équipage se réunissait pour la prière, Ned Turlock sortit soudain de son mutisme.

— Oncle Jake, tu es rudement bien tombé en mettant le grappin sur cet Allemand.

Curieuse camaraderie que celle qui régnait à bord, ainsi que Ned le fit remarquer un soir :

— J'aurais jamais cru que je travaillerais avec deux nègres, et tous les deux bons pêcheurs d'huîtres.

Assis entre le cuisinier et le matelot noir, il plongeait sa cuillère dans la marmite commune.

« Où as-tu appris à naviguer ? demanda-t-il au plus jeune des Noirs.

— C'est Big Jimbo qui m'a appris.

— Il a pas de bateau.

— Il me faisait souvent monter à bord du *Jessie-T.* quand vous chassiez le canard.

— Tu avais jamais navigué avant ?

— Non.

— T'as appris rudement vite. Faut surveiller ces satanés nègres, Jake, si on veut pas qu'ils prennent les commandes dans le monde entier.

— Et toi, tu avais déjà navigué ? demanda Caveny à l'Allemand.

— Sur beaucoup de navires, répliqua Pflaum.

— Et tu as déserté ton bord à Baltimore ?

— Je voulais voir l'Amérique.

— Ici, c'est la plus belle région de tout le pays, intervint Ned.

— Et, en plus, tu gagnes de l'argent, ajouta le capitaine Turlock.

Tous les hommes qui prenaient part à la conversation ne manqueraient pas de se rappeler que chaque fois que Jake parlait salaire, Otto Pflaum écoutait avec attention, mains croisées sur le ventre, sans mot dire.

L'attention de l'Allemand ne se relâcha pas non plus quand le *Sinbad* revint à la charge ; lorsque les fusils virginiens entrèrent en action et qu'une balle atteignit Ned, le rejetant contre la lisse où il faillit basculer dans l'eau, Pflaum tendit sa patte massive et le ramena sur le pont. Puis, utilisant sa propre arme et celle de Ned, il déclencha une fusillade nourrie contre l'ennemi.

— Je crois qu'il en a eu un ! s'exclama Caveny, admirant l'héroïsme dont Otto faisait preuve au cœur de la bataille.

Un grave problème se posa donc quand vint le moment de jeter l'Allemand par-dessus bord. Au cours d'un entretien chuchoté, Caveny déclara :

— Nous devons nous rappeler qu'il a sauvé la vie à Ned... enfin, plus ou moins.

— Ça n'a rien à voir, protesta le capitaine Turlock. La pêche se termine. Faut qu'on se débarrasse de lui.

Caveny fit intervenir Ned dans la discussion, s'attendant à ce que celui-ci plaide la cause de Pflaum et demande qu'on le garde à bord en le payant honnêtement ; mais le jeune homme était un Turlock bon teint.

— Par-dessus bord. On a besoin de sa part, déclara-t-il.

On convint qu'au cours de la première semaine d'avril, à la fin de la saison, Ned prendrait la barre, Caveny resterait dans le carré avec l'Allemand pour lui parler salaire, pendant que le capitaine Turlock et Big Jimbo se posteraient sur le pont, cabillots en main pour le cas où la bôme n'enverrait pas Otto par-dessus bord.

Ce jour-là, il faisait gris et, comme c'était si souvent le cas, le vent soufflait de nord-ouest. Une écume boueuse bouillonnait sur les eaux de la baie, et les dragues étaient arrimées sur bâbord et tribord après avoir raclé le fond sans interruption depuis trois mois. Chacun était las ; les bateaux acheteurs eux-mêmes avaient regagné leur mouillage d'été. La longue campagne s'achevait ; les pêcheurs d'huîtres allaient retrouver leur port d'attache et partager leurs bénéfices.

Dans le carré, Tim Caveny, ses registres étalés sur la table, expliquait à Pflaum la façon dont l'argent serait réparti.

— Nous avons eu une bonne saison, en partie grâce à toi, Otto. Voilà comment nous procédons. Un tiers pour le bateau, ce qui est normal ; un tiers pour le patron. Un tiers pour toi, le jeune Turlock et les deux nègres. Et chacun donne un petit supplément au coq.

— C'est juste. J'ai jamais navigué avec un meilleur cuisinier.

— Maintenant, je vais te remettre toute ta paye...

— Tout le monde sur le pont ! hurla le capitaine Turlock au milieu d'un tapage infernal.

Ultérieurement, Caveny devait reconnaître :

— C'était ma faute. Vous comprenez, je savais que l'appel allait être lancé, alors je n'ai pas réagi. En un éclair, Otto s'est rendu compte que je ne bougerais pas, alors que tout laissait croire à un coup dur. Il m'a jeté un regard que je ne suis pas prêt d'oublier. Il a remonté son pantalon, glissé la main droite sous sa ceinture et, lentement, il a monté l'échelle. Vous savez ce qui s'est passé quand il est arrivé sur le pont.

Ce qui s'était passé, c'est qu'Otto savait que la bôme allait balayer le pont ; il était prêt et, quand il la vit arriver, il l'agrippa de son bras gauche, se laissa balancer au-dessus de l'eau tandis que sa main droite s'armait d'un revolver qu'il braqua sur la tête du capitaine Turlock.

— La combine la plus dégueulasse que j'aie jamais vue, déclara Turlock.

Au moment où la bôme passait sur tribord, Otto Pflaum se laissa glisser vers l'avant jusqu'à arriver à hauteur du mât. Avec une prudence extrême, il posa les pieds sur le pont et avança à pas comptés vers l'arrière et la descente du carré. Il continuait à garder son arme braquée sur la tête du capitaine Turlock et, au moment de le dépasser, il annonça :

— Je reste dans le carré. Seul. Ramenez le bateau au port. Vite !

A pas lents, tâtonnant pour trouver son chemin, il recula jusqu'à la descente et cria :

« Caveny, je vous donne deux secondes pour sortir. Sinon, je vous tue !

Il attendit que l'Irlandais terrifié eût regagné le pont, puis descendit dans le carré et ferma la porte à clef derrière lui.

Pendant un jour et demi, les cinq hommes restés sur le pont durent se passer de nourriture et d'eau. Ils firent tailler de la route au *Jessie-T.* pour que celui-ci regagnât Patamoke aussi vite que possible ; hargneux, ils ne cessaient de pester contre la duplicité de l'Allemand qui avait piraté leur bateau. Une fois le skipjack amarré à la jetée, Caveny fut autorisé à regagner le carré pour verser sa paye à Pflaum ; après quoi, le colosse grimpa à l'échelle, revolver au poing, et gagna le pavois. Sans la moindre parole d'adieu, il descendit du bateau à reculons tout en continuant à viser la tête de Turlock et fila vers une taverne du quai.

— Comment est-ce que je peux regagner Baltimore ? demanda-t-il à la serveuse de l'établissement.

— Par le *Reine-de-Saba,* expliqua la barmaid. Quand il arrivera de Denton.

La fille de vingt ans était très belle et n'ignorait rien de sa beauté.

— Comment vous appelez-vous ? lui demanda Pflaum, tout à la joie de l'argent qui lui gonflait les poches.

— Nancy Turlock. Mon père est propriétaire de ce skipjack.

— C'est un type épatant, commenta Pflaum.

Et deux jours durant il resta au bar, attendant le *Reine-de-Saba,* sans cesser de narrer d'extraordinaires aventures à la fille du capitaine Turlock.

L'après-midi où Otto Pflaum acheta son billet pour Baltimore, Nancy Turlock se tenait à ses côtés, drapée dans la pèlerine jaune qu'il lui avait offerte. Soudain, un brouhaha monta de la route conduisant à la jetée. Il alla voir ce qui se passait en compagnie de la jeune fille.

Une scène stupéfiante les attendait. Un charretier se tenait au milieu du chemin à côté de sa voiture chargée de tonneaux ; il tenait à la main la bride de ses deux chevaux tandis qu'une femme d'un certain âge, habillée de gris et coiffée d'un curieux bonnet, le tançait si vertement que Pflaum pensa qu'elle allait le frapper de son parapluie. Bizarre ! L'homme s'écartait, la tête rentrée dans les épaules, bien qu'il fût deux fois plus lourd qu'elle. Les chevaux hennissaient d'impatience. Les enfants se groupaient pour profiter du spectacle. Et la vieille dame, très frêle, se déplaçait avec une vivacité de jeune fille.

— Qu'est-ce qui se passe ? s'étonna Pflaum.

— Oh ! c'est Rachel, répliqua la fille Turlock.

— Rachel qui ?

— Rachel Paxmore. Elle m'a appris à lire. Dans le temps, elle faisait des discours pour la libération des esclaves. Tout le monde pense qu'elle est un peu toquée, mais on la laisse tranquille.

Après l'émancipation des esclaves, Rachel s'était donné pour tâche de mener la vie dure aux charretiers qui maltraitaient leurs animaux.

La mince réputation que le *Jessie-T.* s'était taillée grâce à sa bonne pêche fut réduite à néant quand Otto Pflaum déclara à qui voulait l'entendre dans les bars de Patamoke que le capitaine Turlock avait essayé de le noyer et que lui, Pflaum, s'était vu obligé de capturer le skipjack et de tenir tête à cinq adversaires pendant plus d'une journée.

— Jake a loupé la commande, marmonnèrent les hommes de l'eau.

Et, une fois de plus, personne ne voulut naviguer à son bord.

Turlock et Caveny auraient dû se rendre à Baltimore pour shangayer un matelot, mais ils craignaient de tomber sur Pflaum ; ils ravalèrent leur fierté et autorisèrent Big Jimbo à enrôler un autre de ses Noirs. Ainsi, le *Jessie-T.* devint le premier bateau de Patamoke à accueillir à son bord trois Blancs et trois Noirs, équipage qui ne manquait pas de cohésion car Big Jimbo mettait ses recrues au pas et les avertissait :

— Si vous vous conduisez bien, il y aura beaucoup de Noirs sur l'eau. Si vous faites des bêtises, on ne voudra plus de nous à bord des skipjacks.

Mais toute la satisfaction que le capitaine Turlock aurait pu tirer de son équipage se dissipa le jour où il amarra le *Jessie-T.* à la jetée, un samedi de décembre, pour apprendre que sa fille Nancy avait filé à Baltimore.

— Je me suis doutée de quelque chose quand elle s'est mise à repasser ses vêtements, lui expliqua Mrs. Turlock. Et puis, j'ai remarqué que chaque fois que le *Reine-de-Saba* arrivait à quai, elle traînait par là et posait des tas de questions. Alors, je l'ai surveillée de près, mais mardi dernier, elle m'a feintée en allant à Trappe avec ses affaires. Elle est partie, Jake. Et tu sais avec qui ?

— Avec Lew ? s'enquit Jake, connaissant les habitudes des filles Turlock qui s'en allaient volontiers avec un quelconque membre de la famille.

— Ça aurait mieux valu. C'est avec Otto Pflaum qu'elle a filé.

— Dieu tout-puissant ! s'exclama Jake.

Il voulait partir sur-le-champ pour Baltimore afin de récupérer sa fille, et Tim Caveny l'y encourageait, mais les deux hommes durent surseoir à leur voyage en apprenant de déplorables nouvelles. Deux patrons pêcheurs avaient regagné Patamoke avec les superstructures de leurs bateaux endommagées.

— On chalutait tranquillement au large d'Oxford quand les Virginiens se sont amenés, *Sinbad* en tête. Ils nous ont canardés jusqu'à ce qu'on soit obligés de quitter les bancs.

— Vous voulez dire qu'ils sont venus dans notre fleuve ?

— Et comment !

— Pas de blessés ?

— Deux de mes gars sont à l'hôpital.

— Qu'est-ce qu'on va faire ? demandèrent les patrons atterrés.

— Ce qu'on va faire ? On va les virer du Choptank !

Le lundi matin, le *Jessie-T.* quitta Patamoke avec un équipage résolu. Les six hommes étaient armés et Big Jimbo assura que ses deux matelots noirs étaient des chasseurs d'écureuils de premier ordre ; s'il devait y avoir combat, le skipjack était prêt.

Mais personne ne pouvait deviner la manœuvre des Virginiens. Lorsque le *Jessie-T.* descendit le Choptank, quatre des bateaux à moteur de la flottille ennemie se trouvaient au large de Tilghman Island et, sous la conduite du *Sinbad,* ils foncèrent sur le skipjack, estimant que, s'ils parvenaient à chasser Jake Turlock du fleuve, ils n'auraient guère de difficultés avec les autres patrons.

Le combat fut très inégal. Le capitaine Turlock resta à la barre tandis que ses cinq hommes se postaient le long du pavois. Les pêcheurs de Patamoke se battirent bien. Ils harcelèrent les Virginiens de leur puissance de feu, mais les bateaux envahisseurs étaient trop rapides, leurs tirs trop concertés.

Lors d'une passe d'armes, les balles crépitèrent à l'arrière du *Jessie T.* et le capitaine Turlock aurait été tué s'il ne s'était jeté à plat ventre sur le pont. Furieux, il cria à Ned de prendre la barre pendant qu'il allait s'accroupir derrière l'une des dragues pour tirer sur le *Sinbad.*

A cet instant, l'un des bateaux virginiens se profila à bâbord et lâcha une fusillade nourrie sur le skipjack. A genoux derrière le chalut, Jake vit l'un des hommes de Big Jimbo pivoter, lâcher son fusil qui tomba par-dessus bord, et s'écrouler dans une mare de sang.

— Dieu tout-puissant ! s'écria Jake.

Au mépris du danger, il se précipita vers l'avant, mais à ce moment les marins du *Sinbad* concentrèrent leur feu sur l'arrière dans l'espoir d'abattre le capitaine ; au lieu de quoi, ils atteignirent Ned Turlock ; celui-ci tomba sur un genou sans lâcher la roue du gouvernail — ce qui fit décrire un cercle au skipjack — et mourut.

C'était une terrible défaite et le capitaine Turlock ne pouvait envisager aucune forme de représailles. Impuissant, il vit les bateaux virginiens se précipiter en tous sens à la recherche d'autres skipjacks susceptibles de contester leur présence. Aucun de ceux-ci ne s'en avisa.

Pendant que le *Jessie-T.* regagnait tristement Patamoke, les quatre survivants se réunirent dans le carré et Caveny humecta son doigt pour feuilleter la Bible et trouver le passage que lui avait enseigné un vieux marin avec lequel il avait navigué sur la Chesapeake.

> Les pêcheurs aussi se lamenteront et tous ceux qui jettent leurs lignes dans les ruisseaux seront affligés, et ceux qui tendent leurs filets dans les eaux se désoleront.
>
> Dieu tout-puissant, qu'avons-nous fait pour mériter Votre colère ? Que pouvons-nous faire pour retrouver

Votre amour ? Saint André, béni entre tous, patron des pêcheurs, acceptez de vous charger des âmes de Ned et de Nathan, valeureux hommes de l'eau. Saint Patrick, béni entre tous, séchez les larmes de leurs épouses et protégez-nous.

Le *Jessie-T.* devait trouver un nouvel équipage, et la désolation régnait le long du Choptank pendant que les hommes de l'eau cherchaient comment repousser l'invasion venue de Virginie.

Sous le coup de la rage, le teint de Jake Turlock virait au gris. Il retrouvait la fureur qui avait animé ses ancêtres lors de leur obstiné combat contre les pirates et les navires de guerre britanniques car, non seulement il avait été obligé d'assister à l'assassinat de ses deux matelots, mais il avait aussi vu les insolents Virginiens envahir son fleuve. Il jura de se venger et se concentra sur son plan, au point d'oublier son chien, d'ignorer les oies qui se posaient sur son marais. Il laissa même sa canardière au repos.

Mais le rusé Tim Caveny imagina une tactique pour se venger du *Sinbad ;* son idée était si étrange et si audacieuse que, quand il l'énonça, Jake demeura bouche bée.

— Tu crois que ça pourrait marcher ? demanda-t-il.

— J'en suis sûr, affirma Tim.

Des éclairs joyeux dansaient dans ses yeux à la pensée de la surprise qu'ils préparaient aux Virginiens.

« Mais puisqu'ils opèrent avec quatre bateaux à moteur, il faudrait trouver cinq ou six équipages du Choptank qui acceptent de nous aider.

Quand Turlock s'en ouvrit aux autres patrons de skipjacks, il trouva des oreilles attentives ; tous grillaient d'infliger une leçon définitive aux Virginiens.

— Vous en faites pas, on leur en donnera une, assura Jake. Ils peuvent toujours avoir des moteurs. Ce qu'on leur a concocté, Tim et moi, ça laisse loin derrière tous les moulins.

Mais à l'approche du Nouvel An et du début du dragage hivernal, Turlock fut bien obligé de reconnaître que le *Jessie-T.* n'était pas à la hauteur.

— Tim, il faut que nous ayons à l'avant un gars aux nerfs solides, dit-il à son associé.

Les deux hommes de l'eau s'abîmèrent dans le silence tandis que chacun d'eux revoyait les détails de leur stratégie

— Celui qu'il nous faudrait..., commença Jake non sans hésitation.

— Oui, je sais, coupa Caveny. Otto Pflaum.

— Ouais, lui-même. Et, bon Dieu, je vais ravaler ma fierté et aller le chercher.

Ils gagnèrent Baltimore et se rendirent au Pingouin ivre où ils se frayèrent un chemin à coups de coude. Bien entendu, Big Jimbo ne pouvait les accompagner à l'intérieur, mais il attendit dans un coin d'ombre, non loin de la taverne, au cas où les choses tourneraient mal. Les deux associés étaient assis innocemment à leur table habituelle, au fond de la salle, buvant de la bière comme n'importe quel habitant de la côte orientale, quand Otto Pflaum se manifesta. Il portait encore son épais pantalon de drap, son gros chandail à col roulé et sa stature n'avait rien perdu de son aspect redoutable. A la vue des hommes du Choptank, il crut que ceux-ci étaient venus pour récupérer Nancy, et il mit tous les atouts dans son jeu. Sans quitter ses ennemis des yeux, il saisit une bouteille par le goulot, en cassa le fond contre une table et, la maintenant devant lui, avança. Puis, de la main gauche, il cassa le fond d'une autre bouteille. Ainsi armé, il s'approcha.

— Otto, mon cher ami ! Tu n'as pas confiance en nous ? demanda Caveny d'une voix apaisante.

Le colosse ne dit mot. Il avança jusqu'au lieu qui lui permettrait d'enfoncer une bouteille acérée dans chacun des visages. Puis, il s'immobilisa, les tessons à proximité des yeux de ceux qui avaient tenté de le tuer.

« Otto, assieds-toi et causons gentiment, supplia Caveny.

— Vous voulez encore m'embaucher ?

— Oui ! répondit l'Irlandais avec empressement.

— Même paye que la dernière fois ?... Un coup de bôme sur la tête ?

— Otto, il y a un malentendu...

— La ferme, grommela-t-il.

— On a besoin de toi, intervint Turlock.

— Pour quoi faire ?

— Assieds-toi. Laisse tomber ces bouteilles.

Jake s'exprimait avec une telle autorité que le colosse obéit.

« Comment va Nancy ? s'enquit Turlock.

— Elle attend un enfant.

— Vous êtes mariés ?

— Plus tard, on verra peut-être.

— Otto, on a besoin de ton aide. Tu vas revenir avec nous.

— Pourquoi moi ? Les marins, ça manque pas.

— Les Virginiens. Ils nous chassent de la baie.

Turlock venait de prononcer les seuls mots capables d'émouvoir le géant. Pflaum avait été témoin de l'arrogance du *Sinbad* Et il s'était battu contre lui ; il se réjouissait à la perspective d'un nouveau combat.

— Pas de bôme cette fois ?

— Il n'y en avait pas non plus la dernière fois, assura Caveny d'un ton grave. Une rafale brutale...

— Cette fois, je veux être payé avant de quitter Baltimore.

— Eh, pas si vite ! explosa Caveny.

Une telle exigence équivalait à mettre en doute l'intégrité du *Jessie-T.*, mais Pflaum se montra inflexible.

— On donnera l'argent à Nancy. Mais il faut qu'elle l'ait avant qu'on appareille.

Marché conclu, le dernier jour de l'année le *Jessie-T.* regagna Patamoke pour y recevoir le curieux équipement que Tim et Jake avaient imaginé.

Quand Otto Pflaum vit le calibre de l'arme que Jake se proposait de fixer à l'avant, la stupeur le saisit.

— Mais c'est un canon !

Jake ne dit mot, se contentant de désigner les petits boulets qui serviraient de munition et, avant que Pflaum ait pu émettre le moindre commentaire, il lui montra trois autres canardières, plusieurs tonnelets de poudre noire et d'autres, plus grands, contenant le plomb.

« Qu'est-ce que vous voulez faire ? Envoyer le *Sinbad* par le fond ?

— Exact, laissa tomber Jake d'un ton résolu.

Puis, il invita Tim Caveny à montrer à Otto la véritable surprise car l'Irlandais avait monté à bord trois de ses dangereuses batteries, chacune constituée de sept canons et pouvant être alimentée de plusieurs livres de projectiles. Otto fut enthousiasmé par l'ingénieuse manière dont Caveny avait conçu la mise à feu de ses armes.

— Il faut que vous m'autorisiez à me servir d'un de ces engins ! s'écria-t-il.

— D'après notre plan, il est prévu que tu en utiliseras deux.

— Non, intervint Jake. On ferait mieux de garder Otto pour les deux grosses canardières à l'avant.

— Je devrai viser la cabine ?

— La ligne de flottaison. Je veux envoyer cette baille par le fond.

Jake passa les deux premiers jours de janvier à former ses complices ; des tirs d'entraînement eurent lieu très en amont de Broad Creek où ils ne risquaient pas d'être surpris et, lorsqu'il eut la certitude que ses hommes étaient capables de manipuler l'arsenal du bord, il fit route vers l'embouchure du Choptank.

Des bâches dissimulaient les armes ; le *Jessie-T.* avait l'allure d'un skipjack inoffensif dont l'équipage essayait de gagner honnêtement sa vie. Le plan prévoyait que deux bateaux peu armés de Patamoke s'approcheraient nonchalamment des bancs d'huîtres, objets du litige, et s'en laisseraient chasser par le *Sinbad*. Puis, quand le bateau virginien s'en prendrait au *Jessie-T.*, il incomberait à Jake de se rapprocher au maximum de l'ennemi, gardant le *Sinbad* bleu sur bâbord, puisque les armes y étaient concentrées.

Ce serait une manœuvre risquée puisque les marins du *Sinbad* avaient prouvé qu'ils n'hésitaient pas à tirer pour réduire l'opposition, mais le capitaine Turlock avait prévu le danger :

— Vous, les gars, vous vous occuperez des armes. Tenez-vous accroupis, aussi bas que possible. Il sera difficile de vous descendre. Je resterai à la barre et prendrai mes risques.

Il avait quelque peu réduit les risques en question en fixant autour de la roue du gouvernail un demi-cercle blindé derrière lequel il pourrait s'accroupir. Sa tête ne serait pas protégée mais, ainsi qu'il le soutenait :

« S'ils sont assez bons tireurs pour me loger une balle dans le crâne depuis leur rafiot, ils méritent de gagner.

Ce fut donc un équipage confiant de huit hommes — quatre Blancs et quatre Noirs — qui pénétra dans la baie et mit cap au sud.

Deux jours passèrent sans incident, sinon que le *Jessie-T.* remonta tant d'huîtres qu'elles devinrent une gêne.

— On ne peut pas se mettre à couple d'un bateau acheteur sans que les gars repèrent les armes et les deux hommes de plus. D'un autre côté, si on empile bien les huîtres, on pourra se mettre à l'abri derrière les tas ; ce sera comme un petit fort.

Les huîtres furent donc redisposées sur le pont de façon à former un rempart qui protégerait les tireurs.

Le troisième jour, le *Sinbad,* bleu et sinistre, pénétra dans le Choptank, évolua en lisière de la flottille de Patamoke, puis fonça sur les deux leurres disposés par le capitaine Turlock. Comme prévu, le bateau virginien chassa les plus petits skipjacks et fondit sur le *Jessie-T.*

— Dieu soit loué ! cria Turlock à ses hommes. Ils nous arrivent par bâbord.

Bien dissimulés, les tireurs restaient accroupis. Jake plongea à l'abri de son rempart d'acier et les deux bateaux se rapprochèrent.

Les premiers coups de feu partirent du *Sinbad.* Quand son équipage comprit que le *Jessie-T.* n'avait pas l'intention de battre en retraite, le capitaine cria :

— Balancez-lui encore un petit échantillon de mitraille !

Les balles ricochèrent sur le pont, allant se perdre dans les tas d'huîtres. La fusillade n'obtint aucun résultat, sinon peut-être d'attiser la colère des hommes du Choptank et de les rendre encore plus désireux de mettre à feu leurs batteries.

— Pas encore ! intima Jake.

Et ses hommes demeurèrent figés pendant que le *Sinbad* se rapprochait encore davantage, au mépris de toute prudence.

« Attendez ! Attendez ! cria de nouveau Jake, à genoux derrière son rempart tandis que les balles lui sifflaient aux oreilles.

Tout en criant ses ordres, il observa du coin de l'œil Otto Pflaum dont le doigt frémissait sur la détente de l'énorme canardière, propriété autrefois du grand chasseur Greef Twombly. Il constata avec satisfaction que l'Allemand était prêt à la fois à user du gros canon et à bondir sur les batteries fixées au pavois.

« Feu ! hurla-t-il.

Et de tout le flanc bâbord du skipjack, jaillirent des gerbes de flammes quand la poudre explosa, projetant une formidable pluie de plomb sur le pont du *Sinbad,* l'atteignant aussi sous la ligne de flottaison. Les Virginiens encore indemnes étaient trop stupéfaits pour se regrouper avant que Tim Caveny ne leur eût expédié une autre bordée de mitraille en provenance de ses monstres à sept canons ; pendant ce temps, Otto Pflaum se précipitait vers une deuxième canardière et la pointait sur la grande brèche ouverte par la première.

Mortellement atteint, le *Sinbad* se coucha sur bâbord et son équipage sauta à l'eau en appelant au secours.

— Laissez-les couler ! aboya Turlock.

Et, avec une indifférence majestueuse, le *Jessie-T.*, le cul en porte à faux ainsi que le soutenaient ses détracteurs, se retira de la bataille.

Ce fut un retour triomphal comme bien peu de ports en avaient connu, le bateau victorieux s'amarra au quai avec toute sa charge d'huîtres puis, tandis que Tim Caveny donnait des détails sur l'engagement, Otto Pflaum comptait les mesures métalliques dont les acheteurs entassaient le contenu sur le quai.

— Trois encoches ! Quatre encoches ! Une taille !

A la fin, il informa ses camarades :

« C'est presque un record... Trente-neuf et trois !

Mais ce jour-là, le *Jessie-T.* inscrivait à son crédit infiniment plus que cent quatre-vingt dix-huit boisseaux d'huîtres. Il avait osé affirmer que les richesses du Choptank seraient désormais récoltées comme il convenait.

La victoire des hommes du Choptank déclencha une suite d'événements que personne n'aurait pu prévoir.

Le fait que le capitaine Turlock eût maintenant la possibilité de regagner son port d'attache chaque semaine lui permettait d'aller à la chasse au canard en compagnie de Caveny, et ce avec des résultats tels que les deux associés accumulèrent un surplus de revenus à la banque Steed.

Jake Turlock était si écœuré d'entendre les clients du magasin dauber sur son bateau — il éprouvait une aversion toute particulière pour la méprisante expression « le skipjack au cul en porte à faux » — qu'il décida de s'en débarrasser et de devenir copropriétaire d'un vrai bateau, à la dérive placée là où elle devait l'être. Lorsqu'il alla trouver Gerrit Paxmore pour lui en parler, il trouva le quaker fort bien disposé.

— J'ai souvent réfléchi à cette affaire, Jacob. Et j'en ai conclu que j'avais peut-être fait preuve d'obstination en refusant de construire selon les nouvelles méthodes. Il y a une différence entre une goélette hauturière, dont la quille doit rester vierge, et un skipjack destiné à la navigation dans la baie où les efforts à subir sont moindres. J'aimerais t'en construire un en suivant tes idées.

Quand le contrat entre le chantier Paxmore et l'association Turlock-Caveny fut établi — un skipjack de tout premier ordre, à dérive passant à travers la quille, deux mille huit cent quinze dollars — Gerrit Paxmore demanda aux propriétaires du *Jessie-T.* ce qu'ils comptaient en faire.

— On lui trouvera bien un acheteur, même avec son cul en porte à faux, répliqua Turlock.

— Je pourrais peut-être t'en débarrasser, dit Paxmore.

— Vous avez un acheteur ? s'enquit Caveny.

— Peut-être, laissa tomber Paxmore qui se refusa à en dire davantage.

Et le nouveau skipjack fut construit, supérieur en tous points au *Jessie-T.* ; après son lancement, suivi de quelques essais dans la baie, Jake et Tim estimèrent qu'ils s'étaient offert un chef-d'œuvre.

— Maintenant, on pourra enrôler un équipage blanc. Toi, moi, trois Turlock et Big Jimbo à la cambuse, dit Jake.

— Ces nègres sont pas si mal, lui rappela Caveny.

— Ouais, mais un équipage blanc est mieux. Y a moins de risques de les voir se mutiner.

— Les nègres se sont bien battus.

— Ouais, mais un équipage blanc, c'est mieux.

Il marqua une pause.

« Évidemment, je voudrais pas naviguer sans Jimbo. C'est le meilleur cuistot de toute la baie.

Mais lorsqu'il se rendit à la Grenouillère pour aviser Jimbo que le nouveau skipjack appareillerait le lundi suivant, il apprit avec consternation que le grand cuisinier ne rembarquerait pas.

— Pourquoi ? tonna Jake.

— Parce que...

Le grand Noir éprouvait trop de gêne pour pouvoir s'expliquer, et Turlock le harcela, l'accusant de lâcheté au combat, de manque de loyauté envers ses camarades, et d'ingratitude. Big Jimbo écouta, impassible, puis d'une voix douce, il dit :

— Cap'taine Jake, je naviguerai à bord de mon propre skipjack.

— Quoi ?

— Mr. Paxmore m'a vendu le *Jessie-T.*

La nouvelle abasourdit l'homme de l'eau ; il recula d'un pas, secouant la tête comme pour chasser un cauchemar.

— Tu as acheté mon bateau ?

— Oui, monsieur. Depuis le jour où j'ai commencé à marcher, mon père m'a dit : « Navigue sur ton bateau. » Lui aussi a eu le sien... pendant un temps... comme vous le savez.

— Quel bateau Cudjo a-t-il jamais eu ? demanda Turlock d'un air dégoûté.

Big Jimbo estima préférable de changer de sujet.

— Mon père me répétait sans arrêt : « Quand un homme est propriétaire de son bateau, il est libre. Sa seule prison est l'horizon. »

— Mais, que diable, Jimbo, tu n'es pas assez calé pour être patron de skipjack.

— Je vous ai regardé faire, cap'taine Jake. Oh, je vous ai bien regardé, et vous êtes un des meilleurs.

— Satané nègre ! explosa Jake.

Mais ses paroles recelaient plus d'étonnement que de mépris. Il éclata de rire, se tapa sur les cuisses.

« Alors, pendant tout le temps où tu étais sur le pont à te farcir du boulot en plus pour aider tes camarades, tu observais tout ce que je faisais... Nom de Dieu, j'ai toujours su que les nègres pouvaient pas s'empêcher de combiner des trucs.

Dans un élan dicté par la vieille camaraderie du bord où les deux hommes avaient partagé travail, nourriture et sommeil, Jake Turlock assena une tape dans le dos de son cuisinier et lui souhaita bonne chance.

« Mais il faudra que tu changes le nom du bateau, dit-il.

Big Jimbo avait devancé le désir de son ancien patron. Quand le capitaine Turlock et lui se rendirent au chantier Paxmore pour y inspecter le *Jessie-T.* remis à neuf, ils constatèrent que l'ancien nom avait été gratté et remplacé par une planchette vernie portant le simple mot *Eden.*

— Où as-tu été pêcher ce nom ? demanda Jake en admirant l'état de son ancien bateau. C'est un truc de la Bible, hein ?

— Le nom de ma mère, dit Jimbo.

— Ça, c'est un comble ! s'exclama Jake. J'avais donné au bateau le nom de ma mère, et voilà que les nègres font pareil... Ça, c'est vraiment un comble !

— Elle m'a donné l'argent pour l'acheter.

— Je croyais qu'elle était morte.

— Il y a longtemps, mais elle a toujours économisé...

pendant cinquante ans. D'abord, pour acheter sa liberté, et les Steed la lui ont donnée. Puis, pour acheter celle de Cudjo, et il l'a gagnée lui-même. Ensuite, pour acheter celle de son frère, et l'émancipation est arrivée. Alors, elle m'a donné l'argent en me disant : « Jimbo, un jour, tu t'achèteras un bateau, et tu seras réellement libre. »

En octobre 1895, le skipjack *Eden,* port d'attache Patamoke, effectua sa première sortie sur les bancs d'huîtres. Il était connu dans toute la flottille comme « le skipjack au cul en porte à faux et à l'équipage noir », mais le dénigrement s'arrêtait là car on reconnaissait dans le capitaine Jimbo un homme de l'eau de tout premier ordre. Certes, les commentaires allaient bon train quand les autres patrons se réunissaient au magasin.

— L'*Eden* a bien failli ne pas joindre les deux bouts l'été dernier. Le cap'taine Jimbo avait remonté le Choptank pour prendre un chargement de pastèques à destination de Baltimore, mais quand il est arrivé, y avait plus rien à débarquer ; l'équipage avait bouffé toute la cargaison.

Pourtant, on ne rit pas quand l'équipage noir commença à déverser d'énormes quantités d'huîtres dans les flancs des bateaux acheteurs, et les gens du cru furent peut-être vexés en automne 1897, mais pas réellement surpris, quand Randy Turlock, neveu éloigné du capitaine Jake, fit partie de l'équipage de l'*Eden,* lequel compta alors cinq Noirs et un Blanc.

— Comment un Blanc, respectueux de Dieu, peut-il consentir à servir sous les ordres d'un nègre ? demandèrent non sans hargne les clients du magasin au jeune Turlock.

— Parce qu'il sait où trouver les huîtres, rétorqua le marin.

Pendant la saison de 1899, l'équipage de Big Jimbo se composa de quatre Noirs et de deux Blancs, et il en allait encore de la sorte à l'aube du XXe siècle.

A terre, les relations entre Blancs et Noirs n'avaient rien de commun avec celles qui prévalaient à bord des skipjacks. Lors du dragage des huîtres, un homme de l'eau n'était jugé que selon ses mérites ; s'il se prétendait cuisinier, on estimait qu'il devait faire de la bonne cuisine, et un matelot de pont était tenu à bien manœuvrer les chaluts. L'homme conquérait sa place en prouvant son habileté ; la couleur de sa peau importait peu.

Mais à peine avait-il débarqué que le pêcheur noir ne pouvait se joindre au cercle du magasin, ni envoyer ses enfants à l'école des Blancs, ni même prier dans une église de Blancs. Sept mois durant, il avait mangé, épaule contre épaule, avec ses camarades blancs mais, à terre, il eût été inconcevable qu'il partageât le repas de ses supérieurs. Il devait se montrer circonspect dans ce qu'il disait, dans la façon dont il marchait sur le trottoir, et même dans celle dont il regardait les Blancs, de crainte que ceux-ci s'offensent de son attitude et propagent des rumeurs.

Les rapports permanents entre les deux races furent soulignés au début du siècle lorsqu'une bande de politiciens cupides d'Annapolis, appartenant au parti démocrate, proposèrent un amendement à la Constitution du Maryland, annulant le droit de vote des Noirs. Cette motion était dictée par les raisons les plus basses — maintenir à leurs postes des responsables coupables des pires malversations — sous le couvert d'une façade honorable et alléchante. La bande ne proposa pas l'amendement sous son nom discrédité ; elle eut recours aux bons offices du recteur d'une faculté de droit de l'université, un bel homme répondant au nom ronflant de John Prentiss Pope, qui imagina une formule simple pour interdire définitivement le vote aux Noirs : « Tout habitant du Maryland a le droit de voter si ses ancêtres ou lui-même bénéficiaient de ce privilège au 1er janvier 1869, ou s'il sait lire et déchiffrer un passage de la constitution du Maryland. » La formule était habile en ce sens qu'elle évitait de mentionner qu'il s'agissait d'un amendement pris à l'encontre des Noirs.

— Nous avons l'intention de mettre fin à cette lamentable mascarade où les nègres se rendent aux urnes au milieu des gens convenables, expliquèrent les démocrates quand ils se rendirent à Patamoke. Nous savons tous qu'il n'y a jamais eu de nègres ayant les qualités requises pour voter, et qu'il n'y en aura jamais.

La campagne se déchaîna. Journaux, Églises, écoles et congrégations s'unirent dans une croisade fiévreuse visant à rendre au Maryland son honneur bafoué : « Nous allons mettre fin à cette farce qui consiste à prétendre que les nègres ont assez de cervelle pour comprendre la politique. Mettons fin au vote des nègres et rétablissons un gouvernement propre. »

En vérité, bien peu de Noirs votaient et, parmi ces derniers, certains vendaient leurs voix, mais on avançait l'argument selon lequel ils soutenaient le parti républicain parce que Abraham Lincoln y avait adhéré et qu'il avait libéré les esclaves. Constamment, les démocrates avaient tenté d'attirer à eux les votants noirs, mais en vain. A présent, les nègres ne voteraient plus du tout. La campagne laissa bientôt présager l'acceptation de l'amendement. Les orateurs démocrates se répandaient dans le pays en proclamant : « Si un éminent professeur comme John Prentiss Pope soutient que les nègres ne devraient pas voter, vous savez quel sera votre devoir le jour des élections. »

Les Steed étaient partisans de l'amendement parce qu'ils se rappelaient John C. Calhoun, guide spirituel de leur famille ; celui-ci avait soutenu la thèse selon laquelle administrer des hommes libres devait être l'apanage de ceux qui bénéficiaient d'une éducation, de principes moraux et de richesses.

— Je n'ai rien contre les Noirs, déclara le juge Steed à l'occasion d'une réunion politique qui se tenait à l'église méthodiste de Patamoke. Mais je ne veux pas les voir déposer leurs bulletins dans l'urne pour des questions qui ne concernent que les Blancs.

Les Turlock apportaient un soutien farouche aux mesures proposées et faisaient campagne le long du fleuve pour que l'amendement fût voté.

— Les nègres ont tué notre cousin Matt. Au fond, ce sont des esclaves ; autant qu'ils le restent.

Même les membres de la famille qui avaient navigué avec Big Jimbo sur le *Jessie-T.*, ou servi sous ses ordres à bord de l'*Eden,* affirmaient avec véhémence qu'aucun Noir n'était assez intelligent pour voter ; ils ne tenaient aucun compte du démenti qui leur avait été infligé sur les bateaux de pêche.

Seul, Jake Turlock ne voyait pas la question d'une manière aussi tranchée ; il savait que Big Jimbo était l'homme le plus capable qui eût jamais servi à bord du *Jessie-T.*, plus sûr encore que Tim Caveny, mais chaque fois qu'il était tenté de le reconnaître, il se rappelait la description des Noirs, telle qu'il l'avait apprise par cœur à l'école, et il revoyait les mots lapidaires inscrits dans son cahier :

> *Nègres :* Paresseux, superstitieux, vindicatifs, stupides et irresponsables. Aiment chanter.

Aucun des Noirs ayant servi sous ses ordres n'avait été paresseux mais, dans son esprit, tous l'étaient. Aucun ne s'était montré aussi superstitieux qu'un patron de skipjack qui n'autorisait à bord ni bleu, ni brique, ni femme, ni noix, ni capot de descente retourné. Aucun n'avait été aussi vindicatif que l'Allemand Otto Pflaum ; quant à la stupidité et à l'irresponsabilité, ces termes ne pouvaient s'appliquer à Big Jimbo ni aux Noirs qu'il enrôlait ; néanmoins, Jake croyait que tous les nègres pouvaient en être taxés parce qu'on le lui avait appris dans son enfance. Un soir, après une réunion houleuse au cours de laquelle il avait pris la parole pour défendre l'amendement, il dit à Caveny :

— En y réfléchissant, Tim, j'ai jamais entendu de nègres chanter à bord d'un skipjack. Mais c'est bien connu qu'ils adorent chanter.

— C'est une sale engeance, renchérit Caveny. On peut jamais savoir ce qu'ils ont derrière la tête.

Les Caveny, qui formaient à présent un clan en pleine expansion le long du fleuve, avaient toujours été irrités par la présence des Noirs au sein de leur communauté.

— On n'avait pas de nègres en Irlande. On les aurait jamais tolérés s'ils avaient essayé de s'installer. C'est pas des catholiques. Ils ne croient pas vraiment en Dieu. Y a aucune raison pour qu'ils votent comme des gens normaux.

Toute la famille Caveny avait donc l'intention de voter pour l'amendement.

Les autres riverains du Choptank étaient presque tous opposés à l'affranchissement des Noirs, et cet état d'esprit présida au singulier changement qui s'opéra dans l'histoire de la côte orientale : pendant la guerre civile, plus de la moitié des combattants du Choptank s'étaient engagés dans l'armée de l'Union ; à présent, lorsque leurs descendants évoquaient cette guerre, ils prétendaient que plus de quatre-vingt-quinze pour cent s'étaient battus du côté des Confédérés. Les raisons de ce reniement s'expliquaient aisément : « Aucun homme ne pourrait s'enorgueillir de s'être battu pour le nord, du côté des nègres. Mon père était un sudiste convaincu. » Les familles de Patamoke s'enorgueillissaient d'un ancêtre ayant marché à la suite de Lee ou chevauché avec Jeb Stuart ; elles éprouvaient de la honte s'il avait servi sous les ordres de Grant, et il devenait courant que certaines d'entre elles renient leurs filiations.

En raison de cette mémoire sélective, la côte orientale se transforma en l'une des régions les plus farouchement sudistes ; ses habitants déclaraient volontiers : « Nos ancêtres avaient des esclaves et ils se sont battus pour les garder. L'émancipation a été la plaie la plus épouvantable qui se soit abattue sur le pays. »

Les Paxmore et quelques rares dissidents s'opposaient au projet de loi ; leurs voix auraient été étouffées par l'unanimité de la communauté sans l'entêtement d'une étonnante maîtresse d'école. Miss Emily Paxmore appartenait à ce type de femmes grandes, maigres, d'âge indéfinissable, qui semblent vouées au célibat ; elle aurait pu enseigner la musique ou être employée dans l'un des magasins de son oncle, ou encore se consacrer à l'Église à laquelle elle appartenait mais, dans ce cas, elle avait trouvé sa place à la tête d'une école où elle dispensait son enseignement avec une obstination qui stupéfiait à la fois parents et enfants.

C'était une femme imposante, toujours vêtue de manière sévère, aux cheveux tirés, dont les froncements de sourcils impressionnaient les parents qui la voyaient pour la première fois, mais elle s'adoucissait dès qu'elle parlait de l'éducation des enfants. Lorsqu'elle eut vent du projet de loi, elle crut que le journaliste qui venait l'informer la taquinait en raison de sa sympathie connue pour les Noirs, et elle répondit en badinant :

— Envisager une telle loi équivaudrait à revenir deux siècles en arrière.

Cette remarque malheureuse devint le cri de ralliement des partisans de l'amendement qui déclarèrent :

— C'est ce que nous voulons... Que les choses redeviennent ce qu'elles étaient il y a deux siècles, avant que les nègres sèment la pagaille.

Quand Miss Paxmore comprit que le projet de loi était sérieux, elle rassembla son extraordinaire énergie pour le combattre. Elle se levait dans les réunions publiques pour demander leur soutien à ses amis quakers, mais elle s'aperçut bientôt qu'un nombre étonnant d'entre eux étaient favorables à l'amendement, se montrant partisans de la théorie selon laquelle les nègres étaient incapables de comprendre la portée des intérêts en jeu.

Elle organisa des réunions publiques, mais commit une sérieuse erreur en invitant ministres du culte et politiciens du nord pour y prendre la parole ; cette tactique lui coûta plus de voix qu'elle ne lui en rapporta.

— On n'a pas besoin que les gens du nord viennent ici pour nous dire comment voter.

Elle allait et venait inlassablement dans la ville, assiégeant chaque personne susceptible de l'aider, mais sans résultat. Désespérée, elle traversa la baie et se rendit à Baltimore afin d'y consulter les adversaires du projet de loi ; elle ne trouva chez eux que désolation.

— La situation est la suivante, Miss Emily : toute la côte orientale est en faveur de l'amendement. Tous les comités du sud, loyaux aux Confédérés, le voteront. Les lointaines régions de l'ouest, où le sens de la liberté a toujours prévalu, soutiendront le droit de vote des Noirs, ainsi qu'une grande partie des électeurs de Baltimore. Mais si vous additionnez nos voix et les leurs, vous vous apercevrez que nous sommes loin de compte.

Le Maryland devint la pierre de touche du droit des Noirs. Des orateurs venus de nombreux États du sud haranguèrent les électeurs en leur désignant les dangers que renfermait l'émancipation des nègres, et les sabres vibraient d'impatience dans leurs fourreaux au rappel des anciennes batailles. Au fil des semaines, il devint évident que l'amendement allait être adopté et que, tout au moins au Maryland, les Noirs retrouveraient la condition qui avait toujours été la leur au cours des siècles d'esclavage.

Emily Paxmore regagna Patamoke, consciente de sa défaite, et les habitants ricanèrent en la voyant prendre tristement le chemin de sa maison. Puis, un mois avant la date prévue pour le vote, une idée lui vint ; sans s'en ouvrir à qui que ce soit, elle embarqua sur le *Reine-de-Saba* et se rendit à Baltimore. Le souffle court, elle annonça aux hommes et aux femmes qui faisaient campagne contre l'amendement :

— C'est très simple. Nous pouvons venir à bout de cette imposture par une tactique qui se révélera irrésistible.

— Comment pourrions-nous renverser la vapeur ?

— Aisément. A partir d'aujourd'hui, nous bannirons le terme nègre ou Noir. Au lieu de quoi, nous insisterons sur le fait que l'amendement priverait les Allemands, les Italiens et les Juifs, et même les Irlandais de leur droit de vote. Nous les obligerons à se battre pour nous.

— Mais l'amendement ne dit rien de tel, objecta un gentleman rompu aux arguties légales.

— Bien peu d'Allemands, d'Italiens et de Juifs russes étaient autorisés à voter le 1er janvier 1869. Pensez-y !

— Mais nous savons tous que la loi ne s'appliquera pas à eux.

— Je n'en sais rien. Et je vais hurler sur les toits qu'il s'agit d'un complot visant à supprimer les droits des immigrants.

— Ne serait-ce pas malhonnête ?

Miss Paxmore croisa les bras, réfléchit à l'accusation et répliqua :

— Si je dis un mensonge, la partie adverse sera en mesure de le réfuter... six semaines après le vote.

Elle arpenta les rues vingt heures par jour, fiévreuse souris grise qui posait sa question impudente dans les quartiers allemands et italiens :

— Estimez-vous normal qu'on dénie le droit de vote à des braves gens qui paient leurs impôts ?

Elle rédigea des annonces qui parurent dans les journaux, mettant en garde les électeurs d'ascendance allemande ou italienne, les adjurant de prendre conscience du danger qui menaçait leurs familles, et elle passa de nombreuses soirées à haranguer les Juifs russes de Baltimore.

— On monte une conspiration pour vous priver de vos droits. Il vous faut combattre ce projet.

Les partisans de l'amendement furent atterrés devant le brasier allumé par cette maîtresse d'école dégingandée, et ils dépêchèrent sur place John Prentiss Pope afin d'assurer à tous les immigrants que sa motion serait appliquée avec discernement. Ils se répandirent dans tous les arrondissements électoraux, assurant que « notre amendement ne sera jamais utilisé contre votre peuple. Il ne vise qu'*eux* », ajoutaient-ils avec un clin d'œil.

Mais Emily Paxmore réfutait cet argument :

— Ils viennent comme le serpent au paradis terrestre et murmurent : « Nous promettons de ne pas utiliser la nouvelle loi contre vous. » Mais je peux vous affirmer qu'en meme temps, ils ourdissent des plans pour dépouiller de leurs droits Juifs, Allemands et Italiens. Une fois l'amendement passé, votre droit de vote sera perdu à jamais.

Cette accusation relevait d'une évidente mauvaise foi ; de tels plans n'existaient pas, et aucun n'avait été seulement proposé lorsqu'on avait envisagé le projet de loi. « Oh ! on pourrait être amené à l'utiliser un jour contre ces satanés Juifs de la troisième circonscription, mais jamais contre les Allemands. » Les partisans de l'amendement cédaient à la frénésie quand Miss Paxmore lançait des accusations selon lesquelles le projet de loi serait appliqué en vue d'éliminer les votes irlandais.

— Cette bonne femme nous démolit avec ses mensonges, lança un chef de file démocrate.

Il rassembla un groupe de six hommes pour affronter la maîtresse d'école à l'hôtel où elle tenait ses assises. Lorsqu'elle les découvrit dans le hall, six piliers de la politique de quartier, elle comprit tout de suite qu'ils étaient prêts à se battre.

— Si vous répétez vos mensonges contre nous, nous vous traînerons en justice et nous vous ferons jeter en prison.

— Quels mensonges ? demanda-t-elle d'un ton uni, ses mains jointes sur les genoux.

— Vous prétendez qu'on supprimera le droit de vote aux Allemands.

— Est-ce que ça ne sera pas le cas ? La loi le stipule de façon très explicite.

— Mais elle ne vise pas les Allemands.

— Qui vise-t-elle alors ?

— Eux.

— Crains-tu de dire leur nom ? Entends-tu par là les Juifs ?

— Bon Dieu, Miss Paxmore, il n'y a pas un mot dans notre amendement qui vise les Juifs.

— Mes chers amis, chaque mot pourrait être appliqué aux immigrants juifs de Pologne, des pays baltes ou de Roumanie.

— Mais nous n'avons pas l'intention de nous en servir contre eux.

Froidement, elle énonça les termes du projet de loi ; ceux-ci pouvaient s'appliquer aux Juifs et aux catholiques dépourvus d'instruction, comme les Hongrois, les Lituaniens, et plus spécialement aux Polonais et aux Italiens.

— C'est une loi cruelle, messieurs, conclut-elle. Et vous devriez en avoir honte.

Ils n'éprouvaient pas la moindre honte.

— Miss Paxmore, vous savez comment nous utiliserons l'amendement. Si un nègre veut voter, nous lui ferons lire la

Constitution ; si je suis juge, je déclarerai : « Vous n'avez pas satisfait à l'examen. » Si un Allemand la lit, je dirai : « Vous avez réussi. »

— Tu devrais avoir doublement honte d'une telle duplicité. Comment le Noir pourra-t-il jamais...

— Nom de Dieu ! explosa un corpulent politicien, on va vous faire jeter en prison pour médisance, propos diffamatoires entachant notre réputation.

Emily Paxmore ne fut pas intimidée pour autant.

— Quelle réputation ? demanda-t-elle en dévisageant chacun des hommes.

Un autre politicien brandit son exemplaire de l'amendement.

— C'est injuste, Miss Paxmore, dit-il d'un ton geignard. Vous vous méprenez sur nos intentions. Vous savez que ce projet de loi ne vise pas les braves gens... seulement les nègres.

Emily Paxmore lui arracha le document des mains et le posa sur ses genoux.

— S'il passe, cet amendement visera un jour des gens comme moi. Mais si j'en juge par ton expression, il ne manquera pas d'être repoussé, et j'en rends grâce à Dieu parce que c'est un projet criminel.

Elle ne se trompait pas. Lorsqu'on compta les bulletins de vote, on s'aperçut que les électeurs du Choptank avaient opté en masse pour l'amendement, tout comme le reste de la côte orientale. Les régions méridionales du continent, esclavagistes de tout temps, s'étaient prononcées pour la privation de leurs droits aux Noirs, mais partout ailleurs dans l'État, les électeurs avaient tenu compte du principe énoncé par Miss Paxmore : « Voulez-vous priver les immigrants de leurs droits ? » Les Noirs n'étaient jamais mentionnés, et les comtés occidentaux où les Allemands s'étaient installés votèrent à une écrasante majorité contre l'amendement, ainsi que Baltimore, la polyglotte. La proposition fut repoussée : les Noirs pouvaient continuer à voter.

De retour à Patamoke, Emily Paxmore n'évoqua plus jamais sa campagne. Elle reprit son enseignement, dispensant ses leçons à de jeunes élèves dont les futures activités seraient appelées à stabiliser la côte orientale, mais un après-midi où son frère Gerrit vint lui rendre visite, elle répondit sans ambages à ses questions :

— J'ai menti, Gerrit, et j'en suis très confuse. Le projet de loi ne visait pas à dépouiller les Allemands et les Juifs de leurs droits. J'ai lancé mes accusations trop tard pour que les partisans de l'amendement puissent les combattre.

— Pourquoi as-tu fait ça ?

— Parce que chacune des âmes de cette terre doit faire face à Armageddon. Alors, vient la grande bataille, et si tu t'enfuis, si tu ne combats pas avec toute la vigueur requise, ta vie en est à jamais amoindrie.

— Tes paroles ont un accent des plus militaires, bien peu dignes d'une quakeresse.

— Armageddon est encore plus exigeant lorsqu'il s'agit d'une bataille de l'esprit. La loi était mauvaise, Gerrit, et j'ai découvert la seule façon de la combattre. J'ai honte de la tactique que j'ai employée, mais si la même situation devait se présenter de nouveau...

Sa voix s'éteignit. Elle prit un mouchoir et le porta à son nez, puis elle battit des cils à plusieurs reprises.

« Mais elle ne se reproduira pas, ajouta-t-elle gaiement. Armageddon ne se présente qu'une fois, et nous n'avons pas le droit de reculer.

En août 1906, alors que la soixantaine striait de gris les cheveux des deux hommes de l'eau, Caveny fit irruption au magasin, porteur d'une nouvelle exaltante :

— Jake, j'ai décroché une commande pour transporter des pastèques depuis la ferme de Greef Twombly jusqu'à Baltimore.

C'était une affaire de première importance car les pêcheurs d'huîtres passaient les mois d'été à rechercher le moyen d'utiliser leur skipjack ; ces bateaux à tirant d'eau réduit avaient trop peu de franc-bord pour leur permettre des traversées hauturières, sinon ils seraient allés chercher du bois aux Antilles comme tant de goélettes. Par ailleurs, la bôme était si longue que, dans un coup de vent, avec un bord dans l'eau, l'extrémité du gui s'enfonçait dans les vagues, ce qui était désastreux.

Les hommes de l'eau s'efforçaient donc de trouver une cargaison de produits fermiers à destination de Baltimore où ils chargeaient de l'engrais pour le retour, ou du charbon à livrer à Norfolk, ou encore des gueuses de fonte provenant des hauts fourneaux du nord de Baltimore. Les pastèques constituaient le chargement le plus prisé car, avec seulement trois hommes à bord — Turlock, Caveny et le cuisinier noir — le skipjack pouvait rapporter des sommes substantielles en passant et repassant au-dessus des bancs d'huîtres où il avait travaillé pendant l'hiver.

Au moment d'appareiller pour ce voyage fructueux et inespéré, Jake était de si bonne humeur qu'avant de larguer les amarres, il appela son chien. Le chesapeake sauta à bord.

— Qu'est-ce qui se passe ? s'étonna Caveny.

— J'avais envie d'emmener mon chien, et...

Sans laisser le temps à son associé d'achever sa phrase, Caveny sauta sur le quai et hurla :

— Nero ! Ici !

Sa voix portait tant que son labrador se précipita presque aussitôt, frétillant à l'idée de se lancer dans une nouvelle aventure, quelle qu'elle fût.

Ce fut une agréable croisière. Le skipjack remonta lentement le Choptank jusqu'à la ferme du vieux Twombly où celui-ci attendait avec ses pastèques. Sa première question, lancée depuis la jetée branlante, se rapportait à la canardière :

— Le long fusil... ça marche ?

— On abat une moyenne de soixante-dix-sept canards à chaque fois, répondit Jake en attrapant l'amarre.

— Alors, c'est que vous bourrez pas assez, rétorqua Greef non sans un certain mépris.

Pendant qu'on procédait au chargement, le cuisinier noir du skipjack attrapa des crabes et en fit des galettes croustillantes. Greef apporta de la viande fraîche et s'installa sur le pont avec les deux hommes de l'eau et leurs chiens pour évoquer les tempêtes du passé. Au bout d'un moment, il fit une proposition aux deux associés :

— Il y a cinq ans, j'ai planté une rangée de pêchers ; je voulais voir ce que ça donnerait. J'ai une récolte magnifique, et je suis prêt à courir le risque de vous faire transporter cent cageots sur le pont. Vous les vendrez au mieux et la moitié de l'argent sera à vous.

Une fois les fruits à bord et le skipjack prêt à appareiller, le vieillard entraîna Jake à l'écart.

— Avec cette canardière, si on la charge bien, qu'on mette l'étoupe comme il faut, on doit descendre une moyenne de quatre-vingt-dix canards, lui chuchota-t-il en confidence.

Les effluves des pêches accompagnèrent la traversée ; lorsque le chargement atteignit la grande jetée de Baltimore, les marchands de quatre-saisons attendaient avec leurs charrettes à bras, heureux de s'approvisionner en pastèques : ils furent enchantés par les pêches.

Leurs bénéfices en poche, les deux associés se rendirent au Rennert pour y déguster un canard, puis, après avoir rendu visite à Otto Pflaum et à sa femme, ils chargèrent de l'engrais et repartirent pour Patamoke. Au moment où ils quittaient le port, ils se retrouvèrent, par hasard, au centre d'un triangle formé par trois luxueux vapeurs étincelants de lampes électriques, et ils admirèrent le scintillement des bateaux qui s'apprêtaient à remonter les fleuves.

— Regarde ces merveilles ! s'écria Jake tandis que chacun des navires partait de son côté, accompagné par la musique douce qui se déversait des orchestres et se répercutait sur l'eau.

— Des bateaux que nous reverrons désormais, marmonna Caveny.

Et pendant près d'une heure, les hommes du Choptank contemplèrent les navires avec un soupçon d'envie.

Les pêcheurs d'huîtres ne pouvaient imaginer que ces grands navires disparaîtraient un jour de la baie, comme avaient disparu les goélettes de Paxmore, puis les clippers de Paxmore. Ce soir-là, le bateau classique n'était pas le vapeur clinquant, mais le paisible petit skipjack, bateau conçu pour la Chesapeake, taillé aux exigences de la baie et adapté jusque dans les moindres détails aux conditions qui y régnaient. Il continuerait à en sillonner les eaux après que les navires ne seraient plus qu'un tas de rouille, car il répondait parfaitement à sa fonction, né pour les hauts-fonds et le dragage, alors que les vapeurs brillamment illuminés ne constituaient que des innovations commerciales, utiles pour un temps, mais n'ayant que peu de rapport avec la pérennité de la baie.

— Ils disparaissent rudement vite, remarqua Caveny tandis que les lumières se fondaient dans les estuaires.

Désormais, les deux hommes de l'eau naviguaient seuls sur la baie et, peu après, les lignes basses de la côte orientale émergèrent dans le clair de lune, configuration unique de marais et d'estuaires confondus.

— C'est vraiment une terre bénie, marmotta Turlock pendant que le skipjack fendait l'eau immobile.

En approchant de Devon Island, Turlock regarda machinalement vers l'extrémité ouest de l'île où les arbres roulaient au gré de la marée.

— Je n'avais jamais remarqué ça, dit-il. Un jour de grosse tempête, l'île va être complètement engloutie.

Les hommes de l'eau observèrent au passage les effets de l'érosion, et Caveny commenta :

— J'ai lu dans un livre que toute la terre de notre côte orientale est faite d'alluvions...

— Qu'est-ce que c'est que ça ? demanda Turlock d'un air soupçonneux.

— De la terre qui a été apportée par la Susquehanna quand elle était cinquante fois plus large. Tu sais ce que je crois, Jake ? Je crois que, longtemps après notre mort, il n'y aura plus de côte orientale. La terre que nous connaissons sera avalée par l'océan.

— Dans combien de temps ? s'enquit Jake.

— Dix mille ans.

Les deux hommes gardèrent le silence. Ils naviguaient au-dessus des bancs d'huîtres pour lesquels ils s'étaient battus, où les prises glacées, ayant exigé maints efforts pour leur être arrachées, avaient engourdi leurs mains, entaillé leurs doigts, rougi de sang leurs gants raidis. Au-delà de ce promontoire, à peine visible dans la nuit, le *Laura-Turner* avait chaviré, six disparus. Là-bas, le *Wilmer-Dodge* avait sombré, six disparus. De l'autre côté de cette langue de terre, là où les canards se pressaient les uns contre les autres en hiver, le *Jessie-T.* avait repoussé les envahisseurs de Virginie.

Doucement, le skipjack entra dans le Choptank. Le chesapeake de Jake allait et venait à l'avant, prêt à toute éventualité, mais le labrador de Caveny restait étendu sur le pont, la tête posée contre la cheville de son maître ; levés vers l'Irlandais, ses yeux sombres débordaient d'amour.

1938

L'un des principes de base du quakerisme voulait que si un homme ou une femme entretenait la flamme qui brûle en chaque être humain, il pouvait établir des relations directes avec Dieu sans l'intercession des prêtres. Hymnes et prières à haute voix n'étaient pas nécessaires pour attirer l'attention de Dieu puisque chaque individu L'abritait et qu'un murmure suffisait pour Lui demander Son aide.

Néanmoins, on admit peu à peu, au sein des réunions, que certaines âmes, douées d'une ferveur particulière, devaient être considérées comme des ministres du culte. Ces élus n'avaient aucun droit à ce titre. Au sens traditionnel du terme, rien ne les y autorisait puisqu'ils n'étaient pas instruits au séminaire et que l'imposition des mains par un évêque ne leur accordait pas un don divin dont la légitimité remontait à Jésus-Christ. Dans toutes les autres religions, le prêtre ainsi ordonné pouvait s'attendre à être aidé par ses paroissiens sur le plan économique ; en retour, il se chargeait de leur œuvre spirituelle.

Dans la foi quaker, le ministre du culte ne possédait aucune autre légitimité que celle qui lui était conférée par sa conduite, et aucun revenu fixe autre que celui qu'il gagnait par un dur labeur. Un quaker se conduisait comme un ministre du culte, puis était adopté comme tel.

Au cours de la grande crise des années 1930, les quakers du Maryland, du Delaware et de Pennsylvanie s'aperçurent qu'ils avaient en leur sein un nouvel exemple de ces merveilleux prêcheurs quakers. Woolman Paxmore avait dépassé la cinquantaine ; homme de haute taille, mince, à l'allure de prophète, nanti d'une pomme d'Adam volumineuse, il était fermier depuis toujours, mais le don de son être à Dieu était si total que déjà, dans sa jeunesse, il avait commencé à se rendre dans diverses villes et, partout où il se manifestait à l'occasion des réunions du Premier Jour, la congrégation locale lui signifiait qu'elle serait déçue s'il ne prenait pas la parole.

Avec prémonition, on lui avait donné comme prénom le patronyme de l'un des premiers ministres du culte quaker né en Amérique. Humble tailleur du New Jersey, John Woolman, homme inspiré, avait répondu dès l'âge de sept ans à l'appel de Dieu. Chaque année de sa vie simple et ascétique, il apporta de nouvelles preuves de sa foi exceptionnelle : il se penchait sur les pauvres, militait pour le statut des Noirs dans le New Jersey, remontait le cours de la Susquehanna afin de s'assurer de la façon dont le gouvernement traitait les Indiens. Sur ses propres deniers, pourtant bien modestes, il partit étudier les conditions qui régnaient en Angleterre et ne cessa de manifester une foi naïve et inébranlable dans la miséricorde de Dieu.

Son héritier spirituel, Woolman Paxmore, menait le même genre de vie. Lui aussi se penchait sur le sort des pauvres; ainsi, il trouva des foyers pour une trentaine d'orphelins. Il s'était rendu dans des États tels que l'Oklahoma et le Montana pour juger des dispositions qui pourraient être prises pour améliorer le sort des Indiens. Alors qu'il atteignait sa cinquante-sixième année, ses pensées se tournèrent vers l'Europe et Berlin, capitale de l'Allemagne nazie.

Un jour qu'il travaillait dans un champ, récoltant du maïs sur la berge nord du Choptank, une idée le traversa, impérieuse, précise : Jésus-Christ était juif, un vrai rabbin juif, et aucun être n'avait jamais accompli plus que lui sur la terre. Qu'Adolf Hitler persécutât les descendants spirituels de Jésus était intolérable.

Cette même semaine, il prêcha afin de délivrer un message simple : faire preuve de la moindre discrimination à l'encontre des Juifs équivalait à nier l'héritage de Jésus-Christ. Il apporta son message dans les réunions rurales de Pennsylvanie, puis dans le New Jersey où John Woolman avait parlé et dans toutes les assemblées du Delaware. Il se déplaçait au volant d'une petite Chevrolet et, les samedis après-midi, les quakers vivant dans les coins les plus reculés le voyaient arriver, dégingandé, voûté, jetant des regards à droite et à gauche en traversant lentement la ville, à la recherche d'une adresse dont il se souvenait mal.

Il abandonnait la Chevrolet n'importe où, laissait tourner le moteur et marchait dans les rues, abordant des inconnus.

— Pourrais-tu me dire où habite Louis Cadwallader ? Il n'y a personne de ce nom en ville ? Je me trompe peut-être. Et Thomas Biddle ?

Lorsqu'il trouvait la personne recherchée, il était chaleureusement accueilli et d'autres quakers de la région accouraient pour partager un dîner frugal. Certains de ses plus beaux prêches furent prononcés à l'occasion de ces paisibles soirées du samedi. De telles assemblées se terminaient souvent fort tard par une collation : tarte aux pommes et verre de lait ; les ruraux écoutaient avec attention tandis que Paxmore entamait sa péroraison :

— Je crois que si trois ou quatre d'entre nous allaient trouver Herr Hitler et lui signalaient l'infamie de sa conduite, il comprendrait. Je crois que Dieu nous indiquerait un moyen de sauver ces gens persécutés et de les faire sortir d'Allemagne comme Il a déjà tiré leurs ancêtres hors d'Égypte.

— Crois-tu que Hitler nous écouterait ?

— Le fait qu'il ait imposé sa volonté à l'Allemagne prouve qu'il n'est pas un imbécile, et l'homme sage est toujours prêt à écouter. Il nous écoutera si nous lui apportons un témoignage simple.

L'idée de se rendre en Allemagne pour parler directement à Hitler tourna à l'obsession ; comme il sillonnait les États de l'est, il convainquit deux autres quakers des chances de réussite ; un négociant de Pittsburgh offrit, sur-le-champ, de l'accompagner, un instituteur connu d'une petite ville de Caroline du Nord se déclara convaincu que Hitler leur prêterait une oreille attentive. Ainsi, en octobre 1938, les trois quakers, au seuil de la vieillesse, se réunirent à Philadelphie pour mettre au point leur visite à Berlin.

Woolman Paxmore, en tant que prédicateur reconnu, énonça les principes spirituels qui devraient les guider :

— Nous lui dirons en termes simples, mais sans rancœur, que ses agissements sont mauvais, qu'ils ne peuvent en aucune façon aider l'Allemagne, qu'ils sont une offense aux chrétiens du monde entier.

Le négociant de Pittsburgh se chargea des aspects logistiques du voyage.

— Des amis dévoués de Philadelphie nous ont apporté une généreuse contribution. Nous nous rendrons à New York vendredi prochain pour embarquer sur le *Queen-Mary* et gagner Southampton. Des amis anglais nous y accueilleront et nous passerons trois jours à Londres. Puis, nous gagnerons Harwich et traverserons la Manche. A Berlin, nous serons hébergés par un groupe d'amis allemands. Nous avons déjà demandé une audience à Herr Hitler.

Et ils partirent ainsi, trois robustes quakers, sans autre lettre de créance que leur foi simple. Le troisième jour de la traversée était un dimanche, et l'instituteur proposa d'organiser une réunion dans l'une des cabines, mais Woolman Paxmore protesta :

— Cela pourrait paraître ostentatoire si...

— Comment ça ostentatoire, si nous nous réunissons en privé ?

— Parce qu'une réunion officielle a été organisée dans l'un des salons, répondit Paxmore, et je crois que nous devrions y participer.

Les trois silhouettes vêtues de noir, sorties tout droit de l'Ancien Testament, apportèrent une indéniable ferveur et un certain exotisme au service célébré par un épiscopalien de Boston. Ils éprouvèrent une extrême surprise quand, après les prières, le pasteur dit :

— Ce matin, nous avons l'honneur de compter parmi nous l'un des chefs de file religieux les plus éminents d'Amérique, Woolman Paxmore, le prédicateur quaker du Maryland. Ce serait un honneur pour nous tous si ses deux compagnons et lui nous conviaient à un service quaker cet après-midi.

La proposition obtint un accueil enthousiaste. Avant le repas de midi, nombre de passagers de première classe descendirent jusqu'à la classe touriste qui hébergeait les trois quakers afin de persuader Paxmore de célébrer un service.

— Nous n'avons jamais assisté à une réunion quaker, expliquèrent les passagers. Ce serait pour nous un rare privilège.

Aussi, en fin d'après-midi, une soixantaine de personnes se réunirent dans le salon où s'était déroulé le service du matin. Trois chaises avaient été disposées au fond de la salle et l'on pensait que Woolman occuperait celle du milieu, la place d'honneur, mais celui-ci avait coutume d'accorder ce siège à celui qui avait assumé la responsabilité des détails pratiques de la réunion, et il insista pour qu'il fût attribué au négociant de Pittsburgh qui avait procuré les fonds nécessaires au voyage.

Pendant dix minutes, les trois hommes observèrent un silence religieux, puis un quart d'heure, vingt minutes s'écoulèrent sans que le moindre son fût proféré. Les visiteurs, tout au moins ceux qui n'avaient pas eu l'occasion de participer à une réunion quaker, commençaient à éprouver un certain malaise. Ils évitaient de se livrer à des bruits intempestifs mais, manifestement, ils escomptaient quelque événement. Il n'y avait pas de cantiques, pas de quête, pas de prières, pas de sermons. Une demi-heure, puis quarante minutes passèrent encore. Enfin le clergyman épiscopalien se leva.

— Frère Paxmore, nous espérons que vous serez visité par le besoin de nous parler. Nous avons entendu dire que vos messages sont chargés d'inspiration.

Cette intervention, si contraire aux usages quakers, prit Paxmore par surprise ; accablé par le poids de la responsabilité qu'il assumait, celle de servir de conscience à la chrétienté, il estimait inconvenant de prendre la parole en un instant aussi sacré. Le voyage avait commencé ; le devoir s'accomplissait ; tout retour en arrière s'avérait impossible ; dorénavant, les mots étaient superflus.

Mais il n'en était pas moins un vrai quaker, un homme d'une simplicité absolue et, bien qu'il estimât inconvenant de prendre la parole, il comprenait ce que signifiait la remarque du prêtre de Boston : l'assistance avait espéré entendre un sermon quaker. Personnellement, il ne se sentait pas enclin à parler, mais si les autres le priaient de prendre la parole, il ne se déroberait pas.

Avec un hochement de tête grave en direction du pasteur, il se leva, mais le navire roulait et il dut empoigner le dossier de sa chaise pour se tenir debout. Vêtu de noir, la tête grise, le visage anguleux, les mains osseuses, il se dressait dans le salon au plancher instable.

— Hommes et femmes se doivent de relever le défi qui éclate durant le laps de temps qui leur a été accordé ici-bas ; l'inévitable défi de notre temps est le traitement que Herr Hitler inflige aux Juifs d'Allemagne.

Il prédit que, si l'on autorisait Hitler à persécuter les Juifs allemands, il ne tarderait pas à opprimer de la même manière les Juifs d'Autriche, de Pologne et de France.

« Et puis, il reportera son attention sur d'autres non-conformistes, tels les adventistes du Septième Jour, les quakers. Bientôt la persécution s'abattra sur toi, toi, toi et toi.

D'un geste de sa main noueuse, il désignait un membre de l'assistance. Trois passagers, d'ascendance germanique, qui estimaient que Hitler avait œuvré pour restaurer la dignité de l'Allemagne, se levèrent avec colère et quittèrent la salle.

Woolman Paxmore ne remarqua pas leur départ. Il développait une idée qu'il savait juste et inspirée par Dieu ; il continua :

« Si des hommes de bonne volonté allaient trouver Hitler afin de lui rappeler que les Juifs et Jésus sont les descendants d'une même lignée, ce glissement infernal vers la barbarie pourrait être évité.

Puis, il exposa le concept qui, chez lui, tournait à l'idée fixe.

« Il faut admettre que Jésus-Christ lui-même était juif. Vivant en Palestine, sous un soleil ardent, il avait la peau plus sombre que nombre de Noirs américains, et des traits moins délicats, moins doux que ceux que l'on voit à nos calendriers religieux. Il était juif, et il ressemblait sans doute à ton tailleur, ton médecin ou ton professeur. Si les Juifs ont de grands nez, il en avait un. Si leur teint est basané, le sien l'était, basané. S'ils parlent avec leurs mains, il agissait de même. Pendant une grande partie de sa vie, Jésus-Christ a été un rabbin juif, et si nous l'oublions, nous nions la nature même du christianisme.

A ce moment, deux autres passagers quittèrent le salon. Sans tenir compte de leur départ, Paxmore conclut :

« Nous croyons que si ces vérités simples sont rappelées à Herr Hitler, il lui faudra les admettre pour telles.

Il ne s'étendit pas sur les bienfaits qui pourraient en découler, mais ses arguments semblaient si logiques qu'à la fin de la réunion plusieurs auditeurs l'interrogèrent sur ce qu'il avait l'intention de proposer à Hitler s'il parvenait à le rencontrer.

— C'est très simple. Nous le supplierons de libérer les Juifs, de les autoriser à émigrer.

— Pour aller où ? demanda un homme d'affaires.

— Où ? s'étonna Paxmore. Tous les pays seraient heureux de les accueillir.

— Vous le croyez vraiment ? insista l'homme d'affaires.

— Bien sûr. Est-ce que tu n'accueillerais pas avec joie leur arrivée ? Des hommes et des femmes instruits ? Des enfants ayant bénéficié d'un excellent enseignement ? Leur apport serait inestimable pour les États-Unis. Et je suis persuadé que la France et l'Angleterre seraient du même avis.

Par politesse, l'homme d'affaires s'abstint de tout commentaire, mais il ne put s'empêcher de regarder sa femme et de secouer la tête.

— Tous les mêmes, ces illuminés, murmura-t-il en quittant la salle.

— Cette réunion n'était pas dénuée d'intérêt, objecta son épouse.

— Elle était même fascinante. J'aime leur idée de s'entretenir directement avec Dieu. J'ai toujours pensé que l'entremise des prêtres était superflue.

Il marqua une pause.

« Je suppose que si l'on croit parler directement à Dieu, on peut se laisser prendre à ces balivernes sur les Juifs. Jésus a peut-être commencé en tant que rabbin, mais il a été assez malin pour laisser tomber.

Un autre passager, un négociant juif de Baltimore, aborda Paxmore :

— Supposons que vous parveniez jusqu'à Hitler, qu'il vous écoute et qu'il soit prêt à faire un geste. Que comptez-vous lui offrir ?

— De prendre en charge tous les Juifs dont il ne veut pas et de les installer dans un autre pays, répéta Paxmore.

— Et vous croyez que d'autres pays les accepteront ?

— Le contraire serait inhumain.

Le négociant de Baltimore ne releva pas la remarque. Au lieu de quoi, il passa à un autre sujet :

— Avez-vous songé, révérend Paxmore...

— Je ne suis pas révérend, rectifia le quaker.

— Pour moi, vous l'êtes. Avez-vous envisagé que Hitler pourrait accepter de libérer les Juifs, tout au moins certains d'entre eux, en échange d'une certaine somme d'argent ?

— Ce serait du chantage !

— Exactement. Mieux vaut que vous soyez prêt à affronter cette éventualité.

Woolman Paxmore s'abîma dans le silence. Il lui était difficile de croire qu'un chef d'État pût recourir au chantage ; après avoir réfléchi un instant, il appela ses deux compagnons.

— Ce gentleman vient de soulever un point déconcertant. Pourrais-tu l'exposer à mes amis ?

Tandis que les autres passagers quittaient le salon, les trois quakers s'assirent en compagnie du Juif de Baltimore. Celui-ci leur expliqua sans détour le chantage que, selon lui, Hitler proposerait.

— Tu vois un monstre en lui, objecta Paxmore.

— C'en est un. Révérend Paxmore, j'ai l'intime conviction que si vous, hommes de bien, ne parvenez pas à faire sortir les Juifs d'Allemagne, ils seront tous exécutés... pendus... fusillés.

— Mais c'est une infamie !

Paxmore, sous le coup de l'indignation, se leva.

« Tu parles comme si nous avions affaire à un fou.

— C'est bien le cas. Qu'êtes-vous prêts à lui offrir ?

Une telle idée n'avait jamais effleuré Paxmore. Il venait lui offrir la vérité, un aperçu du message éternel de justice et de salut émanant de Dieu.

« Mes chers amis, dit le Juif pour conclure, il exigera de l'argent.

— Où en trouverions-nous ? s'enquit l'instituteur.

— Je pourrais vendre la Falaise-de-la-Paix, émit Paxmore avec simplicité.

Il estimait plus important de sauver des vies humaines que de s'accrocher au berceau de ses ancêtres sur la rive du Choptank.

— Mes chers amis, reprit le Juif, Hitler exigera infiniment plus d'argent que tout ce que vous pourriez réunir. Mais si c'est le cas, n'oubliez pas que nous sommes prêts, mes amis et moi, à réunir la rançon demandée, quel qu'en soit le montant.

Il serra la main des trois quakers et remit à chacun sa carte de visite.

Quand les missionnaires arrivèrent à Berlin, ils furent accueillis avec mépris par les autorités allemandes et avec une condescendance amusée par l'ambassade des États-Unis.

— Vous êtes venus pour convaincre Herr Hitler de traiter les Juifs avec plus de ménagement ? leur demanda un jeune secrétaire originaire de Virginie.

— Oui, acquiesça Paxmore. J'espère que tu feras tout ton possible pour faciliter notre mission.

— Si notre ambassadeur ne peut même pas obtenir une audience, je doute fort que vous y parveniez.

— Nous attendrons, déclara Paxmore.

Ils restèrent à Berlin, s'efforçant d'entrer en contact avec les rares quakers habitant la capitale, mais les amis allemands répugnaient à se compromettre avec ces trois hommes bizarres venus d'Amérique. Pourtant, une famille ayant des attaches en Angleterre — une des filles avait épousé un quaker de Londres

— ne tint pas compte du danger qu'elle courait ; certains de ses membres vinrent à l'hôtel où étaient descendus les Américains et les rencontrèrent ouvertement.

— Je me présente... Klippstein, dit le père avec une certaine raideur.

— Ce nom a une consonance juive, remarqua Paxmore.

— Ça remonte à très loin.

— Est-ce que cela te nuit ?

Herr Klippstein réfléchit un instant, puis se départit de sa raideur et sourit.

— Nous sommes triplement condamnés, admit-il en invitant d'un geste les siens à s'asseoir. Nous sommes juifs. Nous sommes quakers. Et nous avons toujours été libéraux.

— Condamnés est peut-être un terme excessif, objecta Paxmore.

A ces mots, la désinvolture de Klippstein s'évanouit.

— Dans deux ans, nous serons tous exterminés si vous ne nous venez pas en aide.

— Exterminés ! C'est impossible. Nous avons affaire à des êtres humains.

— De qui parlez-vous ? D'eux ou de nous ?

— Herr Paxmore, intervint Frau Klippstein, il ne s'agit pas là d'un problème ordinaire.

Elle expliqua que, chaque jour, les restrictions qu'on leur imposait devenaient plus sévères.

— C'est de cela que nous sommes venus parler à Herr Hitler, exposa Paxmore. Pour le convaincre de libérer les Juifs.

— Impossible ! assura Herr Klippstein avec un rire.

— Mais les ambassadeurs des pays étrangers ?... N'agissent-ils pas ?

— La plupart d'entre eux approuvent Hitler. Ils croient que le chancelier est une providence pour l'Allemagne. Parce que la majorité des ambassadeurs étrangers méprisent les Juifs... et les quakers... et les libéraux de tous ordres.

— Certainement pas l'ambassadeur des États-Unis.

— Je ne le connais pas, mais j'ai eu l'occasion de rencontrer ses subordonnés. Ils se refusent à aider tous ceux qui ne disposent pas d'une fortune, d'une bonne éducation et d'une situation en vue. Ils ne valent pas mieux que les Anglais.

— L'ambassade britannique ne propose pas son aide ?

— Herr Paxmore ! s'exclama Klippstein.

Il alla jusqu'à conseiller aux Américains de retourner chez

eux. Aucun service officiel ne les recevrait, il en était convaincu.

Mais au début de leur quatrième semaine de séjour, un messager en uniforme se présenta à l'hôtel pour les informer qu'à deux heures, ce même après-midi, Hermann Goering leur accorderait une audience. La nouvelle ne surprit pas Woolman Paxmore qui n'avait jamais douté que ses compagnons et lui finiraient par rencontrer Hitler.

— Nous verrons Goering aujourd'hui, et il prendra les dispositions nécessaires pour nous permettre de rencontrer Hitler demain, dit Paxmore à ses amis.

Une Rolls-Royce vint les chercher à treize heures trente et les conduisit à travers de splendides avenues jusqu'à un palais où des légions d'hommes en uniforme protégeaient la grandeur du troisième Reich. Paxmore en fut impressionné.

— Quels beaux jeunes gens ! dit-il à l'instituteur de Caroline du Nord.

Les troix quakers furent introduits dans une immense salle aux murs revêtus de cartes polychromes. Elles illustraient la consolidation de l'empire allemand ; de lourdes lettres gothiques les rendaient encore plus imposantes. A l'extrémité de la salle — aux dimensions inouïes — se dressait un bureau blanc orné de dorures.

— Ça ne me paraît pas très fonctionnel, chuchota l'instituteur.

Tous trois avancèrent jusqu'à environ trois mètres du bureau ; là, ils reçurent l'ordre d'attendre. Paxmore remarqua qu'ils foulaient un tapis blanc et songea combien son entretien devait être délicat.

Après une attente d'une quinzaine de minutes pendant laquelle les trois hommes échangèrent quelques propos tandis que six gardes en uniforme contemplaient le plafond, une porte s'ouvrit, livrant passage à un individu énorme, vêtu de blanc soutaché d'or, suivi d'une superbe femme blonde en tenue de cavalière.

Un interprète accourut et annonça :

— Général et Frau Goering.

Puis, le général commença à parler avec des inflexions chaudes, rassurantes.

— Le général dit qu'il a toujours été au courant des activités des quakers. En Allemagne, ceux-ci jouissent d'une réputation enviable d'honnêteté et de loyauté. Il n'ignore rien de l'œuvre que vous accomplissez partout dans le monde, sans jamais prendre parti ni gêner les gouvernements en place. Il vous accueille en Allemagne à bras ouverts.

Woolman Paxmore pensait devoir répondre à ces paroles généreuses, mais Goering ne lui en laissa pas le temps.

« Le général Goering dit qu'il s'est fait accompagner de sa femme parce que Frau Goering, qui est suédoise, a elle aussi entendu parler des quakers et désire en connaître.

— Mais il y a des quakers en Allemagne, rétorqua Paxmore.

L'interprète estima plus sage de ne pas traduire ces paroles, et Goering enchaîna :

— En raison de la bonne réputation dont vous jouissez, le troisième Reich sera toujours prêt à coopérer avec vous de toutes les façons possibles sur le plan pratique.

— Nous avons plusieurs suggestions..., commença Paxmore.

— Messieurs, coupa Goering en anglais, je vous en prie, asseyons-nous.

Il les entraîna vers un angle de l'immense salle où, sur une table, était disposé un service à thé.

— Le général sait que vous n'êtes pas anglais, expliqua l'interprète, mais peut-être qu'un peu de thé...

— Je vous en prie, acceptez, intervint Frau Goering en anglais.

— Je doute qu'il y ait beaucoup de quakers en Suède, dit Paxmore.

— S'il y en a, je ne les ai jamais rencontrés, convint Frau Goering dans un anglais parfait.

Il émanait d'elle un grand charme ; elle offrit aux trois quakers du thé et des canapés.

— Nous ne sommes pas venus en tant que quakers..., commença Paxmore.

— Mais vous êtes quakers, coupa l'interprète d'une voix rendue aiguë par l'anxiété. C'est pour cela que le général vous a accordé une audience.

— Bien sûr, nous sommes quakers, admit Paxmore avec un geste en direction de ses compagnons. Nous sommes venus en tant que chrétiens, général Goering, pour te supplier d'autoriser les Juifs à quitter l'Allemagne.

L'homme énorme gloussa, puis parla de manière saccadée en allemand tandis que l'interprète résumait sporadiquement. Il ressortait de ses propos que les Juifs d'Allemagne étaient libres de partir à n'importe quel moment, d'emporter tous leurs biens avec eux et de s'installer dans chacun des pays qui se montreraient disposés à les accueillir.

— Mais aucun pays n'en veut, conclut Goering.

Woolman Paxmore toussota ; il but une gorgée de thé, se ressaisit et déclara d'un ton tranquille :

— Tout tend à prouver qu'aucun Juif n'est autorisé à quitter l'Allemagne à moins de verser des sommes considérables en échange.

Goering ne sourcilla pas.

— Il va de soi que nous voulons être indemnisés pour l'éducation gratuite dont ils ont bénéficié. Herr Paxmore, vous ne pouvez escompter que nous laissions partir ces brillants sujets sans une compensation quelconque ? Nous ne pouvons les autoriser à emporter les talents que nous leur avons dispensés dans nos écoles pour les mettre au service de nos ennemis ?

— Vous n'avez pas d'ennemis, répliqua Paxmore.

A ces mots, Goering explosa. Il tendit le bras et laissa retomber sa main sur le genou de Paxmore en une claque sonore.

— Incorrigible quaker, qui aimez tant la paix ! Vous ne vous rendez compte de rien. Nous sommes entourés d'ennemis... d'ennemis féroces...

L'interprète buta sur le mot *féroce* et bredouilla jusqu'à ce que Frau Goering intervînt :

— Des ennemis féroces, Herr Paxmore. Et ils sont vraiment féroces.

— Ils pourraient devenir des amis, déclara le quaker. Il suffirait de faire un geste à l'égard des Juifs.

— Nous avons bien l'intention de faire un geste à l'égard des Juifs, assura Goering en riant de sa plaisanterie.

— Et est-il raisonnable pour ton gouvernement d'exiger..., commença Paxmore.

Il s'interrompit. Un seul mot lui venait à l'esprit : *rançon.* Une rançon pour les Juifs, mais il jugea plus avisé de ne pas prononcer ce terme.

— Une rançon, balbutia l'instituteur de Caroline du Nord.

L'interprète chercha un autre mot, mais Frau Goering intervint de nouveau :

— Il ne s'agit pas d'une rançon, Herr Paxmore, mais bien

plutôt du remboursement de l'éducation gratuite qu'ils ont reçue.

— C'est l'expression que je cherchais, dit Paxmore avec sincérité. Et si c'est ce paiement qui empêche l'émigration de vos Juifs, je suis en mesure de t'assurer que les fonds requis ne tarderont pas à être mis à la disposition de ton gouvernement.

Le général Goering pria l'interprète de répéter cette information. Après s'être assuré qu'il comprenait la proposition du quaker, il s'adressa brutalement à Paxmore.

— Vous êtes prêt à réunir l'argent ?

— Oui.

— Combien ?

La question décontenança Paxmore qui n'avait jamais considéré cet aspect du problème.

— Un million de dollars ! lança-t-il, stupéfait d'avoir osé formuler un tel chiffre.

— Un million, répéta Goering. Un million... hum.

La réunion prit fin.

— Attendez à votre hôtel, intima l'interprète.

L'homme était prussien, élevé dans les principes militaires et la moindre parole semblait receler une menace.

A quarante-huit heures de là, deux voitures noires de l'armée se rangèrent devant l'entrée de service de l'hôtel et on ordonna aux trois visiteurs américains de se munir d'un nécessaire de toilette.

— Je vérifierai vos bagages, déclara le même interprète.

Il se rendit dans leurs chambres et examina avec soin chaque objet, chaque vêtement que les quakers emportaient. Il les précéda dans l'escalier de service et les fit monter en voiture. Ils arrivèrent bientôt à un aérodrome où les attendait un petit avion. L'interprète s'installa avec eux et attendit que l'appareil eût décollé pour parler.

— Vous allez avoir l'honneur de rencontrer le Führer. A Berchtesgaden. Quand vous serez en sa présence, vous devrez vous tenir au garde-à-vous, mains aux côtés et garder le silence. Vous m'avez compris ? Le silence complet.

Woolman Paxmore souhaitait réagir devant des instructions aussi ridicules, mais le négociant de Pittsburgh lui décocha un coup de coude, et il se tut. Mais quand l'interprète détourna le regard, il haussa les épaules à l'adresse de l'instituteur, qui fronça les sourcils et sourit.

Ils atterrirent sur un aérodrome à proximité d'un lac et

furent aussitôt invités à monter dans une grande limousine qui emprunta une route escarpée au milieu d'un paysage somptueux.

— Nous nous rendons dans l'aire de l'Aigle, expliqua l'interprète d'une voix pénétrée de respect.

Après un long trajet à travers la forêt, la voiture déboucha sur un panorama d'une stupéfiante ampleur.

— Bonté divine ! s'exclama Paxmore. Quelle bénédiction que de vivre ici !

Les montagnes, de vastes étendues de forêts, les plaines infinies de l'Allemagne se déployaient à leurs pieds... Quelle différence avec les petits champs plats de la côte orientale !

— Par ici, dit l'interprète en les conduisant dans une salle encore plus vaste que la précédente.

Sans qu'ils aient le temps de s'habituer à leur nouveau décor, ils eurent la surprise de voir entrer par la porte du fond le général Goering en costume bavarois. Celui-ci se précipita à leur rencontre.

— Messieurs, nous n'allons pas tarder à nous revoir.

Il poussa les effusions jusqu'à étreindre Paxmore en lui appliquant de fortes claques dans le dos.

« Le Führer a été très intéressé par votre idée, continua-t-il en allemand. Il désire que vous la lui exposiez personnellement.

Et avant même que les quakers pussent réagir, Hitler apparut, petit homme aux cheveux très noirs, vêtu d'un simple uniforme brun sans la moindre décoration. Côte à côte, les deux personnages ressemblaient à de quelconques chasseurs ; leurs visages rayonnaient d'excitation.

Hitler parla, d'une voix de fausset, et l'interprète prit la suite :

— Ce que le général Goering me rapporte est-il exact ? Êtes-vous en mesure de réunir un million de dollars pour rembourser l'éducation de nos Juifs ?

— Oui, assura Paxmore d'un ton ferme. Nous collecterons les fonds.

Sur le moment, il n'avait pas la moindre idée de la façon dont il y parviendrait, mais il avait passé toute sa vie à prendre des engagements sans savoir comment il pourrait les tenir et, ce faisant, il s'était rendu compte que, pour une cause juste, Dieu trouvait toujours le moyen d'honorer les promesses les plus hasardeuses.

— Dans ce cas, je crois que nous pourrons nous défaire de quelques Juifs et vous les remettre. Nous avons calculé le coût de leur éducation. Dans votre monnaie... à combien cela se monte-t-il, Hermann ?

— Cinq mille dollars pour chacun, laissa tomber Goering.

Paxmore ne brillait pas en arithmétique, et il hésitait sur le nombre de Juifs qu'un million de dollars libérerait.

— Deux cents, estima l'instituteur.

— Révoltant ! protesta Paxmore. Herr Hitler...

— Silence ! hurla l'interprète.

Paxmore ne tint pas compte de l'ordre et se rapprocha du dictateur.

— Pour une telle somme, on peut s'attendre à cinquante mille individus, au moins. A elle seule, la compassion justifierait ce chiffre.

L'interprète refusa de traduire l'audacieuse exigence, mais Hitler perçut l'effet de sa proposition sur les quakers ; il s'était douté qu'elle serait rejetée. D'un geste, il rassura l'interprète et lui donna ordre de demander :

— Quel nombre envisagez-vous ?

— Cinquante mille, répondit Paxmore d'un ton ferme.

— Je doute que nous en ayons autant qui souhaitent partir, déclara Hitler.

— Ta réputation en sortirait grandie si tu osais un geste d'une telle ampleur, assura Paxmore sans se départir de son calme.

Le fait que cet homme dégingandé, peu soigné de sa personne, usât de persuasion et fit appel à un sentiment d'amour-propre impressionna le dictateur. Impulsivement, il aboya :

— Quarante mille !

Sur quoi, il quitta la salle.

— Vous venez de conclure un marché d'importance, déclara Goering, rayonnant. Ainsi que vous avez pu le constater, le Führer est un homme sensible. Dites-le, annoncez-le au monde entier !

Avec un salut, qui paraissait pour le moins déplacé, il trottina à la suite de son chef.

C'est ainsi que Woolman Paxmore et ses deux compagnons rachetèrent la vie de quarante mille Juifs. Ils réunirent un million de dollars en frappant à diverses portes, en usant de leur réputation, en se portant garants du succès de la transaction.

Jusqu'à la fin de ses jours, Paxmore n'allait pas cesser de rencontrer des hommes et des femmes qui lui déclareraient avec un accent germanique prononcé : « Vous m'avez sauvé la vie. J'ai été parmi les derniers à pouvoir m'échapper d'Allemagne. Les autres sont morts dans les chambres à gaz. »

L'opération en faveur des Juifs allemands n'apporta pas à Paxmore le sentiment d'un accomplissement. En effet, quand lui et ses deux amis eurent collecté les fonds et pris les dispositions nécessaires pour sauver les quarante mille Juifs, ils ne trouvèrent aucun pays prêt à les accueillir. Il passa près de six mois à se rendre de capitale en capitale pour supplier les divers gouvernements d'accepter les malheureux, voués à l'extermination ; il échoua aussi bien auprès de son propre gouvernement. Sur les quarante mille individus dont la libération avait été monnayée, seuls vingt-cinq mille trouvèrent un refuge ; les autres furent partout refoulés.

L'épreuve du feu

En 1938, un livre étonnant fut publié à Patamoke. Son mérite ne résidait pas dans son style littéraire. Il n'était pas non plus remarquable par ses révélations philosophiques car il était constitué de petits épisodes sans rapports entre eux, choisis au hasard, et disposés sans aucun souci chronologique.

Il s'intitulait : *Histoire vraie de Patamoke* et avait été rédigé, ou peut-être compilé, par Lawton Steed, fils aîné du juge Hathaway. Étant donné que le développement de la ville était vu à travers les expériences romanesques des familles de planteurs de tabac, il y était question de domaines hantés, de ravissantes épouses et de Cavaliers. A la lumière de cet ouvrage, il semblait qu'on ne pouvait comprendre l'histoire du Choptank qu'en visitant les plantations du XVIIe siècle.

Par un remarquable tour de force, ce livre rapportait trois cents ans d'histoire sans jamais mentionner les Noirs qui y avaient joué un rôle majeur. Des chapitres entiers avaient trait aux jolies femmes de la famille Steed et aux réformes prônées par les Paxmore dissidents ; certains paragraphes évoquaient, non sans condescendance, les Turlock, notamment ceux qui s'étaient livrés à la piraterie. En revanche, pas une seule ligne sur les esclaves qui avaient permis au système de subsister.

Prenons un exemple : les Cater avaient représenté une force non négligeable dans l'histoire de Patamoke ; l'ascension de Cudjo marquait une époque ; Eden avait conduit quatorze expéditions d'évasion vers la Pennsylvanie ; le capitaine Jimbo avait commandé son skipjack pendant deux générations, s'adjugeant la réputation de premier patron de la flottille — mais aucun d'entre eux n'était mentionné. Il serait pourtant erroné de prétendre que le nom de Cater ne figurait pas dans le recueil ; il apparaissait à la page 118, au paragraphe suivant :

> En 1847, le receveur des postes, Thomas Cater, se trouva en butte aux fanatiques locaux qui s'efforçaient d'importer,

> par le canal de la poste fédérale, de la littérature séditieuse qu'il intercepta comme la loi l'y obligeait ! ! ! Les agitateurs protestèrent avec tant de véhémence et de persistance qu'en 1849, ce brave homme fut obligé de renoncer à sa fonction ; mais les habitants de Patamoke apprirent avec plaisir qu'il avait obtenu une situation nettement plus enviable en Caroline du Sud où il s'enrôla dans les forces confédérées, s'élevant jusqu'au grade de commandant ! ! !

Ignorer les Cater aurait pu trouver une justification dans le fait qu'aucune famille noire n'occupait une position prépondérante ; mais Steed ignora aussi les pasteurs méthodistes noirs qui avaient servi la communauté avec tant d'efficacité, contribuant à sa stabilité durant les décennies troublées où les Noirs devaient se contenter d'un salaire de cent dollars par an. Il négligea aussi les petits commerçants, les ouvriers des conserveries d'huîtres, les Noirs qui occupaient des postes de contremaîtres dans les plantations de tomates et ceux qui prêtaient de l'argent et jouaient le rôle de banquiers pendant les crises, permettant ainsi à la communauté de survivre. Pas un mot non plus sur les écoles de Noirs qui s'efforçaient d'instruire les enfants des anciens esclaves, pas plus que sur les équipes de base-ball capables de battre celles des Blancs. Aucune allusion aux carnavals baignés de musique, ni aux sermons des évangélistes noirs, habiles à faire grésiller les feux de l'enfer à l'orée des bosquets de pins.

Conformément à la coutume nationale, l'expérience noire était effacée, non en raison de son insignifiance mais parce que, pour un homme tel que Lawton Steed, elle n'avait jamais existé, et les visiteurs originaires d'autres régions du pays qui lisaient ce livre après un dîner de galettes de crabes à Patamoke House ne pouvaient être blâmés s'ils repartaient avec l'impression que le Choptank avait été exploré, colonisé et développé par les seuls Blancs. Après quoi, avait mystérieusement surgi du néant une horde de Noirs, dépourvus d'histoire, de traditions, d'importance, de droits. En 1938, année de la publication de l'*Histoire vraie de Patamoke,* la ville comptait six mille huit cent quarante-deux habitants dont mille neuf cent quatre-vingt-quatre Noirs. Vingt-neuf pour cent n'existaient donc pas aux yeux de bien des citoyens, et non des moindres.

Le *Patamoke Bugle* (le clairon de Patamoke) reflétait cet état d'esprit ; des mois passaient sans qu'il fût fait mention de la communauté noire et, si le cas se présentait, il s'agissait invariablement d'un article moqueur sur une dissension au sein de l'Église méthodiste épiscopale africaine ou de la description partiale d'une rixe survenue à la suite d'une partie de cartes. Il était interdit d'employer les titres honorifiques de Monsieur, Madame et Mademoiselle si on se référait à un Noir et, mis à part les rubriques judiciaires, la vie sociale des gens de couleur était ignorée.

Les Noirs habitaient derrière le chantier naval, à l'est de la ville, et se voyaient sévèrement cantonnés dans cette zone où les premiers esclaves émancipés avaient élu domicile à partir de 1700. Au fil des années, la Grenouillère n'avait guère changé ; les maisons restaient petites, souvent dépourvues de fenêtres ; quelques-unes se paraient de couleurs agréables lorsque les employeurs donnaient des surplus de peinture aux hommes et aux femmes qui les servaient fidèlement ; il existait un terrain de base-ball de dimensions réduites où les joueurs noirs amélioraient leur technique. Mais il s'agissait d'un monde à part avec son église, son école, ses coutumes. Il n'y avait ni médecin ni dentiste, mais on y voyait un policier noir qui faisait preuve d'un tact étonnant et parvenait à maintenir un semblant d'ordre.

Si l'*Histoire vraie* ne mentionnait pas les Noirs, son attitude à leur égard se devinait dans deux paragraphes qui suscitèrent les commentaires favorables des Blancs du cru :

> Ainsi, pendant plusieurs décennies heureuses, qui commencèrent aux environs de 1790, la côte orientale bénéficia d'une société stable où régnaient l'aménité, l'équilibre, le patriotisme et l'ordre ! ! Il était possible de maintenir ces nobles traditions anglaises parce que chacun charriait dans ses veines un sang britannique, noble et pur. Nos grandes plantations donnaient le ton aux classes inférieures. Chacun connaissait sa place et les obligations allant de pair avec celle-ci.
>
> Ce climat idéal fut bouleversé par deux événements désastreux ! La proclamation de l'Émancipation et l'afflux de paysans venus d'Irlande et de Juifs issus des pays d'Europe les moins enviables ! ! Comme des sauterelles s'abattant sur un champ de blé, ils réduisirent à néant l'agrément d'un mode de vie qu'ils étaient incapables

> d'apprécier, introduisant des abominations, telles que l'agitation de la main-d'œuvre, l'impôt sur le revenu, le droit de vote des femmes, le communisme, le bolchevisme et le New Deal ! ! ! !

En 1938, Patamoke était un petit monde clos avec ses coutumes, ses doctrines et ses forces particulières, mais qui permettait aux Noirs de mener une vie acceptable bien que marginale, à condition qu'ils élaborent une stratégie de survie. Y parvenir présentait des difficultés car on exigeait d'eux qu'ils étouffent les sentiments les plus élémentaires pour passer inaperçus des Blancs qui les entouraient. Personne ne ressentit ce problème avec plus d'acuité que Jeb Cater, un homme maigre d'une quarantaine d'années qui occupait une cabane de deux pièces dans la Grenouillère.

Cette année-là, Jeb connaissait des difficultés particulières. Non seulement son emploi était plus précaire que jamais, mais la grossesse de sa femme empêchait cette dernière de gagner l'appoint indispensable. Au cours des derniers mois de l'année, Jeb travaillait de quatorze à dix-huit heures par jour, acceptait n'importe quelle besogne et parvenait tout juste à assurer la subsistance des quatre membres de sa famille.

— Dieu seul sait ce qu'on deviendra avec un troisième enfant !

Il avait déjà deux filles, Helen, neuf ans, presque en âge de travailler régulièrement, et Luta Mae, sept ans, si turbulente qu'elle semblait incapable de jamais décrocher un emploi stable ; et au cours de ses longues heures de travail, Jeb nourrissait l'espoir que l'enfant à naître serait un fils.

— Faudra prendre ce qui viendra, répétait Julia, son épouse.

Ayant vu le jour à la Grenouillère, Julia avait connu Jeb toute sa vie ; ils avaient le même âge et, dès quinze ans, ils étaient tombés amoureux l'un de l'autre. Elle avait toujours fait preuve de ténacité et, dès qu'elle eut jeté son dévolu sur Jeb, elle se démena pour empêcher son futur compagnon de lui fausser compagnie. Il aurait voulu tenter sa chance à Baltimore, mais elle l'avait persuadé de ne pas quitter Patamoke. A la fin de la Première Guerre mondiale, il avait parlé de s'engager dans l'armée, mais elle l'en avait dissuadé en le menaçant de partir avec l'aîné des Cater.

En fait, elle ne courut de risque que lorsque ce dernier,

ayant quitté Patamoke pour trouver du travail ailleurs, revint avec de l'argent et proposa à son cadet de le suivre.

— Ton frère arrivera jamais à rien, qu'il ait de l'argent ou pas, tempêta Julia, essayant de retenir l'homme qu'elle avait choisi.

Sur quoi, Jeb lui rappela que, l'année précédente, elle l'avait menacé de partir avec son frère qu'elle maltraitait à présent ; Julia lança alors avec un reniflement :

« Moi, épouser ce bon à rien ? Jeb, tu te laisses facilement mener en bateau.

Le commentaire s'appliquait à son mari ; il se laissait aisément mener en bateau. Il croyait que les lendemains seraient meilleurs, qu'il trouverait un emploi stable avec un salaire décent, que ses filles travailleraient bien à l'école, et que son prochain enfant serait un garçon. Il avait foi en la bonté des États-Unis, bonté qui ne manquerait pas de se faire jour, et il avait été prêt à se battre contre le Kaiser pour défendre son pays. Il avait hérité de son ancêtre, Cudjo Cater, la volonté inébranlable qui permet aux hommes et aux nations de survivre, et d'Eden Cater, le courage de poursuivre ses efforts sans répit. Sous de nombreux rapports, il était le meilleur Noir de Patamoke ; pourtant, en dépit de ses qualités, il ne parvenait pas à trouver un emploi stable.

Pendant l'hiver, il travaillait à bord d'un skipjack avec un patron blanc, qui draguait les huîtres. En été, il allait à la pêche aux crabes. Il ne brillait dans aucune de ces spécialités et gagnait peu, mais c'était durant les saisons intermédiaires que sa famille souffrait le plus de la pauvreté. Au printemps, il aidait le patron du skipjack à transporter du bois à Baltimore et, en automne, il partait armé de ses outils dans les forêts environnantes pour couper du bois de chauffage ; une corde de pin lui rapportait vingt-cinq cents ; une corde de chêne, cinquante.

En dépit de son labeur acharné, il eût été incapable d'entretenir sa famille si Julia ne lui avait prêté main-forte. Jamais elle ne se plaignait, tant elle était satisfaite d'avoir Jeb pour époux, ce qui était d'autant plus compréhensible que la communauté noire le respectait et le considérait comme un chef ; par ailleurs, il se révélait le meilleur mari de la Grenouillère. Chez lui, il se montrait placide et, en public, généreux, prêt à partager ses maigres ressources avec toute famille ayant des ennuis. Le révérend Douglass disait de lui :

— Je prêche la charité, telle que l'enseigne la Bible, mais c'est Jeb qui illustre le sens de ce mot.

Il était bon père, consacrait beaucoup de temps à ses filles. Si Luta Mae refusait d'obéir, ça n'était pas parce que ses parents ne s'occupaient pas d'elle ; ils l'aimaient et faisaient de leur mieux pour apaiser ses emportements, lesquels survenaient chaque fois que les Blancs l'insultaient.

— Luta Mae, tu ne peux pas te battre contre les Blancs, répétait son père. Il faut te contenter de les éviter.

Jeb croyait que, si un Noir restait à sa place, il minimisait les risques d'ennuis.

« Les Turlock détestent les gens de couleur, expliquait-il dans l'espoir de mettre ses filles en garde. Mieux vaut s'en tenir à distance. Des Caveny aussi. Alors, faites comme moi, évitez ces gens-là et vous n'aurez pas d'ennuis.

Il ne cessait de rappeler à sa famille que l'époque déplorable où les Turlock et les Caveny se livraient à la chasse aux Noirs était à jamais révolue.

« Il n'y a pas eu un seul lynchage sur les rives du Choptank depuis vingt ans, et il n'y en aura pas si vous savez vous tenir tranquilles.

Les Turlock et les Caveny reconnaissaient volontiers les qualités de Jeb :

— C'est un bon nègre. Il sait se tenir à sa place.

Jeb se rendait compte que le fardeau le plus lourd reposait sur les épaules de Julia. Elle occupait trois emplois. En hiver, elle ouvrait les huîtres dans l'entrepôt des Steed, faisant partie de l'équipe de nuit afin que les gros bidons de fruits de mer frais puissent être embarqués à l'aube. En été, elle représentait un atout inappréciable pour la société de conditionnement des crabes et, en automne, elle travaillait dans deux équipes à la conserverie de tomates des Steed, pelant à la main les plus beaux fruits destinés aux frigorifiques.

En outre, elle faisait de la couture pour plusieurs familles blanches, et passait pour l'un des piliers de l'Église méthodiste épiscopale africaine. Elle soutenait le révérend Douglass et chantait en soprano solo dans son chœur. Elle avait la certitude absolue que Dieu s'intéressait personnellement à son Église et à sa famille et, bien qu'elle n'ignorât rien de l'époque de Cudjo et d'Eden, époque à laquelle le christianisme avait servi de prison aux Noirs, elle savait aussi que Dieu avait préparé l'Émancipation en envoyant Abraham Lincoln sur terre, et qu'Il avait aussi donné aux Noirs leur Église comme preuve de l'intérêt qu'Il leur portait.

Du dimanche à minuit jusqu'au samedi soir, Julia Cater fournissait une somme de travail exigée de bien peu d'individus ; mais à l'approche du dimanche, tandis que l'église en bois attendait qu'elle l'ornât avec des fleurs de saison, elle savait que Dieu lui-même s'apprêtait à participer aux actions de grâce qu'elle formulerait, Le remerciant pour la semaine écoulée sans grands malheurs.

D'une angoisse à l'autre, les années passaient ; mais à la fin de 1938, alors que la grossesse avancée de Julia lui interdisait de travailler à la conserverie, et que de son côté Jeb ne gagnait presque rien à bord du skipjack, la famille se retrouva acculée ; désespérés, mari et femme allèrent demander conseil au révérend Douglass.

— Nous n'avons pas un centime et rien à manger, exposa Julia au ministre du culte.

Jeb restait assis, silencieux, les yeux fixés sur ses mains usées.

Le révérend Douglass se rejeta contre le dossier de son siège, peiné comme à l'accoutumée par le récit trop souvent entendu à la Grenouillère. Mais cette fois, il en conçut une réelle douleur car il s'agissait des Cater qui avaient travaillé avec tant d'acharnement pour garder leur famille unie ; en dépit de leurs pitoyables ressources, si durement gagnées, ils avaient toujours apporté leur obole à l'entretien du prêtre, et allaient même jusqu'à passer à la chaux leur misérable cabane par souci de dignité.

Il les revoyait, entrant dans son église : Jeb dans son complet propre, suivi de Julia prête à chanter les louanges de Dieu, et les deux fillettes, jolies et pimpantes pour le service. Cette famille constituait le noyau de la congrégation — et maintenant ses membres mouraient de faim.

Le révérend Douglass réfléchit au moyen de leur venir en aide. Il savait que les magasins des Steed et le chantier naval Paxmore ne pouvaient offrir aucun emploi à d'autres Noirs ; chacun de ces établissements avait son quota qui balayait, portait les fardeaux, exécutait les travaux de force ; ces postes, jalousement gardés, se transmettaient de père en fils, bien que la paye fût mince. Parfois, en cas d'extrême indigence, la communauté noire se mobilisait comme les globules autour d'une blessure et, d'une façon quelconque, le malade était sauvé. Mais en ces temps de pénurie, les familles avaient à peine de quoi se nourrir et le révérend savait qu'une démarche auprès d'elle serait vaine. Il ne restait que le recours traditionnel à Patamoke : les Cater pourraient s'adresser soit aux Steed soit aux Paxmore, et supplier qu'on les aidât.

Mais quand le prêtre suggéra cette solution, Julia s'exclama :

— Nous avons notre fierté.

La seule pensée de mendier lui était insoutenable.

« Peut-être qu'ils pourraient me donner des travaux de couture... Ou faire réparer le hangar à Jeb... ou encore, employer les filles à la confiserie.

Jeb continuait à garder le silence.

— Je vais aller trouver les Steed et leur demander une aide, dit enfin le révérend Douglass.

— Vaudrait mieux les Paxmore, marmotta Julia qui dut faire appel à toute sa volonté pour ne pas fondre en larmes.

Le révérend Douglass quitta la Grenouillère et gagna la Falaise-de-la-Paix afin de parler à Woolman Paxmore qui rentrait juste de Berlin où il avait contribué à sauver vingt-cinq mille Juifs.

— John, il ne me reste plus un sou, expliqua le généreux quaker.

— Mr. Paxmore, cette famille méritante a de gros ennuis.

— John, je suis incapable de les aider.

— Mais la femme va avoir un autre enfant. On ne peut la laisser souffrir de la faim.

A ces mots, il comprit qu'aucun Blanc ne pouvait concevoir les affres perpétuelles dans lesquelles se débattaient les Noirs.

« Ces braves gens meurent de faim, reprit-il avec une conviction déchirante.

Woolman Paxmore porta la main à ses yeux et, en qualité de ministre du culte, certaines bribes de phrases bibliques lui revinrent à l'esprit. Il songea à Jésus aidant les pauvres et exhortant ses disciples à se pencher sur les opprimés ; il ressentait une grande peine à la pensée qu'il était parvenu à aider les Juifs de Berlin alors qu'il était impuissant à agir de même envers les Noirs de Patamoke. Il laissa retomber ses mains et dévisagea le révérend Douglass qu'il considérait comme le messager de Dieu.

— Il nous faut faire quelque chose, murmura-t-il d'un ton tranquille. Mais quoi ?

Et alors, il se rappela l'existence d'un bocal dans lequel sa femme déposait la menue monnaie en prévision des jours sombres ; il quitta la pièce pour le chercher et, tandis qu'il fouillait à droite et à gauche, sa femme l'entendit et lui demanda :

— Qu'y a-t-il, Woolman ?

— Les Cater. Ces braves gens...

Elle ne dit pas un mot quand il prit les pièces.

La rencontre au cours de laquelle les deux ministres du culte vinrent en aide aux Cater intervint le vendredi. Le lendemain, le *Patamoke Bugle* publia la dernière en date de sa série d'anecdotes, prétendues désopilantes, dont la communauté noire faisait les frais :

> Le révérend Rastus Smiley, de l'Église méthodiste épiscopale africaine, s'est présenté dans le cabinet du juge Buford pour demander de l'aide.
>
> — Monsieur le juge, j'ai besoin de vot'e aide. J'ai été accusé injustement et si vous me p'otégez pas, je vais êt'e jeté en p'ison.
>
> — De quoi vous accuse-t-on, Rastus ?
>
> — Des Blancs p'étendent que j'ai volé deux cochons, t'ois dindes et quat'e poulets.
>
> — Et vous êtes prêt à jurer que vous êtes innocent ?
>
> — Su' la Bible, juge Bufo'd.
>
> — Je considère comme un devoir de défendre un prêtre. Mais, Rastus, vous n'avez jamais d'argent, qu'êtes-vous prêt à m'offrir pour mes services ?
>
> — Un cochon, une dinde et deux poulets.

Amos Turlock était de mauvaise humeur. Il se balançait dans son rocking-chair en ressassant de sombres pensées. Agé de vingt-neuf ans, maigre, ne se rasant que le dimanche, il s'était récemment cassé une incisive, et les dents voisines, ébranlées, menaçaient de le quitter. Suçotant le vide ainsi créé dans sa mâchoire, il regarda sans entrain sa femme fanée qui s'affairait dans la cuisine, préparant le petit déjeuner.

— J'arrive pas à y croire, dit-il, plus à lui-même qu'à sa

femme. Bon Dieu, c'est mon beau-frère. Y devrait pas se conduire comme ça.

— Il est pas surtout ton cousin ? railla la femme. Est-ce que ton père a pas épousé sa tante ?

— Ce que j'essaie de te faire comprendre, si seulement tu voulais bien m'écouter, c'est que Hugo Pflaum a pas le droit de se mêler de ça.

Il continua à se balancer, considérant les iniquités de la vie, et il ne manquait pas de raisons de se plaindre. Pendant un bref laps de temps, au tournant du siècle, le sort avait souri à ses parents.

« On avait une maison de briques en ville. Grand-p'pa Jake était propriétaire de son skipjack.

— Hier, tu disais que Sam Turlock était ton grand-père.

— Il l'était, bon Dieu, du côté de ma mère...

Écœuré, il s'interrompit. Impossible d'avoir une conversation avec cette femme, une Turlock issue de la branche du haut Choptank ; pourtant après un silence morne, il reprit sa litanie.

« Ouais, on avait notre skipjack à nous, et tu le sais bien, Cass. Je crois que ce fils de pute de Caveny nous l'a barboté. Ouais, il a sorti plein de papelards au tribunal, mais c'était des faux et le juge y a vu que du feu.

Il continua à se balancer, songeant aux paradis perdus : la maison de briques, vendue aux enchères sur ordre de justice ; le skipjack appartenant maintenant aux seuls Caveny ; ses enfants qui savaient à peine lire ; et sans le marais et le gibier qu'il procurait, la famille n'aurait pu vivre, même en ayant recours à la charité publique. Et maintenant, l'ultime indignité ! Son propre cousin, Hugo Pflaum, avait annoncé dans le *Patamoke Bugle* son intention de confisquer toutes les canardières du Choptank. « Même si c'est la dernière chose que je fais, je mettrai la main sur le Twombly », s'était-il vanté au magasin.

— Nom de Dieu ! s'écria Amos en jaillissant hors de son fauteuil. On a été prévenus, Cass. Appelle les enfants. Je veux parler à tout le monde. C'est sérieux.

Chaque fois qu'il parlait sur ce ton, elle savait qu'il ne plaisantait pas ; elle cessa de surveiller les œufs, alla jusqu'à la porte et cria depuis le seuil :

— Kipper, Betsy, Ben, aller chercher Nellie et venez ici.

Quatre protestations distinctes accueillirent son ordre.

« C'est sérieux ! hurla-t-elle. P'pa a quelque chose à vous dire.

Quatre enfants dépenaillés abandonnèrent à regret la cour boueuse et apparurent sur le seuil de la cabane, et si le capitaine Jake avait pu les voir — lui, le patron de son propre skipjack et le plus fameux homme de l'eau du Choptank — il aurait été atterré de constater avec quelle rapidité sa famille avait périclité, et il n'aurait pas manqué de se poser des questions quant aux raisons de cette déchéance : d'une part, il avait épousé sa cousine germaine, aussi chaque faiblesse inhérente à la lignée des Turlock avait été amplifiée, et il s'était moqué de Miss Paxmore quand celle-ci l'avait averti que ses enfants n'apprenaient pas à lire ; par ailleurs, alors que Tim Caveny mettait chaque centime de côté, en bon papiste mesquin qu'il était, Jake avait dilapidé son argent dans de hasardeuses entreprises familiales. Il n'avait pas vécu assez vieux pour assister au transfert du skipjack au rusé Timothy mais, à la fin de sa vie, il avait souvent envisagé, non sans frémir, cette éventualité.

Comment une famille pouvait-elle s'élever, retomber et s'élever de nouveau ? La chance jouait un rôle considérable. Par exemple, si Jake Turlock avait vécu aussi longtemps que Tim Caveny, il serait peut-être parvenu à garder une certaine cohésion chez les siens et à sauver à la fois la maison de briques et le bateau, mais il s'était noyé au cours d'une nuit sinistre quand une surcharge de la canardière avait fait chavirer la barque, le précipitant à l'eau.

Une famille gravit les échelons, ou les descend, essentiellement en raison de la façon dont elle maîtrise et exploite son héritage génétique. Aucune famille du Choptank ne possédait une volonté de vie plus tenace que celle des Turlock ; ils n'étaient ni beaux, comme les Steed, ni intelligents, comme les Caveny, ni bâtis en force comme les deux générations de Pflaum, ni aussi solides que les Paxmore sur le plan intellectuel, mais ils étaient doués d'une merveilleuse capacité de survie. Ils étaient secs, maigres, avaient l'esprit simple et précis, une bonne vue, une denture excellente pour peu qu'ils l'entretiennent. Tous étaient dotés d'une ruse animale qui les protégeait. Leurs dons génétiques auraient pu leur permettre de régner sur le fleuve ; et quelques Turlock, de la veine du capitaine Matt, le négrier, et du capitaine Jake, le dragueur d'huîtres, y étaient parvenus.

Amos aurait pu suivre les traces de ses prédécesseurs puisqu'il avait hérité chacune des qualités de ses ancêtres, mais une fatale consanguinité avait multiplié ses faiblesses et diminué ses vertus. Il avait voulu racheter la maison en ville alors qu'on en demandait un prix raisonnable, mais il ne s'était jamais décidé et à présent il lui aurait fallu débourser onze cents dollars. Il avait eu l'intention de recouvrer la part familiale dans le skipjack, ce qu'il aurait pu faire puisque Caveny le lui avait proposé mais, maintenant, un skipjack allait chercher six mille dollars, ce qui interdisait tout rachat. Il s'était aussi promis d'envoyer ses enfants à l'école, mais dès leurs premières protestations, il les avait laissés s'égailler dans le marais.

A présent, ils se tenaient devant lui, quatre rats du marais, désorientés, voués à l'échec comme lui.

— Ce que j'ai à vous dire est sérieux et je veux que vous m'écoutiez de toutes vos oreilles. Aucun de vous, et toi non plus Cass, ne doit jamais parler du Twombly. Vous savez rien à son sujet. Vous savez pas où je le remise. Vous savez même pas si je l'ai encore. Et, nom de Dieu, ne dites jamais à personne que je m'en sers !

Il dévisagea d'un air menaçant chacun de ses rejetons, puis sa femme.

« Si jamais vous aviez le malheur d'ouvrir la bouche, Hugo Pflaum se pointerait et embarquerait le Twombly, alors, fini le canard pour nous tous.

En 1918, le gouvernement du Maryland avait interdit la détention de canardières : on avait prouvé que ces armes massacraient les canards à un rythme plus élevé que celui de leur reproduction. On avait procédé à un recensement pour localiser chacune des canardières, connues par un nom — Cheseldine, Reverdy, Old-Blaster, Morgan — qui correspondait à celui de la première famille détentrice de l'arme ; quel que fût le nombre de mains entre lesquelles la canardière était passée, on se référait toujours avec respect à son propriétaire initial.

Selon le recensement de 1918, il existait dix-sept canardières dans la région du Choptank et, grâce aux diligents efforts des gardes-chasse du Maryland, en tout premier lieu Hugo Pflaum, le nombre en avait été réduit à quatre. L'Herman-Cline, autrefois propriété du briseur d'esclaves de Little Choptank, avait été confisqué, ainsi que le Bell, une arme magnifique de Denton. La famille Cripton n'avait pas ménagé ses efforts pour protéger la canardière monstrueuse qui portait son nom, allant même jusqu'à menacer Pflaum de mort s'il persistait à essayer de la confisquer ; mais le garde-chasse avait suivi sa trace jusque dans un silo à maïs.

Amos Turlock se rappelait la sinistre photographie parue dans le *Bugle* illustrant la saisie de la canardière. Hugo Pflaum, un homme courtaud aux larges épaules, au cou de taureau, tenait dans sa main droite le Cripton, long de trois mètres soixante dont le canon reflétait le soleil. De la main gauche, il agrippait Abel Cripton, chapeau ramené très bas sur la figure pour dissimuler la honte de s'être laissé prendre une arme qui avait été dans sa famille pendant plus de cent ans.

Turlock avait découpé la photographie du journal pour la punaiser sur le mur de sa cuisine où elle pendait encore en lambeaux. Quand il était saoul, il crachait dessus ; Hugo Pflaum, avec son cou de taureau, était son ennemi juré, et le Twombly courrait de gros risques aussi longtemps que le garde-chasse fouinerait dans les parages.

Le Twombly, l'arme la plus ancienne et la meilleure parmi l'arsenal du Choptank, devait son nom au vieux Greef Twombly qui avait sévi en amont du fleuve ; les ancêtres de ce dernier l'avaient importé d'Angleterre en 1827. Son canon était toujours aussi propre que le jour où il avait quitté la fonderie ; la crosse de chêne avait été remplacée quatre fois, mais elle restait aussi épaisse qu'une cuisse d'homme. Après avoir compulsé l'inventaire des armes qu'il était censé saisir, Hugo Pflaum dit du Twombly :

— Il a été utilisé le long du fleuve pendant cent onze ans. J'estime qu'il a fait feu environ trois fois par semaine, vingt-cinq semaines par an. Ça représente plus de huit mille coups. Si on admet qu'il a tué un minimum de cinquante canards à chaque décharge, ce qui est une évaluation modeste, on peut considérer que cette arme a exterminé environ quatre cent mille canards ; il faut que ça cesse.

Les estimations d'Hugo Pflaum étaient modestes. Quand un vieil homme cupide, comme l'était Greef Twombly, possédait une telle arme, il ne se contentait pas de l'utiliser trois nuits par semaine ; et lorsqu'elle passa entre les mains d'un homme de l'eau confirmé tel que Jake Turlock, celui-ci abattit à chaque coup beaucoup plus que cinquante canards. Des chiffres plus précis prouvaient que la célèbre canardière avait à son actif le massacre de près de deux millions de canards et d'oies, ce qui expliquait en partie le déclin de la population de palmipèdes au cours des dernières décennies.

— Bon Dieu, gémissait Amos au magasin, l'année dernière, Abel Cripton et moi, on est resté dans notre poste d'affût du marais deux semaines entières... et combien est-ce que vous croyez qu'on a vu d'oies passer au-dessus de nous ? Pas vingt.

Il avait raison. Alors que la région du Choptank avait à une époque nourri plus d'un million d'oies par an, on n'en comptait plus à présent qu'une vingtaine de mille qui se tenaient dans les marais au sud du fleuve. Le dépeuplement paraissait incroyable, et nombre de gentlemen ayant déboursé des sommes substantielles pour leurs fusils anglais ou autrichiens avaient rarement l'occasion de les utiliser sur autre chose que les ramiers. Disparues les oies, et les canards prenaient le même chemin ; il appartenait à Hugo Pflaum de veiller à ce qu'une chasse modérée permît leur retour.

D'où la raison de la conférence qu'Amos Turlock tint à sa famille.

— Je me fous de ces étrangers à la noix qui viennent ici nous voler nos canards avec leurs fusils de millionnaires. S'ils visent mal, c'est pas pour ça qu'ils crèveront de faim. Mais nous, si on n'abat pas nos canards comme d'habitude, on aura rien à bouffer.

L'aîné, Ben, savait où était cachée l'arme mais, avant même que Pflaum, le garde-chasse, ne se montre menaçant, la ruse des Turlock lui avait fait comprendre qu'un jour on essaierait de confisquer le Twombly, et il n'en avait jamais parlé à qui que ce soit. Plus remarquable encore, il s'était mis à observer les déplacements de Pflaum ; ses frères et lui connaissaient le garde comme l'oncle Hugo, et ils passaient souvent à la ferme où Mrs. Pflaum, la tante Becky, leur offrait des biscuits allemands. Ils aimaient entendre Hugo raconter des histoires sur l'Allemagne où son père avait vécu à la campagne avant d'aller courir les mers.

— En Allemagne, expliquait l'oncle Hugo, les forêts sont aussi bien entretenues que le square devant le palais de justice. Mon père disait qu'un garde aurait été fusillé si ses bois avaient ressemblé à ceux qu'on trouve ici. Un parc... c'est comme ça que sont les forêts en Allemagne. Et quand vous serez grands, vous devriez essayer de transformer les bois derrière chez vous en un parc.

— C'est comme y sont qu'ils nous plaisent, et aux chevreuils aussi, rétorquait Ben.

— Il faut que tu dises à ton père qu'il n'a plus le droit d'abattre les chevreuils.

Ben ne répondait pas mais, intuitivement, il savait que cet homme rude et aimable était l'ennemi de sa famille, et il surveillait ses allées et venues.

Un soir d'octobre 1938, Ben confia à son père :

— Hugo a filé à Denton ; il cherche la canardière qui doit être là-bas.

— Parfait, répondit Amos.

A la nuit tombée, Ben et lui s'engagèrent sur un sentier conduisant au cœur du marais, puis ils firent un crochet, revinrent sur leurs pas et avancèrent sur une piste à peine discernable ; ils arrivèrent enfin devant un assemblage de planches qui, ne dépassant pas soixante centimètres de haut, ne pouvait être distingué de loin. Il reposait sur des pieux afin de ne pas être envahi par l'eau salée, et comportait un couvercle qu'Amos souleva avec précaution. A l'intérieur, dans un nid de toile graisseuse, reposait le Twombly, le canon propre, la crosse massive toute neuve. Presque avec respect, Amos le souleva, le prit entre ses bras et se dirigea vers les barques qui attendaient, mais lorsqu'il grimpa dans la sienne pour mettre l'arme en place, il entendit du bruit et se figea ; puis, il éclata de rire.

— Allez, viens, Rusty, dit-il.

Le chesapeake roux sauta dans la barque que menait Ben et, bientôt, les deux embarcations s'éloignèrent.

Le 1er janvier 1939, Julia Cater mit au monde un garçon que l'on porta à l'église MEA de la Grenouillère. Il fut baptisé Hiram, nom biblique signifiant « noble entre tous ». Sur le chemin du retour, Jeb Cater se vit accoster par le capitaine d'un skipjack chanceux.

— Jeb, on va partir en campagne et y rester pas mal de temps. Tu veux que je t'embauche comme cuisinier ?

Tout se passait comme il l'avait prédit : « La vie sera dure pendant tout le reste de l'année, Julia, mais en 1939, les choses s'arrangeront. »

Ce n'était pas de gaieté de cœur qu'il quittait son foyer pour une longue absence juste après la naissance son fils, et sa tristesse s'accrut quand Julia accepta un emploi d'écailleuse.

— Tu crois pas que tu devrais rester avec Hiram ?

— Si on a la chance de gagner un peu d'argent, c'est pas le moment de la laisser passer.

Elle ferait partie de l'équipe commençant de nuit, rentrerait chez elle au moment où les fillettes se préparaient pour l'école, puis elle s'occuperait du bébé et Helen n'aurait plus qu'à le surveiller pendant qu'elle dormirait.

Les filles, bien entendu, fréquentaient l'école noire située au fin fond de la Grenouillère dans un bâtiment croulant ; celle-ci comptait vingt-deux pupitres pour quarante-sept élèves, ce qui exigeait pas mal d'ingéniosité de la part de l'institutrice pour permuter les places entre les enfants et leur dispenser sièges et tables à tour de rôle. Elle enseignait aux sept classes du cours élémentaire et, quand un petit Noir quittait l'école, il était arrivé au bout de ses études. Elle disposait d'un tableau noir en piteux état, mais parfois plusieurs mois s'écoulaient sans qu'elle puisse mettre la main sur un morceau de craie. Il n'y avait pas d'encre, mais des garçons astucieux cueillaient des baies dont ils réussissaient à extraire un liquide assez pâle. Les crayons étaient précieux et certains élèves n'en possédaient pas ; mais ce qui irritait à l'extrême la petite Luta Mae, qui fréquentait l'école depuis trois ans, c'était qu'elle n'eût jamais de livre. L'institutrice disposait de manuels, éditions périmées données par les écoles blanches du voisinage, mais ils étaient si rares que seuls certains élèves pouvaient en obtenir un exemplaire ; et jusque-là, le tirage au sort n'avait pas favorisé la petite fille.

— Harry en a un, et Norma Ellen aussi, se plaignait-elle à sa mère. Mais moi, j'en ai jamais.

— Peut-être que tu auras plus de chance l'année prochaine, quand tu passeras dans l'autre classe, disait Julia qui se refusait à croire que l'institutrice pût se montrer injuste envers sa fille.

Quand Luta Mae se laissait aller à des récriminations intempestives, Julia la réprimandait.

— Attends que ton papa rentre en mars...

A la fin de la saison des huîtres, Jeb Cater revint chez lui, fatigué par son dur labeur, mais bien nourri. Son large visage rayonnait de plaisir quand il remit sa paye à Julia, mais toute idée de tancer Luta Mae s'évanouit à la vue de son fils.

— Ce garçon pousse comme un champignon. Il sera superbe.

Des heures durant, il jouait avec Hiram en s'abstenant de le lancer en l'air, comme certains pères se plaisaient à le faire, parce qu'un garçon était trop précieux pour lui infliger un traitement aussi rude, mais il lui parlait comme si l'enfant pouvait le comprendre.

— Hiram, tu vas aller à l'école. Tu vas apprendre ce que c'est que le monde. Le moment venu, tu t'engageras dans l'armée. Qui sait, tu deviendras peut-être général en France.

Aucune position ne semblait trop élevée pour son fils, et le cœur de Jeb se gonfla d'espoir quand il constata combien le corps de l'enfant était bien formé, combien ses yeux étaient brillants mais, après ce moment d'exaltation, il s'aperçut qu'un fils transformait sa vie de façon déconcertante.

Tant qu'il n'avait que des filles, il pouvait ignorer les handicaps imposés à l'ensemble des Noirs, mais avec un fils, les discriminations lui étaient sans cesse rappelées. Alors que, depuis sa naissance, il avait dû s'adapter et s'habituer à l'injustice, il cédait à la colère en comprenant que son fils se heurterait à une interminable série d'iniquités. Il commença à en dresser la liste, sans se livrer au moindre commentaire, même auprès de sa femme, sans pour autant cesser de les garder à l'esprit :

... A Patamoke, la coutume voulait qu'un Noir s'écartât du chemin d'un Blanc, quitte à descendre dans le caniveau.

... La tradition exigeait qu'un ouvrier tel que Jeb portât la main à sa casquette quand un Blanc s'approchait et la soulevât quand il s'agissait d'une Blanche. Devant une telle preuve de déférence, le Blanc continuait son chemin sans remarquer la courtoisie du Noir.

... Il n'y avait pas de médecins noirs dans la région, pas plus que de dentistes. Un homme de couleur pouvait obtenir un minimum de soins médicaux de la part des docteurs blancs, notamment dans le cas de maladies contagieuses qui risquaient de s'étendre à la communauté blanche, mais le système ne donnait pas satisfaction en raison du manque de confiance des deux parties.

... Il était rarement donné aux Noirs de se rassembler dans un bâtiment peint. L'église, l'école, la boutique du coin, les maisons étaient grises, ternes, pourrissantes.

... Les rues desservant les maisons des Blancs étaient

pavées, celles des Noirs, poussiéreuses, restaient pleines d'ornières.

... Tout ce qui s'appliquait aux Noirs était déprécié. L'école ne comptait que sept classes au lieu de douze ; l'année scolaire se terminait au bout de cent dix jours au lieu de cent soixante-six chez les Blancs. Cinq pâtés de maisons du quartier noir étaient éclairés par un seul lampadaire au lieu de dix. Et le terrain de jeu des enfants de la Grenouillère consistait en un petit enclos à l'écart, au lieu des quatre hectares dévolus aux Blancs et comportant un terrain de base-ball de superficie réglementaire.

... Presque tous les aspects agréables de la vie à Patamoke étaient interdits aux Noirs. Ils n'étaient pas admis à la bibliothèque, ni dans les grandes églises en pierre, ni au cinéma (sauf dans les dernières rangées du poulailler), ni au tribunal, ni dans la nouvelle école, ni dans les réunions publiques, ni dans les cabinets d'avocats renommés. Si on les apercevait la nuit dans les beaux quartiers, on les interpellait et, au stade, ils devaient s'asseoir en plein soleil dans une section délimitée par des cordes.

... Et ce qui rendait les deux filles Cater furieuses : quand elles avaient économisé quelques pièces, elles s'avançaient fièrement vers le glacier Or et Bleu, et l'homme derrière le comptoir acceptait leur argent, les traitait poliment et leur tendait des cornets au moins aussi bien garnis que ceux qu'il servait aux enfants blancs. Mais dès qu'elles tenaient en main l'objet de leur convoitise, il leur fallait quitter la boutique, contourner les ravissantes tables de fer où les enfants blancs étaient installés, et si elles faisaient mine de lécher la glace sur place, le propriétaire les rappelait à l'ordre : « Non, non. Vous ne devez pas manger votre cornet ici. Attendez d'être dehors. » Tristement, les fillettes emportaient leurs glaces, quittaient les lieux et en étaient réduites à se régaler dans la rue. Luta Mae, huit ans, fulminait devant cette expulsion. Ce n'était pas le fait de manger à l'extérieur qui l'irritait — « C'est ces tables, m'man. Toutes blanches, comme avec de la dentelle, et un beau dessus en verre tout propre. Et les gosses qui sont assis autour ». Plusieurs années durant, sa vision du paradis s'identifia à un espace nuageux rempli d'interminables files de tables de fer, toutes peintes en blanc, autour desquelles les anges s'installaient, désinvoltes, sans être contraints de consommer « juste assis là, devant des tables propres ».

... Le ressentiment de Jeb ne pouvait être expliqué à quiconque, mais il n'en était pas moins si réel, qu'il le rongeait alors que des privations beaucoup plus importantes ne le touchaient pas. Chaque été, un mouvement d'exaltation était suscité par un petit homme blanc, venant de Baltimore, Mr. Evans. Il commençait par se rendre au *Bugle ;* sur quoi des articles au style fleuri paraissaient en première page : « Le Bateau-Théâtre vous propose six succès assurés. » Mr. Evans embauchait deux jeunes Noirs pour l'aider à placarder ses affiches à travers la ville : « Bateau-Théâtre, quinze jours. Rien que des succès. » Il obtenait l'autorisation des Steed d'apposer sur tout un mur du magasin d'immenses calicots annonçant les noms des vedettes de ses spectacles et le titre des pièces présentées : *Stella Dallas, Roméo et Juliette, Dans la chambre de Mabel, les Bas rouges* et *la Case de l'oncle Tom.* Le prix des places allait de quinze cents pour les enfants en matinée jusqu'à un dollar.

La fièvre montait durant la semaine qui précédait l'arrivée du bateau ; à ce moment-là, le *Bugle* rapportait les fabuleux succès que les acteurs avaient remportés en Europe et à New York ; au magasin des Steed, on installait une caisse où l'on pouvait retenir des places pour les représentations de son choix. C'était alors que les Noirs de la Grenouillère commençaient à tirer des plans. Il leur était interdit de réserver des places, car ils n'avaient droit qu'à un balcon étouffant et étroit, mais ils pouvaient opter pour tel ou tel spectacle. « Les gentlemen de Baltimore disent que nous autres, gens de couleur, on va aimer la pièce qui s'appelle *Skidding.* Un petit garçon très drôle ; il fait rire. »

Deux représentations ralliaient les suffrages des habitants de la Grenouillère : *Stella Dallas* et *Chanteurs et Danseurs du bon vieux temps.* Chaque année, Jeb Cater achetait des billets pour ce dernier spectacle. « J'aime bien la pièce où il y a une jeune femme qui brise le cœur d'un homme, mais je préfère les chanteurs d'autrefois. » Il n'essayait pas d'expliquer pourquoi il appréciait les ballades folkloriques, mais cela n'avait rien à voir avec le fait que les Noirs y étaient mis en scène, ni que l'humour parodique fût facilement compris ; ce qui l'enchantait, c'était que le directeur blanc, se rendant compte de certaines lacunes de sa troupe entièrement blanche, avait toujours recours à Will Nesbitt, un Noir de Patamoke, pour jouer des os et accompagner ainsi ses frottements de pied.

Quatre côtes de vache, durcies par le temps, d'environ dix-huit centimètres, constituaient l'instrument nommé « os » ; une paire pour la main droite, une autre pour la gauche. Une fois coincés entre le pouce et l'index, on faisait cliqueter les os comme des castagnettes, et un bon artiste pouvait tirer des rythmes stupéfiants de cet instrument rudimentaire. Will Nesbitt savait apporter une cadence fiévreuse, essentielle à la réussite de la représentation.

Ainsi, durant deux soirées, à l'occasion du passage du Bateau-Théâtre, les Noirs de Patamoke avaient la possibilité de voir jouer l'un des leurs ; Nesbitt n'avait pas la moindre réplique à dire, pas de rôle à proprement parler dans la farce, mais il faisait partie de la représentation et, quand on l'invitait à s'avancer pour la danse nègre, ridiculisant le comportement gauche des ouvriers noirs, la salle explosait de joie. Les athlètes de couleur ne pouvaient se mesurer aux Blancs ; pas de chanteurs noirs dans un chœur de Blancs ; pas un fort en thème nègre confronté à un enfant blanc de son âge mais, sur la scène du Bateau-Théâtre, Will Nesbitt pouvait s'en donner à cœur joie, et ça c'était quelque chose.

Alors, pourquoi la venue du Bateau-Théâtre exaspérait-elle Jeb Cater ? Parce que la salle ne comptait que quelques sièges dévolus aux Noirs, très loin de la scène, là où régnait une odeur nauséabonde. On ne pouvait les réserver à l'avance ; il fallait que l'un des membres de la famille fasse la queue pendant des heures, et même alors, des Blancs des beaux quartiers leur passaient devant pour acheter des places à l'intention de leurs domestiques noirs.

Si les Noirs de Patamoke avaient droit à un divertissement annuel au même titre que les Blancs, c'était bien lors des représentations du Bateau-Théâtre, surtout pour les soirées où se produisaient les *Chanteurs et Danseurs du bon vieux temps.* Or, les Noirs se heurtaient à plus de difficultés et d'opprobre à l'occasion de ces réjouissances. Néanmoins, en cet été de 1939, Jeb Cater était de nouveau prêt à affronter les rigueurs allant de pair avec l'achat de deux billets pour la représentation caricaturant les Noirs.

Tôt le lundi matin de la troisième semaine de juillet, des coups de sifflet retentirent sur le Choptank et un petit remorqueur poussif apparut dans le chenal, traînant une monstrueuse péniche délabrée sur laquelle on avait érigé un théâtre. L'apparition des deux bateaux suscitait nostalgie et rêves : le petit remorqueur s'essoufflant à tirer sur les câbles ; le capitaine arrachant à son sifflet des sons aigres ; le feston de l'haussière frappant l'eau ; l'avant mafflu de la péniche ; le petit orchestre dynamique sur le pont qui scandait des airs entraînants ; les grands signes émanant des membres de la troupe qui semblaient retrouver de vieux amis, et les couleurs éclatantes du théâtre, rouge et or, dans le soleil levant.

Avec quels soins le remorqueur amenait sa lourde charge dans le port, stoppant sa progression de crainte que la péniche ne s'écrase contre la jetée, puis l'amenant prudemment en place ! Amarres d'avant et d'arrière ! Amarres le retenant au quai ! Amarres le rapprochant de la jetée pour que les passerelles puissent être abaissées ! Une au centre pour les spectateurs blancs, une autre à l'arrière pour les Noirs.

A l'occasion de son dix-neuvième passage à Patamoke, la direction se montra avisée pour ne pas programmer ses chanteurs burlesques au cours des premiers jours ; ceux-ci furent réservés à la nouvelle comédie *Skidding,* à la pièce consacrée *Stella Dallas,* et à un vaudeville assez osé, *Dans la chambre de Mabel.*

Lors de la première représentation des *Chanteurs et Danseurs du bon vieux temps,* Jeb se joignit à la foule, mais trop tard pour décrocher une place, et pour la deuxième soirée, il envoya Luta Mae faire la queue pendant qu'il allait à la pêche au crabe ; il comptait rentrer rapidement, vendre ses prises, attendre que Julia revînt de la conserverie et l'emmener au théâtre, mais il eut la surprise d'entendre sa femme lui annoncer d'un ton sans réplique :

— Je veux plus voir ces pitreries. Si tu veux y aller, emmène Helen.

A son grand étonnement, sa fille refusa aussi.

— Y a trop de monde, déclara-t-elle.

Au coucher du soleil, il se rendit au quai et aperçut Luta Mae à proximité de la caisse, pas le grand guichet où l'on vendait les billets aux Blancs, mais le petit au bout de la péniche. Il se tint à côté de sa fille et avança avec ses voisins noirs, posa quarante cents sur la tablette et obtint ses deux billets, à vingt-cinq cents pour lui et à quinze pour Luta Mae. Prudemment, tous deux gravirent l'escalier raide, gagnèrent le petit balcon, saluèrent leurs amis, puis attendirent que la lumière s'estompât.

Soirée magnifique ! Elle valait l'attente, toutes les ruses, toutes les brimades.

— C'est quelque chose, hein, Luta Mae ?

— Regarde les uniformes !

L'orchestre comptait quatre musiciens qui jouaient d'une stupéfiante variété d'instruments et avec talent. Quand ils en arrivèrent au final de l'*Ouverture de Guillaume Tell,* ils firent preuve d'un tel enthousiasme qu'on aurait pu croire qu'ils étaient quarante, puis le rideau s'écarta et apparurent les familières demi-lunes présentées par les visages noircis des artistes ; un fort beau gentleman blanc se tenait au centre et posait ses questions d'un ton patelin :

> — Mr. Nonos, dois-je comprendre que vous vous êtes attaqué à votre bon ami Rastus Johnson avec un rasoir ?
>
> — Oui, c'est vrai, Mr. Loyal.
>
> — Et oserais-je vous demander pour quelle raison ?
>
> — Il s'est glissé chez moi et a volé la chemise de nuit de ma femme.
>
> — Allons, Mr. Nonos, on ne pourchasse pas un homme, un rasoir à la main, sous prétexte qu'il a volé la chemise de nuit de votre femme.
>
> — Ouais, mais elle était dedans !

Ce genre de spectacle comportait deux parties : la première se composait de la parade pendant laquelle Mr. Loyal échangeait des plaisanteries avec deux acteurs, Mr. Nonos et Mr. Sambo. Puis, divers acteurs se produisaient dans leurs numéros et, peu avant l'entracte, Will Nesbitt entrait en scène.

— Maintenant, regarde bien Luta Mae, c'est le plus beau.

Grand, mince, Nesbitt semblait dépourvu de hanches et, quand il entra en sautillant sur scène, faisant claquer ses os en cadence, les Noirs du balcon explosèrent en un rugissement. Luta Mae était subjuguée par les cliquetis et la merveilleuse complexité des pas de danse que Will Nesbitt esquissait, presque dans la pénombre, suivi par le faisceau d'un projecteur qui lui donnait la chasse à travers la scène.

— C'est merveilleux ! s'écria-t-elle en agrippant le bras de son père.

— C'est lui le clou du spectacle, chuchota Jeb.

Mais dès le début de la deuxième partie — une saynette

jouée par des acteurs au visage blanc —, Luta Mae eut du mal à suivre.

— Où sont tous les hommes de couleur, p'pa ?

— C'est eux qui étaient maquillés en noir.

— Pourquoi ils sont blancs ?

— C'est des artistes, murmura Jeb.

Mais avant qu'il eût le temps de fournir une meilleure réponse, vint le grand moment du spectacle avec la prestation d'un unique danseur blanc, très doué, qui apparaissait sur la scène en frac immaculé et chapeau claque pour chanter *Mon Ombre et Moi,* tout en évoluant avec grâce. Will Nesbitt, vêtu de noir, se matérialisait derrière lui, imitant chacun de ses pas comme une véritable ombre, et pendant quelques minutes les deux artistes se surpassèrent dans la lumière scintillante des projecteurs sur la musique et les paroles de l'une des chansons américaines les plus en vogue, le danseur blanc exécutant des pas difficiles et le noir ne lui cédant en rien pour les mimer.

Des machinistes mirent en place un petit escalier formé d'une volée de marches et, tout en les montant avec agilité, le Blanc chanta le morceau de bravoure où il est question de sa solitude lorsqu'il gravit l'escalier à minuit pour se retrouver dans une chambre vide.

Derrière lui, venait son ombre noire et, sur la dernière marche, les deux hommes se livrèrent à un assaut de contorsions jusqu'à ce que, finalement, Will Nesbitt se laissât aller à une improvisation endiablée sous le regard admiratif du Blanc qui s'épongea le front et s'adressa aux spectateurs :

— Il est fameux, hein ?

Le balcon explosa sous les ovations auxquelles se joignirent les spectateurs blancs, subjugués par le talent et l'agilité de Will Nesbitt.

Le dernier numéro était une reprise de la parade avec certains acteurs barbouillés de noir, les autres pas, et Will Nesbitt, le seul Noir authentique, à une extrémité, qui faisait cliqueter ses os et recommençait à danser.

— Est-ce que tous les types de la parade sont vraiment des Noirs ? demanda Luta Mae.

— Non.

— Mais celui qui a battu l'autre dans la danse, il l'est bien ?

— Pas de doute là-dessus.

La fillette réfléchit un instant.

— Si les vrais hommes de couleur sont les meilleurs, pourquoi est-ce qu'on prend les autres pour les singer ?

Jeb ne disposait d'aucune explication.

Sur la côte orientale, l'aviation joua un rôle sentimental. Lorsque Charles Lindbergh avait effectué sa traversée de l'Atlantique en solitaire en mai 1927, toute la contrée s'était enthousiasmée ; il semblait que la Chesapeake eût bondi de l'âge de la voile à celui de l'aviation, abandonnant chemin de fer et automobiles aux autres régions des États-Unis. Les routes restaient mauvaises, quelqu'un ayant eu l'idée saugrenue de paver ces voies de communication étroites de coquilles d'huître qui s'effritaient sous le poids des voitures. Mais l'avion !

Jefferson Steed révisa les notions enthousiastes de son arrière-grand-père Paul voulant que la côte orientale fût sauvée par le chemin de fer.

— Je vois venir le jour où notre péninsule sera desservie par des avions rapides qui nous relieront à toutes les régions de notre grand pays, déclara Jefferson avec emphase à l'occasion de la fête nationale.

Il perdit une forte somme en finançant une ligne aérienne qui dut mettre fin à ses activités cinq semaines seulement après avoir débuté.

L'âge de l'aviation devait avoir un impact considérable sur deux personnes : Isaac Paxmore, le constructeur de bateaux, et John Turlock qui vivait dans la cabane du marais.

En 1938, Paxmore, qui observait un avion se livrant à des exhibitions en remontant la baie, dit à ses fils et neveux :

— Nous avons construit des bateaux pendant des siècles. Nous sommes capables de construire un bateau volant.

Il avait soixante ans lorsqu'il proféra ces paroles, mais le principe même l'enchantait à tel point qu'il se mit immédiatement en devoir de tracer les plans d'un avion en pensant le construire dans un bois léger, soigneusement assemblé, mû par le meilleur moteur qu'il pourrait acquérir sur les conseils des plus grands experts en la matière, et équipé d'une hélice en bois lamellé qu'il façonnerait personnellement.

Ses fils, plus prudents, jugèrent son projet déraisonnable mais son neveu, Pusey, fils du prédicateur Woolman Paxmore, jeune homme posé, ancien étudiant de Harvard, entrevit les possibilités du bateau volant et encouragea son oncle.

— Je crois que nous devrions essayer. Il doit y avoir un marché important dans la Marine pour les hydravions, et le père de l'un de mes condisciples de Harvard fabrique des moteurs d'avion... à Scanderville.

— Où est-ce ?

— En Pennsylvanie.

— N'est-ce pas dans cette ville que se trouve la célèbre prison ?

— C'est bien ça. Son usine est une filiale de Lycoming, une société qui construit d'excellents moteurs.

Ainsi, en 1939, le jeune Pusey Paxmore enfila son plus beau complet bleu et se rendit à l'usine de Scanderville où il acheta deux moteurs Lycoming qu'il ramena par camion. Un bel hydravion attendait d'en être équipé, flotteurs solidement arrimés, surfaces poncées à l'extrême pour obtenir le brillant cher aux ouvriers habitués à construire de beaux bateaux de plaisance.

— C'est le début d'une nouvelle aventure, déclara Isaac. Ce large fleuve est fait pour l'hydravion.

Quand le moment vint d'essayer l'engin, ses réservoirs reçurent le plein d'essence et un aviateur de Washington traversa la baie dans sa vedette personnelle. Il examina l'hydravion et déclara qu'il lui paraissait au moins aussi valable que tout ce qui se construisait ailleurs.

— On dirait qu'il a de bonnes lignes. On va voir ce que ça donne.

Il demanda à Isaac s'il voulait l'accompagner, mais le vieux quaker se récusa.

— Pusey serait enchanté de prendre ma place. C'est lui qui s'est occupé de l'achat des moteurs.

— Il les a bien choisis. Allez, montez.

Donc, Pusey Paxmore, quaker de la vieille école, vêtu d'un complet à trois boutons, s'installa sur le siège du passager et retint son souffle tandis que la réalisation de son oncle prenait de la vitesse sur le Choptank, traçant un monstrueux sillage ; puis, l'appareil frôla l'eau pendant quelques instants, finit par s'en arracher et s'éleva.

Pourtant, l'impact le plus durable de ce vol ne concerna ni Isaac Paxmore, ni son neveu Pusey. L'essai ayant été concluant, le pilote déclara l'appareil valable et lui prédit un brillant avenir ; il s'attendait à le voir adopter à la fois par les flottes commerciales et militaires. Sa prophétie ne se réalisa pas car les Paxmore manquaient des fonds nécessaires et de la détermination voulue pour se tailler une place dans l'aviation ; leur prototype resta un éblouissant jouet, très apprécié le long du fleuve jusqu'à ce que ses moteurs finissent en un tas de rouille au cours de la Seconde Guerre mondiale.

Mais lors de son troisième vol d'essai, le pilote de Washington proposa le baptême de l'air à tout habitant de Patamoke qui souhaiterait l'accompagner et, à la surprise de tous, John, le frère cadet d'Amos Turlock, s'avança, jeune velléitaire de vingt-sept ans, qui s'était essayé à diverses activités sans jamais réussir dans aucune. Il aimait la chasse et la pêche, et ne manifestait guère d'intérêt pour autre chose.

Mais il n'en avait pas moins l'esprit aventureux et il souhaitait connaître les émotions que pourrait lui procurer le vol ; quand on demanda des volontaires, il avança résolument d'un pas et fut choisi. En bouclant sa ceinture, il sourit assez bêtement aux badauds qui lui reprochaient son audace, adressa un signe à une jeune fille qu'il courtisait, et maintint la tête bien levée pour ne rien manquer.

La demi-heure qui suivit tint de l'expérience religieuse et le marqua si profondément que toute sa vie en fut modifiée.

— Pour moi, tout remonte à 1939. Avant, il ne m'était rien arrivé, sauf la fois où j'ai piégé un putois. Après, mes yeux se sont ouverts.

En vérité, il vit pour la première fois la côte orientale du Maryland ; en fait, il fut peut-être le premier être humain à la découvrir de la sorte.

« Tu comprends, quand j'étais là-haut, dans le ciel, je regardais une terre que je croyais connaître, et tout était très différent. J'en croyais pas mes yeux ; j'en restais bouche bée. Et puis, j'ai eu une vision très nette, comme dans un rêve, et j'ai crié à tue-tête pour que le ciel m'entende : “ Seigneur ! Nous avons un paradis et nous ne le savons pas ! ”

Ce qu'il voyait au-dessous de lui était un mélange enchanteur de larges estuaires, de criques abritées, de caps allongés, s'avançant comme des doigts et formant une côte de plusieurs milliers de kilomètres, amalgame magique de terre et d'eau, unique aux États-Unis.

« Écoutez, vous autres qui savez tout, dit-il aux hommes du magasin. Vous pourriez rouler sur les routes pendant toute une vie sans jamais savoir à quoi ressemble vraiment la côte orientale. Vous pourriez naviguer sur ses eaux jusqu'à ce que vos voiles pourrissent sans apprécier ce qui est à vous. C'est seulement quand on est là-haut, dans le ciel comme je l'ai été, qu'on comprend comment s'assemblent les pièces du puzzle.

Dans son enthousiasme, il jaillit de son siège, jeta son chapeau en l'air.

« Moi et les oies sauvages ! Nous sommes les seuls à savoir !

Mais John Turlok ne se contentait pas d'une simple démonstration d'enthousiasme ; il avait vu non seulement les beautés de la côte mais aussi les possibilités qu'elle recelait et, un soir, après avoir exposé ces splendeurs aux sceptiques du magasin, il s'assit dans la cabane de son frère Amos et griffonna quelques mots sur une feuille de papier qu'il tendit bientôt à son aîné.

— Qu'est-ce que tu dis de ça, Amos ?

J. RUTHVEN TURLOCK

Votre conseiller immobilier
Patamoke, Maryland.
Un paradis à vendre.

— Tu t'appelles pas Ruthven, grommela Amos.

— Ça sonne mieux. Les gens retiendront ce nom.

— Quels gens ?

— Les gens riches.

— Qu'est-ce que tu as à voir avec les gens riches, John ?

— Mon prénom c'est Ruthven. Ce que j'ai en tête... c'est tous ces cours d'eau que j'ai vus en volant. Peach-blossom, Tred Avon, Miles, Wye. Amos, il y a suffisamment de terrain libre en bordure de ces rivières pour occuper toute la vie d'un agent immobilier qui aurait un peu d'imagination.

— Le terrain est là. Mais qui va l'acheter ?

— Les millionnaires. Ils vont se fatiguer des villes. Ils auront envie d'endroits pareils pour leurs gosses et leurs yachts.

— T'es tapé, grogna Amos.

— Demain matin, on va aller en ville tous les deux, et je vais louer un bureau. Reste avec moi et, dans dix ans, nous serons millionnaires tous les deux.

— T'es dingue ! Des gens riches, propriétaires de yachts, qui achèteraient des terrains marécageux ?

Amos Turlock était trop malin pour se laisser entraîner dans une entreprise aussi hasardeuse.

L'essai sans lendemain, tenté dans le domaine de l'aviation, avait eu un effet secondaire sur un autre jeune homme du Choptank car, avant de repartir, le pilote avait dit à Isaac Paxmore :

— Vous avez construit un appareil de premier ordre. Ce qu'il faut, c'est le proposer à la Marine.

— Comment ? demanda le prudent quaker.

— Envoyez un de vos fils au ministère de la Marine à Washington. Assiégez les amiraux.

— Je ne crois pas que mes fils...

— Ce jeune homme en complet bleu... Il est passionné par les hydravions.

— C'est le fils de mon frère...

Une idée s'imposa à son esprit.

« Il est avocat. Un jeune homme sérieux. On pourrait lui confier cette mission. »

C'est ainsi que Pusey Paxmore, de la promotion 1938 de Harvard, juriste, arriva à Washington. L'excellente réputation de son père, à la suite de l'œuvre qu'il avait accomplie en Allemagne, et les nombreuses relations du jeune homme parmi les avocats stagiaires qui hantaient les bureaux administratifs assurèrent son succès ; très vite il se rendit compte que s'il ne parvenait pas à placer l'hydravion de son oncle, il pouvait en revanche se placer personnellement.

La première personne qui devina qu'Hiram Cater souffrait d'une mastoïde fut la Noire faisant office de sage-femme à la Grenouillère. Les vrais médecins n'étaient pas à la disposition des nègres, pour la simple raison qu'ils étaient Blancs et qu'ils n'appréciaient guère de voir des gens de couleur côtoyer la clientèle blanche dans leurs salles d'attente ; en outre leurs honoraires étaient trop élevés.

— Ce gosse a une infection de l'oreille, déclara la sage-femme après que l'enfant eut hurlé pendant deux jours.

— Je ne vois pas de pus, remarqua Julia quand elle rentra de son travail.

— On le voit pas comme dans un furoncle ordinaire ; c'est plus profond.

— Qu'est-ce qu'on peut faire ?

Julia, épuisée par sa longue journée de travail à la conserverie de crabes, se déplaçait dans sa cuisine en traînant les jambes.

— D'abord, on met de l'huile chaude, dit la sage-femme.

Toutes deux s'employèrent à faire chauffer de l'huile, mais elles ne purent déterminer la température et lorsqu'elles la versèrent dans l'oreille d'Hiram, le bébé hurla de plus belle. Jeb essayait de dormir après sa journée de pêche et, au premier cri, il bondit dans la cuisine, furieux.

— Qu'est-ce que vous faites à ce gosse ?

— On lui soigne l'oreille, expliqua Julia.

— A l'entendre, on croirait plutôt que vous la lui arrachez, grommela Jeb en prenant l'enfant dans ses bras.

Ou bien l'huile chaude faisait son effet, dispensant la douleur avant le soulagement, ou bien elle ne s'était pas insinuée au plus profond de la partie infectée, toujours est-il que les hurlements d'Hiram redoublèrent. Incapable de les supporter, troublé par la souffrance de son fils, Jeb emporta l'enfant dans la cour et le tint doucement contre lui en marchant de long en large ; mais les cris continuèrent, sans interruption, alors il hurla :

« Je l'emmène à l'hôpital.

Il partit à travers les chemins poussiéreux de la Grenouillère, le bébé pressé contre sa poitrine, et gagna les rues pavées du quartier blanc. A trois reprises, des Noirs lui demandèrent où il allait.

« Mon fils a trop mal. Je l'emmène à l'hôpital.

L'hôpital de Patamoke, un bâtiment hétéroclite d'un étage, en briques, s'était agrandi au cours des décennies, à mesure que s'accroissait la population. Son personnel, constitué de médecins locaux, très dévoués, et d'infirmières toujours préoccupées du bien-être de leurs voisins, ainsi que le voulaient les habitudes du Sud, assurait un service médical qui n'était pas prévu pour les Noirs ; lorsque l'un d'eux était assez malade pour justifier une hospitalisation, le système le prenait en charge à son corps défendant, même si le patient n'avait pas les moyens de payer. Tout le problème résidait dans l'admission du malade noir à l'hôpital.

Jeb Cater passa avec l'enfant sous les imposantes colonnes blanches qui flanquaient l'entrée. Mais une infirmière surgit :

— Derrière. Passez par-derrière.

Elle n'expliqua pas où se trouvait l'entrée réservée aux Noirs, et le bâtiment se composait de tant d'ailes et de pavillons que Jeb se sentit perdu. Un Noir, qui traînait un chariot de linge sale, la lui indiqua, mais quand il arriva à la petite porte par laquelle on sortait les ordures, il la trouva fermée à clef. L'homme abandonna son chargement et aida Jeb à entrer. Passé le seuil, les choses se firent rassurantes.

— Cet enfant souffre d'une infection de l'oreille, déclara une infirmière blanche en tenant Hiram avec autant de tendresse que s'il était son propre fils. Quel traitement avez-vous appliqué ?

Ne comprenant pas la question, Jeb hésita ; l'infirmière le prit pour un analphabète et demanda gentiment :

« Lui avez-vous administré un médicament ?

— On lui a mis de l'huile chaude.

— Ça n'a pas pu faire de mal, marmonna-t-elle. Il faudra que le docteur l'examine.

— Je veux le meilleur médecin, dit Jeb.

En deux minutes, l'infirmière comprit que le Noir avait les moyens de régler une visite, mais qu'il n'était pas en mesure de payer pour un traitement complet et elle nota les renseignements sur la fiche d'admission. Puis, par téléphone, elle appela un jeune médecin qui se servit d'un coton-tige pour sonder l'oreille du bébé.

— Mastoïdite, annonça-t-il.

— C'est grave ? s'enquit Jeb.

— Ça pourrait l'être si ça n'était pas soigné.

Avec douceur et ménagement, le jeune médecin expliqua qu'Hiram souffrait d'une inflammation et peut-être d'un abcès de l'oreille interne. Il existait des moyens de réduire l'infection sans faire appel à la chirurgie si l'os n'était pas attaqué, sinon une opération serait nécessaire. Il s'exprimait avec tant de simplicité et de compréhension que Jeb, étranglé par l'émotion, voulut le remercier, mais le jeune homme l'en empêcha.

« Nous sommes là pour soigner. Nous ferons tout notre possible pour votre enfant.

Il ne parla pas d'honoraires ni de mode de paiement. Il prit simplement le bébé dans les bras et quitta la pièce.

Ce qui se produisit ensuite demeura gravé dans la mémoire de Jeb. En quittant la salle de consultation réservée aux Noirs, le médecin ne monta pas à l'étage où se trouvaient les chambres pour Blancs aisés ; il ne se dirigea pas vers les salles du rez-de-chaussée où l'on soignait les Blancs impécunieux ; il descendit une volée de marches conduisant à la chaufferie qu'il dépassa pour gagner une pièce exiguë, traversée par des tuyaux enchevêtrés, éclairée par une ampoule nue pendant au bout de son fil. Pas la moindre fenêtre.

Là, il déposa Hiram dans un berceau. Après le départ du docteur, qui assura à Jeb que les infirmières ne tarderaient pas, le père s'assit et promena un regard autour de lui ; il remarqua, le long du mur, des civières servant de lits à des Noirs dont l'état nécessitait des soins urgents ; la pauvreté des lieux, l'installation rudimentaire s'imposèrent à Jeb qui sentit la colère monter en lui : plus il attendait, plus sa hargne augmentait.

Quarante minutes s'écoulèrent sans que l'infirmière se manifestât ; chacune de ces minutes accentuait son sentiment d'injustice. Il ne demandait pas une chambre ensoleillée en haut d'une tour pour son fils. Il savait qu'il ne possédait pas l'argent nécessaire pour un tel luxe, mais il se croyait en droit d'exiger d'être traité convenablement. « Tous les jours de ma vie je travaille pour la paye que me donne le Blanc. C'est lui qui décide de mon salaire. Si je n'ai pas assez d'argent pour régler le prix d'une bonne chambre, c'est lui qui l'a voulu ainsi. Cette cave est une indignité. »

La chaudière se déclencha soudain. Un bourdonnement emplit la pièce, bientôt suivi d'une bouffée de chaleur qui stagna à hauteur des lits puisque aucune ventilation ne la dissipait. Au bout d'un moment, une infirmière noire apparut — pas une infirmière diplômée, puisque les Noirs n'étaient pas autorisés à suivre les cours — ; elle souleva doucement Hiram.

— Restez là si vous voulez. On va vite revenir avec de bonnes nouvelles.

Il resta dans la pièce et interrogea les malades alités, hommes et femmes. Chacun éprouvait tant de reconnaissance d'avoir été admis à l'hôpital que personne ne songeait à se plaindre. Au bout d'un long moment, l'infirmière revint avec Hiram.

« Nous allons le garder quatre ou cinq jours. Il sera vite guéri.

Jeb aurait voulu remercier quelqu'un, serrer la main de quelqu'un pour exprimer sa gratitude, mais il n'y avait personne ; il erra dans le dédale du sous-sol, monta l'escalier, regarda autour de lui en traversant la salle d'admission, et rentra chez lui.

Quatre des médecins qui dispensaient leurs soins à l'hôpital de Patamoke étaient indignés par le traitement réservé aux malades noirs. Étant passés par les meilleures écoles de médecine des États-Unis — l'hôpital Jefferson à Philadelphie, l'hôpital général du Massachusetts —, ils avaient conscience de se conduire en barbares, sans rien pouvoir changer à cet état de choses. Quand on proposa que les Noirs soient admis dans les salles habituelles, les Blancs de Patamoke s'y opposèrent avec une telle violence que l'administration hospitalière se sentit menacée.

— Tous ceux qui ont deux sous de jugeote savent que le sang nègre est contaminé, infecté de choléra et d'un tas d'autres sales maladies, remarqua Amos Turlock au magasin.

Le jeune médecin qui traitait Hiram Cater avec affection avait tenté d'expliquer que le sang des Noirs et celui des Blancs étaient identiques, mais Amos était trop retors pour se laisser prendre à de telles sornettes.

« Si on mélange le sang nègre avec le blanc, ça se coagule !

Le jeune médecin demanda alors comment il se faisait que, tout au long de l'histoire de la côte orientale, le sang et les gènes blancs s'étaient mêlés avec succès au sang et aux gènes noirs, comme on le constatait d'un simple coup d'œil, en examinant les nuances de peau chez les habitants de la Grenouillère.

« Ne me rebattez pas les oreilles avec ce genre de bobard ! s'emporta Turlock. Ce qui arrive, c'est que le sang blanc est bouffé. Après, c'est choléra et compagnie.

Amos tremblait de peur devant le choléra, et lui et ses semblables se juraient bien d'empêcher que ce fléau fût introduit à l'hôpital de Patamoke.

« L'hôpital est très bien dirigé comme ça. Pas besoin de changer. On n'a qu'à laisser les nègres dans la cave. Et stériliser trois fois le matériel avant de le remonter.

Bien qu'on fût en décembre, Hugo Pflaum transpirait abondamment. Dans son bureau, au sous-sol du palais de justice de Patamoke, il se trémoussait dans son fauteuil en contemplant, à la fois avec fierté et chagrin, la rangée de quinze photographies encadrées de noir qui ornaient le mur.

« Les voilà, se dit-il. Quinze canardières qu'on prétendait insaisissables. Et c'est mon père et moi qui les avons confisquées. »

De quoi emplir de fierté n'importe quel garde-chasse : quinze canardières qui avaient semé la terreur le long du Choptank.

« Le Cheseldine, que nous avons découvert dans une soue à cochons en 1922. Le Reverdy, dont mon père a remonté la piste pour l'arracher de force à son propriétaire en 1924.

Devant la photographie suivante, il s'immobilisa, étreint par l'émotion car elle représentait la première canardière qu'il eût saisie.

« Je l'ai confisqué sur le Little Choptank. L'Herman-Cline appartenait au célèbre briseur d'esclaves.

Son visage s'assombrit quand il avisa les deux espaces vides, réservés aux canardières dix-sept et dix-huit ; il lui semblait entendre les quolibets des hommes du magasin qui ne se privaient pas de le railler : « Hugo, tu es très fort quand il s'agit de saisir les armes qui appartiennent à des étrangers, mais on a remarqué que tu t'attaques jamais aux canardières de ceux de ta famille. » « Oui, Hugo, comment ça se fait que ton beau-frère Caveny garde son long fusil sans être inquiété ? Et le Twombly ? Ton beau-frère Turlock s'en sert chaque fois que l'envie lui en prend. »

On se référait ainsi à l'arme d'Amos Turlock, la plus vieille canardière du Maryland. Hugo comprit que sa réputation d'intégrité était en jeu et il s'en ouvrit à sa femme.

— Mes propres parents me font passer pour un imbécile, Becky. Il faut que ça cesse. Va chez ton frère Amos et chez ta sœur Nora. Préviens-les que je dois confisquer leurs armes. Il le faut.

Ses paroles reflétaient une telle dignité blessée que Mrs. Pflaum se rendit chez Amos qui l'accueillit avec un ricanement.

— Qu'il vienne, Beck, et je te l'amènerai à domicile, sur une civière les pieds devant, et c'est pas des paroles en l'air.

Elle prévint Hugo.

— Ne t'attaque pas à Amos. C'est un mauvais cheval.

Elle eut plus de chance avec sa sœur, Nora Caveny.

— Il faut que tu nous aides à mettre la main sur la canardière, Nora. Toutes ces salades sur les armes, c'est de l'histoire ancienne. Tu sais, ça serait terrible si ton fils Patrick se faisait arrêter.

La mise en garde avait porté ses fruits ; maintenant, Hugo attendait dans son bureau les renseignements promis sous le sceau du secret : à la fin de la semaine, il aurait mis la main sur le Caveny !

Et voilà qu'apparut son informatrice, Nora Caveny, sa belle-sœur, mère du brave garçon qui faisait ses études au collège Saint-Joseph à Philadelphie. Elle tremblait.

— Je me suis faufilée dans le palais de justice comme si je venais pour y payer mes impôts, expliqua-t-elle, hors d'haleine. J'aurais honte si quelqu'un me voyait.

— Tu as choisi la bonne solution, Nora. Pas seulement parce que cette arme est interdite par la loi, mais tu as pu voir par toi-même qu'elle a failli rendre ton mari aveugle, et tu sais que c'est une canardière comme celle-là qui a tué le vieux Jake.

— Tu as raison, c'est une arme monstrueuse, Hugo, et elle n'a pas sa place entre les mains d'un jeune homme qui a l'intention de devenir prêtre.

— Comment ça marche, ses études ?

— Bien. Il vient encore de passer des examens. Après Noël, il entrera à Saint-Charles Borromée.

— A Rome ?

— Non, à Philadelphie. Mais s'il réussit bien, il est possible qu'il aille à Rome.

— Tu dois être fière.

— Toutes les mères devraient avoir des fils comme lui.

Elle baissa la voix.

« Et j'ai bien l'intention de protéger le mien.

— Où est-ce que la canardière est cachée ?

— On ne m'a pas mise dans le secret. Avant de partir pour la prison, mon mari a emmené Patrick pour lui montrer où il cachait son trésor. A croire que c'est de l'or. Certains des Turlock qui habitent en amont du fleuve savent où est l'arme et je crois qu'ils s'en servent de temps en temps. Mais aucune femme n'est mise dans la confidence.

— Tu crois que Patrick a l'intention de s'en servir cette nuit ?

— J'en suis sûre, Hugo. Je l'ai entendu parler à Jimmy Turlock ; et tu le connais celui-là ; il ne pense qu'à une chose : piéger les rats musqués et chasser le canard.

— Où doivent-ils aller ?

— Ça, je sais pas. Il n'y a pas de glace et Jimmy n'a pas de terrain dans le marais.

— J'aimerais avoir des renseignements plus précis.

— La seule chose que je sache...

Elle hésita, se demandant si les paroles qu'elle allait prononcer pourraient mettre Hugo sur une piste.

« Je l'ai entendu dire à Jimmy de ne pas emmener son chesapeake car ils n'iraient pas en eau profonde.

— Ça, c'est important, acquiesça Hugo. Ça signifie qu'ils n'iront pas vers la baie. Ça limite mon champ de recherches.

— Autre chose, dit Nora en jetant un coup d'œil à la rangée de documents encadrés de noir. Tu m'as promis qu'il n'y aurait pas de photos dans les journaux.

— Oui, je te l'ai promis, Nora.

— Pour un futur prêtre... ce ne serait pas convenable.

— Il y aura une photo, tout de même. Histoire d'apprendre aux autres ce qu'il en coûte d'utiliser ce genre d'arme, mais elle ne montrera que la canardière. Je la pendrai là.

Quand elle serait suspendue à sa place, il ne resterait qu'un seul espace vide, celui réservé au Twombly et, tandis que Hugo se préparait à rentrer chez lui pour prendre du repos en prévision de la longue nuit qui l'attendait, il éprouva une vive satisfaction à la pensée que la photographie du Caveny comblerait bientôt l'un des deux espaces ; pourtant, il craignait que le dix-septième emplacement restât nu pendant longtemps encore.

Une fois la crise surmontée, Julia Cater se trouva confrontée à un dilemme : ses qualités de femme d'intérieur l'avaient signalée à l'attention des familles blanches qui lui proposaient du travail ; en acceptant, elle aurait gagné un peu plus que dans les conserveries. Les Steed auraient pu l'employer dans leur maison de Patamoke et les Paxmore, qui dirigeaient le chantier naval, lui avaient demandé à plusieurs reprises de venir tenir leur foyer. Même les Caveny, propriétaires de l'entreprise de transport, l'auraient employée, mais elle avait toujours refusé.

Deux bonnes raisons l'incitaient à ne pas quitter son travail, pourtant pénible : elle éprouvait une réelle joie à se trouver avec d'autres Noires et à chanter avec elles tout au long des heures interminables, étouffantes, passées devant les tables crachant de la vapeur, et elle était la meilleure ouvrière du Choptank pour la préparation des crabes en papillote.

Sur le coup de midi, les hommes de l'eau, dont son mari, amarraient à la jetée leurs bateaux remplis de crabes qu'ils débarquaient dans de grands paniers. Le directeur de la conserverie où travaillait Julia en achetait des quantités pour les traiter selon un procédé qu'il avait inventé. C'était toujours avec une certaine fierté qu'il faisait porter les plus gros crabes sur la table de Julia.

— Encore quelques belles pièces !

Et il donnait ordre à ses hommes de jeter les crustacés dans les grandes marmites d'eau bouillante.

Quand Julia les en sortait à l'aide d'une épuisette, les crabes étaient d'un rouge superbe, et elle se mettait au travail. Avec adresse, elle retirait de la carapace branchies et entrailles, puis elle plaçait le crustacé et sa chair délicate dans un pot contenant du vinaigre de pommes sauvages bouillant et, une fois le crabe bien imprégné de cette saveur aigrelette, elle allait prendre dans une armoire de petits paquets d'épices qu'elle avait préparés à l'aide de poudres achetées par le directeur chez McCormick à Baltimore. Seule, Julia connaissait les proportions de son mélange ; d'autres maisons concurrentes avaient tenté de se lancer dans le commerce lucratif du crabe en papillote, mais le résultat n'était pas comparable.

Après que le mystérieux paquet eut été vidé dans le vinaigre bouillant, les crabes macéraient un instant dans le mélange qui leur communiquait une saveur fraîche, piquante, sans pour autant être trop épicée. Puis, les crustacés étaient déposés sur des claies où ils s'égouttaient. Après quoi, Julia les prenait un à un, les examinait, ajoutait parfois de grosses pinces pour remplacer celles qui avaient pu être perdues dans un combat et les enveloppait dans du papier sulfurisé.

Le produit fini constituait le crabe en papillote, très recherché dans les bars de Baltimore et de New York. Le client payait soixante-quinze cents pour cette gourmandise qu'il pouvait consommer froide ou grillée, avec une noix de beurre et un peu de poivre. Dans l'un et l'autre cas, la chair délicieuse et épicée passait pour l'un des plus fins produits de la côte orientale, et Julia Cater savait le préparer mieux que toute autre ouvrière des conserveries.

Elle pouvait être considérée comme l'une des cuisinières les plus compétentes des États-Unis, et son talent était rétribué à raison de quatre-vingts cents pour une journée de dix heures de travail.

Cet argent, ajouté à celui que gagnait son mari, lui permettait de faire vivre sa famille. Les filles grandissaient et — grâce en soit rendue au ciel — elles se montraient raisonnables. Helen, qui allait avoir onze ans, envisageait de trouver un emploi dans une conserverie, et la petite Luta Mae, bien que toujours prête à s'indigner devant les injustices, n'en acceptait pas moins de faire des commissions pour les Blancs et empochait les pièces que ceux-ci lui donnaient. Le sens du devoir dont ses filles faisaient preuve rassurait Julia. Leur père était souvent absent, à bord d'un skipjack, et leur mère travaillait à l'extérieur pendant une grande partie de la journée, ce qui aurait pu inciter les fillettes à mal tourner. Au lieu de quoi, elles faisaient le ménage à la maison, soignaient leur frère, enregistraient des progrès à l'école et chantaient à l'église.

Le chant revêtait une grande importance.

— Si une Noire ne sait pas chanter, son âme se dessèche, disait Julia.

Julia chantait, aussi bien quand elle préparait des crabes qu'en épluchant des tomates à la conserverie. Elle chantait avec ses filles dans la cuisine. Et à l'église, les mercredis et les dimanches, elle déversait tout son amour pour Dieu et Son monde miraculeux. Sa voix forte, chaleureuse, ressemblait à son corps épanoui. Elle rejetait la tête en arrière comme si elle souhaitait que ses notes montent droit au ciel. Elle fermait les yeux, pressait les mains devant elle et chantait sa ferveur.

Même si les Steed lui avaient offert un salaire deux fois plus élevé, elle aurait refusé de travailler en silence, esseulée, arpentant les pièces endormies. Pour faire le ménage, il lui fallait procéder avec minutie, aidée des deux filles, chacune armée d'un chiffon, chacune apportant sa contribution au chant. La réussite de la préparation des crabes en papillote exigeait la présence d'une vingtaine de femmes dont les voix reprenaient les paroles en chœur, le corps oscillant en cadence.

Il n'y avait pas que la musique pour accompagner le travail. Ainsi lorsque, à la fin de la saison, Julia attendait le retour de son mari et qu'Hiram, dont l'oreille était guérie, se précipitait pour accueillir son père, elle laissait éclater son chant, qu'il y eût ou non quelqu'un pour se joindre à elle.

Au printemps 1940, les Steed s'attaquèrent, un peu tard, au problème que présentait l'effritement de leur île. Jefferson Steed, le membre du Congrès, qui habitait alors La Vengeance de Rosalinde, prit brutalement conscience du fait que les terres de l'ouest menaçaient d'être englouties et que la maison elle-même risquait de s'écrouler, sapée dans ses fondements. Des mesures d'urgence furent prises pour protéger la grève occidentale où l'érosion se faisait le plus sentir, mais dès que les brise-lames eurent été placés à grands frais, les courants contrariés commencèrent à grignoter la côte nord, puis la côte sud.

Les fortes tempêtes qui s'abattaient périodiquement sur la Chesapeake prenaient naissance dans l'Atlantique, au sud de la baie, et quand elles déferlaient sur les terres, elles apportaient des masses d'eau ; des inondations s'ensuivaient, sans causer de réels dommages à la côte. C'étaient les tempêtes moins spectaculaires qui occasionnaient le plus de dégâts, les persistantes périodes de mauvais temps arrivant sournoisement du nord-ouest : le vent soufflait pendant des jours, voire des semaines, soulevant des vagues assez grosses qui engloutissaient peu à peu les extrémités nord-ouest des îles et péninsules.

Un énorme dépôt d'alluvions déposées de manière uniforme par le ruissellement, à la fin des diverses époques glaciaires, constituait la côte orientale. La Falaise-de-la-Paix représentait le point culminant de la région de Patamoke et, dans un rayon de trente-cinq kilomètres, on aurait cherché en vain la moindre roche et trouvé bien peu de cailloux. La terre était une sorte de marne sablonneuse. Des matières végétales s'y étaient intégrées, ainsi que des coquilles d'huîtres et un fin gravier apporté par la Susquehanna mais, en fait, Devon Island, représentative de l'ensemble de la région, s'avérait vulnérable aux assauts des vagues.

Les dommages n'étaient pas causés par les lames arrivant au grand galop pour se ruer contre la côte et la déchiqueter avec un bruit de tonnerre ; les vagues se brisaient à une certaine distance, puis roulaient au niveau de la surface, sapant peu à peu la grève à fleur d'eau. Parfois, la faille s'enfonçait de soixante centimètres ou même d'un mètre au-dessous de ce qui semblait être une étendue de terre, dépourvue de grands arbres, condamnée puisque la base en avait été creusée.

Alors, quand s'abattait une tempête d'une violence exceptionnelle, les énormes blocs de sol sablonneux et leur toison d'arbrisseaux et d'herbes tremblaient un instant avant de s'affaisser dans la baie. A Devon Island, cette érosion implacable s'était poursuivie, silencieuse, régulière, longtemps avant ce jour de 1608 où le capitaine Smith avait établi la carte de l'endroit. Une grande partie de l'île avait déjà disparu et des mesures draconiennes devaient être envisagées pour sauver ce qui en restait.

— Voilà ce que nous allons faire, expliqua Jefferson Steed. On va construire une estacade plus robuste le long de tout le secteur nord-ouest.

Son contremaître fit remarquer que le prix en serait prohibitif.

« Nous pouvons nous le permettre puisque nous avons vendu les plantations de la grande terre. Si nous ne protégeons pas la côte, nous perdrons la maison.

Jefferson fit venir un ingénieur spécialisé et dépensa plus de cent mille dollars en vue de protéger l'île, mais à peine sa muraille de bois était-elle achevée qu'un coup de vent persistant la martela quatre jours durant.

— Dieu merci, elle tient ! dit Steed.

L'ingénieur et lui observaient leur travail ; Jefferson avait raison ; les pieux avaient été enfoncés si profondément et si habilement reliés entre eux à l'aide de planches que la nouvelle estacade résistait à la tempête.

— Mais regardez, là-bas ! s'écria l'ingénieur avec stupeur.

Ce que vit Jefferson sapa sa confiance. La tempête, impuissante à renverser l'estacade, l'avait contournée, formant un profond chenal entre la muraille de bois et l'île ; le courant ainsi créé était si rapide qu'il érodait le sol sablonneux avec autant d'efficacité que les vagues, mais dans une autre direction. En maints endroits, il devenait impossible de gagner l'estacade depuis la terre ferme tant le chenal s'était élargi.

— Bon Dieu, qu'est-ce qu'on peut faire ? demanda Steed.

— On pourrait essayer de ceindre l'île d'une muraille continue, suggéra l'ingénieur.

— A quel prix ?

L'expert se livra à des calculs.

— Deux millions de dollars.

— Grand Dieu !

Pour la première fois, il entrevoyait l'éventualité de la perte totale de l'île familiale.

« Tout pourrait disparaître... La Vengeance... tout.

Accablé, il gagna la côte nord et désigna le nouveau genre d'érosion qui s'y produisait.

« On dirait que nous sommes constamment en butte à de nouveaux courants.

— C'est bien le cas, approuva l'ingénieur.

La remarque fataliste suscita la colère de Steed.

— Eh bien, quelles mesures comptez-vous prendre ? demanda-t-il d'un ton hargneux.

— Aucune, répliqua l'expert.

— Vous voulez dire... que tout ce que nous avons fait l'an dernier était inutile ? Et cette année aussi ?

— On le dirait bien. Mais je vous affirme, Mr. Steed, que c'était absolument imprévisible.

— A quoi servent donc les ingénieurs ? Bon Dieu, nous avons perdu une fortune. Que va-t-il se passer ?

L'expert inspecta la côte nord ; il secoua tristement la tête en prenant conscience de la cadence à laquelle le rivage s'effritait. Il embarqua avec Steed dans un petit canot à moteur afin de faire le tour de l'île ; le léger sillage formé par l'embarcation suffisait à attaquer la côte car ses vagues coupaient la ligne vitale où le sable venait mourir à la rencontre de l'eau.

— On imagine les dommages causés par le sillage d'un grand navire, dit-il à Steed.

Chaque centimètre de rivage était attaqué ; année après année, l'île se rapetissait tandis que son sable d'emprunt était rendu à la baie.

— Qu'est-ce que ça signifie ? s'enquit Steed.

— Ça signifie que Devon était condamnée depuis le jour de sa création. Il en va de même pour toute la côte orientale, si nous devons en croire nos yeux.

Les deux hommes avaient atteint l'extrémité sud-est de l'île ; de cet endroit, la ligne de toits de La Vengeance de Rosalinde se découpait avec le plus de charme, montrant juste assez de la maison pour suggérer sa construction, mais l'élément qui accrochait l'œil résidait dans le mirador de la veuve, la superstructure rectangulaire entourée d'une rambarde basse.

Que tout cela pût s'effondrer avec l'île tenait du cauchemar. Steed secoua la tête.

Par deux fois, il essaya de parler, mais sa gorge se noua. Craignant que les larmes ne perlent à ses paupières, il prit son mouchoir et marmotta :

— Excusez-moi, je vous prie.

L'ingénieur eut le bon goût de détourner les yeux.

La ségrégation raciale, qui de tout temps avait sévi sur la côte orientale, continua sans désemparer pendant les années quarante, et longtemps après ; la perte subie par la communauté en regard de ce qui aurait pu être accompli par des efforts communs était incalculable. Les chœurs auraient été plus suaves, les impôts moins lourds si on avait permis aux Noirs d'accroître leurs revenus. Les équipes de base-ball auraient eu plus de mordant si les joueurs noirs y avaient été admis ; dans presque tous les domaines, les résultats auraient été plus probants si on avait eu recours aux énergies noires.

Mais la tradition exigeait que les deux communautés existent côte à côte, dans une sorte de trêve armée, les armes étant, certes, entre les mains des Blancs. Les tenants de cette politique se scindaient en deux groupes : au sommet de la pyramide, les Steed et leurs homologues planteurs — « Nous avons pris le nom de *planteur* autrefois, quand nos esclaves cultivaient le tabac : maintenant, nous cultivons des tomates, mais le nom nous reste » — ne voyaient dans les Noirs qu'un réservoir de main-d'œuvre, et ils continuaient à prospérer en se raccrochant à ce système. A la base de la pyramide, les Turlock et les Caveny définissaient et appliquaient les règles.

— Les nègres sont faits pour la Grenouillère, disait souvent Amos Turlock. Qu'ils en sortent le matin pour aller travailler dans les conserveries mais, nom de Dieu, qu'ils y retournent avant la tombée de la nuit.

Les Turlock faisaient preuve d'habileté dans leur façon de faire appliquer la loi.

— Ce qu'on a fait de mieux dans cette ville, c'est d'engager ce flic nègre. Un gars bien. Il se débrouille pour que, quand un nègre découpe quelqu'un en rondelles, ce soit un des siens.

Ils avaient aussi le sentiment que les Noirs devraient avoir une école.

— Pas une véritable école ; y a pas au monde un Noir

capable d'aller à l'université. Mais ils ont droit à une instruction de base. Faut tout de même qu'ils sachent lire.

Ainsi vivaient les races, chacune dans son espace personnel, hormis lors des rares et tumultueuses kermesses. L'événement se déroulait en été. Des affichettes manuscrites apparaissaient à la vitrine du magasin Steed et sur les poteaux le long du quai :

KERMESSE MONSTRE

AUTOUR DE L'ÉGLISE MEA

SAMEDI SOIR

Au sein de la communauté noire, aucune annonce n'était nécessaire ; chacun savait que, de la réussite de la kermesse, dépendrait le volume des bonnes œuvres que leur Église pourrait dispenser durant la saison suivante. C'était à la communauté blanche que s'adressaient les avis, en particulier aux Turlock et aux Caveny ; car, si un nombre suffisant d'entre eux payaient leurs billets d'entrée, la manifestation serait une réussite. Les Steed et les Paxmore apportaient leur contribution, qu'ils viennent ou pas, mais la Grenouillère connaissait une gaieté plus grande quand elle s'emplissait des Turlock ; ainsi que le disait Jeb Cater, « ils savent s'amuser ».

La grande kermesse devait avoir lieu le samedi 20 juillet 1940 ; le jeudi et le vendredi, toutes les familles appartenant à l'Église MEA s'affairaient aux préparatifs. Jeb Cater était chargé de ceinturer de cordes une partie importante de la Grenouillère où l'on ne pourrait accéder qu'après avoir acquitté un prix d'entrée. L'orchestre de Will Nesbitt répétait de nouveaux morceaux car, selon une rumeur, le père Caveny, fraîchement ordonné prêtre, allait assister aux festivités. D'autres rassemblaient les chaises, balayaient le terrain, accrochaient des guirlandes de lampions.

Les femmes de la communauté noire, après les longues heures passées dans les conserveries, s'activaient à découper des volailles pour les faire frire, à trancher les gombos qui seraient bouillis avec des tomates et des oignons, à préparer les friandises appréciées des enfants blancs. Les hommes de l'eau apportaient des paniers de crabes, du céleri, des oignons et des sacs de farine dans la petite cabane de Julia Cater qui, par tradition, était chargée de confectionner les délices de la kermesse — les galettes de crabe.

Steed, le membre du Congrès, déclarait volontiers :

— J'ai assisté à des kermesses et à des réunions politiques tout le long de la côte orientale. J'ai calculé que j'avais mangé environ deux cents galettes de crabe chaque été pendant quarante ans. Ça fait huit mille galettes et, au fil des ans, j'ai établi une note allant de un à dix. La plupart des restaurants servent une cochonnerie qui ne mérite pas une note plus élevée que deux : un soupçon de chair de crabe, mélangé à un kilo de farine, frit dans de la graisse rance et arrosé de ketchup. Quelle tromperie ! Ma tante Betsy faisait des galettes auxquelles j'accordais la note huit. De gros et savoureux morceaux de chair, délicatement sautés. Je ne m'en rassasiais pas.

« Mais pour déguster une vraie galette de crabe de la côte orientale, il faut aller chez Julia Cater à la Grenouillère. Des chefs-d'œuvre ! La note ? Neuf virgule sept ; la plus haute que j'aie jamais décernée.

Lorsqu'on lui demandait pourquoi il n'accordait que neuf virgule sept aux galettes de Julia qui étaient parfaites, il expliquait :

« La galette de crabe parfaite devrait avoir une très légère saveur d'oignon. Julia ne veut pas en entendre parler.

A une occasion, un journal de Baltimore avait publié une photo à la une où figurait Steed, penché sur un réchaud pendant que Julia Cater lui révélait les secrets de sa recette. « Voici comment elle procède, expliquait l'article. Elle n'utilise que la meilleure chair de crabe à laquelle elle ajoute un soupçon de céleri haché, des œufs battus afin de donner de la consistance au mélange et de la chapelure séchée au soleil pour enrober la galette. Une pincée de poivre, une pincée de sel, et un ingrédient qu'elle tire d'un sac en papier mais dont elle se refuse à dire le nom, et voilà ! Ainsi sont confectionnées les galettes de crabe de la côte orientale ; l'auteur de ces lignes n'en a jamais dégusté de meilleures. »

Le jeudi et le vendredi, les trois femmes Cater travaillaient jusqu'à s'engourdir les doigts à extirper la chair des crabes. Des voisines se proposaient pour les aider, mais Julia avait le sentiment qu'une occasion lui était offerte de servir le Seigneur avec ce qu'elle savait faire de mieux et, tout au long de la nuit, ses filles et elle vidaient les crustacés et chantaient.

— La chair du crabe est si bonne que cette vilaine bête veut pas s'en séparer, expliquait Helen.

Travail à la fois fastidieux et difficile que celui consistant à arracher la chair de la carapace et des pattes afin d'obtenir des morceaux de choix pour confectionner les meilleures galettes.

— J'ai vu des galettes de crabe qui ne méritaient pas leur nom, disait Julia. Rien que des lambeaux de chair noire... Je les aurais même pas mis dans la poêle, sans parler de les manger.

Le samedi matin, les femmes Cater disposaient de plusieurs seaux de chair de crabe rosée, protégée par une étamine, et entreposée au frais dans la maison. Pendant les heures chaudes de la journée, elles dormaient et, à cinq heures de l'après-midi, elles s'attelaient à la tâche. A mesure que les galettes d'un beau brun doré étaient retirées de la poêle à frire, rondes comme de petites tomates et soufflées là où la chair de crabe apparaissait sous la chapelure, la joie montait.

En fin d'après-midi, deux Noirs prenaient place de chaque côté de l'ouverture ménagée dans l'enceinte et donnant accès à la kermesse ; chaque fois que quelqu'un se présentait, les hommes percevaient quarante cents pour les adultes, vingt pour les enfants et, de temps à autre, lorsque apparaissait un Blanc, qui n'avait jamais manqué les kermesses précédentes, le plus âgé des deux caissiers l'emmenait à l'écart, et là, il lui tendait une bouteille de whisky en l'invitant à en boire une rasade.

— On est contents que vous soyez venu.

Souvent, il buvait avec le Blanc, à la même bouteille.

Amos Turlock ne manquait jamais une kermesse.

— La meilleure putain de cuisine du pays, déclarait-il volontiers. Et ces bon Dieu de nègres en connaissent un bout pour chanter.

Pour un modique prix d'entrée, Amos se voyait proposer d'énormes quantités de nourriture : poulet frit, melon, salade de tomates et d'oignons, tartes et pâtés variés, piles de sandwiches et, évidemment, galettes de crabe.

A partir de cinq heures de l'après-midi, les visiteurs commençaient à s'empiffrer et ils continuaient jusqu'au coucher du soleil ; puis Will Nesbitt et son orchestre de neuf musiciens jouaient à un rythme endiablé. Au début, la formation s'en tint à son répertoire habituel, attendant l'arrivée du père Caveny pour exécuter les nouveaux morceaux prévus en son honneur.

Meublant les intervalles, les chœurs s'élevaient sous la direction du révérend Douglass qui avait une belle voix ;

hommes et femmes qui le composaient chantaient des hymnes religieux, souvent inconnus des visiteurs blancs mais, tôt ou tard, une voix puissante comme celle de Julia Cater intervenait dans le cantique ; alors toute la foule se joignait aux chanteurs ; en ces instants, il n'y avait plus ni Noirs ni Blancs.

Neuf heures venaient de sonner quand la rumeur se répandit dans la foule : le père Caveny arrivait ; il savait ce que l'on attendait de lui car il portait une longue boîte, qui intrigua les Blancs et enchanta les Noirs. Il se fraya un chemin à travers l'assistance ; jeune homme blond de vingt-six ans en tenue de prêtre, petit gars du cru qui avait bien réussi au collège et encore mieux au séminaire. Patamoke était fier de Patrick Caveny, mais aussi déconcerté par son comportement imprévisible.

Après avoir esquissé un signe de tête aux Steed et aux autres paroissiens blancs, il avança avec nonchalance, puis se fraya un chemin parmi les Noirs qui ne tardèrent pas à le pousser vers l'estrade de l'orchestre. Quelques applaudissements fusèrent, et Will Nesbitt descendit pour l'inviter à se joindre à sa formation. Ce geste souleva des acclamations et, après avoir adressé quelques sourires éclatants à la foule et réclamé une dernière galette de crabe, le père Caveny ouvrit la boîte noire.

A l'intérieur, reposait une clarinette démontée en quatre parties ; avec un sens aigu, typiquement irlandais du spectacle, il les tira un à un de la boîte et les emboîta avec soin, pavillon, tuyau, anche, bec ; après avoir essuyé l'ensemble, il demanda à l'un des musiciens de lui donner le *la*. Satisfait de l'état de son instrument, il fit un signe à Nesbitt et l'orchestre égrena les sept notes charmantes d'une chanson chère aux Noirs : *Au revoir, au revoir, Mr. Merle,* et le public rugit d'aise.

Le père Caveny n'intervint pas dans la première partie de l'admirable composition puis, dans le silence qui suivit un point d'orgue, il attaqua le solo de clarinette, exprimant les lamentations d'un Noir perdu dans le nord, qui brûlait de rentrer chez lui.

Puis, l'orchestre reprit et, en quelques minutes, la kermesse de l'église tourna à la fête païenne.

Les Steed et autres catholiques convenables étaient gênés par les contorsions du prêtre ; l'un d'eux laissa tomber :

— A mon avis, il est beaucoup trop proche des nègres, à tous points de vue.

— C'est honteux qu'un prêtre se donne en spectacle en jouant de la clarinette, comme il le faisait au lycée.

Une fois la kermesse achevée, après que le révérend Douglass eut compté les pièces de dix et de vingt-cinq cents qui assureraient la survie de son église jusqu'à l'année suivante, que plats et marmites eurent été nettoyés et les cordes enlevées, Jeb Cater résuma la soirée en ces termes :

— Les quakers comme Woolman Paxmore, le meilleur homme de la ville, aiment les gens de couleur dans leur ensemble... par exemple, tous les Noirs de l'Alabama ou de la Géorgie..., mais le père Caveny, il nous aime chacun, comme nous sommes... ici, à la Grenouillère.

Le 22 février 1941, la photographie d'Amos Turlock parut en première page dans le *Patamoke Bugle,* mais pas comme Hugo Pflaum l'aurait souhaité ; il rêvait d'un Amos hirsute d'un côté, du Twombly au centre, et de l'autre côté, de son propre portrait, lui, l'habile garde-chasse qui avait confisqué le dernier et le plus célèbre des longs fusils.

Non, il s'agissait d'un portrait bien différent. Amos, avec une barbe de plusieurs jours, y figurait, tenant un fusil ordinaire d'une main, une oie de l'autre ; la légende expliquait :

Un chasseur de la région
abat une oie
dans le marais familial

L'article exposait la façon dont Amos avait arpenté le marais cinq mois durant, dans l'espoir de tirer sur cette cible insaisissable, et citait plusieurs chasseurs qui louaient la détermination de leur concitoyen.

> Si un habitant de Patamoke méritait d'abattre une oie cette année, déclarait Francis X. Caveny, lui-même chasseur émérite, c'était bien Amos Turlock parce qu'il en sait plus sur les mœurs de ce gibier que n'importe qui de la région.

L'article rappelait en outre les années où de nombreuses oies venaient hiverner dans le Choptank, et Amos était félicité d'avoir fourni prétexte pour évoquer ce bon vieux temps à l'intention des habitants de Patamoke.

> A Amos Turlock et aux hommes de sa trempe, nous disons bravo ! Et, sans vouloir nous montrer trop présomptueux, nous formons le vœu de voir revenir ces multitudes d'oies qui autrefois hantaient les parages. Nous approuvons les efforts d'excellents chasseurs tels qu'Amos Turlock qui contribuent avec obstination à préserver notre patrimoine de canards. Montrez votre oie à tous, Amos, et régalez-vous-en !

Un intervalle de six jours au maximum ne pouvait s'écouler sans qu'un Noir de Patamoke ne prît conscience de la société corrompue dans laquelle il vivait. Les Cater le constatèrent le jour où se répandit la nouvelle du bel exploit d'Amos.

Cet après-midi-là, Julia eut la chance d'obtenir un rendez-vous auprès du dentiste noir itinérant qui venait de Baltimore. Depuis quelque temps, elle souffrait, mais les soins dentaires restaient inaccessibles aux familles noires — les dentistes blancs se refusant à les leur prodiguer, et il n'existait pas de praticien noir — et elle avait déploré la détérioration de sa denture en sachant qu'elle aurait pu être sauvée par un traitement approprié.

— Tout ça est dans un état déplorable, marmonna le dentiste itinérant dont la visite était attendue depuis longtemps. A mon avis, la meilleure chose à faire, c'est de les arracher.

— Mais, docteur...

— Toutes vos dents auraient pu être sauvées ; elles pourraient encore l'être si vous veniez à mon cabinet chaque semaine pendant six mois. Impossible à envisager. Mieux vaut les extraire.

— Mais...

— Ma bonne dame, on n'a pas de temps à perdre en discussions. Je peux vous les arracher, prendre une empreinte et vous envoyer par la poste, de Baltimore, un superbe dentier... quarante dollars, et vous n'aurez plus d'ennuis.

— Mais...

— Ma bonne dame, faut vous décider. Je repasserai pas par ici cette année.

— Est-ce que je pourrais pas revenir ?

— Écoutez, si vous n'avez pas les quarante dollars comptant, j'accepterai un acompte et je vous ferai confiance pour le solde. Le révérend Douglass m'a dit...

— C'est pas une question d'argent !

D'un coup, son esprit combatif la déserta. Toutes les années passées à maintenir la cohésion dans sa famille, à lutter contre l'obésité qui guettait la plupart des Noires, les maux de dents, le récent comportement de Luta Mae, l'éducation de son fils... C'en était trop, beaucoup trop.

Résignée, elle s'adossa au fauteuil, mais lorsque les premières bouffées de gaz lui vinrent aux narines, elle se débattit instinctivement.

« Je veux pas m'évanouir !

— Allons, allons, murmura le dentiste en lui caressant la main.

En vérité, l'opération se révéla moins douloureuse qu'elle ne l'avait redouté, et le dentiste rit en l'aidant à s'extirper du fauteuil.

« Vous en faites pas. Vous aurez de belles dents. Et si le dentier ne vous allait pas, je vais vous dire ce que je ferais... je le porterais moi-même !

Pourtant, quand elle se retrouva dans la rue et sentit le vide affolant de sa bouche, elle ne put retenir ses larmes.

— Doux Jésus, je pourrai plus jamais chanter.

Si l'on s'était efforcé de relater l'histoire de Patamoke avec objectivité, on se serait senti obligé d'y inclure un passage sur le climat spirituel de la région. Matière épineuse : il aurait été difficile d'identifier parmi les chefs de file présumés celui ou celle qui avait le plus œuvré pour exalter la spiritualité du lieu.

Par exemple, un traditionaliste aurait peut-être cité William Penn, l'éminent quaker de Philadelphie, qui visita Patamoke à la fin du XVIIe siècle, faisant force courbettes à chacun et affichant sa dévotion, mais il eût été difficile de le placer sur un piédestal. En effet, pour le citoyen moyen du Maryland, Penn était un fieffé coquin, un menteur et un voleur qui avait fait tout son possible pour détourner le nord de la colonie au profit de la Pennsylvanie, et réussi dans son entreprise. En relatant cette période, Paul Steed écrivit :

> Le pire ennemi que le Maryland ait jamais eu n'était autre que William Penn, quaker cagot et pédant. Si mes

> ancêtres n'avaient pas été sur leurs gardes, Pennn leur aurait volé la plus belle partie de notre colonie, et même Devon Island. Il vint une fois à Patamoke, en apparence pour prier avec les membres de sa secte, en réalité dans l'intention de nous espionner et de jeter son dévolu sur d'autres régions qu'il pourrait adjoindre à la Pennsylvanie. Aucun esprit plus retors n'a jamais hanté la région du Choptank.

L'animosité que l'on vouait à la mémoire de William Penn demeurait vivace en raison de deux incidents fâcheux : en 1765, quand Charles Mason et Jeremiah Dixon délimitèrent la frontière séparant le Maryland de la Pennsylvanie, ils partirent d'un point peu éloigné du Choptank, et bientôt des rumeurs se répandirent selon lesquelles les Pennsylvaniens les avaient soudoyés pour qu'ils établissent une ligne de démarcation qui leur soit favorable ; en 1931 quand un professeur du collège d'État de Pennsylvanie écrivit un ouvrage dans lequel il expliquait que la baie de la Chesapeake n'aurait jamais dû être ainsi nommée puisqu'elle ne représentait que l'embouchure élargie de la Susquehanna, le *Patamoke Bugle* tonna : « Ils ont commencé par nous voler notre terre, et maintenant, ils s'en prennent à notre baie. Nous clamons : " Au diable la Pennsylvanie et ses méthodes de brigands. " »

Un candidat plus plausible eût été Francis Asbury, le clergyman anglais inspiré, à la culture limitée, mais à la dévotion illimitée en regard des préceptes de John Wesley qui se rendit au Maryland aux environs de 1770. Animé d'une volonté farouche, il parcourait chaque année plus de huit mille kilomètres, œuvrant en vue d'implanter dans la nation future la nouvelle religion méthodiste. Son style rude fut apprécié sur la côte orientale qu'il visita de bout en bout ; il brandissait le feu de l'enfer et proposait aux gens simples une forme de religion beaucoup plus séduisante que les rites pompeux de l'Église épiscopale, la foi réservée à l'homme riche, ou le formalisme rigoureux du catholicisme. Asbury fit étape par trois fois à Patamoke, soulevant la frénésie chez les hommes de l'eau avec ses révélations du ciel et de l'enfer, et ce fut en raison de son enthousiasme que le Choptank devint une région méthodiste. Dans son journal, il relata l'une de ses visites en ces termes :

J'arrivai à Patamoke, belle localité située sur un fleuve, brûlant du désir de sauver les âmes de ces hommes rudes qui pêchent dans la baie comme les disciples de Jésus en Galilée, mais le premier homme que je rencontrai fut un certain Turlock qui irritait les clients de la taverne par le bruit qu'il faisait en mangeant, son goût pour l'alcool, et son tapage. Il paraissait aussi peu préoccupé de l'éternité que s'il s'en était trouvé hors d'atteinte. Le réprouvé eut le front de me dire d'une voix forte que son père avait vécu jusqu'à cent neuf ans sans jamais porter de lunettes.

Accueilli par un pécheur aussi impénitent, il me tardait de me mettre à l'ouvrage afin de sauver ce lieu, mais je m'aperçus que Satan m'y avait précédé, détournant la population de Patamoke grâce à une représentation théâtrale à laquelle tous assistaient avec joie. Je fus douloureusement dépité.

George Fox, le fondateur du quakerisme, se rendit à Patamoke en 1672, mais sans y laisser une impression durable ; quant au père Ralph Steed qui s'était efforcé d'instaurer le catholicisme dans les coins les plus reculés de la région à peu près à la même époque, son influence s'était fait sentir davantage sur la côte occidentale. Durant ces mêmes années, Ruth Brinton Paxmore avait dispensé le bien, mais sa personnalité était trop corrosive pour être considérée comme représentative de la région. Woolman Paxmore, ainsi que nous l'avons vu, était d'une nature plus amène, mais son influence s'excerça en d'autres lieux et on ne fit pas grand cas de lui sur la côte orientale.

Il faut admettre que l'homme qui communiqua le plus grand élan spirituel à la région fut Jefferson Steed, et il y réussit en abandonnant la culture de la tomate !

A la fin des années quarante, il comprit que la culture de la tomate telle qu'elle était pratiquée sur ses terres n'allait pas tarder à devenir déficitaire. Les immenses conserveries disséminées le long des cours d'eau étaient dépassées ; on installait des usines mieux équipées dans le New Jersey et dans l'ouest. Par ailleurs, le sol avait été épuisé par les exigences des plants de tomate, friands de minéraux et, dans une terre appauvrie, les cultures devenaient vulnérables aux insectes et aux maladies. Un autre argument de poids s'ajoutait à ces considérations. Alors que la main-d'œuvre délaissait la terre pour se ruer vers les industries de guerre et les entreprises de travaux publics investies de grands projets, comme le pont enjambant la baie, la culture de tomates n'était plus rentable ; aussi, un jour, Jefferson Steed annonça à ses contremaîtres :

— Plus de tomates !

Quand ils protestèrent en arguant que les grandes conserveries aux toits de tôle ondulée, qui se profilaient sur le marais le long des estuaires, ne pouvaient être utilisées pour autre chose, il répondit :

« Au diable... laissez-les rouiller. Elles ont fait leur temps. Et un mode de vie disparut.

— Qu'allons-nous cultiver ? demandèrent les contremaîtres.

— Du maïs, déclara Steed.

Les hommes, des ouvriers agricoles compétents, n'en croyaient pas leurs oreilles. Ils avaient toujours cultivé de petites quantités de maïs pour le bétail, mais s'ils ensemençaient les immenses superficies libérées par les tomates, de nouveaux débouchés devraient être trouvés.

— Où le vendrons-nous ?

— Les habitants de la côte orientale adorent les chevaux. Et pour le reste, ne vous en faites pas, ça me regarde.

Peu effrayé par la perspective d'un désastre financier, Steed ensemença ses champs de tomates d'un maïs hybride, élaboré par les agronomes de l'université du Maryland, et qui donna toute satisfaction. Les énormes quantités récoltées n'étaient pas dues uniquement à cette semence, elles résultaient aussi de l'excellente décision qu'il avait prise au moment des semailles.

— Depuis l'époque où les premiers Anglais ont fait pousser du maïs au Maryland, nous avons toujours semé en lignes très écartées, à un mètre de distance. Nous pensions que c'était la meilleure méthode. Mais à mon avis, on gardait un tel espace pour permettre aux chevaux de passer entre les rangées lorsqu'il fallait donner divers soins aux cultures. Avec les nouveaux engrais chimiques dont nous disposons, nous ne sommes pas obligés de procéder de la même façon.

Hardiment, il sema son maïs en rangs si denses qu'un homme avait peine à passer entre les tiges.

Une réussite ! En automne, lorsque les ouvriers noirs se glissèrent entre les rangs compacts, empilant les épis en tas trois fois plus volumineux que prévu, Steed comprit qu'il avait gagné la partie.

— Maintenant, ce qui me reste à faire, c'est de trouver des débouchés, expliqua-t-il à son directeur.

En questionnant ses collègues au Congrès, il découvrit des clients désireux d'acquérir le surplus de sa récolte au prix très bas qu'il était en mesure de fixer. Bientôt, d'autres fermiers de la côte orientale abandonnèrent la culture de la tomate pour celle du maïs qui, à la fin de l'été, atteignait deux mètres cinquante à trois mètres de haut et dont les tiges ployaient sous les lourds épis. Le pari de Steed pouvait être considéré comme l'une des décisions les plus avisées qui eût jamais été prise au Maryland en matière d'agriculture ; les paysans, qui auraient pu perdre leurs terres s'ils s'en étaient tenus aux tomates, prospérèrent grâce au maïs.

Mais un coup de chance en matière d'économie rurale ne suffit pas à faire considérer le novateur comme un saint ; à la fin des années cinquante, Steed prit une autre décision audacieuse ; il mit ses ouvriers agricoles à la retraite et acheta toute une série de gigantesques moissonneuses à maïs automatiques, qui lui permirent d'économiser beaucoup d'argent et même d'en gagner en les louant à ses voisins. Ces engins autorisaient une agriculture extensive ; des batteries de tracteurs labouraient les champs au printemps, des rotavators brisaient les mottes à la fin avril, des herses dotées d'énormes dents nettoyaient la terre, et des dinosaures métalliques rampaient sur les plantations en automne, engloutissant le maïs.

Quel sens spirituel peut-on attribuer à une telle opération ? Les ouvriers noirs avaient récolté le maïs avec lenteur, mais aussi une efficacité presque parfaite ; les moissonneuses mécaniques balayaient grossièrement les rangées, abandonnant derrière elles environ trois pour cent de la récolte, pertes constituées d'épis brisés, de grains arrachés, de tiges entières abandonnées en bout de ligne, étant trop proches des haies pour que la machine pût les atteindre ; à moins qu'il ne s'agît de quelques rangées oubliées au milieu du champ et ne justifiant pas un nouveau passage de la moissonneuse.

Steed et ses directeurs ne pouvaient être taxés de légèreté ; ils constataient la perte subie, mais lorsqu'ils évaluaient la dépense nécessaire pour récupérer les épis éparpillés, ils concluaient qu'ils avaient intérêt à les abandonner.

— Admettons que la perte se monte à trois pour cent. Même si l'on tient compte de l'amortissement du matériel et des dépenses en carburant, la machine conserve tout son intérêt. Alors, oublions les quelques grains perdus.

Cette décision s'avéra l'une des plus heureuses que les Steed aient jamais prises pour le bien de leurs terres ; lorsque les grains jaunes et brillants se trouvèrent dispersés sur le sol d'automne, reflétant les pâles rayons du soleil, ils furent remarqués par les oies qui survolaient les lieux. Quelques-unes, en route vers leurs quartiers d'hiver habituels en Caroline du Nord, s'arrêtèrent ; l'émoi s'empara de la côte orientale.

— Les oies reviennent ! Henry en a vu au moins quarante au bout de son champ !

Les femmes qui se rendaient au marché s'immobilisaient soudain pour contempler le spectacle, souvent rapporté par leurs grands-mères, mais qu'elles n'avaient jamais eu l'occasion d'admirer.

— J'atteignais le carrefour de Glebe Road, et là, dans les champs, j'ai vu... Eh bien, il devait y avoir au moins cent oies, bien grasses, qui picoraient sur la terre de Childress.

Un automne, quarante mille oies se posèrent dans les champs le long du Choptank, et les légendes selon lesquelles près d'un million d'oiseaux se réunissaient jadis retrouvèrent leur lustre ; quelques dizaines de Turlock commencèrent à huiler leurs fusils.

En 1960, deux cent mille oies passèrent l'hiver le long des innombrables ruisseaux alimentant le Choptank ; au cours des années ultérieures, la population atteignit les chiffres cités par le capitaine Smith en 1608. De véritables radeaux se formèrent à l'est de Patamoke : dix mille oies sommeillaient sur l'eau ; lorsqu'un danger les alertait, celles qui se trouvaient en lisière s'envolaient et toutes suivaient ; dès que les éclaireurs s'étaient assurés que le danger n'existait plus, ils se reposaient sur le cours d'eau et les autres les imitaient, véritable tapis volant qui se levait, planait, redescendait.

Au magasin, les chasseurs tiraient des conséquences.

— Elmer a recommencé à sculpter ses appeaux. Cinq Turlock proposent leurs services comme guides. Le Noir du garage offre de plumer les oies pour vingt-cinq cents, et Martin Caveny a loué un bord de rivière à un bourgeois de Pittsburgh pour neuf cents dollars.

Chaque fois, les chasseurs en revenaient à un sujet passionnant : la façon dont le retour des oies avait redonné vie à la côte orientale.

— Toutes les putains de chambres des motels sont louées pour la saison...

Suivait le moment où tous s'abîmaient dans le silence, émerveillés par le phénomène ; puis, invariablement, un vieillard secouait la tête :

— Ça, c'est tout de même le bouquet... les oies sont revenues.

Et, de nouveau, le silence retombait car le vieillard avait mentionné le don du ciel le plus merveilleux dont la côte orientale eût bénéficié depuis un siècle.

Lorsque Hiram Cater eut sept ans, son éducation sérieuse commença ; il ne s'agissait pas de l'orthographe ni de l'arithmétique, mais de la stratégie implacable qu'il convenait d'adopter pour survivre dans un monde blanc. Sa mère, qui se rappelait les lynchages survenus dans la région du Choptank où des Noirs, coupables ou innocents, avaient été pendus, s'employa à l'instruire.

— Ce qu'il faut avant tout, c'est rester en vie. Ne te fais pas remarquer. Ne fais rien qui attire l'attention. Si un Turlock ou un Caveny croise ton chemin, écarte-toi. Ne défie jamais un Blanc.

Au moindre signe laissant croire que le jeune Hiram risquait de céder à la colère, elle le mettait en garde :

« D'accord, bats-toi avec Oscar. Il est noir. Mais ne frappe jamais un enfant blanc parce que son papa risquerait de causer de gros ennuis.

Elle exhortait en particulier son fils à ne pas adresser la parole à des Blanches.

« Elles n'existent pas. Elles ne sont pas là. Tu ne vas pas à l'école avec elles. Tu ne vas pas à l'église avec elles. Et en ville, évite-les à tout prix.

En regardant grandir son fils, elle se félicitait que les deux communautés de Patamoke fussent séparées ; avec un peu de chance, Hiram n'entrerait jamais en contact avec une Blanche.

Elle s'en tenait à un principe simple : « Ça n'existe pas. » Tout ce qui irritait, apparaissait comme insultant, devait être chassé de l'esprit, et aucune insolence de la part du Blanc ne la ferait abandonner sa stratégie fondamentale. Si Hiram n'avait pas de livre à l'école, il ne devait pas y penser ; si, lorsqu'il mettait enfin la main sur un manuel, celui-ci était en lambeaux tant il avait servi dans les écoles de Blancs, il devait ignorer son mauvais état. Si les fenêtres de l'école étaient démunies de vitres, mieux valait ne pas y prêter attention puisqu'on n'y pouvait rien. Les réactions humaines les plus machinales devaient être muselées, étouffées. La seule réponse à l'humiliation était le sourire, le pas de côté, le saut dans le caniveau afin que la Blanche pût passer, le refoulement de la dignité.

— Ça sera comme ça toute ta vie, disait Julia Cater à son fils.

Et de lui enseigner l'ancienne sagesse noire ; c'était ainsi que des générations de femmes de couleur avaient permis à leurs fils de survivre et d'atteindre l'âge d'homme.

Les protestations naturelles d'Hiram reçurent un soutien mitigé de la part de son père.

— Fais comme dit ta maman et tu resteras en vie.

A bord des skipjacks, Jeb avait appris à s'entendre avec les hommes d'équipage blancs.

« Je fais le boulot mieux que les autres, et quand quelque chose va pas, je baisse les yeux.

Cette attitude le faisait passer pour un « bon nègre » ; le temps aidant, il s'était habitué à jouer ce rôle.

« Il faut rester en vie. Il faut avoir du travail. Écoute ta maman, Hiram ; tu réussiras un jour, peut-être même que tu auras ton bateau à toi.

Le constant refoulement de ses instincts naturels ne perturbait guère Hiram, lequel trouvait à l'intérieur même de la communauté noire les exutoires indispensables à son tempérament turbulent. S'il voulait se battre, Oscar était un partenaire un peu plus grand, un peu plus habile à jouer des poings. S'il souhaitait participer à des jeux violents, nombre de garçons de son âge s'y adonnaient dans la cour de récréation. Les conseils de sa mère ne firent pas de lui un enfant soumis, ou craintif devant la menace d'un conflit racial. Ce retranchement de la communauté blanche l'obligea à développer sa personnalité parmi les gens de couleur.

Il serait, comme son père, de corpulence moyenne, vigoureux. Sa peau était plus sombre que celle de la plupart de ses compagnons de jeu. Elle dénotait une ascendance sans mélange remontant à l'Afrique dont Hiram ne savait rien, pas plus que des aventures qu'y avait connues Cudjo. Il était un enfant du

Choptank, dépouillé d'un héritage, d'un langage, de coutumes sociales, et il était vraisemblable qu'il persisterait pendant toute son existence dans cette condition, comme cela avait été le cas pour son père.

Un autre conseil émanant de sa mère eut une profonde résonance en lui :

— Brosse-toi les dents, et tu ne les perdras pas.

Se laver les dents deux fois par jour devint un rite solennel qu'il observait de son plein gré et non parce que sa mère l'y obligeait. En conséquence, il remarqua que sa denture était plus blanche que celles de ses compagnons de jeu, et plus éclatante que celles de la plupart des enfants blancs, gâtées par les sucreries.

Lui n'était pas gâté. Sa sœur, Luta Mae, économisait les pièces qu'elle recevait pour les jours fastes ; elle l'emmenait alors au glacier Bleu et Or où tous deux affrontaient le tourment consistant à choisir parmi les neuf parfums disponibles ; il considérait ces jours-là comme les plus beaux de sa vie et il n'éprouvait pas le ressentiment de sa sœur lorsqu'ils devaient s'éloigner des tables pimpantes pour manger leurs cornets. Il préférait être dans la rue où la fraîcheur de la glace sur les lèvres contrastait avec la chaleur du vent venant du fleuve.

Quand Luta Mae eut douze ans, gamine vive, intelligente, imaginative, infiniment plus douée que son aînée, elle commença à raconter à Hiram des histoires extraordinaires — comment elle avait un jour volé en compagnie de Charles Lindbergh, sillonnant le ciel à l'infini ; comment elle avait été propriétaire d'une Chevrolet qu'elle conduisait sur les routes pavées de coquilles d'huîtres, et comment elle avait rencontré ce garçon plus grand que Charley avec lequel elle avait parcouru la campagne où tous deux avaient fait tout ce qui leur passait par la tête. On était confondu quand on parlait longtemps avec Luta Mae car son enthousiasme l'épanouissait et l'emportait vers des pays insoupçonnés, très loin du Choptank.

Lorsqu'elle eut treize ans, elle confia à Hiram qu'elle refuserait de voir s'achever ses études avec la fin du cycle primaire de l'école des Noirs.

— J'irai à Salisbury. Je m'inscrirai au lycée noir et j'obtiendrai les meilleures notes. Ensuite, j'irai à l'université.

Elle était tombée sous le charme de Miss Canby qui

enseignait à l'école des Noirs. L'institutrice lui avait appris à parler l'anglais des Blancs, sans contractions ni argot. Elle soignait sa prononciation, usait d'un vocabulaire riche et varié, s'exprimait mieux que la plupart des enseignants. Elle lut les ouvrages de Langston Hughes et une biographie de Frederick Douglass, originaire de la région. Elle traînait toujours Hiram derrière elle, comme si elle se préoccupait de l'éducation de son frère ; Julia le remarqua et s'en émut.

— T'occupe pas de Luta Mae, conseilla-t-elle à son fils. Elle se fait toutes sortes d'idées.

Puis, tout à coup, la côte orientale fut en proie à une exaltation qui l'emporta sur les conseils de prudence de Julia. La Seconde Guerre mondiale avait déferlé et s'était achevée, sans effleurer la région ; aucune usine d'armements, aucune importante installation militaire ne s'y était implantée. La vie avait à peine changé malgré les destructions de Berlin et d'Hiroshima. Le seul moment de fièvre intervint quand un sous-marin s'approcha des caps de Virginie et coula quelques cargos. On croyait que la véritable mission du submersible consistait à bombarder Patamoke et à détruire le chantier Paxmore. Quand les cyniques affirmaient qu'il était peu probable que les Allemands s'y intéressent, de vieux sages leur rappelaient :

— C'est ce qu'on disait avant que les Britanniques nous bombardent pendant la guerre de 1812.

La guerre s'acheva sans l'invasion du Choptank, et le train-train reprit de plus belle, jusqu'au moment où le gouvernement du Maryland, composé de personnalités originaires de la côte orientale, soumit un projet en vue de la construction d'un gigantesque pont enjambant la baie de la Chesapeake. Les imaginations s'enflammèrent devant l'éventail de possibilités qu'offrirait un tel ouvrage.

— L'homme peut-il réaliser un pont de huit kilomètres de long, enjambant un bras important de l'océan Atlantique ? Oui. Et nous le ferons.

Officiellement, on justifiait le projet en arguant du fait que le pont fournirait un autre moyen de relier Washington à New York ; en vérité, il s'agissait surtout de permettre aux bureaucrates de la capitale fédérale et de Baltimore, qui travaillaient du lundi au vendredi, de gagner plus rapidement leurs résidences secondaires situées sur la côte Atlantique, ce qui impliquait que les champs assoupis de la côte orientale, si longtemps protégés des influences extérieures, deviendraient de bruyantes autoroutes sillonnées par les citadins en quête de plaisirs bucoliques. Là où l'on avait connu une vie agréable, stations-service et relais routiers défigureraient le paysage.

A une quasi-unanimité, la côte orientale s'opposa au projet; des réunions animées se tinrent au cours desquelles les défenseurs de la région expliquèrent qu'en vérité le pont serait payé par les hommes de l'eau, qui n'en voulaient pas, et par les paysans, qui verraient leurs propriétés polluées. Le *Bugle* tonna :

> Il s'agit là d'un abus intolérable. Sans notre autorisation, on trouve le moyen d'utiliser nos propres fonds pour anéantir notre mode de vie ; là où quelques rares automobiles hantaient nos charmantes routes, nous en aurons bientôt des milliers. Nos retraites les plus précieuses seront envahies par n'importe quel prolétaire de Baltimore qui se sera offert une voiture d'occasion. Le bruit, la pollution, le tapage et l'afflux d'étrangers ignorant tout de nous en résulteront. Jamais plus grand désastre que ce pont odieux n'a menacé notre terre paisible ; nous saurons nous opposer à ce projet avec la dernière énergie.

Revint alors à la surface l'éternelle proposition visant à détacher la côte orientale du Maryland en vue de constituer un nouvel État, et des réunions tumultueuses se tinrent au Delaware et en Virginie pour en hâter la conclusion ; comme toujours, il n'en sortit rien. Certes, le Maryland ne tenait pas à la côte orientale ; il ne la comprenait pas et ne souhaitait pas subvenir à ses besoins, mais il ne s'opposait pas moins à son intégration dans un autre État. La construction du pont fut donc autorisée, bien qu'aucun citoyen de la côte orientale n'en voulût de crainte de voir détruit un mode de vie qu'il tenait à préserver ; les riches ressortissants du nord, qui avaient acheté des propriétés le long des rivières, gémirent devant cette perspective comme les opulents planteurs du sud s'étaient jadis lamentés sur l'abolition de l'esclavage.

Une poignée d'individus, habitant le long des cours d'eau de l'est, furent enchantés par le projet de pont, mais ils se turent. Il s'agissait des Noirs qui voyaient dans la construction de l'ouvrage une possibilité de travail qui leur avait été refusée jusqu'alors.

— Maintenant, nous allons avoir du boulot. On aura besoin de monde pour construire ce pont.

Will Nesbitt expliqua avec flegme à ses musiciens que des boîtes de nuit se créeraient pour la détente des ouvriers ; et il se proposait d'y jouer. Le révérend Douglass espérait que la majorité de ses paroissiens au chômage pourraient trouver de l'ouvrage et il revint de l'entreprise de travaux publics de Baltimore enchanté par les perspectives qu'il entrevoyait.

— Jeb, je te recommanderai comme l'un des meilleurs ouvriers de la région, dit-il à Cater. Tu es sérieux, assez âgé pour avoir des responsabilités. Je suis persuadé que tu décrocheras un excellent emploi.

Jeb abandonna son travail à bord du skipjack, informa sa famille que, dorénavant, il était constructeur de ponts et, en compagnie de Will Nesbitt, se rendit au chantier d'embauche. Tandis que le chef d'orchestre cherchait un endroit où il pourrait jouer, Jeb se présenta au bureau devant lequel de longues files d'hommes attendaient ; il constata avec satisfaction qu'on en engageait un bon nombre. Un grand panneau portait des inscriptions à la craie annonçant que l'on demandait des chauffeurs, conducteurs d'engins, employés de bureau, contremaîtres, sans compter d'autres branches qui lui étaient inconnues, comme celle des spécialistes du travail en caisson.

Beaucoup d'emplois étaient attribués, mais pas aux Noirs. Lorsqu'il pénétra à son tour dans le bureau, un jeune homme énergique lui demanda :

— Vous avez déjà travaillé à un pont ?

Il répondit par la négative.

« Désolé. Dans ce cas, je n'ai rien à vous offrir.

A l'instant même, deux autocars se rangèrent devant les bureaux, l'un venant de Boston, l'autre de New York, et Jeb se rendit compte que la société de construction faisait venir des Blancs de villes lointaines plutôt que d'employer des Noirs habitant à proximité du chantier. Les nouveaux venus ne se présentaient pas pour des travaux spécialisés qu'il eût été incapable d'effectuer : il s'attarda et les entendit parler d'emplois qu'il aurait pu tenir : chauffeur, terrassier, gardien, etc.

Will Nesbitt n'eut pas plus de chance. On ouvrait des boîtes de nuit, mais on y engageait des artistes blancs ; sur le chemin du retour, les deux Noirs parvenaient mal à cacher leur amertume.

— J'ai vu des cars amener des Blancs, expliqua Nesbitt. On

dirait que c'est depuis notre naissance qu'ils nous veulent pas. Ils nous laissent pas aller à l'école et, ensuite, ils nous disent : « Vous n'êtes pas allés à l'école. »

Jeb réfrénait sa colère, comme il en avait l'habitude, mais plus Will évoquait la discrimination dont les Noirs faisaient l'objet, plus la tristesse l'envahissait parce qu'il comprenait que cette injustice perpétuelle serait le lot de son fils, puis du fils de son fils, et qu'il en serait ainsi au fil des générations. Il s'abstint de rapporter l'incident des autocars à sa famille, mais Will Nesbitt répandit la nouvelle partout dans la Grenouillère et, le jeudi soir, Luta Mae entra en trombe dans la cabane qu'elle se mit à arpenter comme à l'accoutumée quand la rage s'emparait d'elle.

— J'ai été informée..., commença-t-elle avec une préciosité de maîtresse d'école. J'ai été informée qu'aucun Noir ne serait employé à la construction du pont.

Jeb ne répondit pas, mais Luta Mae insista :

« Mes renseignements sont-ils exacts ?

— Ma foi...

— Nom de Dieu ! explosa-t-elle.

— Luta Mae ! Je t'interdis de blasphémer sous ce toit, intervint Julia.

— Mère ! s'emporta la gamine qui, pivotant sur les talons, bouscula Julia, garde tes sermons pour toi. C'est d'une vilenie qu'il est question.

Et, stupéfaite, Julia vit sa fille discuter avec Jeb en usant d'arguments susceptibles d'être proférés par un homme écœuré.

« Dis-moi la vérité, père. A-t-on envoyé des autocars chercher des ouvriers non spécialisés ?

— Oui. Oui.

— Et ces Blancs ont eu des emplois que les Noirs auraient pu tenir ?

— Oui.

— Nom de Dieu ! s'écria de nouveau Luta Mae avec une sauvagerie encore inconnue de ses parents. Ce pont devrait être incendié, réduit en poussière !

— Il n'est pas encore construit, protesta Jeb.

Elle écarta son père et on ne la revit plus ce soir-là, pas plus que les deux jours qui suivirent. Le lundi, les journaux publièrent un article rapportant l'incendie des bureaux d'embauche du pont. Les autorités pensaient que le feu s'était déclaré accidentellement, à cause d'un mégot mal éteint, jeté dans une corbeille à papier.

Quand Jeb et Julia apprirent le sinistre et virent Luta Mae rentrer à la maison, l'air satisfait, les yeux brillants, ils devinèrent ce qui s'était produit ; pourtant, ils se turent de crainte de voir leur fille jetée en prison ; Will Nesbitt leur rendit visite et leur dit d'un air entendu :

— Ce satané bureau d'embauche a brûlé. Une bonne chose de faite !

Il attendit une réaction, en vain. Pourtant, dès que le musicien fut parti, Jeb s'agenouilla et se mit à prier. Julia vint se joindre à lui pour demander à Dieu que la famille traversât sans mal les années de péril à venir.

Le retour des oies sur la côte orientale suscita l'affrontement de deux hommes. Amos Turlock croyait que les énormes oiseaux étaient revenus pour lui en personne ; puisque ses ancêtres avaient chassé l'oie sur le Choptank pendant plus de trois siècles, il se proposait de continuer. Par ailleurs, il comptait utiliser la canardière qui avait tonné sur les eaux de la région depuis 1827. Quand les oies commencèrent à envahir le marais, il comprit que le moment était venu de vérifier le bon fonctionnement du Twombly, caché, comme Moïse, dans les roseaux.

Hugo Pflaum, le garde-chasse, releva divers indices laissant supposer que son beau-frère avait repris ses néfastes activités. Le propriétaire d'une résidence secondaire déclara avoir entendu une énorme explosion, « comme l'écho d'un canon confédéré à Chancellorsville » ; un autre avait aperçu de mystérieuses lueurs qui se déplaçaient lentement le long du fleuve, sur le coup de deux heures du matin. Les familles de paysans, habitant dans l'arrière-pays, commencèrent à manger de l'oie plus souvent que leurs propres chasseurs n'auraient pu en fournir en respectant la légalité, et Hugo releva les traces significatives de maïs frais dans des champs que les oies avaient nettoyés deux mois auparavant. Fait plus probant encore, chaque fois qu'Amos se manifestait au magasin, il arborait un large sourire.

La loi interdisant les activités auxquelles se livrait Turlock était sans équivoque ; il l'enfreignait de sept manières : il utilisait une canardière, prohibée depuis 1918 ; il aveuglait les oies avec une lampe, ce qu'aucun chasseur ne s'était permis durant les cent dernières années ; il tirait de nuit, autre délit ; il répandait des appâts, en l'occurrence d'énormes quantités de maïs, dans les marais et le champ derrière sa cabane ; il chassait en dehors de la saison ; il ne possédait pas de permis ; il se livrait à un commerce clandestin de vente de gibier. Mais il commettait toutes ces infractions avec une ruse telle que Pflaum ne parvenait pas à le prendre sur le fait.

— Le contrevenant habituel se faufile furtivement, laisse derrière lui une trace qu'on peut suivre, et commet de nombreuses erreurs, rapporta Hugo à ses supérieurs d'Annapolis. J'ai saisi toutes les canardières, sauf celle de Turlock. J'ai arrêté vingt-trois paysans qui répandaient des appâts dans leurs champs, et je ne crois pas qu'il y ait plus de trois chasseurs opérant à la lampe dans toute la région. Mais ce satané Amos Turlock commet tous ces délits chaque nuit, et je n'arrive pas à lui mettre la main dessus.

— Hugo, les histoires qui circulent à Patamoke nuisent à votre réputation, assura le directeur régional. Voulez-vous qu'on vous affecte des aides ?

— Ça me serait utile.

Deux gardes supplémentaires furent envoyés à Patamoke ; en civil, comme n'importe quel touriste de Philadelphie. Ils allèrent trouver Amos auquel ils firent une proposition intéressante, lui demandant d'être leur guide pour une chasse à l'oie.

— La chasse est fermée ! aboya Turlock.

— Ouais, nous le savons bien. Mais à Chestertown, on nous a affirmé...

— A Chestertown, ils sont pas foutus de faire la différence entre une oie et un canard.

Il se débarrassa des deux importuns et courut au magasin pour avertir ses amis.

— Deux nouveaux gardes viennent de débarquer.

— Qu'est-ce qui t'a mis la puce à l'oreille ?

— Ils marchaient comme des gardes !

Il se tint tranquille ; au bout de deux semaines, les étrangers regagnèrent Baltimore en affirmant qu'ils avaient collé une frousse bleue à Amos Turlock. Le soir même, le Twombly cracha sa mitraille, abattant soixante-neuf oies, et les Turlock disséminés sur treize kilomètres en amont du fleuve festoyèrent.

La puissante détonation vomie par la canardière fut entendue dans plusieurs foyers en face de Devon Island.

— On aurait dit un avion qui se désintégrait en plein ciel. Nous nous sommes précipités dehors, mais il faisait nuit noire. Ensuite, nous avons aperçu une lumière sur Broad Creek, et mon mari est allé chercher ses jumelles ; quand il est revenu, la lumière avait disparu.

Hugo regagna son bureau au sous-sol du palais de justice afin d'étudier ses cartes, et conclut qu'Amos avait déplacé son champ d'opération, délaissant son cours d'eau pour les larges estuaires.

— Ma foi, se dit-il, ça l'oblige à transporter son canon plus loin, ce qui me donne une chance de plus.

A l'aube, il descendit le fleuve dans sa vedette en vue d'inspecter le terrain où il se proposait de tendre ses pièges ; comme il revenait, un spectacle le troubla presque autant que la réapparition du Twombly. Sur le champ menant en pente douce à la cabane de Turlock, plusieurs centaines d'oies se nourrissaient ; leurs corps gras luisaient sous le soleil hivernal, leurs longs cous noirs se tendaient de temps à autre pour repérer d'éventuels intrus. Elles semblaient être là depuis un moment, et tout donnait à penser qu'elles n'avaient pas l'intention de bouger ; Amos avait donc répandu du maïs pour les appâter.

Prudent, Hugo tira son bateau au sec, grimpa sur la berge et se glissa vers le champ. Les oies postées en sentinelles le repérèrent, puis, constatant qu'il n'avait pas de fusil, entreprirent de guider le troupeau à l'autre bout du terrain. Elles se déplaçaient en se tenant à une distance d'environ quarante mètres du garde ; quand celui-ci s'immobilisait, elles l'imitaient ; s'il reprenait sa marche, elles avançaient, ce qui donnait à Hugo la possibilité d'inspecter le champ.

Pas le moindre grain de maïs en vue ; les oies mangeaient de l'herbe. Si l'appât avait été répandu sur le champ, l'opération avait été menée avec tant de précision que deux heures après le lever du soleil, il n'en restait rien.

Dégoûté, Hugo s'apprêtait à repartir, quand il décida d'avancer jusqu'à l'endroit où les oies mangeaient à plein bec ; comme auparavant, lorsqu'il s'approcha, les oies reculèrent avec dignité afin de demeurer hors de portée. Là non plus, il ne trouva pas de maïs, mais il découvrit un indice presque aussi intéressant : accrochés à une branche épineuse, à l'endroit précis où les oies s'étaient tenues, il repéra deux gros fils du genre de ceux utilisés pour confectionner la toile à sac.

— Mon Dieu ! s'exclama-t-il.

Il examina les indices et pensa : « A minuit, il déroule de la toile à sac, y répand du maïs et attire à l'aube un millier d'oiseaux, puis il la roule sans laisser le moindre signe de son passage. » Avec soin, il cueillit les fils sur l'épine et se promit que chaque nuit de la semaine, il surveillerait les champs afin de repérer les toiles garnies de maïs qui, une fois enlevées, ne laissaient pas de traces.

— Eh ! lança une voix peu amène tandis qu'il rangeait les pièces à conviction dans son portefeuille.

Il reconnut Amos Turlock accompagné de deux de ses fils. « Qu'est-ce que tu fabriques sur ma terre ?

— J'examine la manière astucieuse dont tu appâtes les oies.

— Tu vois bien qu'il y a pas d'appât ici.

— La toile, Amos. C'est un vieux truc, et il te mènera en prison.

— Quel jury...

Il n'acheva pas sa phrase et Pflaum recula ; effectivement, quel jury condamnerait un Turlock du Choptank sur un indice aussi mince que deux fils de toile à sac ? D'ailleurs, quel jury, pris parmi les hommes tenant leurs assises au magasin, condamnerait Turlock même s'il le voyait sur le quai, remorquant le Twombly et soixante oies abattues ? La moitié des jurés espérerait recevoir une volaille en échange du verdict : « Innocent ! »

Puisque Turlock était alerté, il était inutile d'essayer de le surprendre quand il répandrait du maïs sur ses champs pour appâter le gibier, mais si ce rusé coquin pouvait être surpris en pleine action, Pflaum serait à même de saisir la canardière à vue, sans qu'il soit nécessaire de faire passer le contrevenant devant un jury. Il laissa donc croire à Amos qu'il se préoccupait du grain et des toiles ; il vint même deux nuits de suite pour donner le change ; en vérité, il observait la cabane pour tenter de repérer l'endroit où la famille cachait l'arme. Il en fut pour ses frais.

Le soir de la Saint-Patrick, après avoir bu plusieurs bières en compagnie du jeune Martin Caveny et adressé un signe de tête à Hugo Pflaum, Amos Turlock se mit au volant de sa Ford vieille de dix-huit ans. Il gagna sa cabane et sombra dans un profond sommeil qui dura de sept heures du soir à minuit.

Puis, il se leva, appela son fils, Ben, son chesapeake, Rusty, et entraîna l'un et l'autre dans le marais. Depuis longtemps, le chien avait appris à ne pas émettre le moindre bruit en approchant du secteur où était cachée la canardière, mais dès qu'il vit l'arme en place, sur la barque à fond plat menée par Amos, il bondit joyeusement vers le canot plus lourd confié à Ben pour le ramassage des oies abattues. Il était si excité par la perspective de la chasse qu'il ne flaira pas l'odeur d'un étranger, un homme dans une barque qui se glissait à l'autre bout du marais.

Les trois embarcations se déplacèrent en silence le long du Choptank, dérivant un instant vers l'ouest ; les Turlock père et fils ne se savaient pas suivis par une troisième barque qui restait à bonne distance. Vers trois heures du matin, un croissant de lune surgit, les barques contournèrent un promontoire peu éloigné de la Falaise-de-la-Paix où habitaient toujours les quakers constructeurs de bateaux. Et là, au centre du cours d'eau, un millier d'oies, blotties les unes contre les autres, formaient une sorte de radeau. Les embarcations se séparèrent ; celle qui transportait le chien resta en arrière, attendant l'explosion.

La barque principale, celle qui transportait l'arme, avança, produisant plus de bruit que le vieux Jake n'en avait jamais fait. La justification de cette insouciance devint évidente : Amos Turlock actionna l'interrupteur d'un énorme phare placé dans une caissette triangulaire munie de miroirs, illuminant les oies qui se figèrent dans une immobilité de pierre. La lumière jaillit, si brutale, avec un rayonnement si intense que les bêtes, aveuglées, furent incapables de bouger. Amenant l'étrave droit au cœur du groupe figé, Amos prit une profonde inspiration, s'écarta pour ne pas subir le recul de son monstrueux engin et appuya sur la détente.

Quand les deux barques eurent été chargées de soixante-dix-sept oies, quand Rusty eut regagné sa place, Hugo Pflaum révéla sa présence. Il les tenait maintenant. De nuit. A la canardière. Au phare. Soixante-dix-sept oies. En saison de fermeture. Il pouvait coller ces deux-là en prison, à vie ; mais lorsqu'il s'avança pour procéder à l'arrestation, il vit son cousin, Amos Turlock, qui braquait un fusil de chasse de gros calibre droit sur sa poitrine.

— Hugo, t'as rien vu. T'étais même pas là cette nuit.

Avec un courage méritoire, Pflaum dirigea le pinceau de sa

lampe électrique sur l'arme qu'il était résolu à saisir. Il était là, reposant insolemment sur son bloc, la lourde crosse enfoncée dans son sac d'aiguilles de pin, l'auteur de l'outrage. Mais le Twombly restait sous la protection d'Amos, un fusil à la main, et du chesapeake, babines retroussées.

« Hugo, montre-toi, mariole, et rentre chez toi. Ben et moi, on te fera pas passer pour un con. On dira pas un mot au magasin.

Pflaum prit une longue inspiration ; appuyé sur ses avirons, il garda le faisceau de sa lampe braqué sur le Twombly. Il était presque à sa portée. Comme il brûlait de saisir l'arme, d'être photographié à côté d'elle, de mettre un terme à ses scandaleux ravages sur le fleuve ! Mais la voix douce, persuasive, d'Amos Turlock lui parvint.

« Fais croire que tu l'as jamais vu, Hugo. Rentre chez toi.

Taraudé par un regret qui devait l'obséder pendant le restant de ses jours, le garde-chasse éteignit sa lampe, mit son hors-bord en route et repartit bruyamment vers Patamoke.

La qualité de toute vie humaine est déterminée par les diverses expériences qui influent sur elle. Par exemple, l'existence de J. Ruthven Turlock fut, à vingt-sept ans, modifiée de manière radicale par son vol en hydravion ; sans cette expérience, il n'aurait jamais apprécié la beauté de sa terre natale et serait sans doute parti à la recherche de quelque chose de mieux ; or, cette expérience avait donné un sens à sa vie.

Le même hydravion exerça une influence différente sur Pusey Paxmore. Sans sa fréquentation ultérieure des bureaux de Washington, il se serait contenté d'une modeste réussite en dispensant ses conseils juridiques aux Steed et aux nouveaux riches attirés dans la région par J. Ruthven Turlock ; fort de cette expérience, il devint un rouage dans la capitale fédérale ; apprécié en raison de ses diplômes de Harvard et respecté pour sa droiture quaker.

En 1958, quand Hiram Cater eut dix-neuf ans, Will Nesbitt, toujours prêt à aider ses amis par ses suggestions aventureuses, se manifesta chez les Cater.

— Une affiche à la poste annonce qu'un agent recruteur du corps des fusiliers marins se tiendra à la caserne de Salisbury mercredi et jeudi.

— Qu'est-ce que ça a à voir avec nous ? s'enquit Jeb.

— J'ai pensé que ton fils, Hiram, devrait se présenter à la caserne et s'engager.

— Il n'aurait pas grande chance d'être pris, rétorqua Jeb, non sans amertume.

Son fils était sorti avec un diplôme du lycée de Salisbury et, depuis deux ans, il passait d'un emploi pitoyable à un autre.

« Le seul boulot régulier qu'un garçon noir puisse espérer, c'est de tondre les pelouses, de mai à septembre, bougonna Jeb.

— Mon ami, dit le musicien avec chaleur, on m'a affirmé que quelques Noirs seront pris s'ils ont des qualifications.

— Personne a plus de qualifications qu'Hiram, déclara Julia.

Elle avait raison. Son fils était un garçon posé, bien élevé, vif et qui inspirait confiance. Souvent, elle confiait à ses voisins :

— S'il avait eu la chance de naître blanc, il aurait décroché une bonne situation en ville. Il aurait peut-être décroché une bourse pour aller à l'université.

Mais quand elle songeait à l'influence qu'avait eue le lycée noir de Salisbury sur Luta Mae, elle éprouvait quelques doutes quant à la valeur de l'éducation.

« On leur a envoyé une belle jeune fille respectable. Elle en est sortie avec des idées radicales, pour se mettre en ménage avec un type à New York, et prétendre qu'il fallait mettre le monde entier à feu et à sang.

Jeb ignorait les lamentations de sa femme.

— Tu es sûr qu'Hiram pourrait être accepté ? demanda-t-il à Nesbitt.

Il voulait éviter une humiliation inutile à son fils et à sa famille ; si ce qu'il croyait s'avérait exact — à savoir que la proposition d'engager des Noirs visait à faire étalage de tolérance, mais n'allait pas plus loin — à quoi bon aller au-devant d'un échec supplémentaire ?

— Jeb, insista Nesbitt, tout ce que je sais, c'est qu'à Salisbury, j'ai rencontré un jeune gars qui avait été accepté.

— Tu veux dire… de couleur ?

— Aussi noir qu'Hiram et toi.

— Diplômé de l'université peut-être ?

— Du lycée de Salisbury.

— Je peux pas le croire.

— Le diable t'emporte, tête de mule ! Je lui ai posé la question.

Pendant deux nuits, aucun des Cater ne put trouver le sommeil. Pour Hiram, le fait de devenir fusilier marin, de porter un uniforme respecté, de toucher une solde régulière tenait du rêve, mais la perspective paraissait si étourdissante qu'il fallait s'accrocher pour espérer. Le mercredi matin, quand Will Nesbitt se présenta pour conduire le garçon au bureau de recrutement, Julia dispensa ses derniers conseils à son fils :

— Sois détendu. Avant d'entrer, répète-toi : « J'ai toujours eu de bonnes notes au lycée et j'étais un fameux joueur de base-ball. »

Jeb aurait souhaité lui aussi donner des conseils à son fils, mais il était trop excité pour trouver les mots, et quand Nesbitt lui demanda s'il voulait les accompagner, il s'écria :

— Grand Dieu, non !

Il resta toute la journée enfermé chez lui, sans réellement prier, mais en ressassant espoirs et craintes.

A sept heures, ce même soir, il devina le résultat quand, à deux cents mètres de la cabane, Will Nesbitt actionna son klaxon et se mit à hurler. Les Cater se précipitèrent vers la clôture et virent Hiram, assis sur le siège avant, regardant droit devant lui en s'efforçant de maîtriser son émotion.

— Dieu tout-puissant ! annonça Nesbitt à l'ensemble de la Grenouillère, ils ont dit qu'il leur arrivait pas une fois par mois de tomber sur un gars aussi bien qu'Hiram. J'ai montré les papiers, j'ai dit ce qu'il avait fait, et j'ai parlé de sa famille respectable... sans un mot sur Luta Mae, bien sûr. Et ils se sont jetés sur lui comme s'il était en or massif.

Au cours des jours qui suivirent, les filles défilèrent à la cabane pour admirer le héros, et quand le moment vint pour celui-ci de se présenter à Baltimore afin de recevoir son uniforme et de toucher une indemnité de transport, son départ donna lieu à une grande fête. Le révérend Douglass, âgé à présent, rendit visite à Hiram pour le mettre en garde contre certains dangers.

— Tu représenteras l'ensemble de la communauté. Tu n'es pas simplement Hiram Cater. Si tu réussis bien, d'autres jeunes Noirs pourront suivre ta trace.

Il réussit bien. Il se trouvait au camp depuis quelques jours quand les sous-officiers instructeurs comprirent qu'Hiram appartenait à cette race de jeunes gars fermes, dont la souplesse n'était pas synonyme de faiblesse, mais provenait plutôt de l'hérédité. La jeune recrue supportait sans broncher les exercices les plus harassants, et se présentait le lendemain prête à recommencer. Sa longue habitude d'accepter les ordres des Blancs sans pour autant renoncer à ses convictions profondes le servait et faisait de lui un *marine* idéal ; aucun des camarades de sa classe n'obtint de meilleurs résultats que lui.

Avec une rapidité qui le confondit, on l'envoya en Corée, tout d'abord dans un dépôt d'effectifs de réserve ; puis il fut affecté à une compagnie gardant un secteur le long du trente-huitième parallèle. C'est alors qu'il découvrit un fait qui transforma sa vie : il constata que les Coréens étaient traités en Asie comme les Noirs en Amérique. Ils étaient des citoyens de deuxième ordre, méprisés à la fois par les Chinois et les Japonais, lesquels les jugeaient non civilisés, grossiers, enclins à la délinquance. Pourtant, les Coréens qu'il eut l'occasion de voir à l'œuvre attendaient leur heure, acceptaient les insultes et, en fin de compte, s'avéraient plus sûrs, plus intelligents que Chinois et Japonais.

— En tout cas, ils ont survécu pendant deux mille ans, confia-t-il à ses camarades noirs. Bon Dieu, c'est fou ce qu'ils nous ressemblent !

Il avait raison. Le visage coréen, fort et carré, ressemblait à celui du Noir à la peau claire. Des affinités se retrouvaient aussi dans la personnalité ; en effet, les Coréens étaient patients, capables de souffrir longtemps, explosant sous un ultime outrage ; ils faisaient preuve d'une endurance exceptionnelle.

Le caporal Cater se rendit à la bibliothèque du camp où il emprunta divers ouvrages concernant les Coréens, et il fut enthousiasmé par la détermination avec laquelle cette petite nation, écrasée entre deux géants, avait survécu. Il compulsa tout ce que le bibliothécaire lui fournit, y compris des livres contenant les critiques émises par les Japonais ou les Chinois :

> Le Coréen est paresseux, mou et peu digne de confiance ; il fait preuve d'une tendance à la délinquance. Jeune, il est dissipé à l'école ; plus âgé, il ne se montre pas enclin à un travail régulier. Il paraît incapable de se gouverner par ses propres moyens, et il semble plus heureux quand une puissance forte occupe son pays. Constamment surveillé, il

peut fournir un travail productif, mais il est préférable de lui confier des tâches simples.

Pourtant, les Coréens avaient fondé et défendu une petite nation énergique; ils avaient repoussé les Chinois et les Japonais. Au cours des siècles, triomphes et défaites s'étaient succédé sans qu'ils abandonnent la lutte; les condamnations proférées contre eux apportaient une preuve de leur endurance.

— Bon Dieu, ces gens-là me plaisent! s'enthousiasma Hiram à l'adresse de ses camarades de couleur.

Et il prit l'habitude de se rendre au village de Dok Sing, non pour s'y saouler à la bière comme la plupart des militaires, mais pour y rencontrer des autochtones, et quand une jeune fille, vendeuse dans un magasin, lui fit comprendre qu'elle accepterait de l'accompagner au cinéma de la base, il la reconduisit chez elle afin qu'elle demandât l'autorisation à ses parents.

— Votre maison est plus belle que la mienne, dit-il à la jeune fille qui traduisit au bénéfice de ses parents.

Ce fut le début d'excellentes relations ; Nak Lee ressemblait beaucoup à Luta Mae, capable elle aussi d'aborder des sujets politiques et religieux ; elle évoquait la menace que faisait peser le nord et, pendant qu'ils bavardaient, elle s'efforçait d'entraîner ses parents dans la conversation, traduisant rapidement dans les deux langues et expliquant parfois un point délicat en japonais.

Les Lee firent comprendre que leur fille ne serait jamais autorisée à épouser un Américain, encore moins un Japonais. Lorsque la question fut soulevée, Hiram découvrit l'intense fierté des Coréens pour leur race, leur volonté de combattre le monde pour défendre leur pays, et il songea à la différence qui les séparait de ses propres parents, lesquels s'étaient, au fil des générations, contentés d'une stratégie de survie.

Nak Lee appréciait son nouvel ami ; elle réalisait qu'il était supérieur à ses camarades noirs ainsi qu'à bien des Blancs ; elle aimait aller danser avec lui. Lorsqu'il l'embrassa pour la première fois, il crut entendre les exhortations de ses parents lui interdisant de jamais toucher à une Blanche de crainte d'être tué ; ce soir-là, un militaire blanc lui chercha querelle, clamant qu'un nègre n'avait pas le droit de sortir avec une jeune Coréenne !

Il y aurait eu échange de coups si Nak Lee ne s'était interposée.

— Eh, Joe, dit-elle d'un ton tranquille, si vous alliez retrouver vos petits copains du Ku-Klux-Klan ?

Le militaire fut si stupéfait qu'il s'écarta, et l'incident fut clos.

— Tu as été très brave, lui dit Hiram en l'embrassant pour lui souhaiter une bonne nuit.

— Nous avons appris à l'être avec les Japonais, rétorqua Nak Lee.

Elle avait aussi beaucoup lu car elle saisit les mains du jeune homme, et le regardant droit dans les yeux, lui demanda : « Quand les nègres vont-ils enfin se décider à rendre coup pour coup ?

Le matin du 11 juin 1958, le jeune Christopher Pflaum, treize ans, allait être confronté à une expérience majeure, bien qu'il ne s'en doutât pas. Il partait en classe d'un cœur léger car c'était le dernier jour de l'année scolaire ; les vacances s'annonçaient et Miss Paxmore avait promis que ce dernier jour de classe ne serait pas consacré aux leçons habituelles, ce qui le rendait euphorique.

— Eh, Chris ! chuchota l'un des fils Steed, est-ce que tu pourras avoir le bateau de ton père ?

Il croyait la chose possible, et trois autres élèves demandèrent à se joindre à la partie de pêche prévue sur le Choptank. L'escapade s'annonçait sous d'heureux auspices.

— Si je puis interrompre vos conversations, je vous annoncerai que j'ai prévu un intermède fort agréable, intervint Miss Paxmore. Tout au long de l'année, je vous ai demandé d'apprendre par cœur des poésies célèbres et certains d'entre vous les ont parfaitement retenues.

Un murmure s'éleva dans la classe.

« Beaucoup plus tard, vous vous rappellerez ces vers et vous serez heureux de les avoir appris, enchaîna Miss Paxmore.

Un nouveau grognement monta et Miss Paxmore sourit.

« Aujourd'hui, bande de petits paresseux, vous pouvez rester assis et laisser les mots se déverser en vous ; je ne vous demande pas de les apprendre par cœur. Mais si vous êtes attentifs, vous comprendrez que ce poème concerne le Choptank.

Chris Pflaum se redressa.

« Il ne s'appelle pas *le Choptank,* reprit Miss Paxmore. Néanmoins, il a trait à notre fleuve, vous pouvez m'en croire.

Elle s'exprimait avec une conviction telle que même les enfants qui regardaient voler les mouches reportèrent leur attention vers elle. Elle tenait un petit livre qu'elle ouvrit en se penchant sur son bureau.

« Sydney Lanier écrivait ces vers à notre intention, mais il a donné à son poème le nom du pays qu'il connaissait le mieux... une région au sud de chez nous, les marais de Glynn.

Chris Pflaum se redressa de nouveau ; il adorait les marais mais il n'avait jamais pensé que quiconque pût leur consacrer des poèmes. Puis, tandis que Miss Paxmore égrenait les vers qu'elle aimait depuis l'époque où elle était étudiante à Earlham, il entendit des phrases qui s'enfoncèrent en lui comme des poignards dans le cœur même de son existence :

, les nattes des chênes crépusculaires et les ombres que tisse la vigne
Sous le soleil ardent d'une journée de juin dont la meurtrissure burine.
Tu m'enserrais dans ton cœur, et je t'enserrais dans le mien.

... comme sont vastes les marais et la mer et le soleil !
Des lieues et des lieues d'herbe grasse, haute jusqu'à la ceinture en larges rubans,
Verte et d'une taille...

O, marais, combien vous êtes purs, simples, ouverts et libres !
Vous vous répandez vers le ciel et vous vous offrez à la mer !

Le poète, par le truchement de la lecture altière de Miss Paxmore, exprimait des pensées et évoquait des images que le jeune Chris avait souvent tenté de formuler. Il tenait de son père une attirance mystérieuse pour le fleuve qui, à présent, à des distances arbitraires, se confondait avec la rive en un marais, ni cours d'eau ni berge. En compagnie de ses cousins Turlock, il s'était enfoncé au plus profond des marécages du Choptank et avait commencé, de façon élémentaire, à percer leurs secrets. Il savait où dormait le chevreuil et où se cachait la tortue. Il découvrait des plumes de canards trahissant le nid des oiseaux, les minuscules traces laissées par un campagnol quand celui-ci se frayait un chemin à travers les herbes chargées d'insectes.

Mais maintenant, se révélaient ses sentiments les plus profonds exprimés par un poète décrivant un marais que Chris ne verrait jamais ; pourtant, c'était son marais et l'inconnu déroulait ses plus secrètes pensées. Étonnant ! Il se pencha en avant pour surprendre avec plus d'intensité d'autres images fugitives. Il n'était certes pas préparé à cet événement, cette explosion d'idées si fortes qu'elles déchiquetaient son petit monde, lui permettant d'entrevoir un univers merveilleux, inépuisable. On lui décrivait rien moins que l'âme du marais, et jamais plus il ne serait le même. Désormais, il s'intégrait à la grandeur complexe du monde.

Comme la poule d'eau construit en secret son nid gorgé d'eau,
Je construirai un nid dans la grandeur de Dieu :
Je m'envolerai dans la grandeur de Dieu comme s'envole la poule
 d'eau
Dans la liberté qui remplit tout l'espace entre marais et cieux ;
Par autant de racines que l'herbe du marais s'enfonce dans la
 marne
Je m'accrocherai joyeusement à la grandeur de Dieu :
Oh ! comme la grandeur de Dieu est la grandeur de l'âme,
Est l'étendue des marais, des libres marais de Glynn.

Les implications mystiques du poème lui échappaient, et il ne vouait sa vie ni à Dieu ni à Sa grandeur ; devant lui s'étendaient de longues et orageuses années d'études et d'initiation au monde implacable des hommes de l'eau, tels qu'Amos Turlock et Martin Caveny, mais il n'en venait pas moins d'apprendre, et pour toujours, qu'un marais, une rivière, un fleuve, une baie constituaient une œuvre de la nature si belle qu'elle ne devait jamais être violée.

La lecture de Miss Paxmore eut des répercussions qui l'auraient étonnée si elle en avait pris conscience. Quand Chris Pflaum rentra chez lui cet après-midi-là, il trouva son père en train de nettoyer son fusil avant de partir inspecter les cours d'eau de l'arrière-pays dans l'espoir de contraindre les chasseurs à obéir à la loi. Il étonna le garde-chasse au cou de taureau en se précipitant vers lui.

— Papa... j'aime ce que tu fais !

— Ce que je fais ?

Chris eût été incapable de formuler : « Protéger les marais pour qu'ils restent tels que Dieu les a créés » ; au lieu de quoi, il marmotta :

— La chasse... et tout ça.

En 1959, la famille Steed se divisait encore en deux branches : les Steed de Devon, qui vivaient sur ce qui restait de l'île, et les Steed du Refuge, qui occupaient des propriétés plus accueillantes sur la grande terre. Les tendances initiales, inhérentes à leur lignée, s'étaient atténuées ; après le juge Hathaway et le membre du Congrès, Jefferson, la descendance de Devon était frappée de stérilité et, depuis Lyman Steed, celle du Refuge ne valait guère mieux. La famille restait propriétaire des magasins, des terres, qui acquéraient de plus en plus de valeur et, si les conserveries de tomates avaient périclité, la culture du maïs avait pris avantageusement la relève. Le déclin de la famille pouvait être résumé par un fait symptomatique : elle n'avait pas d'ennemis.

Les Paxmore aussi étaient insignifiants. Woolman, leur dernier flambeau, était mort, et une série d'artisans honnêtes s'étaient succédé au chantier naval d'où, à une époque, étaient sortis d'audacieuses goélettes et de rapides skipjacks ; ils construisaient des bateaux à moteur sur des plans établis à Boston. Les combats moraux qui avaient autrefois déchiré les quakers avaient désormais pris fin et leur religion, telle qu'ils la pratiquaient, avait perdu sa vitalité.

Les Turlock survivaient. Pendant la grande crise, des familles entières appartenant au clan avaient connu des années de chômage ; mais la terre les avait toujours nourries et, aussi longtemps que les hommes pouvaient mettre la main sur des cartouches — les leurs ou celles de tiers —, ils prélevaient leur part de chevreuil et de canard. Les anciennes vindictes contre l'autorité, les Steed et les Noirs s'étaient dissipées et, en raison des nombreux mariages intervenus avec des Caveny, leur prévention à l'égard des catholiques s'était estompée. Une douzaine de Turlock mâles passaient par trente-six emplois différents sur une courte période. On pouvait considérer comme une bénédiction le fait que le clan donnât parfois le jour à de belles filles qui se mariaient dans d'autres familles, telles que les Pflaum, tout comme le renouvellement d'hommes maigres, rusés, qui savaient épauler un fusil et tirer avec précision.

Les Caveny constituaient l'épine dorsale des agglomérations bordant le fleuve. Ils étaient policiers, shérifs, greffiers, négociants en gros, instituteurs à peine inférieurs aux Steed. Sous la tutelle du père Patrick Caveny, chef incontesté de la famille, ils prospéraient, à la fois sur le plan spirituel et social. Les vrais catholiques, comme les Steed, éprouvaient des difficultés à admettre ce prêtre joueur de clarinette, mais Patrick Caveny débordait d'énergie et se montrait pointilleux devant la moindre atteinte à la foi ; aussi les Steed lui apportaient-ils leur généreux soutien. On pouvait prétendre sans crainte de se tromper que l'Église catholique était une institution prospère à Patamoke et, avec l'accroissement de son importance, elle fut de mieux en mieux acceptée par les protestants.

Mais c'était chez les Cater que l'on relevait la progression la plus spectaculaire. Ils faisaient partie de la société établie ; Julia tenait trois bons emplois et chantait dans les chœurs à l'Église MEA ; Jeb occupait quatre emplois et leur fille, Helen, trois. Bien sûr, la cadette, Luta Mae, était en prison, à Boston, à la suite d'une manifestation qu'elle avait conduite avec des étudiants de Harvard, de Wellesley et du MIT ; mais Hiram, leur fils, était passé sergent dans les *marines* et il envoyait de l'argent à ses parents. La maison n'était pas hypothéquée. La famille possédait une Ford de dix ans que Jeb entretenait avec amour et, de temps à autre, Will Nesbitt passait les voir pour jouer du banjo et demander des nouvelles d'Hiram.

Une seule note discordante troublait le Choptank à la fin des années cinquante. Trois familles avaient donné le jour à des enfants aux dons exceptionnels, et chacun d'eux avait préféré s'en aller ; au bon vieux temps, ils auraient mis leurs talents au service du Choptank.

Owen Steed, le dernier de la branche de Devon, ne vivait plus dans la région du Choptank depuis l'âge de douze ans. A Lawrenceville, il avait fréquenté une excellente école. Après avoir obtenu ses diplômes à l'université de Princeton, il était devenu cadre dans une société pétrolière de Tulsa. S'il était rentré à Devon, il aurait peut-être insufflé aux entreprises familiales un certain dynamisme, car il s'avéra un excellent administrateur et s'éleva même à la présidence de sa société en Oklahoma.

Tout d'abord, Pusey Paxmore était rentré au bercail, mais l'intérêt que portait sa famille à l'aviation le conduisit à Washington et, dès qu'il eut connu les attraits de la capitale, il ne voulut plus la quitter. Il avait occupé quatre postes importants, et à chaque nouvelle prestation de serment, le *Bugle* avait publié des photographies, le montrant en compagnie du président Eisenhower et du vice-président Nixon. Il était toujours le même : le diplômé typique de la faculté de droit d'Harvard en complet veston à trois boutons. S'il était resté à Patamoke, il aurait succédé à Woolman Paxmore en tant que chef spirituel des quakers ; en effet, la théologie l'attirait, mais à présent sa vie avait été coulée dans un autre moule et toute possibilité de prêcher au sein de la religion quaker s'était évaporée. A une occasion, le président Eisenhower l'avait appelé « la conscience de la Maison-Blanche » et, en vérité, le rôle paraissait lui convenir de l'avocat prudent qui se cantonnait dans une ligne droite, celle-là même que les Paxmore avaient toujours suivie pour tailler les quilles de leurs bateaux.

Luta Mae Cater avait quitté Patamoke pour affronter son destin, mais son départ fut plus tumultueux que celui des deux jeunes gens. Par une journée d'été, elle était entrée au glacier Bleu et Or, avait commandé un cornet à la framboise et s'était installée à l'une des tables métalliques.

— Vous ne pouvez pas manger ici, Miss, lui dit le propriétaire.

— Et pourquoi pas ?

— Parce que nous ne servons pas les gens de couleur.

— Vous venez de me vendre ce cornet.

— Vous pouvez l'acheter, mais pas le manger ici.

— Eh bien, à partir d'aujourd'hui, je le mangerai ici, aussi.

— Miss, je vous donne quinze secondes pour quitter cette table.

La grande fille noire aux cheveux crépus, insolente, en train de sucer sa glace avec une lenteur délibérée cherchait la bagarre. Le propriétaire gardait l'œil sur sa montre ; lorsque les quinze secondes se furent écoulées, il porta à ses lèvres un sifflet. Un son infernal emplit l'air et, au bout de quelques minutes, deux policiers blancs avancèrent d'un pas tranquille entre les tables blanches et dirent respectueusement :

— Miss, vous n'êtes pas autorisée à manger ici.

— Pourquoi pas ? demanda-t-elle, comme si elle les mettait au défi de la frapper.

— L'habitude, dit l'un des policiers.

— Eh bien, elle n'a plus cours désormais. Plus question de balancer notre fric à ce tordu et d'aller manger dehors.

— Miss, fit le policier d'un ton apaisant, vous ne voulez pas faire d'esclandre, n'est-ce pas ?

— Et comment que je vais faire un esclandre ! s'écria Luta Mae.

On lui reprocha ces paroles lors du procès où il fut prouvé qu'elle avait résisté aux forces de l'ordre, injurié le commerçant et tenté de mordre la main du deuxième policier qui la tirait par la manche.

— N'avez-vous pas honte ? demanda le juge. Vous déshonorez vos parents, de braves gens que toute la ville respecte comme s'ils étaient blancs.

Le remords n'étouffait pas Luta Mae ce jour-là ; quand elle insulta le juge, celui-ci renonça à se montrer conciliant et la condamna à un mois de prison. Le motif ne manquait pas d'intérêt : « A délibérément troublé l'ordre public. » Le juge fit remarquer qu'au fil des siècles certaines règles avaient été établies afin que règnent de bonnes relations entre Blancs et Noirs ; chacun comprenait l'intérêt de ce statu quo qui, lorsqu'il était observé, permettait aux deux races de coexister dans l'harmonie.

— Eh bien, c'est cuit pour l'harmonie ! lança Luta Mae quand les deux gardes l'entraînèrent.

Jeb et Julia avaient été profondément troublés par l'incident. En tant que membres de la société noire, respectés encore davantage par les Blancs que par leurs frères de race, ils déploraient la conduite de leur fille. Par ses actes irréfléchis, elle risquait de tirer les Turlock et les Caveny de leur somnolence. A elle seule, son attitude devant le juge méritait une peine de prison, et ils n'éprouvaient aucun ressentiment à l'égard de la cour.

Mais Jeb et Julia n'en étaient pas moins opposés à la doctrine exposée par le juge, selon laquelle les anciennes règles conçues pour confiner les Noirs à leur asservissement avaient été consacrées par le temps, ce qui les empêchait d'être jamais abrogées. Ils savaient que Luta Mae avait raison, que l'on ne pouvait plus accepter de donner de l'argent à un glacier blanc pour se voir infliger une brimade. Ils savaient que les vieilles règles de Patamoke allaient bientôt voler en éclats. Pourtant ils voulaient se tenir à l'écart du bouleversement.

— Ce qui pourrait arriver de mieux, c'est que Luta Mae quitte la ville quand elle sortira de prison, dit Jeb à sa femme.

— Je suis bien de cet avis, acquiesça Julia. C'est sûr, le changement viendra, mais vaudrait mieux qu'elle s'en mêle pas.

— Si Hiram était là, il l'aurait calmée. Moi, je peux pas la raisonner. Elle est butée.

— Elle a raison, s'obstina Julia. Mais le changement arrivera pas aussi vite qu'elle le pense. Comme tu dis, Jeb, le mieux est qu'elle s'en aille.

Luta Mae éprouvait les mêmes sentiments et, quand le juge la fit relâcher avec une remise de peine de dix jours, elle vint faire ses adieux à sa mère et partit vers le nord.

Une fois libéré de cet élément perturbateur, Patamoke vécut l'une de ses plus belles années. Les gens avaient du travail ; le dragage des huîtres s'avérait fructueux, et les crabes abondaient, y compris ceux à carapace molle, tellement prisés. En octobre, les oies revinrent en si grand nombre que tout paysan possédant de la terre le long d'un cours d'eau réalisait une petite fortune, et Noël au bord du Choptank fut aussi doux que la plus agréable journée de septembre. Ainsi, s'achevait la décennie de 1950.

Un habitant de Patamoke se réjouit fort le jour de l'inauguration du nouveau pont enjambant la Chesapeake. Depuis longtemps, J. Ruthven Turlock avait compris qu'une foule de gens venant de Baltimore et de Washington, sans parler de Pittsburgh et de Harrisburg, envahiraient la côte orientale à des fins touristiques.

— Et nous aurons la possibilité d'en attirer quelques-uns et d'en faire des clients.

Il agrandit ses bureaux et commanda sept panneaux publicitaires qu'il fit apposer le long de la grand-route.

Mais son génie se manifesta dans un geste qui stupéfia ses concitoyens. Il conçut son plan un matin, en se rendant à la cabane Turlock pour y prendre deux oies que son frère avait abattues la nuit précédente ; en compensation de ce genre de cadeau, Ruthven se chargeait des écritures et de toutes corvées administratives qui importunaient son frère. Il s'apprêtait à partir après avoir dissimulé les deux oies plumées dans son coffre, derrière la roue de secours, lorsqu'il aperçut sous un jour favorable les cent soixante hectares du marais Turlock, et il lui vint à l'esprit qu'il pourrait transformer cette terre inutile en un lotissement qui ferait la fortune d'Amos et du clan.

— Nous pourrions construire une estacade en bordure, déverser de la terre, et annoncer que nous mettons en œuvre un remblai pour des raisons d'ordre sanitaire, expliqua-t-il aux Turlock agglomérés devant la porte de la cabane.

— Et à quoi ça servirait ? s'enquit Amos.

— Mais tu ne comprends pas ? Des bennes viendraient de plusieurs kilomètres à la ronde, combleraient en déversant toutes sortes de saloperies l'espace compris entre la berge et l'estacade et, en un tournemain, nous nous trouverions en possession de cent soixante hectares de terrain en bordure de l'eau, dans l'un des coins les plus recherchés du pays. On l'appellerait le Jardin de Patamoke, et on en vendrait des lots aux bourgeois de Chicago et de Cleveland, à des sommes que tu n'imagines même pas.

— Tu crois que ça marcherait ?

— Et comment !

— Mais l'estacade coûterait beaucoup d'argent.

— Je peux en trouver, assura Ruthven.

Ainsi, fut conclu le marché qui permettrait de remblayer le marais, de le diviser en deux cents lots et de créer le séduisant quartier résidentiel des Jardins de Patamoke. Ruthven savait où emprunter l'argent avec un intérêt de quatre pour cent ; il connaissait des entrepreneurs désireux de participer à une telle réalisation, et des médecins ou des avocats aisés soucieux d'acquérir une maison au bord de l'eau ou de placer leur argent dans des investissements immobiliers. Avant que les services officiels d'urbanisme aient eu le temps de réagir, le plan était mis à exécution, le marais palissé, et l'herbe ondulante dont s'étaient gorgés chevreuils, canards et merles disparut sous les remblais afin que de nouvelles maisons puissent être construites.

La réalisation du projet avait pris forme quand Christopher Pflaum rentra de l'université ; il apprit l'importance des travaux et se rendit jusqu'à la cabane pour voir ce que tramait son oncle Ruthven. Là, il se tint sur le bord de ce qui avait été un marais, dut s'écarter au passage des bennes qui déversaient des ordures pour combler le secteur, et son cœur se serra. Il chercha désespérément des yeux quelqu'un, un responsable, tant il se sentait frustré ; or, tout semblait se produire de façon mécanique. La machine à enfoncer les pieux achevait de ficher le dernier pilier de l'estacade, comme si elle était dotée d'un cerveau : elle soulevait la masse, la centrait, la laissait retomber sur le sommet du pieu, et gagnait un mètre de plus sur la terre marécageuse. Les camions grondaient, reculaient, relevaient leurs bennes et déversaient ordures et gravats dans les creux qui seraient vite comblés. D'autres engins apportaient de la terre pour recouvrir les déchets et, lentement, inexorablement, les Jardins de Patamoke prenaient forme.

Personne sur le chantier auprès de qui Christopher pût protester ; le marais était effacé et des lots de terrain à bâtir créés sans que quiconque se préoccupât de peser les conséquences considérables des décisions prises. Il sauta dans sa voiture et retourna en ville à toute vitesse. Il s'arrêta devant l'agence Turlock et fit irruption dans le bureau de son oncle.

— Qu'est-ce que tu es en train de faire ?

— Je crée une richesse imposable, déclara Ruthven.

A l'aide de cartes ornées de belles lettres et de graphiques, il exposa à Chris la façon dont l'opération allait fournir deux cents lotissements de premier ordre permettant d'accueillir deux cents familles, lesquelles apporteraient à la région une moyenne de huit mille dollars par an jusqu'à la fin du siècle.

« Fais le compte, Chris. C'est la meilleure chose qui soit jamais survenue le long du Choptank. Une ville nouvelle superbe.

Quarante jetées seulement pourraient s'avancer dans l'eau, mais un port de plaisance au bord du fleuve permettrait à chacun de bénéficier d'un mouillage sûr.

« L'école ? Nous utiliserons celle qui existe déjà... au-delà de la cabane.

Il entoura d'un bras les épaules de son neveu.

« Le plus beau, c'est que tout le terrain qui se trouve derrière va aussi prendre de la valeur. Ce champ que ton père possède... il a triplé en un an. Si Hugo veut le vendre, il réalisera un joli bénéfice. Je connais un client de Baltimore...

Anéanti, Chris retourna au marais ; il n'en restait qu'une parcelle, un lambeau, mais il s'y agenouilla et ses doigts étreignirent fiévreusement l'herbe. Ce marais avait nourri ses ancêtres Turlock pendant trois siècles, et certains d'entre eux seraient morts plutôt que d'en abandonner un pouce. Ils s'étaient battus, avaient souffert pour le conserver ; maintenant, en un clin d'œil, il disparaissait.

En se fondant sur les cours qu'il avait suivis à l'université, il se mit en devoir de calculer ce que coûtait à ses yeux la construction de cette cité résidentielle : cinquante chevreuils vivaient là la majeure partie de l'année ; cinq cents rats musqués ; soixante loutres ; trente visons ; deux cents ragondins ; deux mille oies ; quatre mille canards ; des oiseaux impossibles à dénombrer ; soixante tortues ; cinq mille crabes, et un univers d'huîtres, de goujons de mer et de perches en quantité suffisante pour faire couler un skipjack.

La colère l'empoigna ; il tapa des pieds dans l'eau qui filtrait du marais à l'agonie. « Et dire que la pire des pertes est celle que nous ne voyons pas : les herbes aquatiques dont les crabes se nourrissent, les minuscules crabes dont les poissons se nourrissent, et le plancton dont nous nous nourrissons tous ! Partis ! Foutus ! »

— Eh, là-bas, vous ! Attention !

Un chauffeur de camion apportant les vestiges d'une conserverie de tomates abandonnée — barres de fer tordues et plaques rouillées de tôle ondulée — fit reculer son véhicule à proximité de l'endroit où Chris se tenait et, automatiquement, l'énorme benne s'éleva, laissa battre sa ridelle arrière et déversa sa charge sur l'herbe condamnée.

— Oh, Seigneur ! s'écria le jeune Pflaum tandis que le camion s'éloignait pour céder la place à un autre. Quel marché de dupes !

En dépit des expériences enrichissantes d'Hiram Cater dans les fusiliers marins, Jeb aurait réussi à obtenir de son fils une certaine passivité sur le plan social sans un accident incontrôlable d'ordre génétique : Hiram appartenait à cette race d'hommes qui prennent les femmes au sérieux.

En Corée, la petite Nak Lee avait entrepris la tâche dangereuse qui consistait à l'éduquer, lui démontrant qu'il valait n'importe quel Blanc ; pourtant, il doutait de ses capacités. A ce stade, deux femmes de sa famille, l'une depuis longtemps sous terre, l'autre en prison, prirent le relai pour achever son éducation.

Le premier pas fut accompli en 1965 quand le révérend Jackson, le nouveau ministre du culte, nettoya le grenier du presbytère, une pitoyable cabane, et tomba sur un document établi par un clergyman noir ayant occupé cette même fonction aux environs de 1870. Sous le flot des récits relatifs aux évasions des Noirs, le jeune prêtre avait alors compris qu'on lui rapportait l'épopée d'une race qui risquait d'être oubliée si elle n'était pas écrite. Son intérêt se concentra sur une vieille Noire, nommée Eden Cater, alors âgée de soixante-dix ans ; le nom de cette femme revenait dans maints récits dont les vieillards l'abreuvaient et il finit par aller la trouver.

Elle habitait la cabane Cater, tout au bout de la Grenouillère. Elle lui parla de l'esclavage et du réseau clandestin, organisé pour permettre aux fuyards de gagner la Pennsylvanie, et réalisant la lutte farouche que cette femme avait menée contre l'esclavage, il décida de consigner son récit.

— Mrs. Eden, il vous faut écrire vos mémoires. Il faut que vos petits-enfants sachent.

Ainsi qu'il s'y attendait, elle répondit :

— Je ne sais pas écrire.

— Alors, racontez-moi, et j'écrirai.

Il remplit deux cahiers des récits qu'Eden lui fit de ses expéditions en Pennsylvanie et, chaque fois qu'il le put, porta des commentaires dans la marge. On lisait ainsi : « Cette partie du récit d'Eden a été confirmée par John Goldsborough, qui habite à présent à New Bedford, au Massachusetts. » Plus des deux tiers des exploits qu'elle relatait étaient ainsi accrédités, parfois par des témoins blancs. Certes, quand elle mentionnait des évasions auxquelles avaient participé Bartley et Rachel Paxmore, ces quakers apportaient une confirmation détaillée.

Il en résulta un compte rendu précieux, rédigé dans un anglais de séminaire, sur les dangers auxquels durent faire face les esclaves lorsqu'ils voulaient gagner la liberté, et sur le courage dont firent preuve aussi bien les fugitifs que ceux qui les aidaient. Le récit achevé, après plusieurs mois de travail, le prêtre noir lui donna un titre : *Quatorze Expéditions vers le nord,* et porta le nom d'Eden Cater comme auteur. Ce fut ce manuscrit que le révérend Jackson remit à l'arrière-arrière-petit-fils d'Eden un matin de juillet 1965.

Hiram prit les cahiers et s'assit sur un banc au fond de la Grenouillère ; machinalement, il commença à les parcourir, beaucoup moins intéressé par la narration que le révérend Jackson ne l'aurait cru. Hiram avait souvent entendu parler d'Eden Cater mais, en vérité, il savait seulement qu'elle avait eu l'intention d'acheter l'affranchissement de son mari et que, finalement, elle avait économisé l'argent nécessaire à l'achat d'un skipjack. Elle demeurait lointaine, cette aïeule esclave dont l'histoire avait été fascinante.

En conséquence, le jeune *marine* ne trouvait aucun lien le rattachant, lui et ses problèmes, à cette ombre. La situation actuelle était si différente qu'Eden n'aurait pu la comprendre, même si elle l'avait vécue, et il doutait de pouvoir trouver une quelconque similitude avec ses propres préoccupations. Mais au début du deuxième cahier, il tomba par hasard sur deux paragraphes qui lui rappelèrent ses expériences personnelles de jeune recrue :

> Nous étions alors à dix kilomètres de la Pennsylvanie ; la liberté dont ces quinze hommes avaient rêvé en travaillant dans les marécages de Caroline du Sud était à portée de la main, et ils devinrent insouciants, se croyant débarrassés de l'esclavage. Mais je les avertis que les plus grands dangers survenaient toujours au cours du dernier élan vers la frontière, puisque c'était là que l'ennemi concentrait ses forces. Pour atteindre notre but, il fallait avoir recours à la ruse et non à la violence, et je m'employai à le leur expliquer.
>
> Mais, alors que nous nous avancions vers une terre où d'autres nous attendaient, deux chasseurs d'esclaves quittèrent la route et vinrent à notre rencontre à travers champs. Au moment où il semblait qu'ils allaient nous répondre, trois jeunes hommes vigoureux qui se trouvaient derrière moi jurèrent : « S'ils s'approchent, tuons-les ! », et je savais que je ne parviendrais pas à les en dissuader. Je dis donc à chacun d'eux de se plaquer au sol ; les chasseurs d'esclaves nous dépassèrent et, après avoir laissé s'écouler un moment, je donnai le signal et tous se ruèrent vers la frontière, mais je ne pus les empêcher de crier pendant qu'ils couraient.

Hiram garda l'index entre deux pages du vieux cahier, comme un signet pour marquer le passage, tandis que son regard se perdait sur le Choptank, le fleuve brun qu'il avait toujours connu se mura en une ligne de démarcation délimitant le sud profond, où avait sévi l'esclavage, et la zone modifiée où il continuait à avoir cours, mais où l'évasion devenait possible ; et le rôle joué par Eden et son mari lui apparut avec netteté : ils étaient un phare dans la nuit. Cette misérable petite cabane ! Si les esclaves pouvaient l'atteindre, ils débouchaient sur le chemin de la liberté.

Il retourna à sa lecture et, en dépit de la canicule et de l'écrasant soleil qui montait dans un ciel sans nuages, il poursuivit sa lecture, sentant monter en lui une rage que rien ne saurait apaiser. Il s'agissait d'esclaves de chair et de sang, risquant leur vie pour gagner la liberté. Il referma brutalement le cahier. « Qu'on ne me dise plus jamais que les Noirs sont soumis comme des animaux domestiques ! Ces pauvres diables se sont battus, conquérant leur liberté, centimètre par centimètre. »

Dans son désir de comprendre les rapports existant entre Blancs et Noirs, il éprouvait un intérêt tout particulier pour les descriptions qu'Eden avait faites des Blancs, hommes et femmes, avec lesquels elle travaillait.

> Les trois Blancs de Patamoke sur lesquels on pouvait compter étaient quakers, mais chacun opérait à sa manière. Comly Starbuck m'effrayait parce qu'il était prêt à tenter n'importe quoi. Il émanait de sa sœur, Rachel Starbuck Paxmore, un rayonnement qui touchait ceux qui l'approchaient, un courage tranquille aussi qui, parfois, me stupéfiait. Bartley Paxmore, son mari, ressemblait à un chêne, si sûr que nous étayions nos vies sur lui.
>
> Mais le Blanc dont je me souviens dans les prières, et que j'espère bien revoir au ciel, était un modeste paysan qui habitait près de Bohême. Il s'appelait Adam Ford et, n'étant pas quaker, il n'avait aucune obligation de nous aider. Il n'avait pas d'argent, pas de chevaux, et peu de nourriture. Il n'avait que son être à offrir, mais il l'offrait tout entier, puisqu'il était veuf et que ses enfants étaient partis. Peu importait le moment ou les conditions dans lesquelles nous nous glissions vers sa ferme, nous le trouvions toujours prêt à nous aider, ignorant les risques. Je l'ai observé à la lueur d'une chandelle quand il lavait les blessures de nos enfants ou portait de l'eau à nos vieux. A deux reprises, les autorités de Wilmington l'ont fait jeter en prison pour avoir aidé des esclaves en fuite et, une fois, le shérif l'a même dépouillé de tout ce qu'il avait pour payer une amende, mais il a persévéré. Puisse Dieu se montrer miséricordieux pour l'âme d'Adam Ford !

Au moment où Hiram commençait à se lasser des louanges dédiées aux protagonistes blancs, Eden ajoutait le paragraphe qu'il cherchait obscurément :

> Mais sur les quatorze évasions, il y en a eu six sans participation de Blancs, hommes ou femmes. Ce furent des Noirs affranchis, comme Cudjo Cater, qui coururent tous les risques. Ce furent des esclaves résolus, comme Nundo, qui portèrent les plus lourds fardeaux. Même lorsque nous voyagions avec les nobles quakers, nous n'en suivions pas moins deux chemins différents. S'ils étaient pris, ils risquaient une amende ou quelques mois de prison. Si nous étions pris, nous retrouvions l'esclavage, ou nous étions pendus.

En achevant le récit, Hiram eut conscience de voir le Choptank sous un tout autre jour, impression qui ne devait jamais se démentir : ses ancêtres avaient été maintenus en esclavage le long de ce fleuve et avaient vécu des tragédies qu'il n'aurait jamais pu imaginer. Eden Cater, notamment, s'était élevée contre le système, risquant sa vie à quatorze reprises, et dans ses veines, Hiram sentait couler le sang de cette femme exceptionnelle.

Lorsqu'il rendit les cahiers au révérend Jackson, il lui dit :

— On devrait les publier. Que tout le monde puisse en prendre connaissance.

— C'est pour ça que je vous les ai confiés. Pour avoir votre avis.

— Comment pourrions-nous procéder ?

— Je connais un professeur d'histoire à John Hopkins. Il pourrait peut-être obtenir une subvention...

— Une subvention ?

— Oui, l'une des grandes fondations serait peut-être disposée à lui fournir les fonds nécessaires... Hiram, une foule de gens seraient intéressés par des récits authentiques se rapportant à l'esclavage.

— Celui-ci serait peut-être l'un des premiers.

— Je suis heureux que ce soit votre sentiment. Ça me confirme dans mon opinion.

Hiram et le révérend Jackson se rendirent donc à Baltimore

pour y rencontrer le professeur, un Blanc, qui les accueillit avec enthousiasme.

— Je me suis mis en rapport avec des fondations de New York susceptibles de nous fournir des fonds. J'ai pensé que nous pourrions publier le récit intégral d'Eden Cater, accompagné de notes l'authentifiant, en rattachant son époque et son expérience à celles de son contemporain, Frederick Douglass.

Hiram se cabra. L'expérience de ses ancêtres serait utilisée pour asseoir la carrière d'un professeur blanc qui considérait le récit d'Eden, non comme un compte rendu douloureux sur l'esclavage, mais comme une simple publication de plus. Il s'apprêtait à demander qu'on lui rendît les cahiers quand le professeur ajouta :

« Je tiens tout spécialement à ce que l'ouvrage soit confié à un érudit noir. Après tout, Mr. Cater, il s'agit d'une odyssée noire, et je crois avoir exactement l'homme qu'il nous faut ici.

Il fit appeler un certain professeur Simmons. Dès qu'Hiram aperçut ce dernier il se rasséréna. Il fut d'autant plus satisfait en apprenant que le jeune homme était un activiste, diplômé de Howard et nanti d'un doctorat de l'université de Yale. Il avait été élevé dans un comté à forte population noire de la côte ouest du Maryland, ce qui lui permettait d'imaginer les conditions d'esclavage dans lesquelles avaient vécu Eden et Cudjo Cater.

Les trois Noirs et le professeur déjeunèrent ensemble et donnèrent libre cours à leur enthousiasme. A la fin du repas, le professeur blanc téléphona à New York pour informer le secrétaire de la fondation que tout était en bonne voie.

— Le professeur Simmons se chargera de revoir le manuscrit comme nous en avions parlé, et j'ai le plaisir de vous assurer que le principal descendant mâle d'Eden Cater nous aidera de son mieux.

Une longue pause suivit, puis le professeur raccrocha.

« Ça y est ! On nous accorde les fonds ! s'écria-t-il.

L'histoire d'Eden Cater allait être publiée : *Quatorze Expéditions vers le nord ;* le long silence sur la vie des Noirs le long du Choptank serait rompu ; désormais il serait impossible à quiconque de rapporter la saga du fleuve sans tenir compte de la contribution des Noirs.

Mais le triomphe d'Eden Cater n'était que partiel en ce qui concernait son descendant, Hiram ; quand celui-ci quitta la salle à manger, il eut l'impression d'un vide et demanda qu'on l'excusât.

— Révérend Jackson, je ne rentrerai pas à Patamoke avec vous.

— Pourquoi ?

— Je crois que je ferais mieux d'aller dans le nord... pour quelques jours.

— A Scanderville ?

C'était là une question indiscrète à laquelle le prêtre n'attendait pas de réponse, mais il souhaitait savoir si telle était bien la destination du jeune homme. L'ex-*marine* garda le silence ; il pivota sur les talons dans un style très militaire et s'éloigna.

Mais le révérend Jackson ne lui permit pas de s'éclipser ainsi. Il se précipita derrière lui et le rattrapa en bordure du campus.

— Hiram, vous êtes bouleversé, commença-t-il avec persuasion. Les événements rapportés par Eden Cater... Ne vous précipitez pas à Scanderville pour y trouver toutes sortes de conclusions ridicules.

— Où est le ridicule ? demanda Hiram.

— Chez votre sœur, Luta Mae. Elle se trompe.

— Ne me parlez pas de ma sœur, coupa Hiram.

— Luta Mae mène une guerre personnelle qui ne peut s'achever que dans le désastre. Ne vous en mêlez pas.

— Luta Mae est de la même trempe qu'Eden.

— Non ! Pour l'amour de Dieu, ne vous laissez pas abuser par des similitudes fallacieuses.

Rien n'y fit. Hiram quitta brutalement le prêtre, gagna les faubourgs de Baltimore et tenta de faire de l'auto-stop pour se rendre en Pennsylvanie ; en voyant, les uns après les autres, les chauffeurs blancs passer sans s'arrêter, la rogne l'empoigna. Un voyageur de commerce noir l'emmena jusqu'à Harrisburg où un camionneur blanc, un homme bourru d'une cinquantaine d'années, lui proposa une place jusqu'à Scanderville.

— Vous avez un ami en prison là-bas ? s'enquit le camionneur.

— Ma sœur.

— Qu'est-ce qu'elle a fait ?

— Troublé l'ordre public... Ça relève des lois fédérales.

— Avec des affiches, tracts, et des trucs dans ce goût-là ?

— Ouais.

— Je la comprends. Si j'étais noir... Elle en a pris pour combien ?

— Deux ans. Enfin... de deux à six ans. Elle a dit au juge d'aller se faire foutre. En plein tribunal.

— C'est une de ces filles à grosse tignasse ?

— Elle va jusqu'au bout.

Quand ils s'arrêtèrent pour se restaurer à Sunbury, le camionneur l'invita à dîner. Et pendant le repas, il ajouta :

— Vous savez, fiston, des gens comme votre sœur... avec ces coiffures invraisemblables... ces grandes gueules..., ils se font des ennemis sans raison.

— Pourquoi m'avez-vous ramassé et offert à dîner ? s'enquit Hiram. Vous vous sentez coupable, peut-être ?

— J'ai un fils au Vietnam. Je respecte les soldats et j'ai tout de suite vu que vous aviez été dans l'armée... Votre façon de vous tenir...

— J'étais dans les *marines*.

— Ça m'étonne pas. Et vous en êtes sorti pour vous battre contre le monde entier ?

— Plus ou moins.

— Fiston, vous battez pas contre moi. Dites à votre sœur de laisser tomber, elle aussi. C'est pas nécessaire, et vous décrocherez rien de cette façon. Rentrez vos griffes, faites patte de velours, et vous obtiendrez tout ce que vous voulez.

Le chauffeur fit un détour pour déposer son passager devant la prison ; avant de démarrer, il leva le pouce et s'écria :

— Je suis de ton côté, mon vieux !

Pendant un moment, Hiram suivit des yeux le camion qui s'éloignait, trouant de ses feux l'obscurité comme un fanal à l'orée d'un jour nouveau. Il fut un bref instant envahi par l'espoir que le compromis élémentaire, évoqué par le camionneur, serait possible ; et il passa la nuit à imaginer les transformations susceptibles de déboucher sur une Amérique plus juste.

Mais le lendemain matin, dans le parloir de la prison, il se sentit galvanisé à la vue de Luta Mae qui avançait en traînant les pieds, corps robuste sanglé dans l'uniforme pénitentiaire, affichant une insolence destinée à susciter la fureur des gardiennes, et il abandonna toute idée de conciliation. C'était un combat social, et Luta Mae était à l'avant-garde.

Elle se montra implacable. Derrière le treillage qui les séparait, elle grommela :

— Hiram, faut foutre le feu à tout ça !

— Tu veux parler de l'ancien état de choses ?

— Je veux parler de tout. Faut que ça change.

Elle s'ingéniait maintenant à revenir au langage des Noirs et en outrait les tournures grossières.

Il commença à lui parler du livre d'Eden Cater sur les esclaves qui s'enfuyaient vers le nord, mais elle l'interrompit :

« Pourquoi est-ce que tu me parles d'elle ?

Il lui expliqua qu'il voyait en elle, sa sœur, l'héritière de la courageuse esclave. Luta Mae, avec sa coiffure insolente et son refus d'envisager la moindre concession, était l'Eden Cater de leur génération, et quand il la suivit des yeux pendant que la gardienne l'entraînait vers sa cellule, les paroles de défi qu'elle avait formulées s'imposèrent à son esprit : « Faut foutre le feu à tout ça ! »

Au cours du printemps de 1965, J. Ruthven Turlock eut une ultime inspiration.

— Je roulais tranquillement pour rentrer chez moi après avoir vendu un lot à un médecin de Binghamton quand je me suis tout à coup aperçu que la plupart de nos acheteurs étaient des gens d'un certain âge... qui venaient ici pour y prendre leur retraite... y passer leurs dernières années confortablement... et alors, j'ai trouvé un nom qui convenait à la perfection pour notre lotissement... Le Crépuscule-Radieux.

Certes, pour que son projet pût être réalisé, il fallait que la vieille cabane Turlock, occupée par son frère Amos, disparût.

— C'est une vraie verrue. Tu as tiré un sacré paquet du marais, Amos. Tu peux te permettre un logement convenable.

C'est ainsi que cet antre de l'inceste, de l'analphabétisme, d'iniques préjugés, de l'illégalité, fut brûlé afin de laisser place à une maison transportable, une immense caravane flambant neuve, construite à Sheboygan. Ruthven paya la clôture pour la dissimuler un peu et la séparer des villas plus prétentieuses du Crépuscule-Radieux, mais Amos régla de ses deniers les statuettes de ciment qui ornaient sa petite pelouse : un Père Noël avec huit cerfs disposés sur l'herbe, un flamant rose, un ours polaire dressé sur ses pattes arrière, et une biche brune accompagnée de deux adorables faons gris. Quand Chris Pflaum avisa la ménagerie en ciment de son oncle, il ne put s'empêcher de la comparer à la faune réelle qui avait conféré grâce et beauté à ces lieux.

Chris passait par une crise. A l'université, son professeur de lettres, brillant jeune homme sorti de Brandeis, se vouait à la défense de la bonne littérature américaine, et la manière tranchée dont il écartait les vieux mythes encombrant l'esprit de ses élèves impressionna Chris.

> Il n'y a aucune raison pour qu'un être sain d'esprit lise *Autant en emporte le vent* de Margaret Mitchell. C'est l'un des pires ouvrages jamais écrits par un Américain, clinquant, factice, et sans la moindre valeur sociale qui puisse le racheter.

Quand Chris avait lu le roman, quelques années auparavant, il s'était douté que Miss Mitchell dépeignait les Noirs avec une injustice criante et que les portraits qu'elle brossait des Blancs sentimentaux relevaient de préjugés ; il fut heureux d'entendre son professeur confirmer ses impressions. Mais lors de son cours suivant, le jeune diplômé de Brandeis mit en pièces toute la poésie américaine antérieure à Lowell — Robert Lowell, précisa-t-il — et il exécuta proprement l'œuvre de Sydney Lanier :

> Un rimailleur pleurnichard, sentimental, ronflant, qui incarne toutes les erreurs de la pensée du sud à son époque ; il est devenu le repoussoir de la littérature américaine. Si on aime Lanier, on ne peut pas aimer la poésie.

Cette fois, Chris voulut s'élever contre le jugement de son professeur.

— J'avais trouvé que *les Marais de Glynn* étaient assez bien venus... la façon dont il évoque les vastes espaces et le ciel.

Le jeune érudit dévisagea Pflaum avec condescendance.

— Je suis heureux d'apprendre que vous avez lu Lanier. Bien peu d'étudiants s'en préoccupent de nos jours. Quel âge aviez-vous à l'époque ? Oui, environ treize ans ? Eh bien, Pflaum, *le Petit Chaperon rouge* convient aux enfants de quatre ans, et Felicia Hemans est idéale pour ceux de neuf ans. Sydney Lanier est le poète par excellence pour ceux qui ont une mentalité de treize ans, mais nous avons grandi, et nous en sommes sortis, n'est-ce pas ?

Puis, il se mit en devoir d'exposer tout ce qui péchait dans ce long et pénible poème : rimes forcées, rythme rompu à la demande, absurdes variations dans la longueur du vers et, pardessus tout, sa sentimentalité religieuse.

— Certaines des images ne sont-elles pas heureuses? demanda Chris.

— Si, mais elles sont épouvantablement redondantes. Prenez la poule d'eau en train de construire son nid dans la grandeur de Dieu. C'est lent, truffé de répétitions. Un vrai poète se serait débarrassé de ce satané oiseau en quatre mots bien sentis.

Chris ne baissa pas pavillon pour autant.

— Mais Lanier n'était-il pas en avance sur son temps en traitant d'un problème écologique ?

Le jeune professeur fit enfin preuve d'intérêt.

— En effet, Pflaum, et c'est l'unique mérite de cet auteur, pompier entre tous. Si Lanier s'était contenté de dire : « Les marais valent d'être préservés », il aurait tout dit.

« Mais ça n'aurait pas eu la même résonance, songea Chris, et je ne me le serais jamais rappelé comme je me suis souvenu de ces vers. »

De retour à Patamoke, il se rendit à la bibliothèque municipale et constata qu'au cours des quatre derniers mois, trente et un habitants d'une ville qui ne lisait guère avaient emprunté *Autant en emporte le vent,* et quand il questionna l'employé à ce sujet, celui-ci lui expliqua :

— Nous sommes obligés d'en avoir trois exemplaires. Les femmes de la région aiment laisser croire que leurs ancêtres avaient des plantations.

Lorsqu'il se rendit au Crépuscule-Radieux et se tint à l'emplacement de l'ancien marais Turlock, il lui sembla entendre les vers de Lanier, les mots qui avaient orienté sa vie.

Pendant qu'il se tenait là, réfléchissant aux contradictions qui le troublaient, un couple de cardinaux revint sur les lieux qui avaient représenté leur foyer. Les oiseaux volaient de droite et de gauche à la recherche d'un régal disparu, et Chris songea : « Ce doit être là le plus beau couple d'oiseaux dont un pays puisse s'enorgueillir. Parfois, j'ai l'impression que le mâle est plus chatoyant avec sa rutilance, mais à d'autres moments, j'estime que c'est la femelle et ses couleurs plus éteintes qui s'allie de façon parfaite à la nature. Je souhaiterais pouvoir exprimer par des mots ce que je ressens à la vue de ces oiseaux. »

Et alors, une tardive formation d'oies prit son essor vers le nord et, tandis qu'il observait le vol, le monde de Chris bascula, trouva sa place : « J'irai au Canada... sur les lieux où les oies se reproduisent. En habitant sur les rives du Choptank, on ne connaît qu'une face de l'histoire de ces grands oiseaux... d'octobre à mars. Qui pourrait se contenter d'une seule face ? » A l'intention du vol qui disparaissait, il cria :

— J'irai voir votre autre face au Canada.

L'idée de ce voyage le hantait depuis un certain temps ; en fait, depuis que son professeur d'anglais avait dit pendant son cours : « Peut-être l'ignorez-vous, mais votre région a produit l'un des chefs-d'œuvre de la littérature américaine : *De la période glaciaire,* de Thomas Applegarth. Je vous propose de lire cet ouvrage si vous voulez comprendre ce qu'est l'endroit dans lequel vous vivez. » Le petit livre avait été une révélation, et Chris en avait déduit que tout esprit avide de se former devait entreprendre un pèlerinage. Le sien le conduirait à l'endroit où nichaient les oies.

Mais ses yeux revenaient sans cesse vers l'emplacement du marais englouti, et les vers du poème eux aussi engloutis, et il songea : « Il m'enlève Lanier et me donne Applegarth. Marché honnête, peut-être. »

Après que Hiram Cater eut quitté sa sœur à la prison de Scanderville, il passa deux ans à errer dans les diverses villes les plus importantes du nord, à la recherche de solutions valables pour résoudre le problème des Noirs insérés dans la vie américaine et, dans ses discussions passionnées avec les étudiants de Harvard et de l'université de Chicago, il proposait des illustrations précises, qui résumaient l'expérience noire infiniment mieux que les propos philosophiques de ses interlocuteurs :

> Ma mère et mon père ont travaillé quatorze heures par jour, six jours par semaine, pendant plus de cinquante ans. Tout le monde dit d'eux : « Les meilleurs citoyens de la communauté, qu'ils soient blancs ou noirs. » Et qu'est-ce qu'ils en ont tiré ? Une cabane de deux pièces, construite aux environs de 1840, qui est devenue une cabane de trois

> pièces vers 1940. De la naissance à la mort, ils ont été dupés.

Dans certaines régions du nord, les conditions se révélaient légèrement plus favorables mais, en règle générale, il retrouva dans tous le pays les cruelles iniquités de la Grenouillère, éternellement renouvelées, et il passa la majeure partie de son temps à chercher une explication sensée à la raison qui avait poussé les États-Unis à ignorer et à gâcher aussi résolument le potentiel humain d'une partie si importante de sa population. Son expérience dans les fusiliers marins lui avait prouvé qu'il était aussi capable que tout autre Blanc aux antécédents et à l'éducation comparables ; néanmoins, la société était résolue à l'empêcher de donner des preuves de ses compétences.

Il écouta avec attention les interminables débats concernant la stratégie fondamentale — « Deviendrons-nous des êtres avachis comme Booker T. Washington ou les chefs de file d'une révolte de rue ? » — et il ne savait où se situer. Il ne parvenait pas à effacer de sa mémoire le camionneur affirmant qu'une lente progression était la seule voie raisonnable, pas plus qu'il n'oubliait le strident cri de rébellion de Luta Mae. Les débats se révélaient infructueux, mais il n'en prit pas moins une décision relative à un aspect majeur de la vie des Noirs et, en vue d'une discussion publique télévisée par une chaîne de Boston, il rassembla les notes suivantes :

> Moynihan et d'autres soutiennent que la vie familiale chez les Noirs est destructrice parce que beaucoup d'enfants sont élevés sans père à la maison. La première fois que j'ai entendu cet argument, je l'ai trouvé ridicule parce que j'ai été élevé dans une famille où il y avait un père, un excellent père, qui plus est. Mais sur les quatorze hommes avec lesquels je discute, onze n'ont pas bénéficié de la présence d'un père chez eux. D'où les conséquences désastreuses, etc.
>
> Pourtant, quand on considère les grandes nations du monde, les principales se divisent en deux groupes. En Allemagne, au Japon, en Angleterre et aux États-Unis, le père est le patron. Qui a jamais entendu parler à la télévision d'une « douce mère allemande » ? Au diable la mère ; papa est le patron, et tout le monde le sait. En

conséquence, ces quatre types de société sont brutaux, militaristes, violents et cruels.

Mais tournons-nous vers l'Italie avec sa « Mamma ! », et les Juifs avec leur typique « mère juive, prends encore un peu de bouillon de poulet ». Ce n'est pas par accident que ces types de société sont doux, réfléchis, artistiques, cultivés, antimilitaristes. L'influence maternelle prédomine, les enfants sont humains, la société aussi.

Je ne peux me référer à l'Afrique, mais si les Noirs d'Amérique en viennent à fonder une nation, celle-ci ressemblera à l'Italie ou à une communauté juive. La musique, la danse, le théâtre, l'art, la philosophie prédomineront. Les Noirs que je connais et qui ont été élevés par leurs mères sont des hommes doux. Parfois, il leur arrive de se rebeller en se sentant frustrés, mais ils sont fondamentalement bons, prédestinés à la musique, à la danse et au théâtre.

Je vais conclure par quelques mots relatifs à ma propre mère. L'esprit du foyer. Nous avions un père, mais il aurait pu tout aussi bien être absent. La pêche aux huîtres... il faudrait que je vous parle de la pêche aux huîtres, des longues absences. C'était la mère... Alors, inutile d'aller chercher de foutues excuses pour les familles noires.

Son intervention lui valut des applaudissements, et dès que les caméras se furent détournées, l'animateur blanc déclara :

— Cater, pourquoi ne décrochez-vous pas un diplôme universitaire ?

Considérant cette possibilité, Hiram craignit que les barrières ne soient infranchissables et, frustré, il fut tout près d'adopter le cri de guerre de Luta Mae : « Faut foutre le feu à tout ça ! » Mais il avait été si bien reçu par les radicaux blancs et par les Blancs de la télévision qu'il s'accrochait à l'espoir de voir la société modifiée sans tout mettre à feu et à sang. Hanté par le doute, il regagna Patamoke. Il avait vingt-huit ans, et autant de dons que n'importe quel autre citoyen issu du Choptank.

Ses parents l'accueillirent avec joie, d'autant que Luta Mae était retournée en prison, cette fois au Michigan, et ils craignaient de voir leur fils suivre les traces de sa sœur.

— Comme il est grand ! s'écria Julia en s'efforçant de ne pas sauter au cou du jeune homme timide qui se tenait devant elle, la peau sombre et luisante.

— Tu as tout du vrai *marine !* lança son père avec admiration. Je parie qu'il t'est arrivé des histoires extraordinaires en Corée.

Mais Hiram songeait : « Comme ils ont vieilli ! Soixante et onze ans de labeur ! », et il pensa qu'il avait eu raison de les citer en exemple. Ils incarnaient bien le problème noir.

En dépit de son désir de ne pas bouleverser ses parents, qui s'étaient adaptés au système, il ne put s'empêcher de soulever des questions qui les troublèrent.

— P'pa, supposons que tu aies été paresseux toute ta vie, tu en serais à peu près au même point aujourd'hui. Est-ce que tu te rends compte combien on t'a trompé ? Pas même un poste de télévision après toutes ces années de labeur. M'man, je t'ai jamais vue passer une seule journée à te reposer.

Quand le vieux Will Nesbitt, le chef d'orchestre, passa un soir pour les avertir que les autorités municipales voyaient leur fils d'un mauvais œil, Jeb et Julia acquiescèrent.

— Nous aussi, convinrent-ils.

Ils demandèrent à Will ce qu'il convenait de faire d'Hiram.

— Faites-le partir, conseilla le vieil homme. L'ennui, chez lui, c'est qu'il a grandi plus vite que Patamoke.

Pendant un court intervalle, ils espérèrent qu'Hiram trouverait une situation chez Steed ou au chantier naval, mais on n'avait pas besoin d'un jeune Noir exalté, sans doute contaminé par son long et mystérieux séjour dans le nord. Les habitants de Patamoke croyaient qu'il resterait un certain temps dans la région, puis disparaîtrait comme sa délinquante de sœur, Luta Mae.

Mais vint l'été 1967, et Hiram Cater était toujours là, dépensant un peu de menue monnaie de temps à autre — sans que personne sache d'où il tenait son argent — et discutant le soir avec d'autres jeunes Noirs eux aussi sans emploi ni perspectives. Patamoke avait alors deux policiers noirs et leurs rapports sur Hiram laissaient présager le pire : « Agitateur-né, probablement de mèche avec sa sœur au Michigan. »

Ce en quoi les policiers se trompaient. Les Cater étaient consternés à l'idée que Luta Mae eût été condamnée quatre fois et jetée en prison et, tout en sachant qu'on pouvait la considérer comme la meilleure fille du Maryland, ils n'en éprouvaient pas moins de la honte à la pensée qu'elle eût transgressé la loi. Il ne leur était pas encore venu à l'esprit que le système était à blâmer, non pas Luta Mae, et, humiliée, la famille essayait de l'oublier, même si ses paroles enflammées continuaient à hanter la conscience d'Hiram.

Il serait peut-être parvenu à passer ce long été sans incident si le révérend Jackson et Will Nesbitt n'avaient organisé une kermesse en août afin de renflouer les finances de l'église. Des affiches furent apposées sur le magasin de Steed, on trouva de la corde pour entourer la Grenouillère, et Julia Cater se mit en devoir de préparer des galettes de crabe qu'elle offrirait à l'église en hommage de sa dévotion. Ces galettes de crabe devaient être à l'origine des ennuis d'Hiram.

Par un torride après-midi de vendredi, infesté de moustiques, il observa sa mère et Helen qui s'affairaient comme des esclaves dans la cuisine afin que la congrégation pût gagner quelques sous ; le mécanisme lui parut si ridicule et dépourvu d'intérêt qu'il demanda :

— Pourquoi vous éreintez-vous à de telles bêtises ?

— Parce que nous nous plions à la volonté de Dieu, expliqua la vieille Julia.

— Tu vends aux Blancs une galette d'un dollar pour vingt-cinq cents, et tu appelles ça la volonté de Dieu ?

— Tu ne serais peut-être pas là, Hiram, si l'église ne nous avait pas souvent donné de l'argent.

— Je suis incapable de voir les choses sous cet angle !

Il ne pouvait rester dans la cuisine à regarder sa mère payer un tel tribut à une coutume archaïque, et il sortit. Le lendemain soir, alors que la kermesse battait son plein et que les riches familles blanches marchaient sur la pointe des pieds pour leur visite annuelle et condescendante aux Noirs de la Grenouillère, la colère l'empoigna.

A neuf heures, l'orchestre de Will Nesbitt égrena quelques arpèges ; sur quoi, un père Caveny bon enfant saisit sa clarinette pour exécuter *Au revoir, au revoir Mr. Merle.* Quand le public acclama, non le morceau, mais la prestation qu'en faisait le prêtre, Hiram se pencha vers un jeune Noir efflanqué, nommé Leroy, et murmura :

— Comme c'est méprisable !

Quand Leroy lui demanda ce qu'il voulait dire, Hiram répondit :

« La condescendance du prêtre. La vente de nos bonnes galettes de crabe pour quelques pièces et, surtout, ces saloperies de Blancs qui se faufilent jusqu'ici pour voir comment nous vivons, nous, les nègres.

— Et si on les virait tous, ces salauds ? chuchota Leroy.

Les mots agirent comme le détonateur sur une cartouche de dynamite. Sans très bien comprendre comment il avait sauté sur une table, Hiram Cater se retrouva face à la foule en train de hurler :

— Foutez le camp ! La fête est finie !

Julia, qui vendait fièrement ses galettes, fut l'une des premières à percevoir la frénésie qui s'emparait de son fils, et à en juger par le comportement de celui-ci au cours de la semaine écoulée, elle comprit qu'un horrible tourment l'habitait.

— Hiram, non ! s'écria-t-elle.

Mais son appel était trop faible et trop tardif.

Les deux policiers noirs qui surveillaient Hiram intervinrent pour l'obliger à descendre de la table et l'empêcher de saboter la kermesse, mais avant qu'ils puissent le saisir par les genoux, Leroy et trois autres Noirs à la mine sévère s'interposèrent.

— Vire-les à coups de pied au cul, Hiram ! s'écria Leroy.

— On n'a pas besoin de votre charité ! s'égosilla Hiram. Gardez votre petite monnaie et rentrez chez vous !

Jusque-là, l'éclat n'avait eu aucun effet sur la kermesse car seuls quelques visiteurs avaient entendu Hiram, mais l'un des policiers, agacé et peut-être effrayé par les actes de Leroy et de sa bande, porta un sifflet à ses lèvres ; le son strident, sinistre, qu'il en tira sema la confusion. Des Blancs s'enfuirent rapidement, mus par la crainte d'une émeute et, pendant qu'ils quittaient les lieux, Hiram resta debout sur la table, les yeux fixés sur la vieille école délabrée que les autorités blanches avaient utilisée pendant un demi-siècle en tant qu'instrument d'oppression, de limitation des possibilités. Hiram était hypnotisé par la tristesse de la masure, les classes abrégées, les instituteurs mal formés, et les salles surchargées où il lui était rarement arrivé d'avoir un livre.

Sans idée préconçue, sans même y avoir pensé, il cria :

— Cette putain d'école !

Avant que le vent eût emporté ses paroles, Leroy les reprit :

— Faut foutre le feu à cette putain d'école !

Hiram crut entendre les paroles de Luta Mae et, sachant d'après sa propre analyse menée avec patience qu'elles n'accompliraient rien, il tenta de mettre Leroy en garde, mais la bande se ruait déjà vers l'école ; bientôt des flammes scintillèrent au milieu d'un concert de cris frénétiques qui se renforcèrent encore quand la vieille charpente flamba comme une torche.

A cette vue, une sorte d'ivresse s'empara de plusieurs Noirs qui se précipitèrent, armés de fagots, pour mettre le feu à d'autres constructions mais, quand Leroy et deux de ses comparses jetèrent des brandons sur la vieille église MEA, Hiram sauta à bas de la table et tenta d'intervenir.

— Pas ça ! On en a besoin !

Quelqu'un le renversa et, lorsqu'il se remit sur pied, il distingua sa mère et son père parmi ceux qui tentaient en vain d'éteindre le brasier. Impuissants, ils reculèrent et regardèrent à distance l'église bien-aimée vaciller dans la lueur pourpre, puis s'effondrer.

Des maisons brûlèrent, et la boutique du coin qui faisait crédit, et l'annexe du commissariat de police d'où opéraient les deux policiers noirs.

Dans la nuit brûlante, les flammes s'élevaient, engendrant une surexcitation sauvage, et des enfants irresponsables se mirent à jeter des brandons. Bientôt il apparut que toute la Grenouillère allait être détruite.

La cloche des voitures de pompiers retentit sur l'étroit chemin menant à la Grenouillère, mais des Noirs frénétiques empêchaient les véhicules d'avancer ; après deux vaines tentatives, les pompiers repartirent.

— On va laisser flamber toute votre saloperie de quartier, dirent-ils en rebroussant chemin.

Parmi les habitations, l'une des premières à brûler fut la cabane Cater, construite par l'affranchi Cudjo longtemps avant la guerre civile. En un souffle puissant, le feu dévora ce qui aurait pu devenir un lieu de pèlerinage noir : la pièce où Eden Cater avait dicté ses *Quatorze Expéditions vers le nord.*

— Eden aurait compris, marmotta Hiram en voyant disparaître la masure.

L'incendie de Patamoke ne manquait pas d'étrangeté car les Noirs fanatiques ne mirent le feu à aucun bâtiment occupé par les Blancs ; leur fureur visait uniquement les conditions intolérables dans lesquelles ils étaient obligés de vivre. Ils incendiaient, non parce qu'ils voulaient se venger des Blancs, mais ils espéraient qu'en détruisant la Grenouillère, ils lui substitueraient un monde meilleur. A la poursuite de ce rêve, ils sacrifiaient volontiers leurs habitations, leur église, et leur patrimoine historique.

Mais au plus fort de l'incendie, quelques pins s'enflammèrent, brûlant très haut dans le ciel ; le vent entraîna les étincelles vers l'ouest et, par une insigne malchance, celles-ci tombèrent sur la toiture du chantier naval Paxmore, se logèrent entre les bardeaux et enflammèrent la vieille construction desséchée.

Maintenant, les pompiers étaient libres d'utiliser leurs pompes puisque aucun Noir ne les en empêchait, mais le chantier était hautement combustible avec ses planches imprégnées par un siècle de vapeurs de térébenthine et de goudron, et tout sauvetage s'avéra impossible. Des murailles de flammes se propageaient le long des hangars, traversaient les plafonds et faisaient exploser les toitures. Les pompiers d'une dizaine de villes voisines accoururent. Les sauveteurs murmuraient en se hâtant le long des chemins de campagne :

— Les nègres ont mis le feu à Patamoke.

Depuis l'arrivée des esclaves en 1667, on avait toujours redouté le long du Choptank que les Noirs se révoltent à la faveur de la nuit et mettent le feu aux maisons des Blancs ; aujourd'hui la menace se concrétisait. Les Turlock et les Caveny se rassemblèrent, terrifiés, pour contempler le sinistre. Lorsque les pompiers arrivèrent à la rescousse et constatèrent leur impuissance, Amos Turlock alla de l'un à l'autre, grave, résolu. Il leur distribua des armes, assorties d'un ordre simple :

— Si les nègres essaient de mettre le feu au quartier blanc, abattez-les.

L'un des citoyens de Patamoke suivait avec horreur la progression du feu. Pusey Paxmore, libéré pour quelques jours des devoirs de sa charge à Washington, regardait, figé, blême, le chantier familial réduit peu à peu en cendres. De temps à autre, il essayait de parler, mais il demeurait bouche bée, les yeux rivés sur ce spectacle de désolation.

— Mr. Paxmore ! appela le maire qui accourait, enveloppé dans une robe de chambre. Il faut que nous fassions venir la Garde nationale. Vous savez à qui il faut s'adresser à Annapolis.

Pusey ne parvenait pas à répondre.

« Faites venir la troupe, Pusey, insista le maire. Sinon, toute la ville va flamber.

Paxmore bredouilla un nom et le maire s'écarta. Plusieurs

pompiers agrippèrent Pusey et l'entraînèrent en arrière, juste à temps pour échapper à l'effondrement du dernier pan de mur.

Mais Pusey Paxmore ne s'en souciait guère ; il ne songeait qu'à la mort d'une entreprise remontant à 1660. Le chantier avait survécu aux expéditions indiennes, aux attaques des pirates, à la flotte britannique en 1813, et même aux assauts des pillards confédérés en 1864. Maintenant, il était perdu ; tout un mode de vie détruit par des voisins en une nuit fatale. Il ne pouvait croire que les Noirs de Patamoke, ceux-là mêmes que sa famille avait toujours considérés et aidés, s'étaient livrés à un acte aussi odieux.

— C'est bien eux, lui assura un policier.

— Qui ?

— Nos collègues de couleur assurent que le responsable est Hiram Cater. Le frère de cette fille qui est en prison.

— Arrêtez-le ! ordonna-t-il.

Et empoigné par la hargne, il se précipita pour téléphoner à des amis du FBI.

Hiram ne fut pas appréhendé ce soir-là. Dès qu'il vit que le feu s'était propagé jusqu'au chantier Paxmore, il comprit qu'il lui fallait quitter la ville, et chercha à s'emparer d'une voiture, dans l'espoir de gagner la Pennsylvanie. Leroy l'accompagnait dans sa course tout en se réjouissant de la tournure des événements.

— T'aurais pas dû mettre le feu à l'église, dit Hiram sans cesser de courir.

— Fallait tout raser, répliqua Leroy.

— Mais pas le chantier naval. On peut brûler des maisons de Noirs et s'en tirer, mais quand on met le feu à l'entreprise d'un Blanc...

Leroy repéra une Buick qu'il espérait pouvoir faire démarrer et, tandis qu'il tripotait les fils, Hiram se retourna, regarda l'incendie.

« Nous sommes dans un fameux pétrin, dit-il.

1976

Le 2 juillet 1976, Amanda Paxmore se mit en route pour aller chercher un mari qui avait plongé dans l'opprobre, déshonorant du même coup son épouse, ses enfants, sa patrie ; un tel voyage tenait du calvaire et il aurait pu détruire un être de moindre résistance.

Elle se montra à la hauteur de sa tâche qu'elle ne tenta d'esquiver à aucun moment. Lorsqu'on lui fit savoir à la Falaise-de-la-Paix qu'elle pourrait envoyer quelqu'un, elle se maîtrisa, toussota, et répondit au procureur fédéral qui avait quitté Washington pour la petite ville de Pennsylvanie :

— Demain après-midi trois heures ? J'y serai.

— Vous venez... vous-même ? s'étonna son correspondant.

— Qui d'autre serait plus indiqué que moi ?

Elle raccrocha et sortit pour appeler Martin Caveny, le frère du prêtre, qui tondait la pelouse afin que tout fût en ordre pour la fête nationale.

— J'aurai besoin de la vedette. Sept heures demain matin. Pour me rendre à Annapolis.

— Est-ce que je peux amener Amos Turlock ? demanda Caveny qui aimait se faire accompagner de son vieux complice dans ses déplacements. Puisqu'il faut traverser la baie, vaut mieux être deux.

— Est-ce qu'il n'est pas trop vieux pour ce travail ?

— Avec Amos, c'est jamais du travail.

— Eh bien, emmenez-le. Il vous tiendra compagnie pendant que vous m'attendrez à Annapolis.

Avant d'entrer dans la maison, elle se retourna et vit Caveny qui allait ranger la tondeuse, puis partait précipitamment à la recherche de son compère. Elle devina, à juste titre, que le lendemain, pendant qu'elle conduirait la voiture de location en direction de Scanderville, les deux amis inséparables se saouleraient joyeusement dans un bar d'Annapolis.

— Grand bien leur fasse, à ces deux poivrots, murmura-t-elle, envahie par la compassion.

Dès que Caveny eut rangé la tondeuse, il sauta dans sa Chevrolet brinquebalante et partit en direction du Crépuscule-Radieux, en criant à chaque station-service :

— Vous avez vu Amos ?

Personne ne savait où vagabondait Amos mais, finalement, un enfant noir le renseigna :

— Il est à la pêche.

Et quand Caveny gagna vivement la berge indiquée, il découvrit Amos, adossé à un arbre, le chapeau ramené sur les yeux.

— Amos ! cria Caveny. On va à Annapolis.

Amos roula sur le côté, s'appuya sur un coude.

— Ça, c'est une bonne nouvelle ! Qui nous emmène ?

— On aura la vedette de Mrs. Paxmore.

Amos regarda son compère d'un œil soupçonneux.

— Comment ça se fait qu'elle te la laisse prendre ?

— Parce qu'elle vient aussi.

— Qu'est-ce qu'elle va faire à Annapolis ?

— Moi aussi, je me demande... Elle m'a dit : « Vous m'attendrez tous les deux au port. Nous rentrerons à six heures. » Tu sais ce que je crois ?

Amos s'arracha à sa couche herbeuse et ramena sa ligne.

— Qu'est-ce qui se mijote ? demanda-t-il, l'air grave.

— Je suppose que pendant que toi et moi on sera au port, elle louera une bagnole et filera à Scanderville.

— On n'a rien dit à la télé.

— Je parie que c'est ça.

Les deux hommes grimpèrent dans la Chevrolet qui emprunta le chemin du lotissement et s'arrêta devant la caravane qu'Amos habitait en compagnie d'une femme qui avait abandonné son mari à Crisfield.

— Midge ! hurla-t-il. Tu as entendu quelque chose à la télé au sujet de Scanderville ?

— J'ai rien entendu du tout.

— Et dire qu'elle reste toute la journée devant son poste ! s'exclama Amos d'un ton presque admiratif.

— Je parie quand même que c'est ça, s'entêta l'Irlandais. Si on buvait une bière ?

Une fois les boîtes ouvertes, les deux amis s'installèrent devant l'entrée de la caravane, le regard perdu sur les statuettes qui encombraient la pelouse et, chaque fois qu'un voisin passait, Amos le hélait en demandant :

— Vous avez entendu des nouvelles au sujet de Scanderville ?

Personne ne put le renseigner.

— C'est là qu'elle va, assura Caveny. Y a pas une seule femme dans tout le Maryland qui serait plus à la hauteur.

— Tu l'aimes bien, hein ? demanda Turlock en jetant sa boîte de bière vide dans le fossé, de l'autre côté de la clôture.

— Elle a du cran.

— Est-ce qu'elle crie beaucoup ?

Amos avait horreur d'entendre vociférer les gens pour lesquels il travaillait.

« Dès que j'en entends un rouscailler, je me tire.

— Elle a ses petites manies, mais on n'est pas obligé de l'écouter, répliqua Caveny. Tu sais, Amos, chaque fois que mes gosses ou ma bourgeoise tombent malades, c'est Mrs. Paxmore qui s'occupe de tout.

— Moi, je crois que, si elle s'était un peu mieux occupée de son mari à la place de tes mômes, ça aurait pas été plus mal, déclara Amos après être allé chercher une autre boîte de bière.

Caveny réfléchit à la remarque de son ami, tout en faisant tournoyer la boîte entre ses paumes pendant qu'il soufflait dans l'ouverture triangulaire.

— J'ai pas d'idées sur la question, dit-il finalement. Jamais je comprendrai ce qui est arrivé à Pusey Paxmore.

Turlock but une longue gorgée, puis posa la boîte sur le banc à côté de lui.

— Le seul qui y comprenne quelque chose, c'est Richard Nixon, et c'est pas lui qui l'ouvrira.

— Tu parles, y a pas de risques. Tu le ferais, toi, si tu vivais comme un roi là-bas, à San Clemente ?

Amos avala goulûment une rasade de bière et admit que le mystère ne serait pas éclairci.

— Pas pour moi, en tout cas, ajouta-t-il.

Le lendemain matin, les deux hommes attendaient près de la vedette mouilllée au bas de la Falaise-de-la-Paix quand Amanda Paxmore descendit la longue allée dans sa robe d'été. Elle emportait deux lourds chandails qu'elle demanda aux hommes de ranger. Remarquant qu'il y en avait deux, Caveny gratifia Amos d'un clin d'œil qui signifiait : « J'ai gagné mon pari. »

— Allons-y, dit-elle.

Les hommes larguèrent les amarres. Dès que le moteur fut lancé, Caveny expliqua :

— Je mets cap plein ouest pour déborder le promontoire ; ensuite, droit sur Annapolis.

Elle acquiesça, et songea que par une ironie du sort cette journée promettait d'être l'une des plus sereines qu'ait connues la baie depuis des années. A droite, on devinait Oxford qui somnolait rêveusement au bord de la Tred Avon. Malgré l'heure matinale, déjà quatre voitures de touristes effectuaient la traversée sur le ferry jusqu'à Bellevue avec une bonne douzaine d'enfants qui ouvraient de grands yeux et appelaient leurs parents à grand renfort de cris.

Dès que le ferry se fut éloigné, Amanda reporta son attention vers le sud où se distinguaient encore les restes de Devon Island. Les cheminées et les murs est de La Vengeance de Rosalinde luttaient pour rester debout, comme si l'indomptable volonté de leur créatrice les soutenait.

« Quel triste spectacle, pensa Amanda. Presque un augure pour une journée comme celle-ci. Une ruine... » Le mot lui faisait de la peine, mais elle le répéta : « Une ruine... »

Caveny remarqua le frémissement de ses lèvres.

— Vous disiez ?

— Je regardais la vieille maison, expliqua-t-elle.

— Vous la regarderez plus bien longtemps.

Ils arrivèrent à Annapolis à neuf heures et demie et s'amarrèrent à la jetée d'une marina privée où deux jeunes gens attendaient à côté d'une voiture de location. Ils tendirent des papiers à Mrs. Paxmore et lui demandèrent de les signer. Après quoi, ils lui remirent les clefs et repartirent dans une deuxième voiture.

— Qu'est-ce que je t'avais dit ? chuchota Caveny.

— Elle a loué une bagnole, ça prouve rien, rétorqua Turlock en haussant les épaules.

— Je devrais être de retour vers six heures, annonça Mrs. Paxmore.

Caveny dut presque se mordre la langue pour s'empêcher de demander si elle prenait la direction de Scanderville. Il s'abstint, hocha poliment la tête et dit :

— On vous attendra là, bien tranquilles.

Mrs. Paxmore ne s'attendait pas à ces paroles ni à la façon courtoise dont il les avait prononcées : elles l'émurent profondément. Sa voix se brisa et elle faillit éclater en sanglots. Elle ouvrit son sac, en tira un billet de dix dollars et le glissa dans la main de Caveny.

— Amusez-vous bien. Allez vous régaler de crabes et de bière.

Elle étreignit les mains de Turlock.

« Profitez-en. Ah !... Si seulement nous en avions davantage profité !...

Elle courut vers la voiture, s'essuya les yeux et partit en direction du nord.

En quittant Annapolis, elle emprunta l'autoroute qui contournait Baltimore, puis la nationale 83 qui la mena en Pennsylvanie ; lorsqu'elle se trouva très au nord de Harrisbug, elle obliqua vers l'ouest en direction de la petite ville de Scanderville où se dressait le pénitencier fédéral.

C'était une prison modèle, dépourvue de murailles d'enceinte et de fils de fer barbelés. Le bâtiment principal ressemblait assez au bureau d'un motel prospère, de style néocolonial, avec un péristyle à colonnes blanches, et précédé de belles pelouses vertes. Mais ça n'en était pas moins une prison où l'on avait envoyé nombre d'hommes distingués et bien éduqués qui, d'une façon quelconque, avaient été compromis dans le grand scandale du Watergate. Initialement, tous avaient été condamnés à des peines de trois ou quatre ans, mais certains d'entre eux avaient accepté de coopérer avec l'accusation, et leurs condamnations avaient été réduites à six ou huit mois.

Pusey Paxmore, personnage mineur dans cette affaire, ne faisait pas partie de ceux dont la peine avait été réduite. Il n'avait révélé aucun nom ; il n'avait pas prétendu ignorer la portée de ses actes, ni plaidé l'indulgence. A la fois pendant l'instruction de l'affaire du Watergate et lors de son procès, il avait pris la défense du président.

Devant les caméras de télévision de l'ensemble du pays, il avait déclaré :

— A moins de vous être trouvés à Washington au cours de l'été 1970, vous ne pouvez comprendre les dangers auxquels le pays faisait face.

— Suffisaient-ils à justifier la violation des lois fondamentales de notre pays ? avait demandé un jeune avocat.

— Oui.

— Vous témoignez sous serment et affirmez que vous

compreniez la portée de vos actes en estimant que la conjoncture du moment justifiait de tels actes illégaux, immoraux et criminels ?

— Vous me posez là deux questions.

— Dans ce cas, je vous en prie, répondez à une question à la fois, avait dit le jeune substitut du procureur avec une exquise politesse.

— Telle est bien mon intention. Tout d'abord, vous m'avez demandé si la situation du moment était critique. Avec les émeutes de rue ; avec des publications prêchant l'anéantissement de notre système ; avec les dispositions prises pour détruire nos institutions... Oui, la situation était critique, voire fatale à notre forme de société, et plus particulièrement, à notre forme de gouvernement. Deuxièmement, vous me demandez si j'ai agi en pleine connaissance de cause. Et si mes actes illégaux, immoraux... et un autre qualificatif que j'ai oublié...

— Criminels, laissa tomber le jeune substitut, se montrant secourable.

— Oui, criminels. Aucun de mes actes n'était criminel.

— L'idée que vous vous faites de votre conduite contraste avec la façon dont les hommes et femmes bien intentionnés de ce pays la considèrent. Ils estiment que vos actes ont été illégaux, immoraux et criminels.

— C'est ainsi qu'on les juge actuellement, avait répliqué Paxmore, faisant preuve d'obstination.

— D'après vous, il y aurait un jugement ultérieur ?

— Sans aucun doute.

Son refus de se soumettre lui avait valu une condamnation de deux ans de prison ferme à Scanderville ; il avait purgé sa peine. A présent, on le libérait.

A quelques kilomètres à l'est de Scanderville, Amanda fut interceptée par un motard ; avant qu'elle ait eu le temps de protester en assurant qu'elle n'avait pas dépassé la limitation de vitesse, il demanda poliment :

— Êtes-vous Mrs. Paxmore ?

— Oui, en effet.

— On m'a demandé de vous intercepter. La presse est en ville et les journalistes risquent de vous poser pas mal de questions.

— Je m'y attendais.

— Vous ne voulez pas entrer discrètement par la porte de derrière ?

— Tôt ou tard, il faudra faire face.

— Après tout, ça vous regarde, grommela le motard, qui avait l'impression d'être remis à sa place.

— Bien sûr.

Elle remit le moteur en marche. Peu après, elle entrait dans la ville.

Dès qu'on apprit sa présence, un groupe de sept journalistes, certains munis d'appareils photographiques, l'assaillit, la bombardant de questions diverses. Dans sa robe d'été, les cheveux tirés en arrière à la mode quaker, elle se tint à côté de la voiture sous le soleil ardent et répondit aux questions :

— ... Je n'éprouve aucun sentiment à l'égard du président Nixon. J'avais voté pour McGovern.

« ... Mon mari considérait comme un honneur qu'on lui ait proposé un poste à la Maison-Blanche. Il respectait le président et, pour autant que je sache, il a fourni un excellent travail.

« ... Non, mon mari ne m'a pas demandé de venir le chercher aujourd'hui. Personne ne me l'a demandé. Qui aurait pu me remplacer ?

« ... Des remords ? Chaque jour, j'éprouve des remords pour une raison ou pour une autre. Vous est-il arrivé d'emmener un vieux chien fidèle chez un vétérinaire pour le faire piquer ? Ce remords-là vous hante pendant le reste de votre existence.

« ... Notre pays a surmonté de nombreuses crises. Si Jimmy Carter est élu cet automne, nous aurons surmonté celle du Watergate.

« ... Je ne me suis jamais sentie très à l'aise à la Maison-Blanche du temps de Nixon, mais mon mari travaillait pour lui et le considérait comme l'un des administrateurs les plus capables qu'il lui eût été donné de connaître.

« ... Bien entendu, j'ai souvent pensé au président Nixon, dans sa retraite dorée de San Clemente, pendant que mon mari croupissait en prison, pour avoir suivi les ordres de Nixon. Mais j'ai appris, il y a bien longtemps, que l'injustice existe, et je ne m'attends pas à ce qu'il en soit autrement. Je n'éprouve aucune rancœur à l'égard du président Nixon comme vous semblez le supposer.

« ... Oui, mon mari est quaker, comme moi. Oui, Nixon est

quaker ; Herbert Hoover l'était aussi. Je crois que la leçon à en tirer est qu'il ne faut pas envoyer des quakers à Washington.

« ... Je suis partie de chez moi à sept heures ce matin ; j'ai traversé la Chesapeake dans un petit bateau, et je la retraverserai ce soir.

« ... Évidemment, nous comptons continuer à vivre au même endroit. Les Paxmore y ont vécu depuis 1664. La maison a déjà été incendiée, et elle a subi des bombardements à trois reprises. Aujourd'hui, il s'agit d'un incident de plus au cours d'une longue, très longue histoire.

« ... Vous me demandez si je suis aussi inflexible que mes réponses le donnent à croire. Aucune réponse sensée ne peut être fournie à cette question. Nous vivons à une époque où il n'est pas courant que les gens s'expriment franchement. A une époque où il est inhabituel qu'un homme comme mon mari refuse de s'effondrer, en larmes, et de plaider l'indulgence pour des erreurs qu'il n'a pas commises. Pour vous, cette attitude est dure. Vous devriez partir explorer la campagne, et vous verriez combien de gens durs vivent dans ce pays. Des gens qui répondent avec franchise à des questions insidieuses. Maintenant, je dois aller chercher mon mari.

Le motard qui avait proposé son aide à Mrs. Paxmore dit à un camarade :

— Une sacrée bonne femme ! Elle a pas besoin de notre aide.

— J'aurais voulu que Mabel l'entende, elle en aurait pris de la graine, répliqua l'autre policier. Elle me conseille toujours de pas l'ouvrir quand le lieutenant Grabert se prend pour Tarzan.

— Ouais, mais la vie doit pas toujours être facile avec une pépée dans ce goût-là.

— Tu vois, j'aimerais que Mabel soit un peu moins chiffe molle... Avec elle, j'ai toujours l'impression de me noyer dans un flot de mélasse.

Le refuge

Quiconque venait s'installer sur la côte orientale s'entendait dire : « Êtes-vous protestant ou catholique ? Républicain ou démocrate ? Préférez-vous les retrievers chesapeake ou les labradors ? » La façon dont le nouveau venu répondait à ces questions déterminait sa place dans la société.

Il était libre de répondre comme il l'entendait puisque catholiques et démocrates étaient tolérés, et un nouveau venu pouvait mener une vie satisfaisante pour tous en dépit de ces classifications. Bien sûr, la question politique posait quelques problèmes puisque les définitions de la côte orientale s'avéraient quelque peu arbitraires, et nombre de résidents fraîchement débarqués cédaient à la perplexité quand ils discutaient avec un démocrate local dont les opinions sociales se situaient très à droite de celles de Gengis Khan.

Par exemple, Jefferson Steed, qui avait été élu pour deux mandats au Congrès, était universellement connu comme le « progressiste », et des questions concernant la révolution russe ou la pénétration du communisme lui avaient été souvent posées en raison de l'opinion voulant que « Jeff soit au courant, lui qui est tellement progressiste ».

Jefferson Steed n'en était pas moins opposé aux syndicats, aux droits des femmes ; il se déclarait en faveur du travail des enfants, s'élevait avec vigueur contre l'intégration dans les écoles, les ministres du culte qui mêlaient la politique à leurs sermons, l'impôt fédéral sur le revenu, et il se méfiait de toute alliance étrangère. Il croyait en une armée puissante, la suprématie de la race blanche et l'omnipotence de J. Edgar Hoover. Néanmoins, la communauté l'avait rangé parmi les progressistes parce que en novembre 1944, il avait voté pour un quatrième mandat de Franklin Roosevelt en alléguant « qu'on ne change pas d'attelage au milieu du gué ».

Un nouvel arrivant, quelque peu décontenancé, qui venait

de renoncer aux rudes hivers du Minnesota, déclara : « J'adore la côte orientale, son architecture du XVIIe siècle, son charme du XVIIIe, et son membre du Congrès qui s'en tient au XIXe », ce que Steed prit pour un compliment.

Quant aux chiens, les citadins du nord qui avaient toujours rêvé d'une bête aux babines retroussées pour monter la garde dans leurs demeures rurales, ou qui souhaitaient se livrer aux plaisirs de la chasse, choisissaient le chesapeake, tandis que ceux qui estimaient que le chien devait faire partie de la famille, sorte de bambin âgé perpétuellement de cinq ans, toujours jeune, toujours aimant, préféraient le labrador. Chacun pouvait compter sur des voisins partageant ses idées.

Dès son arrivée, le nouveau venu trouvait immédiatement un ami en la personne de Washburn Turlock, directeur de la prestigieuse agence qui semblait avoir à sa disposition tous les meilleurs emplacements. Une fois entré dans le bureau de Turlock avec son ameublement de style colonial, ses tapisseries de Caroline du Nord, et ses éclairages tamisés émanant de diapositives représentant de splendides demeures au bord de l'eau, l'acheteur en puissance était perdu. Sa capitulation devenait totale quand Washburn en personne faisait son entrée, charmeur en diable dans son veston à trois boutons.

— Les prix sont élevés, admettait-il. Mais dans quelle région d'Amérique pourriez-vous trouver des avantages comparables ? Nos côtes, nos couchers de soleil ? Les crabes et les huîtres à votre porte ?

La terre, achetée par les Steed et les Turlock à raison de vingt cents l'hectare, se vendait à présent cinquante cinq mille six cents dollars le lot de huit mille mètres, sans viabilité, sans puits, sans maison, sans aucun aménagement ni avantage d'aucune sorte, un seul mis à part : en bordure de l'eau.

En août 1976, alors que la saison immobilière débutait, Washburn Turlock réunit ses vendeurs pour leur indiquer la nouvelle politique de son agence. Au moment où ses quatorze employés finissaient leur café, il leur distribua sans commentaires sa dernière brochure publicitaire. Stupéfiante. Sur la couverture, Washburn, caricaturé en pirate, affublé de sabre, tricorne et pistolets, adressait à la clientèle un regard égrillard. Une légende en lettres épaisses proclamait : TURLOCK LE PIRATE, CELUI AUQUEL VOUS POUVEZ FAIRE CONFIANCE.

Quand le souffle leur revint, les vendeurs s'entendirent informer que tel était le ton qu'adopterait dorénavant l'agence

Turlock, et Washburn attira l'attention de ses subordonnés sur la première page qui renfermait un compte rendu bien rédigé sur tout un éventail de Turlock ayant vécu sur la côte orientale depuis plus de trois siècles.

> Le premier Turlock n'était pas un Cavalier de Virginie. Il s'agissait d'un voleur, condamné à passer ses premières années en Amérique en tant que domestique sous contrat.

C'était plus que l'une des employées ne pouvait supporter. Elle demanda d'une voix éteinte :

— Washburn, vous croyez que c'est prudent ?

— Continuez à lire.

La brochure faisait grand cas des louanges adressées par George Washington à Teach Turlock, présenté comme un corsaire vouant sa vie aux causes patriotiques, tandis que Matt Turlock apparaissait sous les traits d'un héros de la guerre de 1812. La brochure avait un aspect moderne, exaltant, spirituel, et s'employait de la sorte à séduire le genre de clients que Turlock souhaitait attirer. Le petit laïus que prononça Washburn ce matin-là à l'intention de ses vendeurs donnait le ton de sa nouvelle politique :

> Les anciennes méthodes sont révolues. Si certains d'entre vous ne peuvent s'en défaire, qu'ils donnent leur démission. Une nouvelle ère s'annonce. Je vais vous en indiquer les principales caractéristiques.
>
> Notre agence ne s'intéresse plus aux propriétés dont la valeur est inférieure à cent cinquante mille dollars. Je sais que certains clients aux moyens modestes s'adresseront à nous. C'est inévitable. Mais si vous emmenez un client voir une propriété de quatre-vingt-dix mille dollars et qu'il signe, très bien. S'il ne se décide pas à l'occasion de cette première visite, laissez tomber. L'un de nos concurrents se chargera de lui.
>
> Il y a à cela une raison simple. Qui achète une propriété à bon marché, une maison de quatre-vingt-dix mille dollars ? Un jeune couple. Il la conservera pendant quelque quarante ans, et quel bénéfice en aurons-nous retiré ? Une commission unique, sans plus. Mais qui achète la belle propriété, celle qui vaut un demi-million ? Un vieux jeton à la retraite qui approche des soixante-dix ans. Il l'habite pendant cinq ans et s'aperçoit qu'elle est trop difficile à

entretenir, et il nous la redonne à la vente. Mon père me disait : « Dégote quatre bonnes propriétés de cinq cent mille dollars pièce, et tu t'apercevras que l'une d'elles au moins sera de nouveau proposée à la vente chaque année. Tu t'assureras d'excellents revenus rien qu'en vendant ces quatre propriétés année après année. »

Le secret pour réussir ce genre de vente consiste à se mettre dans la peau d'un millionnaire. Qu'est-ce que vous aimeriez faire ? Avec qui souhaiteriez-vous traiter des affaires ? D'où cette nouvelle brochure, cette façon neuve d'attaquer. Quatre affiches seront apposées cette semaine sur le thème du pirate. Pourquoi ? Parce qu'un homme riche se considère lui-même comme un pirate. C'est pour ça qu'il est riche. Il voudra traiter avec moi. Il pensera que nous sommes de la même race. Vous verrez. Cette campagne nous rapportera de l'or en barres.

Mais la deuxième partie a aussi son importance. Turlock, celui auquel vous pouvez faire confiance. Nous devons toujours mettre l'accent sur cet aspect. Si un client nous laisse une somme en dépôt, puis change d'avis, nous devons lui rendre son argent avec encore plus d'empressement que nous n'en avons apporté à le lui prendre. Il s'en souviendra et reviendra. Si un jeune couple se présente avec quarante mille dollars, amenez-le-moi. Je lui expliquerai que nous n'avons rien à lui offrir dans cette gamme de prix. J'inviterai les deux jeunes gens à prendre une tasse de café et je les emmènerai de l'autre côté de la rue, chez Gibbons, qui traite les petites affaires. Je leur donnerai une brochure et leur demanderai de me tenir au courant de ce qu'ils auront trouvé. Et plus tard, quand ils disposeront de deux cent mille dollars, ils viendront nous trouver.

Quand vous mettez la main sur un vrai client, procurez-lui ce qu'il souhaite... l'histoire, le charme, la sécurité, la douceur de vivre. J'ai été consterné quand j'ai appris qu'Henry, ici présent, avait autorisé la démolition de la vieille masure de la propriété Fortness. Henry ! Vous ne vous rendez pas compte que cette cabane représentait une véritable mine d'or ? Il fallait laisser le propriétaire dépenser deux mille dollars pour la rafistoler, puis dire aux clients : « Là, habitaient les esclaves. » Ne comprenez-vous pas que tout acheteur venant du nord se voit sous les traits d'un fameux planteur... faisant claquer son fouet... arpentant ses champs de coton ?... Quelques bonnes cabanes d'esclaves augmentent le prix d'un terrain de cinquante mille dollars.

Ses intuitions ne le trompaient pas, et l'agence à l'enseigne de Turlock le Pirate devint la plus prospère et la plus célèbre de la côte.

Washburn se trouvait dans son bureau un matin de septembre quand se présenta un client qu'il estima du genre quasi idéal. Soixante-cinq ans environ, l'allure distinguée, la moustache grise, les vêtements de coupe classique. Il conduisait un break Buick, déjà assez fatigué, probablement un modèle 1974. Il se déplaçait avec détermination, et quand sa femme apparut, Washburn remarqua qu'elle portait de coûteuses chaussures basses et un tweed moelleux. Tous deux avaient l'air de chasseurs, mais aucun chien ne les accompagnait.

— Bonjour, dit poliment le visiteur à la réceptionniste. Mon nom est Owen Steed.

— Des Steed de la région ?

— Oui.

Washburn sortit de son bureau, adressa un sourire à sa réceptionniste et demanda :

— Que se passe-t-il, mon petit ? Êtes-vous embarrassée ?

— Ce monsieur s'appelle Owen Steed, répondit-elle.

— Il m'avait bien semblé entendre ce nom. Je me présente : Washburn Turlock.

— Nous avons remarqué votre enseigne. Ma femme croit...

— Je m'intéresse un peu à la généalogie, intervint Mrs. Steed. Les Steed et les Turlock n'étaient-ils pas liés...

— Intimement, assura Turlock. Au temps où mes ancêtres étaient pirates, il est arrivé à l'une de vos aïeules de tâter de la sellette à plongeon pour sorcellerie. Les uns et les autres étaient peu recommandables, je le crains.

— Sans doute, acquiesça Mrs. Steed. Ah ! oui, La Vengeance de Rosalinde. Est-ce que par hasard la maison serait occupée...

— Ce n'est plus qu'une ruine, dit Turlock.

Et sans laisser aux visiteurs le temps de s'asseoir, il leur proposa de les amener jusqu'à la Falaise-de-la-Paix où les Paxmore, il en était sûr...

— Paxmore ? demanda Steed.

— Oui. C'est une vieille famille quaker.

— Je ne veux pas m'imposer...

— Je suis persuadé que vous seriez très bien reçus.

Il tendit la main vers l'appareil téléphonique afin de demander l'autorisation d'embarquer à la jetée Paxmore pour une rapide traversée jusqu'à Devon Island, mais Mr. Steed avança le bras si impérieusement vers le combiné que Turlock suspendit son geste.

— Nous partirons d'un quai plus proche d'ici, proposa-t-il.

— Ce sera préférable, acquiesça Mr. Steed.

Washburn Turlock avait appris que, lorsqu'il s'agissait de vendre de très belles propriétés, il valait mieux y amener les clients par bateau, et il disposait toujours de deux ou trois vedettes amarrées aux endroits les plus propices pour explorer le Tred Avon, et ce qu'il appelait « les cours d'eau de premier ordre ». Quand on voyait la côte orientale depuis le lit des rivières, le ravissement ouvrait le cœur des clients, et leur portefeuille. En proposant aux Steed de leur montrer leur demeure ancestrale, il comptait éveiller leurs souvenirs et les préparer à son véritable objectif, en l'occurrence la vente qu'il se proposait de conclure par la suite. Mais la propriété qu'il avait en tête se situait au bord de l'eau, et il observa la règle fondamentale de l'agence Turlock : « Ne jamais présenter une affaire importante à marée basse. Le client risquerait d'être choqué par le peu de profondeur de nos cours d'eau. » Subrepticement, il jeta un coup d'œil à une montre d'un genre très spécial qu'il portait au poignet. Elle n'indiquait pas le passage du temps, mais annonçait l'état de la marée — était-elle haute ou basse ? Ce qu'il vit le rassura ; elle montait.

— Nous allons voir l'une des plus prestigieuses demeures de la côte orientale, leur annonça-t-il.

Pendant la courte traversée du Choptank, il apprit qu'Owen Steed avait fait ses études à Princeton, comme tant de ses oncles, avant d'entrer dans les affaires pétrolières à Tulsa — il avait même occupé les fonctions de président-directeur général de la Western Oil. Il avait pris sa retraite, apparemment nanti de ce que Washburn appelait invariablement « un beau paquet », et maintenant, il cherchait à renouer avec le passé. C'était le client rêvé pour une propriété d'un million de dollars.

— Avez-vous été élevé à Devon ? demanda Turlock, au moment où le bateau entrait dans la rivière.

— J'y suis né, mais j'ai été élevé avec les Steed du Refuge.

Aucune nouvelle ne pouvait satisfaire davantage Washburn.

Sur sa liste, figurait une plantation de quatre-vingts hectares, précisément au Refuge, propriété susceptible de séduire un client sérieux, mais qui serait irrésistible pour un Steed rentrant au pays.

La visite de La Vengeance de Rosalinde obtint exactement l'effet escompté. Quand les Steed débarquèrent sur la jetée branlante, il remarqua :

— D'ici, partaient les navires Steed à destination de l'Angleterre.

Il les précéda le long de l'allée envahie par les herbes.

« Certains de ces arbres sont deux fois centenaires.

Parvenu à la maison dont le toit était presque entièrement effondré, il désigna les deux boulets de canon logés dans le mur lézardé et la grande pièce où Webster et Calhoun avaient dîné. Il orchestrait la visite avec un art consommé, s'ingéniant à faire percevoir la majesté des lieux sans pour autant que celle-ci engendrât la mélancolie.

— La maison ne pourrait-elle pas être restaurée ? s'enquit Steed.

— Si, bien sûr, répondit Turlock. Malheureusement l'île s'effrite et elle ne tardera pas à disparaître.

Il lui montra comment les tempêtes persistantes de nord-ouest avaient érodé Devon au point que plusieurs des constructions affectées aux esclaves s'étaient effondrées dans la baie, et les visiteurs comprirent que toute possibilité de sauver la vieille et célèbre demeure s'était évanouie depuis longtemps. Mrs. Steed commençait à exprimer des regrets lorsque Turlock l'orienta sur des perspectives plus riantes.

« Pendant que nous avons le bateau, nous pourrions pousser jusqu'à une propriété qui vient juste d'être mise en vente, dit-il d'un air dégagé. L'un des anciens domaines des Steed du Refuge.

Quand ils passèrent au pied de la Falaise-de-la-Paix, il remarqua que Mr. Steed regardait la maison-télescope avec un intérêt certain, puis détournait vivement les yeux ; mais il n'attacha aucune importance à l'incident. En revanche, Mrs. Steed tenait à parler de la maison, et Turlock lui assura qu'elle représentait un exemple parfait d'une construction du XVIIe.

— L'une de nos gloires architecturales, avec le Foyer de Patamoke.

Il s'apprêtait à débiter quelques commentaires sur la maison-télescope, sachant que les candidats clients appréciaient tout renseignement portant sur l'architecture, lorsqu'il surprit le regard que Mrs. Steed lançait vers la Falaise-de-la-Paix, et il changea aussitôt de sujet.

« Maintenant, nous nous dirigeons vers Steed Creek.

Il marqua une pause tout en s'efforçant d'estimer jusqu'à quel point le couple envisageait sérieusement l'achat d'une propriété.

« La rivière vous souhaite la bienvenue... en tant qu'ancien résident.

Mrs. Steed sourit.

Le bateau ralentit et Turlock le fit adroitement pivoter pour permettre à ses passagers de découvrir le promontoire sur lequel Pentaquod, chef des Choptanks, avait construit son refuge en 1605. Une pelouse en pente douce descendait depuis la grande maison entourée de chênes et de gordonias ; une solide jetée avançait dans le lit de la rivière, invitant à débarquer ; de petites constructions blanches flanquaient la demeure d'un côté, et partout régnait une sérénité apaisante.

Le silence fut rompu, non par le vrombissement du moteur que Turlock avait arrêté, mais par un cri rauque venant de l'un des ruisseaux dans lesquels se découpait la presqu'île. Mrs. Steed n'avait jamais entendu pareil cri ; consternée, elle jeta un coup d'œil alentour et avisa au-dessus d'elle un oiseau gris-bleu, au cou délié et au long bec, dont les ailes pendantes faisaient écho aux pattes démesurées.

« Kraannk ! Kraannk ! » cria l'animal. Puis, à la vue du bateau, il vira, s'éloigna et alla se poser à faible distance, en amont de la rivière.

— Qu'est-ce que c'est ?

— Le grand héron bleu, expliqua Turlock. Vous en aurez un grand nombre ici...

Tactique audacieuse que de parler ainsi, comme si le client en puissance était déjà propriétaire des lieux, mais parfois ça réussissait.

— Nous sommes preneurs, dit Steed.

Washburn ne s'attendait pas à une telle réaction.

— Mais nous n'avons pas encore parlé..., commença-t-il.

— Nous achetons, coupa Steed.

— Mais le prix...

— Mrs. Steed se chargera du marchandage, et je vous préviens, vous aurez affaire à forte partie.

Mrs. Steed ne dit mot. Le promontoire était si magnifique, le paysage dépassait de si loin tout ce qu'elle avait pu imaginer en Oklahoma, sur la côte orientale, que tout commentaire lui paraissait superflu. Elle se pencha simplement vers son mari et l'embrassa. Owen Steed était de retour chez lui.

Les Steed ne doutèrent jamais qu'ils avaient réalisé une excellente affaire. Pour huit cent dix mille dollars, ils étaient devenus propriétaires, non seulement du Refuge et de ses quatre-vingts hectares d'excellente terre, dont deux cent soixante-dix mètres en bordure d'eau, et tous les bâtiments de l'ancienne plantation, mais aussi de deux fermes contiguës ajoutant cent vingt hectares de champs de maïs et de bois.

— Tout l'intérêt des champs de maïs réside dans le fait qu'après la récolte, il reste une certaine quantité de grains qui attirent les oies ; elles viennent s'y poser en foule, leur expliqua Turlock peu après leur emménagement. Vous pouvez avoir trois types de postes d'affût : sur l'eau, sur la rive, et dans les fossés de vos champs. Mrs. Steed, vous aurez la possibilité d'inviter la moitié des chasseurs de l'Oklahoma en novembre prochain.

— Telle n'est pas mon intention, répliqua Steed.

— Vous pourriez louer vos champs pour la chasse et récupérer le montant de vos impôts.

— Ça ne sera pas nécessaire.

— Ce que j'essaie de vous expliquer, c'est qu'avec l'exposition que vous avez les oiseaux vont arriver par troupeaux. Vous pourriez ramasser six ou sept mille dollars par an en droits de chasse.

Ethel Steed interrompit la conversation en demandant où elle pourrait trouver quelqu'un qui puisse enfoncer quatre pieux dans le lit de la rivière.

— Pour quoi faire ? demanda Steed.

— Si je te répétais ce que m'ont dit des clients du magasin, tu ne me croirais pas, répondit-elle, énigmatique.

Quand les pieux eurent été solidement fichés, elle demanda l'adresse d'un forgeron qui lui façonnerait des paniers en fer peu profonds. C'en était trop et Steed exigea de savoir quelle bêtise elle s'apprêtait à faire.

— Attends les premiers jours du printemps, et tu assisteras

à un événement étonnant... si les hommes du magasin ne m'ont pas fait marcher.

L'attente devait être longue. Un froid sibérien s'installa en décembre 1976, et des vieillards de quatre-vingts ans ne se rappelaient pas avoir connu un hiver aussi rigoureux, où la moindre étendue d'eau, du plus petit ruisseau à la grande baie, était prise par les glaces. Venant du Canada, le vent souffla en rafales si glaciales que les thermomètres enregistrèrent une chute historique ; la station météorologique située à l'embouchure du Choptank annonça qu'il s'agissait de l'hiver le plus froid que la région eût jamais connu, y compris celui de 1670 dont le souvenir restait dans les annales.

Mois éprouvants pour les Steed ; Owen avait promis à sa femme qu'elle ne connaîtrait plus d'hivers aussi glacés qu'en Oklahoma — « Tu verras comme il fait doux sur la côte orientale... Un peu de gel de temps à autre ». Cette phrase devint une antienne pendant cette période de froid prolongé. Mrs. Steed se levait, voyait la neige, les rivières prises par les glaces au point que les camions pouvaient les traverser, et elle disait : « Un peu de gel de temps à autre ».

Les longues semaines de froid intense — tout au long de janvier le thermomètre dépassa rarement zéro — ne dérangèrent guère les Steed sur le plan du confort. Leur nouvelle maison était douillette, les cheminées tiraient bien ; le gosse Turlock, chargé de couper le bois dans la forêt, veillait à ce qu'il y en eût toujours un tas rassurant à côté de la porte, et il était assez plaisant de lutter contre le froid. Ils allaient se promener ensemble, engoncés dans des vêtements de ski, et visitaient tous les recoins de leur domaine ; ils éprouvèrent de la joie à chercher leur chemin à travers le réseau de ruisseaux glacés et à avancer sur l'herbe des marais qui craquait sous leurs pas. L'hiver leur apportait une épreuve qui se révélait riche en enseignements, et ils découvraient que ce qu'ils avaient espéré en Oklahoma se produisait : ils se rapprochaient l'un de l'autre, communiquaient davantage ; ils regardaient moins la télévision et passaient beaucoup plus de temps ensemble, aussi bien à la maison que dehors.

Le drame de l'hiver apparut avec les oiseaux. Un matin, Ethel se leva et, de sa fenêtre, découvrit le paysage familier de neige et de glace, mais elle vit avec horreur que toute une colonie de canards s'était réunie sur la rive gauche de la rivière, s'efforçant vainement de casser la glace pour pouvoir se nourrir.

— Owen ! Regarde !

Il la rejoignit et comprit que les palmipèdes étaient affamés. Depuis six semaines, ils n'avaient pu atteindre les herbes aquatiques, ni plonger ; les endroits propices à leur alimentation leur étaient interdits, recouverts par la glace.

Les Steed appelèrent par téléphone leurs plus proches voisins et ceux-ci leur donnèrent des conseils précis avec une brutalité sympathique.

— Mr. Steed, des milliers d'oiseaux sont en train de périr. L'endroit le plus exposé est aux alentours de votre propriété. Ce qu'il faut faire ? Les nourrir, bon Dieu ! Achetez tout le maïs que vous pourrez trouver et éparpillez-le au bord de la glace.

Sans même se préoccuper du petit déjeuner, ils sautèrent dans leur break, manœuvrant prudemment sur les routes verglacées, et s'enfoncèrent dans la campagne à l'est de Patamoke. Ils s'arrêtèrent dans une dizaine de fermes, suppliant qu'on leur vendît du maïs, et quand ils en eurent acheté suffisamment pour mettre à rude épreuve les amortisseurs de la Buick, ils se rendirent chez d'autres fermiers et se portèrent acquéreurs de tout le maïs que ceux-ci pourraient livrer.

Ils rentrèrent avec leur chargement, ouvrirent les sacs et commencèrent à éparpiller le grain en bordure des ruisseaux. Avant même qu'ils aient terminé, des hordes de canards et d'oies se manifestèrent, se posant quelquefois à moins de deux mètres d'eux : les bêtes mouraient de faim.

Pendant trois jours, les Steed s'employèrent à acheter du maïs, dépensant sans compter, mais à la vue du nombre de palmipèdes qu'ils sauvaient, ils se sentaient récompensés. Jamais encore ils n'avaient observé des oiseaux aquatiques de si près, et quand arrivèrent dix-sept cygnes blancs, étiques, proches de la mort, Mrs. Steed éclata en sanglots.

Son mari mit fin à ses larmes.

— Allons chercher des haches et cassons la glace. Ces pauvres bêtes ont besoin d'eau.

Ainsi, dans leurs coûteux vêtements de chasse, ils travaillèrent avec acharnement, s'efforçant de pratiquer une ouverture dans la glace épaisse de soixante centimètres, puis Owen eut une idée.

— Je me rappelle une ancienne gravure représentant des hommes en train de scier la glace.

Il alla chercher une longue scie, réussit à engager la lame dans l'ouverture qu'il élargit formant un trou d'environ trois mètres de côté. Avant même qu'il eût terminé, plus de trois cents oiseaux se ruaient vers l'eau.

Deux jours durant, les Steed ne s'éloignèrent guère du trou, observant les splendides palmipèdes qui mangeaient et se baignaient.

— Ils vont éclater ! s'exclama Ethel Steed.

Mais les bêtes continuaient à se gaver. Elle essaya alors de les identifier ; à l'aide de gravures, elle parvint à repérer le malard à tête verte, et le col-vert au cou mordoré, mais son mari était capable de distinguer une bonne douzaine d'autres races : macreuse, halbran, pilet, sarcelle, souchet, tadorne... A une époque, il avait chassé le canard avec un fusil de gros calibre et de bons yeux ; à présent, il se contentait de les nourrir.

Alors qu'il s'efforçait de signaler à sa femme les différences de certaines espèces, une idée le traversa. Il courut jusqu'à la maison et téléphona à Annapolis ; après un certain délai, il obtint l'amiral Stainback au bout du fil.

— Spunky, ici Owen Steed. De Tulsa. Oui. C'est bon de t'entendre, Spunky ! Peux-tu me louer un hélicoptère ? Je sais qu'il t'est impossible d'en emprunter un à la marine, mais il doit bien...

L'amiral, originaire de l'Oklahoma, avait traité beaucoup d'affaires avec la société de Steed ; il voulut savoir pourquoi son vieil ami avait besoin d'un hélicoptère, et quand Owen lui eut expliqué qu'il s'agissait d'une mission charitable visant à sauver cent mille oies, il s'exclama :

— Mais, bon Dieu, ça justifie l'utilisation d'une de nos marguerites !

Et il demanda des instructions précises en vue de l'atterrissage.

Dans l'heure qui suivit, un hélicoptère de la marine se posait au Refuge, à cent mètres de la grange, et il était chargé de sacs de maïs. L'amiral Stainback s'assit à l'arrière, avec Ethel, tandis que Owen prenait place à côté du pilote pour le guider. Avec une gracieuse aisance, l'engin s'arracha à la terre, s'inclina sur tribord et, à basse altitude, survola les cours d'eau les uns après les autres, pendant qu'à l'arrière les passagers ouvraient les sacs de maïs, dispersant sur la glace une pluie de grains dorés.

Les Steed découvrirent un paysage éblouissant ; chaque étendue d'eau, aussi réduite fût-elle, miroitait sous les rayons du soleil ; chaque anse devenait un diadème de glace. Le réseau de ruisselets qu'on ne remarquait même pas en été scintillait comme des veines d'argent. Le rapport entre eau et terre était nettement défini ; le mystère de la côte orientale se livrait, révélé, étroite union de sol couvert de neige et de rivières de diamants.

— Est-ce qu'on rentre ? suggéra Stainback.

Owen approcha le microphone de ses lèvres et dit :

— J'aimerais suivre le cours du Choptank.

— Aussitôt dit, aussitôt fait, répliqua Stainback. Pilote, remontez jusqu'au cours supérieur du fleuve.

Avec un gracieux mouvement latéral, l'hélicoptère descendit bas pour survoler l'embouchure du Choptank, puis vira vers l'est. La Vengeance de Rosalinde se devinait, à demi écroulée, le mirador de la veuve effondré. Puis, ce furent la Falaise-de-la-Paix et les toits rouges du Crépuscule. Radieux, sis à l'emplacement de l'ancien marais. Un peu plus loin, la carcasse béante, rouillée, de ce qui avait été le chantier naval Paxmore, et au-delà, les nouvelles maisons de briques de la Grenouillère remplaçant les cabanes incendiées. Mais c'était à l'est de Patamoke que le Choptank se surpassait car là s'étendaient de vastes marais le long de la berge, marquée de temps à autre de jetées pourries où s'étaient amarrés les bateaux à vapeur, pays blanc et argenté, nimbé de romantisme ; maintenant, les pilotis étaient rongés jusqu'au ras de l'eau et la vase emplissait les ports où les femmes dans leurs plus beaux atours avaient attendu leurs amants venant de Baltimore. Comme l'endroit avait été bruyant à une époque, comme il était silencieux maintenant !

De longues étendues désertes se succédaient, très semblables à ce qu'elles avaient été à la fin du XVIe siècle, et plus haut, les vastes hangars rouillés de Denton où les énormes bateaux fluviaux avaient à une époque déchargé leur cargaison de guano en provenance du Pérou. Au-delà, s'étendaient les champs plats du Delaware où le cours d'eau prenait naissance, et plus loin encore, l'immensité de l'océan Atlantique dont les eaux salaient la Chesapeake et tous les estuaires.

Tandis qu'ils volaient à une centaine de mètres au-dessus de ce merveilleux paysage gelé, Ethel distinguait de temps à autre un trou pratiqué dans la glace par quelque force mystérieuse ; souvent, l'ouverture n'était guère plus grande qu'un court de tennis, mais tout autour s'aggloméraient des milliers d'oiseaux.

— On peut rentrer maintenant, dit Owen.

Et, comme un pigeon voyageur, l'hélicoptère tournoya, trouva son cap et survola les champs gelés jusqu'au Refuge.

Un aspect de cet effroyable hiver ne devait jamais plus être mentionné par les Steed, tant il était pénible.

Un matin, alors que Owen se rasait, il entendit le cri sinistre du héron — « Kraannk ! Kraannk ! » — et, en regardant par la fenêtre, il aperçut deux échassiers décharnés, ceux-là mêmes dont il avait étudié les mœurs avec une attention attendrie. Ils se posèrent sur la glace et avancèrent à grands pas maladroits vers les endroits où ils s'étaient si souvent nourris, espérant les trouver libres de glace pour pouvoir pêcher.

Désespérément, ils frappèrent à coups de bec la surface qui résistait. Puis, avec une terreur croissante, car ils mouraient de faim, ils martelèrent la glace de leurs pattes en une sorte de danse macabre. Impuissants, ils usèrent encore de leur bec, ployant leur long cou, s'acharnant avec une force qui aurait rompu une couche de glace normale. Mais celle-ci était différente, et les pauvres oiseaux allaient de place en place, frustrés.

— Chérie ! appela Steed, il faut qu'on fasse quelque chose pour les hérons.

— Ils sont revenus ?

— Oui. Ils essaient de trouver de l'eau.

— Pourquoi est-ce qu'ils ne mangent pas le maïs ? Pourquoi ne vont-ils pas où sont les canards ?

L'eau de la mare que les Steed avait pratiquée était trop profonde pour que les hérons puissent y pêcher ; ils ne consommaient pas de maïs. Ils avaient besoin d'un endroit où il leur serait possible de patauger comme le leur dictait leur instinct, et par ce froid, il n'existait plus de tels lieux tout au long de la côte orientale.

Les Steed décidèrent de tout mettre en œuvre pour sauver les échassiers. Pendant la matinée, ils se livrèrent à la tâche harassante qui consistait à casser de la glace le long de la rive et, à midi, ils étaient parvenus à ouvrir une voie d'eau assez étendue. Ils déjeunaient lorsqu'ils entendirent le cri familier qu'ils avaient appris à aimer, et ils se précipitèrent à la fenêtre espérant découvrir leurs amis en train de se nourrir.

En quelques minutes, la glace s'était reformée. En proie à la panique, les hérons arpentaient les endroits où ils se nourrissaient habituellement : tous étaient vides.

— Que vont-ils faire ? demanda Mrs. Steed, les larmes aux yeux.

Owen observa les échassiers à la jumelle et vit à quel point ils étaient décharnés ; il n'eut pas le courage d'informer sa femme de leur fin prochaine. Les hérons marchèrent encore de-ci delà comme de vieilles ballerines, tentèrent encore une fois de briser la glace ; éperdus, ils regardèrent de nouveau la chape luisante et s'envolèrent vers leur habitat gelé. On ne les revit plus.

Au cours des cinq premiers mois que les Steed passèrent au Refuge, Owen observa une règle immuable. Chaque fois qu'il quittait la propriété au volant de sa voiture, il tournait à droite, bien qu'il y eût une excellente route sur la gauche menant aux divers endroits où il souhaitait se rendre. Mais cette route passait aussi à proximité de la résidence des Paxmore, et il n'était pas encore prêt à les rencontrer. En février, il se détendit et annonça à sa femme :

— Je crois qu'il est temps que j'aille voir Pusey.

— Je me demandais pourquoi tu tardais tant, répondit-elle.

Il s'habilla avec soin, comme pour la chasse, grosses chaussures, épaisse veste de tweed, pantalon de whipcord, et casquette à oreilles. Il voulait paraître désinvolte. Mais quand il se regarda dans la glace du hall, il se sentit écœuré : « Du toc, rien que du toc ! » Il inspecta sa penderie, choisit un pantalon kaki, une chemise à carreaux et une veste en velours côtelé : « Au moins, j'ai l'air honnête. » Il sourcilla en comprenant combien le terme était peu approprié.

Il n'était guère content de lui en débouchant de l'allée de sa propriété ; il tourna à gauche et prit la direction de la Falaise-de-la-Paix. Il n'avait pas revu Pusey Paxmore depuis le jour d'août 1972 où le quaker guindé lui avait rendu visite à Tulsa. Comment pourrait-il l'oublier — plus de quatre ans, autant dire cinq siècles ? Quand il avisa l'entrée très simple de la propriété Paxmore et l'allée menant à la maison-télescope, l'envie le prit de continuer sa route sans s'arrêter, mais il se rendit compte qu'il ferait preuve de lâcheté en agissant ainsi. Sans enthousiasme, il emprunta l'allée, remarqua les buissons ondulés de myrtes qui seraient si beaux en juillet et se rangea devant la porte d'entrée.

Après avoir frappé, il dut attendre quelques instants, puis il entendit des pas traînants, le bruit de la vieille serrure qu'on tournait, un crissement de gonds. Ce qui se produisit ensuite le surprit car, lorsque la porte s'ouvrit en grand, il ne trouva pas Pusey, ni son épouse, mais une souillon dont la présence semblait incongrue dans ce lieu.

— Alors, vous êtes venu prendre la suite ? marmonna-t-elle.

Sans lui donner le temps de répondre, elle passa devant lui, sauta dans une vieille camionnette dont les pneus soulevèrent bientôt une gerbe de graviers.

— Qui êtes-vous ? cria Steed.

— Lily Turlock. Vous le trouverez à l'étage.

Elle embraya et disparut.

Lorsqu'il retourna vers la maison, il surprit un bruit furtif près de la porte.

— Qui est là ? s'enquit une voix anxieuse. Oh ! c'est vous, Owen. Je me demandais quand vous vous décideriez à venir. Je vous en prie, entrez.

La porte s'ouvrit avec lenteur, comme si l'homme qui la tirait n'avait pas de forces, puis Steed découvrit la silhouette tremblante. Le spectacle l'affligea. Autrefois, Pusey Paxmore avait été un quaker droit, l'œil clair, discret ; il s'était distingué par sa réserve et sa façon d'élever le débat au cours d'une discussion, quelle qu'elle fût, mais à présent, les cheveux étaient complètement blancs, les joues creuses — une loque. Le comparer à ce qu'il avait été était pénible. Steed comprit qu'il lui fallait vite trouver une formule de politesse.

— Comment ça va, Pusey ?

— On s'y fait.

— Moi aussi, je suis à la retraite. J'ai acheté le Refuge.

— C'est ce que j'ai entendu dire. Entrez.

Paxmore l'entraîna dans une salle de séjour dont les vastes baies dominaient le Choptank ; transformations qui remontaient aux années soixante, époque à laquelle Pusey gagnait des sommes importantes au service du gouvernement.

« Je me demande souvent si j'ai eu raison de percer ces vieux murs, dit-il, maussade. On devrait toujours s'abstenir d'apporter des transformations aux vieilles bâtisses, mais on ne peut pas non plus vivre claquemuré.

Allusion malheureuse qui les gêna l'un et l'autre.

« Dites-moi, Owen, comment était la vie en Oklahoma ? s'enquit Pusey, changeant de sujet.

— Eh bien, Pusey, il fallait devenir un fanatique du football sous peine de se dessécher sur place. J'ai aidé l'université à arriver par trois fois en championnat national.

— Comment ça, aidé ?

— Avec des bourses. J'ai accordé des bourses à de jeunes brutes qui savaient tout juste lire et écrire. Auriez-vous, par hasard, suivi le cas de ce jeune garçon du Texas ?... On lui avait fabriqué ses diplômes de toutes pièces.

— Comment ça, fabriqué ?

— On lui accordait les meilleures notes quand il méritait les plus mauvaises... pour lui permettre de briguer la bourse que j'offrais.

— Vous avez toujours été très généreux, remarqua Paxmore.

La formule était tellement inappropriée que Steed pensa : « Seigneur, on ne peut pas proférer une parole qui ne puisse être interprétée de trois façons différentes. » Il regrettait d'être venu.

Dans un effort pour orienter la conversation sur un terrain moins mouvant, il s'approcha de la fenêtre et demanda :

— Avez-vous remarqué la façon dont notre île s'enfonce lentement dans la baie ?

— Oui, certes ! J'y suis allé l'autre jour et j'ai calculé que d'après les vieilles cartes... Saviez-vous que le capitaine John Smith a effectué le premier relevé de Devon ? Eh bien, depuis cette époque, la terre a reculé à un rythme constant. J'estime que l'île s'est rétrécie de cent mètres par an. L'érosion l'attaque de tous côtés. C'est triste.

Les deux hommes gardèrent les yeux fixés sur le vague pourtour de l'île, et s'installa un silence pesant que Steed tenta de rompre.

— Comment ça va pour vos fils, Pusey ?

— Pas très bien. Ils se sont présentés à Harvard, mais ça a dû être très difficile pour eux.

— Ils n'ont pas lâché ?

— Il se trouve que si. Mais ils remonteront la pente. Ce sont des gosses vraiment bien.

— On ne peut les traiter de gosses.

— Je ne peux pas les considérer autrement. Et vous, comment vont vos enfants ?

— Clara est à Paris, je crois. Elle a connu sa phase hippie.

— Et votre fils ?

— Je suis inquiet au sujet de Logan. Il a divorcé. Je ne sais pas très bien ce qu'il trafique à Boston. Bon Dieu, Pusey ! Est-ce que cette génération... Prenez ma femme... Une des meilleures auxquelles l'Oklahoma ait jamais donné le jour... On pourrait croire qu'avec une mère pareille, les enfants...

Il marqua une pause.

« Nous ne les avons vus ni l'un ni l'autre depuis trois ans.

— Nous ne voyons pas beaucoup les nôtres non plus. Pourtant, quand j'étais à Scanderville, j'aurais été heureux qu'ils se tiennent à l'écart, mais ils venaient me voir, je dois le reconnaître.

— Ça a été moche là-bas ?

— La prison est toujours moche. Sur certains, elle a un effet plus néfaste que sur d'autres. A mon âge...

C'était l'instant ou jamais pour Steed d'aborder la tragédie qui les avait atteints alors qu'ils apportaient un soutien ardent au président, mais par lâcheté, il s'esquiva :

— Il faut que vous veniez nous voir, que vous fassiez la connaissance d'Ethel. C'est une femme bien, une bouffée d'air frais.

— On en a besoin sur la côte orientale.

— Il faut que nous nous voyions. Je vous appellerai un de ces jours.

— Volontiers, répondit Paxmore en accompagnant son vieil ami jusqu'à la voiture qu'il suivit des yeux quand celle-ci s'éloigna entre les bordures de myrtes.

Lorsque Steed rentra chez lui, sa femme s'étonna.

— Tu n'es pas resté absent bien longtemps.

— Nous avons échangé quelques banalités.

— Owen, tu n'as pas fait tout ce chemin pour ne rien dire !

Il chercha plusieurs explications maladroites, puis s'effondra dans un fauteuil.

— Par moments, je suis une vraie chiffe molle.

— Tu peux le dire ! Owen, lève-toi ! Nous retournons chez les Paxmore.

— Je ne peux pas, Ethel. Nous trouverons bien le moment propice.

— Le moment propice c'était il y a six mois. Maintenant, le diable t'emporte, tu es en train de craquer.

Elle se rua sur la porte, l'ouvrit d'un coup de pied et attendit que son mari la suivît.

Quand il s'avança vers le côté gauche de la voiture, elle l'écarta d'un geste.

« Je prendrai le volant. Toi, tu risquerais encore de te dégonfler.

Et elle embraya brutalement, dispersant le gravier ; sans ralentir, elle gravit la colline menant chez les Paxmore où Amanda rangeait sa voiture en revenant de faire ses courses à Patamoke.

— Je suis Ethel Steed, dit-elle en tendant la main. Nous sommes venus vous présenter des excuses.

— Pas à moi, à Pusey, rétorqua Amanda avec raideur.

— Oui, à Pusey, convint Ethel. Il s'est conduit en héros, Mrs. Paxmore, et nous venons bien tard.

— C'est difficile, admit Amanda.

Elle les précéda vers l'arrière de la maison, appela son mari et attendit que celui-ci se manifestât, tête basse, épaules tombantes. L'attitude de Steed l'avait peiné et il était en train de ruminer dans sa chambre.

— Pusey, les Steed sont revenus, annonça Amanda.

— Je n'ai jamais eu l'occasion de faire la connaissance de Mrs. Steed, dit Paxmore, pensant que les propos évasifs du matin allaient se renouveler.

Ce ne fut pas le cas.

— Nous sommes venus vous présenter des excuses.

Ethel s'avançait, la main tendue.

« Vous avez été courageux, ajouta-t-elle en étreignant les doigts frêles et pâles.

— Asseyons-nous, proposa-t-il en se dirigeant vers un fauteuil proche de la fenêtre.

Et tous quatre s'assirent, avec calme, sans trahir leur émotion, et ils commencèrent à passer en revue les pénibles détails de leurs mésaventures.

— C'est vous qui avez payé pour nous tous, dit Ethel. Et Owen aurait dû venir vous trouver il y a six mois pour vous dire à quel point nous vous sommes reconnaissants de votre sacrifice.

— Bienfaits et châtiments sont dispensés à l'aveuglette, laissa tomber Paxmore.

Une fois la digue rompue, il amorça sa thérapeutique d'exploration, parlant sans interruption, libérant un véritable flot de souvenirs et de considérations.

Je me suis senti honoré d'occuper un aussi haut poste à la Maison-Blanche. Être proche du pouvoir ne doit pas être sous-estimé, et influencer à la fois le législatif et l'exécutif est une aspiration que devrait ressentir tout homme raisonnable. Je ne ferai pas preuve de prétention en disant que j'ai beaucoup accompli au cours du premier mandat. Par exemple, la législation sur l'eau, l'étude sur les droits des Arabes, les allocations plus élevées pour les mères de famille veuves. J'avais le sentiment de perpétuer l'œuvre de Woolman Paxmore et de Ruth Brinton. J'incarnais le christianisme, et je suis encore assez fier de mes réalisations.

Mais je n'étais pas un quelconque agent électoral à Washington. J'occupais une place à part. J'avais vu l'entreprise de ma famille réduite en cendres au cours d'une émeute. J'avais vu la haine dans les rues. J'avais vécu à proximité d'une véritable révolution. Mieux que quiconque à la Maison-Blanche, je comprenais que nous avions frôlé le désastre de près en 1969 et en 1970.

Aussi, à l'approche des élections de 1972, je considérais comme un devoir de réélire Richard Nixon afin de lui permettre de sauver le pays. J'avais assisté aux incendies, aux tentatives révolutionnaires, et j'étais résolu à ne pas les voir s'étendre. Quand je me suis entretenu avec vous à Tulsa au cours de l'été 1972, alors que George McGovern était près de la victoire, que les combats de rue faisaient rage sporadiquement, que tout menaçait de voler en éclats, le danger était clair, imminent. La sauvegarde de notre nation était en jeu.

J'ai éprouvé un soulagement, Owen, quand vous m'avez assuré que vous trouveriez un moyen quelconque de nous verser deux cent mille dollars sur les fonds de votre société. Cet apport nous permettait d'épauler des hommes valables à New York, en Californie et au Texas, trois États où nous risquions de perdre. N'oubliez pas non plus qu'il était logique que vous nous aidiez ainsi, puisque votre mode de vie était en danger. Tous les bons principes étaient sapés, et seule notre victoire pouvait empêcher que tout aille à vau-l'eau.

La tragique erreur qui a entraîné le fiasco du Watergate

réside dans le fait que Nixon n'a jamais trouvé une tribune pour exposer les conditions qui régnaient dans le pays de 1969 jusqu'à la fin de 1972. Nous étions au bord de l'anarchie, et si nous n'avions pas tenu bon, tout risquait de sombrer. Owen, vous m'avez dit ce jour-là que vos propres enfants fabriquaient des bombes, pillaient l'université et prêchaient la révolte ; celle-ci couvait partout, et je suis convaincu que, si nous avions perdu les élections de 1972, la révolution aurait éclaté.

Eh bien, j'ai fait tout mon possible pour l'enrayer. J'ai collecté des fonds, j'ai pris les dispositions nécessaires pour les faire laver au Mexique, et j'ai menti pour sauver mon pays. Je n'ai aucun regret, à l'exception d'un seul, assez puéril : lors de l'audience, on m'a traité comme un vieux clown triste, on m'a ridiculisé aux yeux de la nation. Le procureur Sam Dash ne s'est pas donné la peine de m'interroger. Il a laissé ce soin à un jeune substitut, frais émoulu de la faculté de droit. C'était une occasion unique pour celui-ci, et il a joué avec moi comme le chat avec la souris. Et j'ai accepté de passer pour un benêt, un serf fidèle à son seigneur. Et savez-vous pourquoi ? Parce que, en agissant de la sorte, je n'étais pas obligé de dire toute la vérité. Je gardais la possibilité de protéger mon président et mes amis.

Il s'interrompit. Ethel Steed eut un regard entendu à l'adresse de son mari.

— Pusey, marmonna Owen, ceux d'entre nous qui vous sont tant redevables n'oublieront jamais ce que vous avez enduré.

— Mr. Nixon l'a oublié, intervint Amanda. Pendant tout le temps que Pusey a passé en prison, pas un mot de regret. Ni à lui, ni à moi.

— Nous ne cherchions pas les louanges, coupa Pusey, les mâchoires serrées comme lorsqu'il s'était trouvé devant les caméras de télévision. Nous avons agi ainsi parce que le pays était menacé.

— Et je vous en sais gré, Pusey.

Steed souhaitait ne pas aller plus loin dans ses excuses, non par veulerie, mais parce que le souvenir de cet été atroce au cours duquel John Dean avait témoigné était trop accablant pour qu'il voulût le revivre. Ce fut Ethel qui se chargea d'exprimer les vrais regrets et, comme Paxmore, elle parla sans s'interrompre :

> Nous restions assis, paralysés, devant notre poste de télévision, à nous demander à quel moment la bulle des faux-semblants éclaterait, nous désignant à l'attention de tout le pays. Ce diable de Polewicz n'a pas déchaîné les rires dans notre famille, parce que l'argent que ce personnage transportait dans un sac en papier était le nôtre. Quand on a relevé la trace des fonds jusqu'à Mexico, c'est de notre argent qu'il était question. Et quand nous avons appris que vous étiez sommé de vous présenter à la barre, nous avons été pris de frissons. Parce que vous saviez tout.
>
> Pusey, vous étiez à la barre et nous partagions votre agonie, mais, nom de Dieu, nous continuions à nous répéter : « J'espère qu'il ne parlera pas ! » Et vous n'avez pas parlé.

Le silence s'installa. Les hommes regardaient le Choptank sans le voir et, au bout d'un moment, Pusey étonna les Steed en retombant dans le parler quaker.

— Aimerais-tu boire quelque chose ?

— Quelle charmante façon de s'exprimer, remarqua Ethel.

— Au moment où je me retire du combat..., commença Pusey.

L'image lui déplut et il biaisa.

« Je suis vieux maintenant. Je retourne à mes origines.

— Je suis revenu pour la même raison, dit Owen. Un retour aux sources... aussi parce que j'ai été saqué.

— Vous avez été saqué ?

— Enfin... ça revient au même. J'étais si secoué par le Watergate que je ne parvenais plus à me concentrer sur mon travail. Six ou sept membres du conseil d'administration savaient que je vous avais remis de l'argent. Bon Dieu, c'était eux qui avaient pris les dispositions nécessaires, et ils savaient que, si vous parliez, c'est moi qui paierais les pots cassés. Je me sentais mal à l'aise parmi eux, et ma présence les dérangeait tout autant. Alors, ils m'ont versé des indemnités et ils m'ont viré.

— Mais ton nom est resté sans tache, murmura Amanda Paxmore, sans agressivité, mais avec une franchise qui risquait d'être mal interprétée.

Pusey ne donna pas le temps à Steed de se défendre.

— Aucun homme sensé ne s'attend à une justice dispensée avec équité. Mais peux-tu imaginer ce qui a été ma plus grande punition ?

Il semblait vouloir se fustiger.

« C'est d'être assis dans cette pièce, jour après jour, et de réaliser à quel point je me suis écarté de ce que j'étais. As-tu connu mon père, Woolman Paxmore ? Un saint. Quand nous étions enfants, il avait coutume de nous dire avec sa merveilleuse simplicité : « Tu n'as qu'une unique obligation envers la société : porter témoignage. » Il m'avait averti qu'au cours de ma vie je serais appelé à faire face à tous les dilemmes moraux dont il est question dans la Bible. Et il ne se trompait pas.

Owen fit mine de l'interrompre, mais le flot des paroles reprit :

« Je me demande si les jeunes gens qui suivent des cours de morale à l'université se rendent compte que, dans leur existence future, les abstractions dont ils discutent deviendront réalité. J'ai été appelé à faire face à tous les dilemmes... hormis le meurtre. Et l'autre nuit, tandis que je ressassais l'époque où j'étais à la Maison-Blanche, je me suis même demandé si cette possibilité ne m'était pas venue à l'esprit.

Il réfléchit à cette affreuse hypothèse, puis ajouta, avec un petit gloussement :

« Mais la grande leçon de ma vie ne m'a pas été enseignée par l'université, ni par mon père. Je l'ai apprise au collège, auprès de ma tante Emily, celle qui combattait pour sauvegarder les droits des Noirs. C'était une vieille femme quand je l'ai connue, une excentrique à laquelle nous ne prêtions guère attention. Mais elle exigeait qu'on sache réciter des tirades par cœur. Le passage dont je veux parler était extrait d'une pièce que je n'ai jamais vue. Je doute d'ailleurs que quiconque la voie jamais, *Henry VIII*. Le cardinal Wolsey...

Il s'interrompit.

« Est-ce que ta famille n'a pas eu affaire avec le cardinal Wolsey ?

— Si. Elle le flattait quand il était au pouvoir, le décriait quand il n'y était pas.

— Wolsey s'en va, il part pour l'exil, le gibet peut-être et, au moment où il quitte sa Maison-Blanche, où il a détenu un tel pouvoir, il songe :

Si j'avais mis au service de Dieu
la moitié seulement du zèle que j'ai mis au service du roi,
Il ne m'aurait pas à mon âge livré nu à mes ennemis.

— Vous sentez-vous abandonné par le président ? demanda Ethel Steed.

— Nous avons tous été abandonnés, grommela Pusey.

Soudain, le terrible poids de ces années l'accabla, et ce fut plus qu'il ne pouvait en supporter. Ses épaules s'affaissèrent, sa mâchoire trembla, et il devint tout à coup très vieux, bien qu'il n'eût que soixante-quatre ans. Il prit conscience de son affligeante altération et il balbutia :

« Je me fatigue très vite. Excusez-moi.

Avant de quitter la pièce, il se tourna vers ses visiteurs.

« Nous, les gars de la côte orientale, nous nous défendons mal quand nous nous aventurons dans le monde. Mieux vaut rester dans nos retraites et écouter les échos qui nous viennent à travers la baie.

Les bons citoyens de Patamoke, noirs et blancs, tenaient à éviter que l'incendie de la Grenouillère servît de prétexte pour renforcer les animosités raciales. Quand le père Patrick eut réussi à apaiser les Turlock et les Caveny, la vie le long du Choptank retrouva son cours normal beaucoup plus rapidement que les pessimistes ne l'avaient prédit. La Garde nationale resta sur place pendant quelques semaines ; certes on brûla quelques croix, mais tout le monde était si las du feu que les passions se calmèrent.

Hiram Cater fut appréhendé par le FBI et condamné à la prison, mais des citoyens venus d'horizons divers demandèrent l'indulgence du tribunal et le juge en tint compte. On bâtit une nouvelle route autour de la Grenouillère, qui ne tarda pas à être connue sous le nom de boulevard du Congo, mais les garçons noirs commencèrent à être admis dans l'équipe de football de Patamoke et, après une victoire, Noirs et Blancs se réunissaient au glacier Bleu et Or pour fêter l'événement.

Mais la tension ne se relâcha réellement qu'au début de mars 1977, quand ces grandes gueules de capitaines de skipjacks de Deal Island débarquèrent en ville et affichèrent une proclamation qui mettait en jeu l'honneur du Choptank ; Noirs et

Blancs s'unirent pour défendre leur fleuve et on oublia les vieilles animosités.

Les ressortissants de Deal Island affirmaient qu'ils étaient les champions de la côte orientale, et prêts à le prouver dans une grande course. Afin d'insulter les habitants de Patamoke, ils ajoutaient : « Puisque vous avez besoin de tous les avantages possibles pour être à notre hauteur, la course aura lieu chez vous, dans les eaux du Choptank, la première semaine d'octobre. »

Les citoyens de Patamoke se promirent d'engager sept skipjacks, cinq commandés par des patrons blancs, deux par des noirs, mais avec des équipages mixtes, trois Noirs et trois Blancs. On nettoya les vieux bateaux et les marins commencèrent à s'entraîner aux manœuvres exigées pour la victoire, mais les organisateurs de la course regrettaient une absence.

— Bon Dieu, si on y regarde de près, et si on pense aux journaux et à la télévision... que diable, il faut que l'Eden soit parmi les partants ! C'est le plus vieux skipjack qui soit encore à flot, et il doit participer à la course.

Les capitaines de Patamoke convinrent que ce serait une excellente idée de voir le skipjack au cul en porte à faux participer à la course, mais il n'avait pas navigué depuis plusieurs années et on le considérait comme une épave. Lorsque les experts allèrent l'examiner, amarré derrière les ruines du chantier Paxmore, ils durent reconnaître que le bateau ne valait pas lourd.

Quand Owen Steed eut vent de l'affaire, il déclara :

— J'avancerai les fonds nécessaires pour la remise en état... Tout au moins si vous obtenez de Pusey Paxmore qu'il dirige les travaux de réparation.

Le comité se rendit à la Falaise-de-la-Paix où Pusey se récusa, prétextant sa vieillesse et son incompétence ; mais il orienta ses visiteurs sur l'un de ses neveux qui avait déjà construit un skipjack, et celui-ci accepta de se joindre à l'effort collectif.

Lorsque le bateau remis à neuf apparut sur son ber à côté du port, avec la forte quête de son mât, son gréement miroitant sous les couches de vernis, la question se posa quant à l'équipage. Le bateau appartenait à la famille Cater ; un homme aux épaules voûtées, appelé Absalon, en détenait les papiers et bénéficiait d'une réputation enviable dans le dragage des huîtres, d'autant qu'il se montrait toujours prêt à défendre ses emplacements contre les intrus.

Mais quand Steed et les membres du comité allèrent trouver Absalon, ils découvrirent un homme irascible, ressassant amèrement la détention d'Hiram Cater.

— Je sortirai pas l'*Eden.*

— Mais le capitaine Boggs de Deal Island...

— Qu'il aille au diable !

Absalon Cater appartenait à la nouvelle génération de Noirs bourrus qui ne toléraient pas le moindre affront à leur dignité personnelle.

— Mr. Cater, nous aimerions vraiment que vous...

— Je m'appelle Absalon.

— Nom de Dieu ! aboya Steed gagné par la colère, j'ai passé trente ans en Oklahoma à appeler des enfants de salauds comme vous Monsieur. Et maintenant, vous me reprochez ma politesse. Comment voulez-vous être appelé ? Nègre, Noir, homme de couleur ?... Allez-y, expliquez-vous.

— Mon problème à moi, c'est de plus appeler des culs-blancs Monsieur, dit Absalon en riant. Alors, maintenant, qu'est-ce que vous voulez, Steed ?

— Je veux que vous rassembliez un équipage qui gagnera la course. On vous procure un bateau en rudement bon état.

— Y a un gars qui trie les huîtres à Tilghman Island. Il a l'habitude de naviguer avec moi. Et Curtis, de Honga. Ça fait trois Noirs. A vous de choisir trois Blancs.

C'était là un défi qui ne manquait pas d'insolence ; il enflamma les imaginations des hommes de l'eau blancs.

— Les Turlock ont été propriétaires de l'*Eden* dans le temps. Alors, on va demander à Amos.

— Il a presque soixante-dix ans.

— Il est bon cuisinier. Et dans une bagarre, il est encore coriace.

— Il y a toujours eu des Caveny à bord de ce skipjack. Alors, on invitera Martin et la famille Pflaum. Hugo a pas son pareil sur l'eau.

Ce fut un équipage à mine patibulaire qui se réunit pour les premiers essais de l'*Eden,* et un journaliste de Baltimore écrivit : « Ils ressemblent à des pirates se préparant à incendier une plantation. » Il ne restait plus que quelques dents à Amos Turlock, maigre comme un cent de clous ; Martin Caveny, toute rondeur et malignité, évoquait un assassin en puissance, gardant un œil sur le trésor du château ; et Hugo Pflaum, qui comptait plus de soixante-dix ans, avait hérité du cou épais et court de ses ancêtres rhénans. Les trois Noirs, au moins, avaient l'air de marins : le capitaine Absalon, grand et dangereux, ses deux aides, minces et prêts à la bagarre.

Doté d'un tel équipage, l'*Eden* retint l'attention des journalistes ; les incidents jalonnant l'histoire du bateau resurgirent : construit en 1891, commandé par Jake Turlock, qui anéantit les Virginiens lors de la bataille de la baie ; capturé par un homme seul, Otto Pflaum, qui tint en respect les cinq membres de l'équipage, tous armés ; le skipjack, passé dans les mains de Big Jimbo Cater, le premier et le meilleur des patrons noirs. « Par ailleurs, annonçait fièrement le journaliste du *Bugle,* ce bateau est l'unique skipjack au cul en porte à faux qui ait jamais existé, mais on lui accorde généralement peu de chances de gagner la course parce qu'il navigue mal tribord amures. »

Un jour que l'équipage blanc et noir s'entraînait sur la Chesapeake, Amos Turlock émergea de la cambuse et vit une occasion de ramasser un peu d'argent facile. Un yacht coûteux s'était mis au plain sur les hauts-fonds de vase ne figurant pas sur les cartes et qui affleuraient presque la surface de l'eau, là où autrefois se dressait l'extrémité ouest de Devon Island. Endroit dangereux qui n'avait pas encore été convenablement balisé et l'équipage du yacht ne pouvait être blâmé pour cet échouage.

— Ohé du bateau ! cria Turlock, vous avez besoin d'aide ?

— On a besoin d'une remorque.

— On n'a pas assez de puissance pour vous en passer une.

— Vous ne pourriez pas nous faire envoyer un remorqueur ? Nous nous sommes mis en rapport avec les garde-côtes par radio, mais ils n'ont rien sous la main.

— Je peux vous tirer de là, cria Turlock, tandis que l'*Eden* se rapprochait.

— Attention ! cria le capitaine du yacht. Vous allez vous échouer.

— On a soixante centimètres de tirant d'eau, dérive relevée.

— Un sacré avantage.

— Dans ces eaux, oui ! Monsieur, je peux vous tirer de là sans même écailler la peinture. Cinquante dollars.

— D'accord !

— Marché conclu ? demanda Turlock, l'air soupçonneux.

Dès que le plaisancier eut acquiescé, Amos se retourna. « Caveny, élonge les aussières. Tu sais ce qu'il y a à faire.

Le yacht s'était mis au plain parce que sa construction exigeait une quille massive qui lui donnait un tirant d'eau de deux mètres quarante, et ce bulbe d'acier s'était planté dans la vase. Aucun remorquage de l'*Eden* ne pourrait le libérer, et les plaisanciers ne comprenaient pas ce que l'équipage bigarré du skipjack avait en tête.

C'était simple. Caveny embarqua dans l'annexe de l'*Eden,* tirant une longue aussière derrière lui. Il se hissa sur le pont du yacht et grimpa immédiatement au mât, aussi haut qu'il le put. Là, il frappa l'extrémité de l'aussière à hauteur de la barre de flèche et fit signe à Turlock, à bord de l'*Eden,* de passer à l'action.

Lentement, le skipjack s'éloigna du yacht et l'aussière se raidit, mais il était impossible que le petit bateau de pêche pût dégager un voilier de cette taille, et les marins s'écrièrent :

— Attention ! Vous allez rompre l'aussière !

Turlock n'avait jamais eu l'intention d'opérer une telle traction ; il voulait simplement maintenir la tension jusqu'à ce que l'aussière, frappée haut sur le mât, fît gîter le yacht sur bâbord.

— Attention, abruti ! s'écria l'un des plaisanciers quand le bateau commença à gîter. Vous allez nous faire chavirer !

Mais Turlock maintenait sa traction mesurée et, lentement, la coque du yacht gîta jusqu'à ce que son mât fût parallèle à l'eau ; alors, le miracle sur lequel il comptait commença à se préciser. Ce qui avait été un yacht massif, au tirant d'eau de deux mètres quarante, se transforma en un bateau bizarre, informe, ayant moins de dix centimètres de bois au-dessous de la ligne de flottaison, et l'énorme bulbe d'acier se coucha en biais dans la vase. La flottabilité du bateau devint telle qu'elle commença à aspirer la quille hors de sa gangue.

— Ne touchez pas à l'aussière ! cria Turlock.

Et tous suivirent des yeux le mât qui descendit jusqu'à effleurer l'eau ; à ce stade, le yacht se libéra et le skipjack fut en mesure de le tirer en eau profonde, bien qu'une petite brise seulement gonflât ses voiles. Le yacht se redressa rapidement et les plaisanciers crièrent leur joie.

Lorsque le moment vint pour le capitaine de remettre les cinquante dollars, l'un des membres de son équipage grogna :

— C'est beaucoup d'argent pour six minutes de travail.

— Cinq dollars pour le faire, quarante-cinq pour savoir comment s'y prendre, répliqua Turlock.

Quand le jeune Christopher Pflaum scandalisa les habitants de Patamoke en installant son foyer au sud du Choptank — ce qu'aucun membre d'une famille respectable ne s'était jamais permis — les hommes du magasin trouvèrent une explication facile à un comportement aussi révoltant.

— Rappelez-vous ! Sa grand-mère était une Turlock. Et sa mère aussi. Et avec un sang pareil, faut s'attendre à tout.

Ce à quoi, un philosophe du cru ajouta :

— Et quand on y réfléchit, on se rend compte que les Turlock ont toujours aimé le marais. La voix du sang. Ça explique tout.

La raison était plus simple et plus belle. Par une nuit sombre de 1967, en tant que lieutenant à la tête d'un groupe d'hommes dépenaillés qui ratissaient la jungle du Vietnam, il eut une révélation. En Corée, quelques années auparavant, Hiram Cater avait trouvé un sens au Choptank ; à présent, Christopher Pflaum allait connaître une expérience analogue à celle du Vietnam — risques et avantages qu'il y a à envoyer des jeunes hommes intelligents servir en terre étrangère ; à leur retour, ils voient leur patrie sous son vrai jour.

Chris avait déjà passé sept mois en futiles combats de jungle, et son unité s'était livrée à tant de destructions et de pillages qu'il était écœuré de la guerre ; mais il était encore plus écœuré par la façon dont certains camarades se plaignaient. Comme son grand-père, Otto, et son rude père, Hugo, il estimait que les hommes doivent tolérer ce qui est inévitable, mais tendre vers un mieux ; pourtant, il lui fallait écouter la plainte des soldats : le rata, la boue, les officiers, le climat, la crasse, le manque de munitions, l'absence de couverture aérienne, la carence du caporal qui n'avait pas réussi à mettre la main sur un stock de chaussettes. Le point de rupture survint lorsqu'un soldat du New Hampshire lui agrippa le bras en se lamentant :

— Ces satanés moustiques auront ma peau.

— Merde ! aboya Chris. Des moucherons ! Chez moi, il y a des moustiques gros comme des pigeons.

— Quoi ?

Une bagarre s'ensuivit et quand elle s'acheva, sans vainqueur, Chris s'assit à l'écart dans l'obscurité et s'efforça de dresser un bilan honnête de sa vie : « Je n'ai jamais été aussi heureux que quand j'explorais les marais le long du Choptank. » Et, sans s'appesantir davantage sur la question, il écrivit une lettre au seul agent immobilier qu'il connût : Washburn Turlock, à Patamoke.

> J'ai deux mille dollars d'économies et je serais prêt à prendre une hypothèque pour le double de cette somme. Je vous demande de vous rendre au sud du Choptank et de m'acheter la plus vaste superficie de marais disponible. Je ne veux pas un hectare ni dix, il m'en faut au moins cent cinquante, mais une partie pourrait être en terre cultivable. Je veux une maison où une femme et des gosses puissent vivre, et un accès direct à l'eau. Il s'agit d'un ordre ferme, et vous trouverez un chèque ci-joint. Ne prenez pas la peine de m'envoyer des détails compliqués. Contentez-vous de m'acheter cette terre marécageuse.

Tôt le lendemain matin, il posta sa lettre et, tout de suite après, il céda à une telle euphorie qu'il se sentit en tous points rasséréné. Il avait opté pour un mode de vie, pour une qualité particulière de terre et d'eau, de chevreuils et de rats musqués. Chaque jour passé dans la jungle le fortifiait dans sa décision et, beaucoup plus tôt qu'il ne s'y attendait, Washburn Turlock lui écrivit :

> Notre agence s'occupe rarement de propriétés situées au sud du Choptank, parce que les moustiques y sont insupportables. Mais vos instructions étaient si précises et votre père si certain de vos désirs que je me suis senti obligé d'explorer la région pour votre compte, d'autant plus que vous êtes en service pour protéger notre pays. Vous serez heureux de ce que j'ai trouvé. Sur la carte jointe, vous remarquerez que j'ai souligné, le long du Little Choptank, une étendue de terres composées d'un heureux mélange : soixante-cinq hectares de marais et vingt hectares de terre cultivable pouvant être exploitée si vous le désirez. La propriété comprend une maison, une grange, quelques constructions annexes ayant autrefois servi à abriter des esclaves, et une magnifique étendue en bordure d'eau avec une jetée s'avançant loin dans le lit du Little Choptank. La propriété a appartenu à Herman Cline, qui s'y était installé avant la guerre civile et qui a joué un rôle mineur dans

l'histoire de la région. Elle est à vous pour le prix incroyable de sept mille six cents dollars, et j'ai déjà obtenu une hypothèque. Elle vous appartient.

Quand l'avion amenant les démobilisés approcha de la base aérienne de McGuire, en 1968, Chris se sentit baigné de sueur et, pendant le rapide trajet en voiture à travers la péninsule de Delmarva, sa fièvre s'accrut encore.

— Je n'ai pas encore vu la propriété, expliqua sa femme. Mais Turlock affirme qu'elle correspond exactement à ce que tu demandais.

Chris s'arrêta à Patamoke, le temps d'embrasser sa mère, puis il passa le pont. Il roula en direction de l'ouest, s'engagea sur une langue de terre ferme pointant vers la baie, puis sur une route étroite et, finalement, sur un chemin de terre.

— Ces gordonias doivent être à nous ! s'écria-t-il à la vue d'arbres majestueux.

Et la vieille maison de Cline apparut, puis ce fut le tour des logements délabrés des esclaves et la solide jetée qui s'avançait dans le Little Choptank. Tout paraissait deux fois plus séduisant qu'il n'avait pu l'imaginer. Mais la plus belle partie de la propriété se trouvait à l'ouest, où le petit estuaire rejoignait la baie, car là se trouvait le marais ponctué çà et là de champs cultivables, ceux qu'avaient aménagés les esclaves loués à Herman Cline. Le marécage attendait, comme au temps du capitaine Smith, intact, agité par le vent, habité par une multitude de vies et animé par le flot constant. Il paraissait infini, beaucoup plus vaste qu'il ne l'avait espéré, et il se voyait déjà entraînant ses enfants jusqu'au cœur de ce domaine mystérieux pour leur en dévoiler les secrets. Il voulut parler, mais son esprit était empli du martèlement du poème maudit :

Vois de quelle grâce la mer se pare
Partout et partout dans les réseaux compliqués que rien ne contrecarre.
Ici et là,
Partout,
Jusqu'à ce que ses eaux deviennent ruisseaux et recouvrent
les chemins creux,
Et le marais est sillonné d'un million de veines...

Pendant une période d'un an, quatre hommes — deux vieux, deux jeunes — revinrent au Choptank, animés par des motifs très différents. Pusey Paxmore était rentré chez lui pour y mourir après une vie brisée. Prudent, Owen Steed avait quitté l'Oklahoma, nanti de fonds suffisants pour lui permettre de racheter la plantation de sa famille. Chris Pflaum, démobilisé avec le grade de commandant, avait obtenu un poste de chercheur au Centre d'études des estuaires de la Chesapeake pour gagner une maison enfouie dans les marais du Choptank.

Hiram Cater était plus difficile à classer ; le directeur de la prison lui avait accordé une permission afin qu'il pût assister aux obsèques de ses parents. Nés la même année, Jeb et Julia s'étaient débattus dans la pauvreté que leur infligeait la société, et avaient survécu pour voir deux de leurs enfants incarcérés dans des pénitenciers fédéraux. Souvent, au cours des dernières années, dans leur cube de briques, neuf et aseptisé, ils se reprochaient des échecs qu'ils étaient incapables d'expliquer parce qu'ils ne comprenaient pas que seul Patamoke était responsable. En 1977, ils moururent à trois jours d'intervalle, et leur fils, Hiram, fut autorisé à venir les enterrer. Devant la tombe, il se tint silencieux et, dès que s'acheva la brève cérémonie, il regagna la prison, sachant qu'il ne pourrait plus jamais vivre à Patamoke.

Le cas du commandant Pflaum n'avait rien de commun avec celui des trois autres ; il rentrait, chargé d'honneurs, animé par un désir d'accomplissement. Pendant son séjour sous les drapeaux, il avait été affecté à maints postes dans quatre continents, et il savait que peu de lieux sur terre pouvaient être comparés à la Chesapeake pour la beauté de ses paysages et la sérénité qui s'en dégageait.

Mais dès qu'il commença ses recherches au Centre d'études des estuaires, il entra en conflit avec son père, Hugo, qui avait passé cinquante et un ans à protéger les cours d'eau et la baie. Celui-ci éprouva un violent ressentiment en entendant Chris déclarer :

— Personne dans le coin ne semble se préoccuper le moins du monde de l'avenir de cette région.

— Toi qui sais tout, grommela Hugo, t'es-tu seulement jamais penché sur le travail que nous avons accompli ? Faire voter des lois qui interdisent à des hommes comme l'oncle Ruthven de construire des estacades autour des marais et de recouvrir ceux-ci de béton ? Nos règlements qui protègent les marécages afin que les canards puissent s'y nourrir ? Et la façon dont nous avons confisqué les canardières meurtrières ?

— Celle de l'oncle Amos aussi ?

— On mettra la main dessus un jour ou l'autre.

— Mais la terre, p'pa, elle est foutue !

— Tu parles comme un imbécile. Notre côte orientale est l'un des plus beaux endroits qui restent au monde.

— P'pa ! Veux-tu venir en voiture avec moi et jeter un coup d'œil ?

— Volontiers, assura le garde-chasse.

Et il monta à côté de son fils dans une petite camionnette afin d'aller inspecter les routes partant de Patamoke.

— Maintenant, tout ce que je te demande, c'est de bien regarder les accotements... et les fossés, dit Chris.

Hugo s'y employa et comprit pourquoi son fils se plaignait : les bords de route étaient jonchés de boîtes de bière vides et de bouteilles de soda. On eût dit que la loi exigeait que chaque habitant du Maryland ingérât trois boîtes d'un liquide quelconque chaque jour, et qu'il en déposât la preuve le long de la route.

— Oui, c'est plutôt moche, Chris, admit le vieil homme, l'air renfrogné.

Chris arrêta le véhicule.

— J'ai une proposition à te faire, p'pa, dit-il. On va marcher sur une distance de cinq cents mètres, aller et retour, en comptant boîtes et bouteilles.

Ils en dénombrèrent quatre-vingt-sept d'un côté, et soixante-douze de l'autre.

— Donc, sur cinq cents mètres, nous trouvons une moyenne de cent cinquante-neuf boîtes et bouteilles le long d'un chemin rural... Plus de trois cents au kilomètre. Schlitz, Miller, Budweiser, Michelob. Les marques qui sont le blason de l'Amérique moderne.

— J'ai l'impression que tu as triché, protesta Hugo. Ici, c'est un chemin d'amoureux, et tu sais très bien à quel point les jeunes gens aiment tout esquinter.

Mais lorsqu'ils se rendirent sur une charmante route de l'arrière-pays, elle aussi était jalonnée d'emballages hors d'usage, boîtes d'aluminium et bouteilles vides.

— C'est vraiment moche, Chris, admit Hugo.

Et quand son fils lança une campagne dans le *Bugle* pour le nettoyage des bords de route, il apporta sa contribution dans un article sévère où il expliquait qu'hommes et femmes ayant si bien réussi à sauver les canards et les oies devaient cesser de souiller le paysage. Sa lettre ne lui valut que mépris, mais l'insistance de Chris auprès des autorités incita celles-ci à nommer une commission en vue d'étudier la question. Au bout de quelques semaines, elle publia son rapport :

> Deux propositions ont été faites : que le gouvernement ajoute cinq cents au prix de chaque bouteille ou boîte pour payer les frais d'un service de nettoiement, ou que les contenants non consignés soient interdits. Nous rejetons la première parce que l'augmentation destinée à l'enlèvement des emballages vides constituerait une charge trop lourde pour les commerçants, et nous repoussons la deuxième parce que Norman Turlock a investi des fonds importants dans la construction de son entreprise de mise en boîte de la bière et des boissons non alcoolisées, et qu'un changement de réglementation serait une injustice à son égard.

Hugo s'efforça d'adoucir l'amertume de son fils.

— Chris, il faut que tu regardes les choses en face. Ces boîtes de bière sont une honte, mais nous disposons de tout un paradis qui est encore intact.

Il mit en marche le moteur du bateau qu'il utilisait pour la surveillance des bancs d'huîtres.

« Je veux que tu voies de tes yeux tous les merveilleux paysages qui nous restent.

Sur des kilomètres et des kilomètres, les petites rivières offraient des berges soigneusement entretenues et de vastes pelouses exemptes de la moindre souillure.

« Tu ne peux pas imaginer à quel point nous avons bien protégé la côte orientale, tout au moins tant que tu n'auras pas vu comment se présente celle de l'ouest.

Le moteur vrombit et la vedette les emporta vers la Chesapeake. Ils traversèrent les estuaires au sud d'Annapolis et là, Chris réalisa combien l'absence d'urbanisation cohérente avait dégénéré en anarchie, plongeant la côte dans le chaos. C'était atroce ; des rangées de petites maisons s'appuyaient les unes aux autres, d'innombrables jetées croulaient par manque d'entretien. L'érosion attaquait la côte sans que personne s'en préoccupât ; des bâtiments édifiés au petit bonheur semblaient frappés de décrépitude depuis le jour de leur construction.

« Là, on peut vraiment se faire de la bile, grommela Hugo sur le chemin du retour. C'est un peu plus sérieux que les boîtes de bière.

Quand ils parvinrent au large estuaire du Choptank, Hugo s'engagea dans l'une des plus ravissantes rivières de la rive est, la Tred Avon : embouchure vaste, paisible, délicieux affluents et innombrables criques, chacune jouissant d'une vue superbe. Hugo ralentit afin de pouvoir contempler la berge, les maisons bien entretenues qui se succédaient, pas ostentatoires, mais particulièrement attrayantes, à demi dissimulées par de grands arbres.

« Tu sais ce que Turlock le Pirate dit à ses clients du nord ? Si vous n'habitez pas en bordure de la Tred Avon, autant vivre sous une tente. Et si on vit au sud du Choptank on n'est jamais invité aux réceptions qui comptent.

Chris, qui préférait à tout la sauvagerie du Little Choptank, voulut justifier son choix, mais Hugo leva les mains pour lui imposer silence.

« Je t'en prie. On a bien assez de mal, ta mère et moi, à cacher ta honte aux voisins.

Avant la course, la réunion des équipages des skipjacks se tint au Club de Patamoke, et le ton fut tout de suite donné par le capitaine Boggs, un colosse noir de Deal Island, connu de ses hommes sous le sobriquet de Peau de Vache.

— Y a une seule règle pour le *Nelly-Benson,* prévint-il. Du large, fils de pute !

Un autre concurrent de Deal Island remarqua :

— C'est une course de bateaux de pêche. Chaque skipjack doit transporter deux dragues, une annexe à l'arrière sur son chantier, deux ancres et le matériel complet.

L'un des hommes de Patamoke proposa un parcours triangulaire, mais les équipages de Deal Island s'y opposèrent.

— On court dans vos eaux. C'est à nous de dicter les règles. Si le vent du sud se maintient, un parcours en remontant le fleuve et un autre en le descendant.

Une course simple, nette, consistant à monter et à redescendre le Choptank, sans chichis ou parcours fantaisiste. Dès que ce fut convenu, la beuverie commença et certains des équipiers ne regagnèrent leurs couchettes qu'à l'aube. Owen Steed, qui s'était totalement donné à l'organisation de la course, fit coucher ses hommes relativement tôt, et estima que l'*Eden* avait une bonne chance, à moins que le capitaine Boggs ne prît de l'avance dès le début, auquel cas il serait difficile à battre.

Les prix décernés n'avaient rien de fastueux : soixante-quinze dollars à chaque bateau prenant le départ et cinquante supplémentaires à chacun de ceux qui termineraient la course. Le *Bugle* offrait une coupe d'argent à laquelle s'ajoutaient cent dollars au premier, cinquante au deuxième et vingt-cinq au troisième, mais la plupart des hommes d'équipage réunirent des cagnottes pour prendre des paris. Les pêcheurs de Deal Island se montraient particulièrement désireux de jouer, et le *Nelly-Benson* prendrait le départ avec quelque quatre cents dollars de mise contre plusieurs autres concurrents.

La désignation de commissaire de la course suscita une surprise agréable. Par acclamations, les hommes de l'eau souhaitaient voir Pusey Paxmore donner le départ. Autrefois, quand il travaillait à la Maison-Blanche, il s'était montré distant et en marge de la vie du fleuve, mais maintenant qu'il avait purgé une peine de prison, il devenait plus proche de ses concitoyens et ceux-ci insistèrent, arguant que, puisque sa famille avait construit les plus vieux bateaux de la course, l'*Eden* et deux autres, sa présence était indispensable. Il avait voulu décliner cet honneur, mais les Steed s'y étaient opposés.

La course ayant lieu début octobre, juste avant la saison de dragage des huîtres, les vingt-trois skipjacks se trouvaient au meilleur de leur état : tous carénés de neuf et repeints, ponts briqués, dragues soigneusement saisies, cordages lovés. Mr. Steed avait offert une garde-robe toute neuve à l'*Eden :* drisses de dacron, choisi à cause de la résistance à l'étirement de cette fibre, amarres et câblots d'ancre en nylon parce que celui-ci prêtait. Il s'était rendu chez Henry Brown, à l'extrémité de Deal Island, pour acheter des voiles et commander du coton plutôt que du dacron parce que les coutures, dans ce dernier cas, étaient trop sensibles au ragage. L'*Eden* avait rarement eu meilleure apparence au cours de ses quatre-vingt-six ans d'existence.

La course devait prendre le départ en bordure des hauts-fonds de vase à l'ouest de Devon Island, remonter jusqu'au phare de Patamoke, le contourner, et revenir sur l'autre bord jusqu'à une ligne située entre Devon et la grande terre. Les courses de skipjacks commençaient toujours de façon bizarre : les bateaux manœuvraient jusqu'à ce qu'ils se trouvent sur une ligne droite, puis ils mouillaient et amenaient leur voilure, attendant que retentisse le coup de pistolet donnant le signal de départ.

Moment de tension considérable, puisque l'honneur de toutes les communautés de la côte était en jeu — les rudes marins de Deal Island contre les demi-portions de Patamoke. Chaque bateau disposait d'un équipage composé de six spécialistes et de sept ou huit amateurs pour aider aux manœuvres. L'*Eden* avait embarqué cinq Turlock de plus et deux Cater, chacun ayant une tâche bien précise à remplir. Le petit Sam Cater se jucherait à l'arrière, aussi loin que possible, et surveillerait le fond, prêt à proférer son cri d'avertissement : « Vase ! Vase ! »

— Vous pouvez donner le départ, Pusey, dit l'un des juges.

Et ce qui suivit fit frissonner les puristes, amateurs de régates. A bord de chacun des skipjacks au mouillage, quatre hommes halèrent sur les câblots d'ancre tandis qu'une équipe de deux pesait énergiquement sur les drisses pour établir l'immense grand-voile. Étant donné que les équipages ne travaillaient pas tous à la même cadence, certains bateaux se déhalèrent plus vite que d'autres, ce qui leur permettait de couper la route à leurs concurrents plus lents, aggravant encore leur retard. Mais il arrivait aussi parfois que les skipjacks partis en premier calculent mal leur coup et que leurs adversaires plus lents aient suffisamment de vitesse pour venir les éperonner et les retarder. Dans de telles circonstances, les équipages des deux bateaux s'invectivaient, se bombardaient de tout ce qui leur tombait sous la main et essayaient de lacérer le gréement du concurrent.

L'un des juges, un gentleman appartenant au Yacht-Club de Long Island, dit en voyant deux bateaux entrer en collision :

— Ce n'est pas une régate. C'est un suicide.

— En tout cas, on leur a donné un bon départ, rétorqua Pusey Paxmore, non sans soulagement.

— Un départ ? se récria le visiteur. Grand Dieu, ils sont tous disqualifiés !

Le premier parcours exigeait un long bord en direction de l'est, plein vent arrière, et le capitaine Boggs comptait bien en tirer avantage ; effectivement, il semblait devancer ses concurrents, mais l'*Eden* et le vieux *H.M.-Willing* de Tilgham le suivaient de près. Ce dernier était un bateau célèbre ; il avait été envoyé par le fond et remis en état à trois reprises : « Il ne doit pas rester plus de sept pour cent de bois d'origine. Tout a été refait, mais c'est toujours le *H.M.-Willing* parce que c'est pas le bois qui fait le bateau, c'est l'âme. »

— On est bien placé, annonça le capitaine Cater à son équipage, parce que, dans dix minutes, on va passer tribord amures, et là on va s'envoler.

Il ne se trompait pas. A mi-distance de Patamoke, les skipjacks durent virer au sud-est, autrement dit le vent fort soufflerait de tribord, avantage dont l'*Eden* avait besoin. Il bondit ! Sa grande bôme passa sur bâbord ; son étrave fendit l'eau et il gîta jusqu'au bouchain.

— Du large, Peau de Vache ! hurla le capitaine Absalon quand son bateau, cap sur le phare de Patamoke, dépassa le *Nelly-Benson.*

Un vrai yachtman, qui avait participé par deux fois à la course des Bermudes, suivit des yeux le virement de bord avec un étonnement proche de la stupeur ; lorsque l'*Eden* eut contourné le phare, le gentleman dit à ses amis :

— Mais cet homme vient d'enfreindre le règlement à six reprises ! Est-ce qu'on ne prend pas de mesures ?

— Vaudrait mieux pas, avertit un homme de l'eau qui surprit la question.

Le phare viré, la tradition voulait que le coq apportât un repas froid et que le second ouvrît les glacières portatives pour sortir de la bière. A partir de ce moment, la course se relâcha quelque peu ; en effet, les boîtes de bière vides et remplies d'eau commencèrent à voler en direction des concurrents tandis que des équipiers, éméchés et armés de longues gaffes, s'efforçaient d'entraver la marche des adversaires.

A bord de l'*Eden,* le casse-croûte était délicieux : jambon bouilli, haricots rouges, cresson, biscuits et miel, suivis de gros morceaux de fromage. Mais tandis que chaque assiette était raclée jusqu'à la dernière miette, son propriétaire commençait à jeter des coups d'œil en direction de la pendule et, en temps voulu, Amos Turlock se manifesta avec un large sourire pour annoncer :

— Messieurs, maintenant, nous allons déguster des tartes au melon !

L'équipage l'acclama et il apporta les deux premiers gâteaux sur le pont.

« Il y en a un au citron et l'autre à la vanille. C'est à Sam de choisir en premier.

Il se dirigea vers l'arrière, porteur de deux tartes à la croûte dorée ; il les présenta au gamin qui continuait à surveiller le fond.

— Au citron, dit le gosse.

Et on lui en coupa une grosse tranche. Le melon ayant servi à confectionner le gâteau s'apparentait à une sorte de courge cultivée en bordure des champs de maïs qui, une fois épluchée et bouillie, permettait de préparer l'une des tartes les plus savoureuses qui soient. Mais pendant que les hommes mangeaient, le petit Sam s'écria :

— Vase ! Vase !

Cet avertissement signifiait que la dérive avait touché le fond. Cela ne faisait courir aucun risque au skipjack, mais si le frottement se prolongeait, la vitesse en pâtirait ; aussi deux hommes se précipitèrent-ils vers la dérive qu'ils soulevèrent jusqu'à ce que leur parvienne le cri du gamin :

« Parée la vase ! Parée la vase !

Ces paroles signifiaient que l'*Eden* courait à la vitesse maximum et que la dérive, aussi basse que possible, assurait une marche satisfaisante, sans glissement latéral.

Il devenait maintenant évident que la course se déciderait lors des deux ultimes bords et, bien que le *Nelly-Benson* eût pris une légère avance bâbord amures, les skipjacks n'allaient pas tarder à passer sur tribord, avantage certain pour l'*Eden.*

— On est bien placé ! s'écria le capitaine Absalon pour encourager ses hommes.

Mais au moment où le patron de l'*Eden* se préparait à virer lof pour lof, le capitaine Boggs donna ordre à sept de ses équipiers de passer à l'arrière et de bombarder de boîtes de bière remplies d'eau le timonier de l'*Eden;* force fut au capitaine Cater de faire un écart pour éviter d'être blessé. A cet instant, l'*Eden* perdit de la vitesse ; les voiles faseyèrent et tout avantage du bateau de Patamoke s'évanouit.

Mais l'*Eden* n'avait pas perdu pour autant. Dès qu'Absalon eut repris la barre, il manœuvra et amena le skipjack sur un cap qui permettrait à son bout-dehors d'éperonner l'arrière de son ennemi. Quand sa tactique devint évidente, les pêcheurs de Deal Island invectivèrent le concurrent et le bombardèrent à nouveau de boîtes de bière, mais Absalon se baissa, donna un coup de barre, et vit avec satisfaction son long bout-dehors balayer le pont du *Nelly-Benson,* sectionnant une drisse et contraignant ainsi les marins à cesser leur attaque pour mettre en place un gréement de fortune qui leur permettrait de finir la course. Ils y réussirent si vite qu'en abordant le dernier trajet, ils ne se trouvaient qu'à quelques mètres à l'arrière de l'*Eden*, et largement en tête des autres.

Le capitaine Boggs justifia alors son surnom de Peau de Vache. Il fit border les écoutes, remontant le vent au maximum, et commença à dépasser l'*Eden;* quand il sembla qu'il allait réussir, il obliqua brutalement de façon que son bout-dehors balayât l'arrière du bateau de Patamoke.

— A déborder ! hurla le capitaine Absalon.

Mais il était trop tard. Le *Nelly-Benson* poursuivait son mouvement et son bout-dehors ratissait le pont de l'*Eden;* alors, un infernal hasard voulut qu'il heurtât un bidon d'essence, embarqué pour se conformer aux règles stipulant que chacun des bateaux eût tout son équipement de travail. Le bidon roula sur le pont et se vida d'une partie de son contenu avant de passer par-dessus bord. Le liquide se répandit rapidement et un filet s'insinua dans la cambuse où Amos Turlock mettait de l'ordre.

Une grande flamme jaillit et gagna le pont. Amos Turlock flambait déjà comme une torche et il eut la présence d'esprit de se précipiter par-dessus bord. Hugo Pflaum, devinant que, comme la plupart des hommes de l'eau, son ancien ennemi ne savait pas nager, empoigna un filin et sauta derrière lui. La rapidité dont Pflaum avait fait preuve lui permit d'atteindre le coq qui se débattait frénétiquement et de le maintenir tandis que deux hommes halaient sur le filin pour les ramener à bord.

Tous les équipiers s'employèrent à combattre l'incendie, sauf le capitaine Absalon qui restait à la barre, espérant que le parcours tribord amures permettrait à son bateau de reprendre l'avantage. Mais au moment où la plus grande confusion régnait, le gosse cria de l'arrière :

— Vase !

— A lever la dérive ! cria Absalon.

Personne ne l'entendit et il ordonna au gamin d'abandonner son poste pour essayer de relever la dérive qui continuait à tracer un sillon dans la vase.

La dérive d'un skipjack est énorme, souvent en chêne, et exige deux adultes pour être manœuvrée. Le gosse n'obtint aucun résultat.

« Prends la barre ! cria Absalon.

Le gamin se précipita vers la roue du gouvernail tandis que

son père se ruait sur le cordage frappé à l'extrémité arrière de la dérive et halait de toutes ses forces. La dérive s'éleva de quelques centimètres et cessa de talonner la vase.

Une fois l'incendie maîtrisé, l'équipage de Patamoke s'employa avec la dernière énergie à faire franchir la ligne d'arrivée au skipjack endommagé. Ils avaient perdu leur avance, mais tous gardaient à l'esprit le fait que l'*Eden* courait tribord amures. Mains brûlées, visages noircis de suie, ils se mirent à hurler, à jeter des boîtes de bière, tout en cherchant à régler la voilure, mais ils se heurtaient à une situation encore inconnue lors d'une course de skipjacks : l'intense chaleur dégagée par l'essence enflammée avait fait fondre une partie des filins de dacron, transformant la fibre en un magma hérissé de boursouflures. Mais les hommes de Patamoke ne manquaient pas d'ingéniosité, et ils trouvèrent le moyen de remplacer en toute hâte les écoutes défectueuses, de faire passer leurs filins raccourcis dans les réas, et ils réussirent ainsi à garder le bateau en course.

Sans doute, la photo serait-elle nécessaire pour départager les concurrents sur la ligne d'arrivée : le *Nelly-Benson* avait une très légère avance et l'*Eden* se rapprochait rapidement. Les équipages des skipjacks qui suivaient poussèrent des hourras, et le gros Hugo Pflaum flanqué de deux matelots noirs se tint à l'avant, prêt à repousser une nouvelle attaque.

— On les aura ! hurla Amos Turlock en bombardant comme un forcené le capitaine Boggs de boîtes de bière.

Mais les pêcheurs de Deal Island étaient d'excellents manœuvriers et, pendant que l'équipage de l'*Eden* s'employait encore à régler la voilure, le canon retentit. La course était terminée et le bateau de Patamoke avait perdu d'une courte étrave. La coupe, l'argent, l'honneur, tout était envolé. Le pont gardait les marques du feu et les doigts des hommes gonflaient sous les brûlures.

— Merde ! s'exclama Absalon au moment où l'*Eden* franchissait la ligne d'arrivée.

— On a presque réussi, dit son fils.

— Presque... ça sert à rien.

— C'était marrant, ajouta le gamin.

— Marrant ! explosa Absalon. Nom de Dieu, on a perdu !

Ce soir-là, quand les équipages se réunirent pour fêter l'événement et recevoir les prix, Absalon eut l'élégance d'aborder le capitaine Boggs et de lui serrer la main.

— Vous avez joué franc jeu et gagné.

Ceux qui se tenaient à proximité l'acclamèrent, mais le pêcheur de Deal Island déclara avec modestie :

— Dieu était de notre côté. Y avait pas une chance sur cent pour qu'on foute en l'air ce bidon d'essence.

— Un coup du sort, marmonna Absalon.

Mr. Steed, enchanté de la performance de l'*Eden* et heureux d'avoir été si vite adopté par les habitants du Choptank, formula l'opinion générale au sujet de la course :

— Tout bien considéré, nous avons moralement gagné.

Les Steed espéraient que sa nomination comme commissaire de la course inciterait Pusey Paxmore à sortir de l'exil dans lequel il se complaisait.

— Il est originaire de la région et le fait d'y être revenu devrait le guérir, dit Owen à sa femme.

Lorsqu'elle lui rétorqua que c'était là une curieuse conception, il ajouta :

« Ce n'est pas par hasard que le remède souverain, la pénicilline, a été découvert dans la terre. Le facteur Antée... quand on éprouve des difficultés, il faut retourner à la terre. Pourquoi crois-tu que je me sois précipité ici quand j'ai été viré ?

Cependant, Paxmore se refusait à envisager une quelconque guérison. Il estimait que son humiliation à Washington le tenait en marge de la vie normale, et il restait isolé, ressassant les mésaventures qui l'avaient réduit à ce triste état.

N'ayant alors que soixante-quatre ans, il aurait dû aborder cette étape agréable de la vie dans laquelle la routine immuable des saisons, agissant comme un aimant, l'aurait entraîné malgré lui. En septembre, sur la côte orientale, un homme nettoie ses fusils et commence à reprendre ses chiens en main. En octobre, il tire le ramier, rencontre des amis, eux aussi à la retraite, pour discuter avec eux des mérites respectifs des labradors et des chesapeakes. Avant novembre, il met son bateau au sec, le recouvre d'un taud après avoir purgé les circuits de carburant. Vers le milieu du mois, il se préoccupe d'une chose plus sérieuse : la chasse à l'oie. A la fin décembre, il lui est loisible d'ignorer Noël, non pas les canards qui arrivent sur ses terres. En janvier, il soigne ses gordonias et repère les houx ayant besoin d'être taillés. En mars, il passe de longues heures à préparer son bateau pour le remettre à l'eau, se rend à Annapolis afin d'y acheter de l'accastillage, et inspecte ses casiers à crabes. En juin, avec l'arrivée des premiers crustacés, il met sa bière à glacer et s'installe sous son porche treillagé pour y casser les pinces bouillies en attendant de les faire griller sur le barbecue. En juillet, il passe la tondeuse et agrandit sa pelouse d'année en année jusqu'au jour où il annonce à sa femme : « On va vendre cette satanée propriété et s'installer dans un appartement. Ces pelouses exigent bien trop d'entretien. » Mais en août, quand le soleil darde ses rayons et qu'une brise de sud-ouest arrive de la baie, rafraîchissant les riverains privilégiés à l'est, condamnant à la canicule les infortunés de l'ouest, il déclare à son épouse : « On a été rudement bien inspirés de choisir cette exposition sud-ouest. Les Latham sont sur le mauvais côté. Ils grillent. »

Ainsi, la force de la terre aurait dû réconforter un homme vieillissant conférant aux honneurs qu'il avait pu gagner encore plus de charme en raison de cette union avec les éléments primitifs. Pusey Paxmore échappa à cette expérience. Il demeura fermé aux manifestations changeantes de la nature qui avaient constitué les préoccupations essentielles de sa famille depuis l'arrivée du premier Paxmore à la Falaise-de-la-Paix en 1664 : état de la Chesapeake, modifications de la salinité du Choptank, arrivée et départ des oies, et surtout, la constante recherche de chênes bien droits et de racines de gordonias. Il était honteux de penser que cet homme, dont le sang battait au rythme de la marée, se fût muré dans une telle indifférence à l'égard de son univers.

Les Steed, dans leur crainte de le voir courir un risque fatal en se retranchant de sa terre natale, firent de leur mieux pour l'attirer hors de sa retraite, mais ils furent accueillis à la Falaise-de-la-Paix par une créature recroquevillée dans son chandail informe et ses pantoufles avachies. Au cours des discussions qui eurent lieu pendant nombre d'après-midi d'octobre, certains thèmes apparurent :

— Ceux d'entre nous qui se sont élevés contre la désagrégation du pays à la fin des années soixante ont agi comme il convenait, dit Paxmore. Nous courions un réel danger, et les détracteurs de Nixon semblent l'oublier.

— L'autre jour, je me remémorais les chansons de cette

époque, celles que mes enfants faisaient jouer constamment, répliqua Steed. Avez-vous jamais écouté ces chansons, Pusey ? L'incitation à la révolte ? A la drogue ? La certitude tranquille que toutes les valeurs anciennes étaient dissoutes dans l'acide des vérités nouvelles ? Et le sempiternel encouragement au conflit de générations ? J'ai l'impression que les Beatles devenus vieux devraient tourner autour de Trafalgar Square avec des pancartes autour du cou comme juste châtiment d'avoir corrompu une décennie de jeunes gens.

— Je repense sans cesse à la Maison-Blanche. Quelques personnes éclairées ont compris ce qui se produisait et se sont efforcées d'enrayer la pourriture. Leurs tentatives ont été réduites à néant par les prétendus réalistes qui ne se préoccupaient que des élections de 1972. Les mobiles les plus nobles ont été dénaturés par les ambitions les plus basses.

— Estimez-vous qu'il y a eu conspiration ?

— A quelles fins ?

— Pour prendre les leviers de commande. J'entends par là renverser le gouvernement et assurer l'élection de Nixon, puis celle d'Agnew en 1976, celle d'Haldeman en 1884. Y a-t-il eu une telle conspiration ?

— Non. Il s'est trouvé qu'une bande d'aventuriers californiens ont entrevu la possibilité de faire tourner les choses en leur faveur quand ils ont réalisé combien il était facile d'agir sur le système. Regarde, Owen. Tu m'as remis deux cent mille dollars, sans me demander à quoi serviraient les fonds. En ce qui me concerne, j'ai collecté plus de huit millions de dollars, sans qu'un seul donateur m'ait jamais posé la moindre question. « L'intègre Pusey Paxmore, le quaker du Maryland ! » C'était si facile, Owen, que le clan californien a pris conscience de l'occasion qui se présentait. Un plan ? Non. L'opportunisme ? Oui.

— Comment expliquez-vous la corruption, la quasi-trahison ?

— Des hommes dépourvus de force de caractère passent d'un poste à un autre. Ils ne comprennent jamais qu'ils sont sur une pente dangereuse.

— Pourquoi n'avez-vous pas tout révélé ?

— Parce que j'étais trop proche du pouvoir. Cette position annihilait mes facultés de jugement. Je savais, mais j'étais impuissant à réagir parce que j'étais obnubilé par le pouvoir.

— Que saviez-vous ?

— Je savais que des hommes tels que toi, dans tout le pays, avaient remis à nos collecteurs plus de soixante-dix millions de dollars de fonds occultes afin que le jeu continue selon les règles en vigueur qu'ils souhaitaient voir se perpétuer. Je savais que cet argent était lavé au Mexique, grâce à des circuits instaurés bien des années auparavant par des joueurs de Las Vegas. Je savais que le personnel de la Maison-Blanche avait recours aux services fiscaux et au FBI pour empoisonner les chefs de file du parti démocrate. On apprendra à ces salauds à se mêler de ce qui les regarde..., c'était le leitmotiv. Je savais que de hauts fonctionnaires ordonnaient qu'on mette les lignes privées de leurs assistants sur table d'écoute. Et je savais que tout le monde mentait à qui mieux mieux afin de remporter l'élection, et de remporter toutes les autres, jusqu'à la fin du siècle.

— Et vous n'appelez pas ça une conspiration ?

— Non. Parce que cet état de choses n'avait pas fait l'objet de plans pré-établis, fondés sur un concept intellectuel. Nous nous contentions de glisser sur la pente. C'était de l'oppportunisme, Owen, un échec de l'intelligence, vu sous l'angle de la morale.

— Comment avez-vous réagi aux révélations de Nixon ? Quand il a reconnu sa culpabilité ?

— Je n'ai pensé qu'à sa prestation précédente, quand il regardait droit dans les yeux les téléspectateurs et niait l'existence de telles preuves. Et je me demandais comment un homme pouvait avoir le front d'agir ainsi... de se tenir là, en sachant que les rubans magnétiques se trouvaient à l'étage au-dessus et qu'au moins huit personnes étaient au courant de leur contenu. Je n'ai jamais pu me faire à cette idée.

— Vous êtes-vous alors rendu compte que vous seriez condamné ?

— Bien sûr. Mon univers s'était effondré et aucun de ceux qui m'avaient donné des ordres ne me tendait la main pour m'aider. Je me suis raidi pour faire front, et j'ai dit à Amanda : « J'accepterai le châtiment qui me revient, et je me refuserai à incriminer qui que ce soit. »

— Vous n'avez pas eu envie d'entraîner des hommes tels que moi dans votre chute ? Vous en aviez la possibilité.

— Oui, j'aurais pu en entraîner quelques-uns. On ne réunit pas huit millions de dollars en fonds occultes sans savoir qui les a remis, et comment.

— Pourquoi ne l'avez-vous pas fait ?

— Parce que, ayant déjà entraîné ma famille dans l'opprobre, j'étais résolu à accepter le châtiment sans me plaindre.

A ce stade, il sombra dans le silence ; il se remémorait les pénibles étapes de sa descente aux enfers, et Steed s'abstint de poser d'autres questions. Observant un vol d'oies qui rentraient d'une expédition — elles virèrent au-dessus du Choptank —, il dit à Paxmore :

— Un de ces jours, il faudra que nous allions tirer quelques-unes de ces bêtes.

Il fut déçu de voir que son ami, replié sur lui-même, ne réagissait pas. Son regard se perdait sur le Choptank, le long des berges où ses ancêtres avaient acquis tant de considération en faisant face aux tâches habituelles dictées par le fleuve — construire des bateaux, prendre la parole dans les réunions, dispenser l'enseignement aux autres, défendre les lois. Il était vidé, usé, parce qu'il avait failli à ces principes.

« Nous irons à la chasse le mois prochain, répéta Steed.

Il n'y eut pas de réponse.

Le fait que Hugo Pflaum eût sauvé Amos Turlock pendant l'incendie à bord de l'*Eden* ne signifiait pas pour autant que le vieux garde-chasse têtu ait changé d'avis à propos du Twombly. En semi-retraite, il ne se rendait plus à son bureau que trois matinées par semaine, mais chaque fois qu'il voyait l'espace vide entre les photos apposées sur le mur, il se jurait de mettre la main sur la canardière.

Ses supérieurs d'Annapolis ne se montraient ni patients ni amusés.

— Ça fait trente-neuf ans que vous dites : « Ça n'est plus qu'une question de jours. » Alors, où diable est cette canardière ?

— Nous croyons qu'elle est cachée à proximité de l'endroit où était l'ancien marais. Et nous savons qu'il continue à l'utiliser parce que, certains matins, quand il vient en ville, ses vêtements sentent encore la poudre.

— Signez un mandat de perquisition et fouillez sa caravane.

— J'ai déjà tout visité quatre fois quand il n'était pas là, et je n'ai rien trouvé.

On estima que, puisque Amos utilisait la canardière neuf ou dix fois par saison, il devait l'avoir dissimulée quelque part à proximité de la caravane. Pflaum reçut l'ordre de surveiller le secteur, mais ces instructions soulevèrent plus de difficultés qu'elles ne lui procurèrent de satisfactions, car le domaine de Turlock présentait quelques caractéristiques assez exceptionnelles. Après les séduisantes poteries de Caroline du Nord, Amos avait enrichi sa collection de statuettes de jardin ; celle-ci comptait à présent vingt et un sujets principaux, et il ne manquait pas de passants pour admirer les œuvres artistiques. Les gens âgés appréciaient la copie en ciment blanc d'un marbre italien représentant une jeune fille nue, penchée, les mains ramenées sur les parties considérées comme les plus vulnérables. Mais les enfants lui préféraient le Père Noël et ses huit rennes.

Quand Pflaum commença sa surveillance, les choses se compliquèrent du fait que Amos avait fait venir huit pièces assez importantes qui lui réjouissaient le cœur : Blanche-Neige et ses sept nains, chaque sujet sculpté avec fidélité. Lorsqu'on les traîna sur la pelouse, les statues enthousiasmèrent les passants et le policeman du quartier déclara d'un air approbateur :

— Ça complète la collection. Ça fait plus de gazon à tondre à la main, mais ça fait plaisir à tout le monde.

Hugo, à la vue des huit statuettes supplémentaires, grommela :

— Ça fait encore plus dépotoir que du temps de la cabane.

Il détestait la façon rigide dont Amos avait disposé les trois nains, Aimable, Timide et Grincheux.

« Il les a alignés comme des soldats. Les autres, au moins, ont l'air de se promener.

La pelouse et son fatras l'écœuraient à tel point, et il remâchait tant sa hargne à l'idée de ne pas avoir réussi à confisquer la canardière, qu'un matin il poussa résolument le portail de bois gardant l'allée menant à la caravane ; puis il recula d'un bond, frappé par un effroyable tintamarre ; un ressort dissimulé dans la charnière venait de déclencher une série d'avertisseurs qui jouaient une sonnerie de chasse à courre.

Alerté, Amos vint jusqu'à la porte-écurie dont il ouvrit la partie supérieure.

— L'air te plaît, Hugo ? Pour moi qui aime la chasse, ça s'imposait.

L'accueil à coup de klaxon fut la goutte d'eau qui fit déborder le vase.

— Amos, je veux que tu me remettes la canardière, annonça Hugo sans préambule.

— Quelle canardière ?

— Le Twombly. Je sais que tu l'as caché, et je sais aussi à quel point tu l'aimes. Mais le moment est venu, Amos. Il me le faut.

— Je n'ai pas mis la main sur ce long fusil...

— Tu t'en es servi il y a quatre jours.

— Comment tu le saurais ?

— En amont et en aval du fleuve, les Turlock bouffent tous de l'oie.

— On est bons chasseurs, Hugo, tous autant qu'on est.

— Oui. Tu es bon chasseur, tu n'as donc plus besoin de ce vieux canon.

— Et où est-ce que je pourrais cacher une arme de plus de trois mètres cinquante de long ?

D'un geste ample, il invita le garde-chasse à fouiller la caravane.

« Midge ! cria-t-il, est-ce qu'il y a une arme là-dedans ?

— Bien sûr, répliqua sa concubine édentée qui apparut, brandissant un fusil de chasse.

Amos éclata de rire.

— J'aurais dû te laisser te noyer, grommela Pflaum.

Il marqua une pause pour laisser passer sa mauvaise humeur.

« Vrai, ces sept nains sont minables, ajouta-t-il.

Sur ce jugement sans appel, il quitta les lieux.

A cinq nuits de là, alors que le gel et l'absence de lune rendaient la nuit propice au chasseur, Amos appela Rafe, le petit-fils auquel il faisait le plus confiance.

— On n'est pas obligés de tuer des oies puisqu'on n'a pas fini celles qu'on a descendues la dernière fois, mais faut pas perdre la main. On part à la chasse.

A onze heures, Rafe et lui quittèrent la caravane ; ils s'avancèrent sur la pelouse, se penchèrent et, prudemment, tirèrent sur deux anneaux dissimulés dans l'herbe, là où étaient posés les trois nains, Aimable, Timide et Grincheux. Lentement, ceux-ci se soulevèrent, retombèrent en arrière, dégageant une fosse de trois mètres soixante de long. La scène aurait pu être empruntée à un film d'épouvante — jusqu'aux charnières qui grinçaient —, à cela près qu'une fois la tombe ouverte, elle révéla non un vampire mais le Twombly.

Avec tendresse, Amos souleva l'arme, jeta un coup d'œil au ciel sans lune et dit à Rafe :

— Va chercher le chien.

Quand le chesapeake bondit de sous la caravane, Amos laissa retomber le couvercle, s'assura que les trois nains avaient retrouvé leur place et partit à travers bois jusqu'à l'endroit où étaient dissimulées les barques à fond plat.

Nuit parfaite pour tirer l'oie, froide, mais sans qu'on risquât de faire craquer le sol sous les pas, étoilée, mais sans lune. Quand ils atteignirent l'endroit où la Trappe se jette dans le Choptank, ils distinguèrent un grand nombre de palmipèdes serrés les uns contre les autres et formant une sorte de radeau à la distance voulue ; tout en chargeant son arme et en vérifiant l'assise de la crosse contre le sac d'aiguilles de pin, Amos chuchota à son petit-fils :

— Y a pas de meilleure chose au monde pour un homme que chasser, pêcher ou draguer les huîtres. Dieu a créé toutes ces choses pour qu'on en profite, mais il a caché le gibier et le poisson pour que seul un gars bien décidé puisse les attraper. Si au moins on essaie, on fait son devoir d'homme.

Tout en braquant le canon poli du Twombly, il aperçut le scintillement d'Orion et expliqua à l'enfant la façon dont la constellation se déplaçait dans le ciel, comme un grand chasseur à la recherche de son gibier.

« C'est pas par hasard que cette étoile brille en hiver. Elle se tient là-haut pour nous protéger... nous et la canardière.

Il caressa le canon.

« Quel âge tu as, Rafe ?

— Dix ans.

— Dieu tout-puissant ! Mon gars, cette canardière est quinze fois plus vieille que toi. Tu te rends compte ? Quinze garçons de ton âge auraient pu prendre soin de cette arme, et maintenant c'est toi qui en as la responsabilité.

Sentant la présence des oies, le chesapeake roux s'agitait. Amos n'avait même pas encore sorti les pagaies courtes, et le chien craignait que quelque chose éveillât la méfiance du gibier. Il émit des grognements ténus pour souligner son mécontentement devant des procédés aussi lamentables, Amos le fit taire. Il voulait parler à l'enfant.

« Un homme n'a que trois obligations dans la vie : nourrir sa famille, dresser son chien, prendre soin de son fusil. Si tu fais tout ça comme il faut, t'as pas à te biler pour des trucs comme les hypothèques, le cancer et le percepteur. Tu prends soin du fusil, Dieu prend soin de l'hypothèque.

— Est-ce que la loi...

— La loi nous enlèvera le long fusil, Rafe, quand elle sera assez rouée pour le trouver. Y a cinquante ans que je garde cette arme ; à toi d'en faire autant pour encore cinquante ans.

— Mais Hugo Pflaum se baladait tout à côté l'autre matin.

— C'est pour ça que nous, les Turlock, on gardera toujours la canardière.

— Pourquoi ?

— Parce qu'on est malins, tous autant qu'on est, et les gardes-chasse sont de pauvres cons, tous autant qu'ils sont.

Le chien gémit, grillant de continuer la chasse, et ce qu'il vit l'étonna. Amos Turlock descendit de la barque qui transportait le Twombly et invita son petit-fils à prendre sa place et à se servir des petites pagaies.

« Il est temps que tu apprennes, fiston, dit-il lorsque le délicat transfert eut été opéré.

— Tu veux que je...

— T'as deux choses à te rappeler : vise avec la barque, pas avec le fusil et, pour l'amour de Dieu, tiens-toi à l'écart de la crosse parce qu'il y a un recul terrible.

D'une poussée pleine de tendresse, il lança la barque vers les oies groupées, puis il tendit la main vers le chesapeake qu'il tira à lui, l'étreignant sauvagement tandis que le gamin disparaissait dans la nuit. Le chien, comprenant qu'il vivait un événement exceptionnel, demeura contre son maître et attendit la forte explosion, signal pour lui de se jeter à l'eau et de partir à la recherche du gibier.

Ce fut une longue attente, mais ni homme ni chien ne s'impatientèrent ; Amos se rappelait les nuits où il lui avait fallu une heure de travail avec les pagaies courtes avant de se trouver dans une position satisfaisante, et il avait appris à Rafe à se montrer méticuleux. Il se souvenait avec admiration que son petit-fils avait toujours eu le courage d'attendre au poste d'affût.

Pourtant, il fut bientôt saisi d'un tremblement ; il souhaitait que son petit-fils manœuvrât bien la barque et le long fusil, qu'il se montrât digne des traditions du fleuve.

— C'est un baptême, confia-t-il dans un souffle à l'animal tendu.

Les doigts de sa main droite se crispèrent si violemment sur le pelage du chien que celui-ci gémit et s'écarta pour gagner sa place habituelle à l'avant, où il pouvait se dresser sur le plat-bord, les pattes antérieures tendues, scrutant l'obscurité.

« Mon Dieu, pria le vieil homme, faites qu'il se montre à la hauteur... pour que le goût lui vienne.

Quarante minutes s'écoulèrent ; Orion qui, comme toujours, ne parvenait pas à saisir sa proie, parcourait le ciel. Au moment où l'angoisse d'Amos devenait presque insoutenable, le ciel nocturne explosa, les oies crièrent, et le chien disparut.

Le lendemain matin, on téléphona de sept maisons différentes à Hugo Pflaum pour signaler l'explosion, sans doute due à une arme prohibée.

— Je suis sûr que c'étaient des chasseurs, Mr. Pflaum, parce que deux oies mortes ont dérivé jusque chez moi.

Les rapports étaient tellement circonstanciés que Pflaum sauta dans sa voiture et démarra en trombe pour se rendre chez Turlock mais, ainsi qu'il s'y attendait, Amos était absent. Hugo se douta que le vieux braconnier distribuait des oies tout le long du fleuve. Midge était partie faire ses courses au magasin Steed du Crépuscule-Radieux. Seul un gosse d'une dizaine d'années se tenait sur la pelouse et observait d'un œil soupçonneux le garde-chasse massif qui se déplaçait entre les sept nains.

— Qui es-tu, fiston ?

— Rafe.

— Tu ne peux pas être le fils d'Amos.

— Son petit-fils.

— Tu ne sais pas où est ton grand-père, par hasard ?

Pas de réponse.

« Tu ne saurais pas, par hasard, où il était la nuit dernière ?

Pas la moindre lueur dans les yeux bleu pâle.

Hugo ne cessait d'être intrigué par les Turlock, bien que sa mère et sa femme viennent en ligne directe de ce clan ; ils avaient toujours l'air idiot ; pourtant, dans les coups durs, ils semblaient rassembler assez d'intelligence pour damer le pion à plus forts qu'eux. Ce gosse, par exemple ! Des cheveux blonds lui retombant presque dans les yeux, taillés à coups de serpe, le regard vide, le lourd pantalon de laine retenu par des bretelles élimées..., un arriéré qui semblait ignorer que Pflaum était à la fois un parent et le garde-chasse. Peut-être, pensa Hugo dans un moment d'aberration, pourrais-je faire parler ce gosse.

« Ton grand-papa est allé à la chasse la nuit dernière ?

— Quoi ? demanda le gamin sans bouger du coin de la pelouse.

— Est-ce qu'il va quelquefois à la chasse avec le long fusil ?

— Quoi ?

— Où est-ce qu'il le garde, Rafe ?

— Y garde quoi ? demanda le gosse avec une expression de stupidité crasse.

— Tu diras à ton père...

— Mon père est à Baltimore.

— Je veux dire ton grand-père ! aboya Pflaum.

— Qu'est-ce que je dois lui dire ? demanda l'enfant.

— Que je suis venu.

— Et qui vous êtes ?

— Tu sais très bien qui je suis. Hugo Pflaum, ton oncle. Dis-lui que je suis venu.

— Bon, je lui dirai. Hugo Pflaum.

Écœuré, le garde-chasse décocha un coup de pied à la bordure, se fraya avec prudence un chemin à travers les statuettes et repartit vers la ville.

Lorsqu'il eut disparu, Rafe Turlock s'appuya à la caravane, et il serait sans doute tombé s'il ne s'était accroché au rebord de la fenêtre. Il parvint à se tenir plus ou moins droit et céda à une crise de violents vomissements jusqu'à ce que, l'estomac vide, il se sentît totalement épuisé.

Midge le trouva là, encore en proie à des nausées ; elle pensa qu'il avait peut-être la coqueluche. Mais il ne lui fournit aucune explication sur les spasmes qui le vrillaient. Elle insista pour qu'il allât se coucher et il demeura étendu, une vessie de glace sur le front, attendant le retour de son grand-père.

Amos resta longtemps absent à distribuer ses oies, mais quand il rentra chez lui et apprit la crise qui avait empoigné son petit-fils, il en devina la cause. Il passa dans l'alvéole réservée à Rafe.

— Hugo Pflaum est venu ? demanda-t-il.

— Ouais. Il était planté juste au-dessus de la canardière en me posant des tas de questions.

— Pour la nuit dernière ?

— Et le long fusil.

— Et qu'est-ce que tu lui as dit ?

— Rien, mais quand il a donné un coup de pied à un des anneaux, j'ai cru que j'allais vomir.

— Midge dit que tu as vomi. Partout.

— Ça, c'était après.

Amos ne tapota pas affectueusement la tête de son petit-fils ; il ne le félicita pas. Le garçon avait agi comme il convenait, mais il souhaitait pourtant que Rafe comprît qu'il était content ; alors, il siffla pour appeler le chesapeake et, à la surprise de celui-ci, la porte s'ouvrit et il fut invité à entrer dans la caravane. Le chien se mit aussitôt en quête de son jeune maître et, comprenant que le gamin était malade, resta à côté de la couchette et lui lécha les doigts.

Amos referma la porte de la chambre et ne fournit aucune explication à Midge. Il arpenta la pelouse pour contempler ses vingt et une statuettes : l'élan suivait le Père Noël, le flamant rose tendait ses ailes de ciment en direction du Crépuscule-Radieux, et les sept nains, chacun bien typé, escortaient Blanche-Neige. En regardant Aimable, Timide et Grincheux alignés l'un derrière l'autre, il lui semblait voir le long fusil niché à leurs pieds. « Il est encore en sûreté pour cinquante ans », songea-t-il.

Par un frais matin de novembre, Owen Steed fut tiré de son lit par le pépiement des oiseaux qui se querellaient autour de la mangeoire fixée devant la fenêtre ; leur vitalité l'enchanta à tel point que, sans même prendre le temps de s'habiller, il descendit sur la pelouse jusqu'à l'endroit d'où il pouvait voir les cours d'eau désertés par les pygargues. Debout, pénétré de la beauté des lieux, il pensa que personne n'avait encore décrit avec bonheur la paisible splendeur de la côte orientale. Il avait soixante-six ans ce matin-là et il savait qu'il ne pourrait se repaître de la vue des estuaires que pour un nombre d'années limité, mais il sut gré à ses mésaventures de l'Oklahoma qui l'avaient contraint à retrouver les souvenirs assoupis de sa jeunesse.

En regagnant sa chambre, il entendit Ethel dans la salle de bains et lui cria par l'entrebâillement de la porte :

— On prétend qu'on mène une vie agréable dans cette région, mais c'est plus que ça, c'est de l'hédonisme.

— De quoi parles-tu, Owen ?

— De ce qui fait tout le prix de cette région. Matins éclatants comme celui-ci ; nuits fraîches...

— Elles étaient fraîches l'hiver dernier !

— Je suis sérieux. C'est une terre qui vaut d'être préservée.

Il hésita.

« Est-ce que tu viens avec moi à la réunion ?

— Quelle réunion ?

Elle ne lui laissa pas le temps de répondre.

« Ah, oui ! ce type d'Annapolis, qui va nous expliquer comment nous pourrons mettre fin à cette plaie que sont les boîtes de bière... Bien sûr que je t'accompagne.

Mais à peine étaient-ils entrés dans la salle de conférence que Chris Pflaum douchait leur enthousiasme.

— Je ne crois pas que vous apprécierez son laïus. C'est un type sinistre.

En effet, l'homme était triste, grand, presque émacié, usé prématurément ; il approchait de la soixantaine.

> Je me présente : Dr Paul Adamson. Je suis venu vous avertir que vous vous faites des illusions si vous croyez que le raisonnement ou le fait de rapporter des exemples épouvantables réussiront à restaurer la beauté de notre paysage. Au cours des trois dernières années, sept États ont posé la question par voie de référendum, et les votants ont formulé une réponse massive et nette : « Nos détritus nous plaisent. Nous tenons à avoir le droit de jeter nos bouteilles de bière partout où nous en avons envie. »
>
> Il serait stérile de soutenir que les citoyens ne devraient pas agir de façon aussi destructrice. Le problème consiste à découvrir pourquoi ils montrent tant de loyauté à l'égard de la boîte de bière vide, et pourquoi ils persistent à vouloir l'utiliser pour décorer nos routes. Trois facteurs troublants sont en cause. Premièrement, boire directement à la boîte, que celle-ci contienne de la bière ou du jus de fruit, est un acte de machisme, et à une époque où nous réprimons les unes après les autres les manifestations de machisme... conter fleurette comme autrefois, utilisation d'armes, certaines tournures de langage... les hommes jeunes découvrent que la bière peut représenter un ultime refuge. Ça pose un homme devant la société quand il boit à grands traits, et la recherche de domination exige qu'une fois la boîte vide, elle soit jetée avec arrogance là où elle sera le plus en évidence.

Deuxièmement, à une époque où le gouvernement restreint nos libertés d'action de toutes sortes de façons, et nous adresse annuellement des formulaires de déclarations de revenus auxquels personne ne comprend rien, il est inévitable qu'un individu vigoureux trouve une façon d'exprimer son mécontentement, et quoi de mieux que de balancer des bouteilles de bière vides ?

Troisièmement, joncher une pelouse d'emballages vides constitue une forme d'agression sociale à laquelle ont recours les groupes qui s'estiment défavorisés. Les citoyens responsables de la commune souhaitent-ils conserver des fossés propres ? Le jeune rebelle s'oppose à tout ce que les responsables tentent de protéger, et jeter des emballages vides aux endroits chers aux autorités offre une revanche satisfaisante.

Ainsi, nous avons trois puissantes raisons de défigurer le paysage, et presque aucune qui nous pousse à le protéger. Mes chers amis, vous et moi avons d'ores et déjà perdu la bataille.

Les commentaires qui suivirent cette triste litanie ne manquèrent pas de virulence.

— Est-ce qu'on ne peut pas faire voter une loi exigeant une consigne sur les boîtes et les bouteilles ?

Adamson répondit que de tels projets avaient été repoussés à une forte majorité sous prétexte que c'était une atteinte à la liberté.

— Ne pourrait-on nommer des éboueurs municipaux qui parcoureraient les routes avec des camions pour ramasser ces épouvantables ordures ?

Adamson cita le cas de onze communes qui avaient repoussé la proposition, sous prétexte que les frais engagés seraient trop élevés et que l'on pénaliserait ainsi ceux qui ne buvaient pas de bière.

— Est-ce qu'on ne peut pas interdire la fabrication de ces satanés emballages en arguant qu'ils sont un fléau social ?

En réponse, Adamson se contenta de se référer à la décision de la commission stipulant que Norman Turlock avait investi tant d'argent dans sa fabrique de boîtes qu'il serait injuste à son égard de changer les règlements maintenant.

— Que pouvons-nous faire ? demanda Ethel, accablée.

— Rien, répondit Adamson. Je suis à la tête du service qui

est censé prévenir la dégradation de la beauté naturelle du Maryland, et je ne peux rien faire.

Il marqua une pause pour donner plus de poids à son commentaire.

« Il y a pourtant une chose que vous pouvez faire, ajouta-t-il. Achetez un panier, et trois fois par semaine, faites comme moi. Allez ramasser ces saloperies.

La réunion s'acheva sur une note si désespérée que les Steed n'eurent pas envie de rentrer directement chez eux et ils acceptèrent volontiers de se joindre au déjeuner que Chris Pflaum avait prévu en l'honneur du Dr Adamson. Ils s'aperçurent que ce dernier brûlait d'évoquer les problèmes de la Chesapeake.

— J'ai été élevé à Chestertown, expliqua-t-il. Et là, j'ai fréquenté le collège Washington qui n'a pas réussi à m'inculquer les mathématiques ; en revanche, j'ai appris à manœuvrer une goélette. J'ai vécu sur la baie pendant qu'elle était encore agréable de 1936 au début de 1942. Pas de pont qui l'enjambait. Pas de traces de mazout sur les coques. Des crabes partout. Les meilleures huîtres d'Amérique. Et, ce dont je me souviens avec le plus de regret, la possibilité de se baigner n'importe où dans la baie. Pas de méduses. C'est à cette époque qu'est née ma passion pour la Chesapeake.

Mais il ne tenait pas à se complaire dans le passé aux dépens du présent.

« C'est encore la plus belle baie fermée qui soit au monde. L'un de mes collègues de bureau, amateur de voile, a calculé qu'avec un bateau ayant moins d'un mètre vingt de tirant d'eau on pouvait naviguer dans la Chesapeake mille jours de suite et mouiller chaque soir dans un abri différent.

— Ça semble impossible, remarqua Steed.

— Prenons la Tred Avon, proposa Adamson.

De mémoire, il cita dix-huit affluents.

« Maintenant, prenons un seul d'entre eux, Plaindealing, et comptons les seules criques dont le nom me vient à l'esprit. Il y en a douze. On peut passer six mois sur la Tred Avon et mouiller chaque soir dans une anse d'une beauté incomparable. Et n'oubliez pas que nous avons quarante rivières aussi intéressantes que la Tred Avon. Mon ami s'est montré modeste dans ses estimations. Il doit y avoir huit mille abris le long de la baie... et tous sont en danger.

Il évoqua la colossale quantité de déchets rejetés par

l'humanité dans cette mer intérieure : égouts, poisons émanant des traitements des végétaux, déchets industriels de toute la vallée de la Susquehanna, ordures de la flottille de petits bateaux, l'affreux apport dû aux êtres humains, chaque année plus impérieux, moins disciplinés, plus gaspilleurs, moins attentifs.

« En Allemagne, au Japon et en Russie, les écologistes se penchent sur la théorie selon laquelle ce serait l'homme en soi qui est le facteur de contamination. Pas ses usines, pas ses produits chimiques, pas ses rejets d'hydrocarbure. Ce ne sont là que les désastres évidents, mais la catastrophe permanente est la concentration d'hommes et de femmes en grand nombre dans des espaces restreints. Même s'ils ne commettent pas un seul acte dangereux, ça n'en est pas moins eux qui engendrent le plus grand désastre. La multiplication même crée le problème.

— Nous étions pessimistes sur les possibilités d'endiguer le flot des boîtes de bière, remarqua Steed. Et que dire de la baie en soi ?

— Les chiffres me terrifient, Mr. Steed. Tout le centre de la Pennsylvanie contamine notre baie. Baltimore, Washington, Roanoke. Des millions et des millions d'individus rejettent tout ce qui les gêne dans la baie. Comment pourrait-elle survivre ?

— C'est ce qu'on a dit pour les oies il y a quarante ans. Et regardez leur nombre actuellement.

— Oui ! s'écria Adamson, les yeux brillant d'un enthousiasme juvénile. Un espoir subsiste ; nous l'avons découvert dans divers pays. Toute masse d'eau, aussi contaminée soit-elle, se renouvelle complètement en trois ans si elle bénéficie d'un fort courant. A condition d'être protégée. A condition qu'on lui permette de se regénérer naturellement.

— Même le lac Érié ? s'enquit une femme.

— Bien sûr ! Trois ans de surveillance draconienne... Pas de nouvelles contaminations en provenance d'Huron... avec des précipitations pluvieuses moyennes. Même le lac Érié pourrait être nettoyé. Évidemment, on constaterait des dépôts incrustés sur le fond mais, avec le temps, ceux-ci seraient aussi attaqués et finalement emportés. La baie de la Chesapeake ressemble à une jolie femme. Il n'existe pas d'humiliation dont elle ne puisse se remettre. Elle est à présent dans un état épouvantable. Vous savez sans doute que nous avons encore dû interdire trois cours d'eau. Les huîtres toutes contaminées. Les médecins les appellent des « usines à hépatites ». Il suffit d'en manger une demi-douzaine pour rester alité six mois. La baie est devenue un cloaque, un dépotoir pour Baltimore et les autres villes. Mais elle pourrait être régénérée.

Il se leva et arpenta nerveusement la salle en jetant un coup d'œil de temps à autre au Choptank et aux forêts de gordénias sur la rive la plus éloignée.

« Nous devons tenir le pari suivant : qu'à un moment quelconque, au cours des deux siècles à venir, un groupe d'individus semblables à nous sera capable de convaincre la société d'accorder à la baie trois ans de répit. Elle revivra. Les huîtres redeviendront comestibles. Le poisson abondera de nouveau. L'herbe poussera dans les cours d'eau et les canards reviendront, eux aussi, par millions.

Il haussa les épaules.

« L'humanité est vouée à vivre perpétuellement au bord du désastre. Nous sommes l'humanité parce que nous survivons. Nous y parvenons un peu au petit bonheur, mais nous y parvenons. Je suppose qu'avant la fin de l'année, nous apercevrons tout de même quelques hérons bleus qui reviendront hanter nos eaux. Leur combat dure depuis onze mille ans. Le nôtre ne fait que commencer.

Pour ajouter encore aux prédictions pessimistes du Dr Adamson, les routes festonnées de guirlandes de bouteilles et de boîtes que suivirent les Steed cet après-midi-là achevèrent de les déprimer ; cette vision leur rappelait leur impuissance à enrayer cette détérioration bénigne. Owen éprouva une telle irritation qu'il ne parvint pas à trouver le sommeil, et il pensa même aller jusqu'à la Falaise-de-la-Paix pour discuter avec Pusey Paxmore des hauts et des bas que connaît la fortune humaine, mais il craignit de le déranger.

Jusqu'à minuit passé, il écouta les derniers quatuors de Beethoven et sortit de la maison avant l'aube pour observer les oies qui se nourrissaient le long de la rivière. Peu après le lever du soleil, il téléphona à Chris Pflaum.

— Rien d'important. La journée d'hier m'a déprimé. Je pensais que vous aimeriez peut-être venir avec moi jusqu'au vieux bac de Whitehaven, histoire de voir comment on vivait dans l'ancien temps.

— Excellente idée ! approuva Pflaum. J'aimerais visiter les marais de ce secteur.

Il quitta la maison sans réveiller Ethel, compta les boîtes vides sur les cinq cents mètres qui lui servaient d'étalon, et passa sur la rive sud du Choptank. Il conduisit en direction de l'ouest, s'arrêta avec une pensée émue devant la demeure où le gouverneur Hicks avait vécu avant la guerre civile. Homme remarquable. Propriétaire d'esclaves. Fervent esclavagiste jusqu'à sa mort. Se rend à Annapolis où son seul courage lui permet de maintenir le Maryland dans l'Union. Meurt dans l'opprobre. Les habitants du Choptank vont cracher sur sa tombe. Destin comparable à celui de Pusey.

— Pauvre andouille..., marmonna-t-il en secouant la tête.

Il eût été incapable de dire si ces paroles s'adressaient au gouverneur qui avait quitté le Choptank pour trouver la disgrâce à Annapolis, ou au quaker qui avait connu la sienne à la Maison-Blanche.

Il n'aurait pas non plus voulu admettre qu'il était curieux de visiter le domaine de Chris Pflaum ; bien sûr, les Steed avaient vaguement été en rapport avec l'ancien propriétaire de la plantation, Herman Cline, mais personne ne s'en vantait. Quelques nouvelles maisons assez intéressantes se dressaient le long du Little Choptank, mais elles n'étaient pas susceptibles de retenir l'attention d'un homme rentré en possession de la plantation familiale.

Steed souhaitait surtout voir la façon dont vivait le jeune Pflaum ; certaines rumeurs étaient venues jusqu'à lui et il tenait à s'assurer de leur exactitude par lui-même. Aussi, éprouva-t-il un certain soulagement en constatant que Chris habitait seul dans la vieille maison ; sa femme l'avait quitté.

— Elle prétendait qu'elle pouvait supporter soit les moustiques, soit la solitude, mais pas les deux.

— Vous allez demander le divorce ?

— Elle s'en est chargée. Elle ne veut rien. Elle soutient que dix ans sur le Little Choptank lui laissent assez de souvenirs pour le restant de ses jours.

Le jeune naturaliste ne manifestait aucune rancœur, il proposa à Steed d'abandonner sa Cadillac et de continuer l'exploration dans sa camionnette à plateau.

« C'est plus pratique pour le bac.

Chacun des deux hommes fut enchanté de cette excursion vers le sud qui les mena le long des berges de petites rivières serpentant à travers les vastes marais où étaient préservées les vraies valeurs de la côte orientale. Un détour leur fit découvrir Deal Island où ils invitèrent le capitaine Boggs à boire un verre ; celui-ci leur indiqua un raccourci pour Whitehaven où l'on pouvait prendre le bac pour traverser le Wicomico.

— C'est absolument incroyable ! s'exclama Steed, très détendu, en se rejetant en arrière.

Il observait un paysage qui avait bien peu changé depuis deux siècles.

— Quel dommage de découvrir ces nouveaux poulaillers qui produisent des volailles industrielles...

Sur les routes, dignes des gravures d'un autres âge, on s'attendait à croiser des bœufs traînant des billes de bois destinées aux bateaux de Sa Majesté Elizabeth Ire et au bout du chemin, qui descendait vers un petit cours d'eau boueux, un bac attendait. Il se trouvait du mauvais côté, évidemment, mais en tirant sur une corde, on actionnait un signal ; un Noir grincheux manœuvra son engin branlant aux treuils latéraux sur lesquels couraient des câbles et, lentement, le bac vint chercher la camionnette.

Traversée d'un autre siècle ; en amont, se dressaient les vestiges rouillés de ce qui avait été le plus beau fleuron des conserveries de tomates des Steed ; combien de Noirs, hommes et femmes, tout juste libérés de l'esclavage avaient-ils travaillé là dans les années 1870 ? Combien de jeunes Steed, promis à un bel avenir, y avaient-ils appris l'art de commander ? Le passage ne demandait que quelques minutes, mais il était si reposant, si loin des problèmes d'actualité, que Steed se laissa attirer par le passé, retournant à une époque révolue pendant laquelle les Steed régnaient, et cet état d'esprit le poussa à un acte quasi seigneurial.

— Ne vous remariez pas avant que je vous présente ma fille, dit-il d'un ton presque implorant en agrippant Chris par le bras.

— Comment ?

— Je suis sérieux. Que diable, nous avons, Ethel et moi, cette énorme propriété. Les Steed ont toujours eu des plantations de ce genre. Mon fils est perdu. Aucun espoir de ce côté. Mais ma fille mérite d'être sauvée. Chris, ne vous remariez pas avant que je la fasse revenir.

— Mr. Steed, je ne connais même pas son nom.

— Mon garçon, ce sont les siècles qui nous intéressent, pas

quelques minables années de confusion. Elle s'appelle Clara. Avez-vous la moindre idée de ce que Pusey Paxmore a enduré ?

La conversation mourut, noyée par le tintamarre d'un camion qui actionnait son avertisseur, non sur la berge vers laquelle se dirigeait le bac, mais depuis celle qu'il venait de quitter.

— Nom de Dieu, grommela le passeur, jamais ils se démerdent pour arriver ensemble ! Jamais !

Il jeta un coup d'œil sinistre à Steed comme s'il le tenait pour responsable et la traversée s'acheva d'une manière assez morne, Owen les yeux rivés sur la conserverie en ruine, Chris triste et décontenancé.

— Laissez-moi vous expliquer, dit Steed sur le chemin du retour. Ma fille Clara est un peu plus jeune que vous. Pendant trois ans, elle a vécu en marge...

Il hésita, chercha ses mots.

« Vous aussi, vous avez cherché votre voie. Mais ce qui compte, Chris, c'est que vous considérez la terre de la même façon que moi. Vous êtes vrai. Je souhaite que vous épousiez Clara et que vous repreniez notre propriété à ma mort.

— Mr. Steed, un jour, dans la jungle du Vietnam, j'ai découvert un sens à mon existence. Les marais. La vie proche de la nature. Et je me suis refusé à abandonner les marais pour Vera que j'aimais. Pas question que je les abandonne pour une fille que je n'ai jamais vue... et ses vingt hectares de pelouse entretenue avec soin.

— Mais, nom de Dieu, ce ne serait pas nécessaire ! Vous pourriez vivre dans les marais pendant six mois et dans une vraie maison le reste du temps !

Chris recula sur son siège ; un être jeune et rude qui avait déjà pris les grandes décisions de sa vie. Et, tout en observant le magnat du pétrole, il vit en lui un homme bien habillé, soigné, sans grand rapport avec son être fondamental.

— Vous ne comprenez pas, Mr. Steed. Le nord du Choptank est réservé aux millionnaires, le sud aux hommes.

— Bougrement arrogant.

— Et vrai. J'ai besoin de la terre. J'aime vivre ici comme on y vivait autrefois. Quand je travaille dans le marais le long du Little Choptank, j'ai une impression de plénitude dans tout mon être. Si j'habitais un domaine aussi sophistiqué que le vôtre, j'en crèverais.

La réponse de Steed le confondit.

— Mon garçon, j'aimerais que vous vous renseigniez auprès de Washburn Turlock. Demandez-lui de vous parler du moment où il m'a montré le Refuge en me faisant visiter le secteur en bateau. Il m'a dit tout à trac : « Il y a environ cent soixante hectares », et en moins de cinq secondes, je lui ai répondu : « J'achète ! » J'avais besoin de cette terre, tout autant que vous aviez besoin de votre marais. La seule différence entre nous, c'est que vous êtes plus primitif. Si vous n'êtes pas un idiot, vous vous trouverez à l'aéroport de Patamoke quand Clara arrivera de Paris. Je crois qu'elle a tout autant soif de terre que vous et moi.

Les Turlock survivaient parce qu'ils s'adaptaient à leur environnement. Dès l'instant où Amos découvrit ce dont étaient capables les nouveaux magnétophones, il comprit qu'il n'avait plus de souci à se faire pour attirer les oies.

Il avait toujours fait preuve d'un art consommé pour imiter le cri de l'oie ; il parvenait à attirer les palmipèdes quand d'autres échouaient mais, même sur ses lèvres expertes, les appeaux restaient hasardeux et, certains jours, il n'obtenait aucun résultat. C'est ce qui l'incita à se rendre à Baltimore où il gagna la route De Soto, le long de laquelle proliféraient les magasins de radio. Là, il acheta deux puissants haut-parleurs et un robuste magnétophone importé de Suède.

Quand il rentra, Midge lui cria de la cuisine :

— Qu'est-ce que tu comptes faire avec ce bazar ?

Il avait l'intention d'enregistrer le cri des oies femelles au moment des amours, puis de diffuser les appels aux hordes de mâles lorsque ceux-ci survoleraient son terrain de chasse.

— Si on sait bien se servir de cet appareil, Rafe, on aura assez d'oies pour garnir les cuisines de tous les Turlock le long du fleuve.

Il sut si bien se servir de son engin que des chasseurs venus de comtés éloignés s'assemblèrent pour assister au miracle. Ainsi que l'expliqua un journaliste du *Baltimore Sun* qui se consacrait à la vie de la nature : « Quarante minutes avant le lever du soleil, Amos Turlock et ses hommes s'installent en silence dans leur poste d'affût et se dissimulent à l'abri de branches de pin. Dès que l'aube pointe, des vols de grandes oies commencent à se manifester ; Amos branche son magnétophone et, vers le ciel, montent des cris d'oies femelles appelant les gentlemen qui les survolent. Les mâles, enchantés d'entendre ce frénétique consentement, font demi-tour et descendent vivement à portée de canon des fusils Turlock. »

Amos ne jouit de son monopole que pendant une saison, puis d'autres chasseurs l'imitèrent ; enfin la loi intervint, décochant le coup mortel. Des gardes-chasse de la veine de Pflaum se plaignirent, déclarant que les Turlock compromettaient l'équilibre de la nature : « Si on leur laisse la bride sur le cou, dans trois ans, nous nous retrouverons dans la même situation qu'autrefois. Plus une seule oie le long du Choptank. » Les législateurs, chasseurs pour la plupart, réagirent en votant une réglementation draconienne — on peut en prendre connaissance dans les Statuts du Maryland ; on l'appelle la loi Turlock : « Aucun chasseur n'est autorisé à séduire les oies mâles au moyen de dispositifs électroniques. » Et on confisqua les bandes magnétiques.

Mais les Turlock ne sont pas de ceux qui abandonnent et, en septembre 1977, juste avant le début de la saison de chasse, Amos mit en branle son dernier stratagème : il loua cinq vaches qu'il enferma dans un champ clôturé en bordure de la rivière, à un endroit où les oies se réunissaient, et il réussit à en attirer plus que quiconque n'y était parvenu auparavant.

— Qu'est-ce qu'il mijote, le vieux ? demanda Chris à son père.

— Je ne sais pas, mais on ferait bien de le découvrir, bougonna Hugo.

Ensemble, ils se rendirent jusqu'au champ de Turlock. Le spectacle qui les attendait les stupéfia. Les cinq vaches étaient là. Les oies étaient là. Et le sol était jonché de plus de grains de maïs, jaunes et brillants, que le braconnier moyen n'osait en répandre pendant quatre saisons. Chaque fois que Turlock avait besoin d'une oie, deux cents se trouvaient à portée de son fusil, se gavant de son maïs frauduleux.

Mais était-ce frauduleux ? Amos s'en expliqua auprès du juge.

— Tout ce que je fais, c'est de nourrir mes vaches, et largement.

Il entendait par là qu'il les gorgeait de maïs seize à dix-huit heures par jour. Les vaches louées s'empiffraient tant qu'un important pourcentage de grains passait dans leur système digestif sans être ruminé, et en ressortait intact, suscitant l'envie des oies sur des kilomètres à la ronde.

— Je ne peux pas déclarer cet homme coupable, dit le juge. Il n'a pas dispersé le grain dans son champ ; ce sont les vaches qui s'en chargent.

A la fin de la saison, quand les congélateurs de Turlock furent bourrés jusqu'à la gueule, le vieil Amos rendit les vaches à leur propriétaire.

Depuis quelque temps, il était clair que Owen Steed incitait Pusey Paxmore à sortir de son exil. Le prétexte : une chasse à l'oie, de bon matin, dans les champs de maïs du Refuge. Donc, par une froide matinée de novembre, avant même que les premiers rayons de l'aube apparaissent, Owen se rendit en voiture à la Falaise-de-la-Paix où Pusey et sa femme l'attendaient dans l'obscurité.

— Il tient à emmener Brutus, annonça Amanda en retenant le labrador noir par son collier.

— Bien sûr. Tout le monde est invité, dit Steed en caressant la tête du chien. Allez, monte !

Le labrador sauta à l'arrière de la camionnette, se raidit quand le chesapeake de Steed retroussa les babines, puis se détendit bientôt, retrouvant le climat de camaraderie qu'exige la chasse.

Les deux hommes roulèrent dans l'obscurité pour gagner le Refuge où ils abandonnèrent la voiture. Ils marchèrent dans les premières lueurs de l'aube. Bientôt, ils se retrouvèrent dans un vaste champ, apparemment dénudé, mais en réalité riche d'épis de maïs oubliés par les moissonneuses.

Ils se dirigeaient vers un curieux assemblage de planches, sorte d'énorme caisse enfouie dans la terre, dont le grand couvercle plat, camouflé par des branches, pouvait être rabattu après qu'hommes et chiens y étaient entrés. Une fois en sécurité à l'intérieur de ce coffre géant et bien dissimulés par les branchages, les chasseurs pouvaient se tenir droits en regardant par d'étroites fentes parallèles à la terre. Là ils attendraient le lever du soleil et le vol des oies.

L'attente fut longue. La région donnait asile à une foule d'oies, plus de cinq cent mille si on faisait entrer en ligne de compte les estuaires et les criques, mais bien peu d'entre elles s'intéressaient aux champs de maïs du Refuge. A l'occasion, des groupes de six ou sept individus se rapprochaient de la rivière, restaient à bonne distance des chasseurs, et reprenaient leur essor. Huit heures, temps froid et venteux et pas la moindre oie. Dix heures, et toujours pas d'oie. A onze heures, un soleil éclatant eut raison du voile atmosphérique, et la journée se mua en ce que les chasseurs appelaient « un temps de conte de fées ». Il fallait abandonner tout espoir d'abattre une oie en milieu de journée ; Owen et Pusey émergèrent de leur tombeau, remirent le couvercle en place et repartirent, suivis des chiens, presque aussi déçus que leurs maîtres.

Au Refuge, Ethel avait préparé deux canards rôtis et des os de bœuf pour les chiens ; les heures de la mi-journée s'écoulèrent dans une semi-somnolence. Ethel grillait de poser à Pusey des questions qui continuaient à la hanter sur le Watergate, mais quand elle vit combien il était détendu, elle s'abstint. Le temps passa, émaillé de banalités, chacun s'exprimant avec prudence, et craignant d'aborder des sujets douloureux.

— Le ciel est couvert, juste ce qu'il faut, intervint Owen. Vers trois heures et demie, les oies vont commencer à se manifester. Allons prendre l'affût pendant une heure.

Pusey, qui avait savouré chaque minute de cette journée, protesta.

— J'aimerais rester deux ou trois heures. Il va y avoir de grands vols au coucher du soleil.

— Vous avez raison, admit Owen. Mais n'oubliez pas que je dois être à l'aéroport à cinq heures pour accueillir Clara qui rentre de Paris.

— Quelle chance tu as ! s'exclama Paxmore avec un enthousiasme évident. Réunir la famille ! Oublions les oies. Ramène-moi à la maison et va à l'aéroport.

— Non. Nous avons passé des heures magnifiques à l'affût, et je voudrais que vous essayiez le nouveau poste que nous avons édifié au milieu du ruisseau.

Les deux hommes emmenèrent leurs chiens vers le confluent de deux rivières, à l'endroit où Pentaquod avait chassé quatre siècles plus tôt. Des pilotis avaient été enfoncés pour soutenir une case rudimentaire, du genre si souvent dépeint par le *National Geographic* quand il est question de cités lacustres en Malaisie ou à Bornéo. On se rendait à pied d'œuvre en barque, et les deux chiens sautèrent avec enthousiasme dans celle que détachait Steed, puis dans la cahute où les deux hommes les rejoignirent, et l'affût reprit.

Steed avait vu juste ; à mesure que le soleil déclinait, les oies s'envolaient à la recherche d'un dernier repas et, avant qu'une heure se fût écoulée, une formation de neuf individus vint droit sur la cahute, et chacun des chasseurs en abattit un.

— Va chercher, intima Steed à son chien.

L'ordre était superflu ; avant même que les palmipèdes aient touché l'eau, les deux chiens plongèrent et nagèrent vigoureusement ; chacun d'eux récupéra admirablement et ragagna le poste avec son oie.

— Je crois que je ferais bien d'arrêter pour aujourd'hui, dit Steed.

Mais Paxmore se montrait si enchanté de la chasse et de l'exploit de son chien qu'il proposa de prolonger l'affût jusqu'au coucher du soleil, et Steed dut lui rappeler l'arrivée imminente de l'avion.

— Quel idiot je fais ! s'écria Paxmore. Bien sûr, il te faut partir. Mais j'aimerais rester. Tu pourras me reprendre en rentrant.

— Je vais faire mieux. Je vais retourner à pied à la maison et vous abandonner la camionnette ; ça vous laissera toute liberté.

Pour la première fois depuis sa sortie de prison, Pusey Paxmore se trouvait seul. De temps à autre, au cours des mois écoulés, Amanda s'était rendue à Patamoke sans lui mais, sachant combien les souvenirs tourmentaient son mari, elle avait fait en sorte de ne jamais le laisser seul. Comme par enchantement, des amis passaient faire un brin de causette et évoquaient l'époque du chantier naval, ou Washburn Turlock remontait l'allée accompagné de clients qui souhaitaient voir la maison-télescope. Jamais on ne lui autorisait une totale solitude.

Sous bien des rapports, il éprouva du soulagement à se retrouver là, dans le poste d'affût, sans être assailli de questions indiscrètes ou de vaines paroles de consolation. C'était là la Chesapeake, source éternelle de la vitalité des Paxmore. C'était par cette rivière que les premiers charpentiers de marine étaient venus à la recherche de chênes et de souches pour leurs futurs bateaux. Des oies survolèrent la cahute, mais il ne fit même pas mine d'épauler. En voyant le gibier s'éloigner indemne, Brutus gémit et tira son maître par la manche.

Pusey ne prêta pas attention à son chien parce que, une fois de plus, il ruminait ses pensées.

Même le crissement d'un vol d'oies n'interrompit pas sa lamentable litanie. Les gros oiseaux évoluaient trop haut pour être tirés, mais Brutus remarqua la distraction de son maître, et il se sentit malheureux. Quand cinq oies se dirigèrent droit sur le poste d'affût sans éveiller la moindre réaction, il aboya.

Paxmore ne l'entendit pas ; il était arrivé au moment crucial de son autocritique. Peut-être étais-je vraiment aussi lamentable que je le paraissais. Lorsqu'il se cherchait une excuse, il se trouvait pris au piège au bout d'un couloir sans issue ; et soudain, avec une franchise cruelle, il s'avoua la vérité :

— Je suis entré à la Maison-Blanche, animé des plus nobles vertus américaines, et je les ai toutes sacrifiées par opportunisme. Woolman Paxmore et tante Emily m'avaient forgé la plus solide armure morale. Pièce par pièce, je l'ai rejetée. Et pour quelle noble cause ?

L'inévitable réponse s'imposa : pour maintenir au pouvoir des hommes empressés à détruire les bases mêmes de la nation.

Il ne pouvait s'empêcher de s'estimer à sa juste valeur : « Ils ont jugé que je présentais si peu d'intérêt qu'il n'y avait aucune raison pour qu'on me défende. Leur atroce résumé serait-il valable ? *Ce minable de branleur de Bible.* Oh, Seigneur ! Qu'ai-je fait ? »

Sa désintégration était si totale que rien n'aurait pu le sauver — ni sa foi, ni l'affection de ses amis, pas même l'eau fraîche de la Chesapeake. Son atroce erreur avait été d'abandonner la terre qui l'avait nourri ; les hommes ne sont pas obligés de s'accrocher à la parcelle qui les a vus naître, mais ils ont intérêt à garder à l'esprit les principes qui en découlent. Achever sa vie comme Pusey Paxmore achevait la sienne équivalait à finir sur un monceau d'ordures.

Achever sa vie ! Était-ce là une fin ignoble, là, dans un poste d'affût par une froide fin d'après-midi ?

Les raisons ne manquaient pas de penser qu'y mettre fin serait souhaitable : la honte indélébile, la condamnation à la prison en respect de la loi ; le rejet de la part de ceux qu'il avait servis ; l'humiliation infligée à sa famille. Châtiments si terribles que la mort, quelle qu'elle soit, serait une libération.

Mais il ne manquait pas non plus de bonnes raisons pour repousser cette idée : l'amour inaltérable de sa femme... Inutile d'en énumérer d'autres. Les paroles d'un hymne qu'il avait souvent chanté à Harvard lui revinrent à l'esprit :

L'ombre d'un roc immense
Sur une terre lasse.

Aucune description n'aurait pu mieux résumer le caractère d'Amanda. Mais la force même de son épouse lui permettait de fonder sa décision sur l'effet que celle-ci aurait sur elle : elle survivrait. Elle n'était pas l'ombre d'un roc, elle était le roc.

C'était la fin du jour, la fin de novembre, ce mois ténu et périlleux. C'était la fin d'une vie d'erreurs, et il ne trouvait aucune justification à ce qu'elle continuât.

Retirant son fusil du rebord de la cahute que survolaient les oies avec impunité, il coinça la crosse entre ses bottes. Il amena l'extrémité du canon sous son menton, tâtonna du bout de l'index droit pour trouver la détente — et sans regret ni hésitation, la pressa.

1978

Les pires tempêtes qui s'abattent sur la Chesapeake proviennent des ouragans qui, prenant naissance dans les Caraïbes, déferlent sur la baie à peu près tous les vingt ans. Mais il faut aussi tenir compte des tempêtes moins violentes, venues de l'Atlantique, charriant d'énormes masses d'eau, accompagnées de vents furieux.

De telles tempêtes se manifestent tous les ans, balayant la côte à Norfolk sous d'immenses rouleaux qui engloutissent les marins inattentifs. Dans l'intervalle de cinq à six minutes, un vent de plus de quatre-vingts nœuds s'installe, capable de faire chavirer de gros bateaux. En 1977, une telle tempête détruisit un skipjack — six pêcheurs noyés ; un bateau armé pour le crabe — quatre disparus ; une embarcation propulsée à l'aviron venant de Patamoke — deux morts.

En novembre 1977, une tempête déferla sur l'Atlantique plusieurs jours durant, resta sur place un peu au sud de Norfolk, et des marins pleins d'appréhension se demandèrent si elle remonterait très haut en Pennsylvanie, inondant les vallées, ou si elle se maintiendrait plus bas, réservant à la Chesapeake son maximum de violence.

— On dirait que les nuages vont se maintenir en altitude, remarqua Martin Caveny, le frère du prêtre.

— Et dans ce cas, la baie va encore recevoir toute la gadoue, prédit Amos Turlock, son compère.

— La baie s'en remet vite. Les crabes et les huîtres savent se protéger.

— Est-ce que Mrs. Paxmore veut qu'on s'occupe de tout ? Je veux dire de la barge et du reste ?

— Oui, assura Caveny.

— Tu crois que la tempête arrivera avant qu'on ait eu le temps d'aller à Patamoke et de revenir ?

Avant de se lancer dans une réponse qui pourrait lui être

reprochée par la suite, Caveny observa le ciel chargé et sombre. Il changea de position pour être à même de distinguer les restes acérés de Devon Island et étudia la façon dont les premiers rouleaux s'attaquaient aux ruines de La Vengeance de Rosalinde.

— Elle arrivera pas ici avant le coucher du soleil.

— On va risquer le coup, grommela Turlock. La famille de Pusey en connaissait un bout sur les bateaux, et on l'enterrerait pas aujourd'hui s'il avait continué comme ses vieux.

— Elle tient à ce qu'il soit emmené en bateau, dit Caveny. A moins d'un ouragan.

— C'est bien un ouragan qui nous tombera dessus, assura Turlock. Vers minuit.

Il entendit un bruit et se retourna pour voir la veuve qui sortait de la maison-télescope.

« La voilà qui arrive ; pas commode, comme toujours.

— Il y a de quoi ! Avec les rappels de toute l'histoire à la télé, les photos de Scanderville et tout ce qui s'ensuit !

— Elle a rien à foutre de tout ça.

— Personne peut s'en foutre. Tu t'en foutrais, toi ?

— J'aurais pas été en taule. Nous autres, les Turlock, on pète pas plus haut que notre cul.

— Et tu crois que Pusey l'a fait ?

— S'il était resté chez lui, il se serait pas retrouvé en cabane, grogna Turlock.

Mrs. Paxmore s'avança vers les hommes de l'eau et examina l'horizon.

— On va avoir un coup de tabac ?

— Ouais.

— Dans combien de temps ?

— Pas avant le coucher du soleil, répondit Amos. En tout cas, c'est ce qu'il dit.

— Est-ce qu'on aura le temps d'arriver à Patamoke ? demanda-t-elle à Caveny. Peu importe le retour.

— Je vous promets qu'on y arrivera, assura Caveny. Après l'enterrement, on verra bien si on peut rentrer.

— Ça me paraît logique. Le cercueil sera descendu à dix heures.

Comme elle s'apprêtait à retourner vers la maison, Caveny lui demanda :

— Est-ce que vous aimeriez qu'on soit habillés en noir ?

Pensant leur éviter une gêne au cas où ils n'auraient pas de costumes sombres, elle dit :

— Non, je ne pense pas que ce soit nécessaire. L'enterrement n'est jamais qu'un incident dans la vie...

— Nous avons des complets noirs, vous savez.

— Oh ! Dans ce cas, je préférerais que tu sois en noir. Ce serait...

Elle ne trouva pas l'adjectif adéquat.

« ... approprié, ajouta-t-elle.

A neuf heures et demie, elle appela les deux hommes vêtus de leur plus beau complet.

— Nous allons descendre la bière.

Et les hommes de l'eau rejoignirent les deux fils Paxmore venus pour les funérailles. Tout en transportant le cercueil jusqu'à la péniche, les fils du défunt demandèrent d'un ton désinvolte :

— Bonnes prises cette année ?

— Jamais assez, répliqua Turlock.

— Est-ce que c'est le Kepone de Virginie qui pollue la baie ?

— Tout ce qui vient de Virginie pollue la baie, grinça Turlock, retrouvant les animosités ancestrales.

— Tous les vôtres sont enterrés à Patamoke ? demanda Caveny.

— Oui.

— Triste pour votre père.

— Oui. Très triste, et rien n'aurait pu l'empêcher.

— Vous croyez que Nixon l'a jeté aux chiens ?

— Non. Comme nous tous, il s'y est jeté lui-même. Mais les chiens attendent.

Une fois la bière arrimée au fond de la barge, Caveny déplia des fauteuils de toile à l'intention de Mrs. Paxmore et de ses deux belles-filles. Turlock mit le moteur en route. Et commença l'ultime voyage jusqu'au cimetière quaker ; mais quand la péniche s'éloigna de la jetée, trois autres bateaux s'ébranlèrent en même temps et, dans le dernier, Amanda reconnut quatre membres de la famille Cater, le capitaine Absalon, son épouse, leur fille et, à la surprise de tous, son cousin Hiram, sombre et silencieux après ses années de prison. Les Noirs ne parlaient pas, n'adressaient pas le moindre signe à qui que ce soit ; ils se contentaient de suivre le cortège. Une tradition orale de leur famille, vénérée au même titre qu'un passage de la Bible, rappelait que, dans les moments difficiles, on pouvait compter sur les Paxmore, et même le fait que le défunt, Pusey, eût mis le FBI sur la trace d'Hiram ne suffisait pas à empêcher le jeune homme d'assister aux funérailles. Quand la barge s'amarra au quai de Patamoke, Absalon et lui firent un pas en avant pour aider à porter le cercueil jusqu'au cimetière.

L'oraison funèbre aurait dû être brève, à la manière quaker, si le père Patrick, un vieillard à présent, ne s'était manifesté pour dire une courte prière qui, bien entendu, s'éternisa.

— Il n'était pas catholique, mais il a toujours montré de l'amitié pour ceux qui l'étaient. L'un de ses ancêtres a bâti le foyer de réunion, mais lui, Pusey, nous a donné l'argent nécessaire à la reconstruction de notre église. Bon sang ne saurait mentir. Et, bien des fois, j'ai pu trouver de l'aide chez lui alors que j'en obtenais bien peu auprès de mes propres paroissiens.

Et il continua ainsi, passant en revue la vie de Pusey et proférant des vérités essentielles que personne n'avait osé exprimer en raison de la nature tragique de sa fin.

« Non seulement il était généreux, mais il était aussi courageux, conclut le père Caveny. Quand le pays a eu besoin de lui, il l'a servi. Quand son chef a eu besoin d'une couverture, il la lui a fournie. Son geste n'a pas été payé de retour ; aucun de ceux qu'il a soutenus ne lui est venu en aide. Notre ami Pusey, que nous mettons en terre, restera toujours dans notre affection et notre souvenir. Aucune des personnes ici présentes n'a jamais été lésée par ses actes. Que ceux qui l'aimaient soient ceux qui le déposent dans sa dernière demeure.

Sur quoi, d'un air de défi, il empoigna une bêche, bien qu'il sût combien son Église réprouvait le suicide, et jeta une pelletée de terre sur le cercueil. Avec un geste ample, il passa la bêche à Hiram Cater, qui la transmit à Martin Caveny, lequel la remit à Amos Turlock qui, à son tour, la tendit aux fils Paxmore. Ainsi, Pusey fut enterré parmi les capitaines qui avaient connu Londres et la Barbade, parmi les modestes héros qui avaient résisté au roi George, parmi les fermiers oubliés et les négociants, parmi tous ceux qui avaient conféré sa dignité à la côte orientale.

Après les obsèques, une petite réception se tint chez une famille quaker. Là, les Paxmore et les hommes de l'eau tinrent conseil, se demandant si le voyage de retour par bateau à la Falaise-de-la-Paix pouvait être envisagé, et Mrs. Paxmore laissa entendre qu'elle préférait rentrer chez elle par le fleuve, même si le parcours comportait des risques.

— Pusey aimait tant le Choptank !

Ses fils émirent quelques réserves.

— Ça va être une vraie tempête, mère. Tu ne devrais pas courir un tel risque.

— Tu as peut-être raison. Ramène les femmes en voiture. Quant à moi, si Amos et Martin acceptent...

— Il a dit que la tempête se déchaînerait pas avant le coucher du soleil, marmonna Turlock. Pour moi, c'est d'accord.

Quand Caveny eut à son tour accepté, le trio regagna la barge en hâte et prit bientôt le chemin de la Falaise-de-la-Paix.

Ce fut un retour triste, digne. Il fallut plusieurs minutes pour quitter le port et entrer dans le fleuve car les vagues étaient déjà fortes, mais ce fut aussi un voyage mémorable car le ciel était sombre comme si la nature pleurait la mort d'un fils. Le marais Turlock avait disparu, enterré sous une chape de béton, mais derrière, dans les bois, de grands arbres opposaient leurs cimes échevelées au vent, les embarcations se rapprochaient vivement des appontements, les oies volaient en formations serrées.

Pendant la dernière partie du voyage, les lames enflèrent, devinrent plus mordantes, éclaboussant les passagers. Quand Mrs. Paxmore se retourna pour s'essuyer la figure, elle s'aperçut que la barge n'était pas seule sur l'eau. Derrière, suivait le petit bateau de la famille Cater qui veillait au bon retour des Paxmore sans redouter le long et difficile trajet qui les attendait pour retourner à Patamoke.

L'après-midi tirait à sa fin quand Amos Turlock amarra la barge à la jetée Paxmore ; dès qu'Amanda eut débarqué, il proféra des paroles trahissant la crainte qu'il avait ressentie pendant le dernier quart d'heure du voyage.

— Caveny, faut se ramasser, et remonter le bateau le long de la rivière, aussi haut qu'on pourra.

— Ça peut être un ouragan ? demanda Amanda en tapant des pieds pour expulser l'eau de ses chaussures.

— Possible, répliqua sobrement Turlock.

— Alors, il faut que les Cater entrent avec nous.

Elle gagna l'extrémité de la jetée, cria, adressant de grands signes aux Noirs dans leur petit bateau, mais ceux-ci étaient résolus à rentrer à Patamoke. Pourtant, quand ils débouchèrent sur le Choptank, d'énormes vagues les assaillirent et ils comprirent qu'il serait vain d'insister. Ils firent vivement demi-tour et regagnèrent la jetée où Mrs. Paxmore les aida à débarquer.

— Ça va être un coup de chien, grommela le capitaine Absalon.

Il ne se trompait pas. Sans éclairs ni tonnerre, les nuages descendirent si bas qu'ils semblaient effleurer la crête des vagues qu'ils avaient engendrées, et la nuit tomba une heure plus tôt qu'à l'accoutumée, escortée par d'énormes bourrasques de pluie traversière.

Les cinq Paxmore, les deux hommes de l'eau et les quatre Noirs se réunirent dans la salle commune de la Falaise-de-la-Paix, mais celle-ci était si exposée à la fureur de la tempête que les grandes baies laissèrent filtrer de l'eau, et tous durent se réfugier dans la cuisine ; là, ils n'en furent pas rassérénés pour autant car la lumière s'éteignit et, dans l'obscurité, tous se rapprochaient les uns des autres, se serraient en entendant le vent arracher les volets, les emporter en tourbillonnant dans la nuit.

— Autrefois, on aurait attribué le déchaînement des éléments à la colère de Dieu après la mort d'un grand homme, dit Amanda. Ce soir, tout ce qu'on peut, c'est répéter les paroles de Mr. Caveny : « C'est un sacré coup de tabac ! »

Tout au long de la triste nuit de novembre, la tempête fit rage, et vers quatre heures du matin, lorsqu'elle atteignit son paroxysme, l'une des jeunes dames Paxmore, baptiste du sud, originaire d'Alabama, demanda d'un ton plaintif :

— Est-ce que personne ne verrait d'inconvénient à ce que je prie ?

— Je prie déjà depuis un certain temps, répliqua Amanda.

Sa phrase rappela à la jeune baptiste que les quakers priaient en silence.

— Je veux dire... une vraie prière, à haute voix.

— Betsy, nous prierons tous avec toi, assura Amanda.

Elle craignait d'entendre une prière pompeuse, mais la jeune femme se contenta de s'agenouiller à côté de son siège et, à la lueur vacillante des bougies, elle murmura :

— Mon Dieu, protégez ceux qui sont dans la baie.

— Je suis d'accord... pour dire ainsi soit-il, marmotta Martin Caveny en se signant.

— Et moi aussi, ajouta l'un des fils Paxmore.

A l'aube, la tempête s'apaisa et, avec le jour revenu, tous allèrent constater les dégâts dans lesquels pourtant ils trouvèrent matière à consolation : la barge projetée à dix mètres dans un champ, mais pas brisée ; la jetée totalement arrachée, mais les pilotis fermement fichés en place ; deux des grandes baies cassées, mais elles étaient assurées ; une importante partie de la rive emportée, mais elle pourrait être remblayée à l'abri d'estacades ; et un grand nombre d'arbres majestueux déracinés.

— On ferait bien d'aller voir ce qui s'est passé ailleurs, proposa l'un des fils Paxmore.

Amos Turlock chargea une camionnette de rouleaux de corde, de barres à mine, de pelles, ajouta à ces moyens de sauvetage des jumelles et prit la tête d'une expédition qui se rendit tout d'abord chez Caveny dont la maison avait subi de gros dégâts ; mais elle ne menaçait pas de s'écrouler. Arrivé devant sa caravane, Amos contempla le désastre, n'en croyant pas ses yeux ; sur ses vingt et une statues d'importance, sept avaient été écrasées sous des branches, mais il éprouva un soulagement à la vision des trois nains qui gardaient la canardière, fidèles au poste.

La camionnette ne put entrer dans Patamoke ; des arbres abattus barraient la route. Tous regagnèrent la Falaise-de-la-Paix où, depuis le promontoire, ils purent observer l'embouchure du Choptank et découvrir plusieurs bateaux jetés à la côte. Amos Turlock examinait à la jumelle la rive opposée quand il poussa un cri retentissant :

— Regardez, Devon !

Chacun reporta son attention vers l'île, sentinelle du fleuve.

— Je ne vois rien de bizarre, dit Caveny.

Il arracha les jumelles des mains de Turlock, les braqua vers l'ouest.

« Sei... gneur ! bredouilla-t-il.

L'une des jeunes femmes Paxmore regarda aussi en direction des ruines dont elle avait pris des croquis deux jours auparavant. Sans un mot, elle passa les jumelles à son mari. Celui-ci regarda un instant, baissa les bras pour vérifier à l'œil nu.

— Elle a disparu. Elle a totalement disparu.

— Qu'est-ce qui a disparu ? demanda son frère.

Puis, sans l'aide des jumelles, il observa les eaux turbulentes et se figea, pétrifié, devant les méfaits de la tempête.

L'île avait disparu. Au-dessus du fracas des vagues, là où avaient prospéré de splendides champs, il n'y avait rien. A l'endroit où s'était dressée la demeure la plus imposante de la côte orientale, plus rien n'était visible. L'ultime tempête qui s'abat sur toute existence avait frappé ; l'érosion implacable, qui a raison des montagnes, avait accompli son œuvre. Devon Island, et tout ce qui s'y rattachait, s'en était allée.

Les incessantes vagues qui, onze mille ans plus tôt, avaient accumulé des alluvions, faisant naître une île en ce lieu, étaient venues réclamer leur dû. La terre qu'elles emportaient serait charriée le long du Choptank ; là, elle serait utilisée de quelque autre façon pendant mille ans peut-être ; après quoi, les vagues la remodèleraient, jusqu'au jour où l'océan tout entier déferlerait pour revendiquer la péninsule où, quelques siècles durant, la vie avait été si douce.

Remerciements

J'ai navigué pour la première fois sur la Chesapeake en 1927 ; par la suite, j'ai fréquemment renouvelé l'expérience. Dès le jour où j'ai connu la baie, l'envie m'est venue d'écrire à son sujet, mais j'ai toujours remis ce projet jusqu'à ce que l'occasion me soit donnée de séjourner sur ses côtes pendant un intervalle prolongé. Cette possibilité s'est présentée en 1975, quand j'ai vécu à proximité d'un village de pêcheurs, petit certes, mais marquant sur le plan historique. A l'occasion de ce séjour qui a duré deux ans, j'ai rencontré les personnes versées dans des domaines divers et dont les idées m'ont inspiré ce roman ; je souhaite leur exprimer ici les remerciements qu'elles méritent amplement.

La baie de Chesapeake : Walter Robinson, de Swarthmore, a été le premier à me faire naviguer sur la Chesapeake et à m'inoculer son amour des lieux. Le juge William O'Donnell, de Phoenixville, m'a autorisé à embarquer comme équipier sur son *Prince-of-Donegal,* et Larry Therien m'a aidé dans mes explorations. Pearce Coady m'a pris à bord de son *Cleopatra's-Barge* pour visiter certaines parties de la baie.

Le Choptank : Lawrence McCormick et Richard Springs m'ont emmené à bord d'un petit bateau jusqu'au cours supérieur du fleuve. Edward J. Piszek a organisé des survols à basse altitude en hélicoptère. Le juge O'Donnel et Joseph A. Robinson m'ont fait sillonner les eaux du fleuve en tous sens.

Skipjack : Trois patrons de pêche m'ont apporté une aide précieuse. G. S. Pope, à présent à la retraite, a fait revivre à mon profit le temps passé. Josef Liener m'a beaucoup appris à bord de son *Rosie-Parks,* et Eddie Farley m'a emmené pendant de longues heures sur son *Stanley-Norman* employé au dragage des huîtres. J'ai eu aussi l'autorisation d'examiner plusieurs vieux bateaux en cale sèche.

Huîtres : George Krantz, du Centre d'études des estuaires de l'université du Maryland, m'a fait part de ses découvertes, et Robert Inglis m'a tenu au courant des progrès ostréicoles qu'il enregistrait en élevant des huîtres dans le cours d'eau qui coule au pied de sa maison. Levin Harrison m'a relaté avec bonheur les rudes conditions d'autrefois.

Oies : Ron Vavra, frère jumeau du photographe qui a illustré mon livre *Iberia,* m'a initié à la recherche fondamentale relative à l'oie du Canada, et de nombreux chasseurs m'ont aidé à comprendre les habitudes de ce palmipède. William H. Julian, directeur du parc national Blackwater, m'a montré les 60 000 oies de sa réserve, faisant preuve à mon endroit d'une obligeance qui ne s'est jamais démentie.

Hérons et pygargues : Après une étude approfondie, sur le terrain, de ces charmants oiseaux aquatiques, j'ai eu la bonne fortune de rencontrer Jan Reese, éminent spécialiste de ces deux espèces. Il m'a fourni un enseignement précieux et plus subtil sur des aspects que je n'avais pas envisagés.

Canardières : Le Dr Harry Walsh, qui fait autorité en la matière, a eu l'obligeance de me montrer sa collection en me brossant un tableau des conditions d'autrefois, et m'a aidé à comprendre le fonctionnement de ces petits canons ainsi que la mystique qui s'y rattache.

Arbres : Stark McLaughlin, des Eaux et Forêts de l'État du Maryland, m'a apporté de précieuses indications concernant divers aspects de la croissance des arbres et de la sylviculture.

La vie sur le Choptank : Le capitaine Bill Benson, qui s'occupe du plus ancien ferry de tout le pays, a évoqué à mon intention des souvenirs d'un intérêt inestimable. L'ambassadeur Philip Crowe m'a beaucoup aidé en me décrivant l'évolution récente de la région. Et Alyce Stocklin, amie de toujours, a fait preuve d'un merveilleux humour dans ses intarissables commentaires. H. Robins Hollyday n'a ménagé ni son temps ni sa peine en me montrant ses nombreuses et vieilles photographies, et Peter Black m'a beaucoup aidé de diverses façons.

Histoire des Noirs : Dickson Preston m'a généreusement fait partager ses remarquables découvertes relatives à Frederick Douglass ; celles-ci confèrent une authenticité rigoureuse à la manière dont j'ai traité de l'esclavage dans la région. Il a aussi lu intégralement mon manuscrit et avancé maintes suggestions pertinentes sur des détails historiques. Mon amie Dorothy Pittman a réuni un certain nombre de ses voisins noirs afin que je puisse m'entretenir avec eux, notamment James Thomas et Leroy Nichols. Le juge William B. Yates m'a fait part de ses réflexions sensées sur les époques troublées.

Bien que, pour des raisons qui vont de pair avec une œuvre de fiction, l'action de ce roman se déroule sur la berge nord du Choptank, presque toutes mes recherches ont été menées sur la rive sud pour laquelle j'éprouve un attachement particulier, et je suis infiniment redevable aux spécialistes de cette région. Bayly Orem, membre d'une éminente famille du Dorchester, m'a initié au tir au ramier et s'est employé à me présenter ceux de ses voisins susceptibles de m'aider.

Construction navale : James Richardson, célèbre pour ses reconstitutions de bateaux historiques, m'a constamment fourni de précieux renseignements, tout comme ses gendres, Tom Howell et James D. Brighton.

Pêche à la tortue : Le sénateur Frederick C. Malkus, meilleur spécialiste local, m'a permis de l'accompagner pendant qu'il se livrait à son sport favori.

Pêche à la foëne : Richard Drescher, l'un des athlètes les plus renommés du Maryland, m'a emmené pêcher de nuit dans les marais du sud Dorchester.

Little Choptank : Dale Price m'a permis de visiter sa propriété sur le Little Choptank, à l'emplacement occupé avant la guerre civile par la ferme disciplinaire de Herman Cline.

Indiens : Le juge William B. Yates m'a longuement parlé des Indiens du Choptank et a évoqué pour moi nombre d'autres sujets.

Marais : Elmer Mowbray m'a autorisé à l'accompagner pour explorer son marais privé. C'est un expert en matière de biologie marine, circonscrite aux estuaires, et je lui suis très redevable.

Pêche : David Orem et Jay Alban m'ont initié à la pêche et aux complexités de la nature dans les parages de la baie.

Recherches : Toutes les personnes attachées au Musée marin de la baie de la Chesapeake à Saint Michaels se sont révélées d'une aide précieuse, notamment le directeur de cet organisme, R. J. Holt. La bibliothèque d'Easton, au Maryland, possède une collection inépuisable susceptible de satisfaire à toutes les recherches. Sa directrice, Elizabeth Carroll, a veillé à ce que je bénéficie d'assistance dans mes travaux ; Mary Starin, conservateur de la salle du Maryland, a fait preuve d'une inlassable bonne volonté dans la recherche des ouvrages voulus, et elle se montre tout aussi obligeante avec ceux qui la côtoient. Robert H. Burgess, du Musée de la marine de Norfolk, m'a aidé, aussi bien par ses livres que par ses conseils.

Bibliographie : Les détails relatifs aux activités des premiers établissements de la côte ont été vérifiés en se référant à l'ouvrage *Tobacco Coast. A Maritime History of the Chesapeake Bay in the Colonial Period,* par Arthur Pierce Middleton. L'aspect commercial de la vie dans une plantation au cours de la guerre d'Indépendance est puisé à diverses sources, la plus féconde étant *In Pursuit of Profit,* par Edward C. Papenfuse, qui décrit un groupe de familles de négociants de la côte ouest. La portée du combat naval qui s'est déroulé à l'entrée de la baie de la Chesapeake en septembre 1781 est trop méconnue. Mon compte rendu se fonde sur des études récentes, notamment l'ouvrage de Harold A. Larrabee, *Decision at the Chesapeake,* qui mérite une attention toute particulière de la part de tous ceux qui s'intéressent à cette époque. Mais mes assistants les plus assidus ont été les habitants de la région du Choptank. Nombre d'entre eux m'ont parlé à cœur ouvert à l'occasion de réceptions ou au cours de réunions d'informations qui se sont déroulées pendant l'un des hivers les plus froids qu'ait jamais connu la côte orientale, et aussi durant l'un de ses étés les plus chauds. Ils se sont montrés encourageants, sensibles, amusants... et ont souvent nourri l'espoir de me voir renoncer à mon projet et m'en aller, redoutant que mes écrits ne dévoilent au reste du monde le coin de paradis dont ils bénéficiaient sur la côte orientale.

Table

Ouvrages de James A. Michener traduits en français

Retour au paradis
Flammarion, 1954

Sayonara
Presses de la cité, 1964

La Source
Robert Laffont, 1966

Pacifique Sud
Flammarion, 1970

Les Dériveurs
Stock, 1972

Colorado Saga
Flammarion, 1975
Le Livre de poche, 2 vol., 1977

Chesapeake
Le Seuil, 1979
collection « Points-Roman », 1981

IMP. BUSSIÈRE A SAINT-AMAND (CHER).
D.L. 2e TRIM. 1981. No 5804 (358).

Collection Points

SÉRIE ROMAN

R1. Le Tambour, *par Günter Grass*
R2. Le Dernier des Justes, *par André Schwarz-Bart*
R3. Le Guépard, *par G. T. di Lampedusa*
R4. La Côte sauvage, *par Jean-René Huguenin*
R5. Acid Test, *par Tom Wolfe*
R6. Je vivrai l'amour des autres, *par Jean Cayrol*
R7. Les Cahiers de Malte Laurids Brigge
par Rainer Maria Rilke
R8. Moha le fou, Moha le sage, *par Tahar Ben Jelloun*
R9. L'Horloger du Cherche-Midi, *par Luc Estang*
R10. Le Baron perché, *par Italo Calvino*
R11. Les Bienheureux de La Désolation, *par Hervé Bazin*
R12. Salut Galarneau !, *par Jacques Godbout*
R13. Cela s'appelle l'aurore, *par Emmanuel Roblès*
R14. Les Désarrois de l'élève Törless, *par Robert Musil*
R15. Pluie et Vent sur Télumée Miracle
par Simone Schwarz-Bart
R16. La Traque, *par Herbert Lieberman*
R17. L'Imprécateur, *par René-Victor Pilhes*
R18. Cent Ans de solitude, *par Gabriel Garcia Marquez*
R19. Moi d'abord, *par Katherine Pancol*
R20. Un jour, *par Maurice Genevoix*
R21. Un pas d'homme, *par Marie Susini*
R22. La Grimace, *par Heinrich Böll*
R23. L'Age du tendre, *par Marie Chaix*
R24. Une tempête, *par Aimé Césaire*
R25. Moustiques, *par William Faulkner*
R26. La Fantaisie du voyageur, *par François-Régis Bastide*
R27. Le Turbot, *par Günter Grass*
R28. Le Parc, *par Philippe Sollers*
R29. Ti Jean L'horizon, *par Simone Schwarz-Bart*
R30. Affaires étrangères, *par Jean-Marc Roberts*
R31. Nedjma, *par Kateb Yacine*
R32. Le Vertige, *par Evguénia Guinzbourg*
R33. La Motte rouge, *par Maurice Genevoix*
R34. Les Buddenbrook, *par Thomas Mann*
R35. Grand Reportage, *par Michèle Manceaux*
R36. Isaac le mystérieux, *par Jerome Charyn*
R37. Le Passage, *par Jean Reverzy*
R38. Chesapeake, *par James A. Michener*

Collection Points

1. Histoire du surréalisme, *par Maurice Nadeau*
2. Une théorie scientifique de la culture *par Bronislaw Malinowski*
3. Malraux, Camus, Sartre, Bernanos, *par Emmanuel Mounier*
4. L'Homme unidimensionnel, *par Herbert Marcuse* (épuisé)
5. Écrits I, *par Jacques Lacan*
6. Le Phénomène humain, *par Pierre Teilhard de Chardin*
7. Les Cols blancs, *par C. Wright Mills*
8. Stendhal, Flaubert, *par Jean-Pierre Richard*
9. La Nature dé-naturée, *par Jean Dorst*
10. Mythologies, *par Roland Barthes*
11. Le Nouveau Théâtre américain, *par Franck Jotterand*
12. Morphologie du conte, *par Vladimir Propp*
13. L'Action sociale, *par Guy Rocher*
14. L'Organisation sociale, *par Guy Rocher*
15. Le Changement social, *par Guy Rocher*
16. Les Étapes de la croissance économique, *par W. W. Rostow*
17. Essais de linguistique générale, *par Roman Jakobson* (épuisé)
18. La Philosophie critique de l'histoire, *par Raymond Aron*
19. Essais de sociologie, *par Marcel Mauss*
20. La Part maudite, *par Georges Bataille* (épuisé)
21. Écrits II, *par Jacques Lacan*
22. Éros et Civilisation, *par Herbert Marcuse* (épuisé)
23. Histoire du roman français depuis 1918 *par Claude-Edmonde Magny*
24. L'Écriture et l'Expérience des limites, *par Philippe Sollers*
25. La Charte d'Athènes, *par Le Corbusier*
26. Peau noire, Masques blancs, *par Frantz Fanon*
27. Anthropologie, *par Edward Sapir*
28. Le Phénomène bureaucratique, *par Michel Crozier*
29. Vers une civilisation du loisir ?, *par Joffre Dumazedier*
30. Pour une bibliothèque scientifique, *par François Russo* (épuisé)
31. Lecture de Brecht, *par Bernard Dort*
32. Ville et Révolution, *par Anatole Kopp*
33. Mise en scène de Phèdre, *par Jean-Louis Barrault*
34. Les Stars, *par Edgar Morin*
35. Le Degré zéro de l'écriture, *suivi de* Nouveaux Essais critiques *par Roland Barthes*
36. Libérer l'avenir, *par Ivan Illich*
37. Structure et Fonction dans la société primitive *par A. R. Radcliffe-Brown*
38. Les Droits de l'écrivain, *par Alexandre Soljénitsyne*
39. Le Retour du tragique, *par Jean-Marie Domenach*
41. La Concurrence capitaliste *par Jean Cartell et Pierre-Yves Cossé* (épuisé)
42. Mise en scène d'Othello, *par Constantin Stanislavski*
43. Le Hasard et la Nécessité, *par Jacques Monod*

44. Le Structuralisme en linguistique, *par Oswald Ducrot*
45. Le Structuralisme : Poétique, *par Tzvetan Todorov*
46. Le Structuralisme en anthropologie, *par Dan Sperber*
47. Le Structuralisme en psychanalyse, *par Moustafa Safouan*
48. Le Structuralisme : Philosophie, *par François Wahl*
49. Le Cas Dominique, *par Françoise Dolto*
51. Trois Essais sur le comportement animal et humain *par Konrad Lorenz*
52. Le Droit à la ville, *suivi de* Espace et Politique *par Henri Lefebvre*
53. Poèmes, *par Léopold Sédar Senghor*
54. Les Élégies de Duino, *suivi de* les Sonnets à Orphée *par Rainer Maria Rilke* (édition bilingue)
55. Pour la sociologie, *par Alain Touraine*
56. Traité du caractère, *par Emmanuel Mounier*
57. L'Enfant, sa « maladie » et les autres, *par Maud Mannoni*
58. Langage et Connaissance, *par Adam Schaff*
59. Une saison au Congo, *par Aimé Césaire*
61. Psychanalyser, *par Serge Leclaire*
63. Mort de la famille, *par David Cooper*
64. A quoi sert la Bourse ?, *par Jean-Claude Leconte* (épuisé)
65. La Convivialité, *par Ivan Illich*
66. L'Idéologie structuraliste, *par Henri Lefebvre*
67. La Vérité des prix, *par Hubert Lévy-Lambert* (épuisé)
68. Pour Gramsci, *par Maria-Antonietta Macciocchi*
69. Psychanalyse et Pédiatrie, *par Françoise Dolto*
70. S/Z, *par Roland Barthes*
71. Poésie et Profondeur, *par Jean-Pierre Richard*
72. Le Sauvage et l'Ordinateur, *par Jean-Marie Domenach*
73. Introduction à la littérature fantastique, *par Tzvetan Todorov*
74. Figures I, *par Gérard Genette*
75. Dix Grandes Notions de la sociologie, *par Jean Cazeneuve*
76. Mary Barnes, un voyage à travers la folie *par Mary Barnes et Joseph Berke*
77. L'Homme et la Mort, *par Edgar Morin*
78. Poétique du récit, *par Roland Barthes, Wayne Booth Philippe Hamon et Wolfgang Kayser*
79. Les Libérateurs de l'amour, *par Alexandrian*
80. Le Macroscope, *par Joël de Rosnay*
81. Délivrance, *par Maurice Clavel et Philippe Sollers*
82. Système de la peinture, *par Marcelin Pleynet*
83. Pour comprendre les média, *par M. Mc Luhan*
84. L'Invasion pharmaceutique, *par Jean-Pierre Dupuy et Serge Karsenty*
85. Huit Questions de poétique, *par Roman Jakobson*
86. Lectures du désir, *par Raymond Jean*
87. Le Traître, *par André Gorz*
88. Psychiatrie et Anti-Psychiatrie, *par David Cooper*
89. La Dimension cachée, *par Edward T. Hall*
90. Les Vivants et la Mort, *par Jean Ziegler*

91. L'Unité de l'homme, *par le Centre Royaumont*
1. Le primate et l'homme,
par E. Morin et M. Piattelli-Palmarini
92. L'Unité de l'homme, *par le Centre Royaumont*
2. Le cerveau humain, *par E. Morin et M. Piattelli-Palmarini*
93. L'Unité de l'homme, *par le Centre Royaumont*
3. Pour une anthropologie fondamentale
par E. Morin et M. Piattelli-Palmarini
94. Pensées, *par Blaise Pascal*
95. L'Exil intérieur, *par Roland Jaccard*
96. Semeiotiké, recherches pour une sémanalyse
par Julia Kristeva
97. Sur Racine, *par Roland Barthes*
98. Structures syntaxiques, *par Noam Chomsky*
99. Le Psychiatre, son « fou » et la psychanalyse,
par Maud Mannoni
100. L'Écriture et la Différence, *par Jacques Derrida*
101. Le Pouvoir africain, *par Jean Ziegler*
102. Une logique de la communication
par P. Watzlawick, J. Helmick Beavin, Don D. Jackson
103. Sémantique de la poésie, *T. Todorov, W. Empson*
J. Cohen, G. Hartman et F. Rigolot
104. De la France, *par Maria-Antonietta Macciocchi*
105. Small is beautiful, *par E. F. Schumacher*
106. Figures II, *par Gérard Genette*
107. L'Œuvre ouverte, *par Umberto Eco*
108. L'Urbanisme, *par Françoise Choay*
109. Le Paradigme perdu, *par Edgar Morin*
110. Dictionnaire encyclopédique des sciences du langage
par Oswald Ducrot et Tzvetan Todorov
111. L'Évangile au risque de la psychanalyse
par Françoise Dolto
112. Un enfant dans l'asile, *par Jean Sandretto*
113. Recherche de Proust, *ouvrage collectif*
114. La Question homosexuelle, *par Marc Oraison*
115. De la psychose paranoïaque dans ses rapports
avec la personnalité, *par Jacques Lacan*
116. Sade, Fourier, Loyola, *par Roland Barthes*
117. Une société sans école, *par Ivan Illich*
118. Mauvaises Pensées d'un travailleur social
par Jean Marie Geng
119. Albert Camus, *par Herbert R. Lottman*
120. Poétique de la prose, *par Tzvetan Todorov*
121. Théorie d'ensemble, *par Tel Quel*
122. Némésis médicale, *par Ivan Illich*
123. La Méthode, t. 1, *par Edgar Morin*
124. Le Désir et la Perversion, *ouvrage collectif*
125. Le langage, cet inconnu, *par Julia Kristeva*
126. On tue un enfant, *par Serge Leclaire*
127. Essais critiques, *par Roland Barthes*

128. Le Je-ne-sais-quoi et le Presque-rien
1. La manière et l'occasion, *par Vladimir Jankélévitch*
129. L'Analyse structurale du récit, Communication 8, *ouvrage collectif*
130. Changements, Paradoxes et Psychothérapie
par P. Watzlawick, J. Weakland et R. Fisch

Collection Points

SÉRIE ACTUELS

A35. Rue du Prolétaire rouge, *par Nina et Jean Kéhayan*
A36. Main basse sur l'Afrique, *par Jean Ziegler*
A37. Un voyage vers l'Asie, *par Jean-Claude Guillebaud*
A38. Appel aux vivants, *par Roger Garaudy*
A39. Quand vient le souvenir, *par Saul Friedländer*
A40. La Marijuana, *par Solomon H. Snyder*
A41. Un lit à soi, *par Evelyne Le Garrec*
A42. Le lendemain, elle était souriante
par Simone Signoret

Collection Points

SÉRIE POLITIQUE

1. La Démocratie, *par Georges Burdeau*
2. L'Afrique noire est mal partie, *par René Dumont*
3. Communisme, Anarchie et Personnalisme *par Emmanuel Mounier*
4. Que faire ?, *par Lénine*
5. Machiavel, *par Georges Mounin*
6. Dans trente ans la Chine, *par Robert Guillain* (épuisé)
7. Citations du président Mao Tsé-toung
8. Pour une réforme de l'entreprise, *par François Bloch-Lainé* (épuisé)
9. Les Socialistes, *par André Philip* (épuisé)
10. Hô Chi-minh, *par Jean Lacouture*
11. Histoire de la Révolution russe, 1. Février, *par Trotsky*
12. Histoire de la Révolution russe, 2. Octobre, *par Trotsky*
13. Réflexions sur l'histoire d'aujourd'hui, *par Tibor Mende* (épuisé)
14. Histoire du syndicalisme britannique, *par Henry Pelling*
15. Trois Encycliques sociales, *de Jean XXIII et Paul VI*
16. Bilan de l'URSS, 1917-1967, *par J.-P. Nettl* (épuisé)
17. Mahomet, *par Maxime Rodinson*
18. Citations du président de Gaulle, *par Jean Lacouture*
20. Les Libertés à l'abandon, *par Roger Errera*
21. Qu'est-ce que la politique ?, *par Julien Freund*
22. Citations de Fidel Castro *par Henri de la Vega et Raphaël Sorin*
23. Les lycéens gardent la parole, *par les CAL* (épuisé)
24. Les Communistes français, *par Annie Kriegel*
25. La CGT, *par André Barjonet* (épuisé)
26. Les 20 Amériques latines, t. 1, *par Marcel Niedergang*
27. Les 20 Amériques latines, t. 2, *par Marcel Niedergang*
28. Les 20 Amériques latines, t. 3, *par Marcel Niedergang*
29. Introduction à une politique de l'homme, *par Edgar Morin*
30. Le Nouveau Christianisme, *par H. de Saint-Simon*
31. Le PSU, *par Michel Rocard* (épuisé)
32. La Nouvelle Classe ouvrière, *par Serge Mallet* (épuisé)
33. Réforme et Révolution, *par André Gorz*
34. L'État SS, *par Eugen Kogon*
35. L'État, *par Georges Burdeau*
36. Cuba est-il socialiste ?, *par René Dumont*
37. Les Paysans dans la lutte des classes, *par Bernard Lambert*
38. La Pensée de Karl Marx, *par Jean-Yves Calvez*
39. La Pensée politique arabe contemporaine *par Anouar Abdel-Malek*
40. Pour le nouveau parti socialiste, *par Alain Savary*
41. Autogestion, *par Daniel Chauvey*
42. Un socialisme du possible, *par François Mitterrand* (épuisé)

43. La CFDT, *ouvrage collectif* (épuisé)
44. Paris libre 1871, *par Jacques Rougerie*
45. Les Nouveaux Intellectuels
par Frédéric Bon et Michel-Antoine Burnier (épuisé)
46. Les Origines du gauchisme, *par Richard Gombin*
47. La Société bloquée, *par Michel Crozier*
48. Classe ouvrière et Révolution
par Frédéric Bon et Michel-Antoine Burnier
49. Histoire des démocraties populaires
1. L'ère de Staline, *par François Fejtö*
50. Histoire des démocraties populaires
2. Après Staline, *par François Fejtö*
51. La Faute à Voltaire, *par Nelcya Delanoë*
52. Géographie de la faim, *par Josué de Castro*
53. Le Système totalitaire, *par Hannah Arendt*
54. Le Communisme utopique, *par Alain Touraine*
55. Japon, troisième grand, *par Robert Guillain*
56. Les Partis politiques dans la France d'aujourd'hui
par François Borella
57. Pour un nouveau contrat social, *par Edgar Faure*
58. Le Marché commun contre l'Europe
par Bernard Jaumont, Daniel Lenègre et Michel Rocard (épuisé)
59. Le Métier de militant, *par Daniel Mothé*
60. Chine-URSS, *par François Fejtö*
61. Critique de la division du travail, *par André Gorz*
62. La Civilisation au carrefour, *par Radovan Richta*
63. Les Cinq Communismes, *par Gilles Martinet*
64. Bilan et Perspectives, *par Léon Trotsky*
65. Pour une sociologie politique, t. 1
par Jean-Pierre Cot et Jean-Pierre Mounier
66. Pour une sociologie politique, t. 2
par Jean-Pierre Cot et Jean-Pierre Mounier
67. L'Utopie ou la Mort, *par René Dumont*
68. Fascisme et Dictature, *par Nicos Poulantzas*
69. Mao Tsé-toung et la Construction du socialisme
textes inédits traduits et présentés par Hu Chi-hsi
70. Autocritique, *par Edgar Morin*
71. Nouveau Guide du militant, *par Denis Langlois*
72. Les Syndicats en France, t. 1, *par Jean-Daniel Reynaud*
73. Les Syndicats en France, t. 2. Textes et documents
par Jean-Daniel Reynaud
74. Force ouvrière, *par Alain Bergounioux*
75. De l'aide à la recolonisation, *par Tibor Mende*
76. Le Patronat, histoire, structure, stratégie du CNPF
par Bernard Brizay
77. Lettres à une étudiante, *par Alain Touraine*
78. Sur la France, *par Stanley Hoffmann*
79. La Cuisinière et le Mangeur d'hommes, *par André Glucksmann*
80. L'Age de l'autogestion, *par Pierre Rosanvallon*

81. Les Classes sociales dans le capitalisme aujourd'hui *par Nicos Poulantzas*
82. Regards froids sur la Chine, *ouvrage collectif*
83. Théorie politique, *par Saint-Just*
84. La Crise des dictatures, *par Nicos Poulantzas*
85. Les Dégâts du progrès, *par la CFDT*
86. Les Sommets de l'État, *par Pierre Birnbaum*
87. Du contrat social, *par Jean-Jacques Rousseau*
88. L'Enfant et la Raison d'État, *par Philippe Meyer*
89. Écologie et Politique, *par A. Gorz/M. Bosquet*
90. Les Racines du libéralisme, *par Pierre-François Moreau*
91. Syndicat libre en URSS, *par le Comité international contre la répression*
92. L'Informatisation de la société, *par Simon Nora et Alain Minc*
93. Manuel de l'animateur social, *par Saul Alinsky*
94. Mémoires d'un révolutionnaire, *par Victor Serge*
95. Les Partis politiques dans l'Europe des Neuf *par François Borella*
96. Le Libéralisme, *par Georges Burdeau*
97. Parler vrai, *par Michel Rocard*
98. Mythes révolutionnaires du Tiers Monde, *par Gérard Chaliand*
99. Qu'est-ce que la social-démocratie ?, *par la revue « Faire »*
100. La Démocratie et les Partis politiques, *par Moisei Ostrogorsky*
101. Crise et Avenir de la classe ouvrière, *par la revue « Faire »*
102. Le Socialisme des intellectuels, *par Jan Waclav Makhaïski*
103. Reconstruire l'espoir, *par Edmond Maire*
104. Le Tertiaire éclaté, *par la CFDT*
105. Le Reflux américain. Décadence ou renouveau des États-Unis ? *par la revue « Faire »*
106. Les Pollueurs, *par Anne Guérin-Henni*
107. Qui a peur du tiers monde ? *par Jean-Yves Carfantan et Charles Condamines*
108. La Croissance... de la famine, *par René Dumont*
109. Stratégie de l'action non violente, *par Jean-Marie Muller*
110. Retournez les fusils !, *par Jean Ziegler*
111. L'Acteur et le Système *par Michel Crozier et Erhard Frieberg*
112. Adieux au prolétariat, *par André Gorz*

Collection Points

SÉRIE FILMS

dirigée par Jacques Charrière

F1. Octobre, *S. M. Eisenstein*
F2. La Grande Illusion, *Jean Renoir* (épuisé)
F3. Le Procès, *Orson Welles*
F4. Le Journal d'une femme de chambre, *Luis Buñuel*
F5. Deux ou trois choses que je sais d'elle, *Jean-Luc Godard*
F6. Jules et Jim, *François Truffaut*
F7. Le Silence, *Ingmar Bergman*

Collection Points

SÉRIE MUSIQUE

dirigée par François-Régis Bastide

Mu1. Histoire de la danse en Occident, *par Paul Bourcier*
Mu2. L'Opéra, t. I, *par François-René Tranchefort*
Mu3. L'Opéra, t. II, *par François-René Tranchefort*
Mu4. Les Instruments de musique, t. I
par François-René Tranchefort
Mu5. Les Instruments de musique, t. II
par François-René Tranchefort

Collection Points

SÉRIE PRATIQUE

P1. Guide pratique du logement
Institut national de la consommation (épuisé)
P2. Guide pratique de l'épargne et des placements,
Institut national de la consommation (épuisé)
P3. Guide pratique de l'automobile et des deux roues,
Institut national de la consommation
P4. Guide des médicaments les plus courants
par le Dr Henri Pradal (épuisé)
P5. Donner la vie, *par Jacqueline Dana et Sylvie Marion*
P6. Le temps qu'il fera, *par le Centre nautique des Glénans*
P7. Les Dangers des produits domestiques
par Jean-Pierre Fréjaville
P8. Comment payer moins d'impôts, *par Pierre Tardy*
P9. L'hérédité racontée aux parents, *par Jacques-Michel Robert*